21 世纪法学系列教材

中国民法

Chinese Civil Law

| 第三版 |

主　编 | 屈茂辉

副主编 | 许中缘　王文胜

撰稿人 | 蔡　唱　曹薇薇　陈　璐
以姓氏拼音为序 | 邓乾坤　屈茂辉　王文胜
许中缘　杨　峰　张　红
张晓勇

法律出版社
——北　京——
始创于 1954 年

图书在版编目(CIP)数据

中国民法 : 第三版 / 屈茂辉主编. -- 北京 : 法律出版社, 2022
ISBN 978-7-5197-5265-1

Ⅰ. ①中… Ⅱ. ①屈… Ⅲ. ①民法-中国-高等学校-教材 Ⅳ. ①D923

中国版本图书馆 CIP 数据核字(2020)第 262926 号

中国民法(第三版)
ZHONGGUO MINFA (DI-SAN BAN)

屈茂辉　主编

责任编辑 陈　慧
装帧设计 凌点工作室

出版发行 法律出版社
编辑统筹 法律教育出版分社
责任校对 王晓萍
责任印制 刘晓伟
经　　销 新华书店

开本 787 毫米×1092 毫米　1/16
印张 49　**字数** 1250 千
版本 2022 年 8 月第 3 版
印次 2022 年 8 月第 1 次印刷
印刷 永清县金鑫印刷有限公司

地址:北京市丰台区莲花池西里 7 号(100073)
网址:www. lawpress. com. cn
投稿邮箱:info@ lawpress. com. cn
举报盗版邮箱:jbwq@ lawpress. com. cn

销售电话:010-83938349
客服电话:010-83938350
咨询电话:010-63939796

书号:ISBN 978-7-5197-5265-1　**定价**:98.00 元

凡购买本社图书,如有印装错误,我社负责退换。电话:010-83938349

出 版 说 明

法律出版社作为中国历史悠久、品牌积淀深厚的法律专业出版社，素来重视法学教育图书之出版。

原“21 世纪法学规划教材”系列作为本社法学教育出版的重心，延续至今已有十余年。该系列一直以打造新世纪新经典教材为己任，遍揽名家新秀，因其卓越品质而颇受瞩目并广受肯定。当前，根据法学教育发展变化的客观需要，本社将原有教材系列调整重组，形成新编“21 世纪法学系列教材”，以便更好地为法学师生服务。

中国的法学教育正面临深刻变革，未来的法学教育势必以培养高素质法律人才为目标，以知识教育与应用教育相结合、职业教育与素质教育相结合、精英教育与大众教育相结合为导向，法学教育图书的编写与出版也将由此进入变革与创新的时代。

为顺应未来法学教育的改革方向和发展趋势，本社将应时而动，为不同学科、不同层次、不同阶段、不同需求的法学师生量身打造法学教材及教学辅助用书。在教材方面，将推出课堂教学系列、实训课程系列、通识课程系列、简明本系列、双语教学系列等；在教学辅助用书方面，将推出案例教程系列、法规教程系列、练习与测验系列、法学讲座系列、专业培训系列等。或革新，或全新，以厚基础、宽口径、多元化、开放性为基调，力求从品种、内容和形式上呈现崭新风采，为法学师生提供更好教本与读本，同享教材规划之盛。

“好书，同好老师和好学生分享。”本社在法学教育图书出版上必将继往开来，以精益求精的专业态度，打造全新“21 世纪法学系列教材”，传播法学知识，传承法学理念，辅拂法律教育事业，积累法律教育财富，服务万千法学师生和明日法治英才。

法律出版社

2015 年 1 月

作 者 简 介

屈茂辉 法学博士(中国人民大学),湖南大学教授、博士生导师,国务院特殊津贴专家,湖南省人民政府参事,中国法学会理事,中国法学会民法学研究会常务理事,中国法学会法学教育研究会常务理事,湖南省法学会副会长,湖南省法学会民商法研究会会长。代表性著作有:《民法引论》《合作社法律制度研究》《现代物权法》《物权法·总则》《用益物权论》《用益物权制度研究》《中国合同法》《专家民事责任论》等。代表性论文有:《民法是调整社会主义市场经济的基本法》《论人役权的现代意义》《物权公示方式研究》《类推适用的司法价值与司法运用》《不动产登记申请的法理与规则》《论民法上的注意义务》《民法实证研究中的计量方法》《违约金酌减预测研究》等。

许中缘 法学博士(中国人民大学),中南大学教授、博士生导师,国务院特殊津贴专家,中国法学教育研究会常务理事,中国民法学研究会理事,湖南省法学会民商法研究会副会长。代表性著作有:《商法的独特品格与我国民法典编纂》《体系化的民法与法学方法》《民法强行性规范研究》等。代表性论文有:《商法的独特性与民法典总则编纂》《论意思表示瑕疵的共同法律行为》《论〈民法典〉的功能主义释意模式》等。

杨 峰 法学博士(中国社会科学院法学研究所),南昌大学教授、博士生导师,中国商法学研究会常务理事、江西省法学会民法学研究会会长,江西省"双千计划"哲学社会科学领军人才、"井冈学者"特聘教授、江西省新世纪百千万人才。代表性著作有:《证券民事责任制度比较研究》。代表性论文有:《商法思维的逻辑结构与司法适用》等。

蔡 唱 法学博士(武汉大学),海南大学法学院教授、博士生导师,中国民法学研究会理事,海南省首届千人计划入选者,海南省领军人才。代表性著作有:《旁观者不作为侵权责任研究》《不作为侵权行为研究》《网络服务提供者侵权责任规则实施研究》。代表性论文有:《公序良俗在我国的司法适用研究》《民法典时代环境侵权的法律适用研究》等。

曹薇薇 法学博士(英国基尔大学),湖南大学法学院教授、博士生导师,中国卫生法学会理事,湖南妇女学研究会副会长,湖南婚姻家庭研究会副会长,湖南女社会科学家协会副会长,英国法社会学研究会成员(Socio-Legal Studies Association),英国法律、社会性别和性研究中心成员(Centre for Law, Gender and Sexuality)。代表性著作有:*Regulating Reproductive Autonomy: English and Chinese Models of Abortion Law*(《规制生育自主:中英人工流产规制模式比较》)。代表性论文有:*The Regulatory Model of Abortion in China through a Feminist Lens*, "*Glorious Mothers*" and "*Rational Women*": *A Comparative Analysis of the Chinese and English Regulatory Models of A-*

bortion', *The Regulation of Reproduction in China*: *Seven Decades on*、《民法典时代夫妻房产赠与纠纷司法判决冲突及解决》等。

王文胜　法学博士(清华大学),湖南大学教授、博士生导师,湖南省法学会工程法学研究会副会长、湖南大学数据法治研究院院长。代表性论文有:《托底型回购合同的风险转嫁机理》《论合同法和侵权法在固有利益保护上的分工与协作》《论营业转让的界定与规制》《论民法典立法讨论中不同类型问题的轻重缓急》等。

陈　璐　法学博士(中国人民大学),湖南大学副教授、硕士生导师。代表性著作有:《药品侵权责任研究》《产品责任》等。代表性论文有:《论药品召回义务的性质及其在药品责任体系中的地位》《论个人信用权的保护》《侵权责任法立法与审判实务疑难问题及其对策》等。

张　红　法学博士(湖南大学),湖南大学副教授、硕士生导师,湖南省法学会民商法研究会秘书长。代表性论文有:《论无权代理责任》《继续性合同:基于合同法理与立法技术的多重考量》《继续性合同终止制度的法律构造》《委托合同任意解除权研究》《劳动合同任意解除权研究》《征收法律制度的几个问题》《国有财产取得制度的基本理论问题》等。

邓乾坤　民法博士(日本北海道大学),湖南大学法学院助理教授,湖南省民商法研究会副秘书长。代表性著作有:《日本广告产业法治》(合著)。代表性论文有:「日中における契約の拘束力に関する比較研究一事情変更法理とリスク配分論を素材として一」(《中日契约约束力比较研究—以情事变更法理与风险分配论为素材》)(博士论文),《日本2015年民法研究综述》,《特定秘密保护法与采访自由》等。

张晓勇　法学博士(意大利罗马第二大学),湖南大学法学院副教授,硕士生导师。代表著作有:《物权法领域公私法接轨问题研究》(合著)等;代表性论文有:《法律关系:民法典之体系化工具?》《论意大利法中旅游合同之债务不履行责任的规范构成》《私法规范中劳动群众集体概念的符号分析》等。

目　录

第一编　总　则

第二编 物 权

第三编 合 同

第四编　人　格　权

第五编　婚姻家庭

第六编 继 承

第七编 侵权责任

绪　论

一、民法的概念和地位

（一）民法的概念

民法，作为大陆法系特有的法律术语，是人类对法律体系尤其是部门法逐步深化认识的产物。因此，所谓民法，即关于民事的实体法，它是以民事这一关系到所有人日常生活的最基础的社会关系作为自己的调整对象。在现代意义上，民事通常是指与公共事务相对的私人事务。私人事务涉及私人利益，主要表现为平等主体所从事的一般社会活动及其形成的一般社会关系；而公共事务涉及政治、公共秩序和国家利益，表现为国家和社会一系列的管理活动和治理。作为法律调整的对象，民事本质上表现了社会基本的经济生活条件，涉及私人社会交往的所有领域，主要包含商品的生产和交换，且以公共事务与私人事务截然分立为特点。私人事务尊崇权利本位并以主体平等和自治为特征，公共事务尊崇权力至上并以命令和服从为内容。

在我国，《民法典》第 2 条是民法定义的基础。依此规定，所谓民法是指调整平等主体之间的人身关系和财产关系的法律规范的总和。而从严谨的学术角度来看，"民法"一词有多种含义，应当加以区别。

1. 形式意义的民法与实质意义的民法。形式意义的民法，是指将民事法律规范按一定体系所编纂的成文民法法典，通常以"民法""民法典"来命名。在我国即指《民法典》；实质意义的民法，是指一切调整平等主体之间人身关系和财产关系的法律规范的总和，它不仅包括民法典，还包括民事单行法、民事特别法、散见于宪法和其他规范性文件中的民事规范，以及判例法和习惯法等。

2. 广义的民法与狭义的民法。广义的民法是指所有的私法规范，包括调整人格关系、亲属关系、财产关系、知识产权关系以及商事关系等的法律规范；狭义的民法，仅指作为私法的一般法，是私法的主要部分而已。狭义的民法源于实行私法多元制的国家，其民法典除以总则形式对民事关系作一般规定外，法典分则只规定部分民事关系，其他民事关系则制定其他法典或单行法（如商法典、劳动法）加以调整。狭义的民法仅调整人身关系和财产关系，通常不包括知识产权法、商事法和劳动法等法律规范。

3. 一般民法和特别民法。所谓一般民法，即指民法典。民法典为整个私法之一般法。民法典对于人、地域、事项等不作限制，规范一般的民事生活关系，因此属于一般法。适用民商合一国家的各民事单行法以及在民商分立国家的商法典，相对于作为一般法的民法典而言，都属于特别法的范畴。中国采民商合一体例，现行《民法典》具有一般法地位，而公司法、票据法、海商法、保险法、专利法、商标法、著作权法等均属于特别法。法官裁判案件时，遇一般法与特别法均有规定的事项，应当优先适用特别法的规定。

综上所言，"民法"一词的含义有多种，在不同的语境或者场合，人们所言的"民法"含义有所不同。不过,如无特别说明,我国法学界一般所指民法,即狭义的、实质意义上的民法。

(二)民法的地位

在现代国家法律体系中,民法居于基础地位;与刑法、行政法等一样,属于效力仅次于宪法的基本法,在整个法律体系中处于重要的地位。民法被称为"社会生活的百科全书",可见其调整范围涉及社会生活的方方面面,深刻地、全面地影响并塑造着民事主体的社会生活,通过发挥对社会的调整作用,促进国家治理目标的实现。因此,民法制度的完善和实施是实现全面依法治国,实现国家治理体系和治理能力现代化的重要一环。对民法的地位,可以从以下几个方面理解:

1. 民法是私法。公法与私法的划分是西方法律中源远流长的法律分类方法,最早由罗马法学家乌尔比安提出。在现代社会,区分公法与私法尤为必要,尽管公法与私法的区分标准存在诸多学说,但无论依据哪种学说,按何种标准,民法都属于私法。法学史也表明,私法发端于民法。过去我国受苏联法学的影响,否定民法的私法性质。但实践证明,无论是苏联还是我国,在民法公法论的支配下,都存在国家对经济生活的行政干预过多过细、经济生活缺乏活力、公民的民事权利受到漠视的问题。如果说在社会主义计划经济体制下,为了使民法服务于计划经济而把它视为公法的话,那么在当今我国社会主义市场经济条件下,为使民法服务于市场经济,则需要重新确认民法的私法性质。

2. 民法既是权利法,也是人法。民法最基本的功能在于对民事权利的确认和保护,这就使民法具有权利法的性质。一方面,民法是一部民事权利宣言书,是以权利为本位的。民法以赋予和保护民事权利为己任,将"权利神圣"作为其基本原则之一,将保护民事主体的合法权益作为其根本立法理由之一。另一方面,民法体系的构建以权利作为基本的逻辑起点。民法不仅宣告了民事主体可以依法取得的各种民事权利,而且为民事主体实际取得权利、实现权利提供法律准则,从而建立起了一个以权利为轴心的规范体系。因此,民法是以人为本的法律,是以维护人的尊严、弘扬人的价值、促进人的发展、实现人的自由为底色的。正如孟德斯鸠所言:"在民法慈母般的眼中,每一个个人就是整个国家。"[1]我国《民法典》将人格权法独立成编,充分体现了对人的尊重和保护,彰显了民法的人文关怀理念和人本精神。

3. 民法是民众参与社会生活的基本法。民法是所有法律规范中最贴近民众生活、涉及私人行为领域最为广泛的法律部门。一个人从出生到死亡,无不处于民事法律关系之中,或主动依民法规范行事,或被动受民法规则制约。民事法律制度也大多是对民事主体在社会生活中的习惯性做法所作的提炼和总结。因此,民法犹如民众参与社会生活的一本"行动指南",人们按照民法规范合理安排自己的民事生活,并以此为参照预测自身行为的利弊得失。现代社会中,每个民事主体都是追求自己利益最大化的经济理性人,这就要求民法建立一整套公平竞争的市场交易规则,防止一方以剥夺他方利益为代价来追求自己利益的最大化,从而保障交易双方皆从中获利。民法是凡人的法律,不是圣人的法律,不是要求"爱你的邻人",而是要求"勿害他人"。

4. 民法是市场经济的一般法。民法所调整的财产法律关系,基本是围绕市场经济的价值规律进行的:市场经济需要法律确认主体间平等的法律地位,使他们能在平等的条件下进行交易,因而民法建立了民事主体制度;市场交易需要法律确认交易前后商品的归属关系,因而民法建立

---

〔1〕［法］孟德斯鸠:《论法的精神》(下册),张雁深译,商务印书馆1997年版,第190页。

了物权制度;市场交易过程本身需要一定规则,因而民法建立了债权、代理等规则及自愿、平等、诚实信用等原则;市场交易不可避免地会出现一些纠纷,因而民法建立了民事责任制度来解决纠纷。

二、民法与相近法律的关系

(一)民法与商法的关系

商法,亦称商事法,是指调整商事关系的法律规范总称。所谓商事关系是指商事主体在营业过程中所形成的一种特定的社会关系,属于特殊的民事关系。

商事关系在其发展中形成了以下特点:(1)商事关系是平等的商事主体之间的财产关系。(2)商事关系是商事主体基于营利动机而建立的。商事主体的商事活动的目的在于营利,即以追求交易效益的最大、财富的增长为目的。(3)商事关系仅发生在营业之中。营业一般是指商事主体的公开性、营利性、持续性商事活动。因此,从本质上说,商事关系仍为私的社会关系,即广义的民事关系。在现代市场经济条件下,商事关系总是客观存在的,不可或缺的。一国尽管没有一部成文商法典,但实质意义的商法总是存在的。

作为私法中两大领域的民法和商法,其关系从本质上讲就是民商合一或民商分立的问题。所谓民商分立主义,即认为在一国法律体系中,民法与商法为两个独立的法律部门,有独立的民法典和商法典。民商分立为旧制,为19世纪及其以前进行民法编纂的国家所采用,如法国、德国、日本、西班牙、葡萄牙、荷兰、比利时等国。而民商合一主义,是指民法与商法本是同一的,商法不是一个独立的法律部门,在民法之外不另行制定商法典,但通常制定商事单行法。民商合一主义,系19世纪以后的大陆法系国家所采用的立法体例。大陆法系国家和地区的学者普遍认为,民商合一是进步的趋势,特别是对于避免民事法院和商事法院在司法管辖上的争议,意义十分重要。

民法与商法具有本质的同一性。就调整的商品经济关系而言,商法规范不过是民法原则在具体领域中的体现,是民法规范在某些经济活动中心的具体化,商法为民法的特别法;商法调整的对象是民法调整对象的一部分;商法中的基本原则来源于民法;民法中的基本制度是商法的依据。但是二者还是有一定区别:

1. 从主体看,民法的主体是一般的人,商法的主体必须是从事商行为的商人(公司、个体商人等)。

2. 从二者的作用范围和法律规范的特点看,商法是民法的特别法。因而商法有很多为民法所没有的特别规定,这主要表现在以下三个方面:(1)商法可以对民法个别规定进行补充、变更。如关于商法中商事时效、法定利息的规定。(2)对民法中一般制度的特殊化规定。如关于海上运输的有关制度就是对民法债的制度的具体规定;公司法中的法律制度就是对民法中民事主体制度的具体、特殊的规定。(3)创设民法中所没有的特殊制度。如商法中的商号制度、商业账簿、证券发行与上市、海上运输共同海损等规定。

3. 从二者调整的对象看,商法调整的商事关系完全是财产关系,而且均为双务有偿关系。但民法所调整的关系为民事法律关系,既包括财产关系,也包括人身关系。财产关系中既有有偿的,又有无偿的;既有双务的,又有单务的。就财产关系这一点而言,商法调整的商事关系具有营利性这一特征,这也是民法所调整的对象不具有的特征。

4. 从国家公权力约束程度上看,商法中的政府积极干预规范远比民法中的政府干预规范要强得多。换言之,“私法公法化”的趋势最显著的表现就是“商法的公法化”。商法是私法公法化的主要载体。在促成商事主体横向往来的同时,还要关注社会人与国家宏观经济政策对它的影响。

(二)民法和经济法的关系

作为独立法律部门的经济法诞生于20世纪初期。而对经济法概念的理解,则众说纷纭。一般而言,经济法是调整因社会公共利益需要而由国家对经济生活进行干预所产生的社会关系的法律规范的总称,主要包括市场规制法如反垄断法、反不正当竞争法、广告法等,宏观调控法如产业政策法、预算法、税法、会计法、统计法、审计法、价格法等,另外还包括对外经济管制法。民法和经济法都是调整市场经济的基本法,但二者之间的区别是非常明显的。

1. 调整对象有区别。经济法调整的是国家对经济生活干预过程中产生的管理者与被管理者之间的关系,而民法调整的是平等主体之间的财产关系和人身关系。

2. 法的性质有区别。经济法为公法,而民法为私法。经济法体现了国家对经济的管理与干预,它反映了国家的经济政策等的指向,并用法的形式将经济政策固定下来。但民法不直接体现国家经济政策,经济法规定行政权力的运作,授权政府部门运用行政手段干预经济,民法则不规范行政权力,且排斥行政权力在平等主体之间的经济关系中的运作,体现了较高的私法自治的要求。

3. 法本位有区别。经济法以社会为本位,更侧重于对社会公共利益、整体社会经济秩序的保障,而民法以权利为本位,侧重于保障私主体的民事权利。

4. 法律规范的性质有区别。经济法规范主要是强行性规范,要求主体必须遵守,不允许依其意志排除或修改适用。而民法则设置较多的任意性规范,允许民事主体依其自身意志独立自主地产生、变更、终止民事法律关系,允许当事人有充分的意思自由,这是民法区别于其他法律的重要特点。

5. 发生作用的基础有区别。经济法发挥作用时,均为市场机制(自由竞争、价值规律)失灵的时候。换言之,市场机制失灵之时,才是经济法发挥作用之日。在市场机制正常发挥作用时,市场经济关系的法律调整以民法为已足。

(三)民法和劳动法的关系

劳动法是在19世纪初随着资本主义工业的快速发展而形成的。所谓劳动法,是指调整劳动关系以及与劳动关系紧密相连的社会关系的法律规范总称。其内容主要包括:劳动者的主要权利和义务;劳动就业方针政策及录用职工的规定;劳动合同的订立、变更与解除程序的规定;集体合同的签订与执行办法;工作时间与休息时间制度;劳动报酬制度;劳动卫生和安全技术规程;女职工与未成年工的特殊保护办法;职业培训制度;社会保险与福利制度;劳动争议的解决程序;对执行劳动法的监督、检查制度以及违反劳动法的法律责任等。此外,还包括工会参加协调劳动关系的职权的规定。

从法律发展史来看,早期的民事立法大都将劳动合同纳入民事合同范畴进行统一调整。随着劳资双方的对立加剧,劳工问题日益突出,劳资关系日渐紧张,劳动者相对于资本的弱势地位也暴露无遗。为了确保劳动关系的协调发展,使处于弱势地位的劳动者得到有效的保护和救济,就必须冲破民法原有的制度框架,适当引入公共权力对劳资关系进行干预,于是,劳动法逐渐自成体系,从民法中独立出来,成为一个新的法律部门。民法和劳动法具有如下几个方面的区别:

1. 主体不同。民法是以抽象的“人”为规范对象，抽象意义上的民事主体可以是一切自然人、法人，甚至还可以是国家。而劳动法是以具体的“人”为规范对象，劳动关系的主体是用人单位和与之建立劳动关系或劳动合同关系的劳动者，其中用人单位必定是组织而不是个人。

2. 法律关系的性质不同。民事法律关系是平等主体之间的财产关系或者人身关系，一般都具有平等性和有偿性。而劳动关系既具平等性又具隶属性，平等性指的是用人单位与劳动者在地位上是平等的，双方在发生劳动关系时必须在平等的基础上经自愿协商形成劳动关系，但在劳动过程中，劳动者必须遵守劳动组织的内部劳动规则，服从其安排，这就具有了所谓劳动隶属性的特征。

3. 规范性质存在差异。民法规范大多是任意性的，而在劳动法中更多的是强制性规范。在劳动保险、工伤赔偿、集体谈判、工作时间、最低工资标准等方面，法律都设有强制性规定。

4. 纠纷解决机制不同。民事争议除当事人协商解决以外，一般要由人民法院和仲裁机关解决。而因劳动关系而发生的争议，主要由劳动行政部门以及劳动组织来解决，而出现劳动争议以后，必须先由有关机构调处、仲裁，这与普通民事纠纷的解决机制是不同的。在劳动工伤事故发生以后，大多通过劳动保险作出赔偿，而非主要以民事赔偿的办法来解决。

所以，实际上劳动法根植于民法，又超越了民法，因此可以认为，劳动法属于私法的特别法。劳动法对劳动者和用人单位之间的关系未作专门规定的，应当参照民法的有关规定。

（四）民法和社会保障法的关系

社会保障法是调整劳动保障、社会保障与社会福利关系的法律规范的总称。它主要包括劳动保障法、社会福利法、工会法等。近些年来，不少学者将社会保障法归位为社会法。民法与社会保障法具有区别：

1. 调整的法律关系不同。民法调整平等主体之间的人身关系与财产关系，主体地位平等。而在社会保障法律关系中，既有主体一方为行政机关的法律关系，又有双方主体都不是行政机关的法律关系。

2. 性质不同。民法是私法，调整的是私人之间的利益；规则更多表现为任意性色彩。而社会保障法是处于公法与私法中间的法律部门，属于社会法的范畴，调整的主要是社会利益；规则更多地表现为法定性与强行性。

3. 调整的原则不同。民法调整的是私法自治原则、过错责任原则。因社会保障法具有救济的性质，就不能完全适用民法的这些基本原则。

4. 所要实现的目标不同。民法主要调整的是民事主体参与市民生活所应当享有的各种权利。社会法主要以保护公民的生存权为目标，即实现社会保障的根本目的就是使公民获得基本的生存条件。

（五）民法和刑法的关系

刑法是规定什么行为是犯罪，并给犯罪人以何种刑罚处罚的法律。刑法的功能是预防犯罪和打击犯罪，在于通过公法的手段维护社会秩序。民法与刑法的一个共同点是都保护民事主体的合法权益不受侵犯。一方面，刑法禁止其发生以及继续发生侵害行为，并认可被害人对已遭受的损失所主张的赔偿，从而来保护被害人的权利、利益；另一方面，刑法通过处罚侵害者来间接地保护被害人的权益。

1. 民法与刑法的区别

（1）性质不同。民法是私法，刑法属于公法。

(2)救济途径不同。民法允许私力救济、自我救济,以恢复原状为救济的最高目标。而刑法实行的是公力救济,救济的是秩序,间接达到保护民事权利的目的。

(3)责任性质不同。民事责任属于私法责任,刑事责任属于公法责任。私法责任以功利性为基础和特征,与私法责任相适应的是补偿形式的法律后果;公法责任以道义为基础和特征,与公法责任相适应的是惩罚形式的法律后果,表现出明显的道德评价标准。

(4)二者解释的指导标准不同。民法的解释服务于民事纠纷的解决和妥当处理,其解释空间和弹性往往较大,而刑法的解释要严格遵循罪刑法定的标准。

2. 民法与刑法的联系

(1)民法的制度是刑法相关制度中确定罪与非罪的基础。如民法的先占制度,是确定侵占罪的基础。

(2)处理民刑法律冲突时,确立了民事责任优先承担原则。即民事主体因同一行为应当承担民事责任、行政责任和刑事责任的,承担行政责任或者刑事责任不影响承担民事责任。民事主体的财产不足以支付所有责任的,优先用于承担民事责任。

(3)在对刑罚的处理上,一些民法的规则也能够得以适用。如刑罚的处理中辩诉交易就吸收了民法中的契约思想。

(六)民法和行政法的关系

行政法是调整因国家行政权力行使而形成的管理性社会关系的法律规范的总称。民法属于私法,行政法属于公法。

1. 民法与行政法的关系

(1)规范的法律关系不同。民法规范调整的是主体平等的民事法律关系。而行政法规范主要调整的是国家公权力与个人的服从、命令与被服从、被命令之间的法律关系。

(2)调整方法不同。由于民法以私法自治为原则,民法的调整方法多具有任意性。而行政法以权力法定为原则,行政法多为强行法,其调整方法一般不允许第三人通过协商来改变法律的规定。

(3)行政权力和民事权利的性质不同。一方面,行政机关所享有的行政权是由国家授予的,直接体现着国家的意志和利益,它既不能任意抛弃,也不能随便转让,更不能作为权益继承。而民事权利一般是与权利人本身的意志和利益相联系的,大多数民事权利可以依法由权利人抛弃、转让和继承。另一方面,行政权本身具有国家强制性。当主体另一方不履行法定义务,妨碍国家行政机关行使行政权时,行政机关可依据其权力,强制义务人履行义务。而在民事关系中,当义务人不履行义务时,权利人一般只能通过民事诉讼程序请求司法机关处理和解决纠纷,促使义务人履行义务。

(4)制度安排的内容不同。民法中的规范,其建构模式是“权利—义务—责任”,该种规范的建立更多的是考虑行为或者责任的类型划分——违约还是侵权;制度的构建更多是为民事主体采取何种方式从而实现自己的利益。而行政法规范与此不同,更多的是禁止某些行政行为的作为或者不作为,建构模式为“权力—义务—责任”。因为该种规范的安排承载了国家利益与社会利益。行为人只要违反这些行政法规范,就需要承担公法上的责任。

2. 民法与行政法的联系

(1)现代民法中在民事权利的实现方面具有越来越多的行政性规范。如不动产登记行为、婚姻登记行为、商事登记行为等。《民法典》物权编中还有不动产征收、征用的规定等，这些内容是行政法规范在民法中的体现。

(2)现代行政法中民法规范也在逐渐增多。随着现代福祉国家的出现，行政权力范围内的活动如服务性行政、给付性行政中也有不依靠行政权力来作用的，这些就表现为民法中相关规范来对此进行调整。

(3)行政法也对民事权利予以保护。如《土地管理法》中确定的土地纠纷的行政处理制度，即明确了行政机关的民事权利保护职能。

三、民事法律关系

(一)民事法律关系的含义与特征

所谓民事法律关系，是指平等主体之间经由民事法律规范调整所形成的以民事权利和民事义务为内容的社会关系。从概念位阶上说，民事法律关系是法律关系的下位概念，同时也是民事关系的下位概念(见图0－1)。民事关系是指法律未对其进行任何评判的、平等主体之间发生的财产关系和人身关系。民事关系包括了民事法律关系和民事非法律关系。

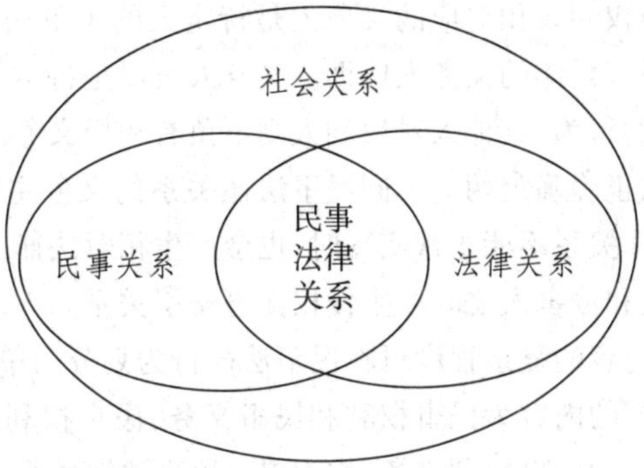

图0－1　民事法律关系与其他社会关系的关系

民事法律关系的特征主要有三点：

1. 主体地位的平等性。民事法律关系是平等主体之间的法律关系，因此其主体只能是自然人、法人或其他组织，也即社会普通成员。政府、法院等公权力机关参与到民事法律关系中，也只能以法人身份参与，不得以公权谋私利。换言之，民事法律关系只能由当事人平等自主、协商一致地进行，任何一方不得凌驾于另一方之上。

2. 民法调整性。在社会生活中，民事主体为了满足自身的需要，必须从事一定的社会活动，在当事人之间发生各种关系。这些社会关系中，并非所有的社会关系都受法律调整，有很多社会关系，如恋爱关系、朋友关系都不受法律的调整。另外，也并非所有的法律关系都属于民事法律关系。只有那些由民事法律规范调整的社会关系，才属于民事法律关系。

3. 内容为民事权利和民事义务。民事法律关系的内容，就是通过民法调整平等主体之间的财产关系和人身关系而形成的民事权利和民事义务。以民事权利和民事义务为内容，正是民事法律关系与其他法律关系的重要区别。

(二)民事法律关系的分类

1. 根据民事法律关系的内容是否直接具有财产利益可以分为财产法律关系和人身法律

关系。

财产法律关系,是指以财产为内容的法律关系,包括财产归属和流转而形成的法律关系。物权法律关系、债权法律关系属于财产法律关系,房屋所有权关系、合同关系都是典型的财产法律关系。

人身法律关系,是指与人身不可分离,以人身利益为内容不直接体现财产利益的民事法律关系。其显著特征有二,一是与主体的人身不可分离,二是不直接具有财产内容。人格权法律关系、亲权法律关系等属人身法律关系。继承权法律关系是基于人身法律关系而形成的财产法律关系。

其区分意义是:财产法律关系的主体通常可以转让自己的权利,而人身权法律关系的主体通常不能转让自己的权利。再者,财产法律关系受破坏时,主要以财产责任加以保障;而人身法律关系受破坏时,主要以非财产责任加以保障。

2. 根据义务主体范围是否特定可将民事法律关系分为绝对法律关系和相对法律关系。

绝对法律关系,是指权利人特定,而义务人是其他一切不特定人的法律关系。在这种法律关系中,权利人无须义务人的协助,即可直接行使和实现其权利;义务人则是一切不特定的人,其义务一般表现为消极的不作为,即不得实施任何妨碍权利人行使和实现权利的行为。如物权法律关系、知识产权法律关系、人格权法律关系等。

相对法律关系,是指与权利人相对应的义务人是特定人的民事法律关系。在这种法律关系中,权利人实现其权利必须有具体的义务人协助。义务人可以是特定的一人或数人,其所承担的义务一般是实施某种积极的行为,其他人对权利人则不负有积极义务。如债权法律关系。

其区分意义在于,可以正确确定两类不同民事法律关系的义务主体范围以及义务主体所承担义务的性质。在绝对法律关系不能正常实现时,也会产生相对法律关系,例如所有权和人身权受到侵害时,就会在权利人和侵害人之间产生侵权损害赔偿关系。

3. 根据民事法律关系内容的复杂程度可将民事法律行为划分为单一民事法律关系和复合民事法律关系。民事法律关系的内容为民事权利和民事义务,民事权利与民事义务相对应。有的民事法律关系只有一组对应的民事权利义务,称为单一民事法律关系,如房屋所有权关系中只有所有人的权利与非所有人的义务这一相对应的权利义务。有的民事法律关系,具有两组以上的对应权利义务,称为复合民事法律关系,如买卖法律关系。这种区分的意义主要在于妥当确定当事人的权利义务。

(三)民事法律关系的构成要素(见图0-2)

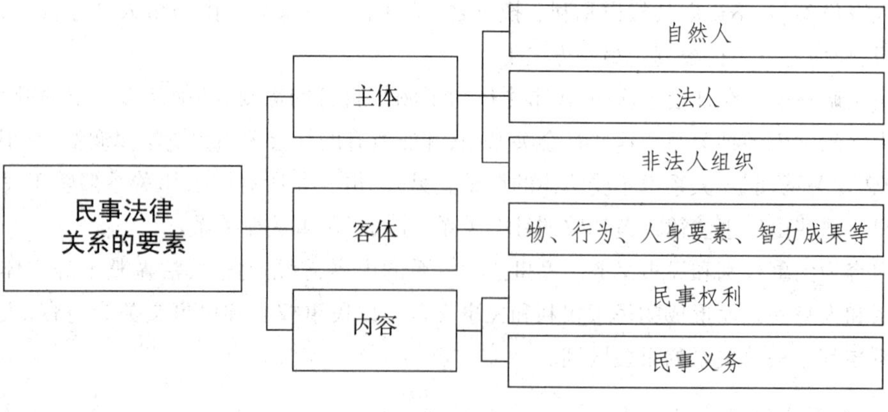

图0-2　民事法律关系的要素

1. 民事法律关系的主体

民事法律关系的主体，简称民事主体，是指参与民事法律关系，享有民事权利、承担民事义务的人。参加民事法律关系的人通常称为当事人，其中享有权利的一方称为权利主体，负有义务的一方称为义务主体。我国《民法典》总则编中规定的民事主体有自然人、法人以及非法人组织。

在民事法律关系中，权利主体与义务主体的组合十分复杂。有的民事法律关系只有两方主体参加，如买卖合同关系只有出卖人与买受人两方；有的民事法律关系则有三方以上的主体参加，如合伙经营关系。就主体是否特定而言，有的民事法律关系的权利主体与义务主体都是特定的人，如债权关系；有的民事法律关系，权利主体是特定的人，而义务主体则是不特定的人，如物权关系、人身权关系等。

2. 民事法律关系的客体

民事法律关系的客体，是指民事法律关系的主体享有的民事权利和承担的民事义务所指向的对象。通常认为，民事法律关系的客体主要有：物、行为、人身要素、智力成果等。从我国实际情况看，在一定条件下，权利也是民事法律关系的客体。民事法律关系因种类不同，可以有不同的客体，因此，对于民事法律关系的客体不能一概而论。物权的客体是物（但担保物权的客体除物以外，还可以是权利）。债权的客体是债务人的特定行为，即给付行为。人格权的客体，为人格要素。身份权的客体为身份要素。知识产权的客体是智力成果。

3. 民事法律关系的内容

民事法律关系的内容即民事主体所享有的民事权利和所承担的民事义务。

民事权利即民事主体享有的私权利的总称，它是与公法上的公权力相对应的法律概念。关于权利的定义，学者间见仁见智。〔2〕 这些探讨各有其合理性。我们认为，权利的内容为利益，权利的实现需要得到法律的保障；对其主体的行为而言，权利仅为一种行为的范围或者行为的自由度。因此，民事权利是指由法律保障民事主体实现其民事利益的自由，即受法律保障的、民事主体实现其民事利益的行为范围。对于民事权利的详细介绍，将在第一编第五章具体展开。

民事义务是民事权利的对称，是指民事法律关系的义务主体为满足权利主体受法律保护的利益，依法应当为一定行为或不为一定行为的约束。

民事义务具有以下特征：（1）义务在内容上表现为不利益；（2）义务在法律性质上表现为意志拘束，它要求义务人必须为之，而不得擅自拒绝或变更；（3）义务具有法律约束力，义务人必须履行，若不履行，法律将苛以相应法律责任强制其履行或要求其赔偿；（4）义务并非对义务人人格的拘束，义务人人格并不因义务的承担而受影响，其和权利人依然处于平等的地位。

（四）民事法律关系变动的原因——民事法律事实

任何社会关系总是在不断发展变化着，民事法律关系亦不例外，总是处在不断地产生、变更、消灭的运动变化之中。而引起民事法律关系产生、变更和消灭的原因，即为民事法律事实。

1. 民事法律事实的特征

（1）民事法律事实是一种客观现象。客观现象是指已经存在的事实状态，可由自然原因或人的行为形成。譬如，在人的某种欲订立合同的想法未表露于外部时，就只能作为人的主观意识，不能成为民事法律事实。

---

〔2〕 沈宗灵主编：《法理学》，北京大学出版社2000年版，第100～104页。

(2)民事法律事实是一种符合民事法律规定、能引起民事法律后果的客观现象。不是任何事实都能成为民事法律事实。例如,签订买卖合同,当事人之间因而发生的财产关系是平等主体之间的财产关系,因此订立买卖合同这个事实是民事法律事实。税务机关向纳税人征税,属于税法关系,不引起民事法律关系的发生、变更或消灭,因而征税不是民事法律事实。对友谊关系、非常远的血亲关系或姻亲关系,法律不调整,基于此类关系发生的事实不是民事法律事实。有些客观现象,如日出日落、刮风下雨、寒来暑往等,以及人的某些活动如散步、读报、起床、睡觉,均不能引起民事法律关系产生、变更和消灭,因此不能成为法律事实。

2. 民事法律事实的体系

如何对民事法律事实进行妥当地类型区分,学界存在多种不同观点。但无论采取何种分类方法,均不影响具体民法制度的设计和适用。民事法律事实可以分为行为和事件两类(见图0－3)。

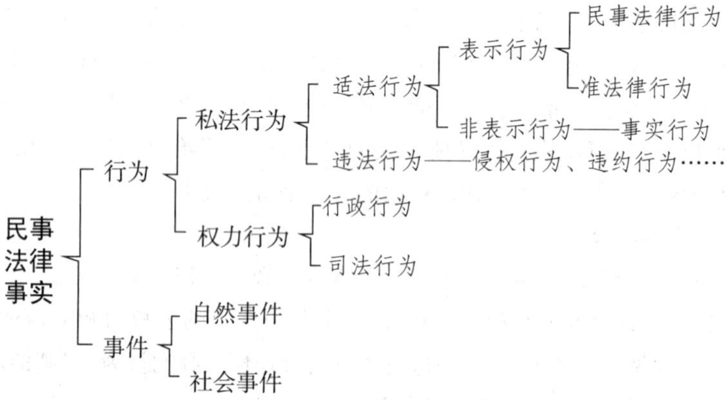

图0－3　民事法律事实的体系

传统民法认为,行为是人的有意识的活动。现代民法倾向于认为,行为即人的身体动静。人们的活动十分广泛,有的行为民法不予调整,例如情谊行为等。民事法律事实中的行为,是指那些能够产生民法上效果(使民事法律关系产生、变更和消灭)的行为。

(1)民事法律事实中的行为可以分为私法行为和权力行为。私法行为,是指具有民事性质,且能产生民事法律后果的行为。权力行为,即行政与司法行为,此处仅指依法发生民事法律后果的那种行政权力主体实施的行政管理行为、执行行政命令的行为,或者是司法权力主体的审理裁判行为。例如国家财政机关向机关法人按预算拨款、法院裁决某项财产归原告或归被告所有。

(2)私法行为根据是否符合民事法律规范的规定为标准,可以区分为适法行为和违法行为。适法行为是指符合民事法律规范,或至少不违反民事法律规范,且能够产生民法效果的行为。其可以进一步区分为表意行为和非表意行为。表意行为是包含民事主体意思表示的行为,包括民事法律行为和准法律行为。民事法律行为,是指以行为人意思表示为要素,能够产生该意思表示所希望的民事法律效果的行为,是最大量地产生民事法律关系的法律事实。准法律行为,是指民事主体虽具有一定的意思表示,但其法律效果的发生非基于表意人的表意行为,而是基于法律规定的行为,包括意思通知、事实通知和感情表示。非表意行为则通常指事实行为,即行为人不具有设立、变更或消灭民事法律关系的主观意图,但依照法律规定能够引起民事法律后果的行为,例如创作行为、无因管理行为、添附行为、合法建造或拆除房屋等行为。而违法行为则是指不符合或违反民事法律规范的行为,其也能产生一定的私法效果,例如侵权行为、违约行为等。

(3)民法上所称的事件,是指人的行为之外的能够引起民事法律关系设立、变更或消灭的一切客观情况。事件的发生有两种情形:一是不依人的意志为转移而出现的客观过程,如人的出生、成长、患病、丧失行为能力或劳动能力、自然死亡以及物的自然变化、自然灾害、天然孳息、时间的经过等;二是当事人以外的其他人的活动造成的事件,如战争、社会大动荡。某种客观情况的持续,如人的下落不明、精神失常,对物继续占有,权利继续不行使,战争状态、封锁禁运,亦属于事件的范畴。

关于民事法律事实,还有一个重要的概念就是民事法律事实构成。民事法律事实构成,是指能引起民事法律关系产生、变更、消灭的几个法律事实的总和。通常情况下,一个法律事实足以构成一个民事法律关系产生、变更、消灭的原因,但在某些情况下,须具备几个法律事实作为原因,才能使一个民事法律关系产生、变更或消灭。例如,在遗嘱继承情况下,继承关系的发生,有赖于被继承人死亡、被继承人留有遗嘱、继承人接受继承三个法律事实。

四、中国民法的历史演进

中华民族的历史源远流长,不同时期涌现出许多灿烂的文明成果,在法学和立法方面也颇具特色。在漫长的奴隶制社会和封建制社会中,曾涌现出许多杰出的法典。受制于特定历史时期的政治、经济和文化传统,中国古代社会中的法律制度逐渐形成了“诸法合体,民刑不分”的基本格局和“礼法融合”的制度特色。因此,中国古代社会中不存在近现代意义上的民法。所谓近现代意义上的民法是建立在平等和自由观念基础上的以权利和义务为内容的法律制度,而在两千多年的封建社会中,专制主义占据主导地位,阶级划分和特权思想至上,近现代意义上的民法没有生长的土壤。尽管中国古代的法律制度中也有涉及户籍、婚嫁、钱债等内容的规定,但这些规则要么附属于刑法规范,要么属于“礼”的范畴。因此,近现代意义上的民法并非根植于本土,而是自清末时期从外国移植来的法律制度,属于舶来品。

早在20世纪初,腐朽落后的清政府面临内忧外患的政治局面就意识到了要学习西方先进的法律制度,并于1910年底起草完成了《大清民律草案》,这是我国最早的一部官方编纂的民法典草案,系以《德国民法典》和《法国民法典》为蓝本,由总则、债权、物权、亲属、继承这五编内容构成。但由于1911年10月爆发辛亥革命,清政府的统治被推翻,这部《大清民律草案》还未正式颁布生效就夭折了。但这次立法实践进行了有益的探索,系统地将德国、日本民法中的许多概念和制度原理引进了中国,为后续的民法发展奠定了一定的基础。

1925年至1926年北洋政府时期编纂了《民国民律草案》,该草案就是在《大清民律草案》基础上进行的增删改补,但由于时局和多方面原因,这部草案最终也未能正式颁行。直到1929年南京国民政府成立后再次启动法典编纂活动,并于1930年编纂完成《中华民国民法》,成为我国近代法制史上唯一一部正式颁行的民法典。

1949年中华人民共和国成立后,在全新的政治格局和社会状况下,《中华民国民法》在我国大陆被明令废除,但在我国台湾地区继续生效。

1950年5月1日,作为我国首部民事单行法的《婚姻法》正式实施,其基本功能是废除封建主义的婚姻制度,建立新的婚姻家庭制度,发挥安定社会和保障人权的作用。

此后,我国分别于1954年、1962年、1979年、2002年四次组织民法典编纂。但囿于当时社会经济、政治、理论等条件的制约,民法典一直未能编纂成功。具体历程如下:1954年,中华人民共和国第一部宪法的颁布为民主法制建设奠定了基础,全国人大常委会很快将民法典的立法工作提上日程。经过两年多的紧张工作,1956 年 12 月,中华人民共和国第一部民法典征求意见稿成形,但随之而来的"整风""反右"运动导致了这次立法活动的中止。1962 年,经济建设逐渐复苏,民法典的起草工作又被提上议程,后来由于"文化大革命"运动,民法典的起草工作又一次被中断。1978 年 12 月,中国共产党召开十一届三中全会,会议提出要把全党工作重点转移到社会主义现代化建设上来,并强调了社会主义法制建设的重要性。在这一指导思想下,第三次民法典起草工作拉开了序幕。由于当时我国改革开放和经济建设刚刚起步,在短期内起草一部完善的民法典的条件尚不够成熟,但社会经济的发展却又迫切需要民事立法的调整,因此全国人大常委会决定按照"成熟一个、解决一个"的方针解决民事领域的立法问题。后来就有了 1985 年的《继承法》。1986 年 4 月 12 日又通过了《民法通则》,这部法律一共有 156 个条文,规定了主要民事领域的一般规则,为我国后续的民事立法活动奠定了基础,是我国民事立法史上具有里程碑意义的一部法律。

随着中国经济的高速发展,民事法律制度的立法活动以雨后春笋之势迅速涌现。1991 年通过了《收养法》,1995 年通过了《担保法》。1999 年通过了《合同法》(取代了 1981 年《经济合同法》、1985 年《涉外经济合同法》、1987 年《技术合同法》)。

2001 年,第九届全国人民代表大会常务委员会组织起草了《民法(草案)》,并于 2002 年进行了一次审议,经讨论仍确定继续采取分别制定单行法的办法。其后,我国于 2007 年通过了《物权法》,2009 年通过了《侵权责任法》。

2014 年 10 月,《中共中央关于全面推进依法治国若干重大问题的决定》提出"加强市场法律制度建设,编纂民法典"。2015 年 3 月,民法典的编纂工作正式确定,由全国人大常委会法制工作委员会负责,由最高人民法院、最高人民检察院、国务院法制办公室、中国社会科学院和中国法学会五家单位共同参与民法典编纂工作。编纂民法典是一项复杂的系统工程。根据党中央的决策部署,全国人大常委会明确了"两步走"的编纂工作计划:第一步出台民法总则;第二步编纂民法典各分编,并将修改完善的各分编草案同民法总则合并为完整的民法典草案,由全国人大常委会提请全国人民代表大会审议。按照这一编纂思路,2017 年 3 月 15 日,第十二届全国人民代表大会第五次会议表决通过了《民法总则》。2020 年 5 月 28 日第十三届全国人民代表大会第三次会议表决通过了《民法典》,并于 2021 年 1 月 1 日起施行。

《民法典》一共由七编构成,依次为总则编、物权编、合同编、人格权编、婚姻家庭编、继承编、侵权责任编,法典共 1260 个条文,总计 10 万余字,是中华人民共和国立法史上首部以"典"命名的法律,也是中华人民共和国成立以来条文字数最多的一部法律。《民法典》的编纂既不是对以往民事法律制度的推倒重来,也不是将以往民事单行法进行简单汇编,而是在科学立法、民主立法、依法立法理念下对民法制度的系统化整合与创新。

至此,中华人民共和国民法典编纂实践已经走过了百年历程。

思考题

1. 如何理解民法的性质?
2. 简述民法与商法的关系。
3. 简述民法与经济法的关系。

4. 简述民事法律关系的含义与类型区分。
5. 简述民事法律关系的构成要素。
6. 简述民事法律事实的类型区分。

阅读指引

关于中国民法典编纂历史进程的梳理

1. 王立民:《中国百年民法典编纂历程与启示》,载《法学》2020 年第 10 期。
2. 王轶:《中国民法典的前世今生》,载《群言》2020 年第 3 期。

关于民法与其他邻近部门法关系的详细论述

1. 李昌麒、岳彩申、叶明:《论民法、行政法、经济法的互动机制》,载《法学》2001 年第 5 期。
2. 薛军:《"民法—宪法"关系的演变与民法的转型——以欧洲近现代民法的发展轨迹为中心》,载《中国法学》2010 年第 1 期。
3. 邱本:《重思民法与经济法的关系——写在中国民法典制定之际》,载《社会科学战线》2012 年第 4 期。
4. 王轶、关淑芳:《民法商法关系论——以民法典编纂为背景》,载《社会科学战线》2016 年第 4 期。
5. 刘凯湘:《剪不断,理还乱:民法典制定中民法与商法关系的再思考》,载《环球法律评论》2016 年第 6 期。
6. 韩大元:《宪法与民法关系在中国的演变——一种学说史的梳理》,载《清华法学》2016 年第 6 期。
7. 陈兴良:《民法对刑法的影响与刑法对民法的回应》,载《法商研究》2021 年第 2 期。

关于民事法律关系的内容构成与民事法律事实的类型区分

1. 申卫星:《对民事法律关系内容构成的反思》,载《比较法研究》2004 年第 1 期。
2. 韩光明:《论民事法律关系的内容构建:一个基本概念的范式分析》,载《比较法研究》2009 年第 5 期。
3. 王轶:《论民事法律事实的类型区分》,载《中国法学》2013 年第 1 期。

关于我国民法典的中国特色及其当代价值

1. 申卫星:《中国民法典的品性》,载《法学研究》2006 年第 3 期。
2. 张文显:《中国民法典的历史方位和时代精神》,载《经贸法律评论》2018 年第 1 期。
3. 许中缘:《政治性、民族性、体系性与中国民法典》,载《法学家》2018 年第 6 期。
4. 王利明:《彰显时代性:中国民法典的鲜明特色》,载《东方法学》2020 年第 4 期。
5. 孟勤国:《中国民法典的历史价值》,载《甘肃政法大学学报》2020 年第 5 期。

第一编　总　则

本编参考书目

第一章　基本规定

第一节　民法的宗旨和调整对象

一、民法的立法目的

立法目的是指制定一部法律所期望达到和实现的目标和主观愿景。我国《民法典》第1条开宗明义地指出，民法的立法目的是保护民事主体的合法权益，调整民事关系，维护社会和经济秩序，适应中国特色社会主义发展要求，弘扬社会主义核心价值观，根据宪法制定本法。

1. 保护民事主体的合法权益是民法的首要目标。民法是公民民事权利的宣言书，《民法典》就是为了更科学、更全面、更合理地保障民事主体的民事权利。民事权利的实现使民事主体能够按照自己的意愿参与社会活动，从而实现社会的自治和繁荣。

2. 调整民事关系是民法的应然面向。部门法的划分即是以调整对象和调整手段为标准，民法以调整民事关系为目标，即平等主体之间的人身关系和财产关系。民事关系类型之丰富，涉及范围之广泛，是所有法律关系之最，民法将这一社会关系纳入调整范围是社会发展的必然需要。

3. 维护社会和经济秩序，适应中国特色社会主义发展要求是民法的重要功能。民法是市场经济的一般法，在规范产权制度、保护合法财产、维护交易秩序及安全方面，发挥着不可替代的作用。

4. 弘扬社会主义核心价值观是民法的精神追求。富强、民主、文明、和谐、自由、平等、公正、法治、爱国、敬业、诚信、友善是社会主义核心价值观的具体内容，其包含了我国社会主义现代化国家的建设目标、对美好社会的生动表述和公民基本道德规范。民法制度的构建和实施均是其具体体现。

二、民法的宪法依据

宪法是我国的根本大法，也被称为“母法”，其他法律被称为宪法的“子法”。我国立法法规定，宪法具有最高的法律效力，一切法律、行政法规、地方性法规、自治条例和单行条例、规章都不得同宪法相抵触。《民法典》第1条规定，根据宪法制定民法，即明确了宪法是《民法典》的立法依据。民法的宪法依据主要体现在三个方面：

1. 民法典的规定必须体现宪法精神，落实宪法的要求。任何违背宪法的民事法律制度都是无效的。

2. 民法典的实体内容应当落实宪法的原则和要求。我国的宪法规范不能作为处理民事纠纷的具体裁判依据。[1] 因此,《宪法》中规定的公民基本权利的保障和落实,有赖于民法具体制度的构建。例如,《民法典》通过物权制度和继承制度的构建,将宪法的规定予以落实;通过人格权制度将"中华人民共和国公民的人身自由不受侵犯、人格尊严不受侵犯"的规定予以实现。

3.《民法典》编纂的立法程序也必须符合宪法关于立法制度和程序的规定。

三、民法的调整对象

我国《民法典》第2条以法律的形式明文规定了民法的调整对象为:平等主体的自然人、法人和非法人组织之间的人身关系和财产关系(见图1-1-1)。

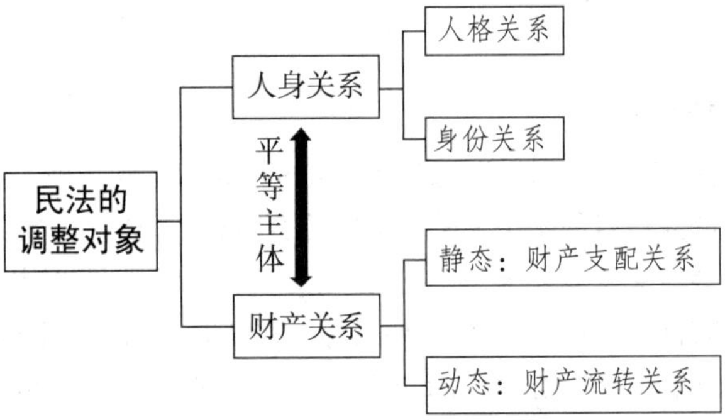

图1-1-1　民法的调整对象

(一)平等主体之范围

所谓平等主体,是指不具有隶属或管理关系的主体。其具有以下几个特征:(1)法律地位平等,即主体地位平等,没有等级和身份之区分,彼此互不隶属。(2)主体意思自主,即每个主体具有自由的意志,独立自决,不存在强制服从关系。(3)权利义务一致,即每个主体既享有权利,也承担相应义务,权利义务对等一致。所谓的不平等主体,主要发生在行政机关的上下级之间以及单位内部事务的执行上,下级只能服从上级。这种主体间的不平等主要表现在于该法律关系中,有一方意志不自由、不独立,因而不能自主决定自己的事务,不能与对方协商、谈判、达成合意,而是往往被迫接受另一方的意思或决定。

实践中,对平等主体的认识应注意以下几点:

1.在缔结合同时的附合性并不否定当事人的平等地位。如采用格式合同或格式条款签订合同时,接受合同的一方往往丧失协商的机会,只有接受或拒绝的选择权;这在一定意义上说,其意志是"不自由"的。但我们不能因此否定其主体平等性。这种谈判地位上的不平等,往往是通过法律干预加以校正,以保护弱者的利益。

2.政府具有双重角色。当其以民事身份出现时,与法律关系的相对人地位平等,不具任何特权,如政府采购。

3.在企业组织中,每个成员地位和身份都平等,只是在执行内部事务上,下级服从上级。

4.在许多身份法律关系中,会存在当事人地位事实上不平等的情形。如父母子女间,未成年

---

[1] 最高人民法院《人民法院民事裁判文书制作规范》(法〔2016〕221号)关于裁判文书"正文"中"裁判依据"第4条规定:"裁判文书不得引用宪法和各级人民法院关于审判工作的指导性文件、会议纪要、各审判业务庭的答复意见以及人民法院与有关部门联合下发的文件作为裁判依据,但其体现的原则和精神可以在说理部分予以阐述。"

子女“讨价还价”的能力弱于父母。夫妻间也会因收入差异导致内部决策权的失衡。但这并不影响我们在法律上将之视为平等主体。

(二)民法调整的平等主体之间的人身关系

人身关系是指与人身不可分离、以人身利益为内容、不直接体现财产利益的社会关系。人身关系包括人格关系和身份关系。人格关系又分为自然人的人格关系、法人的人格关系及非法人组织的人格关系。自然人的人格关系是自然人基于其生命、健康、姓名、肖像、名誉、荣誉等人格要素而发生的社会关系;法人及其他组织的人格关系是指法人及其他组织基于其名称、名誉、称号、荣誉等人格要素而发生的社会关系。

身份关系是以特定的人身利益为内容的社会关系。从广义上说,身份关系也分为自然人的身份关系和法人及其他组织的身份关系。自然人的身份关系是以自然人在婚姻关系、血缘关系、亲属关系以及社会活动中所形成的地位状况为内容的社会关系。法人及非法人组织的身份关系是指法人及非法人组织因其性质及其在组织隶属关系中的地位状况而形成的社会关系。但在传统民法中,身份关系仅指自然人以亲权、配偶权、亲属权等为内容的社会关系。

人身关系主要由民法来调整,但其他法律部门也调整人身关系,民法只调整平等主体之间的人身关系。民法调整的人身关系具有以下特征:

1. 主体地位平等。民法调整的人身关系主体之间地位完全平等,没有隶属关系。每个民事主体都享有独立的人格利益,同时应当尊重他人的人格利益。不同类型的身份关系有不同的内容,每个具体身份关系的当事人双方权利义务不同,但地位仍然平等。关于法人及非法人组织的身份关系,我们认为在民事活动中不应该存在,即各种社会组织在民事领域内应还原成平等地位的主体,不存在身份上的差异。但我国一些民事立法仍采用主体立法方式,即按所有制形式不同规定所有权制度与企业制度。

2. 与人身不可分离。人身关系是基于人身利益而发生的关系,离开了人身就不会发生人身关系。民事主体所享有的人身权利,除法律另有规定的外,是不能以任何方式转让的,也无从继承,一般也不得任意放弃或剥夺。

3. 不直接体现财产利益。人身关系以特定的精神利益即人格与身份利益为内容;人格与身份不是财富,不能给当事人直接带来经济利益。但是,人身关系可以转化为财产利益,例如企业名称可以依法转让,从而获得财产。有些人身关系是取得某种财产利益的前提,如作者的身份是作者取得稿酬的前提,特定的亲属身份是继承死者遗产的前提。

(三)民法调整的平等主体之间的财产关系

财产关系即主体之间基于财产而形成的社会关系。关于财产的概念,学界众说纷纭,莫衷一是。民法学界的普遍观点是,财产之所以作为财产,必须具备下列条件:(1)满足人的某种需要,即具有经济价值;(2)能够为人力所支配;(3)不属于自然人的人格,但劳动力除外。财产可分为有形财产和无形财产(主要指知识财产);也可分为积极财产(包括物、智力成果、物上利益、债权)、消极财产(仅指债务)和总合财产(如法人的财产、合伙的财产)。因此,总体上说,财产是具有经济价值的有体物、智力成果和利益。

根据民法所调整的财产关系的内容不同,可将财产关系划分为静态的财产关系和动态的财产关系。静态的财产关系,即财产支配关系,是指民事主体因对财产的占有、使用、收益、处分而发生的社会关系。静态财产关系的典型是物权关系和知识产权关系。因此,静态的财产关系不完全等同于财产所有关系。在传统民法上,静态财产关系也称为财产归属关系。动态的财产关系,又称财产流转关系,是指财产从一个主体向另一个主体移转时所发生的社会关系。动态财产关系既可能因私人事务而发生,也可能因国家公共事务而发生(如征税、征收、罚款、没收等而发生的财产关系),后者的主体之间不具平等性;所以,可以由民法调整的动态财产关系包括:(1)商品交换关系;(2)投资及盈利分配关系;(3)劳动工资及劳动保险关系;(4)遗产继承关系;(5)扶养关系;(6)损害赔偿关系。除损害赔偿关系具有一定的国家强制性外,其他的动态财产关系均以主体自愿为前提。

第二节 民法的基本原则

一、民法基本原则的功能与体系

民法基本原则,是指效力贯穿于民法始终的基本准则,是对民事立法、民事行为和民事司法具有普遍指导意义的基本准则。民法基本原则是民法调整的社会关系和民法观念的综合反映。民法基本原则的功能主要表现为以下三个方面:

1. 民法基本原则具有指导功能。民法基本原则的功能突出表现在它的指导性。民法基本原则对民事立法、民事行为和民事司法均有指导意义。

2. 民法基本原则具有约束功能。民法基本原则对民法立法、民事行为和民事司法有约束力,无论是在立法、司法还是守法活动中,均受到民法基本原则的制约,违背民法基本原则将产生不利后果。

3. 民法基本原则具有补充功能。民法基本原则在民事法律规范中处于指导和统率的地位,但是通常在民事法律规范有具体规定的情况下,必须适用具体规定,不能直接适用民法基本原则。

我国《民法典》,从立法的层面确立了民法的七项基本原则:民事权益受法律保护原则、平等原则、意思自治原则、公平原则、诚实信用原则、公序良俗原则、绿色原则。这几项基本原则相互之间具有体系上和逻辑上的内在关联,平等原则是民法的根本性原则,脱离平等原则这一基石谈其他原则,是不切实际的。建立在平等原则之上,自愿原则是民事主体实现行为自由的基础性原则,最能体现民法意定主义的调整模式,体现私人自治的精神和品格。但自愿并不是无限度和无节制的,因而需要公平原则对其进行补充,需要诚实信用原则、公序良俗原则、绿色原则对其进行必要地限制,从而协调好个人利益与国家利益、社会公共利益之间的关系。

二、我国民法的基本原则

(一)民事权益受法律保护原则

民事权益受法律保护原则,即传统民法上的权利神圣原则。

所谓权利神圣,是指权利不受非法限制和剥夺。《民法典》第 3 条明文规定:“民事主体的人身权利、财产权利以及其他合法权益受法律保护,任何组织或者个人不得侵犯。”

民事权益受法律保护原则的主要表现为以下内容:一是民事主体享有广泛的民事权利。二是民事主体不仅享有广泛的权利,而且享有合法的其他利益。尽管法律不能对民事权利进行全部确认,但在民事权利之外,只要法律不加以禁止,公民就应该享有其他合法利益。三是民事主体的合法民事权益不受任何人和任何机关的非法干涉和侵犯,不法侵害人必须依法承担民事责任。四是民事权利被侵害时,受害人有权依法向法院起诉,请求保护,并得到满足,法官不得以法无明文规定而拒绝审判。

(二)平等原则

平等原则,是指民事主体享有独立、平等的法律人格,在具体的民事法律关系中互不隶属、地位平等,各自能独立表达自己的意志,其合法权益平等地受到法律的保护的基本准则。《民法典》第4条是平等原则的法律表现形式。

平等原则科学地反映了民事社会关系的客观规律要求的实质特征,为民事主体进行民事活动提供了必要的前提条件,同时也为贯彻民法其他基本原则奠定了基础。

平等原则具体含义包括:

1. 任何民事主体在民法上都具有独立的法律人格。国家机关、企事业单位、社会团体和自然人,无论在行政法或其他部门法上是否存在隶属关系、主从关系,无论公民的性别、年龄、民族、宗教、信仰、文化程度及智力程度怎样,一进入民事领域便都具有独立的法律人格,彼此互不隶属、依从。

2. 任何民事主体在民事活动中都享有平等的法律地位。民事主体在民事活动中没有大小之分、高低之分、贵贱之分,任何民事主体都不能凭借其行政上的权力和经济上的优势在民事活动中取得优于其他民事主体的地位,任何民事主体都只能通过平等协商的方法设立、变更或终止他们之间的民事关系,任何一方没有凌驾于另一方之上的特权。

3. 民事主体平等地享有权利,承担义务。民法以赋予权利和设定义务的手段调整民事主体之间的利益关系,只有平等地享有权利并承担义务,才能维系民事主体之间的利益平衡关系,才能实现民法的调整目标。丧失了平等的基础,公平也就无从谈起了。

4. 民事主体的合法民事权益受法律同等的保护。无论是法律直接规定的民事权益,还是当事人依法通过合同约定的民事权益,都平等地受到法律保护,他人不得侵犯。如果民事权益受到侵害或债务人不履行债务,权利人有权请求相对人采取补救措施,承担民事责任,必要时可请求法院依法保护。同时,无论是自然人还是法人,也无论是企业法人还是机关、事业单位和社会团体法人,法院都平等地予以保护。

应该指出,民事主体在法律地位上的平等,不是说在实际的民事法律关系中,每个当事人所享有的具体的民事权利和承担的民事义务都是一样的,强调的是机会平等而不是结果平等。不过,在现代社会中,随着在生活、生产领域保护消费者和劳动者的呼声日益高涨,平等原则的内涵正经历从单纯谋求民事主体抽象的法律人格的平等,到兼顾在特定类型的民事活动中谋求当事人具体法律地位平等的转变。

(三)意思自治原则

意思自治原则,即私法自治原则,是指民事主体在法律允许的范围内,自由地依照自己的意思,自主自愿地设立、变更、终止种种民事权利义务关系的基本准则。《民法典》第5条规定了自愿原则,即民事主体在从事民事活动时,应当遵循自愿原则,按照自己的意思设立、变更、终止民事法律关系。这一规定集中体现了意思自治原则。

意思自治原则是市场经济对法律提出的基本要求。在市场经济中,当事人被假定为自身利益的最佳判断者,他利用自己和他人的能力和知识,自主地进行民事活动,对自己的行为负责,享受自己行为带来的利益,承担自己行为的风险。贯彻意思自治原则,可以确保民事主体进行民事活动的意思自由,使之既不受其他当事人的非法干预,也能抵御不当的或越位的国家权力的干扰,从而使市场的各种资源配置趋向优化,保障市场经济的顺利进行。

意思自治原则包含了自主参与和自己责任两个基本方面。所谓自主参与,即自己做主地去判断,去选择。自主参与意味着民事主体在民事活动中享有法律许可范围的意志自由,有权决定是否进行某项民事活动,有权选择合作伙伴和对方当事人,有权决定自己所进行的民事活动内容,而自己责任即自主参与者对于参与所导致的结果负担责任。这是自主参与的必然逻辑。民事主体作为理性的人,在民事活动中具有意志自由,对自己的行为能够进行自主决定和自由选择,其决定内容和选择结果,无论是财富,还是损失,都应自己承受。如果民事主体在自主从事民事活动对因自己的故意或过失致人损害,即应承担相应的民事责任;相反,如果民事主体对于自己的行为不是出于故意或过失,纵然损害他人,亦不承担责任。具体而言:(1)民事主体在法律规定范围内有广泛的行为自由。这主要体现在:当事人有权依法从事某种民事活动和不从事某种民事活动;当事人有权选择其行为的内容和相对人;民事主体有权选择其行为的方式和救济方式。(2)民事主体根据自己的意愿设立、变更、终止民事法律关系,他人不得非法干预。当事人自由适法地按自己的意思生活、管理自己的事务,占有、使用、处分自己的财产,缔结婚姻或终止婚姻,立遗嘱、接受财产继承,创作智慧成果,自主自愿地形成各种民事权利义务关系,甚至自愿抛弃自己的民事权利,如抛弃所有权、债权,放弃继承遗产等。(3)作出意思表示的主体对于滥用意思自治的民事法律行为,承担归责于自己的民事责任。

因此,与意思自治原则相适应,民法应有较多的任意性规范,由当事人选择适用或不适用;当事人意思表示的效力优于任意性规范和法律推定条款。如在当事人设立遗嘱的情况下,要适用遗嘱继承而不适用法定继承;民事法律行为除违反法律、行政法规的强制性规定外,通常均不否定其效力。

诚然,意思自治是相对的,必须受到社会公共利益、他人利益和法律强制性规范的限制。

(四)公平原则

公平原则,是指民事主体应本着社会公认的公平观念从事民事活动,司法机关应根据公平的观念处理民事纠纷,民事立法也应该充分体现公平的观念。《民法典》第6条确认了公平原则。

公平原则包括三方面的内容:(1)民事主体有同等的机会参与民事活动,行使和实现自己合法的民事权利。(2)在民事主体享有权利、承担义务和责任上,体现公平原则,兼顾各方当事人的利益。这就要求民事主体主观上应持公平的态度。然后在这种公平观念指导下,坚持互利互惠的原则从事民事活动,不得利用自己某种优越地位以强凌弱、欺行霸市,或者乘人之危、巧取豪夺,从而使民事活动达到公正的结果。(3)法院在处理民事案件时,应贯彻公平的原则。在法律有明确规定时,按照规定处理就体现了公平原则;在法律没有规定或规定不具体时或在发生重大情事变更的情况下,法官应依公平原则作出裁决。

在通常情况下,民法通过一般规则来对民事主体的权利义务进行公正的分配,从而实现公平的结果。但在一些特殊情况下,用一般规则来处理会出现不公平的结果,于是民法又设计一些特殊规则来平衡当事人的利益,以实现公正。这些特殊规则主要有以下几点:(1)关于显失公平的民事法律行为规则。当民事法律行为出现显失公正的结果时,即使不是由欺诈、胁迫、乘人之危等恶意行为所引起，利益受重大损失的一方也有权请求变更或撤销。(2)关于无过错责任规则。对某些特殊损害，如按过错责任的规定进行处理，会造成不公平结果，因此致害人即使没有过错，也应依法承担民事赔偿责任。(3)关于公平责任原则。当双方对损害发生均无过错，但由受害人一方自负损失显然不公，而由双方合理分担民事责任。

(五)诚实信用原则

诚实信用原则，被称为民法的“帝王条款”，是指民事主体在从事民事活动、行使民事权利和履行民事义务时，应本着善意、诚实的态度，即讲究信誉、恪守信用、意思表示真实、行为合法、不规避法律和曲解双方的意思等。《民法典》第7条规定了诚实信用原则。

诚实信用原则的具体要求是：(1)民事主体行使民事权利，与他人设立、变更、终止民事法律关系，均应诚实，不作假、不欺诈，言而有信，不损害他人利益和社会利益。(2)民事主体应恪守信用，履行义务，不履行义务或履行义务不当而使他人造成损失时，应自觉承担责任。(3)法官及仲裁员处理民事争议时，民事主体在参与民事纠纷解决时，都应当贯彻诚实信用原则，主要体现在以事实为依据，保护各方当事人利益，平衡当事人的利益。尤其在法律对讼争案件无直接规定时，诚实信用原则便得以直接适用。

诚实信用原则具有高度的概括性，是市场伦理道德准则在民法上的反映，适用于全部民法领域。但该原则主要体现在合同编中，即在合同的全过程中，包括合同成立前、合同履行中、合同履行后等方面。

(六)公序良俗原则

公序良俗，是由“公共秩序”和“善良风俗”两个概念构成的。公序良俗原则，即遵循公共秩序和善良风俗的原则，是指民事主体的民事活动，特别是民事法律行为的内容和目的，应当遵守公共秩序，符合善良风俗，不得违反国家的共同秩序和善良的风俗习惯。一般认为，公序良俗主要是指社会、国家的存在和发展所必需的一般道德，是特定社会所必须遵从的最起码的伦理道德要求。《民法典》第8条的规定即体现了公序良俗原则。

公序良俗原则的具体含义包括：(1)民事活动，即使依据民法的任意性规范进行，也应遵守社会公共秩序并不得违背国家认可的公众善良风俗习惯，否则，就得不到法律的确认和保护而发生无效的后果。(2)即使在法律没有规定或规定不明确的情况下，民事活动也必须注意遵照社会普遍认可的公序良俗的规范，而不得违背或规避之，否则将不受法律认可和保护，可能还要承担相应的民事责任甚至其他法律责任。

由于立法者在立法时不可能预见一切损害国家利益、社会公共利益和道德秩序的行为而作出详尽的禁止性规定，故设立公序良俗原则以弥补禁止性规定之不足。当有损国家利益、社会公共利益和社会道德秩序行为发生而又缺乏相应的禁止性规定时，法院或仲裁机构可直接适用公序良俗原则判决或裁决该行为无效。当然，由于各国立法指导思想不同，国情不同，公序良俗的内容也不同。我国《民法典》规定，违背公序良俗的民事法律行为无效(《民法典》第153条第2款)。然而，公序良俗毕竟是一个抽象的不确定概念，需要裁判者在司法实践中进行价值补充和个案衡量。因此，我们应当以国家民事政策为基础，把握立法精神，认定民事法律行为是否违反公共秩序，以社会大众的一般道德观念为标准，认定民事法律行为是否违反善良风俗。

(七)绿色原则

绿色原则，又称生态保护原则，是指民事主体在从事民事活动时，应当有利于节约资源、保护生态环境,促进人与自然和谐发展。我国《民法典》第9条将绿色原则作为民法的基本原则加以规定,是我国民事立法回应当前形势下环境资源日益恶化这一状况的现实举措。

绿色原则贯彻了生态文明、实现可持续发展的理念,具有鲜明的时代特征。在《民法典》中规定绿色原则不仅仅是一种价值宣誓,更是一种现实需要。

《民法典》第9条规定的绿色原则对社会成员从事民事活动提供了行为指引,表现了立法者的价值取向,但是该条款同其他基本原则一样,不能直接作为裁判依据而直接适用,仅能服务于提供解释指引和填补法律漏洞。

第三节 民法的渊源

一、民法渊源的定义

民法渊源,即民法实在规范的存在形式或表现形式。由于民法兼具行为规范与裁判规范的双重属性,因此,作为行为规范的民法渊源和作为裁判规范的民法渊源存在一定的差异。

在民法渊源问题上存在一元制和多元制两种模式。所谓民法渊源的一元制,是指仅确认制定法为民法的唯一渊源,不承认民法其他渊源的体制。法国民法属此,排除制定法之外存在民法渊源的可能。而民法渊源的多元制是指在确认制定法为民法的主要渊源、直接渊源的同时,也承认习惯、法理等作为民法的补充渊源与间接渊源。

我国在民法渊源问题上采多元体制,除制定法外,习惯也是民法渊源之一。判例和法理迄今未被承认为我国民法的渊源。

二、作为行为规范的民法渊源

《民法典》第10条中的"法律"一词即指成文法,但"法律"一词的含义有广狭之分。从最高人民法院发布的司法解释立场来看,这里的"法律"宜作广义解释。〔2〕由此,民法的成文法渊源包括全国人大及其常委会制定的法律及法律解释、最高人民法院制定的司法解释、国务院制定的行政法规,也不排除地方性法规、规章、自治条例和单行条例等。具体而言如下。

1. 宪法。宪法是国家的根本大法,具有最高的法律效力,是民事法律的立法依据。各国达成的共识是法律渊源都直接由宪法规定,唯有依宪法确认的表现形式并经宪法授权的立法机关制定或认可的强制性规范,才能成立法律渊源。宪法中作为民事法律所依据的原则和规定,如关于我国各种经济成分和所有制形式的规定,国家土地所有权、集体土地所有权的规定,允许外国企业和个人在我国投资的规定,发展科学、文化、教育事业的规定,公民的基本权利、义务的规定,既是民事法律的立法根据,也是调整民事关系的法律规范。在处理民事案件时,民事法律规范有规定的,应适用民事法律规范,在民事法律规范没有规定的情况下,法院在司法适用过程中不能直接适用宪法,但是宪法对司法裁判有间接效力,裁判结果不能违背宪法的基本原则和精神。

2. 法律。法律是由全国人民代表大会及其常委会依照法定职权和程序制定的规范性文件,是我国民法的主要渊源。主要的民事法律有:作为民事基本法的《民法典》,以及诸多民事特别

---

〔2〕 最高人民法院《关于裁判文书引用法律、法规等规范性法律文件的规定》第4条规定:"民事裁判文书应当引用法律、法律解释或者司法解释。对于应当适用的行政法规、地方性法规或者自治条例和单行条例,可以直接引用。"

法,即《公司法》《票据法》《海商法》《保险法》《证券法》《著作权法》《专利法》《商标法》《信托法》等。[3] 另外,《民法典》之外的法律中也有民事法律规范,亦为民事特别法的组成部分。

3. 行政法规。国务院根据宪法和法律,依照法律职权和程序制定的规范性文件,为行政法规。行政法规不同于行政法规范,并不是所有的行政法规都是行政法律规范,行政法规中也有民事法律规范,如《城镇国有土地使用权出让和转让暂行条例》《医疗事故处理条例》等。

4. 地方性法规、自治条例、单行条例和规章。地方性法规、自治条例、单行条例中也存在民事法律规范,它们也是我国民法的渊源。不过,这些规范性文件不能与法律和行政法规相抵触,并且仅在制定者所管辖的区域内适用。

规章包括部门规章和地方政府规章,它们当中亦有关于民事方面的规定,如教育部发布的《学生伤害事故处理办法》,但在处理民事案件时,这些规定就具有参照意义。

5. 特别行政区的民事法规。1997 年和 1999 年我国先后对香港、澳门恢复行使主权,设立香港特别行政区和澳门特别行政区。根据《香港特别行政区基本法》和《澳门特别行政区基本法》的规定,港、澳两特区的法律制度基本不变,两特区原有法规中大量的民事法律规则得以保留,这些民法规范只适用于各该特别行政区。

6. 国际条约。国际条约是国际法的主要渊源,不属于我国国内法范畴。但是,通过法定程序,国际条约可以具有与国内法同样的拘束力,即我国缔结或者参加的国际条约同我国的民事法律有不同规定的,适用国际条约的规定,故此亦属国内法的渊源之一,我国声明保留的条款除外。

另外,最高人民法院所作的司法解释,其中民事部分对各级法院处理民事案件具有拘束力,对仲裁机构处理民事纠纷只有参考价值。司法解释的形式分为"解释""规定""批复""决定"四种。对在审判工作中如何具体应用某一法律或者对某一类案件、某一类问题如何应用法律制定的司法解释,采用"解释"的形式。根据立法精神对审判工作中需要制定的规范、意见等司法解释,采用"规定"的形式。对高级人民法院、解放军军事法院就审判工作中具体应用法律问题的请示制定的司法解释,采用"批复"的形式。修改或者废止司法解释,采用"决定"的形式。[4]

三、作为裁判规范的民法渊源

作为裁判规范的民法渊源,即法院、仲裁机构处理民事纠纷的裁判依据。根据《民法典》第 10 条的规定,法律和不违反违背公序良俗的习惯是我国作为裁判规范的民法渊源。

所谓习惯,是指为社会一般人关于同一事项反复继续为同一行为而成立之行为准则。习惯,包括交易习惯、风俗习惯和其他习惯。一般认为,构成民法渊源的习惯,是指在一定地域,行业范围内长期为一般人从事民事活动时普遍遵守的民间习俗、惯常做法等。由此可见,习惯应当具备以下条件:(1)这种习惯在民事生活中长期存在,并具有某种惯常性,即为当事人重复实施。(2)这种民事习惯未被法律所明确规定。如果已在法律中明确规定,则意味着这种习惯已经成为成文法的一部分,不具有补充法律的效力。(3)这种民事习惯没有违反社会公序良俗。习惯有"良习"和"恶俗"之分,只有优良的习惯可以作为民法渊源用来处理民事纠纷,那些封建陋习、迷信风俗与民法的精神和理念是相悖的,不能用来处理民事纠纷。当事人主张适用习惯的,应当

---

〔3〕 这些法律中也含有行政法规范和刑法规范,这些规范无疑分别属于附属行政法和附属刑法。

〔4〕 最高人民法院《关于司法解释工作的规定》第 6 条。

就习惯及其具体内容提供相应证据;必要时人民法院可以依职权查明。

我国人口众多、幅员辽阔,民事生活纷繁复杂,法律很难做到面面俱到,习惯不仅可以在一定程度上弥补成文法的不足,增强法的灵活性和可适用性,而且也在很大程度上节约了立法成本,同时体现了法律对民事主体生活经验的尊重,对意思自治理念的强化。因此,《民法典》确认习惯具有法律渊源地位是一大进步之处。

四、国家政策、法理和指导性案例的地位

所谓政策,是指国家在涉及全局利益利害关系的问题上,顺应时代发展要求不断提出的各种外化为法律、方案、声明等的对策和策略,包括经济政策、文化政策、法律政策、外交政策、人口政策等。[5] 1987 年实施的《民法通则》第 6 条规定:"民事活动必须遵守法律,法律没有规定的,应当遵守国家政策。"该条中的国家政策是指国家的民事政策。民事政策即民事领域的法律政策,是国家对民商事领域进行规制所表达的方略或者立场和态度。《民法通则》之所以将政策作为民事法律渊源,是因为当时的法律还不够完备,法制还不够健全,适用有关政策调整法律所没有具体规定的民事关系是必要的。因此,政策作为民事法律渊源是特定历史背景下的产物,在 20 世纪 80 年代我国民法的初级阶段,有其意义。但在当前形势下,中国特色社会主义法律体系已经形成,《民法典》完成了民事规则的体系化工作,国家政策的适用渐趋狭窄。因此,《民法典》不再将政策作为民事法律渊源具有积极意义,有利于防止国家公权力过度干预市民生活。不过,国家的立法政策、司法政策仍然具有非常重要的指引作用。

所谓法理,是指自隐含在立法、法秩序或一般价值体系演绎而出的一般法律原则,为谋社会生活事实不可不然之理。[6] 它包含下列基本语义:(1)法之道理,法之"是"理;(2)法之原理,法的学理、学说;(3)法之条理;(4)法之公理;(5)法之原则;(6)法之美德;(7)法之价值。诸种意义的法理,无论在立法还是在司法中,都有着重要的意义。[7] 《瑞士民法典》第 1 条明确要求法官遵循公认的学理。我国《民法典》没有将法理纳入裁判规范的渊源,但是,法官、仲裁员在裁决民事案件的过程中,必须运用法理对不能面面俱到的法律规定进行解释,对案件的法律适用进行推理,尤其是存在法律漏洞时,更需要运用法理进行漏洞填补工作。

指导性案例制度是独具中国特色的一项制度。我国司法审判在法律适用内容和结果方面的普遍性、规范性和精确性日益成为实现司法公正的重要因素。为了回应这种现实需求,最高人民法院 2010 年颁布了《关于案例指导工作的规定》,其中第 7 条明确了指导性案例的效力:"最高人民法院发布的指导性案例,各级人民法院审判类似案例时应当参照"。2015 年最高人民法院颁布的《〈最高人民法院关于案例指导工作的规定〉实施细则》进一步细化了此项规定。其中,第 9 条规定:"各级人民法院正在审理的案件,在基本案情和法律适用方面,与最高人民法院发布的指导性案例相类似的,应当参照相关指导性案例的裁判要点作出裁判。"第 10 条规定:"各级人民法院审理类似案件参照指导性案例的,应当将指导性案例作为裁判理由引述,但不作为裁判依据引用。"由此可见,我国的指导性案例不同于英美法国家的判例,不能作为先例据以裁判案件,只能用于裁判文书的论证说理,因此指导性案例在我国也不属于裁判规范渊源。

---

[5] 屈茂辉:《民法引论》,商务印书馆 2014 年版,第 528 页。

[6] 王泽鉴:《民法总则》,北京大学出版社 2009 年版,第 65 页。

[7] 张文显:《法理泛在:法理主题致辞集》,法律出版社 2020 年版,第 12～29 页。

第四节　民法的适用

一、民事一般法与民事特别法

《民法典》作为民事基本法，在整个民法体系中属于中枢和核心地位。但民事领域纷繁复杂，事项众多，难以为一部民事一般法所囊括。这就需要在《民法典》之外，另行制定民事特别法，使其以单行法的形式对《民法典》进行补充和完善。例如，《民法典》中设置了法人制度、非法人组织制度的一般性规则，许多具体规范不宜置于总则之中。因此，在《民法典》之外，还需要《公司法》《合伙企业法》《个人独资企业法》等民事特别法对其规范内容进行细化。

《民法典》第 11 条规定，其他法律对民事关系有特别规定的，依照其规定。也就是说，《民法典》之外的其他法律包括民事单行法律以及民事法律之外的其他法律，只要对民事关系有规定的，该规定即属于民事法律规定，属于《民法典》之外特别法。

在民法的适用中，需遵循特别法优于一般法的适用规则。这是因为特别法的规定更为精细化、明确化，在司法适用中更具有可操作性。只有当不存在特别法的情况下，才能适用民事一般法的规则。值得注意的是，这一法律适用规则只运用于同一位阶的法律关系中，如果在不同位阶法律关系中，它会被上位法优于下位法这一适用规则所吸收。

二、民法适用的例外

民法适用的例外，是指在何种情形下不应适用我国民法，或我国民法不具有法律约束力，这是从反面界定我国民法的适用范围。一般而言，凡是在我国领域范围内的公民（无论其是中国公民还是外国人或无国籍人）、法人（包括中国法人和经我国政府准许设立在中国境内的外国法人）或非法人组织都适用我国民法。这是一国司法主权的重要体现。《民法典》第 12 条对此作了十分明确的规定：中华人民共和国领域内的民事活动，适用中华人民共和国法律。所谓"领域内"，不仅包含我国领土、领空、领海，而且根据国际法或国际惯例，我国的驻外使领馆、船舶、航空器等也被视为我国领土的延伸。而"法律另有规定的，依照其规定"主要是指以下两种情形：

1. 涉外民事关系的法律适用问题。涉外民事关系的法律适用，是指在有关国家法律规定不一致的情况下选用何国法律来调整某一涉外民事关系，所以又称"法律选择"。法律适用问题存在于整个调整涉外民事关系的过程，因为参加涉外民事活动的当事人之间在设立、变更或终止其权利义务关系时需要确定以何种法律为依据；司法机关或仲裁机构受理和审判涉外民事案件时需要确定以何种法律为准绳。随着全球化进程的不断深入，民事活动不仅限于我国领域内，民事主体广泛而深入地参与到国际交往中，不可避免地产生一些具有涉外因素的民事法律关系。例如我国公民与外国人缔结婚姻、签订合同、收养他国儿童等行为。《民法典》第 12 条表明：我国领域内的民事活动，原则上适用我国法律，但如所发生的民事关系属于涉外民事关系，依照《涉外民事关系法律适用法》确定应适用的法律。

2. 我国香港特别行政区、澳门特别行政区和台湾地区的"民法"适用问题。为了解决我国的和平统一问题，根据"一国两制"的基本国策，我国坚持在一个中国的前提下，国家的主体坚持社会主义制度，香港特别行政区、澳门特别行政区与台湾地区保持原有的资本主义制度长期不变。

根据《香港特别行政区基本法》和《澳门特别行政区基本法》的规定,香港特别行政区和澳门特别行政区是我国不可分离的部分。全国人民代表大会授权特别行政区实行高度自治,享有行政管理权、立法权、独立的司法权和终审权。基于此规定,香港特别行政区和澳门特别行政区尽管属于我国不可分割的一部分,但基于特定的历史因素和政治考量,其以基本法作为地方最高法律,应当适用其自行制定的法律,内地的民事法律一般不具有适用性。我国台湾地区作为中国不可分割的一部分,“和平统一、一国两制”同样是当前我国解决台湾问题的基本方针,我国台湾地区也存在独立的“法律”体系,因此不适用大陆的民事法律。

三、民法的解释

在民法的适用中,极具技术性的活动就是民法解释。法谚有云,“法律须经解释方得适用”。民法同样如此。民法解释包括狭义的民法解释和广义的民法解释,所谓狭义的民法解释,是指对民法规范的意义内容以及民法规范所使用的概念、术语等所作的阐释和说明。广义的民法解释则还包括对民法规范无规定时进行的漏洞补充和民法规范不明确时进行的价值补充。本节是在狭义的民法解释基础上展开的。

在民事司法实践中,常用的民法解释的方法主要有文义解释、体系解释、扩张解释、限缩解释、反对解释、立法解释、历史解释、目的解释、当然解释、合宪性解释、社会学解释、比较法解释等方法。其中,体系解释、扩张解释、限缩解释、当然解释、反对解释、立法解释、历史解释、目的解释、合宪性解释,都被归为论理解释体系内。因此,狭义的民法解释的方法大体有四类:文义解释、论理解释、比较法解释、社会学解释。[8]

各种解释方法各自在整个法律解释过程中担任不同的任务,发挥不同的功能,从而共同完成准确把握法律规范意旨的任务。在具体的法律适用中,首先应当运用文义解释和体系解释,最后才是运用合宪性解释方法。必须正确处理各种民法解释方法之间运用上的先后顺序关系,才能在具体的适用中不至于出现方法适用的错误。民法解释的基本顺序如下:

1. 文义是解释的基石,任何法律条文的解释,均须从文义解释入手。

2. 经采用文义解释方法,若无复数解释结果存在之可能性时,不得再运用其他解释方法;只在有复数解释结果存在的可能性时,才能具有其他解释方法的适用。民法解释在适用上应先进行文义解释,而后才进行论理解释。文义解释与论理解释不一致时,应当以论理解释为准。在解释时对于一般规定的抽象文句应从广义上解释。对于例外规定,应当从严解释。

3. 体系解释应当优先于目的解释,体系解释能够充分体现立法者的法律结构思想,从而在整体上把握法律规范的意旨,并且相对于目的解释来说,适用体系解释更容易得到明确合理的后果。

4. 目的解释只有在法律文义上的疑义倘不能依体系解释、立法解释、当然解释、比较法解释予以完全澄清时,才能进行探求。并且,目的解释方法的运用应当在立法解释方法的前面,目的解释是推导立法者真实意图的最直接的方法,并且法律的制定都是围绕立法的目的和价值展开来的,其他解释方法的运用应该在立法的目的上进行解释,不然其解释后果必然是不合法和不合理的。

---

〔8〕 关于法律解释的各种方法,参见王利明:《法律解释学导论:以民法为视角》,法律出版社 2009 年版;梁慧星:《民法解释学》(第 4 版),法律出版社 2015 年版。

5. 只有结合在文义解释、体系解释能达到解释的目的时，才能采用比较法解释。而且，比较法解释不能独立适用，需要配合法益解释才能进行。

6. 合宪性解释只有在实现基本权利的价值时才能进行，而且，合宪性解释的对象只是解释不确定法律概念及概括条款的具体化。也就是说，对具体制度的解释不能援用合宪性解释方法。

7. 社会学解释，须以文义解释为基础，在文义解释得出复数解释结果的情形，才能进行社会学解释。即预测不同解释结果将产生的社会效果，选择其中产生有利于社会、经济、道德秩序和公序良俗的社会效果的解释结论，摒弃其中将产生不利于社会、经济、道德秩序和公序良俗的解释结论。

8. 无论是文义解释、体系解释、当然解释、法益解释、合宪性解释、比较法解释，均需要符合法律的立法目的，不能违反法律所蕴含的基本原则和基本理念。

思考题

1. 简述民法的调整对象。
2. 如何理解民法基本原则的功能？
3. 简述民法各项基本原则之间的关系。
4. 试述民法基本原则的司法适用。
5. 试评析诚实信用原则的“帝王条款”地位。
6. 试述公序良俗原则及其适用。
7. 简述民法的渊源。
8. 简述文义解释的含义及其在民法解释中的地位。
9. 试述民法解释方法的适用顺序。
10. 试述民法总则的功能及体系。

阅读指引

关于我国民法调整对象的观点论争

1. 金平、聂天贶、吴卫国、赵万一：《论我国民法的调整对象》，载《法学研究》1985 年第 1 期。
2. 徐国栋：《对民法的调整对象和调整方法的再认识》，载《法学》1993 年第 9 期。
3. 李建华：《对我国民法调整对象的再认识》，载《法制与社会发展》1996 年第 6 期。
4. 何佳馨：《中国民法调整对象学说史略》，载《法学》2010 年第 5 期。
5. 尹田：《民法调整对象的理论检讨与立法表达》，载《私法》2010 年第 1 期。

关于我国民法基本原则的体系、功能及其司法适用的代表性研究

1. 徐国栋：《诚实信用原则的概念及其历史沿革》，载《法学研究》1989 年第 4 期。
2. 梁慧星：《诚实信用原则与漏洞补充》，载《法学研究》1994 年第 2 期。
3. 王轶：《论民法诸项基本原则及其关系》，载《杭州师范大学学报（社会科学版）》2013 年第 3 期。
4. 于飞：《民法基本原则：理论反思与法典表达》，载《法学研究》2016 年第 3 期。
5. 蔡唱：《公序良俗在我国的司法适用研究》，载《中国法学》2016 年第 6 期。

6. 韩世远:《民法基本原则:体系结构、规范功能与应用发展》,载《吉林大学社会科学学报》2017年第6期。
7. 吕忠梅课题组:《"绿色原则"在民法典中的贯彻论纲》,载《中国法学》2018年第1期。
8. 易军:《民法基本原则的意义脉络》,载《法学研究》2018年第6期。

关于我国民法渊源类型的相关争议

1. 齐恩平:《"民事政策"的困境与反思》,载《中国法学》2009年第2期。
2. 雷磊:《指导性案例法源地位再反思》,载《中国法学》2015年第1期。
3. 王利明:《论习惯作为民法渊源》,载《法学杂志》2016年第11期。
4. 张民安:《〈民法总则〉第10条的成功与不足——我国民法渊源五分法理论的确立》,载《法治研究》2017年第3期。
5. 彭中礼:《为国家政策辩护——基于〈民法总则〉第十条的思辨》,载《探索与争鸣》2019年第7期。

第二章　自　然　人

导学案例

张某与李某于1994年1月登记结婚,同年生育一子小张。1999年,小张因发烧未得到及时有效的治疗导致脑损伤,出现终身智力障碍。张某向朋友赵某借款5万元用于治疗儿子小张的疾病。后为偿还债务,2003年起张某外出务工赚钱,但多年来一直未与家中联系,妻子李某四处寻找无果。在张某失踪期间,同村的王某一直悉心照料李某母子,李某深为感动,二人日久生情,并打算缔结婚姻。多年后李某年老,担心自己过世后儿子无人照顾,遂通过遗嘱指定其妹作为小张的监护人。

1. 本案中哪些人有权向人民法院申请宣告张某失踪?

2. 小张有终身智力障碍的情况对其民事行为能力的认定有何影响?

3. 李某是否只能先提起离婚诉讼,待人民法院作出离婚判决后再与王某结婚?有无其他途径?

4. 李某为小张设定监护人的方式是否符合法律规定?

第一节　自然人的民事能力

一、自然人的法律含义

自然人,是依自然规律出生而存活的生物学意义上的人。自然人的称谓是基于其自然属性,其范围较为广泛,包括本国自然人、外国自然人和无国籍的自然人。本来民法上只有人的概念,亦即指自然人,后来团体的法律地位被民法确认,产生了法人。为了区别人与法律拟制的"人",遂出现了"自然人"这一称谓。

自然人具有以下几个方面的特征:(1)自然属性,即自然人是基于自然生理规律而出生和存在的生命体。(2)社会属性,即自然人是具有思维能力的高等动物,是社会关系的总和。(3)法律属性,即自然人是具有民事主体资格的人,也就是具有民事权利能力和民事行为能力的民事主体。

概念辨析　自然人 vs. 公民

自然人和公民是两个既相联系又相区别的概念。公民,是指具有一国国籍并按该国宪法享受权利和承担义务的自然人。二者的区别表现在:(1)公民是宪法概念,多用于公法领域,而自然人是私法概念,用于私法领域,更能体现私法之平等与权利属性。(2)自然人身份是随一个人的终身而不会丧失或改变的,而公民身份是可以改变或丧失的(如脱离一国国籍而加入另一国国籍)。二者间的联系则表现在:公民首先必须是自然人,而绝大部分自然人又都具有公民身份。

二、自然人的民事权利能力

自然人的民事权利能力,是指自然人依法享有民事权利、承担民事义务的资格。它是法律赋予自然人的一种法律上的人格,是自然人成为民事主体的前提和标志。只有具有民事权利能力,自然人才能以独立的民事主体资格参与民事活动。

在现代民法上,自然人民事权利能力具有如下四个特征:

1. 一般性。自然人的民事权利能力的内容,既包括自然人享有民事权利的资格,又包括自然人承担义务的资格,是权利资格和义务资格的统一。

2. 平等性。自然人的民事权利能力一律平等。所谓平等,是指参与的机会平等、形式平等,即自然人不分男女老少,无论职务高低,无论财产多少,均有平等的民事权利能力。

3. 广泛性。凡自然人都具有民事权利能力,此种能力不受年龄、精神智力状况的影响。甚至在涉及胎儿利益保护的情形下,胎儿也具有民事权利能力。

4. 不可转让性。权利能力是自然人生存和发展的必要条件,因此,权利能力是不可转让的,当事人"自愿"转让、抛弃的,法律不承认其效力。

(一)民事权利能力的开始

自然人的民事权利能力取得始于出生。因出生这一自然事实的完成,自然人当然取得民事权利能力,而无须履行任何法定手续。

出生必须具备"出"和"生"两个要件,"出"是指须从母体分离成为独立体,至于出生原因(分娩或是流产)、方式(自然产或是人工产)均在所不问;"生"是指胎儿与母体分离后须保持生命(能独立呼吸),但时间长短则在所不问。在法律层面上,认定自然人的出生时间,一般以出生证明记载的时间为准;没有出生证明,以户籍登记或者其他有效身份登记记载的时间为准。有其他证据足以推翻以上记载时间的,以该证据证明的时间为准(《民法典》第15条)。

自然人的权利能力始于出生,这是法律规定的基本规定,在此之外还需解决两种特殊情况:

1. 胎儿的民事权利能力问题。依民法一般规定,自然人的民事权利能力始于出生,胎儿既未出生,当然不具有民事权利能力。但如此一来,难以对胎儿的利益进行全面、周延地保护。因此,法律赋予胎儿在特殊情况下具有相应的民事权利能力,这体现了自然人民事权利能力的扩张趋势。具体而言,在涉及遗产继承、接受赠与等胎儿利益保护的,胎儿视为具有民事权利能力。但是胎儿娩出时为死体的,其民事权利能力自始不存在(《民法典》第16条)。根据该条规定以及民法理论,一般认为胎儿享有的权利主要包括:继承权、受遗赠权、接受赠与权、人身损害赔偿请求权等。[1] 涉及上述胎儿利益保护的,父母在胎儿娩出前可以作为法定代理人主张相应权利。

2. 自然人的特殊民事权利能力问题。自然人的民事权利能力始于出生,与自然人年龄没有关系,但这亦仅为民事权利能力的一条基本原则,作为例外,自然人的某些特殊权利能力例如结

---

〔1〕 相关司法案例参见"石韩玉诉嵊州市浦口街道蒋林头村村民委员会侵害集体经济组织成员权益纠纷案",浙江省绍兴市中级人民法院(2019)浙06民终2508号民事判决书。

婚权利能力、劳动权利能力不是始于出生,而是要达到一定年龄后才能享有。

(二)民事权利能力的终止

自然人的民事权利能力终于死亡。死亡是自然人权利能力消灭的唯一原因。自然人的死亡在法律上分为生理死亡(又称自然死亡)和宣告死亡(依法律推定死亡)。自然人的死亡,关系到权利主体是否存在、原权利义务是否变更以及继承法律关系是否发生等重要问题。

1. 生理死亡中死亡时间的认定:首先以死亡证明记载的时间为准;没有死亡证明的,以户籍登记或者其他有效身份登记记载的时间为准。有其他证据足以推翻以上记载时间的,以该证据证明的时间为准(《民法典》第15条)。此外,若相互有继承关系的数人在同一事件中死亡,难以确定死亡时间的,推定没有其他继承人的人先死亡。都有其他继承人,辈分不同的,推定长辈先死亡;辈分相同的,推定同时死亡,相互不发生继承(《民法典》第1121条)。

2. 宣告死亡中死亡时间的认定:一般情形下,以人民法院宣告死亡的判决作出之日视为其死亡的日期;若因意外事件下落不明而被宣告死亡的,则以意外事件发生之日视为其死亡的日期(《民法典》第48条)。

三、自然人的民事行为能力

自然人的民事行为能力,是指自然人能够通过自己的民事法律行为独立地取得民事权利、承担民事义务的能力。

法律在赋予自然人民事权利能力的同时,又设立民事行为能力制度,目的在于:一方面,保障未获成熟理智者的利益,使其不因自己的轻率行为而蒙受损失;另一方面,将未获成熟智力者排除在其能力不能承担的民事活动或市场活动之外,以免因其误入而又不能承担责任的状况发生,从而达到维护交易安全之目的(见表1-2-1)。

表1-2-1　民事权利能力与民事行为能力的关系

关系	民事权利能力	民事行为能力
联系	民事权利能力是民事行为能力的前提和基础,自然人只有有了民事权利能力,才能够以自己的行为享有民事权利、承担民事义务,没有民事权利能力就不可能有民事行为能力	
	二者都是由法律规定,非依法律不得限制和剥夺	
区别	民事权利能力是每一自然人都具备的能享有权利和承担义务的资格	民事行为能力则并非每个自然人都能够具备
	民事权利能力通常始于出生,终于死亡	民事行为能力通常以达到一定年龄标准并具备正常精神状态为前提

划分自然人是否具有民事行为能力的标准,即自然人是否能够正确辨认自己的行为,以及是否能够理解其行为的法律意义。一般应从其年龄和精神智力状况两方面来判断(见图1-2-1)。基于此,我国《民法典》将民事行为能力分为下列三种类型。

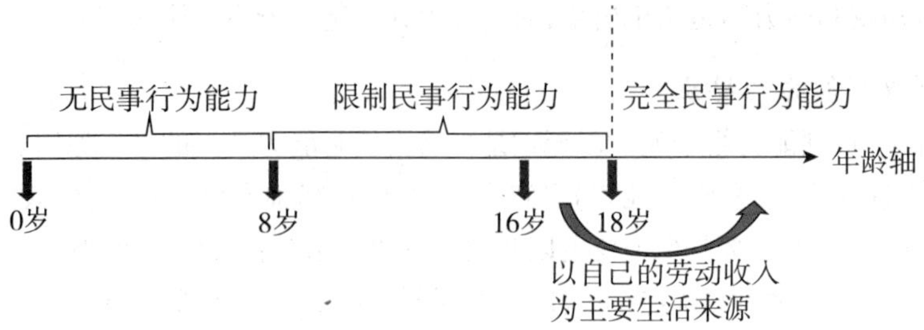

图1-2-1　年龄对民事行为能力的影响

（一）完全民事行为能力

完全民事行为能力，是指法律赋予达到一定年龄和精神状态正常的自然人以自己独立行为进行民事活动，取得民事权利和承担民事义务的资格。具备完全民事行为能力的自然人被称为完全民事行为能力人，其包含两种类型：（1）一般完全民事行为能力人；（2）视为完全民事行为能力人。

1. 一般完全民事行为能力人，即无精神性疾病的成年人。18 周岁以上的自然人为成年人。不满 18 周岁的自然人为未成年人。这与我国宪法的有关规定及我国公民的生理、心理和智力发育情况相一致。

2. 视为完全民事行为能力人。这类自然人在传统民法上又称准治产人，是指未达到法律规定的成年年龄，但具备这一年龄所代表的智力，法律因而使其提前具有行为能力的人。在我国，16 周岁以上的未成年人，如果以自己的劳动收入为主要生活来源的，则可视为完全民事行为能力人。所谓"以自己的劳动收入为主要生活来源"，是指以自己劳动所得足以维持当地群众的一般生活水平。

（二）限制民事行为能力

限制民事行为能力，是指法律赋予那些达到一定年龄但尚未成年和虽已成年却精神不健全，不能完全辨认自己行为及其后果的自然人所享有的可以从事与其年龄、智力和精神状况相适应的民事活动的资格。具备限制民事行为能力的自然人被称为限制民事行为能力人。在我国，8 周岁以上的未成年人和不能完全辨认自己行为的成年人为限制民事行为能力人（《民法典》第 19、22 条）。

限制民事行为能力人实施的纯获利益的民事法律行为或者与其年龄、智力、精神健康状况相适应的民事法律行为有效；实施的其他民事法律行为经法定代理人同意或者追认后有效（《民法典》第 145 条）。所谓"纯获利益的民事法律行为"，是指可以单纯取得法律上利益而不负相应义务的民事法律行为，如以自己的行为接受奖励、赠与、报酬等。所谓"与其年龄、智力、精神健康状况相适应的民事法律行为"，则应根据具体情况作具体分析。审判实践中，一般是从其行为与本人生活相关联的程度、本人的智力、精神健康状况是否能理解其行为并预见行为后果，以及行为标的数额等方面的情况，综合起来加以认定。

（三）无民事行为能力

无民事行为能力，是指自然人不具有以自己的民事法律行为参与民事法律关系，取得民事权利和承担民事义务的资格。无民事行为能力的自然人即为无民事行为能力人。在我国，不满 8

周岁的未成年人和不能辨认自己行为的成年人为无民事行为能力人，由其法定代理人代理实施民事法律行为。这一规定意味着，无民事行为能力人实施的一切民事法律行为均为无效。

(四)民事行为能力的司法认定

对于无民事行为能力人、限制民事行为能力人的认定方法，我国采取年龄主义和个案审查制两条判断路径。具体而言有以下几个方面：

1. 以年龄为标准检验其民事行为能力是否有瑕疵，如果是因年龄未达到法定要求而成为无民事行为能力人或限制民事行为能力人，直接以有效身份登记中记载的年龄确定其相应的民事行为能力即可，无须再有其他认定程序。

2. 若年龄因素不影响民事行为能力(成年人)，则进而考察智力和精神健康状况。为避免他人误解以及免除举证责任，则由人民法院在个案中进行审查。《民法典》第24条规定，不能辨认或者不能完全辨认自己行为的成年人，其利害关系人或者有关组织，可以向人民法院申请认定该成年人为无民事行为能力人或者限制民事行为能力人(这里的有关组织包括居民委员会、村民委员会、学校、医疗机构、妇女联合会、残疾人联合会、依法设立的老年人组织、民政部门等)。

3. 被人民法院认定为无民事行为能力人或者限制民事行为能力人的，经本人、利害关系人或者有关组织申请，人民法院可以根据其智力、精神健康恢复的状况，认定该成年人恢复为限制民事行为能力人或者完全民事行为能力人。

四、自然人的住所

自然人的住所，是指自然人以长住的意思而经常居住的地方，它是自然人生活和进行民事活动的中心地域。住所的构成有两个要件：(1)有长住的意思；(2)有经常居住的事实。

概念辨析　住所 vs. 居所

住所不同于居所。居所是自然人居住的场所，它可以是自然人为特定目的暂时居住的处所，也可以是自然人长期居住的处所。住所与居所的主要区别包括：(1)大多数国家法律规定自然人只能有一个住所，但可以有一个以上的居所；(2)住所是为一般生活目的而居住的地方，而居所则是为特定的生活目的而居住的地方；(3)住所是自然人以长住的意思而居住的地方，而居所是自然人暂时居住的地方；(4)住所有严格的法律意义，而居所一般不具法律意义，只有在自然人经常居所与住所不一致时，经常居所视为住所，此时的居所具有住所的代用功能。

(一)住所的确定

在我国，自然人以户籍登记或者其他有效身份登记记载的居所为住所；经常居所与住所不一致的，经常居所视为住所(《民法典》第25条)。

所谓“经常居所”，是指自然人离开住所最后连续居住1年以上的地方，但住医院治病的除外。公民由户籍所在地迁出后至迁入前，无经常居住地的，仍以其原户籍所在地为住所。被监护人的住所由监护人设定，一般以监护人的住所为住所。

(二)户籍与身份证

户籍是对自然人按户进行登记并予以出证的法定文件。户籍记载的自然人的姓名、出生日期、婚姻状况、亲属关系等，皆有法律上的证明效力。其中住址一项，在无相反证明时，该住址即为住所。

居民身份证是记载自然人的姓名、性别、民族、出生日期、住址等信息的居民身份法定文件。身份证是为了便利自然人的活动，从原来的户口登记簿中分化出来的，它以个人为登记单位，以便利自然人在从事民事活动时对自己身份的证明。

（三）住所的法律效果

住所不仅在私法上有法律效果，在公法上也有其效果，如选举、纳税。大体而言，住所在私法上的效果主要如下：

1. 住所是确定某项私法事宜的空间标准。例如，自然人的失踪，是以离开住所后，若干年内杳无音信为依据确认的。住所为债务履行地确立空间标准，履行地点不明确，给付货币的，在接受货币一方所在地履行；交付不动产的，在不动产所在地履行；其他标的，在履行义务一方所在地履行（《民法典》第511条）。此处的“所在地”，对自然人而言，即为住所。

2. 依据住所划分登记地。例如个体工商户的登记，由其住所所在地的市场监督管理局管辖。婚姻登记，由男女双方其中任何一方的住所所在地的婚姻登记机关管辖。

3. 住所可以决定涉外民事关系的法律适用。在处理涉外民事关系时，如婚姻、收养、继承、侵权行为，均可以当事人一方的住所地法律作为适用的法律。

4. 住所可以决定民事诉讼地域管辖。民事诉讼中，一般管辖采“原告就被告”的地域管辖。对自然人被告，就是由其住所地法院管辖。

第二节　监　　护

一、监护的概念及其法律基础

监护，是为保护无民事行为能力人、限制行为能力人的人身和财产权利而由特定主体对其予以保护、管理和监督的制度。承担保护、管理和监督义务的特定民事主体称为监护人，被保护、管理和监督的无民事行为能力人、限制行为能力人称为被监护人。

监护的最本源的法律基础即在于亲属关系，要么源于血亲，要么源于婚姻。政府作为国家的代表在亲属欠缺监护能力的情形下，为无民事行为能力人和限制民事行为能力人设置兜底性防线，此即为组织监护的基础。此外，亲属之外的其他自然人愿意担任监护人的，其基础有二：一是他们彼此之间客观上存在友情等特定关系，二是经被监护人住所地的居民委员会、村民委员会或者民政部门同意。

我国《民法典》第26条规定，父母对未成年子女负有抚养、教育和保护的义务，成年子女对父母负有赡养、扶助和保护的义务。父母与子女之间相互承担抚养和赡养义务、保护义务，不仅是中华民族尊老爱幼传统美德的体现，更是一项具有人类共同价值的法定义务。

亲权和监护是两个既有联系又有区别的制度，对于未成年人的保护而言监护能弥补亲权的不足，但不包含亲权制度。

制度比较 监护 vs. 亲权

在描述未成年人与其父母之间的关系上,监护(职责)与亲权(权利)是从不同角度进行的,是同一问题的两个方面。亲权是父母对子女当然享有的权利义务,包括人身上的权利义务和财产上的权利义务。虽然两者都包括对无行为能力人人身和财产方面的保护和管理,但两者存在许多区别:(1)亲权立法采放任主义,法律对亲权人即父母持信任态度,因此立法对亲权人的限制较少;而监护立法采限制主义。这是因为基于亲属或其他社会关系产生的监护人较父母关系疏远。(2)亲权对子女的财产享有无条件的用益权;而监护非为被监护人的利益不得使用他的财产,若监护人为自己利益使用被监护人财产或款项,应支付租金或利息。(3)亲权人对子女负扶养义务,而监护人对被监护人不必然负扶养义务。(4)亲权人将患有精神病的子女送进精神病院等限制自由场所时,不需有关监护机关的许可;而监护人进行该行为时需有关监护机关的许可。(5)亲权因父母子女之间的身份关系而自然发生,而监护职责的承担需监护权力机关的许可。(6)行使亲权无须专门机关进行监督,而监护职责的履行,有专门机关监督。

二、监护的设定

(一)法定监护

法定监护,是指由法律直接规定监护人的监护类型。根据监护对象的不同,又可分为未成年人的法定监护和成年人的法定监护两种情形。

1. 未成人的法定监护

未成年子女的监护人是其父母。未成年人的父母已经死亡或者没有监护能力的,由下列有监护能力的人按顺序担任监护人:(1)祖父母、外祖父母;(2)兄、姐;(3)其他愿意担任监护人的个人或者组织,但是须经未成年人住所地的居民委员会、村民委员会或者民政部门同意。

可见,法定监护人的确定是有顺序限制的,首先是未成年人的父母,因为父母与该未成年人是具有亲子血缘关系的,往往是与其成长、生活关系最为密切的人,由父母作为未成年人的第一顺位的监护人能最大限度地保护未成年人的利益。其次才是祖父母、外祖父母,以及兄、姐。最后,如果在近亲属中都没有合适的监护人人选,只能在监护人以外的人中确定,即其他愿意担任监护的个人或者组织。这里的组织通常是指社会公益组织。

2. 成年人的法定监护

无民事行为能力或者限制民事行为能力的成年人,由下列有监护能力的人按顺序担任监护人:(1)配偶;(2)父母、子女;(3)其他近亲属;(4)其他愿意担任监护人的个人或者组织,但是须经被监护人住所地的居民委员会、村民委员会或者民政部门同意。

成年人的法定监护人与未成年人的法定监护的确定,在范围和顺序上有所不同。首先,如果被监护的成年人已经结婚,组建了新的家庭关系,那么他的配偶便是与之生活最为密切的人,建立夫妻间权利义务关系之上的这种监护是现实生活的逻辑使然。其次,父母和子女,这两者之间没有顺序上的限制。最后,其他近亲属。最后一个顺位的监护人同未成年人的法定监护人一样,起到了补充、兜底的作用。

(二)遗嘱监护

遗嘱监护,是指被监护人的父母在生前通过遗嘱的方式为其确定监护人的监护类型。

适用遗嘱监护的前提是,被监护人的父母正在担任着监护人。在遗嘱监护的情形下,父母指定的监护人不受前述法定监护中监护人的顺位限制。若父、母二人通过遗嘱指定的监护人可能会不一致,此时,应当尊重被监护人的意愿,根据最有利于被监护人的原则确定。

(三)协议监护

协议监护,是法定监护的延伸,是指依法具有监护资格的人之间可以协议确定监护人的法律制度,协议确定监护人应当尊重被监护人的真实意愿(《民法典》第30条)。协议监护仍然是在法定监护的框架之下发挥作用的。协议监护发生在具有监护资格的人之间。也就是说,属于法定监护中同一顺位的多个具有监护资格的人之间。例如,被监护的成年人有多个子女的,被监护的未成年人有多个兄、姐的场合。

(四)指定监护

指定监护,是指具有法定监护资格的人之间对监护人的确定有争议时,由监护权力机关指定的监护。指定监护实际上也是法定监护的延伸。对监护人的确定有争议的,由被监护人住所地的居民委员会、村民委员会或者民政部门指定监护人,有关当事人对指定不服的,可以向人民法院申请指定监护人;有关当事人也可以直接向人民法院申请指定监护人。同时,应当尊重被监护人的真实意愿,按照最有利于被监护人的原则在依法具有监护资格的人中指定监护人(《民法典》第31条)。

为了对被监护人给予充分、周延的保障,立法机关考虑到在指定监护人确定之前,被监护人的人身权利、财产权利以及其他合法权益处于无人保护状态,因此规定了由被监护人住所地的居民委员会、村民委员会、法律规定的有关组织或者民政部门担任临时监护人。

监护人被指定后,不得擅自变更;擅自变更的,不免除被指定的监护人的责任。这是为了避免监护人频繁、随意地变动给被监护人造成不利后果所作的规定。

(五)意定监护

意定监护,是指具有完全民事行为能力的成年人,可以与其近亲属、其他愿意担任监护人的个人或者组织事先协商,以书面形式确定自己的监护人,协商确定的监护人在该成年人丧失或者部分丧失民事行为能力时履行监护职责的监护。意定监护是民法意思自治原则在监护领域的重要体现。意定监护场合下选择的监护人往往是与其具有某种密切关系或人身信赖关系的人。

三、监护人的职责及其资格

(一)监护人的职责及履行原则

监护人的职责包括监护人依法承担监护义务以及因不履行义务而承担的责任。根据《民法典》第34条的规定,主要有以下几个方面:

1. 代理被监护人实施民事法律行为。监护人有权以被监护人的法定代理人资格辅助被代理人进行民事活动,为其取得民事权利和履行民事义务,从而弥补被监护人民事行为能力之不足。

2. 保护被监护人的人身权、财产权及其他合法权益。除为被监护人的利益,监护人不得处理被监护人的财产。这里的其他合法权益是指人身权益、财产权益以外的合法权益,其中最重要的是被监护的未成年人受教育的权益和精神病人获得适当治疗的权益。

3. 教育、管理被监护人,监督被监护人的行为。父母或者其他监护人应当关注未成年人的生理、心理状况和行为习惯,以健康的思想、良好的品行和适当的方法教育和影响未成年人,引导未成年人进行有益身心健康的活动,预防和制止未成年人吸烟、酗酒、流浪、沉迷网络以及赌博、吸毒、卖淫等行为。

4. 承担被监护人给他人造成损害的民事责任。当无民事行为能力人、限制民事行为能力人造成他人损害时,应该由监护人承担侵权责任。其中,监护人尽到监护责任的,可以减轻其侵权责任。有财产的无民事行为能力人、限制民事行为能力人造成他人损害的,先从本人财产中支付赔偿费用。不足部分,由监护人赔偿(《民法典》第1188条)。

5. 监护人不履行监护职责或侵害被监护人合法权益,给被监护人造成损失的,负赔偿责任。对于监护人不履行监护职责或者侵害被监护人合法权益的,人民法院可以根据有关个人或者组织的申请,撤销监护人的资格。

监护人应当按照最有利于被监护人的原则履行监护职责。监护人除为维护被监护人利益外,不得处分被监护人的财产。未成年人的监护人履行监护职责,在作出与被监护人利益有关的决定时,应当根据被监护人的年龄和智力状况,尊重被监护人的真实意愿。成年人的监护人履行监护职责,应当最大限度地尊重被监护人的真实意愿,保障并协助被监护人实施与其智力、精神健康状况相适应的民事法律行为。对被监护人有能力独立处理的事务,监护人不得干涉(《民法典》第35条)。

(二)监护人资格的撤销

监护人资格的撤销,是指在监护期间内,监护人未能妥当履行监护职责而严重侵害了被监护人权益,依法使其监护人资格消灭的制度。

1. 监护人资格撤销的申请人

法律对申请撤销监护人资格的主体具有严格的限制,主要包括:(1)其他依法具有监护资格的人;(2)居民委员会、村民委员会、学校、医疗机构、妇女联合会、残疾人联合会、未成年人保护组织、依法设立的老年人组织、民政部门等。如果这些组织都没有及时向人民法院申请撤销监护人资格,民政部门应当向人民法院申请。

2. 监护人资格撤销的事由

申请撤销监护人资格的事由主要有:(1)实施严重损害被监护人身心健康行为的;(2)怠于履行监护职责,或者无法履行监护职责并且拒绝将监护职责部分或者全部委托给他人,导致被监护人处于危困状态的;(3)实施严重侵害被监护人合法权益的其他行为的。

3. 监护人资格撤销的程序

上述具有撤销资格的申请人向人民法院提出申请,由人民法院依法撤销监护人资格,安排必要的临时监护措施,并按照最有利于被监护人的原则依法指定监护人。

值得注意的是,依法负担被监护人抚养费、赡养费、扶养费的父母、子女、配偶等,被人民法院撤销监护人资格后,应当继续履行负担的义务(《民法典》第37条)。

(三)监护人资格的恢复

监护人资格的恢复是指被撤销监护资格的监护人,经依法申请,人民法院恢复其监护人资格的制度。

监护人资格恢复的要件包括:(1)不属于对被监护人故意实施犯罪行为;(2)确有悔改表现;(3)被撤销监护资格的监护人自己申请恢复自己的监护资格;(4)尊重被监护人的真实意愿。

人民法院在作出是否恢复其监护资格的判决中,首先要尊重被监护人真实意思,其次是按照最有利于被监护人的利益的原则,视情况作出裁决。

四、监护的终止

监护的终止也称监护法律关系的消灭,是指因某些法定原因而导致的监护关系的永久消灭。监护关系终止的主要情形如下:

1. 被监护人取得或者恢复完全民事行为能力。监护制度的目的就在于保障无民事行为能力人和限制民事行为能力人的权益,如果未成年人已经成年,精神病人已经康复,为其设置监护自然也就没有必要了,所以应当终止。对于未成年人因成年而终止的监护,属于自动终止。但对于精神病人康复而终止的监护,一般应由本人或利害关系人申请,由人民法院作出撤销监护的裁决。

2. 监护人丧失监护能力。这是指监护人不再具备保护、监管被监护人合法权益的能力。认定自然人的监护能力,应当根据其年龄、身心健康状况、经济条件等因素确定;认定有关组织的监护能力,应当根据其资质、信用、财产状况等因素确定。通常情形是监护人自身也丧失了民事行为能力,于此场合下,监护人自身尚且难保,更不能作为他人的监护人了,因此监护关系终止。

3. 被监护人或者监护人死亡。被监护人死亡,监护就丧失了对象。监护人死亡,监护就丧失了职责行使主体。因此,监护关系中的任何一方死亡,都会导致监护的终止。

4. 人民法院认定监护关系终止的其他情形。这是《民法典》对监护终止所作的兜底性规定。例如基于抚养关系而产生的监护关系,在抚养关系终止后,监护关系在法律上也应当归于消灭,但是需要由法院作出判断和裁定。又如,监护人的资格被撤销时,监护关系也将终止。

监护关系终止后,被监护人仍然需要监护的,应当依法另行确定监护人。

第三节　宣告失踪和宣告死亡

一、宣告失踪

宣告失踪,是指自然人下落不明满法定期限,经利害关系人申请,由法院宣告其失踪并对其财产实行代管的法律制度。宣告失踪是对一种不确定的自然事实状态的法律确认,目的在于结束失踪人财产关系的不确定状态,保护失踪人的利益和利害关系人的利益,维护社会秩序的稳定。

(一)条件和程序

1. 须有自然人下落不明满两年的事实。按照《民法典》第40条规定,自然人下落不明满2年的,利害关系人可以向人民法院申请宣告该自然人为失踪人。这里的2年期限是从该自然人失去音讯之日起计算的;若是在战争期间下落不明的,则是从战争结束之日或者有关机关确定的下落不明之日起计算。

2. 须有利害关系人的申请。利害关系人的申请既是宣告失踪的条件之一,又是宣告失踪程序的启动方式。这里的"利害关系人",既包括被申请人(下落不明者)的近亲属或对其负监护责任的人,也包括与其有法律上权利义务关系的人(如债权人、债务人、继承人等)。但需注意,这些利害关系人须为完全民事行为能力人,限制民事行为能力人或无民事行为能力人不具备申请人的资格。

有权申请自然人为失踪人的利害关系人没有先后顺序,只要其中有人提出申请,未申请的利害关系人即使反对,也不影响人民法院对失踪申请案件的受理。但人民法院应遵循"不告不理"的原则,不得依职权主动宣告某下落不明的自然人为失踪人。

利害关系人申请宣告其失踪的,向下落不明人住所地基层人民法院提出。申请书应当写明失踪的事实、时间和请求,并附有公安机关或者其他有关机关关于该自然人下落不明的书面证明。

3. 人民法院依法受理与宣告。宣告失踪只能由法院作出判决,其他任何机关和个人均无权作出宣告失踪的决定。根据《民事诉讼法》第185条的规定,人民法院受理宣告失踪案件后,应当发出寻找下落不明人的公告。公告期间为3个月,公告期间届满,若能够找到被申请人,则人民法院应当作出驳回申请的判决。反之,若被宣告失踪的事实得到确认,则作出宣告失踪的判决。

(二)法律后果

宣告某自然人失踪后,首先要确定其财产代管人。《民法典》第42条规定:失踪人的财产由其配偶、成年子女、父母或者其他愿意担任财产代管人的人代管。代管有争议,没有前款规定的人,或者前款规定的人无代管能力的,由人民法院指定的人代管。财产代管人没有顺序限制,也不存在谁申请便由谁享有财产代管权的问题,而只遵循谁管理财产对失踪人的财产有利的原则。

1. 代管人的财产管理职责。财产代管人应当妥善管理失踪人的财产,维护其财产权益。失踪人所欠税款、债务和应付的其他费用,由财产代管人从失踪人的财产中支付。所谓"妥善管理",是指代管人应尽善良管理人的注意和谨慎义务,不得擅自利用或处分失踪人的财产。

2. 代管人的赔偿责任。财产代管人因故意或者重大过失造成失踪人财产损失的,应当承担赔偿责任。

3. 代管人的变更。财产代管人不履行代管职责、侵害失踪人财产权益或者丧失代管能力的,失踪人的利害关系人可以向人民法院申请变更财产代管人。财产代管人有正当理由的,可以向人民法院申请变更财产代管人。人民法院变更财产代管人的,变更后的财产代管人有权请求原财产代管人及时移交有关财产并报告财产代管情况。

(三)失踪宣告的撤销

宣告失踪的撤销是指被宣告失踪人重新出现,经本人或者利害关系人申请,人民法院撤销失踪宣告的制度。失踪宣告被撤销会产生如下法律后果:首先,代管人的代管权终止。其次,失踪人重新出现,有权要求财产代管人及时移交有关财产并报告财产代管情况(见图1-2-2)。

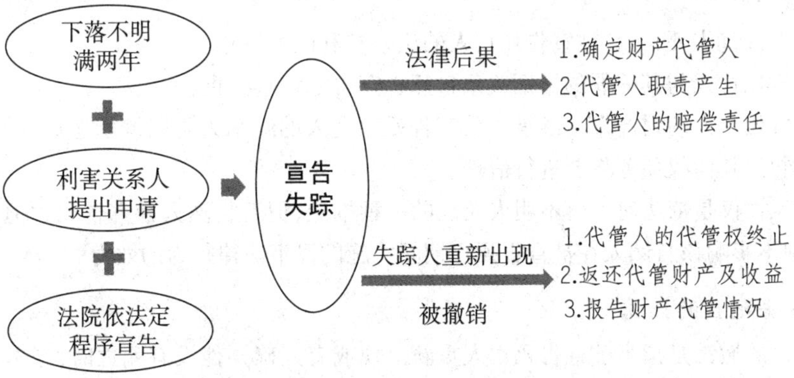

图1-2-2　宣告失踪的条件及法律后果

失踪人重新出现是撤销失踪宣告的唯一法定事由,如果利害关系人以被宣告失踪人已经死亡为由申请撤销失踪宣告,人民法院则不予支持。

二、宣告死亡

宣告死亡,是指自然人下落不明达到法定期限,经利害关系人申请,人民法院宣告其死亡的制度。宣告死亡制度与宣告失踪制度的设置目的不同。宣告失踪旨在解决失踪人的财产管理问题及稳定财产关系,但仍然不能从根本上消除因为当事人长期下落不明而引起的财产关系和人身关系不稳定状态,而宣告死亡制度则可使这一问题得到解决。

(一)条件和程序

1. 自然人处于下落不明状态达到一定期限。申请宣告死亡的,在通常情况下,自然人下落不明必须满4年。但若是因意外事件下落不明的,只要求满2年。此外,若因意外事件下落不明,但经有关机关证明该自然人不可能生存的,申请宣告死亡不受2年时间的限制。[2]

2. 由利害关系人向法院提出申请。利害关系人的申请既是宣告死亡的基本条件之一,又是宣告死亡的程序要求。利害关系人同样包括被申请人的近亲属以及与其有民事权利义务关系的人(通常包括受遗赠人、债权人、债务人、人寿保险合同的受益人等)。

另外,对于既符合宣告失踪又符合宣告死亡条件的失踪人,利害关系人可以先申请宣告失踪,再申请宣告死亡;也可以直接申请宣告死亡,亦即宣告失踪并非宣告死亡的必经程序。如果符合申请宣告死亡的法定条件,但利害关系人只申请宣告失踪时,应宣告失踪。如果符合申请宣告死亡的法定条件,利害关系人中,有的申请宣告死亡,有的申请宣告失踪,有的不同意宣告失踪或死亡,应当根据《民法典》第47条的规定宣告死亡。

3. 由法院依法定程序作出死亡宣告判决。利害关系人向被宣告死亡人住所地基层法院提出宣告死亡申请后,对符合条件的,人民法院应予受理。受理后即应发出寻找失踪人的公告,普通失踪公告期为1年,因意外事故失踪的公告期为3个月,公告期满仍不能确定下落不明人尚生存的,即作出宣告死亡的判决。[3] 被宣告死亡的人,人民法院宣告死亡的判决作出之日视为其死亡的日期;因意外事件下落不明宣告死亡的,意外事件发生之日视为其死亡的日期(《民法典》第48条)。

(二)法律后果

1. 自然人被宣告死亡后,被宣告死亡人的民事权利能力终止。

2. 被宣告死亡人与其配偶的婚姻关系自死亡宣告之日起终止。

3. 被宣告死亡人的财产发生继承。被宣告死亡之人的继承人可以继承遗产,受遗赠人可以取得遗赠;同时,其债权债务将要进行清理。

4. 宣告死亡仅是依法对下落不明人死亡的一种推定,但若自然人被宣告死亡但是实际上并未死亡的,则不影响该自然人在被宣告死亡期间实施的民事法律行为的效力。

(三)宣告死亡的撤销

宣告死亡的撤销是指当被宣告死亡人重新出现或有人确知他没有死亡时,经本人或利害关

---

〔2〕 相关案例参见《马航MH370失踪者丈夫申请"宣告死亡"》,载新华网,http://www.xinhuanet.com//legal/2017-02/25/c_1120527515.htm。

〔3〕 相关案例参见"高昌雨、徐华连等申请宣告公民死亡案",湖北省竹山县人民法院(2015)鄂竹山民特字第3号民事判决书。

系人申请,法院应依法撤销对他的死亡宣告的法律制度。[4] 宣告死亡只是法律上的推定,并不一定符合事实。

1. 在婚姻关系方面,如果配偶已再婚的,应保护现行婚姻。如果配偶再婚后又离婚或再婚后配偶又死亡的,不能自行恢复婚姻关系。对于未再婚的配偶,也应尊重其个人意志,若其配偶向婚姻登记机关书面声明不愿意恢复婚姻的,也不能自行恢复婚姻关系。

2. 在收养关系方面,被宣告死亡的人在被宣告死亡期间,其子女被他人依法收养的,在死亡宣告被撤销后,不得以未经本人同意为由主张收养关系无效。

3. 在财产关系方面,被撤销死亡宣告的人有权请求依照《民法典》继承编的规定取得其财产的民事主体返还财产,无法返还的,应当给予适当补偿。利害关系人隐瞒真实情况,致使他人被宣告死亡取得其财产的,除应当返还财产外,还应当对由此造成的损失承担赔偿责任(见图 1-2-3)。

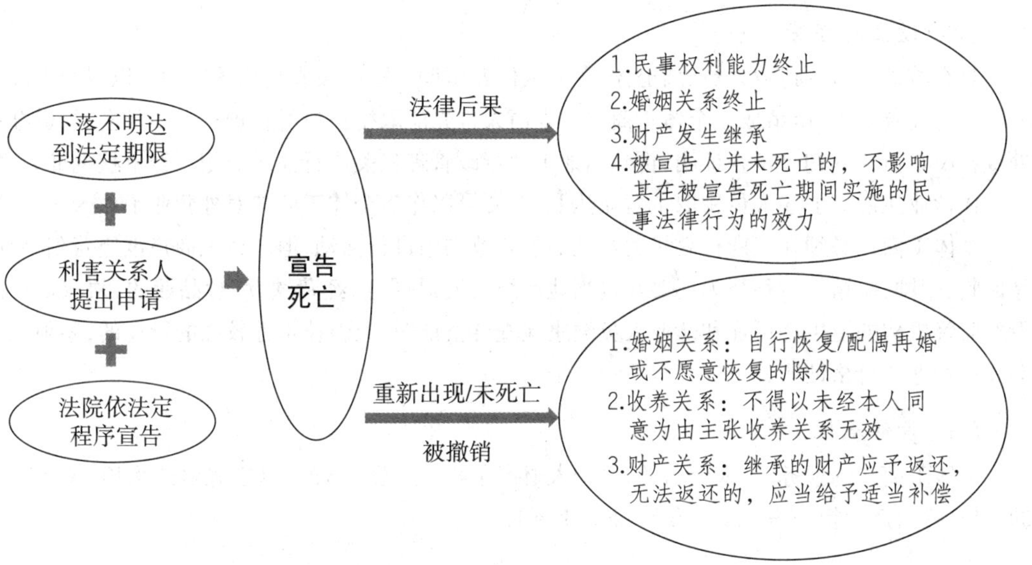

图 1-2-3　宣告死亡的条件及法律后果

第四节　个体工商户和农村承包经营户

一、个体工商户

(一)个体工商户的概念

个体工商户是指在法律允许的范围内,依法经核准登记,从事工商经营活动的自然人或家庭。其具有如下特征:

1. 从事工商个体经营的是单个自然人或家庭。单个自然人申请个体经营的,必须是享有劳动权的自然人,即应年满 16 周岁。而经家庭申请个体经营的,作为户主应具有经营能力,其他家

---

[4] 相关案例参见"冯晓樑与管纬申请撤销宣告公民死亡案",上海市静安区人民法院(2016)沪 0106 民特字 24 号民事判决书。

庭成员可以不具有经营能力。

2. 个体工商户必须依法进行核准登记。自然人或家庭想要进行个体经营工商业,必须依法向市场监督管理部门提出申请,并由受理机关核准登记,颁发个体经营的营业执照后,申请人才取得个体工商户的资格,并依法在核准登记的范围内从事经营活动。

3. 个体工商户应在法律允许的范围内从事工商业经营活动。这里所说的工商业经营活动是广义的,除手工业、加工业、零售商业外,还包括修理业、服务业等。但是,无论进行何种工商业经营活动,都应在法律允许的范围内进行,方受法律保护。

4. 个体工商户可以起字号。有字号的个体工商户可以该字号名义对外从事经营活动。但因其无独立主体资格,在签署合同等法律文件时,应当写明字号的同时,签署经营者(业主或户主)的姓名。

(二)设立与经营

具有城镇户口的待业人员、离退休、辞职或停薪留职人员以及农村居民等均可以以个人或家庭财产为经营资本,申请成立个体工商户。申请人首先应取得户口所在地居民委员会、街道办事处或村民委员会的初步审查证明,再到当地工商行政管理机关进行注册登记。经审核批准后,发给个体营业执照。上述人员领取了营业执照后,便可以作为个体工商户对外营业了。

个体工商户必须在工商行政机关核准的经营范围内进行活动,但个体工商户欲经营刻字、废品回收、印刷、旅馆等特种行为还要经过当地市级公安局同意;经营饮食、食品业的,须取得食品卫生监督机构的卫生许可证和从业人员健康检查合格证明;经营技术性较强的行业的,还须取得有关技术考核合格证明。

(三)责任承担

个体工商户的债务,个人经营的,以个人财产承担;家庭经营的,以家庭财产承担;无法区分的,以家庭财产承担(《民法典》第56条第1款)。

二、农村承包经营户

(一)农村承包经营户的概念

农村承包经营户,是指在法律允许的范围内,农村集体经济组织的成员,依法取得农村土地承包经营权,从事家庭承包经营的成员。其法律特征如下:

1. 农村承包经营户是农村集体经济组织的成员。农村集体经济组织的成员依法承包集体经济组织所有的农、副业,从而成为农村承包经营户。

2. 农村承包经营户是基于各种承包合同发生的。合同规定了承包的生产项目,交付使用的生产资料的数量和承包日期,上缴集体的公积金、公益金、管理费,承包户有使用水利等公共设施的权利,双方当事人的其他主要权利以及违约责任等。

3. 农村承包经营户是在法律允许的范围内从事商品生产、经营活动。农村承包经营户应依照合同的约定从事农、副业生产,应及时上缴承包费,应依法纳税等。随着农村经济日益发展,允许有条件的农村承包经营户以字号走向市场是法律的必然选择。

4. 农村承包经营户的设立与存续、终止均无须核准登记。农村承包经营户的产生是建立在农村集体经济组织的成员身份基础上,该组织成员通过与农村集体经济组织签订土地承包经营合同而取得农村承包经营户资格,因此不以办理核准登记手续为必备条件。

（二）责任承担

农村承包经营只是农村集体经济组织的成员，在法律允许的范围内，依照承包合同的约定，从事农、副业生产，并承担上缴承包费、依法纳税的义务的法律制度。农村承包经营户的债务，以从事农村土地承包经营的农户财产承担；事实上由农户部分成员经营的，以该部分成员的财产承担（《民法典》第56条第2款）。

思考题

1. 试辨析民事权利能力与民事行为能力。
2.《民法典》对自然人民事行为能力是如何划分的？
3. 简述法定监护的设定。
4. 简述监护人的职责。
5. 简述监护人资格的撤销与恢复。
6. 简述监护关系的终止。
7. 简述宣告失踪的法定条件及其法律后果。
8. 简述宣告死亡的法定条件及其法律后果。
9. 简述死亡宣告被撤销的法律后果。
10. 简述个体工商户的特征及其责任承担。
11. 简述农村承包经营户的特征及其责任承担。

阅读指引

关于胎儿民事权利能力的相关论争

1. 李永军：《我国〈民法总则〉第16条关于胎儿利益保护的质疑——基于规范的实证分析与理论研究》，载《法律科学（西北政法大学学报）》2019年第2期。
2. 李锡鹤：《胎儿不应有法律上利益——〈民法总则草案〉第16条质疑》，载《东方法学》2017年第1期。
3. 王洪平：《论胎儿的民事权利能力及权利实现机制》，载《法学论坛》2017年第4期。

关于意定监护的相关研究

1. 张素华：《意定监护制度实施中的困境与破解》，载《东方法学》2020年第2期。
2. 李国强：《成年意定监护法律关系的解释——以〈民法总则〉第33条为解释对象》，载《现代法学》2018年第5期。
3. 李霞：《意定监护制度论纲》，载《法学》2011年第4期。

关于宣告失踪与宣告死亡制度的代表性研究

1. 尹田：《论宣告失踪与宣告死亡》，载《法学研究》2001年第6期。
2. 翟远见：《论宣告死亡及其撤销在婚姻上的效力》，载《中国法学》2021年第2期。
3. 薛军：《论被宣告死亡者死亡日期的确定——以中国民法典编纂为背景的论述》，载《政治与法律》2016年第6期。

第三章　法　　人

导学案例

汪某、刘某、程某、赵某四人打算共同出资设立蓝天公司。在公司筹备期间，汪某以自己的名义承租海利公司的写字楼作为蓝天公司筹备处的办公场所，约定租金2万元。蓝天公司成立后，汪某被推选为公司的法定代表人，但公司章程规定：法定代表人以公司名义对外签订合同的单笔限额为1000万元。后因公司资金周转需要，汪某以蓝天公司名义向甲银行贷款2000万元，而甲银行对蓝天公司章程中的限额规定并不知情。借款到期后，甲银行向蓝天公司主张返还借款及利息，蓝天公司以汪某所签借款合同超出代表权限为由主张拒绝偿还贷款。后来，蓝天公司由于经营不善，对外欠下5000万元债务尚未偿还，汪某眼看公司扭亏无望，遂利用自己身为法定代表人的便利，将公司账面上仅剩的500万元转移至个人账户中。

1. 海利公司对到期未付的租金应请求谁支付？

2. 蓝天公司是否有权拒绝偿还甲银行的贷款？

3. 汪某转移500万元现金的行为是否符合法律规定？如不符合法律规定，应承担何种民事责任？

第一节　一般规定

一、法人的概念

法人，是具有民事权利能力和民事行为能力，依法独立享有民事权利和承担民事义务的组织。作为自然人之外的民事主体，法人具有如下特征：

1. 法人是团体。法人区别于自然人的特点，就在于自然人是由个体充当民事主体，而法人是由自然人及其财产的集合而组成的团体或说是社会组织，这个社会组织被法律确认为民事主体。由于法人是自然人或财产的集合，于是就出现了不同于自然人主体的两个特殊问题：(1)如何协调法人成员的意志，形成法人的意志，这就需要有法人的组织机构；(2)如何管理和使用法人的财产，以实现法人的目的。

2. 法人拥有独立的财产。法人的制度功能主要是财产上的，因此，法人能成为民事主体的支柱，就是必须有独立财产。易言之，无财产就无法人的人格。法人的财产属法人所有，既独立于其出资人，也独立于其雇员。出资人一旦将财产所有权移转于法人，其享有的就只是股东权而不再是所有权，出资财产与出资人"脱钩"，使这部分财产成了法人的独立财产。法人能够独立享有民事权利能力和民事行为能力，就是依赖于其有独立财产，没有财产或者没有独立财产的法人，就无法承担其应负的义务。

3. 法人能独立承担民事责任。这是法人拥有独立财产的逻辑结果。法人既然拥有独立财产,便能够以此财产负担自己行为的法律后果。法人独立承担民事责任意味着作为法人的出资人对法人的债务仅以出资额为限承担有限责任。

4. 法人能以自己的名义参加民事法律关系。法人作为拟制的人,其所为的行为总是由具体的自然人作出的,也就是法人在参加民事法律关系时,是由法人代表人、代理人或者其他雇员出面的。但法人既为民事主体,任何自然人在代表法人从事民事活动时,其人格就被法人吸收,不再代表自己,其行为名义上属于法人,其效果自然也由法人承担。法人能以自己的名义参加民事活动关系,使法人的独立人格显现于法律,也与法人拥有独立财产的特征相一致。

二、法人的要件与分类

(一)法人的要件

法人的要件,是指成立法人在法律层面上所须具备的各种条件。根据《民法典》第 58 条的规定,法人成立的要件有四项。

1. 依法成立。依法成立有两重含义:(1)有成立法人的法律规范。如设立公司,要依《公司法》;办大学,要依《高等教育法》和《普通高等学校设置暂行条例》。如果法人没有据之成立的法律规范,除由政府特许成立外,则不得设立。(2)符合设立法人的法定程序。即法人的成立要合乎法律规定的设立程序,如社会团体法人须遵循《社会团体登记管理条例》规定的程序;商业银行须依照《商业银行法》规定的程序。法人设定程序的效果,就是法人成立的公示,一如自然人的出生。

2. 有必要的财产。拥有独立财产,是法人参加民事活动、承担民事责任的物质基础,故法人成立必须有财产或经费。这里的财产,是对企业法人的要求,经费是对非企业法人的要求,经费一般以货币形态表现,在本质上仍属于财产。至于法人成立时,以多少数额的财产或经费算是"必要",通常由制定法规定。

3. 有自己的名称、组织机构和场所。名称,是表示法人特征的文字符号。法人的名称是法人参与民事活动的表征,犹如自然人的姓名,受法律保护。字号与企业名称并不是一回事,企业名称属于登记事项,是法人设立人的义务;字号属于字号权的客体,受知识产权法保护。

组织机构,也称法人机关。自然人的活动由大脑、肢体等人体器官进行。法人是拟制的人,本无"器官"可言,但法人要独立参与民事活动,就必须有行为的实施者,这一实施者就是法人的机关,属于"人造器官"。法人机构既可由自然人一人担任,如法人代表;也可由自然人集体组成,如董事会。

场所,是法人所在的空间位置,包括法人办事机构的所在地和法人活动场所所在地。由于法人的活动设施属财产的范围,故这里的场所专指法人的住所。《民法典》第 63 条规定:法人以其主要办事机构所在地为住所。依法需要办理法人登记的,应当将主要办事机构所在地登记为住所。所谓主要办事机构所在地,应是法人的意思机构或执行机构所在地。

4. 能够独立承担民事责任。法人作为民事主体,不仅享有权利,而且还要负担义务。所谓独立承担民事责任,是法人要以自己的财产清偿所负债务,而不是以设立人或其成员的财产去承担这份责任。成立一个团体要不要让其独立承担民事责任,是由设立人的意思决定的。如一个公司设立下属企业要其独立承担民事责任,就可以设立子公司;反之,则可设立分公司。

(二)法人的学理分类

1. 大陆法系国家对法人的分类(见图1－3－1)

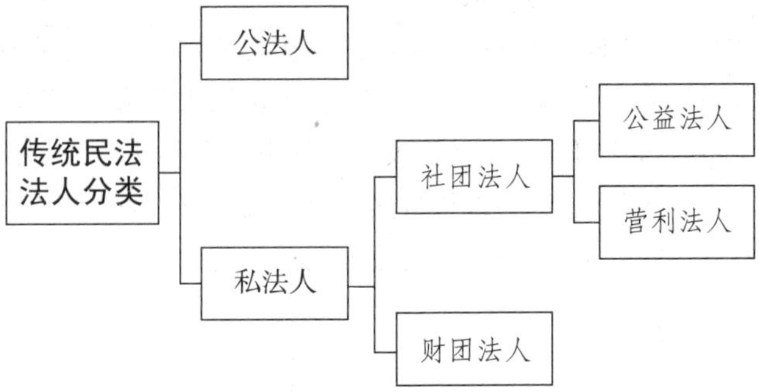

图1－3－1　传统民法法人分类

(1)公法人和私法人。在传统大陆法系国家,因其把法律划分为公法和私法两种类型,相对应的也就产生了公法人和私法人之分。所谓公法人,是指以社会公共利益为目的,由国家或公共团体依公法所设立的法人。所谓私法人,是指以私人利益为目的,依私法而设立的法人。

(2)财团法人和社团法人。私法人又可以法人成立的基础为标准可将法人分为财团法人和社团法人。社团法人是以人的集合为成立基础,是两个以上的社员所组成,根据法律取得独立的人格,如公司、合作社、各种学会、协会等。财团法人是以捐赠财产为成立基础,为一定目的而设立的并由专门委任的人按照规定的目的进行使用的财产集合体。如各种基金会组织、寺院、慈善组织等都是典型的财团法人。其中,社团法人又可依法人的目的事业的性质,划分为公益法人和营利法人。所谓营利法人,是指通过商业活动获取利益,并将该利益分配给成员。公益法人,是指以公益为目的事业的法人。

2. 英美法系国家对法人的分类

英美法系国家认为所有的法人都是社团法人,并不承认财团法人。对于大陆法中的财团法人,英美法是通过信托制度来实现的。信托是把财产交给专门委任的人进行经营管理的制度。如果某人有一定的财产需要捐助于慈善等公益事业,可按照这种信托制度,将其财产委托某自然人或者某社团法人,由受托人按照捐助设立人的意愿和要求去使用和管理。

英美法系国家根据法人社员人数的多寡,将法人分为集体法人和独任法人。集体法人也称合体法人,是指多数人组成而可以永久存在的集合体,其性质与大陆法中的社团法人概念基本相同,商业公司、合作社是最为典型的集体法人,地方政府法人、公用事业法人、科研机构等亦是。独任法人也称单任法团,是指担任特定职务的人由于法律的确认而享有法人资格。这种职务本身具有恒久的存续性,而担任该职务者的人格与该职位有关。独任法人最初多是教会教职人员,如红衣主教、主教、牧师等。此外,根据英国普通法,国王也是独任法人;根据英国制定法,某些政府大臣也是独任法人。

(三)我国的法人分类

我国《民法典》在继承《民法通则》的基础上,对法人采取了功能主义的划分,根据法人的设立目的和运作特点,将法人分为营利法人、非营利法人和特别法人这三种类型(见图1－3－2)。这种分类方式,既立足于我国改革开放以来的实践经验,又满足了社会组织发展和治理的现实需求,是较为科学合理的法人分类方案。

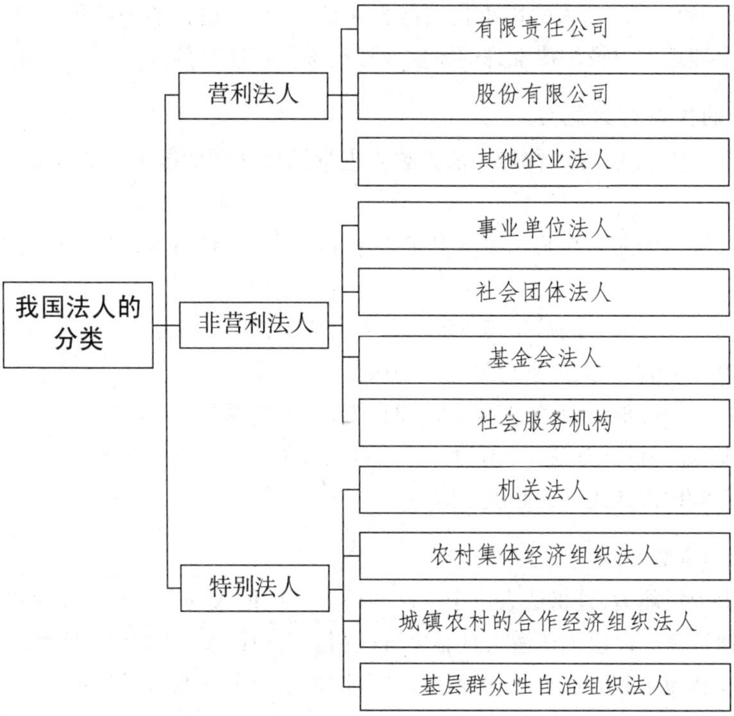

图1-3-2　我国法人的分类

三、法人的民事能力(含住所)

(一)法人的民事权利能力

法人的民事权利能力,是法律赋予法人参加民事法律关系,取得民事权利、承担民事义务的资格。法人的民事权利能力,从法人成立时产生,到法人终止时消灭(《民法典》第59条)。

法人的权利能力本质上是财产能力,原则上没有身份能力。公司等营利法人经依法登记成立;法人消灭以清算完结注销登记之日为准。非营利法人经依法登记成立,但依法不需要办理法人登记的,从成立之日起就具有法人资格。作为特别法人的机关法人,从其成立之日起具有法人资格。

法人的民事权利能力范围,因各个法人的性质、法律规定及目的事业的不同而不同。法人的民事权利能力有以下三方面限制:

1. 性质上的限制。基于自然人的天然属性而专属于自然人的民事权利能力内容,法人均不能享有。例如身体权、健康权、隐私权、继承权、扶养请求权、婚姻自主权,法人因自然属性无法享有。

2. 法律上的限制。为了防止国有资产的流失和保护交易安全的需要,某些法人的民事权利能力范围受法律的直接限制。例如《民法典》第683条规定,机关法人和以公益为目的的非营利法人原则上不得为保证人。

3. 目的事业的限制。法人的民事权利能力范围,以其目的事业为限,在已登记设立的法人中,该范围以登记为准。

法人的民法权利能力具有两个特点:(1)法人的民事权利能力与民事行为能力的始期一致、

终期一致、范围一致。(2)法人的民事权利能力在范围上,除包括的一般民事活动范围外,只限于批准、登记、章程规定以及法律准许的特定业务范围。在这些范围之外,它没有民事权利能力。

(二)法人的民事行为能力

法人的民事行为能力,是法律赋予法人独立进行民事活动的能力。法人的民事行为能力具有以下特点:

1. 法人的民事行为能力与其民事权利能力一起产生、同时消灭,两者的始期与终期完全一致。

2. 法人的民事行为能力范围与其民事权利能力范围相同。各法人之间不存在完全民事行为能力与限制民事行为能力、无民事行为能力的区分。

3. 法人独立参与民事活动,实施民事法律行为,是由代表机构进行的。所谓代表机构即是代表法人为意思表示的机构(如法定代表人)。而自然人的行为能力与权利能力不一定一致,该不一致以法律设立监护人或代理人制度化解。

(三)法人的责任能力

法人的民事责任能力,是指法人由于自己的行为而使他人的合法权益受到损害而独立承担民事责任的法律资格。民法承认法人具有民事权利能力和民事行为能力,具有自己的独立意志。其法定代表人及其他工作人员在法人章程规定范围内的对外行为就是法人行为,他们在行使职权过程中的侵权行为或违约行为,给他人造成损害,理应由法人来承担民事责任。即法人成为独立的民事主体,自然就有民事责任能力。因此,《民法典》第 60 条规定:“法人以其全部财产独立承担民事责任。”

法人作为独立的民事承担者,应承担由此产生的责任:

1. 法人须对法定代表人的行为负责。一方面,法定代表人以法人名义从事的民事活动,其法律后果由法人承受。即使法人章程或者法人权力机构对法定代表人代表权有所限制,但这一限制不得对抗善意相对人(《民法典》第 61 条)。另一方面,法定代表人因执行职务造成他人损害的,也应由法人承担民事责任。法人承担民事责任后,依照法律或者法人章程的规定,可以向有过错的法定代表人追偿(《民法典》第 62 条)。

2. 法人对工作人员的职务行为负责。所谓职务行为,是法人的工作人员在执行职务期间实施的民事行为。一方面,执行法人工作任务的人员,就其职权范围内的事项,以法人名义实施的民事法律行为,对法人发生效力(《民法典》第 170 条)。另一方面,法人的其他工作人员因执行工作任务造成他人损害的,由法人承担侵权责任。法人承担侵权责任后,可以向有故意或者重大过失的工作人员追偿(《民法典》第 1191 条)。

3. 法人应承担一定的社会责任。这一点主要是针对营利法人而言的,因为非营利法人和多数特别法人本身就具有一定的公益属性或承担一部分社会职能。因此营利法人从事经营活动,应当遵守商业道德,维护交易安全,接受政府和社会的监督,承担社会责任(《民法典》第 86 条)。

四、法人的机关

法人的机关,又称法人的组织机构,是指根据章程或法律规定,对内形成法人意思、对外代表法人为民事活动行为的自然人或自然人团体。法人机关是法人的组成部分,类似于自然人的大脑、眼睛、手脚,不能游离于法人存在。因此,法人机关无独立人格,其行为即是法人的行为。法人机关虽然由具体的自然人或自然人团体担任，担任人也会有自己的人格，但是该担任人在为法人行为时，人格会被法人吸收。

应当指出的是，法人机关与法人的分支机构不同，法人机关对内形成法人意思，对外代表法人为民事法律行为，而法人分支机构在参与民事活动时能否形成自己独立的意思，须有法人机关的授权，但对外不得代表法人。

（一）法人机关的特征

法人机关具有如下特征：

1. 法人机关是根据法律、章程或条例的规定而设立的。我国的营利法人、非营利法人、特别法人的机关均依法律或相关条例的规定而设立。

2. 法人机关是法人的有机组成部分。法人机关并不是独立主体，它不能独立于法人之外而单独存在，而是依附于法人，并且作为法人组织机构的一个重要组成部分而存在。同时，任何社会组织要成为法人，也必须有自己的机关，以实现其民事权利能力和民事行为能力。

3. 法人机关是形成、表示和实现法人意志的机构。法律赋予法人独立的民事主体资格，要求法人同自然人一样具有自己的意志。而法人作为一种社会组织，其意志的形成应通过机关来完成，其意志的健全或完善，要通过一定机关的约束和监督。

4. 法人机关由单个的个人或集体组成。由单独的个人形成的法人机关称为独任制机关，如我国全民所有制企业法人的厂长。由集体组成的法人机关称为合议制机关，如股份有限公司的股东大会、董事会和监事会。

（二）法人机关的类型

1. 权力机关

权力机关也称权力机构、意思机关、决策机关，是形成法人意志的机关。意思机关犹如自然人的大脑，故是首脑机关。如营利法人中的股东会或股东大会、事业单位法人的理事会、社会团体法人的会员大会或会员代表大会、捐助法人的理事会或民主管理组织等，均是权力机关。

2. 执行机关

执行机关又称执行机构，是指执行法人意思机关的决定、法人章程、捐助人意思等事项的机关。任何法人皆须有执行机关，否则法人的目的事业无法完成。营利法人应当设执行机构。执行机构行使召集权力机构会议，决定法人的经营计划和投资方案，决定法人内部管理机构的设置，以及法人章程规定的其他职权。此外，社会团体法人应当设理事会等执行机构。

3. 监督机关

监督机关又称监督机构，是指根据法人章程和意思机关的决议对法人执行机关、法人代表机关实施监督的机关。监督机关一般不是法人的必设机关，但捐助法人应当设监事会等监督机构。监督机关可由单个自然人担任，也可由自然人团体担任，在自然人团体担任时称监事会。营利法人设监事会或者监事等监督机构的，监督机构依法行使检查法人财务，监督执行机构成员、高级管理人员执行法人职务的行为，以及法人章程规定的其他职权。

4. 代表机关（法定代表人）

这是法人的意思表示机关，代表机关对外代表法人为意思表示，是法人的对外机关，犹如自然人的喉舌。《民法典》第61条规定，依照法律或者法人章程的规定，代表法人从事民事活动的负责人，为法人的法定代表人。在营利法人中，执行机构为董事会或者执行董事的，董事长、执行董事或者经理按照法人章程的规定担任法定代表人;未设董事会或者执行董事的,法人章程规定的主要负责人为其执行机构和法定代表人。

(1)法定代表人的特点

法定代表人具有下列特点:

第一,法定代表人的资格是法定的。法人的法定代表人依照法律或者法人章程确定。如《全民所有制工业企业法》第54条规定厂长(经理)是企业的法定代表人。《公司法》规定董事长、执行董事或者经理可担任公司法人的法定代表人。至于法定代表人的具体人选,可由任命、选举、招聘等方式产生。

第二,法定代表人是代表法人行使职权的负责人。法定代表人一般是执行机关的负责人,他可以依照法律或章程的规定,无须法人机关的专门授权,就可以法人的名义,代表法人对外进行民事活动。

第三,法定代表人是代表法人从事民事活动的自然人。法定代表人一般只能是自然人,且该自然人只有代表法人从事民事活动和民事诉讼活动时才具有这种身份。当自然人以法定代表人的身份从事法人的业务活动时,并不是独立的民事主体,而只是法人这一民事主体的代表。法定代表人应具备下列条件:一是必须具有完全民事行为能力;二是必须是具有一定管理能力和业务知识的法人组织的内部成员;三是必须不存在不能担任法定代表人的情形。

(2)法定代表人与法人的代理人

法定代表人的法律地位不同于法人的代理人:

第一,法定代表人并非独立的民事主体,只是法人这一民事主体的代表,与其所代表的法人为同一法律人格;而法人的代理人与其所代理的法人之间是两个独立民事主体,并且发生代理与被代理关系,二者具有各自不同的法律人格。

第二,法定代表人在代表权范围内所为的行为就是法人的行为,其法律后果当然由法人承担;而法人的代理人所为的代理行为从根本上说属于代理人自身的行为,并非被代理人的直接行为,只不过其行为的法律后果依代理制度应由被代理人来承担。

第三,法定代表人只能由一个自然人担任,不能是众多的自然人或者自然人组成的集体机构;而法人的代理人则可以是众多的自然人,根据法人授权对外代理法人进行民事活动。

(3)法定代表人的行为效果归属

法定代表人的行为效果归属应注意以下方面:

第一,法定代表人以法人名义从事的民事活动(包括民事纠纷解决活动如诉讼、仲裁、调解、和解),其法律后果直接由法人承受。

第二,法人的权力机关依法可以通过章程对其法定代表人代表权进行限制,但这种限制对善意的交易相对人而言没有对抗效力。所谓"善意",是指该交易相对人在主观上不知道且不应当知道法人的权力机关对法定代表人的代表权有所限制。这一规定实际上是为了保护交易相对人的合理信赖,从而维护交易安全和效率。

第三,法定代表人因执行职务造成他人损害的,由法人承担民事责任,法人承担民事责任后,依照法律或者法人章程的规定,可以向有过错的法定代表人追偿。

五、法人的设立与登记

所谓法人的设立,是指创办法人组织,使其具有民事主体资格而进行的连续准备行为。法人的设立与法人的成立是两个既相区别又相联系的概念。法人的成立是法人据以取得民事权利能力和民事行为能力的法律事实,类似于自然人的出生。法人的设立是法人成立的前提,法人成立是法人设立行为的结果,法人的设立并不必然导致法人的成立,当设立无效时,法人就不能成立。

(一)法人成立的条件

法人是一种社会组织,只有符合法律规定的条件的社会组织才能取得法人资格。法人成立的程序要件,亦称法人成立的形式要件,是指法人设立时必须经过的一定的法律程序,是社会组织获得法人人格的法定形式要件。

1. 法人设立的原则

因法人的类型和时代不同,其设立的原则亦不相同,主要有以下五种:

(1)自由设立主义,也称放任主义,即国家对于法人的设立完全听凭当事人自由,不要求具备任何形式,不加任何干涉和限制。

(2)特许设立主义,即法人设立须经特别立法或国家元首许可。

(3)核准主义,又称行政许可主义,即法律规定法人成立的条件,但是否批准法人成立,须经行政机关许可或者说政府有一定的自由裁量权,有时具备了条件不一定批准。

(4)准则主义,亦称登记主义,即法律对法人的设立预先规定一定的条件,设立人可遵照该条件设立,无须先经行政机关许可,只要依法定条件设立后,仅须向登记机关办理登记,法人即可成立。

(5)强制设立主义,即国家对于法人的设立实行强制设立,这种设立原则适用于特殊产业或特殊团体。

2. 法人设立的规则

我国现行法律关于法人设立主要有如下规则:

(1)营利法人的设立规则。营利法人包括有限责任公司、股份有限公司和其他企业法人。设立有限责任公司,除法律、行政法规规定需经有关部门审批的以外,仅须向公司登记机关申请设立登记,采准则主义;法律、行政法规规定需有关部门审批的,采行政许可主义。设立股份有限公司,必须经国务院授权部门或省级人民政府批准,采行政许可主义。营利法人经依法登记成立。依法设立的营利法人,由登记机关发给营利法人营业执照。营业执照签发日期为营利法人的成立日期。

(2)非营利法人的设立规则。非营利法人包括事业单位、社会团体、基金会、社会服务机构等。事业单位法人和社会团体法人依法不需要办理法人登记的,如中国科学院、中国社会科学院、中华全国总工会、全国妇联等,其设立应属特许主义。事业单位和社会团体法人依法需要登记的,如各种协会、学会、行业团体、基金会,应当经过业务主管部门审查同意,向登记机关申请登记,其设立原则应属行政许可主义。

(3)特别法人的设立规则。作为特别法人的机关法人,包括权力机关法人、行政机关法人、军事机关法人及司法机关法人等,其设立取决于《宪法》和国家机关组织法(如《国务院组织法》《全国人民代表大会组织法》)的规定,相当于特许设立主义。

(二)法人的登记

法人的登记,是指将法人的相关事项在相应的法定管理机构进行记载的行为。登记一方面是便于政府统一对社会上的各类法人进行管理,另一方面是为了产生相应的信息公示作用,使其他人知悉该法人的法定登记事项。

按照我国《民法典》的规定,登记机关负有依法、及时公示法人登记的有关信息的义务。该登记依法能够产生相应的公信力,即法人的实际情况与登记的事项不一致的,不得对抗善意相对人(《民法典》第65条)。

正是基于法人登记信息所产生的公示、公信效力,因此法人若在存续期间登记事项发生变化的,应当依法向登记机关申请变更登记,尽可能地使登记信息与实际情况保持一致,从而减少争议和纠纷的发生。

六、法人的变更和消灭

(一)法人的变更

法人的变更,是指在存续期内,法人组织上合并、分立以及在活动宗旨、业务范围等其他重大事项的变更。具体类型如下。

1. 法人的合并

这是指两个以上的法人,无须清算而归并为一个法人的法律行为。法人合并分为吸收合并和新设合并。

吸收合并,是指一个或多个法人合并到一个现存法人中去,被合并法人的主体资格消灭,存续法人主体资格仍然存在。如原湖南大学与原湖南财经学院合并为湖南大学即属此类。

新设合并,是指两个以上的法人合并为一个新法人,原来的法人消灭,新的法人产生。例如原江西大学和江西工学院等合并为南昌大学就属此类。

法人合并后,因合并而消灭的法人,其权利义务均由合并后新设或存续的法人概括承受,即法人合并的,其权利和义务由合并后的法人享有和承担(《民法典》第67条第1款)。

2. 法人的分立

这是指一个法人分成两个以上的法人。法人分立有新设分立和派生分立两种。

新设分立,即解散原法人,而分立为两个以上的新法人,如中国保险总公司分为中国财产保险总公司和中国人寿保险总公司就属此类。

派生分立,即原法人存续,但分出一部分财产设立新法人。法人分立时须经主管部门审批,分立出来的法人要进行设立登记,消灭的法人要办理注销登记,存续的法人办理变更登记。

因分立而消灭的法人,其权利义务由分立后的法人概括承受。即法人分立的,其权利和义务由分立后的法人享有连带债权,承担连带债务,但是债权人和债务人另有约定的除外(《民法典》第67条第2款)。

3. 法人组织形式的变更

对于公司法人而言,存在公司组织形式的变更问题。依《公司法》规定,有限责任公司在符合法定条件下,经全体股东一致同意,可以变更为股份有限公司。但这种公司组织形式的变更,应经国务院授权部门或省级人民政府的批准,方为有效。

4. 其他重要事项的变更

即法人的活动宗旨和业务范围等事项的变化。根据《市场主体登记管理条例》第三章规定,企业法人改变名称、住所、经营场所、法定代表人、经济性质、经营方式、注册资金、经营期限以及增设或撤销分支机构,均属重要事项的变更。法人存续期间登记事项发生变化的,应当依法向登记机关申请变更登记。

（二）法人的消灭

法人的消灭，又称法人的终止，即法人作为民事主体资格的丧失，其民事权利能力和民事行为能力不复存在。

法人的终止不同于法人的解散。法人的终止是指法人在实体意义上已消灭，而法人的解散只是法人终止的原因及活动过程。法人终止包括法人解散和清算两个过程。

1. 法人终止的原因

法人终止的原因主要有：

（1）法人解散。《民法典》第 69 条列举了法人解散的情形，包括：法人章程规定的存续期间届满或者法人章程规定的其他解散事由出现；法人的权力机构决议解散；因法人合并或者分立需要解散；法人依法被吊销营业执照、登记证书，被责令关闭或者被撤销；法律规定的其他情形。

（2）法人被宣告破产。企业法人不能清偿到期债务时，人民法院可根据债权人或债务人的申请，依法宣告其破产。

（3）法律规定的其他原因。如法人的合并、分立、国家经济政策的调整和发生战争等。

2. 法人的清算

法人的终止应依法进行清算。法人的清算，是指清理已解散法人的财产，了结其作为当事人的法律关系，从而使法人归于消灭的必经程序。

在清算期间，法人的法律人格仍然存在，只是其民事权利能力和民事行为能力因清算程序的开始而受到极大的限制，因此清算期间法人不得从事与清算无关的活动。

（1）清算组织的成立。在法人清算过程中执行清算事务的人，称为清算人或清算组织。法人解散的，除合并或者分立的情形外，清算义务人应当及时组成清算组进行清算。法人的董事、理事等执行机构或者决策机构的成员为清算义务人。法律、行政法规另有规定的，依照其规定。

（2）清算组织的义务。清算组织是清算法人的执行机关和代表机关，对内执行清算事务，对外代表清算法人从事清算范围内的一切活动。其职责范围包括了结现存事务、清理法人财产、通知或公告债权人、制定清算方案、清缴所欠税款、清理债权债务、处理剩余财产、参加与清算有关的诉讼等。法人清算后的剩余财产，根据法人章程的规定或者法人权力机构的决议处理。法律另有规定的，依照其规定。清算义务人未及时履行清算义务，造成损害的，应当承担民事责任；主管机关或者利害关系人可以申请人民法院指定有关人员组成清算组进行清算。

（3）清算终结的法律后果。清算终结，应由清算法人向登记机关办理注销登记。完成注销登记，法人即告消灭。依法不需要办理法人登记的，清算结束时，法人终止（《民法典》第 72 条第 3 款）。

第二节　营利法人

一、营利法人的法律特性

营利法人，是指以取得利润并分配给股东等出资人为目的成立的法人。营利法人包括有限责任公司、股份有限公司和其他企业法人。其主要特征如下：

1. 目的是取得利润。营利法人的出资人的目的是实现资本的增值，获得更多的收益。例如，传统公司法理论认为,公司最重要的使命就是赚钱,使股东的收益最大化。取得利润不是营利法人区别于非营利法人的根本特征,是否从事经营活动也不影响到营利法人与非营利法人的分类。例如,有些寺庙(如少林寺)也会从事经营活动,如收取门票、进行与功夫有关的各种演出或者影视拍摄。

2. 将利润分配给出资人。这是营利法人区别于非营利法人的本质特征。营利法人作为社会主义市场经济的一类主体,承担着融通资本、创造财富、搞活市场等职能。其经营的目标就是追求利润的最大化,而利润最大化体现了传统公司法上“股东至上”的原则,在这一原则下,股东投资企业就是为了获取回报。

所以,营利法人与非营利法人区分的关键在于,取得的利润分配给谁。如果利润归属于法人,用于实现法人的目的,则它就不是营利法人。例如,有些基金会为了使资金保值或者升值,会将资金用于投资或者经营活动,但因此取得的利润并不分配给基金的捐赠者,更不会分配给基金会的理事会等决策机构或执行机构的组成人员,因此,基金会不是营利法人。如果利润分配给出资人,如公司将取得的利润通过分红的方式分配给股东,则属于营利法人。

二、营利法人的机关

如前所述,法人的机关包括权力机关、执行机关、监督机关以及法人的代表机关。营利法人也不例外,其也具有这些机关。

(一)营利法人的权力机关

营利法人的权力机构为股东会或股东大会。权力机构行使修改法人章程,选举或者更换执行机构、监督机构成员,以及法人章程规定的其他职权。

在有限责任公司中,其权力机关是股东会,是由全体股东所组成的表达公司意思的非常设机构,是每一个公司都必需的机构。我国《公司法》第 37 条规定了股东会行使的职权。在股份有限公司中,股东大会是法人的权力机构,股东大会由全体股东组成,其职权与有限责任公司的股东会职权相同。

(二)营利法人的执行机关

营利法人执行机关为董事会或执行董事。执行机构行使召集权力机构会议,决定法人的经营计划和投资方案,决定法人内部管理机构的设置,以及法人章程规定的其他职权。

在有限责任公司中,执行机关为董事会或执行董事,若设立董事会,则其成员为 3 ~ 13 人,股东人数较少或者规模较小的有限责任公司,可以设一名执行董事,不设董事会。在股份有限公司中,应当设立董事会,其成员为 5 ~ 19 人。

执行机构为董事会或者执行董事的,董事长、执行董事或者经理按照法人章程的规定担任法定代表人;未设董事会或者执行董事的,法人章程规定的主要负责人为其执行机构和法定代表人(《民法典》第 81 条第 3 款)。

(三)营利法人的监督机关

营利法人的监督机构为监事会或者监事。设立监督机构旨在加强对法人执行机构的监督,防止公司董事会滥用权力,以维护法人和股东的财产安全。监督机构依法行使检查法人财务,监督执行机构成员、高级管理人员执行法人职务的行为,以及法人章程规定的其他职权(《民法典》第 82 条)。

有限责任公司视其规模可选择设立监事会或者监事，设立监事会的，其成员不得少于 3 人。股东人数较少或者规模较小的有限责任公司，可以设 1～2 名监事，不设监事会。股份有限公司设监事会，其成员不得少于 3 人。

三、营利法人的特殊规则

（一）出资人权利滥用的禁止

营利法人的出资人，一般来说，是指有限责任公司或者股份有限公司的股东。股东作为股东会或者股东大会的组成人员，应当遵守公司法等法律法规和公司章程的规定，依法合理行使作为出资人的权利。如果股东滥用其法定权利，损害法人或者其他出资人的利益，给法人或者其他出资人造成损失的，应当依法承担民事责任（《民法典》第 83 条第 1 款）。

（二）法人人格否认制度

法人人格否认，又称“刺破公司的面纱”，是指营利法人出资人滥用法人独立地位和出资人有限责任，逃避债务，严重损害法人债权人的利益时，即由出资人对法人债务承担连带责任的制度。营利法人在法律关系中，具有法人财产独立性和出资人责任有限性两大特征。尤其是出资人责任的有限性，使法人资产在不足以清偿全部债务时，债权人不得请求出资人承担超出其出资范围的责任。

法人人格否认的制度价值就是要遏制出资人利用法人的独立地位和出资人的有限责任制度来规避自身责任，使权利义务的分配符合公平正义的要求。法人人格否认不是对法人人格的永久剥夺，而只是在某一特定的法律关系中，否认法人的独立主体地位。我国《公司法》第 20 条、《民法典》第 83 条均对法人人格否认制度作出了规定。

“滥用法人独立地位和出资人有限责任”的典型情况包括：出资人抽逃资金、转移财产；利用公司的设立、变更逃避债务；母公司对子公司的无度操纵、干预；因财产混同、业务混同而导致的人格混同等。[1]

（三）禁止关联交易

关联交易，是指公司或是其附属公司与在本公司直接或间接占有权益、存在利害关系的关联方之间所进行的交易。

营利法人的控股出资人、实际控制人、董事、监事、高级管理人员不得利用其关联关系损害法人的利益；利用关联关系造成法人损失的，应当承担赔偿责任（《民法典》第 84 条）。所谓控股股东，是指出资额或所持股份占公司资本总额 50% 以上的股东或者其表决权足以对股东会、股东大会的决议产生重大影响的股东。实际控制人是指虽不具有股东身份但能够通过投资关系、协议或其他安排，能够实际支配公司行为的人。所谓关联关系，是指公司控股股东、实际控制人、董事、监事、高级管理人员与其直接或者间接控制的企业之间的关系，以及可能导致公司利益转移的其他关系。关联交易实际上是一种存在利益冲突的交易类型。从本条规定的立场可以看出，我国法律并不是完全禁止关联交易本身，而是要求关联人不得利用关联关系损害公司的利益，否则须承担赔偿责任。

---

〔1〕 典型案例参见最高人民法院指导性案例 15 号：徐工集团工程机械股份有限公司诉成都川交工贸有限责任公司等买卖合同纠纷案。

(四)营利法人出资人的撤销权

营利法人出资人的撤销权,是指营利法人的权力机构、执行机构作出决议的会议召集程序、表决方式违反法律、行政法规、法人章程,或者决议内容违反法人章程的,营利法人的出资人依法享有的请求人民法院撤销该决议的权利(《民法典》第85条)。决议行为作为民事法律行为的一种,其作出有严格的程序上的限制,这种限制既有来自法律、行政法规的规定,也有公司章程的规定。如果作出决议时违反了规定的程序要求,就可能侵害到相关权利人的利益。为此,《民法典》规定在决议具有瑕疵的场合,出资人可以请求人民法院撤销该决议。

不过,即使营利法人出资人行使了撤销权,但营利法人依据权力机构、执行机构作出的决议与善意相对人形成的民事法律关系不受影响。

(五)营利法人的社会责任

营利法人的社会责任,是指营利法人对社会发展和进步作出的贡献。

营利法人在追求自身利益最大化的同时,也要推动国家经济发展、社会文明的进步。营利法人在这方面的作为即为其承当的社会责任。一般来说,营利法人的社会责任主要包括:保护消费者权益、保护生态环境、热心公益宣传、慈善捐助、帮助社会中需要帮助的弱势群体等(《民法典》第86条)。

第三节　非营利法人

一、非营利法人的概念

非营利法人,系以公益或其他非营利目的而成立,不向其出资人、设立人或者会员分配所取得利润的法人。

判断某个法人是否为非营利法人,标准有二:

1. 成立目的须"以公益或其他非营利目的"。"非营利目的"的含义,并不是经济学意义上的无利润,也不是不从事经营活动,而是指这种组织的运作目的不是为获取利润。例如,中国法学会作为非营利法人,其宗旨是团结全国广大法学工作者、法律工作者开展法学研究、法学交流和法治实践,为全面推进依法治国作出积极贡献。宋庆龄基金会作为非营利法人,其宗旨是继承和发扬宋庆龄毕生致力的增进国际友好,维护世界和平;开展两岸交流,促进祖国统一;关注民族未来,发展少儿事业。

2. "不向其出资人、设立人或者会员分配所取得利润"。非营利法人即使从事经营行为,也不能将获得的收益分配给其出资人、设立人或者会员,而是要将其收益用于公益或者章程规定的业务活动。

一般情况下,非营利法人主要是指以公益为目的的法人即公益法人,包括以教育、科学、文化、卫生等为主的事业单位法人、基金会、民办学校、医院、养老院等各种社会服务机构。但除了公益法人,非营利法人还包括尽管不是为了公益,但其目的也非营利的法人组织,这主要是指那些互益性的非营利法人组织,例如具有中国特色的商会。

非营利法人的类型包括:事业单位、社会团体、基金会、社会服务机构等(《民法典》第87条第2款)。

二、事业单位法人

事业单位法人，是指从事教育、科技、文化、卫生等活动的，不以营利为目的的组织。事业单位法人是我国重要的法人类型，《民法典》沿袭并完善了《民法通则》的规定。

事业单位法人的财产主要是国家财政拨款，如从事教育、科研、文化、卫生、体育、新闻出版、广播电视、社会福利、救助减灾、统计调查、技术推广与实验、公用设施管理、物资仓储、监测、勘探与勘察、测绘、检验检测与鉴定、法律服务、资源管理事务、质量技术监督事务、经济监督事务、知识产权事务、公证与认证、信息与咨询、人才交流、就业服务、机关后勤服务等，但不限于国家财政拨款，如私人举办的博物馆、医院、学校等。

根据《民法典》第 88 条的规定，事业单位法人的成立有两种模式：(1)具备法人条件，依法经登记取得事业单位法人资格；(2)具备法人条件，依法不需要办理法人登记的，从成立之日起，具有事业单位法人资格。

事业单位法人的机关，因其类型不同而有区别。有的可以像营利法人一样，根据章程设立权力机关(决策机关)、执行机关、监督机关，除法律另有规定外，事业单位法人设理事会的，理事会为其决策机构；有的事业单位法人则没有权力机关(决策机关)、执行机关、监督机关，如我国高等学校就是如此。事业单位法人的法定代表人依照法律、行政法规或者法人章程的规定产生，如高等学校的校长一般来讲为学校的法定代表人(《民法典》第 89 条)。

三、社会团体法人

社会团体法人，是指基于会员共同意愿，以公益目的或者会员共同利益等非营利目的设立的社会组织，如协会、学会、研究会、联谊会、促进会、商会等团体。因公益目的而成立的社会团体法人，如中国红十字会、中华慈善总会等；因会员共同利益而成立的社会团体法人有各种协会、商会等。

根据《民法典》第 88 条的规定，社会团体法人的成立有两种模式：(1)具备法人条件，依法经登记取得社会团体法人资格；(2)具备法人条件，依法不需要办理法人登记的，从成立之日起，具有社会团体法人资格。《社会团体登记管理条例》规定，免予登记的团体有三类，即"参加中华人民共和国政治协商会议的人民团体""由国务院机构编制管理机关核定，并经国务院批准免于登记的团体""机关、团体、企业社会团体内部经本单位批准成立、在本单位内部活动的团体"。

社会团体法人须有章程，并设立权力机构、执行机构和监督机构。会员大会或者会员代表大会为权力机构，理事会为执行机构，理事长或者会长等负责人按照法人章程的规定担任法定代表人(《民法典》第 91 条)。

四、捐助法人

捐助法人即财团法人，是指为公益目的以捐助财产而设立的法人(《民法典》第 92 条)。捐助法人的具体形态如下：

1. 基金会。基金会是以公益事业为目的的捐助法人，主要适用《基金会管理条例》。红十字基金会、宋庆龄基金会均属于这一类捐助法人。

2. 社会服务机构。社会服务机构，原称民办非企业单位。2016 年《慈善法》首次用"社会服务机构"替代了"民办非企业单位"，《民法典》沿用了这一术语。以捐助财产而成立的社会服务机构,主要具有以下特征:(1)民间性。社会服务机构的举办者是除国家机关以外的组织或个人,资金不是国有资产,而是民间资金。(2)公益性。社会服务机构的利润不分配,其终止时,剩余财产不能私分,只能用于公益事业。

3. 宗教活动场所。宗教活动场所,是指寺院、宫观、清真寺、教堂以及其他固定宗教活动处所(《宗教事务条例》第四章)。以信众捐助的财产而成立的宗教活动场所,具备法人条件的,经登记取得捐助法人资格。宗教团体如中国佛教协会、道教协会、基督教三自爱国运动委员会等,属于社会团体,不属于宗教活动场所。

捐助法人须有章程,并设权力机构(决策机构)、执行机构和监督机构,权力机构名称可以为理事会,监督机构可以称监事会,理事长等负责人依据章程担任为法定代表人,此外,还可以设民主管理机构(《民法典》第 93 条)。

捐助财产成立捐助法人者,为捐助人。捐助人不同于营利法人的出资人,其一般不在捐助法人中担任职务。捐助人对于捐助财产有监督权,有权向捐助法人查询捐助财产的使用、管理情况,并提出意见和建议。捐助法人对于捐助人的监督权,必须积极配合:当捐助人查询所捐财产的使用、管理情况时,应当积极提供有关财务资料;对于捐助人提出的有关意见、建议,应当认真听取、研究,对合理化建议应当及时采纳;对于捐助人的查询,应当及时如实答复。

捐助法人的决策机构、执行机构或者法定代表人作出决定存在下述情形之一,捐助人等利害关系人或者主管机关依法享有撤销请求权:(1)决定程序违反法律、行政法规或者法人章程;(2)决定内容违反法人章程的规定。为保护善意相对人的合法权益,维护交易安全,虽然人民法院依法撤销了该捐助法人所作的违法或者违反法人章程的决定,但捐助法人依据该决定与善意相对人形成的民事法律关系不受影响。

五、非营利法人的终止

非营利法人可因不同的事由而发生终止,非营利法人终止,法律、行政法规规定须经有关机关批准的,依照其规定。法律要求办理注销登记手续的,依照其规定。

为公益目的成立的非营利法人终止时,其剩余财产的处理受到如下限制:

1. 不得向出资人、设立人或者会员分配剩余财产。这是营利法人与非营利法人的重要区别。

2. 剩余财产应当按照法人章程的规定或者权力机构的决议用于公益目的,无法按照法人章程的规定或者权力机构的决议处理的,由主管机关主持转给宗旨相同或者相近的法人,并向社会公告(《民法典》第 95 条)。

第四节　特 别 法 人

特别法人是指营利法人与非营利法人以外的,具有特殊性的法人组织。特别法人是我国独有的法律概念,包括机关法人、农村集体经济组织法人、城镇农村的合作经济组织法人、基层群众性自治组织法人四种(《民法典》第 96 条)。

一、机关法人

机关法人,是指有独立经费,而享有相应的民事权利能力和民事行为能力的国家机关和法定机构。《民法典》沿袭了《民法通则》机关法人的规定。

构成机关法人的要件有二:(1)要有独立经费;(2)其职能要求从事民事活动。基于现代国家治理的基本原理,此处的独立经费不是机关实际支配的经费,而应当是独立的预算经费。有独立经费的机关和承担行政职能的法定机构从成立之日起,即具有机关法人资格,不需要进行设立登记。

机关法人有两类:(1)有独立的财政预算经费的机关,主要是国家机关。中国共产党各级组织和民主党派各级组织符合法定条件者,也属于机关法人。没有对外民事活动职能的国家机关内设机构,从立法目的上不能成为机关法人。(2)有独立经费的承担行政职能的法定机构。行政职能是指行政管理职能,如行政许可、行政处罚等。这类法定机构主要是指依法承担行政管理职能的有关事业单位,如中国证券监督管理委员会、中国银行保险监督管理委员会等。

机关法人从事的民事活动包括代表国家成为经营性国有资产的出资人、对其直接支配的不动产和动产的依法处分、在合乎财政制度下的购买及修造、代表国家承担赔偿责任及国有不动产的管理者侵权责任、特定情形下的保证人、雇用正式编制之外的员工而与被聘用者签订劳动合同或雇佣合同等。

机关法人的终止事由仅为撤销。机关法人被撤销的,法人终止,其民事权利和义务由继任的机关法人享有和承担;没有继任的机关法人的,由作出撤销决定的机关法人享有和承担(《民法典》第98条)。

二、农村集体经济组织法人

农村集体经济组织法人,是指于由20世纪50年代初的农业生产合作社演化而来的具有法人资格的集体经济组织。

这是我国特有的一类法人组织,具有历史存在性,包括乡镇集体经济组织法人(原人民公社中的合作社)、村集体经济组织法人(原生产大队)和村内集体经济组织法人(原生产队)。

有关农村集体经济组织的章程内容如何、组织机构如何构建等,可以通过农村集体经济组织的专门法律、行政法规予以规定。

三、合作社法人

城镇农村的合作经济组织法人,即合作社法人,是指按照自愿互利、民主管理、协作服务原则组建的具有法人资格的经济组织。

合作经济组织法人除农民专业合作社外,可包括信用合作社、供销合作社、消费合作社等形态。

四、基层群众性自治组织法人

基层群众性自治组织是指在城市和农村按居民的居住地区建立起来的居民委员会和村民委员会。它是建立在我国社会的最基层、在自愿的基础上由城乡居民按照居住地区自己组织起来,进行自我管理、自我教育、自我服务的组织。

基层群众性自治组织法人,包括居民委员会法人和村民委员会法人,前者为5~9人,后者为3~7人。这两种法人的主要制度,目前分别由《城市居民委员会组织法》和《村民委员会组织法》进行规范。

需要注意的是,村民委员会法人与村集体经济组织法人是两个独立的法人。由于我国在废除人民公社制度恢复乡镇政权建设时,并没有同时恢复农业生产合作社,在实行家庭联产承包责任制以后,生产队、生产大队也基本解体,绝大多数地方并没有集体经济组织的存在,自然也谈不上集体经济组织法人。但是,集体财产却是客观存在的,因此,《民法典》第101条第2款规定,未设立村集体经济组织的,村民委员会可以依法代行村集体经济组织的职能。

思考题

1. 简述法人的特征。
2. 简述法人的成立要件。
3. 试述法人的行为能力与自然人行为能力的区别。
4. 试评析我国《民法典》对法人的分类。
5. 简述法定代表人的特征及其行为效果的归属。
6. 简述法人合并与分立后的责任承担。
7. 简述法人终止的原因。
8. 简述营利法人的法律特征。
9. 简述法人人格否认制度。

阅读指引

关于我国法人分类方法的相关论争

1. 张新宝:《从〈民法通则〉到〈民法总则〉:基于功能主义的法人分类》,载《比较法研究》2017年第4期。
2. 谭启平:《中国民法典法人分类和非法人组织的立法构建》,载《现代法学》2017年第1期。
3. 蔡立东:《法人分类模式的立法选择》,载《法律科学(西北政法大学学报)》2012年第1期。

关于非营利法人的代表性研究

1. 罗昆:《捐助法人组织架构的制度缺陷及完善进路》,载《法学》2017年第10期。
2. 税兵:《非营利法人解释》,载《法学研究》2007年第5期。
3. 张新宝、汪榆森:《论"为其他非营利目的"成立的法人》,载《法学评论》2018年第4期。

关于特别法人的代表性研究

1. 陈小君:《〈民法典〉特别法人制度立法透视》,载《苏州大学学报(法学版)》2021年第1期。
2. 屈茂辉:《农村集体经济组织法人制度研究》,载《政法论坛》2018年第2期。
3. 李永军:《集体经济组织法人的历史变迁与法律结构》,载《比较法研究》2017年第4期。
4. 屈茂辉:《机关法人制度解释论》,载《清华法学》2017年第5期。

第四章　非法人组织

导学案例

2018年1月，甲、乙、丙、丁四人共同出资设立一普通合伙企业。同年5月，因合伙企业经营不善，现欠A公司200万元债务。同年8月，张三作为新合伙人入伙。同年9月，丁见势不好，无利可图，且未来还有负债风险，遂经全体合伙人同意而退伙。同年10月，A公司要向该合伙企业主张债权。根据以上案情，回答下列问题：

1. 设立合伙企业需要符合哪些条件？

2. 合伙人可以采用哪些方式出资？

3. A公司可向哪些人主张债权？

第一节　一般规定

一、非法人组织的含义与特征

非法人组织，是指不具有法人资格，但是能够依法以自己的名义从事民事活动的组织。非法人组织的特征如下：

1. 具有组织稳定性。非法人组织不是临时的、松散的，而是应设有代表人或管理人，有自己的名称、组织机构、组织规则，有进行业务活动的场所。也就是说，非法人组织是具有稳定性的组织。

2. 有自己特定的活动目的或者经营范围。非法人组织和法人一样，需要有自己的成立目的。这里的目的，可以是非经济目的，如发展科学、教育、宗教及慈善事业；也可以是经济目的，如以营利为目的。

3. 有能够由自己独立支配的财产或经费。非法人组织虽然是人合组织，但要实现其团体目的，从事经济的或非经济的活动，就必须有一定的财产或经费。但与法人的财产或经费不同的是，此财产或经费仅须非法人组织可以独立支配即可，而不要求须与其成员的财产截然分开而由非法人组织享有所有权。

4. 以自己的名义进行民事活动。这是非法人组织区别于自然人与契约关系或一般松散集合的标志。如果不以非法人组织的名义对外进行民事活动，就没有作为非法人组织而承认其主体性的必要。

5. 不能完全独立承担民事责任。这是非法人组织与法人的重要区别之一。非法人组织首先以其全部财产对外承担民事责任，不足部分仍须由其成员承担。也就是说，非法人组织的成员承担的是无限责任。

非法人组织包括个人独资企业、合伙企业、不具有法人资格的专业服务机构如合伙律师事务所等(《民法典》第 102 条)。法人的分支机构不属于非法人组织。

二、非法人组织的类型

现实生活中存在大量不具法人资格的团体组织,如非法人私营企业、合伙企业、非法人集体企业、非法人外商投资企业、企业集团、非法人公益团体、筹建中的法人组织等。从学理上而言,非法人组织也可分为营利性非法人组织和非营利性非法人组织。《民法典》确认的非法人组织包括个人独资企业、合伙企业、不具有法人资格的专业服务机构等。

(一)个人独资企业

个人独资企业,是指一个自然人投资的、不具有法人资格,而由投资人以其个人财产对企业债务承担无限责任的企业。个人独资企业是最古老、最简单的一种企业组织形式。其特征是:

1. 独立于出资人而存在的企业组织。首先,这类企业具有企业全部特征,有自己的名称、经营场所、一定数量的从业人员等。其次,企业虽然由个人出资经营、由个人承担经营风险和享有全部经营收益,但其相对独立于出资人,与出资人是彼此独立的民事主体。

2. 一个自然人出资。在法律允许的范围内,投资者即企业主对生产资料享有占有、使用、收益和处分的权利。

3. 投资人以其个人财产对企业债务承担无限责任。这是责任形态方面个人独资企业与法人的本质区别。当企业的资产不足以清偿其债务时,企业出资人以其个人财产偿付企业债务。

4. 不具有法人资格。尽管个人独资企业拥有自己的名称和商号,并以企业名义从事经营行为和参加诉讼活动,但它不具独立的法人地位,只是自然人进行商业活动的一种特殊形态。

(二)合伙企业

合伙企业,是指两个以上的民事主体根据合伙协议,共同出资,共同经营,共负盈亏的企业。

合伙的概念,包括两个不可分割的方面:(1)合伙协议,它构成对合伙人有拘束力的内部关系;(2)合伙组织,它构成合伙人全体与第三人发生法律关系的外部形式。合伙组织是以合伙协议为基础的。一般情形下,合伙是指在合伙合同基础上组成的合伙组织。

合伙具有以下法律特征:

1. 合伙以合伙协议为成立基础。这一特征使合伙与公司相区别。公司是以章程行为为成立基础,章程作为公司组织和行为的基本准则,凡同意者即可加入,成为公司的股东。而合伙的成立须经全体合伙人协商一致,以书面的形式订立合伙协议(《合伙企业法》第 4 条)。合伙协议作为明确合伙人间的权利义务关系,处理合伙内外事务的合同,仅对参与协议订立的合伙人有法律效力,合伙人之外的人入伙,须经全体合伙人同意,并与原合伙人订立书面入伙协议,才能成为新的合伙人。因此,合伙协议是合伙成立的必要条件。

2. 合伙以合伙组织为活动形式。合伙既是人的联合,也是财产的联合,其联合的目的是利用整体力量从事经营活动,获得比单个自然人或法人更高的经济效益。因此,合伙对外须作为一个组织存在。合伙组织经工商登记,取得特定的商事能力,在其营业执照所核准的经营范围内,能以合伙组织的名义从事经营活动。我国《合伙企业法》第 11 条规定,合伙企业领取营业执照前,合伙人不得以合伙企业名义从事经营活动。

3. 合伙须全体合伙人共同出资、共同经营。共同出资是合伙经营的物质基础。合伙人可以用货币、实物、土地使用权、知识产权或其他财产权出资,亦可以用劳务出资。至于出资方式、数量和交付出资的期限,均由合伙协议约定。合伙人在共同出资的基础上,为了共同的经济目的,还须共同从事经营活动。各合伙人对执行合伙事务享有同等的权利,可由全体合伙人决定,委托一名或者数名合伙人执行合伙事务,而不参加执行合伙事务的合伙人有权监督执行合伙事务的合伙人,检查其执行合伙事务的情况。

4. 合伙须全体合伙人共享收益,共担风险。在合伙经营的过程中,各合伙人的经济目的和经济利益是一致的。为达到共同的经济目的,实现共同的经济利益,各合伙人必须风雨同舟,共享收益,共担风险。按合伙的有关规定,合伙经营所产生的收益归全体合伙人享有,所产生的亏损或民事责任,由全体合伙人承担。合伙人可以将其合伙事务执行权委托其他合伙人行使,而不参与具体经营活动,但如果按约定参与了盈余分配,那就必须和执行合伙事务的合伙人一起承担经营风险和亏损,承担无限连带责任。根据《合伙企业法》的规定,合伙协议未约定或者全体合伙人未决定委托执行合伙事务合伙人的,全体合伙人均为执行合伙事务合伙人。

合伙企业可以分为普通合伙企业和有限合伙企业。普通合伙企业是指由普通合伙人组成,合伙人对合伙企业债务承担无限连带责任的合伙类型。有限合伙企业是指由普通合伙人和有限合伙人组成,普通合伙人对合伙企业债务承担无限连带责任,有限合伙人以其认缴的出资额为限对合伙企业债务承担责任的合伙类型。可见,二者最大的区别就在于合伙人的类型以及责任的承担范围。

(三)不具有法人资格的专业服务机构

所谓专业服务机构,是指具备某方面的专业知识和专业技能,按照服务对象的特定需求,在相关专业领域内提供服务的社会组织,如律师事务所、会计师事务所等。

不具有法人资格的专业服务机构具有以下特征:

1. 其设立不仅需要登记,而且须经有关机关批准。所以,此类专业服务机构是以提供特殊技能和知识为业务手段,因此受到特殊的管制。例如根据《律师法》第 18 条的规定,设立律师事务所需要得到司法行政部门的批准。

2. 设立人具有特殊限制。并不是所有主体都可以设立专业服务机构,专业服务机构的设立人需要具有该专业领域内的相应技能和知识。例如,《律师法》第 15 条规定:“设立人应当是具有三年以上执业经历的律师。”

3. 责任承担上具有特殊性。《民法典》第 104 条规定,非法人组织的财产不足以清偿债务的,其出资人或者设立人承担无限责任。可见,原则上非法人组织的成员须对非法人组织的债务承担无限连带责任,但是如果一个律师事务所采用特殊的普通合伙形式设立,其应依据《合伙企业法》第 57 条的规定承担责任,此种场合下未必都是无限连带责任。

三、非法人组织对法人的制度适用

非法人组织除设立、民事责任承担、解散、清算等专门性规定外,对于《民法典》总则编第四章(非法人组织)未作规定的,可以参照适用总则编第三章第一节有关法人的一般规定。

相对于法人组织而言,作为组织的存在,非法人组织最主要的区别在于没有独立的财产或者经费,对外不能独立承担民事责任,其出资人或者设立人要对非法人组织的债务承担无限责任。除此之外,其与法人组织并无本质区别,所以总体上可以参照适用法人组织的一般规定(《民法典》第 108 条)。

第二节 非法人组织的成立、运行与终止

一、非法人组织的成立

非法人组织应当依照法律的规定登记。设立非法人组织之所以需要登记,是因为非法人组织作为一种独立的民事主体类型,是要以自己的名义从事民事活动,只有经过登记,才能具备法律上的“名义”。

设立非法人组织须符合一定的条件,该条件一般规定在各民事单行法中。例如,《合伙企业法》第 14 条规定了设立普通合伙企业应当具备的条件,《个人独资企业法》第 8 条规定了个人独资企业的设立条件等。

设立非法人组织,法律、行政法规规定须经有关机关批准的,应当依照其规定在批准后才得以设立。如依《律师法》第 18 条的规定,设立律师事务所,应当向设区的市级或者直辖市的区人民政府司法行政部门提出申请,受理申请的部门应当自受理之日起 20 日内予以审查,并将审查意见和全部申请材料报送省、自治区、直辖市人民政府司法行政部门。省、自治区、直辖市人民政府司法行政部门应当自收到报送材料之日起 10 日内予以审核,作出是否准予设立的决定。准予设立的,向申请人颁发律师事务所执业证书;不准予设立的,向申请人书面说明理由。《注册会计师法》第 25 条第 1 款规定:“设立会计师事务所,由省、自治区、直辖市人民政府财政部门批准。”

二、非法人组织从事民事活动的代表人

非法人组织可以确定一人或者数人代表该组织从事民事活动,此即非法人组织的代表人。例如,根据《合伙企业法》的规定,合伙人对执行合伙事务享有同等的权利。按照合伙协议的约定或者经全体合伙人决定,可以委托一个或者数个合伙人对外代表合伙企业,执行合伙事务。由此可见,代表合伙企业对外从事民事活动的人即合伙事务执行人,但并不是所有的合伙人都可以做合伙事务执行人。例如,在有限合伙企业中,有限合伙人不能参与合伙事务的执行,因而不能做合伙事务执行人。

三、非法人组织民事责任的承担

非法人组织以其全部的财产独立承担民事责任,这是其责任承担的一般规则。由于非法人组织的财产、意志等并没有与组织的成员或者设立人完全分开,只是相对独立,不具有如法人一样的完全独立性,所以非法人组织并不具有完全民事责任能力。因此,非法人组织的财产不足以清偿债务的,其出资人或者设立人承担无限责任(《民法典》第 104 条)。

但是,在法律另有规定的情形下,不适用上述一般规则。这主要是指《合伙企业法》中对特殊的普通合伙企业中合伙人的责任承担(《合伙企业法》第 57 条),以及有限合伙企业中有限合伙人的责任承担(《合伙企业法》第 2 条第 3 款)。

四、非法人组织的终止

(一)非法人组织终止的事由与程序

非法人组织的终止事由,最主要的是解散。当出现非法人组织的解散事由时,非法人组织依

照法定程序终止其民事主体地位。可见，非法人组织解散的法律后果是民事主体地位的消灭。

非法人组织解散的情形如下：(1)章程规定的存续期间届满或者章程规定的其他解散事由出现；(2)出资人或者设立人决定解散；(3)法律规定的其他情形。

理论上将解散事由分为两类，一类是自愿解散；另一类是强制解散，又称法定解散。自愿解散是按照非法人组织成员的意志而发生的解散，第(1)(2)项事由即属于自愿解散。而强制解散是指基于法律的规定而要求其解散，不受非法人组织成员的意志左右。例如，《合伙企业法》第85条规定的合伙企业的解散事由中，依法被吊销营业执照、责令关闭或者被撤销，就属于强制解散事由。

(二)非法人组织的清算

非法人组织终止时，须进行清算程序。清算是法人、非法人组织终止时的必经程序，这是为了通过清算查明非法人组织的财产状况(包括剩余财产状况、债权债务状况)，确定剩余财产的处理和分配方案，以保护债权人的合法权益。对于各类非法人组织清算的具体程序，已在各民事单行法中加以规定。例如，《合伙企业法》第四章对合伙企业的清算时清算人的确定、清算人职权、债权申报、财产分配等作了规定。

思考题

1. 试比较法人与非法人组织的区别。
2. 简述非法人组织的特征及其类型。
3. 简述合伙企业的法律特征及其类型。
4. 简述非法人组织的终止。

阅读指引

关于非法人组织的最新研究

1. 张新宝、汪榆淼：《〈民法总则〉规定的"非法人组织"基本问题研讨》，载《比较法研究》2018年第3期。
2. 柳经纬、亓琳：《比较法视野下的非法人组织主体地位问题》，载《暨南学报(哲学社会科学版)》2017年第4期。
3. 肖海军：《非法人组织在民法典中的主体定位及其实现》，载《法商研究》2016年第2期。

第五章　民事权利

导学案例

2013年张某(男)与李某(女)恋爱,二人同居生活。同年10月,李某发现自己意外怀孕,两人便找到一家私立诊所做人工流产手术。在做手术前,张某为了避免以后同居时李某再次怀孕,在未征得对方同意的情况下便悄悄关照医生,让医生在做人工流产手术后给李某上一道节育环。该医生以为这是李某自己同意的,便按照张某的要求实施了。一年后,张某与李某为琐事发生口角闹翻,继而分手。2015年李某与杨某结婚,婚后李某一直不孕,到医院检查后发现二人生殖系统均正常,但李某带有节育环。李某回忆起往事后便质问张某,张某承认放节育环的事实。根据以上案情,分析下列问题:

1. 张某的行为侵犯了李某的什么民事权利?
2. 李某应如何救济自己的民事权利?

第一节　民事权利的概念与学理分类

一、民事权利的概念

民事权利即民事主体享有的私权利的总称,它是与公法上的公权力相对应的法律概念。通常,"权利"指的是"民事权利"。具体而言,民事权利,是指民事主体依据自己的意志实现一定利益的可能性。任何权利至少存在三个不可缺少的要素或者内容:利益、自由和法力,因此,民事权利也可定义为:民事主体所享有的受法律保障的民事利益即民事权利。

民事权利具有如下几个特征:

1. 民事权利归属于民事主体,享有民事权利者即是民事主体。因此,主体的意思是权利的灵魂,法律不承认无主体的权利。

2. 民事权利以特定的民事利益为内容,缺少利益,就无所谓的权利。不是民事利益的权利不是民事权利,而是其他权利如政治权利。

3. 民事权利意味着权利人依据自己的意志为一定行为或者要求其他人为一定行为或不为一定行为。

4. 民事权利受法律保障,权利的产生和内容不仅可以来源于法律的规定,也可由当事人在私法自治范围内约定。

民事权利不同于权限。权限是法律所确认的当事人的行为范围,它更接近于资格,确定当事人行为自由的限度,并且,在很多情况下,权限与权限人的利益无关。

民事权利也不同于权能。权能是权利的具体作用样态,如所有权可以表现为占有、使用、收益、处分的权能。民事权利不同于法益,法益是法律所保护的利益,但是这种受法律所保护的利益,还没有达到权利的程度。每一种权利的内容都是具体的法益,但是并非每一种法益都可以上升到权利的程度。

二、民事权利的学理分类(见图1－5－1)

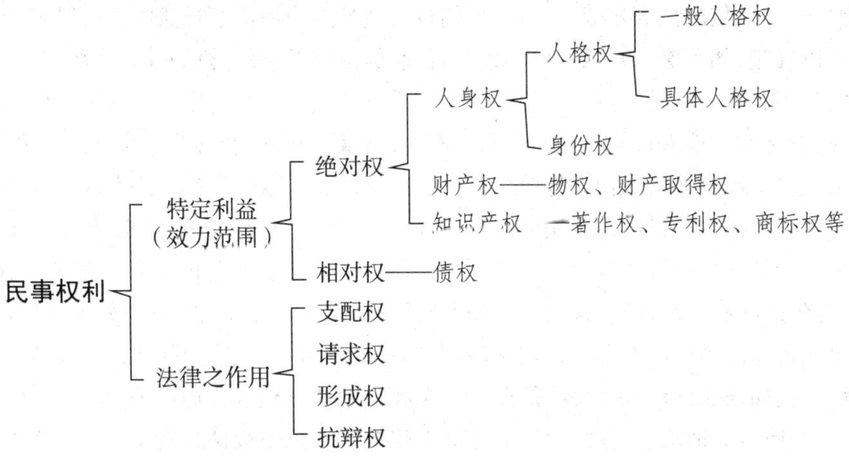

图1－5－1　民事权利的学理分类

(一)财产权、人身权、知识产权和成员权

这是以权利所体现的利益的性质所作的分类。

财产权,即体现财产利益的权利。人们一般认为,财产权包括物权和债权。继承权、先买权本质上为财产取得权,就其内容而言,属于财产权。因此,财产权应包括物权、债权和财产取得权。

人身权,是人格权与身份权的统称,是指民事主体依法享有的与其自身不可分离的、以人格利益与身份利益为内容的民事权利。

知识产权,是民事主体对其智力成果和精神产品所享有的绝对性权利,包括专利权、商标权、著作权、发明权、发现权等,其内容既有财产属性又有人身属性,本质上是一种具有人身性质的财产权。

成员权,又称社员权,是团体中的成员依其在团体中的地位而产生的权利,主要体现为表决权、事务执行权、监督权、盈利分配权、团体终止时的剩余财产分配权等内容。股东权(或称股权)是典型的成员权。

(二)支配权、请求权、形成权、抗辩权

这是以权利的作用为标准所作的分类。

支配权,是指权利人可以直接支配权利客体,而具有排他性的权利。一方面,权利人可以直接支配权利客体,以满足自己的利益需要,而不需要他人行为的介入;另一方面,权利人可禁止他人妨碍其支配,而具有排他性。物权属于典型的支配权,知识产权、人格权也是支配权。

请求权,是指权利人要求他人为特定行为(作为或不作为)的权利。请求权的权利人不能对权利客体直接支配,必须通过义务人的作为或不作为,才能实现其权利。请求权可以是基础权利,如债权;也可以是救济性权利,如损害赔偿请求权。救济性请求权是基于基础权利而发生的,

是为救济基础性权利而产生的请求权。请求权可分为:债权请求权、物权请求权、知识产权请求权、人格权请求权、身份权请求权等。债权是典型的请求权。

形成权,是指权利人依自己单方的意思表示,使民事法律关系发生、变更或消灭的权利。如法定代理人行使追认权,使被监护人的民事行为发生效力;民事主体行使选择权,使选择之债变成简单之债;民事主体行使解除权而终止合同。属于形成权的主要有承认权、选择权、撤销权、抵销权、解除权及继承权的抛弃权等。不过,撤销权行使的效力尚需经过法院判决或者行政机关的决定才能得以确定,如可撤销婚姻的撤销权的行使须经过婚姻登记机关或者法院的正当程序,而不是直接向当事人宣布撤销。

抗辩权,是指对抗他人行使权利的权利。例如,当事人互负债务,没有约定先后履行顺序的,一方当事人自己未履行而请求他方先履行时,他方有权拒绝其履行请求,此为双务合同的同时履行抗辩权。另外,还有不安抗辩权、先诉抗辩权等。根据抗辩权作用的不同,抗辩权又可分为永久性抗辩权和延期性抗辩权。永久性抗辩权,是指权利人有永久阻止他人行使请求权的权利。例如,诉讼时效期间届满后,债权人请求债务人履行时,债务人可提出消灭时效届满的抗辩,这种抗辩权可永久行使。延期性抗辩权,是指权利人在一定时间一定条件下可以提出抗辩,而不是永久可以抗辩。例如,同时履行抗辩权,是在一方未履行而请求他方先履行时,他方才有权提出抗辩;当一方已经履行而请求他方履行时,他方就无权抗辩。抗辩权的行使必须在诉讼中主张,或者至少必须以各种方式将其抗辩导入诉讼程序中去。但是,纯粹诉讼法上的抗辩权与实体法上的抗辩权无关,属于程序法的法律强制形式。程序法上的抗辩包括事实的抗辩和程序的抗辩。事实的抗辩是指当事人根据程序法为自己辩护,否认对方所主张的事实;程序的抗辩是指诉讼当事人根据程序法为自己辩护,证明诉讼程序没有法律依据。抗辩权的作用在于"对抗""反对",阻止他人行使权利,但他人的权利并不因此而消灭。抗辩权的行使,以请求权存在并且提出请求为前提。在未提出请求权的情况下,抗辩权无从行使。在权利已经消灭的情况下,不适用抗辩权。

(三)绝对权与相对权

这是以民事权利的效力范围为标准所作的分类。

绝对权是指无须通过义务人实施一定的行为即可实现,并可以对抗不特定人的权利。人身权、物权、知识产权、继承权等属于绝对权。绝对权有两个特征:(1)权利人无须通过义务人的行为,自己可以直接实现其权利;(2)义务主体是不特定的,因此又称对世权。

相对权是指必须通过义务人实施一定的行为才能实现,只能对抗特定的人的权利。债权、抗辩权属于相对权,无相对人的形成权也是相对权。相对权有两个特征:(1)权利人自己不能直接实现其权利,必须通过义务人的行为其权利才能实现;(2)只能请求特定的人为一定行为,该权利只能对抗特定的人,因此又称对人权。

(四)主权利与从权利

这是以民事权利的依存关系所作的分类。

主权利,是相互关联的两个以上的民事权利中,能够独立存在的权利。

从权利,是指不能独立存在而从属于主权利的权利。例如,为担保债权的实现而设立的担保物权(抵押权、质权、留置权)为从权利,被担保的债权为主权利。主权利与从权利是在相关联的法律关系中相对称的名词,没有主权利,则从权利便不存在;没有从权利,主权利这个名词就没有存在的意义。说主权利能独立存在,仅指在权利有依存关系的情况下而言,因此不能笼统地说所有权、债权、人格权、身份权就是主权利。

主权利与从权利的主从关系主要体现为:主权利存在,从权利才能存在;主权利因履行、抵销、免除等原因而消灭时,从权利同时消灭;从权利不能与主权利分离而转让。

(五)专属权与非专属权

这是以民事权利与主体的关系为标准进行的划分。

专属权,是指专属于某特定民事主体的权利。人格权、身份权均为专属权。专属权的性质决定专属权不得让与和继承,但也有例外,如企业的名称权。矿藏、水流的所有权归国家,为专属权。

非专属权,是指不属于某特定民事主体专有的权利。非专属权可以让与和继承。财产权多属非专属权。

(六)既得权与期待权

这是以民事权利是否已经取得所作的分类。

既得权,是指权利人已经取得而可以实现的权利。

期待权,是指将来有取得与实现的可能性的权利。期待权是当事人尚未取得,必须有一定的事实发生才能取得的权利。如附期限的权利、附条件的权利、继承开始前法定继承人的权利、保险合同受益人的权利。

(七)原权与救济权

这是以权利的派生为标准所作的分类。

原权,是指自然人自出生起就拥有的权利,它在生命期间是不可剥夺的。人格权普遍被视为原权,萨维尼最早提出了原权概念,其前身概念为天赋人权概念。

救济权是基础权利受到侵害或有受到侵害的危险时,为保护基础权利而产生的权利。基础权利就是原权,救济权是原权的保障手段。通常的民事权利皆为原权,救济权包括一部分形成权、一部分请求权的内容,同时还包括抗辩权、诉权、自力救助权等。

第二节　民事权利的体系

一、概说

民事权利的体系,即我国《民法典》总则编第五章规定的民事主体享有的各项民事权利所形成的整体。这种立法模式延续了《民法通则》的传统,但权利类型要更加完备。

同时,《民法典》关于民事权利采取了开放的态度。随着经济社会的不断进步和发展,新的民事权利类型将会出现,《民法典》之外的其他法律也会规定民事权利。即使一些民事利益尚未类型化为典型权利,法律同样对之加以保护(《民法典》第126条)。

二、人身权

人身权,是人格权与身份权的统称,是指民事主体依法享有的与其自身不可分离的、以人格与身份利益为内容的民事权利。

人身权具有以下特征：

1. 人身权是支配权。人身权的权利人有权就法律赋予其人格与身份上的利益直接支配，并有权禁止他人妨碍其人格与身份权利的实现。例如，自然人的姓名是一自然人区别于其他自然人的社会标志，自然人的名誉是社会对该自然人人格的评价，自然人的生命健康则是自然人自身存在的自然基础，自然人就依法对其姓名、名誉、生命健康权有支配权，他人妨碍了其权利即可以得到法律上的救济。

2. 人身权是对世权。人身权的权利主体是特定的，义务主体是不特定的，权利人之外的任何人都负有不得侵犯权利人所享有的人身权利的义务，权利人在其权利受到侵害的时候，有权请求法院排除侵害。因此，人身权是一种对世权，又可称为绝对权。人身权的实现不需要义务人的积极行为。

3. 人身权是专属权。专属权是指专属于某一特定的民事主体的权利。人身权的专属性体现在人身权与权利主体是不可分离的，在一般情况下，特定的人身权只能专属于特定的民事主体。除法律另有规定外，人身权不能像财产权那样可以在自然人、法人、非法人组织之间互相转让，也不能作为遗产继承。例如，自然人的生命健康无法转让给其他人，子女也无法继承父母的名誉和荣誉。例外的是，法人或非法人组织有权使用、依法转让自己的名称。但从实质内容上说，法人或非法人组织转让名称是转让一定财产权益，并非转让人身权益。

4. 人身权无直接财产性。人身权是以民事主体的人格利益和身份利益为内容的。规定人身权的目的，不是为了维护民事主体的经济物质利益，而是为了保护其精神上的利益。因而，人身权又被称为精神权利。人身权虽然不具有直接的财产内容，但它却与财产权利有着密切的关系，可以给民事主体带来财产利益或者对财产利益的得失产生重大影响。例如，对自然人生命健康权的侵害，会因治疗伤病而支付医疗费、误工而减少工资或其他收入等；对法人名称权、名誉权的侵害，会直接影响其经济活动，甚至在经济利益上造成重大损失。

人身权包括人格权和身份权。

人格权，是指民事主体作为一个独立的法律人格所必须享有的，以人格利益为内容的权利。人格权又可分为一般人格权和具体人格权。

身份权，是指民事主体以其在特定的家庭和亲属团体中的地位或资格为客体所享有的权利。一般所讲的身份权，即指自然人的身份权，包括亲权、亲属权和配偶权。所谓亲权，是指以父母和未成年子女关系为基础的权利，主要表现为父母对未成年子女的监护职责和父母保护、教育未成年子女的权利和义务。亲属权，是指以除配偶和未成年亲子关系之外的其他近亲属关系为基础而产生的身份权，如父母与成年子女、祖父母与孙子女、外祖父母和外孙子女，以及兄弟姐妹之间的身份权。配偶权，是指因婚姻关系为基础，夫妻双方基于夫妻的身份关系而享有的身份权。例如，夫妻一方违反忠实义务，与第三人婚外生育子女，系侵害他方配偶权的行为。

三、物权

物权是民事主体依法对特定的物享有直接支配和排他的权利。

物权具有以下几个特征：

1. 物权具有支配性。物权是权利人对物的直接支配。所谓“直接支配”，一方面，是指物权的权利人可以依据自己的意志直接依法占有、使用其物，或采取其他的支配方式，任何人非经权利人的同意,不得侵害或加以干涉;另一方面,是指物权人对物可以以自己的意志独立进行支配,无须得到他人的同意。在无须他人的意思和行为介入的情况下,物权人就能够依据自己的意志依法直接占有、使用其物,或采取其他的支配方式。例如,房屋所有人有权占有、使用其房屋,并有权将房屋出售;国有土地使用权人有权依法使用土地,或转让其土地使用权。所有人和使用权人在依法行使其权利时,一般不需要取得义务人的同意,也不需要义务人的辅助,就可以实现其权利。物权的义务主体的义务是不作为,只要不妨碍权利人行使权利就是履行了义务。

2. 物权具有对世性。它是指物权人的权利可以对抗一切不特定的义务人,除物权人以外,其他任何人都对物权人的权利负有不可侵害和妨害的义务。物权的权利人是特定的。而义务人是不特定的,权利人的权利可以对抗一切不特定的义务人,因而物权是典型的对世权。

3. 物权具有排他性。物权的排他性,是对单个的特殊物权进行抽象概括而形成的性质。其意义指在同一标的物上,性质不两立的两种或两种以上的物权不得同时并存,如同一物上不能同时设立两个所有权或用益物权。

正是物权具有上述特征,世界各国对物权均采取法定主义,即物权的种类和内容,由法律规定,当事人不得自主创设新的物权类型,法律之外的其他规范性文件也不能设定新的物权类型。

物权包括所有权、用益物权和担保物权。

四、债权

债权,是指民事主体请求特定人为特定行为的权利。特定当事人之间得请求为特定行为的法律关系,即为法律上的债。享有权利的人是债权人,负有义务的人是债务人。

债权具有以下特征:

1. 债权为请求权。这是债权与物权的区别之一。之所以称为请求权,是因为债权人要实现其权利,必须借助于他人的行为,即只有债务人履行了自己的义务,债权才能实现,故债权为典型的请求权。

2. 债权为相对权(对人权)。债的特点之一是主体的特定性,因而债权人只能向特定的债务人主张权利,对于债务人以外的第三人,因与债权人之间无权利义务关系,债权人不能向其主张权利。从此种意义上说,债权为对人权,而非对世权。

3. 债权的设立多具有任意性。债权设立具有任意性,指的是意定之债,在意定之债中,当事人可自行设定债的关系。这是由民法的意思自治原则决定的。

4. 债权具有平等性。债权与物权不同,不会因成立的时间先后而有不同的顺位,数个债权人对同一债务人先后发生数个债权时,效力一律平等。这种平等性在破产法上体现得尤为明显。

5. 债权具有相容性。债权的相容性指债权不具有排他效力。对同一客体可以成立两个内容相同的合同债务,在此情况下,可能只有一个债权得以实现,但其他债权并不因此而无效,只是转变为损害赔偿请求权而已。

债权按照分类标准不同,可以分为以下几类:

以债的主体为标准,可分为单一之债和多数人之债。债的当事人双方各为一人的,为单一之债;一方或双方为两人或以上的,为多数人之债。多数人之债又可根据主体间的关系,分为按份之债和连带之债;或根据债权、债务能否在主体间分割,分为可分之债与不可分之债。

以债的标的为标准,可分为两种:一种是依据债的标的有无选择性,分为简单之债和选择之债;一种是依据债成立时是否特定化,分为特定之债与种类之债。

以债的执行力为标准,可分为自然之债和受强制力保护之债。

以债与债之间的关系为标准,可分为主债和从债。主债是从债产生、存在的前提,没有主债便没有从债,主债消灭,从债也随之消灭。但从债的效力对主债不产生任何影响。

五、知识产权

知识产权,又称"智慧财产权"或"智力财产权"。按照法学界的一般理解,知识产权是人们对其创造性智力成果依法享有的专有权利。

知识产权具有以下特征:

1. 知识产权的客体具有无形性。知识产权的客体是智力成果,它没有形体、不占据空间,它可以同时为不同的主体拥有和使用。知识产权客体的无形性非常彻底,其客体永远不会磨损和自然损耗而消灭。

2. 知识产权须经法律直接确认。由于知识产权的客体的无形性,因此就很容易逸出发明创造人的控制,因此,它需要法律的特别授权或法律的直接确认。如我国专利法、著作权法、商标法等就各自保护的客体、知识产权的取得程序和内容等一一加以直接的规定或确认,这样才能形成某一具体的知识产权。

3. 知识产权具有专有性。专有性是指知识产权只能由权利人独自享有,未经其同意,任何单位或个人都不能利用该知识产权的客体。但知识产权的专有性不是绝对的。为了促进智力成果的广泛传播,推动技术进步和社会发展,法律对知识产权人的权利作了一定的限制性规定,如合理使用、强制许可等制度,以平衡权利人利益与社会公共利益。

4. 知识产权具有时间性。知识产权是一种有期限的权利,只在法定期间内有效。有效期届满,除依法续展者外,权利人的权利便自行终止。丧失效力的知识产权,其智力成果便进入公有领域,成为全人类共有的财富,任何人皆可自由地无偿使用。

5. 知识产权具有地域性。知识产权作为专有权在空间上的效力并不是无限的,而是要受地域的限制,其效力只限于本国境内。故任何一个国家法律所确认和保护的知识产权,除该国与他国签订双边条约或该国参加保护知识产权的相关条约外,只在该国领域内发生效力。

知识产权的主要类型有:(1)著作权,其客体是作品;(2)专利权,其客体是发明、实用新型、外观设计;(3)商标权即商标专用权,其客体是商标;(4)地理标志专有权,其客体是地理标志;(5)商业秘密权,其客体是商业秘密;(6)集成电路布图设计权,其客体是集成电路布图设计;(7)植物新品种权,其客体是植物新品种。

六、继承权

继承权,是指继承人依照法律的规定或被继承人生前立下的合法有效的遗嘱承受被继承人遗产的权利。

继承权的特征主要有:

1. 继承权是一种绝对权,具有排他性。继承权的权利主体是特定的、义务主体是不特定的,权利人无须经义务人实施一定行为即可实现其权利,权利人以外的一切人都负有不得妨碍继承人行使继承权的义务。

2. 继承权是取得财产的权利。继承权的基础和前提是财产所有权,而继承权实现的法律后果,又是财产所有权的转移,是被继承人的财产转归继承人所有。从这个意义上讲,继承权是所有权的延伸,是所有权派生出来的一种权利。但是,继承权不同于一般的财产权,它只是继承人基于特定的身份或者遗嘱取得财产的权利,一旦取得被继承人的财产,权利人享有的就不是继承权,而是财产所有权。

3. 继承权的主体只能是自然人。继承权的主体只能是自然人,且与被继承人有一定的亲属关系。国家、集体或其他组织不能作为继承人,因而不是继承权的主体,即使接受死者的遗产,也不能称之为"继承遗产"。他们或者是以受遗赠人的身份取得遗产,或者是以扶养人的身份取得遗产,或者是依据法律规定取得无人继承的遗产。

4. 继承权的实现以一定法律事实的出现为前提。依据法律规定或遗嘱的继承权仅仅只是一种继承期待权。只有出现了一定的法律事实,即被继承人死亡或被宣告死亡并留有遗产,继承人没有丧失或被剥夺继承权,继承期待权才可转化为继承既得权,继承权才得以实现。

5. 继承权具有不可转让性。由于继承权以一定的身份关系为前提,继承权不能转让。但继承权是继承人的权利,继承人可以对继承权进行放弃。

七、出资人权

出资人权,即民事主体依法享有的股权和其他投资性权利。股权又称股东权利,是指民事主体投资于公司而基于其股东身份和地位而享有的从公司获取经济利益并参与公司经营管理的权利。其他投资性权利,指民事主体出资设立合伙企业、独资企业而享有的权利。股权性质上属于成员权。

根据股权行使的目的和方式的不同,股权可以划分为自益权和共益权两部分。

自益权,是指股东基于自己利益的诉求而行使的权利。它以股东的个人利益为基础,依附于股东资格。自益权的具体内容包括:按照出资比例分取红利的权利;依照法律、公司章程转让出资的权利;优先购买其他股东转让出资的权利;优先认购公司新增的资本的权利;依法分配公司解散清算后的剩余财产的权利。

共益权,是指股东以自己的利益和公司的利益为目的而行使的权利。其主要包括表决权、代表诉讼提起权、临时股东大会召集请求权、临时股东大会自行召集权与主持权、提案权、质询权、股东会和董事会决议无效确认请求权和撤销请求权、公司合并无效诉讼提起权、累积投票权、会计账簿查阅权、公司解散请求权等。

八、数据权及虚拟财产权

数据、网络虚拟财产是随着互联网和大数据技术的发展而出现的新的权利客体,难以纳入既有民事权利类型中,姑且直接命名为数据权和虚拟财产权。

按照一般的理解,数据就是表征客体的数值。这些数值,有的原本就存在,如一个企业的人数,有的是经过科学实验、测量、统计等手段获得。随着计算机技术和网络技术的发展及广泛应用,人们对一定对象的数据进行收集、整理、加工并做成数据库。而关于民事主体对数据享有的权利性质,现今法学界分歧较大。将其作为一类独立的客体而命名为数据权,应当是一个比较明智的方案。但无论如何,民事主体对于数据所享有的民事权利,受到法律的保护(《民法典》第127条)。

虚拟财产是互联网发展的结果。虚拟财产是相对于现实世界中的财产而言的,所以虚拟财产是指在网络上虚拟的动产、不动产。虚拟财产主要存在于网络游戏中,包括游戏账号的等级、游戏货币、游戏人物等。广义的网络虚拟财产,还包括电子邮箱、网络账号、经注册的域名虚拟等。获得虚拟财产的最主要方式,是网络游戏参与者在游戏中通过攻关和解决游戏难题的方式,不断升级虚拟角色的身份,并同时根据自己的努力而获得虚拟财物,并以此作为参与游戏的主要目的。在这一过程中,游戏参与者获得的虚拟财产,往往是通过数百小时乃至数千小时的时间和精力投入,以及个人智力投入来获取的,有的技巧性较差的人,甚至花费了数百小时而一无所得。这种长时间的游戏参与,实际上是以上网费用为代价的。因此,网络游戏参与者通过劳动和金钱投入,苦心经营而得到的虚拟财产,其价值以及重要性,绝对不亚于实体世界里的真实财产。

关于民事主体对于虚拟财产的权利属性,学术界存在知识产权说、物权说、债权说、新型权利说等多种观点。虚拟财产,毕竟只是虚拟的,显然不能纳入物的范畴,也与智慧成果不尽相同。因此,完全可以将其定位为新型民事权利即虚拟财产权,使之受到法律的保护(《民法典》第127条)。

第三节　民事权利的取得、行使与保护

一、民事权利的取得

民事权利的取得,即民事权利的产生,亦即民事权利可以依据民事法律行为、事实行为、法律规定的事件或者法律规定的其他方式取得(《民法典》第129条)。

根据是否基于他人的意思而发生,可将之分为民事权利的绝对发生和民事权利的相对发生。

民事权利的绝对发生,是指民事权利独立的、不依附于既存的其他权利而发生。从权利主体来看,则为权利的原始取得,即不基于他人所有之权利而独立取得新权利。如因先占无主物而取得所有权,以及依即时取得制度取得动产所有权等。

民事权利的相对发生,是指基于他人既存权利而发生。对权利人而言,则为权利的继受取得或传来取得。如因买卖、继承取得财产所有权。继受取得又可分为移转的继受取得和设定的继受取得。前者指权利主体变更而权利内容不变更,如所有权的让与、债权的让与;后者指前权利主体仍保留其权利,基于该权利而为另一主体设定新权利。如所有人在自己所有物上为他人设定用益物权或担保物权。

二、民事权利的行使

民事权利的行使也就是民事权利内容的实现。民事权利的行使是实现民事权利内容的过程,民事权利的实现是民事权利行使的结果。民事主体按照自己的意愿依法行使民事权利,不受干涉。民事主体行使权利时,应当履行法律规定的和当事人约定的义务。

民事权利的行使应当遵循以下原则:

1. 自愿原则,也称自主性原则,是指民事主体按照自己的意愿依法行使民事权利,不受非法干涉。只要是在法律规定的范围内,权利人有权自主决定权利行使的内容、方式等(《民法典》第130条)。

2. 权利与义务相统一原则。民事主体享有民事权利的同时,也必须履行法律规定的和当事人约定的义务(《民法典》第131条)。

3. 禁止权利滥用原则。民事主体必须在合理的限度内行使民事权利，不得滥用权利损害国家利益、社会公共利益或者他人合法权益（《民法典》第 132 条）。在认定民事权利的滥用时，可以根据权利行使的对象、目的、时间、方式，造成当事人之间利益失衡的程度等因素作出认定。

三、民事权利的保护

民事权利保护，有广义和狭义之分。广义上民事权利的保护，是指在民事权利受到妨碍的情况下，采用法律规定的各种方法维护权利人的利益、保障权利人不受侵害。狭义的民事权利保护，仅指民事权利的救济，是指在民事权利受到侵害的情况下，依照法律规定的方式使其恢复至完满状态。换句话说，狭义的民事权利保护就是民事权利的民法保护。

根据提供保护的法律依据不同，民事权利保护可以分为公法保护和私法保护（见图 1－5－2）。公法保护是指直接根据公法，如行政法、刑法甚至宪法有关民事权利保护的规定追究行为人的法律责任。私法保护，又称民事权利的救济，是指根据民法的规定进行权利保护。公法保护与私法保护在法律的依据、法律的程序、追究法律责任的方式方面有着显著的区分。其最主要者，在于公法的保护基本为强行性的、公法性的规范的应用，行为者与责任追究者的法律地位根本不同，责任为惩罚性责任，追究责任依据强制性方式；而私法的保护基本上是民法规范的适用，当事人的地位平等，民事责任以权利的同质救济为目标，所以责任形式主要为补偿性。民事权利的私法保护和公法保护是现代社会中的两种不可偏废的保护方式，二者相辅相成。

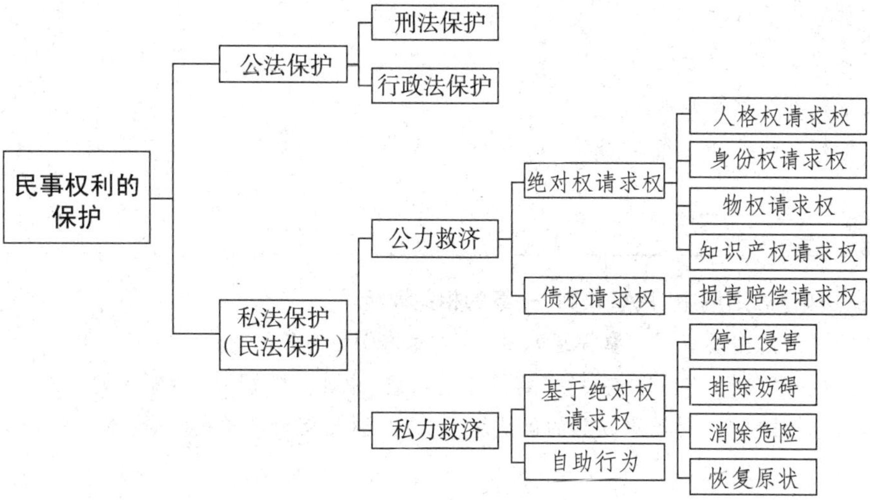

图 1－5－2　民事权利的保护方法

（一）公法保护

公法保护，是受害人请求公权力者运用公权力对自己的提供民事权利保护。国家保护民事权利是由行政机关、法院等，通过多种手段完成的。经常性的情形是民事权利主体提起民事诉讼，请求法院予以保护，此即为诉讼救济。自然人因自己受到他人攻击，即可向公安机关寻求行政保护。

当事人向法院提起诉讼保护所依据的请求权，包括两类请求权：绝对权请求权和债权请求权。绝对权请求权又具体划分为人格权请求权、身份权请求权、物权请求权、知识产权请求权等等。债权请求权即损害赔偿请求权。

(二)私法保护

私法保护又称民事权利的自我保护,也称自力保护,是指民事权利受到侵害时,民事权利主体自己采取必要的措施保护其权利。其形式包括基于绝对请求权直接向行为人请求权直接向行为人要求的停止侵害、消除危险、恢复原状和自助行为。这样的请求权,分别称为停止侵害请求权、排除妨碍请求权、消除危险请求权、恢复原状请求权。

自助行为,是指民事主体为保护自己的权利,对他人的人身自由予以拘束或对他人的财产予以扣押或毁损的行为。对此,《民法典》第1177条设有明文规定。

和解、调解和仲裁是民事权利民法保护的重要方式。和解是民事主体相互之间彼此退让以化解矛盾冲突的方式。如一方不小心损害了邻居管道,行为人立即向权利人道歉,权利人则谅解对方的行为、放弃赔偿请求。调解,是指中立的第三方在当事人之间调停疏导,提出解决建议,促成双方化解矛盾的纠纷解决方式。调解主要有四种形式:诉讼调解(人民法院作为第三方的调解)、行政调解(行政机关作为第三方的调解)、仲裁调解(仲裁机关作为第三方的调解)和人民调解(人民调解委员会的调解)。仲裁,则是指当事人协议选择仲裁机构,由仲裁庭裁决解决当事人争端的纠纷解决机制。

思考题

1. 简述民事权利的特征。
2. 简述人身权与财产权的区别。
3. 简述民事权利的行使原则。
4. 简述民事权利的救济方式。

阅读指引

对我国《民法典》总则编中“民事权利”一章的相关评析

1. 李永军:《民法总则民事权利章评述》,载《法学家》2016年第5期。
2. 叶金强:《〈民法总则〉“民事权利章”的得与失》,载《中外法学》2017年第3期。
3. 梁慧星:《〈民法总则〉对民事权利的确认和保护》,载《云南大学学报(社会科学版)》2018年第1期。

关于民事权利的体系与分类理论

1. 孙宪忠:《民事权利基本分类及其分析裁判的法技术问题》,载《法治研究》2018年第2期。
2. 杨明:《请求权、私权救济与民事权利体系》,载《比较法研究》2007年第4期。
3. 张弛、韩强:《民事权利类型及其保护》,载《法学》2001年第12期。
4. 谢怀栻:《论民事权利体系》,载《法学研究》1996年第2期。

第六章　民事法律行为

导学案例

朱某作为学校交流生到美国学习1年，回国前购买DC 1台，准备送给女朋友作为礼物，发票上写明该DC为日本原装。朱某没有拆开包装。回国后，朱某才知道女朋友已经购买了1台性能更加优越的DC。2008年8月，朱某将该DC转卖给张某。张某回家后拆开包装，发现该DC并非日本原装，而是在中国南方某工厂组装的，但他心想价格不贵，也就没有追究。2009年10月，张某发现该DC频频出现故障，于是找到朱某，要求其退还货款，朱某不同意，于是张某提起诉讼，请求人民法院依法判决撤销该买卖合同。根据上述案情，思考下列问题：

1. 朱某的行为是否构成欺诈？为什么？

2. 朱某与张某之间的买卖合同是否属于重大误解的情形？为什么？

3. 张某能否请求撤销该买卖合同？为什么？

第一节　一般规定

一、民事法律行为的概念

民事法律行为，是民事主体通过意思表示设立、变更、终止民事法律关系的行为（《民法典》第133条）。换言之，所谓民事法律行为是指民事主体实施的，以意思表示为核心要素，并且按照意思表示的内容发生相应法律效力的行为。民事法律行为是最重要的一类民事法律事实，广泛存在于民事生活领域当中。

民事法律行为具有以下特征。

1. 民事法律行为是一种表意行为。民事法律行为的核心是意思表示。所谓意思表示，是当事人想要实现一定效果的内心意思的对外表示。例如，打算购买电脑，想要乘飞机去外地办事，这是内心意思，而实际去买电脑、购飞机票，就是意思表示。因此，民事法律行为是行为，是表现于外部的作为或不作为。仅仅是当事人的内心活动而没有通过外部动静表现出来的，不是民事法律行为；生活中的买卖、租赁、加工承揽、运送等丰富多彩的交易行为，都含有意思表示。同时，民事法律行为是与意志有关的行为，是受人的意志控制的行为，不受人的意志控制的行为如条件反射、梦游等行为不是民事法律行为。

任何民事法律行为都必须具备意思表示这一要素。民事法律行为以意思表示为要素的这个特征，同时也与非表示行为区别开来。所谓非表示行为，是不以意思表示为要素的合法民事行为。当然，在该行为中，可能含有引起权利义务关系发生的意思表示，也可能不含有这样的意思表示，然而作为法律要件，却不要求具备意思表示。例如，捕鱼、文学创作，无论行为人有没有取得所有权或者著作权的意思,民法规范直接规定了权利的发生。质言之,非表示行为不以意思表示为要素,只要有行为就足够了,而民事法律行为却不然,不具备意思表示,就不称其为民事法律行为。

2. 民事法律行为以发生一定的民事法律效果为目的。民事法律行为的法律效果即民事主体意欲达到的目的。民事主体在社会生产生活中会从事各种各样的活动,但并非任何行为都是民事法律行为,只有以设立、变更、终止民事法律关系为目的的行为才是民事法律行为,其最终结果是让民事主体具体地享受民事权利、承担民事义务。例如,当事人通过意思表示的意志成立房屋买卖合同关系。值得注意的是,民事法律行为只是民事主体期望发生一定法律效果为目的的行为,但并非任何民事法律行为都能最终产生民事主体所期望的法律效果,是否现实地发生民事主体所期望的民事法律效果,尚需看其行为是否满足法律规定的要件。

3. 民事法律行为具有"民事性"和"法律性"。所谓民事性,是指由平等主体实施,并发生在平等主体之间。这一特征使得民事法律行为与其他非民事性质的行为相区分。例如,司法机关在审判民事案件中作出的裁判行为,虽也可能导致民事法律关系发生变动,但其裁判行为是司法权作用的结果,不具有民事性,因而不属于民事法律行为。所谓法律性,包含两层含义:一是指该行为是受法律调整的,二是指该行为能够产生法律上的权利义务后果。那些不受法律调整的事项,例如,涉及人们的思想、道德领域或私生活领域的事项,就不允许法律介入,被称为"法外空间"。还有一些行为虽发生在平等主体之间,但不能产生法律上的权利义务关系,因而也不属于民事法律行为,如情谊行为。

概念辨析　民事法律行为 vs. 情谊行为

所谓情谊行为,是指行为人以建立、维持或者增进与他人相互关切、爱护的感情为目的,不具有受法律拘束意思的行为。典型的情谊行为如允诺请他人吃饭、答应到站后叫醒某位同乘乘客等。情谊行为与民事法律行为最大的区别就在于,情谊行为中的施惠者主观上没有受法律拘束的意思(民事法律行为意思表示中的效果意思),不具有缔结法律关系的意图。因此,情谊行为的施惠人对自己的承诺并不承担法律上的给付义务。正是由于情谊行为属于社会人际交往层面的法外之地,所以在一般情形下,民法不将其纳入具体制度的调整范围。如允诺请客吃饭的人没有按照约定请他人吃饭,相对方不得向其主张违约责任,仅能在道德层面上谴责这种不诚信的行为。

4. 民事法律行为具有高度概括性和抽象性。民事法律行为这一概念系"提取公因式"立法技术运用的典型例证。它是从民法典各具体制度中提炼和概括出来的,如《民法典》各分编中的抛弃动产所有权的行为、合同行为、订立遗嘱的行为、收养子女行为、缔结婚姻行为等,都属于民事法律行为。正因其高度概括性和抽象性,使得民事法律行为这一概念的统摄力极强,能够有效避免法律规则的重复和繁琐。

5. 民事法律行为是民事主体实现意思自治的重要工具。民事主体作出一定的意思表示,法律对其意思表示予以认可并赋予其相应的法律效力,使法律后果得以按照意思表示的内容产生、变更或消灭,最终保障并实现民事主体的行为自由(见图1-6-1)。因此,民事法律行为有别于事实行为,即行为人实施的一定行为一旦符合了法律的构成要件,无论当事人主观上是否有设立、变更或终止某一民事法律关系的意思,都会基于法律的规定引起一定的民事法律效果。如拾得遗失物、创作行为、无因管理等都属于事实行为。从这个意义上讲，民事法律行为就是实现意思自由的工具。民法奉行意思自治理念，即法律原则上不干涉民事主体的行为自由，让民事主体能够通过自己的行为给自己创设法律上的权利和义务。

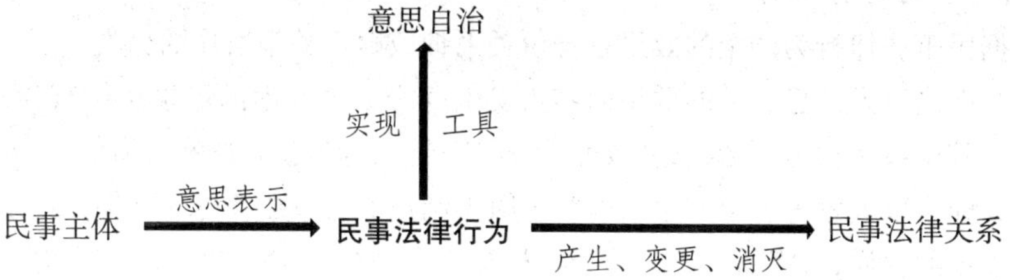

图1-6-1　民事法律行为的地位

概念辨析　民事法律行为vs.事实行为

民事法律行为与事实行为的联系是：二者都属于民事法律事实，都能够引起民事法律关系的产生、变更和消灭，且都涉及人的意识，与事件和状态相对。但二者的区别主要有：(1)构成要素不同。民事法律行为以意思表示为其必备要素，而事实行为完全不以意思表示为其必备要素，当事人实施行为的目的并不在于追求民事法律后果。(2)发生效力的根据不同。民事法律行为依行为人的意思表示的内容而发生效力。而事实行为依法律规定而直接产生法律后果。(3)本质不同。民事法律行为的本质在于意思表示，不在于事实构成。而事实行为只有在行为人的客观行为符合法定构成要件时，才产生法律规定的后果。(4)与民事行为能力的关系不同。民事法律行为以行为人具有相应的民事行为能力为有效要件，而事实行为的构成不要求行为人具有相应的民事行为能力。

二、民事法律行为的形式

（一）单方行为、双方行为、多方行为与决议行为

这是根据民事法律行为的成立所需要的意思表示的数量所作的分类。

单方行为是指仅由一方意思表示就能成立的民事法律行为。这类行为的特点是不需要相对人的同意，该行为即告成立。单方民事法律行为有的是有相对人的，如代理权授予、无权代理的追认等；还有的是无相对人的，如抛弃动产所有权的行为等。

双方行为是指当事人双方意思表示一致才能成立的民事法律行为。这类民事法律行为的特点是：必须有当事人双方的意思表示，而且必须相互结合、彼此一致。合同是双方行为的典范。

多方行为也称共同行为，是多数当事人的意思表示平行地一致而成立的法律行为。共同法律行为与双方法律行为的区别在于：双方法律行为的意思虽然达成一致，但意思内容却相对应，例如买卖中买者是要物付钱，卖者是交物收钱；而共同法律行为的意思一致则为平行的，而不是相对的，如订立合伙协议、设立公司的协议、制订公司章程等。共同法律行为对人类的群体生活有特别的认识和说明价值，如证券交易所的交易规则、竞技体育中的竞赛规则，无非都是参与者的共同意思表示，其本质是契约行为。

决议行为即法人、非法人组织按照法律或者章程规定的议事方式和表决程序作出决议的行为。其特殊之处在于，决议行为并不要求所有当事人的意思表示一致，只需要多数人的意思表示

一致就可以成立。在决议行为中,即便是表达了不同意思的当事人,其仍然要受该决议行为的约束。

(二)财产行为与身份行为

这是根据民事法律行为产生的效果是身份关系抑或财产关系所作的分类。

身份行为即当事人意思表示的效果内容为发生身份关系变动的民事法律行为,如亲属行为和继承行为。其中亲属行为包括结婚、收养、离婚等;继承行为如立遗嘱行为等。

财产行为即当事人意思表示的效果内容为财产利益的民事法律行为。根据民事法律行为所引起的财产关系的性质,可将财产行为分为物权行为和债权行为。物权行为是指直接引起物权关系发生、变更、终止的行为。转移所有权、转移对所有物的占有或使用权、共有财产的分割等行为,皆为物权行为。债权行为是指以引起债权债务关系发生为内容的民事法律行为。如合同行为即是典型的债权行为。

(三)有偿行为与无偿行为

这是根据当事人是否因给付而取得对待给付所作的分类。这一区分是对具有财产性质的双方行为的再分类,单方行为不存在有偿或无偿的问题。

有偿行为是双方当事人各因给付而取得对待利益的行为,即约定各方当事人均需履行义务,并获得有对价利益的权利。买卖、租赁等合同就是有偿行为。所谓对价或对待利益,是按市场法则判断当事人在交易中各得其所,而不是按观念判断的绝对均等。

无偿行为是当事人约定仅一方履行义务,对方无须给予对价利益的行为。这种行为的特点是,双方不形成对应报偿关系。如赠与、无偿保管和借用等都是无偿行为。

(四)诺成性行为与实践性行为

这是根据民事法律行为是否须以交付标的物为成立要件所作的分类。

诺成性行为是指当事人双方意思表示一致即可成立的法律行为,它不以标的物的交付为要件,即"一诺即成"的民事法律行为,如买卖合同。

实践性行为是指除当事人意思表示一致之外,还需要交付标的物才能成立的民事法律行为。实践性民事法律行为因为有交付标的物这个特点,又被称为要物行为。《民法典》中规定的典型的实践性行为有:定金合同自实际交付定金之日起成立。自然人之间的借款合同,自贷款人提供借款时成立。保管合同自保管物交付时成立,但当事人另有约定的除外(《民法典》第586、679、890条)。

(五)要式行为与不要式行为

这是根据民事法律行为是否必须依照一定方式实施所作的分类。

要式行为是指必须依照法律规定的形式实施的民事法律行为。常见的法定形式有以下几种:(1)书面形式。如《民法典》第736条和第789条规定融资租赁合同、建设工程合同应当采用书面形式。(2)登记形式。如《民法典》第1049、1076条规定的结婚、离婚行为须办理登记。(3)公证形式。如《民法典》第1139条规定的公证遗嘱须由遗嘱人经公证机构办理。(4)当事人若约定了其他形式要求,若该约定有效,亦应遵循。

不要式行为是不拘形式的民事法律行为,即当事人可以自由决定行为形式的民事法律行为。我国现行法中,财产行为一般以不要式为原则,要式为例外;身份行为则以要式为原则。

(六)处分行为与负担行为

这是根据财产性民事法律行为发生的法律效果不同所作的分类。

处分行为是直接发生财产权移转或消灭效果的行为。处分行为的结果是使权利的移转(交付物之行为)、权利内容的缩小或改变(设定地役权)、权利上设定负担(抵押)以及权利消灭(免除债务、抛弃)等。处分行为的特点是:其权利变动之效力的实现无须义务人协助,处分行为一成立,效力即发生。处分行为又分为物权行为与准物权行为两类。物权行为是直接变动物权效果的行为,如让与物权、抛弃物权、设定抵押或质权等;准物权行为是直接使物权以外支配型财产权设定以及一切财产权移转或消灭的处分行为,如设定采矿权、渔业权或债权转让行为等。

负担行为是发生给付义务效果,即产生债权债务关系的行为。负担行为设定的权利不能直接实现,须经义务人的履行行为,权利才能实现。例如,签订买卖合同的行为,仅使合同当事人产生给付义务,若想产生所有权变动的效果,须由出卖人交付标的物后,债权才实现。负担行为的效力虽也设定了权利义务关系,但权利须他人协助才实现,不似处分行为权利能直接实现,故负担行为也称非直接处分行为或债权行为,最常见的是契约行为。契约中仅一方有负担行为的,如消费借贷(借用);也有双方都有负担行为的,如订立买卖合同。

(七)有因行为与无因行为

这是在两个相关联的民事法律行为中,根据该民事法律行为的效力是否受其原因行为效力的影响而作的分类。

有因行为是以原因为条件的民事法律行为。即该民事法律行为的效力受原因行为的制约,原因行为如有欠缺、不合法、不可能或与该行为不一致的,则该行为不成立。也就是说,有因行为的效果不仅要考虑行为的法律要件,还要考虑原因行为是否有效。绝大部分的民事法律行为属于有因行为。

无因行为是不以原因为条件的民事法律行为。即无论原因是否欠缺或违法,该行为自完成时起发生效力,不受原因行为的制约。如票据行为、代理权授予行为等。

(八)主行为和从行为

这是根据民事法律行为内容上的主从关系为标准所作的区分。

主行为是指不需有其他法律行为的存在就可以独立成立的法律行为。例如,对于抵押合同来说,主债务合同就是主民事法律行为。

从行为是指以其他法律行为的存在为前提的民事法律行为。例如,抵押合同、保证合同等相对于主债务合同来说就是从民事法律行为。

(九)独立的民事法律行为和辅助的民事法律行为

这是根据民事法律行为有无独立的实质性内容为标准所作的区分。

独立的民事法律行为是指行为人借助自己的意思表示即可成立的法律行为。有完全民事行为能力的民事主体以自己名义实施的法律行为,即为独立的法律行为。

辅助的民事法律行为是指行为人的意思表示须在他人意思表示的辅助下才能成立的法律行为,该他人的意思表示即为辅助的民事法律行为。法定代理人对未成年人的意思表示所作的同意表示,被代理人对超越代理权行为的追认表示,均属于辅助的民事法律行为。

(十)生前行为和死因行为

这是根据民事法律行为生效的时间是发生在自然人生前还是死后为标准所作的区分。

生前行为是指其效力发生于行为人生前的法律行为。大多数民事法律行为属于此类。

死因行为是指以行为人死亡这一事实为其效力发生条件的民事法律行为。例如,遗嘱、遗赠行为均是死因行为,自被继承人死亡后发生效力。

三、民事法律行为的成立与拘束力

民事法律行为的成立,是指民事法律行为具备其构成要素而存在或产生的客观情况,它主要解决依照法律规定成立民事法律行为,应包括哪些必不可少的事实要素。民事法律行为的成立与否是一个事实判断问题,民事法律行为只有成立了,才涉及效力判断的问题,未成立的民事法律行为则不存在有效与否的问题。因此,我国《民法典》总则编第 134 条和第 143 条严格区分了民事法律行为的成立要件与生效要件。

(一)民事法律行为的一般成立要件

民事法律行为的一般成立要件,亦称民事行为成立的共通要件,是确认一切民事法律行为是否成立的标准。主要包含两个方面:

1. 有意思表示。民事法律行为的共通要件因单方行为和双方行为而有不同。在单方法律行为中,当事人意思表示完成,民事法律行为即告成立;在双方法律行为中,意思表示一致时法律行为方告成立。

2. 标的须确定并且可能。标的确定,指标的表示须达到能被具体认定的程度。例如,买卖的价金以及委任的授权事项,须能确定。认定标的确定与否的时点,通常为行为成立时。标的可能,指标的在客观上须具有实现的现实性。

(二)民事法律行为的特别成立要件

民事法律行为的特别成立要件,是指法律对某些民事法律行为作出了特别要求或限定,而不是所有的民事法律行为皆有的要件。在我国民法上,主要包括两种情形:

1. 在要式法律行为场合下,将某种法律要求的特定形式作为民事法律行为的特别成立要件,只有符合了该种形式,民事法律行为才能成立。例如,根据《民法典》第 1135 条规定,代书遗嘱应当有两个以上见证人在场见证,由其中一人代书,并由遗嘱人、代书人和其他见证人签名,注明年、月、日。唯有符合此种特定形式要求,民事法律行为才能成立。

2. 在实践性民事法律行为场合下,将标的物之交付作为民事法律行为的特别成立要件,民事法律行为在标的物交付完成前不成立。例如,《民法典》第 586 条规定:定金合同自实际交付定金时成立。

(三)民事法律行为成立的效力

民事法律行为成立后,虽不能如同生效一般产生相应的法律后果,但也会形成一定的法律约束力。这一法律约束力主要表现为,表意人必须受该意思表示的约束,不得擅自变更和撤回。例如,已成立的合同,无论生效与否都具有一定的法律约束力,当事人不能任意毁约。

第二节　意思表示

一、意思表示的概念及构成要素

所谓意思表示，是指行为人把进行某一民事法律活动的内容效果意思，通过一定方式表达于外部，从而使对方当事人或社会知晓的活动。

意思表示的构成，是指构成意思表示所必须具备的条件。意思表示包含主客观两项要件（见图1－6－2）。

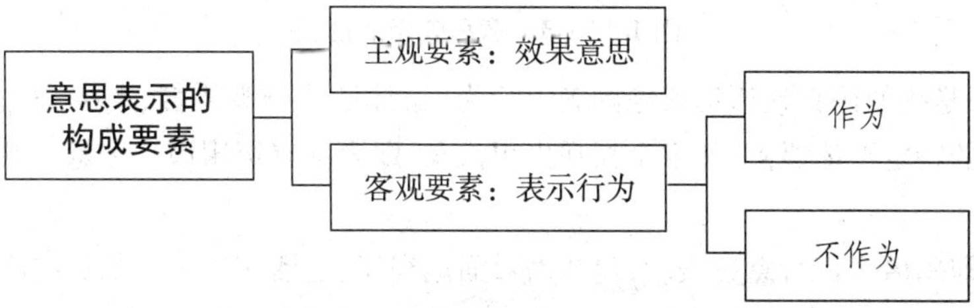

图1－6－2　意思表示的构成要素

一方面，主观要件是指内在意思，是行为人期望设立、变更、终止某种民事法律关系的内心意思。此种意思是民事主体基于一定的动机形成的效果意思，即欲发生一定民事法律效果的意思，如欲购买电脑、欲向他人捐赠物品。那些缺乏发生法律效果的行为，如邀请好友共进晚餐、举办学术研讨会，虽然具有重大意义，但不发生民法上的权利义务关系，不构成效果意思。

另一方面，客观要件则为外在的表示行为，即行为人通过某种方式将效果意思表现于外部，让相对人感知和理解的行为。没有表示行为，即使有了内心效果意思，也不能将其客观化，而无法取得法律效果。因此，表示行为是意思表示不可缺少的客观要素。表示行为除当事人间有特别约定外，应按照社会上一般表达方式或某一行为、某一地区习惯上的表达方式为之，否则难以推断其内心的效果意思，不发生表示行为的效力。一般而言，表示行为应以社会上通用的语言、文字、动作为之。这种行为，可以是积极的作为，也可以是消极的不作为；其表现形式，可以是口头或书面的形式，也可以是其他形式。

概念辨析　意思表示 vs. 民事法律行为

意思表示作为民事法律行为的核心要素，但并不等同于民事法律行为。这二者的关系可以归纳为以下四点：(1)单方诺成性民事法律行为只需一项意思表示即可成立。此时，意思表示和民事法律行为的区分没有意义，意思表示即民事法律行为。(2)在双方或者多方民事法律行为中，必须由两个或多个意思表示才能成立。它和单方法律行为的最大区别在于，仅当事人一方的意思表示尚不足以发生当事人预期的法律后果。双方法律行为需要两个意思表示的合意；多方法律行为则需要多个意思表示的表达。(3)在实践法律行为中，于意思表示之外还须有物之交付方能成立民事法律行为。(4)在要式法律行为中，于意思表示之外还须有法定形式方能成立民事法律行为。

二、意思表示的形式(见图1－6－3)

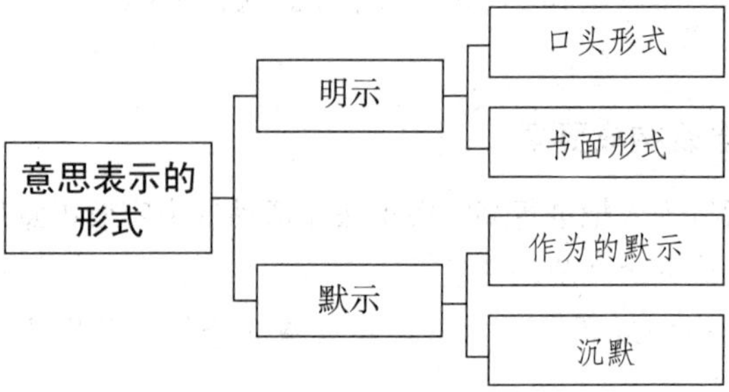

图1－6－3　意思表示的形式

所谓明示,是指使用直接语汇实施的表示行为,除常见的口头语言、文字、表情语汇外,还包括依习惯使用的特定形体语汇,如举手招呼出租汽车,即表示有租用该车之意。明示分为口头形式与书面形式。

口头形式即用语言进行意思表示,包括面对面地交谈、电话交谈等。凡是法律不要求必须以书面形式进行的法律行为,都可以采取口头形式进行。口头形式的优点是简便易行、直接迅速,缺点是没有文字根据,一旦产生争议不易取得确实的证据。因此,口头形式一般只适用于价额不大或即时清结的法律行为。

书面形式即以文字进行意思表示的法律行为形式。书面形式的特点是烦难不便,但却有郑重庄严和"白纸黑字,铁证如山"的优点。包括一般书面形式和特殊书面形式(公证、鉴证、审核、登记等)。

默示是指行为人并不直接表示其内在的意思,而是根据其某种法律事实,按逻辑推理的方法或按生活习惯,推断其内在意思表示的形式。默示分为作为的默示与不作为的默示(沉默)。

作为的默示又称推定形式,即行为人用语言外的可推知含义的某种作为间接表达内心意思的默示行为。所谓可推知,是从该行为中,一般人能够容易地推知其意思的内容。例如,租赁合同届满,承租人继续交付租金并为出租人接受,便可推知其表示要延展租赁期间。

不作为的默示(沉默)是指单纯不作为,即当事人既未明示其意思,也不能根据一般习惯推知其意思的情形。不作为即缄默、沉默不语,而沉默只有在法律有规定、当事人有约定或者符合当事人之间的交易习惯时,才可以视为意思表示(《民法典》第140条第2款)。《民法典》中规定的将沉默作为意思表示的情形如:第638条规定试用期间届满,买受人对是否购买标的物未作表示的,视为购买。第1124条规定继承开始后,继承人放弃继承的,应当在遗产处理前,以书面形式作出放弃继承的表示;没有表示的,视为接受继承。受遗赠人应当在知道受遗赠后60日内,作出接受或者放弃受遗赠的表示;到期没有表示的,视为放弃受遗赠。

实例解析

1月1日,李某回到家中看到自家快递箱中有巧克力一盒及信件一封。信中写道:"本商场新年大促销,原价299元一盒的巧克力,现价只需99元。若您愿意购买,请于三日内扫描下方二维码支付相应款项。若您不愿购买,请于三日内将巧克力寄回或送回我商场。"

1. 若李某看到信件后没当回事,随手将巧克力放在茶几上,未置可否。1月5日,该商场请求李某支付巧克力价款,请问商场的请求能否得到支持?

2. 若李某看完信函后,打开巧克力吃了一块,请问商场支付价款的请求能否得到支持?

分析:1. 不能。本案中,李某对是否购买该盒巧克力持沉默的态度,而沉默只有在法律有规定、当事人有约定或者符合当事人之间的交易习惯时,才可以视为意思表示。因此,李某和商场之间的买卖合同并未成立,商场无权请求李某支付价款。

2. 可以。本案中,李某对是否购买巧克力虽并未以明示的方式作出意思表示,但其打开巧克力吃了一块的行为可以推知其有购买巧克力的意思。因此,李某和商场之间的买卖合同成立且生效,商场有权请求李某支付价款。

三、意思表示的生效

意思表示的生效,首要的是其生效时间。关于意思表示的生效时间,理论上有作出主义、发出主义、到达主义和了解主义四种立法模式。作出主义认为,表意人作出意思表示之时起,意思表示即生效。发出主义认为,表意人将其意思表示置于其支配范围之外时,意思表示发生效力。到达主义认为,意思表示以到达相对人之时起生效,即相对人收到其意思表示生效。了解主义认为,意思表示自为相对人了解之时起生效。我国《民法典》基于对现实生活经验的考察,充分考虑经济交往的效率及安全,对不同类型的意思表示规定了不同的生效时间(见图1-6-4)。

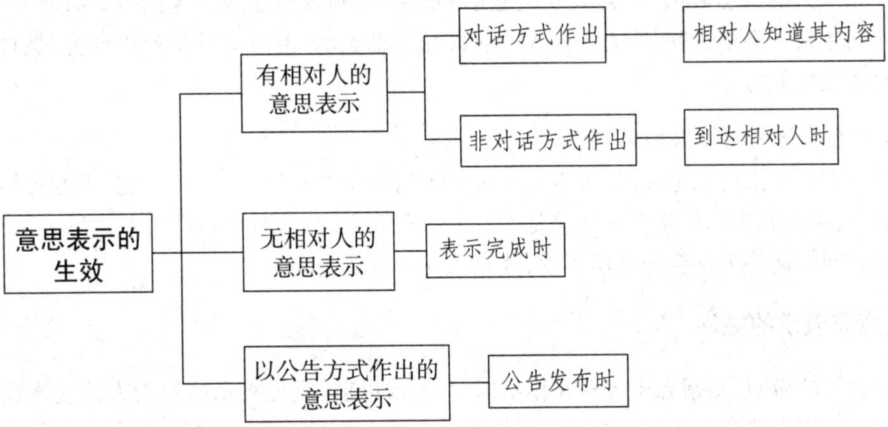

图1-6-4 意思表示的生效

(一)有相对人的意思表示

有相对人的意思表示,是指有受领的特定相对人的意思表示。其生效时间则因该相对人在场与否而有所区别。如若相对人在场,则表意人可采用对话方式作出意思表示,故而又将在场的意思表示称为以对话方式作出的意思表示,而将不在场的意思表示称为以非对话方式作出的意思表示。

1. 以对话方式作出的意思表示

此种意思表示的特点是,对方能够同步或迅速接收到表意人作出的意思表示,其间没有时间差。如面对面的沟通谈判、电话的即时沟通等,其优越性在于高效、便捷。因此《民法典》规定,以对话方式作出的意思表示,相对人知道其内容时生效。可见,采取的是了解主义的立场。

2. 以非对话方式作出的意思表示

此种意思表示的特点是,表意人作出意思表示的时间与相对人受领意思表示的时间并不同步,二者之间存在时间差。因此,以非对话方式作出的意思表示,到达相对人时生效。这是出于对交往效率和交易安全的考虑,因此法律采到达主义。需要强调的是,这里的"到达"并不意味着相对人必须亲自收到,只要进入相对人可支配的特定领域内,即可视为到达。例如,到达相对人的住所、常用信箱、或到达相对人的秘书手中,均可视为到达。

以非对话方式作出的意思表示还可以采用数据电文形式。随着互联网技术的发展,电子邮件、传真、微博留言等形式的交流媒介,具有实时性的特点,发出即到达。因此,采用数据电文形式,并且以非对话方式作出的意思表示,相对人指定了特定系统接收数据电文,该数据电文进入该特定系统时生效;未指定特定系统的,相对人知道或者应当知道该数据电文进入其系统时生效。当事人对采用数据电文形式的意思表示的生效时间另有约定的,按照其约定(《民法典》第137条第2款)。

(二)无相对人的意思表示

无相对人的意思表示,通常发生在单方民事法律行为中,如抛弃动产所有权的意思表示等。无相对人的意思表示,原则上自表示完成时生效(《民法典》第138条)。因为这类意思表示既然无相对人,当然就不必考虑其是否已经到达相对人,以及是否为其了解的问题,故而采取作出主义立法。

但无相对人的意思表示,在法律另有规定的情况下,则按照法律规定的生效时间发生效力,而不采作出主义。例如,遗嘱作为一种无相对人的意思表示,但因其属于死因行为,是自立遗嘱人死亡时才发生效力。

(三)以公告方式作出的意思表示

以公告方式作出的意思表示,公告发布时生效(《民法典》第139条)。以公告方式作出意思表示的场合,该意思表示所指向的对象是不特定的多数人,如发布悬赏广告的意思表示,一经发出就到达并能够期待为社会公众所了解,因此采发出主义立法。

四、意思表示的撤回

意思表示的撤回,是指意思表示在作出以后,生效以前,意思表示的行为人欲使该意思表示不发生效力而作出的意思表示。撤回的意思表示是另一个意思表示。撤回意思表示的法律效果是为了阻却原已作出的意思表示生效。

意思表示的撤回不同于意思表示的撤销。意思表示的撤销,是指在意思表示作出并生效之后,行为人又作出取消其意思表示的表示。《民法典》总则编没有规定意思表示的撤销制度,合同编第476条规定了要约的撤销制度。

撤回的意思表示形式为通知。撤回意思表示的通知应当在意思表示到达相对人前或者与意思表示同时到达相对人(《民法典》第141条)。

很显然,意思表示的撤回只有在有相对人的意思表示情况下才有意义,若是无相对人的意思表示则不存在撤回问题。

五、意思表示的解释

意思表示的解释,是指因意思表示不清楚或者不明确发生争议时,由人民法院或者仲裁机构对意思表示进行的解释。任何意思表示都是通过语言、文字、行为等外在表现形式体现出来的，虽然作出意思表示的人都是理性的，但其语言、行为、文字在其产生和传递的过程中，难免会出现客观表示与内心真意不一致的情形。对于这些情形就需要运用一定的解释方法来确定意思表示的内容，从而合理平衡表意人与受领人之间的利益关系。

由于在解释意思表示时，要考虑表意人以及表示受领人的利益，因此意思表示的解释方法主要有两种：一种是意思主义，又称主观解释或自然解释，是指从表意人的利益出发进行解释，以探求表意人的真实主观意思为目的的解释方法，此种解释方法优先保护的是表意人的意思自治。另一种是表示主义，又称客观解释和规范解释，是指从表示受领人的利益出发，意思表示的内容表意人的外在表示的规范内容为准，此种解释方法优先保护的是意思表示受领人的合理信赖。

有相对人的意思表示和无相对人的意思表示，其解释规则略有差异：

对于有相对人的意思表示进行解释，不仅需要考虑表意人的内心真意，更重要的是考虑相对人的合理信赖。即应当按照所使用的词句，结合相关条款、行为的性质和目的、习惯以及诚信原则，确定意思表示的确切含义。

对无相对人的意思表示的解释，不能完全拘泥于所使用的词句，而应当结合相关条款、行为的性质和目的、习惯以及诚信原则，确定行为人的真实意思。换句话讲，对于无相对人的意思表示，其重点在于保护表意人的意思自治。例如，在对遗嘱进行解释时，需要侧重考虑的只是表意人的利益，因为遗嘱的相关人（继承人、受遗赠人）在此种情形下是纯获利益的，其对遗嘱内容的信赖不值得被保护（《民法典》第142条）。

第三节　民事法律行为的效力

一、民事法律行为效力的界定

民事法律行为的效力，是指法律赋予依法成立的民事法律行为具有的拘束各方当事人的强制力。评价民事法律行为的效力是建立在该民事法律行为成立的基础之上的，民事法律行为只有成立了，才有讨论效力的意义。

我国《民法典》对民事法律行为的效力采取"正面列举"+"负面清单"的立法模式。具体而言，《民法典》总则编第六章中既规定了民事法律行为的一般有效要件（第143条），也规定了各种效力有瑕疵的民事法律行为。从国家对民事法律行为效力的规制理念上看，为尊重和贯彻私人社会交往中的意思自治原则，一般情形下，法律对当事人各方的意思表示给予肯定评价，使其有效，从而发生当事人预期的法律效果。仅在该民事法律行为有碍于国家利益、公共利益的实现，或损害相对人、第三人利益时，法律才作出否定性评价结果。

按照《民法典》的规定，民事法律行为存在完全有效、完全无效、效力待定、可撤销这四种效力状态类型。

二、民事法律行为的有效要件

（一）民事法律行为的一般有效要件

民事法律行为的一般有效要件是每个民事法律行为有效均应具备的法律条件。依据我国

《民法典》第143条的规定,民事法律行为的一般有效条件包括:

1. 行为人具有相应的民事行为能力。就自然人而言,完全民事行为能力人可以进行任何民事法律行为;限制民事行为能力人只能从事与其年龄、智力发育程度相当的民事法律行为,或接受奖励、赠与等纯获利益的民事法律行为,其他行为须由其法定代理人代理或者征得其法定代理人的同意;无民事行为能力人不能独立实施民事法律行为,他们的民事法律行为必须由其法定代理人代理。

2. 行为人意思表示真实。意思表示真实是指行为人在自觉、自愿的基础上作出符合其意志的行为。它包括两个方面:一是行为人的意思表示须是自愿的,任何个人和组织都不得强迫行为人实施或不实施某一民事法律行为;二是行为人的意思表示须是真实的,即行为的主观意愿和外在的意思表示是一致的。如存在虚假表示、隐藏行为、认识错误、受欺诈或受胁迫、显失公平等情形时,民事法律行为的效力则会有瑕疵。

3. 内容合法。民事法律行为的内容又称民事法律行为的标的。内容合法并非指内容有法律依据,而是指内容不能违法,即不违反法律、行政法规的强制性规定,不违背公序良俗。

(二)民事法律行为的特别生效要件

民事法律行为特别生效要件,是指某些民事法律行为的有效因其特殊性质,除具备民事法律行为的一般有效条件外,还须具备的条件。主要有以下几种情况:

1. 附延缓条件的民事法律行为在所附条件成就时,发生法律效力。延缓条件是指以将来可能发生也可能不发生的某种客观情况作为民事法律行为生效的条件。所附条件成就时,民事法律行为始生效力,所附条件不成就时,则该民事法律行为不生效力。

2. 附生效期限的民事法律行为,以期限的到来为特别生效要件。死因行为,以行为人死亡为生效要件。如行为人立遗嘱的民事法律行为,只有行为人死后才发生法律效力。此为附期限的行为,虽然死亡的时间不能确定,但是能确定将来必然发生。

三、民事法律行为的效力待定

效力待定的民事法律行为,又称效力悬而未决的民事法律行为,是指民事法律行为之效力有待于第三人意思表示,在第三人意思表示前,效力处于不确定状态的民事法律行为。其特点是,行为人已完成行为,行为外表已健全,但其效力却有赖于第三人表示的“同意”还是“不同意”。第三人的行为属于辅助行为,在作出前,该行为的效力处于不确定状态。对于效力待定之行为,《民法典》没有作出体系化规定,而是散见于法典各处。

效力待定的民事法律行为与可撤销民事法律行为不同,可撤销民事法律行为在撤销前是有效的民事法律行为,只是在撤销后溯及开始发生无效后果,其效力“有效”或“无效”有待表意人定夺;而效力待定行为的法律效力处于不确定状态,在确定前既非有效亦非无效,究竟是有效或无效有待第三人定夺。

效力待定的民事法律行为与无效民事法律行为也不同,无效民事法律行为自始无效,不可能“起死回生”;而效力待定的民事法律行为,效力既可能向有效发展,也可能归于无效。

(一)效力待定民事法律行为的类型

1. 限制民事行为能力人依法不能独立实施的民事法律行为。限制民事行为能力人实施的纯获利益的民事法律行为或者与其年龄、智力、精神健康状况相适应的民事法律行为有效;实施的其他民事法律行为经法定代理人同意或者追认后有效(《民法典》第 145 条)。除了纯获利益的民事法律行为或者与其年龄、智力、精神健康状况相适应的民事法律行为外,限制民事行为能力人在未经法定代理人同意的情况下实施的其他民事法律行为,即属于待追认的行为,效力待定。这类行为若获法定代理人追认,即变为有效法律行为,反之,则为无效民事法律行为。

2. 狭义的无权代理行为。行为人没有代理权、超越代理权或者代理权终止后,仍然实施代理行为,且未经被代理人追认的,对被代理人不发生法律效力的法律行为(《民法典》第 171 条第 1 款)。无代理权人所为之"代理行为"对本人是没有效力的,但若本人事后追认,就成为名正言顺的"代理行为",对本人发生效力;若本人否认,则该行为对行为人生效。在本人承认与否认之前,该行为的效力处于不确定状态。

(二)效力待定民事法律行为的效果

1. 追认权。追认是追认权人实施的使他人效力待定行为发生效力的补助行为。追认属于单方民事法律行为,其作用在补助效力待定行为所欠缺的法律要件。追认权主体为谁,因行为的类型不同而有异:在无权代理,追认权属于本人(被代理人);在限制民事行为能力人实施的待追认行为中,追认权属于法定代理人。追认权的实施方式,应以意思通知方式,向效力待定行为的相对人实施。

2. 催告权。催告权是指相对人告知事实并催促追认权人在给定的期间内实施追认的权利。《民法典》第 145 条和第 171 条均规定了相对人的催告权,追认人自收到通知之日起一个月内未予以追认的,视为拒绝追认。根据规定,相对人催促追认权人行使追认权时,可以给予一个月的追认期间,若在此期间不追认的,视为拒绝追认。

3. 撤销权。撤销权是指效力待定行为的相对人撤销其意思表示的权利。撤销权与催告权都是相对人的权利,两者的不同主要在于对效力待定行为的期待不同:相对人行使催告权,表示期待追认权人追认该行为,使其生效;而行使撤销权,则表明相对人不希望该行为生效。《民法典》第 145 条和第 171 条均规定了民事法律行为被追认前,善意相对人有撤销的权利。撤销应当以通知的方式作出。这里的"善意"是指相对人实施民事法律行为时,并不知晓对方是限制民事行为能力人或无权代理人,且对此种不知晓不存在重大过失。

撤销权行使的法律要件包括:(1)撤销权的发生须在追认权人未予追认前。追认权一旦行使,效力待定行为已生效,相对人不得行使该项撤销权。(2)撤销之意思必须以明示的方式作出。(3)相对人须为善意,即对效力待定行为欠缺生效要件没有过失。如明知对方行为人能力欠缺而为之,则不得享有撤销权。

四、民事法律行为的无效

无效的民事法律行为,是指民事法律行为因严重欠缺有效要件,从而不能按照当事人的意思表示发生相应法律效力的民事法律行为。它意味着法律对当事人意思表示作出了完全、彻底的否定。无效的民事法律行为在法律上是自始、当然、确定、绝对的无效,它可以由当事人自行主张,法官也可以依职权直接认定民事法律行为无效。无效的民事法律行为也是一种民事法律行为,不能说无效的民事法律行为没有任何法律效力,它也能产生一定的法律后果,只是无效民事法律行为不是按照当事人意思表示的内容产生相应法律后果。

1. 无民事行为能力人实施的民事法律行为无效。即不满 8 周岁的未成年人,以及不能辨认自己行为的成年人,因其不具备实施民事法律行为所需要的认识能力和判断能力,出于对这类主体的特殊保护,避免他们遭受人身和财产上的损失,《民法典》规定这类人不能独立实施民事法律行为,由其法定代理人代理实施民事法律行为,一旦无民事行为能力人自身实施了民事法律行为,则该行为无效。

2. 双方当事人以虚假的意思表示实施的民事法律行为无效。此即通谋的虚伪表示,具体是指行为人与相对人通谋而为的与其内心真意不一致的意思表示,行为人双方都知道自己所表示的意思并非出于真意。如为了逃避债务转移财产而为的赠与、名为买卖实为赠与的行为。这种虚假的意思表示一方面不是当事人的真实意思,另一方面行为人实施这种虚假的意思表示通常是为了规避于己不利的法律后果,是一种违背诚实信用的举措,因而此种民事法律行为无效(《民法典》第 146 条)。

实例解析

某知名女艺人出于避税之目的,在一次演艺活动中与制片方签订两份演艺合同,第一份约定片酬为 1000 万元,用于纳税申报。私下里又签订第二份演艺合同,约定片酬为 3000 万元,是真实的片酬。试分析本案中两份演艺合同的效力如何?

分析:本案属于典型的"阴阳合同"。第一份演艺合同是"阳合同",是为了避税的目的而订立的,给外部人看的,并不是当事人双方真实的意思表示,因此属于通谋的虚伪表示,是无效的。而第二份演艺合同是双方私下签订的不给外人看的"阴合同",是双方当事人真实的意思表示,是被通谋的虚伪表示所隐藏的民事法律行为,因此被称为"隐藏行为",其效力应依据有关法律规定判断,若无其他效力瑕疵,可以是有效的。

3. 违反法律、行政法规的强制性规定的民事法律行为无效。民事法律行为虽然是实现意思自治的工具,但这种意思自治也不能违反法律、行政法规的强制性规定,否则,其法律效力即受到否定(《民法典》第 153 条第 1 款)。

强制性规定,与任意性规定相对,是指直接规范人们的意思表示行为或者事实行为,不允许人们依自己的意思对其加以变更或者排除其适用,否则将受到法律制裁的法律规范,即要求人们必须遵守,不得违反的法律规范。

强制性规定可以进一步区分为效力性的强制性规定和管理性的强制性规定两种类型。只有违背了效力性的强制性规定才会导致民事法律行为的无效,如若违反管理性的强制性规定,则不影响民事法律行为的效力。从司法实践经验来看,下列强制性规定,一般认定为效力性强制性规定:(1)强制性规定涉及金融安全、市场秩序、国家宏观政策等公序良俗的;(2)交易标的禁止买卖的,如禁止人体器官、毒品、枪支等买卖;(3)违反特许经营规定的,如场外配资合同;(4)交易方式严重违法的,如违反招投标等竞争性缔约方式订立的合同;(5)交易场所违法的,如在批准的交易场所之外进行期货交易。关于经营范围、交易时间、交易数量等行政管理性质的强制性规定,一般应当认定为管理性强制性规定。

4. 违背公序良俗的民事法律行为无效。如前所述,公序良俗原则是民法的一项基本原则,违背公序良俗的民事法律行为当然亦受到否定性评价,即无效(《民法典》第 153 条第 2 款)。

公序良俗包含两个层面的内容:

(1)公共秩序,即社会之存在及其发展所必须具备的一般秩序;典型的违反公共秩序的行为如:以从事犯罪或帮助犯罪为内容的合同(违反治安秩序);给新闻记者的封口费(违反舆论秩序);意图影响选举结果的赠与(贿选)合同(违反选举秩序、政治秩序);给证人的封口费(违反司法秩序);办假身份证、毕业证等假证的承揽合同(违反行政管理秩序)等。

(2)善良风俗,即社会存在及其发展中所形成的,为社会成员共同体所普遍认同和遵守的道德伦理准则。典型的违背公序良俗的行为有:违反婚姻伦理或性道德的行为,如婚外包养协议、换妻合同等;违反家庭伦理的行为,如断绝父子关系的协议、借腹生子协议等;限制人身自由、贬损人格尊严的行为;破坏市场公平竞争、阻碍市场经济自由的行为等。

实例解析　"泸州二奶遗赠继承案"——中国公序良俗第一案[1]

蒋伦芳(女)和黄永彬(男)系夫妻关系,黄永彬生前立下一份遗嘱,自愿在去世后将财产遗赠给张学英(二人长期同居,系情人关系)。黄永彬死后,原告张学英起诉被告蒋伦芳,要求其交付遗赠财产(因遗赠财产尚被蒋伦芳支配控制),被告蒋伦芳拒不交出,二人因此成讼。

法院认为:"公序良俗"充分体现了国家、民族、社会的基本利益要求,反映了当代社会中居于统治地位的一般道德标准,就其本质而言,是社会道德规范的法律化。在本案中,遗赠人黄永彬与蒋伦芳系结婚多年的夫妻,本应互相忠实、互相尊重,但黄永彬却无视夫妻感情和道德规范,与张学英长期非法同居,其行为违背了我国现行社会道德标准。黄永彬的遗赠行为虽系其真实意思表示,但其内容和目的违反了法律规定和公序良俗,损害了社会公德,破坏了公共秩序,应属无效民事法律行为。因此判决原告败诉。

5. 恶意串通损害他人合法权益的民事法律行为无效。行为人与相对人恶意串通,损害他人合法权益的民事法律行为无效(《民法典》第 154 条)。

所谓"恶意串通",是指行为人与相对人主观上具有损害他人合法权益的恶意,客观上基于此种恶意的联络实施了损害他人合法权益的行为。此处的"他人",既包括国家、集体等除行为人以外的任何一个不特定第三人,也包括特定的第三人。例如,某公司的采购人员为了获取回扣,与供货商约定,以较高的价格购买低质量的产品。采购人员与供货商之间的买卖合同即属于恶意串通,损害公司的合法权益,因此是无效的。

恶意串通行为与通谋的虚伪表示,二者均为民事法律行为无效的原因,但法理基础和适用场景并不完全一样。通谋虚伪表示行为场合所实施的虚假行为,双方都不具有使其发生效力的意思表示,法律使之无效是着眼于其行为的虚假性。而恶意串通行为,双方都具有使其串通所为之行为发生效力的意思表示,法律使之无效是着眼于该行为损害了他人的合法权益。虽然在适用上恶意串通规则可能会与其他规范产生竞合,但由当事人自行选择主张即可。

五、民事法律行为的撤销

可撤销的民事法律行为,是指虽已成立且生效,但行为人的意思表示存在瑕疵,因权利人行使撤销权而使其丧失效力的民事法律行为。在此类法律行为中,尽管意思表示存在瑕疵,但是否予以保护仍属于当事人自主决定的范围,国家没有直接进行干预的必要。法律通过赋予权利人

[1] 具体案情及裁判说理参见四川省泸州市纳溪区人民法院(2001)纳溪民初字第 561 号民事判决书、四川省泸州市中级人民法院(2001)泸民一终字第 621 号民事判决书。

撤销权,由当事人自己选择是否保护,体现了民法对意思自治理念的贯彻。其特征如下:

1. 可撤销的民事法律行为主要是因意思表示有瑕疵而发生的。意思表示有瑕疵存在两种情形:一是意思与表示不一致,二是意思表示不自由。

2. 可撤销的民事法律行为须由撤销权人主动行使撤销权。撤销权在性质上属于形成权,撤销权人通过单方的意思表示行使撤销权,可导致可撤销民事法律行为的效力溯及既往的消灭。

3. 可撤销的民事法律行为在被撤销前仍然是有效的。如果撤销权人不行使撤销权,则该民事法律行为可以继续有效。若撤销权人行使了撤销权,则导致其效力溯及既往地消灭。

概念辨析　可撤销民事法律行为 vs. 无效民事法律行为

1. 可撤销民事法律行为大多属于意思表示存在瑕疵,而无效民事法律行为既有意思瑕疵的,也有主体无相应民事行为能力的,还有违法的。

2. 可撤销民事法律行为之撤销,须以诉或仲裁为之,而无效民事法律行为是当然确定的无效,无须宣告。

3. 二者效力不同。无效的民事法律行为属于自始、当然和绝对无效行为,无论表意人或利害关系人是否主张,都从行为开始就确定地不能发生法律行为的固有效力。法院或仲裁庭发现民事法律行为属无效时,可以不经当事人请求,径行认定无效。而可撤销民事法律行为却只有经过审判或者仲裁程序确定之后,才属无效。在当事人不申请变更撤销或者虽然申请,但审判或者仲裁机关尚未作出撤销判决时,则还具有其效力。因此,它不是当然和绝对无效。

(一)可撤销民事法律行为的类型

1. 基于重大误解实施的民事法律行为。重大误解,是指行为人因对行为的性质,对方当事人,标的物的品种、质量、规格、价格和数量等产生错误认识,使行为的后果与自己的意思相悖,并造成较大损失的情形,即按照通常理解,如果不发生该错误认识,行为人就不会作出相应意思表示。例如,甲误把酒店房间有偿提供的茶叶当作无偿的而饮用、甲误以为其儿子租来的女友乙是儿子的未婚妻而赠与传家玉佩等情形。

值得注意的是,若当事人存在动机错误则不构成重大误解。行为人以其意思表示存在第三人转达错误为由,请求撤销民事法律行为的,可适用重大误解制度。

实例解析

甲去某地旅游,当地玉石资源丰富,且盛行"赌石"活动,买者购买原石后自行剖切。甲花了5000元购买了原石一块,切开后发现是极品玉石,市场价值逾百万元。商家能否以自己对该块原石的品种、质量存在重大误解为由主张撤销该买卖合同?

分析:不能。本案中的赌石活动属于典型风险行为,风险行为本身即意味着交易目的有落空之可能性,当事人的行为可推断为自冒风险,损益自负,意思表示虽有错误,但不构成重大误解。

2. 基于受欺诈实施的民事法律行为。欺诈,是指一方当事人故意告知对方虚假情况,或者负有告知义务的人故意隐瞒真实情况,诱使对方当事人作出错误意思表示的,可以认定为欺诈行为。

构成欺诈须符合以下要件：(1)主观上须有欺诈之故意，即希望或放任对方陷入错误认识，并且希望或放任对方因错误认识作出不真实的意思表示。(2)客观上须有欺诈之行为，即故意告知对方虚假情况(积极欺诈)，或者故意隐瞒真实情况(消极欺诈)。(3)对方因欺诈行为陷入或者维持错误认识。(4)受欺诈人因错误认识作出不真实的意思表示。(5)欺诈具有不正当性，即欺诈行为超出了法律、道德或交易习惯所允许的限度。能为一般人所识别的适当夸张、艺术化描述是正当的，不构成欺诈。

欺诈还存在一种特殊情形，即第三人欺诈。根据《民法典》第149条的规定，第三人实施欺诈行为，使一方在违背真实意思的情况下实施的民事法律行为，对方知道或者应当知道该欺诈行为的，受欺诈方有权请求人民法院或者仲裁机构予以撤销。

实例解析

甲在一楼盘看房，乙佯装热情跟甲套近乎，并表示自己也是前来看房的购房者，在一番投缘的交谈中乙对甲说："我家教育局的亲戚给我透露了内部消息，这个楼盘一年内将被划为区重点中学的学区房，到时房价必将上涨。"甲基于对乙提供信息的信赖而购买了房屋。实际上这一信息是虚假的，而乙也是房地产开发商请来的"托"。本案中，甲能否以遭受欺诈为由主张撤销该买卖合同?

分析：可以。本案的商品房买卖合同存在于甲与开发商之间，乙作为第三人对甲实施了欺诈行为，且开发商对乙的行为知晓，因此甲有权以欺诈为由向开发商主张撤销该商品房买卖合同。

3. 基于受胁迫实施的民事法律行为。胁迫，是指以给自然人及其近亲属等的人身权利、财产权利以及其他合法权益造成损害或者以给法人、非法人组织的荣誉、名誉、财产权益等造成损害为要挟，迫使对方基于恐惧心理作出违背真实的意思表示的情形。

构成胁迫须符合以下要件：(1)一方或者第三人故意以实施危害行为相通告。(2)受胁迫方因此陷入恐惧。(3)受胁迫方因恐惧作出意思表示。(4)威胁须具有不正当性，这里的不正当性主要指三种情形：手段不正当、目的不正当、手段和目的结合的不正当。

胁迫亦存在第三人胁迫的情形，但与第三人欺诈不同，无论相对人是否知道或者应当知道存在胁迫行为，受胁迫人均享有撤销权(《民法典》第150条)。

实例解析

某校长甲欲将一套住房以50万元的价格出售。某报记者乙找到甲，出价30万元，甲拒绝。乙对甲说："我有你贪污的材料，不答应我就举报你。"甲于是以30万元将该房卖给乙。事后查明，其实乙实际并无甲贪污的材料。试分析本案中房屋买卖合同的效力。

分析：该房屋买卖合同系基于受胁迫实施的民事法律行为，因此是可撤销的。乙以检举揭发甲贪污相要挟，迫使甲低价将房屋卖给自己。本案中，乙的目的(买房)和手段(检举违法犯罪)都具有正当性，但二者结合就具有不正当性，这是因为检举揭发违法犯罪行为的权利不是法律赋予民事主体实现私权利的合法手段。

4. 在成立时显失公平的民事法律行为。一方利用对方处于危困状态、缺乏判断能力等情形，致使民事法律行为成立时显失公平的,受损害方有权请求人民法院或者仲裁机构予以撤销(《民法典》第151条)。

显失公平须具备以下法律要件:(1)须为有偿行为。显失公平行为只能发生在有偿行为中,无偿行为中因当事人一方不支付对价,谈不上公平与否的问题。(2)须受害人具有处于危困、紧迫的状态以及无经验、缺乏判断能力等情势。显失公平的受害一方在实施民事法律行为时,表面上也是自愿的,然而这种自愿的背后,却有急迫、轻率或者无经验、无判断能力的背景。正是因为这种自愿是存在缺陷的,所以法律给予行为人一个补正的机会,这也是公平原则和诚实信用原则的要求。(3)客观上该民事法律行为在结果上造成了违反公平和等价有偿的情形。(4)须加害一方有利用自己的优势地位和对方不利情势,使对方陷入显失公平状态的故意。

(二)可撤销民事法律行为的效果

可撤销的民事法律行为在撤销前,其效力已发生,即同于生效的民事法律行为,一旦被撤销则自始溯及既往地不发生效力。

可撤销民事法律行为的撤销权人,对权利的行使拥有选择的自由,撤销权人可以撤销其行为,也可以通过承认的表示使撤销归于消灭。撤销权的行使有期限的要求,即撤销权应当受除斥期间的限制。具体如表1-6-1所示:

表1-6-1 撤销权行使

<table>
<tr><th>类目</th><th colspan="2">撤销权的行使</th></tr>
<tr><td rowspan="4">主体</td><td>重大误解</td><td>遭受误解一方有撤销权。如果双方均有误解,双方均享有撤销权</td></tr>
<tr><td>欺诈、胁迫</td><td>受欺诈、受胁迫一方享有撤销权</td></tr>
<tr><td>显失公平</td><td>受有不利益的一方享有撤销权</td></tr>
<tr><td colspan="2">代理人订立合同时,遭受欺诈、胁迫、重大误解,撤销权归被代理人享有</td></tr>
<tr><td>方式</td><td colspan="2">只能以起诉或者申请仲裁的方式行使。不能在诉讼之外以通知方式行使</td></tr>
<tr><td rowspan="3">除斥期间</td><td>最长除斥期间</td><td>5年。当事人自民事法律行为发生之日起5年内没有行使撤销权的,撤销权消灭</td></tr>
<tr><td rowspan="2">短期除斥期间</td><td>原则:1年。自撤销权人知道或者应当知道撤销事由之日起1年内未行使撤销权的,撤销权消灭。因遭受胁迫而撤销的,自胁迫行为终止之日起1年内未行使撤销权的,撤销权消灭</td></tr>
<tr><td>例外:90日。因重大误解撤销的,自撤销权人知道或者应当知道撤销事由之日起90日内没有行使撤销权的,撤销权消灭</td></tr>
</table>

六、民事法律行为无效、被撤销及确定不发生效力的后果

无效的民事法律行为是自始、当然、确定、终局地不能按照当事人所意欲的方向发生法律效力,也不具有法律上的保护力。如果无效的民事法律行为所约定的义务尚未履行的,那么就无须再去履行,因为该无效民事法律行为不能使义务人负担义务。

如果这类行为所约定的义务正在履行之中,应当中止履行。对于业已履行的部分,在给付了财产的情况下,受领财产的一方应将该财产返还相对人。这是因为,一旦民事法律行为被确认为

无效，受领财产的一方继续占有该财产就丧失了法律依据，因而有义务将财产返还给相对人。如果仅仅是当事人一方取得了财产，那么该当事人负返还义务；如果当事人双方对等地取得了财产，那么双方应当相互返还财产。如果财产已经灭失不存在了，无法返还的，或因其他原因没有必要返还的，应当折价赔偿。

如果民事法律行为无效后给对方或者第三人造成了损失的，还应当赔偿损失。如果损失是一方的过错造成的，则仅由过错方赔偿；如果双方都有过错，则由双方承担各自应负的责任。此种赔偿责任可能是缔约过失损害赔偿责任，也可能是侵权损害赔偿，具体适用视权利人的主张而定。

在法律另有规定的情形下适用法律的特别规定。这主要是指基于不法目的而为的给付，排除不当得利的适用。例如，双方因买卖毒品而产生的非法所得应根据禁毒法等法律的规定予以收缴，而不是返还给当事人。

一项民事法律行为当中，如果仅是局部内容存在缺陷，存在无效或可撤销的原因，而其余部分不存在缺陷，并且仍然可以单独设定、变更或者终止民事法律关系的，那么存在缺陷部分属于无效或被撤销，其余部分则仍然可以有效。民事法律行为部分无效，不影响其他部分效力的，其他部分仍然有效（《民法典》第156条）。

第四节　民事法律行为的附条件和附期限

一、民事法律行为的附条件

附条件的民事法律行为，是指以将来可能发生的客观事实的发生与否为条件决定其效力开始或终止的民事法律行为。

（一）所附条件的要件

民事法律行为所附的条件必须具备以下要件：

1. 未来性。所附条件须为当时尚未实现的事实，即将来的事实。已经发生了的事实不能作为条件。

2. 或然性。所附条件须是不确定的事实，即是否发生，为当事人不能事先预料到的事实，该事实可能发生也可能不发生。必定要发生的事实如“假如你明天睡觉”，以及必定不会发生的事实如“明天太阳从西边升起”不能作为条件。

3. 合法性。须条件合法。不能以违反法律或社会公共利益的事实作为条件，否则视为民事法律行为未附条件。

4. 非法定性。所附条件须当事人以意思表示设定而非法定的事实。例如，在保险合同中约定，“一旦发生保险事故”保险公司就支付保险金；在房屋买卖合同中约定，办理过户登记手续后，房屋所有权就发生转移，均不属于附条件的民事法律行为。

（二）所附条件的类型

1. 根据条件所起的作用不同，可以分为延缓条件和解除条件。

延缓条件又称停止条件、生效条件。其是指民事法律行为中所确定的民事权利和民事义务，要在所附条件成就时发生法律效力的条件。在条件成就前，民事法律行为虽然已经成立，但双方的权利义务处于停止状态,在条件成就时才能生效。

解除条件又称消灭条件、失效条件。其是指民事法律行为中所确定的民事权利和民事义务,在所附条件成就时,就失去法律效力的条件。附解除条件的民事法律行为是已经发生法律效力的行为,当事人已经开始享受权利,承担义务,当所附条件成就时,其权利义务即失去效力。例如,甲将自行车借与乙,双方约定,甲的儿子要用自行车时,乙即还车。这里的"甲的儿子要用自行车"即是解除条件。当条件成就时,甲和乙之间的借用合同即解除。

2. 根据条件的内容不同,可以分为积极条件和消极条件。

积极条件又称肯定条件,是指以某种事实的发生为其内容的条件。例如,甲与乙约定,如果甲的孩子去国外留学,则将房子租给乙。此约定中的"甲的孩子去国外留学"即为积极条件。

消极条件又称否定条件,是指以某种事实的不发生为其内容的条件。例如,甲与乙约定,如果甲的儿子不回国工作,则将房屋卖给乙。这里的"甲的儿子不回国工作"即是消极条件。

须注意的是,无论是积极条件还是消极条件,都既可以作为延缓条件,又可以作为解除条件。附条件的民事法律行为一旦成立,对当事人双方都有约束力,任何一方不得为了自己的利益,恶意促成条件成就或恶意阻碍条件成就,而应听任事物的自然发展。否则,恶意促成条件成就的,视为条件不成就;恶意阻碍条件成就的,视为条件已经成就。

二、民事法律行为的附期限

附期限的民事法律行为,是指当事人以确定发生的事实一定期限的届至作为决定效力发生或终止依据的民事法律行为。期限与条件不同,任何期限都是确定的必然要到来的;而条件成就与否是不确定的。未来事实发生是必然的还是或然的,是区分附期限还是附条件的界限。

(一)所附期限的类型

1. 依期限对民事法律行为效力的作用不同,可以分为延缓期限和解除期限。

延缓期限又称生效期限、始期,是指以期限到来决定民事法律行为效力开始。根据《民法典》第160条的规定,附生效期限的民事法律行为,自期限届至时生效。附终止期限的民事法律行为,自期限届满时失效。换言之,民事法律行为成立有效后,因所附期限的限制,民事法律行为并不发生效果效力,而待期限届至时才开始生效。

解除期限又称终止期限、终期,是指以期限到来决定民事法律行为效力终止。民事法律行为成立、有效后就发生法律效力,而待所附期限届至时效力终止。

2. 根据所附期限是否确定,可以分为确定期限和不确定期限。

确定期限是指不但期限事实的发生已确定,且其发生的时期也已确定。

不确定期限是指期限事实的发生已确定,但其发生的具体时期不确定。例如,甲乙约定,甲父死亡时,将房租给乙。

(二)期限的效力

附延缓期限的民事法律行为在期限到来前,不发生效果效力,受期限届至利益的一方当事人对效果利益仅有期待权;当期限到来时,始生效果效力。附解除期限的民事法律行为,在期限到来前保持效果效力;当期限届至时,效果效力终止。

(三)条件和期限的区别

条件是指民事法律行为效力的发生或消灭,系于将来成否客观上是不确定的事实。期限是指民事法律行为效力的发生或消灭，系于将来确定发生的事实。条件与期限乃同以将来的事实为内容，其主要区别在于条件系针对客观上不确定的事实，期限则为确定发生的事实。例如，(1)甲对乙说："你结婚之日，我赠送你赴欧洲度蜜月的费用。"此为附条件赠与，因乙是否结婚，何时结婚，都难以预料到。这是时间不确定，到来亦不确定。(2)甲对16周岁的乙说："待你成年之日，我赠送你一辆吉利汽车。"这是附条件的赠与，虽然甲的成年时间是确定的，但是未达到成年前死亡的，也是有可能的。这是时期确定，到来不确定。(3)甲对乙说："两伊战争结束之日，我购买你的邮轮。"此为附期限的买卖，因战事何日结束虽难预料，但终有停止之日。这是期限不确定，事实到来确定。(4)甲对乙说："明年中秋，我购买你公司生产的月饼。"此为附期限的承诺，因为事实确定并且必然到来。这是时间确定，到来也确定。

思考题

1. 简述民事法律行为与事实行为的异同。
2. 简述民事法律行为的成立要件。
3. 简述民事法律行为与意思表示的关系。
4. 简述意思表示的形式。
5. 简述意思表示的生效规则。
6. 简述意思表示的解释。
7. 简述效力待定的民事法律行为。
8. 简述无效民事法律行为的类型。
9. 简述可撤销的民事法律行为。
10. 简述欺诈的构成要件及其法律后果。
11. 简述民事法律行为无效或被撤销的法律后果。
12. 简述民事法律行为所附条件的特点及其类型。

阅读指引

关于民事法律行为的制度史考察

1. 陈卫佐：《〈民法总则〉中的民事法律行为——基于法律行为学说的比较法分析》，载《比较法研究》2017年第4期。
2. 朱庆育：《法律行为概念疏证》，载《中外法学》2008年第3期。

关于意思表示理论的代表性研究

1. 朱庆育：《意思表示与法律行为》，载《比较法研究》2004年第1期。
2. 韩光明：《论作为法律概念的"意思表示"》，载《比较法研究》2005年第1期。
3. 崔建远：《意思表示的解释规则论》，载《法学家》2016年第5期。
4. 龙俊：《论意思表示错误的理论构造》，载《清华法学》2016年第5期。

关于民事法律行为效力类型的代表性研究

1. 殷秋实：《论法律行为的效力评价体系》，载《比较法研究》2017年第6期。
2. 张驰：《法律行为效力评价体系论》，载《法学》2016年第5期。

3. 朱广新:《法律行为无效事由的立法完善》,载《政法论丛》2016 年第 3 期。
4. 黄忠:《法律行为部分无效的处理规则研究》,载《当代法学》2010 年第 3 期。
5. 薛军:《论可撤销法律行为撤销权行使的方法——以中国民法典编纂为背景的分析》,载《法学家》2016 年第 6 期。
6. 许中缘:《禁止性规范对民事法律行为效力的影响》,载《法学》2010 年第 5 期。

第七章　代　　理

导学案例

甲平日里素爱风雅之事，酷爱收藏古时名人书画。但书画市场上赝品、仿品众多，难以分辨。甲囿于自身专业知识不足，遂找到对书画颇有研究的专业人士乙，请乙代为物色并购买名家书画一幅，要求为明清时期的作品。乙接受甲的嘱托后遍访书画市场，最终乙以甲的名义与丙进行交易，花费180万元购得书画一幅。

1. 试分析本案中甲、乙、丙三人各自的法律地位。

2. 试分析本案中涉及的民事法律关系。其中，买卖合同的双方当事人如何确定？

3. 若本案中乙为了甲的利益最大化，在未征得甲同意的情况下，购买的是一幅性价比极高的宋代书画，应如何处理？

4. 若乙与丙二人为了谋取利益而私下串通，用现代仿品书画鱼目混珠，甲应如何保障自身权益？其法律依据为何？

第一节　一 般 规 定

一、代理的概念

代理制度，是民事法律行为制度的延伸。近现代社会以来，生活复杂，交易频繁，事必躬亲，殆不可能。因此，代理制度实际上具有强化、补充、扩张私法自治的功能。

代理一词有狭义和广义之分。狭义的代理，仅指代理人以被代理人的名义实施的，其法律效果直接归属于被代理人的行为，即直接代理，也称显名代理；而广义的代理，还包括间接代理，即代理人在代理权限内，不以被代理人名义，而是以自己名义，为被代理人利益之计算而与第三人进行民事法律行为，其后果间接或直接归属于被代理人的代理。我国《民法典》总则编第七章规定的“代理”制度仅限于狭义上的代理，即直接代理，而间接代理的相关制度则规定在合同编“委托合同”一章中（《民法典》第925、926条）。

综上，代理是指代理人于代理权限范围内，以被代理人（本人）名义向第三人（相对人）为意思表示或受领意思表示，由此产生的法律效果直接归属于被代理人（本人）的法律制度（《民法典》第162条）。

由图1-7-1可以看出，代理实际上涉及三方法律主体。根据该制度基本的逻辑构造，我们可以概括出代理具有以下特征。

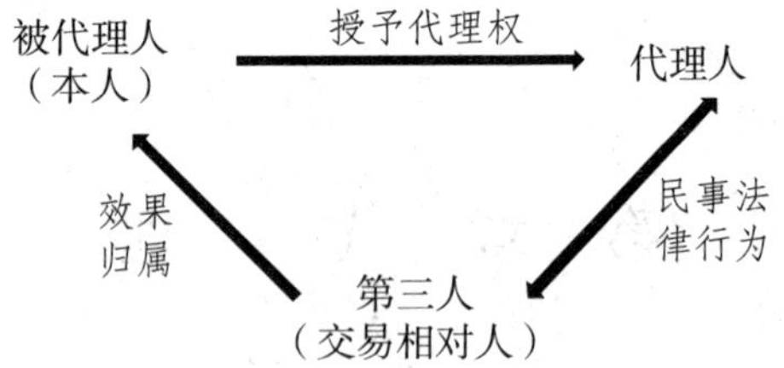

图1-7-1 代理法律关系

1. 构成代理法律关系须有三方当事人。代理关系的特点就是存在三方当事人,如只有双方当事人而无第三人,则不能成立代理。因此,冒名行为就有别于代理行为,所谓冒名行为,是指行为人冒用他人之名而与第三人从事民事法律行为。对于冒名行为及其法律后果,我国民法未作规定,须根据理论通说进行补充。根据冒名事实是否具有交易上之重要性,而对冒名行为的法律效果区分处理。

2. 代理人是以被代理人的名义在代理权限范围内进行民事活动。如前所述,《民法典》总则编中规定的代理制度系贯彻显名原则的直接代理,这就要求被代理人在从事代理活动时须以被代理人的名义进行。换言之,要使得交易相对人知晓三方法律关系的存在,知悉与其进行交易的真正主体。

概念比较 代理 vs. 行纪

所谓行纪,是指行纪人以自己的名义为委托人从事贸易活动,委托人支付报酬的法律制度(《民法典》第951条)。我国《民法典》在合同编中以专章规定了"行纪合同",其与代理的区别在于:

1. 行为名义不同。代理人是以被代理人的名义对外从事民事法律行为,而行纪人则是以自己的名义对外从事活动。

2. 法律效果归属不同。代理人在代理权限范围内实施的民事法律行为其法律效果直接归属于被代理人,而行纪人与第三人订立的合同直接对自己发生效力,而与委托人并无直接权利义务关系。

3. 是否有偿不同。代理活动可以是有偿的,也可以是无偿的,但行纪人从事贸易活动须收取报酬,故而为有偿的。

4. 主体要求不同。代理人一般没有法律上的特别限制,而行纪人只能是经批准经营行纪业务的自然人、法人或非法人组织。

此外,在区分代理与代表的实证法背景下,此二者也有厘清差异之必要。代理人与法人代表二者都是行为人均不承担行为的效果。但法定代表人在代表法人时,自己的人格被法人吸收,法人代表的行为就是法人的行为;代理人在代理时,仍是以自己的意思独立实施行为,只是该行为的法律效果归属于被代理人。

3. 代理实施的行为必须是民事法律行为。代理人所进行的代理活动,能够在被代理人和第三人之间设立、变更或终止某种民事法律关系。如果不产生法律后果,虽然在形式上是受人委托进行某项活动,但不是民法上规定的代理。如请他人代拟合同文本、代书遗嘱、询价等,这些事务有的属于事实行为,有的属于情谊行为,因而不产生代理关系。

4. 代理人从事代理活动时须独立实施有效的意思表示。这一特点意味着被代理人只进行概括式、宽泛化的授权，代理人在从事代理活动时，具有一定的行为选择空间和意思决定自由，而非完全按照被代理人的详尽指示。从这个意义上讲，代理与传达是两项不同的制度。如导学案例中，甲请乙代为物色并购买名家书画一幅，要求为明清时期的作品。此授权中并未指明与何人交易、价格多少、该书画出自何人之手等信息，而这些均是代理人可以独立作出意思表示的事项。

概念比较 代理 vs. 传达

所谓传达，是指将他人业已作出的意思表示传递给相对人的行为。易言之，本人只是借传达人的"嘴"做媒介而已。而代理人是自己为意思表示，即被代理人是借代理人的"脑袋"为自己服务。

实例解析

甲对乙表示，愿以 1 万元的价格出卖自己珍藏多年的玉石一块，乙回复须回家和老婆商量后再做决定。次日，乙偶遇甲 6 岁的儿子丙，并对其说："回家跟你老爸说一声，上次他想卖给我的那块玉石，我要了！"丙回家后将乙的话转述给父亲甲。

分析：本案中，丙是乙的传达人，而不是代理人，因为意思表示是乙作出的，丙并没有独立作出意思表示，而只是犹如传话工具一样转述乙的意思表示。该意思表示到达甲时生效，在甲乙之间成立买卖合同法律关系。由此我们可以发现：传达人是不要求具备完全民事行为能力的，因为行为能力制度的目的是保障意思表示不健全者的利益，而传达人无须独立作出意思表示，故不受行为能力的限制。而代理则不同，代理人须独立作出意思表示，因此法律要求代理人须具备完全民事行为能力。

5. 代理行为所产生的法律效果直接由被代理人承担。代理是被代理人经由代理人进行的民事法律行为，是行使被代理人的民事权利并负担民事义务。所以，代理人与第三人进行的一切民事法律行为所产生的民事权利义务，直接归属于被代理人，即由被代理人与第三人发生法律关系。即使是由于代理人的过失而造成的不利后果，被代理人也必须承受下来，这是稳定代理关系所必需的。

实例解析

甲公司向员工乙出具授权委托书一份，载明："甲公司请员工乙代为选购红木材质的办公桌椅若干套。"乙在接受甲公司的授权委托后来到丙店询问是否有红木材质的办公桌椅，丙见乙并不识货，遂将一款非红木的办公桌椅谎称为红木向乙推销，乙见价格优惠便与丙签订了买卖合同。甲公司后勤部门收到货物后发现该批办公桌椅并非红木，试问甲公司是否有权请求撤销该买卖合同？

分析：本案中，甲公司是被代理人，乙为代理人，丙为交易相对人。乙丙之间的买卖合同系基于欺诈而订立的，属于可撤销的民事法律行为（《民法典》第 148 条）。但问题在于该撤销权属于员工乙还是甲公司？因为代理行为所产生的法律效果直接由被代理人承担，因此虽然遭受欺诈的是员工乙,但基于代理制度的法律效果归属原理,被代理人甲公司享有撤销权,有权请求撤销该买卖合同。

二、代理的分类

(一)法定代理与委托代理

这是根据代理权的来源不同所作的分类。

法定代理,是指非因本人意思而是基于法律规定产生代理权的代理。例如,无民事行为能力人、限制民事行为能力人的监护人是其法定代理人,可以代理其实施民事法律行为,并对本人发生法律效力。

委托代理,是指代理人按照被代理人的委托授权而进行的代理。授权行为是一种单方法律行为,仅凭被代理人一方授权的意思表示,代理人就取得代理权,故委托代理又称为意定代理。

委托代理一般产生于代理人与被代理人之间存在的基础法律关系之上,其基础关系可以是委托合同,也可以是劳动合同、雇佣合同等,即所谓职务代理。委托代理和职务代理等意定代理的基础关系可以各不相同,但共同特点是代理权皆产生于授权行为。因此,即使由于某种原因致使委托合同等基础关系不能成立或失去效力,也不能影响代理人的代理权。这既是为了充分发挥代理制度的作用,又有利于维护正常的社会经济秩序和善意第三人的利益。

(二)本代理与复代理

这是根据代理人是否亲自为代理行为所作的分类。

本代理,是指基于被代理人(本人)选任的代理人或直接依法律规定产生代理人的代理。

复代理,也称再代理,是相对于本代理而言的,即由本代理的代理人为被代理人(本人)选任代理人而产生的代理(见图1-7-2)。复代理人是由代理人以自己名义选任的,不是由被代理人(本人)选任的。复代理人不是原代理人的代理人,而是被代理人的代理人,复代理人行使代理权时应以被代理人的名义进行,法律后果直接归属于被代理人。复代理权不是由被代理人直接授予的,而是由原代理人转托的,应以原代理人的代理权限为限,不能超过原代理人的代理权。

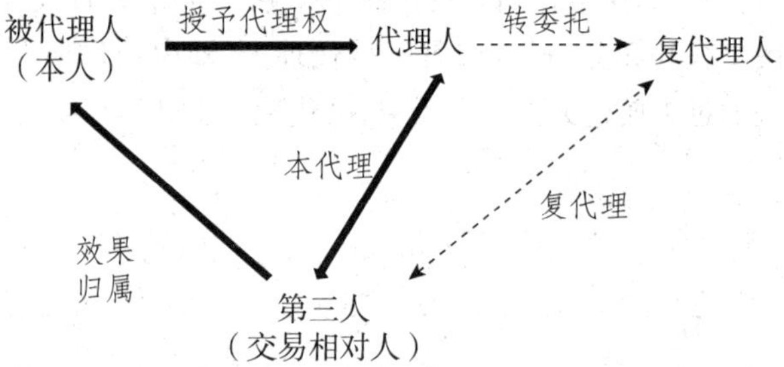

图1-7-2 复代理关系

被代理人与代理人之间具有强烈的人身信赖关系,因此代理人基于信任而选任的复代理人不一定能为被代理人所信任,为了保护被代理人的利益,法律要求复代理是附有条件的:代理人需要转委托第三人代理的,应当取得被代理人的同意或者追认。转委托代理经被代理人同意或者追认的,被代理人可以就代理事务直接指示转委托的第三人,代理人仅就第三人的选任以及对第三人的指示承担责任。

转委托代理未经被代理人同意或者追认的,代理人应当对转委托的第三人的行为承担责任,但是在紧急情况下代理人为了维护被代理人的利益需要转委托第三人代理的除外(《民法典》第169条)。这里的"紧急情况"是指由于急病、通讯联络中断等特殊原因,委托代理人自己不能办理代理事项,又不能与被代理人及时取得联系,如不及时转托他人代理,会给被代理人的利益造成损失或者扩大损失的情形。

(三)单独代理与共同代理

这是根据代理人的数量不同所作的分类。

单独代理,是代理权属于一人的代理,也就是说,代理人只有一人,至于被代理人是一人还是多人则在所不问。

共同代理,是代理权属于两个以上的人的代理。共同代理人之间形成共同关系,其代理权的行使,原则上应当共同进行,责任也应共同承担,除非当事人之间对此另有约定(《民法典》第166条)。这是因为共同代理的功能在于借助代理人之间的相互制约而维持被代理人的利益,若独自一人即可对外实施代理行为,共同代理权的意义将被虚置。

数个委托代理人共同行使代理权的,如果其中一人或数人未与其他委托代理人协商,所实施的行为侵害被代理人权益的,由实施行为的委托代理人承担民事责任。

三、代理权与代理行为及其后果

代理权最广泛的来源即是基于当事人的委托授权。授权行为是单方法律行为,仅需授权人自己的意思表示即可发生代理权授予的法律效果,而无须被授权人的同意或认可。代理人在行使代理权时需把握的最高原则就是为被代理人的利益忠实实施民事法律行为,此即代理人的忠实义务。被代理人设立代理的目的,是利用代理人的知识和技能为自己服务。因此,代理人的代理行为,应从被代理人利益出发,竭尽全力、勤勉工作,以对自己事务的注意处理好被代理人的事务,增进被代理人的利益。具体要求如下。

1. 禁止自己代理。所谓自己代理,指代理人在代理权限内与自己为民事法律行为。在这种情况下,代理人同时为代理关系中的代理人和第三人,交易双方的交易行为实际上只由一个人实施。

由于交易过程实际上是双方利益的博弈和权衡,而自己代理的场合代理人难以平衡被代理人的利益和自己的利益。因此,民法原则上禁止代理人以被代理人的名义与自己实施民事法律行为,但是如果被代理人对自己代理的法律后果乐见其成,即作出了同意或者追认的意思表示,那么法律也应当尊重当事人的意思自治,承认自己代理的法律效力[1](《民法典》第168条)。

2. 禁止双方代理。双方代理,又称同时代理,是指一个代理人同时代理双方当事人为法律行为的情况。在交易中,当事人双方的利益总是互相冲突的,通过讨价还价,才能使双方的利益达到平衡。而由一个人同时代表两种利益,难免顾此失彼,最终倾向于一种利益。又由于一个人同时代表两种利益,无法实现讨价还价的过程,两种利益难以达到平衡。虽然原则上代理人不得以被代理人的名义,与自己同时代理的其他人实施民事法律行为,但是被代理的双方同意或者追认的除外(《民法典》第168条第2款),即双方代理与自己代理的法律效果相同。

3. 不得为懈怠行为与诈害行为。代理人的懈怠行为,指代理人不履行勤勉义务,疏于处理或

---

〔1〕 典型案例参见"岳成华与刘守荣确认合同无效纠纷案",北京市海淀区人民法院(2019)京0108民初57489号民事判决书;北京市第一中级人民法院(2020)京01民终3163号民事判决书。

未处理代理事务,使被代理人设定代理的目的落空,并使其蒙受损失的行为。代理人的诈害行为,指代理人与第三人恶意串通,损害被代理人利益的行为。这种行为违背了代理关系的诚信性质,代理人不履行或者不完全履行职责,造成被代理人损害的,应当承担民事责任。代理人和相对人恶意串通,损害被代理人合法权益的,代理人和相对人应当承担连带责任(《民法典》第164条)。[2]

四、代理的范围

可以代理的须为民事法律行为。依照通说,准法律行为也可准用代理,属于代理的类推适用。

我国学者一般认为民事代理范围不限于民事法律行为,还包括其他具有法律意义的行为。这些行为主要包括:(1)申请行为,即请求国家有关部门授予某种资格或特许权的行为,如申请国家专利局授予专利许可行为等。(2)申报行为,即向国家有关部门履行法定的告知义务和给付义务,如向税务机关纳税申报行为等。(3)诉讼行为,即在民事诉讼、行政诉讼及刑事诉讼中,以原告、被告或第三人的诉讼代理人参加诉讼,维护被代理人合法权利的行为。上述行为一般都可以类推适用民法上代理制度的有关规定。

下列行为不得被代理:

1. 身份行为不得代理,民事法律行为中的身份行为因其具有专属性,所以不得被代理,如结婚、离婚、收养、订立遗嘱等具有身份性质的民事法律行为,不得代理。

2. 违法行为不得被代理。代理人知道或者应当知道代理事项违法仍然实施代理行为,或者被代理人知道或者应当知道代理人的代理行为违法未作反对表示的,被代理人和代理人应当承担连带责任。

3. 双方当事人约定或者依民事法律行为的性质应由本人亲自实施的民事法律行为不得被代理。双方约定必须由本人亲自实施的行为,必须遵从约定,不适用代理。如某个农户与农业科技专家订立科技服务合同时要求必须与专家本人订立,专家就不得委托他人代理。

第二节　委托代理

一、委托代理人的义务

委托代理人具有如下义务:

1. 代理人须在代理权限范围内亲自处理代理事务。代理人在代理权限内进行代理,是实现被代理人利益的前提,代理人不得超越代理权进行无权代理。

被代理人之所以委托特定的代理人为自己服务,是基于对该代理人特定身份和人身信任以及对其知识、技能的信赖。因此,代理人必须亲自实施代理行为,才合乎被代理人愿望。除非经被代理人同意或有不得已事由发生,不得将代理事物转委托他人处理。转托应适用我国《民法典》第169条的规定。

---

〔2〕 典型案例参见"艾德芳等与杜竹坤等房屋买卖合同纠纷案",北京市通州区人民法院(2018)京0112民初5451号民事判决书。

2. 及时报告、移交代理结果。代理人应将处理代理事务的一切重要情况及时向被代理人报告，以便被代理人知道事务的进展以及自己财产损益情况。报告必须是忠实的，不能包括虚伪不实等可能使被代理人陷于错误的资料。在代理事务完成后，代理人应向被代理人报告执行任务的经过和结果，并提交必要的文件材料。

3. 保密义务。代理人对在执行代理事务过程中所知晓的被代理人的商业秘密、个人隐私等信息，应负责保密，不得泄露。违反该义务给被代理人造成损失应承担相应法律责任。

二、职务代理

职务代理是委托代理的特殊形式。《民法典》第170条规定，执行法人或者非法人组织工作任务的人员，就其职权范围内的事项，以法人或者非法人组织的名义实施民事法律行为，对法人或者非法人组织发生效力。法人或者非法人组织对执行其工作任务的人员职权范围的限制，不得对抗善意相对人。[3]

职务代理的特殊之处在于，法人或非法人组织工作人员的代理权限是基于自身担任职务而产生的概括授权。由于我国民法严格区分代理与代表，法定代表人以法人名义从事的民事活动被法人吸收，所以不适用职务代理制度，而应适用《民法典》第61条的规定。

基于此，职务代理的构成要件有三：(1)被代理人必须是法人或非法人组织，且代理人是法人或非法人组织的法定代表人以外的工作人员。(2)工作人员是以法人或者非法人组织的名义实施民事法律行为。(3)工作人员实施民事法律行为须在其职权范围内。在认定职权范围和职务行为时，应当贯彻“商事外观主义”的要求，以充分保护交易相对人合理的信赖利益。

三、无权代理

无权代理，是指行为人不具有代理权而以他人名义实施的“代理”行为。这种“代理”行为，具备一般代理的表面特征，但不具有代理行为的实质特征，因而不是真正的代理。“无权代理”一词含义有广狭之分，广义的无权代理包括狭义的无权代理和表见代理。二者的共同点在于行为人均没有相应的代理权限，区别在于表见代理中相对人有理由相信行为人有代理权（权利外观），而狭义的无权代理则不具备权利外观。一般而言，“无权代理”一词仅指狭义的无权代理。

（一）无权代理的具体情形

无权代理与有权代理的区别在于代理权的有无。具体而言，行为人不具代理权有以下几种情况：

1. 自始没有代理权，即根本未经授权或授权无效以及附延缓条件或附延缓期限的代理权在条件尚未成就、期限尚未到来的情形。

2. 超越代理权，即代理人与被代理人之间虽具有代理权关系，但代理人超越代理权限范围从事代理活动。

3. 代理权终止后仍然实施代理行为，即行为人本是被代理人的代理人，但代理人已经完成代理事务或代理期限届满或代理权已被取消，而仍以原被代理人的名义实施代理行为，即属无权代理。

---

〔3〕 典型案例参见“南充市中林新型建材有限公司诉四川省阿尔文建设有限公司、孙晓松买卖合同纠纷案”，四川省南充市顺庆区人民法院(2020)川1302民初151号民事判决书。

概念比较 无权代理 vs. 无权处分

无权处分，是指行为人没有相应的处分权限，而实施处分他人财产或财产性权利的行为。典型的无权处分即“出卖他人之物”的行为。其与无权代理颇为相似，须结合实例妥善区分。例如，甲出国旅行，将一部相机交给乙保管，乙手头缺钱想把相机卖掉换点钱花。

情况一：如果乙谎称该相机是自己的而予以出卖——无权处分

情况二：若乙谎称是甲让其帮忙代卖——无权代理

总结：区分无权代理和无权处分关键看是以谁的名义实施民事法律行为，如果行为人是以自己的名义处分财产，则是无权处分（此时并未形成三方法律关系），如果是以他人的名义处分财产，则构成无权代理。

（二）无权代理的法律后果

根据《民法典》第 171 条的规定，无权代理的法律后果有：

1. 被代理人有追认权和拒绝权。行为人没有代理权、超越代理权或者代理权终止后，仍然实施代理行为，未经被代理人追认的，对被代理人不发生效力。追认是被代理人接受无权代理之行为效果的意思表示，无权代理经追认溯及行为开始对被代理人生效。因此，追认须以明示的方式向相对人作出。本人拒绝追认的，无权代理效果对被代理人不发生效力。追认权与拒绝权只需被代理人一方意思表示即生效，故属于形成权。若被代理人未作表示的，视为拒绝追认。因此，拒绝追认的意思表示可以通过明示的方式作出，也可以通过默示的方式作出，但不能以沉默的方式作出。

2. 相对人的催告权和善意相对人的撤销权。相对人可以催告被代理人自收到通知之日起一个月内予以追认；行为人实施的行为被追认前，善意相对人有撤销的权利。撤销应当以通知的方式作出。所谓催告，是指相对人请求被代理人于确定的期限内作出追认或拒绝的意思表示。撤销权旨在保护善意相对人利益，故须是善意相对人才得享有，若是相对人恶意，就有“串通”之嫌，适用前述滥用代理权的规定。

3. 善意相对人有权选择向行为人主张履行请求权或损害赔偿请求权。善意相对人享有两项请求权：（1）请求行为人履行债务的权利。由于被代理人未对无权代理行为予以追认，因此行为人与相对人之间的民事法律行为对被代理人不具有拘束力，但为了保护善意相对人的利益，法律规定由行为人作为一方主体享有和承担民事法律行为项下的权利义务。（2）向行为人主张损害赔偿请求权。该种损害赔偿请求权不以行为人有过错为要件，且赔偿范围以履行利益为限。[4]

4. 恶意相对人的责任承担。相对人知道或者应当知道行为人无权代理的，相对人和行为人按照各自的过错承担责任。此种情形下，相对人主观上具有恶意，因此没有必要对其利益予以特别保护，须按照过错承担相应的责任。相对人明知行为人无代理权还与之为民事法律行为，属于自甘冒险，因此无权请求行为人履行债务或进行损害赔偿。

四、表见代理

表见代理，是指虽无代理权但表面上有足以使交易相对人信其有代理权而须由被代理人负

---

〔4〕 典型案例参见“原告贾诗琦诉被告宁远县元泰置业有限公司、肖剑波合同纠纷案”，湖南省宁远县人民法院（2020）湘 1126 民初 606 号民事判决书。

授权之责的代理(《民法典》第172条)。其制度目的是保护善意相对人的合理信赖,从而维护交易安全。所以,表见代理发生与有权代理相同的效果。

(一)表见代理的构成要件

表见代理虽然属于广义的无权代理,但实质上仍发生代理效果,因此仍须具备代理的一般要件:(1)代理人须以本人的名义进行民事活动。能够出示证明自己接受委托、为本人办理事务的文件或者声称代理本人。(2)行为人一般应具有相应民事行为能力。(3)代理人所为的行为不是违法行为。(4)代理人所为的民事法律行为应是向相对人为意思表示或受领相对人的意思表示。

此外,构成表见代理,还须满足下列特别要件:(1)行为人无代理权。成立表见代理的第一要件是行为人无代理权。如果代理人拥有代理权,则属于有权代理,不发生表见代理的问题。(2)该无权代理人有被授予代理权的外表或假象——权利外观。这是成立表见代理的客观要件。通常情况下,行为人持有被代理人发出的证明文件,如介绍信、盖有合同专用章或盖有公章的空白合同书,或者有被代理人向相对人所作的授予其代理权的通知或公告,这些证明文件构成认定表见代理的客观依据。行为人与被代理人之间的亲属关系或劳动雇佣关系,也常构成认定表见代理成立的客观依据。(3)相对人主观上为善意且无过失。这是表见代理成立的主观要件。所谓善意,是指相对人不知道或者不应当知道行为人没有代理权。所谓无过失,是指相对人已经尽到了交易上合理的注意义务。(4)无权代理人与相对人之间的民事法律行为具备一般有效要件。因为表见代理发生有权代理的法律效力,因此,代理行为本身不能存在效力瑕疵,即不存在无效、不成立或被撤销等情形。

(二)表见代理的法律后果

表见代理的法律后果体现在两个方面:

1. 相对人有权主张与有权代理相同的法律效果。由被代理人承担代理行为所带来的法律后果,即享有其权利,承担其义务。被代理人承担义务后,可以向无权代理人追偿因代理行为而遭受的损失。

2. 相对人可以在被代理人追认前行使撤销权,撤销与被代理人之间的民事法律行为。在表见代理中,相对人一定是善意相对人,根据体系解释原理,相对人享有撤销权。[5]

实例解析

甲是乙公司销售部的工作人员,已于一个月前离职。但在甲离职时,乙公司并没有收回甲的员工证。甲在离职后仍然以乙公司销售员的身份与不知情的丙公司签订了标的额为2万元的买卖合同,并在收到货款后跑路。请问丙公司能否请求乙公司交付货物?

分析:可以。甲在丧失代理权后仍然以乙公司的名义对外签订合同,且具有权利外观(员工证),丙公司作为交易相对人,主观上是善意且无过失的,甲与丙公司之间的买卖合同没有效力瑕疵,完全符合表见代理的构成要件。丙公司可以主张与有权代理相同的法律后果,乙公司

---

〔5〕 典型案例参见"陈开阳与天津宇昊建设工程集团有限公司、刘晓波建设工程施工合同纠纷",新疆维吾尔自治区阿克苏市人民法院(2019)新2901民初4420号民事判决书。

须承担该买卖合同项下的义务。乙公司遭受的损失可以向甲追偿。丙公司也可以在乙公司追认甲的无权代理行为之前,行使撤销权,撤销该买卖合同。

第三节　代理终止

一、委托代理的终止

代理关系的消灭,亦称代理的终止,是指因法律规定的一定事实的出现,使代理人与被代理人的代理关系终止,代理人不再享有代理权。

有下列情形之一的,委托代理关系消灭:

1. 代理期间届满或代理事务完成。期限届满或事务完成的时间,以代理证书的记载为准。记载不明的,被代理人有权随时以单方面的意思表示加以确定。

2. 被代理人取消委托或代理人辞去委托。代理关系以人身信任为存在基础,一旦这一基础丧失,在被代理人方面,可以取消委托;在代理人方面,可以辞去委托。但无论取消委托或者辞去委托,都应提前通知对方,被代理人取消委托的,还应将取消委托的情况及时告知正与代理人实施民事法律行为的第三人,以免善意第三人受到损害,使其有充足的准备时间。代理人辞去委托时,应履行善后义务,于新代理人继任前,继续处理代理事务。

3. 代理人丧失民事行为能力。代理人以完全民事行为能力为条件,丧失民事行为能力肯定无法担当代理职责,代理权也终止。

4. 代理人或者被代理人死亡。因为代理涉及三方当事人,如果代理人或者被代理人死亡,三方结构就不复存在了,因而委托代理关系终止。

5. 作为代理人或者被代理人的法人、非法人组织终止。同自然人死亡一样,如果法人或非法人组织终止,代理行为同样会失去依托和归属。

但自然人死亡或法人消灭是个事件,代理人有可能对此并不知情而继续实施代理行为,或断然终止代理将对本人不利。为保护本人之利益,《民法典》第 174 条规定:被代理人死亡后,有下列情形之一的,委托代理人实施的代理行为有效:(1)代理人不知道并且不应当知道被代理人死亡;(2)被代理人的继承人予以承认;(3)授权中明确代理权在代理事务完成时终止;(4)被代理人死亡前已经实施,为了被代理人的继承人的利益继续代理。作为被代理人的法人、非法人组织终止的,参照适用前款规定。

二、法定代理的终止

由于无民事行为能力、限制民事行为能力人的监护人是其法定代理人,因此,当监护关系发生变动(监护终止、监护资格被撤销等)时,法定代理也会随之终止。法定代理终止的情形主要有:

1. 被代理人取得或者恢复完全民事行为能力。如未成年人年满 18 周岁取得完全民事行为能力,或成年的精神病患者被治愈从而恢复了完全民事行为能力的情形,他们具有意思表达的自由和能力时,就无须他人代理了,此时法定代理终止。

2. 代理人丧失民事行为能力。在代理关系中,代理人需要独立对外作出意思表示,这就要求代理人必须是完全民事行为能力人。如果代理人丧失了民事行为能力,其自身的意思表示就会不健全，也就不具备代理他人从事民事法律行为的能力，此时法定代理终止。

3. 代理人或者被代理人死亡。代理人或者被代理人只要有一方死亡，无论是自然死亡还是宣告死亡，都会导致主体消灭的法律后果，代理的三方关系也就无法构成，因此法定代理终止。

4. 法律规定的其他情形。例如，监护人不履行监护职责或者侵害被监护人合法权益，人民法院根据有关单位或者有关人员的申请，撤销监护人的资格。此时监护关系的终止导致法定代理的终止。又如夫妻离婚、抚养关系解除、组织关系不复存在、户口迁移等，都会引起监护关系的消灭，进而导致法定代理的终止。

三、代理关系消灭的效果

代理关系消灭后，产生如下效果：

1. 代理关系消灭后，代理权归于消灭，代理人不得再以代理人的身份进行活动，否则即为无权代理。

2. 代理关系消灭后，代理人在必要和可能的情况下，应向被代理人或其继承人、遗嘱执行人、清算人、新代理人等，就其代理事务及有关财产事宜作出报告与移交。

3. 委托代理人应向被代理人交回代理证书及其他证明代理权的凭证。

思考题

1. 简述代理的特征。
2. 试分析代理权的性质。
3. 简述复代理的含义及其法律后果。
4. 简述代理权滥用的情形及其法律后果。
5. 试评析我国《民法典》第170条规定的职务代理制度。
6. 简述狭义的无权代理的法律后果。
7. 简述表见代理制度的构成要件及其法律后果。
8. 试比较狭义的无权代理与表见代理的异同。
9. 简述委托代理关系终止的法定事由。

阅读指引

关于代理权的来源与授予等前沿问题的研究

1. 尹飞：《体系化视角下的意定代理权来源》，载《法学研究》2016年第6期。
2. 陈华彬：《论意定代理权的授予行为》，载《比较法研究》2017年第2期。
3. 汪渊智：《论代理权的授予行为》，载《山西大学学报（哲学社会科学版）》2015年第6期。

关于无权代理责任的代表性研究

1. 张家勇：《论无权代理人赔偿责任的双层结构》，载《中国法学》2019年第3期。
2. 张红：《论无权代理责任》，载《财经理论与实践》2018年第4期。
3. 夏昊晗：《无权代理中相对人善意的判断标准》，载《法学》2018年第6期。
4. 迟颖：《〈民法总则〉无权代理法律责任体系研究》，载《清华法学》2017年第3期。

关于表见代理制度中的研究

1. 朱虎:《表见代理中的被代理人可归责性》,载《法学研究》2017 年第 2 期。
2. 杨代雄:《表见代理的特别构成要件》,载《法学》2013 年第 2 期。
3. 叶金强:《表见代理构成中的本人归责性要件——方法论角度的再思考》,载《法律科学(西北政法大学学报)》2010 年第 5 期。

第八章　民 事 责 任

导学案例

王某因出门时忘带家门钥匙,被困在门外无法回家,热心的邻居刘某建议王某从自家阳台攀爬到王某家,从窗户进入屋内打开房门。为防不测,刘某找来绳索拴在王某腰上,另外两位邻居赵某和吴某在场协助固定绳索。王某在攀爬过程中,由于绳索断裂,从三楼坠下导致重伤昏迷。这时,一位好心的路人孙某经过,看见王某倒地昏迷,马上拨打“120”急救电话,并在情急之下错误地实施了心肺复苏的紧急救治措施,导致王某的肋骨被压断,加重了伤势。对于王某的赔偿事宜,各方当事人未能达成一致,根据本案,思考下列问题:

1. 对于王某的坠楼受伤结果,哪些主体须承担民事责任?承担何种类型的民事责任?

2. 孙某因实施紧急救治措施造成王某伤势加重,是否须承担民事责任?

第一节　民事责任的概念与类型

一、民事责任的概念

(一)民事责任的含义

民事责任,即民事法律责任的简称。所谓民事责任,是指民事主体违反约定义务或法定民事义务而应承担的法律后果。由于法律责任体现了法律(实际上是国家)对违法者行为的否定性评价,所以,民事责任的法律后果则为不利后果。

这一定义表明:

1. 民事责任是民事主体违反民事义务而承担的不利后果。先有民事义务而后才能产生民事责任。民事义务表明民事主体行为的当为性,对于当为的行为“不为”(包括全部不为、部分不为),遂使当为者承担法律上的不利后果方符合人间正义。

2. 民事责任与民事义务既相关联又有区别。民事义务是民事责任产生的基础,无义务者无责任。作为责任人的民事主体所承担的这种不利后果,是其承担的一项新义务,即第二性义务。但这种新义务不同于责任产生基础的第一性义务,不仅仅具有当为性,而且具有必为性。

(二)民事责任的特征

1. 民事责任以民事主体违反约定义务或法定义务为前提。这是民事法律责任的根本特征。民事义务是民事责任发生的前提,没有义务就不会产生民事责任。这种民事义务既包括依法律规定而产生的义务,也包括依照当事人约定而产生的义务。

2. 民事责任是地位平等的当事人之间恢复权利的法律责任。民事责任是一种私法上的责任,民事责任无论是由当事人自行调处,还是由法院裁决,都是平等主体之间一方向另一方所承担的恢复权利、补偿或赔偿损害的责任,有别于一方处分或者惩罚另一方的行政责任或刑事责任。这就是说,民事责任以一方补偿另一方的损害为主要目的,一般不具有惩罚性,仅在法律有特别规定时才会产生惩罚性赔偿。

3. 民事责任可由当事人在法律允许的范围内协商。民事责任的承担,一般由法律直接规定,经由法院裁决;同时,也可由当事人依法协商决定,以非诉讼的和解、调解或仲裁来解决。如在合同关系中,当事人可以约定违约金数额以及赔偿的计算方法。民事责任的这一特征,是由民事活动自愿原则和民法中的任意规范的允许所决定和引申出来的。用协商方式决定具体的民事责任或民事责任的承担问题,有利于及时处理因民事责任产生的当事人之间的矛盾。

4. 民事责任是以财产责任为主的法律责任。由于民法对民事权利以同质保护,当受侵害的权利不能恢复原状时,便以金钱补偿,这就决定了民事责任是以财产责任为主,同时包括非财产责任的法律责任。

5. 民事责任的承担者通常是违法行为或违约行为者本人,此即"自己责任原则"。监护人与被监护人是两个相互独立的民事主体,被监护人致人损害的行为所产生的民事责任,监护人要依法承担时,监护人作为民事责任主体并不是实际的违法行为人。这是民事责任中的特殊现象。

诚然,作为法律责任之一种,民事责任当然也是以国家强制力为保障的,即具有强制性。

(三)民事责任的本质

1. 民事责任为民事法律关系的构成要素。权利、义务为民事法律关系之内容,责任则是权利、义务实现的法律保障。民事权利、民事义务唯有与民事责任结合,民事权利才受到责任关系的保护。

2. 民事责任使民事权利具有法律上之力。如前所述,民事权利必有法律所赋予的强制力,受法律及整个国家机器的支持与保障。例如物权,因有此法律上之力,物权人得以直接支配标的物,并排除他人干涉。而民事权利之所以有此法律上之力,皆因有民事责任之故。权利人借此法律上之力以确保义务人履行义务,确保民事权利之实现。

3. 民事责任是连结民事权利与国家公权力之中介。民事责任何以能够使民事权利有法律上之力,何以能够发挥保护民事权利的功能,盖因民事责任伴有诉权,使民事责任成为联结民事权利与国家公权力之中介。从而,国家公权力的活动形式,如诉讼、裁判、破产、强制执行等,必以民事责任为发动之根据。这是因为在现代法律制度下,国家司法机关乃民事权利保障的最后一道屏障。

二、民事责任的类型

(一)合同责任与非合同责任

这是根据责任发生根据的不同所作的区分。

合同责任,是指因违反合同约定的义务或违反合同法规定的义务而产生的责任。合同责任并不等同于违约责任,合同责任的外延比违约责任要大,除了违约责任外,还包括缔约过失责任。作为合同责任主要部分的违约责任,仅指合同当事人违反(不履行或未按约定履行)合同义务所产生的民事责任。

非合同责任,是指违反合同外的其他民事义务所产生的民事责任。它包括侵权民事责任

（以下简称侵权责任）、不当得利返还民事责任、无因管理的民事责任、自救或自助行为过当所应承担的责任等。

（二）财产责任与非财产责任

这是根据民事责任是否具有财产内容所作的区分。

财产责任，是指民事责任主体以财产性质的给付，使遭受侵害的人得到补偿的民事责任。它是民事责任的基本形式，适用范围极为广泛。财产责任的承担方式主要有返还财产、赔偿损失、支付违约金等。

非财产责任，是指民事责任主体以非财产性质的给付，使遭受侵害的人得到精神安抚性补偿的民事责任。它仅适用于人格权被侵害应予精神平复和对违法行为给予教育等情况。非财产责任，在民法范畴内不是民事责任的主要形式，往往是补充或辅助财产责任的手段，其承担方式主要有消除影响、恢复名誉、赔礼道歉等。

（三）单方责任与混合责任

这是根据民事责任是否在加害方与受害方同时存在所作的区分。

单方责任是指由当事人一方实施违法行为造成他人损害而应承担的民事责任。单方责任与单独责任不同，单独责任是一人的责任，而单方责任是一方责任，可以是一人，也可以是数人。

混合责任亦称双方责任，是指由于当事人双方实施过错行为造成同一损害而产生的，各自根据过错的大小，相应分别承担民事责任。这种民事责任，如交通肇事汽车相撞损害是由双方过错行为造成时，即应根据双方的过错程度各自承担责任。

（四）单独责任与共同责任

这是根据民事责任主体人数的多少所作的区分。

单独责任，是指由一个民事主体独立承担的民事责任。单独责任中的责任人因较为单一，故而由此形成的法律关系也较为简单。

共同责任是指责任主体是二人以上的民事责任。共同责任属于单方的多数人责任。根据各责任人之间的共同关系，共同责任还可进一步分为按份责任、连带责任。

按份责任是指在共同责任中，多数当事人按照法律规定或者合同的约定各自承担一定份额的民事责任。按份责任实际上是各责任人将同一责任分割为各个独立的部分，由各责任人各自独立负责，各责任人不承担其他份额的责任，所以又称分割责任。至于按份责任中各责任人之间责任份额的大小与多少，则由法律规定或者当事人自行约定。法律没有规定或当事人没有约定的，推定各责任人承担相同的份额（《民法典》第177条）。

连带责任是指在共同责任中，任何一个责任人都有义务承担全部的民事责任。连带责任是因违反连带债务或者共同实施的侵权行为而产生的责任，各个责任人之间具有连带关系，各个责任人对外都不分份额、不分先后次序地根据权利人的请求承担责任。在权利人提出请求时，各个责任人不得以超过自己应承担的部分为由加以拒绝。当然，在共同责任人内部，仍然存在责任份额的划分，承担超过自己份额的责任人有权向其他责任人请求予以追偿，在责任人内部之间实际上又形成了按份之债关系。连带责任的承担须由法律规定或由当事人事先约定（《民法典》第178条）。

（五）无限责任与有限责任

这是依据责任范围有无限额所作的区分。

无限责任,是指责任人应以自己的全部财产承担的责任。一般说来,债务人总是以自己的全部财产承担责任;对于超出债务人全部财产范围的债务,债务人不负清偿。因此,从这个意义上讲,责任总是有限的,不是无限的。但是,债务人的财产又是可分的,从法律上看,债务人可以仅仅以其中的一部分财产清偿债务或仅清偿部分债务,也可以以其全部财产清偿全部债务。正是从这一意义上,才有无限责任与有限责任之分。

有限责任,是指债务人仅以一定范围内或限额的财产承担民事责任。例如,有限责任公司的股东以其认缴的出资额为限对公司承担责任;股份有限公司的股东以其认购的股份为限对公司承担责任(《公司法》第3条第2款)。

第二节　民事责任的形式及适用

一、民事责任的形式

民事责任的形式,又称民事责任的承担方式,是指依法应负民事责任的行为人承担民事责任的具体形式。民事主体不履行自己的义务或侵害他人的权利,权利人得请求违法行为人承担相应责任,以保护自己的权利。因此,就民事责任的形式的性质而言,其表现为国家对侵害民事权利采取的补救方法,同时也体现了国家对违反民事法律义务或约定义务的行为人采取的制裁措施。

《民法典》第179条规定,承担民事责任的方式主要有:(1)停止侵害;(2)排除妨碍;(3)消除危险;(4)返还财产;(5)恢复原状;(6)修理、重作、更换;(7)继续履行;(8)赔偿损失;(9)支付违约金;(10)消除影响、恢复名誉;(11)赔礼道歉。另外,《民法典》合同编第八章"违约责任"中规定,承担违约责任的方式还有减少价款或报酬等。这些民事责任形式可以单独适用,也可以合并适用。

由于民事责任的形式繁多,为便于理解和适用,可将之概括为如下种类:(1)排除性形式,是指把加害于他人的妨害一概排除,以不影响他人享有和行使民事权利的民事责任承担方式,如停止侵害、排除妨碍、消除危险等。(2)恢复性形式,是指把遭受侵害的财产、人身及其权利,恢复到侵害前原有、应有状态的民事责任承担方式,如返还财产、恢复原状等。(3)弥补性形式,是指弥补履行标的中瑕疵的民事责任承担方式,如修理、重作、更换、退货等。(4)赔偿性形式,是指对财产、人身造成的损害损失,依法进行赔偿的民事责任承担方式,如赔偿损失。(5)制裁性形式,是指根据法律规定或合同约定,负担民事性制裁的民事责任承担方式。这种承担方式,仍具有民事对等性,属民法范畴,如合同上的惩罚性违约金,失去定金或加倍返还定金,侵权性精神损害赔偿,以及对可能获得的利益的适当赔偿等。(6)非财产性形式,是指精神损害民事责任的承担方式,如消除影响、恢复名誉和赔礼道歉等。

应当指出的是,赔偿损害是民事责任的主要形式。损害分为财产损害与非财产损害,财产损害又称财产损失,包括直接损失与间接损失。直接损失是指行为人的不法行为所直接造成的受害人的财产减少,如侵犯财产权而造成的财物毁损。间接损失即受害人可得利益的减少,它有两个特征:(1)损失的是未来的可得利益;(2)这种丧失的未来利益是具有实际意义的,是抽象的或假设的。非财产损害也可以用财产来弥补。在现代民法上,赔偿损失以全面赔偿为原则,即对于受害人的全部损失均应予以赔偿。

二、民事责任形式的具体适用

(一)停止侵害、排除妨碍、消除危险的适用

停止侵害是指行为人实施侵害他人民事权益的行为处于继续进行中时,受害人可以请求其停止侵害行为。停止侵害这种责任形式可以直接、有效地制止侵害行为,有助于防止侵害后果继续扩大。其适用前提是该侵害处于正在进行中,若侵害行为已经终止则没有请求停止的可能性了。

排除妨碍是指行为人实施的行为对他人的人身权利或财产权利造成了现实的妨碍或有妨碍之虞,则受害人依法有权请求其排除该妨碍所造成的不利影响。例如,邻居在楼道中堆放家具妨碍其他业主通行的,其他业主有权请求其排除妨碍。适用排除妨碍须符合以下条件:(1)此种妨碍须是已经现实存在的或虽尚未发生但有产生妨碍的现实可能性。(2)该妨碍须具有不正当性,即此种妨碍超出了法律、道德或交易习惯允许的限度。

消除危险是指行为人实施的行为对他人的人身权利或财产权利产生了某种现实的危险性,受害人为避免此种危险转化为现实的损害,从而预先请求消除此种危险的责任形式。因此,消除危险是一种具有预防性质的民事责任,例如,某业主违反相关的安全管理规定在自家中堆放大量的易燃易爆物品,其邻居可以请求其消除危险。

应当注意的是,请求义务人承担以上三种类型民事责任的,不受诉讼时效规定的限制。

(二)返还财产的适用

返还财产这一责任形式在民法上被广泛应用,主要包含以下四种情况:

1. 民事法律行为无效、被撤销或者确定不发生效力后,行为人因该行为取得的财产,应当予以返还(《民法典》第157条)。

2. 权利人可以请求动产或不动产的无权占有人返还原物(《民法典》第235条)。

3. 占有人有权请求物的侵占人返还原物(《民法典》第462条)。

4. 返还不当得利的责任。得利人没有法律根据取得不当利益的,受损失的人可以请求得利人返还取得的利益(《民法典》第985条)。

适用返还财产这种责任形式的目的是恢复权利人对其财产的管领、支配和控制。其适用的前提是该财产具有返还之可能性,若特定物发生灭失,则不能适用返还财产这种责任形式。

(三)恢复原状的适用

恢复原状是指将受侵害的权利恢复到被侵害之前的原有状态。恢复原状有广义和狭义之分,广义上的恢复原状不仅包含将受侵害的财产恢复原有状态,还包括恢复受损害的人身权利;而狭义上的恢复原状则仅指恢复财产之原有状态。

适用恢复原状的条件有二:(1)根据财产之性质、受损程度等因素,在客观上具有恢复的可能性。若财产已经灭失,或毁损程度严重,依现有技术手段无法恢复的,则不能主张适用。(2)经过理性评价后该财产有恢复之必要。如果恢复原状的费用过高,严重背离其本身价值,或恢复原状对权利人已无意义,则不能适用恢复原状,而应采取其他补救措施。

(四)修理、重作、更换的适用

修理,是指对已损坏的物进行制作加工,以恢复其原来的形状或应有功能的行为。重作,即

重新作为,是指一方当事人虽有履行行为,但该履行行为不符合合同约定或法律规定,对方当事人请求其重新实施履行行为,以使履行结果合格。更换,是指行为人交付的标的物不合格或有损害,权利人要求其另行交付同等品质、数量的标的物。

修理、重作、更换是恢复原状的变换形式,但与本原的恢复原状相区别。

(五)继续履行的适用

继续履行,又称实际履行,是指债务人未履行或未全部履行完毕义务,债权人请求其进一步履行以实现债权。此种责任形式适用于违约责任的场合。《民法典》第577条规定了继续履行这种违约责任形式。

一般而言,金钱债务的权利人是可以主张继续履行的。当事人一方未支付价款、报酬、租金、利息,或者不履行其他金钱债务的,对方可以请求其支付(《民法典》第579条)。

而对于非金钱债务,继续履行的适用则受到严格限制。若法律上或者事实上不能履行,债务的标的不适于强制履行或者履行费用过高,以及债权人在合理期限内未请求履行的,则权利人不能请求继续履行(《民法典》第580条)。

(六)赔偿损失的适用

赔偿损失是适用最为广泛的一种责任方式,因为民法主要就是通过损害赔偿的方式来保护受害人的权利的。赔偿损失,是指行为人因违反法律规定或当事人之间的约定而给他人造成损失,并应以其财产来填补该损失的责任方式。

赔偿损失的适用前提是有损害发生。正所谓"有权利则有保护,有损害则有赔偿",这里的损害不仅包括财产损害,也包括精神损害;不仅包括直接损害,也包括间接损害。

(七)支付违约金的适用

违约金,是指当事人在合同中预先约定的,由违约方向守约方支付的款项。当事人可以约定一方违约时应当根据违约情况向对方支付一定数额的违约金(《民法典》第585条)。支付违约金是违约责任的一种,因此其适用的前提是当事人之间的违约金条款是有效的,且违约方没有免责事由。

(八)消除影响、恢复名誉的适用

这是指行为人在一定范围内采取适当方式消除对受害人名誉的不利影响,以使其名誉得到恢复的责任方式。行为人侵害民事主体的名誉权等人格权利,受害人有权要求行为人在影响所及之范围内,以公开形式承认侵害行为、澄清事实、消除所造成的不良影响,以恢复被害人应有的社会评价。一般来说,消除影响、恢复名誉是公开进行的。例如,在报刊上或者网络上发表书面声明,对错误内容进行更正等。

(九)赔礼道歉的适用

这是指行为人通过口头、书面或者其他方式向受害人进行道歉,以取得谅解的一种责任方式。此种责任方式的作用在于使受害人获得精神层面的保护,也可缓和当事人之间的矛盾,修复社会关系。

赔礼道歉主要适用于名誉权、荣誉权、隐私权、姓名权、肖像权等人身权受侵害的情形。

赔礼道歉可以由当事人双方私下进行,也可以以公开的方式进行。行为人不赔礼道歉的,人民法院可以应受害人的请求判决按照确定的方式进行,产生的费用由行为人承担。

第三节　民事责任的竞合与聚合

一、民事责任的竞合

(一)责任竞合的概念

民事责任竞合,是指某种违反民事义务的行为,符合多种民事责任的构成要件,从而在法律上导致多种责任形式存在并相互冲突的现象。

民事责任竞合具有如下特征:

1. 不法行为人只实施了一个违反民事义务的行为。这就是说,(1)责任竞合是因为行为人违反民事义务的结果。(2)责任竞合的产生是因一个违反义务的行为所造成的,如果数人基于共同的故意或过失而实施同一不法行为,亦视为一个行为。一个不法行为产生数个法律责任,是责任竞合构成的前提条件。若行为人实施数个不法行为,分别触犯不同的法律规定,并符合不同的责任构成要件,应使行为人承担不同的法律责任而不能按责任竞合处理。

2. 同一不法行为(违反义务的行为)符合两个或两个以上的民事责任构成要件。行为人虽然仅仅实施了一个行为,但该行为同时触犯了数个法律规范,并符合法律关于数个责任的构成要件。

3. 数个民事责任相互冲突。这里所说的冲突有两种含义:其一是指行为人承担的数个民事责任在后果上是不同的,如侵权损害赔偿与不当得利返还责任;其二是指这数个责任不能相互吸收,也不能同时并存。

责任竞合与规范竞合、请求权竞合是密切联系的。规范竞合是指同一法律事实的出现引起两种以上的法律关系产生,符合数个法律规范要件,致使该数个规范皆可适用的现象。请求权竞合是指某一违法行为引起两种以上民事法律关系同时产生,该行为的受害人就同一给付内容依法享有多重的、彼此冲突的请求权现象。

实际上,一个违法行为只有符合数个规范,即出现规范竞合现象,才会出现责任竞合和请求权竞合,责任竞合和请求权竞合是规范竞合的表现形态。而责任竞合和请求权竞合是一个问题的两个方面,即一违法行为出现规范竞合,从不法行为人角度看产生责任竞合,从受害人角度看产生请求权竞合。

(二)责任竞合的形态

民事责任竞合包括侵权责任与违约责任的竞合、返还不当得利责任和侵权责任的竞合,其中最典型的是侵权责任与违约责任的竞合。

1. 侵权责任与违约责任的竞合

同一违反民事义务的行为,同时符合违约责任和侵权责任的构成要件,从而导致了侵权责任与违约责任的并存和相互冲突的现象,此即违约责任和侵权责任的竞合。

导致侵权责任与违约责任竞合的原因,主要有下列几种情况:(1)合同当事人的违约行为,同时违反了法律规定的强行性义务,如保护、照顾、通知、忠实等附随义务或其他法定的不作为义务。(2)在某些情况下,侵权行为直接构成违约的原因,即侵权性的违约行为,如保管人依保管合同占有对方财产并非法使用,造成财产毁损灭失。同时,违约行为也可能造成侵权的后果,即所谓违约性的侵权行为,如供电部门因违约中止供电,致对方当事人的财产和人身遭受损害。(3)不法行为人实施故意侵犯他人权利并造成对他人损害的侵权行为时,如果加害人和受害人之间事先存在一种合同关系,那么,加害人对受害人的损害行为,不仅可以作为侵权行为,也可以作为违反了当事人事先约定的义务的违约行为来对待。(4)一种违法行为虽然只符合一种责任构成要件,但是法律从保护受害人的利益出发要求合同当事人根据侵权行为制度提出请求和提起诉讼,或者将侵权责任纳入合同责任的适用范围,如产品质量不合格造成受害人损失的,受害人(与其有合同关系)可以向加害人提起侵权之诉或者违约之诉。

2. 返还不当得利责任和侵权责任的竞合

受益人因实施侵权行为而获不当得利并致他人损失,从而出现返还不当得利责任和侵权责任竞合的现象。导致返还不当得利责任和侵权责任竞合的原因,具体有以下情况:(1)无权处分人未经权利人同意,擅自处分他人标的物并获不当得利,造成权利人损失。(2)无租赁权或未经他人同意而擅自出租他人财产,或者在租赁关系消灭后,拒不返还租赁物而将租赁物租给他人,从而获取租金。值得注意的是,在租赁关系期间内,承租人因违法转租而获利,这种利益是承租人牺牲对租赁物的使用而获得的,若出租人向承租人请求返还不当得利,则出租人获得双倍报酬,显然有失公平。此种情况不产生返还不当得利和侵权责任竞合。(3)不法行为人非法使用他人的财产而获取不当得利,如非法使用他人房屋、租赁期满后不返还租赁物而对租赁物继续使用和收益等。(4)加害人侵害他人知识产权而得利。(5)加害人侵害他人人身权而获利,如以营利为目的的非法使用他人的肖像。

(三)民事责任竞合的处理

关于民事责任竞合的处理,我国立法上采取允许竞合和选择请求权的立法模式,即受害人可以选择行使其中一个请求权。如果一项请求权因时效届满而被驳回时,还可以行使另一项请求权。但是受害人的请求权因其中一项实现而消灭,一般而言不能使两项以上的请求权实现(《民法典》第186条)。

具体而言,因当事人一方的违约行为,损害对方人身权益、财产权益的,受损害方有权选择请求其承担违约责任或者侵权责任。[1] 这一规定充分尊重权利人的意思自治,使其可以根据自身对证据的掌握情况和利益诉求选择于己有利的民事责任进行主张,同时亦可避免义务人因违反一项民事义务的行为而重复赔偿的现象发生。

实例解析

张某是一名观赏鱼养殖爱好者,其鱼缸中喂养了6条名贵的观赏鱼。一日,张某在李某经营的观赏鱼店内看中了一对金鱼,并将其买下。张某回家后将从李某处买来的这对金鱼也放进鱼缸中一起饲养。不久,鱼缸中的观赏鱼相继病死,后查明李某卖给张某的这对金鱼已染有寄生虫,张某鱼缸中原有的6条观赏鱼皆因被传染而死。试分析张某可以向李某主张何种法律责任?

---

〔1〕 相关案例参见"上诉人自贡市自流井区夕阳红老年公寓与被上诉人熊跃先合同纠纷二审民事判决书",四川省自贡市中级人民法院(2019)川03民终1739号民事判决书;"白小龙诉莒县施华洛婚纱摄影店一般人格权纠纷案",山东省日照市中级人民法院(2016)鲁11民终字第546号民事判决书。

解析：一方面，张某与李某之间存在有效的买卖合同法律关系，李某负有交付质量无瑕疵的金鱼的义务，但李某交付的金鱼染有寄生虫（存在瑕疵），因此构成违约行为，故而张某可以向李某主张违约责任。另一方面，因李某交付染有寄生虫的金鱼，导致张某原有的其他六条观赏鱼也染病死亡，侵犯了张某的财产权，构成侵权行为，故而张某可以向李某主张侵权责任，但本案中，李某仅存在一个违反民事义务的行为（交付患病金鱼），同时符合两个责任的构成要件，此即民事责任的竞合。因此，张某有权选择请求李某承担违约责任或者侵权责任，但不能两项责任同时主张。此种案型在理论上被称为“加害给付”，即义务人虽有履行之行为，但其履行行为有瑕疵，不仅导致对方当事人履行利益受损（成立违约），而且还造成对方固有的人身、财产等利益受损（构成侵权）。

二、民事责任的聚合

民事责任的聚合，是指不法行为人实施某一违法行为，同时符合两种或两种以上形式的法律责任的构成要件，从而导致违法行为人承担多重法律责任的法律现象。民事责任的聚合可分为两种情形：

（1）民事责任内部之间的聚合。此种情形下，会引发多种民事责任承担方式的合并适用。具体则应根据当事人行为的法律后果，以及权利人的请求予以确定。例如，某人的行为构成对他人名誉权的侵害，则行为人可能要同时承担消除影响、恢复名誉、赔礼道歉、赔偿损失等多种民事责任。

（2）民事责任与其他法律部门责任（如刑事责任、行政责任等）的聚合。例如，行为人实施故意伤害致人重伤的行为，行为人既要承担侵权的民事责任（损害赔偿），又要承担相应的刑事责任（依照故意伤害罪定罪处罚）。行为人因同一行为应当承担民事责任、行政责任和刑事责任的，承担行政责任或者刑事责任不影响承担民事责任。尤其重要的是，在责任聚合的场合，应当体现民事责任优先的原则，在责任人的财产不足以支付全部责任时，优先用于承担民事责任（《民法典》第187条）。

第四节　民事责任的免除

一、民事责任免除概说

民事责任的免除，是指基于法律的规定或当事人的意愿，在原定民事责任的基础上免除部分或者全部责任的制度。因此，民事责任的免除事由可以分为两大类：一类是民事责任的法定免除，另一类是民事责任的意定免除。

民事责任的法定免除，仅在法律有规定的场合下方能适用。我国《民法典》对于民事责任免除事由的规定是分散的。其中，《民法典》总则编第八章中规定了不可抗力、正当防卫、紧急避险、紧急救助行为的责任豁免。此外，在《民法典》侵权责任编第一章中还规定了被侵权人与有过错、受害人故意、第三人过错、自甘冒险、自助行为的免责事由。本节主要讲述总则编中规定的免除责事由。

民事责任的意定免除，则是指依受害人不追究责任人民事责任的意思表示，从而免除责任人民事责任的情形。例如,在债务人实施违约行为,从而必须承担违约责任时,债权人发现债务人生活异常艰难,出于同情而放弃请求其承担违约责任,从而使债务人无须承担民事责任。再如,甲与乙是非常好的朋友,甲到乙家被乙家的狗咬伤,但是甲不要求乙对自己的损害进行赔偿,导致了乙的侵权责任的免除。民事责任之所以可以意定免除,是民法基本原则和权利行使原则的必然要求。如果受害方出于某种考虑主动放弃受补救的权利,法律无权干涉,而应尊重受害人的自由处分权利。所以,民事责任的意定免除,是受害人使其损害赔偿等请求权消灭的后果。

二、不可抗力

不可抗力,是指不能预见、不能避免并且不能克服的客观情况。不能预见,是指根据现有的技术水平般对某事件的发生没有预知能力;不能避免并且不能克服,应是指行为人已经尽到最大努力和采取一切可以采取的措施,仍不能避免某种事件的发生并不能克服事件所造成的后果。

不可抗力是人力所不可抗拒的客观情况,此种情形下,如果让行为人对自己无法控制的情形承担责任,对行为人来说显然是不公平的。因此,因不可抗力不能履行民事义务的,除法律另有规定外,不承担民事责任(《民法典》第180条)。

一般而言,不可抗力包括以下几个方面:(1)自然灾害。例如地震、台风、洪水、海啸等,自然灾害构成了不可抗力的主要部分。(2)某些政府行为。主要指因为国家行政、司法职能而导致的损害的发生和扩大。(3)社会异常事件。如战争、罢工、骚乱或疫情等。

作为民事责任的免责事由,不可抗力必须是损害发生的唯一原因或最终原因。如果在违约方迟延履行的情况下发生了不可抗力,则不能免除其民事责任。

另外,法律有特别规定的,即便发生不可抗力,也不免除责任人的民事责任。

三、正当防卫

正当防卫,是指行为人在自己与他人的合法权益受到不法侵害时,为保护合法权益,对违法行为人采取的正确、适当的防卫措施,而使之遭受财产或人身上的不利后果。

正当防卫的要件如下:

1. 必须是为了保护合法权益针对侵害行为而实施的防卫行为。侵害行为既包括犯罪行为,也包括其他违法的侵害行为。为保护非法权益或针对合法行为采取的抗拒行为如抗税、拒捕或抵制依法查禁非法活动等,都不能算作正当防卫。

2. 采取的防卫措施,必须是针对正在进行中的违法行为。这是成立正当防卫的时间性要件,既不能在违法行为结束后实施防卫措施,也不能在违法行为尚未发生时就实施防卫措施。

3. 防卫措施所针对的对象必须是实施违法行为的人本人,即防卫行为不能对没有实施不法侵害行为的第三人(包括不法侵害者的家属)实施。

4. 防卫不得超过必要的限度,即正当防卫应以足以制止不法侵害为限,超过必要限度的即为"防卫过当"。对于正当防卫是否超过必要限度,应当综合不法侵害的性质、手段、强度、危害程度和防卫的时机、手段、强度、损害后果等因素判断。

正当防卫是法律赋予当事人自卫的权利,是属于受法律鼓励的行为,目的是保护当事人本人、他人不受侵犯因正当防卫造成损害的,因此,对于正当防卫行为造成的损害,依法不承担民事责任(《民法典》第181条)。

若防卫过当,造成不应有的损害的,应当根据正当防卫人过错的程度,由正当防卫人在损失范围内承担适当的民事责任(《民法典》第181条第2款)。

四、紧急避险

紧急避险,是指行为人在遭到紧急危险的情况下,为避免或救护一个较大的合法权益使之不受损害,不得已而对某一较小的利益造成损害的行为。

(一)紧急避险的要件

紧急避险须具备一定的要件:

1. 紧急避险措施必须是使自己、他人的人身、财产权利免受正在发生的危险的损害。

2. 紧急避险措施必须是在确实存在严重危险并且别无他法解救的情况下采取的。危险已经消除或者尚未发生,或者虽然已经发生但不会对合法权益造成损害,则不得采取紧急避险措施。

3. 紧急避险所损害的利益必须小于被保全的利益。如果保全的利益还小于所损害的利益,则违背了紧急避险制度的初衷。

4. 措施必须得当,即不得超过必要的限度。因紧急避险采取措施不当或者超过必要的限度,造成不应有的损害的,紧急避险人应当承担适当的民事责任。对于紧急避险是否采取措施不当或者超过必要的限度,应当综合危险的性质、急迫程度、避险行为所保护的权益以及造成的损害后果等因素判断。

(二)紧急避险的民事责任

紧急避险的民事责任,因不同情形而有区别:

1. 如果危险是人为原因造成的,紧急避险人避险行为造成行为人或者他人损害的,由引起险情发生的人承担责任。

2. 如果危险是由自然原因引起的,紧急避险人是为了他人的利益而采取了避险行为,造成第三人利益损害的,紧急避险人免予对第三人承担责任。

3. 如果危险是由自然原因引起的,紧急避险人是为了本人的利益而采取了避险行为,造成第三人利益损害的,紧急避险人作为受益人,应当对第三人的损害给予适当补偿。

4. 若紧急避险采取措施不当或者超过必要的限度,造成不应有的损害的,紧急避险人应当承担适当的民事责任(《民法典》第182条)。

五、见义勇为

见义勇为是中华民族的传统美德,然而这些见义勇为的英雄往往会因其义举而使自身遭受损害,如果法律不对其予以必要的保障,就会导致英雄"流血又流泪",进而挫伤人们互帮互助的积极性。因此,《民法典》第183条规定了见义勇为的责任制度。[2]

所谓见义勇为,是指当他人的人身权益、财产权益遭受侵害或处于现实的危险状态之中,行为人为制止此种侵害或消除该危险,勇敢地采取相应措施以保护他人民事权益的具有正义性的行为。

---

〔2〕 相关案例参见最高人民法院指导案例98号"张庆福、张殿凯诉朱振彪生命权纠纷案",河北省唐山市中级人民法院(2018)冀02民终2730号民事裁定书;"宜昌市夷陵区龙泉镇龙泉村村民委员会与向华等见义勇为人受害责任纠纷案",湖北省宜昌市中级人民法院(2014)鄂宜昌中民三终字第238号民事判决书。

(一)见义勇为的要件

见义勇为的要件如下:

1. 行为人客观上实施了见义勇为的行为。行为人见义勇为行为应是针对他人处于危难之中这一事实(如溺水、被歹人挟持等)所实施的积极的作为,不作为不能构成见义勇为行为。

2. 行为人的行为是为了保护他人的民事权益免受侵害。行为人不是为了自己的民事权益,而是为了他人的民事权益不受侵害而为的行为。这就要求行为人的行为在目的上是使受益人的民事权益免于受到损害,或至少使其民事权益受损减少。至于行为人因能力不足或客观条件所限,未能对他人民事权益的保护起到积极作用,则在所不问。

3. 行为人实施的保护他人民事权益的行为没有法定或者约定的义务。如果行为人实施的保护他人民事权益的行为存在法定或者约定的义务,那么其遭受的损害应通过其他请求权得以主张。例如,人民警察对被挟持的人质实施的救助行为,虽是义举,但该救助义务是法定的。游泳馆中的救生员营救溺水人员的行为,是其履行约定义务的表现(救生员与游泳馆经营者之间的劳动合同或雇佣合同所约定的义务)。

(二)见义勇为的责任

行为人因实施见义勇为的行为而使自身遭受损害的,其责任规则如下:

1. 该损害不由行为人自己承受。此处的损害不限人身损害,而且包括财产损害。见义勇为者的此种损害不是为自己的利益,而是为了保护他人的民事权益免遭侵权人的侵害而遭受的损害,如果由行为人自己承受不利后果,显然不符合公平原则。

2. 行为人因实施见义勇为的行为而遭受损害的,应由侵权人承担民事责任,同时,受益人可以给予适当补偿。由于见义勇为人是为保护他人的民事权益免遭侵权人的侵害,所以,其所受到的损害,应由侵权人承担民事责任。考虑到受益人因见义勇为者的行为而使自己的权益免受或者少受损害,对见义勇为者因此所受到的损害,受益人给予适当的补偿,符合公平原则,法律当然对此予以褒扬。

3. 在没有侵权人、侵权人逃逸或者无力承担民事责任的情形下,对于行为人因实施见义勇为的行为而遭受的损害,受益人应当给予适当补偿。所谓适当补偿,是指要根据受害人的受损情况和受益人的受益情况和经济条件等因素确定补偿的数额。

六、紧急救助

救助,即救护和帮助。紧急救助,是指在自然人遭遇紧急情况而有生命危险时,并不负有法定或者约定义务的人施出援手,对受困人予以救护和帮助的行为。该行为本质上属于见义勇为。

对于紧急救助而致被救助人损害的,救助人不承担民事责任(《民法典》第184条)。此即义务外紧急救助行为免责制度。

义务外紧急救助行为免责,须具有如下要件:

1. 须有紧急情势之发生,即被救助者处于危难状态,并且此种危难具有现实的紧迫性。

2. 救助者自愿实施紧急救助行为,即救助人没有法定或者约定的义务而自愿作出救助行为,专业救助行为如消防员、医生、警察等依其特殊职业而实施的业务行为,不在此列。

3. 紧急救助行为造成了受助人的损害,且紧急救助行为与损害之间具有因果关系。

这一制度也被称为“好人法”,其目的在于使人做好事时无后顾之忧,不用担心因过失造成损害而遭到追究，从而鼓励人们对伤病人士施以帮助。“南京彭宇案”造成了恶劣的社会影响，[3]导致救助者出于善心帮扶他人后反被受助者讹诈的情形时有发生，社会中普遍存在“老人倒了扶不扶”的道德拷问。《民法典》的这一规定就是针对现实中“好人难做”这一社会问题所作的积极回应。

思考题

1. 论民事责任与民事义务的关系。
2. 简述按份责任与连带责任的区别。
3. 简述民事责任的承担方式。
4. 简述民事责任的竞合。
5. 简述民事责任的聚合。

阅读指引

关于民事责任基础理论的相关研究

1. 李永军：《对我国〈民法典〉上“民事责任”的体系化考察》，载《当代法学》2020年第5期。
2. 张家勇：《中国法民事责任竞合的解释论》，载《交大法学》2018年第1期。
3. 魏振瀛：《债与民事责任的起源及其相互关系》，载《法学家》2013年第1期。
4. 高留志：《论民事义务与民事责任的区分》，载《河南社会科学》2009年第4期。

关于紧急救助和见义勇为责任豁免制度的代表性研究

1. 房绍坤、张玉东：《论紧急救助情形下救助人不承担责任的条件——以〈民法总则〉第184条为分析对象》，载《比较法研究》2018年第6期。
2. 王毅纯：《民法总则中自愿紧急救助制度的理论逻辑与适用规则》，载《河南财经政法大学学报》2017年第5期。
3. 王雷：《见义勇为行为中的民法学问题研究》，载《法学家》2012年第5期。
4. 徐国栋：《见义勇为立法比较研究》，载《河北法学》2006年第7期。

---

[3] 案情详见“徐寿兰诉彭宇人身损害赔偿纠纷案”，江苏省南京市鼓楼区人民法院(2007)鼓民一初字第212号民事判决书。该一审判决书广受诟病，争议颇多，二审程序中双方当事人以达成调解协议结案。

第九章　诉讼时效

导学案例

甲于2012年2月1日向同村好友乙借款2万元，约定1年内偿还，后甲一直未履行还款义务，乙也淡忘了此事。2016年4月2日，乙突然想起该笔借款，遂向甲主张返还，甲表示1个月之内一定偿还，但仍未还款。乙无奈之下向人民法院提起民事诉讼，请求甲返还借款。在法院审理过程中，甲主张拒绝履行还款义务，理由是乙的诉讼请求已过诉讼时效。

1. 何为诉讼时效？诉讼时效期间届满，产生何种法律后果？

2. 乙对甲的债权是否已过诉讼时效？

3. 本案中，甲的抗辩理由能否得到法律的支持？为什么？

第一节　诉讼时效概述

一、诉讼时效的概念与功能

时效，是指当事人对财产的占有或不行使权利的行为，经过一定的时间，发生当事人取得权利或权利效力减损法律效果的制度。

时效可分为两种：取得时效和消灭时效。

取得时效是指占有他人财产，持续达到法定期限，即可依法取得该项财产权的时效。取得时效因其事实状态必须占有他人财产，又称占有时效。

诉讼时效，我国民法上又称消灭时效，是指因不行使权利的事实状态持续经过法定期间，即依法发生权利不受法律保护的时效。

诚如法谚所言："法律不保护躺在权利上的睡眠者。"时效制度的功能主要有以下几点：

1. 维护社会经济秩序的稳定及交易的安全。原则上，民事权利的行使与不行使取决于权利人的意志，权利不会因行使而自动消灭。但是，如果权利人能行使权利而长期不行使，义务人的义务长期不履行，这就使当事人之间的权利义务处于不确定状态，从而导致当事人之间社会关系的事实状态与法律状态的不一致。而在这种不确定的权利义务关系的基础上，又会发生其他权利义务关系，长此以往，必然会影响正常的社会经济秩序和交易的安全。在社会关系的事实状态与法律状态的不一致持续一定期间时，法律应适应现实生活的需要，否认旧的关系，确认新的关系，以稳定社会经济秩序和确保交易安全。实行时效制度，规定权利人不行使其权利达一定期限，权利人即丧失权利或权利不再受法律保护或义务人取得权利，从而使长期存在的事实状态合法化，有利于稳定法律秩序。

2. 弥补权利的缺陷。由于权利人长期不行使权利，义务人也长期不履行义务，从而可能导致当事人之间的社会关系的事实状态与法律状态不一致,这就使得事实状态的权利产生缺陷。民事时效制度从法律上确认这一事实状态的权利,为弥补权利缺陷提供了一种自动法律调节机制。

3. 促使权利人积极行使权利。权利人如不及时行使权利,就可能导致权利丧失或不受法律保护或义务人取得权利。时效制度的设置,这就促使权利人在法定期限内行使权利,以维护自己的利益。

4. 避免当事人举证的困难。一种事实状态的长期存在,难免会导致证据湮灭,证人死亡,该事实状态是否合法,殊难证明。实行民事时效制度,不但可以督促权利人及时行使权利,便于当事人举证和法院查认证据,以确保案件得到公正、合法、及时的审理;而且凡时效期间届满,能以时效为证据代用,即可避免当事人举证的困难。

二、诉讼时效的客体

诉讼时效的客体,即哪些权利适用于诉讼时效制度。

一般来说,只有请求权才适用诉讼时效的规定,而支配权、形成权不受诉讼时效;并且,并不是所有的请求权都适用诉讼时效。相对权请求权,即债权均适用于诉讼时效,包括基于合同债权的请求权,如履行请求权、损害赔偿请求权、违约金请求权、利息请求权;基于侵权行为的请求权,主要是损害赔偿请求权;基于无因管理的请求权,主要有必要费用请求权、损害赔偿请求权;基于不当得利的请求权;其他债权请求权,如防卫过当、避险过当的赔偿请求权。

我国《民法典》第196条规定,下列请求权不适用诉讼时效。

1. 停止侵害、排除妨碍、消除危险请求权。该类请求权主要是针对物权和人格权这种绝对权利的。学说普遍认为物权请求权或人格权请求权不适用诉讼时效的规定。当事人之所以请求停止侵害、排除妨碍或者消除危险,正是因为该侵害、妨碍、危险处于持续进行状态,所以无法确定诉讼时效的起算点,故而不适用诉讼时效的规定。

2. 不动产物权和登记的动产物权的权利人返还请求权。在通常情形下,不动产登记簿上记载的权利人就是真实的物权人,如果规定不动产物权适用诉讼时效的规定,那么将导致诉讼时效期间届满后,不动产所有权人请求义务人返还财产时,义务人可以诉讼时效为由进行抗辩,拒绝返还财产,此时登记的不动产所有权人不能现实地占有、使用该不动产,这样一来会冲击不动产登记制度的效力。且考虑到不动产物权的价值往往比较大,为了保护物权人的利益,因此不动产物权无论是否登记,其返还请求权都不适用诉讼时效。登记的动产物权,如汽车、船舶、航空器等虽然是采用登记对抗主义,但也是以登记作为公示的手段,故而也不适用诉讼时效的规定。

3. 支付抚养费、赡养费或者扶养费请求权。抚养费、赡养费、扶养费通常发生于具有特殊身份关系的家庭成员之间,例如父母对未成年子女支付抚养费、成年子女对长辈支付赡养费、夫妻之间因相互扶养义务而产生的扶养费等。只要身份关系存续,即产生抚养费、赡养费、扶养费的支付,不因权利人未及时行使权利而使之不受法律保护。同时,受抚养、赡养或者扶养者一般都是年幼、年老或者缺乏劳动能力的人,抚养费、赡养费或者扶养费很可能是其维系生存的唯一经济来源。因此,法律规定这类请求权不适用诉讼时效。

4. 依法不适用诉讼时效的其他请求权。该项兜底条款是为其他单行法律或未来制定的法律规定不适用诉讼时效的请求权留下空间。例如,最高人民法院《关于审理民事案件适用诉讼时效制度若干问题的规定》第1条列举了三项不适用诉讼时效的请求权:支付存款本金及利息请求权;兑付国债、金融债券以及向不特定对象发行的企业债券本息请求权;基于投资关系产生的缴付出资请求权。

三、诉讼时效的效力

诉讼时效的效力,即诉讼时效届满,权利人丧失何种权利的问题。从世界范围看,消灭时效的效力主要有三种立法体例:(1)实体权消灭主义。此种立法体例将诉讼时效的效力规定为直接消灭实体权,其代表为日本民法。(2)诉权消灭主义。此种立法体例认为,消灭时效完成后,其权利本身仍然存在,仅诉权归于消灭。消灭时效届满后的权利,因诉讼消灭不能请求法院为强制执行,称为自然债。此种立法体例以《法国民法典》为代表。(3)抗辩权发生主义。此种立法体例认为,时效完成后,义务人取得拒绝履行的抗辩权;如义务人自动履行,视为放弃其抗辩权,该履行行为有效。此种立法体例以《德国民法典》为代表。

我国采用抗辩权发生主义,即权利人在法定期间内不行使权利,义务人便享有不履行义务的抗辩权。诉讼时效期间届满的,义务人可以提出不履行义务的抗辩;诉讼时效期间届满后,如果义务人同意履行,则其不得以诉讼时效期间届满为由抗辩;义务人已经自愿履行的,当然也就不得再请求返还(《民法典》第192条)。

具体而言,诉讼时效期间届满,对各方当事人产生如下效果。

(一)对义务人的法律效果——抗辩权发生

诉讼时效期间经过以后,义务人可以提出不履行义务的抗辩,一旦义务人在援引此项抗辩权,该笔债务就会沦为自然债务,所谓自然债务是指该债务仅在自然意义上存在,而丧失了法律的强制力保护。义务人如果不愿履行,法律则不会强制其履行,若义务人自愿履行了,权利人可以受领,且不会构成不当得利,因此义务人不得主张返还。此外,诉讼时效期间届满后,义务人若作出同意履行的意思表示,则意味着义务人抛弃了时效利益,那么就不得再以诉讼时效期间届满为由进行抗辩。这一规定贯彻了诚实信用原则的要求。但是须注意,当事人在诉讼时效期间届满之前预先放弃诉讼时效利益是无效的。因为诉讼时效利益是法律赋予当事人的一项重要抗辩权,若允许义务人预先放弃,极有可能会造成当事人权利义务关系不对等的情形。可见,抗辩权发生主义的立法模式下,将是否履行债务的权利交由义务人自由选择,更能体现和尊重私法自治的理念。

(二)对权利人的法律效果——实体权与诉权不消灭

对于权利人而言,一方面,诉讼时效期间届满后,权利人的实体权利并不消灭,只是该实体权利在义务人援引诉讼时效抗辩权后会转化为自然权利,从而丧失法律上的强制履行力。另一方面,权利人的诉权也不会因此而消灭,权利人仍可以向人民法院提起诉讼,只要符合《民事诉讼法》上规定的起诉条件,人民法院就应当受理,而不得以诉讼时效期间届满为由驳回当事人的起诉或者不予受理。

(三)对人民法院的法律效果——不得依职权主动适用或释明

如前所述,诉讼时效期间经过后,是否履行债务的权利交由义务人自由选择,因此对于人民法院而言,在义务人未提出诉讼时效抗辩的情况下,人民法院不得依职权主动适用诉讼时效,以防止人民法院司法权的不当干预,从而维护当事人的意思自治。当事人未提出诉讼时效抗辩,人民法院也不应对诉讼时效问题进行释明。所谓不应释明,是指人民法院不得对诉讼时效期间问题给予当事人提示或主动说明。

四、诉讼时效与除斥期间的区分

除斥期间，又称权利预定存续期间，是指法律规定某种权利预定存在的期间，权利人在此期间不行使权利，预定期间届满，便发生该权利消灭的法律后果的期间。除斥期间的制度目的亦是督促权利人尽快行使权利，及时结束这种权利义务关系不确定的法律状态。

除斥期间具有以下法律特征：

1. 除斥期间由法律规定或当事人约定。根据《民法典》第 199 条的规定可知，撤销权、解除权等权利的存续期间既可以是法律规定的，也可以是当事人约定的。一般情况下，除斥期间的起算、期间长短等都是由法律明文规定的，如《民法典》第 152 条规定的撤销权行使期间。此外，除斥期间还可以由当事人约定，这一点是不同于诉讼时效的，诉讼时效奉行严格的法定主义，而除斥期间则更开放，尊重当事人的意思自治。例如，当事人可以在合同中约定合同解除权的行使期限。

2. 除斥期间是不变期间。除斥期间的性质是某种权利预定存在的期间，因此除斥期间不发生中止、中断和延长。该期间一旦经过，即发生权利消灭的后果，若允许中止、中断和延长，会使当事人之间的法律关系更为复杂化，不利于除斥期间制度价值的实现。

3. 除斥期间主要适用于形成权。除斥期间一般适用于撤销权、解除权、同意权、追认权等形成权。所谓形成权，即仅依当事人单方的意思表示即可使民事法律关系产生、变更和消灭的权利。但为了维护社会经济秩序，某些请求权也会适用除斥期间。例如，《民法典》第 462 条第 2 款规定："占有人返还原物的请求权，自侵占发生之日起一年内未行使的，该请求权消灭。"这里的一年期间就是除斥期间。

除斥期间届满后，最直接的法律后果是直接导致权利确定、绝对、当然地发生消灭，权利人不能再主张该权利。同时，人民法院可依职权主动适用除斥期间的规定。除斥期间届满后，不仅当事人可以主张该权利消灭，即使当事人不主张，人民法院也可以依职权对除斥期间是否届满主动进行审查，若发现期间届满，可径自宣告权利消灭。可见，除斥期间利益不由当事人自主选择，因此不存在期间利益抛弃的问题。

制度比较　诉讼时效 vs. 除斥期间

除斥期间与诉讼时效都是以一定的事实状态的存在和一定期间的经过为条件而发生一定的法律后果，都属于事件，其目的都在于督促权利人及时行使权利及维护法律秩序。二者虽具有诸多联系，但也存在下列区别：

1. 适用对象不同。诉讼时效主要适用于请求权，而除斥期间一般适用于形成权，如追认权、同意权、撤销权等。

2. 法律效力不同。诉讼时效届满以后，实体权利本身并不因此而消灭。除斥期间届满后，消灭的是实体权利本身。

3. 期间性质不同。诉讼时效是可变期间，可以适用中断、中止和延长的规定。除斥期间是不变期间，不适用中断、中止和延长的规定。

4. 抛弃效果不同。诉讼时效期间届满前，当事人不得预先抛弃。对于已完成的时效利益，可以抛弃，如超过诉讼时效期间，当事人自愿履行的，不受时效限制。除斥期间届满，权利人丧失实体权利,该种权利不能再进行抛弃。

5. 起算点不同。诉讼时效自权利人能行使请求权时起算,而除斥期间自权利成立之时起算。

第二节 诉讼时效期间的种类与起算

一、诉讼时效期间的种类

诉讼时效期间,是指权利人向法院或仲裁机构请求保护其民事权利的法定期间。它具有以下特征:(1)诉讼时效是法定期间。关于诉讼时效期间的规定,属于法律的强制规定,它既非约定期间,也不允许当事人通过协议延长或缩短。(2)诉讼时效是可变期间。诉讼时效期间遇法定事由,可中止、中断和延长。(3)诉讼时效是权利人向法院或仲裁机构请求保护其民事权利的法定期限,尽管权利人仍可向法院起诉或向仲裁机构提出请求,但是法院或仲裁机构对权利人的权利将不予保护。

诉讼时效期间按其适用范围和时效期间长短的不同,可分为普通诉讼时效期间、特殊诉讼时效期间以及最长诉讼时效期间。其中,特殊诉讼时效期间又可进一步区分为短期诉讼时效期间和长期诉讼时效期间。

1. 普通诉讼时效期间。普通诉讼时效期间,又称一般诉讼时效期间,是指在一般情况下普遍适用的诉讼时效,即由民事基本法统一规定的,普遍适用于法律没作特殊时效规定的各种民事法律关系的诉讼时效期间。我国普通诉讼时效的期间为3年(《民法典》第188条)。

2. 特别诉讼时效期间。特别诉讼时效期间,是指由民事基本法或特别法就某些特定的民事法律关系规定的短于或长于普通诉讼时效期间的诉讼时效期间,包括短期诉讼时效期间和长期诉讼时效期间。

短期诉讼时效期间,是指时效期间短于普通诉讼时效期间的特别诉讼时效期间。它是民法针对某些需要及时解决的民事法律关系,为促使当事人尽快行使权利而制定的。例如,《海商法》第257条规定,就海上货物运输向承运人要求赔偿的请求权,诉讼时效期间为1年,自承运人交付或者应当交付货物之日起计算。

长期诉讼时效期间,是指诉讼时效期间长于普通诉讼时效期间的特别诉讼时效期间。例如,《民法典》第594条规定,因国际货物买卖合同和技术进出口合同争议提起诉讼或者申请仲裁的时效期间为4年。

3. 最长诉讼时效期间。最长诉讼时效期间,即从权利被侵害之日起受法院保护的最长期限。根据我国《民法典》第188条第2款的规定,民事权利的最长保护期限为20年,自权利受到损害之日起超过20年的,人民法院不予保护。该最长诉讼时效期间的适用,只考虑权利受损害的具体日期这一因素,而不考虑当事人主观上是否知道或者应当知道权利受到损害,也无须考虑权利人是否知道义务人为谁。

二、诉讼时效期间的起算

(一)一般规则

一般情形下,诉讼时效期间自权利人知道或者应当知道权利受到损害以及义务人之日起计算(《民法典》第188条第2款)。

这里所说的"知道"是指权利人已经现实地知道,"应当知道"是指根据权利受侵害人所处的具体情境,有充分根据推断他已经知道。例如,侵权事实被公告、债务已过履行期等事由,就可推断权利人已知道。

权利人知道权利被分割而不行使权利或者应当知道权利受侵害而未尽应有注意从而导致未能知道以致不行使权利的,都应开始时效期间的计算,承受对其不利的后果。

(二)特殊规则

1. 分期履行债务的诉讼时效的起算

当事人约定同一债务分期履行的,诉讼时效期间自最后一期履行期限届满之日起计算(《民法典》第189条)。于分期履行债务的场合,各期债务之间虽然相互独立,但该笔债务具有整体性。如果不做此种规定,那么某一期的债务一旦没有履行,权利人就会因担心权利罹于时效而以诉讼方式主张权利,这将造成当事人的讼累,增加法院的工作负担,浪费司法资源。因此,规定诉讼时效期间自最后一期履行期限届满之日起计算,有利于给债务人留下充分的履行债务时间,对债权人而言也是一种保障。

2. 无民事行为能力人或者限制民事行为能力人对其法定代理人的请求权的诉讼时效期间的起算

无民事行为能力人或者限制民事行为能力人对其法定代理人的请求权的诉讼时效期间,自该法定代理终止之日起计算(《民法典》第190条)。例如,某未成年人父母死亡后,人民法院在其近亲属中确定了一名监护人,该近亲属作为其法定代理人,在监护过程中侵占被监护的未成年人的父母的遗产。此时,该未成年人因欠缺相应的民事行为能力而无法自己通过诉讼主张权利,其法定代理人在这种场合也不会起诉自己,因此规定该未成年人对其法定代理人的请求权的诉讼时效期间,自法定代理终止之日起计算。关于"法定代理终止"的认定,则适用《民法典》第175条的规定。

3. 未成年人遭受性侵害的赔偿请求权的诉讼时效期间的起算

未成年人遭受性侵害的损害赔偿请求权的诉讼时效期间,自受害人年满18周岁之日起计算(《民法典》第191条)。之所以对未成年遭受性侵害的赔偿请求权规定特殊的诉讼时效起算规则,是因为受社会传统观念影响,不少遭受性侵害的未成年人及其监护人往往不愿、不敢公开寻求法律保护,而受害人成年之后自己寻求法律保护,却往往已超过诉讼时效期间。因此,该条的规定是为了更好地保护受性侵害的未成年人的利益。

实例解析

甲借给乙10万元,约定2008年1月1日为还款期限。到期后,乙迟迟未还。甲遂在同年5月1日、8月1日、10月1日三次向乙发出催款函,乙均不还钱。2008年11月1日,乙请求将还款期限延长1年,甲未同意。试分析本案中诉讼时效期间从哪一日开始计算?

解析:权利人甲每向义务人乙提出一次履行请求,诉讼时效期间就中断一次,重新计算3年的诉讼时效期间。因此,2008年5月1日、8月1日、10月1日均发生诉讼时效期间的中断。2008年11月1日,乙请求将还款期限延长1年,该请求意味着乙具有同意履行义务的意思表示,因此同样发生诉讼时效的中断效果,诉讼时效期间重新计算。按照期间的计算规则,以年月日计算期间的,开始的当天不算入,从下一天开始计算。因此,本案诉讼时效期间的起算点是2008年11月2日。

第三节　诉讼时效的中止、中断与延长

一、诉讼时效的中止

诉讼时效期间的中止,是指诉讼时效进行至期间的最后6个月内,因法定客观事由的发生,致使权利人不能行使请求权,从而暂时停止计算诉讼时效期间,待阻碍时效进行的法定事由消除后,再行计算6个月诉讼时效期间的制度。

诉讼时效制度之目的,在于使怠于行使权利者承担不利后果。但权利人因不得已的事由不能行使权利时,若使权利人承担与怠于行使权利者同样的不利后果,未免失之不公,因而设立诉讼时效期间的中止制度。

依《民法典》第194条规定,诉讼时效中止的法定事由主要有:

1. 不可抗力。不可抗力达到了已经或者足以影响到权利人行使权利的程度,如果不可抗力虽然发生,但是并不导致权利人在客观上不能行使权利,那么不能引起诉讼时效的中止,即不可抗力的发生须与权利人不能行使权利之间具有因果关系。

2. 无民事行为能力人或者限制民事行为能力人没有法定代理人,或者法定代理人死亡、丧失民事行为能力、丧失代理权。无民事行为能力人或者限制民事行为能力人均不具有诉讼行为能力,即不具有以自己的行为实现诉讼权利和履行诉讼义务的能力,因而不能以诉的方式主张权利,需要待其重新确定了法定代理人,诉讼时效中止的事由才消灭。

3. 继承开始后未确定继承人或者遗产管理人。在被继承人作为权利人的情形下,如果继承人尚未确定,就意味着行使权利的主体尚未被确定,因而无法行使请求权。在被继承人作为义务人的情形下,因遗产管理人未确定,被继承人的权利人无法确定行使请求权的对象,也无法行使请求权。

4. 权利人被义务人或者其他人控制。例如,权利人的人身活动自由受到了限制,从而阻碍了权利人及时主张权利;或者权利人是义务人的控股子公司等情形。这里的"控制"既包括对权利人施加有形力的强制,也包括对权利人施加的精神上或思想上的控制,以及基于特定法律关系而产生的对权利人的控制力。

5. 其他导致权利人不能行使请求权的障碍。

具有上述事由之一者,诉讼时效期间停止计算,自中止时效的事由消失之日起,再行计算6个月的诉讼时效期间,方为届满(《民法典》第194条第2款)。《民法典》之所以规定自中止时效的原因消除之日起满6个月诉讼时效期间届满,是考虑既要给权利人行使权力留下必要的准备时间,又不至于造成诉讼的过分拖延以及给义务人造成过分的负担。

二、诉讼时效的中断

诉讼时效期间的中断,是指在诉讼时效进行期间,因发生法定事由,使已经经过的时效期间统归无效,待时效中断事由消除后,诉讼时效重新计算的制度。

依《民法典》第195条的规定,引起诉讼时效期间中断的法定事由有:

1. 权利人向义务人提出履行请求。即权利人以诉讼以外的方式向义务人主张权利。权利人主张权利是其行使权利的具体表现,不合诉讼时效制度制裁怠于行使权利者之本旨,因而使诉讼时效期间中断。一般来说,具有下列情形之一的,应认定为"权利人向义务人提出履行请求",产生诉讼时效中断的效力:(1)当事人一方直接向对方当事人送交主张权利文书,对方当事人在文书上签名、盖章、按指印或者虽未签名、盖章、按指印但能够以其他方式证明该文书到达对方当事人的;(2)当事人一方以发送信件或者数据电文方式主张权利,信件或者数据电文到达或者应当到达对方当事人的;(3)当事人一方为金融机构,依照法律规定或者当事人约定从对方当事人账户中扣收欠款本息的;(4)当事人一方下落不明,对方当事人在国家级或者下落不明的当事人一方住所地的省级有影响的媒体上刊登具有主张权利内容的公告的,但法律和司法解释另有特别规定的,适用其规定。

2. 义务人同意履行义务。这里的"同意履行债务"在司法实践中常常表现为义务人作出分期履行、部分履行、提供担保、请求延期履行、制定清偿债务计划等承诺或者行为的。义务人同意履行是对权利人权利的重新确认,从而使诉讼时效得以中断。

3. 权利人提起诉讼或者申请仲裁。权利人提起诉讼或申请仲裁的实质是通过国家认可的纠纷解决方式请求保护其民事权利,从而使已趋于不确定的社会关系确定化,因此诉讼时效失去适用的理由。当事人一方向人民法院提交起诉状或者口头起诉的,诉讼时效从提交起诉状或者口头起诉之日起中断。

4. 与提起诉讼或者申请仲裁具有同等效力的其他情形。例如,申请支付令;申请破产、申报破产债权;为主张权利而申请宣告义务人失踪或死亡;申请诉前财产保全、诉前临时禁令等诉前措施;申请强制执行;申请追加当事人或者被通知参加诉讼;在诉讼中主张抵销;向人民调解委员会以及其他依法有权解决相关民事纠纷的国家机关、社会团体等社会组织提出保护相应民事权利的请求;向公安机关、人民检察院、人民法院报案或者控告等。

诉讼时效期间中断的法律后果是使得已经经过的诉讼时效期间统归无效并重新计算。该中断可发生在诉讼时效期间内的任何时候,且不受次数的限制。权利人对同一债权中的部分债权主张权利,诉讼时效中断的效力及于剩余债权,但权利人明确表示放弃剩余债权的情形除外。对于连带债权人中的一人发生诉讼时效中断效力的事由,应当认定对其他连带债权人也发生诉讼时效中断的效力。对于连带债务人中的一人发生诉讼时效中断效力的事由,应当认定对其他连带债务人也发生诉讼时效中断的效力。

三、诉讼时效中止与中断的区别

诉讼时效中止与诉讼时效中断都对诉讼时效期间的计算产生影响,但它们又是相区别的:

1. 发生事由不同。中止的法定事由是当事人主观意志所不能决定的事实;中断的法定事由是为当事人的主观意志所能左右的事实。

2. 事由发生的时间要求不同。中止只能发生在时效期间最后6个月内或虽发生在最后6个月前,但其后果延缓到最后6个月内;中断事由则可发生在时效期间内任何时间。

3. 法律效力不同。中止的法律效果为自中止时效的原因消除之日起满6个月,诉讼时效期间届满;而中断的法律效果为中断事由发生后,已经经过的时效期间全部作废,重新开始起算时效期间。

实例解析 当事人起诉后又撤诉的,诉讼时效是否中断

某食品公司于2016年10月26日向某面粉加工厂购买了一批面粉,约定于2016年12月31日前付款。付款时间到期后,食品公司未按约定支付货款。面粉加工厂经追索无果,于2018年3月15日向管辖地法院提起诉讼。法院受理后,食品公司向面粉加工厂承诺会尽快付款,于是面粉加工厂向法院申请撤诉,法院经审核后同意面粉加工厂的撤诉申请。之后食品公司并未向面粉加工厂支付货款。2019年1月8日,面粉加工厂再次向法院起诉,食品公司则认为面粉加工厂的诉讼请求已过诉讼时效,请求法院驳回诉请。请问法院如何处理?

分析:本案争议的焦点是原告起诉后又撤诉能否引起诉讼时效的中断?对于这一问题,我国《民法典》未做明确的规定,虽然《海商法》第267条明确规定请求人撤回起诉、撤回仲裁的,时效不中断。但在学说和实务中,这一问题仍然存在很大争议。在司法实践中,最高人民法院的观点是认为"当事人起诉后又撤诉,应视为诉讼时效中断,诉讼时效期间应从撤诉之日起重新计算"。[1]

四、诉讼时效的延长

诉讼时效期间的延长,是指权利人因特殊情况未在法定的诉讼时效期间行使权利,诉讼时效完成后,则法院决定对诉讼时效期间予以延展的制度。目的在于保护特殊情况下权利人由于特殊原因未能及时行使的权利,避免造成不公平之结果。

时效期间的延长不同于诉讼时效期间中止和中断,它是在诉讼时效完成后才发生的,它所要求的延长时效的特殊情况不同于法定的中止或中断事由,而是由法官行使自由裁量权予以考量,并由法院作出延长时效的决定。因而,这一制度是对诉讼时效期间中止和中断的补充,通过法官的自由裁量权来弥补立法的列举式规定的不足。且诉讼时效的延长也具有法定性,当事人约定无效。

我国《民法典》第188条第2款规定,超过权利最长保护期间的,如果确有特殊情况的,人民法院可以根据权利人的申请决定延长。此处的特殊情况,一般是指权利人由于客观的障碍在法定诉讼期间不能行使请求权的情况。

思考题

1. 论述诉讼时效制度的功能及意义。
2. 简述诉讼时效的适用范围。
3. 简述诉讼时效期间的起算规则。
4. 简述诉讼时效期间的中断事由及其法律后果。
5. 简述诉讼时效期间的中止事由及其法律后果。
6. 简述诉讼时效期间中止与中断的区别。
7. 简述诉讼时效期间届满的法律后果。
8. 试述诉讼时效与除斥期间的异同。

---

〔1〕 最高人民法院《关于四川高院请示长沙铁路天群实业公司贸易部与四川鑫达实业有限公司返还代收贷款一案如何适用法(民)复[1990]3号批复中"诉讼时效期间"问题的复函》。

阅读指引

关于诉讼时效的制度功能与价值

1. 杨巍:《反思与重构:诉讼时效制度价值的理论阐释》,载《法学评论》2012 年第 5 期。
2. 王轶:《诉讼时效制度三论》,载《法律适用》2008 年第 11 期。
3. 霍海红:《诉讼时效根据的逻辑体系》,载《法学》2020 年第 6 期。

关于诉讼时效适用范围的理论研讨

1. 尹田:《论诉讼时效的适用范围》,载《法学杂志》2011 年第 3 期。
2. 耿卓:《追问与解答:对诉讼时效客体的再论述》,载《比较法研究》2008 年第 4 期。
3. 范雪飞:《论不适用诉讼时效的请求权——以请求权的名实区分为中心》,载《学海》2019 年第 2 期。

关于诉讼时效制度中重要条文的评注

1. 杨巍:《〈民法典〉第 194 条(诉讼时效中止)评注》,载《南京大学学报(哲学·人文科学·社会科学)》2020 年第 6 期。
2. 杨巍:《〈民法典〉第 192 条、第 193 条(诉讼时效届满效力、职权禁用规则)评注》,载《法学家》2020 年第 6 期。
3. 杨巍:《〈民法典〉第 195 条评注之二(起诉、其他中断事由)》,载《法学家》2021 年第 5 期。

第十章　期间计算

第一节　期间的概念

一、期间的含义与作用

期间,是指从起始点到终点所经过的时间区段,即期日与期日之间的间隔时间。期间在民法上具有重要的意义,在市民社会中,期间是民事主体正常进行民事活动的重要因素,按照期间的规定民事法律关系得以明确和稳定。因此,民法中设立期间计算规则,有助于保证法律期间的确定性,有助于维护秩序安全,也有助于提升行为效益。因此,期间在民法上的意义是综合性的:

1. 期间对主体资格是否存在产生影响。例如,宣告死亡以自然人下落不明的事实状态达到法定期间为条件,自然人一旦被宣告死亡,就可以在法律上推定其主体资格丧失。

2. 期间可以成为民法上的重要法律事实,从而引起民事法律关系的产生、变更或消灭。例如,附生效期限的合同,期间完成则合同生效;又如,诉讼时效期间届满后,导致义务人的抗辩权发生。

3. 期间可以成为某些民事权利的存续期限。民法中绝大多数民事权利都具有一定的存续期限,若权利人不在该期限内行使权利,则或导致权利减损,或导致权利失效。

4. 期间可以成为民事义务的行使期限。例如,在合同法律关系中,债务人应当在履行期限内履行合同义务,否则就会产生违约责任。

二、期间类型

(一)可变期间和不变期间

这是按照期间是否会发生变化所作的划分。

可变期间,是指期间的长短可以发生变化,即可以中止、中断或延长,如诉讼时效期间就是可变期间。

不变期间,是指按照法律的规定或当事人的约定,不可发生变化的期间。如除斥期间,不适用中止、中断和延长的规定,属于不变期间。

(二)法定期间、指定期间和约定期间

这是按照期间的确定方式不同所作的划分。

法定期间,是指由法律直接规定的期间,如法定的消灭时效期间、除斥期间。

指定期间,是指由人民法院或仲裁机关确定的期间,如人民法院的判决书或仲裁机关的裁决书确定的债务人履行义务的期间。

约定期间,是指由当事人自由选择约定的期间,如合同约定的债务人履行债务的期间。

第二节 期间的具体计算

一、期间的计算单位

我国民法所称的期间按照公历年、月、日、小时计算(《民法典》第 200 条)。期间的计算单位有四种,即年、月、日、小时。

在我国民间广泛使用着两种不同的时间计算方法,即公历和农历,公历是当今世界各国所通用的纪年方法,而农历则是中国传统历法。目前,我国的传统节日的日期确定均依据农历计算,而公历则在日常生活中被普遍使用。在法律上,按照公历计算期间有利于与国际社会接轨,且有利于避免歧义与计算的混乱,更具统一性。

但值得注意的是,期间的计算单位并非仅限于以上四种。如果当事人能够对期间的计算单位达成一致约定,则可以尊重当事人的意思自治,按照当事人所选定的计算单位。如当事人可以约定使用“周”或“季度”等计算单位。

二、期间的具体计算规则

期间的计算方法有自然计算法和历法计算法两种。自然计算法以实际发生和经过的精确时间,即以时、分、秒为单位计算期间时间的方法;历法计算法则以日历确定的年、月、日为单位计算期间时间的方法。依我国《民法典》第 10 章规定,我国兼采两种期间计算方法。

1. 以小时为单位的期间计算的,以规定时为起点,经过规定期间所达到的时间为届点。如租用相机 3 小时,自 8 时开始起算,经过 3 小时,达到 11 时,则 11 时为届满点。

2. 以日、月、年为单位计算期间的,开始当天不算入,从下一天(次日)开始计算,到期间最后一日的第 24 小时。有业务时间的算至当日业务活动停止之时。期间的最后一日是法定休假日的,以法定休假日的次日为期间的最后一日。这里的“法定休假日”,既包括节假日,也包括星期六、星期日。其中全体公民放假的节日,应按照国务院发布的《全国年节及纪念日放假办法》第 2 条予以确定。

3. 按照年、月计算期间的,到期月的对应日为期间的最后一日;没有对应日的,月末日为期间的最后一日(《民法典》第 202 条)。

4. 在期限计算中,有“以上”“以内”“以下”“届满”用语的,均包括本数;有“不满”“超过”“以外”用语的,均不包括本数。

5. 期间的计算方法虽有法律的明文规定,但这一规定属于任意性规范,如果当事人对期间的计算方法另有约定,只要该约定合法,亦为有效。

思考题

1. 简述期间的概念及类型。
2. 简述期间的计算方法。
3. 民法期间计算的普遍意义何在?

阅读指引

关于民法上期间制度的代表性研究

1. 王轶:《民法总则之期间立法研究》,载《法学家》2016 年第 5 期。
2. 耿林:《论除斥期间》,载《中外法学》2016 年第 3 期。
3. 冯珏:《或有期间概念之质疑》,载《法商研究》2017 年第 3 期。
4. 夏沁:《或有期间三论》,载《北方法学》2017 年第 1 期。

第二编 | 物　权

本编参考书目

第一分编　通　则

第一章　一 般 规 定

导学案例

李某向法院起诉称,2017 年 11 月 10 日,被告惠某因周转资金之需,自愿将房屋出卖给自己,双方签订合同约定:房屋总价款 80 万元,李某付清房款后即取得房屋所有权,惠某于 2018 年 11 月 10 日前将房屋交付给李某,并办理过户。同日又签订补充协议约定:李某须租赁该房屋给惠某使用,租期 12 个月,月租金 1200 元,惠某在租期届满后付清租金并退还卖房款后,李某无条件放弃该房屋的所有权,房屋买卖合同失效;否则,李某有权收回该房屋。合同签订后,李某当即付清购房款 80 万元。此后,惠某支付租金 8500 元。租期届满后,被告既未退还"卖房款",也未交付房屋,未办理过户登记手续。李某提起诉讼,请求判令被告履行房屋买卖合同、返还房屋,支付租金损失及违约金 2 万元。结合案情思考下列问题:

1. 本案涉及哪些民事权利?

2. 李某是否有权请求惠某交付房屋并办理过户登记?

第一节　物权法概述

一、物权法的含义与特征

物权法,是指调整民事主体之间物权关系的法律规范的总称。物权关系即民事主体之间在对物的支配过程中所发生的社会关系。也就是说,凡是调整人对物的支配关系的法律规范,都是物权法的范畴。

物权法具有以下特征:

1. 物权法为支配型财产法。规范民事生活,保护财产秩序的法律,为财产法。物权法以规范民事主体对财产的支配关系为主要内容,是为支配型财产法。合同法以规范民事主体彼此之间的请求型财产关系为主要内容,是为请求型财产法。

2. 物权法强行性规范突出。所谓强行性规范,是指不能由当事人通过协议加以改变的法律规则。其目的在于,防止重要法律目的受当事人意思的一致而遭受破坏。物权法的这一特征集中地表现在物权类型、物权的公示方法、物权的效力等方面,即这些内容必须要由法律做出规定,当事人不能通过其协议改变。物权法的强行性同时还表现在不动产权利的行使方面,物权法受到越来越多的国家干预。诚然,物权法作为私法,也要贯彻私法自治原则,如确认物权人可以在法律规定的范围内依自己的独立意志设立、变更以及转移物权。

3. 物权法是典型的固有法。所谓固有法,是指保留了较多的国家、民族和历史的传统的法律。物权法具有极强的固有法性质,因为物权法具有根植于本国国情的特征。物权制度与一国的基本经济制度、法律传统紧密关联,不具有合同法那样的世界普遍性,尤其是其中关于土地制度的规定,因一国的国家性质、历史传统的不同而具有特殊性。不过,物权法的固有法性并不意味着其规则是固定不变的,相反物权法也随社会经济条件的变化而不断地发展变化,不断吸取市场经济发展的共同规则,如动产交易担保制度等。

另外,值得注意的是,物权法虽然整体上属于实体法,但其中仍有涉及不动产登记等一些程序性规则,这些程序规则属于权利实现的程序规则,与程序法中的程序规则迥然有别。

二、物权法的调整对象

从物权法的定义可知,物权法调整因物的归属和支配型利用而产生的民事关系。

(一)物的归属关系

调整物的归属关系意味着物权法要明确规定产权的所有制问题及其相应的流转规则,从而在制度层面上解决哪些财产属于国家所有,哪些财产是集体所有,以及哪些财产属于私人所有。解决物的归属问题是为了保障财产的静态安全,也是充分、合理、合法利用物的前提。产权不明则纠纷不断,物尽其用也就无从谈起。因此,明确物的归属,有利于实现法律的定分止争功能,有利于维护稳定的财产秩序,培养民众的产权意识,激发人们追求财富、积累财富、创造财富的进取心。

(二)物的支配型利用关系

物权法承担着合理平衡社会资源分配,有效促进社会财富增长的重要使命。民事主体对于他人享有所有权的物,可以通过两种方式加以利用:(1)支配型利用,即与所有人之间建立用益物权或者担保物权关系;(2)请求型利用,即与所有人建立合同利用关系,如借用、租赁等。物权法调整的物的利用关系是第一种利用关系。这种支配性利用表现为许多种形态:既可以是利用物本身的使用价值,也可以是利用物背后所体现的财产性价值。

三、物权法的基本原则

物权法作为民法的分支,无疑奉民法基本原则为自己的基本原则,但也有自己独特的基本原则。这些基本原则是民法基本原则在物权法上具体体现,也可以说是民法基本原则的分支。它集中体现了物权法的总体精神,是物权法规则体系的总概括。物权法的特有原则主要有以下几项。

(一)物权法定原则

物权法定原则,又被称为物权法定主义,是指物权的种类和内容必须由法律明确规定(《民法典》第116条)。物权法定原则是19世纪民法典编纂运动以来,各国关于物权立法普遍确立的一项基本原则。

物权法定原则的具体内容包括:

1. 类型法定。物权的具体类型必须由法律明确规定,民事主体不得任意创设法律没有明确承认的物权类型。例如,我国历史上和民间习惯中虽然有典权这种物权,但是《民法典》物权编及其他法律中却没有规定这种物权,故当事人也不可在法律关系中设定这种物权。

2. 内容法定。各种物权的内容只能是法律规定的,不能由当事人根据自己的意思设定物权的具体内容。例如,所有权是没有固定期限的,人们便不能创设有固定期限的所有权。又如设定动产质权出质人需将动产移交债权人占有,如果当事人约定以某动产作为质押担保,但该动产仍然保留于出质人手中,则因不符合《民法典》物权编关于质权设立的规定而不能产生质权设立的法律效果,得不到物权法保护。

"物权法定原则"中的"法"仅指全国人大及其常委会制定的法律,不包括行政法规、地方法规、行政规章等规范性法律文件,也不包括最高司法机关作出的司法解释,更不包括习惯法。

(二)平等保护原则

平等保护原则,是指国家、集体、私人的物权和其他权利人的物权受法律平等保护,任何组织或者个人不得侵犯(《民法典》第207条)。平等保护原则是民法平等原则在物权法领域的具体表现,也是市场经济发展的内在要求。平等保护原则意味着物权主体在进行受物权法调整的民事活动时应认识到彼此都享有独立、平等的法律人格。物权法不仅强调对公有财产的保护,而且也将对个人财产所有权的保护置于相当重要的地位,对各类财产实行一体确认、平等保护。

(三)公示原则

公示原则,是指当事人必须以公开的方式使公众知晓物权变动的事实,其中动产物权的变动要交付,不动产物权的变动要在登记机构办理登记,否则,物权变动不产生法律上的效力(《民法典》第208条)。

确立公示原则的目的在于确保交易安全,满足交易迅捷的要求。欲使权利人之外的其他人承担起对物权不得侵害、不得干涉、不得妨碍的义务,物权及其变动就必须具有可识别性。而要使物权及其变动具有可识别性,法律就必须规定物权的公示方法并要求当事人按法定方法进行公示。

四、物权法与国家基本经济制度

经济制度是生产关系的总和,国家基本经济制度是指国家依据社会性质及基本国情,通过法律对社会经济秩序中生产资料归属作出明确规定的经济制度,是社会经济在生产关系中最基本的规定。

基本经济制度是由《宪法》规定的(《宪法》第6条)。《民法典》第206条重申了《宪法》关于我国基本经济制度的规定,除了表明物权法律制度的构建是与基本经济制度确立的理念相契合外,更使得原本仅属于宪法规范的基本经济制度具有了民法规范的属性。在司法实践中,人民法院就可以直接以《民法典》第206条作为案件的裁判依据。

1. 全面准确地体现了我国《宪法》的精神,将我国基本经济制度确认为三个:国家坚持和完善公有制为主体、多种所有制经济共同发展,按劳分配为主体、多种分配方式并存,社会主义市场经济体制等社会主义基本经济制度。在公有制基础上实行市场经济,可以说是人类历史上从未经历过的、前所未有的伟大社会实践。

2. 对基本经济制度进一步具体化,一是明确规定国家巩固和发展公有制经济,鼓励、支持和引导非公有制经济的发展;二是明确规定国家实行社会主义市场经济,保障一切市场主体的平等法律地位和发展权利。尤其是后者,确立了一切市场主体具有平等的法律地位和发展权利,与《民法典》第207条确定的"平等保护原则"一起,解决不同市场主体的平等法律地位和物权的平等保护问题,保障一切民事主体的物权平等地受到法律保护并不得被侵犯。

第二节　物权的效力与体系

一、物权的效力

物权的效力是指法律赋予物权的强制性作用力。它是大陆法系民法理论对物权法律效力的概括。

(一)物权的支配力

物权的支配力,是指物权具有的、能保障物权人直接支配标的物而享受其利益的效力。支配力不同于支配。支配是指对标的物直接为一定行为,具体表现为对物的占有、使用、收益、处分或其他某些行为。支配力是法律强制力在物权效力上的具体表现。支配是一种事实状态,而支配力则是物权人合法支配标的物的意志和行为受到法律保护时所具有的效力。从内容上分析,物权的支配力包含着物权人合法支配标的物的意志和物权人可为支配行为的范围和程度。当然,由于物权法定主义,物权的支配力也隐含了国家意志于其中。在法律规定的范围内,物权人对其标的物是直接为各种支配行为,或是将标的物交与他人为某些支配行为,自己收取利益并保有回收标的物的权利,全依物权人的合法支配意志而定。

(二)物权的排他效力

物权具有排他的效力,即物权相互之间存在竞争与排斥性。物权的排他效力主要表现为:(1)一物之上不能存在两个或两个以上所有权,如一物之上已经存在所有权,除法律有特别规定者外,再行对该物设立所有权的行为不发生物权法上的效力。(2)如一物之上已经存在一项用益物权,则该用益物权具有排斥另一项不相容的用益物权再行设立的效力。(3)如一物之上已经存在一项担保物权,则该物权具有排斥另一具有不相容性质的担保物权再行设立的效力。因此,物权的排他效力往往被学者概括为“一物一权原则”。

(三)物权的优先效力

物权的优先效力表现在两个方面:

1. 物权对债权的优先效力。同一标的物上既有物权,也有债权的,无论成立的时间先后如何,物权均有优先于债权的效力。这主要是因为物权是一种支配权,物权人可以在法律允许的范围内按自己的意志支配标的物,而债权只是一种请求权,债权人不能凭借债权妨碍物权人对物权的支配。这样,有利于维护既存的财产占有关系,充分发挥物质财富的效用。物权优先于债权的效力,主要表现在两个方面:(1)债权以某特定物为给付标的物,而该物上同时存在物权的,无论成立先后,物权均优先于该债权。例如,在“一物二卖”的情况下,若标的物为动产,第二买受人已经先受领该物的,或标的物为不动产,第二买受人已经完成所有权移转登记的,第二买受人取得的所有权优先于第一买受人的债权,而第一买受人只能要求出卖方承担违约责任。当然,物权优先于债权并不是绝对的,法律另有规定或当事人另有约定的不在此限。例如,租赁物依合同交付给承租人以后,在有效租赁期内,即使租赁物的所有权由出租人转让给第三人,租赁合同对第三人仍然有效,这一规则被称为“买卖不破租赁”(《民法典》第725条)。(2)若债务人财产上存在物权,在债务人破产或其财产被强制执行时,该物权优先于其他一般的债权。在债务人的财产上设有担保物权的，担保物权人对该物享有优先受偿权，这称为别除权；在债务人破产时，非属于债务人所有之物，所有人有取回的权利，这称为取回权；对于强制执行，物权人可以提起执行异议之诉。

2. 物权相互间的优先效力。一般而言，物权有排他性，两个在性质上不能相容的物权不能同时存在于一个物上，但是如果两个物权并非相互排斥、相互矛盾，它们可以并存。关于物权之间依性质可否并存，大致可以区分为以下几种情况：(1)用益物权与担保物权，原则上可以并存于一物之上，例外的是以占有为要件的质权、留置权和用益物权不能并存；(2)用益物权与用益物权，原则上不问种类和效用是否相同，都难以并存，其例外情况是地役权有时可以并存；(3)担保物权与担保物权，原则上不问种类是否相同，都可以并存，例外情况是当事人订有相反的特别约定时，以及留置权之间及其与质权之间，难以并存。

物权相互间的优先效力，是以物权成立的先后，确定物权效力的差异。同一标的物有两个以上相同内容或性质的物权存在时，成立在先的物权优先于成立在后的物权。此即"成立在先，权利在先"原则，本质上是对现实的、既得的物之支配的保护。当两个物权不能并存时，后发生的物权当然不能成立，此时，不存在物权相互间的优先效力。但是，如果两个物权可以并存，则后发生的物权仅于不妨碍先发生的物权范围内有效，即先发生的物权居于优先地位。

(四)物权的追及效力

物权的追及效力是指物权的客体(物)无论辗转几次落入何人手中，除法律有特殊规定者外，[1]物权人均可追及物之所在，而依法行使物权。如甲租用乙的汽车，后将其送给丙，而丙又将其以不合理低价转让给丁。在此情况下，尽管该汽车已经多次转手，但由于物权所具有追及效力，汽车所有人乙可直接要求丁返还汽车给自己。我国《民法典》第311条第1款第1句规定：无权处分人将不动产或者动产转让给他人，所有权人有权追回。这是我国法律对所有权人的追及效力所作的明确规定。

(五)物权的妨害排除力

物权的妨害排除力，又称为"排除妨害请求权""物权的请求权""物上请求权"，它是指物权具有的排除他人妨害、恢复权利人对物的正常支配的效力。具体来讲，是指当物权人对物的支配受到他人的妨害或有妨害之虞时，为恢复其对物的圆满支配状态而产生的请求权。实质上，这是物权的支配力在一定条件下的特殊作用，是一种法律保护力。根据我国《民法典》物权编第三章的规定，物权请求权分为物权确认请求权、返还原物请求权、排除妨害请求权、消除危险请求权和恢复原状请求权五种。

二、物权的体系

(一)物权的学理分类

1. 动产物权、不动产物权和权利物权

这是以物权的客体类型不同所作的分类。动产物权和不动产物权是分别针对动产和不动产所享有的物权。权利物权主要是权利抵押权和权利质权，是现代社会新型的物权形式。之所以将物权区分为动产物权与不动产物权，是因为二者在取得方法、成立要件和效力等方面有一系列

---

[1] 如我国《民法典》第311条关于善意取得制度的规定即构成了对物权追及效力的例外。

的区别。具体来说,主要体现在以下两个方面:

(1)二者的公示方法不同。根据不动产的固有特性,为强化对不动产的管理,现代各国都对不动物权的设立、转让、消灭建立了相应的登记制度。而对一般动产物权(除机动车、船舶、航空器等重要动产外的动产物权)则没有这样的登记制度。由此,也就形成了不动产物权与动产物权在公示方法及对抗第三人效力上的差别,即不动产以登记为公示方法,动产以交付(占有)为公示方法。

(2)二者所受限制不同。由于不动产物权的取得与行使直接关系到社会公共利益,因而各国法律都设有特别的限制。尤其是对以土地为客体的物权,法律限制极严,以致使对土地所有权限制成为各国土地法的基本规则。

2. 完全物权与限制物权

这是根据物权的支配状态即内容是否完整划分的。完全物权,又称自物权,是指权利人依法对自有物享有的物权,具有完全的、最高的支配力。物权人在合法范围内能够对标的物进行全面的、自主的支配,按照自己的意思对标的物进行占有、使用、收益和处分,并排除他人的干涉。所有权是完全物权的唯一种类,因此所有权亦被称为自物权、完全物权。

限制物权又称为他物权或不完全物权,指的是权利人根据法律或合同的规定,对他人所有之物享有的物权。它没有所有权那样的全面支配力,只有某方面的、特定的支配力,且受到标的物上的所有权的制约。限制物权人支配标的物享受其效益时,除不得违反法律的一般性规定外,还受到设定限制物权的合同或者具体法律规定的限制。

限制物权又因设定的目的不同,可以分为用益物权和担保物权。用益物权是指以实现对标的物的使用、收益为目的而设立的限制物权。权利人一般不得处分标的物而只在使用价值方面对物行使支配权,理论上一般包括地上权、永佃权、地役权和典权等。担保物权是指为担保债务履行在债务人或第三人担保物上设定的限制物权,在债务人不履行债务时,权利人以标的物卖得的价金优先受偿债权,因而它是以取得物的交换价值为目的的。这样,物是否有交换价值是确定其能否成为担保物权标的的关键所在。我国的担保物权包括抵押权、质权和留置权三种类型。

3. 主物权与从物权

这是依据物权是否从属于其他权利而存在所作的分类。主物权是指不从属于其他权利、本身可以独立存在的物权,如所有权、使用权、地上权、典权等。从物权是指从属于其他权利、本身不能独立存在的物权,其存在是为了所从属的权利得以实现,如抵押权、质权、留置权这类担保物权,其是为了担保债权的实现而设定的。

4. 有期限物权与无期限物权

根据物权能否永久存在,可以把物权分为有期限物权和无期限物权。所有权和永佃权,皆永久存续,故为无期限物权。其他有存续期间的物权为有期限物权。

5. 意定物权与法定物权

物权的种类和内容应由法律规定,这是毫无疑义的。但是,根据物权的发生原因不同,可将物权区分为意定物权和法定物权。基于当事人的意思而设立的物权属于意定物权。依法律规定设立的物权则为法定物权,例如留置权、法定地上权、法定抵押权,则不问当事人的意思如何,而由法律规定在某种情况下当然发生。这样划分的目的,在于分清二者的成立要件及各自适用的法律。

6. 普通物权与特别物权

这是以物权所依据的法律的不同为标准而划分的,普通物权是指民事普通法所规定的物权,特别物权是指由特别法规定、具有物权性质的财产权，这种物权在特别法有特别规定时优先适用特别法，其没有规定者，始适用民法。特别物权在传统民法上被称为"准物权"。例如，矿产资源法规定的探矿权和采矿权，森林法规定的森林采伐权等。与普通物权相比，特别物权一般依照特别法规定的行政特许程序而取得，受到较强的行政干预。

（二）物权的立法分类

物权的立法分类即立法对物权种类（或形式）的具体规定（见图2-1-1）。各国民法典规定的物权虽有差异，但在大类上基本一致，主要包括所有权、用益物权、担保物权三种类型。我国《民法典》物权编中确立的物权种类有：所有权（包括国家所有权、集体所有权和个人所有权）、用益物权（土地承包经营权、建设用地使用权、宅基地使用权、居住权、地役权、海域使用权等特别法上的自然资源用益物权）、担保物权（抵押权、质权、留置权）。最后，物权编单独规定了占有制度，占有作为一种事实状态，不属于独立的物权类型，但与物权存在许多相似之处，故将其称为类物权。

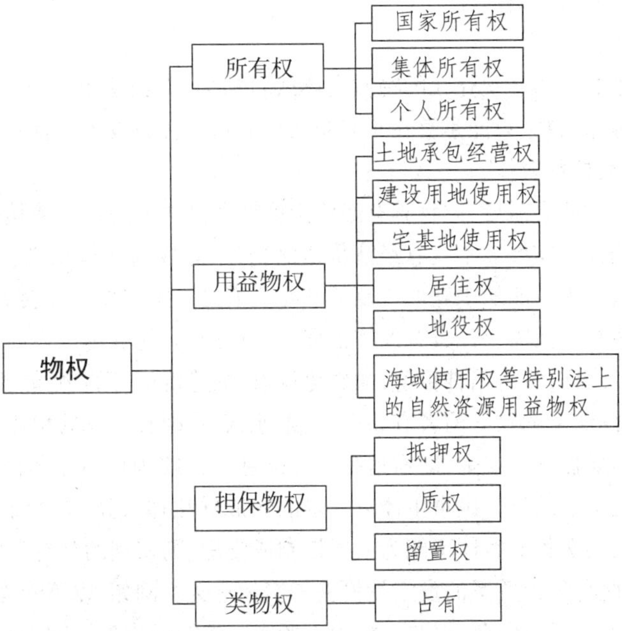

图2-1-1　物权的立法分类

第三节　物权的客体

一、概说

物权的客体，即物权主体所支配对象，传统民法上称为标的物，一般也直接称为物。

物与财产不是同一概念，但关系极为密切。财产有广义和狭义两种理解。一般认为，财产是一个综合体，是各种具有金钱价值的权利的总和。[2] 广义财产指物与一切有经济价值的权利，

〔2〕［德］卡尔·拉伦茨：《德国民法通论》（上册），王晓晔、邵建东等译，法律出版社2003年版，第410~411页。

包括债权、有价证券、知识产权等,而狭义财产则仅指物即有体物。首先,财产应具有经济价值。所说经济价值是指能满足人们经济上之需要,且可以用金钱估计其价格。其次,财产依一定的目的而结合,即与权利主体的结合而成为财产权。但是,在我国民法上常常在非严格意义上将“物”与“财产”通用。

根据《民法典》第115条的规定,物权的一般客体为物(包括动产和不动产),物权的特殊客体为权利。成为物权特殊客体的权利,传统民法上称为无体物。基于物权法定原则,能够成为我国物权客体的权利只能是所有权之外的财产权利。而且,这类财产权利也只能成为担保物权的客体,而不能成为所有权和用益物权的客体。

二、物的界定

作为物权客体的物,是指存在于人身之外,能够满足人们的社会需要而又能为人所实际控制或支配,具有稀缺性的客观存在。

物具有以下法律特征:

1. 物存在于人身之外的客观存在的物质实体或自然力,即民法上的物具备非人身性。现今所称民事法律关系客体的物,只能是存在于人身之外的物。智力成果不具有物质形态,因而不是物,是物之外的另一类权利客体。

2. 物能满足人们的社会需要,即物具有经济价值性。民法上的物必须具有一定的经济价值,能够满足人们一定的社会需要。不具有经济价值的物,不能成为法律意义上的物。因为人们成立一定的法律关系都是为了能从中获取一定的利益或满足一定需要。社会需要可以分为社会物质生活需要和社会精神生活需要。具有经济价值和用途的物,能够满足人们的物质生活需要,可以成为民法上的物。同样,具有精神价值,如文化价值、情感价值等的物,能够满足人们的精神生活需要,也可以成为民法上的物。前者有如房屋、土地,后者则有如人的相片、书信。

3. 物能为人所实际控制或支配,即物具有可支配性。能够为民事主体所实际控制或支配的物质客体才能成为民法上的物。民事主体以一定的物成立法律关系,是为了从中获取一定的利益。如果所设定的权利义务的客体不能为人所控制或支配,则权利的享有、义务的承担便难以凭借人的意志而实现,此种法律关系的设定就失去了实际意义。例如,以阳光为标的设定一个买卖法律关系,就无实际的意义。因此,那些不能为人所实际控制或支配的物,如日月星辰,只能成为物理学意义上的或哲学意义上的物或物质,而不能成为物权的客体。

4. 物须具有稀缺性,即不能无限量地存在。无限量存在的东西,如空气,人们不会以其成立法律关系。

5. 物仅指有体物。所谓有体物,是指占有一定空间且具有某种形体的物,如土地、建筑物、动植物以及各种物品。近年来,学理上对有体物逐渐采扩大解释,认为有体物不必具有一定形状或固定的体积,无论固体、液体或气体,均为有体物。至于各种能源,诸如热、光、电气、电子、放射性、核能、频道等,在技术上已能加以控制,工商业及日常生活中已普遍采用,也为民法上的物。

三、物的类型划分

(一)动产与不动产

这是根据物能否移动和移动后是否会损害物的价值为标准进行划分的。这是民法上对物的最重要的分类。

所谓动产，是指能够移动并且不因移动损害价值的物，如家具、金银。而不动产，则是不能够移动或虽可移动但却会因移动损害价值的物，如土地、房屋等。实际上，凡与土地紧密结合的物，皆为不动产。

某些物在性质上能够移动，但因价值较高，且交易习惯上转让程序较为慎重，在法律上亦具有不动产的某些特征，在学理上称为"准不动产"或"特殊动产"，如船舶及民用航空器等，其转移所有权必须登记。物就数量而言，大多数属于动产。

概括地说，属于不动产的主要就是土地和房屋，此外皆为动产。

(二)定着物与附着物

这是依动产或不动产依附于不动产的程度，对依附物所作的区分。所谓定着物是固定于土地并不能移动的有独立实用价值的物，如房屋、地下管道、树木、沟渠等。定着物虽与土地连结，但不是土地的组成部分，故属独立之物；附着物是依附于不动产且分离后不能发挥效用的物，如霓虹灯、空调、浮雕、挂橱等。附着物虽能独立存在，但却需依附不动产才能使用或发挥效用。

(三)流通物与限制流通物

这是以物能否流通以及流通的范围是否受限制为标准，对物作的划分。流通物亦称融通物，是指法律允许在自然人或法人之间自由让与的物；限制流通物，是法律对流通的范围有所限制的物；不流通物亦称禁止流通物，是法律禁止流通的物。

(四)特定物与种类物

这是以物是否有独有的特征或是否被特定化而对物所作的区分。特定物是独具特征或被特定化并且无从替代的物。特定物既包括独一无二的物，如鲁迅某书手稿、刘海粟的画等，也包括经当事人指定后被特定化的种类物，如经挑选的家具。特定物因其不可替代性，故也称不可替代物。种类物是以品种、规格、质量或度量衡确认的一类具有共同特点的物，如 1 吨煤、20 公斤大米等。种类物在交易时，具有可替代性，故也称可替代物。种类物如经当事人指定后，也可成为特定物。

(五)可分物与不可分物

这是依物能否被分割为标准而对物作的区分。所谓可分物是指可以分割并且不因分割而损害其价值或性能的物，如一袋米可分为若干份，并不改变效用与性质；不可分物是分割后会改变性能或价值的物。不可分物有两种：一是自然性质上不可分，如一辆汽车、一架钢琴等；二是依权利人的意思不可分，如在一定时间内不许分割的共有物。

(六)消耗物与不可消耗物

这是依物能否重复使用而作的区分。所谓消耗物是指仅一次性有效使用就灭失或品质发生变化的物。否则，就称为非消耗物。物因一次性使用而灭失，如食物因吃而消灭，货币因使用而丧失所有权；物因一次性使用而改变品质的，如原材料经加工变为产品。物的消耗性大多是自然形成，但在法律有特别规定的情形，非自然的消耗物，可成为法定消耗物，如一次性针筒、杯、碗。不可消耗物是可反复使用，通过使用逐渐磨损其效用的物，如车辆、电器、服装、房屋等。

(七)有主物与无主物

根据物在一定时期内是否有所有人，物可以区分为有主物与无主物。有主物是指有确定的所有人的物,如某人拥有的一台电脑;无主物是没有所有人或者所有人不明的物,如抛弃物。无主物中,所有人不明的物,是指无法明确所有人,而不是指讼争之物。

(八)主物与从物

这是根据两个独立存在的物在法律效力中的主从关系作的划分。只有属于同一个所有人的两个独立存在的、要相互结合才能发挥效用的物,才构成主物与从物的关系,如果是不同所有人的物,不产生主物与从物的关系。

(九)原物与孳息

这是依产生收益的物与所生收益之间的关系而对物作的区分。

原物是指依自然属性或法律的规定,能够产生收益的物。基于自然属性能产生收益的物,如能结果实的果树、生幼畜的母畜,基于法律规定产生收益的物,如能收租金的出租屋、生息的本金。

孳息是原物产生之物。依自然属性产生的孳息,称天然孳息,而依法律规定产生的孳息,则称法定孳息。

(十)单一物、合成物与集合物

根据物是由一个还是多个独立物构成,可将其划分为单一物、合成物与集合物。单一物是独立成一体的物。如一张桌子、一把椅子等。合成物是指由数个单一物构成的物。数个单一物合成为一体,在法律上或观念上视为一物的,为合成物。例如,配有鸡心宝石的金项链,嵌有钻石的金戒指。合成物的各个组成物之间无主物、从物关系。集合物是指由多个单一物或合成物聚合而成的,在法律或交易观念上视为一物的物的总体。如一个图书馆的所有藏书。

四、特殊意义上的物

(一)货币

货币是充当一般等价物的特殊商品,属于民法上的种类物。作为社会一般财富的代表,其本身的价值并不为人们所重视,人们看重的是其所代表的社会财富的多少,即表现为一定数量票面金额的多少。货币作为一般等价物,具有价值尺度和支付手段的功能。从民法学意义上而言,货币是一种特殊的物。在民事法律关系中,有两方面的作用:(1)担当物权的客体,民事主体可以对货币实行占有、使用、收益和处分;(2)充当债权的标的物,如价款、酬金。在我国,货币有人民币和外币之分。人民币是法定流通货币,外币只有在法律有特别规定的情况下,才能作为债的给付标的。

货币具有以下特征:

1. 货币属动产。货币可移动而不改变其价值,当属动产。

2. 货币是种类物,而且是具有高度代替性的种类物。所谓代替物,即得以同种同量之物互相替代之物。货币不过为价值评定之标准,市场交换之媒介,债务支付之手段而已。其所有人对于各个货币之个性,常不重视,而请求给付货币之债权人,对于货币之个性,亦多不考虑。因而不但金额货币之债,得以任何货币为清偿,即使特种货币之债,亦非不可以他种货币给付。可见货币之为物,实具有高度代替性也。它的价值是通过票面上的数额来表示的,可以进行交换,是一般等价物,是法定的支付手段、流通手段和结算手段。

3. 货币是可消耗物。货币一经其所有人使用,即转入他人之手,发生了所有权的移转。所以辗转流通是货币的专有机能，而供人消费是货币的唯一目的。

货币作为民法上特殊的种类物，既可担保物权的客体，亦可充当债权的标的物，其特殊之处表现在：货币的占有权与所有权合而为一，货币占有人视为货币所有人；货币所有权的转移以交付为要件，即便在借款合同中，转移的也是货币所有权而非货币使用权。无行为能力人交付的货币也发生所有权的转移；货币不发生返还请求权和占有恢复诉讼问题，仅能基于合同关系、不当得利或侵权行为提出相应的请求。

（二）有价证券

有价证券是设定并证明某种财产权利的书面凭证。谁持有证券，谁就可以实现证券上所标明的财产权利，因此，有价证券是一种以券面所载价值为内容的特殊类型的物。它具有以下法律特征：

1. 财产权利直接表现在证券上。证券上记载的财产权利与证券本身不可分离。其权利内容构成证券的价值。

2. 权利的行使不能离开证券。权利与证券合二为一，权利证券化的结果使权利的行使离不开证券本身。离开了证券，权利人就不能主张自己的权利。

3. 证券的持有人只能向特定的对证券负有支付义务的人主张券面记载的财产权利。

4. 证券义务人验券即应履行义务，无权请求对待给付，也无须证明持有人是否为权利人。

这些法律特征使有价证券与货币、借据及财产权利证书（如房屋的不动产证书）相区别。因为，货币是一般等价物，主要是一种价值尺度和支付手段，货币持有者可以向不特定的任何人实现其票面价值。借据及财产权利证书仅是证明债权和其他财产权利存在的证明文件，其本身不具有财产价值，其证明的权利和文书二者可以分离，权利人与借据及财产权利证书分离后，权利依然存在。

依有价证券所代表的财产权利的性质，可将有价证券分为以下类型：（1）代表一定货币的有价证券，如本票、汇票和支票；（2）代表一定商品的有价证券，如提单、仓单；（3）代表一定股份权利的有价证券，如股票；（4）代表一定物权的有价证券，如抵押单等。

依转移方式的不同，可将有价证券分为以下类型：（1）记名有价证券，是指在证券上载明该证券权利人的姓名或者名称的有价证券，如记名的股票、票据。这种证券的转让，必须按照债权转移的程序办理。（2）不记名有价证券，是指在证券上不载明该证券权利人的姓名或者名称的有价证券，如不记名的股票、国库券。它可以由持券人自由转让。（3）指示有价证券，是指在证券上载明第一位取得证券权利的人的姓名或者名称的有价证券，如指示支票等。在背书指示下，这类证券可以自由转让。

思考题

1. 简述物权法的调整对象。
2. 简述物权法的基本原则。
3. 如何理解物权法定原则？
4. 简述物权的特征。
5. 简述物权的效力。
6. 简述历史上的物权立法分类。

阅读指引

关于我国物权法定原则及其缓和化理论的探讨

1. 张鹏:《物债二分体系下的物权法定》,载《中国法学》2013 年第 6 期。
2. 杨立新:《民法分则物权编应当规定物权法定缓和原则》,载《清华法学》2017 年第 2 期。
3. 张志坡:《物权法定缓和的可能性及其边界》,载《比较法研究》2017 年第 1 期。

关于物权公示原则、公信原则的代表性研究

1. 张双根:《物权公示原则的理论构成——以制度正当性为重心》,载《法学》2019 年第 1 期。
2. 朱广新:《物权公示原则的立法表达》,载《法学杂志》2019 年第 19 期。
3. 郭明瑞:《关于物权法公示公信原则诸问题的思考》,载《清华法学》2017 年第 2 期。
4. 纪海龙:《解构动产公示、公信原则》,载《中外法学》2014 年第 3 期。

关于物权客体理论的相关讨论

1. 高富平:《从实物本位到价值本位——对物权客体的历史考察和法理分析》,载《华东政法学院学报》2003 年第 5 期。
2. 杨立新、王竹:《论物权法规定的物权客体中统一物的概念》,载《法学家》2008 年第 5 期。
3. 屈茂辉:《关于物权客体的两个基础性问题》,载《时代法学》2005 年第 2 期。
4. 李国强:《时代变迁与物权客体的重新界定》,载《北京师范大学学报(社会科学版)》2011 年第 1 期。

第二章 物权的设立、变更、转让和消灭

导学案例

2014年3月12日，甲乙签订房屋买卖合同，并于当日办理了预告登记。合同约定乙于3月15日支付全款，双方于3月30日前办理过户手续。乙依约支付房款后，因甲出差双方一直未办理过户手续。7月10日，甲又将房屋卖给丙并办理了过户手续。2014年8月1日，乙将甲诉之法院。根据上述案情，回答下列问题：

1. 本案中的预告登记是否失效？

2. 丙能否取得房屋所有权？

第一节 物权变动的概念与模式

一、物权变动的概念

物权变动，从物权自身的角度考察，即指物权的产生、变更和消灭；从权利主体方面观察，即物权的取得、变更和丧失。从我国《民法典》物权编第二章的章名内容可以看出，立法上概括的物权变动的四种形态为设立、变更、转让和消灭。

物权的产生，是指物权人取得了物权。它在特定的权利主体及不特定的义务主体之间形成了物权法律关系。物权的取得包括因设立而取得物权、因转让而取得物权、因继承而取得物权、因接受遗赠而取得物权、因公权力而取得物权、因事实行为而取得物权等。我国《民法典》区分了物权设立和物权转让。物权的设立，是指当事人按照法律规定，通过民事法律行为或者因事实行为依法创设物权，在特定的权利主体及不特定的义务主体之间形成了物权法律关系。其实，物权的设立，仅指他物权的设立，所有权只是存在取得的问题，不存在设立的问题。因此，对于物权设立，应当作为物权取得来理解，包括所有权的取得与他物权的设立与取得两方面内容。

物权的取得，分为原始取得和继受取得。原始取得，是不以他人已有的物权为根据而直接依据法律规定初次取得物权的方式，如在江河里捕获野生鱼、在深山摘取野生板栗等。它的本质是物权的初次发生而非物权的移转。继受取得，又称传来取得，是以他人已有的物权为根据，通过法律行为而取得物权的方式，本质上是物权的移转，其形式包括买卖、借贷、互易、受赠、继承等。

物权的转让，是指将已经存在的物权在特定主体之间的移转。一般而言，转让是指有偿的移转。但是我国《民法典》第538条还确认有无偿转让。故而，对转让的含义作一定的扩大，即物权的转让是指特定主体之间基于合同等民事法律行为发生的物权移转，包括有偿转让和无偿转让。

物权的变更，在物权法上仅指物权的标的、内容的部分改变，如标的物数量的增减、权利内容

的扩充和缩小等。物权主体的变更以及标的、内容的完全改变，事实上属于物权的取得或消灭，故一般不作为物权的变更来理解。

物权的消灭，对权利人来说是丧失了某一物权。物权的消灭，分为物权的绝对消灭与物权的相对消灭。物权的绝对消灭是指物权从此不再存在，例如，甲的房屋在地震中倒塌，甲对该房屋的所有权即不复存在。物权的相对消灭，是指物权的主体发生了改变，例如，甲将电脑送与乙，甲丧失对该电脑的所有权而乙取得该所有权。

二、物权变动的类型区分

物权变动的原因是以民事法律事实的类型为基础的（关于民事法律事实的类型区分参见本书总则编“民事法律行为”一章）。因此，根据物权变动的原因不同，物权变动可以划分为两大类型：一是基于民事法律行为的物权变动；二是非基于民事法律行为的物权变动，又称基于民事法律行为以外的原因发生的物权变动，如事实行为、人民政府的征收行为等（见图2－2－1）。

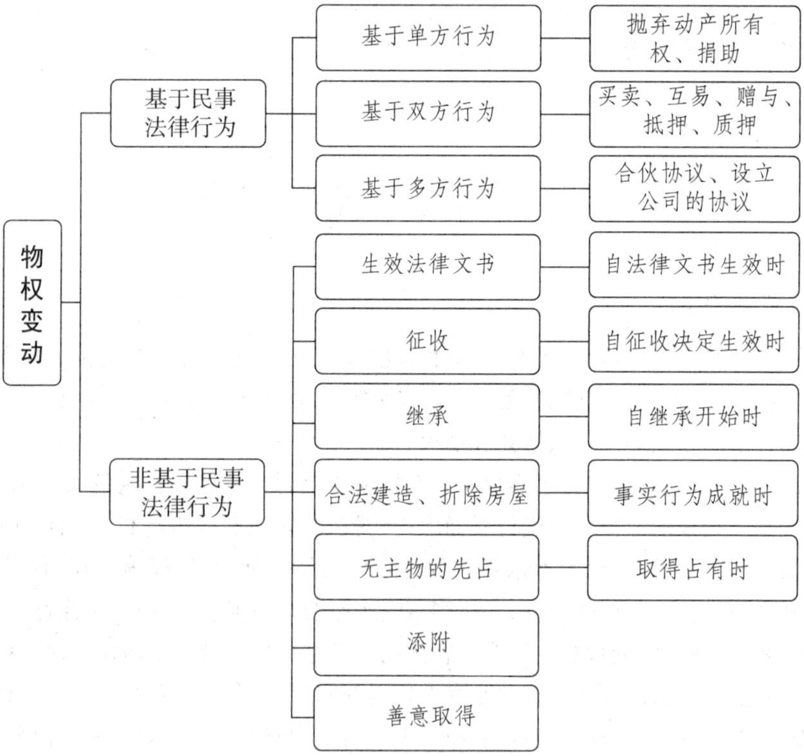

图2－2－1　物权变动类型

（一）基于民事法律行为的物权变动

基于民事法律行为的物权变动，是指引发物权变动的原因是某些民事法律行为。例如买卖、互易、赠与等民事法律行为，抛弃动产所有权的单方法律行为，均属此类。民事法律行为是民事主体实现意思自治的工具，经由民事法律行为导致的物权变动是最重要、最常见的类型，因而是物权制度构建中的重心部分。其共同特点在于，当事人主观上均具有变动物权的意思表示，只要符合相应要件，法律即认可该意思表示的内容，赋予其物权变动的效果。因此，这类物权变动往往存在共同的法律要件。

(二)非基于民事法律行为的物权变动

非基于民事法律行为的物权变动,主要是指基于事实行为、事件、某些公法行为所导致的物权变动。例如,基于合法建造房屋、生产、添附这类事实行为而取得物权,基于标的物灭失等事件而丧失物权,基于法院强制执行、政府征收等公法行为而丧失物权等。

区分这两种物权变动的重要意义体现在两个方面:(1)基于民事法律行为发生的物权变动,是市场交易的法律形式,在社会生活中最为普遍也最重要,因此各国民事立法皆将其作为重要规范对象;而民事法律行为以外的原因引起的物权变动不是典型的交易形式,《民法典》将之进行例外规定,在法律特别规定的情况下才能适用。(2)基于民事法律行为的物权变动必须遵循公示原则,而非基于民事法律行为的物权变动则以具备法律规定的特定条件得到满足为必备要件。

三、物权变动模式

(一)物权变动基本模式

物权变动模式是针对基于民事法律的物权变动而言的。从世界范围内来看,不同国家因交易实践、交易观念的不同往往会采取不同的物权变动模式,较为典型的物权变动模式主要有三种类型:债权意思主义、物权形式主义、债权形式主义。

1. 债权意思主义

物权变动的债权意思主义,是指物权变动因当事人的合意生效而生效,无须进行登记或交付,登记或者交付仅有对抗善意第三人的效力(见图2-2-2)。该模式以法国、日本为代表。

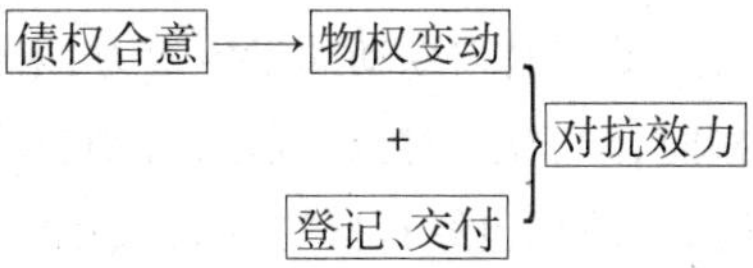

图2-2-2　债权意思主义

2. 物权形式主义

物权变动的物权形式主义,是指物权变动,除需要有引起物权变动的民事法律行为外,还需要当事人就物权的变动(如所有权的移转)达成一个独立于作为原因的民事法律行为之外的合意。此合意纯以物权的变动为其内容,故称为物权合意或物权契约、物权合同(见图2-2-3)。登记、交付是物权合意的载体,是物权变动的生效要件。

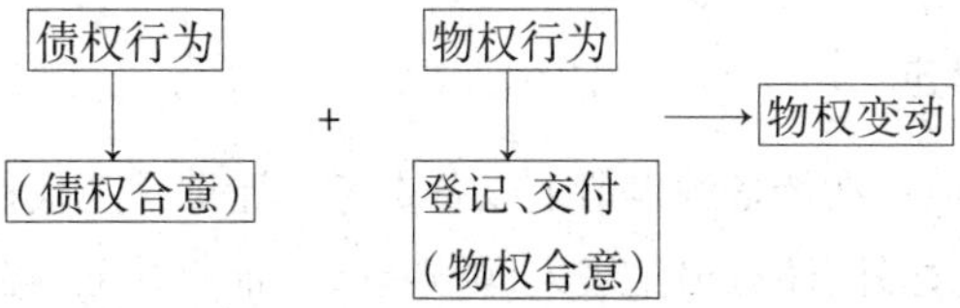

图2-2-3　物权形式主义

此种模式严格区分物权行为与债权行为,物权变动是物权行为与债权行为相结合的法律后果。具体来说:若当事人要买卖一动产,那么双方首先要达成一个债权合意(买卖合同、债权行为),其效果意思是使当事人产生债权债务关系。此外,双方还要达成一个物权合意,即变动所有权的效果意思,这个物权合意是从交付这项物权行为中经由解释而得出的。上述要件均具备后,方能发生物权变动。这种物权变动模式的优点在于交易过程清晰严谨,对当事人意思自治的尊重更加充分,但过于抽象复杂,与日常交易观念不相一致。德国是该模式的典型代表。

3. 债权形式主义

债权形式主义,又称折中主义,以瑞士、奥地利等为代表。其基本规则是:物权因法律行为而发生变动时,除了需要当事人之间有债权合意外,还需要践行登记或交付,才发生物权变动的效力(见图2-2-4)。这种物权变动模式的基本特点是不承认物权行为的独立性,交付和登记不是民事法律行为,而是事实行为。债权合意和物权合意一体把握,在解释上并不加以区分。买卖合同中既有产生债权债务关系的效果意思,也有变动所有权的效果意思。此种物权变动模式能够较好地平衡、兼顾交易安全与交易效率。

债权合意(民事法律行为) + 登记、交付(事实行为) = 物权变动

图2-2-4 债权形式主义

(二)我国的物权变动模式

我国《民法典》物权编第二章确立了中国特色的物权变动模式,即以债权形式主义为主导,以债权意思主义为补充。基于民事法律行为而设立、变更、转让和消灭不动产物权时,除非法律另有规定,否则只有经依法登记,不动产物权变动才发生效力;未经登记,不发生效力。基于民事法律行为而设立和转让动产物权时,除非法律另有规定,否则自交付时,动产物权变动才发生效力;没有交付,不发生效力。同时,土地承包经营权的设立(《民法典》第333条)和土地经营权的流转(《民法典》第341条)、地役权的设立(《民法典》第374条)、动产抵押权的设立(《民法典》第403条)等,自合同生效时设立,不登记即不能对抗善意第三人。

由此可见,登记和交付作为物权变动的公示手段,一般情形下是物权变动的必备要件,特殊情形下为对抗要件。

第二节 不动产登记

一、不动产登记的界定

登记,是指把有关事项写在特备的表册上以备查考。登记是现代社会非常普遍的现象,物权登记仅是其中一种。除此之外,还有出生登记、婚姻登记、企业登记、就业登记、升学登记、住宿登记等,不一而足。作为物权公示方式的登记,可以径称为物权登记,是登记机关依法定程序将物权的设定、移转、变更、消灭等事项记载于登记簿的事实。传统民法上登记仅为不动产物权变动的公示方式,然而,在错综复杂的现代市场经济中,一些动产物权、权利物权的变动也以登记为公示方式。换言之,登记公示方式的适用对象原则上为不动产,但不以不动产物权为限,动产物权、权利物权亦可。

（一）登记的公示优越性

1. 由于公共权力的介入，登记的公示力强。自登记制度建立以来，无论何种立法例，也无论登记机关是法院还是行政机关，登记过程的完成均依赖公共权力的介入。登记以国家的信誉和国家行为的严肃性作为保障，具有取得社会信服的效力。

2. 登记有较严格的程序规则，可信度高。登记要经过申请、受理、审查、记载等几个环节，有着程序要求和程序规则，登记所记载的权利与实际权利吻合性高，公开的信息准确，可信赖性就强。

3. 登记记载内容的稳定性好，便于世人查阅。由于登记制度有着专门的登记机关、登记官员、登记簿，登记的内容一经记载就不得轻易更改，如果要更改则要办理变更登记，因此，登记所公示的物权变动的信息稳定性好，人们可以随时查阅登记簿以了解某一标的物上的物权状况。

4. 减少交易费用，实现交易便捷。在现代社会，人口的流动性和不确定的人际关系，使获得为进行财产交易所必需的信息成本大大增加。登记制度的存在能够使交易当事人便利地获得交易对象相关的重要信息，并且，登记的权威性使当事人可以完全信赖这些信息。这就可以大大降低交易成本。

（二）不动产登记的立法例

不动产登记的立法例主要有三种，即契据登记、权利登记和托伦斯登记。

1. 契据登记，首创于法国。它是指不动产物权的变动，经当事人订立契据（契约书、合同书）即已生效，但非经登记不得对抗第三人，所以也称登记公示主义。实行契据登记制的国家和地区有法国、意大利等欧洲国家、日本、南美一些国家及美国的大多数州。

2. 权利登记，此种登记制度为德国首创，也称登记要件主义，是指物权变动除当事人达成合意之外，还必须进行登记，不登记则不生效力。实行权利登记制度国家有德国、瑞士、奥地利等欧洲国家及东南亚一些国家。

3. 托伦斯登记，也称登记发证制度，由澳大利亚托伦斯爵士提出，于1858年经南澳洲议会通过并施行。该制度的特点是：（1）不强制一切土地所有权、他项权利必须申请登记。但是一经申请第一次登记，日后如土地权利有变更或设定，则非经登记不发生效力。（2）登记采实质审查主义。登记官员对于登记申请有实质审查权，对登记原因及证明文件予以详细审查，必须公告者应经公告程序始能确定。（3）登记具有公信力。（4）发给土地权利证书。实行托伦斯登记制度的国家和地区有澳大利亚、爱尔兰、新西兰、加拿大、南非、菲律宾、马来西亚及美国伊利诺伊州、加利福尼亚州、马萨诸塞州、俄勒冈州等十余个州。

依照我国学者的解释，我国现行登记制度介于托伦斯登记制和权利登记制之间，这主要表现在登记为不动产权属变动的生效要件，并实行登记发证，不动产权属证书的内容与登记簿不一致的，以不动产登记簿的记载为准。

二、不动产登记的类型

（一）总登记

总登记，是指在一定时间内对辖区内或者特定区域内的土地进行的全面登记。总登记的根本目的是健全不动产物权的公示及公信制度，保护交易安全。应当注意区别总登记与初始登记，总登记强调在特定的时间内对土地进行的全面清理，而初始登记只强调首次登记，并不要求登记的全面覆盖。

(二)初始登记

初始登记又称初次登记,是指不动产的所有权人依法在规定的时间内对其权利进行的第一次登记。初始登记的原因一般既可能是因为新的不动产登记法付诸实施之时需要对全部的不动产所有权进行清理性登记,也有可能是对新产生的不动产如新建设成的建筑物的所有权或新出现的土地的所有权的登记。例如,房屋建成后明确房屋所有权的登记,就是初始登记。

(三)变更登记

变更登记又称变动登记,是指登记机关就不动产物权变动所进行的记载。当总登记作成后,某一不动产物权因买卖、赠与、权利设定等发生变动时,不动产上的权利就与既存登记的一部或全部发生不一致。此种不一致必然增加交易第三人认识不动产权利状态的困难,有害于交易的迅捷和安全。所以,当不动产物权因一定原因发生变动时,就得为变更登记,以保障登记始终如实地反映不动产权利的真实状态。

(四)更正登记

更正登记是指对于已经完成的登记,登记事项存在错误,致使登记与实体权利状态的不一致,为消除这种不一致状态,对既存登记的部分内容进行订正补充而发生的登记。因此,如果权利人、利害关系人认为不动产登记簿记载的事项存在错误的,可以申请更正登记。不动产登记簿记载的权利人书面同意更正或者有证据证明登记确有错误的,登记机构应当予以更正(《民法典》第220条第1款)。

(五)异议登记

异议登记,是指利害关系人认为不动产登记簿的物权归属等事项存在错误,向登记机构提出异议,异议被记载于登记簿的行为。异议登记的直接法律效力是使得登记权利的正确性推定作用暂时失去其效力,第三人也不得以登记的公信力按照登记的内容取得登记的不动产物权。与更正登记不同,异议登记是暂时中断登记簿的公信力,维护真正权利人的合法权益(《民法典》第220条第2款)。

异议登记只是一种临时性的保护措施,不动产登记簿记载的权利人不同意更正的,利害关系人可以申请异议登记。在登记机构办理了异议登记后,申请人应当自异议登记之日起15日内提起诉讼,否则异议登记失效。如果异议登记不当,并且造成权利人损害的,权利人可以向申请人请求损害赔偿。

这里的"15日"属于异议登记人申请异议登记效力的除斥期间。异议登记失效后,当事人有权提起民事诉讼,请求确认物权归属。异议登记失效不影响人民法院对案件的实体审理。

(六)预告登记

预告登记,又称为假登记,是指为了确保债权的实现,以保障将来取得不动产物权,限制债务人重复处分将来的不动产物权而为的登记。预告登记是德国民法所创立的一种制度,现今许多国家、地区的立法都对之加以采纳。预告登记制度旨在将不动产物权变动请求权予以公示,为外人所知晓,起到了向交易第三人充分披露不动产物权信息的作用,从而使关于物权变动的债权请求权具有对世效力,确保将来物权变动的实现,也能有效地防止欺诈的产生。

《民法典》第221条规定了预告登记制度。当事人签订买卖房屋的协议或者签订其他不动产物权的协议,为保障将来实现物权,按照约定可以向登记机构申请预告登记。

预告登记与本登记相对应。本登记又称为终局登记,是指直接使当事人所期待的不动产物权变动发生效力的登记,即针对已存在的不动产物权的登记。在进行终局登记之后,当事人所要设立的物权即刻成立,所要变更、废止的物权即刻发生变更、废止的结果。终局登记是在当事人所具备的实质要件和形式要件都已经具备时,登记机关按当事人意愿进行的登记。

预告登记的效力是未经预告登记的权利人同意,处分该不动产的,不发生物权效力。当预告登记所担保的债权获得了实现或者该债权消灭的,预告登记自然失效。这里的"债权消灭"是指预告登记的买卖不动产物权的协议被认定无效、被撤销,或者预告登记的权利人放弃债权。预告登记只是对权利人的一种临时性保护措施,并不能产生永久的对抗效力。因此,预告登记后,能够进行不动产登记的,权利人应当在90日内申请登记,否则,预告登记失效。

(七)注销登记

注销登记也被称为涂销登记,是指物权消灭时,为了消灭该项物权及其他项物权的登记而为的登记。其本质是,在既存的登记中,基于原始的或后发的理由而致使登记事项全部不适法,从而消灭此一登记的记载行为。注销登记以登记事项全部不适法为必要,如果仅仅是部分的不适法,则进行更正登记,而无须注销登记。注销登记包括权利人抛弃其不动产物权的登记、不动产自然灭失(如土地和房屋因自然灾害而灭失)的登记等。

此外,我国不动产登记制度中还有所有权登记、他项权利登记等区分。

三、不动产登记制度的基本构造

国家对不动产实行统一登记制度。统一登记的范围、登记机构和登记办法,由法律、行政法规规定。不动产登记制度涉及的内容广泛,主要包括登记机构的建制、登记机构的职责和义务、登记的程序、不动产登记簿、登记信息查询等方面。《不动产登记暂行条例》是目前我国不动产登记制度的制度依据。

(一)属地登记原则与登记机构

不动产的属性决定了不动产登记须实行属地登记原则。所谓属地登记,即由不动产所在地的登记机构进行登记。由不动产所在地的登记机构进行登记不但便于登记机关掌握不动产的具体情况,而且便于当事人就地申请,避免增加当事人的负担,避免造成资源浪费。

在我国,不动产登记由不动产所在地的县级人民政府不动产登记机构办理;直辖市、设区的市人民政府可以确定本级不动产登记机构统一办理所属各区的不动产登记。跨县级行政区域的不动产登记,由所跨县级行政区域的不动产登记机构分别办理。不能分别办理的,由所跨县级行政区域的不动产登记机构协商办理;协商不成的,由共同的上一级人民政府不动产登记主管部门指定办理。国务院确定的重点国有林区的森林、林木和林地,国务院批准项目用海、用岛,中央国家机关使用的国有土地等不动产登记,由国务院国土资源主管部门会同有关部门规定。

(二)登记程序

1. 申请。在申请的主体方面,因买卖、设定抵押权等申请不动产登记的,应当由当事人双方共同申请。属于下列情形之一的,可以由当事人单方申请:(1)尚未登记的不动产首次申请登记的;(2)继承、接受遗赠取得不动产权利的;(3)人民法院、仲裁委员会生效的法律文书或者人民政府生效的决定等设立、变更、转让、消灭不动产权利的;(4)权利人姓名、名称或者自然状况发生变化,申请变更登记的;(5)不动产灭失或者权利人放弃不动产权利,申请注销登记的;(6)申请更正登记或者异议登记的;(7)法律、行政法规规定可以由当事人单方申请的其他情形。

在申请材料方面,当事人申请登记,应当根据不同登记事项提供权属证明和不动产界址、面积等必要材料,并对申请材料的真实性负责。具体材料包含:(1)登记申请书;(2)申请人、代理人身份证明材料、授权委托书;(3)相关的不动产权属来源证明材料、登记原因证明文件、不动产权属证书;(4)不动产界址、空间界限、面积等材料;(5)与他人利害关系的说明材料;(6)法律、行政法规以及本条例实施细则规定的其他材料。不动产登记机构应当在办公场所和门户网站公开申请登记所需材料目录和示范文本等信息。

2. 受理。不动产登记机构收到不动产登记申请材料,应当分别按照下列情况办理:(1)属于登记职责范围,申请材料齐全、符合法定形式,或者申请人按照要求提交全部补正申请材料的,应当受理并书面告知申请人;(2)申请材料存在可以当场更正的错误的,应当告知申请人当场更正,申请人当场更正后,应当受理并书面告知申请人;(3)申请材料不齐全或者不符合法定形式的,应当当场书面告知申请人不予受理并一次性告知需要补正的全部内容;(4)申请登记的不动产不属于本机构登记范围的,应当当场书面告知申请人不予受理并告知申请人向有登记权的机构申请。不动产登记机构未当场书面告知申请人不予受理的,视为受理。

3. 审查。登记机构应当履行的审查职责:其一,查验申请人提供的权属证明和其他必要材料;其二,就有关登记事项询问申请人;其三,如实、及时登记有关事项;其四,法律、行政法规规定的其他职责。申请登记的不动产的有关情况需要进一步证明的,登记机构可以要求申请人补充材料,必要时可以实地查看。

关于不动产登记机构的审查义务,有形式审查说和实质审查说。形式审查,是指登记机构仅对当事人所提交的材料进行形式要件的审查。实质审查,是指登记机构不仅对当事人所提交的材料进行形式要件的审查,而且要负责审查申请材料内容的真伪,在特殊情况下,对法律关系的真实性也要进行审查。由我国《民法典》的相关规定可以看出,实际上采取了形式审查为主,实质审查为辅的审查制度。

此外,不动产登记机构还负有一些禁止性义务:(1)不得要求对不动产进行评估;(2)不得以年检等名义进行重复登记;(3)不得为超出登记职责范围的其他行为。其目的是防止登记机构过度干预私权,避免增加权利实现的成本,从而提高效率。

4. 登记。除法律另有规定的外,不动产登记机构应当自受理登记申请之日起30个工作日内办结不动产登记手续。登记事项自记载于不动产登记簿时完成登记。

登记申请有下列情形之一的,不动产登记机构应当不予登记,并书面告知申请人:(1)违反法律、行政法规规定的;(2)存在尚未解决的权属争议的;(3)申请登记的不动产权利超过规定期限的;(4)法律、行政法规规定不予登记的其他情形。

5. 发证。不动产登记机构完成登记,应当依法向申请人核发不动产权属证书或者登记证明。

(三)不动产登记簿与权属证书

不动产登记簿,是指记载不动产上的权利状况并备存于特定机关的簿册。不动产登记机构应当按照国务院国土资源主管部门的规定设立统一的不动产登记簿,不动产登记簿由登记机构管理。

不动产登记簿是物权归属和内容的根据(《民法典》第216条)。

不动产登记簿应当记载以下事项:(1)不动产的坐落、界址、空间界限、面积、用途等自然状况;(2)不动产权利的主体、类型、内容、来源、期限、权利变化等权属状况;(3)涉及不动产权利限制、提示的事项;(4)其他相关事项。

不动产登记簿应当采用电子介质,暂不具备条件的,可以采用纸质介质。不动产登记簿采用电子介质的,应当定期进行异地备份,并具有唯一、确定的纸质转化形式。不动产登记机构应当依法将各类登记事项准确、完整、清晰地记载于不动产登记簿。任何人不得损毁不动产登记簿,除依法予以更正外不得修改登记事项。不动产登记簿由不动产登记机构永久保存。行政区域变更或者不动产登记机构职能调整的,应当及时将不动产登记簿移交相应的不动产登记机构。

不动产权属证书,则是证明权利人享有不动产物权的非规范性法律文件,是不动产登记机构发给权利人,由不动产物权权利人持有的文件。不动产权属证书记载的事项,应当与不动产登记簿一致;记载不一致的,除有证据证明不动产登记簿确有错误外,以不动产登记簿为准。

四、物权变动的区分规则

所谓物权变动的区分规则,是指物权变动的原因与物权变动的结果属于两个不同的法律事实,各依据不同的法律根据而成立生效(《民法典》第215条)。

具体而言,以发生物权变动为目的的原因主要是合同,它属于债权法律关系的范畴,其成立以及生效应该依据合同法来判断,而物权变动的结果则要依物权法来判断。即使是依及时清洁的买卖合同所发生的物权变动,二者的成立及生效的规则还是严为区别。合同只是当事人之间的一种合意,并不必然与登记、交付联系在一起。当事人之间订立有关设立、变更、转让和消灭不动产物权的合同,除法律另有规定或者当事人另有约定外,自合同成立时生效,而不动产物权的变动只能在登记时生效,不能因当事人之间的合同有效就认定物权变动的效果必然发生,未办理物权登记的,不影响合同效力。

值得注意的是,我国《民法典》虽然只规定了不动产物权变动的区分规则(《民法典》第215条),但依法律适用的原理,动产物权变动甚至其他财产权利的变动皆应类推适用这一规则。

五、不动产登记的效力

所谓登记的效力,是指物权登记所产生的一切法律效果,包括登记对物权变动所产生的影响力以及登记所产生的法律约束力。

从世界各国的立法例来看,主要可以分为两种模式,即登记生效要件主义和登记对抗主义。登记生效要件主义是指物权变动以登记为其发生效力的要件,未经登记不发生物权变动的效力。登记对抗主义是指物权变动不以登记为其发生效力的要件,不登记则不得对抗善意第三人。我国《民法典》对于登记的效力,采取的是综合的立场:因合同等民事法律行为发生的不动产物权变动,除法律另有规定外以登记为生效要件主义;在法律例外规定的情形下,登记为不动产物权变动的对抗要件,土地承包经营权的变动、地役权的设定即属此类。

此外,不动产登记还具有权利的正确性推定效力。因为不动产登记簿是物权归属和内容的根据,这就意味着,我们推定不动产登记簿上登记的权利人就是真实的权利人。但这一推定是可以被推翻的,如果有相反的证据证明不动产登记簿上登记的权利人并非真实的权利人,则以其他证据证明的内容为准。因此,如果当事人有证据证明不动产登记簿的记载与真实权利状态不符、其为该不动产物权的真实权利人,请求确认其享有物权的,人民法院应予支持。

六、登记错误的赔偿

登记错误的赔偿,是指登记申请人或者登记机构在不动产登记中造成他人损害时,依法应当承担的赔偿责任。在不动产登记中,登记的内容正确与否不仅影响交易当事人的利益,而且也影响交易的安全和秩序。登记内容与真实的权利状态不一致可能给真正的权利人和交易当事人造成损失,因此而使真正权利人和善意相对人发生损失时,登记申请人和登记机构依法应承担相应的赔偿责任。

当事人提供虚假材料申请登记,造成他人损害的,应当承担赔偿责任。实践中,因当事人提供虚假材料申请登记,从而造成登记错误,最终损害他人的情形比较普遍。所谓提供虚假材料,就是指登记申请人在申请登记的时候,以故意伪造、篡改等方式提供虚假材料,如假身份证、假房产证、假公证书、假授权委托书等材料,将他人的财产设定抵押并进行登记,或者非法处分他人的财产,并造成真正权利人的损害的情况(《民法典》第 222 条第 1 款)。

因登记错误,造成他人损害的,登记机构应当承担赔偿责任。登记机构赔偿后,可以向造成登记错误的人追偿。从我国登记的实践情况来看,登记错误的原因很多,但并非一律由登记机关先行承担赔偿责任,而只是就房屋登记机构及其工作人员违反规定办理房屋登记造成他人损害的情形承担赔偿责任。对于登记错误有个人责任(故意或者有重大过失)的,登记机关承担赔偿责任之后可以向工作人员追偿(《民法典》第 222 条第 2 款)。

第三节　动产交付

一、交付概述

(一)交付的概念

交付是指将自己占有的物或所有权凭证移转其他人占有的行为。简言之,交付意味着占有的移转。占有与交付相辅相成,分别从静态和动态两个方面向世人公开动产物权关系,交付的前提是占有,交付的结果是另一人的占有。

(二)交付的特征

交付具有以下几个特征:

1. 交付的实质在于将动产物权设立、移转、变更等情况向社会公众公布,使人们能够从动产占有的变动情况知道该动产的物权现状。

2. 交付的内容是将动产的占有由一方移转给另一方。

3. 交付是动产的公示方式,不动产虽然也存在交付,但不动产的交付没有物权变动的公示意义。

(三)交付的意义

交付在物权法上和合同法上的法律意义不同,不能将二者混为一谈。

1. 在物权法中,交付是作为物权变动的一种公示方式,要通过交付这一能够为世人所认识的外观现象表示物权的变动,只有能够起到这种作用的交付方式方可适格。而在合同法中的交付只是合同的履行行为,完成交付就是履行合同,因此,无论是现实交付还是观念交付,都无不妥。

2. 物权法对于交付注重的是交付的结果，一般不考虑交付的过程。换言之，主要考虑是否实际发生了占有的移转。所以在物权法中，交付作为一种公示方式，必须与占有联系在一起。即使先前交付了，而后来没有占有，也不能发生物权变动。即使交付过程存在瑕疵，已经交付的也可以发生物权的变动。而合同法注重交付的过程，如果在交付过程中存在瑕疵，都可能构成违约。故而，合同法中的交付不一定为占有的现实移转，只要符合合同的约定，均得为之。

3. 正因为上述两点区别，物权法上的交付只能作为动产物权的变动公示方式，不动产的交付没有物权变动的公示意义。而合同法上的交付则不必区分动产和不动产，只要依照合同的约定完成交付行为即可。

二、交付的类型及其效力

（一）交付的类型

交付有现实交付和观念交付之分。前者即通常所称的交付，是真正的物的交付，如将物交与本人或使用人。后者并非真正交付物，乃占有观念的移转，是从交易上的便利着眼而采取的变通方法，与现实交付具同等效力（见表2－2－1）。

表2－2－1　观念交付

简易交付	动产物权在设立和转让前，受让人或其代理人已经占有原物权人的该动产时，在他们达成物权转让合意时，物权变动即生效果。此时，受让人由他主占有变成自主占有。主要发生在委托保管、借用、质权等关系中
指示交付	又称返还请求权的让与，是指在出让的动产于物权转移前已由第三人占有的情况下，出让人将其对第三人的返还请求权让与受让人，并告知占有人向受让人交付该动产，以代替现实交付的方式
占有改定	出让人在转让物权后仍需继续占有标的物时，出让人与受让人订立合同，使出让人由原来的自主占有变成他主占有，受让人已取得了物权，但将占有交与出让人行使一段时间，在约定的期限届满时，出让人再按约定将该动产交还受让人直接占有

除了现实交付和观念交付外，还存在拟制交付。所谓拟制交付是指当事人并不现实地移转动产的占有，仅是将该动产的权利凭证（如仓单、提单等）移转给另一方当事人占有。这种凭证只能是物权凭证。所以，拟制交付又可称为物权凭证交付。虽然动产的权利凭证在法律性质上也是动产，但它仅是标的物动产的表征，与当事人的目的动产并不完全相同。如谢在全先生所言：此等证券为物权证券，动产之权利以证券表彰之，持有证券者，即与占有动产同，对动产权利之行使，亦须依证券而为之，故此等动产物权之变动，须以交付表彰之证券为之，或尚须有背书者，是已无指示交付之适用。

（二）交付的效力

交付作为动产物权的公示方法，具有相应的法律后果。法国和日本民法认为，动产因当事人的合意而移转，交付仅为对抗第三人的要件。此为交付对抗要件主义的立法模式。德国民法、瑞士民法、我国台湾地区"民法"等认为，交付为动产物权变动的生效要件，非经交付，动产物权的转让或取得不发生效力。

在我国，除法律另有规定外，动产物权的设立和转让，自交付时发生效力。由此可见，交付是动产物权的设立和转让的生效要件，而动产物权的原始取得（善意取得除外）、变更和消灭，则不是通过交付而是通过占有来公示的。[1] 当然,在法律有特殊规定的情形下,即使动产已经交付,但并不发生物权变动,这种情形主要是指《民法典》第641条规定的所有权保留制度。

三、特殊动产物权变动与交付

特殊动产,又称准不动产,是指船舶、航空器和机动车这类需要登记的交通运输工具。

特殊动产的物权变动规则较为特殊,船舶、航空器和机动车等的物权的设立、变更、转让和消灭,仍然以交付为其生效要件。但准不动产也是需要登记的,只是登记并不是特殊动产物权变动的生效要件,而是对抗要件,未经登记,不得对抗善意第三人。

在认定"善意相对人"时须注意,如果转让人转让船舶、航空器和机动车等所有权,受让人已经支付合理价款并取得占有,虽未经登记,除法律另有规定的外,转让人的债权人不能主张其为"善意第三人"。

如果出卖人就同一船舶、航空器、机动车等特殊动产订立多重买卖合同,即所谓的"一物数卖"情形,在买卖合同均有效的情况下,买受人均要求实际履行合同的,应当按照以下情形分别处理:(1)先行受领交付的买受人可以请求出卖人履行办理所有权转移登记手续等合同义务。(2)均未受领交付,先行办理所有权转移登记手续的买受人有权请求出卖人履行交付标的物等合同义务。(3)均未受领交付,也未办理所有权转移登记手续的,依法成立在先合同的买受人有权请求出卖人履行交付标的物和办理所有权转移登记手续等合同义务。(4)出卖人将标的物交付给买受人之一,又为其他买受人办理所有权转移登记的,已受领交付的买受人有权请求将标的物所有权登记在自己名下。

第四节 非依法律行为发生的物权变动

一、概说

非依法律行为发生的物权变动,是指民事法律行为以外的法律事实引起物权变动。《民法典》物权编第二章第三节"其他规定"的4个条文,就是对该制度的具体规定。依物权法定原则,法律行为以外的引起物权变动的法律事实应当由法律明文规定。综合各国的立法来看,非依法律行为发生的物权变动的类型主要有以下几类:(1)依据"公共权力"发生的物权变动,主要指直接依据法律的规定、法院的判决、政府的指令所发生的物权变动。(2)因继承发生的物权变动。(3)因事实行为发生的物权变动,包括劳动、先占、添附、善意取得等。(4)因自然事件发生的物权变动。(5)时效取得引起的物权变动。我国《民法典》物权编第二章第三节"其他规定"部分主要规定了四种非基于民事法律行为的物权变动类型,即生效法律文书而导致的物权变动、因人民政府的征收决定而发生的物权变动、因继承发生的物权变动、因事实行为发生的物权变动。除此之外,善意取得制度(《民法典》第311条)、添附制度(《民法典》第322条)也属于非基于民事法律行为的物权变动,规定在《民法典》物权编第九章"所有权取得的特别规

---

[1] 传统民法认为动产物权以交付为公示方式,而我国民法学界近年来的普遍看法是,动产物权的享有(静态的物权)以占有为公示方式,而动产物权的变动(动态的物权)主要是以交付为公示方式。并且,习惯法上还有多样态的公示方式。参见屈茂辉:《物权公示方式研究》,载《中国法学》2004年第5期。

定”中。

二、因生效法律文书而导致的物权变动

因生效法律文书而导致的物权变动，是指因人民法院、仲裁机构的法律文书而直接发生的物权变动。因人民法院、仲裁机构的法律文书，导致物权设立、变更、转让或者消灭的，自法律文书生效时发生效力(《民法典》第229条)。

人民法院、仲裁机构作为解决民事纠纷的主体，其依照法定程序和权限做出的判决书、裁定书、调解书等法律文书就有相应的法律效力，因而在某些场合下可以直接导致物权变动。但须注意的是，并不是所有的生效法律文书都可以直接导致物权变动，为避免当事人借此规定进行虚假诉讼，应当对该条的“法律文书”进行目的性限缩解释。只有形成之诉(又称变更之诉)的生效法律文书可以导致物权变动，而给付之诉、确认之诉的生效法律文书并不在此列。换句话讲，就是直接为当事人创设或者变动物权的判决书、裁决书、调解书等。一般来说，此类法律文书主要包括以下几种类型：人民法院、仲裁机构在分割共有不动产或者动产等案件中作出并依法生效的改变原有物权关系的判决书、裁决书、调解书，以及人民法院在执行程序中作出的拍卖成交裁定书、变卖成交裁定书、以物抵债裁定书。

三、因人民政府的征收决定等而发生的物权变动

征收是指作为国家代表的政府，基于公共利益的需要，依照法律规定的权限和程序，直接将集体或个人财产所有权变为国家所有权，并依法给予适当补偿的行为。因人民政府的征收决定等，导致物权设立、变更、转让或者消灭的，自征收决定等生效时发生效力(《民法典》第229条)。简言之，基于人民政府的征收决定，自征收决定等生效时即发生物权变动，该物权从集体或个人转移至国家。

依行政法原理，人民政府的征收决定自其公告之日起生效。

此外，除征收决定外，人民政府的其他能直接导致物权变动的决定如没收决定，也能引起物权变动的发生。

四、因继承而发生的物权变动

继承是指按照法律的规定或基于被继承人的遗嘱，由继承人取得被继承人遗产的法律制度。因此，继承会导致遗产从被继承人处转移至继承人处，其中当然发生物权变动的问题。在因继承取得物权的场合，物权变动自继承开始时发生效力(《民法典》第230条)。结合《民法典》继承编的规定，继承从被继承人死亡时开始。这意味着，一旦被继承人死亡，即丧失民事主体资格，当然不能享有物权，此时继承则开始，遗产直接变动至继承人。即使作为遗产的动产没有交付，不动产没有办理登记，物权也直接基于法律规定发生变动。

五、因合法建造、拆除房屋等事实行为而导致的物权变动

事实行为属于非表意行为，为不以意思表示为要素，行为一经作出即直接按照法律规定发生相应的法律效力。合法建造、拆除房屋行为属于事实行为，一旦该行为成就，物权即发生设立或者消灭。一般认为，因合法建造房屋如用钢筋、水泥、砖瓦、木石建造房屋而取得物权的，所建造的房屋封顶则视为事实行为成就。

除建造行为、拆除行为外,制作衣服、家具的行为,先占行为,拾得行为,挖掘行为等都属于事实行为。不仅合法的建造行为能够导致物权的取得,即使是不合法的建造行为,行为人也于建造行为完成时即取得建造物的所有权。只是,如果该行为不能补正,就不能以所有权来对抗公权力机关拆除等执法行为。

六、非依法律行为发生的物权变动中不动产登记的效力

依物权法之法理和我国《民法典》的规定,民事法律行为以外的原因引起的物权变动不以公示为物权变动的要件,即不动产物权变动不以登记为生效要件。此种情形下,不动产登记的效力,既不是生效效力,也不是对抗效力,而是处分效力(《民法典》第 232 条)。

所谓不动产登记的处分效力,是指因民事法律行为以外的原因而享有不动产物权的,处分该物权时,需依照法律规定需要办理登记,未经登记,处分行为不发生物权效力。换句话说,就是此种情形下的不动产物权变动,享有物权的权利人,如果不处分自己的物权,即可以不登记,但如果要处分其物权,那就要按照法律规定进行登记,如果不登记,其作出的物权处分行为就不发生物权变动的效力。非经登记不得处分之"处分"应当作狭义解释,即仅指"依法律行为而进行的物权变动",包括不动产出卖、赠与、互易以及不动产用益物权、抵押权的设定等,但不包括不引起物权变动的其他处分行为,如不动产的出租、出借,也不包括非处分行为的其他导致不动产物权变动的事件、事实行为等。

思考题

1. 简述我国的物权变动模式。
2. 简述不动产登记的类型。
3. 简述异议登记制度。
4. 简述预告登记及其法律效力。
5. 试分析不动产登记簿的法律效力。
6. 简论我国《民法典》物权编中的区分原则及其适用。
7. 简述动产交付的类型及其效力。
8. 简述非基于民事法律行为的物权变动规则。

阅读指引

关于物权变动模式选择的相关探讨

1. 葛云松:《物权行为:传说中的不死鸟——〈物权法〉上的物权变动模式研究》,载《华东政法大学学报》2007 年第 6 期。
2. 董学立:《论〈物权法〉确立的物权变动新模式》,载《法学论坛》2011 年第 4 期。
3. 龙俊:《物权变动模式的理想方案与现实选择》,载《法学杂志》2019 年第 7 期。

关于动产交付制度相关问题的探讨

1. 崔建远:《物权法视野下的指示交付》,载《法律适用》2014 年第 10 期。
2. 庄加园:《基于指示交付的动产所有权移转——兼评〈中华人民共和国物权法〉第 26 条》,载

《法学研究》2014 年第 3 期。
3. 屈茂辉:《动产交付制度研究》,载《中国法学》2002 年第 4 期。
4. 屈茂辉:《动产交付规则的解释与适用》,载《政法论坛(中国政法大学学报)》2008 年第 6 期。
5. 刘家安:《论动产所有权移转中的交付——若干重要概念及观念的澄清与重构》,载《法学》2019 年第 1 期。

非基于民事法律行为的物权变动原因及效果问题

1. 屈茂辉:《民事法律行为之外的原因所致物权变动规则》,载《法学》2009 年第 5 期。
2. 刘耀东:《论基于继承与遗赠发生的不动产物权变动——以〈物权法〉第 29 条为中心》,载《现代法学》2015 年第 1 期。
3. 房绍坤:《论继承导致的物权变动——兼论继承法相关制度的完善》,载《政法论丛》2018 年第 6 期。
4. 刘耀东:《论基于法律文书发生的不动产物权变动——以〈物权法〉第 28 条为中心》,载《东方法学》2016 年第 1 期。
5. 程啸:《因法律文书导致的物权变动》,载《法学》2013 年第 1 期。

第三章　物权的保护

导学案例

2007年4月2日，王某与丁某约定：王某将一栋房屋出售给丁某，房价20万元。丁某支付房屋价款后，王某交付了房屋，但没有办理产权移转登记。丁某接收房屋作了装修，于2007年5月20日出租给叶某，租期为2年。2009年5月29日，王某因病去世，全部遗产由其子小王继承。小王于2009年6月将该房屋卖给杜某，并办理了所有权移转登记。根据上述案情，回答下列问题：

1. 王某生前是否有权请求丁某返还房屋？
2. 王某去世后，小王出卖房屋前，小王是否有权请求丁某返还房屋？
3. 杜某是否有权向丁某主张返还房屋？
4. 杜某是否有权向叶某主张返还房屋？

第一节　物权保护的方式

一、物权的保护

物权的保护，是指在物权受到妨碍的情况下，采用法律规定的各种方法维护物权人的利益、保障权利人不受侵害。物权和其他民事权利一样，不仅受到民法的保护，也受到宪法、刑法、行政法的保护。

就民法保护而言，对物权的保护有物权法的保护和债权法的保护之分。物权法的保护主要是确定物权请求权规则，债权法的保护包括侵权责任法的保护、不当得利法的保护等。侵权责任法的保护即规定损害赔偿请求权，不当得利法的保护是确定不当得利返还请求权。

物权受到侵害的，权利人可以通过和解、调解、仲裁、诉讼等途径解决。特别值得注意的是，仲裁本属于商事纠纷（合同纠纷和其他财产权益纠纷）的解决方式（《仲裁法》第2条），《民法典》物权编明确规定，物权纠纷也可以通过仲裁方式解决。

二、物权确认请求权

物权确认请求权是指利害关系人在物权归属和内容发生争议时，有权请求确认物权归属、明确权利内容的请求权。因此，因物权的归属、内容发生争议的，利害关系人可以请求确认权利。

从性质上讲，物权确认请求权不属于物权请求权，而是规定在物权法上的程序性的权利，具有区别于物权请求权的独特属性。[1] 确认物权的请求权主体是利害关系人。所谓“利害关系人”是指与物权归属或者内容存在法律上的利害关系人的人,即对物权存在争议的人。确认物权的请求权的内容包括两方面。

(一)对物权归属的确认

一方面,它是对所有权的确认。它是保护所有权的前提,因为返还原物、排除妨碍等请求权都是以所有权的确认为前提。如果所有权的归属不清,则无法适用所有权的保护方法。另一方面,它是对他物权的确认。如抵押权设定后,在拍卖时发生争议,即债权人对该项土地之上是否具有抵押权、谁享有抵押权发生了争议,当然应当包括在确权之内。他物权的设定虽有登记,但登记记载的内容也会有错误,因此有必要确认。

(二)对物权内容的确认

如果当事人对物权的内容发生争议,可以请求人民法院对物权的内容加以确认。如登记机关将他人的房屋面积登记错误,权利人向登记机构提出更正登记遭到拒绝后,可以请求法院确认。

确认物权的归属的方式必须是向有关行政机关或人民法院提出请求,而不能以自力救济方式实施。在物权的归属处于状态不明的情况下,当事人只能通过有权机关(如行政机关或人民法院)予以确权。例如,就土地使用权的归属发生争议时,利害关系人可以请求县级以上人民政府确定该土地使用权归何人享有。如果请求法院予以确认,则当事人必须提起确认之诉。所谓确认之诉,是指原告请求法院确认其与被告之间是否存在某种法律关系,或确认其是否享有某种民事权利的诉讼,其适用范围非常广泛。

第二节　物权请求权

一、物权请求权的含义与特征

物权请求权,也称物上请求权,有广义、狭义两种含义。就狭义而言,物权请求权是指基于物权而产生的请求权;就广义而言,物权请求权除了基于物权而产生的请求权以外,还包括占有人的占有保护请求权。[2] 学者一般都是从狭义上理解物权请求权的。所谓物权请求权,是指物权人在自己的物权受到妨害或者有妨害之虞时,请求义务人为一定行为或者不为一定行为的权利。

物权请求权具有以下特征。

1. 物权请求权是一种基于物权而产生的请求权。物权请求权基于物权而产生,享有物权是行使物权请求权的前提。凡合法享有物权的人,无论是自物权人或他物权人,当其支配权受到他人侵害时,为恢复权利人对客体的圆满支配状态,物权人即可行使此项请求权。可见,物权请求权的行使可以使物权恢复圆满状态和支配力,因此它也是物权效力的体现。

2. 物权请求权是附属于物权又有别于物权的权利。物权请求权只是在物权的完满状态受到

---

〔1〕 孙瑞玺:《物权确认请求权的性质及其与相关规定的适用问题探讨》,载《法学论坛》2014年第3期。

〔2〕 有学者认为,物上请求权是物权请求权的上位概念,物上请求权包含物权请求权和基于占有的请求权。参见崔建远:《物权法》,中国人民大学出版社2009年版,第114页。

妨害或者可能受到妨碍时,以恢复物权的完满为目的提出的请求权,它是一种典型的附属性权利,它是从物权的排他性、绝对性衍生而来的防护性请求权,是一种不可以脱离所附属的物权的权利。权利人享有物权时,自然就享有了以自己的行为维护自己的物权的权利,即物权请求权。物权请求权与物权具有共同的命运,物权请求权随着物权的产生而产生,随着物权的转移而转移,物权消灭时物权的请求权亦不复存在,物权请求权不能单独转让。

3. 物权请求权的效力优先于债权请求权。在物权受到侵害的情况下,首先应当采用物权的请求权对物权进行保护,这是因为物权的请求权具有优先于债权的效力。当物权请求权与债权请求权发生冲突时,因物权请求权基于物权产生,为恢复物权圆满状态而设,其效力源于物权的支配效力,是物权效力作用的必要体现,而物权优先于债权的效力自然应"延伸"于物权请求权,使其同样具有优先于债权请求权的效力。

制度辨析 物权请求权 vs. 债权请求权

物权请求权与债权请求权虽然同为请求权,但二者存在许多差别:

1. 两者发生根据不同。债权请求权发生的根据是合同、无因管理、不当得利、侵权损害等;而物权请求权发生根据是物之支配受到侵害,它以物权存在为前提。

2. 两者目的不同。从微观上讲,债权请求权的目的在于满足债权人获得物质资料、知识产品、劳动力、服务利益的要求;而物权请求权目的在于回复物权人对物的原有支配状态,满足物权人享受物的各种利益的要求。从宏观上讲,债权请求权的目的在于维护物的动态安全,即流通的安全;而物权请求权的目的则在于维护物的静态安全,即占有、支配上的安全。

3. 两者后果不同。债权请求权的行使产生消灭债权关系的后果;而物权请求权的行使则产生回复物之支配权,使之继续顺利行使的后果。

4. 两者方式不同。债上请求权不包括返还原物、恢复原状、排除妨碍、消除危险等,但包括赔偿损失、停止侵害、继续履行、采取补救措施等;物权请求权包括返还占有、确认物权、排除妨害、消除危险,但不包括赔偿损失。

二、物权请求权的类型

(一)返还原物请求权

返还原物请求权,是指物权人要求无权占有人返还其占有的物的请求权(《民法典》第235条)。其构成要件有二:(1)请求人须为物权人;(2)被请求人为(相对于物权人的)现时的无权占有人。世界上公认的占有返还的一般原则是原物返还。原物返还的意思,就是以原物本来的样态和使用的状态予以返还。

返还原物请求权中最基础也是最重要的是所有人的返还请求权,他物权人的返还请求权都是所有人的返还请求权的派生,占有人的返还请求权则属于所有人的返还请求权的适用而已。只要他人无权占有或侵夺所有人的财产,所有人都可以通过行使该项请求权而恢复其所有权的圆满状态。所有人只能针对非法占有人提出返还原物,而不能要求合法占有人返还原物,否则,合法占有人可依据其合法占有权,拒绝所有人的请求。

(二)排除妨害请求权

排除妨害请求权,也称为物权保持请求权,是指物权人对他人妨害其物权行使的行为请求予以排除的权利。《民法典》第 236 条确认了排除妨碍请求权。

这种请求权中最为基础的是所有人的排除妨害请求权,他物权人的排除妨害请求权可以说仅仅是对所有人的排除妨害请求权的适用而已。所有人的排除妨害请求权的行使必须符合如下构成要件:(1)被妨害的标的物仍然存在。如果所有人所有的物已经毁损灭失,只能请求侵权行为人赔偿损失。(2)行使排除妨害请求权,所有人必须占有被妨害的物,妨害人以占有以外的方法妨害所有人行使所有权,可以是有形妨害也可以是无形妨害。如果其占有已经丧失,则只能行使所有物返还请求权或其他请求权,而不能行使排除妨害请求权。(3)妨害必须是持续进行的,而不是短暂即逝的或已经消失的,否则,尽管妨害行为已经做出,所有人也不能行使请求排除妨害的请求权,而只能请求侵害人承担侵权损害赔偿等责任。(4)妨害必须是不正当的。

(三)消除危险请求权

消除危险请求权,在传统民法中被称为妨害预防请求权或妨害防止请求权,是指物权有可能受到妨害的危险时,物权人有权请求实施危险行为的行为人或导致危险之物的物权人消除危险(《民法典》第 236 条)。所谓危险,是指他人的行为或者设施可能造成自己之物的损害。危险的判断标准为:(1)危险必须是可以合理预见的而不是主观臆测的。(2)危险必须是确实存在的且有对他人财产、人身造成损害的可能。如邻人的大树有可能倾倒,砸坏自己的房屋。

(四)恢复原状请求权

恢复原状是指行为人导致他人之物损害后,对之进行修补,使其恢复原有的状态(《民法典》第 237 条)。因此,恢复原状请求权,即指物权人请求对于造成其物的损害者恢复物的原状的权利。恢复原状的方式因动产和不动产而有区别。对于动产毁损的,主要采取修理、重作、更换这三种方式予以补救。对不动产造成的损害则不能适用上述方式,而应当采取上述方式之外的其他方式。

恢复原状请求权,也适用于占有。恢复原状请求权可以与损害赔偿请求权可以同时行使,在物权人的物遭受损害以后,如果经过修复仍不足以弥补受害人的损失,受害人可以另外向加害人要求补偿。

须注意,上述物权请求权可以单独适用,也可以根据权利被侵害的情形合并适用。

思考题

1. 简述物权遭受侵害的救济方式。
2. 简述物权请求权的特征及类型。
3. 试比较物权请求权与债权请求权的区别。

阅读指引

关于物权保护方式的代表性研究

1. 冉克平:《物权私法保护方式的体系纷争与调和》,载《现代法学》2015 年第 5 期。
2. 王轶:《民法典如何保护物权》,载《中国法律评论》2019 年第 1 期。

关于物权请求权制度的独立性及存废问题研究

1. 王洪亮:《原物返还请求权:物上请求权抑或侵权责任方式》,载《法学家》2014 年第 1 期。

2. 秦静云:《物权请求权制度之存废与民法体系的选择》,载《现代法学》2015年第4期。
3. 朱虎:《物权请求权的独立与合并——以返还原物请求权为中心》,载《环球法律评论》2013年第6期。

关于物权确认请求权的性质争议

1. 王洪亮:《实体请求权与诉讼请求权之辨——从物权确认请求权谈起》,载《法律科学(西北政法大学学报)》2009年第2期。
2. 孙瑞玺:《物权确认请求权的性质及其与相关规定的适用问题探讨》,载《法学论坛》2014年第3期。

第二分编　所有权

第四章　一 般 规 定

导学案例

1999年6月14日，原告宋某与被告王某签订一份协议书，约定被告将其两间私宅卖给原告，房款共3万元。原告当天付清了房款，被告也将房屋交付给原告，但没有协助原告办理房屋过户手续。2009年，和县人民政府启动镇淮街古街拆迁改造建设项目，涉案两房屋在拆迁范围。同年5月，项目办公室以和县土地储备中心的名义与原告宋某签订《城市房屋拆迁补偿安置协议》，后又以原告、被告之间有产权纠纷为由，扣留房屋补偿款6万元。原告多次催要、信访，和县土地和房屋征收管理局于2014年3月6日给予答复，承认扣留补偿款6万元，但仍以原告、被告之间有产权纠纷予以扣留。原告诉请确认涉案房屋的拆迁补偿安置权益归原告所有。被告王某则认为该拆迁安置协议应属无效，同时现在房屋已经灭失，协议已经无法履行，对于无法履行的合同应当按照合同终止来确定双方的责任。

试分析：未办理物权登记的不动产，拆迁后补偿安置权益如何处置？

第一节　所有权的概念与权能

一、所有权的含义与特征

作为物权的一类，所有权是指民事主体对特定的物享有的完全的支配、排他的权利。具体而言，是指民事主体依法对特定的物所享有的占有、使用、收益和处分的权利（《民法典》第240条）。因此，传统民法将所有权称为完全物权。所有权的权利人称为所有权人或者所有人，所有权人所支配的特定的物称为所有物，又称为所有权人自己之物。

对所有权概念的规定，现代各国民法典大抵采用两种方式：(1)列举式，即具体列举出所有权所包括的各项权能或各种作用，《法国民法典》和《日本民法典》为其典型代表。(2)概括式，就是不具体列出所有权的各项权能，而是通过规定所有权抽象的作用而给所有权下定义，其突出代表是《德国民法典》和《瑞士民法典》，如《德国民法典》第903条的规定。我国《民法典》第240条采用列举方式对所有权进行定义。

物权是与债权处于同一层面的，所有权是与他物权处于同一层面的，因此，要准确的揭示和把握所有权的特征，应当将所有权与他物权概念进行比较。

所有权的基本特征如下。

1. 完全性。所有权人对其标的物的支配属于一般的全面的支配，除了法律和社会公共利益，不受任何限制地行使占有、使用、收益和处分,而与用益物权、地役权等不同,因为后者仅能于一定范围内支配其客体。

2. 恒久性。这里所讲的恒久性,并非永久不消灭的意思,而是说不得预定其存续时间。他物权是有期限的,即只在法定或者约定的期限内有效,期限届满权利即行消灭,虽然宅基地使用权作为一种用益物权没有固定期限,但并非没有期限,只是期限没有固定。所有权的存在却不以期限为限制,即意味着当事人不得创设有期限的所有权,法律也不得为所有权设定存续期限,所有人即使长期放置所有物而不使用和收益,其所有权并不因时效而消灭,只要物持续存在,所有权就持续存在。因而,所有权是永久性权利。当然,所有权人是可以消灭其所有权的,如转让、抛弃等。

3. 整体性。所有权是对标的物的统一的支配权,而不是对物的占有、使用、收益和处分等权能的简单相加,它们是浑然一体的。在法律限制范围内,其某一单一的内容也可以自由利用,但不能认为它是由所有权分出的一种权能,乃是将所有权内容的一部分予以具体化而已。因此,又有学者将其称之为"归一性",即所有权是一切权能的归一,集占有、使用、收益和处分为一身。

4. 弹力性。所有权的部分权能可能通过设定他物权而与作为整体的所有权相分离,所有权本身甚至可以成为不具任何权能的空虚所有权(又称裸体所有权),然而所有权并不因此而丧失其作为所有权的支配力。同时,这种分离又是有条件的,当他物权消灭,所有权的负担被除去时,那些离开整体的权能便复归原位,所有权就恢复到它原来的完全圆满状态。所有权的这种特性就叫作所有权的弹力性。

值得提出的是,无论何种社会条件下的所有权,都具有上述四个特征。这些特征一起说明了,所有权的核心和灵魂就是支配力,所有权的完全性、整体性、恒久性、弹力性,均是支配力的外在表现,对所有权的种种限制并不是对支配力的限制,而只是对于因支配力而产生的一般权能的限制,即所有权的一般权能与所有权无论发生何种情况的分离,都不导致支配力与所有权的分离。

二、所有权的类型

(一)自然人所有权、法人所有权和非法人组织所有权

这是按照所有权的主体所作的分类。

自然人所有权即自然人作为所有权主体的所有权,在我国体现为我国公民的所有权、外国公民的所有权、无国籍人的所有权。

法人所有权即法人作为所有权主体的所有权,如企业法人的所有权、事业单位法人的所有权、宗教团体法人的所有权等。国家也是特殊的法人,因此,国家所有权亦属于法人所有权的范畴。

非法人组织的所有权即非法人组织作为所有权主体的所有权,如合伙律师事务所的所有权、合伙企业的所有权等。

(二)国家所有权、集体所有权、私人所有权

按照所有权主体的所有制的不同,所有权可以分为国家所有权、集体所有权、私人所有权。这种分类也被称为"三分法"。《民法典》延续原来的《物权法》的做法,采取了三分法的观点,与所有制相对应,确立了国家所有权、集体所有权和私人所有权三类。"三分法"具有一定的合理

性,反映了我国所有权的现状,实践中存在大量的国家所有和集体所有的财产,这些财产在行使和保护上具有特殊性。

(三)单一主体所有权和共同所有权

这是按照所有权主体数量不同的分类。单一主体所有权是指一个主体拥有的所有权。共同所有权也称为多数主体所有权,是指两个或者两个以上的主体对一个标的物拥有的所有权。共有是共同所有权关系中的典型,共同所有权关系有按份共有、共同共有、总有、合有、公有等。建筑物区分所有权既不是单一主体所有权也不是共同所有权,是一种特殊的所有权。

(四)动产所有权和不动产所有权

按所有权标的物性质不同划分,可以分为动产所有权和不动产所有权。

动产所有权与不动产所有权二者在取得方法、成立要件和效力上等许多方面有着一系列的区别。

动产所有权中最具特殊性的是货币所有权。货币是固定充当一般等价物的特殊商品,是种类物。货币所有权的最大特点是所有权与占有权的一致性,货币的适法占有人即货币的所有权人。

不动产所有权主要包括土地所有权、建筑物所有权。

"土地"一词有广义和狭义两种理解。广义的土地,指由土壤、气候、地貌、水文和生物等构成的自然综合体;狭义的土地,则指地球的陆地表层,包括陆地、内陆水域、滩涂、岛屿等。在民法上,一般是从狭义上来理解土地的。但是,即使从狭义上理解,土地还有从平面观察和立体观察的必要。就平面而言,土地仅指地表(地面),不考虑其厚度(深浅);就立体而言,土地包括地上、地下和地表,地上即地表之上的空间,在这种意义上,地下与地表仅为观念上的区分。土地所有权,即民事主体对土地享有的所有权。国际法上,国家对领土享有的主权,与我们这里所说的土地所有权,意义相差很大。我国的土地所有权分为国家土地所有权和集体土地所有权。国家土地所有权即国家作为民事主体对土地享有所有权。这样的土地称国有土地。集体土地所有权,是指农村中以一定的行政区划为基础和范围形成的集体经济组织在法定范围内对土地享有的所有权。这样的土地称集体土地。因此,我国的土地不能为个人、非农村集体经济组织所有。

所谓建筑物,一般是指主要供人们进行生产、生活或其他活动的房屋或场所,如工业建筑、民用建筑、农业建筑和园林建筑等。因此,建筑物常被划分为房屋和其他建筑物。罗马法实行"一切建筑物从属于土地"的原则,建筑物被当作添附于土地的从物。在现代民法上,土地和建筑物被普遍视为独立的物,因此,对建筑物享有所有权者不必对建筑物所占的土地享有所有权。一般地说,在我国,国家、法人、非法人组织、自然人皆可成为建筑物的所有权人。随着我国社会主义市场经济的发展,越来越多的自然人尤其是城镇居民可以拥有自己的住房。建筑物的所有权包括建筑物普通所有权和建筑物区分所有权。

三、所有权的权能

权能,即行使权利的各种可能性。它和所有权的关系,在学说上曾有两种不同的观点。(1)权利集合说,认为所有权是由各项权能组成的集合体,各项权能可以成为单独的权利,集合起来则为一个完全的所有权。因此,所有权的权能,是指构成所有权的权利。(2)权利作用说,认为权能就是作用的意思,所有权的各项权能即是所有权的不同作用,当这些权能与所有权分离时,它只不过是所有权不同作用的体现。

本书认为,所有权是由各项权能组成的完整的权利,但作为所有权有机组成部分的每项权能,有其相对独立的地位和作用,也具有比较复杂的性质和内容。在实际生活中,由于所有权的支配力的固有性,某些权能甚至全部可以同所有权发生暂时的分离,亦即所有权总是以部分权能或者某一权能的一部分的形式出现。正是由于所有权的支配力这一本质属性,其权能应当包含积极的权能和消极的权能两个方面。

所有权的权能与作为整体的所有权的分离,是基于如下两个方面的原因:(1)依据所有人的意思,主要是指依法律行为;(2)依据非所有人的意思,包括直接依据法律规定、根据司法机关的强制以及丢失、被盗和其他所有人意思之外的原因。

(一)积极的权能

1. 占有权

占有是一个非常复杂的问题,这里所说的占有,只是作为所有权一项权能的占有,至于除此之外的无权占有,则属另外的问题。

作为所有权一项权能的占有是指权利主体对其物的实际控制。在大多数情况下,占有权是同所有权重合的,占有权由所有人享有时,所有人才能直接对其物行使使用权和其他权利。因为所有只有以占有开始,才能由客观权利变成主观权利,且只有当占有权回复到所有人手中时,所有权才最终回复到它的圆满状态。但是,通过一定的方式,占有权也可以转移给非所有人。其方式主要有以下几种:(1)非所有人依法律规定直接取得对所有人的物的占有权。例如,国有企业依法占有国家的机器、厂房,国家有关单位依法直接取得对集体土地的占有权。(2)根据合同非所有人取得对所有人的物的占有权。例如,保管、租赁、运输等因合同的成立而发生保管人、租赁人、运输人对所有人之物的占有,再如,在他物权中,他物权人对标的物的占有权,也是由所有人转让的。总之,依照法律规定或所有人的意思,占有权从所有权中分离出来时,就形成占有人的权利。应该说明的是,分离出去的占有权便形成对所有权的一种限制,这种权利的范围不得超出占有权能的范围,即占有权不能包括使用、收益和处分权。至于在他物权中,他物权人除占有权之外享有的使用和收益权,不是由占有权本身产生的,而是基于合同产生的。

2. 使用权

使用权是指权利主体根据物的性质和用途加以利用,从而实现其利益的权能。罗马法学家曾将使用权表述为“为了不违法的目的使用物的权利”。

拥有所有权的目的,在绝大多数情况下,正是对物加以利用。从本质上说,物的使用权是由物的使用价值决定的。在法律规定范围内,所有人可以依其自身的意志而使用其所有物。但是,使用权的存在必须以占有为前提。当物与所有人分离以后,所有人的使用权也随之与所有权发生分离。根据法律规定或当事人的意思,使用权可以移转给非所有人行使,非所有人的使用权是由所有权派生的,亦即从所有权中分离出来的一项权能,必须依赖于所有权,既要根据法律规定或合同进行,也要按照指定的用途使用。申言之,这种移转的结果是非所有人获得使用价值,所有人则获得在一定条件下的物的价值。

传统民法理论认为,使用应以不毁损物的外形和实质、不改变其性能为限度。然而从严格意义上说,任何使用都意味着一定的消耗,只是对“不消耗物”而言,它是缓慢的、微小的消耗,以至于在一定期间内可以忽略不计。而对消耗物的使用,最终归结为处分。所以,只有不消耗物才有使用可言。

3. 收益权

收益权是权利主体收取物的孳息的权能，是所有权的一项独立权能。传统民法理论认为，在通常情况下，收益是使用的结果，以不改变物的性能为前提。使用和收益合称为用益。收益可以通过两种方式实现：第一，利用物的自然属性而获得，即所谓的天然孳息，它是按物本身的自然性能孳生出来的新的独立物，收取孳息无损于原物的价值。如奶牛产的奶、母鸡生的蛋等。第二，依一定法律关系的存在而获得。例如，出租房屋而得到租金，储蓄货币而获得利息，这种孳息即法定孳息。

4. 处分权

处分权是指变更权利主体、消灭其物或对物权利的权能。处分权能最直接地反映了所有人对物的支配，故一向被认为是拥有所有权的根本标志，没有处分权能，所有人既无法实现物与劳动力的结合以进行实际的生产活动，也无法完成商品的交换以及权利的转让。

处分包括事实上的处分和法律上的处分。事实上的处分，是对物的直接变更或消灭，如将粮食酿成酒、将工业原料投入生产转化为产品等，它导致了所有权的绝对消灭，客观上改变了物的性状，使原物归于消灭。法律上的处分，是指通过法律行为的实施变更或消灭其物的权利，其法律后果为所有权全部或部分权能的移转。法律上的处分包括两种方式：(1)以一定方式移转物的所有权，如商品交换。有学者认为，抛弃自己所有之物的所有权也属这种情形。也有学者认为，抛弃也是一种交换，即与零价值的交换。(2)以一定方式暂时转让若干权能或若干权能的一部分。换句话说，所有人在一定时空范围内出让物的使用价值而取得的价值。

处分权一般由所有人行使，也可将其转让于非所有人。但非所有人的这种处分权，须有法律上的根据。例如，抵押权人、质权人、留置权人在债务届期不履行债务时，可以依照法律规定将抵押物、质物、留置物变卖而优先受偿。又如，在包裹行李中夹带违禁品、危险品，承运人可以依法对其进行处分。

(二)消极的权能

消极的权能，是指在法律规定范围内排除他人干涉的权能。所谓干涉，即不法妨碍。在无他人干涉时，则此种权能隐而不现。国内学者一般不将此视为所有权的权能。我们认为，所有权的特性决定了它不容他人的干涉，如有干涉，法律自应加以保护，但实际上这是所有权的本质使然。对于不正当的干涉，所有人除依法具有损害赔偿请求权外，还具有本于所有权的物上请求权，包括所有物返还请求权、所有权妨害排除请求权、所有物恢复原状请求权。亦即，所有权的自我保护构成了所有权消极权能的内容。所谓自我保护，是指所有人在其所有权受到侵害以后，所有人依法享有因其所有权受到侵害而产生的请求权，通过行使请求权而实现其所有权。

第二节　征收与征用

一、征收及其补偿

(一)征收的概念

征收是指为了公共利益的需要，国家依照法律规定的权限和程序将集体和个人所有的财产转变为国家所有并给予补偿的行为。我国《民法典》第243条规定征收的财产范围为集体所有的土地和组织、个人的房屋以及其他不动产。当然,从比较法的角度来看,征收的范围应当包括了不动产和动产。

(二)财产征收的目的

征收必须而且只能出于公共利益,这也是征收这一法律制度存在的必要性和价值体现,因为它决定着征收的合理性和必要性。在凡是确立征收制度的国家,宪法及民法上都无一例外地将征收的目的明确限定为公共福利、公共利益等。

但究竟何为公共利益却是个仁者见仁、智者见智的问题。一般而言,所谓公共利益,指公共道路交通、公共卫生、灾害防治、科学及文化教育事业,环境保护、文物古迹及风景名胜区的保护、公共水源及引水排水用地区域的保护、森林保护事业,以及国家法律规定的其他公共利益。[1]

(三)征收的程序

依据我国《民法典》的规定,征收的程序必须满足以下要求:

1. 有权对征收的权限和程序做出规定的必须是法律。只有全国人大及其常委会制定的法律才能决定征收的权限和程序,行政法规、地方性法规、部门规章、地方规章等都无权对征收的权限和程序作出规定。

2. 征收权的主体必须法定。征收的性质决定了征收权的主体只能是国家,自然人和其他社会组织不能享有征收权。此外,代表国家实施征收行为的行使主体也必须严格的限定,并非任何一级政府机构都能代表国家行使征收权。根据我国《土地管理法》以及实施条例的规定,土地征收权的行使者是县级以上人民政府,具体承办者又是县级以上人民政府的土地行政管理部门。

(四)征收补偿标准

目前就各国立法而言,存在三种征收补偿标准:

1. 全额补偿。这是指不仅补偿所征收财产本身通常价值,也包括它的"特别价值"或"其他不利益"。所谓特别价值,在1794年《普鲁士一般邦法》和1837年德国巴伐利亚的《公益征收法》中都有规定,后者还明确列举,如因征收土地而使被征收财产人所拥有其他财产的"价值减低"部分,或者说全额补偿就是尽可能完全补偿,使相对人所遭受的任何可能损失都得到弥补。[2]

2. 适当补偿。20世纪,财产社会义务观念开始被人们广为接受,社会福利、公共利益、民众福祉理念盛行,而全额补偿又导致了国家征收成本过大,在这种背景下适当补偿原则就得以提出。所谓适当补偿,是指权衡公益的需求、参考当事人的财产状况,从而给予适当的补偿数额,一般为征收财产的"收益价值"。但该种补偿一般低于市场价格。

3. 公平补偿。这是指公平权衡公共利益与私人利益后决定补偿的原则,与适当补偿不同的是,在公平补偿中两种利益具有同等的价值,而适当补偿原则权衡的重心是公共利益。在实际操作中,公平补偿都是按照"公平的市价"给予赔偿。这既避免完全补偿对个人财产的过度关注又避免了适当补偿对公共利益的过分保护,以公平的市场价格决定赔偿数额,从而取得公共利益和个人利益的"双赢"格局。由于公平补偿原则的优越性,它已为德国、美国、法国、日本、荷兰等许

---

〔1〕 梁慧星等:《中国物权法草案建议稿——条文、说明、理由与参考立法例》,社会科学文献出版社2000年版,第191~192页。

〔2〕 陈新民:《德国公法学基础理论》,山东人民出版社2001年版,第486~488页。

多国家和地区所采用。

我国现行的土地征收补偿标准的法律依据是《民法典》第243条。(1)在征收集体所有的土地时,应当依法及时足额支付土地补偿费、安置补助费以及农村村民住宅、其他地上附着物和青苗等的补偿费用,并安排被征地农民的社会保障费用,保障被征地农民的生活,维护被征地农民的合法权益。(2)在征收组织、个人的房屋以及其他不动产时,应当依法给予征收补偿,维护被征收人的合法权益;征收个人住宅的,还应当保障被征收人的居住条件。

《国有土地上房屋征收与补偿条例》第三章以专章规定了有关国有土地上房屋征收补偿问题。条例明确了征收的公平补偿原则。补偿方式包括货币支付和房屋产权调换两种,由被征收人选择。此外,还细化了有关补偿标准,主要由三部分组成。(1)房屋价值补偿。在计算房屋价值时,由房地产评估机构按照不低于房屋征收决定公告之日被征收房屋类似房地产的市场价格评定。当事人对评估确定的价值有异议的,可以申请复核。(2)搬迁和临时安置补偿。(3)停业停产损失补偿,具体数额根据房屋被征收前的效益、停产停业期限等因素确定。

二、征用

(一)征用的概念

征用是指在抢险救灾、疫情防控紧急需要下,国家强制使用自然人、法人、非法人组织的不动产或者动产的行为。《民法典》第245条规定了征用,此外,《防震减灾法》《防洪法》《传染病防治法》《药品管理法》《国防法》《戒严法》《国家安全法》等都规定了征用。如《防洪法》第45条规定:在紧急防汛期,防汛指挥机构根据防汛抗洪的需要,有权在其管辖范围内征用物资、设备、交通运输工具和人力,决定采取取土占地、砍伐林木、清除阻水障碍物和其他必要的紧急措施;征用的物资、设备、交通运输工具等,在汛期结束后应当及时归还;造成损坏或者无法归还的,按照国务院有关规定给予适当补偿或者作其他处理。取土占地、砍伐林木的,在汛期结束后依法向有关部门补办手续;有关地方人民政府对取土后的土地组织复垦,对砍伐的林木组织补种。

概念辨析 征收 vs. 征用

征收和征用是既有联系又有区别的两项法律制度。其共同点在于强行性。依法实施的征收和征用,均仅依政府单方面的意思表示(征收命令、征用命令)而发生效力,无须征得被征收、被征用的公民和法人的同意,被征收、被征用的公民和法人必须服从、不得抗拒。但两者也存在如下区别:

1. 法律效果不同。征用是国家在特殊情况下暂时使用他人财产,并不改变所有权的归属,使用完毕后返还财产。征收则将会导致所有权的变更,是把财产由他主所有变为国家所有。因此,征用并不是国家所有权的取得方式,征收则使国家基于征收这种事实行为取得物的所有权。

2. 适用对象不同。征收的对象是集体所有的土地和组织、个人的房屋及其他不动产,即征收的对象限于不动产。而征用的对象是组织、个人的不动产或者动产,即征用的对象不仅包括不动产,还包括动产。

3. 适用的前提条件不同。征收的条件是出于公共利益需要,并不要求紧急状况的出现。但征用的条件是在紧急状况下,如因抢险救灾、疫情防控等紧急需要。

4. 补偿标准不同。由于征收导致所有权的变更,原所有权人永久性地丧失对不动产的所有权,因此,征收补偿标准应当按照被征收的不动产的市场价值给予合理补偿,以弥补被征收人丧失所有权的损失。而征用并不导致所有权人丧失所有权,只是暂时限制公民使用权,因此只有动产或不动产因征用发生毁损或灭失时,征用人才须支付合理补偿。

(二)征用的条件

征用须具备如下条件:

1. 紧急状态的存在。这是所有权征用的前提条件,紧急状态具有两个特征:首先,具有突发性,如果不具有突发性,则事先可以作出准备,无须通过征用私人财产来满足需要;其次,具有危害性,即紧急状态的出现导致正常的社会秩序受到破坏,人民的生命、健康、财产等利益受到侵害或有侵害之虞。这种紧急状态既可能是由于自然因素造成的,如风灾、雪灾、地震、涝灾等各种自然灾害;也可能是政治、经济因素造成的,如政治暴动、恐怖主义等;也可能是各种因素综合导致的。

2. 征用财产具有必要性。这是指征用主体实施征用行为应兼顾公共利益目标的实现和保护被征用人的权益。如果为了实现公益目标,必须使用被征用人的动产和不动产时,给被征用人的利益造成某种不利影响时,应使这种不利影响限制在尽可能小的范围和限度内。在处理紧急情况时,如果存在多种可以选择的手段,则必须选择对被征用人造成损害最小的手段。此外,政府在应急处理中因对被征用人财产所有权的限制所造成的损失不得超过所追求的公共利益,在个人利益与公共利益之间,政府有义务予以平衡。

3. 事后对征用造成的损失给予补偿。政府在紧急状态下出于公共利益的考虑,采取应急措施,征用公民、法人和其他组织的动产和不动产,给权利人造成损失的,必须进行公平的补偿。

思考题

1. 简述所有权的含义与特征。
2. 简述所有权的类型。
3. 简述所有权的权能。
4. 试比较征收与征用的异同。

阅读指引

关于征收、征用制度中的利益衡量与程序正义问题

1. 程洁:《土地征收征用中的程序失范与重构》,载《法学研究》2006 年第 1 期。
2. 王利明:《〈物权法〉的实施与征收征用制度的完善》,载《中国法学》2005 年第 6 期。

关于所有权制度的基本内涵

1. 肖超、萧诗美:《马克思所有权概念的三大基本特征》,载《求索》2020 年第 2 期。
2. 汪洋:《罗马法"所有权"概念的演进及其对两大法系所有权制度的影响》,载《环球法律评论》2012 年第 4 期。
3. 马新彦:《罗马法所有权理论的当代发展》,载《法学研究》2006 年第 1 期。
4. 郦一美:《所有权本质论》,载《现代法学》2002 年第 5 期。

第五章　国家所有权和集体所有权、私人所有权

导学案例

月牙山一带常有陨石掉落，当地村民寻获后卖给闻讯而来的收藏者，获利颇丰。一日，张某路过同村朋友李某家门口，看到李某家菜地里掉落一块陨石，遂将其拾走。李某得知后向张某索要，遭到张某的拒绝。根据案情，试思考下列问题：

1. 张某拾得陨石这一情况是否应当由民法调整？

2. 该陨石应当归张某还是李某？抑或是归村集体或者国家？

第一节　国家所有权

一、国家所有权的概念

国家所有权是指国家对法律规定属于国家所有，即全民所有的财产，依法享有的占有、使用、收益和处分的权利。

国家所有权具有如下的特征：

1. 国家所有即全民所有，国家作为全体人民的代表行使国家所有权。国家是国家所有权的唯一主体，只有国家才能成为国家所有权的主体，国家以外的国家机关、企事业单位或公民都不能成为国家所有权的主体。

2. 国家所有权的行使需要由特定的国家机构代表。国家所有权的主体是国家，但作为所有人的国家实际上是抽象的，它往往要通过中央人民政府和法律规定的其他机关代表国家履行出资人职责，行使国家所有权。

3. 国家所有权的客体具有广泛性以及对某些特定客体的专属性。国家所有权的客体范围不受限制，凡是其他主体可以取得所有权的财产都能为国家所有。但是一些特定的财产类型根据法律规定只能由国家专属所有，其他任何主体都不能取得其所有权，如国防财产、矿产资源的所有权等。

4. 就所有权的取得方式而言，国家可以运用公权力取得所有权。如依据《税收征收管理法》的规定，行使税收征收行为取得对税收的国家所有权。依据《行政处罚法》的规定，通过行使行政处罚权，取得对罚没财产的国家所有权。国家所有权的这种所有权的取得方式是其他主体所不具有的。

二、国家所有权的客体范围

国家所有权的客体具有广泛性的特点，但国家所有权的取得必须具有合法的依据。从国家

所有权与国家主权的联系来看,由于某些国有财产(如国有土地和自然资源)是由国家主权所产生的,因此其具有专属于国家所有的性质,国家也可以依据行政权而强制地、无偿地征收税金,从而取得国有财产。还有一些财产依其性质和公共政策只能由国家专有,而不能成为集体组织或公民个人财产所有权的客体,如邮电通讯、军事设施等。可见,国家所有权的客体范围是广泛的。不过,对于如此广泛的客体范围,立法不可能通过一个条文完全列举出来,不可能对各类主要的国有财产(如国有土地、矿产资源、草原、森林、野生动物、文物等)作出十分详尽的规定,因此《民法典》第246条为兜底条款,该条第1款规定:“法律规定属于国家所有的财产,属于国家所有即全民所有”。这样,对于《民法典》中没有明确列举或遗漏的国家财产,其他法律可以作出具体规定。

从我国现行法律的规定分析,国家所有权的客体包括以下两类:(1)专属于国家所有的物,主要有矿藏、水流、海域、城市的土地、无线电频谱资源、国防资产、无居民海岛;(2)非专属于国家所有的财产,农村和城市郊区的土地、森林、山岭、草原、荒地、滩涂等自然资源、野生动植物资源、文物、铁路、公路、电力设施、电信设施和油气管道等基础设施,法律规定为国家所有的可以成为国家所有权的客体。

三、国家所有权的主体及其行使

国家所有权的主体是国家,即国家以民事主体的身份依法对国有财产占有、使用、收益和处分。从所有制的角度来讲,国家所有权是全民所有制的法律表现,国家系代表全体人民行使所有权,国家所有权的享有和行使的利益,最终是为了满足全体社会成员的物质和文化生活的需要。

国家作为一个统一、抽象的主权和政权组织,其对所有权的行使必须由具体的机构来行使。《民法典》第246条第2款确立了我国国家所有权的行使制度:(1)国务院代表国家对国有财产行使所有权,即国务院是国家所有权的行使主体。(2)其他机关。国务院之外的其他机关要取得代表国家行使所有权的资格,必须由法律明确规定。例如,《国防法》第15条第9项规定中央军事委员会会同国务院管理国防经费和国防资产。

应当注意的是,国务院仅是国家所有权的行使主体,而不是所有权主体,其行使的目的应当是为了增进全体人民的共同利益,其行使状况应当接受所有权主体的监督。行使主体必须根据所有权人的授权、按照所有权人的意思直接支配特定的财产。行使主体行使的权利主要体现为对财产(动产、不动产)的占有、使用,一般没有收益权,处分权也必须经过特别的授权。行使主体不得未经授权或者超越授权范围行使所有权。

国务院代表国家统一行使国家所有权,并不意味着国务院具体地占有、使用、收益和处分国家财产,国务院还可以授权其他的组织来具体行使国家所有权,例如,授权国有资产管理委员会具体对经营性国有资产行使所有权,委托国有企业集团具体行使国有财产投资形成的国有股权,授权人民银行对国家外汇储备行使国家所有权等。

国家所有权的行使具体包括以下几个方面:

1.国家机关对其直接支配的国有财产的权利。国家机关的财产都是由国有财产经行政划拨形成的,因此国家机关直接支配的财产从性质上说仍然是国有财产,更确切地说,是非经营性国有财产。国家机关对其直接支配的不动产和动产,享有占有、使用以及依照法律和国务院的有关规定处分的权利(《民法典》第255条)。显然,国家机关对于其直接支配的财产不能享有收益权,如果可以产生收益,那么,收益也必须进国库。

2. 国家举办的事业单位对直接支配的国有财产的权利。国家举办的事业单位，是指国家为了社会公益目的，由国家机关举办或者其他组织利用国有资产举办的，从事教育、科技、文化、卫生等活动的社会服务组织。事业单位不以营利为目的，一般不参与商品生产和经营活动。国家举办事业单位的财产来自国家的划拨以及其事业单位收费积累的财产、接受捐赠的财产等。根据我国《民法典》第256条的规定，国家举办事业单位也仅是国家所有权的行使主体，对于其直接支配的动产、不动产有占有、使用和受限制的收益权及处分权，其中的收益权、处分权受到法律和国务院有关规定的限制。

3. 国家对其出资企业的出资人职责和权益。国家将其所有的不动产或者动产，投资到企业的，由企业法人对出资人出资所形成的法人财产享有财产权，国家则作为出资人享有出资人的权利并履行出资人的义务。国家对其出资企业的出资人职责和权益由国家机关代表行使。依据《民法典》第257条规定，代表国家履行出资人的职责和享有出资人的权益的主体是国务院和地方人民政府，由国务院和地方人民政府依据法律规定、行政法规规定分别代表国家履行出资人的职责，享有出资人的权益，即《民法典》确立了出资人职责和出资人权益的“分级代表行使”体制。

第二节　集体所有权

一、集体所有权的概念

集体所有权，是指劳动群众集体组织对其动产、不动产依法享有的占有、使用、收益、处分的权利。近现代的集体所有权，导源于西方的合作制。合作原则是在对古代的集体所有权和近现代的“资本”原则进行扬弃的基础形成的，它抛弃了古代集体所有权中的血缘身份联系，主张社会成员自主平等地合作。[1] 所以，集体所有权，即集体经济组织所有权。

集体所有权具有下列特征：

1. 主体的特定性。集体所有权的主体是群众集体组织，包括农村集体和城镇集体。

2. 所有权的整体性，即集体所有的财产归属整体集体经济组织，不是集体经济组织成员彼此之间的公有。

3. 客体的非限定性。集体所有权的客体，除法律规定专属于国家所有的外，均可以为集体所有权的客体。

集体所有权即劳动群众集体组织的所有权，包括农村集体所有权和城镇集体所有权两种。

从我国集体所有权的形成历史看，合作化运动促成了集体经济组织的发展和集体所有权的形成。农业合作化发生在20世纪50年代，而城镇合作化兴起于20世纪50年代的手工业合作化运动，发展于改革开放。20世纪50年代初，拥有土地及重要农业生产资料的农民，将其所有权移转给集体组成农业生产合作社，此即农村集体所有权的本源。后来又产生了信用合作社和供销合作社。而在城镇，手工业者也联合起来组成各类合作社，改革开放后，为解决未就业子女等群体的就业问题，企业事业单位也相继组建数量庞大的集体企业，形成没有成员只有员工的集体经济组织，而财产既不属于国家也不属于员工。

---

〔1〕 王果纯、屈茂辉：《现代物权法》，湖南师范大学出版社1993年版，第169～170页。

正是考虑到城镇集体企业情况较为复杂,而且还正处于不断改革之中,因而《民法典》对于城镇集体所有权的规定比较笼统。《民法典》第263条只是笼统地规定"本集体"作为城镇集体所有权的主体。

二、集体所有权的客体范围

集体所有权的客体的财产范围非常广泛,除了法律规定专属于国家的矿藏、水流、海域、无线电频谱资源、城市的土地、国防资产外,都可以成为集体所有权的客体,法律并没有限制。根据《民法典》第260条规定,集体所有的不动产和动产包括:

1. 法律规定属于集体所有的土地和森林、山岭、草原、荒地、滩涂。依照我国法律规定,农村和城市郊区的土地,除由法律规定属于国家所有的以外,属于集体所有;宅基地和自留地、自留山,也属于集体所有。因而,集体所有的土地的所有者只能是农民集体,城镇集体的土地属于国家所有,城镇集体不能享有土地所有权。

2. 集体所有的建筑物、生产设施、农田水利设施。这主要包括集体所有农业机械、集体企业的厂房、仓库等建筑物以及交通运输工具等生产设施以及水库等农田水利设施。

3. 集体所有的教育、科学、文化、卫生、体育等设施。包括集体所有的学校、幼儿园、医院和其他文化、体育设施。

4. 集体所有的其他不动产和动产。具体包括集体企业所有的生产原材料、产品、村建公路、农村敬老院等,此款为兜底条款,对除上述三款之外的其他集体所有的其他动产和不动产进行补充规定。

三、农村集体所有权的主体及其行使

(一)农村集体所有权的主体

如前所述,农村集体所有权源于农村生产合作社所有权。在农村生产合作化时期,合作社社员依法享有社员权。历经人民公社运动,我国的农村生产合作社不复存在。在实行家庭联产承包责任制以后,随着我国广大农村的繁荣发展,农村集体经济组织的形态不一,有的具有固定的经济组织形态的,即成为农村集体经济组织法人(《民法典》第99条),没有集体经济组织的村,则由村民委员会法人代行集体经济组织职能(《民法典》第101条第2款)。

正是基于农村集体所有权的历史特点,《民法典》第261条第1款确定了农村集体所有权的本质是成员集体所有。如此一来,成员集体便是农村集体所有权的主体。所谓成员集体就是成员的集合体,区别于单个的集体成员,前者是自然人群体,而后者是单个的自然人。此外,成员集体也区别于集体组织本身,成员集体所有权是一种多数人的共同所有权,而不是单独的团体所有权。

(二)农村集体所有权的行使

1. 农村集体所有权的行使方式

依据《民法典》第261条的规定,农村集体所有权为成员集体直接行使。这种行使方式,需通过成员会议的形式进行。

具体而言,下列集体财产所有权,必须以这种行使方式:(1)土地承包方案以及将土地发包给本集体以外的组织或者个人承包;(2)个别土地承包经营权人之间承包地的调整;(3)土地补偿费等费用的使用、分配办法；（4）集体出资的企业的所有权变动等事项；（5）法律规定的其他事项。

除上述五种情形外，其他的集体所有权，如果存在集体经济组织的，即由集体经济组织行使；如果未设立村集体经济组织的，村民委员会可以依法代行村集体经济组织的职能，即由村民委员会代行村集体所有权。而村内集体经济组织未设立的，则应由成员集体直接行使。

特别要注意的是，所谓集体成员，即在某一集体经济组织地域内出生的自然人。一般来说，农村集体成员往往就是当地的村民，其子女自出生后成为该集体成员。作为成员集体组成部分的成员，依法享有撤销权。农村集体经济组织、村民委员会或者其负责人作出的决定侵害集体成员合法权益的，受侵害的集体成员可以请求人民法院予以撤销（《民法典》第265条第2款）。

2. 农村集体所有权的行使范围

依据《民法典》第262条的规定，集体所有的土地和森林、山岭、草原、荒地、滩涂等，分村、村内、乡镇三级。具体而言：

（1）属于村农民集体所有的，由村集体经济组织或者村民委员会代表集体行使所有权。这里的村是指行政村，而非自然村。行政村农民集体所有的土地等集体财产，由该村农业生产合作社等集体经济组织来代表集体行使所有权，没有村集体经济组织或者该集体经济组织不健全的，由行使自治权的村民委员会行使集体所有权。

（2）分别属于村内两个以上农民集体所有的，由村内各该集体经济组织或者村民小组代表集体行使所有权。分别属于村内两个以上农民集体所有主要是指该农民集体所有权的土地和其他财产在改革开放以前就分别属于两个以上的生产队，现在其土地和其他集体财产仍然分别属于相当于原生产队的各该农村集体经济组织或者村民小组的农民集体所有。

（3）属于乡镇农民集体所有的，由乡镇集体经济组织代表集体行使所有权。

四、集体所有权的保护

关于集体所有权的保护，《民法典》主要规定了以下措施：

1. 集体所有权的信息公开。农村集体经济组织或者村民委员会、村民小组应当依照法律、行政法规以及章程、村规民约向本集体成员公布集体财产的状况。集体成员有权查阅、复制相关资料。这是保障集体成员对集体财产状况享有的知情权，是其行使监督权的前提（《民法典》第264条）。

2. 禁止实施侵害集体财产的行为。集体所有的财产受法律保护，禁止任何组织或者个人侵占、哄抢、私分、破坏（《民法典》第265条1款）。

第三节　私人所有权

一、私人所有权的概念

私人所有权本不属于严格意义上的法律概念，只是相对于国家所有权、集体所有权而存在的一个法律概念。因此，所谓私人所有权，是指与国家、集体相对应的所有权主体，不仅包括自然人，而且包括个人独资企业、个人合伙等非公有制企业，还包括各种营利法人、社会团体法人等。

私人所有权的主体类型多样，数量庞大，客体类型丰富，具有重要的法律地位，其是私主体进行社会交往活动的重要物质基础，因而受到法律的平等保护。

二、个人所有权

个人所有权，是指自然人个人依法对其合法所有的动产和不动产享有占有、使用、收益和处分的权利。从制度的体系安排上来看，《民法典》第266、267条规定的"私人"，应当解释为自然人。

私人所有权的客体是个人合法取得的不动产和动产。个人合法取得的财产就是个人依据法律的规定或者法律没有明确禁止的方式取得的不动产和动产，具体包括：合法的收入、房屋、生活用品、生产工具、原材料等不动产和动产。其中，合法收入是指自然人依法通过劳动或者其他方法取得的货币或者实物，包括工资、奖金、稿酬、个体经营收入、承包经营收入、租金、利息、受赠财产等。房屋是指自然人享有所有权的房屋，不包括承租占有的房屋。而生产、生活资料应当包括维持自然人正常生产、生活所需的生活用品、生产工具和原材料及其他不动产和动产。

在私人所有权的保护方面，《民法典》明确强调私人的合法财产受法律保护，禁止任何组织或者个人侵占、哄抢、破坏，以防止一些别有用心者以公有制的名义损害个人所有权。

三、法人所有权

法人所有权即法人作为所有权主体的所有权。并非所有类型的法人均能成为所有权的主体，例如，机关法人对于其直接支配的动产和不动产，即不享有所有权，而是代表国家行使所有权。因此，法人所有权主要是指营利法人、社会团体法人、捐助法人等对其直接支配的动产、不动产所享有的所有权。

有限责任公司、股份有限公司以及其他企业法人等营利法人，对于无论是国家、集体还是私人投资到企业的不动产或者动产，依法享有所有权。而出资人只是按照约定或者出资比例享有资产收益、重大决策以及选择经营管理者等权利并履行义务。《民法典》第268条的这一规定，也从法律上彻底否定了我国有计划的商品经济时期国有企业经营机制的"所有权—经营权两权分离"理论。

社会团体法人所有权即社会团体对其动产、不动产依法享有的占有、使用、收益、处分的权利。社会团体法人是指中国公民自愿组成，为实现会员共同意愿，按照其章程开展活动的非营利性社会组织。社会团体法人的类型主要包括：社会公益团体，如希望工程基金会；专业团体，如律师协会等；学术研究团体，如法学会；宗教团体，如佛教协会等。

捐助法人也是非营利法人。为公益目的以捐助财产设立的基金会、社会服务机构等，经依法登记成立，取得捐助法人资格；依法设立的宗教活动场所，具备法人条件的，可以申请法人登记，取得捐助法人资格（《民法典》第92条）。捐助法人对捐助的不动产和动产依法享有所有权。

思考题

1. 简述国家所有权的法律特性。
2. 简述国家所有权的客体范围。

3. 简述国家所有权的行使。
4. 简述集体所有权主体。
5. 简述农村集体所有权的行使与保护。

阅读指引

关于国家所有权制度的代表性研究

1. 马俊驹:《国家所有权的基本理论和立法结构探讨》,载《中国法学》2011 年第 4 期。
2. 陈旭琴:《论国家所有权的法律性质》,载《浙江大学学报(人文社会科学版)》2001 年第 2 期。
3. 张力:《国家所有权遁入私法:路径与实质》,载《法学研究》2016 年第 4 期。
4. 单平基、彭诚信:《“国家所有权”研究的民法学争点》,载《交大法学》2015 年第 2 期。

自然资源国家所有权的相关问题研究

1. 叶榅平:《自然资源国家所有权的双重权能结构》,载《法学研究》2016 年第 3 期。
2. 巩固:《自然资源国家所有权公权说》,载《法学研究》2013 年第 4 期。
3. 税兵:《自然资源国家所有权双阶构造说》,载《法学研究》2013 年第 4 期。
4. 王涌:《自然资源国家所有权三层结构说》,载《法学研究》2013 年第 4 期。

关于集体所有权的成员权研究

1. 陈小君:《我国农民集体成员权的立法抉择》,载《清华法学》2017 年第 2 期。
2. 管洪彦:《农民集体成员权:中国特色的民事权利制度创新》,载《法学论坛》2016 年第 2 期。
3. 王雷:《农民集体成员权、农民集体决议与乡村治理体系的健全》,载《中国法学》2019 年第 2 期。

第六章　业主的建筑物区分所有权

导学案例

2005年3月10日，被告徐某、陆某购买常锦公司开发的小区房屋一套。合同签订后，徐某、陆某一次性付清了房款，并办理了房屋交付手续。被告所购小区的房屋南阳台外有一庭院绿地，该庭院绿地周边有高50厘米左右的木栅栏围挡，常锦公司建设该房屋时在南阳台上预留了出入门。徐某、陆某与常锦公司签订的购房合同中并未就该庭院绿地的使用权归属问题作出明确约定。徐某、陆某亦尚未领取不动产权属证。2005年12月，徐某、陆某在对所购房屋进行装修时，将该房屋南阳台外的庭院绿地进行了改造，破坏原有绿地后在庭院里铺水泥地、砌花台、建鱼池。为此，原告分别于2005年11月1日、2006年3月21日向其发出整改通知，要求徐某、陆某停止对该庭院绿地的改建，恢复原状。徐某两次签收了整改通知单，但未按物业管理要求加以整改，2006年11月，中南物业南京公司就本案纠纷向法院提起诉讼。

根据上述案情，试分析本案应当如何处理？[1]

第一节　建筑物区分所有权的概念及构成

一、建筑物区分所有权的概念

建筑物则是指人工建造的、与土地牢固结合的，供人们进行生产、生活或其他活动的房屋或场所。随着经济社会的发展，当一栋高层或者多层建筑物区分多个功能单元，且不属于一个民事主体所有时，即出现对这些功能单元的所有权（专有）以及与之密切相关的共有部分的共有权现象——建筑物区分所有权。

建筑物区分所有权是一种特殊的建筑物所有权。这种所有权，德国、奥地利称为“住宅所有权”，瑞士称为“楼层所有权”，日本称为“建筑物区分所有权”，在美国则称为“公寓所有权”。

所谓建筑物区分所有权，是指业主即区分所有权人对建筑物的专有部分享有所有权，对共有部分享有共有权，以及基于业主身份对共有部分进行管理的成员权，是一种综合性不动产所有权（《民法典》第271条）。享有建筑物专有部分所有权的人，称为“业主”。基于与建设单位之间的商品房买卖行为，已经合法占有建筑物专有部分，虽然尚未依法办理所有权登记的人，也可以认定为业主。

建筑物区分所有权具有下列特征：

---

[1] 本案详情及裁判要旨参见《青岛中南物业管理有限公司南京分公司诉徐献太、陆素侠物业管理合同纠纷案》，载《最高人民法院公报》2007年第9期。

1. 客体的功能区分性。设立区分所有权的建筑物应具备以下三个条件:(1)建筑物在结构上能够分为两个以上的部分,每一部分为四周闭合且具有单独使用的基本功能的空间即所谓的单元。(2)一栋建筑物必须有两个以上的人分别所有,他们各自独立拥有一个或几个单元的所有权。(3)一栋建筑物在使用性质上可分为专用部分和共用部分。从使用方式上考虑,每个所有人不能只使用其专用部分而不使用共用部分,也不能只使用共用部分而不使用其专用部分。从建筑物的结构上考虑,每一单元与其他单元相隔的墙壁、地板等,都有相邻所有人的共有物,并且在物质形态上很难精确地划分开来。这说明,区分所有权是一种复合形态的所有权形式,其内部由专用权和共有权构成。

2. 权利的复合性。建筑物区分所有权是一种特殊的不动产所有权形态,它不同于建筑物的单独所有权和共有权,而是权利主体对专有部分的专有权、对共有部分的共有权以及作为业主所组成管理团体的管埋权的结合。其内容异常复杂,主要表现为三个方面的权利义务关系:权利主体作为专有权人的权利义务,权利主体作为共有人的权利义务,权利主体作为管理团体成员的权利义务。这三个方面的权利义务关系往往相互交织。

3. 权利性质的一体性。建筑物区分所有权的一体性首先表现为构成区分所有权的专有权和共有权不可分离,失去其中一个,区分所有权即刻解体。因此,专有权与共有权必须一体处分,不可分开处分。其次,在同一建筑物上,不能既设定区分所有权,又设定普通所有权或普通共有权。要设定区分所有权,必须将整栋建筑物都区分为专用部分和共用部分,并设定相应的专有权和共有权,否则在权利归属上和利益分配上将会发生混乱。

4. 专有权的主导性。区分所有权人拥有共有权的前提是拥有专有权,专有权标的物价值或面积的大小决定共有权的应有份额,处分专有权的法律效力当然及于共有权、基地利用权和成员权。因此在不动产登记上,只登记专有权即是设立了区分所有权,而共有权则不能单独处分和登记。

二、建筑物区分所有权的构成

(一)专有权

专有权,即专有部分所有权,是指区分所有人对建筑物专有部分所享有的占有、使用、收益和处分的权利。

1. 专有部分的要件

专有权的客体即专有部分,所谓专有部分系指区分所有建筑物之一部分,具有使用上之独立性,且为区分所有之标的。关于专有部分的要件,通说认为包含以下几项:

(1)构造上的独立性。构造上的独立性又称为“物理上的独立性”,这就是说,各个部分在建筑物的构造上可以被区分开,可与建筑物其他部分完全隔离,也只有这样才能客观地划分为不同部分并为各个所有人独立支配。如一排房屋以墙壁间隔成户,即能够被各个住户独立地支配。

(2)使用上的独立性。也就是说,建筑物被区分为各个部分以后,每一部分都可以被独立地使用或具有独立的经济效用。此种独立性在学说上又被称为“机能上之独立性”或“利用上之独立性”。

(3)通过登记予以公示并表现出法律上的独立性。此种独立性在学说上也被称为“形式的独立性”。构造上和使用上的独立性,乃是经济上的独立性,只有通过登记才能表现为法律上的独立。也就是说,通过登记使被分割的各个部分在法律上成为各个所有权的客体。

2. 专有权人的权利

专有权人的权利如下:

(1)区分所有人对其专用部分享有占有、使用、收益和处分的权利。区分所有人在不违背区分所有建筑物本身用途的前提下,可以自由用益和处分其专用部分。如区分所有人可以自己居住,也可以出租、出借、设定抵押、出卖等。为增加专用部分的使用价值,在不损害区分所有建筑物结构的情况下,可以任意装饰其专用部分。这些装饰物即使牢固在建筑物上而无法分离,仍归区分所有人所有。

(2)区分所有人在行使专有权时,有权排除他人干涉和限制。区分所有权作为所有权的特殊形态,亦具有排他性。区分所有人有权拒绝他人对其专用部分的不合理要求。

(3)相邻使用权。所谓相邻使用权,系指区分所有权人为保存其专有部分或共用部分,或于改良之必要范围,可以请求使用其他区分所有权人之专有部分或不属于自己所有之共用部分。〔2〕

3. 专有权人的义务

专有权人行使专有权时负有以下义务:

(1)不得擅自改变建筑物的使用用途的义务。

(2)对专有部分的维修和必要改良,维护建筑物牢固和完整的义务,不得擅自变动建筑主体和承重结构。

(3)相互容忍的义务,即区分所有人为了使用、修缮、改良其专有部分而必须适用其他区分所有人的专有部分,其他区分所有人负有容忍的义务。

此外,专有权人在超越自己权利范围行使权利致人损害的,应当承担损害赔偿责任。

(二)共有权

共有权,即建筑物区分所有的共有权,是指区分所有人依据法律、合同以及区分所有人之间的规约,对建筑物的共用部分、道路、绿地、公用设施以及基地使用权、小区的土地使用权等所共同享有的财产权利。这是一种特殊的共有权。

1. 建筑物区分所有人的共有权

建筑物区分所有人的共有权主要有:

(1)法定共有与约定共有。从客体上看,区分所有中的共有权的客体范围较为广泛,包括法定共有部分与约定共有部分。法定共有部分即区分所有建筑物在性质或构造上当然共有的部分,如电梯、楼梯、基地等;约定共有部分即区分所有人通过规约,将可以作为专用的部分作为共有部分,如将某一房间作为集体会议室、活动室等。

(2)全体共有与部分共有。全体共用部分即供全体区分所有人共同使用的部分(俗称大公),如庭院、共用大门、配电室、公共厕所等;部分共用部分即供部分区分所有人共同使用的部分(俗称小公),如结构性隔层、各单元的楼梯、某层的电梯间、走廊等。二者区分的实质在于修缮费和其他负担。

2. 业主对共有部分的权利

业主对共有部分的权利包括以下四个方面:

---

〔2〕　陈华彬:《现代建筑物区分所有权制度研究》,法律出版社1995年版,第110页。

(1)使用权。这是建筑物区分所有权人作为所有权人所应具备的最基本的权利。各共有人对于共用部分,得按其用法予以使用。这种使用应不问共有权人对共有部分的持分权的大小,都能按照共用部分的性质进行使用。如对作为共同设施之电梯、走廊,依其性质可共同使用,不能认为在一栋建筑物上有一半面积之专有部分所有权人,对共用部分之走廊或电梯只使用一半面积,而依其性质得为共同使用。而对于使用上具有排他性的共有部分,如用于晾晒的阳台等,可轮流使用。

(2)收益权。各共有所有权人可依约定享有收益权;在没有约定或者约定不明确的情况下,按照业主专有部分占建筑物总面积的比例获得因共有部分产生的利益,如将共用庭院出租,每个区分所有权人均可按约定或者前述比例获得租金。

(3)单纯的修缮改良权。承认各共有所有权人基于居住或其他用途之需要,可对共用部分享有单纯的修缮改良权利。而所谓单纯的修缮改良,系与变更的修缮改良相对,指不影响或损及建筑物共用部分的共有性质的修缮改良行为。依各国法之规定,任何区分所有权人不得对专有部分以外之共用部分为变更的修缮改良工作。

(4)物权请求权。每一个共有人都有权追夺被侵害的共有财产,对于共有部分的侵害,每个区分所有权人都有权行使物权请求权,都有权提起诉讼,不需要经过全体业主的同意,当然最后获得的结果要归属全体业主,支出的费用也相应由全体区分所有权人承担。

3. 业主行使共有权时的义务

按照权利义务相一致原则,业主行使共有权时,应当遵循下列义务:

(1)按共有部分的本来用途使用共有部分。共有所有权人必须按共有部分的本来用途使用共有部分。所谓“本来用途”,又称“固有用途”,指必须依共有部分的种类、位置、构造、性质,及依规约规定的共有部分之目的或用途使用共有部分。

(2)分担共同费用和负担。由于区分所有建筑物的共用部分通常是整体建筑物的实体部分,必然会发生管理、修缮、维持、改良等费用,应由全体区分所有权人分担。鉴于共用部分被分为全体共用部分与一部共用部分,因而各国立法规定,全体共用部分之费用由全体区分所有权人分担,一部共用部分之费用由该部分区分所有权人分担。

(3)维护与保存共用部分的义务。这是各国法的一致规定,建筑物区分所有权人作为共有所有权人负有维护,保存共用部分的义务。

(三)成员权

建筑物区分所有权的成员权,是指建筑物区分所有人基于一栋建筑物的构造、权利归属和使用上的密切关系而形成的作为建筑物管理团体的一成员而享有的权利和承担的义务。

建筑物区分所有权的成员权人所享有的权利主要有:(1)表决权。也就是指,区分所有人参加管理团体集会,对大会讨论的事项享有的投票表决权。(2)参与订立规约权。规约,即管理规约,是全体区分所有人为协调相互之间关系而制定的自治规则,对区分所有人具有普通约束力。(3)选举及解任管理者的权利。区分所有人的管理团体由全体区分所有人选举产生,区分所有人也有权请求解任不合格的管理者。(4)请求权。区分所有人作为管理团体的成员有权管理公共事项并请求获得共同收益的应得份额。(5)撤销权。业主大会或者业主委员会作出的决定侵害业主合法权益的,受侵害的业主可以请求人民法院予以撤销。

成员权人承担的义务主要是遵守管理规约,接受管理团体的管理,执行管理团体作出的决议等。

第二节 建筑物区分所有的特殊规则

一、建筑物共有范围的确定

建筑物专有部分以外的共有部分,属于全体业主共有(《民法典》第273条)。

这些共有的建筑物部分,通常是指除建筑物内的住宅、经营性用房等专有部分以外的部分,既包括建筑物内的走廊、楼梯、过道、电梯、外墙面、水箱、水电气管线等部分,也包括建筑区划内,由业主共同使用的物业管理用房、公用设施以及其他公共场所等(《民法典》第274条)。

业主对于建筑物共有部分的共有权是与其对专有部分的专有权紧密相连的,按照权利义务的一般原理,其权利可以放弃,但其应当履行的义务却不能放弃,不得以放弃权利为由不履行义务(《民法典》第273条第1款)。

同时,业主对于建筑物共有部分的共有权随着其专有权的移转而移转,不能保留共有权而之转让专有权(《民法典》第273条第2款)。

二、建筑区划内的建设用地使用权归属

建筑区划内的建设用地又可称为地基,是指与区分所有建筑物直接接触,并支撑建筑物的土地,包括主体建筑、附属设施所占的土地和建筑区划内其他空地。在我国,土地属于国家或集体所有,任何其他主体不能成为土地所有权人。所以,在建筑物区分所有的情况下,不存在区分所有人共同对地基享有所有权,而只可能享有地基范围内的建设用地使用权。

按照建筑物与土地的一体性原理,业主对于其建筑物所占有的地基共同享有建设用地使用权。

三、道路、绿地的归属

道路,是指地面上供人或车辆通行的部分。道路一般经过人的修筑,所以一般也将其定位为"供行人和各种无轨车辆通行的基础设施"。其实,地面上供人或车辆通行的路,可以是修筑的,如水泥道路、混凝土道路及沥青道路;也可以是没有修筑的,如沙土道路、砂石道路及碎石道路等。

绿地,是指地面上的绿植。如果说道路是用来通行的,那么,绿地就是用来观赏的,同时兼具生态作用。

在建筑物区分所有的场合,单栋建筑物极少,往往是多栋建筑物连片,即成为所谓的小区——以住宅为主并配套有相应公用设施及非住宅房屋的居住区。在小区内,道路和绿地如果在规划及修造时明确为城镇公共道路、城镇公共绿地,那么这样的公共道路、公共绿地应归属全民所有即国家所有,其下的土地原则上是国家所有,其上没有设立建设用地使用权,当然也可能是设立了建设用地使用权的,后一种情况下,该类土地的建设用地使用权则为全体业主共同享有。

在我国各地的商品房开发建设过程中,有的小区在规划及销售时即明确将一层住户周边的绿地附送给这些住户(明示),但该绿地所占基地的建设用地使用权并不明示给这些住户,那么,

这些明示给个人的绿地属于这些个人所有,而绿地的基地建设用地使用权则为全体业主共同享有。

除此之外,建筑区划内的道路、绿地,属于业主共有(《民法典》第 274 条)。

四、车库、车位的归属

车位,是指住宅小区内以停放机动车为目的的地上或者地下开放式场地,包括地上车位和地下车位。车库,是指住宅小区内设置的以停放机动车为目的具有一定封闭性的空间,包括独立车库、首层架空车库、地下车库、半地下车库等。

我国《民法典》区分不同的情况,对车位、车库的归属作了规定:

1. 建筑区划内,规划用于停放汽车的车位、车库的归属,由当事人通过出售、附赠或者出租等方式约定。房地产开发商在开发项目前,经政府核发的建设工程规划许可证批准同意,规划用于停放汽车的车位、车此类车位、车库,在开发商完成建设后,通过出售、附赠或者出租等方式,与当事人约定车位、车库的归属。

2. 占用业主共有的道路或者其他场地用于停放汽车的车位,属于业主共有。一般来说,车位主要是指占用小区内的地面空地,以划线分割方式标明的地面停车位。房地产开发商预售或现售商品房住宅小区建筑房屋单元,并办理了初始登记及转移登记后,房屋单元所有人(建筑物区分所有人)便按份共同拥有了该小区宗地号的全部土地使用权。由于地面停车位所在的地面面积包含在小区总土地使用面积之内,因此,该种停车位显然属于全体建筑物区分所有人即业主共有(《民法典》第 275 条)。

3. 考虑到车位、车库的本质是小区整体环境内容的组成部分,为服务于整个小区业主居住便利而建造,《民法典》第 276 条在规定通过约定确定车位、车库的归属的同时,要求建筑区划内,规划用于停放汽车的车位、车库应当首先满足业主的需要。

至于利用地下人防工程建设的车位,人防工程属于国防财产,依法属于国家所有(《民法典》第 254 条第 1 款),但按照《人民防空法》的规定,实行人民防空工程平时由投资者使用管理,收益归投资者所有,因此,在地下人防工程内拥有的车位,本质上属于享有地下建设用地使用权,谁投资谁享有该地下建设用地使用权的收益。

五、住房用途的改变

住宅的用途是供业主居住,如果将住宅改变为经营性用房,使原本用于居住的房屋改为用于经营的房屋,容易干扰邻近业主的正常生活,引发小区车位、电梯、水、电等公共设施使用的紧张,也容易产生安全隐患,事关相关业主利益和公共安全,法律上实行严格规制,业主不得违反法律、法规以及管理规约,将住宅改变为经营性用房。并且,业主将住宅改变为经营性用房的,除遵守法律、法规以及管理规约外,应当经有利害关系的业主一致同意(《民法典》第 279 条)。

六、维修基金及其他收益

依建筑物及其附属设施的客观规律,在建筑物竣工之后的一定年限内,需要对建筑物及其附属设施进行维修。专门用于该项维修的资金,即建筑物维修基金。《物业管理条例》第 53 条规定,业主应当按照国家有关规定交纳专项维修资金。

按照《民法典》第 281 条的规定,建筑物维修基金的归属及使用规则为:(1)建筑物及其附属设施的维修资金,属于业主共有。(2)建筑物及其附属设施的维修资金的使用需经业主共同决定。(3)维修资金可以用于电梯、屋顶、外墙、无障碍设施等共有部分的维修、更新和改。(4)紧急情况下需要维修建筑物及其附属设施的,业主大会或者业主委员会可以依法申请使用建筑物及其附属设施的维修资金。(5)建筑物及其附属设施的维修资金的筹集、使用情况应当定期公布。

同时,建设单位、物业服务企业或者其他管理人等利用业主的共有部分产生的收入,在扣除合理成本之后,属于业主共有;建筑物及其附属设施的费用分摊、收益分配等事项,有约定的,按照约定;没有约定或者约定不明确的,按照业主专有部分面积所占比例确定(《民法典》第282、283条)。

七、建筑物管理及物业服务

作为建筑物区分所有权人,业主当然可以自行管理建筑物及其附属设施,也可以委托物业服务企业或者其他管理人管理(《民法典》第284条)。这是所有权的应有之义。

物业服务组织,法律性质上属于企业,其接受业主的委托,为业主提供服务。他们之间的法律关系属于物业服务合同关系。对于建设单位聘请的物业服务企业或者其他管理人,业主有权依法更换。

第三节　业主大会与业主委员会

一、业主共同管理权的内容

现代区分所有建筑物之管理,在内容上,包括物的管理与人的管理两类,它们共同构成管理的完整内容。

所谓物的管理,指对建筑物、基地及附属设施之保存、改良、利用乃至处分等所为的物理管理。物的管理原则上仅限于建筑物之共用部分,专有部分不包括在内。但专有部分之间的墙壁、专有部分与共用部分间的墙壁以及地板,天花板、专有部分范围内承重墙壁以及建筑物外墙壁等均应当纳入管理之中。共用部分为全体区分所有权人共同支配,如何进行具体的使用,使用过程中如何进行管理、维护和使用过程中可能的改良等均为管理之内容,亦为建筑物管理主要之内容。另外,根据管理规约,当事人之间还可能对建筑物的使用作出限制性规定,该限制性的内容,亦当然属于管理的内容,如禁止饲养宠物、禁止住宅商用或出租等。

所谓人的管理,指对区分所有权人群居生活关系所为之社区管理。其对象不以居住于区分所有建筑物上之区分所有权人的行为为限,凡出入区分所有建筑物之人的行为,均应纳入。至于其内容,一般可分为对建筑物不当毁损行为的管理、对建筑物不当使用之管理及对生活妨害之行为的管理。

二、业主大会

业主大会是指由一定建筑区域内全体业主组成的、管理其共有财产和共同生活事务的自治组织。业主大会是区分所有人管理共同事务的最高权力机关,由全体业主组成,属于业主自治组织,业主大会的决定对物业管理区域内的全体业主具有约束力。因此,只要是建筑区划内的业主,就有权参加业主大会。

在法律地位上,业主大会只是全体业主的集合,不具有独立的民事主体资格,既不是法人,也不是非法人组织,但可以成为民事诉讼的诉讼主体。[3]

根据我国《民法典》第 278 条的规定,业主大会的主要职责有:(1)制定和修改业主大会议事规则。(2)制定和修改管理规约。所谓管理规约,是指业主共同制定的规范区分所有建筑物业主权利、义务、责任的自治性规范。(3)选举业主委员会或者更换业主委员会成员。(4)选聘和解聘物业服务企业或者其他管理人。(5)使用建筑物及其附属设施的维修资金。(6)筹集建筑物及其附属设施的维修资金。(7)改建、重建建筑物及其附属设施。(8)改变共有部分的用途或者利用共有部分从事经营活动。(9)有关共有和共同管理权利的其他重大事项。

在业主大会的决议表决方式上主要有两种表决方式,一种方式是按照人头计算票数,一户业主一票。例如德国、瑞士就是采取此种模式。此种模式充分照顾到每个区分所有权人参与管理的权利,但忽略了各个区分所有权人由于专有部分所占比例不同而享有的利益差异。另一种方式是按照业主专有部分所持比例来计算票数。日本即采取此种模式。此种模式强调财产在决定区分所有权人管理权利大小时的主导地位,但对于区分所有人共同生活关系的考虑有其不足。

我国《民法典》第 278 条采取了人数决和专有部门比例相结合的方式确定表决方式。业主大会在通过一项决议时,不仅应当经法定人数比例的业主同意,同时这些同意决议的业主所占的专有部分应当达到建筑物总面积的一定比例。具体而言:业主共同决定事项,应当由专有部分面积占比 2/3 以上的业主且人数占比 2/3 以上的业主参与表决;涉及前述第 278 条第 6 项至第 8 项规定的事项,应当经参与表决专有部分面积 3/4 以上的业主且参与表决人数 3/4 以上的业主同意;涉及前述第 278 条其他事项的,则应当经参与表决专有部分面积过半数的业主且参与表决人数过半数的业主同意。

三、业主委员会

所谓业主委员会,是指根据法律或者管理规约,由业主大会选举产生一定数量的业主为委员组成,在业主大会闭会期间执行业主大会的各项决议或决定,落实管理规约的各项规定,并代表全体业主监督物业服务企业的物业管理行为的自治性常设机构。

根据《民法典》第 286 条的规定及司法实践的倾向做法,业主委员会具有起诉和应诉资格。[4]

四、业主大会与业主委员会的管理权

业主大会和业主委员会,作为区分所有建筑物业主实现公共治理的自治组织,当然对全体业主负有管理权能。除了制定管理规约外,对任意弃置垃圾、排放污染物或者噪声、违反规定饲养动物、违章搭建、侵占通道、拒付物业费等损害他人合法权益的行为,还有权依照法律、法规以及

---

〔3〕 最高人民法院第 65 号指导案例:上海市虹口区久乐大厦小区业主大会诉上海环亚实业总公司业主共有权纠纷案。

〔4〕 最高人民法院《关于春雨花园业主委员会是否具有民事主体资格的复函》(〔2005〕民立他字第 8 号),其中明确指出,业主委员会作为业主大会的执行机构,具有对外代表全体业主、对内具体实施与物业管理有关行为的职能,其行为的法律效果及于全体业主。赋予业主委员会当事人地位,可以达到明确责任主体、简化程序、降低诉讼成本的效果。因此,最高人民法院倾向于承认业主委员会的当事人地位。

管理规约,请求行为人停止侵害、排除妨碍、消除危险、恢复原状、赔偿损失(《民法典》第286条)。

思考题

1. 简述建筑物区分所有权的特征。
2. 简述专有部分的法律特性。
3. 简述专有权人的权利与义务。
4. 简述建筑物区分所有权中的成员权。
5. 简述业主对共有部分的权利与义务。
6. 简述业主大会的法律地位及其职责。
7. 简述业主大会与业主委员会的关系。

阅读指引

关于建筑物区分所有权的基本构造

1. 王利明:《论业主的建筑物区分所有权的概念》,载《当代法学》2006年第5期。
2. 李国强:《建筑物区分所有权内涵的重新解释和规则厘清——基于民法典物权编编纂的展开》,载《河南社会科学》2018年第8期。
3. 陈华彬:《论建筑物区分所有权的概念》,载《法治研究》2010年第7期。
4. 陈华彬:《论建筑物区分所有权的构成——兼议〈物权法〉第70条的规定》,载《清华法学》2008年第2期。

关于小区车库的权属问题

1. 张忠野:《车位、车库权属制度比较研究》,载《政治与法律》2013年第12期。
2. 梅夏英、王亚西:《论高层建筑物的车库权属》,载《烟台大学学报(哲学社会科学版)》2006年第4期。
3. 田韶华、刘璇:《住宅小区地下车库权属问题探析》,载《河北学刊》2009年第2期。

关于建筑物区分所有权中共有部分及共有权的研究

1. 孟勤国、唐瑞:《论住宅小区所有权》,载《河北法学》2019年第6期。
2. 崔建远:《对业主的建筑物区分所有权之共有部分的具体考察》,载《法律科学(西北政法大学学报)》2008年第3期。
3. 焦富民、陆一:《论建筑物区分所有权中业主共有权的保护》,载《比较法研究》2007年第5期。

第七章　相邻关系

第一节　相邻关系的概念与处理原则

导学案例

经上里屯农民集体分配，原告杨建华、杨毅、杨小敏和被告李有传等人在长岭麻泵一带均分得土地，但没有承包证。从地理位置看，原告杨建华、杨毅、杨小敏的土地在里边，有一条小路沿着被告李有传土地中间可通行到村里的大路。这条小路的宽度等路况，因没有承包证，没有记载，20世纪90年代后宽度曾经达到3米左右，农用车辆可以进出耕作。2020年3月，被告李有传占用上述通道种植了桉树，阻断了他人通行。经勘测，上述通道约宽4米、长109米，还可以分辨出农用车辆的车轮痕迹。这条通道是原告方牛车拉甘蔗和农用汽车拉木材进出自留山地的唯一一条道路。原告认为，被告的行为侵犯了其通行权，请求判令被告清除种植在长岭麻泵道路上的桉树，恢复道路原状。结合案情，试分析本案中原告的诉讼请求是否有法律依据？[1]

一、相邻关系的概念

相邻关系是不动产相邻关系的简称，是指相邻接的不动产权利人（包括不动产所有人、用益物权人或占有人），在用水、排水、通行、通风、采光等方面根据法律规定产生的权利义务关系。一方的权利称为相邻权。相邻权为不动产权利人相互之间享有的权利，而对相对应的相邻人来说，相邻权也表现为邻人之间的义务。

相邻关系具有以下几个特征：

1. 相邻关系的主体是两个或者两个以上不动产的所有权人、用益物权人和占有人，具体包括所有权人、土地承包经营权人、建设用地使用权人、宅基地使用权人、承租人等。

2. 相邻关系基于不动产的相互毗邻关系而产生。例如，因房屋毗邻而产生了通风采光的相邻关系。相邻关系亦可基于特定的自然环境而产生，例如，A、B两镇处于一条河流的上下毗连的两个地段，由此产生了A、B两镇因利用水流灌溉和水力资源的相邻关系。如果A、B两镇一个在湖南省，一个在西藏自治区，自然不能产生相邻关系。

3. 相邻关系因种类不同而具有不同的内容。相邻关系的内容大体上可分为两个方面：(1)相邻一方有权要求他方提供必要的便利，他方应给予必要的便利。所谓必要的便利，是指非从相邻方得到便利，就不能正常行使其所有权或使用权。例如，从相邻的土地上通行，必须是在

---

〔1〕 本案详情及裁判结果参见杨建华、杨毅等与李有传相邻通行纠纷一审民事判决书，广西壮族自治区柳城县人民法院(2021)桂0222民初1092号民事判决书。

无道路可行之前提下,才能要求相邻人给予方便。(2)相邻各方行使权利,不得损害他方的合法权益。例如,从相邻方的土地上通行,应尽量避免给对方造成损失;在相邻方已建有房屋之邻地上建房,不得影响相邻方的采光和通风。此为相邻关系的消极的不作为方面。

4. 相邻关系的客体并非不动产本身,主要是行使不动产权所体现的利益,既包括经济利益,也包括其他利益。

5. 相邻关系具有物权从属性。相邻关系的存在主要是由于相邻不动产所有人或使用人对不动产拥有所有权或者其他物权。这些物权存在,相邻关系就存在,物权消灭,则自无相邻关系可言。

6. 相邻关系所涉及权利义务内容,不以当事人的约定为必要依据,是由法律明确规定的。相邻一方为行使自己的权利,有权要求他方提供便利。法律保护相邻一方的这种权利,但其不得滥用该权利。

二、相邻关系的处理原则

(一)有利生产、方便生活的原则

相邻关系是人们在生产、生活中,对于行使不动产所有权或使用权而产生的权利义务关系,直接关系到人们的生产和生活的正常进行。而法律调整相邻关系的目的就在于有利生产、方便生活,充分发挥不动产的使用效益。因此,在处理相邻关系时,应当从有利生产、方便生活的原则出发,妥善解决有关问题,努力实现法律调整相邻关系所追求的社会目的。

(二)团结互助、公平合理的原则

在我们社会主义国家里,国家、集体和个人的利益是根本一致的,人与人之间的关系在本质上是一种互助协作的关系。因此,在处理相邻关系时,应本着团结互助的精神,建立睦邻友好的关系。同时,相邻关系要求相邻一方为另一方行使不动产所有权或使用权给予必要的方便。如果没有团结互助的精神,只要求别人给自己方便,自己却不肯给别人方便,就不可能处理好相邻关系。

此外,相邻关系还要求享受权利、获得利益一方给承担义务、受到损失一方以合理的经济补偿。因此,在处理相邻关系时,不兼顾双方利益,公平合理地解决问题,事实上是行不通的。所以,相邻各方在行使不动产所有权或用益物权、租赁权等权利时,各方要互助协作,兼顾相邻人的利益,而不能以邻为壑,损人利己。在发生纠纷时,要互谅互让,采取协调办法解决;协商不成请求国家机关解决的,国家机关在处理有关纠纷时,在查清事实、分清是非的基础上,应充分运用调解手段,遵循团结互助的原则,兼顾各方利益,依法公平合理地解决有关问题。

(三)尊重历史和习惯的原则

尊重历史和习惯,对于稳定相邻关系、维护社会经济秩序具有重要的意义。对于历史形成的用水、排水等相邻关系以及历史形成的分界墙、分界篱、分界沟、建筑物公用墙、通道、间隔等,相邻一方未经他方同意,均不得擅自变更。法院在处理有关纠纷时,无合法依据,一般也不应判决变更。处理相邻关系还应尊重习惯。这一方面是因为我国相邻关系的立法尚不完善,许多相邻关系需要按当地习惯来处理。另一方面,习惯是由历史形成的,已在实践中反复应用,易于为人民大众接受。因此,即使立法有规定的,只要习惯与立法的精神不相违背,也应予以尊重。

第二节 相邻关系规则体系

一、因用水、排水产生的相邻关系

(一)相邻用水关系

对水源、水源地的所有人或使用人不得垄断,应允许相邻各方使用。水源的开发利用,应由相邻各方共同协商进行。需要报水行政机关批准的,应依法报水行政机关批准。相邻各方均不得为一己之利乱凿井眼,破坏原有的水源。因开凿井眼致原有水源减少或干涸的,共同使用人有权要求恢复原状;不能恢复原状的,有权要求赔偿损失。

对自然流水,相邻各方应共同使用,合理分配。任何一方都不得为一己之私利擅自改变水流的自然流向,或者堵截水流、独占水流。自然流水一般应按"由近及远、由高至低"的原则依次灌溉、使用。一方擅自改变、堵截或独占自然水流,影响他方正常生产、生活的,他方有权请求排除妨碍,造成他方损害的,应负责赔偿损失。

(二)相邻排水关系

高地所有人或使用人有向低地排水的权利。但低地所有人或使用人对高地的排水所承担的义务,则因排放之水是自然流水或人工流水的不同而有所不同。自然流水,是指未施以人工的流水,如雨水、泉水。人工流水是施以了人工的流水,如排放蓄水工程中之水、工业废水等。对自然流水,低地所有人或使用人有承水的义务,高地所有人或使用人没有将水一直引到江、河或公用排水系统的义务。对自然流水造成的损害(如山洪暴发造成的损害),任何人都没有赔偿的责任。对人工流水,低地所有人或使用人没有承水义务,只有过水的义务(允许流水通过的义务)。高地所有人或使用人必须采取适当排水措施,使水安全通过低地直达江、河或公共排水系统。他人所有的或使用的农田、鱼塘、蓄水池等不能作为排放人工流水的终端。排放人工流水造成他方损害或存在损害危险的,他方有权请求停止侵害、消除危险、恢复原状、赔偿损失。修建房屋应注意防止屋檐滴水对邻人的损害。因屋檐滴水造成他方妨碍与损害的,他方有权请求排除妨碍、赔偿损失。

二、因通行产生的相邻关系

被相邻土地环绕,与公用道路隔离的土地所有人或使用人,有权通行邻地,邻地所有人或使用人应当允许其通行,但通行人应当选择对邻人损害最小的方式和线路通行,尽量不影响邻人的权益。如因其通行给邻人造成损害的,应依法恢复原状或补偿其损失。

因建筑物相邻,一方必须通过相邻人建筑物的通道为出入之便利时,邻人应当允许。一方所有或使用的建筑物范围内的历史形成的通道,相邻人必须通行的,所有人或使用人不得堵塞。因堵塞通道影响邻人生产、生活的,邻人有权请求排除妨害、恢复原状。[2] 相邻一方有正当理由必须改道的应与相邻另一方协商另行改道。

---

〔2〕"郑义锡与金成顺及延边成宝国际商务大厦有限公司、延边成宝百货有限公司相邻通行纠纷案",吉林省高级人民法院(2020)吉民终403号民事判决书。

三、因建造、修缮建筑物以及铺设管线产生的相邻关系

不动产权利人因建造、修缮建筑物以及铺设电线、电缆、水管、暖气和燃气管线等必须利用相邻土地、建筑物的,该土地、建筑物的权利人应当提供必要的便利。此种类型的相邻关系属于邻地使用相邻关系的一种。邻地使用相邻关系是指不动产的所有人或使用人为了行使权利的方便,在法律允许的范围和限度内使用相邻人的土地而发生的相邻关系。相邻权人有权行使邻人土地,邻地所有人或使用权人应当允许并容忍邻人使用。

相邻一方因在自己土地上建筑施工需要临时占有相邻另一方的土地时,对方应予允许。双方应协商约定占用土地的范围、用途和期限。使用方应按照约定的有关内容使用邻地,使用完毕应负责清理现场、恢复土地的原状,并补给因使用土地给邻人造成的损失。

相邻不动产所有人或使用人安装其生产生活需要的电线、电缆、水管、煤气管、下水道等管线设施时必须通过邻人土地的,邻地所有人或使用人应当允许其使用自己土地安装架设或埋设。但管线设施安设一方应当以对邻人损害最小的方法和线路安设,如果因安装架设或埋设管线设施给邻人土地和利益造成损害的应予恢复原状并补偿其损失。

四、因通风、采光产生的相邻关系

修建房屋和其他建筑物的当事人,应使其建筑与邻人的房屋或其他建筑保持适当距离,不得影响邻人建筑物的通风和采光。当修理的建筑物或房屋有妨害邻人房屋或建筑物通风、采光之虞时,邻人有权请求其采取措施,予以排除。[3] 但如邻近建筑物的所有人或使用人在修建建筑物当时,未对通风和采光提出异议,而在修建建筑物完工之后提出的,基于诚实信用原则与经济原则,受害人只能请求赔偿,而不能要求排除妨害。[4]

五、因废物、废气等不可量物处置产生的相邻关系

不动产权利人不得违反国家规定弃置固体废物,排放大气污染物、水污染物、土壤污染物、噪声、光辐射、电磁辐射等有害物质。这在理论上被称为相邻环境防害关系,又称相邻环保关系。

此类相邻关系具体包括下列三种情形:

1. 相邻人排放废水、废渣、废气、粉尘、油污和放射性物质应严格遵守国家标准,不得污染环境,造成邻人损害;否则,如果一方超标排污,污染环境的,邻人有权要求停止排污,治理环境,并赔偿损失。

2. 相邻一方在他方住房附近修建厕所、牲畜栏厩、粪池、污水池或堆放腐朽物、有毒物、恶臭物及垃圾等,应与邻人建筑物、生活居住处保持一定的距离,并采取措施防止污染。否则,因上述行为污染环境,影响邻人生产、生活的,邻人有权要求排除妨害,造成损失的,应予赔偿损失。[5]

3. 相邻的不动产所有人或使用人,对来自邻人建筑物或土地上的噪声、异味、震动的轻微损害应予容忍。任何一方均不得超过国家规定标准制造噪声,或者使噪声、异味达到依社会一般观念认为难以忍受的程度。否则,邻人有权要求停止侵害、赔偿损失。

---

〔3〕“宋广书、贾东梅相邻采光、日照纠纷案”,山东省济宁市中级人民法院(2020)鲁08民终5792号民事判决书。

〔4〕申卫星:《物权法原理》,中国人民大学出版社2016年版,第245页。

〔5〕“黎燕燕、盛春亮相邻污染侵害纠纷案”,江西省抚州市中级人民法院(2020)赣10民终1151号民事判决书。

思考题

1. 简述相邻关系的特征。
2. 举例说明相邻关系的处理原则。

阅读指引

关于相邻关系中容忍义务的代表性研究

1. 王利明:《论相邻关系中的容忍义务》,载《社会科学研究》2020年第4期。
2. 焦富民:《容忍义务:相邻权扩张与限制的基点——以不可量物侵扰制度为中心》,载《政法论坛(中国政法大学学报)》2013年第4期。
3. 王保林:《论容忍义务在审理相邻关系纠纷中的运用》,载《法律适用》2009年第7期。

相邻关系的边界和冲突解决

1. 蔡养军:《论相邻关系纠纷的法律适用》,载《北方法学》2016年第2期。
2. 刘长兴:《我国相邻权规范的绿色解释——以相邻采光为例》,载《政治与法律》2020年第10期。
3. 焦富民:《功能分析视角下相邻关系的公私法协调与现代发展》,载《法学论坛》2013年第5期。

第八章　共　　有

导学案例

甲、乙、丙、丁按份共有某商铺，各自份额均为25%。因经营理念发生分歧，甲与丙商定将其份额以100万元转让给丙，并通知了乙、丁。乙与第三人戊约定将其份额以120万元转让给戊，但未通知甲、丙、丁。结合案情，根据物权法律制度的相关规定，试分析下列问题：

1. 乙、丁对甲的份额是否享有优先购买权？

2. 甲、丙、丁对乙的份额是否享有优先购买权？

3. 如果甲、丙、丁均对乙的份额主张优先购买权，三人是否可以协商确定各自购买的份额？

4. 甲、丙、丁是否可以其优先购买权受到侵害为由，请求人民法院认定乙与戊之间的份额转让合同无效？

第一节　共有的概念与适用

一、共有的概念

共有，是指两个以上的民事权利主体对于同一物享有的所有权。共同所有权的享有者称为共有人，而其标的物则称为共有物。

共有具有以下几点特征。

1. 共有的主体具有非单一性。共有关系的主体不是一个而是两个或两个以上的自然人、法人或非法人组织。正是因为这个特点，所以在共有关系中就出现了对外关系和对内关系。对外关系是共有权的所有权属性的体现，任何一个所有权都有对外关系，而共有权主体内部的权利义务关系，即对内关系，则是共有关系所独具的关系。共有的这一特点也使其不同于公有，无论是国家所有、集体所有，其主体都是单一的。

2. 共有的客体包括动产和不动产。共有关系的客体是动产和不动产，设置共有关系的动产或不动产可以是一个独立的物，如一辆汽车、一台机器、一栋房屋等；也可以是财产的集合，如一个工厂的全部财产，既有动产，又有不动产，是一个集合的财产。用益物权和担保物权也可以成为共有关系的客体，形成准共有关系。

3. 共有关系的内容包括内部关系和外部关系。共有关系的内容就是指共有的权利义务主体之间就共有的动产或不动产所享有的或承担的权利义务关系。共有关系存在多元的所有权主体，不仅存在所有权主体与其他主体的外部权利义务关系，还存在多元所有权主体之间的内部权利义务关系，同时，内部关系还可能影响外部关系。

二、准共有对共有的适用

所谓准共有,是指两个以上的民事主体共同享有所有权以外的财产权。例如,两个以上组织、个人共同享有用益物权、担保物权的情形。尽管共有制度的适用场景主要是所有权,但实践中其他的财产权也存在共有的情形。例如,两个以上的主体共同享有建设用地使用权、抵押权等均是现实存在的。此种情形下的共有在性质上与对所有权的共有并无实质差别,因此,我国《民法典》中的共有制度虽然规定在“所有权”这一分编中,但明确规定了两个以上组织、个人共同享有用益物权、担保物权的,参照适用共有所有权的有关规定。

第二节　按份共有

一、按份共有的法律特性

按份共有,又称分别共有,是指两个或两个以上的共有人按照各自应有的份额对一物共享所有权的共有形态。按份共有具有以下几点特征:

1. 各个共有人按照份额享有所有权。份额是按份共有的基本特征,是产生按份共有关系的客观基础,这也是按份共有和共同共有最显著的区别。在按份共有中,各共有人对于共有物享有不同的份额。份额是指共有人对于共有物全体所享有的比例,就是按份共有的应有部分。这种份额是根据共有关系的发生原因,由法律或共有人之间的合同来确定的,因而份额总是体现共有人的意志。

2. 各个共有人对共有财产享有的权利和承担的义务是依据其不同的份额确定的。首先,份额权表现为所有权,是指按份共有人不是对整个共有物享有所有权,而是对属于自己的那一部分份额享有所有权。其次,份额权表现为各共有人对共有财产按照份额享有权利、承担义务。这种权利义务主要是指共有人内部的权利义务,即共有人之间的权利义务,也包括共有权外部与他人发生的权利和义务。最后,份额权与分别所有不同,分别所有是指对某物的某一部分享有独立的所有权,按份共有的份额权虽然是按份额享有所有权,但是这种份额是抽象的,各共有人的权利不是局限在共有财产的某一部分财产上,也不是就某一部分单独享有所有权,而是及于该共有物的全部。

3. 按份共有基于两个方面的原因而发生:一是当事人的合意。通常情况下,按份共有是基于按份共有关系的各行为人的合意而发生,如基于各共有人的约定而发生的共同投资行为或共同购买行为。二是法律的直接规定。当法律规定的条件成就时,就自然而然发生了按份共有关系。

二、按份共有人的权利义务

(一)对共有物进行占有、使用、收益

各共有人依其份额对共有物进行占有、使用、收益,但这种权利的行使及于共有物的全部。为了维护全体共有人的利益,共有人对共有物的占有、使用、收益的方法应进行协商,并按照协商一致的方法处理。在无法达成一致意见时,则按照“份额多数决原则”确定的意见办理,但不得损害其他共有人的利益。值得注意的是,除共有人之间另有约定的外,对于共有物的重大修缮、

变更性质或者用途的，应当经占份额2/3以上的按份共有人同意。

（二）对份额的处分权

按份共有人有权处分其份额。由于共有人的份额是抽象的，不是具体的，因此共有人只能对份额进行法律上的处分，包括份额的转让、设定负担、分出等。所谓转让，是指共有人将自己的份额转让给他人。共有人出让自己的应有份额对其他共有人的利益并没有影响，任何人不得干预，只是受法律禁止性规定的限制而已。我国《民法典》第305条对按份共有人转让其享有的共有的不动产或动产份额也采取可肯定的态度。所谓设定负担，是指共有人在份额上设定权利负担，例如设定抵押权。所谓分出，是指共有人将自己在共有财产中的份额分割出去。

（三）按份共有人的优先购买权

按份共有人转让其享有的共有的不动产或者动产份额，其他共有人在同等条件下享有优先购买的权利。所谓"同等条件"应当综合共有份额的转让价格、价款履行方式及期限等因素确定。如果按份共有人之间转让共有份额，其他按份共有人主张优先购买的，人民法院则不予支持。此外，共有份额的权利主体因继承、遗赠等原因发生变化时，其他按份共有人主张优先购买的，亦不予支持，但按份共有人之间另有约定的除外。两个以上其他共有人主张行使优先购买权的，协商确定各自的购买比例；协商不成的，按照转让时各自的共有份额比例行使优先购买权。

按份共有人转让其享有的共有的不动产或者动产份额的，应当将转让条件及时通知其他共有人。其他共有人应当在合理期限内行使优先购买权。优先购买权的行使期间，按份共有人之间有约定的，按照约定处理；没有约定或者约定不明的，按照下列情形确定：（1）转让人向其他按份共有人发出的包含同等条件内容的通知中载明行使期间的，以该期间为准；（2）通知中未载明行使期间，或者载明的期间短于通知送达之日起15日的，为15日；（3）转让人未通知的，为其他按份共有人知道或者应当知道最终确定的同等条件之日起15日；（4）转让人未通知，且无法确定其他按份共有人知道或者应当知道最终确定的同等条件的，为共有份额权属转移之日起6个月。

（四）对共有物的处分权

由于共有物本身或共有物的任一具体部分上均存在全体共有人抽象的份额，因此，对其处分原则上需取决于全体共有人的意志。但在当今社会，机会稍纵即逝，很多情况下，等到每个共有人都首肯时，机会已荡然无存。为了有利于物的及时有效利用，对于按份共有而言，当全体共有人无法就共有物的处分达成协议时，则应当采"多数决原则"，即经持有应有份额多数比例的共有人同意而为处分行为。我国《民法典》第301条规定的应有份额比例为2/3，即在共有人之间对于共有物的处分没有特别约定的情况下，经占份额2/3以上的按份共有人同意可以处分共有物。这里的处分应当包括一般的处分行为，即包括共有物的转让、设定负担、抛弃、事实上的处分和变更。

某一或某些共有人违反共有人关于共有物处分的约定，或未经占份额2/3以上共有人同意，擅自对共有物进行事实上的处分，应当对其他共有人负侵权责任。擅自对共有物进行法律上的处分，属无权处分，原则上不能发生物权变动的效力，但如果受让人或者取得权利人为善意，则可能发生善意取得的效力。

（五）对共有物的管理及其费用负担

除共有人有特别约定之外，对于共有物的管理，应当由全体共有人共同进行。但对于保存行为，共有人可以单独进行；对于改良行为，则须按多数决原则进行。所谓保存行为是指以防止共有物的毁损、灭失或其权利丧失、限制等为目的，而维持现状的行为。所谓改良行为，是指不变更共有物的性质而增加其效用或价值的行为。但是，根据《民法典》第301条的规定，改良行为中属于重大修缮的，应当经占份额2/3以上的按份共有人一致同意。这是因为，重大修缮行为发生往往不是十分急迫的，也会产生大笔的费用，因此法律规定了更为严格的条件。

共有物的管理费用，包括对共有物的保存费用、对共有物作简易修缮或者重大修缮所支出的费用等。共有费用的分担采取约定优先原则，共有人有约定的，就依照其约定，确定共有财产管理费用的负担。按份共有中，共有人对于共有财产管理费用的负担没有约定的，由各共有人按其应有份额的比例分担。

（六）物上请求权

当共有物受到侵害时，各共有人都可以单独享有全部共有物的物上请求权。如果其他共有人否认共有人的应有份额时，则共有人可以以其他共有人为被告，提起确认其应有份额的诉讼。

（七）按份共有的外部关系

在按份共有中，因共有的不动产或者动产产生的债权债务，在对外关系上，共有人对债权债务享有连带债权、承担连带债务。但是，当法律另有规定或者第三人知道共有人不具有连带债权债务关系时，共有人不用承担连带责任，而是按照约定或者共有人享有的份额各自享有债权、承担债务。

三、应有份额的确定

应有份额是按份共有中最核心的问题，是各共有人享有权利和承担义务的基础和依据。其基本规则是：

1. 约定优先原则，即按份共有人之间对于应有份额的比例或确定份额的方法有约定的，按照当事人的约定处理。

2. 按出资额确定。如果是基于有偿的购买行为或投资行为形成的共有关系，则在没有约定或约定不明的情况下，按照共有人出资额比例确定应有份额。在夫妻双方父母为子女出资购买不动产被推定为按份共有的情形下，份额按照双方父母的出资比例确定。

3. 在无法确定投资额或因非出资行为形成的共有关系中，推定为各共有人应有份额均等（《民法典》第309条）。

第三节 共同共有

一、共同共有的法律特性

共同共有，又称公同共有，是指共有人对全部标的物不分份额地享有所有权的共有形态。相较于按份共有，共同共有人之间的关系更为紧密。

1. 共同共有基于共同关系而产生。共同共有与按份共有不同，主要不是基于共有人的共同意志而发生，而是必须以某种共同关系的存在作为发生的充分和必要条件，始能发生。没有这种共同关系的存在，就不能发生共同共有关系。例如，以夫妻关系为充分必要条件，发生夫妻共同共有关系;以家庭关系为充分必要条件,发生家庭共同共有关系;以合伙关系为充分必要条件,发生合伙收益的共同共有关系。没有这种共同关系,很难发生共同共有的关系。此外,也有由于单独行为(遗嘱)或习惯而产生。共同共有因共同关系而发生,因共同关系存续而存续,因其消灭而消灭。

2. 共同共有的所有权在量上不能析分为份额。在共同共有关系中,共有人共同享有共有财产的所有权,并不像按份共有那样区分应有部分的份额,享有份额权。在共同共有关系存续期间,各共有人的所有权不分份额,与共有的所有权一样大小。虽然严格地说,平等也是一种份额,但它是一个潜在的状态,并不表现出来,只有在共有关系终止、分割共有物时才有实际意义。

3. 共同共有人平等地享有权利和承担义务。在共同共有存续期间,各共有人对全部共有财产平等地享有占有、使用、收益和处分权,共同承担义务,因对共有物进行维护、保管、改良等所支付的费用由各共有人平均分担。与按份共有相比,共同共有人的权利及于整个共有财产,行使整个共有权。

二、共同共有人的权利义务

1. 共同关系存续期间,共有人对共有物享有的所有权及于共有物的全部。共同共有人对共有物享有平等的占有、使用权。主要体现在对共有物的收益,不是按比例分配,而是共同享用。

2. 对共有物的处分必须征得全体共有人的同意。在共同关系存续期间部分共有人擅自处分共有物的,系无权处分行为,如果事后未得到其他共有人的追认,则该处分行为无效。但第三人善意、有偿取得共有物的,应适用善意取得制度。

3. 共同共有人对共有物共同承担义务,对共有物进行维护、保管、改良等所支出的费用由各共有人平均分担。

4. 就共同共有的外部关系而言,由于共同共有对共有物平等地享有所有权,因此各共有人对于外部的侵害,可以为共有人全体的利益独立行使物上请求权和债权;因共有物对外发生的债务也应当由全体共有人承担连带责任。

三、共同共有的形式

共同共有主要有四种形式:

1. 夫妻共有。其是指在夫妻关系存续期间,夫妻双方对家庭财产的共有。

2. 家庭共有。家庭共有是指夫妻之外的家庭人员之间基于共同生活或共同经营而发生的共有。我国目前立法没有明确规定这种共有。

3. 遗产分割前的共有。当继承人为数人时,遗产只能为全体继承人共有。

4. 合伙共同共有。在合伙关系中,合伙人未约定按份共有的,合伙人对合伙财产属于共同共有。

第四节 共有财产的分割

一、共有财产分割的概念及原则

所谓共有财产的分割,是指共有人行使分割请求权,按照一定份额将共有财产分割后由共有人分别所有,消灭原有的共有关系。

共有财产分割应遵循如下原则:

1. 遵守法律的规定。共有物的分割除了必须遵守《民法典》物权编的共有制度外,还需要特别注意遵守其他特别法的有关规定。例如,分割夫妻共有物需要遵守《民法典》婚姻家庭编的有关规定,分割遗产需要遵守《民法典》继承编的有关规定。

2. 遵守当事人的约定。共有人对相互间的共有关系有约定的,分割共有物时应遵守其约定。

3. 平等协商,和睦团结。各共有人对共有财产分割的范围、期限、方式以及分配方法等,均可通过协商决定。在协商中,应本着和睦团结、互助互让的精神,力求达成一致协议。

二、共有财产分割的原由及分割请求权

按份共有的分割分为两种情形。(1)共有人对共有财产的分割没有约定或者约定不明确的,各按份共有人可以随时请求分割共有财产。(2)共有人约定不得分割共有财产的,有重大理由需要分割时,按份共有人才可以请求分割。

与按份共有财产的分割不同,在共同关系存续期间,共有人不得随意请求分割财产。可以请求分割财产情形有两种:(1)共同共有的基础丧失,例如,夫妻财产的共同共有会因婚姻关系的解除而丧失基础;(2)出现重大理由,例如,夫妻一方负有法定扶养义务的人患重大疾病需要医治,另一方不同意支付相关医疗费用,则夫妻一方可以向人民法院请求分割共同财产(《民法典》第1066条)。

三、分割的方式及效力

共有人在分割共有物时,有三种分割方式可供选择:

1. 实物分割,是指将原物直接按份额进行分割,进行实物分割必须满足两个条件,即共有物的性质适合分割,并且不会因为分割减损价值。

2. 变价分割,是指将共有物变价而将价款分配给各共有人。变价分割适用于共有物在性质上不能分割或者分割会减损其价值时,变价的方式包括拍卖和变卖等。

3. 折价补偿,是指特定共有人购买不可分共有物,该共有人对其他共有人支付应得价款。

共有物分割以后,共有关系归于消灭。无论是就原物进行分割还是变价分割,各共有人就分得的份额取得单独的所有权。分割以后某个共有人的财产由于分割以前的原因而为第三人追索或发现有瑕疵的,原共有人都要承担责任。因为原共有人有义务担保各人分得的共有物不受第三人的追索,对原共有物负有瑕疵担保责任。

思考题

1. 简述共有的特征。
2. 简述按份共有与共同共有的区别。
3. 简述按份共有人的优先购买权。
4. 简述按份共有人的权利义务。
5. 简述共有财产的分割规则。

阅读指引

关于共有物分割问题的代表性研究

1. 刘宇:《论共有物分割请求权的性质及行使方式》,载《财经法学》2021 年第 6 期。
2. 邹砚:《实体法与程序法交互作用下的共有物分割之诉》,载《现代法学》2016 年第 2 期。
3. 杨旭:《论共有物分割请求权的限制——“刘柯妤诉刘茂勇、周忠容共有房屋分割案”评释》,载《政治与法律》2017 年第 4 期。

关于按份共有人优先购买权的相关研究

1. 房绍坤:《论按份共有人优先购买权的适用范围》,载《山东社会科学》2021 年第 5 期。
2. 戴孟勇:《论按份共有人优先购买权的行使规则》,载《法学杂志》2020 年第 9 期。
3. 崔建远:《论共有人的优先购买权》,载《河北法学》2009 年第 5 期。
4. 郑永宽:《论按份共有人优先购买权的法律属性》,载《法律科学(西北政法学院学报)》2008 年第 2 期。

第九章　所有权取得的特别规定

导学案例

赵某有一部价值5000元的手机。赵某欲将该手机卖给钱某，价款4500元，但是约定赵某借用至月底。孙某系钱某同事，得知此事后找到赵某，提出愿以6000元购买该手机，赵某欣然同意，钱物现场交割完毕。孙某回家途中遇到老乡李某，李某见其手机甚爱之，误以为是孙某所有，便胁迫孙某将该手机以5000元的价格卖给自己，孙某无奈，遂交付。后李某将手机遗失，被周某拾得，周某将其以5000元价格转卖给不知情的吴某。根据上述事实，试分析孙某、李某对该手机的权利状态：

1. 孙某能否取得该手机的所有权？为什么？

2. 如果孙某以受胁迫为由行使了撤销权，李某能否取得该手机的所有权？为什么？

3. 吴某能否取得该手机的所有权？为什么？

第一节　善意取得

一、善意取得的概念

善意取得，又称即时取得，是指无权处分人将他人之物以合理价格有偿处分给第三人时，如果该第三人主观上是善意的，并完成公示的情况下，该第三人即可取得该物所有权的制度（见图2－9－1）。例如，甲将其所有的一部相机交与好友乙保管，乙手头缺钱便谎称该相机是自己的，将其以市场价格出卖给不知情的丙，并完成交付，此时丙可依善意取得制度而取得对该相机的所有权。

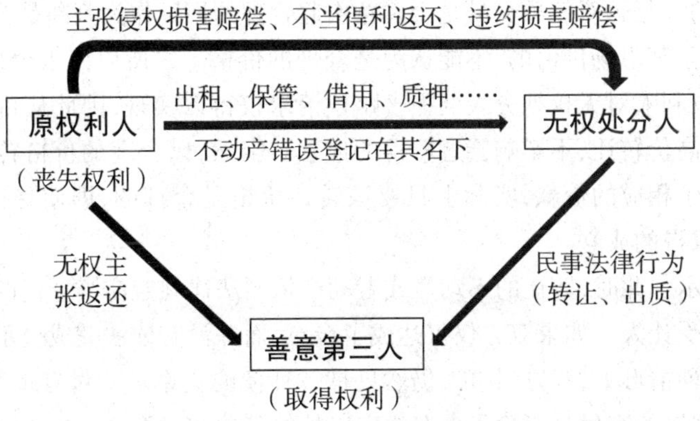

图2－9－1　善意取得制度法律关系

通说认为,善意取得制度起源于日耳曼法的"以手护手"原则。在罗马法上不存在这一制度,罗马法非常强调物权的追及效力,除非成立取得时效;否则,"物在呼唤主人","发现我物之处,我取回之",权利人得取回被转让给第三人的动产。

善意取得制度的主要功能在于保护交易的安全。在传统民法上,善意取得制度仅适用于动产,我国《民法典》借鉴发达国家的有益经验,规定动产和不动产均可适用善意取得。此外,根据《民法典》第311条第3款的规定,不仅动产、不动产的所有权取得适用善意取得制度,其他物权如抵押权、质权等的取得也适用善意取得制度。

二、善意取得的构成要件

善意取得制度使原所有人丧失所有权,而受让人取得了该标的物的所有权,导致物的所有权归属变化,对当事人利益影响甚巨,因此有着严格的适用条件。从我国《民法典》第311条的规定来看,善意取得应具备如下要件。

1. 转让人没有处分权。善意取得制度的目的就是解决现实中存在的无权处分问题,通过设定一定条件来平衡无权处分涉及的当事人之间的利益问题。可以说,没有无权处分就没有善意取得。这里所讲的处分,是指法律上处分。由于动产以占有为公示方法,不动产以登记为公示方法,与第三人为法律行为的转让人必须为动产的占有人或者不动产的登记所有人。因此,无权处分人表现为占有动产或者是不动产登记簿上登记的权利人。

2. 受让人于受让该不动产或者动产时主观上是善意的。善意取得制度的目的在于保护受让人的合理信赖,因此其核心要件就是受让人在取得财产时必须是善意的。善意是指主观上不知情的心理状态,具体来说就是受让人受让不动产或者动产时,不知道或者不应当知道转让人无处分权,且无重大过失。受让人受让动产时,交易的对象、场所或者时机等不符合交易习惯的,应当认定受让人具有重大过失。此处所说的受让人包括受让人的代理人、财产代管人等。

善意判断的时间点是受让时,包括合同订立时以及动产交付时、不动产登记时,至于以后是否为善意,则不影响善意取得的构成。如果受让人在这些时点以前出于恶意,亦可推定其以后为恶意。在举证证明责任分配上,推定受让人是善意的,真实权利人主张受让人不构成善意的,应当承担举证证明责任。

3. 以合理的价格转让。如果第三人是基于无偿行为或者不合理的低价从无权处分人处受让动产或不动产的所有权,则不构成善意取得。所谓的合理的价格,应当是相当于该财产的市场价值,并以一个正常的人是否对该项交易是否善意引起合理的怀疑作为判断是否合理的标准,如果转让的价格过于低于其市场价值的,不能认为是合理的价格。之所以要求合理价格转让这一要件,是为了保障原权利人对无权处分人的损害赔偿请求权得以实现,因此从目的解释的角度讲,如果是以不合理的高价转让,不影响善意取得的成立。当然,以合理的价格转让,并不意味着受让人必须已经支付了相应的价款,实际上只要该转让价格是合理的,即使受让人还没有支付价款,也不影响善意取得的成立。

4. 依法完成公示。此时,转让的不动产或者动产依照法律规定应当登记的已经登记,不需要登记的已经交付给受让人。如果双方仅仅达成了合意,而并没有依法完成公示,则不能发生善意取得的效果。在这种情形下,双方当事人仍然只是一种债的关系。交付有现实的交付和观念上的交付两种形式,这里的交付是指除了占有改定以外的其他交付形式。换言之,以占有改定的方式完成交付,不能适用善意取得。

5. 无权处分人与第三人之间的民事法律行为是有效的。无权处分人与第三人所为的交易行为除了让与人的处分权存在瑕疵外，应当不存在其他影响该民事法律行为效力的瑕疵。如果处分人与第三人之间的民事法律行为（一般是转让合同）被认定无效或者被撤销，则不发生第三人善意取得物权的法律效果。

除上述要件之外，动产和不动产的善意取得存在一定差异。于动产而言，适用善意取得要求标的物为占有委托物。所谓占有委托物，是指基于原占有人的意思取得占有之动产。如租赁物、保管物、借用物、运输物、承揽物、质押物等。于不动产而言，适用善意取得的前提是不动产登记簿存在权属登记错误。常见的情形例如：共有的不动产登记在一个或部分共有人名下、因履行无效合同产生的登记错误、当事人与登记机关的人员串通做错误登记等。

三、善意取得的效力

（一）原权利人与受让人之间的关系

物权变动是善意取得最明显的法律后果，在原权利人与善意受让人之间，这种物权变动表现为“此消彼长”的状态，原权利人失去相应的权利，受让人则取得相应的权利。而且，原权利人权利的让渡范围亦即受让人取得权利的范围限于让与人实际处分的内容。

善意取得在性质上是一种原始取得，因此，原来存在于该财产上的各种负担，仅在受让人明知的范围内继续存在。受让人取得权利，系终局取得，自其取得时起，就成为物之处分权人，即便次受让人为恶意，也能无障碍地取得物之所有权。

（二）原权利人与无权处分人之间的关系

善意取得一旦成立，原权利人便丧失权利，善意受让人受有利益，原权利人遭受损害。原权利人可以通过向无权处分人主张权利的方式来救济自我，只不过其对让与人的权利主张，在性质上为债权请求权。一般而言，原所有权人可通过以下途径获得救济：(1) 让与人无处分权而处分他人财产，是对他人财产权的一种侵害，构成侵权行为，原所有权人可按侵权法的规定主张损害赔偿；(2) 让与人处分他人的财产如果受有对价，这一对价是原所有物之价值替代，原所有权人受损而无权处分人获益，且缺乏法律上的依据，故在原所有权人与无权处分人之间构成不当得利；(3) 如果原所有权人与无权处分人之间存在契约关系如使用借贷关系、租赁关系等，原所有权人可依债务不履行制度，向无权处分人请求违约赔偿。

四、善意取得的适用

（一）他物权、股权的善意取得

不仅所有权可以适用善意取得，抵押权、质权、留置权均存在善意取得的可能。[1] 但在构成要件上与所有权的善意取得有所不同。善意取得抵押权或质权的，不要求具备“合理价格”这一要件，因为抵押合同、质押合同均属于单务、无偿合同，不存在对价问题。例如，甲为乙的债权人，乙将其手机出质于甲，现甲为了向丙借款，未经乙同意将手机出质于丙，丙不知此手机为乙所有，于此场合丙因善意取得而享有质权。善意取得留置权的，不以无权处分为要件，因为留置权属于法定担保物权。例如，甲将汽车借给乙使用，乙将该车送至丙处维修，丙不知道该车为甲所有，因

---

〔1〕 叶金强：《动产他物权的善意取得探析》，载《现代法学》2004 年第 2 期。

乙到期不支付汽车修理费,丙将汽车留置。本案中,丙善意取得该车的留置权。

根据我国《公司法》相关司法解释的规定,股权也可以适用善意取得。主要发生的场合是:名义股东将登记于其名下的股权转让、质押或者以其他方式处分,实际出资人以其对于股权享有实际权利为由,请求认定处分股权行为无效的,人民法院可以参照《民法典》善意取得制度的规定处理。即如果符合善意取得制度构成要件的,股权受让人将取得股权,实际出资人丧失相应权利。此外,股权转让后尚未向公司登记机关办理变更登记,原股东将仍登记于其名下的股权转让、质押或者以其他方式处分,受让股东以其对于股权享有实际权利为由,请求认定处分股权行为无效的,人民法院也可以参照《民法典》中善意取得制度的规定处理。

(二)占有脱离物不适用善意取得

在传统民法上,盗赃物、遗失物等非基于权利人的意思而丧失占有的物,理论上称为占有脱离物。关于占有脱离物,世界各国和地区大多排斥其适用善意取得。法国、日本和我国台湾地区在一定程度上承认公开市场原则,在公开市场中,虽然取得人不能依善意取得获得所有权,但权利人向取得人要求返还财产时,应先支付价金。

对于盗赃物是否适用善意取得,我国《民法典》没有作出具体规定。在实践中,一般由司法机关依据刑法、刑事诉讼法和治安管理处罚法的相关规定进行处理。

对于遗失物能否适用善意取得,则较为复杂,须区分不同情况。

1. 所有权人或者其他权利人不因物的遗失而丧失权利,因此其有权追回。

2. 如果该遗失物通过转让被他人占有的,权利人有权向无处分权人请求损害赔偿。而一旦权利人向无处分权人请求损害赔偿,那他就不能同时追回遗失物,此时遗失物的受让人就可以基于善意取得制度而取得该遗失物的所有权。

3. 如果该遗失物通过转让被他人占有的,权利人可以自知道或者应当知道受让人之日起2年内向受让人请求返还原物。不过,如果受让人是通过拍卖或者向具有经营资格的经营者购得该遗失物的,权利人请求返还原物时应当支付受让人所付的费用。当然,权利人向受让人支付所付费用后,有权向无处分权人追偿。如果权利人自知道或者应当知道受让人之日起2年期满后才向受让人请求返还原物,其请求不应得到人民法院的支持,而受让人可以善意取得遗失物的所有权。

此外,漂流物、埋藏物和隐藏物的善意取得问题,也是如此。

第二节　拾得遗失物与从物、孳息的归属

一、拾得遗失物

(一)遗失物及其拾得的含义

遗失物是所有人或合法占有人不慎丢失的动产,它不是无主物也不是所有人抛弃或者因他人侵害而丧失占有的物。具体来说,遗失物应当具有下列四个要件:(1)遗失人丧失了对物的占有。(2)遗失人占有的丧失须非出于本意,也非因他人的夺取,即权利人抛弃的以及被他人侵夺之物不是遗失物。(3)须为非无主物。遗失物必为有主物,如为无主物,发生的是先占问题而非拾得问题。(4)须为动产。不动产由于具有固定的位置信息,不存在遗失的问题。

遗失物不同于遗忘物。遗忘物指物主遗忘于他人交通工具、私宅、营业场所等私人场所的动产。遗忘物在原占有人丧失占有之时,新的占有人立即取得对物的控制。而遗失物在被放弃占有之后至拾得以前,则一直处于无人占有的状态。例如,乘客的钱包掉在出租汽车里,虽然物主失去了控制,但尚处在司机控制范围之内,司机有权也有责任保管车内的一切财物;而若乘客将钱包掉在候车大厅,因众人出入,事实上场所占有人无法实现对物的管领力,该物应为遗失物。各国在立法之时通常将遗失物与遗忘物区别对待。

拾得遗失物,是指发现遗失物并予以占有的事实。发现和占有是拾得的两个要素,虽然发现但没有占有,不构成拾得。拾得遗失物属于事实行为,故拾得人不需具有完全民事行为能力。

(二)拾得人的主要义务

1. 妥善保管遗失物的义务。拾得人在将遗失物送交有关部门之前,应当妥善保管遗失物。因故意或者重大过失致使遗失物毁损、灭失的,应当承担民事责任。至于保管义务则可比照无因管理人的规定做相应处理,其皆源于拾得人与无因管理人处于相同的地位。

2. 招领或向管理机关报告的义务。拾得人拾得遗失物,应当及时通知所有权人、遗失人等权利人领取。在上述主体不明确的情况下,拾得人可以免除通知义务,但仍须履行报告与交付义务,即拾得人应当报告相关部门并交付遗失物。有关部门收到遗失物,知道所有权人、遗失人等权利人的,应当及时通知其领取;不知道所有权人、遗失人等权利人的,应当及时发布招领公告。

3. 返还遗失物的义务。拾得遗失物,如果知道权利人是谁的,则应当返还给权利人。因此,返还遗失物是拾得人的主要义务。

(三)拾得人的主要权利

1. 必要费用返还请求权。拾得人在拾得遗失物后至返还前的一段期间,常需为遗失物支出一定的费用,此费用主要包括保管费、公告费以及其他必要的费用。这些费用是拾得人基于无因管理而预先支出的,依照无因管理的规则,拾得人有权就支出的费用请求失主给予补偿,但失主作出的补偿以遗失物保管期间的必要支出为限。

2. 要求遗失人履行悬赏广告中承诺的权利。寻找遗失物的悬赏广告是指失主公开张贴广告,许诺如果有人拾得遗失物并返还给失主后,失主将支付一定的报酬。我国学术界大多认为,悬赏广告在发布之后形成一种要约,而拾得人一旦按照悬赏广告的要求返还了拾得人,则构成承诺,双方之间形成合同关系。因此失主有义务依据悬赏广告的约定向拾得人支付约定报酬。因此权利人悬赏寻找遗失物的,领取遗失物时应当按照承诺履行义务。

应当注意,拾得人恶意占有遗失物,实施侵占的,无权请求返还保管遗失物所支出的费用,也无权请求权利人按照承诺履行选上广告中的承诺。

关于拾得人在返还拾得物后是否有权请求报酬,德国、瑞士、日本及我国台湾地区均有规定,遗失物拾得后一定期间(一般为 6 个月)内,认领权人认领的,拾得人可向其请求该物价值的一定比例(如 30%)的报酬。我国《民法典》没有规定拾得人的报酬请求权,但如果在悬赏广告中承诺给予一定酬劳的,法律予以认同。

(四)招领公告期过后遗失物的归属

一些国家或地区的民法规定,经过一定的法定期间,拾得人可以依照占有时效的规定而取得所拾得的遗失物所有权。拾得人对所拾得的遗失物所有权的取得,性质上应是原始取得。但我国民法并未这样规定,也就是说拾得人在拾得遗失物后,无论占有遗失物多久,都不能取得其所有权。

我国《民法典》不允许拾得遗失物超过招领期限后归拾得人所有,而规定遗失物自发布招领公告之日起一年内无人认领的,归国家所有。作出这种规定的主要理由是,返还遗失物是法定义务,如果没有找到权利人,拾得人应当交给公安机关等有关部门,公安机关等部门也无权将拾得物归为自己所有,在超过招领期限后拾得物归国家所有。

二、发现埋藏物、隐藏物

埋藏物是指藏于他物之中所有人不明的动产。它具有三个特点:

1. 埋藏物通常为动产。不动产一般不发生埋藏问题。因火山喷发而被毁坏和埋没的房屋,在被发掘时,难以确定为独立物,不能视为埋藏物。人类的遗骸不是埋藏物,但有考古价值的木乃伊应认为是埋藏物。在罗马法中,埋藏物必须是高价物品,而现代德、法、日等国民法皆不以高价物品为限。

2. 必须是埋藏的物。即藏于他物之中,不具有显而易见性,否则就属于遗失物。在德国、瑞士民法中,埋藏物以长期埋藏、不容易确定其所有人为必要条件。

3. 必须是所有人不明的物。埋藏物不是无主物,只是不知其所有人为谁罢了。

发现埋藏物,即是对埋藏物存在的认识。法国、瑞士、日本等国都只是以发现埋藏物为要件,不以取得占有为必要。德国民法则不仅要求发现,而且要求必须占有其物。

各国及地区关于发现埋藏物的立法主要有三种模式:(1)发现人取得所有权主义。罗马法最初规定,埋藏物为土地的附属物,属于土地的所有人所有,后改为发现人与土地所有人各得一半。法国民法规定,埋藏物为所在土地的所有人发现时,全部归其所有;如果是由他人发现的,则一半属于发现人,一半属于土地所有人。德国民法规定,发现并占有埋藏物的,其所有权一半归于发现人,另一半归于埋藏物的所有人。(2)公有主义。对有学术、考古和科学价值的埋藏物,许多国家立法多数规定属于国有。(3)报酬主义。瑞士民法规定,埋藏物归属于被发现的埋藏物的所有人所有,发现人只是在不超过埋藏物价格半数的范围内有报酬请求权。

依我国《民法典》的规定,埋藏物和隐藏物的发现参照拾得遗失物的有关规定,但是,文物保护法等法律另有规定的,依照其规定(《民法典》第319条)。对于具有学术、艺术、考古、科学价值或属于历史资料的文物,即使不属于所有人不明的埋藏物之列,其所有权也应按特别法的规定,归国家所有,发现人可获得一定的奖励,但须负报告的义务。否则,将受到相应的处罚。

所谓隐藏物,是指放置于隐蔽的场所不易被发现的动产。如夹墙中搁置的物、屏风中夹带的物,都是隐藏物。值得注意的是,在埋藏物或隐藏物被发现后,并非一概收归国有。如果埋藏或隐藏该物之人或者其继承人能够证明其合法的所有权或继承权时,即应由其取得该物的所有权。〔2〕

三、从物的归属

如前所述,物可以区分为主物和从物。在同属于一人的两个独立的物中,起主要作用的是主物,起辅助和配合作用的是从物。如电视机和遥控器、锁与钥匙、船与船桨、眼镜与眼镜盒等。主

〔2〕 相关案例参见"张扬、张昌华等与黔江区黄溪镇人民政府埋藏物返还纠纷案",重庆市黔江区人民法院(2019)渝0114民初6694号民事判决书。

物和从物是两个独立的物，判断是否独立，须能够从外观上、使用习惯上以及交易观念上加以区分。这一点不同于物的主要成分和次要成分，物的主要成分是该物的一部分，不具有独立性。例如，轮子和发动机是汽车的主要成分而不是从物，钉在衣服上的纽扣属于衣服的主要成分。

因此，判断从物应把握以下几项要件：(1)主物和从物必须同属于一人。(2)从物须在功能上能够帮助主物发挥经济效益。(3)从物须独立于主物，而不是主物的成分。(4)主物与从物须在物理空间上具有一定程度的结合关系。

在从物的归属方面，当事人可以在不违背法律的情况下自由约定，该约定具有优先适用的效力。如果当事人没有约定或者约定不明的，我国《民法典》确立了“从随主”原则，即主物转让的，从物随主物转让(《民法典》第320条)。

四、孳息的归属

如前所述，根据两物之间的派生关系，可以将物分为原物和孳息。原物和孳息必须是两个独立的物，如果收益并未与原物相分离，则属于原物的一部分，不构成孳息。例如，果树上已成熟的果实，母牛肚子里未出生的小牛。

孳息的归属规则因其性质不同而有所区别。对于天然孳息的归属，首先由当事人自由约定，如果没有约定，则由原物的所有权人取得。若该原物之上既有所有权，又有用益物权，则由用益物权人取得。其他人均无权取得孳息，如抵押权人、质权人、留置权人、承租人等。而对于法定孳息，当事人有约定的，按照约定取得；没有约定或者约定不明确的，按照交易习惯取得(《民法典》第321条)。

第三节 添 附

一、添附的概念

添附，是指不同所有人之物合并或者物与劳动成果结合在一起形成不可分离的物或具有新质的物。由于要恢复原状已不可能或经济不合理，因而就会产生新物所有权的归属问题。对于添附，现代各国法律上一般都作有如下规定：(1)因添附所生之物，原则上应作为一物存在，不承认有恢复原状的请求权。(2)关于由添附所生之物应归属于何人的规定，多为任意性规范，即依意思自治原则决定，但也有些规定为强行性规范。(3)因添附取得所有权而导致他人丧失所有权时，对因此受到损失的一方，由对方给予补偿。

添附包括混合、附合、加工三种具体形态。

(一)混合

混合是指属于不同所有人的动产相互混杂或交融而难以识别和分离，且在某些情况下业已形成新物质的情形。如铅与锡经加热而熔合、酒与酒混合等。在发达国家民法中，对混合的处理一般根据原物价值大小来决定，混合后的新物一般归原物价值大的一方，原物价值小的一方可取得与原物价值相当的补偿。若其中可以认为是主物的，主物所有人可取得从物的所有权。在大量的同类物掺合时，其中数量上远远超过他方的物，应认为是主物。

(二)附合

附合是指不同所有人的物密切结合在一起，而形成难以分割的新物的情形。其显著特点是，原各所有人的物仍然能够识别。这也是同混合的最大区别。

附合有两种类型：

1. 动产与不动产的附合,附合后动产成为不动产的重要成分且丧失其独立性。如砖瓦、木料附合于建筑物之中。这种情形的附合,新物归不动产所有人所有,动产所有人可以从不动产所有人处取得与其动产相当的补偿。严格来说,这不属于动产所有权取得所讨论的范围。

2. 动产与动产的附合,附合后它们构成新物。如轮胎、底盘、发动机等附合成汽车。这种附合情形仅限于没有经过加工的情况,否则就应适用于加工的规定。

(三)加工

加工是指在他人的动产上进行劳作从而使其成为新的价值更高的动产的活动。如将他人的玉料雕琢成艺术品。修理、装饰等未制成新物,不能算是加工。法国民法认为,加工仅指改造他人的动产为新动产。德国民法等认为,加工不仅包括改造他人的动产为新动产,也包括加工于他人动产的表面从而形成新动产,如在他人玻璃上作画、制镜等。

加工有依据承揽合同的加工和非依据承揽合同的加工。前者显然不发生所有权的取得问题,唯后者始有加工人取得新物所有权的可能。

法律上规定添附的原意,在于增加物的效用,假如添附非但没有增加经济价值,反而有损于原有的效用,则应负赔偿责任。

二、添附取得规则

我国《民法典》第322条对因添附产生的物的归属作了规定,但不具体。概括起来,其规则如下：

1. 当事人之间有约定的,按照约定。关于添附产生的物的归属制度,属于民法中的任意性规范,当事人有权依其意思表示自主决定。这是民法意思自治原则在添附制度中的应然体现。严格来说,非基于合同的加工,对于加工物的归属,属于事后达成协议的问题,而不是事先的约定。

2. 如果当事人没有约定或者约定不明确的,依照法律规定确定。法律的规定可以起到补充当事人意思自治的作用,这里的法律规定主要是指特别法上的规定,可以直接用来判断因添附产生之物的归属。我国目前尚无法律明确规定添附制度。

3. 如果既没有当事人约定,也没有法律规定,则应按照充分发挥物的效用以及保护无过错当事人的原则确定。具体来说,动产附合于不动产,如建材附合于房屋的,由不动产所有人取得附合物的所有权,动产所有权因此而消灭。动产与动产附合,如果附合的动产中有可以被视为主物的,则由该主物的所有权人取得附合物的所有权,另一动产的所有权因此消灭,但必须对从物所有人或动产价值小的所有人作出与他们的动产相当的补偿;当各方的动产价值不相上下,或不能区分主物与从物时,则附合物由各方动产所有人共有。加工物的所有权原则上归原材料的所有人,如果加工的价值低于原材料的价值时,加工而成的新物应归原物之所有人所有,但对加工人的加工劳动应给予适当补偿;如果加工后增加的价值明显超过了原材料的价值,除加工人属于恶意加工外,则归加工人所有,但加工人应按原材料的价值给原物所有人以补偿。

此外,因一方当事人的过错或者确定物的归属造成另一方当事人损害的,应当给予赔偿或者补偿。

思考题

1. 简述善意取得制度的构成要件及其法律后果。
2. 试评析我国《民法典》中关于拾得遗失物的规定。
3. 简述孳息的类型及其取得规则。
4. 简述我国的添附制度。
5. 简述先占的构成要件及其法律后果。

阅读指引

关于善意取得制度的代表性研究

1. 王利明:《不动产善意取得的构成要件研究》,载《政治与法律》2008年第10期。
2. 吴泽勇:《论善意取得制度中善意要件的证明》,载《中国法学》2012年第4期。
3. 程啸:《不动产登记簿的权利事项错误与不动产善意取得》,载《法学家》2017年第2期。
4. 吴国喆:《善意取得制度的缺陷及其补正——无权处分人与善意受让人间法律关系之协调》,载《法学研究》2005年第4期。
5. 税兵:《占有改定与善意取得——兼论民法规范漏洞的填补》,载《法学研究》2009年第5期。

关于添附制度的相关研究

1. 陈华彬:《我国民法典物权编添附规则立法研究》,载《法学杂志》2019年第9期。
2. 陈本寒:《构建我国添附制度的立法思考》,载《法商研究》2018年第4期。
3. 王利明:《添附制度若干问题探讨》,载《法学评论》2006年第1期。
4. 李富成:《添附制度体系之比较、反思与重构》,载《清华大学学报(哲学社会科学版)》2006年第5期。

第三分编　用益物权

第十章　一般规定

导学案例

甲房地产开发公司通过出让方式取得一块国有建设用地使用权用于新建普通住房。为了提升房屋品质，满足甲公司开发住宅小区观景的需要，甲公司与乙公司达成协议：由甲公司向乙公司支付50万元，乙公司在20年内不在自己厂区建造6米以上的建筑。甲公司房屋建好后，王某购买了甲公司开发的住宅。根据上述案情回答下列问题：

1. 本案中涉及哪些用益物权？

2. 有人说王某对所购住宅仅享有70年产权，这一说法是否准确？

3. 若乙公司在自己厂区建造了一栋8米高的厂房，王某是否有权请求乙公司拆除超过6米的建筑？

第一节　用益物权的法律界定

一、用益物权概述

（一）用益物权的概念

用益物权是他物权的一类，是指民事主体以使用、收益为目的，对他人之物享有的占有、使用、收益的物权。

用益物权制度是实现物尽其用的重要制度。一般来说，民事主体可以采取两种方式利用他人的财产，一是设立用益物权，二是通过租赁、借用等债权的方法，即依据合同对他人之物占有、使用和收益。

（二）用益物权的特征

用益物权作为他物权，是物权的下位概念，当然具有他物权的受限制性、不完全性、派生性以及物权的法定性、支配性、排他性、对世性、优先性的特征。[1] 与担保物权相比，用益物权具有以下特征：

1. 以对标的物的使用、收益为目的。设置用益物权，在于取得对他人之物合乎法律规定或合同约定的使用、收益，以取得物之实际利用价值，满足用益物权人的需要。这就要求具备两个条件：（1）标的物具有使用价值，这是用益物权得以实现的基础；（2）用益物权人占有标的物，这是

---

〔1〕 屈茂辉：《用益物权制度研究》，中国方正出版社2005年版，第5页。

用益物权人享有和行使用益物权的前提。因为用益物权人只有在对标的物有实体上的有形支配即实体占有下，才有可能实现对标的物的使用、收益。例如，不移转对土地的占有，地上权人或永佃权人就根本无法在土地上营造建筑物或进行耕作。而担保物权则不同，它的目的在于支配交换价值，通过物之价值担保债权得以清偿，因而可不必对物进行有形支配，而以无形支配为满足。当然，对于质权和留置权而言，以对标的物的占有为必要，但这种占有是权利的保持和公示的方法，它并非对标的物利用的前提。

2. 除地役权外，用益物权都为主权利。用益物权中，除地役权外，都不以其他权利的存在为成立前提，不随其他权利的让与而让与，亦不随其他权利的消灭而消灭，亦即为主权利。地役权虽然必须以需役地所有权或其他用益物权（如地上权）为前提，不得与它们相分离而存在，但地役权的从属性是物权的从属性，与担保物权的债权从属性不可同日而语。担保物权从属于其所担保的债权，随着债权的转让而转让、消灭而消灭。

3. 多以不动产为客体。此点既不同于所有权，亦不同于担保物权。这是因为：(1)动产以占有为公示方法，不动产以登记为公示方法，占有的公示力仅能表现极简单的法律关系，登记的公示力则对于较为复杂的法律关系也能表现。而用益物权具有较复杂的权利义务关系，故宜将其限于不动产。(2)虽然任何有使用价值的物均可设定用益物权，但由于动产种类繁多，数量亦极为零碎，而其价值又远较不动产为低，如有需要，尽可买为己有，即便是偶有利用他人动产的必要，亦可以借贷或租赁等方式达到其目的，而不必依赖用益物权。纵有以动产设定用益物权的，其标的物亦是极特殊的以登记为公示方法的动产，如汽车、船舶。(3)我国法律规定的各种用益物权的客体都为不动产，没有动产用益物权的具体形态。[2]

（三）用益物权与债权性利用权的区别

用益物权与债权性利用权差别明显：

1. 性质不同。虽然用益物权与债权性利用权之间在目的、效力上有一定的相似性，但是两者的性质是截然不同的，用益物权属于物权，而债权性利用权属于债权。性质的不同，也决定了两者之间的效力不同，用益物权具有排他性、优先性等物权的效力，而债权性利用权一般不具有此等效力，当然物权化的债权，在一定情况下也具有排他性、优先性的效力。

2. 设立方式不同。由于两者之间的性质不同，其设立方式也不一样。用益物权的设立，需要满足物权法定的要求，且要进行一定的公示。而债权性利用权的设立，没有权利法定的要求，且无须公示。

3. 对世性不同。用益物权作为物权的一类，具有对世性，可以对抗任何第三人。而债权性利用权原则上不具有对世性，只能对相对人主张权利，租赁权的对抗效力仅是一种例外，且只能依据法律的规定向特定的第三人主张。

4. 存续期限不同。用益物权存续期限一般比较长，而债权性利用权存续期限一般比较短。

5. 权利的行使范围不同。用益物权是独立的物权，权利人可以自主地对客体进行占有、使用、收益，不但其他人不得干涉，而且所有权人也不得干预其权利的行使。而债权性利用权则要受到合同和法律的制约。此外，用益物权大都可以依法自由流转，而债权性利用权的流转大多需要出租人或者所有权人的同意，租赁权、借用权在通常情况下不能单独流转。

---

[2] 法国、德国、瑞士等国则不限于不动产，同时亦存在以由不动产和动产构成的集合财产为标的物的用益物权。

二、用益物权与所有权的关系

1. 用益物权以所有权为存在的基础。所有权是确定财产归属关系的法律形式,只有财产的归属关系明确,财产的合法利用才具有基础。在财产归属不明的情况下,财产的利用也就不可能有法律上的保障。因此,没有所有权的存在,用益物权也就丧失了存在的基础。正是由于用益物权是以所有权为基础而产生的权利,故理论上一般认为用益物权具有派生性,是由所有权派生出来的权利。

2. 用益物权是对所有权的限制。从本质上来说,用益物权是物的所有权人对自己权利的让渡。所有权人在法律规定的情形下或者是在与用益物权人达成合意、取得对价的情形下,将其占有、使用、收益权能移转于用益物权人。正是在这种意义上,用益物权作为他物权的重要组成部分而具有所有权的派生性、非完全性和受限制性。

这种限制体现在以下几个方面:(1)在用益物权依法成立后,所有人不能随意取消之。只有在具备法定事由时,所有人才能终止用益物权。(2)所有人在行使所有权时,不得妨碍用益物权人行使权利。例如,在地役权中,供役地的所有人虽然有权对供役地行使一定的权利,但不得妨碍地役权人行使地役权。否则,地役权人有权排除干涉。(3)所有人不能随意变更用益物权人对所有权的义务。例如,在土地使用权中,土地所有人不得随意提高土地使用费,不得擅自改变土地使用权的期限。(4)用益物权具有优先于所有权的效力。用益物权系基于所有权而产生的一种权利,所有权人已将其对于特定物的占有、使用、收益的权能让渡给了用益物权人,从而使得用益物权人具有优先于所有权的效力。

三、用益物权的内容及其行使

(一)用益物权的内容

用益物权的内容包括用益物权人的权利和义务。

用益物权人的核心权利即用益物权的权能,具体包含占有、使用、收益。在这三项权能中,占有是最具基础性、本源性的权能,而使用、收益是用益物权的核心权能。设立用益物权,在于取得对他人之物合乎法律规定或合同约定的使用、收益,满足用益物权人的需要。所以,用益物权人只要不违反法律规定或设立该用益物权的合同的规定,就能够独占地、排他性地支配标的物。

就占有权能而言,所有权人必须将标的物的占有移转给用益物权人,由其在实体上支配标的物,否则用益物权的目的就无法实现。因为通常情形下,对他人之物不占有即不能支配,不能支配当然也就谈不上使用、收益。例如,不移转对土地的占有,地上权人或永佃权人就根本不可能在土地上营造建筑物或者进行耕作。由此可见,用益物权必须以对标的物实体上的有形支配即实体占有为必要,包括直接占有和间接占有。

物具有价值和使用价值的双重属性,设立用益物权是为了获取标的物的使用价值,而民法上的收益则并不单纯指获取经济上的价值和利益,而是指收取或获得物的孳息。用益物权并非在任何场合都兼具使用和收益两项内容,设立用益物权的目的不外乎三种情况:(1)单纯使用他人之物;(2)单纯从他人之物上取得收益;(3)对他人之物兼有使用和收益两个目的。

作为在所有权基础上派生的用益物权,当然也具有一般物权人所享有的物上请求权、客体被征收后的补偿请求权。

用益物权人的义务,包括法定义务和约定义务两方面,主要体现为四点:

1. 遵守法律有关保护和合理开发利用资源、保护生态环境的义务。这是用益物权人负有的法定义务。保护生态环境,是每一个公民的义务。作为对土地等自然资源直接支配的用益物权人,当然更要履行这一义务。同时,土地、矿产、水流等自然资源,具有不可再生性或者匮乏性,每一个用益物权人都应当具有可持续发展理念,保护土地等自然资源,合理利用而不是肆意利用甚至浪费性利用土地等自然资源,以实现对土地等资源的永续利用。

2. 按照相应用益物权的目的和方式利用不动产的义务。尽管用益物权的种类和内容具有法定性,但具体的用益物权往往是当事人之间通过合同设立的,不同类型的用益物权,用益物权人对土地等自然资源的利用目的和方式存在差别,应当按照相应用益物权的目的和方式利用不动产的义务。

3. 按照约定或者法律规定支付用益物权对价的义务。用益物权通常是有偿的,用益物权人应当按照设立用益物权时的约定支付对价,例如,建设用地使用权人应当支付土地出让金。

4. 用益物权消灭时返还标的物并恢复原状的义务。在用益物权期满,用益物权归于消灭后,用益物权人应当将土地等自然资源以原状返还给所有权人。

(二)用益物权的行使

用益物权作为民事权利的类型之一,其行使必然受制于民事权利行使的一般规则,如权利与义务相统一原则、禁止权利滥用原则、民事权利自愿行使原则、诚实信用原则等。除此之外,用益物权人行使用益物权时还应遵循以下原则:

1. 绿色行使原则。用益物权人应当遵守法律有关保护和合理开发利用资源、保护生态环境的规定。用益物权的行使不仅须合法,而且也要符合绿色原则的要求,我国用益物权的客体以土地、房屋、自然资源等为主,在行使用益物权时必须坚持保护和开发利用并重,应当有利于资源节约和可持续发展,不能以牺牲生态环境为代价,单纯追求用益物权的使用和收益权能。

2. 所有权人不得干涉用益物权人行使权利。用益物权作为一种独立的物权类型,具有法定性、对世性和排他性,用益物权人享有一定的支配性利益。所有权人虽然保有用益物的所有权,但并不直接占有、使用用益物,因此在权利人依法取得用益物权的情况下,所有权人负有不得干涉用益物权人行使权利的消极义务(《民法典》第326条)。

第二节 用益物权体系与设立基本制度

一、用益物权体系

(一)用益物权的学理体系

用益物权学理体系,即按照理论划分标准所构建的用益物权体系。

1. 法定用益物权和意定用益物权

这是根据用益物权的设定方式不同所作的划分。法定用益物权是直接由法律规定而存在的用益物权,如继承房屋而享有的宅基地使用权等。意定用益物权是当事人自由约定、达成合意而形成的用益物权,如居住权、地役权等。

2. 有期限用益物权和无期限用益物权

这是依据用益物权的存续期间长短不同所作的划分。有期限用益物权的存续期限是有限的,即事先确定了存续期限,或当事人虽未事先确定存续期限,但法律规定了该用益物权的最长存续期限,如土地承包经营权、建设用地使用权等。无期限用益物权的存续期限是永久的或无期限的,如宅基地使用权、居住权、地役权。

3. 有偿用益物权和无偿用益物权

这是根据用益物权是否以支付代价而取得为标准所作的划分。有偿用益物权的权利人在享受权利的同时必须支付给标的物的所有人以一定的代价,如建设用地使用权等。无偿用益物权的权利人享受权利不需要支付任何代价。居住权、地役权可以是无偿的,也可以是有偿的。

4. 民法用益物权与特别法用益物权

这是依据用益物权存在的法律形式不同所作的划分。民法用益物权即《民法典》上规定的用益物权,如土地承包经营权、建设用地使用权、宅基地使用权、居住权、地役权等。特别法用益物权即《民法典》之外的特别法所规定的用益物权,如《森林法》规定的林地使用权等。

(二)用益物权的立法体系

用益物权的立法体系,即立法上的用益物权体系,是指《民法典》及其他法律所规定的用益物权形成的用益物权整体。

我国《民法典》根据我国的国情,同时借鉴了其他国家和地区的有益经验,在物权编第三分编明确规定了用益物权的类型:土地承包经营权、建设用地使用权、宅基地使用权、居住权、地役权和海域使用权、探矿权、采矿权、取水权、养殖权、捕捞权等自然资源使用权。

土地承包经营权、建设用地使用权、宅基地使用权、居住权、地役权这五种用益物权在《民法典》物权编中有较为细致、明确的规定。而海域使用权、探矿权、采矿权、取水权、养殖权、捕捞权等自然资源使用权则仅在《民法典》中有原则性规定,具体规范内容则由特别法加以规定。

二、用益物权设立的基本制度

如前所述,我国用益物权的客体主要是土地等自然资源,而我国确立了土地等自然资源的国家所有或集体所有的公有制度,尤其是自然资源的国家所有,既有主权意义上的归属宣示功能,也昭示着私人不能对之享有所有权。然而,国家除了通过国务院行使所有权或者由国务院委托其他主体行使所有权外,欲发挥土地等自然资源的效用,使全体民众能够充分利用土地等自然资源,必然要在国家所有或者集体所有的土地等自然资源上设立用益物权。

(一)土地等自然资源的用益物权利用制度

自然资源,是指天然存在的自然物(不包括人类加工制造的原材料),如土地、矿藏、水流、动植物等。作为物权客体的自然资源,即土地以及与土地结合而未分离的矿藏、水流、动植物等。

国家对土地等资源实行公有制,同时,实行社会主义市场经济。对于土地等自然资源,除作为行政、国防等公共利用之外,必然要将之作为生产要素并发挥市场作为资源配置的决定性作用,政府不再通过行政手段来组织经济生产。因此,《民法典》第 324 条明确规定,国家所有或者国家所有由集体使用以及法律规定属于集体所有的自然资源,自然人、法人、非法人组织都可以依法占有、使用和收益。并且,此处的对自然资源占有、使用和收益,当然是基于用益物权的占有、使用和收益。

(二)土地等自然资源的有偿使用制度

土地等自然资源是极为重要的财产,是重要的生产资料。我国自改革开放以后,首先在深圳经济特区尝试土地有偿使用制度。1988年,我国修改了《宪法》和《土地管理法》,实行土地的有偿使用,允许土地使用权转让。自此之后,有偿使用成了土地等自然资源利用的原则,而无偿使用为例外,需要法律有明确的规定(《民法典》第325条)。

思考题

1. 简述用益物权的特征。
2. 简述用益物权与所有权的关系。
3. 简述用益物权的权能及其行使规则。
4. 简述用益物权的体系。

阅读指引

关于用益物权的内涵与立法研讨

1. 房绍坤:《论用益物权的法律属性》,载《现代法学》2003年第6期。
2. 温世扬:《从〈物权法〉到"物权编"——我国用益物权制度的完善》,载《法律科学(西北政法大学学报)》2018年第6期。
3. 李永军:《论我国民法典上用益物权的内涵与外延》,载《清华法学》2020年第3期。
4. 房绍坤:《民法典用益物权规范的修正与创设》,载《法商研究》2020年第4期。

关于用益物权的体系建构

1. 尹飞:《时代需求与物权法之回应——兼论我国本土化用益物权体系之建构》,载《法学家》2006年第4期。
2. 关涛:《大陆法系民法中的人役权——兼论民法典中的用益物权体系》,载《法学论坛》2003年第6期。
3. 钱明星:《我国用益物权体系的研究》,载《北京大学学报(哲学社会科学版)》2002年第1期。

第十一章　土地承包经营权

导学案例

1998年4月1日，栗园村村委会与本村农户刘家签订土地承包合同，约定：村集体的耕地A地块交由刘家承包经营；承包期为1998年5月1日至2028年4月30日。2019年4月1日，刘家将A地块的土地经营权流转给本村农户李家，双方约定：李家有权于2019年4月10日至2030年3月31日使用A地块。4月5日，本村农户赵家得知刘家将土地经营权流转给李家，于是找到刘家，请求刘家将A地块的土地经营权流转给自己，并表示愿意每年支付700元/亩，刘家遂与赵家签订合同，并在当天交付了A地块。次日，李家发现赵家在使用A地块，要求赵家返还。根据上述案情，试回答下列问题：

1. 刘家与李家之间关于李家使用A地块期限的约定是否有效？

2. 李家是否有权要求赵家返还A地块？[1]

第一节　土地承包经营权的法律界定

一、土地承包经营权的概念

土地承包经营权，是指民事主体以种植、畜牧等农业生产为目的，对集体所有或者国家所有的土地进行占有、使用、收益的权利。

承包经营是一个使用得很泛的概念，既有农村土地的承包经营，也有企业的承包经营，还有商店、汽车等的承包经营，但作为用益物权类型之一的承包经营权仅指土地承包经营权，其他是承包经营权皆为债权性承包经营权。

土地承包经营权具有以下特征：

1. 土地承包经营权目的在于从事农业生产活动。非以从事农业生产活动为目的而使用他人土地的，不能成立土地承包经营权。

2. 土地承包经营权权利主体主要是但不限于本集体经济组织的成员。土地承包经营权的权利人主要是农村集体经济组织的成员，但本集体经济组织之外的单位或个人，也可以通过转让而获得农村土地承包经营权。

3. 土地承包经营权的权利客体是农村土地。所谓农村土地，是指农民集体所有和国家所有但依法由农民集体使用的耕地、林地、草地以及其他依法用于农业的土地。

4. 土地承包经营权公示效力的特殊性。土地承包经营权属于不动产物权，但不以登记为权

---

〔1〕 本案例改编自2020年法律硕士联考民法学案例分析题。

利变动的生效要件。

5. 土地承包经营权具有期限性。土地承包经营权都有一定的存续期限，法律规定耕地、草地、林地的承包期分别为30年、50年、70年不等。

二、土地承包经营权的体系

土地承包经营权的具体类型因客体和目的不同而确立。对耕地的土地承包经营权，可称为种植业土地承包经营权；对林地的土地承包经营权，可称为林业土地承包经营权；对草地的土地承包经营权，可称为畜牧业土地承包经营权（《民法典》第331条）。

我国在20世纪50年代实行农业合作化以后，农民都将土地所有权移转给了农业生产合作社，但为解决农民的生活问题，政策上仍然划定了农民每家每户的自留山、自留地。实行家庭联产承包责任制以后，原集体（生产队、生产大队、人民公社）的耕地、山地、草地实行承包经营，设立土地承包经营权，法律上没有明确农民对于自留山、自留地的权利性质，解释上，自留山、自留地也是承包经营权的客体。这样的土地承包经营权，可称为自留山土地承包经营权（林业土地承包经营权）、自留地土地承包经营权（种植业土地承包经营权）。

三、土地经营权

土地经营权是随着我国农村经济的发展而新出现的权利类型，2018年正式出现于《农村土地承包法》之中。它有两种来源：

1. 土地承包经营权人以出租（转包）、入股或者其他方式向他人让渡土地的占有、使用和收益的权利，受让人取得的该种权利，即为土地经营权。这类土地经营权既有物权性的，也有债权性的（《农村土地承包法》第36条）。

2. 不宜采取家庭承包方式的荒山、荒沟、荒丘、荒滩等农村土地，通过招标、拍卖、公开协商等方式承包的，承包人取得的对荒山、荒沟、荒丘、荒滩等占有、使用、收益的权利，也称为土地经营权。此种土地经营权，即“四荒”土地的承包经营权。

因此，所谓土地经营权，是指经土地承包经营权人流转的对其承包地的占有、使用、收益的权利或者非以家庭承包方式取得的对于荒山、荒沟、荒丘、荒滩等占有、使用、收益的权利。可见，土地经营权是比土地承包经营权在权利主体、权利内容等方面更加宽泛的对于农村土地的利用权。

第二节　土地承包经营权的取得

一、土地承包经营权的取得方式

（一）土地承包经营权的设立取得

土地承包经营权的设立，在20世纪80年代主要是按照人口数量、以户为单位实行分产承包，后来随着社会的发展，我国法律规定，土地承包经营权都要通过土地承包经营合同而设立。

土地承包经营合同的当事人，一方为农业集体经济组织，为发包人；另一方为从事农业活动的农业经营者。土地承包经营合同具有以下法律特征：（1）双务合同；（2）要式合同，应当采取书面形式。

土地承包经营权的设立采取意思主义，即土地承包经营权自土地承包经营权合同生效时设立。但是，登记并非设立土地承包经营权的生效要件，仅为证明效力。登记机构应当向土地承包经营权人发放土地承包经营权证、林权证等证书，并登记造册，确认土地承包经营权(《民法典》第333条)。这一规定主要是考虑到我国农村登记和经营权流转的现状。

(二)土地承包经营权的移转取得

土地承包经营权的流转，从广义上来说，是指土地承包经营权人将土地承包经营权的全部或者部分权能交由他人行使，自己并不丧失土地承包经营权的法律现象；从狭义上来说，是指土地承包经营权人将土地承包经营权移转给他人，自己不再享有土地承包经营权的法律现象。我国《民法典》所指的土地承包经营权流转是广义上的流转，具有以下特点：

1. 流转是在平等主体之间进行的。发生土地承包经营权流转的主体在法律上都是平等主体，流转协议是土地承包经营权人与其他民事主体在平等、自愿下达成的协议，任何人不得阻碍或者强行要求土地承包经营权人流转土地承包经营权。

2. 流转的客体是土地承包经营权。无论以何种方式流转土地承包经营权，土地承包经营权都是流转的客体即交易的对象，土地仅是承包经营权的客体而不是流转的客体。流转协议生效后，承包经营权人都要将承包土地交由受流转人而可能暂时丧失对承包地的占有。

3. 土地承包经营权流转的方式具有多样性。根据现行法律的规定，只要将土地承包经营权或其部分权能交由他人行使，就属于土地承包经营权的流转。因此，流转的方式具有多样性，可以是转让、互换、转包、出租、入股等。

4. 土地承包经营权的流转有严格的限制。承包地是农民的最基本生存资料，为了维护农村土地承包秩序，保护农民利益，土地承包经营权的流转有严格的限制：(1)流转的相对方必须有农业经营能力；(2)流转以后不得改变土地所有权和土地的用途；(3)流转的期限不得超过承包经营权的剩余期限；(4)本集体组织成员在同等条件下有优先权；(5)家庭承包经营权不得设定抵押，家庭承包经营权的转让须经得发包方的同意等。

土地承包经营权的互换、转让，登记的效力系采对抗主义，即未经登记，不得对抗善意第三人。

二、土地承包经营权的期限

土地承包经营权作为一项用益物权，是一种有期限的物权。土地承包经营权的期限因承包地的性质不同，法律为此规定了不同长度的时间。具体而言，耕地的承包期为30年。草地的承包期为30年至50年。林地的承包期为30年至70年。

土地承包经营权的承包期限届满，无论是耕地、草地还是林地，均可由土地承包经营权人依照农村土地承包的法律规定继续承包。

三、土地承包经营权的登记与发证

土地承包经营权自土地承包经营权合同生效时设立，可见土地承包经营权的设立是采债权意思主义的物权变动模式，不以登记为生效要件(《民法典》第333条)。此外，土地承包经营权互换、转让的，当事人可以向登记机构申请登记；未经登记，不得对抗善意第三人。这里的登记也仅具有对抗效力(《民法典》第335条)。

特别需要注意的是，在我国，县级以上人民政府对土地承包经营权登记造册，虽然有确认权利归属的作用，但也不是土地承包经营权设立的依据，所以，这类登记的效力实际上属于权利的证明效力。

在不动产统一登记制度下，土地承包经营权登记也属于不动产登记的范畴。登记机构应当向土地承包经营权人发放土地承包经营权证、林权证等证书，并登记造册，确认土地承包经营权。

第三节　土地承包经营权的效力

一、土地承包经营权人的权利义务

（一）土地承包经营权的权利

1. 对承包地的占有、使用、收益的权利。土地承包经营权是在他人所有的土地上进行农业生产的权利，土地承包经营权人当然有权占有承包地。虽然土地承包经营权自承包合同生效时设立，即不以占有承包地为前提，但事实上，土地承包经营权人要实际利用承包地进行农业生产，必须以占有承包地为前提。土地承包经营权设立后，发包人应当将承包地交付给承包人占有，如果没有交付承包地，土地承包经营权人有权请求发包方交付土地并合法占有。如果土地被第三人占有，权利人可以行使占有返还请求权。

作为一种用益物权，土地承包经营权主体的主要目的是对承包地的使用和收益，因此，对承包地的使用和收益也是土地承包经营权人的权利。所谓使用，即土地承包经营权人依照法律的规定，在土地承包合同约定的范围内，利用集体的土地，从事种植业、林业、畜牧业等农业生产活动。同时，土地承包经营权人为了实现利用承包地的目的，可以在承包地上修建必要的附属设施，但是不能损害或改变承包地的属性或用途。所谓收益，主要指通过农业生产获得农产品从而获取一定的收益，同时还包括将土地承包经营权出租或者因土地承包经营权的流转而获得的收益。

基于占有、使用承包土地的目的，土地承包经营权人可以在承包地上为一定的附属行为，如修建临时性建筑。

2. 自主经营权。所谓自主经营权，是指土地承包经营权人有权依据自己的意思，组织农业生产活动的权利，如自主决定种植何种作物，种植多少面积等。土地承包经营权人行使自主经营权，发包方或其他组织不得干涉。当然，对于一些特殊的农业生产活动，如对林地和草地的承包，应受到法律法规的限制，但应以法律有明文规定为限。

3. 权利处分权。土地承包经营权是一种物权，具有财产价值，应当可以流转。土地承包经营权人依照《农村土地承包法》的规定，有权将土地承包经营权采取转包、互换、转让等方式流转；通过招标、拍卖、公开协商等方式承包荒地等农村土地，土地承包经营权可以转让、入股、抵押或者以其他方式流转。同时，除土地承包经营权设定时约定禁止出租外，土地承包经营权人依法可以将其土地承包经营权的全部或一部分予以出租。

4. 补偿请求权。基于农业生产的特点，土地承包经营权人一般都对承包地进行了一定的投入，并有一定的预期收入，因此如果承包地在承包期内被征收、征用、占用或者发包方依法收回承包地的，土地承包经营权人有权请求补偿。

5. 物权请求权。在土地承包经营权受到侵害时，土地承包权人享有物权请求权，如返还请求权、停止侵害请求权、恢复原状请求权等。

(二)土地承包经营权人的义务

1. 维护土地农业用途的义务。土地承包经营权人负有维护农业用途,不得用于非农建设的义务。土地承包经营权人未经依法批准,不得将承包地用于非农建设。维护土地的农业用途是土地承包经营权人的基本义务(《民法典》第334条)。

2. 合理使用、维持地力的义务。在利用承包地的过程中,土地承包经营权人有义务保护土地,特别是保护珍贵的耕地,做好水土保持,同时,还要注意保护生态环境。土地承包经营权人在利用承包地时有义务维持土地的生产力,不得对土地造成永久性损害,否则,发包人有权制止并有权要求承包方赔偿由此造成的损失。

3. 支付承包费的义务。土地承包经营权制度初期,土地承包人都要支付承包费。近年来,国家实行新农村建设政策,以家庭承包方式设立的土地承包经营权的权利人现在不再负有支付承包费的义务。但是,对于非家庭承包的土地承包经营权人来说,仍然有按照土地承包合同规定的数额、时间、方式支付承包费的义务。

二、发包人的权利义务

(一)发包人的权利

1. 按照国家法律、法规的规定,将农民集体所有和国家所有由农民集体使用的耕地、林地、草地以及其他用于农业的土地与适格的民事主体订立土地承包合同,设立土地承包经营权。

2. 督促承包人按土地承包经营权的目的进行生产经营,监督承包人保护和合理利用自然资源,制止各种掠夺性、破坏性经营土地的行为。

3. 获得承包费用。对于以家庭承包方式之外的方式发包土地的,发包人有权按照合同的约定获得土地承包经营权的对价。

(二)发包人的义务

1. 有义务按照国家法律、法规的规定,将农民集体所有和国家所有由农民集体使用的耕地、林地、草地以及其他用于农业的土地与适格的民事主体订立土地承包合同,设立土地承包经营权。我国农村集体经济组织实行家庭承包经营为基础、统分结合的双层经营体制(《民法典》第330条),应当坚决贯彻落实国家法律法规,及时将集体土地发包出去。

2. 保证承包人对承包标的物的经营自主权,不受非法干涉,更不得无故撕毁合同。除法律另有规定,承包期内发包人不得收回承包地(《民法典》第337条)。

3. 承包期内发包人不得调整承包地。因自然灾害严重毁损承包地等特殊情形,需要适当调整承包的耕地和草地的,应当依照农村土地承包的法律规定办理。

第四节 土地承包经营权的消灭

一、土地承包经营权消灭的原因

土地承包经营权可因下列事项而消灭:

1. 承包地收回。承包地收回是指在承包期内,发包人因发生了法律规定的事由而收回土地承包经营权人的承包地。承包人一旦依法承包土地经营，就形成稳定的物权，在有效期限内，一般不得消灭。承包期内，承包方全家迁入设区的市，转为非农业户口的，应当将承包的耕地和草地交回发包方。承包方不交回的，发包方可以收回承包的耕地和草地。

2. 承包期限届满。土地承包期限届满，土地承包经营权应当归于消灭，但是为了鼓励土地承包经营权人对土地的长期投入，法律规定家庭承包经营权承包期届满的，由土地承包经营权人按照国家有关规定继续承包。可见，依其他方式承包取得的土地承包经营权期限届满，或者家庭承包经营权期限届满土地承包人不继续承包或不符合继续承包条件的，承包经营权消灭。

3. 土地承包经营权的抛弃。承包期内，承包方可以自愿将承包地交回发包方。承包方自愿交回承包地的，应当提前半年以书面形式通知发包方。承包方在承包期内交回承包地的，在承包期内不得再要求承包土地。这里自愿交回实质上就是指承包经营权人主动抛弃其承包经营权，该土地上的承包经营权消灭，复归为土地所有权人。

4. 土地征收。国家因公共利益需要，征收承包地的，土地承包经营权归于消灭，土地承包经营权人有权要求获得相应的补偿。

5. 土地灭失。当土地因为自然灾害而灭失，如耕地完全沙漠化、承包地全部成为沙漠等，土地承包经营权归于消灭。

二、土地承包经营权消灭的法律后果

土地承包经营权消灭后主要产生如下法律后果：

1. 返还土地。土地承包经营权人在权利消灭后即无权再行占有土地，无权对该块土地进行使用、收益。因此，土地承包经营权人负有返还土地的义务，此外还应当恢复土地的原状，使其适于被再度发包。

2. 承包人享有取回权。土地承包经营权消灭以后，该土地在被承包期间所产出的孳息以及承包人设置的构筑物及附属设施，均属于承包人所有，因此承包人有权依法取回上述财产。

思考题

1. 简述土地承包经营权的特征。
2. 简述土地承包经营权的取得方式。
3. 简述土地承包经营权人的权利与义务。
4. 简述土地承包经营权的消灭原因及其法律后果。
5. 论土地经营权的法律性质。

阅读指引

关于农村土地三权分置问题的相关研究

1. 丁文：《论土地承包权与土地承包经营权的分离》，载《中国法学》2015 年第 3 期。
2. 朱广新：《土地承包权与经营权分离的政策意蕴与法制完善》，载《法学》2015 年第 11 期。
3. 高圣平：《承包地三权分置的法律表达》，载《中国法学》2018 年第 4 期。
4. 单平基：《“三权分置”理论反思与土地承包经营权困境的解决路径》，载《法学》2016 年第9 期。

关于土地承包经营权抵押问题的代表性研究

1. 高圣平:《承包土地的经营权抵押规则之构建——兼评重庆城乡统筹综合配套改革试点模式》,载《法商研究》2016 年第 1 期。
2. 房绍坤:《论土地承包经营权抵押的制度构建》,载《法学家》2014 年第 2 期。

关于土地承包经营权的继承问题

1. 陈甦:《土地承包经营权继承机制及其阐释辨证》,载《清华法学》2016 年第 3 期。
2. 朱广新:《论土地承包经营权的主体、期限和继承》,载《吉林大学社会科学学报》2014 年第 4 期。
3. 汪洋:《土地承包经营权继承问题研究——对现行规范的法构造阐释与法政策考量》,载《清华法学》2014 年第 4 期。

第十二章　建设用地使用权

导学案例

2018年1月，东风地产公司通过拍卖方式取得A地块的住宅建设用地使用权，并于2019年底建成住宅项目。林某于2019年2月2日与东风地产公司签订《商品房买卖合同》，购买该小区住宅。由于资金短缺，林某向某银行贷款，并以所购房屋设定抵押。林某于2020年3月6日取得不动产权属证书。根据上述案情，回答下列问题：

1. 林某购买该住宅，于何时取得建设用地使用权？

2. 若林某无力偿还银行贷款，银行享有优先受偿权的范围是否包括建设用地使用权？为什么？

第一节　建设用地使用权的法律界定

一、建设用地使用权的概念

建设用地使用权，是指自然人、法人或非法人组织在国家所有或者集体所有的土地上以取得建筑物或构筑物的所有权为目的的用益物权。我国的建设用地使用权，即为传统民法上的地上权。

建设用地使用权具有以下特征：

1. 建设用地使用权的目的主要在于建设，也就是利用该土地建造并拥有建筑物、构筑物及其附属设施。这与土地承包经营权有所区别，土地承包经营权的目的在于农业用途，它不能用于建造的目的。

2. 建设用地使用权的主体具有广泛性。无论是自然人、法人，还是非法人组织都可以依法取得建设用地使用权，成为建设用地使用权人。同时，建设用地使用权的主体也不受从事特定目的或特定身份的限制。这一点与土地承包经营权或宅基地使用权都有所不同。

3. 建设用地使用权的客体主要是国有土地。集体土地中除了农业用地，也有建设用地，如乡镇企业生产经营用地，但集体建设用地的流转受到一定的限制，所以建设用地使用权的客体主要是国有土地。

建设用地使用权可以在土地的地表、地上或者地下分别设立(《民法典》第345条)。地表建设用地使用权，就是一般所言的建设用地使用权。而地下、地上建设用地使用权，即所谓空间建设用地使用权，这是指在国家所有的土地地上或地下设立的以建造建筑物、构筑物及其附属设施为目的的用益物权。空间建设用地使用权具有以下特征：(1)客体的特殊性。空间建设用地使用权的客体是地上或地下一定范围的“空间”。空间在法律本质上属于不动产。(2)设立上的特殊性。空间建设用地使用权既可以与(地表)建设用地使用权一起设立，也可以与(地表)建设用地使用权分离而单独设立。(3)内容上的特殊性。空间建设用地使用权人利用空间并获取经济利益必须符合规定的用途,除了受合同约定的限制,还要受到法律、行政法规以及城市规划等的严格限制。例如,《人民防空法》以及《民用航空法》等对地上、地下空间的利用都有一定的限制。

二、建设用地使用权的类型

按照主体使用土地的所有权人的不同,可以把建设用地使用权分为国有土地上的建设用地使用权和集体土地上的建设用地使用权。

国有土地上的建设用地使用权,是指自然人、法人或非法人组织依法享有的在国有土地建造建筑物或构筑物的权利。从《民法典》第344条的规定可以看出,我国《民法典》物权编第十二章仅规范国有土地上的建设用地使用权。

集体土地上的建设用地使用权则是以集体土地为客体的,此类建设用地使用权应当依照土地管理的法律规定办理。在用途和流转上均有法律的严格限制,其仅限于兴办乡镇企业、乡(镇)村公共设施和公益事业,其使用权的取得必须报请有关政府部门批准,且不得转让、出租或抵押。

第二节　建设用地使用权的设立

一、建设用地使用权的设立方式

(一)划拨方式

建设用地使用权划拨是指县级以上人民政府依法批准,在建设用地使用权人缴纳补偿、安置等费用后将该幅土地交付其使用,或者将建设用地使用权无偿交付给建设用地使用权人的行为。

建设用地使用权的划拨取得具有以下特点:

1. 划拨取得一般具有无偿性。通过划拨方式取得建设用地使用权不用向作为所有权人的国家支付相应的土地出让金,但对原土地使用权人的地上附着物、建筑物等造成损失的,应当支付相应的补偿。实践中也有有偿划拨的方式存在。

2. 划拨取得建设用地使用权用途往往具有公益性。由于划拨取得建设用地使用权不需要向国家支付相应的对价,因此,这种取得方式应当严格地限定在公益用地范围内,不得滥用,否则将会造成土地资源的不合理配置。

3. 划拨建设用地使用权原则上没有期限。应当指出的是,通过划拨方式取得建设用地使用权没有期限的限制,并不意味着该建设用地使用权的永续存在,而只是说明未定期限。

4. 划拨土地收回的无偿性。由于划拨土地的取得是无偿的,所以在收回划拨土地时,根据城市建设发展需要和城市规划的要求,政府也可以无偿收回划拨土地,但对土地上的建筑物、其他附着物,应根据情况给予补偿。

值得注意的是,通过划拨方式取得建设用地使用权受到严格的限制,必须符合法律、行政法规规定的相应条件(《民法典》第347条第3款)。其中最为重要的就是所划拨的用地必须用于公益事业或国家重点工程项目,一般包括:党政机关和人民团体用地;军事用地;城市基础设施用地;非营利性邮政设施用地;非营利性教育设施用地;公益性科研机构用地;非营利性体育设施用地;非营利性公共文化设施用地;非营利性医疗卫生设施用地;非营利性社会福利设施用地;石油天然气设施用地;煤炭设施用地;电力设施用地;水利设施用地;铁路交通设施用地;公路交通设施用地;水路交通设施用地;民用机场设施用地以及其他特殊用地。

(二)出让方式

土地使用权出让,是指国家以土地所有者的身份将建设用地使用权在一定年限内有偿让与土地使用者的行为。简言之,就是国家以有偿的公开方式设立建设用地使用权的行为。我国现行的土地使用权出让,即建设用地使用权的出让,土地使用权人向国家支付建设用地使用权出让金,在土地上建造并拥有建筑物、构筑物及其附属设施。

可以出让使用权的建设用地是城镇国有土地。集体土地所有者不得以出让方式设立建设用地使用权,换言之,集体土地必须先征为国有,再由国家土地主管部门代表国家将建设用地使用权出让给土地使用者。

建设用地使用权的出让方式有三种,即协议、招标、拍卖。协议出让是土地使用权的有意受让人直接向国家土地管理部门提出有偿使用土地的愿望,由国家土地管理部门与有意受让者进行一对一的谈判,协商出让土地使用权的有关事宜的出让方式。招标出让是指在指定的期限内,由符合条件的单位和个人以书面投标形式,竞投某宗土地的使用权,由招标人根据一定的要求择优确定土地使用权受让人的出让方式。此种方式中获取土地使用权者,并不一定是出价最高者。拍卖即是按“价高者得”的原则进行公开竞价而确定土地使用权受让人的出让方式。为避免土地使用权出让中的“暗箱操作”,防止国有资产流失,保护建设用地使用权人的合法权益。工业、商业、旅游、娱乐和商品住宅等经营性用地以及同一土地有两个以上意向用地者的,应当采取招标、拍卖等公开竞价的方式出让(《民法典》第347条第2款)。

通过招标、拍卖、协议等出让方式设立建设用地使用权的,当事人应当采用书面形式订立建设用地使用权出让合同。该合同一般应当包括下列条款:(1)当事人的名称和住所;(2)土地界址、面积等;(3)建筑物、构筑物及其附属设施占用的空间;(4)土地用途、规划条件;(5)建设用地使用权期限;(6)出让金等费用及其支付方式;(7)解决争议的方法。

制度比较　划拨 vs. 出让

这两种取得方式的主要区别在于:

1. 性质不同。划拨属于行政方式,而出让属于民事方式。

2. 是否支付对价不同。划拨属于无偿方式,不需要支付出让金;出让属于有偿方式,需要支付对价、交付土地出让金或转让金。

3. 取得的权利内容不同。通过出让方式取得的土地使用权可进入市场,属于民法上可交易的财产范畴,可以转让、互换、出资、赠与或者抵押;而通过划拨方式取得的土地使用权只能由权利人自己使用,而不能作如上处分。

4. 取得的土地使用权存续期限不同。通过出让方式取得的土地使用权存在一定期限,期限届满后,未申请续展或续展未获批准,使用权即告消灭;通过划拨方式取得的土地使用权是长期的或无期限的。

5. 适用范围不同。行政划拨建设用地使用权仅限于法律有明文规定的情形,除此之外的情形只能采取出让方式取得国有土地使用权。

二、建设用地使用权的登记

登记是建设用地使用权设立的生效要件,无论是采取划拨还是出让的方式取得建设用地使用权,均应当向登记机构申请建设用地使用权登记,建设用地使用权自登记时设立。

此外,建设用地使用权转让、互换、出资或者赠与的,均应当向登记机构申请变更登记。建设用地使用权消灭的,出让人也应当及时办理注销登记,登记机构应当收回权属证书。

法律要求建设用地使用权从取得、变更到消灭均需办理相应的登记手续,是为了使不动产登记信息与真实的权利状态保持一致,强化登记的公示和公信力,维护交易安全和市场秩序。

三、建设用地使用权的期限

建设用地使用权作为一种用益物权,具有一定的有期限。依据《城镇国有土地使用权出让和转让暂行条例》的规定,建设用地使用权期限如下:居住用地 70 年;工业用地 50 年;教育、科技、文化、卫生、体育用地 50 年;商业、旅游、娱乐用地 40 年;综合或者其他用地 50 年。

第三节 建设用地使用权的内容及其行使

一、建设用地使用权人的权利

1. 对土地的建设性占有、使用和收益的权利。建设用地使用权人要进行建筑物、构筑物及其附属设施的建设,就必须占有他人的土地。同时建设用地使用权人对土地的占有,即使建筑物、构筑物及其附属设施不存在或消灭的,也不意味着建设用地使用权人对土地失去占有。

建设用地使用权人对土地的使用主要表现为建造各种建筑物、构筑物及其附属设施。建设用地使用权人在利用土地进行建设的时候,应当按照法律法规及合同的规定进行,但可以从事一些附属行为,如种植竹木以美化环境,但是不能纯粹利用建设用地来种植竹木。

建设用地使用权人的收益权主要表现在两方面:(1)通过出售、出租或者自己使用建筑物、构筑物及其附属设施等方式获取收益;(2)依法将建设用地使用权作为交易对象转让、出租等并获取收益。

2. 取得并保有建筑物、构筑物及其附属设施所有权的权利。建设用地使用权人建造的建筑物、构筑物及其附属设施的所有权属于建设用地使用权人。建设用地使用权人基于与他人设立的其他法律关系,如合资、合作等,按约定与他人共有建筑物。即使建设用地使用权人将建造好的建筑物等售给他人,那也是建设用地使用权人先享有所建造的建筑物的所有权,而后对建筑物所有权进行处分。

3. 权利处分权。建设用地使用权人对权利的处分权主要包括将建设用地使用权转让、互换、出资、赠与或者抵押等。

4. 物权请求权。当建设用地使用权人的权利受到妨害时,可以依妨害形态的不同,行使基于建设用地使用权而产生的物权请求权,如占有返还请求权、排除妨害请求权等。

二、建设用地使用权人的义务

1. 按照土地用途使用土地的义务。建设用地使用权人在利用土地建造建筑物、构筑物及其附属设施时,要受到一定的约束,必须合理利用土地,要根据法律、行政法规规定的以及合同约定的范围和方式利用土地,在行使权利时不能滥用权利,损害他人的利益;建设用地使用权人行使权利时,必须注重对生态环境的保护。同时,建设用地使用权人也不能改变建设用地的用途,例如,不能将公益用地改为商业用地,不得将非住宅用地改为住宅用地等,如需要改变土地用途的必须按照法定程序办理相关手续。

2. 支付相关费用的义务。根据建设用地使用权的不同设立方式,建设用地使用权人支付的费用也不同,以出让方式设立的建设用地使用权,权利人应当支付土地出让金等费用;以划拨方式设立的建设用地使用权,尽管原则上是无偿的,但是有的情况下,权利人仍然应当支付必要的安置费和补偿费。

3. 注销登记等权利终止的义务。建设用地使用权消灭后,权利人应当及时申请办理注销登记,并由登记机关收回权利证书。

第四节　建设用地使用权的消灭

一、建设用地使用权消灭的原因

建设用地使用权是一种不动产物权,不动产物权的一般消灭原因,如征收、抛弃、标的物灭失等,也适用于建设用地使用权。除此之外的建设用地使用权消灭的特殊原因,主要有下列几种。

1. 存续期限届满未续期。以出让方式取得的建设用地使用权有存续期限,存续期限届满,则建设用地使用权消灭,但使用权人可以申请续期,续期之后则又新设立一个建设用地使用权。如果建设用地使用权的存续期限届满而当事人未续期,则该权利发生消灭。

2. 建设用地使用权的收回。在发生法律规定的事由时,国家有权收回土地使用权。这些事由有:(1)因公共利益需要而收回。对于划拨土地使用权,市、县政府根据城市建设发展和规划的要求,可无偿收回。对出让土地使用权,国家一般不提前收回,但在特殊情况下,根据社会公共利益的需要,国家可依法定程序提前收回。(2)因违法用地而收回。出让人没有按法律规定或出让合同约定,合理开发、利用土地的,国家可无偿收回土地使用权。(3)对划拨土地使用权,因土地使用人迁移、解散、撤销、破产或其他原因停止使用土地的,市、县人民政府无偿收回土地使用权。土地使用权因收回而消灭。

3. 抛弃建设用地使用权。抛弃建设用地使用权是指权利人以自己的单方意思表示明确放弃该建设用地使用权,该意思表示应当向土地所有权人作出,抛弃行为自办理建设用地使用权的注销登记时起发生效力。

二、建设用地使用权消灭的法律后果

建设用地使用权消灭后的法律后果主要是出让人负有及时办理注销登记的义务,登记机构须收回建设用地使用权的权利证书。此外,因消灭的原因不同,还可能产生其他的法律后果,具体而言如下:

1. 建设用地使用权消灭后,原权利人应当返还该块建设用地,并且恢复该土地的原状。若该建设用地上有属于原权利人的建筑物、构筑物及其附属设施的,原权利人有权取回。

2. 建设用地使用权期限届满前,如果是因公共利益需要提前收回该土地,因此原因导致建设用地使用权消灭的,应当依据征收补偿制度的有关规定,对该土地上的房屋以及其他不动产给予补偿。

3. 原建设用地使用权人有权请求退还建设用地使用权剩余年限的出让金。若建设用地使用权期限届满前,因公共利益的需要提前收回了该建设用地使用权,那么原建设用地使用权人有权向土地的所有权人主张退还剩余年限的出让金。

三、住宅建设用地使用权期限届满的特殊规则

住宅问题直接关乎民众生活的稳定性,因此法律对住宅建设用地使用权设置了特殊规则。住宅建设用地使用权的期限是70年,期限届满后,可以自动续期(《民法典》第359条)。自动续期意味着,期限届满后不需要建设用地使用权人进行申请,可以直接基于法律规定产生续期效果。如此一来,不仅可以减轻民众负担,而且可以减少行政管理的成本,有利于社会的长治久安。

至于自动续期后,续期费用的缴纳或者减免,则依照法律、行政法规的规定办理。

思考题

1. 简述建设用地使用权的特征。
2. 简述建设用地使用权的取得方式。
3. 简述建设用地使用权登记的效力。
4. 简述建设用地使用权人的权利与义务。
5. 简述建设用地使用权的消灭原因及其法律后果。

阅读指引

关于建设用地使用权自动续期制度的相关研讨

1. 王利明:《住宅建设用地使用权自动续期规则》,载《清华法学》2017年第2期。
2. 张力、庞伟伟:《住宅建设用地使用权续期规则相关问题探析》,载《法学》2016年第7期。
3. 孙良国:《住宅建设用地使用权自动续期的前提问题》,载《法学》2016年第10期。

农村集体经营性建设用地入市问题

1. 李太淼:《农村集体经营性建设用地入市的难点问题论析》,载《中州学刊》2019年第1期。
2. 房绍坤:《农村集体经营性建设用地入市的几个法律问题》,载《烟台大学学报(哲学社会科学版)》2015年第3期。
3. 温世扬:《集体经营性建设用地“同等入市”的法制革新》,载《中国法学》2015年第4期。

第十三章　宅基地使用权

导学案例

被告李入群、李春彩系原告李合群的弟弟和弟媳。原告在南曹村有房屋三间及院落一处。该宅基地使用证书记载户主为李合群,家庭人口为2人,系原告和其母亲曹柱莲。2003年原告母亲去世,原告一直在此居住。1983年原告、被告及其弟弟三兄弟分家之后至上述宅基证下发前,原告拆除了上述宅基地上的旧房屋进行翻建。2020年春,原告将其居住的房屋动工翻建,而被告认为原告宅基地有其母亲的使用份额,遂以要求继承相应份额为由,出面干涉并阻碍原告翻建房屋施工。因此,原告向法院起诉请求依法判令二被告立即停止侵害,排除障碍,不能干涉原告翻建房屋,并判令被告赔偿因其阻挠建房行为给原告造成的耽误施工、工料损坏等损失。

结合上述案情,试分析农村宅基地是否属于遗产,被告以继承为名要求分割李合群的宅基地使用权,是否有法律依据?〔1〕

第一节　宅基地使用权的法律界定及其内容

一、宅基地使用权的概念

宅基地使用权,是指自然人依法定程序取得的在国家所有或农民集体所有的土地上建造并拥有住宅的用益物权。

从宅基地制度的发展过程看,宅基地使用权分为城镇非农业户口居民宅基地使用权、农村居民宅基地使用权两种。城镇非农业户口居民在城镇依法建造住宅,房屋所有权归个人享有,房屋、庭院所占用的土地,属国家所有,房主则享有国有土地上的建设用地使用权。这主要是城市化进程中,原集体经济组织成员都转为城市居民,但其原来的宅基地并未被征收,而是依《宪法》《民法典》《土地管理法》直接成为国有土地。农村村民对集体土地依法享有的建造并保有房屋的权利,即为农村居民宅基地使用权。我国《民法典》《土地管理法》规定的宅基地使用权仅指农村的宅基地使用权。

宅基地使用权具有以下特征:

1. 宅基地使用权的主体是自然人,法人和非法人组织不能享有宅基地使用权。只有集体经济组织的成员或者特定原因的人(如回原籍养老的港澳台同胞)才有资格向集体经济组织申请

---

〔1〕 本案例详情及裁判结果参见"李合群诉李入群、李春彩宅基地使用权纠纷案",河北省邢台市中级人民法院(2021)冀05民终1179号民事判决书。

农村宅基地的使用权。

2. 宅基地使用权的客体是经依法批准划拨给个人建住宅所使用的集体所有的土地。另外,房屋作为财产是可以继承的,所以宅基地使用权也可以随附房屋所有权被他人继承,这种情形则不限于本集体经济组织内部成员。

3. 宅基地使用权的取得一般是通过申请划拨的方式取得,通常是无偿取得或交纳一定的使用费用取得。取得宅基地使用权交纳的使用费只是部分有偿或象征性的费用,并非完全意义上的根据土地使用权的价值有偿出让。

4. 宅基地使用权的内容是依法建造并拥有住宅而对土地的占有、使用并在限定用途内进行收益的权利。

5. 宅基地使用权具有永久性。农村宅基地使用权事关农民的基本生活保障,农村居民在取得农村宅基地使用权后可以世代使用,没有时间限制。宅基地上的房屋毁损后,使用权人对宅基地的使用权仍然存在,可以重新建造房屋。当然,农村宅基地使用权人必须服从集体和国家的统一规划,当自己的宅基地被征收后,有权要求集体再批给其相应的宅基地。

二、宅基地使用权的内容

(一)宅基地使用权人的权利

1. 在宅基地上建筑住宅及从事附属行为的权利。宅基地使用权人依法对集体所有的土地享有占有和使用的权利,有权依法利用该土地建造住宅及其附属设施。因此,对宅基地的占有、使用主要包括在宅基地上建造住房及其附属设施,以及在不影响宅基地根本用途的前提下在宅基地上从事的其他附属行为,如种植花草树木等。

2. 对宅基地使用权的有限处分权。在一定条件下,宅基地使用权人可以对自己的权利进行有限的处分,如宅基地使用权随房屋所有权一同转让。农村村民出卖、出租住房后,再申请宅基地的,不予批准。

3. 征收时的补偿请求权。宅基地使用权被征收的,宅基地使用权人有权请求赔偿。

4. 宅基地灭失后的重新分配权。宅基地因自然灾害等原因灭失的,宅基地使用权消灭。对失去宅基地的村民,应当重新分配宅基地。

5. 物权请求权。取得宅基地使用权后,宅基地使用权人享有对宅基地的独立的物权,任何组织和个人不得非法干涉、妨害宅基地使用权人对宅基地的使用。宅基地使用权受到侵害时,宅基地使用权人享有物权请求权。

(二)宅基地使用权人的义务

1. 按照批准的用途使用宅基地。宅基地使用权的目的在于满足农村居民的居住需要,村民在取得宅基地使用权后,只能建造住宅及其附属设施,不得改变宅基地的用途,如不能在宅基地上建造厂房等。

2. 按照批准的面积建造住宅及其附属设施的义务。在宅基地使用权的审批上,各地均对宅基地的面积有明确的规定,宅基地使用权人在行使权利时,必须按照批准的面积建造住宅及其附属设施,不得超过批准的面积使用宅基地。

3. 服从统一规划的义务。宅基地使用权的行使同其取得一样,应当受到国家、集体的统一规划。因国家和集体的统一规划而需要调整或者变更宅基地的,宅基地使用权人应当予以配合。

已经登记的宅基地使用权转让或者消灭的，应当及时办理变更登记或者注销登记。

4. 不得出租、买卖和变相买卖宅基地。非法转让宅基地的，视其情节可没收非法获取价款或收回对宅基地的使用权。

第二节　宅基地使用权的取得与消灭

一、宅基地使用权的取得

宅基地使用权的取得主要是经批准而取得。农村村民住宅用地，由乡（镇）人民政府审核批准。农村村民建造住宅，应当符合乡（镇）土地利用总体规划、村庄规划，不得占用永久基本农田，并尽量使用原有的宅基地和村内空闲地。其中，涉及占用农用地的，按照农用地转用的有关规定报有审批权的人民政府批准。审批的宅基地应符合乡土地利用总体规划，且其面积不能超过省、自治区、直辖市政府规定的标准。

经过有批准权的人民政府批准后，权利人可以向不动产登记机构申请登记。

农村村民也可以受让他人的宅基地使用权。但农村村民一户只能拥有一处宅基地，农村村民出卖、赠与住宅后，再申请宅基地的，将得不到批准。

二、宅基地使用权的消灭

依照《民法典》及《土地管理法》等法律法规规定，宅基地使用权因下列原因而消灭：

1. 宅基地灭失。土地作为不动产，具有不可再生性，在特殊情况下（如自然灾害），宅基地会灭失。当宅基地灭失时，设立在其上的宅基地使用权也随之消灭。

2. 宅基地使用权的收回。具备下列情形之一的，农村集体组织报请原批准用地的人民政府批准，可以收回农民的宅基地使用权：为乡（镇）村公共设施或者公益设施建设，需要使用土地的；不按照批准的用途使用土地的；因撤销、迁移等原因而停止使用土地的。

3. 征收。国家为了社会公共利益的需要进行征收的，集体土地所有权因被征收而归国家所有，该宅基地使用权消灭。

思考题

1. 简述宅基地使用权的特征。
2. 简述宅基地使用权人的权利与义务。
3. 简述宅基地使用权的取得与消灭。
4. 试论宅基地“三权分置”改革。

阅读指引

关于宅基地使用权继承问题的相关研究

1. 汪洋：《“三块地”改革背景下宅基地使用权继承的制度重构》，载《河北法学》2021 年第 10 期。
2. 刘露：《解释论视角下宅基地使用权的继承性研究》，载《华东政法大学学报》2019 年第 1 期。

3. 高海:《宅基地使用权继承:案例解析与立法构造》,载《东方法学》2018 年第 5 期。
4. 姜红仁:《关于农村宅基地使用权继承的法律思考》,载《江西社会科学》2012 年第 2 期。

关于宅基地使用权的流转问题

1. 李凤章:《宅基地使用权流转应采用"退出—出让"模式》,载《政治与法律》2020 年第 9 期。
2. 曹泮天:《论宅基地使用权流转的理论基础》,载《法学杂志》2012 年第 6 期。
3. 陈广华、马成、芮志文:《农村宅基地使用权流转法律问题研究——以中国不同时期立法演变为视角》,载《云南社会科学》2011 年第 4 期。

关于宅基地使用权三权分置的相关研究

1. 温世扬、梅维佳:《宅基地"三权分置"的法律意蕴与制度实现》,载《法学》2018 年第 9 期。
2. 姜楠:《宅基地"三权"分置的法构造及其实现路径》,载《南京农业大学学报(社会科学版)》2019 年第 3 期。
3. 石佳友、刘欢:《民法典背景下的宅基地"三权分置":实践考察与规范诠释》,载《温州大学学报(社会科学版)》2021 年第 4 期。
4. 刘恒科:《宅基地"三权分置"的政策意蕴与制度实现》,载《法学家》2021 年第 5 期。

第十四章　居　住　权

导学案例

老吴在其妻子去世之后一直在国内生活，子女均在国外工作生活，难以照料父亲的日常起居，便给父亲聘请了王大妈做保姆。老吴感念王大妈多年如一的悉心照料，担心王大妈在其死后无处可居，想给她提供一个居所保障，但又怕将房屋留给她之后子女对此心有嫌隙，弄得亲人之间反目成仇。根据上述情况，试思考下列问题：

1. 老吴能否通过遗嘱为王大妈设立居住权？

2. 若王大妈成为居住权人，她享有哪些权利？负担何种义务？

3. 若老吴通过遗嘱设立居住权，该居住权自何时生效？

第一节　居住权的法律界定及其内容

一、居住权的概念

居住权是一种古老的权利类型，罗马法时代即已经存在，属于人役权的范围。所谓人役权，是指物之所有权人为特定的人的利益而在其特定物上设定的供该特定人占有、使用、收益的一种用益物权。居住权制度是我国《民法典》根据我国经济社会发展的客观需求，借鉴大陆法系的有益经验而作的一大制度创新。

我国民法上的居住权是指自然人根据合同或遗嘱，对他人的住宅享有占有、使用，以满足生活居住的需要一种用益物权。

居住权具有以下法律特征：

1. 居住权的权利主体是自然人。居住权是住宅所有人为特定自然人的居住而在自己所有的住宅上设定的物权。法人和非法人组织作为非生命的组织体，不具有成为居住权人的基础，因此不能享有居住权。

2. 居住权的客体是住宅。住宅是指专门用于居住的房屋。不能在其他类型的房屋如商铺等经营性用房上设立居住权。诚然，居住权的客体未必限于整套住宅，就住宅的一部分，如其中一个或者几个房间，也可以设立居住权。

3. 居住权的内容是特定自然人因需要生活而占有、使用住宅。居住权乃为满足特定自然人生活居住的需要设立，通常只具有占有、使用的权能，一般情况下居住权人不得出租住房而获利（除非住宅所有权人同意）。

二、居住权的内容

(一)居住权人的权利

1. 占有、使用住宅的权利。居住权人有权占有享有居住权的住宅,并有权以合理、合法的方式使用该住宅。具体而言,居住权人使用住宅必须符合"满足生活居住需要"这一条件,不得利用该住宅从事工商业经营活动。此外,居住权人还有权使用该住宅的附属设施。于理而言,居住权人对合理使用该住宅造成的损耗,无须承担责任。

2. 在当事人有约定的情形下有出租住宅的权利。从居住权的目的上看,居住权人只能享有居住的权益,不能通过行使居住权进行收益,因此居住权人对于作为居住权客体的住宅不得出租。诚然,基于当事人的意思自治,若当事人约定住宅可以出租的,约定有效。

3. 允许他人同住的权利。尽管居住权有特定的权利主体,但基于共同生活的需要,在当事人没有禁止性约定的情况下,居住权人有权允许配偶、子女或者其他近亲属以及保姆、护工等人共同居住。

特别要注意的是,居住权作为一种物权,不同于租赁权这类债权,其具有对世性,一旦在特定的住宅设立了居住权,居住权人就享有排他性的权利,即使该住宅的所有权人发生变化,也不能影响居住权的行使。

(二)居住权人的义务

1. 对住宅尽到善良管理人的义务。居住权人占有、使用住宅必须尽到相应的妥善管理的义务,从而维持和保有住宅的应有价值,不使其遭受不当损害。具体来说,居住权人在行使居住权期间,应当尽到如同管理自己财产一般的注意义务,秉持善意和诚信,按照住宅的原有用途使用住宅,不得擅自改造、改建。

2. 不得擅自出租住宅,不得转让、继承居住权。在当事人没有特别约定或者约定不明的情况下,设立了居住权的住宅是不得出租的,居住权人必须保有自身的居住利益,不得随意让渡。

3. 按照约定支付费用的义务。一般情形下,居住权系无偿设立,但是如果当事人另有约定,要求居住权人支付相应的使用费用,那么这一约定也是有效的,居住权人负有支付约定费用的义务。

第二节 居住权的设立与消灭

一、居住权的设立

居住权可以通过以下方式设立:

1. 通过居住权合同设立。以合同设立居住权,是居住权设立的常见形态,其属于基于民事法律行为的物权变动。

一般来说,以合同设立居住权,须符合三项要件:(1)居住权合同须有效;(2)当事人对设立居住权的住宅有相应的处分权;(3)履行相应的公示程序,即不动产登记。居住权自登记时设立。

居住权合同属于要式合同,法律规定当事人应当采用书面形式订立。居住权合同一般包括下列条款:(1)当事人的姓名或者名称和住所;(2)住宅的位置;(3)居住的条件和要求;(4)居住权期限;(5)解决争议的方法。

2. 通过遗嘱设立。遗嘱是重要的民事法律行为,具有完全民事行为能力的住宅所有权人,可以通过遗嘱为特定的人设立居住权(《民法典》第371条)。通过遗嘱方式设立居住权的,仍需参照适用《民法典》第368条之规定,办理居住权登记手续。由此可见,《民法典》第371条与第230条属于特别规范和一般规范的关系,应当优先适用《民法典》第371条的规定。

二、居住权消灭的原因

1. 居住权期限届满。居住权可以是一种有期限的物权,居住权期限条款是居住权合同的条款之一,如果约定期限届满,此时居住权会发生消灭。如果当事人需要延长居住权期限,则须重新达成合意,另行设立居住权。如果当事人对居住权期限问题没有约定或者约定不明,则推定该居住权没有期限,直至居住权人死亡。

2. 居住权人死亡。居住权人死亡,居住权自然也就丧失了权利的享有主体,此时,居住权当然发生消灭。只要居住权人死亡,即使居住权期限还没有届满,居住权也会归于消灭。

3. 住宅灭失。作为居住权客体的住宅,如果因不可抗力等事件导致毁损灭失,居住权便没有了物质基础,权利人的居住利益也就无法得到满足,此时居住权消灭。

三、居住权消灭的法律后果

居住权消灭后产生的法律后果主要体现在以下三个方面:

1. 居住权消灭的,应当及时办理注销登记。如前所述,居住权自登记时设立,因此一旦居住权消灭了,登记信息就会与实际权利状态不符,因而当事人负有及时办理注销登记的义务。

2. 返还住宅。该法律后果适用于因居住权期限届满而导致居住权消灭的情形。在居住权人死亡的场合,居住权消灭,住宅自动返还,居住权人的其他近亲属不得拒绝返还。

3. 损害赔偿责任。如果因居住权人的原因导致住宅灭失而致居住权消灭的,居住权人还应承担损害赔偿责任。

思考题

1. 简述居住权的历史嬗变。
2. 试分析居住权与租赁权的区别。
3. 简述居住权人的权利与义务。
4. 简述居住权的设立方式。
5. 简述居住权的消灭事由与法律后果。

阅读指引

关于居住权制度立法论及解释论的相关研究

1. 申卫星:《〈民法典〉居住权制度的体系展开》,载《吉林大学社会科学学报》2021年第3期。
2. 房绍坤:《论民法典中的居住权》,载《现代法学》2020年第4期。

3. 鲁晓明:《"居住权"之定位与规则设计》,载《中国法学》2019 年第 3 期。
4. 曾大鹏:《居住权的司法困境、功能嬗变与立法重构》,载《法学》2019 年第 12 期。
5. 王利明:《论民法典物权编中居住权的若干问题》,载《学术月刊》2019 年第 7 期。
6. 单平基:《〈民法典〉草案之居住权规范的检讨和完善》,载《当代法学》2019 年第 1 期。

关于居住权的物权属性及保护研究

1. 肖俊:《"居住"如何成为一种物权——从罗马法传统到当代中国居住权立法》,载《法律科学(西北政法大学学报)》2019 年第 3 期。
2. 王明文:《论居住权的物权法保护》,载《东北师大学报(哲学社会科学版)》2015 年第 5 期。
3. 张力:《论居住权的物权法保护——微观与宏观之维》,载《兰州学刊》2010 年第 3 期。

第十五章　地　役　权

导学案例

甲为自己房屋使用的便利与乙签订地役权合同，约定5年内乙不得加盖楼房，甲支付5万元。合同签订后，双方办理了登记手续。2年后，甲去世，房屋由丙继承。同年，乙将楼房卖给丁，随后丁加盖楼房，遭到丙的阻止。根据上述案情，思考下列问题：

1. 甲乙之间的地役权自何时设立？

2. 地役权是否因甲的死亡而消灭？为什么？

3. 丙是否有权制止丁加盖楼房？

第一节　地役权的法律界定

一、地役权的概念

地役权也是一种古老的用益物权类型。所谓地役权，是指为了自己使用、经营土地的方便和利益而使用他人土地的权利。其中需要役用他人土地的地块称为需役地，而供他人役用的土地则称为供役地。

地役权的目的在于利用他人土地以便有效地使用或经营自己的土地，例如，甲所享有的土地使用权与乙地相邻，甲要行使其土地使用权则必须要通过乙的土地，为此甲乙双方达成协议并经过登记在乙地之上设立通行地役权，从而在乙地之上设置了负担，而使甲地的价值得到了增长。地役权是一种独立的物权，在性质上属于用益物权的范畴，它是需役地人所享有的一项物权。

地役权的特征如下：

1. 地役权的法律关系主体具有广泛性。地役权的主体具有广泛性，除了土地所有权人之外，建设用地使用权人、土地承包经营权人、宅基地使用权人等他物权人都可以成为地役权法律关系的主体。

2. 地役权的客体是他人的土地等不动产。地役权主要是在土地之上设立的，但也不排斥对房屋和其他附属物之上设立地役权，因此对地役权中的“地”的含义应当做扩大理解，即包括土地在内的不动产。在他人的不动产之上所设立的地役权，既包括他人所有的，也包括他人享有用益物权的不动产。

3. 地役权的内容是利用他人不动产。地役权的内容就是指权利人有权利用他人的不动产，从中获取便利。这种利用方式十分广泛，在很大程度上完全由当事人在法律允许的范围内自由约定，既可以是以营利为目的的利用，也可以是不以营利为目的的利用。几种比较常见的类型主要有：通行、取水、采掘、采光、眺望等。

4. 地役权的目的在于以他人的土地为自己的土地提供便利。地役权是专为需役地的所有人或使用人设定的,需役地的权利人设定地役权的目的是使自己更好地行使不动产的所有权和使用权,以增加不动产的价值。

5. 地役权具有从属性和不可分性。尽管地役权人是一种独立的用益物权形态,但具有物权从属性。具体而言:地役权的设定以需役地的存在为前提,不能脱离特定的需役地而设定地役权;地役权不得单独处分,只能与需役地的处分一并为之。如果土地承包经营权、建设用地使用权等转让的,地役权随之一并转让,但是合同另有约定的除外。此外,地役权也不得单独抵押。土地承包经营权、建设用地使用权等抵押的,在实现抵押权时,地役权一并转让。

所谓地役权的不可分性,是指地役权存在于需役地和供役地的全部,不能分割为各个部分或仅仅以一部分而单独存在。一是需役地被分割时,各分割部分仍享有原地役权。二是供役地被分割时,需役地仍对各分割地分享地役权。地役权的不可分性体现在:需役地以及需役地上的土地承包经营权、建设用地使用权等部分转让时,转让部分涉及地役权的,受让人同时享有地役权。供役地以及供役地上的土地承包经营权、建设用地使用权等部分转让时,转让部分涉及地役权的,地役权对受让人具有法律约束力。

6. 地役权是一种类型法定、内容意定的物权。地役权作为一种物权,虽然受物权法定原则的限制,但法律对地役权的内容并不进行具体限制,而只是泛泛规定须为需役地的便利而设定,地役权的内容几乎完全可以由当事人约定。正是因为地役权具有这样的特点,这就使地役权成为一种缓和物权法定主义的僵硬性,兼顾私法自治和交易安全,有效利用财产的重要形式。

二、地役权与相邻权的区别

相邻权与地役权都调整相邻不动产的利用关系,但二者完全不同,其主要区别如下:

1. 相邻权是法定权利,而地役权主要是约定权利,由当事人以双方合意设立,或由时效取得。当然,在现实中相邻的土地所有权人或使用权人之间如何为对方提供一定的便利,常常需要当事人进行协商,但这种协商的内容也只是对法定相邻权的补充,而不是设定地役权,因为这种权利仍然是依法而不是依当事人的意志产生的。如果在某些情况下,当事人纯粹根据其相互间的约定而设定提供便利的权利和义务,那么此种权利就是地役权而不是相邻权。

2. 相邻权在性质上是对相邻不动产所有权的延伸或限制,不是一种独立的物权。从《民法典》的体例结构来看,相邻权从属于所有权。而地役权是为自己的土地利益而使用他人的土地的一种独立的用益物权。

3. 相邻权依法发生在相互毗邻的不动产合法占有人之间,而地役权则不受土地是否毗邻的限制。

4. 相邻权的内容包括自然流水的利用、排水、危害和危险的防治和排除,道路或桥梁的通行、采光、通风、噪声和震动的防止及减低等多方面;而地役权的内容较为单一,主要是为自己土地的利益而使用他人的土地。

5. 相邻权一般是无偿、无固定期限的,除非相邻权行使损害了相邻方的合法权益,否则不得要求偿付费用;而地役权一般是有偿的、有固定期限的,无偿无期限的地役权只是例外情况,供役地所有权人除享有对价请求权外,在不妨碍地役权行使的范围内,可以使用地役权人所设置的工作物。

6. 相邻权作为不动产所有权内容的延伸或限制,不需要进行登记即可成立和生效,而地役权作为一种不动产用益物权,则以登记为必要。

7. 相邻权仅是相邻不动产合法占有人之间一种最低限度的法律调整,而地役权则调整范围较大,当事人可以依土地的利益确定其内容和行使方式。

第二节　地役权的内容

一、地役权人的权利和义务

(一)地役权人的权利

1. 利用供役地的权利。地役权人有权在地役权合同约定的范围内,依地役权的目的使用供役地。但是,地役权人应选择对供役地损害最小的场所和方式进行,以保护供役地人的利益。地役权人还可依地役权的目的为自己土地的利益而限制供役地的权利。例如,可使供役地所有权人只能依某种方式使用土地,或使该土地上不得实施某种行为等。

2. 为必要的附随行为的权利。地役权人为行使或维持其权利,可以在供役地内为必要的行为。必要行为并非指使用地役权的行为,而是指为达到地役权的目的或实现地役权权利的内容所需要的附随行为。例如,为了从供役地上取水,取水地役权人必须通过供役地,此种通过行为即属于行使地役权的附随行为。但附随行为必须是必要的,非如此地役权就不能实现,例如,取水地役权人可以从道路上直接到达供役地上的水塘边,从而无须通过土地即可实现其地役权的利用目的,自然也就没有通过供役地的权利。

3. 物上请求权。地役权性质上为物权,自然有物上请求权存在。值得注意的是,由于地役权不以占有为要件,地役权人不是供役地的占有人,因此,地役权人不享有返还请求权。当有行为妨害地役权的行使时,地役权人可以行使停止侵害、排除妨害或者消除危险请求权。

(二)地役权人的义务

1. 地役权人行使地役权时,应当按照合同约定的利用目的和方法利用供役地。地役权的存在实际上是对供役地人权利的限制,权利不得滥用乃现代民法一项基本原则,并且权利人在行使权利时应尽量地保全供役地人的利益以体现法的公平价值。

2. 维持工作物的义务。地役权人因行使地役权而在供役地上修建的工作物,应当注意维修,一则以免供役地人因该工作物的损坏而遭受损害,二则在供役地人使用该工作物时以保证其使用。

3. 支付费用的义务。在有偿设立地役权的情况下,地役权人应当按照合同约定的金额和方式支付供役地人相应的费用。

4. 地役权消灭后,地役权人负有恢复原状的义务。

二、供役地权利人的权利和义务

(一)供役地权利人的权利

1. 请求支付费用的权利。与地役权人支付费用的义务相对应,如果地役权是有偿的,供役地人有权请求地役权人按照合同约定支付费用。如果地役权人不支付费用,供役地人可依据《民法典》第384条的规定,行使合同解除权。收取费用是供役地人的主要权利。

2. 使用附属设施的权利。供役地人在不违反合同约定且不影响地役权人利用其所建造的设施的前提下,可以使用地役权人在供役地上修建的附属设施。例如,供役地人在不妨碍地役权人通行的情况下,也可以在该道路上通行。此项权利有利于充分发挥物的价值,实现物尽其用。

3. 变更供役地使用场所及方法的请求权。地役权人与供役地人在订立合同时,一般对供役地场所和利用方法有明确的约定。但是,供役地人为了更好地使用供役地,在不影响地役权设定目的且不影响地役权人正常利用的前提下,有权请求变更供役地使用场所和方法,地役权人原则上不能拒绝,由此支出的费用,应当由供役地人负担。例如,在供役地上修建的道路,因供役地人建造房屋须占有该道路,应当允许供役地人请求更改该道路。

(二)供役地权利人的义务

1. 容忍及不作为义务。地役权是存在于供役地之上的一种负担,供役地人有容忍和不作为的义务。供役地权利人应当按照合同约定,允许地役权人利用其不动产,不得妨害地役权人行使权利。具体来说,在积极地役权中,供役地人须容忍地役权人对供役地所为的一定行为,如在通行地役权中,供役地人应当容忍地役权人在供役地上修建道路;在消极地役权中,供役地人负有不作为的义务,如眺望地役权中,供役地人不得修建超过一定高度的建筑影响地役权人眺望的权利。

2. 共同维护附属设施及分担费用的义务。供役地人利用地役权人建造的附属设施时,根据权利义务一致的原则,其也应当承担共同维护附属设施以及分担费用的义务。

第三节　地役权的取得和消灭

一、地役权的取得

地役权的取得有如下方式:

1. 因设立取得。地役权可因当事人通过合同而设立取得。地役权的设立采债权意思主义,自地役权合同生效时设立。当事人要求登记的,可以向登记机构申请地役权登记;未经登记,不得对抗善意第三人。地役权合同是要式合同,应当采用书面的形式订立。地役权合同一般包括下列条款:当事人的姓名或者名称和住所;供役地和需役地的位置;利用目的和方法;地役权期限;费用及其支付方式;解决争议的方法。

2. 因让与取得。地役权人依法可以将地役权让与给他人,但基于地役权的从属性和不可分性,地役权不得单独让与,必须和需役地的所有权、使用权一同让与。

3. 依捐赠、遗嘱继承等民事法律行为取得。在不违背法律、行政法规的强制性规定以及公序良俗的前提下,地役权人有权通过捐赠、遗嘱继承等方式为他人设定地役权。基于地役权的从属性和不可分性,地役权与需役地所有权或者使用权一同成为被继承的对象。继承取得需役地所有权或者使用权者取得地役权。

二、地役权的消灭

(一)地役权消灭的原因

1. 地役权的期限届满。地役权的期限是指在供役地和需役地上设立地役权的持续时间。地役权的期限一方面由当事人在地役权设立合同中约定;另一方面,地役权具有从属性,地役权的期限不能超过供役地和需役地使用权的期限。如果当事人约定的地役权存续期限超过供役地或者需役地土地使用权的剩余年限,则超过期限的部分约定无效。《民法典》第 377 条规定了地役权期限的确定规则,该期限可以由当事人约定,但是基于从属性原理,不得超过土地承包经营权、建设用地使用权等用益物权的剩余期限。

2. 供役地被征收。征收为所有权的原始取得,所以在供役地被征收的情况下,其所有权和地上的权利负担均消灭。而供役地使用权人设定地役权时,如果其权利被国家征收,基于地役权的从属性,地役权也应当消灭。但是,如果是需役地被征收,除非地役权的行使已经没有必要,否则地役权并不消灭,而是由国家取得地役权。

3. 混同。他物权和所有权混同的情况下,他物权原则上应当消灭。但是就地役权而言,其混同的情况法律后果略有不同。地役权因混同而消灭,包括如下情形:(1)当地役权为供役地所有人所设定时,地役权人必须取得供役地所有权且供役地上不再有其他使用权,地役权因混同而消灭;(2)当地役权为供役地使用人所设定时,地役权人取得了供役地的使用权,从而地役权因混同而消灭。

4. 地役权无存续的必要和可能。地役权的设定目的在于增进需役地的利用效率,实现其便利。如果因客观情势变化,地役权的存在已经不能再实现其利用目的,则没有必要再强加给供役地以负担,也给地役权人增加费用。例如,为引水而设定的地役权,但水源已经干涸,自然没有继续保留地役权的必要。此外,当土地发生灭失,会导致土地所有权消灭,地役权也当然消灭。

5. 地役权合同被解除。通过合同方式设立地役权的,合同解除,则地役权也随之消灭。《民法典》第 384 条规定了地役权合同的当事人享有解除权的两种情形:第一,违反法律规定或者合同约定,滥用地役权;第二,有偿利用供役地,约定的付款期限届满后在合理期限内经两次催告未支付费用。

6. 地役权被抛弃。地役权是一项财产性权利,可以由权利人予以处分,因此地役权人可依其单方意思表示放弃其享有的地役权。地役权人一旦作出放弃地役权的意思表示,地役权即归于消灭。如果地役权办理了登记,在地役权人抛弃地役权后,应当办理注销登记。

(二)地役权消灭的法律后果

1. 如果地役权已经办理了登记,那么地役权变更、转让或者消灭的,应当及时办理变更登记或者注销登记。地役权人负有协助供役地权利人办理注销登记的义务。如果未办理地役权注销登记,那么该地役权转让后,则不得对抗善意第三人。

2. 地役权消灭后地役权人应当将供役地恢复原状,并返还给供役地权利人,且不得再对供役地进行占有、使用。若地役权人为行使地役权而在供役地上设置定着物或其他工作物,地役权消灭后,地役权人有权取回。供役地权利人亦可向地役权人主张购买权。

思考题

1. 简述地役权的历史演变及其现代功能。
2. 简述地役权与相邻权的区别。
3. 如何理解地役权的从属性?
4. 简述地役权的内容。
5. 简述地役权消灭的原因及法律后果。

阅读指引

关于地役权制度的含义、价值与发展趋势的代表性研究

1. 耿卓:《地役权的现代发展及其影响》,载《环球法律评论》2013 年第 6 期。
2. 耿卓:《乡村地役权及其在当代中国的发展》,载《法商研究》2011 年第 4 期。
3. 郑冠宇:《地役权的现代化》,载《烟台大学学报(哲学社会科学版)》2009 年第 1 期。
4. 朱广新:《地役权概念的体系性解读》,载《法学研究》2007 年第 4 期。
5. 申卫星:《地役权制度的立法价值与模式选择》,载《现代法学》2004 年第 5 期。

关于地役权登记及从属性问题的研究

1. 戴孟勇:《论地役权登记对地役权变动的影响》,载《当代法学》2010 年第 2 期。
2. 崔建远:《再论地役权的从属性》,载《河北法学》2010 年第 12 期。

第四分编　担保物权

第十六章　一般规定

导学案例

甲公司因生产经营需要，于2007年10月10日以自有的厂房一间作抵押向乙银行借款200万元，双方于10月15日办理了抵押登记手续。2008年1月7日，甲公司的厂房因意外事件被烧毁，保险公司为此赔付甲公司保险金260万元。根据上述案情，回答下列问题：

1. 乙银行对甲公司的厂房是否享有抵押权？为什么？
2. 乙银行对保险公司支付给甲公司的260万元保险金是否享有权利？为什么？

第一节　债的担保与担保物权

一、债的担保及其体系

所谓债的担保，是指当事人根据法律规定或者双方约定，为了促使债务人履行债务从而实现债权人权利的法律制度。从整个民法体系来看，具有担保债权实现的制度很多，分散在《民法典》的各编当中。在担保制度当中，担保物权只是典型担保中的一部分(见图2-16-1)。

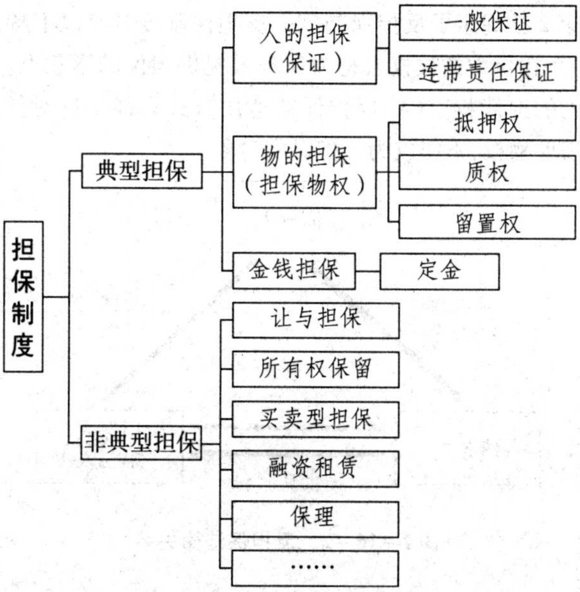

图2-16-1　担保制度的体系

1. 担保可分为典型担保和非典型担保。典型担保是指在《民法典》中明确规定的,其规则已在法律上明确化、类型化了的担保方式。非典型担保则是指那些在法律上还未予以类型化,且在实务中尚不具有典型意义,但为商事习惯和判例所承认的担保方式。

2. 典型担保可以分为人的担保、物的担保和金钱担保。其中,人的担保是以人的信用为他人债务提供的担保,即保证。《民法典》将保证制度规定在合同编第十三章"保证合同"部分。物的担保是在债务人或第三人提供的物上设立的担保,即担保物权,系统地规定在《民法典》物权编的第四分编"担保物权"中。金钱担保则是以金钱这一典型的种类物为标的设立的担保,即定金担保,其规范依据为《民法典》合同编第586~588条。

3. 非典型担保包括让与担保、所有权保留、买卖型担保等,融资租赁、保理也有担保的作用。所谓让与担保,是指债务人或者第三人为担保债权的实现,将标的物的所有权移转给债权人,在债务届时未能得到清偿时,债权人有权利就担保物优先受偿的担保制度。在债务履行完毕后,标的物的所有权又回归于担保人。所谓所有权保留,是指在移转财产所有权的商品交易中,双方当事人约定,所有人移转标的物的占有于对方当事人,但仍保留其对该标的物的所有权,待对方当事人达成特定条件如支付部分或全部价款时,该财产的所有权才发生移转的一种制度。这是一种通过延缓所有权移转的方式来担保出卖人价款债权的担保方式。买卖型担保是指当事人分别订立借款合同和买卖合同,但买卖合同实则是为担保借款合同的履行而存在,如果借款合同得以顺利履行,则买卖合同无须履行,若借款合同无法履行,则以买卖合同项下标的物之变价偿还债务。这一担保类型规定在最高人民法院《关于审理民间借贷案件适用法律若干问题的规定》第23条中。

4. 依据所担保的对象不同,可以将担保分为本担保与反担保。本担保是通常意义上的担保,是为了确保债权人的债权实现而设定的担保。本担保的担保人提供担保后,为了将来承担担保责任后对债务人的追偿权可以实现,可以由债务人或者第三人对本担保的担保人提供反担保。

反担保又称求偿担保,是指当第三人作为担保人,为债务人履行债务提供了担保,为了保证担保人对债务人追偿权的实现,而于债务人或第三人的财产上设定的担保(见图2-16-2)。我国《民法典》第387条第2款规定了反担保制度。反担保制度具有以下特征:(1)反担保以本担保的存在为前提。(2)反担保中的债权人是为债务人提供担保的第三人。(3)反担保所保障的对象是担保人对债务人的追偿权。(4)反担保的适用方式只能是针对抵押权、质押权或保证。而留置权属于法定的担保物权,不能成为反担保的对象。

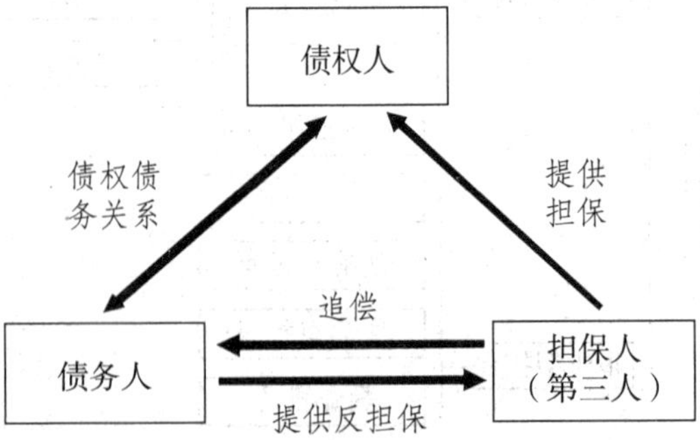

图2-16-2 反担保法律关系

二、担保物权的概念

担保物权，是指为确保债权的实现，于债务人不履行到期债务或者发生当事人约定的情形时，权利人依法享有就担保财产优先受偿的权利。提供担保的人称担保人，一般为债务人，也有可能是第三人；对担保财产享有担保权利的人是担保物权人，一般是债权人，也有可能是反担保中的担保人。

担保物权具有以下特征：

1. 担保物权是以确保债权清偿为目的的他物权。他物权有两大类：用益物权和担保物权。前者的主要目的在于对他人之物使用、收益，追求的是他人之物的使用价值，而后者的主要目的在于确保债权的清偿，追求的是他人之物的交换价值。基于该种权利，担保物权人无须对担保物进行直接的占有，在债务人不履行债务之时，可以对担保物进行变价而优先受偿。

2. 担保物权是债权人对债务人或第三人的物或者权利所享有的物权。担保物权的客体应当为债权人以外的他人所有的物或者权利。一般而言，在债权人自己所有的物或者权利上设定担保物权，是没有实际意义的，但是，当担保物权和所有权发生混同时，所有人在自己的财产或者权利上已经存在的担保物权，可以用于对抗其他担保物权人，但并非用以确保债权的受偿。

3. 担保物权是债权人就担保物变价并优先受偿的权利。担保物权的功能并不在于对担保物进行占有、使用、收益和处分，而在于当债务人不履行债务时，债权人可以通过对担保财产进行变价处分，并就该变价优先受偿。可见，享有担保物权的债权人相较于普通债权人而言，在债权受偿方面，具有更突出的优势。

制度辨析　担保物权 vs. 用益物权

担保物权与用益物权同属于他物权的两种类型，都属于限制物权的类型，也具有物权所具有的绝对权与支配权的特性。但二者不能等同：

1. 二者对客体进行支配的内容不同。用益物权支配物的使用价值，而担保物权支配物的交换价值。

2. 二者是否具有独立性方面具有不同。用益物权是独立的物权，不需要依赖于他种权利的存在而存在；担保物权是从属物权，它的发生和存在一般应以主债权存在为前提和基础。

3. 权利的实现的时间不同。用益物权一旦设定，权利人就可以行使自己的权利，而担保物权虽经设立，权利人只能在该担保物权所担保之债权届期未受清偿时，才能实现该权利。

4. 权利的存在不同。用益物权人必须实际占有物才能行使自己的权利。而担保物权原则上不要求占有担保物权。

5. 是否具有物上代位性不同。担保物权是不以对标的物本身之利用为目的，而专以担保财产之交换价值为目的的权利。因此，担保财产转化为其他价值形态时，担保物权的效力可及于担保物的变形物或代替物。用益物权以物的使用价值为目的，在物灭失以后用益物权随之消灭，不存在物上代位性的问题。

三、担保物权的类型

(一)担保物权的学理类型

1. 法定担保物权和意定担保物权

依据发生原因的不同,担保物权分为法定担保物权与意定担保物权。前者是指依据法律规定的构成要件而当然发生的一种担保物权,如留置权与法定抵押权;而后者是指基于当事人设定之合同而成立的担保物权,如约定的抵押权与质权。

2. 留置性担保物权和优先清偿性担保物权

依据担保物权效力的不同,担保物权分为留置性担保物权与优先性担保物权。前者是指以留置标的物,迫使债务人清偿债务为其主要效力的担保物权,如留置权;而后者是指以支配标的物的交换价值,以确保债务优先清偿为其主要效力的担保物权,如抵押权。

3. 占有担保物权和非占有担保物权

依据是否要求移转标的物占有,担保物权分为占有担保物权与非占有担保物权。前者是指以将标的物移转于债权人占有为其成立与存续要件的担保物权,如留置权和质权。后者是指不以标的物移转债权人占有为其成立要件,设定人仍可继续用益担保标的物的担保物权,以抵押权为代表。

4. 单一物的担保物权和集合物的担保物权

依据担保物权标的不同,可以将担保物权分为单一物的担保物权和集合物的担保物权。前者是在单一的动产、不动产或者权利上设定的担保物权;后者是在动产、不动产或者权利的集合上设定的担保物权,如浮动抵押、财团抵押等。

(二)担保物权的法定类型

自罗马法以来,担保物权的基本存在形态为抵押权、质权、留置权、优先权等。《法国民法典》承袭罗马法,规定担保物权有质权、抵押权和优先权,未承认留置权,只把它作为同时履行债务的抗辩权。《德国民法典》除规定有质权和抵押权两类担保物权外,还规定有土地债务和定期金债务两种特殊不动产担保物权,未承认留置权和优先权。《日本民法典》承袭法国民法、德国民法,规定担保物权有抵押权、质权、留置权和优先权(先取特权)。我国台湾地区"民法"规定的担保物权有抵押权、质权、留置权等,优先权只在特别规定中有。英美法系国家在其财产法、商法、银行法中规定的担保权益也有类似于抵押权、质权、留置权、优先权的形态划分。

我国关于担保物权的正式立法,肇始于 1986 年通过的《民法通则》。该法限于当时立法背景,仅规定了抵押权(抵押权中包含质权)、留置权制度。1995 年我国制定了《担保法》,其中规定了抵押权、质权和留置权三种担保物权。《物权法》全面系统地确立了我国的担保物权制度,规定了抵押权、质权和留置权三种担保物权。《民法典》沿袭了《物权法》的基本规定,并进行了一些制度改造和创新。

第二节　担保物权的设立与消灭

一、担保物权设立的方式

担保物权的设立是针对意定的担保物权(如抵押权、质权等)而言的,法定担保物权(留置权)不存在设立的问题。由于留置权是基于法律规定而产生的担保物权,因此一旦符合法定的构成要件,权利人就享有留置权。对于抵押权、质权的设立而言,当事人必须具有担保的相应意思表示,即担保合同。因此,依照法律的规定订立担保合同,是设立担保物权的前提。担保合同包括抵押合同、质押合同和其他具有担保功能的合同。

担保合同是担保权人和担保人之间为明确相互权利、义务关系而订立的协议,是以担保债务履行为目的的民事合同。其是以发生一定民事法律效果为目的的意思表示行为,即民事法律行为,它因双方当事人意思表示一致而成立,是以发生债权债务为目的的合意。除留置权是依法律规定而产生的以外,抵押权和质权均系依当事人间的合意即担保合同或担保条款而成立。因此,可以说担保合同是担保物权设立的原因。担保合同作为合同的一种,亦符合合同的一般特征。

担保物权的公示方式,因其类型不同而有差别。

二、担保合同的从属性

担保合同除了具有合同的一般共性外,还具有其特性——从属性,即担保合同是主债权债务合同的从合同。但是,我国金融机构开立的独立保函除外。所谓独立保函,是指银行或非银行金融机构作为开立人,以书面形式向受益人出具的,同意在受益人请求付款并提交符合保函要求的单据时,向其支付特定款项或在保函最高金额内付款的承诺。

担保合同的从属性体现在以下几个方面。

(一)发生上的从属性

担保合同是主债权债务合同的从合同。从发生目的上讲,担保合同是为了主债权债务合同能够顺利履行而订立的,如果欠缺主债权债务合同,则担保合同也就没有存在之必要了。

(二)消灭上的从属性

担保合同具有消灭上的从属性意味着担保合同的效力会受到被担保的主合同效力的影响。正所谓“皮之不存,毛将焉附”,如果主债权债务合同消灭,那么担保物权也会随之消灭。具体来说,主债权因获得清偿而消灭时,担保物权也就失去了存在的价值,便随之而消灭。此外,除法律规定以外,主债权债务合同无效的,担保合同无效。此时,担保人仅有承担缔约过失责任的可能。而缔约过失责任是一种过错性责任,所以最终要看担保人在整个担保合同签订过程中有无过错。因此,担保合同被确认无效后,债务人、担保人、债权人有过错的,应当根据其过错各自承担相应的民事责任。

(三)效力上的从属性

担保合同的效力从属于主合同,当事人在担保合同中约定担保合同的效力独立于主合同,或者约定担保人对主合同无效的法律后果承担担保责任,该有关担保独立性的约定无效。主合同有效的,有关担保独立性的约定无效不影响担保合同的效力;主合同无效的,人民法院应当认定担保合同无效,但是法律另有规定的除外。此外,如果主债权已过诉讼时效,那么担保物权的实现也会受到影响。因此,抵押权人应当在主债权诉讼时效期间行使抵押权;未行使的,人民法院不予保护。换言之,主债权诉讼时效期间届满后,抵押权人主张行使抵押权的,人民法院不予支持;抵押人以主债权诉讼时效期间届满为由,主张不承担担保责任的,人民法院应予支持。

(四)移转上的从属性

担保物权在转移上具有从属性,其随着主债权的转让而转让。因此,抵押权不得与债权分离而单独转让或者作为其他债权的担保。债权转让的,担保该债权的抵押权一并转让,但是法律另有规定或者当事人另有约定的除外(《民法典》第388条)。

三、担保物权的消灭

《民法典》第393条确立了担保物权消灭的一般事由,具体包括以下情形:

1. 因主债权的消灭而消灭。担保物权是从属于主债权的权利,主债权消灭的,担保物权也随之消灭。这里的主债权消灭是指主债权的全部消灭,根据担保物权的不可分性,主债权的部分消灭,担保物权仍然存在,担保财产仍然担保剩余的债权,直到债务人履行全部债务时为止。

2. 担保物权实现导致担保物权消灭。担保物权实现,是指债务人到期不履行债务时,债权人与担保人约定折价实现自己的债权或者拍卖、变卖担保财产,以拍卖、变卖担保财产所得的价款优先受偿。担保物权实现就意味着担保物权人权利的实现,担保物权自然就归于消灭。

3. 债权人放弃担保物权导致担保物权消灭。担保物权是债权人享有的权利,债权人放弃担保物权的,担保物权也就消灭。诚然,如果债权人放弃担保物权会损害其他人利益的,则不发生放弃的效力。

4. 法律规定的其他导致担保物权消灭的情形。这是一个兜底性条款,主要是指法律规定的担保物权消灭的特殊情形或者专属于某一类担保物权的消灭原因,例如,担保财产灭失后无代位物的,担保物权消灭。

第三节　担保物权的效力

一、担保物权的担保范围

担保物权担保的债权范围,原则上遵循当事人的意思自治,只有在当事人没有约定的情况下才适用法定的担保范围。

我国法定的担保范围如下:

1. 主债权。这是担保物权担保的主要对象,只要该债权在担保时是确定的或者是能够确定的,其当然在担保的范围之内。

2. 利息。也就是原本债权的孳息。该利息包括约定利息和法定利息,也包括债权到期前的利息和债权到期后的迟延利息。

3. 违约金。该项违约金既包括约定违约金,也包括法定违约金;既包括赔偿性违约金,也包括惩罚性违约金。

4. 损害赔偿金。损害赔偿包括合同法和侵权法上的损害赔偿。担保物权担保的损害赔偿主要是合同法上的损害赔偿,尽管侵权责任本身不能设定担保,但是在侵权发生以后,损害赔偿确定并且能够以金钱计算的也可以设定担保。

5. 保管担保财产的费用。在质权、留置权中,担保物权人占有标的物,为保管这些担保财产所发生的费用,自然属于担保债权的范围。

6. 实现担保物权的费用。《民法典》第410条第1款第1句规定:"债务人不履行到期债务或者发生当事人约定的实现抵押权的情形,抵押权人可以与抵押人协议以抵押财产折价或者以拍卖、变卖该抵押财产所得的价款优先受偿。”因此，在实现抵押权的过程中会产生一系列的费用，如拍卖、变卖的费用，诉讼费，仲裁费以及执行费用等。

此外，如果抵押人的行为足以使抵押财产价值减少的，抵押权人有权要求抵押人停止其行为、恢复抵押财产的价值或者是提供相应的担保，如果抵押人不愿意或者是不能够采取上述行为时，抵押权人可以采取措施保全抵押物的价值，由此产生的费用依理应当属于抵押权担保债权的范围。

二、担保物权的物上代位

所谓担保物权的物上代位，是指在担保物权存续期间，担保财产的价值转化为其他形态时，担保物权仍然及于该转化形态的财产。担保财产的转化形态，被称为担保财产的代位物。

具体来说，在担保期间，担保财产毁损、灭失或者被征收等，由此所获得的保险金、赔偿金或者补偿金将作为担保财产的代位物，担保物权人有权就此财产行使优先受偿权。如果，被担保债权的履行期限还尚未届满，担保财产就已经转化为代位物，那么债权人可以提存该保险金、赔偿金或者补偿金等代位物（《民法典》第390条）。

担保物权最重要的特征是利用物的交换价值对债权的履行提供担保，所以担保物权并不重视物的直接支配和使用收益，而关键在于物的变现价值。所以，当担保物发生毁损或者灭失的情况时，只要担保物的替代价值还在，担保物权的效力可以转移到该代位物的价值上。

三、第三人担保的责任承担

第三人提供担保，如债务人因故没有清偿债务，则需要实现第三人设立的担保物权。具体方式为债权人以担保财产折价，或拍卖、变卖担保财产，并就所得价款优先受偿。第三人承担了担保责任后，有权向债务人追偿。

在债务承担的情况下，债务人将债务转移给新的债务人，此时提供担保的第三人是否还要承担担保责任呢？此时，债务人变动的事实会影响到第三人的切身利益，因此，第三人提供担保，未经其书面同意，债权人允许债务人转移全部或者部分债务的，担保人不再承担相应的担保责任。具体而言，在未获得第三人书面同意的情况下，如果债务全部转移，则第三人对此债务完全不承担担保责任，若债务部分转移，则第三人对已转移的部分债务不再承担担保责任，对于未转移的债务仍需承担担保责任。

在债权转让的情况下，只是债权人发生了变更，从债务的履行角度而言只是改变了履行的对象，对债务人没有产生本质的影响，故主合同的债权转移无须债务人同意，只是为了履行的便利，需要向债务人进行通知。与此同时，担保人也不会因为债权的转让而导致担保责任的性质与范围发生变化，故债权转让不影响物的担保人的责任承担，此时其实是担保物权的从属性的体现，即主债权转让，担保物权随之转移给新的受让人。

四、物保与人保并存的担保规则

所谓物保和人保的并存，是指物保和人保同时担保同一债权的状况。理论上也将此种情形称为“混合担保”，所谓物的担保是指担保物权，而人的担保则是指保证。在同一债权上，既有物的担保又有人的担保时，其处理规则如下：

1. 被担保的债权既有物的担保又有人的担保的，债务人不履行到期债务或者发生当事人约定的实现担保物权的情形,债权人应当按照约定实现债权,即当事人的约定优先。

2. 没有约定或者约定不明确,债务人自己提供物的担保的,债权人应当先就该物的担保实现债权。

3. 第三人提供物的担保的,债权人可以就物的担保实现债权,也可以请求保证人承担保证责任。提供担保的第三人承担担保责任后,有权向债务人追偿。

思考题

1. 简述担保物权的特征及类型。
2. 简述担保物权与用益物权的区别。
3. 试述担保物权的从属性。
4. 简述担保物权的担保范围。
5. 简述担保物权的物上代位性。
6. 简述人保与物保并存时的处理规则。
7. 简述担保物权的消灭事由。

阅读指引

对我国《民法典》担保物权制度的相关评析

1. 王利明:《担保物权制度的现代化与我国〈民法典〉的亮点》,载《上海政法学院学报(法治论丛)》2021年第1期。
2. 刘保玉:《民法典担保物权制度新规释评》,载《法商研究》2020年第5期。
3. 董学立:《〈民法典〉担保物权法的进步与不足》,载《法治研究》2020年第4期。
4. 石冠彬:《论民法典担保物权制度的体系化构建》,载《法学评论》2019年第6期。
5. 谢在全:《担保物权制度的成长与蜕变》,载《法学家》2019年第1期。

关于混合共同担保问题的相关论争

1. 崔建远:《混合共同担保人相互间无追偿权论》,载《法学研究》2020年第1期。
2. 邹海林:《我国〈民法典〉上的"混合担保规则"解释论》,载《比较法研究》2020年第4期。
3. 高圣平:《混合共同担保的法律规则:裁判分歧与制度完善》,载《清华法学》2017年第5期。
4. 黄忠:《混合共同担保之内部追偿权的证立及其展开——〈物权法〉第176条的解释论》,载《中外法学》2015年第4期。

第十七章 抵 押 权

导学案例

2017年3月1日，甲公司与乙银行书面约定：甲公司向乙银行借款，以在建写字楼作抵押，抵押担保的债权为2017年3月1日至12月31日签订的所有借款合同项下的借款本息之和，但担保债权总额不超过1亿元，签约后双方办理了抵押登记。还款期限届满后，乙银行一直怠于向甲公司主张债权，也未行使对该写字楼的抵押权。根据上述案情，思考下列问题：

1. 乙银行享有何种类型的特殊抵押权？

2. 该抵押权自何时设立？

3. 如果乙银行对甲公司的债权已过诉讼时效，乙银行还能否行使抵押权？

第一节 一般抵押权

一、抵押权的法律特性

抵押权，是指为担保债务的履行，债务人或者第三人不转移财产的占有，将该财产抵押给债权人，债务人不履行到期债务或者发生当事人约定的实现抵押权的情形，债权人有权就该财产优先受偿的权利。其中，享有优先受偿权的债权人为抵押权人，提供抵押财产的债务人是抵押人，第三人提供抵押财产的则被称为物上保证人。

除了具备担保物权的一般特征外，抵押权还具有如下特点：

1. 抵押权无须移转标的物占有。抵押权的成立与存续不以移转标的物之占有为必要，这是抵押权和质权、留置权的显著区别。因为无须占有，就使抵押权一方面发挥了融资的功能，另一方面也不影响抵押物的使用价值的发挥，最大限度地体现了物尽其用的理念，并成为运用范围最广的担保物权。

2. 抵押权原则上需要进行登记。抵押权的成立通常不需要转移物之占有，同时又具有排他性和优先性，为了保障公平和正义，抵押权需要以一定的方式公示出来，通常表现为登记的形式。

3. 抵押物的范围具有广泛性。由于抵押担保方式无须转移占有，最大限度地同时发挥了财产的交换价值和使用价值。随着社会经济的发展、融资需求的加强，动产和不动产权利也可以设立抵押权。

二、抵押权的设立

（一）抵押合同

设立抵押权，须债权人和抵押人签订抵押合同，抵押合同是抵押权设立的法律原因。因此，抵押权的设立以抵押合同有效为其前提。抵押合同一般需要采取书面形式。

抵押合同一般包括下列条款：被担保债权的种类和数额；债务人履行债务的期限；抵押财产的名称、数量等情况；担保的范围。抵押合同不完全具备上述内容时，当事人可以补正。对抵押合同的补正，亦必须符合法律要求的登记或其他形式要件方为有效。但是，抵押合同对被担保的主债权种类、抵押财产没有约定或者约定不明，根据主合同和抵押合同不能补正或依法推定的，抵押权不能设立。

（二）登记

抵押权设立登记，简称抵押登记，是指依据财产权利人的申请，登记机关将与在该财产上设定抵押权相关的事项记载于登记簿册上的事实。对于不同的抵押财产，抵押登记的效力也是不同的，具体而言：

1. 在不动产或不动产权利上设定抵押权，应当办理抵押登记，抵押权自办理抵押登记时设立，此为登记生效主义。这些不动产或不动产权利包括：建筑物和其他土地附着物；建设用地使用权；海域使用权；正在建造的建筑物。此外，以特殊动产（船舶、航空器）设立抵押权，也应当办理抵押登记（《民法典》第402条）。

2. 以动产设立抵押权的，则采取登记对抗主义，即抵押权自抵押合同生效时设立；未经抵押登记的，该抵押权不得对抗善意第三人。以动产抵押的，不得对抗正常经营活动中已经支付合理价款并取得抵押财产的买受人（《民法典》第403条）。

三、抵押财产的范围

于法理而言，只要是法律和行政法规未禁止抵押的财产，符合抵押财产的条件，都可以设定抵押。

能够设立抵押权的财产应具备以下条件：(1)必须是能够转让的物，禁止流通物不能成为抵押财产。(2)必须是经过使用收益而不降低其价值或改变其形态的物。(3)必须是能与其他物相区别的特定物。我国《民法典》第395条和第399条分别从正反两个方面对抵押财产的范围进行了列举。

通常来看，债务人或者第三人有权处分的下列财产可以抵押：(1)建筑物和其他土地附着物；(2)建设用地使用权；(3)海域使用权；(4)生产设备、原材料、半成品、产品；(5)正在建造的建筑物、船舶、航空器；(6)交通运输工具；(7)法律、行政法规未禁止抵押的其他财产。抵押人可以将上述所列财产一并抵押（《民法典》第395条）。

不得抵押的财产则包括：(1)土地所有权；(2)宅基地、自留地、自留山等集体所有土地的使用权，但是法律规定可以抵押的除外；(3)学校、幼儿园、医疗机构等为公益目的成立的非营利法人的教育设施、医疗卫生设施和其他公益设施；(4)所有权、使用权不明或者有争议的财产；(5)依法被查封、扣押、监管的财产；(6)法律、行政法规规定不得抵押的其他财产（《民法典》第399条）。

四、流押条款

所谓流押条款，是指当事人在设立抵押权时或者债权的清偿期届满前，约定债权届清偿期而未获清偿时，抵押物归抵押权人所有的条款。

在传统民法上，为防止债权人利用自己的优势地位获得抵押人的财产，对于抵押合同的流押条款,采取禁止的态度。我国《担保法》以及《物权法》均禁止当事人约定流押条款。《民法典》对流押条款采取了相对灵活的态度,在承认流押条款效力的同时,限定了债权人不能直接取得抵押物的所有权,而必须通过法律规定的实现抵押权的方式就抵押财产优先受偿(《民法典》第401条)。换句话说,抵押权人可以和抵押人确定流押条款,但在抵押权实现时,抵押权人不能直接取得抵押物的所有权,而须通过折价或者以拍卖、变卖而支付价款后获得该抵押财产,再对该价款按抵押权顺位予以实现。

五、抵押权的顺位

所谓抵押权的顺位,是指同一财产向两个以上债权人抵押的,拍卖、变卖抵押财产所得价款的清偿顺序。

由于法律允许在同一财产上设立多个抵押权,因此需要明确各抵押权的清偿顺序,以使于债权人能够得到应有的法律保护,从而维护交易秩序的稳定。确立抵押权的顺位应当从抵押权是否登记以及抵押权设立的时间先后两个方面加以考虑。一般而言,已经登记的抵押权公示力更强,更能受到法律的优先保护,在先设立的抵押权其地位更为优越。基于此,《民法典》第414条明确规定了抵押权竞合时,清偿的顺位规则:(1)抵押权已经登记的,按照登记的时间先后确定清偿顺序。(2)抵押权已经登记的先于未登记的受偿。(3)抵押权未登记的,按照债权比例清偿。

对于其他可以登记的担保物权,清偿顺序参照适用该制度。

六、抵押权的效力

(一)抵押权人的权利义务

1.抵押权人的保全权。抵押权人无须占有抵押物,在抵押权实行前,其对抵押物事实上并无支配力,此时如发生使抵押物的价值减少的情况,势必对抵押权人不利。为保障抵押权人的利益,由于抵押人的行为导致抵押物价值减少,危害抵押权时,抵押权人对抵押财产享有保全权。

抵押权人的保全权的内容如下:(1)对于抵押人足以使抵押财产价值减少的行为,抵押权人有权请求停止该行为。(2)当抵押财产价值减少时,抵押权人可以请求抵押人恢复抵押财产的价值,或者请求抵押人提供与减少的价值相应的担保。(3)抵押人不恢复抵押财产的价值,也不提供担保的,抵押权人有权请求债务人提前清偿债务。

2.对抵押权及其顺位的处分权。抵押权人有权对其享有的抵押权及其顺序进行处分,这种处分包括:抵押权的转让、与主债权一并提供担保、抛弃等。抵押权属于一种财产权,具有让与性,由于抵押权是从属于主债权的权利,一般而言,抵押权需要随同其所担保的主债权一并转让。作为一项财产权利,抵押权可以随同其担保的债权一并设立权利质权。抵押权人可自由抛弃抵押权。其抛弃的意思表示应向其抛弃直接受益人即抵押权设立人作出,并同时履行抵押权注销登记手续,该抛弃行为才发生法律效力。

抵押权人可以放弃抵押权或者抵押权的顺位。抵押权人与抵押人可以协议变更抵押权顺位以及被担保的债权数额等内容。但是,抵押权的变更未经其他抵押权人书面同意的,不得对其他抵押权人产生不利影响。债务人以自己的财产设定抵押,抵押权人放弃该抵押权、抵押权顺位或者变更抵押权的,其他担保人在抵押权人丧失优先受偿权益的范围内免除担保责任,但是其他担保人承诺仍然提供担保的除外。

3.优先受偿权。在债务人不履行债务时,抵押权人就抵押物折价、变价、拍卖后的价金优先受偿。其优先受偿性具体体现在:抵押权人通常优先于普通债权人受抵押物价金清偿;在抵押物被查封、执行时,抵押权优先于执行权;在抵押人宣告破产时,抵押权优先于一切债权,且抵押财产不列入破产财产;顺序在先的抵押权优先于顺序在后的抵押权。

至于抵押权人的义务,主要体现为遵守法律的规定及抵押合同的约定,如抵押权人不得将抵押权与债权分离而单独转让或者作为其他债权的担保。

(二)抵押人的权利义务

1. 对抵押物的占有、使用、收益权。抵押权的本质在于抵押物的交换价值,而不是使用价值。设立抵押权无须转移占有抵押物,因此抵押人仍可占有、使用抵押物,并获得相应的收益。例如,将抵押的房屋出租。

2. 在抵押物上设立数个抵押权的权利。抵押权的设立无须转移占有,为了充分发挥抵押物的交换价值,抵押人可以在抵押物上同时为不同的债权人设立若干个抵押权。

3. 出租抵押物的权利。抵押人作为抵押物的所有人或者处分权人并不因设定抵押权而丧失对抵押物的用益权能。因此抵押人能够将抵押物加以出租,以获得法定孳息。抵押人将已出租的财产抵押的,抵押权实现后,租赁合同在有效期内对抵押物的受让人继续有效,此即“抵押不破租赁”规则。这意味着,抵押权设立前,抵押财产已经出租并转移占有的,原租赁关系不受该抵押权的影响。

4. 转让抵押物的权利。抵押权的设立不以转移占有为构成要件,更不发生抵押财产所有权转移的效果。抵押人作为抵押财产的所有人,当然有权对抵押财产进行使用、收益及处分,包括转让抵押财产。抵押财产的转让有助于抵押财产效用的发挥,通过流转实现抵押财产的保值和增值。同时,抵押财产转让制度的设计应当考虑抵押权人利益的保障。因此,我国《民法典》允许抵押人在抵押期间转让抵押财产。当事人另有约定的,按照其约定。抵押财产转让的,抵押权不受影响。抵押人转让抵押财产的,应当及时通知抵押权人。抵押权人能够证明抵押财产转让可能损害抵押权的,可以请求抵押人将转让所得的价款向抵押权人提前清偿债务或者提存。转让的价款超过债权数额的部分归抵押人所有,不足部分由债务人清偿。

至于抵押人的义务,则主要为以下几个方面:(1)抵押权设定后,抵押人应妥善保管抵押物,有义务采取必要的措施防止抵押物毁损灭失和价值减少。(2)抵押人转让抵押物所得的价款,应向抵押权人提前清偿所担保的债权或向与抵押权人约定的第三人提存。(3)抵押人将已抵押的财产出租时,如果抵押人未书面告知承租人该财产已抵押的,抵押人对出租抵押物造成承租人的损失承担赔偿责任。

七、抵押权的实现与消灭

(一)抵押权的实现

抵押权的实现是指债权已届清偿期而未受清偿时,对抵押物进行处分从而就担保的债权获得优先受偿的行为。

1. 抵押权实现的要件

第一,须抵押权有效存在。如果抵押权无效,例如,法律规定应登记设立的抵押权未经登记,或抵押权已经消灭,或抵押权人已经抛弃抵押权,则不能实现。

第二,须债务已届清偿期而未得以清偿或者发生当事人约定的抵押权实现的情形。对于未到期的债务,抵押权人并非绝对不能行使抵押权,如果抵押合同中明确约定,在特定条件下抵押权人可以实行抵押权的,该条件成就时,抵押权人就能够主张抵押权。例如,抵押合同可以约定债务人死亡,启动或者即将启动对债务人进行清算、破产等清算程序作为实行抵押权的条件。

2. 抵押权实现的方法

抵押权的实现方法有三种:拍卖、变卖、折价。

拍卖是指以公开竞价的形式,将特定物品或者财产权利转让给最高应价者的买卖方式。拍卖可以分为强制拍卖与任意拍卖。所谓强制拍卖,是指法院根据抵押权人的申请,对抵押物进行拍卖,并以拍卖的价金清偿抵押权担保的债务。所谓任意拍卖,指非依强制执行程序,而是由抵押权人和抵押人进行协商来对抵押物进行拍卖,并以拍卖的价金清偿抵押权担保的债务。拍卖的公开性程度较高,程序较为严格,是抵押权实行的最普遍的方法。

变卖就是抵押权人与抵押人协议将抵押物以一般的买卖形式出卖,以出卖的价格清偿主债权。变卖的优点是成本较低、效率较高,而缺点在于因透明度与公开性不高,程序较为随意,容易造成“暗箱操作”。

抵押财产的折价,是指在实行抵押权的条件具备时,经抵押权人与抵押人协议,参照市场价格,把抵押财产所有权由抵押人转移给抵押权人,从而实现抵押权的一种方式。抵押权人和抵押人具有对等的议价能力,而且协议折价往往能节省实现抵押权的成本。因此,法律并不禁止抵押权人和抵押人协议将抵押财产折价。若抵押权人和抵押人的折价协议损害其他债权人利益的,法律赋予其他债权人以撤销权。

抵押财产折价或者拍卖、变卖后,其价款超过债权数额的部分归抵押人所有,不足部分由债务人清偿。

3. 抵押权实现的特殊规则

(1)建设用地使用权抵押后,该土地上新增的建筑物不属于抵押财产。该建设用地使用权实现抵押权时,应当将该土地上新增的建筑物与建设用地使用权一并处分。但是,新增建筑物所得的价款,抵押权人无权优先受偿。

(2)以集体所有土地的使用权依法抵押的,实现抵押权后,未经法定程序,不得改变土地所有权的性质和土地用途。

(二)抵押权的消灭

导致抵押权消灭的事由,主要包括以下四种情形:(1)主债权消灭,这是由抵押权的从属性决定的。(2)抵押物毁损、灭失且无代位物。(3)抛弃抵押权。(4)抵押权实现。

抵押权消灭,在抵押权人、抵押人、债务人和任意第三人之间都发生抵押权消灭的效果。须登记的抵押权,消灭时还应当进行注销登记。未办理注销登记的,抵押权消灭的效力只及于抵押权人和抵押人,不能对抗善意第三人。

第二节　特殊抵押权

一、浮动抵押权

浮动抵押权,是指企业、个体工商户、农业生产经营者可以将现有的以及将有的生产设备、原材料、半成品、产品抵押,债务人不履行到期债务或者发生当事人约定的实现抵押权的情形,债权人享有的就实现抵押权时的动产优先受偿的权利。

浮动抵押权的客体实际上属于动产,其设立应当采用书面形式,抵押权自抵押合同生效时设立,但未经登记,不得对抗善意第三人(《民法典》第403条)。

动产浮动抵押权具有以下特征:

1. 抵押人限于企业、个体工商户、农业生产经营者,其他民事主体不得成为浮动抵押权的抵押人。

2. 抵押财产为特定的动产,包括抵押人的现有及将有的生产设备、原材料、半成品、产品,不动产及其他动产不得设立浮动抵押权。

3. 浮动抵押权设立后,抵押财产处于不断变动之中。也就是说,只有在实现抵押权时,抵押财产的范围才最终得以确定。

4. 在抵押期间,抵押人有权处分抵押财产,抵押权人对抵押财产没有追及的权利,只能就约定或者法定事由发生后确定的财产优先受偿。

动产浮动抵押权设立后,产生下列特殊效力:首先,抵押人仍可继续进行经营活动,处分抵押财产,其经营活动不受设立浮动担保权的影响;其次,抵押人有权为继续经营的目的在抵押财产上设立固定抵押权、质权等;最后,浮动抵押权不得对抗正常经营活动中已经支付合理价款并取得抵押财产的买受人。

浮动抵押权由于其客体具有浮动性,只有在抵押的动产能够确定时方能实现抵押权。在浮动抵押的财产确定后,浮动抵押权即变为固定的动产抵押权。

二、共同抵押权

共同抵押权又叫总抵押权、连带抵押权,是指为担保同一债权而在数个不动产或不动产物权上设定的一种特殊抵押形式。

共同抵押权的数个标的物本身并不集合为一物,而是按照标的物的个数成立数个抵押权,抵押权人为同一人,抵押人为不同的数人,故与以财团为一体设定一个抵押权的财团抵押权不同。但是,共同抵押权也并非数个抵押权的简单集合,而是多个抵押权担保同一债权,是同一目的的结合,债权人因任何一个抵押权而使全部债权清偿时,其他的抵押权便因目的的达到而消灭。这种关系酷似连带债务,因而又称连带抵押权。然而它与连带债务不同,连带债务为人的连带,属于一种债的关系;而共同抵押权为物的连带,属于一种物权关系;而且抵押不动产的所有人不一定都是债务人,也可以是第三人。

共同抵押权依当事人订立的合同设定。共同抵押权的设立可以同时完成,也可以先有一个不动产抵押,后增设其他不动产为同一债权抵押。若当事人就数个抵押物负担的金额分别约定了明确限额,则应依各抵押物应负的金额各自承担其担保责任;若当事人未限定各自抵押物负担的金额,抵押权人则有权就各个抵押物卖得价金,受债权全部或一部分之清偿。换言之,每一个抵押物之价值均担保全部债权。抵押权人既可同时实行数个抵押权,也可选择行使其中一个抵押权。此时则可能损害后顺序抵押权人的利益,法律于是又设“分担主义”与“代位求偿主义”规则。分担主义,又称分别主义,即将抵押权人的债权分割,由数个抵押人分担的规则。依此主义,共同抵押权人如同时就各抵押标的物卖得价金受偿时,应按各自标的物价格分担其债权额。代位求偿主义,又称异时分配主义,依此主义,共同抵押权人若就某一抵押物卖得价金受全部清偿时,后次序抵押权人得代共同抵押权人之地位,就共同抵押权人于其他抵押物上得优先受偿的金额,行使其抵押权。

我国《民法典》中没有明文规定共同抵押权,但最高人民法院《关于适用〈中华人民共和国民法典〉有关担保制度的解释》第13条却承认了共同抵押权。同一债务有两个以上第三人提供担保,担保人之间约定相互追偿及分担份额,承担了担保责任的担保人请求其他担保人按照约定分担份额的,即为共同抵押;担保人之间约定承担连带共同担保,或者约定相互追偿但是未约定分担份额的,各担保人按照比例分担向债务人不能追偿的部分;同一债务有两个以上第三人提供担保,担保人之间未对相互追偿作出约定且未约定承担连带共同担保,但是各担保人在同一份合同书上签字、盖章或者按指印,承担了担保责任的担保人请求其他担保人按照比例分担向债务人不能追偿部分的,也属于共同抵押的情形。

三、财团抵押权

财团抵押权,即以抵押人的众多具体财产构成的财产总体而设立的抵押权。财团抵押权的标的物不是某一个物,也不同于共同抵押,而是将抵押人现有的财产包括动产、不动产及其他权利视为一个整体,于其上成立抵押权。由众多具体财产构成的财产的集合体,有其独立的、特殊的价值,往往高于各个财产单独价值的总和。这样的财产集合体,习惯上称为财团。以财团为标的,往往比单独于各个财产上分别设定抵押的效益更好,这也是财团抵押的优势所在。

我国《民法典》第395条第1款列举规定了可以抵押的财产范围,第2款规定"抵押人可以将前款所列财产一并抵押",这里所称的"一并抵押"可以理解为财团抵押。

财团抵押权主要有三大特征:(1)列入财团抵押范围的财产一般来说仅限于企业的固定资产。(2)财团抵押的设定,需要将作为抵押客体的财团做成目录,使抵押客体的范围特定化。(3)财团抵押一经设定之后,企业对抵押财产的处分权就会受到严格的限制。

四、最高额抵押权

(一)最高额抵押权的概念

最高额抵押权,是指为担保债权的实现,债务人或者第三人对一定期间内将要连续发生的债权提供抵押财产,在债务人不履行到期债务或者发生当事人约定的实现抵押权的情形时,抵押权人在最高债权额限度内就该抵押财产优先受偿的权利。

最高额抵押权的产生主要是由于现实生活中大量存在反复不断的连续交易,如银行与借款人、商品生产商与销售商、批发商和零售商之间的交易。对于这类交易而言,如果按照一般抵押权的设立规则,必须在单次交易发生时分别设立抵押权,办理抵押登记,手续繁琐,成本甚高。最高额抵押权的设定使得基于一定基础法律关系连续发生的债权债务都能获得担保,而且手续简便。

最高额抵押权具有以下两大显著特征:

1. 担保债权的特殊性。最高额抵押权所担保的债权,具有几个特点:一是将来的债权,最高额抵押权设立前已经存在的债权,只有经当事人同意方可转入主债权范围。二是不确定性,债权能否一定发生、发生额是多少,都是不确定的。三是一定期间内的连续发生的债权,如连续交易关系、连续借贷关系发生的债权。四是有最高额度的限制。所谓最高限额,是指抵押权人实现抵押权时能够优先受偿的最高债权额。

2. 从属性上的特殊性。最高额抵押权不具有一般抵押权的从属性,即具有相对的独立性:(1)最高额抵押权一般在债权发生前成立,而不是以担保债权的存在为前提。(2)除当事人有明确约定外,最高额抵押权不随担保债权的部分转让而转让。(3)在最高额抵押权存续期间,已经发生的债权即使已消灭,最高额抵押权也不随之消灭。

(二)最高额抵押权的设立

最高额抵押权的设立,需要抵押人和抵押权人以书面形式订立最高额抵押权合同。该合同可以是单独订立的书面合同,包括当事人之间的具有担保性质的信函、传真等,也可以是主合同中的担保条款。在内容上,最高额抵押合同与一般抵押合同基本相同,但须具有以下两项内容:

1. 最高额抵押合同中必须约定最高债权限额。最高额担保中的最高债权额,是指包括主债权及其利息、违约金、损害赔偿金、保管担保财产的费用、实现债权或者实现担保物权的费用等在内的全部债权,但是当事人另有约定的除外。登记的最高债权额与当事人约定的最高债权额不一致的,人民法院应当依据登记的最高债权额确定债权人优先受偿的范围。

2. 最高额抵押权合同中通常有决算期间的约定。决算期也称确定期日,它是最高额抵押权所担保的不特定债权得以特定的日期。决算期并非最高额抵押合同的必备条款,它可由当事人自行约定,如果没有约定或约定不明,则适用法律的补充性规定,即抵押权人或者抵押人自最高额抵押权设立之日起满 2 年后请求确定债权。

最高额抵押权登记适用抵押权的一般规定,即抵押物为不动产的采取登记生效要件主义,抵押物为动产的则采取登记对抗要件主义。与一般抵押权不同的是,在进行最高额抵押登记时,登记机构应当将最高债权额、债权确定期间记载于登记簿,并明确记载其为最高额抵押权。最高额抵押权登记事项变更的,当事人应当申请最高额抵押权变更登记。

(三)最高额抵押权的特殊效力

1. 最高额抵押权设立前已经存在的债权,经当事人同意,可以转入最高额抵押担保的债权范围。

2. 最高额抵押担保的债权确定前,部分债权转让的,最高额抵押权不得转让,但是当事人另有约定的除外。

3. 最高额抵押担保的债权确定前,抵押权人与抵押人可以通过协议变更债权确定的期间、债权范围以及最高债权额。但是,变更的内容不得对其他抵押权人产生不利影响。

(四)最高额抵押权的实现

最高额抵押权在其担保的债权特定后,债权已届清偿期的,最高额抵押权人可以按照一般抵押权的实现规则行使抵押权。

抵押权人的债权确定的情形包括:(1)约定的债权确定期间届满;(2)没有约定债权确定期间或者约定不明确,抵押权人或者抵押人自最高额抵押权设立之日起满二年后请求确定债权;(3)新的债权不可能发生;(4)抵押权人知道或者应当知道抵押财产被查封、扣押;(5)债务人、抵押人被宣告破产或者解散;(6)法律规定债权确定的其他情形。

抵押权人实现最高额抵押权时,如果实际发生的债权余额高于最高限额的,以最高限额为限,超过部分不具有优先受偿的效力;如果实际发生的债权余额低于最高限额的,以实际发生的债权余额为限对抵押物优先受偿。

思考题

1. 简述抵押权的含义与特征。
2. 简述抵押权的设立要件。
3. 简述抵押财产的范围。
4. 简述抵押权竞合时清偿的顺位规则。
5. 如何正确理解流抵契约的效力。
6. 简述抵押权的效力。
7. 简述抵押权的实现要件及其方法。
8. 简述动产浮动抵押制度。
9. 简述最高额抵押制度。

阅读指引

关于抵押财产转让问题的相关研究

1. 常鹏翱:《限制抵押财产转让约定的法律效果》,载《中外法学》2021 年第 3 期。
2. 王琦:《论抵押财产转让对抵押权的影响——以〈民法典〉第 403,404,406 条的协调适用为视角》,载《北京航空航天大学学报(社会科学版)》2020 年第 5 期。
3. 程啸:《论抵押财产的转让——"重庆索特盐化股份有限公司与重庆新万基房地产开发有限公司土地使用权转让合同纠纷案"评释》,载《中外法学》2014 年第 5 期。
4. 王利明:《抵押财产转让的法律规制》,载《法学》2014 年第 1 期。

关于抵押权与租赁权冲突问题的研究

1. 房绍坤、纪力玮:《论抵押权与租赁权冲突之解决——兼评"民法典物权编(草案)"第 196 条》,载《山东社会科学》2020 年第 2 期。
2. 程啸:《论抵押财产出租时抵押权与租赁权的关系——对〈物权法〉第 190 条第 2 句的理解》,载《法学家》2014 年第 2 期。
3. 孙鹏、王勤劳:《抵押权与租赁权的冲突与协调》,载《法律适用》2009 年第 2 期。

关于价款债权抵押权制度(《民法典》第 416 条)的解释论研究

1. 王利明:《价金超级优先权探疑——以〈民法典〉第 416 条为中心》,载《环球法律评论》2021 年第 4 期。
2. 邹海林:《价款债权抵押权的制度价值与解释》,载《北方法学》2021 年第 4 期。
3. 谢鸿飞:《价款债权抵押权的运行机理与规则构造》,载《清华法学》2020 年第 3 期。

第十八章　质　　权

导学案例

甲欠乙10万元，为了保障乙的债权得以实现，甲以其自有的汽车一辆（价值15万元）出质，双方签订了质押合同，但甲一直未将汽车交付给乙。之后，甲又向丙借款5万元，并将自己饲养的一只价值5万元的名贵鹦鹉质押交付给丙，作为债务到期不履行的担保。质押期间，该鹦鹉产蛋一枚（价值2000元）。根据以上案情思考下列问题：

1. 甲乙之间的质押合同效力如何？
2. 甲乙之间的质权是否设立？
3. 该枚鹦鹉蛋应归谁所有？如何处置？
4. 如在质押期间因丙照管不善导致鹦鹉死亡，丙是否须承担赔偿责任？

第一节　动产质权

一、质权的概念

质权，是指为了担保债权的实现，债务人或第三人将其动产或者财产权利移交债权人占有，或者将其财产权利进行登记，当债务人不履行债务时或者发生当事人约定的情形，债权人享有的就该财产变价优先得到清偿的权利。移交动产或财产权利的债务人或第三人称为出质人，占有动产或财产权利的债权人称为质权人，供担保的动产或财产权利称为质押财产。

质权作为担保物权的一种，具有物权和担保物权的一般特征。与其他担保物权相比，质权还具有以下特征：

1. 质权的客体为动产和财产权利，不包括不动产。

2. 质权的设立原则上以质物的占有为要件。这是质权区别于抵押权的最突出的特征。由于占有本身具有公示作用，因此，除以依法可以转让的股票和知识产权中的财产权出质需到有关部门办理登记手续外，一般动产和其他权利的质押不需要登记。

3. 由于质权人获得了标的物的占有，因而有权收取质押财产的孳息。而出质人因丧失对质押财产的占有，从而丧失了对质押财产的收益权。

根据质权客体的不同，可以将质权划分为动产质权和权利质权。诚然，当事人也可依法设立最高额质权。

二、动产质权的取得

动产质权，是指在动产上设立的质权。

通常而言,动产质权的取得既可以通过合同而取得,也可以通过合同以外的原因而取得,如继承人因继承而取得质权。

质权人与出质人通过质押合同设立质权,从质权人的角度来看即是质权的取得。设立动产质权的合同即质权合同。质权合同是债务人或者第三人与债权人签订的,约定债务人或第三人将其财产交付给债权人占有,将该财产作为债权的担保,债务人不履行债务时,债权人有权将该财产变价并优先受偿的协议。质权合同应当采取书面形式,但依照《民法典》第490条第2款的规定,法律、行政法规规定或者当事人约定合同应当采用书面形式订立,当事人未采用书面形式但是一方已经履行主要义务,对方接受时,该合同成立。

当事人签订的质权合同一般包括以下条款:(1)被担保债权的种类和数额;(2)债务人履行债务的期限;(3)质押财产的名称、数量等情况;(4)担保的范围;(5)质押财产交付的时间、方式。质权合同不完全具备上述的内容的,当事人可以补正。

动产质权的设立采取交付生效要件主义,即动产质权自质押财产交付时设立。质押财产的交付不局限于现实交付,也包括简易交付与指示交付。在指示交付中,让与人须将其享有的针对第三人的返还请求权让与给受让人,以代替现实交付。然而,如果单纯是出质人与质权人之间就针对第三人的返还请求权的让与达成合意,尚不足以公示质权的设立,而且这种方式使得出质人仍然有处分质押财产的可能,与动产质权的留置功能不符。因此,在以指示交付的方式设立质权时,除质权人和出质人达成指示交付的协议外,还应当通知质押财产的占有人,自通知到达直接占有人之时视为交付。

需要注意的是,出质人不得以占有改定的方式而继续占有标的物,其原因在于:一方面,动产质权以占有作为公示要件,如果出质人代质权人占有质押财产,则无法将该动产上所设立的质押加以公示,必将有害于交易安全;另一方面,由于出质人仍直接占有质押财产,因此质权人无法对质押财产加以留置,质押的留置效力丧失殆尽。

三、动产质权的内容

(一)质权人的权利

1. 质物的占有权。对质押财产的占有,既是质权的成立要件,也是质权的存续要件,在债权受清偿前,质权人有权占有质押财产。但质权为担保物权,因而质权人对质物有占有权,但无使用、受益或处分的权利。

2. 孳息收取权。质权人有权收取质押财产的孳息,但质权合同另有约定的除外。质权人收取的孳息应当首先冲抵收取孳息的费用,其次用于主债权的利息、主债权的清偿。但是应当注意,质权人只是有孳息收取权,并不当然的取得孳息的所有权。

3. 质押财产的保全权。质押财产有损坏或价值明显减少的可能,足以危害质权人权利的,质权人可以要求出质人提供相应的担保。出质人不提供的,质权人可以拍卖或变卖质押财产,并与出质人协议,将拍卖或变卖所得的价款用于提前清偿所担保的债权,或向与出质人约定的第三人提存。

4. 优先受偿权。债务履行期届满质权人未受清偿,或者出现其他当事人约定的情形时,质权人可以与出质人协议以质押财产折价,也可以依法拍卖、变卖质押财产。

5. 转质权。质权人在质权存续期间,为担保自己的债务,经出质人同意,以其所占有的质押财产为第三人设定质权的,应当在原质权所担保的债权范围之内,超过的部分不具有优先受偿的效力。转质权的效力优于原质权。质权人在质权存续期间,未经出质人同意,为担保自己的债务,在其所占有的质押财产上为第三人设定的质权无效。质权人对于因转质而发生的损害承担赔偿责任。

(二)质权人的义务

1. 质物的保管义务。在动产质权关系中,质物既然为质权人占有,质权人当然也就应当对质物妥善保管。此所称保管,非指一般保管,而是指善良保管人的保管,即应当尽到善良管理人的注意。若因保管不善致使质押财产毁损、灭失的,质权人应当承担赔偿责任。

2. 返还质物的义务。当动产质权所担保的债权因清偿或其他原因而消灭时,动产质权也随之消灭,此时质权人应当将质物返还给出质人,质权人违反该义务时,出质人有权行使返还请求权。

(三)出质人的权利

1. 质物的处分权。出质人虽然将质物转移给质权人占有,但并不丧失对质物的所有权,出质人仍然享有对质物的处分权,可以在质物上另行设定担保物权或者以指示交付的方式转让质物。

2. 损害赔偿请求权。出质人在质权人因保管不善致使质押财产毁损灭失时,有权要求质权人承担赔偿责任。在质权存续期间,质权人未经出质人同意,擅自使用、出租、处分质押财产,因此给出质人造成损失的,出质人有权要求质权人承担赔偿责任。因质权人怠于行使质权造成质物价值减损的,质权人应当承担赔偿责任。

3. 返还质物请求权。债务履行期届满,债务人履行债务的,或者出质人提前清偿所担保的债权的,出质人有权要求质权人返还质押财产。

4. 对债务人的追偿权。出质人如果是债务人以外的第三人,该第三人代为清偿债权或因质权实行丧失质押财产的所有权时,有权向债务人追偿。

(四)出质人的义务

1. 按时交付质物的义务。质押合同订立后,出质人应当按合同约定的时间交付合同中约定的质物。如果债务人或者第三人没有按照质押合同的约定交付质物,给质权人造成损失的,应当根据其过错承担缔约过失责任。

2. 质物的瑕疵担保责任。质物有损坏或者价值明显减少的可能,足以危害质权人权利的,质权人可以要求出质人提供相应的担保。出质人不提供的,质权人可以拍卖或者变卖质物,并与出质人协议将拍卖或者变卖所得的价款用于提前清偿所担保的债权或者向与出质人约定的第三人提存。

四、流质条款

流质条款是指在债务履行期限届满前,质权人和出质人约定债务人到期不履行债务时,质押财产归债权人所有的条款。

同流押条款一样,在传统民法上,为防止债权人利用自己的优势地位获得质押人的财产,质押合同的流押条款采取禁止的态度。《民法典》对流质条款采取了与流押条款一样的态度,在承认流质条款效力的同时,限定了债权人不能直接取得质物的所有权,而必须通过法律规定的实现质权的方式就质押财产优先受偿(《民法典》第428条)。换句话说,质权人可以和出质人确定流质条款,但在质权实现时,质权人不能直接取得质物的所有权,而须通过折价或者以拍卖、变卖而支付价款后获得该抵押财产。

五、动产质权的消灭

动产质权的消灭原因，除物权的一般消灭原因，如混同、抛弃、标的物灭失等，以及担保物权通有的消灭原因，如担保债权的消灭（清偿、混同、抵消等）之外，动产质权的消灭原因还有下列两种：

1. 质押财产的返还。因质押财产返还给出质人，质权消灭。因为质权的成立与存续，以质权人占有质押财产为必要条件，在质权人依自己独立意志将质押财产返还给出质人时，无论该返还的原因是什么，其质权皆归于消灭。质押财产的返还，不一定要交与出质人或所有人本人。如质押财产依本人的指示或征得其同意，为本人交付给本人的代替人时，质权同样消灭。

2. 质押财产占有的丧失。质权人丧失其对质押财产的占有，又不能请求返还的，动产质权消灭。

第二节 权利质权

一、权利质权的概念

权利质权是以权利为客体设定的质权。权利质权除了一些特殊问题外，准用动产质权的规定。因此有的学者称之为"准质权"。

权利质权具有以下特征：

1. 权利质权的客体为无形财产权利，而动产质权的客体则为有形动产。

2. 动产质权的公示方法是交付，而权利质权的公示方法主要采取移转权利凭证的占有、办理出质登记的方式。

3. 动产质权的保全方式为质权人对质物的实际占有和控制，而权利质权的保全方式表现在对设定质权的权利法律处分上的限制。

4. 在实现方式上，除了拍卖、变卖、折价等传统的方式外，权利质权人还可以取代出质人的地位，向出质人义务主体直接行使该出质人的权利。

二、权利质权标的物的要件和范围

权利作为权利质权之标的，必须具有下列要件：

1. 必须是财产权。财产权包括物权、债权及股权、知识产权中的财产权等可以用金钱价格评估的权利。

2. 必须是可让与的财产权。财产权有可让与的，有不可让与的，只有可让与的财产权才可以作为质权标的。设定权利质权的目的是就该权利受偿，如果该权利不能让与，不仅不能就该权利的变价优先受偿，也不能由质权人取得权利，这样的权利质权就毫无意义。不可转让的财产权利主要包括两种：（1）依据法律规定不得转让的财产权利；（2）依其性质不可转让的财产权利，这类权利包括基于特定的人身关系而专属于特定人的债权，即基于扶养关系、抚养关系、赡养关系、继承关系产生的给付请求权和劳动报酬、退休金、养老金、抚恤金、安置费、人寿保险、人身伤害赔偿请求权等权利;基于特殊信任关系而产生的债权,例如,委托合同中委托人对受托人的处理委托事务的请求权、雇佣合同中雇主对雇员的劳务请求权等;具有从属性的财产权,例如,抵押权、质权是从属于主债权而不得单独转让或者作为其他债权担保的权利,因此也不能单独设定权利质权。

3. 必须是不违背质权性质的财产权。质权本质上是动产物权。不动产物权,如建设用地使用权等,不能设定权利质权。

我国《民法典》第440条从正面列举了可出质之权利的范围,依该规定,汇票、本票、支票,债券、存款单,仓单、提单,可以转让的基金份额、股权,可以转让的注册商标专用权、专利权、著作权等知识产权中的财产权,现有的以及将有的应收账款,法律、行政法规规定可以出质的其他财产权利等,可以作为质权的标的。

三、权利质权的类型

(一)债权质权

债权质权是指以债权为标的物的质权。根据对象的不同,债权质权可以分为一般债权质权和证券债权质权,前者是以未证券化的债权为标的的质权,后者是指以有价证券表示的债权为质权标的的权利质权。就理论上而言,可以担当质权标的之债权的范围相当广泛,凡法律规定可以转让的债权均可列入。我国《民法典》第441条列举的债权质押标的包括汇票、支票、本票、债券、存款单、仓单、提单等,[1]同时根据该条规定的“法律、行政法规规定可以出质的其他财产权利”,一般认为,凡具有可转让性的债权应认作是债权质权的标的。

以汇票、本票、支票、债券、存款单、仓单、提单出质的,质权自权利凭证交付质权人时设立;没有权利凭证的,质权自办理出质登记时设立。法律另有规定的,依照其规定。可见,设定债权质权需要具备以下条件:首先,由出质人和质权人订立书面债权质押合同;其次,出质人按质押合同约定的期限向质权人交付质押的权利凭证,即债权证明文书,如合同书、借据、票据、债券、存款单、仓单、提单、优先权证书。没有权利凭证的债权则应当到登记机构办理登记,债权质权始得设定。

需要注意的是,设定一般债权质权时,出质人需要将债权出质的事实告知设质债权的债务人,否则债务人不知债权质权的存在,仍将会对出质人进行清偿,使得质权人的优先受偿权落空。

债权质权的实现,一般由质权人直接收取质押标的之债权而优先受偿。如果收取的是金钱债权,质权人可就收取的金钱优先受偿,多余部分退还出质人;不足的,质权人有权要求出质人继续清偿。如果收取的是实物债权,质权人则应与出质人协议,以收取的物品折价清偿或者将物品拍卖、变卖,从所获价款中优先受偿。

(二)基金份额质权

基金份额质权,是以拥有可以转让的基金的份额为标的设定的质权。基金是指依据我国《证券投资基金法》发行的以资产组合方式进行投资的证券。以基金份额出质,包括两个要件:(1)应当签订书面的质权合同;(2)应当在有关部门完成登记。以基金份额出质的,质权自证券登记结算机构办理出质登记时发生效力。基金份额、股权出质后,不得转让,但经出质人与质权人协

---

[1] 提单既是债权凭证,也是物权凭证。参见郭瑜:《提单法律制度研究》,北京大学出版社1997年版,第75~127页。

商同意的除外。出质人转让基金份额、股权所得的价款,应当向质权人提前清偿债务或者提存。

(三)股权质权

股权质权,是指以企业出资人的股权为标的的权利质权。股权是股东因出资而取得的,依法定或公司章程规定的规则和程序参与公司事务并在公司中享受财产利益。《民法典》第 440 条第 4 项将可转让性作为对股权可否作为质押标的物的唯一限制。股权质权的设定与债权质权的设定基本相同。

1. 以依法可以转让的股票出质的,出质人与质权人应订立书面合同,并向证券登记机构办理出质登记。质权自办理出质登记时设立。股票出质后,非经出质人与质权人协商同意不得转让。转让股票所得的价款,应当向质权人提前清偿或向与质权人约定的第三人提存。

2. 以有限责任公司的股权出质的,适用公司法的有关规定,即出质人和质权人除应订立书面合同外,还须取得全体股东过半数同意,并将出质情况记载于股东名册。质押合同自股权出质记载于股东名册之日起生效。

3. 以股份有限公司的股份出质的,运用公司法有关股份转让的规定;以非上市公司的股份出质的,质权自股份出质记载于股东名册之日起设定;以上市公司的股份出质的,质权自向证券登记机构办理出质登记之日起设定。

当发生主债权已届清偿期未受清偿或者当事人约定的其他情形时,质权人可以实现股权质权,具体而言,可以与出质人协议以股权折价,也可以依法拍卖、变卖股权。应当注意,在股权变价的过程中,应当遵守《公司法》有关股权转让的具体规定。

(四)知识产权质权

知识产权质权是指以注册商标专用权、专利权、著作权等知识产权中的财产权利为标的设定的质权。知识产权质押的设定,必须符合以下要件:

1. 出质人与质权人订立书面权利质权合同。

2. 向有关管理部门办理出质登记。具体而言,专利权质押登记机构为中国专利局,著作权质押的登记机构为国家版权局,注册商标专用权质押登记机构为市场监督管理局。

知识产权质权设定后,非经出质人与质权人协商同意,已设质押的知识产权中的财产权不得转让或许可他人使用。出质前已同他人订立许可使用合同同意他人使用的,出质后他人有权继续使用。如果许可使用费于出质时尚未收取的,质权人仍有权收取。出质后,出质人未经质权人同意而转让或许可他人使用已出质权利的,应当认定无效。因此,给质权人或第三人造成损失的,由出质人承担民事责任。

(五)应收账款质权

以应收账款出质的,质权自办理出质登记时设立。其登记机构为信贷征信机构。应收账款出质后,不得转让,但经出质人与质权人协商同意的除外。出质人转让应收账款所得的价款,应当向质权人提前清偿债务或者提存。

四、权利质权对动产质权规则的适用

在法律适用方面,权利质权还可以适用动产质权的有关规定。为了避免立法在规范配置上的重复和繁琐,对于权利质权中与动产质权规则相一致的内容直接规定在动产质权部分中,在权利质权部分仅规定其特殊规则。如权利质权人同样负有妥善保管权利凭证的义务等。

思考题

1. 简述质权的特征。
2. 简述质权人的权利与义务。
3. 简述出质人的权利与义务。
4. 简述权利质权的类型及设立条件。
5. 简述流质契约的效力。

阅读指引

关于动产质权设立时交付方式的相关论争

1. 隋彭生:《论以占有改定设立动产质权——与通说商榷》,载《法学杂志》2009 年第 12 期。
2. 夏江皓:《以占有改定设立动产质权的可行性探析》,载《商业研究》2018 年第 11 期。
3. 王立栋:《论动产质权设立中的"交付"》,载《学习与实践》2020 年第 4 期。

关于流质契约效力问题的相关论争

1. 孟强:《〈民法典物权编〉应允许流质流抵》,载《当代法学》2018 年第 4 期。
2. 高圣平:《论流质契约的相对禁止》,载《政法论丛》2018 年第 1 期。
3. 李媚:《流质契约解禁之反思——以罗马法为视角》,载《比较法研究》2013 年第 5 期。

第十九章　留　置　权

导学案例

甲将自己的一辆汽车送至乙的修理部进行维修，约定维修费用3000元。乙将汽车维修好后，多次请求甲支付修理费，甲均拒绝支付。之后，甲将自己的一套房屋出租给丙，租金按月支付。丙租到房屋后添置了沙发、衣柜、床等家具。后丙欠甲两个月房租，甲一直无法与丙取得联系，遂找来开锁师傅打开房门，发现屋内并无丙，但丙添置的家具都在。根据上述案情，回答下列问题：

1. 乙能否对该汽车行使留置权？

2. 甲能否对丙留下来的家具行使留置权？为什么？

第一节　留置权的法律界定

一、留置权的概念

所谓留置权，是指债权人合法占有债务人的动产，债务人不履行到期债务的，债权人依法享有的留置该动产并以该动产的变价优先受偿的权利。其中，享有留置权的债权人称为留置权人，其留置的财产称为留置物。

留置权除具有担保物权的特征外，还具有如下特征：

1. 留置权的产生须以债权人合法占有债务人的动产为前提。如果没有合法占有对方动产的事实，就谈不上留置对方动产的问题。

2. 属于法定担保物权。留置权人是直接根据法律规定取得留置权，无须当事人之间的约定。

3. 标的物为动产。留置权的目的在于担保债权得到清偿，不在于对留置物的使用和收益（《民法典》447条）。

4. 具有留置和担保双重效力。留置是留置权的第一位的效力。基于留置效力，得对抗债务人的请求，扣留标的物，继续占有。债务人欲留置权人交付标的物，则非清偿其所负债务不可。留置权对与留置物有牵连关系的债权也具有担保效力。当债务人不履行债务超过一定期限，留置权人有权变卖留置物，或以留置物之折价使自己享有的与留置物有牵连关系的债权优先得到偿还。

二、留置权的成立条件

留置权成立，须具备以下条件：

1. 债权人必须合法占有债务人的动产。债权人占有债务人的动产是留置权发生的前提。此处所说的占有不仅是指直接占有，而且是指合法占有。任何非法占有他人的财产，不能形成留置权。此处所说的债务人的动产，是指该财产为债务人所有。第三人的动产不能充当留置物。但若留置权人占有债务人交付的动产时,不知债务人无处分动产的权利,债权人善意取得留置权。当然,留置权标的物还必须是依法可以进行交易的财产,否则债务人不履行债务时,留置权人无法将该财产拍卖、变卖。

2. 留置的动产必须与债权属于同一法律关系。被留置的动产必须与被担保债权有牵连性,才可能发生留置权。如果没有牵连关系则形成不同的债权,债权人应当向债务人分别提出请求。牵连关系是指债权人对债务人财产的占有与债权人的债权必须是基于同一法律关系而发生的。如修缮费请求权、运费请求权、保管费请求权的发生,均以修缮物、运输货物、保管物所为的合同为原因,其物与债权的发生具有牵连性,正是因为存在牵连关系,才能发生留置权。例外的情况是,依《民法典》第448条的规定,企业之间的留置权,债权人留置的动产不必与债权基于同一法律关系,只要留置的动产与被担保的债权有一般关联性即可。

3. 债权须已届清偿期而债务人未按期履行义务。留置权的成立须以债权已届清偿期为要件,如果债权人已占有债务人的动产,但其债权尚未到期,因不能确定债务人是否构成违约,所以债权人不能行使留置权。如果在债权尚未到期时允许债权人行使留置权,则意味着债权人可以随意扣留他人的财产,或者可以迟延履行其返还标的物的义务,这显然是不合法的。

同时具备上述条件的,留置权即成立,但有下列情形之一的,不得行使留置权:(1)动产留置违反社会公共利益的,如对居民身份证、工作证、户口簿的留置。(2)动产的留置与债权人应承担的义务相抵触。债权人行使留置权与其承担的义务或者合同的特殊约定相抵触的,法院不予支持。如承运人只能在货物运到目的地后、运费支付前行使留置权,不得于货物发运前留置货物。(3)当事人在合同中明确约定不得留置财产的。当事人在合同中约定排除留置权,债务人履行期届满,债权人行使留置权的,法院不予支持。若当事人对不得留置的物已有约定,按照合同自由的原则,则当然排除留置权的成立。

三、商事留置权

债权人留置的动产,应当与债权属于同一法律关系,但企业之间留置的除外。《民法典》第448条后句的"但书"部分成为我国商事留置权的核心规范。由此可见,商事留置权是指在企业之间成立的留置权,其与民事留置权的区别在于:(1)主体上存在差异。商事留置权限于企业之间,而民事留置权则不限于企业之间。(2)商事留置权的成立无须具备"留置的动产必须与债权属于同一法律关系"这一要件,而民事留置权则要求。

但须注意的是,企业之间留置的动产与债权并非同一法律关系,债务人以该债权不属于企业持续经营中发生的债权为由请求债权人返还留置财产的,人民法院应予支持。企业之间留置的动产与债权并非同一法律关系,债权人留置第三人的财产,第三人请求债权人返还留置财产的,人民法院应予支持。

第二节　留置权的内容

一、留置权人的权利与义务

(一)留置权人享有的权利

1. 对留置物在债权未受清偿前继续占有的权利。基于留置权的发生,留置权人在债权未受清偿前,可以将原本占有的应交付给债务人的财产予以继续占有,这种占有即为留置,它可以对抗债务人和第三人。在留置权人行使留置权以后,如果债务人请求债权人返还该物,债权人有权予以拒绝。当留置物被第三人侵夺时,留置权人有权提起占有物返还之诉请求返还。

2. 收取留置物孳息的权利。留置权人在占有留置物期间,有权收取留置物的孳息。如果孳息是金钱,则可直接以其冲抵债务;如果孳息是其他财产,留置权人可以以其折价或变价,优先受偿。当然留置权人对留置物的孳息应以善良管理人的注意进行妥善的管理,如果没有尽此注意义务,给债务人造成损失的应当承担赔偿责任。孳息首先抵充收取孳息的费用,其次清偿主债权的利息,再清偿主债权。

3. 保管留置物的必要费用求偿权和必要使用权。留置权属担保物权而非用益物权,留置权人对留置物原则上只有保管上的义务,而不得使用和收益。又因留置物本属债务人所有,且债权人留置其物系因债务人不履行其债务所致,所以债权人有权请求债务人支付留置物的必要保管费用。此外,出于保管留置物的需要,留置权人可适当使用留置物。如为防止留置汽车生锈进行适度使用。但留置权人只能在具有保管的必要时才能使用,而不能以获得收益为目的而使用留置物,否则将构成侵权行为。

4. 以留置物折价、拍卖或变卖留置物的价款优先受偿的权利。这是为债权人实现留置权的担保功能而规定的权利。

(二)留置权人负有的义务

1. 妥善保管留置物的义务。留置权人在保管过程中,应当以善良保管人的注意保管留置物。留置权人因保管上的过失而致留置物毁损灭失者,应对债务人负赔偿损失的责任。但留置物因不可抗力或意外事故所致的风险损失,不应由留置权人负责。

2. 不得使用、出租留置物及在留置物上再设立担保的义务。未经债务人同意,留置权人不得使用、出租留置物,不得在留置物上再设立担保。但由于保存留置物的需要而适当使用留置物者,不在此限。

3. 返还留置物的义务。债务人清偿债务后,债权人的留置权消灭,债权人应将留置物返还债务人。

二、债务人的权利与义务

在留置法律关系中,留置物所有人享有的权利主要有:(1)留置期间得就留置物作法律上的处分,只是这种处分不能对抗留置权;(2)损害赔偿请求权和返还留置物的请求权。

留置物所有人的义务主要有:(1)向留置权人支付因保管留置物而支出的必要费用;(2)赔偿因留置物瑕疵而造成的留置权人损害。

第三节　留置权的实现与消灭

一、留置权的实现

留置权的实现,是指留置权人在具备法律规定条件时,处分留置物以使债权得到优先受偿的行为。

留置权实现的前提是债务人未在债务履行期限内履行债务。留置权人与债务人应当约定留置财产后的债务履行期限,如果没有约定或者约定不明确的,留置权人应当给债务人60日以上履行债务的期限,但是鲜活易腐等不易保管的动产除外。

债务人逾期未履行的,留置权人可以与债务人协议以留置财产折价,也可以就拍卖、变卖留置财产所得的价款优先受偿。留置财产折价或者变卖的,应当参照市场价格。由此可知,为公平起见,实现留置权也应当经过法定的变价程序,而不能由留置权人直接取得留置财产。留置财产折价或者拍卖、变卖后,其价款超过债权数额的部分归债务人所有,不足部分由债务人清偿。

二、留置权的消灭

依物权法的基本法理,物权和担保物权的一般消灭原因,对留置权均可适用,但是留置权也有自身特有的一些消灭原因。

1. 另行提供了担保。在留置权产生之后,如果债务人或者作为第三人的留置物的所有人认为留置物对其有特殊用途的,他们可以通过另行提供担保涤除留置权,从而恢复对留置物的占有。

一般认为,债务人或者作为第三人的留置物的所有人所提供的担保,既可以是人的担保,也可以是物的担保,但是以债权人同意为限;另行提供的担保原则上应该与留置物的价值相当,如果小于留置物的价值的,应以债权人同意为限。如果债务人或者作为第三人的留置物的所有人另行提供物的担保,且价值不小于留置物的,留置权人无正当理由拒绝接受的,债务人或者作为第三人的留置物的所有人可以请求人民法院依法裁定。如果债务人或者作为第三人的留置物的所有人另行提供人的担保,债权人不接受的,人民法院不得裁定债权人接受。因为人的担保只是信用的转移,其效力与物的担保不可同日而语。

2. 丧失留置物的占有。留置权的产生和存续以占有留置物为条件,如果留置权人丧失占有的,原则上留置权消灭。留置物占有的丧失有两种情形:(1)留置权人基于自己的意思,将留置物返还给债务人。(2)留置物非基于留置权人的意思而丧失占有。但是,如果留置物被侵占,留置权人又恢复对留置物的占有的,留置权并不消灭。

3. 债权清偿期的延缓。留置权的成立,以债权已届清偿期而未受清偿为要件,如果债权人其后同意延缓债权清偿期的,留置权已无存在的余地,应该认为消灭。但是留置权所担保的债权已过诉讼时效的,留置权并不消灭。因为诉讼时效的经过并不消灭债权本身,债权人只是丧失胜诉权,留置权并不因此消灭。

思考题

1. 简述留置权的成立条件。
2. 简述留置权人的权利与义务。
3. 简述留置权的消灭事由。

阅读指引

关于商事留置权的特殊性及其适用问题的相关研究

1. 刘凯湘:《比较法视角下的商事留置权制度》,载《暨南学报(哲学社会科学版)》2015年第8期。

2. 熊丙万:《论商事留置权》,载《法学家》2011 年第 4 期。
3. 曾大鹏:《商事留置权的法律构造》,载《法学》2010 年第 2 期。

关于留置权善意取得问题的代表性研究

1. 常鹏翱:《留置权善意取得的解释论》,载《法商研究》2014 年第 6 期。
2. 崔令之:《论留置权的善意取得》,载《河北法学》2016 年第 12 期。
3. 叶金强:《动产他物权的善意取得探析》,载《现代法学》2004 年第 2 期。

第五分编　占　有

第二十章　占　　有

导学案例

甲为庆祝好友乙生日，在外卖平台上为其订购了水果蛋糕一份，并电话通知乙晚上将有“惊喜”送达。傍晚时分，外卖员将一份巧克力蛋糕送至乙家，乙误以为该蛋糕就是甲所说的“惊喜”便欣然享用。蛋糕吃到一半时，蛋糕店打来电话告知乙，由于忙里出错，工作人员错将他人订购的巧克力蛋糕送至乙处。根据上述案情，回答下列问题：

1. 乙对巧克力蛋糕的占有属于有权占有还是无权占有？
2. 乙对巧克力蛋糕的占有属于善意占有还是恶意占有？
3. 蛋糕店能否请求乙支付巧克力蛋糕与水果蛋糕之间的差价？
4. 乙是否须对蛋糕店承担损害赔偿责任？

第一节　占有的概念与功能

一、占有的法律界定

占有也是一个很古老的制度。自近代以来，有的认为占有为一种权利，有的认为占有为一种事实。学术界通说及大多数国家持后一种观点。

占有是指人对物的管领的事实。其中对物进行管领的人称为占有人；被管领的物称为占有物；管领的内容，包括控制、使用、收益和处分等。占有首先是一种事实，而并非权利，但它却是产生权利的基础。它不仅是所有权的内容（其中一个权能），也可以是非基于所有权的对物的控制。因此，从法律制度体系来说，占有并不能完全包含在所有权制度之中，它可以是一项独立的民事法律制度。传统民法称为类物权。

占有具有以下特征：

1. 占有是一种事实状态。占有的本质在于人对物的控制、支配的事实。这种事实状态本身不是权利，也不是单纯的自然状态，而是民事主体以自己的意志对物进行控制、支配的事实状态。

2. 占有是民事主体对物的事实上的管领。所谓对物进行事实上的管领，是指对于物得以控制、使用、收益和处分，并排除他人的干涉。它表现为人对物的事实上的控制力，而不论占有人对物的控制是否具备据为己有的意思。判断对物是否有事实上的管领，一般应以社会一般观念和人们可以认识的空间关系及时间关系来认定。如主人对自己家中的家具、衣物的占有；堆集于公路旁的砂石，通常认为属公路段占有。但如果人与物在时间上仅是短暂性的结合，不能认为对物具有事实上的管领。如顾客在饭店使用餐具,读者在图书馆阅读杂志等。

3. 占有的客体是物。占有即是对物的控制支配,其客体应以物为限,这就排除了权利成为客体的可能性。在学说上权利亦得为占有的客体,因此而成立的占有称准占有。

占有是一种事实状态,因此与作为权利存在的占有权存在明显区别。占有权是物之占有人根据占有的事实依法享有的权利。从概念中可推知两者存在以下关系:一方面,占有是占有权形成的前提和基础。如果某主体不能占有某物,则不可能享有占有权。另一方面,占有本身并不等同于占有权,因为占有为一种事实状态,而占有权则是占有这一事实被法律赋予效力的结果。由于现代法对占有赋予一定的效力,因此日本民法等立法例中直接规定了占有权。

占有权与作为所有权和他物权之一的占有权能(也常常被称为占有权)是不能等同的,前者可以包含后者在内。但是,后者基于所有权而产生,前者则因占有事实而产生。

概念辨析　占有 vs. 持有

占有不同于持有。占有与持有都是指对物的一种事实上的控制状态,但作为不同概念,两者具有以下差别:

1. 占有是民法的一项重要制度,持有仅是对事实状态的简单描述。

2. 占有可形成双重占有,即直接占有与间接占有,如出租人将其物出租于承租人,承租人对物形成直接占有,出租人则成立间接占有;而持有只是一种实际控制状态,形式单一化,不存在双重持有状态。

3. 占有的客体为民法上的物,不包括禁止流通物如毒品等,但持有不要求持有对象必须为法律所允许。

4. 占有具有权利推定的效力,即法律推定占有人对占有享有合法的权利,而持有则不具有类似的效力。

5. 占有的法定事实可以继续,能够发生让与和继承,即使被转让人和继承人不知情,也并未形成对物的事实控制之时,仍然能取得该物的占有,另外,占有还可以通过现实交付、简易交付或占有改定等方式发生占有的让与,而持有人一旦不能实际控制其物时,就丧失持有,故持有是不可转让的。

二、占有的类型

(一)自主占有与他主占有

这是依占有人是否以所有的意思对物加以占有所作的分类。自主占有是指以所有的意思对物的占有;无所有的意思,仅于某种特定关系支配物的占有是他主占有。自主占有要求占有人具有所有的意思,即将物据为己有的意思,至于占有人是否为真正所有人或确信自己为所有人则在所不问。因此,所有人对其物的占有为自主占有,非所有人具有所有的意思,如拾得人将拾得物视为自己的财产以及盗贼对于盗赃的占有,亦为自主占有。至于他主占有则不具备对占有物所有的意思,因此,凡根据债权或他物权而对物进行的占有,如承租人、质权人、典权人、保管人、土地使用权人的占有,均为他主占有。他主占有还可以随占有人的意思变更而成为自主占有。

自主占有和他主占有的区分,主要关系到先占取得的构成。一般来说,作为先占要件的占有须为自主占有,他主占有不发生先占取得所有权的问题。另外,在占有物毁损灭失时,自主占有人的赔偿责任要轻于他主占有人。

(二)直接占有与间接占有

这是依是否以他人占有为媒介所作的分类。直接占有是指不以他人的占有为媒介,直接对物进行事实上的管领与控制。如承租人对租赁物的占有、借用人对借用物的占有、质权人对质物的占有即为直接占有。间接占有是以他人的占有为媒介,凭一定法律关系对直接占有人享有占有返还请求权的占有,因而是对物的间接管领和控制,如出租人对租赁物的占有、出质人对质物的占有均为间接占有,而且如果直接占有人对占有物再行转让,则会在同一客体之上,形成多层次的间接占有关系。

间接占有的构成须具备三个要件:(1)须间接占有人与直接占有人之间存在一定法律关系,如经营关系、使用权关系、质押关系、租赁关系、借用关系、保管关系、运输关系等;(2)须对直接占有人有返还原物请求权;(3)须对直接占有形成一定的制约,即直接占有人对物的支配是有限的支配,而非完全的支配。

区分直接占有与间接占有的意义在于:(1)间接占有不能独立存在,而直接占有可以独立存在。间接占有是相对于直接占有而言的一种观念化占有,虽不直接支配占有物,也同样受法律保护,但具体保护范围并不相同。(2)由于间接占有人与直接占有人之间存在一定的法律关系,所以间接占有人享有在此法律关系终止后对直接占有人的返还原物请求权。在占有物受到第三人侵夺时,直接占有人与间接占有人均有权要求非法侵夺人返还占有物,以排除对其占有的侵害。

(三)有权占有与无权占有

这是根据占有是否依据本权所作的分类。有权占有又称合法占有、正权原占有,是指基于法律行为或法律规定的合法原因而取得的占有。无权占有又称非法占有、无权原占有,是指非依合法原因而取得的占有。所谓本权,又称"得为占有之权利",是指基于一定法律上的原因而享有占有的权利,它是占有合法的依据,主要包括物权和债权。

有权占有与无权占有区别的意义在于:无权占有人在本权人请求返还原物时,有返还的义务;另外,作为留置权构成要件的占有,仅限于有权占有。

对于无权占有,还可依占有人的主观心理状态的不同,将其分为善意占有和恶意占有。善意占有是指占有人不知或不应知其不具有占有的权利而发生的占有;恶意占有是指占有人明知其无占有的权利或对其有无占有的权利有怀疑仍然进行的占有。对占有人是否为善意应结合具体交易环境与情景而定。如占有人开始占有时为善意,后又得知其无权占有仍为占有,应认定为恶意占有。

区别善意占有与恶意占有的意义在于:取得时效和即时取得以善意占有为要件;另外,善意占有与恶意占有所受保护的程度不同。

对于善意占有,还可以就其善意是否有过失,再区分为无过失占有和有过失占有(见图2-20-1)。无过失占有是占有人不知且不应知其无占有权利的占有,即善意占有人就其善意无过失的为无过失占有;有过失占有是占有人应当知道但因过失不知其无占有的权利的占有,即善意占有就其善意有过失的为有过失占有。无过失占有的取得时效的期间较短,有过失占有的取得时效期间较长。

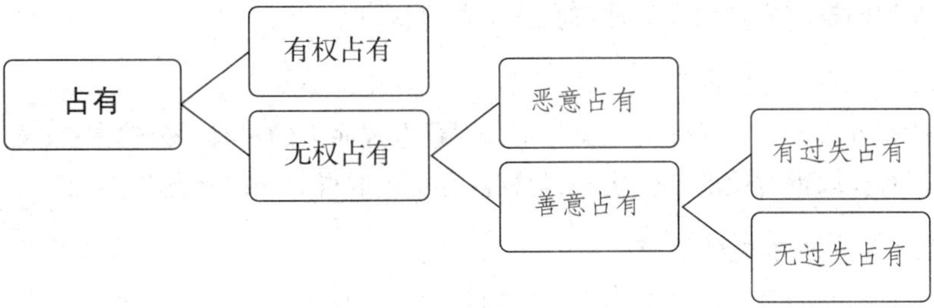

图 2－20－1　占有的分类

依据占有手段的不同，还可将无权占有分为强暴占有和和平占有。以强暴手段而为的占有，如趁人不备抢夺他人之提包而加以占有，为强暴占有；反之，则为和平占有。二者区分的实益在于，和平占有为取得时效之要件，强暴占有不发生取得时效的问题。

（四）自己占有与辅助占有

这是以占有人是否亲自占有标的物所作的分类。自己占有是指占有人亲自对物为事实上的管领和支配。辅助占有是指基于特定的从属关系，辅助人受占有人的指示而对标的物为事实上的管领。这里所称的辅助人，系指与占有人有雇佣关系以及类似法律关系的人。在辅助占有中，占有人并不因使用了辅助人而成为间接占有人；辅助人虽具有直接占有的基本特征，却并不取得占有，而是以他人为占有人，因而不享有或承担基于占有而产生的权利义务。

区分自己占有与辅助占有的意义在于：首先，可明确真正的占有人，从而确定权利义务归属；其次，辅助占有人在替占有人为法律行为时，具有代理功能，但为事实行为时，不适用代理；最后，辅助占有不能独立存在，自己占有则能独立存在。

（五）单独占有与共同占有

这是依占有人数为标准所作的分类。一人对标的物所为的占有为单独占有。单独占有既可是直接占有也可是间接占有。共同占有是指数个人对同一物进行的占有。在理论上，共同占有又可分为重复共同占有和统一共同占有两种情况，前者是指各共有人可单独行使对物的控制，如同租一屋的数个承租人，各有钥匙，在不妨碍他人的情况下对房屋的占有；后者是指主体占有人对于占有物有一个管领力，须结合全体共有人才能为占有，如数人共同保管一物，各人有不同的钥匙，任何一人无法单独开锁，须结合所有的保管人（共同占有人）才能取出保管物，即属统一共同占有。

共同占有与共有是两个不同的概念。(1)共有是指共同所有，是仅就本权——所有权而言的。而共同占有则是就对物的事实上的支配力而言的。共同占有既有基于所有权的共有关系而发生的，也有基于他物权的共有关系而发生的，还有无任何原权的。如几个盗贼共同占有赃物，几个受让人从无权转让人手中共同受让并占有转让物，皆属于无原权的共同占有。(2)共同占有关系与共有关系受法律的调整与保护也是有区别的。如几个盗贼共同占有赃物，就不受法律的保护，其内部关系的协调亦全凭盗贼自己的规则。但是，共同占有与共有也有密切的联系。共有是产生共同占有的最基本的法律上的原因。因此，共同占有不仅可像共有一样分为按份共同占有与共同共同占有，而且对共同占有人内部关系的调整，一般也可适用共有的规定。

区分两者的意义在于以下两个方面：(1)两者在请求权范围上有异，共同占有的各占有人就其占有物使用的范围，不得独立请求保护，而单独占有则不存在这一问题；(2)就共有关系而言，占有人主张保护的权利经常会受其他占有人意思的制约。

(六)公然占有与隐秘占有

这是以占有方式的不同所作的分类。不以隐藏方式而为的占有为公然占有;反之,则为隐秘占有。公然占有为取得时效的要件之一,隐秘占有不生取得时效的问题。

(七)继续占有与不继续占有

这是以占有的时间是否间断为标准所作的分类。对物无时间上的间断的占有为继续占有;反之,则为不继续占有。区分二者的实质在于,继续占有为取得时效的要件,否则,将发生取得时效的中断问题。

(八)有瑕疵占有与无瑕疵占有

有瑕疵占有是指恶意且有过失、强暴、隐秘、不继续的占有;无瑕疵占有是指善意且无过失、和平、公然、继续的占有。此类区分之主要意义在于取得时效制度。二者区别的实益在于合并前以占有人的占有而为主张的,应承继其瑕疵。

三、占有的功能

占有制度在民法理论上被称为类物权制度,是一项与所有权制度和他物权制度并存的制度。之所以在所有权制度、他物权制度之外另行规定占有制度,是因为占有制度具有自己独有的价值,即弥补所有权制度之不足,实现他物权制度、债权制度对占有保护之不能,全面地保护占有,建立有序的社会经济关系。

1. 所有权制度的全面建立离不开占有,如先占取得、善意取得、时效取得等,在这些情形下,占有人均不是依所有权的占有权能进行占有,而是因无权占有发生物的归属效果,从而实现物的关系的稳定。如果没有占有制度,这些相关制度就无法建立,即使这些相关制度建立起来,若没有占有制度作为基础,占有人取得所有权之前的权利状态也会处于"真空"之中,不能给予占有人以全面的保护。同时,按所有权、他物权的逻辑,对社会现实的占有关系必须先查明占有人是否享有所有权或他物权,然后才依所有权或他物权的法定内容予以保护。需要一一查明占有人是否享有所有权或他物权,不仅客观上难以办到,即使能办到,也使占有人负累不堪,影响其对物的支配和利用。而占有制度刚好能弥补所有权制度和他物权制度的这一缺陷。占有制度对物的现实占有人是否享有所有权或他物权不加过问,一律推定其占有为合法占有,即使有人对此占有事实提出异议,占有人也不承担其占有合法与否的举证责任,而由异议人负担举证责任。如此便十分有利于稳定现实的占有关系,同时也维护了社会经济秩序。

2. 所有权制度仅能保护所有人自己对物的占有,当占有权能与所有人相分离时,他物权人不享有所有权,在其权利受到侵害的情况下,不能依所有权寻求救济。只有建立占有制度,他物权人才能根据合法占有提出请求和诉讼,从而使其权利得到更充分的保障。

3. 当所有权的占有权能通过合同使非所有人享有非物权的占有(如承租人、保管人、借用人等的占有)时,尽管通过合同上的请求权保护承租人、保管人、借用人等依据合同享有的占有权是十分必要的,但是,这种合同的保护方法要受到合同相对性规则的限制,一旦合同当事人之外的第三人侵害了合同当事人的占有权,则很难通过合同的方法对其进行保护。因此,只有建立占有制度,合同当事人的占有权才可以对抗第三人,这样,在其占有受到第三人侵害时,占有人就可以基于占有权而向第三人主张权利。

另外,占有这一事实与动产物权的公示方法相联系,占有制度的建立也有益于维护交易安全。从我国来说,建立占有制度,还有利于完善物权法的保护程序制度。传统民法上均单设了占有之诉并与本权之诉相对应,其内容主要包括返还占有物之诉、除去妨碍占有之诉、防止妨害占有之诉。我国现行民事立法无占有的规定,民法理论和司法实践大都只承认所有权之诉,对他物权则借用所有权的保护方法来进行;对于不能依本权的保护方法而保护的占有,实务中常通过合同责任、侵权责任的方法来保护,这样做既牵强附会也对占有人保护不周全。因而,建立占有制度也就建立了占有之诉制度,既可以保护无权占有,也可以保护本权占有。享有本权的占有人在其占有受到侵害时,既可以享有本权的诉权,也可以根据占有之诉提起诉讼。

第二节 占有的变动与推定

一、占有的取得

占有的取得,又称占有的发生,是指依特定事实或法定原因而取得占有。占有的取得方式因直接占有还是间接占有而不同。

(一)直接占有的取得

直接占有的取得,是指占有人对物的直接管领和控制的取得。按照占有是否接受他人占有而取得,直接占有的取得又分为原始取得和继受取得。

直接占有的原始取得,是指并非基于他人的占有为前提而取得对物事实上的支配力的占有。例如对无主物的先占,对遗失物、漂流物的拾得,都属直接占有的原始取得。原始取得纯粹是事实行为,不是法律行为,不要求行为人具有相应的行为能力。原始取得的标的物既包括动产,也包括不动产。原始取得的占有人不一定直接对物施加自己的力量,只要将物置于自己的控制之下,即可认为取得了对物的占有。例如,对房屋并非要使用才为占有,只要上锁不使他人擅自进入,就是占有了房屋。再如将物品放在家中,或搁置在隐蔽的场所,都是占有了该物品。

直接占有的继受取得,即基于他人的占有并移转该占有的行为而取得的占有。继受取得的原因主要是占有转移的行为与占有的继承。占有的移转,是指原占有人以法律行为将其占有物交付他人,他人因而取得占有的情况。占有的移转须交付占有物,主要是现实交付,也可以是简易交付、占有改定。由于占有是对物的事实的支配,因此无论动产还是不动产,均以交付而移转占有,不存在登记问题。占有的继承,则是指占有可以因继承关系由被继承人移转占有给继承人。依继承取得的占有,是权利义务概括继承的结果,其在种类、状态、瑕疵等方面,都与被继承人的占有相同。

值得注意的是,占有人可以通过辅助人或代理人依上述方式取得占有。

(二)间接占有的取得

间接占有是指基于一定法律关系,对于事实上占有物的人有返还请求权,因而间接对物管领的占有。间接占有的取得也分原始取得和继受取得。

间接占有的原始取得主要有创设和改定两种方式。创设方式是指直接占有人可以将其占有移转给他人,从而为自己创设间接占有,如所有人为他人设定典权、地上权、质权、租赁使用权,由典权人、地上权人、质权人、承租人取得对物的直接占有,而所有人自己享有对物的返还请求权,成为间接占有人。改定方式是指占有人在不转移占有的情况下为他人设置的占有,如所有人将所有物出卖给第三人,同时又与该第三人签订借用或租赁合同,第三人即成为间接占有人。

间接占有的继受取得包括移转和继承两种方式。间接占有的移转,是指依指示交付方式,将其间接占有让与他人。如出借人(间接占有人)将借用物的所有权转让给他人时,不需要将物取回后再将物交付于受让人,只要将对于借用人的返还请求权让与受让人即可,这时受让人就继受取得其间接占有。间接占有的继承,如继承人对被继承人已出借或出租的遗产的继承。

二、占有的变更

占有的变更,是指占有从一种类型转向另一种类型。

(一)有权占有变为无权占有

当占有人丧失其本权后仍为占有的,则其有权占有变为无权占有。例如,承租人在租赁期限届满仍不向出租人返还租赁物时,其有权占有变为无权占有。再如,质权人在主债权获得满足后拒绝将质物交换给出质人的,其原先的有权占有变为无权占有。

当占有人的有权占有变更为无权占有时,物的所有权人有权行使返还请求权要求无权占有人返还原物。

(二)善意占有变为恶意占有

当无权占有人知道了或者应当知道其占有是没有合法根据之时,善意占有变为恶意占有。此外,依据传统民法,善意占有人在本权诉讼败诉时,自判决或仲裁裁决生效之日起,被视为恶意占有人。例如,甲认为其是某物的所有权人而对该物进行占有,当真正的所有权人乙提起诉讼要求返还原物而获得生效的胜诉判决时,甲从此时起被视为恶意占有人。

(三)他主占有变为自主占有

当他主占有人向使自己成为占有人的人表示了所有的意思时,他主占有成为自主占有。例如,承租人向出租人表示自己是租赁物的所有权人时,此时承租人所进行的他主占有变为自主占有。这种他主占有人所作出的表示为单方法律行为,一经作出即生效力。表示的形式可以是言词,也可以是行为。例如,拾得遗失物的甲起初希望找到失主,此时其属于他主占有,而后来甲将遗失物卖给了丙,则这种让与行为就是甲所作出的所有的意思。之所以要求他主占有人必须将其所有的意思加以表示,主要是为了保护真正的所有权人,使他主占有人取得占有人的利益的同时,真正的所有权人能够及时行使权利防止占有人的时效取得。

三、占有的消灭

既然占有是民事主体对物的事实上的管领力,那么,若这种事实上的管领力丧失,则占有归于消灭。占有是一种类物权,而非真物权,所以物权的一般消灭原因,如混同、抛弃、因法定原因撤销等,不能适用于占有。占有的消灭应当仅以占有人是否仍有事实上的管领、控制为依据。至于如何判断其是否有事实上的管领,应结合法律规定和社会观念等因素综合衡量,如基于占有人的意思,将物交付给他人、抛弃对物的占有,或者非基于占有人意思,例如,占有物被盗、遗失，占有人丧失对物的管领而无法回复以及自然力如灾害使占有物灭失等，占有即归于消灭。另外，对物的丧失管领应为确定的、持续的而非暂时的，否则不视为占有消灭。一些非基于占有人意思而丧失的占有，如物被他人侵夺，占有人完全可依占有返还之诉寻求法律保护，则占有并不丧失。

至于间接占有，在占有人丧失了对物的返还请求权时，其占有消灭。

四、占有的推定

如前所述，既然占有状态各有不同，那么不同占有状态所产生的效力也就存在差异。占有人是否以所有的意思、善意并无过失、公然、和平与继续占有，关乎占有的效力，若都需由占有人负举证责任加以证明，既不可能也与法律维持社会生活秩序的稳定相违背。于是，对于占有的状态，法律乃设推定制度。其内容主要为：

1. 自主占有的推定。占有人对占有物，究竟是自主占有还是他主占有，事实不明时，推定为自主占有，以便一定时间经过后，占有人得受法律规定的利益。

2. 善意占有的推定。占有人是否以善意加以占有，因属其个人内心的事，难以自外观举证证明时，故推定为善意占有。

3. 和平占有、公然占有的推定。二者均属于占有的常态，在事实不明时，推定为和平占有、公然占有。

4. 继续占有的推定。占有人主张继续占有的，仅需证明前后两时有占有层即可，而无须证明从头到尾占有无间断。也就是说，根据前后两时占有的事实，推定为继续占有。

第三节　占有的效力及其民法保护

一、占有的效力

（一）占有的权利推定效力

占有的权利推定，是指根据占有的事实，推定占有人对物上行使的权利为占有人依法享有的权利。至于占有人是否真正享有此权利，在第三人举证推翻法律所作推定之前，在所不问。法律之所以规定占有权利的推定，是因为物权法明确规定占有是物权的重要公示方法，使占有成为物权的重要外部表现形式，具有很强的公信力，因而财产的实际占有人通常是真正享有其权利的人。推定占有人为合法占有人不仅与社会实际情况一般是吻合的，而且有利于稳定现实占有关系，从而维护社会秩序和交易安全。

权利推定的效力，主要表现为以下几方面：

1. 受权利推定的占有人，免除举证责任，即在其出现有无实体权利争议时，占有人可以直接援用该推定对抗相对人，无须证明自己是权利人。当然在相对人提出反证时，占有人为推翻该反证，仍须举证。

2. 权利的推定，不仅权利人自己可以援用，第三人也可以援用。例如，从占有人处借用物的人，在物的真正所有人要求其返还时，该借用人也可以占有人身份援用所有人推定，此时所有人要求返还原物，必须证明自己的所有权方可。

3. 权利的推定,一般是为占有人的利益,但在特定情况下为其不利益时也可以援用,例如推定物的占有人为物的所有人时,则物上负担,如税收,亦应由占有人负担。

4. 权利的推定属于消极性的,占有人不得利用此项推定作为其行使权利的积极证明。

权利的推定当以占有事实的成立为基础。当占有的状态不明时,大陆法系国家民法一般通过推定确定占有的状态,即传统民法上的事实推定。这种推定包括:推定占有人以所有的意思,善意、和平及公然占有;在占有的前后有占有的证据时,推定其为继续占有。

权利推定尽管其适用范围十分广泛,且具有多方面的效力,但推定毕竟只是法律从本权与占有之一般结合情况出发而作出的一种假定,当占有与本权背离时,真正的权利人完全可以通过反证将其推翻,因此,权利推定并不会损害真正权利人的利益。

(二)占有人的权利

基于合同关系等产生的占有,有关不动产或者动产的使用、收益、违约责任等,按照合同约定;合同没有约定或者约定不明确的,依照有关法律规定。因此,在占有制度中占有人的权利义务实为无权占有人的权利义务。

占有人的权利主要有:

1. 对占有物的使用、收益权。占有人因使用占有的不动产或者动产,致使该不动产或者动产受到损害的,恶意占有人应当承担赔偿责任。从该条规定可知,出于保护善意占有人合理的信赖利益,善意占有人在占有期间对占有物享有使用的权利。而恶意占有人并无使用、收益的权利,也没有收取占有物孳息的权利。在造成损害的情况下,恶意占有人还应当承担赔偿责任。

2. 必要费用求偿权。善意占有人因维护该不动产或者动产支出的必要费用,在权利人请求返还原物及其孳息时,善意占有人有权请求偿还。

3. 物上请求权。占有可以准用物权请求权的规则,为与物权请求权相区别,一般称为占有的物上请求权。占有人享有以维护占有为目的的各种物上请求权,包括占有物的返还请求权、占有排除妨害请求权、占有防止妨害请求权等。对于这种请求权,我国学者一般称之为占有保护请求权。

(三)占有人的义务

占有人的义务主要包括以下几项:

1. 返还占有物的义务。无论是善意占有人还是恶意占有人,均有返还原物及其孳息的义务。

2. 赔偿损失的义务。具体包括:(1)恶意占有人因使用占有的不动产或者动产,致使该不动产或者动产受到损害的,应当承担赔偿责任。(2)占有的不动产或者动产毁损、灭失,该不动产或者动产的权利人请求赔偿的,占有人应当将因毁损、灭失取得的保险金、赔偿金或者补偿金等返还给权利人;权利人的损害未得到足够弥补的,恶意占有人还应当赔偿损失。

二、占有的民法保护

(一)占有的自力救济

占有的自力救济,即体现为占有的自力救济权,具体包括:

1. 占有防御权,又称自力防御权,是指占有人对于侵夺或妨害其占有的行为,可以自己的力量进行防御。例如,侵夺占有人手持的物品或侵入占有人的房屋,对此占有人可以自己的力量夺回物品或将侵入者驱逐出房屋。占有防御权的行使只适用于直接占有人和善意的、无瑕疵的占有人。非占有人甚至间接占有人无权行使；恶意的、有瑕疵的占有人虽然也有防御权，但不能对抗原占有人或辅助占有人的取回权。

2. 占有取回权，即占有人对于被他人侵夺的占有物，有即时取回或就地及时追回的权利。例如，占有人的不动产被侵夺，占有人可以排除加害人阻挠予以取回；占有人的动产被侵夺，占有人可以就地或追踪向加害人取回。

（二）占有的物上请求权

占有的民法保护还体现为占有的物上请求权。具体而言，占有的不动产或者动产被侵占的，占有人有权请求返还原物；对妨害占有的行为，占有人有权请求排除妨害或者消除危险。其中，占有人返还原物的请求权，自侵占发生之日起 1 年内未行使的，该请求权消灭（《民法典》第 462 条第 2 款）。

（三）占有的债法的保护

债权法对于占有的保护主要有以下几种制度：

1. 因占有而发生的不当得利的返还。占有作为一种受物权法保护的事实属于利益的范围，因此可以成为不当得利的客体。占有产生的不当得利包括两种：（1）因侵害他人占有而获得利益；（2）因给付目的未实现而发生不当得利。一般来说，合法占有人的占有被不法侵害后，可选择使用物权法上的请求权和不当得利请求权。在原物灭失时，适用不当得利请求权较为妥当。

2. 因占有而产生的侵权责任。因侵占或者妨害造成损害的，占有人有权依法请求损害赔偿。

思考题

1. 简述占有的法律性质及其现实功能。
2. 简述善意占有与恶意占有及其区分意义。
3. 试述占有制度的功能。
4. 简述占有的效力。
5. 简述占有的民法保护。

阅读指引

关于“占有即所有”规则的解释及反思

1. 孙鹏：《金钱“占有即所有”原理批判及权利流转规则之重塑》，载《法学研究》2019 年第 5 期。
2. 朱晓喆：《存款货币的权利归属与返还请求权——反思民法上货币“占有即所有”法则的司法运用》，载《法学研究》2018 年第 2 期。
3. 其木提：《货币所有权归属及其流转规则——对“占有即所有”原则的质疑》，载《法学》2009 年第 11 期。

关于侵害占有的法律规制问题

1. 单平基:《侵害占有损害赔偿请求权的解释论——〈物权法〉第245条第1款的规范适用》,载《山东社会科学》2016年第5期。
2. 吴香香:《论侵害占有的损害赔偿》,载《中外法学》2013年第3期。
3. 章正璋:《论侵害占有的损害赔偿责任》,载《江苏社会科学》2015年第1期。

第三编 合　　同

本编参考书目

第一分编　通　则

第一章　一般规定

导学案例

甲(男)与乙(女)协议离婚,在离婚协议书中约定:登记在甲名下的一套夫妻共有房产,双方同意赠与给子女丙,在离婚后2年内甲负责还清银行贷款,然后再过户给丙。双方遂到民政局办理了离婚手续并领取离婚证。甲在离婚后反悔,其主张根据赠与合同的任意撤销权而要求撤销该赠与,请问该主张是否可行?

第一节　合同法概述

一、合同法的含义与特征

(一)合同法的含义

合同法有广义、狭义和最狭义三种含义。广义的合同法,也称契约法,泛指一切调整特定主体之间的请求性社会关系的法律规范的总称,包括民事合同、行政合同等。狭义的合同法,是民法的一个分支,是指调整平等民事主体之间请求性社会关系的法律规范的总称,包括财产性合同法和身份性合同法。最狭义的合同法,指调整平等民事主体之间交易关系的法律规范的总称。我们一般所讲的合同法就是指最狭义的合同法。因为按照《民法典》第464条的规定,有关身份关系的协议仅是参照合同编之规定,即表明《民法典》合同编并未包含如身份合同的所有民事合同,合同法仅调整平等民事主体之间的交易关系。

(二)合同法的特征

根据上述合同法的定义,合同法具有以下特点:

1. 合同法主要是交易法。债法主要调整财产的流转关系,而在财产的流转关系中,交易关系最为典型。合同法正是调整交易关系的法律规范的总称,其主要服务于当事人之间的交易。合同法的主要内容从总则有关交易的一般规则到分则各类合同交易的特殊规则,都是围绕交易展开的。其鼓励当事人之间的交易,保障当事人之间的交易安全,有利于社会主义市场经济的发展,实现社会总体财富的增加。

2. 合同法具有世界共同性。相较于物权法的本土性,合同法具有非地域性特点,即具有世界范围内的共同性。在全球化时代,世界各国人民的联系越来越紧密,国际贸易变得越来越频繁,国内市场与国际市场的分隔逐渐消失。因此,各国民事主体之间的交易规则也逐渐统一。在合同法国际化的进程中,大陆法系与英美法系相互借鉴融合,我国《民法典》合同编的制定也参照了国际通用的交易规则。

3. 合同法是任意法。市场主体在市场交易中的利益安排,应当交由市场主体自己决定。因此,合同法规定的当事人之间的交易规则,大多数是任意性规定,允许当事人通过约定对这些规定予以排除,重新安排双方之间的利益关系。

二、合同法的调整对象

合同法调整平等主体之间因合同产生的民事关系。具体而言:

1. 合同法调整平等主体之间的民事合同关系。合同法调整的民事合同关系是指在平等主体之间的合同关系,民事合同关系意味着合同主体的平等性。合同当事人既可以是自然人,也可以是法人或非法人组织,但是合同是当事人通过平等协商达成的协议,合同主体之间不存在任何隶属关系,也不存在命令和服从关系,任何一方不能将自己的意志强加给对方,合同的这一特征区别于行政合同。在确定某类合同是否属于合同法调整对象时,首先考虑其主体是否具有平等性。

2. 合同法调整以民事权利义务为内容的交易关系。民事权利义务关系分为财产关系与人身关系,合同法作为财产法体系中的重要组成部分,当然仅调整财产交易关系或财产流转关系,其既不调整财产归属关系,也不调整人身关系。因为财产归属关系由物权法调整,人身关系归人格权法和身份法调整,其与合同法的调整对象不同。并且,合同是以设立、变更、终止民事权利义务关系的协议,以设立、变更、终止身份关系的婚姻、收养、监护等身份协议,不属于合同法上的合同,不适用《民法典》合同编的规定,而适用有关身份关系的法律规定,有关身份关系的法律没有规定的,可以参照适用合同编的规定。可见,合同法上的合同仅以设立、变更、终止财产交易关系为目的,不以设立、变更、终止身份关系为目的。

3. 合同法调整各类合同关系及准合同之债。合同法调整《民法典》合同编典型合同分编所规定的各类典型合同。除此之外,合同法还可调整民法典其他编和特别法所规定的合同以及无名合同,具体而言:(1)合同编以外的其他编涉及的有关合同的类型。《民法典》其他编涉及的有关合同类型,如担保合同等,首先适用其他编的规定,但在其他编没有规定时,也要适用合同编通则的规定。(2)特别法规定的合同。特别法上的合同如旅游合同、保险合同等,首先要适用特别法关于这些合同所作出的特殊规定,但在特别法没有规定的情况下,也可以适用合同编通则的相关规定。(3)无名合同。无名合同指《民法典》合同编和其他法律没有明文规定的合同。按照合同自由原则,当事人完全可以在合同中约定各种无名合同,只要其不违反法律和公序良俗都是有效的,无名合同都应当受到法律保护,并受合同法的调整。(4)非因合同产生的债权债务关系。对于非因合同产生的债权债务关系,适用有关该债权债务关系的法律规定;没有规定的,适用《民法典》合同编通则的有关规定,但是根据其性质不能适用的除外。如无因管理、不当得利,也可适用合同法的规则。

三、合同法的基本原则

合同法作为民法的分支,无疑奉民法基本原则为自己的基本原则,但也有自己独特的基本原则,这些基本原则是民法基本原则在合同法上具体体现,也可以说是民法基本原则的分支。它集中体现了合同法的总体精神,是合同法规则体系的总概括。合同法的特有原则主要有以下几项:

(一)合同自由原则

合同自由原则,即民事主体是否缔结合同、与谁缔结合同、合同内容和合同形式如何,只要不违反法律的强制性规定及公序良俗,就完全取决于其自由意志,其他任何人都不得干涉。这是合同法最重要的原则和最显著的标志,也是私法自治最主要的体现。合同自由包括积极自由与消极自由两个方面。积极的合同自由是当事人可以自主地决定是否订立及如何订立合同;消极的合同自由指当事人享有免受国家限制或强制的订立合同的状态。

合同自由原则,包括以下几个方面的含义:

1. 当事人自由决定是否订立合同。这就意味着民事主体可以自行决定是否通过自己的意思与他人订立合同法律关系。除非法律上规定有强制缔约义务的主体,其他民事主体具有是否订立合同的选择自由。

2. 当事人选择合同相对人的自由。在合同相对人的选择上,民事主体也有权自行决定与何人订立合同,允许当事人自由选择缔约对象。

3. 当事人决定合同内容的自由。当事人可以在法律规定的范围内自由约定合同内容,只要当事人的约定不违反法律和社会的公共道德,这种约定就能产生法律上的拘束力。

4. 决定合同成立形式的自由。除法定或当事人特别约定的情形外,法律一般对当事人采取口头、书面或其他形式订立合同,并不进行严格的限制,允许当事人进行自由选择。

5. 变更、解除合同的自由。当事人在订立合同后,也可以根据客观情事的变化自由协商对合同进行变更,或协商解除合同,脱离合同的拘束。

6. 合同争议解决方式的自由。产生合同纠纷后,当事人既可以自行和解,也可以选择调解,当然还可以选择诉讼,抑或选择仲裁方式。如果一旦确定通过仲裁方式来解决其争议,则在发生争议后只能提请仲裁,而不应直接提起诉讼。对于涉外合同,除法律另有规定外,当事人还可以通过合意选择适用的法律。

(二)鼓励交易原则

所谓鼓励交易原则,是指合同法在具体的制度设计上以降低当事人的交易成本,减少交易的制度障碍为指导思想,达到促进当事人通过合同实现交易的立法目的。鼓励交易是指应当鼓励合法、自愿、正当的交易,不合法的交易不仅不应当受到鼓励,而且应当追究交易当事人的责任。

鼓励交易原则的具体内容是:首先,尽量促使合同成立。其次,尽量促成合同有效。最后,严格限制了违约解除的条件。总之,应该按照鼓励交易原则,尽量促成合同成立和生效,而不能在合同有瑕疵时,一概否认其效力。

(三)合同严守原则

合同严守,又称法律约束力原则,是指依法成立的合同在当事人之间具有相当于法律的效力,当事人必须严格履行约定的合同义务,不得擅自撤销或者解除合同,不得随意违约。合同严守是合同自由原则的逻辑结果,当事人既然愿意将义务施加于自身,则必然应该承担由该义务引发的责任。否则,合同自由就无从谈起。

四、合同编通则的地位

如前所述,债是特定当事人之间得请求为特定行为的法律关系。调整民事主体之间债的关系的法律规范的总称,称为债法或者债权法。债权法和物权法,共同组成传统民法上的财产法。在传统民法上,债法或者债权法包括债法总则以及合同、侵权损害赔偿、无因管理、不当得利等债法分则。我国《民法典》没有设置债法总则,而是在合同法总则基础上作了必要的调整,如扩大合同的法律含义、明确身份关系的协议对合同编通则的适用、增加多数人之债等债法的一般性规则、将无因管理和不当得利定位为准合同等,从而使合同编通则起到债法总则的作用。

第二节　合同的法律界定及其解释

一、合同的法律界定

合同,是指民事主体之间设立、变更、终止民事法律关系的协议(《民法典》第464条)。民事法律关系,即民事权利义务关系,因此,合同也可表述为"民事主体之间设立、变更、终止民事权利义务关系的协议"。协议,即当事人之间达成的合意,也可称契约。合同本为民法专有概念,20世纪中叶被应用到现代行政法领域,即所谓行政合同,此乃广义的合同概念。一般所讲的合同,即民事合同。

合同具有以下法律特征:

1. 主体的平等性。合同是平等民事主体所实施的一种民事法律行为,是当事人通过平等协商达成的协议,合同主体之间不存在任何隶属关系,也不存在命令和服从关系,任何一方不能将自己的意志强加给对方,合同的这一特征区别于行政合同。民事合同成立的前提就在于合同当事人的平等性,其是在当事人法律地位平等的基础上以平等协商方式达成的民事法律行为。

2. 充分的自由性。合同是两方或多方当事人意思表示一致的民事法律行为,只要当事人达成了意思表示一致,即可成立。并且,合同的形式、内容只要不违反法律、行政法规的强制性规定,不违背公序良俗,概由当事人自由约定。

3. 内容的财产性。合同以设立、变更、终止财产性的民事权利义务关系为目的。通过合同所创设的财产性的民事权利义务关系,主要包括纯粹的财产交易关系、(可参照适用合同编规定的)与人身关系相关的财产关系。民事主体之间设立、变更、终止人身关系的协议,如婚姻、收养、监护等有关身份关系的协议,不称为合同,适用有关该身份关系的法律规定,如果这些法律没有规定的,可以根据其性质参照适用《民法典》合同编规定。正是在这个意义上,合同法被称为财产法。

二、合同的种类

(一)双务合同与单务合同

这是根据合同当事人双方是否存在对待给付义务所进行的划分。双务合同是指当事人双方互负对待给付义务的合同,即一方当事人愿意负担履行义务,旨在使他方当事人因此负有对待给付的义务。单务合同是指合同当事人仅有一方负担给付义务的合同。在单务合同中,当事人双方并不互相享有权利和负担义务,而主要由一方负担义务,另一方并不负对待义务。

区分双务合同和单务合同的法律意义在于:

1. 义务履行的顺序意义不同。双务合同当事人的义务履行顺序,除法律和合同另有规定外,双方负同时履行的义务。单务合同由于是单方负担义务,则不存在履行义务的顺序问题。换言之,双务合同适用同时履行抗辩权规则,单务合同则不能适用该规则。

2. 风险负担不同。在双务合同中,双方的权利义务相互依存互为条件。如果合同出现不可归责任何一方的事由导致不能履行合同的,则会出现风险负担问题。双务合同的风险负担归责,因合同类型的不同而有交付主义、合理分担主义等规则;在单务合同中,因不可归责于双方当事人的原因导致债务人不能履行义务时,由于不存在债权人的对待债务问题,因而一般不发生风险负担问题。

3. 因一方的过错导致合同不履行的后果不同。在双务合同中,如果非违约方已履行合同,可以要求违约方履行合同或承担其他违约责任,解除条件具备时还可解除合同。但单务合同则不发生上述后果。

(二)有偿合同与无偿合同

这是根据合同当事人之间的权利义务是否存在对价关系所进行的划分。有偿合同是指当事人一方通过合同取得某种利益必须向对方当事人偿付相应代价的合同。有偿合同是商品交换最典型的法律形式,实践中常见的买卖、租赁等合同,均属有偿合同。无偿合同是指一方当事人向对方给予某种利益,对方取得该利益时不支付任何代价的合同。实践中主要有赠与合同、借用合同等。在无偿合同中,一方当事人不支付对价,但也要承担一定义务,如无偿借用他人物品,借用人负有正当使用和按期返还的义务。

区分有偿合同与无偿合同的意义在于:

1. 确定某些合同的性质。有些合同只能是有偿的,如买卖合同等;有些合同只能是无偿的,如赠与合同等。但有些合同既可是有偿的也可是无偿的,如委托合同等,是否有偿并不改变其性质。

2. 注意义务不同。在无偿合同中,债务人原则上只承担较低程度的注意义务,如无偿保管合同中,保管人因过失造成保管物毁损灭失的,应酌情减轻责任;而在有偿合同中,当事人所承担的注意义务较无偿合同为重,如有偿保管合同的保管人因其一般过失造成保管物灭失时,亦应负全部赔偿责任。

3. 对当事人行为能力的要求不同。订立有偿合同的当事人原则上应具有完全责任能力,限制行为能力人非经其法定代理人同意,不能订立超出其行为能力范围的有偿合同;而对于一些纯获利益的无偿合同,如接受赠与等,限制行为能力甚至无行为能力人也具有缔约能力。

4. 债权人撤销权的行使不同。根据合同法的有关规定,债务人将其财产无偿转让给第三人,这种行为若导致债务人承担责任的财产严重减少,危及债权人的债权,债权人可以直接请求撤销该无偿行为。但对于有偿且低价转让行为,只有当债务人及第三人有故意加害债权人的恶意时,债权人方可行使撤销权。

(三)诺成合同与实践合同

这是根据合同成立是否须交付标的物或完成其他给付行为所进行的划分。诺成合同是指缔约当事人的意思表示达成一致即告成立的合同。实践合同是指除当事人意思表示一致以外,尚需交付标的物或完成其他行为才能成立的合同。实践中,大多数合同均为诺成合同,实践合同仅限于法定的少数合同,如保管合同、定金合同等。

区分诺成合同和实践合同的法律意义在于:二者的成立要件和当事人义务的确定不同。诺成合同仅以合意为成立要件,而实践合同则以合意并交付标的物为成立要件。此外,在诺成合同中,交付标的物或完成其他给付,是当事人履行合同的行为,否则将产生违约责任;但在实践合同中,交付标的物或完成其他义务,只是先合同义务,违反它并不产生违约责任,但可构成缔约过失责任。在我国《民法典》中,把实践合同中标的物交付均规定为成立要件,以符合传统民法的要求,如第586条第1款关于定金合同的规定。

(四)要式合同与不要式合同

这是根据合同的成立是否以一定的形式为要件所进行的划分。要式合同是指法律要求或当事人要求必须采取特定形式或履行一定手续的合同。法律不要求采取特定形式或履行一定手续的合同即是不要式合同。近现代合同法适应市场经济对于交易便捷和交易安全的双重要求,合同以不要式为原则,仅要求某些特殊合同采取特定形式。

区分要式合同和不要式合同的法律意义在于:要式合同如果不符合"形式要件"时,可能产生一些特别的法律效果,如合同不成立、无效或者其他法律效果。不要式合同的形式,任由当事人决定,无论采取何种形式均不影响合同效力。

(五)有名合同与无名全同

这是根据法律是否赋予合同一个特定名称所进行的分类。

有名合同又称典型合同,是指法律上已有一定数量的规则并且按其类型确定了一定名称的合同。如我国《民法典》所规定的买卖等十九种典型合同,以及其他法律所规定的合同(如保险合同等)也是有名合同。无名合同,又称非典型合同,是指法律上尚无特别规定且未赋予一定名称的合同,也就是有名合同之外的其他合法的合同类型。根据合同自由原则,即使当事人订立的合同属于法律明文规定之外的合同类型,只要不违反法律的禁止性规定或社会公共利益,也是有效的。合同法的历史演进过程,就是把无名合同不断地变成有名合同的发展过程。

区分有名合同与无名合同的意义,主要在于两者适用的法律规则不同。对于有名合同,应当直接适用《民法典》合同编的既有规定。对于无名合同,适用《民法典》合同编通则的规定,参照适用合同编典型合同、单行法最相类似的规定。无名合同如何适用法律,具体可分为以下情况:一是纯粹无名合同的法律适用。其法律关系应当依合同约定、诚实信用原则和惯例加以确定。二是混合合同的法律适用。混合合同大体有四种类型:(1)典型合同附有其他种类的从给付。典型合同部分适用典型合同规则,其他部分内容适用约定规则。(2)类型结合合同,即一方当事人所附的数个给付义务属于不同的合同类型,应分别适用不同合同类型的规定。(3)二重典型合同,即双方当事人互负的给付义务分别属于不同的合同类型。(4)类型融合合同,即一个合同中所含构成部分同时属于不同的合同类型的合同,适用不同合同类型的规则。[1]

(六)主合同与从合同

这是根据两个合同相互间的关系所进行的分类。主合同是指不依赖其他合同而独立存在的合同。反之,必须以其他合同的存在为前提、自身不能独立存在的合同,就是从合同。从合同依主合同的存在而存在,具有附属性。如借款合同为主合同,为保证借款合同履行而订立的保证合同、抵押合同、质押合同等担保合同,则为从合同。

区分主合同和从合同的法律意义在于:主合同的命运决定从合同的命运,主合同不成立,从合同就不成立;主合同终止,从合同亦终止;主合同无效,从合同亦不发生效力。但是,从合同无效,不能使主合同当然无效。

---

[1] 崔建远主编:《合同法》(第5版),法律出版社2010年版,第28页。

（七）一时性合同与继续性合同

这是以时间因素在合同履行中所处的地位为标准所进行的分类。一时性合同，是指合同总给付内容自始确定的、一次给付一般能使合同内容得以实现的合同。买卖、赠与等合同属于此类。这里的一次给付既包括一次履行完毕，也包括分期给付合同。因为分期给付合同的总给付自始确定，时间因素对给付的内容和范围并无影响，分期履行未改变其一时性合同的性质。

继续性合同是指合同的总给付内容自始并不能完全确定，合同内容也并非一次给付就可以完成，而是需要持续一段时间的给付才能逐渐实现合同内容的一种合同类型。其基本的特色是：时间因素在债的履行上居于重要的地位，总给付之内容系于应为给付时间的长度。换言之，随着履行时间的推移在当事人之间不断地产生新的权利义务，继续性合同的本质性特征就是时间因素对合同总给付内容的影响。

一时性合同与继续性合同的差异，主要表现为以下几方面：(1)合同无效或被撤销后的法律后果不同。一时性合同的无效或被撤销的法律后果，是自始没有法律约束力，其无效或被撤销具有溯及力；而继续性合同的无效或被撤销不具有溯及力，仅向将来发生法律效力。(2)在情势变更原则的适用上有差异。在继续性合同中，由于合同的履行期间较长，因此，适用情势变更原则的机会较多，而一时性合同中适用情势变更原则的机会较少。(3)合同解除或终止的效力不同。对于一时性合同解除的效力以溯及既往为原则；继续性合同的终止，或无恢复原状可能性，或不宜恢复原状，故多认为继续性合同的终止仅应向将来发生效力，过去的合同关系不受影响。

（八）束己合同与涉他合同

这是以是否贯彻合同相对性原则为标准所进行分类。束己合同，是指严格遵循合同的相对性原则，合同当事人为自己约定并承受权利义务，第三人不能向合同当事人主张权利和追究责任，合同当事人也不得向第三人主张合同权利和违约责任的合同。束己合同是合同的常态。涉他合同，是指合同当事人在合同中为第三人设定了权利或约定了义务的合同。它包括为第三人利益的合同与由第三人履行的合同。区分束己合同与涉他合同的法律意义：一是明确缔约目的不同，二是合同效力范围不同，有助于界定第三人是否承受合同权利义务。

为第三人利益的合同，又称利他合同，其是指当事人为第三人设定了合同权利，由第三人取得利益的合同。利他合同分为不真正利他合同与真正利他合同两种类型。二者的主要区别在于第三人是否能向债务人独立提出请求权。真正利他合同中，第三人可以向债务人独立提出履行请求权和基于违约的请求权；不真正利他合同中，第三人没有独立的履行请求权，只能由债务人向债权人承担违约责任。一般认为，不真正利他合同还是坚守合同相对性原则的，只有真正利他合同才真正突破了合同相对性。为第三人利益的合同具有如下特征：(1)第三人不是缔约人，不需要在合同上签字或盖章，也不需要通过其代理人参与缔约。不过合同生效后，债务人应向该第三人履行其义务，如果债务人不履行义务应承担违约责任。在真正利他合同中，债务人向第三人承担违约责任；在不真正利他合同中，债务人向债权人承担违约责任。(2)合同只能给第三人设定权利，而不得为其约定义务。这并不是说第三人在享有权利时不负担任何义务，有时也要负担一定的义务。(3)合同成立后，第三人可以接受该合同权利，也可拒绝接受该权利。但第三人未在合理期限内明确拒绝的，推定第三人同意接受该权利。

由第三人履行的合同，是指合同当事人为第三人约定了合同义务，由第三人向合同债权人履行该合同义务的合同。由第三人履行的合同，具有如下特征：(1)第三人不是缔约人，不需要在合同上签字或盖章,也不需通过其代理人参与缔约;(2)合同当事人的约定并未增加第三人的负担,合同实际上是以第三人既负的给付为标的;(3)该约定不约束该第三人,当第三人拒绝履行合同时,合同债务人负责履行。

(九)预约与本约

以合同的目的和义务是否为了将来签订一定合同为标准,合同分为预约和本约。预约是当事人约定在将来一定期限内订立本约的合同。当事人就在将来一定期限内订立合同达成合意,即可构成预约合同。将来应当订立的合同可以称为本约,约定订立本约的合同称为预约或者预约合同。预约产生当事人将来订立本约的债务,双方当事人负此债务的,称为双务预约;仅一方当事人负此债务的,为单务预约。基于合同自由原则,对于任何类型的合同都可以订立预约,无论本约为实践合同还是诺成合同,均可以订立预约;本约是否为要式,亦不影响订立预约。在理论上,关于预约的法律性质,有多种学说观点,如前契约说、从合同说、附停止条件本约说和独立契约说等。《民法典》采纳了"独立契约说"观点,而将预约合同作为一项独立的合同予以规定。

预约是要在将来一定期限内订立本约的,当事人就此项内容达成合意,预约合同即成立。因此,预约的成立,必须是双方或多方当事人就将来一定期限内订立本约达成了合意,预约对双方当事人均具有约束力。预约的成立,使将来订立本约成为当事人的确定性义务。如果当事人对在将来一定期限内是否订立本约并不确定,不构成预约。预约在实践中经常表现为认购书、订购书、预订书、意向书等。当然,这些形式并不是确定无疑一定构成预约合同,其是否构成预约,关键还要看当事人是否对在将来一定期限内订立本约合同达成合意。如果认购书、订购书、预订书、意向书等不符合预约的这一本质要求,就不能构成预约合同。

预约合同既然是一项以订立本约为目的的独立合同,那么当事人违反约定不履行订立本约的义务的,也应承担违约责任。但违反预约义务与违反本约义务毕竟不同,预约合同的违约责任与本约合同的违约责任也有所差别。当事人就预约合同约定违约金或者定金的,若当事人违反预约合同义务,可以适用违约金责任或者定金责任。但是,如何判断当事人违反预约约定的订立本约义务?司法实践中,一般采用"应当缔约说"之观点,即当事人就订立本约依照诚信原则进行了磋商,除不可归责于双方的事由外,应当缔结本约,否则将承担违约责任。因此,预约合同当事人不履行订立本约的义务,非违约方是可以请求违约方赔偿损失的,但预约合同的损害赔偿范围不等同于本约合同的损害赔偿范围。预约是相对于本约而言的,预约合同所处的阶段,实际上是本约合同的缔约阶段,所以预约合同的违约责任范围大致相当于本约合同的缔约过失责任范围,即相当于赔偿本约合同的信赖利益,并且以不超过履行利益为限。

预约与本约最显著的区别为二者是否要另行订立合同。预约合同旨在订立本约合同,当事人的义务就是在一定期限内订立本约合同,订立本约合同是预约合同得到履行的结果。本约合同当事人可直接履行各自义务,实现合同目的,无须再另行订立合同。

三、合同的相对性

合同的相对性,又称合同关系的相对性,在大陆法上通常被称为债的相对性,它主要是指合同关系只能发生在特定的合同当事人之间,只有合同当事人一方能够向另一方基于合同提出请求或提起诉讼;与合同当事人没有发生合同上权利义务关系的第三人不能依据合同向合同当事人提出请求或提起诉讼,也不应承担合同的义务或责任;非依法律或合同规定,第三人不能主张

合同上的权利。合同的相对性规则,主要包括如下几个方面内容:

1. 主体的相对性。所谓主体的相对性,是指合同关系只能发生在特定的主体之间,只有合同当事人一方能够向合同的另一方当事人基于合同提出请求或提起诉讼。首先,只有合同关系当事人彼此之间才能相互提出请求,与合同关系当事人没有发生合同上的权利义务关系的第三人,不能依据合同向合同当事人提出请求或者提起诉讼。其次,合同一方当事人只能向另一方当事人提出合同上的请求或提起诉讼,而不能向与其无合同关系的第三人提出合同上的请求或提起诉讼。应当注意的是,法律为保护某些合同关系中的债权人,维护社会经济秩序,也规定在特定条件下,债权可以对抗第三人。

2. 内容的相对性。所谓内容的相对性,是指除法律另有规定或合同另有约定以外,只有合同当事人才能享有某个合同的权利,并承担该合同的义务。合同当事人以外的任何第三人不能主张合同上的权利。在双务合同中,合同内容的相对性还表现在一方的权利就是另一方的义务,另一方承担义务才使一方享有权利,权利义务是相互对应的。因此,权利人的权利须依赖于义务人履行义务的行为才能实现。

3. 责任的相对性。所谓违约责任的相对性,是指违约责任只能在特定的当事人之间即合同关系的当事人之间发生。合同关系以外的人不负违约责任,合同当事人也不对其承担违约责任。

合同的相对性,在现代社会过程中具有一些例外的制度,对合同相对性进行了修正:债权人的代位权与撤销权、真正利他合同、第三人代为履行、合同债权的物权化(包括租赁债权的物权化与预告登记的债权之对抗效力),以及第三人侵害合同债权等制度。

四、合同解释

(一)合同解释的概念

合同解释,是指依据一定的事实,遵循有关解释的原则,对合同的内容和含义所作出的分析和说明。合同解释旨在确定合同是否成立或补充完善合同的内容。

合同解释的主体不限于法院和仲裁机构。由谁来解释,应取决于当事人如何处理其争议。如果自行协商解决其争议,就由当事人进行解释;如果由第三人(包括行政调解中的行政机关)调解解决争议,则可以由第三人解释合同;如果诉诸法院或者申请仲裁,就由法院或者仲裁机构进行解释。不过,由于诉讼和仲裁是合同纠纷解决的主要方式,故而,合同解释的主体主要是法院和仲裁机构,具体为法官和仲裁员。

(二)合同条款有争议的解释

由于合同中的要约和承诺均是有相对人的意思表示。当事人对合同条款理解有争议的,需要借助意思表示的解释方法消除争议,明确合同内容。我国《民法典》要求合同条款的解释,应援引第 142 条第 1 款关于有相对人的意思表示的解释规则来进行。按照该条规定,当事人对合同条款的理解发生争议时,应当按照所使用的词句、合同有关条款、行为的性质、合同目的、交易习惯以及诚实信用原则,确定该条款的真实意思。

针对有相对人的意思表示,《民法典》兼采主观解释与客观解释两种方式。《民法典》第 142 条第 1 款规定中所谓“按照所使用的词句,结合相关条款、行为的性质和目的”解释,要求意思表示的解释应当探究表意人的主观目的和意图,这实际上是主观主义解释方法的体现;而按照“习惯以及诚信原则”解释,则体现了客观主义的解释方法。从这一意义上说,有相对人意思表示的解释实际上是两种解释方法的结合。

1. 文义解释。文义解释是对用语应当按照通常的理解进行解释。按照通常的理解进行解释,意味着不能根据当事人任何一方的理解来解释意思表示,而应当以一个普通人对意思表示用语的合理理解进行解释。应坚持从合同所使用的词句出发,以客观文义为主、主观文义为辅,遵循主客观相统一原则,才能对合同作出科学的、有说服力的解释。

2. 整体解释。整体解释又称为体系解释,是将全部合同的各项条款以及各个构成部分作为一个完整的整体,综合考虑各个条款和各个部分的相互关联性、争议的条款与整个合同的关系以及争议条款在合同中所处的地位等各方面因素,来确定争议的合同条款的含义。既不能局限于合同的字面含义,也不应将合同的只言片语作为当事人的真实意图,更不能断章取义。如果合同中的数个条款相互冲突,应当将这些条款综合在一起,根据合同的性质、订约目的等来考虑当事人的意图,尤其是当事人在合同中所使用的语言文字必须联系起来考察。在适用整体解释时,还应当遵循以下规则:(1)借助整体来理解个别条款规则。(2)特别约定优先于普通约定的规则。(3)在同一份合同文件中,手写条款优先印刷条款。(4)明示其一即排斥其他规则。它是指当事人在合同中明确提及特定种类的一种或者多种事项,可以视为以默示的方法排除了该种类以外的其他事项。(5)数量和价格条款中,大写数字与小写数字并存但相互抵触,原则上应当确定大写数字的效力优先于小写数字。

3. 目的解释。当事人订立合同都要追求一定的目的,合同订立的目的是当事人从事交易行为所希望达到的目的,合同本身也不过是当事人实现其目的的手段。因此,合同解释要求结合合同的目的确定当事人的真实意思。

4. 习惯解释。解释合同应当依据交易习惯进行。交易习惯可以分为:一般的交易习惯,即通行于全国的习惯;特定区域的交易习惯,即所谓的地区习惯;特殊行业的交易习惯;当事人之间长期从事某种交易所形成的习惯。如果当事人就合同条款发生争议,则通常应当按照习惯解释合同条款。如果地区习惯与一般的习惯发生冲突,应当以一般的习惯为准。如果地区习惯与行业习惯发生冲突,应当确定行业习惯优先。如果对某一条款发生争议之后,一方是按照一般的或特殊的以及行业的习惯来理解的,而另一方是按照当事人过去从事系列交易时所形成的习惯来理解的,则应当按照系列交易的习惯进行解释,这主要是因为从系列交易中形成的习惯更接近当事人的意思。

5. 依诚实信用原则进行解释。依据诚信原则进行解释,要求解释者将自己作为一个诚实守信的当事人来判断、理解合同内容和条款的含义,即如果当事人在合同中对相关事项约定不明,则应当按照一个诚实守信的人所应当作出的理智选择进行解释。在依据诚实信用原则解释合同时,需要平衡当事人双方的利益,公平合理地确定合同内容。在当事人未就相关事项作出约定或者约定不明时,即存在合同漏洞,此时要考虑一个合理的、诚实守信的商人,在此情况下应当如何作出履行,或者说应当如何作出意思表示,以此来填补合同的漏洞。

上述各项合同解释的原则构成了一个完整的规则体系,一般来说,在当事人就合同条款含义发生争议时,首先应当按照文义解释的方法,对该条款的准确含义进行解释。如果该条款涉及合同的其他条款或规定,则应当适用整体解释的方法。如果依合同本身的文字材料不能进行解释时,则应当采用目的解释、习惯解释及诚信原则等方法进行解释。如果文义解释等与目的解释的结果不一致,应根据合同的目的进行解释。〔2〕

---

〔2〕　王利明:《合同法》(第2版),中国人民大学出版社2021年版,第313～318页。

（三）采用两种以上文字订立的合同的解释

合同文本采用两种以上文字订立并约定具有同等效力的，对各文本使用的词句推定具有相同含义。各文本使用的词句不一致的，应当根据合同的性质、目的以及诚信原则等予以解释。

1. 各文本内容一致性的推定。当事人使用了多种语言订立同一意思表示，即使当事人没有特别约定各意思表示文本之间的关系，合同文本采用两种以上文字订立并约定具有同等效力的，对各文本使用的词句也推定具有相同含义。具体适用应注意以下规则：(1)合同文本采用两种以上文字订立并约定具有同等效力的，应以符合无歧义文本的理解为准，此为“相同含义之推定”之义。(2)如果当事人虽然采用两种以上文字订立合同，但明确约定了文本在解释上的先后顺序，则依约定确定各文本理解的顺序。(3)如果当事人采用两种以上文字订立合同，但并未明确约定各文本之间效力的，应区分情形认定：若针对同一事项，各文本所使用语句的含义是明确、独立的，各文本签订时间有先后顺序，原则上以最后文本之语句内容为准。

2. 各文本内容不一致的解释。若各文本使用的词句不一致的，应当根据合同的性质、目的以及诚信原则等予以解释：(1)根据合同的性质进行解释。合同性质主要是指合同类型，依据合同性质解释，是指判断词句不一致时，要确定哪一种表达更符合当事人的意思且与合同性质一致。(2)根据合同目的进行解释。解释合同应当首先判断当事人的目的，当事人订立合同都是要追求一定的目的，目的解释在合同解释中具有重要地位。合同订立的目的是当事人从事交易行为所希望达到的目的，合同本身不过是当事人实现其目的的手段。(3)依据诚实信用原则进行解释。如果当事人在合同中缺乏约定或者条款本身不明确，则应当按照一个诚信的人所应做出的理智选择进行解释。(4)整体解释。各文本使用的词句不一致的，还要结合交易当事人的订约背景、相关资料以及交易习惯等进行整体解释。

思考题

1. 试述合同法的调整对象。
2. 简述合同法的基本原则。
3. 简述合同自由原则的含义及其限制。
4. 简述合同的含义及法律特征。
5. 简述有偿合同和无偿合同及其区分意义。
6. 简述无名合同的法律适用规则。
7. 简述一时性合同和继续性合同的区别。
8. 简述合同的相对性原理及其例外。
9. 试述合同的解释规则。

阅读指引

关于《民法典》编纂过程中合同编的立法研讨

1. 王利明：《民法分则合同编立法研究》，载《中国法学》2017 年第 2 期。
2. 韩世远：《民法典合同编一般规定与合同订立的立法问题》，载《法学杂志》2019 年第 3 期。
3. 王利明：《论民法典合同编发挥债法总则的功能》，载《法学论坛》2020 年第 4 期。

4. 石宏：《合同编的重大发展和创新》，载《中国法学》2020年第4期。

关于合同相对性的相对性原理及其突破

1. 徐静：《对突破合同相对性原则的再认识——兼及对〈德国民法典〉第359条之借鉴》，载《法学论坛》2012年第1期。
2. 姚晟琦：《合同相对性例外之原因分析》，载《法律适用》2012年第3期。
3. 马超、邵和平：《论合同相对性原则突破的原因、内涵与价值》，载《河北法学》2013年第7期。
4. 杨浦：《论合同相对性原则的适用边界》，载《交大法学》2020年第3期。

关于合同解释的规则和方法

1. 叶金强：《合同解释理论的一元模式》，载《法制与社会发展》2013年第2期。
2. 崔建远：《合同解释与法律解释的交织》，载《吉林大学社会科学学报》2013年第1期。
3. 张艳：《论合同解释方法的运用》，载《法律适用》2013年第11期。
4. 杨志利：《论合同解释上的主客观主义与理性人标准》，载《东方法学》2014年第5期。

第二章　合同的订立

导学案例

甲在乙公司选购了电视机1台，价款6000元，货款付清后，店员丙告诉甲可代客送货，因此甲在所购电视机箱上书明姓名、地址，请求丙代为送达。丙于当天交由与乙公司有送货合同的丁公司送货，在运送途中丁公司的司机戊，驾车不慎导致交通事故，电视机因撞车而损坏。请问甲乙买卖合同的清偿地在哪儿？

第一节　合同订立的概念与方式

一、合同订立的含义

合同的订立，是指两个或两个以上当事人互为意思表示，就合同内容经过协商一致达成合意的过程。合同的订立过程就是合同当事人进行协商，使各方的意思表示趋于一致的过程。它包括要约和承诺两个阶段。合同成立指合同当事人对合同的标的、数量等内容协商一致而建立了合同关系。合同的成立必须基于当事人的合意，始于承诺生效；承诺一旦生效，当事人就合同主要内容协商一致，合同就成立。但是，合同订立与合同成立并不相同，合同订立描述的是自合同当事人相互接触、洽谈直至合意的过程，其是个动态行为与静态协议相统一的过程性行为；而合同成立意味着合同产生和存在，合同订立包括合同成立，合同成立是合同订立的结果，因此，合同订立与合同成立是紧密联系、相辅相成却又彼此不同的关系。

合同是当事人意思表示一致的结果，订立合同的当事人必须具备一定的独立表达自己意思和理解自己行为性质和后果的能力，这就要求合同主体具备相应的民事权利能力和民事行为能力。具有完全民事行为能力的自然人可以在法律允许的范围内订立各种合同；无民事行为能力的自然人，单独订立的合同无效；限制民事行为能力人订立的纯获利益的合同或与其年龄、智力、精神健康状况相适应的合同有效；订立的其他合同须经法定代理人同意或者追认后有效。对于法人和非法人组织而言，其民事行为能力取决于其经营范围，但超越经营范围订立的合同一般也有效。

二、合同订立的方式

合同订立的方式即当事人采取何种方法和形式订立合同。当事人订立合同，可以采取要约、承诺方式或者其他方式。可见，合同的缔约方式既可以是要约—承诺方式，也可以是其他方式。

（一）要约—承诺方式

合同以要约—承诺方式订立的情形，主要有谈判、函电往来、招投标、拍卖、强制缔约、附合缔约等方式。

1. 谈判的订约方式,即订立合同的各方当事人面对面地进行会谈,经过要约、承诺两个阶段从而订立合同。函电往来的方式,即订立合同的各方当事人不见面而通过函电(包括信件、电报、电传、传真、电子数据交换和电子邮件)的方式将各自的意思表示出来,经过要约、承诺两个阶段而订立合同。谈判和函电往来,这是最普通、最常见的两类订约方式。

2. 以招标方式订立合同,需经过招标、投标、开标、定标、签约等过程。招标是指招标人通过一定的方式发布招标公告,公布招标事项以邀请各方向自己投标。招标公告属于要约邀请,招标公告中只表明一定的标准和订约条件,一般不包括未来合同的主要内容,其目的在于希望投标人提出合同条件,招标人从中选择最优者。投标指接受招标人的招标邀请、向招标人提出合同条件的投标人向招标人发出报价。投标属于要约,投标人须受投标的约束,投标后投标人就负有与招标人订立合同的义务,不得变更投标的内容,招标人取得承诺的资格。定标是指在评标的基础上作出选择,确定中标人。定标属于承诺,因此定标后,招标人应立即向中标人发出中标通知,然后与中标人正式签订合同。

3. 拍卖,是订立买卖合同的一种特殊方式。它是指以公开竞价的形式,将特定物品或财产权利转让给最高应价者的买卖方式。它一般需经过拍卖、拍买、拍定等过程。拍卖是拍卖人提出拍卖的意思表示,拍卖公告属于要约邀请。拍买是竞买人即拍买人向拍卖人提出自己报价的意思表示。拍买属于要约,各竞买人提出的报价是公开的,并可以随时予以修正。拍定是指拍卖人接受拍买人提出的条件。拍定属于承诺,一经拍定则拍卖程序结束,出价最高的竞买人即为买受人。

4. 强制缔约,是指合同一方当事人对于对方的要约,非有正当理由不得拒绝承诺的缔约方式。在强制缔约的情况下,缔约义务人对要约的沉默通常应理解为默示承诺。缔约义务人在无正当理由的情况下拒绝缔约而导致对方损害的,应负损害赔偿责任。

5. 附合缔约,是指合同条款由当事人一方预先拟定,对方只有附合该条款(意思)方能成立合同的缔约方式,依该方式成立的合同为格式合同。关于格式合同(格式条款)在本章第七节有详细论述。

(二)要约—承诺之外的其他方式

合同的缔约除要约—承诺方式外,当事人可以采用其他方式订立合同。这主要是因为在实践中,有一些当事人采用了无法区分要约与承诺的订约方式,或在有一些场合中,并无必要区分要约与承诺。要约与承诺的区分通常体现在远距离且非即时的交易中,而在近距离的和以智能合约为典型的自动执行的合同中,则没有进行区分的意义。《国际商事合同通则》和《欧洲民法典草案》均承认了要约、承诺以外的其他方式订立的合同。以其他方式订立合同的具体情形,一般有交叉要约、意思实现、事实合同、智能合约等。

1. 交叉要约。所谓交叉要约,是指订约当事人采取非直接对话的方式,相互不约而同地向对方发出了内容相同的要约。上市公司股票买卖与期货商品买卖,大多采用了交叉要约的方式。可见,交叉要约也是常被采用的订约方式。交叉要约之所以被归入"要约—承诺"以外的其他方式,是因为在"要约—承诺"方式中,被评价为承诺的意思表示的发出时间须在要约到达之后,须是受要约人了解了要约的内容后作出接受该要约的意思表示。除时间因素及因此所带来的差异外,交叉要约与普通的以"要约—承诺"方式订立合同没有区别。交叉要约的特点在于通过交叉要约使合同成立时间提前,从而鼓励交易,减少交易费用。

2. 意思实现。在以"要约—承诺"方式订立合同时,当事人需要各自作出缔约的意思表示。在特殊情况下,受要约人从事了某种履行行为或受领行为,此种行为若适用有关默示的意思表示的规则,仍在到达相对人时意思表示生效、合同成立,则对行为人保护有所不周。为实现对行为人的周到保护,学说承认在例外情况下,当事人可以意思实现的方式订立合同,即受要约人从事了某种可认为其有承诺意思的行为,在受要约人从事此种行为时合同成立,无须受要约人的承诺意思到达要约人。对于意思实现究竟是属于"要约—承诺"方式以外的其他方式,还是属于"要约—承诺"方式中的一种特殊情形,学说存在争议。本书采肯定立场,其属于"要约—承诺"之外的其他方式缔约类型。

3. 事实合同。在理论上,事实合同不需要采用"要约—承诺",应属于"要约—承诺"之外的其他方式缔约类型。所谓"事实上的合同关系",其核心观点是,当事人之间可以因为一定的事实过程而成立合同,此种合同的成立不需要当事人达成合意,但其仍具有合同内容的实质,因而只是成立方式与传统的合同不同,关于其内容仍应适用合同法的规则。德国学者豪普特将"事实上的合同关系"类型化为三种:一是基于社会接触而产生的事实上的合同关系,如当事人为缔约而进行社会接触的过程中一方对另一方负有照顾、通知、保护等义务;二是基于团体关系而产生的事实上的合同关系,主要是在合伙合同或劳动合同无效或被撤销时已形成的事实上的合伙或劳动关系;三是基于大企业经营公共事业的过程中所产生的事实上的合同关系,如供应电、水、气等法律关系。对于"事实上的合同关系",德国学者多已放弃这一理论。但在我国司法实务中,存在大量的以事实合同裁判的案件,但是这种意义上的事实合同多指双方未以书面形式订立合同的情形。这种情形的事实合同,不过是以口头形式或以行为方式默示作出意思表示的情形,完全可以通过其他法律制度予以解释和规范,没有必要采用所谓的事实合同理论,因此我国司法中的事实合同与"事实上的合同关系"理论完全不同,误解了"事实上的合同关系"理论本身,是令人尴尬的张冠李戴。[1] 并且,若认可"事实上的合同关系"理论,将可能动摇和摧毁以意思表示为核心建构的整个合同法律体系,因此,我国民法不应承认"事实上的合同关系"理论为宜。

第二节　合同内容与合同形式

一、合同的内容

(一)合同权利

合同权利又称合同债权,是指债权人依据法律或合同规定而享有的请求债务人为一定给付的权利。合同债权作为一种财产权利,主要有如下几项权能:

1. 履行请求权。履行请求权是合同债权最核心的权利,是指债权人有权请求债务人依据法律和合同规定,为一定行为或不为一定行为。如请求债务人依据合同的规定交付财产或提供劳务等。

2. 受领给付权。当债务人根据法律规定或当事人约定履行债务时,债权人有权接受并永久

---

〔1〕 朱庆育:《民法总论》(第2版),北京大学出版社2016年版,第160页。

保持因履行所得的利益。应当注意的是,债务人应为的履行行为与债权人受领履行结果是不同的,债权人利益的满足在于债务人履行给付义务的结果,而不在于债务人履行给付义务本身。所以,债权人享受的给付受领权乃是债权的一项重要内容。

3. 债权保护请求权。当债务人不履行或不适当履行债务时,债权人有权请求国家机关予以保护,强制债务人履行债务或承担违约责任,此种权利不是诉权,而是债权的一项权能。

4. 保全债权的权利。合同债权主要是请求权,但除请求权之外,还包括保全债权等权利。合同保全债的主要种类是债的对外效力的体现,是由法律直接规定的,其效力已经超出了请求权的范畴,是债权人所享有的一种法定权利。

5. 处分权。处分权是指债权人享有处分债权的权利。例如,债权人有权将债权转让给他人,有权通过免除债务人的债务而抛弃债权,有权通过抵销债务而处分债权,债权的抵销权根本上是由债权是一种具有财产内容的权利所决定的。

(二)合同义务

合同义务又称合同债务,是指债务人根据法律或合同规定为一定行为的义务。现代合同法发展的一个主要趋势是合同义务来源的多样化。合同义务的产生,可以是依据法律规定的法定义务、当事人的约定义务、依据诚信原则产生的附随义务。合同义务可以从不同的角度进行分类。

1. 给付义务和附随义务。给付义务,是指合同当事人约定,一方当事人应为一定作为或不作为的义务。它可分为主给付义务和从给付义务。所谓主给付义务,是指合同关系所固有和必备的,且直接影响到合同当事人订立合同的目的的义务。例如,在买卖合同中,买方交付价款从而获取标的物的义务,卖方交付标的物从而获取价款的义务都是买卖合同中的主给付义务。从给付义务,简称为从义务,是不具有独立的意义,仅具有补助主给付义务功能的义务,其存在的目的不在于决定合同的类型,而在于确保债权人的利益能够获得最大满足。例如,出卖人应当按照约定或者交易习惯向买受人交付提取标的物单证以外的有关单证和资料。

附随义务是指合同当事人依据诚实信用原则所产生的,根据合同的性质、目的和交易习惯所应当承担的通知、协助、保密等义务。由于此种义务是附随于主给付义务的,因此被称为附随义务。附随义务的产生,是为了强化合同法领域的商业道德,从而以法定的合同义务形式表现出来,这对于维护合同的实质正义起到了重要作用。

2. 约定义务和法定义务。约定义务是当事人在合同中经双方协商所确定的义务;法定义务是法律、行政法规所规定的义务。从性质上看,合同法主要是任意性的规范,合同当事人通过自由协商来决定其相互间权利义务关系,只要当事人协商的条款不违背法律的禁止性规定、社会公共利益和公共道德,法律即承认其效力。只有在当事人没有约定或约定不明确的情况下,才应当适用法律的规定。但是,也有一些法律法规规定了合同当事人必须遵守的强制性义务,从而形成了合同法中的法定义务,这种法定义务主要包括两大类:(1)法律、行政法规等为合同当事人所设立的作为和不作为的义务;(2)依诚实信用原则所产生的附随义务。

3. 明示义务和默示义务。所谓明示义务,是指当事人以口头或书面等形式所约定的义务。通常明示义务是在书面合同中明确规定的,书面合同中规定的所有义务都是明示义务。但除了书面合同以外,当事人也可以通过口头约定而确定明示义务。

所谓默示义务,是指依据合同的性质和交易习惯所确定的义务。具体包括两种:(1)依据合同的性质和目的必须由合同的当事人所承担的义务。例如,在旅客运输合同中,承运人根据合同的性质负有安全地将旅客运送到目的地的义务,无论当事人在合同中是否对此义务作出了约定,都可以认为承运人负有该默示义务。(2)依据交易习惯产生的默示义务。

二、合同条款

合同的内容可以从两方面理解:一方面合同的内容是指依据法律规定和合同的约定所产生的权利义务关系,简称为合同权利和合同义务。另一方面将合同理解为法律文书,则合同的内容是指合同条款,是合同当事人权利和义务的具体体现。

(一)合同条款的分类

合同条款可以根据不同的标准进行分类:必备条款和非必备条款、格式条款和非格式条款等。其中必备条款和非必备条款是最重要的分类方法。

1. 必备条款和非必备条款。必备条款,是指依据合同的性质和当事人的特别约定所必须具备的条款,缺少这些条款将影响合同的成立。必备条款主要包括两个方面:(1)依据合同的性质所必须具备的条款,如所有的合同都应具备当事人姓名或名称、标的和数量条款;(2)根据当事人的特别约定或法律规定所必须具备的条款。我国司法实务一般认为,合同中的姓名或名称、标的和数量条款是合同的必备条款。但是,就合同理论和实践角度而言,数量条款并非为合同的必备条款,因为实践中的合同,经常会存在数量条款不确定的情形。

对于非必备条款,只要当事人在合同中特别约定并将其作为合同成立的必备条款,则这些非必备条款都可以成为必备条款。必备条款可以是当事人约定的;也可以是法律直接规定的,但必须由合同的类型和性质决定。

非必备条款,是指依据合同的性质,在合同中不是必须具备的条款。也就是说,即使合同不具备这些条款也不应当影响合同的成立,如有关履行期限、数量、质量等条款。在缺少这些条款的情况下,可以根据《民法典》第510、511条规定的漏洞填补规则进行漏洞的填补。

必备条款和非必备条款的区别:(1)是否依据合同的性质。必备条款是依据合同的性质所必须具备的条款,而非必备条款则是依特定合同的性质所不必具备的条款。(2)是否根据当事人的特别约定。一些必备条款是当事人特别约定合同必须具备的条款,即使是非必备条款,只要当事人在合同中特别约定并将其作为合同成立的必备条款,则这些非必备条款都可以成为必备条款。(3)是否影响合同的成立与生效。原则上说必备条款是特定合同所必须具备的,所以缺少必备条款会影响到合同的成立或生效,而非必备条款的缺少并不产生如此效果。

2. 格式条款和非格式条款。格式条款,是指由一方为了反复使用而预先制订的在订立合同时不与对方协商的条款。非格式条款,是指当事人在订立合同时可以与对方协商的条款。

区分格式条款与非格式条款的主要意义在于加强对相对方(非格式条款制定人)权益的保护。为了加强对格式条款的规范,法律规定了以下规则:(1)明确格式条款制定方采取合理方式,提请对方注意免除或减轻其责任等与其有重大利害关系的条款,并按照相对方的要求对该条款予以说明;若格式条款制定方未履行提示或说明义务,致使相对方没有注意或理解与其有重大利害关系的条款的,对方可以主张该条款不成为合同的内容,此即格式条款的订入规则。(2)禁止格式条款的制定者利用格式条款免除其责任、加重对方责任,排除对方主要权利。(3)在解释格式条款时应当作出不利于提供格式条款一方的解释。这些规定不仅对于经济上处于弱者地位的消费者的权利提供了有力的保障,而且可以有效地防止和限制公司与企业滥用经济优势损害消费者的利益。

（二）合同的一般条款

合同的一般条款,即合同法从合同的性质和目的出发所规定的提示性条款。当事人在订立合同时应尽可能包括这些条款。如果合同不能包括这些条款,也并不一定导致合同的不成立,只有缺少必要条款才导致合同不成立,缺少非必要条款并不会导致合同的不成立。合同中的一般条款有以下几类。

1. 当事人的名称、姓名和住所条款。要确定合同的主体,首先应当在合同中确定当事人的姓名和住处。如果当事人是以合同书的形式订立的合同,则必须在合同书中明确写明姓名或名称,并且要签字、盖章或按指印。当事人的住所是表明当事人的主体身份的重要标志。合同中写明住所的意义在于通过确定住所,有利于决定债务履行地、诉讼管辖、涉外法律适用的准据法、法律文书送达的地点等。当然,如果合同中没有写明住所,只要当事人是确定的也不应当影响合同的效力。

2. 标的条款。标的是合同当事人的权利义务指向的对象。标的是合同成立的必备条款。合同的标的一般为有形财产、无形财产、劳务、工作成果。

3. 数量条款。数量是度量标的的基本条件,尤其在买卖等合同中,数量条款直接决定了当事人的权利和义务。当事人在确定数量条款时,应当约定明确的计量单位和计量方法。计量单位除国家明文规定以外,当事人可以有权选择非国家或国际标准计量单位,但应当确定其具体含义。

4. 质量条款。标的质量也是确定合同标的的重要指标。标的质量要求须详细具体,如标的技术指标、质量要求等都要准确。质量条款在一般情况下并非合同的必要条款。

5. 价款或报酬条款。价款是指以物或货币为标的的有偿合同中,取得利益的一方当事人作为取得利益的代价而应向对方支付的金钱。如买卖合同中的价金等。报酬指以行为为标的的有偿合同中,取得利益的一方当事人作为取得该利益的代价而应向对方支付的金钱。如运输合同中的运费等。

6. 履行期限、地点和方式条款。这是指当事人履行合同和接受履行的时间。履行期限直接关系到合同义务完成的时间,涉及当事人的期限利益,也是确定合同是否按时履行或迟延履行的客观依据。合同履行可分为即时履行、定时履行、分期履行。

履行地点指合同当事人履行合同与接受履行的地点。不同的合同,履行地点有不同的特点。履行地点是确定运费承担、风险承担、所有权转移的依据,也是发生纠纷后确定诉讼管辖的依据之一。

履行方式,是指当事人履行合同与接受履行的方式,包括交货方式、行为实施方式、验收方式、付款和结算方式等。

7. 违约责任条款。违约责任,是指当事人一方或双方不履行合同或不适当履行合同,依照法律的规定或按照当事人的约定应当承担的法律责任。

8. 解决争议的方法条款。即当事人可以在合同中约定,一旦发生争议以后,是采取诉讼还是仲裁的方式,如何选择适用的法律,如何选择管辖的法院等。当然,解决争议的方法并不是合同的必要条款。如果当事人没有约定解决争议的方法,则在发生争议以后,应当通过诉讼解决。

合同法这八大示范性条款,应正确理解:(1)该条所列八大条款属倡导性规范,具有提示作用,意在提醒当事人订立合同时应尽可能周详。(2)本条款不具强制作用,不是强行性规范,违反该条并不使合同当然无效。(3)这些条款并非每个合同均须具备,有些条款是有些类型合同所不需要的,如赠与合同即无价款或者报酬。当然,当事人和标的条款是所有合同的必要条款,但数量条款并非所有合同的必备条款。

三、合同的形式

(一)合同形式的概念

所谓合同形式,是指合同当事人所达成协议的表现形式,是合同内容的载体。合同的形式可由当事人选择,口头形式、书面形式或其他形式均可;但法律、行政法规规定或当事人约定采用书面形式的,应当采用书面形式。

(二)合同形式的类型

1. 口头形式。口头形式是指当事人只用语言为意思表示订立合同,而不用文字等书面形式表达协议内容的合同形式。口头形式的合同简单、方便、迅速、直接并且缔约成本低,一般在数额较小或现款交易时适用,老百姓在日常生活中广泛采用这种形式。但口头形式没有文字凭证,发生争议时,不易取证,难以分清是非责任。因此,为减少纠纷起见,当事人在订立合同时,能够不采用口头形式的,尽量不采用口头形式。一般来说,简单的、标的很小的、即时清结的合同,大量采用的是口头形式。

2. 书面形式。书面形式是指合同书、信件和数据电文(包括电报、电传、传真、电子数据交换和电子邮件)等可以有形地表现所载内容的形式。所谓"有形地表现所载内容的形式":一是书面形式都应当具有有形的载体,可以有形地展现合同的内容。二是书面形式必须能够记载并表现合同的内容。尤其是此种表现应当是将来可以随时查询的。如果只是暂时的储存而不能随时调取、查询的,则不能称为书面形式。当事人可以自由约定是否采用书面形式,但如果法律有特别规定和当事人有特别约定需要采用书面形式的,则应当采用书面形式。

书面形式的主要功能包括:第一,保存证据的功能。第二,明确合同内容的功能。第三,提醒慎重缔约的功能。第四,保护弱者的功能。如在不动产买卖、房屋租赁等交易领域,要求采取书面形式,主要目的就是保护消费者、防止对方当事人利用其优势订约地位侵害消费者的合法权益。第五,防止欺诈的功能。书面形式的最大好处是有助于防止欺诈和伪证。

我国民法典中关于合同的书面形式,包括以下类型:

(1)合同书。合同书是指载有合同条款且有当事人双方签字或盖章的文书。合同书是最典型的也是最重要的书面形式。合同书必须以文字凭据的方式作为内容载体,须载有合同的全部条款或必备条款,此外,还须要有当事人双方及其代理人的签名、盖章或者按指印。

(2)信件。合同法中所称的信件不同于一般的书信,其必须载有合同的条款,能够用来作为证明合同关系和合同内容的凭据。但信件又不同于合同书,表现在它不具有双方的签名或盖章,而通常只是有一方的签名或盖章。因此,《民法典》规定,当事人采用信件、数据电文等形式订立合同要求签订确认书的,签订确认书时合同成立。由于采信件的方式只有一方的签名,且信件的内容也不像合同书那样规范,因而法律允许当事人采用信件缔约时要求签订确认书。

(3)电报、电传、传真。电报、电传、传真应与数据电文相区分。数据电文主要是指电子数据交换和电子邮件,不包括电报、电传、传真。因为电报、电传、传真等可以以书面的载体有形地表现所载内容,而电子数据交换和电子邮件不能够以书面的载体有形地表现所载内容。另外,只有电子数据交换和电子邮件才有可能进入指定数据电文接收系统,而电报、电传、传真只有收件人和收件地址问题,不存在进入指定数据电文接收系统的问题。我国法律历来将电报、电传、传真作为典型的书面形式来处理。

(4)电子数据交换、电子邮件可视为书面形式。电子数据交换、电子邮件等方式能够被视为书面形式,必须满足如下两个要件:第一,必须能够有形地表现所载内容。第二,必须可以随时调取查用。通过数据电文形式订立的合同通常称为电子合同。

3. 其他形式。合同的其他形式主要是默示形式和视听资料形式。默示形式包括作为的默示和不作为的默示,并且作为的默示是其主要情形,作为的默示主要表现为履行行为。因此,当事人未采用书面形式,但当事人一方已经履行主要义务且对方接受时合同成立。不作为的默示即沉默,指行为人既不以语言表示,也不用行为表示,而是以消极的不作为方式进行意思表示。沉默只有在法律规定、当事人约定或符合当事人的交易习惯时,才可以视为意思表示,从而产生相应的法律后果。

视听资料形式是指以录音、录像之类的视听手段记载合同内容的形式。当事人以录音、录像等视听资料形式实施的民事法律行为,如有两个以上无利害关系人作为证人或者其他证据证明该民事法律行为符合民事法律行为有效的要件,可以认定有效。

(三)履行治愈形式瑕疵规则

所谓履行治愈形式瑕疵规则,是指欠缺法定或者约定形式要件的合同因当事人履行的事实而弥补合同缺陷,使本来无效的合同成为有效合同。在比较法上,履行治愈规则也是被普遍认可的。法律规定或者当事人约定合同应当采用书面形式订立,当事人未采用书面形式但是一方已经履行主要义务,对方接受时,该合同成立。履行治愈规则表明在法定或者约定形式欠缺的情形下,当事人可以通过实际履行的方式弥补合同形式上的瑕疵。

通过实际履行的方式促使合同成立,须符合如下两个条件:(1)必须是一方履行了主要义务。之所以要求一方履行主要义务,是因为当事人一方必须以实际履行的方式发出要约。且由于要约的内容必须具体、确定,必须包含未来合同的主要条款,因此一方的实际履行中必须包含了未来合同中的主要条款。根据合同的性质,认定一方当事人所履行的义务包含了合同的主要条款,而对方接受的,则应当认定合同已经成立。(2)另一方必须无条件地接受履行,且并未提出异议。所谓"对方已经接受履行"应当是指完全接受,而不能附带条件或提出新的条件,且没有提出任何异议。如果接受履行的一方当事人在接受时提出了异议,或提出新的条件,可能构成反要约,或提出了新的要约,仍然不能导致合同成立。在判断合同成立时,上述两个要件缺一不可。这表明以实际履行方式订约也应当由当事人双方就合同的主要条款完成要约、承诺的过程,即就合同的主要条款形成合意,否则不能产生订立合同的效果。

第三节　合同的成立

一、合同成立的条件

一般而言,合同成立应具备下列条件:

1. 有双方或多方的缔约人。缔约人是指实际订立合同的人,既可是合同当事人,也可以是合同当事人的代理人。

2. 缔约当事人就合同主要条款达成合意。合同成立的根本标志在于合同当事人就合同的主要条款达成合意。

3. 合同成立应经过要约和承诺阶段。当事人订立合同须采取要约、承诺方式。要约和承诺是合同成立的基本规则，也是合同成立必须经过的两个阶段。如果合同没有经过承诺，而只是停留在要约阶段，则合同根本未成立。

当然，以上仅是合同的一般成立要件。由于合同的性质和内容不同，许多合同还可能具有其特定的成立要件。对实践合同来说，应以实际交付标的物作为其成立要件，如定金合同、自然人借款合同、保管合同等实践合同，须交付标的物才能成立；而对于要式合同来说，则应履行特定的形式才能成立。

二、合同成立的时间

通常情况下，承诺生效时合同成立，但法律另有规定或当事人另有约定的除外。因此，一般情形下，承诺生效的时间即合同成立的时间。但合同成立的具体时间因签订合同的方式不同而有所不同。

（一）采用合同书的合同的成立时间

当事人通过要约承诺达成合意后，如果要另行签订合同书，那么，受要约人承诺到达时合同并不成立，而是自双方当事人签字、盖章或按指印时合同成立。但是，双方当事人的签字盖章也只是形式问题，实质上应当追求当事人的真实意思。如果一个以合同书形式订立的合同已经履行，而仅仅是没有签字盖章，就认定合同不成立，则违背了当事人的真实意思。当事人既然已经履行，合同当然成立，除非当事人的协议违背法律的强制性规定，即采用合同书形式订立合同，在签字、盖章或按指印之前，当事人一方已经履行主要义务，对方接受的，该合同成立。

（二）采用确认书的合同的成立时间

合同确认书，是指双方当事人在对合同内容进行磋商之后，签订的最后确定其权利义务的书面文本。确认书的签订标志着合同的要约、承诺过程，即合同的订立过程的结束，标志着合同的正式成立，即当事人采用信件、数据电文等形式订立合同要求签订确认书的，签订确认书时合同成立。

（三）电子合同中的成立时间

当事人一方通过互联网等信息网络发布的商品或者服务信息符合要约条件的，相对方可以直接作出承诺达成交易。对方选择该商品或者服务并提交订单成功时合同成立，这是电子合同成立的一般规则。

但是，合同法奉行合同自由原则，允许当事人对此另外作出约定，此时以另外约定的时间为合同成立时间。这种“另外约定”，如当事人约定买受人提交订单为要约，出卖方确定有货并且发货时为承诺。在实践中，有的网购平台约定实际发货合同才成立，这种情况下买受人提交订单应当属于要约。

（四）未采用法定或约定形式的合同的成立时间

法律、行政法规规定及当事人约定采用书面形式的，应当采用书面形式，但当事人未采用法定或约定形式的，合同并非不成立，只要一方已经履行主要义务，对方接受的，合同即成立。显然，这种情形下，合同从一方接受对方履行时起成立。

三、合同成立的地点

承诺生效的地点为合同成立的地点。合同成立的地点关系到合同发生纠纷后起诉至法院的管辖问题。对于涉外合同，合同成立的地点还可决定应当适用的准据法，从而在实质上影响当事人的权利义务的实现。关于合同成立的地点，区分以下几种情形分别确定合同的成立地点：

1. 以对话方式作出承诺的通知。这种情形下，承诺生效的时间为要约人知道承诺的内容时。此时，如果双方以面对面的方式作出了要约与承诺，则当事人对话的所在地应当成为合同成立地。如果该对话并非以面对面的方式作出，如以拨打电话等方式订立合同，则要约人知晓承诺内容的地点即要约人的所在地为合同的成立地。

2. 承诺以对话、通知以外的方式作出的。在有交易习惯或要约要求的情况下，可以不以通知的方式作出承诺，而是以作出一定行为的方式作出。例如，要约人以现物要约，承诺人将标的物拆开包装并进行使用，则承诺的行为作出时承诺生效，相应地，承诺行为作出的地点则为合同成立的地点。

3. 以实际履行的方式作出承诺时合同的成立地点。如果当事人通过实际履行来订立合同的，则合同承诺到达相对人时发生效力，相应地，合同成立的地点也应当为默示承诺到达的要约人所在地。

4. 采用数据电文形式订立合同的，收件人的主营业地为合同成立的地点；没有主营业地，其经常居住地为合同成立的地点。当事人另有约定的，约定的地点为合同成立的地点。

5. 当事人采用合同书形式订立合同的，双方当事人签字、盖章或按指印的地点为合同成立的地点。如果合同约定了签订地的，合同约定的签订地与实际的签字、盖章或按指印的地点不一致的，人民法院应当认定约定的签订地为合同签订地；合同没有约定签订地，双方当事人签字、盖章或按指印不在同一地点的，人民法院应当认定最后签字、盖章或按指印的地点为合同签订地。

第四节　要　　约

一、要约的概念

要约又称为发盘、发价等，是一方当事人以缔结合同为目的，向对方当事人所作的意思表示。发出要约的人称要约人，接受要约的相对人称为受要约人、相对人、承诺人。

一项要约要发生法律效力，则必须具有特定的有效条件；不具备这些条件，要约在法律上不能成立，也不能产生法律效力。要约的要件如下：

1. 要约是由具有缔约能力的特定人作出的意思表示。根据合同法规定，要约人应当具有缔约能力，无民事行为能力人或依法不能独立实施某种行为的限制民事行为能力人发出欲订立合同的要约，不应产生行为人预期的效果。

2. 要约必须经受要约人承诺，要约人才受该意思表示约束。要约人发出要约的目的在于订立合同，而这种订约的意图必须要由要约人通过其发出的要约充分表达出来，才能在受要约人承诺的情况下产生合同。要约中必须表明要约经受要约人承诺,要约人即受该意思表示约束。

3. 要约必须向要约人希望与之缔结合同的受要约人发出。要约人向谁发出要约也就是希望与谁订立合同,要约只有向要约人希望与之缔结合同的受要约人发出才能够唤起受要约人的承诺。要约原则上应向特定的人发出,特定人可以是一个人,也可以是数个人。然而,这并不是说严格禁止要约向不特定人发出。一方面,法律在某些特定情况下允许向不特定的人发出订约的提议具有要约的效力;另一方面,要约人愿意向不特定人发出要约,并自愿承担由此产生的后果,在法律上也是允许的。

4. 要约的内容必须具体明确。根据合同法规定,要约的内容必须具体确定。所谓"具体",是指要约的内容必须具有足以使合同成立的主要条款,否则承诺人便难以做出承诺,即使作了承诺,也会因为这种合意不具备合同的主要条款而使合同不能成立。所谓"确定",是指要约的内容必须明确,而不能含混不清。

二、要约与要约邀请

(一)要约邀请

要约邀请,又称要约引诱,是指希望他人向自己发出要约的意思表示。要约邀请不是一种意思表示,而是一种事实行为,也就是说,要约邀请是当事人订立合同的预备行为,在发出要约邀请时,当事人处于订约的准备阶段。它不能因相对人的承诺而成立合同。在发出要约邀请以后,要约邀请人撤回其邀请,只要没有给善意相对人造成信赖利益的损失,要约邀请人一般不承担法律责任。

根据《民法典》第473条的规定,下列情形属要约邀请:

1. 寄送的价目表。价目表是商品销售者和服务营业者推销商品或者服务的一种方式,虽包含了商品名称及价格条款,且含有行为人希望订立合同的意思,但从中并不能确定行为人具有一经对方承诺即接受承诺后果的意图,而只是向对方提供某种信息,希望对方向自己提出订约条件,因此只是要约邀请,而不是要约。当然,如果在向不特定人派发的商品订单中明确表示愿受承诺的约束,或从其内容中可以确定有此意图,则应认定为要约。

2. 拍卖公告。拍卖公告是指卖人在拍卖前刊登或以其他形式发出的,希望有心之人在某一时间到某一地点参与拍卖竞价的意思表示。对拍卖公告,各国合同法一般认为是要约邀请,因为其中并未包含合同成立的主要条件,特别是价格条款,而只是希望竞买人提出价格条款。

3. 招标公告。招标公告是招标人向特定人发出的、以吸引或邀请相对方前来投标的意思表示。一般认为,招标公告属要约邀请,投标为要约,招标人的决标为承诺。值得注意的是,如果招标人在招标公告中明确表示将与报价最优者订立合同,则可视为要约。

4. 招股说明书。招股说明书是指拟公开发行股票的人经批准公开发行股票后,依法于法定日期和证券主管机关批定的报刊上刊登的全面、真实、准确地披露发行股票者的信息以供投资者参考的法律文件。它通过向社会提供股票发行信息,从而吸引投资者向发行人发出购买股票的要约,故属要约邀请。

5. 商业广告。广义的广告包括商业广告、公益性广告及分类广告,狭义的广告仅指商业广告,是指商品经营者或者服务提供者承担费用,通过一定媒介和形式直接或者间接地介绍自己所推销的商品或者服务的商业广告。商业广告一般不能构成要约,而属于要约邀请。但若广告内容符合要约规定,应视为要约。

6. 债券募集办法。债券募集办法又称发行章程或募债说明书,是指申请发行债券的企业,在有关债券募集的公告中,告知相关的公司债券募集办法。债券募集办法首先应当经证券管理部门批准,在获得批准之后对外公布,在债券募集办法中,要向公众告知有关债券总额、债券的票面金额、债券的利率还本付息的期限和方式、债券发行的起止日期等事项。由于债券募集办法只是发出公告,邀请相对人向自己购买企业债券,而不是在相对人作出购买的表示后直接成立合同关系,因此,企业发布债券募集办法在性质上属于要约邀请,而不构成要约。

7. 基金招募说明书。基金招募说明书又称为公开说明书,它是指基金管理人向投资者提供的经国家有关部门认可的介绍基金各项详细内容的法律文件。该法律文件是面向投资者的,以使广大投资者了解基金详情,并帮助其作出是否投资该基金决策为目的。企业发布基金招募说明书邀请投资者购买其基金,只是向公众发出了购买基金的邀请,有购买意愿的投资者在向企业发出购买基金的请求后,企业作出同意投资者购买的承诺,合同关系才能成立,因此,企业发布基金招募说明书的行为在性质上属于要约邀请,而不构成要约。

(二)要约与要约邀请的区分

根据我国司法实践和理论,可从如下几方面来区分要约和要约邀请:

1. 依法律规定作出区分。法律如果明确规定了某种行为为要约或要约邀请,即应按照法律的规定作出区分。根据《民法典》第 473 条的规定,拍卖公告、招标公告、招股说明书、债券募集办法、基金招募说明书、商业广告、寄送的价目表等为要约邀请,据此对这些行为应认定为要约邀请。

2. 根据当事人的意愿来作出区分。具体来说,如果某项意思表示表明当事人不愿意接受要约的拘束力,则只是要约邀请。若当事人在其行为或提议中特别声明是要约还是要约邀请的,则根据当事人的意愿来做出区分。

3. 根据订约提议的内容是否包含了合同的主要条款来确定该提议是要约邀请还是要约。要约的内容中应当包含合同的主要条款,这样才能因承诺人的承诺而成立合同。而要约邀请是希望对方当事人提出要约,因此它不必要包含合同的主要条款。但仅仅是以是否包含合同的主要条款来作出区分是不够的,即使表意人的意思表示中提出了未来合同的主要条款,但若在提议中声明不受要约的拘束,或提出需要进一步协商,或提出需要最后确认等,都将难以确定具有明确的订约意图,不能认为是要约。

4. 根据交易的习惯即当事人历来的交易惯例来区分。例如,询问商品的价格,根据交易习惯,一般认为是要约而不是要约邀请。

三、要约的效力

(一)要约对要约人的拘束力

要约对要约人的拘束力,又称为要约的形式拘束力,即要约一旦生效,要约人就要受到要约的拘束,不得任意撤回、撤销或者对要约加以限制、变更和扩张。其目的是保护受要约人的利益,维护交易安全。当然,法律允许要约人在要约到达之前撤回要约,同时要约人在符合法律规定的条件下,也可撤销要约。

关于要约的期限问题完全由要约人决定,如果要约人没有确定,则只能以要约的具体情况来确定合理期限。若要约没有明确规定该要约的存续期限,则应区分以下情况:以口头形式发出的要约,如果要约中没规定承诺期限,那么在受要约人立即作出承诺的时候,才能对要约人产生拘束力。以书面形式发出的要约,如果要约中没有规定存续期限,则应当确定一段合理时间作为要约存续的期限。合理期限的确定应考虑以下内容:即要约到达受要约人的时间;作出承诺所必要的时间;承诺通知到达要约人所必需的时间。当然,在实践中考虑要约的合理时间要根据每个要约的具体情况来定。

(二)要约对受要约人的拘束力

要约对受要约人的拘束力,又称为要约的实质拘束力,传统民法上也称为承诺定格,即受要约人取得承诺权。也就是说,受要约人在要约发生效力时,取得了依其承诺而成立合同的法律资格。但承诺不是受要约人的义务,要约人即使在要约中表明应在一定期限内答复,否则视为承诺,但这种言明对受要约人也不能产生约束力。不过,依据法律的特别规定或当事人的系列交易的惯有规则,受要约人在收到要约以后应当作出承诺或作出是否承诺的通知,属于例外规定,受要约人应予以遵守。

(三)要约的生效时间

要约的生效时间,即要约从什么时间开始生效。这既关系到要约从什么时间对要约人产生拘束力,也涉及承诺期限问题。对此有三种不同的立法例:一是发信主义,即要约人发出要约以后,只要要约已处于要约人控制范围之外,要约即产生效力。二是到达主义,又称为受信主义,是指要约必须到达受要约人之时才能产生法律效力。三是了解主义,要约人发出要约,到达相对人还不能生效,还必须相对人了解要约的内容时才生效。对于要约的生效时间,我国《民法典》兼采到达主义与了解主义。

要约生效的时间因以对话形式作出的与以非对话形式作出的而有所不同,具体规则如下:

1. 以对话方式作出的要约,相对人知道其内容时生效。以对话方式作出的要约是指当事人直接以对话的形式发出要约,如当事人面对面地订立口头买卖合同,或者通过电话交谈的方式订立合同。在以对话方式作出的意思表示中,意思表示的发出和相对人受领意思表示是同步进行的。因此,对以对话方式作出的要约而言,只有在相对人知悉对话的内容时,该要约才能够生效。如果相对人并不知道要约的内容,也无法作出相应的承诺,此时,应当认定要约未生效。因此,对以对话方式作出的要约生效,我国《民法典》采取了解主义,即相对人知悉和了解对话内容时生效。

2. 以非对话方式作出的要约,到达相对人时生效。以非对话方式作出的意思表示是指当事人以对话以外的形式发出意思表示,如采用邮件、传真等方式订立合同。以非对话方式作出意思表示的生效,我国《民法典》采取到达主义,即到达相对人时生效。

3. 非对话方式的数据电文形式的要约生效。在互联网时代,采用数据电文形式作出要约也是合同订立的重要方式。以非对话方式作出的采用数据电文形式的意思表示,相对人指定特定系统接收数据电文的,该数据电文进入该特定系统时生效;未指定特定系统的,相对人知道或者应当知道该数据电文进入其系统时生效。当事人对采用数据电文形式的意思表示的生效时间另有约定的,按照其约定。因此,以数据电文形式作出的要约生效,分为三种情形:(1)相对人指定了特定的系统接收数据电文的,此时,该要约自该数据电文进入该特定系统时生效。(2)未指定特定系统的,相对人知道或者应当知道该数据电文进入其系统时生效。一般认为,相对人未指定特定系统接收的,该数据电文进入收件人的任何系统的首次时间,推定为相对人知道或者应当知道该数据电文进入其系统的时间,此时即为要约的生效时间,除非相对人举证证明其不知道或不应当知道。(3)当事人对采用数据电文形式的意思表示的生效时间,另有约定的,从其约定。合同法奉行合同自由原则,当事人可以自由约定数据电文形式要约的生效时间。

四、要约的撤回、撤销与失效

(一)要约的撤回

要约的撤回,是指要约在发生法律效力之前,要约人欲使其不产生法律效力而取消要约的意思表示。撤回的对象是尚未生效的要约,目的是阻止其生效。撤回要约的通知,应当在要约到达受要约人之前或者与要约同时到达受要约人。有效的要约的撤回有两种情况:(1)撤回通知先于要约到达受要约人。(2)撤回通知与要约同时到达受要约人。

(二)要约的撤销

要约的撤销,是指要约在发生法律效力之后,要约人欲使其丧失法律效力而依法取消该项要约的意思表示。撤销要约的通知应当在受要约人发出承诺通知之前进行,因为受要约人一旦承诺,合同即成立。若要约人坚持撤销要约,则要承担违约责任。可见要约的撤销与要约的撤回的不同之处主要在于:要约的撤销发生在要约生效以后,要约的撤回发生在要约生效之前。

我国《民法典》对要约的撤销规定了两个例外:(1)要约人确定了承诺期限或者以其他形式明示要约不可撤销;(2)受要约人有理由认为要约是不可撤销的。也就是说,在这两种情况下要约不得被撤销。

(三)要约的失效

要约的失效,即要约的消灭,是指要约丧失了对要约人和受要约人的法律拘束力。要约失效的情况主要有下列四种:

1. 拒绝要约的通知到达要约人。这是指受要约人以通知的方式明确表示不接受要约所规定的条件,并且该通知送到要约人能够控制的地方。

2. 要约人撤销要约。要约被撤销,自然也归于无效。

3. 受要约人未在承诺期限内承诺。要约中确定了承诺期限的,表明要约人规定了要约发生法律效力的期限,超过这个期限不承诺,要约的效力当然归于消灭。要约中没有规定承诺期限,受要约人也不对要约作答复,一般而言,在这种情况下如果要约人发出要约后一段合理期间内没有收到承诺,要约失效。确定该合同期间,要考虑到路程、通讯方式的便捷程度等因素。

4. 受要约人对要约内容作出实质性变更。受要约人对要约的内容作出实质性的变更,为反要约。所谓“实质性变更”,指对合同的标的、数量、质量、价款或者报酬、履行期限、履行地点和方式、违约责任和解决争议的方法等条款进行变更。一般情况下,提出反要约就是对要约的拒绝,要约人即不受其要约的拘束。

第五节　承　　诺

一、承诺的概念

承诺是受要约人同意要约的意思表示。作为使合同得以成立的承诺,必须具备四个要件。

1. 承诺必须由受要约人向要约人作出。受要约人是要约人选定的订约相对方，受要约人进行承诺的权利是要约人赋予的，只有受要约人才能取得承诺的资格，受要约人以外的第三人原则上不享有承诺资格。

2. 承诺必须在规定期限内到达要约人。要约规定了承诺期限，则应当在规定的承诺期限内到达。要约没有规定期限时：要约是以对话方式作出的，承诺人应当即时作出承诺；要约是以非对话方式作出的，承诺应当在合理的期限内作出并到达要约人。合理期限的长短应当根据具体情况来确定，一般指应根据交易惯例，受要约人在收到要约以后需要考虑和作出决定的时间，以及发出承诺并到达要约人的时间。未能在合理期限内作出承诺并到达要约人，不能成为有效承诺。如果要约已经失效，承诺人也不能作出承诺；对失效的要约作出承诺，视为向要约人发出新的要约，不能产生承诺效力。如果承诺人超过了规定的期限作出承诺，则视为承诺迟到，或称为逾期承诺。一般而言，逾期的承诺在民法上被视为一项新的要约，而不是承诺。

3. 承诺的内容必须与要约的内容一致。在传统民法上，承诺的同意必须是对要约的完全同意，不得作任何更改，否则视为新要约。基于鼓励交易的目的，两大法系都允许承诺可以更改要约的非实质性内容，如要约人未及时表示反对，则承诺有效。《民法典》也借鉴了这一立法经验，认为承诺的内容与要约的内容一致是指受要约人必须同意要约的实质内容。如果承诺对要约中合同标的、数量、质量、价款或者报酬、履行期限、履行地点和方式、违约责任和解决争议方法等进行了变更，就意味着更改了要约的实质性内容。这种变更了要约实质性内容的意思表示，不再是承诺，不产生使合同成立的效果，只能作为一种反要约而存在。另外，承诺对要约的内容作出非实质性变更的，一般该承诺有效，合同的内容以承诺的内容为准。但是，承诺对要约的内容作出非实质性变更的，在以下两种情况下也不生效：(1)要约人及时表示反对，即要约人在受到承诺通知后，立即表示不同意受要约人对非实质性内容所作的变更，但若经过一段时间后仍不表示反对，则承诺已生效；(2)要约人在要约中明确表示，承诺不得对要约的内容作出任何变更，否则无效，则受要约人对要约作出了非实质性变更的，也不能使承诺生效。

4. 承诺的方式必须符合要约的要求。承诺应当以通知的方式作出。但受要约人应采取何种通知方式，需根据要约的要求确定。如果要约规定承诺必须以一定的方式作出，否则承诺无效的，那么承诺人作出承诺时必须符合要约人规定的承诺方式。在此情况下，承诺的方式成为承诺生效的特殊要件。另外，要约规定承诺不需要通知的，则根据交易习惯或者要约的要求作出承诺的行为时，承诺生效。此时，可以通过根据交易习惯或要约要求作出承诺的行为，来代替承诺的通知方式。

二、承诺的生效

合同成立时间原则上以承诺生效时间为准。一般而言，在诺成合同中，承诺生效合同即成立；在实践合同中，若交付标的物先于承诺生效，承诺同样使合同成立，若交付标的物后于承诺生效，则合同自交付标的物时成立。因此，承诺生效的时间在合同法上具有重要意义。对于承诺的生效时间，两大法系有不同的立法例：大陆法系一般采用到达主义或送达主义，英美法系多采发送主义或送信主义。我国《民法典》针对通知方式的承诺和行为方式的承诺，设置了不同的承诺生效规则。

（一）以通知方式作出的承诺的生效

以通知方式作出的承诺属于明示的意思表示，适用意思表示的生效规则，即区分以对话方式作出的意思表示和以非对话方式作出的意思表示。

1. 以对话方式作出的承诺的生效。对于以对话方式作出的承诺,只有在表意人的意思表示被相对人知悉对话的内容时,该承诺的意思表示才能够生效。

2. 以非对话方式作出的承诺的生效。以非对话方式作出的承诺之意思表示,到达相对人时生效。所谓到达,是指根据一般的交易观念,已经进入相对人可以了解的范围。到达并不意味着相对人必须亲自收到,只要意思表示已进入受领人的控制领域,并在通常情况下可以期待受领人能够知悉意思表示的内容,就视为已经到达。

3. 以非对话方式作出的采用数据电文形式的承诺的生效。对于采用数据电文形式作出的承诺而言,其生效分为两种情形:相对人指定了特定的系统接收数据电文的,此时,该意思表示自该数据电文进入该特定系统时生效;相对人未指定特定的系统接收数据电文的,则自相对人知道或者应当知道该数据电文进入其系统时生效。在此情形下,相关数据电文到达相对人的任何一个系统,即被推定为相对人知道或应当知道,该数据电文进入其系统时生效,除非相对人举证证明其不知道或不应当知道。

承诺以通知方式作出的,如果该通知未到达要约人,承诺不能发生效力,即承诺不能到达要约人的风险要由承诺人承担。

(二)以行为方式作出的承诺的生效

承诺不需要通知的,根据交易习惯或者要约的要求作出承诺的行为时生效。如在试用买卖中,在试用期满后,如果买受人没有拒绝购买,则应当认定已经同意购买,而不需要买受人对出卖人作出购买的通知。需要指出的是,对于以行为方式承诺的,仅限于法律有明确规定、有交易习惯或要约有明确规定的情形,在没有法律规定、习惯或要约明确规定的场合,当事人应当以通知的方式作出承诺的意思表示。

三、承诺的撤回

承诺的撤回,是指受要约人在其作出的承诺生效之前将其撤回的行为。合同法规定,承诺可以撤回。撤回承诺的通知应当在承诺通知到达要约人之前或者与承诺通知同时到达要约人。该规定明确了承诺撤回的原则为到达主义;撤回的方式为通知;撤回的生效条件是撤回承诺的通知应当先于承诺到达或同时到达。承诺一经撤回,即不发生承诺的效力,也就阻止了合同的成立。

四、承诺迟延

承诺迟延又称迟到的承诺,是指受要约人未在承诺期限内发出的承诺。承诺应当在要约确定的期限内到达要约人,只有在规定期限内到达的承诺才是有效的。承诺的迟延分为两种:通常迟延与特殊迟延。

(一)承诺的通常迟延

承诺的通常迟延,也称为逾期承诺,指受要约人超过承诺期限发出承诺,或者在承诺期限内发出承诺,按照通常情形不能及时到达要约人的,此为新要约,而非承诺。依据《民法典》的规定,受要约人应当在承诺期限内发出承诺。承诺的期限通常是由要约规定的,如果要约中未规定承诺时间,则受要约人应在合理期限作出承诺。超过承诺期限作出承诺,该承诺不产生效力。但是,要约人及时通知受要约人该承诺有效的除外。

逾期承诺的效力和性质表现如下：一是迟到的承诺通常不能发生承诺的效力；二是迟到的承诺应当被视为新的要约。在此情形下，要约人将处于承诺人的地位，其可以接受或者拒绝该新要约。如果接受该新要约的，要约人也应及时承诺，防止要约人在承诺迟到以后利用其选择权来从事投机行为。另外，对迟到的承诺，如果要约人及时通知受要约人该承诺有效，可以使其发生效力。因为承诺迟延关涉要约人的利益，要约人自愿接受，表明其延长了承诺期限，该承诺仍然有效，但要约人应及时通知受要约人。一旦要约人及时通知受要约人，则该承诺有效。

（二）承诺的特殊迟延

承诺的特殊迟延，是指受要约人没有迟发承诺的通知，但因为送达等原因而导致迟延。在这种情况下，由于受要约人在承诺期限内作出了承诺，只是因为其他原因没有按期到达，迟延的原因并不是承诺人的过错造成的，因此不应当由受要约人承担承诺迟延的责任。同时，从鼓励交易的角度出发，承认此种承诺构成有效的承诺，有利于交易的达成。而承认此种承诺的效力也不损害要约人的利益，因为如果要约人拒绝接受此种承诺，可以及时通知受要约人。承诺的特殊迟延应具备如下条件：

1. 受要约人在承诺期限内发出了承诺。这既包括受要约人在要约期限内作出承诺，也包括要约没有规定明确的承诺期限，而受要约人在合理的期限内作出承诺。

2. 承诺按照通常情形能够及时到达要约人，但因其他原因导致承诺到达要约人时超过承诺期限。也就是说，按照一般的交易习惯和生活经验，此种承诺应当能够按期到达要约人手中，但因为送信人、传达人等非因受要约人的原因而发生迟延。如果送信人、传达人是根据受要约人的要求从事传达的，则应当视为受要约人的过错。因此，“因其他原因”不应当包括受要约人有过错的情形，而是因第三人的原因致使承诺迟延。

3. 如果要约人未及时通知受要约人因承诺超过期限不接受该承诺，该承诺有效。要约人如果要拒绝此种承诺，应当及时通知受要约人。

承诺的特殊迟延不同于承诺的通常迟延，对承诺的特殊迟延而言，如果要约人没有及时通知承诺人拒绝接收迟延的承诺，则承诺可以发生效力；而对承诺的通常迟延而言，其通常不发生效力，只有要约人及时通知该承诺有效的，其才能发生承诺的效力。

第六节 合同订立的特殊规则

一、确认书

所谓确认书，是指合同正式成立前，一方就合同的成立要求最终确认。确认书通常采用书面的形式，自签订确认书之日起，合同正式宣告成立。从实践来看，在当事人初步达成的合同文本中载明“以我方最后确认为准”，这就是要求签订确认书。签订确认书实际上是与承诺联系在一起的。如果双方达成协议以后，一方要求以其最后的确认为准，这样其所发出的确认书实际上是其对要约所作出的最终的、明确的、肯定的承诺。在没有签订确认书之前，合同并没有成立。可见，在此情形下，确认书实际上是承诺的重要组成部分，是判断是否作出承诺的要素。

确认书主要适用于当事人采用信件、数据电文等形式订立合同的情况。这是因为当事人采用信件、数据电文等形式订立合同时，其身处两地，没有在一个文件上共同签字，任何一方提出签订确认书都是合理的。在订约当事人采用信件、数据电文等形式订立合同时,由一方提出签订确认书,而另一方接受的,那么签订确认书本身是双方约定的结果,而确认书是对要约所作的最终的、明确的、肯定的承诺,应当以签订确认书的时间作为合同成立的时间。如果一方正式确认后,另一方在合理的期限内没有表示异议,则认为对方已经接受了确认的条件,双方已经形成了合意,都应当受到合同的拘束,任何一方不得事后再提出重新确认,否则应当构成违约。

确认书通常适用于对双方达成的初步协议的确认,而不适用于以合同书形式订立合同的情况。如果双方先前已经达成协议,但合同允许一方事后确认,后来当事人又签署了确认书,而且确认书对原先的协议进行了修改和补充,该确认书确认的内容是否有效?本书认为,如果当事人在合同中约定,在合同成立后一方仍然有权最后作出确认,这实际上并不是赋予其确认权,而是赋予其单方面修改、补充合同的权利。一旦一方作出重新的确认,另一方对此未表示异议,则双方实际达成变更合同的协议。当事人应当按照变更后的协议履行。

二、强制缔约

强制缔约是指只要当事人一方提出缔结合同的请求,另一方当事人就依法负有与之缔结合同的法定义务。当代合同法在保障自由价值的同时,也注重伸张社会正义和公平,以实现当事人之间及当事人与社会利益之间的平衡。强制缔约是对合同自由的限制,通过此种限制可以有效地保护弱势群体的利益,实现合同的实质正义。

(一)强制缔约的特殊性

强制缔约与合同缔结的一般方式相比,具有如下特点:

1. 强制缔约属于法定义务。在法律规定强制缔约的情形下,一方当事人依据法律规定而负有义务与对方订约,义务人违反该义务应当承担相应的民事责任,甚至是行政责任。因此,无论当事人是否将强制缔约义务纳入合同,当事人均负有此种义务,且当事人不能规避这一法定要求。

2. 强制缔约属于合同自由的限制情形。这种限制体现在:法律为当事人施加了必须缔约的义务。缔约自由包括当事人有权决定是否缔约以及选择缔约对象的自由,它是实现当事人利益的重要工具,但强制缔约构成对缔约自由的直接限制。另外,它也对缔约内容进行了限制。强制缔约使当事人不仅负有缔约的义务,而且应当按照法律规定的内容来缔约。处于弱势地位的一方往往不具有谈判能力,若仅对强势一方施加缔约义务,而没有对缔约内容加以限制,仍然无法实现对弱势群体的保护。从实践来看,缔约内容的限制往往要通过特别法的形式加以明确。

3. 强制缔约的功能在于维护公共利益。强制缔约往往与特定企业具有相当市场支配力或者垄断地位有关。法律设置强制缔约制度,就是为了防止某些公共服务提供者选择性地提供公共服务、损害广大消费者等弱势群体利益,进而损害社会公共利益。从今后的发展趋势来看,随着法律上合同正义要求的强化以及对弱者保护的加强,强制缔约制度的适用范围将会不断扩展。

4. 强制缔约仍然要经过要约和承诺的程序,只不过一方当事人必须发出要约或者必须作出承诺而已。强制缔约并非意味着合同的成立不需经过要约和承诺两个阶段,而仅是指当事人负有强制承诺的义务。在法律规定了强制缔约义务的情况下,负有缔约义务的一方必须受到约束,不能够拒绝社会上不特定相对人的缔约请求。依据特殊情形,如果受要约人不承诺,要约人可以起诉追究其法律责任,法院考虑法律设置强制缔约的目的等因素,也可以强制受要约人为承诺的意思表示,从而使合同成立。强制缔约合同的程序,具体有两种情形:一是非强制要约—强制承诺的缔约情形,二是强制要约—强制承诺的缔约情形。

（二）指令性任务合同或国家订货任务合同

国家根据抢险救灾、疫情防控或者其他需要下达国家订货任务、指令性任务签订的合同属于典型的强制缔约形态。因为在此类合同中,当事人需要根据国家下达的指令性任务或者订货任务,依照有关法律行政法规规定的权利与义务订立合同。一方当事人负有与相对人订立合同的义务;在合同内容上必须根据指令性任务或者国家订货任务的要求签订合同,有关企业不能够以合同自由原则加以拒绝。指令性任务合同或国家订货任务合同是强制缔约的典型合同类型。

在我国原有高度集中的经济管理体制下,对企业的生产经营活动实行指令性计划管理,国家有关部门向企业下达指令性计划以后,企业必须严格依据计划订立合同。合同的内容必须与指令性计划的要求相一致,合同在订立后也不得以违约金和损害赔偿代替合同的履行。履行合同不仅是对合同当事人的义务,也是对国家所应尽的完成指令性计划任务的义务。然而,自我国经济体制改革以来,扩大了企业自主权,指令性计划的管理范围逐渐缩小,目前指令性计划的作用已经十分微弱。我国自1992年起开始试行国家订货制度,旨在维护全国经济和市场的稳定,保证国防军工、重点建设、防疫防灾以及国家战略储备的需要,对于国家还必须掌握的一些重要物资,以国家订货方式逐步取代重要物资分配的指令性计划管理。因此,在法律上有必要对根据指令性任务或者国家订货任务订约规则作出规定。在《民法典》中,指令性任务合同或国家订货任务合同,需要通过要约—承诺方式来缔结,从而表现为强制要约—强制承诺的缔约情形。

（三）强制要约

所谓强制要约,是指依据法律或行政法规的规定,一方当事人必须向他方当事人作出要约的意思表示。通常情形下强制缔约主要体现为强制承诺,在法律规定的特殊情形下,其才体现为强制要约。依照法律、行政法规的规定负有发出要约义务的当事人,应当及时发出合理的要约。可见,强制缔约包括强制承诺和强制要约。强制要约即根据法律的规定,某一权利主体有义务及时向他人发出要约以订立合同。当然,在强制要约的情形下要约的内容应当符合法律的要求,且其内容必须合理。若法律都对要约的内容作出了规定,要约人不能在法律规定之外另外提出要求。但是,在公共服务提供等合同缔结场合,法律仅规定公共服务提供者负有强制缔约义务,对于消费者的要约则是自由非强制的。

（四）强制承诺

所谓强制承诺的义务,是指依据法律或行政法规的规定,一方当事人必须针对他人的要约作出承诺的意思表示,即对接受要约义务的强制。依照法律行政法规的规定负有作出承诺义务的当事人,不得拒绝对方合理的订立合同要求。在强制承诺的情形下,如果一方当事人依照法律、行政法规的规定负有作出承诺的义务,则在一方作出要约的情形下,其就必须依法承诺。

当然,虽然承诺人依法负有必须订立合同的义务,但这并不意味着该合同可以依据法律的规定直接成立,而应当依据要约—承诺的一般程序订立合同。但在特殊情形,如果受要约人不承诺,要约人可以起诉追究其法律责任,法院应考虑法律设置强制缔约的目的等因素,可以强制受要约人为承诺的意思表示,从而使合同成立。如强制责任保险,保险公司具有强制缔约的义务,如果投保人选择某一保险公司投保,保险公司无故拖延或拒绝的,投保人可以向法院起诉要求保险公司与其订立保险合同,法院可以直接判决合同已经成立。

三、悬赏广告

(一)悬赏广告的含义

悬赏广告,是指悬赏人以公告的形式声明对完成悬赏广告中规定的特定行为的人,给付广告中约定报酬的行为。《民法典》第499条在总结司法实践经验的基础上进行了规定:悬赏人以公开方式声明对完成特定行为的人支付报酬的,完成该行为的人可以请求其支付。这是我国首次正式从法律层面上对悬赏广告的规定。

悬赏广告具有如下特征:

1. 悬赏广告是以公开的方式所作出的意思表示。悬赏广告是悬赏人向不特定多数人所作出的意思表示。但悬赏广告与一般的意思表示不同,它是面向不特定相对人作出的悬赏意思表示。

2. 悬赏广告是以对完成特定行为的人给予报酬为内容的意思表示。悬赏是悬赏人以公开方式声明对完成特定行为的人支付报酬的行为,悬赏人可以在悬赏广告中明确报酬的种类、数额以及支付方式等;另外,悬赏广告是针对完成特定的行为作出的悬赏表示,其在内容上并没有限制,凡是合法的行为都可以作为悬赏广告的对象。但该行为内容不得违反法律规定和社会公共利益。

3. 悬赏广告是独立的债的发生原因。悬赏人一般会在悬赏广告中对实施一定行为的人允诺支付一定的报酬,这也使其负担了一定的债务。《民法典》规定,悬赏人以公开方式声明对完成特定行为的人支付报酬的,完成该行为的人可以请求其支付。这就在法律上确认了悬赏广告可以作为独立的债的发生原因。

(二)悬赏广告的性质

悬赏广告的性质,有"单方行为说"与"要约说"("契约说")两种观点的争议:(1)单方行为说。此种观点认为,悬赏广告在性质上属于单方法律行为,且为附停止条件的单方法律行为,悬赏人对完成一定行为的人单方面负有支付报酬的义务,而不需要完成行为人作出承诺。《德国民法典》第675条将悬赏广告性质界定为单方法律行为,而且属于没有相对人的单方意思表示。瑞士和日本立法与司法也采单方法律行为立场。(2)要约说。此种观点认为,悬赏广告为一种要约,在性质上属于对不特定多数人发出的要约,只要行为人完成悬赏广告所声明的行为,即构成对该要约的承诺,在当事人之间形成悬赏合同,完成行为人享有报酬请求权。我国台湾地区的民事有关规定将悬赏广告性质界定为契约说。[2]《欧洲合同法原则》(PECL)也有类似的规定。

至于《民法典》第499条关于"悬赏人以公开方式声明对完成特定行为的人支付报酬的,完成该行为的人可以请求其支付"的规定,应该理解为《民法典》采纳了单方行为说,即悬赏广告性质是一种单方法律行为。这意味着悬赏广告作出后,完成特定行为的人,无论是否具有完全民事行为能力,在其完成了悬赏广告指定的行为时,就可以请求悬赏人支付报酬。另外,完成特定行为的人无论是否知晓悬赏广告的存在,也可以因完成悬赏行为给而要求悬赏人履行义务。

将悬赏广告界定为单方行为而非要约,其优点在于:(1)悬赏广告为单方法律行为,有利于有效约束悬赏人的行为,符合诚实信用原则。在单方行为说下,只要悬赏人发出了悬赏广告,不需要他人同意即能发生法律效力,悬赏人就应当受到广告的拘束。相对人不知道悬赏人发出了

---

〔2〕 王泽鉴:《债法原理》(第2版),北京大学出版社2013年版,第251~254页。

悬赏广告,而完成了广告中所指定的行为,该人仍能取得对悬赏人的报酬请求权,而悬赏人不得以该人不知广告内容为由拒绝支付报酬。(2)有利于使限制行为能力人、无行为能力人在完成悬赏广告所指定的行为后,可对悬赏人享有报酬请求权。但若采用“要约说”,限制行为能力人和无行为能力人即使完成了广告所指定的行为,也将因为其无订约能力,从而无承诺的资格,从而无法基于合同享有对悬赏人的报酬请求权,这显然就不利于保护限制行为能力人和无行为能力人的利益。(3)悬赏广告为单方法律行为,则任何人完成广告中所指定的行为都将是一种事实行为,而非承诺,因此只要相对人完成了广告指定的行为即享有报酬请求权,这有利于减轻相对人在请求悬赏人支付报酬时的举证负担。

(三)悬赏人负有按照其允诺支付报酬的义务

悬赏广告一旦生效,悬赏人就负有对任何完成悬赏广告所声明的行为的人给付报酬的义务。与此相应,完成特定行为的相对人即享有报酬请求权。此处所说的特定行为是指广告所指定的行为。如果广告中确定了完成特定行为的时间,则这一时间要求也构成对相对人完成特定行为的限制。由于悬赏广告在性质上是单方行为,因此,即便完成悬赏广告指定行为的人在行为时不知道广告的存在,其也仍应有权请求悬赏人支付报酬。

如果数人都完成了特定行为,则应当按照先来后到的原则,认定谁最先完成了该行为,并由谁获得悬赏。但如果数人同时完成,广告中又没有明确先后顺序的,则应当由悬赏人向数人支付。而数人同时完成,原则上应由数人共同取得报酬。此外,完成指定行为的人开始实施行为时,没有必要通知悬赏人。即使不知道广告的存在而完成了指定行为的人,也享有报酬请求权。

如果悬赏人在悬赏广告中声明对完成特定行为的相对人支付报酬,但没有明确具体的报酬数额,则在行为人完成悬赏广告声明的行为时,仍有权请求悬赏人支付相应的报酬,当事人可以就报酬的具体数额进行协商,协商不一致的,可以由法院进行判定。

第七节　格式条款

一、格式条款的概念

格式条款,又称标准条款、标准合同、格式合同等,是由一方当事人为了反复使用而预先制订的、并由不特定的第三人所接受的,在订立合同时不与对方协商的条款。格式条款的产生和发展是20世纪合同法发展的重要标志之一,格式条款的出现,不仅改变了传统的订约方式,而且对合同自由原则形成了挑战。因此,各国都纷纷通过修改和制定单行法律等方式对格式条款进行规范。格式条款具有以下特征。

1.由一方当事人为了反复使用而预先拟定。格式条款必须是在订约以前就已经预先制订出来的,而不是在双方当事人反复协商的基础上制订出来的。格式条款是为了持续性的重复使用而出现的,这是格式条款出现的经济上的主要原因。格式条款是由一方当事人事先拟定的,在拟定之时并未征求对方当事人的意见。条款不限于一方当事人自己事先拟定,也包括一方采用第三人拟定的格式条款如主管部门、行业组织制定的合同示范文本等。但是法律规定的合同条款,无论是当然适用的强制性条款,还是具有补充当事人意思作用的任意性条款,都不属于格式条款的范围。

2. 格式条款一方通常是不特定的。格式条款是为与不特定的人订约而制订的,因而,格式条款在订立以前,要约方总是特定的,而承诺方都是不特定的,这就与一般合同当事人双方都是特定主体有所不同。如果一方根据另一方的要求而起草供对方承诺的合同文件,则仍然是一般合同文件而不是格式条款文件。当然,在不特定的相对人实际进入订约过程以后,其事实上已由不特定人变成了特定的承诺人。正是因为格式条款常常将要适用于广大的消费者,所以对格式条款加以规范,对保护广大消费者的利益具有十分重要的作用。

3. 格式条款具有定型化特征。所谓定型化,是指格式条款具有稳定性和不变性,它将普遍适用于一切要与起草人订立合同的不特定的相对人,而不因相对人的不同有所区别。一方面格式条款普遍适用于一切要与条款的制订者订立合同的相对人,相对人对合同的内容只能表示完全的同意或拒绝,而不能修改、变更合同的内容。因此,格式条款也就是指在订立合同时不能协商的条款。另一方面,格式条款的定型化是指在格式条款的适用过程中,要约人和承诺人双方的地位也是固定的,而不像一般合同在订立过程中,要约方和承诺方的地位可以随时改变。格式条款的特点在于订约时不容对方协商,这是认定其是否构成格式条款的最主要的原因。如果条款容许协商而不与对方协商或对方放弃该条款的协商,那么该条款并非格式条款。由于格式条款在订立合同时未与对方协商,使之可能成为经济上的强者将自己的意思强加给对方,损害对方利益的工具。为保障和体现法律上的公平价值,需要对其进行规制。合同法主要是从保障公平的角度对格式条款进行规制,反垄断法、消费者权益保护法等从其他角度对格式条款予以规制。

4. 相对人在订约中居于附从地位。相对人并不参与合同协商过程,只能对单方制订的格式条款概括地予以接受而不能就合同条款进行协商,因而相对人在合同关系中处于附从地位。正是因为相对人不能与条款的制订人就格式条款的具体内容进行协商,所以格式条款的适用将限制合同自由,而且极易造成对消费者的损害,消费者在与其进行交易时通常别无选择,只能接受其提出的不合理的格式条款。因此,格式条款的制订对制订的一方来说是自由的,而对相对人来说则是不自由的,这就造成了格式条款的弊端,从而有必要对格式条款在法律上进行控制。当然,对于相对人来说,虽然其不具有充分表达自己意志的自由,但在从法律上应当享有选择是否接受格式条款的权利,因此仍享有一定程度的合同自由。

二、格式条款提供方的义务

采用格式条款订立合同的,格式条款提供方应当遵循公平原则确定当事人之间的权利和义务并采取合理的方式提示对方注意免除或者减轻其责任等与对方有重大利害关系的条款,按照对方的要求,对该条款予以说明。格式条款提供方履行提示或者说明义务,致使对方没有注意或者理解与其有重大利害关系的条款的,对方可以主张该条款不成为合同的内容。具体来说,主要有以下几个方面。

1. 格式条款提供方应遵循公平原则确定当事人之间的权利义务。公平原则是指民事主体应本着公平,正义的观念实施民事行为。公平原则是民事活动的目的性的评价标准,更多地体现了实质正义的要求。由于格式条款提供方常常居于优势地位,而相对人在订约中居于附从地位,为了保障交易的公平,法律要求格式条款提供方应当遵循公平原则确定当事人之间的权利和义务,在格式条款的制定中,不得利用对方的无经验或者是利用自己的优势地位损害另一方的权益,从而导致民事主体之间利益关系的失衡。

2. 格式条款提供方应当采取合理方式进行提示的义务。格式条款提供方有义务以合理的方式提示对方注意免除或者减轻其责任等与对方有重大利害关系的条款，即格式条款提供方应当在合同订立过程中告知对方，注意一些重要条款，并应当理解这些条款的内容。因为对于这些相关的重要条款表述，非专业人士难以理解其中隐藏的含义，特别是隐藏设定的免责条款，更难以被相对人理解，对方可能并没有注意到一些条款的重要性，从而导致合同条款显失公平、损害相对人的利益。因此，法律要求格式条款提供方应当采取合理的方式提示对方注意一些重要条款。

应当提请相对方注意的有重大利害关系的条款，主要包括：(1)免除或者减轻责任条款。免责条款是当事人双方在合同中事先约定的，旨在限制或免除其未来的责任的条款。因此，对当事人利益攸关。(2)其他与对方有重大利害关系的条款，如仲裁条款、选择鉴定单位的条款等。这些条款是合同中的异常条款，是相对人不能合理预见到的，但又对当事人的权利义务与责任等有重大影响的条款。为了防止格式条款制定者利用其优势地位拟订过分不利于相对人的条款，故要求格式条款提供方应当采取合理的方式提示对方注意。

依据《民法典》的规定，提请注意的方式应该达到合理的程度。也就是说，格式条款提供方在订约时，有义务以明示或者其他合理、适当的方式提请相对人注意，且提请注意应当达到合理的程度。所谓合理方式主要指能起到引起注意提请强调和吸引对方注意的方式。判断其是否达到合理的程度时，应当依据以下标准：(1)文件的外形。从文件的外在表现形式来看，应当使相对人注意到它是规定当事人权利义务关系的合同条款的印象。(2)提起注意的方法。根据特定交易的具体环境，格式条款提供方可以向相对人明示其条款或以其他显著方式如张贴公告等形式提请相对人注意。(3)清晰明白的程度，即提起相对人注意的文字或语言必须清楚明白。如在合同订立时采用足以引起对方注意的文字、符号、字体等特别标识。(4)提起注意的程度，即必须能够引起一般相对人的注意，应通过合理的方式提起注意而使相对人对条款内容有足够了解，或使相对人能够有足够的时间认真考虑格式条款。

3. 格式条款提供方应当按照对方要求予以说明的义务。格式条款提供方对于“与对方有重大利害关系的条款”，需要按照对方的要求进行说明。说明义务的履行应该遵循以下要求：(1)由对方提出说明要求，即此说明义务并非主动作为义务，而是按照对方要求所应当被动履行的义务。对方没有要求的，则格式条款提供方没有义务说明。(2)格式条款提供方应当对“与对方有重大利害关系的条款”进行说明。格式条款提供方应当向对方详细阐述该条款的含义，使对方清晰地理解该条款。在某些情况下，尽管格式条款提供方已告知哪些条款是格式条款，但对方并不一定清楚地理解格式条款的含义。

4. 格式条款提供方未履行合理提示或说明义务的后果。未尽合理提示或说明义务的，对方可以主张该条款不成为合同的内容，此即为格式条款的订入规则。具体而言：(1)必须由相对方主张该条款不成为合同的内容，而不是由格式条款提供方提出此种请求。(2)相对人可以作出选择该条款是否成为合同的内容。如果相对人认为格式条款提供方未履行了合理提示或说明义务，相对人可以主张该条款不成为合同的内容。但是相对人必须举证证明条款提供方未尽到合理的提示或说明义务。(3)依据诚信原则，接受格式条款的相对方必须及时主张是否将该条款纳入合同内容。

三、格式条款的解释规则

按照《民法典》的规定，格式条款的解释应当遵循三个规则：

1. 通常理解规则。对格式条款的解释应以一般人的、惯常的理解为准，而不应仅以条款制作人的理解为依据,对某些特殊术语也应作出通常的、通俗的、一般意义的解释,亦即依据订约者平均的通常具有的理解能力予以解释。具体来说:(1)除了当事人有特别约定之外,格式条款的解释应超脱于具体环境及特殊的意思表示,并据此探求个别当事人的真实意志。(2)对某些特殊的术语应作出通常的与一般意义的解释。(3)若格式条款经过长期使用以后,消费者对其中某些用语的理解与条款制订方的理解有所不同,则应以交易时消费者的一般理解为标准进行解释。(4)应根据其适用的不同地域、不同职业团体的可能订约者的一般理解来解释合同。

2. 作出对条款制订人不利的解释。既然格式条款是由一方制订的,那么制订人可能基于自己的意志作出有利于自己的条款,或从维持甚至强化其经济上的优势地位而将不合理的条款强加于相对人,所以,为维护相对方利益,在条款含义不清楚时,就应对条款制订人作不利的解释。

3. 非格式条款效力优先规则。在合同中同时存在格式条款和非格式条款时,由于非格式条款即个别商议的条款,其效力应优先于格式条款。这样既尊重了当事人的意思,也有利于保护广大消费者。

四、格式条款的无效

格式条款的无效,是指格式条款因为违反了法律行政法规的强制性规定以及公序良俗,应当被宣告无效。尽管格式条款与一般合同条款一样,都应当按照民事法律行为的一般生效标准来判断,但格式条款本身具有其特殊性,对于格式条款的生效,在法律上应有更为严格的限制。

(一)格式条款无效的情形

格式条款的无效情形,较之于一般合同条款更多,法律对格式条款的生效限制更为严格。具体而言,格式条款的无效包括如下情形:

1. 格式条款具有民事法律行为无效的情形而无效。格式条款属于民事法律行为的范畴,故其具有民事法律行为无效事由的,当然亦为无效条款。具体而言:(1)无民事行为能力人签订的或限制民事行为能力人依法不能独立签订的格式合同(条款)无效。(2)当事人以虚假的意思表示签订的格式条款无效。(3)违反法律、行政法规的强制性规定的格式条款无效。但是,该强制性规定不导致该民事法律行为无效的除外。(4)违背公序良俗的格式条款无效。(5)恶意串通损害他人合法权益的格式条款无效

2. 单方免责的格式条款无效。当事人在规定免责条款时,必须符合法律行政法规的强制性规定。格式条款中包括格式的免责条款,其效力应当根据法律关于免责条款效力的认定标准予以判断。(1)根据《民法典》第 506 条规定:合同造成对方人身损害的、因故意或者重大过失造成对方财产损失的免责条款无效。(2)依据《民法典》第 497 条的规定,格式条款提供方排除对方主要权利的,单方免责的格式条款无效。(3)格式条款提供方不合理的免除或减轻其责任、加重对方责任、限制对方主要权利的,单方免责的格式条款无效。此时,格式条款提供方不合理的免责条款是无效的;如果这些免责条款是合理的,则单方免责的格式条款有效。另外,我国《消费者权益保护法》第 24 条规定,经营者不得以格式合同、通知、声明、店堂告示等方式作出对消费者不公平、不合理的规定,或者减轻、免除其损害消费者合法权益应当承担的民事责任。格式合同、通知、声明、店堂告示等含有前款所列内容的,其内容无效。

(二)格式条款无效的后果

格式条款一旦被宣告无效,则为自始无效,民事法律行为一旦被确认无效,就将产生溯及力,

使该行为自实施之时起就不具有法律效力。但要注意以下几点：

1. 格式条款的无效不一定导致合同无效。格式条款本身是整个合同的某个或者数个条款，该条款无效并不当然影响整个合同的效力。《民法典》第156条规定："民事法律行为部分无效，不影响其他部分效力的，其他部分仍然有效。"

2. 格式条款无效的补正。有关格式条款违反法律行政法规的规定而无效，当事人也可以采取补正的方式使其有效。也就是说，有关格式条款违法，当事人通过协商对这些条款进行修改，消除其无效的原因，从而使无效的格式条款变为有效条款。

3. 格式条款无效的后果。格式条款被认定为无效后，行为人因此取得的财产，应当予以返还；不能返还或者没有必要返还的，应当折价补偿。有过错的一方应当赔偿对方由此所受到的损失；各方都有过错的，应当各自承担相应的责任，即格式条款无效的，可能产生返还财产、恢复原状、赔偿损失的法律后果。

第八节　缔约过失责任

一、缔约过失责任的概念及构成要件

所谓缔约过失责任，是指在订立合同过程中，一方因违背其依据诚实信用原则要求所应尽的义务而致另一方的信赖利益的损失，依法应承担的民事责任。

缔约过失责任的构成要件主要有以下内容：

1. 缔约过失发生在合同订立过程中。缔约过失责任与违约责任的基本区别在于，此种责任发生在缔约过程中而不是发生在合同成立以后。只有在合同尚未成立，或者虽然成立，但因为不符合法定的生效要件而被确认为无效或被撤销时，缔约人才承担缔约过失责任。

2. 一方违背其依诚实信用原则所应负的义务。根据诚实信用原则的要求，合同在订立过程中，当事人负有一定的先合同义务，如依诚实信用原则而产生的忠实、协助、保密等义务，它们也是依法产生的法定义务。它随着双方当事人联系的密切而逐渐产生，从而表明他们之间存在缔约关系而不是事实关系，也不是法律作用不到的领域。事实上，当事人为缔结合同而接触与协商之际，已由原来的普通关系进入特殊的联系阶段，双方均应依诚实信用原则负互相协助、照顾、保护等义务。违反了该义务而致他人损害，将构成缔约过失责任。另外，在缔约阶段，一方当事人负缔约过失责任的原因，可能并不仅限于其违反了先合同义务，而且还可能在于要约人违反了其发出的有效要约。所以，缔约过失责任可能因当事人对缔约关系的破坏而产生。

3. 造成他人信赖利益的损失。依据本条规定，缔约过失责任的承担必须以造成对方损失为前提。缔约过失行为直接破坏了缔约关系，因此所引起的损害是指他人因信赖合同的成立和有效，但由于合同不成立和无效的结果所蒙受的不利益，即为信赖利益或消极利益的损失。信赖利益与合同履行时可获得的履行利益或积极利益是不同的，信赖利益赔偿的结果是使当事人达到合同未曾发生时的状态；而履行利益赔偿的结果，是使当事人达到合同完全履行时的状态。信赖利益的损失主要是指因他方的缔约过失行为而致信赖人的直接财产的减少，如支付各种费用等，当然当事人的信赖必须是合理的。

4. 违反先合同义务与信赖利益损失之间存在因果关系。该信赖利益的损失是由违反先合同

义务而造成的,它们之间存在直接因果关系。如果信赖利益损失的结果不是违反依诚实信用原则所应负义务造成的,则不成立缔约过失责任。

二、缔约过失责任的类型

缔约过失责任,应包括如下几种类型:

1. 假借订立合同,恶意进行磋商。恶意磋商,即非出于订立合同之目的而假订立合同之名与他人磋商。其真实目的,或阻止对方与他人订立合同,或使对方贻误商机,或仅为戏要对方。

2. 故意隐瞒与订立合同有关的重要事实或者提供虚假情况。缔约当事人依诚实信用原则负有如实告知义务,主要包括:一是告知己方的财产状况与履约能力;二是告知标的物的瑕疵;三是告知标的物的性能和使用方法。若违反此项如实的义务,即构成缔约过程中的欺诈,如因此致对方受损害,应负缔约过失责任。

3. 泄露或者不正当使用在订立合同过程中知悉的商业秘密。当事人一方在合同缔约过程中,可能因信赖相对人而向其透漏了一些商业秘密,但这都建立在信赖对方当事人不会泄露或者不正当使用商业秘密的基础上。在这种情形下,只要一方当事人接触、了解了另一方当事人的商业秘密,对此负有保密义务,若当事人未尽保密义务给对方造成损失时,应承担缔约过失责任。

4. 缔约过程中未尽保护、照顾等义务侵害对方的人身权、物权时的缔约过失责任。

5. 擅自撤销生效要约时的缔约过失责任。要约生效后,对生效要约或要约明确是不可撤销的而擅自撤销,要约人要承担相应责任。

6. 合同不成立、无效或被撤销时的缔约过失责任。当事人一方对合同不成立具有过失时,应承担缔约过失责任。另外,效力待定的合同不被追认时的责任,实际上就是合同无效时的缔约过失责任。因为效力待定的合同不被追认,合同即归于无效。

7. 其他违反诚实信用原则的行为。

三、缔约过失责任的赔偿范围

缔约过失损害赔偿的范围是相对人因缔约过失而遭受的信赖利益损失,信赖利益赔偿的目的是使当事人达到合同未曾发生时的状态,具体包括直接损失和间接损失。

直接财产损失的赔偿范围包括:(1)因信赖对方要约邀请和要约而与对方联系、赴实地考察以及检查标的物等所支出的各种合理费用。(2)因信赖对方将要缔约,为缔约作各种准备工作并为此所支出的各种合理费用。(3)为支出上述各种费用所失去的利息。应当指出,各种费用的支出必须是合理的而不是受害人所任意支出的。只有合理的费用才与缔约过失行为有因果联系,并且应当由行为人承担赔偿责任。如果造成相对人人身损害,应当参照侵权行为的赔偿原则,赔偿范围为相对人的一切损失。在泄露或者不正当使用相对人商业秘密时,赔偿范围为相对人所遭受的一切损失;在确定损失时,可以适用《反不正当竞争法》第 17 条的规定,即在被侵害人的损失可以计算时,以计算所得的损失额为赔偿范围,难以计算的,赔偿范围为加害人所获得的利润。间接损失为丧失与第三人另订合同的机会所产生的损失,即所谓的机会损失,因此间接损失的赔偿范围即为机会损失赔偿。

一般认为,信赖利益赔偿以不超过履行利益为限。即在合同不成立、无效或者被撤销的情况下,有过错的一方所赔偿的信赖利益不应该超过合同有效或者合同成立时的履行利益。在通常情形下,信赖利益的赔偿不可能超过合同有效或者合同成立时履行利益的范围,但以此来限定信赖利益的赔偿范围,仍然是必要的。因为信赖利益不得超过履行利益乃是一项基本原则。确立这一原则对实践中认定信赖利益的赔偿范围是十分必要的。

思考题

1. 简述合同订立的方式。
2. 试述强制缔约制度及其正当性。
3. 试述合同中的义务群。
4. 简述合同的一般条款。
5. 试评析我国《民法典》对格式条款的规定。
6. 简述合同的成立要件。
7. 简述要约的构成要件。
8. 简述要约与要约邀请的区别。
9. 简述要约的撤回与撤销的区别。
10. 试述要约的生效与失效。
11. 简述承诺的构成要件。
12. 如何确定合同成立的时间与地点?
13. 试述悬赏广告的性质之争及其法律效力。
14. 试述缔约过失责任的构成要件及赔偿范围。

阅读指引

关于强制缔约制度的代表性研究

1. 崔建远:《强制缔约及其中国化》,载《社会科学战线》2006 年第 5 期。
2. 朱岩:《强制缔约制度研究》,载《清华法学》2011 年第 1 期。
3. 胡家强、刘巧娟:《强制缔约制度新论》,载《东岳论丛》2013 年第 12 期。
4. 单平基:《从强制缔约看“打车软件”的法律规制》,载《法学》2014 年第 8 期。

关于格式条款的司法规制

1. 解亘:《格式条款内容规制的规范体系》,载《法学研究》2013 年第 2 期。
2. 马辉:《格式条款规制标准研究》,载《华东政法大学学报》2016 年第 2 期。
3. 张友连:《格式条款司法规制的逻辑分析——以〈最高人民法院公报〉案例为对象》,载《河北法学》2017 年第 3 期。
4. 胡安琪、李明发:《网络平台用户协议中格式条款司法规制之实证研究》,载《北方法学》2019 年第 1 期。

关于缔约过失责任的性质、归责原则等

1. 李中原:《缔约过失责任之独立性质疑》,载《法学》2008 年第 7 期。
2. 冉克平:《缔约过失责任性质新论——以德国学说与判例的变迁为视角》,载《河北法学》2010 年第 2 期。
3. 于飞:《我国〈合同法〉上缔约过失责任性质的再认识》,载《中国政法大学学报》2014 年第 5 期。

4. 尚连杰:《先合同说明义务违反视角下的缔约过失与瑕疵担保关系论——德国法的启示与中国法的构造》,载《政治与法律》2014 年第 11 期。
5. 孙维飞:《〈合同法〉第 42 条(缔约过失责任)评注》,载《法学家》2018 年第 1 期。

第三章　合同的效力

导学案例

甲曾委托乙作为自己的代理人处理事务，但在甲以书面方式通知乙终止委托代理权后，乙仍然以甲（买方）的名义与丙（卖方）签订一份买卖合同，并向丙出具了原来甲委托乙的授权书复印件。现在丙要求甲履行买卖合同，甲主张乙无权代理而不履行该合同。甲应如何处理本案？

第一节　合 同 生 效

一、合同生效的界定

合同生效，是指合同发生法律效力，即对合同当事人乃至第三人发生强制性的法律拘束力。已经成立的合同只有具备了生效要件（有效要件）才能有效。合同生效意味着合同产生法律拘束力，当事人应该按照约定行使权利和履行合同义务，违反合同义务将承担相应责任。合同一旦生效，当事人的约定就具有优先于法律规定的效力。法律另有规定或当事人另有约定的除外情形，主要指法律规定或当事人约定的特别生效要件或者附条件附期限的情形。

合同之所以具有法律拘束力，首先源于合同当事人自由意志而达成的合意，然后源于法律对当事人合意的承认。对当事人而言，合同的效力表现为：合同当事人依据合同产生的权益，受法律的支持和保障，同时，合同当事人必须履行合同产生的义务，否则要依法承担违约责任。

由于我国《民法典》总则编中统一规定了民事法律行为的效力，合同编为了避免重复规定而未对合同效力再进行系统规定。因此，合同效力的法律适用，主要依据《民法典》总则编关于民事法律行为的效力规定，但合同编对合同效力有特别规定的，适用合同编的该特别规定。

制度比较　合同生效与合同成立

合同生效与合同成立既有联系又有区别，只有在合同成立后才有合同的生效问题。合同的成立与生效是两种不同的法律制度：

1. 两者存在的价值不同。合同成立是解决合同是否存在的问题，合同是否成立主要取决于当事人的意思表示是否一致；合同生效是解决合同效力的问题，它体现国家对合同的合法性持肯定或否定性评价。一般认为，合同成立是事实判断问题，合同生效是价值判断问题。

2. 两者的构成要件不同。合同成立的要件为当事人、合意、标的三方面，其中以当事人就合同主要条款达成合意最为重要，而合同生效的要件主要是对合同成立要件进行合法性评价。

具备下列条件的民事法律行为有效:(1)行为人具有相应的民事行为能力;(2)意思表示真实;(3)不违反法律、行政法规的强制性规定,不违背公序良俗。此为合同生效的一般要件,若法律规定或当事人约定了特别生效要件的,合同的生效不仅要满足一般生效要件,还要满足特别生效要件才能生效。

3. 两者产生的效力不同。合同成立后,合同将产生形式上的拘束力。合同成立后具有形式拘束力的表现:当事人未经对方同意或者没有法律的规定,不得擅自变更或者解除合同。但合同生效后,合同将产生实质上的拘束力,即合同效力。合同生效后当事人必须按照合同约定进行履行,否则属于违反合同义务情形,需要承担违约责任。

4. 两者否定性的法律后果不同。合同不成立的后果仅表现为当事人之间产生民事赔偿责任,一般表现为缔约过失责任;而合同无效的后果除了要承担一定的民事责任以外,还可能表现为产生行政上的和刑事上的责任。

二、合同生效的要件

合同生效的要件,是指已经成立的合同发生法律效力应当具备的法律条件。合同作为民事法律行为的一种,其生效要件应当符合民事法律行为的生效要件。此外,当事人另有约定或者法律、行政法规另有特别规定的,合同生效还要满足特殊的生效要件。

1. 合同当事人具有相应的民事行为能力。合同是以当事人的意思表示为基础,并据以产生一定法律效果为目的的协议。因此,行为人在签订合同时,必须能够独立地作出意思表示,且能正确理解自己的行为性质和行为后果。欠缺民事行为能力的当事人签订的合同,其效力存在瑕疵。如无民事行为能力人缔结的合同无效。

2. 意思表示真实。意思表示真实是指表示行为与效果意思相一致。所谓效果意思,是指意思表示人欲使其表示内容引起法律上效力的内在意思要素。所谓表示行为,是指行为人将其内在意思以一定方式表现于外部,并足以为外界所客观理解的行为要素。法律之所以把意思表示真实作为合同生效的重要构成要件,是因为合同本质上是当事人之间的合意,如果合意不真实,轻则会危害当事人的利益,重则还会损及社会交易秩序的稳定。因此,对于虚伪的意思表示一律无效,但其他意思表示瑕疵行为一般为可撤销行为。

3. 不违反法律、行政法规的强制性规定以及不违反公序良俗。不违反法律行政法规的强制性规定是指合同不得违反法律的强行性规定,而不是指任意性规定,因为任意性规定并不要求当事人必须遵守。合同不违反法律、行政法规的强制性规定,主要是指合同条款必须符合法律、行政法规的效力性强制规定,管理性强制规定一般不影响合同效力。合同不违反公序良俗,即合同内容不得违反公共秩序和善良风俗,其中蕴含的意图是合同内容不能违反社会公共利益和公共道德。

第二节　无权代理合同的效力

一、无权代理合同的法律界定

所谓无权代理合同,就是无代理权的行为人代理他人从事民事法律行为所订立的合同。根据《民法典》的规定，因无权代理而签订的合同有以下三种情形：(1)根本没有代理权而签订的合同，即签订合同的人根本没有经过被代理人的授权，就以被代理人的名义签订的合同。(2)超越代理权而签订的合同，即代理人与被代理人之间有代理关系存在，但是代理人超越了被代理人的授权范围与他人签订了合同。(3)代理关系终止后签订的合同。行为人与被代理人之间原来有代理关系，但是由于代理期限届满、代理事务完成或者被代理人取消委托关系等事由，导致被代理人与代理人之间的代理关系已不复存在，但原代理人仍以被代理人的名义与他人签订的合同。

根据无权代理合同所产生的无权代理行为，是指表见代理以外的无权代理，即狭义的无权代理。狭义的无权代理与表见代理，统称为广义的无权代理。表见代理和狭义无权代理的共同点是行为人都不具有代理权，但二者的法律效果却是不同的。表见代理属于广义的无权代理，但因第三人有理由相信行为人有代理权，从而产生有权代理的法律后果，由被代理人承受表见代理的行为效果。在狭义无权代理情况下，行为人不具有代理权，在其实施代理行为时第三人不可能相信其具有代理权，因此不能强制被代理人承担责任，其效力为待定，只能由被代理人基于自身利益的考虑来决定是否承认该行为的效果。可见，表见代理与狭义的无权代理在性质上是根本不同的。狭义的无权代理与代理权滥用也完全不同，在代理权滥用的情形下，代理人仍然享有代理权，只不过滥用了被授予的代理权。

二、无权代理合同的效力

在狭义无权代理的情形下，行为人与相对人所订立的合同属于效力待定的合同，即无权代理合同是效力待定合同的一种类型。

无权代理合同效力待定，其理由在于：(1)无权代理行为具有代理的某些特征，由于无权代理行为并不是当然都对被代理人不利，所以法律给予被代理人追认权，由被代理人根据自己的利益和意志考虑来决定是否承认这种行为的效力，经过被代理人追认可以消除无权代理合同存在的代理权瑕疵。(2)因被代理人的追认而使无权代理行为有效，并不违反法律和社会公共利益，相反，经过追认而有效，既有利于促成更多的交易，也有利于维护被代理人和相对人的利益。通过被代理人的追认使效力待定合同为有效，而不是简单地宣告其为无效合同，是符合当事人的意志和利益的。

三、无权代理合同当事人的权利义务

(一)被代理人的追认权

追认是指被代理人对无权代理行为在事后予以承认的一种单方意思表示。在法律上，被代理人是否作出追认，是被代理人所享有的一种权利，通常称为“追认权”，被代理人有权追认，也有权拒绝追认。若被代理人明确表示拒绝追认，则无权代理行为自始无效。追认在性质上视为补授代理权，因此追认具有溯及既往的效力，即无权代理行为被追认后，溯及既往自始有效。被代理人的追认可采取明示追认和默示追认的方式。所谓默示追认，即被代理人以一定行为的方式进行追认。无权代理人以被代理人的名义订立合同的，若被代理人已经开始履行合同义务或者接受相对人履行的，视为对合同的追认。据此，默示追认有两种情形：(1)被代理人履行合同义务。被代理人虽没有明确追认，但若被代理人已经开始履行合同义务，则视为追认合同。(2)被代理人接受相对人的履行。被代理人接受履行的依据是无权代理合同，而接受履行相当于追认合同。因此，前述两种情形也视为被代理人对合同的追认。

(二)被代理人的拒绝追认权

在狭义无权代理情况下,被代理人享有拒绝承认无权代理行为的效力的权利。被代理人可以两种方式行使拒绝追认权:一是在被代理人发现无权代理人以被代理人名义从事无权代理行为,在相对人催告之前,直接向相对人表示否认该无权代理行为;二是被代理人在相对人作出催告后,既可向相对人明确表示拒绝承认无权代理的效果,也可针对相对人的催告拒绝作出答复。相对人可以催告被代理人自收到通知之日起 30 日内予以追认。被代理人在此期限内未作表示的,视为拒绝追认。

(三)相对人的催告权

在无权代理的情况下,相对人应当享有催告权。催告权是指相对人有权催促被代理人在 30 日内明确答复是否追认无权代理行为。追认权的行使必须以催告权的行使为前提,如果相对人没有催告,被代理人无从知道行为人以被代理人名义实施民事法律行为,也就不可能追认或拒绝追认。对于催告权的行使,法律对相对人是否为善意没有要求。对于恶意相对人的催告,被代理人可以追认也可以拒绝追认,这样也能保护被代理人的利益。

(四)善意相对人的撤销权

法律为保护善意相对人的利益,除了规定其有催告权以外,还允许其行使撤销权。该撤销权指善意相对人在被代理人追认之前,可撤销其与无权代理人订立的合同。由于善意相对人在与行为人从事代理行为时,并不知道行为人未获得代理权授权,其主观上善意且无过失,故善意相对人认为行为人实施的代理行为对其不利的,其有权在被代理人追认前撤销其行为,这对保护善意相对人的利益也是十分必要的。

(五)善意相对人的选择权

在无权代理人未追认的前提下,善意相对人有选择行为人履行债务或进行赔偿的选择权。无权代理责任是一种法定担保责任,即行为人以代理人身份进行代理行为时,其对相对人负有担保其代理权存在的法定义务;在其代理权不存在时,则应承担法定担保责任,这种责任对善意相对人而言,也是一种信赖责任。并且,在行为人为恶意时(明知或应知自己没有代理权),善意相对人有权请求行为人履行债务或就其受到的损害请求行为人进行履行利益赔偿,此时善意相对人有选择权;在行为人为善意时(不知道自己没有代理权),善意相对人有权请求行为人进行信赖利益赔偿,此时善意相对人对行为人在责任承担上无选择权。[1]

第三节　越权合同的效力

一、越权行为的法律界定

对于越权行为立法模式,英美法上对公司越权和董事越权作了明确的区分。公司越权是指公司从事超越其经营范围的交易,董事越权则是指董事超越公司章程对其权限的限制而与第三

〔1〕 其他观点请参见张家勇:《论无权代理人赔偿责任的双层结构》,载《中国法学》2019 年第 3 期;王利明:《论无权代理人对相对人的责任》,载《河南社会科学》2020 年第 5 期;等等。

人实施交易。我国《民法典》也采用严格区分二者的立法模式:第504条规定了法定代表人越权代表合同的效力;第505条规定了超越公司经营范围的合同效力。

我国学界对超越权限行为的理解,基于立法规定而有多重见解:一是指超越公司法人经营范围的行为,此即公司越权行为;二是指法定代表人超越了法人章程及决议对代表权之限制的行为,此即法定代表人越权代表行为。另外,法定代表人的代表权之权限限制包括法定限制、约定或议定限制两种情形。所谓法定限制,是指法律在法人机构分权的基础上对业务执行权的限制。例如《公司法》第16条规定,公司为公司股东或实际控制人提供担保的,必须经股东会或股东大会决议。约定或议定限制,是指公司章程、董事会决议、股东会或股东大会决议对代表权所作的限制。由于法定限制是通过法律规定而对定代表人的代表权进行公开限制,因此,通常称为法定代表人的代表权之外部限制,《公司法》第16条规定即是对超越代表权外部限制行为的规定。约定或议定限制是通过公司内部的章程或决议对法定代表人的代表权进行权限限制,一般并无对外约束第三人的效力,因此,通常称为法定代表人的代表权之内部限制。《民法典》第61条第2、3款为对法定代表人超越代表权内部限制行为的规定:"法定代表人以法人名义从事的民事活动,其法律后果由法人承受。法人章程或者法人权力机构对法定代表人代表权的限制,不得对抗善意相对人。"由此,越权代表合同实际上应分为三种情形:公司越权合同、超越代表权内部限制之越权代表合同、超越代表权外部限制之越权代表合同,其效力依法而有不同。

二、超越经营范围的合同效力

经营范围是指法人或非法人组织所欲从事的经营项目的基本范围。超越经营范围的公司越权合同,也称为法人目的外行为。

就公司角度而言,公司法定代表人代表公司订立超越经营范围的合同,除了合同违反《民法典》关于民事法律行为有效情形之外,其效力一般为有效合同。随着企业的市场经营自主权不断扩大,政府对企业经营范围的管控不断放开,限制逐渐减少,因此企业仅超越经营范围并不当然导致合同无效。因为超越经营范围的行为,一般并没有违反法律、行政法规的强制性规定,也没有损害第三人的利益,从鼓励交易出发不宜认定超越经营范围的行为无效。

三、超越内部限制的越权代表合同效力

法定代表人是指依照法律或者法人章程的规定,代表法人行使民事权利、履行民事义务的负责人,其法律后果由法人承受。但法定代表人的权限不是无限制的,法定代表人应在法人章程或法人决议的授权范围内对外从事民事活动。

由于法定代表人是代表法人来行使职权,且法定代表人是法人的组成部分,因此法定代表人以法人名义从事的民事法律行为,一般就是法人的行为,因此,法定代表人职务行为的法律后果,应当由法人承受。

法定代表人以法人名义与相对人订立合同的,相对人一般认为法定代表人就是代表法人来订立合同的,相对人一般不知道也难以知道法定代表人的权限范围以及是否存在内部限制,法人的内部限制性规定不应约束合同相对人。因此,法定代表人超越内部限制而订立合同的,一般情况下该代表行为有效,所订立的合同对法人发生效力。

法人章程或者法人权力机构对法定代表人代表权的内部限制,不得对抗善意相对人。因此,若合同相对人在订立合同时知道或应当知道法定代表人超越内部权限限制,而仍与之订立合同,

即合同相对人具有恶意。此时,法律没有保护恶意相对人的必要。因为法律规定的目的是保护交易安全,从而应受保护的是善意相对人的利益。根据《民法典》第504条的规定,法人的法定代表人超越权限订立的合同,除相对人知道或者应当知道其超越权限的外,该代表行为有效,订立的合同对法人发生效力。故在法定代表人超越内部权限对外订立的合同,一般为有效的合同;但合同相对人知道或应当知道其超越权限的,合同无效。

四、表见代表合同的效力

表见代表合同是指法定代表人超越对代表权的法定外部限制,如公司法对公司对外担保或对外投资等情形的限制,合同相对人有理由相信法定代表人有代表权而订立的合同,其代表行为有效,表见代表合同为生效的合同。

公司对外担保包括非关联担保和关联担保两种情形。关联担保,即公司为公司股东或者实际控制人提供担保。公司法规定的限制是必须经股东会或者股东大会决议。非关联担保,即公司向其他企业投资或者为他人提供担保(非为公司股东或者实际控制人),可依照公司章程的规定,由董事会或者股东会、股东大会决议。公司章程对投资或者担保的总额及单项投资或者担保的数额有限额规定的,不得超过规定的限额。公司法规定的对外担保之法定限制:一是公司应遵从公司章程关于对外担保的限制性规定,二是对外担保须由董事会或者股东会、股东大会决议。因此,法定代表人代表公司对外进行担保,必须遵循这些法定限制的要求。但在实践中,法定代表人有时会越过这些法定限制而擅自以公司名义对外进行担保,而相对人也按照法律规定审查了法定代表人提交的公司章程与相关决议,即相对人尽到了法定审查义务而为善意相对人,其信赖法定代表人有代表权而与之订立担保合同的,即成立表见代表合同。表见代表合同的效力依照《民法典》第504条规定,一般为生效的合同。当然,若相对人未尽到法定的审查义务而为恶意相对人时,即其知道或应该知道法定代表人超越法定限制而与之订立担保合同的,此为狭义的无权代表合同,其效力待定。其合同效力的确定,取决于公司对其无权代表合同追认与否。

第四节 免责条款的效力

一、免责条款的法律界定

免责条款是合同当事人事先约定的旨在限制或限制其未来责任的条款。按照合同自由原则,当事人可以在法律规定的范围内自由约定合同条款,因此当事人可在合同中约定免责条款。

免责条款有如下特点:

1. 约定性。免责条款是一种合同条款,是由当事人约定的。这个特征将其与免责条件区分开来。所谓免责条件是指法律规定的可以排除或限制当事人责任的事由,如不可抗力、受害人的过错等,免责条件具有法定性。

2. 明示性。免责条款必须由当事人事先在合同中明确约定,不得以默示的方式作出。当事人约定免责条款是为了减轻或免除其未来发生的责任,因此只有在责任发生以前由当事人约定且生效的免责条款,才能导致当事人责任的减轻或免除。若在责任产生以后,当事人之间通过和解协议而减轻责任,则不属于免责条款。

3. 免责性。免责条款旨在全部免除或部分免除(减轻)当事人未来所应负的责任。

根据免责条款所免除或限制责任的性质不同,可将免责条款分为完全免责条款和限制责任条款。完全免责条款是指完全免除一方责任的条款。限制责任条款是指将当事人的法律责任限制在某种范围内而免除部分责任的条款。分类的意义在于,完全免责条款应当从严审查,而限制责任条款只免除部分责任,审查标准相对宽松。另外,根据免责条款是否经过双方当事人自由协商的不同,可以分为个别磋商条款和免责的格式条款。由于个别磋商条款经过双方当事人自由协商,其效力仅根据免责条款的效力规定判断即可;而免责的格式条款未经当事人自由协商而由一方当事人提供,因此其效力判断更为严格,一是要依照格式条款的效力规则判断,二是根据免责条款的效力规定判断。

二、免责条款的无效

免责条款订入合同,意味着当事人已就免责条款达成了一致,但当事人约定的免责条款并不是当然有效的。只有当事人在不违反法律、行政法规的强制性规定以及不违反公序良俗,不损害国家利益、社会公共利益和第三人利益的情况下,免责条款才能合法有效。依据《民法典》规定,以下两种情形下的免责条款是无效的。

1. 造成对方人身损害的。免责条款不得免除人身伤害的责任,因为对自然人而言,最重要的利益就是人身利益的安全,保护公民的人身安全是法律最重要的任务。若允许当事人通过免责条款免除造成他人人身伤害的责任,将使禁止侵害他人人身权利的强制性规定形同虚设,必将严重危及法律秩序和社会公共道德,严重背离法律的基本理念。因此,我国《民法典》明确规定免除人身伤害责任的免责条款无效,这表明对人的保护置于了最优先的地位。

2. 故意或重大过失造成对方财产损失的。对于合同领域中的财产损失,法律允许当事人通过约定免除一般过失或轻过失所造成的财产损失。但是,对于故意或重大过失造成的财产损失,不允许以免责条款的形式予以免责。因为行为人对于财产损失存在故意或重大过失的恶意,基于对恶意行为人的制裁与惩罚,不允许免责以逃避赔偿责任。对此情形若允许免责,则可能导致法律关于不得侵害他人财产权利的规定成为具文。

第五节　解决争议方法条款的独立效力

一、解决争议方法条款的法律特性

合同不生效、无效、被撤销或者终止的,不影响合同中有关解决争议方法的条款的效力(《民法典》第507条)。据此,合同不生效、无效、被撤销或者终止,虽不能产生当事人所预期的法律效果,但并不是不产生任何法律后果,至少其中有关解决争议方法的条款的效力不受影响。当事人往往在合同中约定解决争议方法条款,以促进双方的民事争议的解决,所以法律规定合同生效与否、有效与否或者终止与否,都不影响解决争议条款的效力。由于这些条款的效力独立于合同的效力,因此通常称为合同独立条款。

所谓解决争议方法的条款,主要包括以下几种形式的条款:

1. 仲裁条款。仲裁条款是仲裁协议的一种表现形式,是当事人在合同中约定的以仲裁方式解决双方争议的条款。我国对合同争议采取诉讼或仲裁的制度,仲裁条款有排除诉讼管辖的效力。如果当事人在合同中订有仲裁条款,则当事人在发生争议时不能向人民法院提出诉讼。《仲裁法》第19条也规定,仲裁协议独立存在,合同的变更、解除、终止或者无效,不影响仲裁协议的效力,也确立了仲裁条款的独立性。

2. 选择受诉法院的条款。《民事诉讼法》第35条规定,合同或者其他财产权益纠纷的当事人可以书面协议选择被告住所地、合同履行地、合同签订地、原告住所地、标的物所在地等与争议有实际联系的地点的人民法院管辖,但不得违反本法对级别管辖和专属管辖的规定。当事人选择受诉人民法院的条款,不受合同效力的影响,这是保障合同当事人诉权的结果,因此,选择受诉法院的条款也具有独立性。

3. 选择检验、鉴定机构的条款。当事人可在合同中约定,若对标的物质量或技术的品种发生争议,在提交仲裁或者诉讼前,可将标的物送交双方认可的检验、鉴定机构予以检验或鉴定。这种解决争议方法的约定出于双方自愿,不涉及合同的实体权利和义务,应当承认其效力独立性。

4. 法律适用条款。依照我国《涉外民事关系法律适用法》第41条中的规定,对于具有涉外因素的合同争议,当事人可以协议选择合同适用的法律。当然,适用外国法律损害我国社会公共利益的,应当适用我国法律。当事人就法律适用条款所达成的协议的效力具有独立性,亦不受合同效力的影响。

二、解决争议方法条款效力的独立性

解决争议方法条款效力的独立性,是指解决争议方法条款的效力与合同的效力相分离而具有独立性,解决争议方法条款的效力不受合同未生效、无效、被撤销和终止的影响。具体而言:

1. 合同无效、被撤销和终止的,不影响解决争议方法条款的效力。无论合同因虚伪表示、恶意串通、违反法律行政法规的强制性规定还是违反公序良俗等原因无效,都不影响解决争议方法条款的效力。亦无论合同因欺诈、胁迫、重大误解还是显失公平原因而被撤销,也不影响解决争议方法条款的效力。同时,合同因履行、抵销、解除、提存、免除或混同等原因终止,而在当事人之间存在合同纠纷争议的,亦不影响解决争议方法条款的效力。

2. 合同未生效的,不影响解决争议方法条款的效力。合同未生效,通常是指合同虽已成立、但生效条件尚未具备而不能生效的情形。典型的合同未生效情形有两种:(1)须办理批准等手续生效的合同,当事人未办理批准等手续,虽然报批等义务条款以及相关条款独立生效,但合同整体不生效;(2)附生效条件的合同,所附条件尚未成就,合同处于不发生效力的状态。合同未生效也面临着民事责任承担与争议解决的问题,但合同未生效不影响解决争议方法条款的效力。

另外,合同未生效与合同无效是不同的。(1)合同无效的事由具有违法性,而未生效合同的内容并不具有实质上的违法性,而只是未经过审批而在程序上存在瑕疵或者约定的条件尚未成就。(2)合同无效是指自始无效、确定无效和当然无效;但对于未生效合同而言,报批手续完成前或条件成就前,合同处于未生效状态;即使在发生争议后,若当事人补办报批手续,则该合同也可被确认为生效。对于附条件的合同,若条件确定不能成就,则合同效力还是处于已成立未生效状态。

对于须办理批准等手续才能生效的合同,当事人未办理批准等手续合同未生效的,其法律后果有两个:(1)不影响解决争议方法条款的效力,通过解决争议方法条款来解决合同的责任承担问题;(2)不影响合同中履行报批等义务条款以及相关条款的效力。合同未生效的,报批义务等条款独立生效;当事人一方未履行报批等手续义务的,对方可以请求其承担违反报批等义务的违约责任。

思考题

1. 简述合同生效与合同成立的关系。
2. 简述合同的生效要件。
3. 简述狭义的无权代理合同的效力。
4. 简述越权合同的效力。
5. 简述超越经营范围的合同效力。
6. 试评析我国《民法典》对免责条款的相关规定。
7. 简述无效的免责条款。

阅读指引

关于行政审批对合同效力影响的讨论

1. 孙学致、韩蕊:《特约生效要件成就前合同的效力——未生效合同概念批判之一》,载《当代法学》2011 年第 6 期。
2. 吴光荣:《行政审批对合同效力的影响:理论与实践》,载《法学家》2013 年第 1 期。
3. 杨永清:《批准生效合同若干问题探讨》,载《中国法学》2013 年第 6 期。
4. 王文胜:《论合同生效前当事人的协作义务——以经批准或登记后生效的合同为例》,载《私法研究》2012 年第 1 期。

关于违反强制性规定的合同效力

1. 孙鹏:《论违反强制性规定行为之效力——兼析〈中华人民共和国合同法〉第 52 条第 5 项的理解与适用》,载《法商研究》2006 年第 5 期。
2. 刘凯湘、夏小雄:《论违反强制性规范的合同效力——历史考察与原因分析》,载《中国法学》2011 年第 1 期。
3. 朱庆育:《〈合同法〉第 52 条第 5 项评注》,载《法学家》2016 年第 3 期。
4. 姚明斌:《“效力性”强制规范裁判之考察与检讨 以〈合同法解释二〉第 14 条的实务进展为中心》,载《中外法学》2016 年第 5 期。

关于免责条款的代表性研究

1. 崔建远:《免责条款论》,载《中国法学》1991 年第 6 期。
2. 邓绍秋:《论免责条款效力的认定》,载《求索》2007 年第 3 期。
3. 钟国才、谢菲:《论免责条款的效力》,载《武汉大学学报(哲学社会科学版)》2010 年第 6 期。
4. 周清林:《论格式免责条款的效力层次——兼谈〈合同法〉及其司法解释之间的矛盾及其协调》,载《现代法学》2011 年第 4 期。

第四章　合同的履行

导学案例

甲某日在乙所开设的电器行看到某品牌电视机，价钱也堪称合理，故向乙表示订购，双方约定第二天由乙送到甲的家中。第二天，当乙将电视机送抵时，甲立即拆箱检查，发现该电视机有很明显的瑕疵存在。甲即主张拒绝受领该电视机，要求乙更换，并且在乙更换之前，甲拒绝支付价金。试问：甲的主张是否有理由？如果甲指定购买某电视机，而当交付时，该电视机上竟存有瑕疵，但不知发生原因为何，则甲的主张是否有理由？

第一节　合同履行与履行原则

一、合同履行的界定

合同履行，是指合同债务人按照约定或法律规定全面地、适当地完成其合同义务，实现债权人合同权利的行为。它是当事人追求的合同目的得以实现的根本途径，是合同法律效力的体现和必然要求。合同履行是合同法所要解决的核心法律制度，它是债权得以实现的前提，也是建立信用经济的基础和形成良好市场秩序的保障。

合同履行的特征如下：

1. 合同的履行是债务人所为的特定行为。这种特定行为一般是特定的积极行为，即给付行为，如交付标的物、支付价款、提供劳务等。债务人的特定行为有时也可以是消极行为，如保密协议中债务人的保密行为等。可见，没有债务人的给付行为，就不可能实现合同目的。但仅有债务人的给付行为，也未必就能实现合同的目的。只有债务人全面、正确地为给付行为，即合面、适当地履行合同义务，包括给付义务和附随义务，合同目的才能得到实现，债权人的利益才能得到满足。

2. 合同的履行是给付行为与给付结果的统一。合同的履行是债务人全面、适当地履行合同义务的行为，这种行为的目的在于使债权人的债权得到满足，债权人得到给付的结果。因此，合同的履行是使债权人实现合同债权的给付行为和给付结果的统一，是完成合同义务的整个过程。履行并非指债务人之给付行为，履行重结果，给付仅系履行之手段，必须债权人实际获得给付结果，才能谓之履行。

3. 合同的履行是合同消灭的一种原因。合同债务人全面、正确地履行了义务，合同债权即达到目的而得到满足，合同关系即归于消灭。因此，合同的履行是债消灭的一种原因，而且是一种正常的消灭原因。从合同消灭原因上说，合同的履行又称债的清偿。

二、合同履行的原则

合同履行的原则,是当事人履行义务和行使权利应遵守的基本行为准则,是指导合同当事人正确履行合同的规则。我国《民法典》确立的合同履行原则主要有以下内容。

(一)全面履行原则

全面履行又称适当履行、正确履行,其含义是指合同当事人应当按照约定全面履行自己的义务。该原则的具体含义是:

1. 依约履行,即当事人应按合同约定的标的及其品质履行。当事人应按照合同约定的履行主体、履行地点、履行时间和履行方式等条件履行。有关履行主体、地点、时间和方式等约定事项的变更,均应取得债权人同意,否则,债务人应承担违约责任。

2. 依法履行。其内涵为:(1)法律规定了强制性义务的,即无论当事人是否另有约定,该法定义务都应当纳入合同关系而成为合同义务。因此,合同履行中,当事人应当严格履行法定义务。(2)如果合同约定不明确或没有约定,当事人可以事后补充,补充达不成协议的,则应依《民法典》合同编规定的任意性规则完善合同,填补合同漏洞,并应按合同编的任意性规则履行义务。(3)双务合同一般应同时履行。在双务合同中,判定当事人全面履行的一个重要标准是,若合同未约定履行先后顺序的,则双方应同时履行。一方不履行其义务,另一方在对方提出履行请求时,有权拒绝自己的履行。

3. 应全面履行合同的义务。合同的义务是一个义务群,除了当事人约定的主给付义务之外,还有从给付义务和附随义务。双方当事人不仅要严格按合同的约定履行主从给付义务,而且还应当履行必要的协作、保护、保密和通知等附随义务。

4. 无正当理由不得变更和解除合同。全面履行原则意味着合同当事人任何一方,未经对方同意不得随意变更合同,否则构成违约,应承担违约责任。

总之,全面履行原则是一项内容与含义十分丰富的原则,也是合同履行的首要原则,全面履行原则也是合同法所强调的首要原则。当事人只有按照合同条款全部履行合同义务后,合同关系方能圆满地消灭。

(二)诚信履行原则

在合同履行中,当事人不仅应当按照法律规定和合同约定履行义务,而且还要按照诚信原则履行。诚信原则作为直接规范交易关系的法律原则,与债权债务关系尤其是合同关系的联系最为密切。在合同各个阶段,甚至在合同关系终止以后,当事人都应当严格依据诚信原则行使权利和履行义务。当然,由于诚信原则属于一般条款,其内涵比较抽象,具有不确定性,不像合同约定那样具体明确,因此不能以诚信替代当事人约定的义务。只有在合同约定存在漏洞导致不能履行的情况下,才能允许法官依据诚信原则确定合同义务。诚信履行原则主要针对附随义务的履行而适用。

诚信履行原则的内容应是:(1)根据合同的性质、目的和交易习惯来履行附随义务,弥补依合同约定义务履行而存在的不足。(2)诚信履行合同的通知义务。在合同履行中,债务人应当诚信履行合同的通知义务,如债务人应当履行标的物使用方法、重要情事的告知义务,不应破坏债权人的期待与信赖。(3)诚信履行合同的协助义务。债权人对债务人的履行,应提供必要的协助(如给予指示、提供履行条件、协助办理特定手续等)义务,在合同履行过程中,当事人双方都应当依据诚信原则履行义务。(4)诚信履行合同的保密义务。当事人在合同的订立或者履行中,如果了解到对方的商业秘密或者其他应保密的信息,对其负有保密义务。(5)诚信履行合同的保护义务等。即当事人在整个合同过程中应保护相对人的人身健康、财产等法益。(6)不得以姓名、名称等变更而拒绝履行合同义务。合同生效后,当事人不得因姓名、名称的变更或者法定代表人、负责人、承办人的变动而不履行合同义务(《民法典》第532条)。该规定的理由在于:一是维护合同的效力,保障交易的安全和秩序;二是诚实信用原则的基本要求。诚信是社会主义核心价值观的重要内容,要求民事主体变更前实施的民事法律行为对其具有法律约束力,就是强化诚实守信。(7)依照诚信原则行使合同履行抗辩权。合同履行过程中,当事人双方都应当依据诚实信用原则,严守承诺,认真做好履约准备,不得滥用合同履行抗辩权。(8)在合同发生争议以后,当事人双方都应当依据诚信原则妥善地处理争议,主动承担各自应当承担的损失,避免给对方造成不应有的损失。(9)依照诚信原则解释合同内容并履行义务。当事人对合同约定的义务发生争议,则应当按照诚信原则作出解释,并依据诚信原则履行义务。

(三)节约资源、保护生态环境原则

当事人在履行合同过程中应避免浪费资源、污染环境和破坏生态。这个原则性规定顺应了节约资源和保护环境的现实需要,符合现代立法的发展趋势,明确了合同履行中应保护环境和避免浪费资源。《民法典》首次以立法的方式,对合同当事人的环境保护义务进行了明确规定:(1)节约资源,避免资源浪费。如第619条规定不得对标的物进行过度包装。(2)不得污染环境和破坏生态,如不得对标的物进行有毒害污染的包装。(3)合同当事人在债权债务关系终止后负有旧物回收义务。第558条规定:"债权债务终止后,当事人应当遵循诚信等原则,根据交易习惯履行通知、协助、保密、旧物回收义务。"这也是首次在《民法典》中规定涉及生态环境保护的后合同义务。

第二节　合同履行的具体规则

一、合同履行的主体

合同履行主体包括履行义务的一方和接受履行的一方。在一般情况下,合同由双方当事人亲自履行。有时,合同也可以向第三人履行,亦可以由第三人履行或代为履行。对于法律规定或合同约定必须由债务人亲自履行的合同,不能由第三人履行。

合同履行义务的一方主体是债务人,包括单独债务人、连带债务人、不可分债务人、保证债务人、债务人的代理人、履行辅助人等。债务人履行时是否必须有行为能力由履行行为的性质决定。履行行为是事实行为时,不要求债务人有行为能力;履行行为是法律行为时,需要债务人有行为能力,此外,如果债务人通过移转财产权利来履行时,需要他有对财产的处分权。除法律规定、当事人约定、性质上必须由债务人本人履行的债务以外,履行可由债务人的代理人进行。但代理只适用于履行行为是法律行为的情形。

接受履行的一方主体是债权人,包括单独债权人、连带债权人、不可分债权人、债权人的代理人、履行辅助人等。履行合同只有在债权人受领时才能顺利进行和完成。债权人享有给付请求权及受领权,当然有权受领履行,但有如下例外:(1)债权人的债权经强制执行,禁止向债权人为履行的;(2)债权人受破产宣告的;(3)在履行行为属于法律行为的情况下,债权人已成为无行为能力或限制行为能力的人。债权人的代理人可以代为受领履行,受托人清算人、质权人、破产管理人等亦然,持有债权人签名的收据的人也可以受领履行。债权的准占有人有足以使人认其为真实的债权人的表征时,也可以受领履行。

二、合同内容的补充

合同生效后,如果当事人就质量、价款或者报酬、履行地点等内容没有约定或者约定不明确的可以协议补充。不能达成补充协议的,按照合同条款或者交易习惯确定。

由此可见,合同生效后,当事人仍可对与合同履行有关而没有约定的或约定不明的事项进行补充,补充的方法有两种:(1)当事人协议补充;(2)按合同的有关条款或交易习惯确定。后者实际上为合同解释。当事人补充达成的协议可视为原合同的一部分,对当事人具有约束力,如果当事人不能达成补充协议,该合同仍然有效。这些没有约定或约定不明确的内容可以依照合同的其他条款或交易习惯确定,此即合同条款约定不明确的补充性规定,适用于那些欠缺主要条款或者条款约定不明确但并不影响其效力的合同。基于公平原则,由法律直接作出的用以弥补当事人未作出或不明确作出意思表示的不足,使合同的内容合理、确定并便于履行。

三、合同履行的标的

履行标的是指债务人应给付的内容,包括交付实物、支付货币、提供劳务等。债务人应当按照合同的标的履行,这是实际履行原则的要求。同时,债务人按照合同标的履行的行为还必须适当,即应当符合当事人的约定。履行须依债务本旨进行,因而仅为部分履行,或不以原定给付为履行,或因履行而负新债务,均非依债务本旨而为履行,不发生清偿使合同消灭的效力。但若绝对贯彻这一思想,会产生不适当的结果,故应予以适当调整。给付为可分时,债务人分期履行或延缓履行,按诚实信用原则衡量,对债权人并无不利或不便时,债权人不得拒绝受领。给付不可分时,若符合上述精神,债务人也可延缓履行,债权人不得拒绝受领。当事人之间有约定,允许债务人部分履行的,法律应予允许。法院也有权考虑当事人的经济状况,衡量债权人的利害影响,酌定相当期限,允许债务人分期履行或延缓履行。给付不可分时,允许延缓履行。

债务人以实物履行合同债务的,履行标的应符合当事人约定或法律规定的规格、型号、数量、质量。标的物的数量,应按法定或约定的数量和计量方法确定。凡是约定或规定有合理差额的,交付的标的物数量在规定的幅度以内,其标的即是适当的。标的物的质量,应按当事人约定的质量标准履行。合同对质量标准没有约定或者约定不明确的,当事人可以协议补充,不能达成补充协议的,按照合同有关条款或者交易习惯确定。如果质量要求按照合同有关条款或者交易习惯仍不能确定的,则按照强制性国家标准或推荐性国家标准履行;没有国家标准的,按照行业标准履行;没有国家标准、行业标准的,按照通常标准或者符合合同目的的特定标准履行。

债务人以货币履行合同债务的,当事人应当按照合同约定的支付方法支付价款或报酬。同时,当事人还应遵守国家有关货币管理的规定。根据我国《民法典》的规定,合同对价款或报酬没有约定或约定不明确的,当事人可以协议补充;不能达成补充协议的,按照合同有关条款或者交易习惯确定;如果按照合同有关条款或交易习惯仍不能确定价款或报酬,则按照订立时合同履行地的市场价格履行,依法执行政府定价或政府指导价的按照规定履行。执行政府定价或者政府指导价的,在合同约定的交付期限内政府价格调整时,按照交付时的价格计价。逾期交付标的物的,遇价格上涨时,按照原价格执行;价格下降时,按照新价格执行。逾期提取标的物或者逾期付款的,遇价格上涨时,按照新价格执行;价格下降时,按照原价格执行。

四、合同履行的期限

履行期限是衡量当事人是否适当履行合同的标准之一。合同有约定履行期限时,依其约定。合同当事人必须严格按合同约定的期限履行合同。在一般情况下,负有义务的一方既不得迟延履行,也不能提前履行;享有权利的一方同样也不得要求提前履行或迟延履行。当事人在合同中可以约定一宗债务划分为各个部分,每个部分各有一履行期限;还可以约定数个履行期限,届时可以选择确定;在双务合同中可分别约定两个对立债务的履行期限。法律有规定履行期限时,依其规定。履行期限还可由债务的性质确定,如在饭店预订各类酒席,依其性质应在宴客之日为履行期限。依上述规则不能确定履行期限时,债务人可以随时履行,债权人也可以随时要求履行,但应当给对方必要的准备时间。

履行期限为债务人利益的,有为债权人利益的,也有为双方当事人利益的情形。对于履行期限为债务人利益的情形,债权人不得随意请求履行,但债务人可以抛弃其期限利益,在履行期前履行。对于为债权人利益的情形,债权人可以在履行期限前请求债务人履行,但债务人无权强行要求他于期前受领给付。对于为双方当事人利益的情形,债务人无权强行要求债权人于期前受领,同时债权人无权请求债务人于期前履行。债权人可以拒绝债务人提前履行债务,但是提前履行不损害债权人利益的除外。债务人提前履行债务给债权人增加的费用,由债务人负担。在履行期内,债务人可以选择任何一个时点履行,债权人无权拒绝,否则,构成受领迟延;反之,债权人于期间内请求债务人清偿,债务人可以履行期尚未届满为由予以抗辩。

五、合同履行的地点

履行地点关系到履行费用的负担和履行时间,因此当事人应当在约定的地点履行。当事人为多数人时,可以各自约定不同的履行地点。同一合同中的数个给付不必约定相同的履行地点,尤其是双务合同中的两个债务,可以有两个履行地点。即使是一个债务,也可以约定数个履行地点,供当事人选择。履行地点在法律有特别规定时,依其规定。履行地点也可由交易习惯确定,如果存在关于履行地点的交易习惯时,应遵从习惯,除非当事人之间另有约定。车站码头的物品寄存,应在该寄存场所履行债务。履行地点可由合同的性质确定,如不作为债务的履行地点应在债权人的所在地。合同对履行地点没有约定或者约定不明确的,可以由双方当事人协议补充,不能达成补充协议的,按照合同有关条款或者交易习惯确定。如果按照合同有关条款或者交易习惯仍然不能确定履行地点的,则给付货币的,在接受货币一方所在地履行,此为赴偿之债的情形;交付不动产的,在不动产所在地履行,此为往取之债的情形;其他标的在履行义务一方的所在地履行。

六、合同履行的方式和费用

履行方式是指由法律规定或合同约定的履行合同的方法。它可以因合同的性质和内容不同而有所不同。当事人应按法律规定或合同约定的方式履行,不得擅自变更。履行方式与当事人的权益有密切关系,履行方式不符合要求,有可能造成标的物缺陷、费用增加、迟延履行等后果。合同有关于履行方式的约定时,依其约定;无此约定时,宜采取公平合理的方式履行。合同对履行方式没有约定或者约定不明确的，由双方当事人协议补充，不能达成补充协议的，按照合同有关条款或交易习惯确定；仍不能确定的，按照有利于实现合同目的的方式履行。

合同履行的费用是指履行所需要的必要费用。在通常情况下，履行费用有运送费、通知费等，履行费用应按合同的约定负担。合同对履行费用的负担没有约定或者约定不明确的，可以由当事人协议补充；不能达成补充协议的，按照合同有关条款或者交易习惯确定；仍不能确定的，由履行义务一方负担。另外，因债权人变更住所或其他行为而导致履行费用增加时，增加的费用应由债权人负担。在债权人同意的情况下，债务人提前履行债务或部分履行债务，给债权人增加的费用，由债务人负担。

七、向第三人履行（第三人利益合同）

向第三人履行指由债务人向第三人进行履行的行为。采用这种履行方式的合同又称为向第三人履行的合同、第三人利益合同或利他合同，它是指当事人约定由债务人向合同当事人之外的第三人作出给付，而该第三人因此取得直接请求债务人作出给付的合同。从广义上说，利益第三人合同可以被分为真正利他合同与非真正利他合同。其中，非真正利他合同是指第三人不能直接请求债务人履行的合同，即第三人在合同中没有直接请求债务人履行的请求权。而在真正利他合同中，第三人享有直接的请求权。

（一）不真正利益第三人合同

当事人约定由债务人向第三人履行债务，债务人未向第三人履行债务或者履行债务不符合约定的，应当向债权人承担违约责任。《民法典》第522条第1款是关于不真正利益第三人合同的规定。在不真正利益第三人合同中，当事人必须明确约定由债务人向第三人作出履行，向第三人作出履行是债务人依据合同应当承担的义务，但也仅仅是债务人向债权人负担单向的义务。

不真正利益第三人合同，有以下特征：（1）不真正利益第三人合同中的第三人与受领辅助人不同。不真正的利益第三人合同中的第三人是由双方当事人在合同中进行约定，而非由合同当事人一方进行指定；但受领辅助人是由债权人单方指定的代其进行受领的人。因此，不真正利益第三人合同中的第三人与受领辅助人是不同的。（2）不真正利益第三人合同中的第三人不享有独立的请求权，因而第三人只可以接受债务人的给付，而不能直接向债务人请求给付。（3）债务人不履行或不按照约定履行时，不真正利益第三人合同中的第三人不能向债务人主张承担违约责任。此时，只有债权人能够主张违约责任。

（二）真正利益第三人合同

真正的利他合同，是指依照法律规定或当事人约定，第三人直接取得履行债务以及承担违约责任等请求权的合同。根据《民法典》第522条第2款规定，法律规定或者当事人约定第三人可以直接请求债务人向其履行债务，第三人未在合理期限内明确拒绝，债务人未向第三人履行债务或者履行债务不符合约定的，第三人可以请求债务人承担违约责任；债务人对债权人的抗辩，可以向第三人主张。在真正利益第三人合同中，第三人享有以下权利：

1. 拒绝权。按照合同相对性原则，非合同当事人本不应享有合同权利或承担合同义务。但是在利益第三人合同中，法律推定当事人为第三人设定权利是符合第三人利益的，或至少不会侵害其权利，因而合同当事人无权为第三人设定义务，但可为第三人设定权利。然而，这毕竟只是法律上的推定，当事人在合同中为第三人设定权利是否真正符合其利益，第三人是否接受该利益,应当由第三人自己决定,所以,《民法典》赋予第三人拒绝权。第三人接受合同当事人为其设定利益的方式,不需要以明确表示接受的方式作出,只要第三人没有明确反对,就应当视为其已经接受该利益,因此,沉默也视为接受该利益之情形。一旦第三人明确拒绝,则利益第三人合同中第三人利益条款不能生效,但合同的其他条款仍可在当事人之间生效,这时,利益第三人合同就转化为一般合同。

2. 履行请求权。真正利益第三人合同中的第三人并非合同当事人,但其可以请求债务人向其履行债务,并接受债务人的给付。由于利益第三人合同以为第三人设定权利和利益为目的,所以,《民法典》第 522 条肯定了第三人享有履行请求权,有利于实现合同目的。也就是说,在合同成立并且生效以后,债务人负有向该第三人履行债务的义务,如果债务人不履行债务,则第三人可以请求债务人及时履行。第三人可以请求的内容应当是合同中为其设定的权利和利益,其请求的范围不得超出合同的约定。

3. 请求债务人承担违约责任。在利益第三人合同中,第三人应当享有违约损害赔偿请求权,但此种损害赔偿应当主要限于因债务人不履行债务使第三人为接受履行做出准备而遭受的损失。毕竟第三人不是合同当事人,第三人没有向债务人支付对价,因此其违约请求权应当受到一定的限制。其具体限制为:债务人违约未向第三人履行债务时,第三人不能请求债务人支付违约金责任、定金责任、赔偿可得利益损失,第三人也无权主张解除合同。另外,债务人在不依约履行债务时,其仅应向债权人或第三人承担违约责任,而不应当使其承担双重责任。第三人享有请求债务人承担违约责任的请求权,而债务人也享有相应的抗辩权。如《民法典》规定,债务人对债权人的抗辩可以向第三人主张,这些抗辩包括债权不成立的抗辩、合同被撤销或者被宣告无效的抗辩、债权消灭的抗辩等、同时履行抗辩、先履行抗辩和不安抗辩等。债务人对债权人的此类抗辩,也可以对第三人主张。

八、由第三人履行

由第三人履行指约定由第三人向债权人进行履行的行为。采用这种履行方式的合同又称为由第三人履行的合同。其指当事人约定在不变更合同当事人的情况下,合同中的债务由第三人向债权人进行履行。当事人约定由第三人向债权人履行债务,第三人不履行债务或者履行债务不符合约定的,债务人应当向债权人承担违约责任。

由第三人履行合同的第三人,不同于履行辅助人。履行辅助人是由债务人单方指定的替代债务人完成给付的人,由第三人履行合同的第三人是当事人在合同中约定的,二者产生方式不同。依据合同相对性原理,合同当事人不得为第三人设定义务和负担,除非得到第三人同意,否则,该约定不能对第三人产生效力。由于在向第三人履行的合同中,只存在债权人与债务人之间的约定,第三人没有与债权人达成合意。因此,双方当事人的合意并不能约束第三人,债权人不能直接向第三人提出请求,第三人并非合同当事人或债务人。在第三人不履行或履行不符合约定时,债权人只能向债务人请求履行债务或主张违约责任,而不能向第三人主张。严格地讲,合同相对性要求当事人不能为第三人设定债务,为第三人设定债务无效。因此,在由第三人履行的合同中,第三人是否履行取决于自愿,第三人可能是基于其与债务人之间的关系去履行合同,但这并不能成为债权人直接请求第三人履行或承担违约责任的依据。

九、第三人代为履行

第三人代为履行,是指在债务人不履行债务时,第三人对履行该债务具有合法利益的,第三人有权向债权人进行履行的行为。但根据债务性质、按照当事人约定或者依照法律规定只能由债务人履行的除外。

第三人代为履行与由第三人履行，虽然都有第三人代替债务人进行履行的行为，但是二者是存在不同的。由第三人履行是合同约定由第三人向债权人进行履行，因此，由第三人履行合同是以约定方式确定由第三人履行的合同；第三人代为履行是以法定方式规定，符合特定要件情形时由第三人代为履行债务的情形，因此，其合同中不存在关于由第三人履行的约定。

第三人代为履行的基础：基于债务人的委托，或基于其本身的赠与意思，或基于第三人对债务人的无因管理。由于债务在绝大多数情况下不具有专属性，可以由第三人代为清偿。因此，为了促进债权的实现，同时有效保护债务人的利益，只要第三人对债的履行具有合法利益，且不违反法律规定和当事人的约定，就可以由第三人代为清偿。

第三人代为履行应具备如下条件：

1. 第三人是指债务人及债务履行辅助人以外的人。第三人代为履行与债务履行辅助人的清偿不同。在第三人代为履行中，第三人相较于债务人具有独立的地位，其清偿不能视为债务人的清偿，在第三人履行不符合债的要求时，债权人不能据此请求债务人承担债务不履行的责任。债务履行辅助人的履行行为，视为债务人的履行行为。

2. 第三人对履行该债务具有合法利益。第三人代为履行以第三人对该债务具有合法利益为必要条件，即在第三人代为履行情形，第三人与债务人之间可能存在利害关系。第三人对债务履行具有合法利益主要包括第三人与债务人之间具有一定的人身关系，或者在债务履行后第三人可以获得一定的财产利益。从司法实践来看，第三人履行该债务具有合法利益情形：(1)在抵押物转让中，抵押物受让人代为清偿主债务以消除抵押权的；(2)在转租中，次承租人代为支付租金，以避免承租人违约的情形；(3)母公司为子公司代为清偿债务的；(4)合伙人与连带债务人的清偿行为；(5)共同保证人的清偿行为；(6)担保物权人、同一不动产的后顺位抵押权人的清偿行为等。

3. 除合同另有约定、法律有特别规定或依债务性质必须由债务人履行外，债权人不能拒绝第三人的代为履行。这是对第三人代为履行的消极条件作出了规定，即一般情况下，若第三人对履行债务具有合法利益且不具有消极条件时，债权人不得拒绝第三人的履行；但若存有消极条件，即便第三人对债务履行具有合法利益，债权人也可拒绝其代为履行债务的行为。在第三人未按照约定向债权人履行清偿义务时，原则上应当由债务人对债权人承担违约责任。

第三节　多数人之债的履行

一、多数人之债概述

对于以同一给付为标的，但债权人与债务人中的一方或双方都是两个或两个以上当事人的债之关系，学理上称为多数人之债。多数人之债与单一之债，是根据债之主体的人数多少的标准，对债之关系进行的一种类型区分。

在多数人之债类型下，根据债的标的是否可分，又把债区分为可分之债与不可分之债。可分之债，又称分割之债或者联合之债，是指数人负担同一债务或者享有同一债权而其标的为可分的债。其中,数人享有同一债权且标的为可分的,为可分债权;债务人数人负担同一债务且标的为可分的,为可分债务。不可分之债指数人负担同一债务或者享有同一债权,而其标的为不可分的债。其中,数人享有同一债权且标的为不可分的,为不可分债权;债务人数人负担同一债务且标的为不可分的,为不可分债务。不可分之债不得进行部分履行,且不可分之债不能成立按份之债。我国《民法典》采用了广义的连带之债的概念,将不可分之债纳入了连带之债的范围,统一适用连带债权和连带债务的规定,从而没有独立的不可分之债的规定。

根据多数人一方当事人享有权利和承担义务的不同为标准,可分之债又可分为按份之债与连带之债。按份之债是指债的一方当事人为多数,各自按照一定的份额享有债权或者负担债务的可分之债。按份之债又可依据多数人一方当事人是债权人或是债务人,而可分为按份债权和按份债务。债权人为二人以上,各自按照一定的份额享有债权的,为按份债权;债务人为二人以上,各自按照一定的份额负担债务的,为按份债务。

二、按份之债

按份债权和按份债务共同构成按份之债。按份债权的构成要件包括:(1)债权人为两个以上。按份之债是多数人之债的一种,必然有一方当事人为多数,否则仅为单一之债而非多数人之债。(2)债务人对两个以上债权人负担同一给付。一个债务人对两个以上债权人承担债务,若对各债权人的给付非属同一给付,则不可能构成按份债权。(3)标的可分。按份之债的标的必须是可分的,即作为债的标的的给付可分为数个给付,而无损于标的的性质和价值。(4)各个债权人按照各自份额享有债权,即各债权人仅在自己的债权份额范围内对债务人享有请求权,债务人也仅在该份额范围内对该债权人负有给付义务。如果债务人超出某一债权人的份额向其履行了债务,则超出部分构成非债清偿,该债权人构成不当得利,对债务人负有返还义务。按份债务的构成要件包括:存在两个以上债务人;各债务人对同一债权人负担同一给付义务;该给付可分;各债务人按照各自的份额承担债务。

在按份债权中,各债权人按各自份额对债务人享有债权,无权超出其份额对债务人行使请求权,如果债务人对某一债权人的履行超出该债权人的份额,则该债权人就超出部分对债务人负有返还不当得利的义务。特定债权人与债务人之间的抗辩事由、抗辩权及其他事项,对其他债权人与债务之间的关系原则上不产生影响。在按份债务中,每个债务人仅就一定份额对债权人承担债务,对超出其份额的部分不对债权人负责,而债权人也仅得就该份额向特定债务人主张权利。债权人针对某一特定债务人的份额未得到满足,只能继续向该特定债务人主张,无权要求其他债务人就其未得到满足的部分承担债务。特定债务人与债权人之间的抗辩事由、抗辩权及其他事项,对其他债务人与债权人之间的关系原则上不产生影响。按份债务中的一个债务人错误地超出自己份额对债权人承担了债务,就超出部分构成非债清偿,债权人负有不当得利返还的义务。如果一个债务人出于为其他债务人承担债务的意思,超出其份额向债权人承担了债务,则债权人对其他债务人的债权移转给该超出自己份额承担了债务的债务人,可适用《民法典》关于债权移转的相关规则。

在按份之债中,债权人的权利边界和债务人的债务范围,均取决于多数债权人或多数债务人之间内部份额的确定,因此多数一方当事人内部份额的确定规则尤为重要。按份之债的多数债权人或多数债务人之间内部份额,首先应依当事人约定加以确定,若当事人之间没有约定或者约定不明确,可协议补充约定;达不成补充协议的,应结合法律行为的性质、当事人的关系等因素,对当事人的意思表示进行解释;通过解释仍然难以确定的,则视为份额相同。

三、连带之债

所谓连带之债,是指两个或者两个以上的债权人或者债务人,依照法律或者当事人的约定形成连带关系,享有连带权利的每个债权人,都有权要求债务人履行义务;负有连带义务的每个债务人,都负有清偿全部债务的义务。在连带之债中,各连带债权人或者连带债务人之间存在连带关系。

连带之债的成立要件包括:(1)债之主体是二人及二人以上。连带之债的债权人或债务人应当有二人及二人以上,这也是当事人之间产生连带关系的前提。若债权人和债务人仅有一人,则无法成立多数人之债。(2)多数债权人或多数债务人之间存在连带关系。连带关系是指依据法律规定或当事人约定,在多数当事人之间所形成的一种债权或债务的牵连关系,这是连带之债产生的基础。(3)以同一给付为标的。数个当事人之间的债务之所以能成立连带关系,原因在于他们共同承担的给付义务是同一的。(4)连带之债的成立以法律规定和当事人的约定为限,并且法律规定的连带之债,不允许当事人通过约定加以排除。

连带之债与按份之债都属于多数人之债的范畴,二者的区别主要体现在:(1)适用范围不同。连带之债是债的特殊形态,连带之债的成立以法律有明确规定或者当事人之间有明确约定为前提,在法律没有明确规定或者当事人没有明确约定的情形下,一般推定为按份之债。(2)给付是否可分不同。连带之债的标的,给付可以是可分的,也可以是不可分的。按份之债的标的,给付必须是可分的。(3)债的效力不同。在连带之债中,享有连带权利的每个债权人都有权要求债务人履行义务;负有连带义务的每个债务人都负有清偿全部债务的义务,实际承担债务超过自己份额的连带债务人,有权就超出部分在其他连带债务人未履行的份额范围内向其追偿。按份之债中的各个债权人或者债务人按照确定的份额分享债权或者分担债务。(4)各个债务人或债权人之间是否存在内部追偿关系不同。连带之债中,若某一债务人承担了超出其应当分担的债务数额,则该债务人有权向其他连带债务人追偿;或某一债权人受领了超过了其应当享有的债权数额,则其他债权人有权向该债权人追偿。按份之债中,各个债务人或者债权人按照确定的份额分担债务或者分享债权,各个债务人仅负有按份清偿的义务,各个债权人也仅能请求债务人为部分清偿,因此,一般不发生各个债务人或者债权人的内部追偿问题。

(一)连带债权

所谓连带债权是相对于按份债权而言的,是指具有连带关系的多个债权人之间所享有的债权。其特点在于:(1)连带债权人为多数,即债权人必须是二人以上。连带债权是数人之债的一种类型,其债权人必须为二人以上;至于债务人是否为二人以上,在所不问。(2)各个债权人之间具有连带关系,连带关系可以由法律规定,也可以由当事人约定。(3)各个连带债权人都可以请求债务人履行全部债务,任何一个债权人也都可以接受债务人的履行,连带债权人中的任一债权人如果接受了债务人的全部清偿,连带债权也将因此消灭。

(二)连带债务

连带债务,是指具有连带关系的多个债务人之间所承担的债务。其特点在于:(1)债务人必须为多数,即债务人必须为二人以上,连带债务是多数人之债的一种类型。(2)各个债务人之间具有连带关系,连带关系是连带之债产生的基础。此种连带关系可以由法律规定,也可以由当事人约定。(3)各个债务人都有义务向债权人作出全部履行,而且任何一个债务人作出全部履行后,都可以导致连带债务的消灭。只要债务没有完全清偿,任何一个债务人都负有清偿义务。因此,连带债务更有利于保障债权的实现。对连带债务中各债务人的内部关系而言,连带债务人之间的份额难以确定的,视为份额相同。

1. 连带债务人的追偿权与代位权

连带债务人的追偿权,是指连带债务人承担债务超出了其按照内部关系应分担的部分,而享有向其他债务人求偿的权利。实际承担债务超过自己份额的连带债务人,有权就超出部分在其他连带债务人未履行的份额范围内向其追偿,并相应地享有债权人的权利,但是不得损害债权人的利益。其他连带债务人对债权人的抗辩,可以向该债务人主张。依据《民法典》第519条第2款规定,连带债务人追偿权存在双重限制:(1)连带债务人必须实际承担了超过其应承担份额的债务;(2)已经承担超过份额债务的连带债务人,只能就其他连带债务人未履行的份额追偿。

对于特定的连带债务人不能履行其应分担的被追偿份额的情形,《民法典》要求连带债务人之间采取再分担原则。被追偿的连带债务人不能履行其应分担份额的,其他连带债务人应当在相应范围内按比例分担。《民法典》第519条第3款明确了连带债务人之间债务份额的再分担规则(第二次追偿权):(1)某个连带债务人实际承担的债务超过了自己的债务份额,这是该连带债务人再次行使追偿权的前提。(2)某个被追偿的连带债务人不能履行其应分担份额,如该债务人因破产等原因无法履行其应分担的债务份额。(3)其他债务人应当在相应范围内,按比例分担特定连带债务人应分担而不能履行的份额。

所谓连带债务人的代位权,是指实际承担债务超过自己份额的连带债务人,其相应地享有基于债权人债权的法定权利,即连带债务人在实际承担的债务超过自己应承担的份额后,就取代原债权人的法律地位,从而在求偿范围内承受债权人的权利(包括担保物权、保证债权等从权利),因此,连带债务人的代位权也称为法定的债权让与。但是,连带债务人享有的代位权,以追偿权可以追偿的范围为限,且不得损害债权人的利益。在连带债务人享有代位权后,基于其取代原债权人的法律地位而向其他债权人求偿时,其他连带债务人对原债权人的抗辩,可以向该债务人主张。

2. 对部分连带债务人发生效力的事项之涉他效力

对部分连带债务人发生效力事项的涉他效力,在债法理论中有"绝对涉他效力"与"相对涉他效力"之分。所谓绝对涉他效力,指某些事项不仅对个别债务人产生效力,而且对所有债务人均发生相应效力。如部分连带债务人的履行、抵销和提存,亦导致其他债务人的债务在相应范围内消灭,其他债务人也免于就该部分债务承担责任,因此,这些事项属于具有绝对涉他效力的事项。在债权人对部分连带债务人的给付受领迟延的情形,也对其他连带债务人发生相应效力,亦属于对其他连带债务人发生绝对效力的事项。

另外,在发生绝对效力的事项情形,若连带债务人之间不能进行追偿的,称为"限制的绝对涉他效力"。例如,部分连带债务人的债务与债权人的债权混同归于一人的,在扣除该债务人应当承担的份额后,债权人对其他债务人的债权继续存在,但该债务人不能向其他债务人追偿;部分连带债务人的债务被债权人免除的,在该连带债务人应当承担的份额范围内,其他债务人对债权人的债务消灭。因此,部分连带债务人的债务混同和被免除的情形,属于限制绝对效力的事项。

所谓相对涉他效力,指某些事项仅对个别债务人产生效力,或者仅针对特定的债务人。在理论上,对部分连带债务人发生效力事项的涉他效力,以相对效力为原则,绝对效力为例外。在我国《民法典》中,仅明确规定了绝对涉他效力和限制的绝对涉他效力事项,对于相对涉他效力事项没有明确规定。

第四节　双务合同履行中的抗辩权

一、同时履行抗辩权

同时履行抗辩权是指互负债务、没有先后履行顺序的双务合同当事人一方,在对方未履行之前或者是在对方履行债务不符合约定时,享有的不履行或部分履行的权利。同时履行抗辩权的成立,应具备以下条件:

1. 有基于同一双务合同所产生的互为对价的两项债务。双务合同双方当事人所负债务在成立上具有关联性,因此在债务履行上也具有关联性。正是由于这种关联性,才有必要规定同时履行抗辩权。成立同时履行抗辩权不仅要有因同一双务合同产生的两项债务,而且这两项债务要有对价关系。

2. 需由双方当事人同时履行。所谓同时履行,就是双方当事人在同一时间相互对待给付,没有先后履行顺序。当事人在合同中约定同时履行或不能确定先后履行顺序的,应当同时履行。如果当事人所负债务有先后履行顺序的,同时履行抗辩权不能成立。

3. 一方未履行或未适当履行。当事人互负债务,没有先后履行顺序,应当同时履行。因此,一方未履行或未适当履行,另一方有权拒绝其履行或者相应的履行要求。若一方已经履行或已适当履行,则不成立同时履行抗辩权。

4. 未履行的一方有对待给付的可能。如果未履行债务的一方丧失了履行债务的能力,就不可能实现同时履行抗辩权,此时应依法解除合同。

同时履行抗辩权属于延期的抗辩权,不具有消灭对方请求权的效力,而仅产生使对方请求权延期的效力,即当事人一方要求对方履行义务的,自己必须同时履行义务。而在对方没有履行义务时,该当事人则可以暂时拒绝履行自己的义务。正因如此,债务人如果享有同时履行抗辩权,即使未援用该项抗辩权,亦不负迟延履行的责任。

二、先履行抗辩权

先履行抗辩权,也有人称后履行抗辩权,是指在双务合同中,后履行的一方当事人在应当履行的一方当事人未履行或者不适当履行时,享有不履行或部分不履行的权利。先行抗辩权的成立,应具备以下条件:

1. 有基于同一双务合同产生的有对价关系的两项债务,即当事人因同一双务合同互负债务,在履行上有关联性,且互为对价。不是基于同一双务合同产生的债务之间,不成立先履行抗辩权。基于同一双务合同产生的债务之间没有对价关系的,也不成立先履行抗辩。

2. 有先后履行顺序。有先后履行顺序的双务合同,先履行的一方应当先为履行。如果没有先履行顺序,就不能成立先履行抗辩权。

3. 应当先履行的当事人不履行或不适当履行合同。应当先履行的当事人已经履行或已经适当履行的,先履行抗辩权就不能成立。

先履行抗辩权也属于延期的抗辩权,不具有消灭对方请求权的效力,只是暂时阻止先履行一方请求权的行使。如果先履行一方完全履行了合同义务,则先履行抗辩权即归消灭,后履行一方应恢复履行。当事人行使先履行抗辩权致使履行合同迟延的,当事人不承担迟延责任。

三、不安抗辩权

不安抗辩权是指双务合同中应当先履行的当事人有确切证据证明对方财产状况恶化,丧失或者可能丧失履行债务能力时,在对方没有履行或者提供担保之前,中止履行合同的权利。成立不安抗辩权,应具备以下条件:

1. 有基于同一双务合同产生的有对价关系的两项债务。单务合同中不存在有对价关系的两项债务,故不产生不安抗辩问题。

2. 当事人一方须有先履行的义务且已届履行期限。首先,当事人一方须有先履行的义务。在双务合同中当事人应同时履行的,若一方没有履行义务,对方可以援用同时履行抗辩权。但当事人的履行有先后顺序时,先履行一方应当先履行义务,不能援用同时履行抗辩权。其次,先履行的义务须已届履行期。在合同义务已届履行期时,当事人应按合同约定履行义务。但在后履行义务的一方有难以对待履行的危险时,先履行义务人为保护自己的利益,可以暂停自己的履行。

3. 后履行义务一方有丧失或可能丧失履行债务能力的情形。丧失或可能丧失履行债务能力的情形表现为:经营状况严重恶化;转移财产、抽逃资金,以逃避债务;丧失商业信誉;有丧失或者可能丧失履行债务能力的其他情形。当然,上述情形必须有确切证据加以证明。如果当事人没有确切证据而行使不安抗辩权,应当承担违约责任。

4. 后履行义务一方没有对待给付或未提供担保。不安抗辩权是为保护先履行义务的一方在获得对待履行上的"不安"状况而设置的,故若后履行义务人已为对待给付,则不发生不安抗辩权。同时,如果后履行义务人提供了担保,先履行义务人的履行利益已得到了保障,不安抗辩权也就丧失了存在意义。后履行义务人提供的担保,可以是物保,也可以是人保,但物保必须充足。

不安抗辩权的主要效力在于中止合同。当事人行使不安抗辩权而中止履行合同的,应当及时通知对方,对方提供适当担保时,应当恢复履行。中止履行后,对方在合理期限内未恢复履行能力并且未提供适当担保的,中止履行的一方可以解除合同。抗辩权人在行使不安抗辩权时负有两项义务:第一,举证义务,即要有确切的证据证明对方丧失或者可能丧失履行债务的能力。为了防止滥用不安抗辩权,没有确切证据证明对方丧失或者可能丧失履行债务的能力而中止履行的,应当承担违约责任。第二,及时通知对方的义务。行使不安抗辩权虽然不需要征得对方的同意,但是为了避免对方因此受到损害,行使不安抗辩权的一方,应及时通知对方,以便对方提供适当的担保。

第五节　情势变更

一、情势变更原则的法律界定

情势变更又称为情事变更,是指合同依法生效后到履行终止前,发生了在合同订立时无法预见的客观情况变化，且这种异常变化不可归责于当事人但使合同基础丧失或动摇，若继续维持合同原有效力则显失公平，依据诚信原则允许当事人变更或解除合同。[1] 所谓"情势"是指合同成立后出现的不可预见但能影响社会整体或部分环境的客观情况，即其是指那些作为法律行为成立基础的客观事实。所谓"变更"是指合同赖以成立的基础发生异常变动。本来，合同有效成立后，当事人必须按照契约严守原则来履行合同。但是，因当事人在订约时无法预见的客观情况的变化，导致合同履行不能或履行艰难，而这种情势变化又不可归责于当事人，若强迫当事人继续履行合同或承担违约责任，有悖诚信原则。

在总结合同法司法解释规定的经验基础上，我国《民法典》第533条首次明确规定了情势变更制度，以解决因合同的基础条件发生重大变化导致当事人权利义务显失公平的问题。

情势变更的构成要件包括：

1. 情势变动事由发生在合同履行阶段。情势变动事由不是发生在合同订立过程中，也不是履行完毕阶段，而是发生在合同成立后履行完成前的阶段。

2. 合同的基础条件发生了异常变化。合同基础条件是关系到当事人订约目的和基本权利义务的条件，它将直接影响当事人的主要权利义务。合同基础条件的异常变化，可能导致双方当事人订立合同的基础与前提不再存在。

3. 情势变更的事由不可归责于双方当事人。合同基础条件的异常变化是当事人订立合同时无法预见的，也不可归责于双方当事人。不可归责于当事人表明合同当事人主观上没有过错，对情势变更事由的发生无法预见也无法克服。如果由于可归责于当事人的事由导致合同基础丧失或动摇，不属于情势变更情形，应由可归责的当事人承担责任。

4. 情势变更在性质上不属于商业风险。情势变更不同于商业风险，情势变更是在缔约时无法预见的非固有风险，而商业风险是市场交易中可预见的固有风险，这与不可预见的情势变更事由有重要区别。

5. 情势变更导致原合同的履行显失公平。情势变更的适用要求继续履行将造成显失公平的后果，即导致合同交易中的对价关系障碍。显失公平将导致双方当事人的利益严重失衡，表现为履行过于艰难或必须付出高昂的代价；若情势变更对双方当事人之间的利益关系影响未达显失公平程度，则不应适用情势变更原则。

二、情势变更与商业风险、不可抗力的关系

（一）情势变更与商业风险

合同交易中发生的情势变更事由，易与商业风险相混淆，因而必须将其与商业风险相区分。

1. 二者在可预见性方面有不同。可预见性是指当事人在缔约时对未来可能发生的风险的预见程度。可预见性标准应当是客观标准，即不以特定的订约人而是以抽象的理性交易人作为考察对象。可预见性包含了可归责性，情势变更因其不可预见而不具可归责性，但商业风险因可预见具有可归责性。可预见性是人民法院区分情势变更与商业风险的主要依据：商业风险属于从事商业活动的固有风险，诸如尚未达到异常变动程度的供求关系变化、价格涨跌等。情势变更是当事人在缔约时无法预见的非市场系统固有的风险。最高人民法院《关于当前形势下审理民商事合同纠纷若干问题的指导意见》（法发〔2009〕40号）指出："人民法院在判断某种重大客观变化是否属于情

---

〔1〕 崔建远主编：《合同法》（第5版），法律出版社2010年版，第127页。

势变更时,应当注意衡量风险类型是否属于社会一般观念上的事先无法预见、风险程度是否远远超出正常人的合理预期、风险是否可以防范和控制、交易性质是否属于通常的'高风险高收益'范围等因素,并结合市场的具体情况,在个案中识别情势变更和商业风险。"

2. 二者的性质不同。情势变更属于合同订立基础的异常变动,在性质上属于意外的风险。而商业风险属于从事商业活动所固有的风险,作为合同基础的客观情况的变化没有达到异常的程度。这一观点实际上也暗含了结果层面上的差别,即情势变更的发生使得合同基础丧失或者动摇,进而导致合同预期的目的发生了根本性的变化;而商业风险的发生不具根本性,没有达到异常的程度。[2]

3. 二者事由的性质不同。商业风险属于可以承受的风险,情势变更属于不可承受的风险。据此,有些事由虽不可预见但可承受,构成商业风险;有些事由不可预见也不可承受,属于情势变更,另外有些事由虽可预见但不可承受,则应归入不可预见的风险行列,承认有适用情势变更的余地。[3]

(二)情势变更与不可抗力

不可抗力是指当事人不能预见、不能避免、不能克服的客观情况。情势变更与不可抗力的区别在于:(1)制度价值不同。不可抗力是一种免责事由,情势变更是对合同嗣后显失公平的一种调整制度。(2)适用范围不同。不可抗力作为免责事由,除法律特殊规定外,一般适用于所有民事责任领域;情势变更仅为合同领域的一项特殊制度,不适用于其他民事领域。(3)对合同的影响方式和程度不同。不可抗力适用前提是不可抗力造成当事人不能履行合同的后果;情势变更是合同基础条件与合同成立时相比出现了当事人无法预见且不可归责于当事人的重大变化,并对合同履行造成了显失公平后果。(4)法律效果不同。不可抗力的后果为免除全部或部分责任;情势变更的后果为合同解除或者变更,不直接具有免责效果。(5)当事人权利行使方式和程序不同。不可抗力导致不能履行时,一方应及时向对方发出受不可抗力影响不能履行合同的通知,并在合理期限内提供证明;情势变更导致合同履行对一方明显不公平时,当事人可通过协商调整失衡的利益,在合理期限协商不成的,当事人可以请求法院或仲裁机构变更或解除合同。

情势变更与不可抗力的相同之处在于:(1)二者均为非商业风险,也都是当事人事先无法预见的情形;(2)二者的发生及其影响均不可归责于当事人;(3)二者均可能对合同的履行和责任承担造成影响,并产生相应法律后果;(4)二者对于合同的影响均出现于合同订立之后履行完毕之前。可见,二者虽有很多区别,但是二者也有很多相同之处,正是这些相同之处导致二者并不能完全绝对予以区分。二者的适用场域是有重合的,即在不可抗力的后果角度,其导致合同履行艰难情形,正是情势变更适用的重要领域。

在不可抗力而致客观情况发生重大变化,使合同履行已无可能或合同目的无法达成时,当事人可解除合同并得依其规则而免责;当合同继续履行可能导致当事人利益严重失衡或履行艰难,但合同目的仍可实现时,当事人通过情势变更制度可选择变更或解除合同来实现利益平衡。因此,《民法典》第533条相较于最高人民法院《关于适用〈中华人民共和国合同法〉若干问题的解释(二)》(以下简称《合同法解释二》)(已失效)第26条规定,删除了"非不可抗力"与"不能实现合同目的"两个内容,改变了原来司法解释把情势变更与不可抗力完全对立起来的立场,回到了

---

[2] 朱广新、谢鸿飞主编:《民法典评注·合同编通则》,中国法制出版社2020年版,第532~534页。

[3] 韩世远:《情事变更若干问题研究》,载《中外法学》2014年第3期。

二者既有区别也有重合的正确立场。

三、情势变更的效力

情势变更原则的效力，表现为不利的一方当事人可请求法院或仲裁机关变更或解除合同。情势变更原则的效力表现在：

1. 再交涉义务。发生情势变更后，当事人负有继续谈判义务，受不利影响的一方有权要求对方就合同权利义务的安排予以继续磋商谈判，这种义务在性质上也称为再交涉义务。当事人负有继续谈判的义务有利于尽量维持合同的效力，这也符合《民法典》鼓励交易的立法目的。再交涉义务基于诚信原则产生的法定义务，其性质应属于不真正义务。确立再交涉义务的理由：(1)鼓励交易。情势变更导致合同履行艰难时，从鼓励交易和最大限度地维护合同关系稳定的角度出发，法院不应当直接变更或者解除合同，而应当鼓励当事人继续谈判。(2)尊重私法自治。情势变更中的再交涉义务，从程序上保障了当事人的私法自治。通过当事人的协商达成合同变更的新协议，与法院依职权变更或解除合同相比，更能够贯彻私法自治原则。(3)强化合作。赋予当事人再谈判协商的义务，要求双方继续谈判磋商，一定程度上可以强化合作关系，更有利于实现鼓励交易的立法目的。

2. 通过诉讼或者仲裁变更和解除合同。发生情势变更后，当事人可以重新协商；但若当事人在合理期限内协商不成的，则可以请求法院、仲裁机构变更或者解除合同。从该条规定来看，在当事人无法通过重新协商变更合同的情形，双方当事人均可请求法院、仲裁机构变更或者解除合同。理由在于发生情势变更后，仍然强行要求当事人严守合同，可能造成当事人权利义务之间新的不公平，所以允许法院和仲裁机构根据情势变更来变更或解除合同，使已经失衡的利益重新得到调整，符合合同正义的要求。此外，法院或者仲裁机构在裁判时，应当根据公平原则确定变更或者解除合同，即要综合考虑客观情况的变化对当事人权利义务产生的影响，并考虑当事人是否违反继续磋商的义务等多种因素综合予以判断。

第六节　合同的行政监督

一、合同行政监督的法律界定

合同的行政监督是市场监督管理和其他有关行政主管部门按照法律、行政法规规定的权限和程序，对当事人利用合同实施的危害国家利益、社会公共利益的违法行为加以监督，并依法进行处理的活动。《民法典》第534条规定："对当事人利用合同实施危害国家利益、社会公共利益行为的，市场监督管理和其他有关行政主管部门依照法律、行政法规的规定负责监督处理。"其中，所谓"监督"，指依据法律、行政法规规定所要求的备案、审批等方式；所谓"处理"，指依据法律、行政法规的规定进行行政调查、中止审批或登记程序，采取行政强制措施，甚至作出行政处理或者行政处罚等，情节严重构成犯罪的应当依法移交司法机关追究相关刑事责任。

二、合同行政监督的特征

1. 被监督处理的行为是当事人利用合同危害国家利益、社会公共利益的违法行为。合同是私人间的权利义务安排,一般不涉及国家利益和社会公共利益,故其属于私法自治及契约自由的领域,公权力一般不宜主动介入。但私法自治与契约自由是有边界和限度的,民事主体不得滥用民事权利损害国家利益、社会公共利益或他人合法权益,这为民事权利和个人自由划定了边界,也为行政机关监督处理利用合同危害国家利益与公共利益的违法行为提供了前提。另外,被行政机关监督处理的行为,是利用合同危害国家利益、社会公共利益的违法行为,而非合同行为本身。公权力原则上不能直接介入当事人的合同行为,只有在合同行为损害了国家利益或者公共利益,且违反了相关市场监管、金融监管、土地管理等法律法规时,公权力才能够介入。合同行政监督不是一般意义上的监督,有关主管部门仅在有利用合同实施对国家利益与社会利益造成危害的违法行为时,才依其职责进行监督并追究其当事人的责任。《民法典》第 534 条的规定实际上划定了合同自由与国家干预的界限。据此规定,相关行政主管部门对合同的行政监督,须以利用合同损害国家利益或社会公共利益的违法行为为前提。

2. 合同行政监督须依据法律、行政法规的规定进行。由于公权力对合同的干预,直接关涉契约自由的限制问题,故《民法典》明确规定相关行政机关对利用合同从事违法行为的监督处理之依据,仅限于法律、行政法规的规定,即行政机关不能依据其他层级的法律规范来对合同行为进行监督处理,且必须按照法定的权限和程序进行。《民法典》第 534 条的规定是引致性规范,即第 534 条中的“利用合同实施危害国家利益、社会公共利益”规定,只是对此类违法行为本质的高度概括,并未赋予相关行政主管部门据此规定对合同进行监督管理的权限,相关行政机关必须另行寻找法律、行政法规上的依据。在其他法律与行政法规中没有对具体违法行为进行规范的情况下,不得径行依照第 534 条对合同行为进行监督或处理,法律、行政法规的特别规定,才是相关行政主管部门进行合同行政监督的法律依据。

3. 合同行政监督的负责部门是相关行政主管部门。各行政主体应在法律、行政法规规定的职权范围内,负责对相关合同违法行为的监督处理。涉及合同行政监督的主管部门并非仅有市场监督管理部门,还包括自然资源部门、住房与城乡建设部门、“一行两会”等各金融监管部门等。它们都应在各自法定职权范围内监督处理利用合同危害国家利益、社会公共利益的违法行为。契约自由是通过市场实现资源配置的根本要求,但在市场配置资源的过程中,市场主体的逐利性决定了其不可避免地会采取一些损及国家利益或者社会公共利益的手段,这就要求相关行政主管部门依法及时纠正制裁处理相关违法行为,维护正常的市场秩序,保障国家利益以及社会公共利益不受侵犯。

思考题

1. 简述合同履行应遵循的原则。
2. 简述按份之债与连带之债的区别。
3. 简述同时履行抗辩权的含义及构成要件。
4. 简述不安抗辩权的构成要件及其行使规则。
5. 试评析《民法典》合同编中的情势变更制度。
6. 简述合同的行政监督制度。

阅读指引

关于涉他合同的履行问题

1. 尹田:《论涉他契约——兼评合同法第64条、第65条之规定》,载《法学研究》2001年第1期。
2. 韩世远:《试论向第三人履行的合同——对我国〈合同法〉第64条的解释》,载《法律科学(西北政法学院学报)》2004年第6期。
3. 崔建远:《为第三人利益合同的规格论——以我国〈合同法〉第64条的规定为中心》,载《政治与法律》2008年第1期。

关于同时履行抗辩权制度的相关研究

1. 韩世远:《构造与出路:中国法上的同时履行抗辩权》,载《中国社会科学》2005年第3期。
2. 王洪亮:《〈合同法〉第66条(同时履行抗辩权)评注》,载《法学家》2017年第2期。
3. 王文军:《继续性合同之同时履行抗辩权探微》,载《南京大学学报(哲学·人文科学·社会科学)》2019年第1期。

关于不安抗辩权与预期违约的区分

1. 韩桂君、肖广文:《预期违约与不安抗辩权比较研究——兼评我国〈合同法〉第68、69、94和108条的立法缺失》,载《河北法学》2004年第1期。
2. 王利明:《预期违约与不安抗辩权》,载《华东政法大学学报》2016年第6期。
3. 陈韵希:《合同预期不履行的救济及其法理基础——再论〈合同法〉不安抗辩权和预期违约的界分》,载《比较法研究》2017年第6期。
4. 李建星:《不安抗辩权与预期违约的完全区分论》,载《政治与法律》2017年第12期。

关于情势变更规则的司法适用

1. 王德山:《论情势变更制度的适用要件》,载《法学杂志》2008年第1期。
2. 韩强:《情势变更原则的类型化研究》,载《法学研究》2010年第4期。
3. 万方:《我国情势变更制度要件及定位模式之反思》,载《法学评论》2018年第6期。
4. 王轶:《新冠肺炎疫情、不可抗力与情势变更》,载《法学》2020年第3期。
5. 李俊晔:《疫情引发合同履行障碍之不可抗力与情势变更类案辨析》,载《法律适用》2020年第6期。

第五章　合同的保全

导学案例

债务人乙为免其财产被强制执行，与第三人丙通谋而为虚假意思表示，将其所有不动产为第三人丙设定抵押权。试问：债权人甲应如何救济其权利？

第一节　合同保全概述

合同保全，即合同债权的保全，是指为防止因债务人的财产不当减少而给债权人的债权带来危害，债权人依法行使代位权或撤销权，以保护其债权的法律制度。

对于债权的保障，通常有两种制度可供采用：(1)在债权关系成立时，当事人可依担保规定设定某种担保，如设定抵押、保证等，此即债权的积极保障；(2)在债务人不履行债务时，债权人诉请法院强制执行或责令债务人给予赔偿，此即债权的消极保障。但是，这两种债权保障方法仍然存在缺陷，不足以充分保障债权人利益。例如，强制执行只能针对债务人的现有财产，对债务人应增加且能增加却未增加的财产或已不当减少的财产无能为力；再如，并非在任何场合下均可能设定担保。鉴于此，民法在这两种保障制度之外另外设立债的保全制度，保证债务人以其所有的全部财产实现债权人的债权之目的。

债的保全制度是对债的相对性原理的突破。依据债的相对性原理，债权债务并无关涉第三人的效力，债权人不得干涉债务人与第三人的法律关系，而依债的保全制度，债权人在特定情况下可代位债务人而与第三人直接发生法律关系或可直接主张撤销债务人与第三人之间的某种民事法律行为。债的保全虽属债之相对性的例外制度，但只要行使得当，既不违背意思自治原则，也不会损害交易安全。

第二节　债权人的代位权

一债权人的代位权的概念

债权人的代位权是指因债务人怠于行使其债权或与该债权有关的从权利，对债权人实现其到期债权造成损害的，债权人可以向人民法院请求以自己的名义代位行使债务人对相对人的权利。债权人的代位权作为一种法定权利，针对的是债务人的消极不行使权利的行为，即怠于行使权利的行为。债权人代位权的行使目的是保持债务人的责任财产。债权人的代位权是债权人以自己的名义代位行使债务人的债权及其从权利。债权人的代位权是债权人向次债务人而不是向债务人提出请求,这不同于债权人向债务人以及债务人向次债务人提出的请求。债权人行使代位权必须要向人民法院提起诉讼,请求法院保全其债权,而不能通过诉讼外的请求方式来行使代位权。这有利于防止当事人以保全债权为名而采用不正当手段抢夺债务人的财产,从而影响社会生活的安定。

二、债权人的代位权行使的条件

根据我国现行法律的规定,债权人的代位权的行使应符合如下条件。

1. 债权人对债务人的债权合法、确定且已届清偿期。债权人对债务人的债权合法,指债权人与债务人之间必须存在合法的债权债务。如果债权债务关系不成立、无效或者可能被撤销,或债权债务关系已被解除,或债权人和债务人间的债权是自然债权,则债权人并不应该享有代位权。并且,债权人的债权必须确定,即债务人对于债权内容没有异议或该债权是经过法院或仲裁机构裁判所确定的债权。只有在债权人对债务人的债权确定以后,因债务人怠于行使其债权,债权人才可向相对人提出请求。

债权人对债务人的债权必须已届清偿期,债权人才能行使代位权。但是,在债权人从事保全行为时,其债权不必到期,即在债权人的债权到期前,债务人的债权或者与该债权有关的从权利存在诉讼时效期间即将届满或者未及时申报破产债权等情形,影响债权人的债权实现的,债权人可以代位向债务人的相对人请求其向债务人履行、向破产管理人申报或者作出其他必要的行为。

2. 债务人怠于行使其到期债权及从权利。债务人怠于行使其到期的债权,意味着债务人不仅应当对次债务人享有债权,而且此债权必须到期。因为只有债务人对次债务人的债权到期,债务人才可能向次债务人提出履行债务的主张,从而债权人代替债务人主张该债权才具有事实基础。关于"怠于行使"的含义,在学理上有不同的理解。一般认为,怠于行使是指债务人能够通过诉讼或仲裁的方式向其债务人主张权利,但一直未向其债务人主张权利。

债务人怠于行使的权利包括两类权利:第一,债务人对次债务人的债权。债务人对次债务人的债权应当已经到期,否则债务人无权向次债务人主张债权,因此,只有债务人的债权已经到期才有可能构成债务人怠于行使权利。第二,债务人对次债务人债权的从权利。所谓从权利是指依附于债务人债权的权利,如利息债权、担保债权等。主权利消灭,从权利也随之消灭。由于债务人怠于行使从权利也会影响债权人债权的实现,因此,债权人也有权依法行使代位权。

3. 债务人怠于行使权利的行为影响债权人的到期债权实现。债务人怠于行使权利的行为必须影响债权人到期债权的实现。何为"影响债权人的到期债权实现",可以从以下两方面加以判断:其一,债务人对债权人到期债权构成迟延履行。在债权人以后,债务人没有及时清偿对债务人的到期债权,已经构成履行迟延,在此情况下,仍然怠于行使其对第三人的权利,造成其没有财产或没有足够的财产用来清偿对债权人的债务,这就从客观上对债权人造成了损害。其二,债务人因怠于行使自己对相对人的权利,增加了债权人的到期债权不能实现的风险,债务人怠于行使自己的债权与不能清偿自己的债务之间具有一定的因果关系。

4. 债务人的债权不是专属于债务人自身的债权。代位权的客体必须是非专属于债务人的债权,专属于债务人的权利不得行使代位权。所谓"专属于债务人自身的债权",指基于扶养关系、抚养关系、赡养关系、继承关系产生的给付请求权,劳动报酬,退休金,养老金,抚恤金,安置费,人寿保险,人身伤害赔偿请求权等权利。另外,根据《民事诉讼法》第250条第1款的规定,被执行人及其所扶养家属的生活必要费用,属于禁止扣押的财产,因其不属于对债权人债权的担保财产。因此,禁止扣押的财产,类似于专属于债务人自身的权利,不得代位行使。

三、债权人债权到期前的代位权行使(保存行为)

债权人债权到期前的代位权行使,即所谓保存行为,是指债权人债权到期之前,如果确实因为特殊情形,影响债权人债权实现,债权人可以为保存债权而及时行使代位权。债权人的债权到期前,债务人的债权或者与该债权有关的从权利存在诉讼时效期间即将届满或者未及时申报破产债权等情形,影响债权人的债权实现的,债权人可以代位向债务人的相对人请求其向债务人履行、向破产管理人申报或者作出其他必要的行为。法律上之所以单独规定保存行为,是因为债权人代位权行使的范围以其到期债权为限,但在其债权未到期之前,若债务人的权利因各种原因不及时行使,将导致债务人的债权丧失或不能实现的,从保护债权人角度出发,例外允许未到期的债权人以行使债权人代位权的方式保全债权。因此,我国《民法典》第536条规定的保存行为,属于代位权行使以其到期债权为必要的例外。

在债权到期前行使债权人代位权的债权,事实上是基于保存其债权的需要而行使代位权,其代位权行使主要涉及以下几种具体情形:

1. 债务人的债权诉讼时效即将届满的。在债务人权利的诉讼时效期间即将届满时,如果不及时主张权利,则在诉讼时效期间届满后,相对人将享有时效届满的抗辩权,该抗辩权不仅可以对抗债务人,而且可以对抗债务人的债权人。如果债务人怠于行使权利,而债权人碍于自己的债权并未到期,又无法行使代位权,此时,如果不行使该代位权将导致债务人的债权罹于诉讼时效,债权人再行使代位权将遭到诉讼时效期间届满的抗辩。

2. 债务人的相对人进入破产程序,而债务人怠于申报债权的。《企业破产法》第45条规定,在债务人的相对人进入破产程序后,破产管理人应当确定债权人申报债权的期限,债权申报期限自人民法院发布受理破产申请公告之日起计算,最短不得少于30日,最长不得超过3个月。债务人应在此期限内申报债权,参与破产分配。如果债务人未及时申报债权,不能参与申报前的破产分配,因此法律允许债权人提前基于保存的需要而行使代位权。

3. 其他必要行为情形。在到期前行使代位权的保全行为不限于上述两种情形,这些情形指防止债务人责任财产不利益的其他必要行为,应包括抵销、中断时效、请求不动产的移转登记、变更登记、更正登记、涂销登记等。但保全行为是对代位权行使中债权人的债权到期要件的突破,性质上属于例外规定,不宜不加限制地进行扩大解释,否则将不适当地扩大代位权的行使范围,造成对债务人的不适当干预。所以应仅在情况紧迫,如不及时行使将影响债权人债权无法实现的情形下,才能对未到期债权主张代位权的行使。

保存行为的效果与一般的代位权行使效果不同。一般代位权采取的是债权人优先受偿规则(入库规则的例外),而保存行为采用入库规则,因为在债权人基于保存行为目的而行使代位权的情形下,债权人与债务人之间的债务并未到期,债权人若可直接从债务人相对人的给付中优先受偿,就意味着会损害债务人的期限利益。因此,只有债权人的债权到期后,才能请求债务人履行债务。基于保存的需要而行使代位权的对象,既可以是债务人的相对人,也可能是其他人。

四、债权人的代位权的行使方式

债权人行使代位权,须向人民法院请求以自己的名义代位行使债务人对相对人的权利。因此,债权人可以自己的名义向相对人提起代位权诉讼,但不得以仲裁方式行使代位权。在债权人提起代位权诉讼以后,需要确定诉讼当事人。债权人行使代位权,须以自己的名义提起诉讼,因此代位权诉讼原告只能是债权人。债权人以次债务人为被告向人民法院提起代位权诉讼,未将债务人列为第三人的,人民法院可以追加债务人为第三人。两个或者两个以上债权人以同一次债务人为被告提起代位权诉讼的,人民法院可以合并审理;人民法院根据具体案情可以将第三人列为无独立请求权的第三人,但不得依职权将其列为该合同诉讼案件的被告或者有独立请求权的第三人。

五、代位权的行使范围和费用负担

代位权的行使范围以债权人的债权为限,即债权人行使代位权只能以自身的债权为基础,以保全自己的债权。

债权人行使代位权的必要费用,由债务人负担。但是,在代位权诉讼中,债权人胜诉的,诉讼费由次债务人负担,从实现的债权中优先支付。将诉讼费从实现的债权中优先支付是必要的,但最终应由债务人承担费用。因为代位权行使的原因是债务人怠于行使其到期债权,可以说,次债务人不能向债务人及时作出清偿以及债务人不能及时清偿债权人的债务,债务人是有过错的,最终将诉讼费确定由次债务人而不是债务人来承担,显然对次债务人是不公平的。

六、债权人的代位权行使的效力

(一)对债权人的效力

债权人的代位权的行使主体是债权人,债务人的各个债权人在符合法律规定的条件下均可以行使代位权,这些债权人做共同原告。两个或者两个以上债权人以同一次债务人为被告提起代位权诉讼的,人民法院可以将多个代位诉讼合并审理。在债权人行使代位权时,人民法院需要确定是否已经有人对债务人提起诉讼并已经获得胜诉的判决。如果已经获得胜诉的判决,则应当将该财产在胜诉的债权人与代位权人之间按比例分配。若有剩余的财产应当交给债务人,作为债务人的一般责任财产。债权人向次债务人提起的代位权诉讼,经人民法院审理后认定代位权成立的,由次债务人向债权人履行清偿义务,债权人与债务人之间、债务人与次债务人之间相应的债权债务关系即予消灭。债权人提起代位权诉讼,无论诉讼结果如何,均能使债权人的债权发生诉讼时效中断的效果。

(二)对债务人的效力

代位权行使的直接效果应归属于债务人,债务人对债权人的债务全部或部分消灭,债务人对次债务人的债权也全部或部分消灭。由于债权人只是代替债务人行使权利,因此债权人代替债务人行使权利所获得的一切利益均归属于债务人。一旦法院通过裁判允许债权人行使代位权,则债务人不能就其被债权人代位行使的权利作出处分,也不得妨碍债权人行使代位权。

(三)对次债务人的效力

债权人行使代位权,则将发生债权人和次债务人之间的代位诉讼关系,次债务人作为被告参与诉讼。此时,次债务人对债权人,可以行使次债务人对债务人的抗辩,但代位请求一旦成立,次债务人便应当依据人民法院的裁判向债权人作出履行。债权人行使代位权,在其诉讼败诉或者代位权仅主张了债务人对次债务人的部分债权情形,均能使债务人的债权发生诉讼时效中断的效果。

第三节 债权人的撤销权

一、债权人撤销权的概念

债权人的撤销权是指债权人可以请求人民法院撤销债务人危害其债权的民事法律行为的权利。可见,债权人的撤销权行使必须依一定的诉讼程序进行。亦即,行使撤销权必须由债权人向人民法院起诉,由人民法院作出撤销债务人行为的判决才能发生撤销的效果。因此,撤销权又被称为撤销诉权或废罢诉权。

二、债权人的撤销权行使的条件

债权人的撤销权行使的条件可分为客观要件和主观要件。对于客观要件,即有害于债权的财产处分行为,还应分为无偿处分行为和有偿处分行为两种情形。无偿处分行为,只要满足客观要件就可行使撤销权,不需要主观要件;而有偿处分行为须同时具备主观方面和客观方面的成立要件。

(一)债务人无偿处分财产情形

在债务人无偿处分财产情形下无须考虑第三人在主观方面是否具有恶意,只需要债务人在客观方面具有无偿处分财产权益的行为即可。

1. 债务人实施了无偿处分财产行为。由于债务人处分财产并未获得任何对价,导致其责任财产减少进而可能影响债权人债权的实现。依法律规定,债务人无偿处分财产行为,包括如下几种情形:一是放弃债权。债务人放弃债权指债务人明确表示免除其债务人的债务行为,包括债务人放弃到期债权和未到期债权,都将导致其责任财产的减少,如果因此导致债权人债权无法实现的,则债权人有权依法行使撤销权。二是放弃债权担保。债权担保有利于保障债权的实现,在债务人无法履行债务时,债权人有权请求担保人承担担保责任,从而使其债权得到清偿,但如果债务人放弃其债权的担保,可能影响其债权的实现,这也可能导致其责任财产不足以清偿债权人的债权。三是无偿转让财产。无偿转让财产,主要指将财产赠与他人的行为。赠与可能导致其责任财产不足以清偿债权人的债权,债权人得请求撤销;如果债务人与第三人只是达成了赠与合同,还没有交付赠与物,则债权人不得请求撤销。四是其他无偿处分财产权益的行为。债务人实施其他无偿处分财产权益的行为,导致其责任财产不足以清偿债权人的债权,债权人也有权依法行使撤销权。五是恶意延长其到期债权的履行期限。债务人恶意延长到期债权的履行期限,也会导致债务人无法获得其应当获得的给付,这也可能影响债权人债权的实现。

2. 债务人处分财产的行为已经发生法律效力。债权人之所以要行使撤销权,乃是因为债务人处分财产的行为已经生效,财产将要或已经发生了转移。当然,债务人的处分行为必须在债权发生之后,如果发生在债权成立之前,则不存在损害债权的问题,债权人不能行使撤销权。

3. 债务人无偿处分财产的行为影响债权人债权的实现。债务人实施无偿处分财产行为后,已不具有足够资产清偿债权人的债权,就可以认定为影响债权人债权的实现。虽然债务人实施了上述行为,但债务人仍有充足的财产用于清偿,不会影响债权人债权实现,不得行使撤销权。

（二）债务人有偿处分财产权益情形

债务人以明显不合理的低价转让财产、以明显不合理的高价受让他人财产或者为他人的债务提供担保，影响债权人的债权实现，债务人的相对人知道或者应当知道该情形的，债权人可以请求人民法院撤销债务人的诈害行为。

1.债务人实施了不合理的有偿处分财产权益的行为。一是以明显不合理的低价转让财产。价格是否明显不合理，应当以交易当地一般经营者的判断，并参考交易当时交易地的物价部门指导价或者市场交易价，结合其他相关因素综合考虑予以确认。转让价格达不到交易时交易地的指导价或者市场交易价70%的，一般可以视为明显不合理的低价。二是以明显不合理的高价受让他人财产。以明显不合理的高价受让他人财产，也会影响自己责任财产的减少，在很多情况下属于变相转移财产、逃避债务的行为。对转让价格高于当地指导价或者市场交易价30%的，一般可以视为明显不合理的高价。三是为他人的债务提供担保。债务人为他人提供担保，将有可能导致其承担担保责任，必然也会减少其责任财产，从而影响债权人债权的实现。

2.影响债权人债权的实现。债务人在实施有偿处分财产行后，已不具备足够资产清偿债权人的债权，就应认定为影响债权人债权的实现。虽然债务人实施了上述行为，但债务人仍然有充足的财产用于清偿，就不会影响债权人债权的实现，不得行使撤销权。

3.相对人具有恶意。相对人的恶意应当是指相对人知道或者应当知道债务人不当处分财产权益的行为影响债权人债权的实现，而不是指相对人知道或者应当知道交易价格不合理。债务人实施不合理的有偿处分财产权益行为时，只有“债务人的相对人知道或者应当知道该情形”时，债权人才能行使撤销权。目的在于保护交易安全，保护相对人的合理信赖。当然，相对人具有恶意，应当由债权人举证证明。

三、债权人的撤销权的行使方式

债权人行使撤销权也只能采取诉讼的方式。在撤销之诉中，撤销权人应当是因债务人不当处分财产行为而使债权受到损害的债权人。债权人自己的名义向人民法院起诉，债务人为被告，受益人或受让人为诉讼中的第三人。

如果债权人为多数人可以共同行使撤销权。两个或两个以上债权人以同一债务人为被告，就同一标的提起撤销权诉讼的，人民法院可以合并审理。

四、债权人的撤销权的行使范围

撤销权的行使范围以债权人的债权为限。债权人的债权不限于到期债权，因为债权人撤销权行使的对象是债务人实施的一种积极诈害债权的行为，必须及时制止。因此，即便债权人的债权没有到期，只要符合债权人撤销权的行使条件，债权人即可行使撤销权。具体而言：

1.债权人行使撤销权，只能以自身的债权为基础，不能以未行使撤销权的全体债权人的债权为保全的范围。

2.多个债权人都有权依撤销权起诉，其请求范围仅限于各自债权的保全范围，即仅以作为原告的债权人债权为限。

3.债权人在行使撤销权时，其请求撤销的数额必须与其债权数额相一致。在债务人实施了多个不当处分财产行为时，债权人应在其债权数额范围内行使撤销权。如债务人实施了一个不当处分财产的行为,即便相关财产价值数额大于债权人债权,债权人也有权请求撤销该行为。

撤销权自债权人知道或者应当知道撤销事由之日起1年内行使。自债务人的行为发生之日起5年内没有行使的,该撤销权消灭。

五、债权人的撤销权行使的效力

债权人撤销权的行使,其效力依人民法院判决撤销而发生,效力及于债权人、债务人、受让人或受益人。

(一)对债权人的效力

债权人请求受益人或受让人将财产归入债务人的责任财产,但对于这些财产无优先受偿权,即采用入库规则。所谓入库规则,指产生恢复原状的效果即债务人不当处分的财产应当回复到债务人的责任财产范围。故在撤销债务人行为后,债权人取回的一定的财产或利益,应作为债务人的全体债权人的共同担保,各债权人对这些财产都应当平等受偿。

(二)对债务人的效力

债务人的行为一旦被撤销,该行为自始无效,产生溯及既往的效力。因此,已经履行的需要恢复原状,未履行的不再履行,不能恢复原状的需要赔偿;与之相应的,债务人免除他人债务的行为视为没有免除;承担他人债务的行为视为没有承担;为他人设定担保的行为视为没有设定;让与财产的行为视为没有让与。

在债权人提起撤销之诉时,债权人与债务人之间的债务可能没有到期,如果撤销后直接向债权人交付财产以清偿债务人的债务,则会剥夺债务人的期限利益。在此,可将财产暂时交给法院代为保管,待债务到期以后,再交付给债权人。如果债务已经到期,就可以该财产直接向债权人作出清偿。债权人行使撤销权的必要费用,由债务人负担。

(三)对相对人的效力

在债务人不当处分财产的行为被撤销后,相对人负有恢复原状的义务。若财产已经为受让人(受益人)占有或受益的,应向债务人返还其财产和收益;若原物不能返还则应折价赔偿。因此,受让人从债务人那里获得的利益,在转让行为撤销以后,则应当根据不当得利返还给债务人。如果受让人占有标的物的,则负有返还标的物的义务。当然,并不是在任何情况下,都应当返还原物。如果原物不能返还,也可以采用补偿原则。[1]

六、撤销权的行使期限

撤销权自债权人知道或者应当知道撤销事由之日起1年内行使。自债务人的行为发生之日起5年内没有行使撤销权的该撤销权消灭。撤销权事由出现后,债权人应当及时行使,否则,相关的法律关系可能长期处于不确定的状态。如果撤销事由发生1年之后,债权人再主张撤销相关行为,则财产很难恢复原状,也不利于保护当事人的合理信赖。该1年期限在性质上属于除斥期间,即该撤销权的权利存续期间不因任何事由而发生中断、中止或者延长,该期间一旦届满,撤销权即消灭。

---

〔1〕 王利明:《合同法》(第2版),中国人民大学出版社2021年版,第217页。

思考题

1. 简述债权人代位权制度的构成要件及法律后果。
2. 简述债权人撤销权的构成要件及效力。
3. 简述债权人撤销权与可撤销合同中的撤销权的区别。
4. 试析我国《民法典》合同保全制度的进步与不足。

阅读指引

关于债权人代位权制度的理解与适用

1. 王利明:《债权人代位权与撤销权同时行使之质疑》,载《法学评论》2019 年第 2 期。
2. 崔建远:《论中国〈民法典〉上的债权人代位权》,载《社会科学》2020 年第 11 期。
3. 韩世远:《债权人代位权的解释论问题》,载《法律适用》2021 年第 1 期。

关于债权人撤销权制度的代表性研究

1. 崔建远:《论债权人撤销权的构成》,载《清华法学》2020 年第 3 期。
2. 韩世远:《债权人撤销权研究》,载《比较法研究》2004 年第 3 期。
3. 戴孟勇:《"债务人放弃到期债权"与债权人撤销权》,载《中国政法大学学报》2014 年第 5 期。

第六章　合同的变更和转让

导学案例

甲于2021年1月1日借给乙100万元，依约应于2021年12月31日返还本利。乙未经甲同意，竟与丙约定由丙承受其对甲之债务。甲虽承诺不将债权让渡他人，却瞒着乙于2021年6月30日将债权让售于丁。

1. 丙依乙丙间约定于2021年12月31日向甲清偿本息，甲起初以丙非债务人为由拒绝受偿，迟至2022年1月31日始受领之，当事人间法律关系有何变动？

2. 丁于2021年12月31日将甲之让渡书出示给丙，请求付款时，始知丙已于12月初陷于支付不能，问丁可否请求甲赔偿损害？

第一节　合同的变更

一、合同变更的概念

合同的变更是指当事人在合同成立之后履行之前或者合同履行开始之后尚未履行完之前，改变合同内容的行为。合同变更有广义和狭义之分。广义的合同变更，是合同主体和内容中任何一个要素的变更。狭义的合同变更仅指合同法律关系客体和内容的变更，即对合同标的、数量、质量、价格和其他权利义务内容的变更。合同主体的变更属合同转让的问题。民法中的合同变更，一般指狭义上的变更。

合同的变更可分为协议变更和法定变更。协议变更又称合意变更，是指合同当事人双方通过协商对合同内容进行变更的行为，即达成一项变更协议。法定变更是指合同成立后，当发生法定事由时，由一方当事人请求法院或仲裁机构作出变更合同内容的行为。法定事由仅在涉及情势变更的情形，当事人对变更或调整合同内容协商不成的，才可能向人民法院或仲裁机构请求变更（亦可请求解除合同），能否变更取决于人民法院或仲裁机构对法定事由的审查认定。

合同变更与合同更新不同。所谓合同更新，是指当事人通过协商变更了原合同的实质性条款或主要内容，从而使变更后的合同与变更前的合同失去了同一性和连续性，导致原合同关系消灭和新合同关系产生。合同变更与合同更新的主要区别为：(1)合同变更仅限于合同内容的非根本性变化；而合同更新则是合同内容的根本性变化。(2)在合同变更中，变更前后的合同仍保持一定的同一性和连续性，合同关系继续存在且有效；而在合同更新中，原合同关系消灭，新合同关系产生。(3)合同变更虽主要是当事人双方协商的结果，但也有法定的变更事由；合同更新则是当事人双方协商一致的产物。我国《民法典》合同编仅规定了合同变更而未确认合同更新。

二、合同变更的条件

我国《民法典》对当事人约定变更的条件未作规定,但对法定变更做了明确规定。结合我国《民法典》的规定,合同变更的条件如下。

1. 合同有效。合同的变更是对原有的合同内容的改变,没有合同关系的存在则不发生合同变更问题,合同有效是合同变更的重要前提。没有合同关系,就没有进行合同变更的可能;无效合同,更无进行合同变更的必要。

2. 合同内容发生了变更。合同的变更是合同的非实质性条款的变更,如数量、质量、价格等条款有所改动。合同实质性条款的变更,使合同丧失同一性,属于合同更新而非合同变更。

3. 协议变更须有当事人达成一致的变更协议。协商变更合同的,当事人双方应达成协议。这种协议也是一种民事合同,也应符合有关合同成立和生效的一般规定。不具备有效要件的变更协议,不会产生变更合同的法律效果。另外,这表明协议变更应对变更的内容予以明确约定,对合同变更的内容约定不明确的,推定当事人没有达成变更合同协议,进而推定合同没有变更。

4. 合同变更须遵循法定的形式和程序。变更合同的形式,遵循合同自由原则下的形式自由,在不违背法律的前提下,当事人有权决定采用何种形式。一般来说,变更合同的形式应与订立合同的形式一致。依照法律和行政法规的规定,当事人变更合同应进行相应的批准、登记等手续的,必须遵循相应的法定程序或方式。否则,变更合同因不符合法定形式而无效。

三、合同变更的效力

合同变更后原合同之债消灭,当事人不得再按原合同履行,而必须按变更后的合同履行。

合同的变更没有溯及力,合同当事人不得以合同发生了变更而要求已履行的部分归于无效。主合同的变更,并不必然发生从合同随主合同而变更,有些从合同是不能由主合同的当事人来变更合同内容的。例如,主合同的担保合同,在主合同的债权债务变更对担保人有利的情形中,担保合同内容可以随着主合同变更;但主合同的债权债务变更对担保人不利的,需有担保人事先书面同意变更合同,否则,主合同的变更对担保人无效,担保人仍然仅承担合同变更前的担保债务责任。

合同的变更不影响当事人请求损害赔偿的权利。合同变更前一方给对方造成损害的,除法律规定可免责或当事人约定不承担责任的外,另一方当事人有权要求对方承担民事赔偿责任,责任方不得以合同的变更乃是当事人自愿为由不负赔偿责任。

第二节　合同权利的转让

一、合同权利转让的界定

合同权利的转让,也称债权让与,指合同的债权人与第三人协议将其债权转让给第三人的法律行为。这里债权人为转让人,第三人为受让人。债权人可以将合同中的全部权利转让给第三人,也可部分转让合同债权。债权让与是合同主体变更的一种形式,它是在不改变合同内容的情况下,变更合同债权人。

合同权利的转让具有以下特征：

1. 合同权利转让是由债权人将权利转让给第三人。因而,权利转让的主体是债权人和第三人,债务人不是合同权利转让的当事人。尽管权利转让时债权人应当及时通知债务人,但这并不意味着债务人将成为债权转让的当事人。

2. 合同权利转让的对象是合同债权。债权是一种实存利益,因此可作为转让的标的。至于将来债权是否可以转让,一般认为有基础关系的将来债权可以转让,而无基础关系的将来债权不可转让。并且,转让的合同债权必须是有效的权利,无效的权利是不能转让的。

3. 债权转让既可是全部转让,也可是部分转让。在债权全部转让时,受让人将完全取代转让人的地位而成为合同当事人,原合同关系消灭,而产生一个新的合同关系。在债权部分转让情况下,受让人作为债权人将加入原合同关系之中,与原债权人共同享有债权。此时,合同的债权人一方由一人变为数人,合同之债也将成为多数人之债;多数债权人的内部关系,按照当事人的约定,或为按份债权人,或为连带债权人。

二、合同权利转让的要件

1. 须存在有效的合同债权。合同债权的转让应以合同的有效存在为基本条件。合同不成立、合同被宣告无效、被撤销或解除的,则不可能存在有效的合同债权转让。此时的债权转让协议是无效的,转让人应对善意受让人承担损害赔偿责任。对于诉讼时效经过的债权,由于只产生时效抗辩权之后果,一般认为是可以转让的。

2. 当事人之间应达成债权转让协议。合同权利的转让,必须要由让与人和受让人之间订立权利转让合同。当事人订立权利转让合同应具备合同的成立要件和有效条件。

3. 转让的合同债权须具有可让与性。合同权利须具有可让与性,方可转让。对于不具有让与性的合同权利,权利人不得转让。根据《民法典》规定,下列合同债权不得转让：

(1)根据债权性质不得转让的权利。根据债权性质,如只能在特定当事人之间生效的,则不得转让。根据债权性质不得让与的权利,主要包括以下四种:一是根据个人信任关系而发生的债权,如委任人对受托人的债权等。二是以选定债权人为基础发生的合同债权,如某个特定演员的演出活动等。三是债权内容中包括了针对特定当事人的不作为义务,如禁止某人在转让其权利后再将该权利转让给他人等。四是属于从权利的合同债权,如保证合同等。

(2)按照当事人的特别约定不得转让的债权。根据合同自由原则,当事人可以特别约定禁止任何一方转让债权,只要此约定不违反法律禁止性规定和社会公共道德,即具有法律效力,违反此种约定而转让债权将构成违约行为。当然,这种禁止性约定一般只能在特定当事人之间生效,不得约束善意第三人。根据《民法典》第 545 条的规定,债权转让禁止约定的对抗范围因金钱债权与非金钱而有所不同。由于金钱债权转让是交易的重要形式,鼓励金钱债权的转让,有利于鼓励资金融通和促进交易的发展,因此,金钱债权转让的禁止性约定,不得对抗任何第三人,即第三人无论是否知道或应该知道禁止转让金钱债权的约定,该禁止性约定均不能对抗。但非金钱债权转让的禁止性约定,不得对抗善意第三人,但可对抗知道或应该知道禁止转让约定的恶意第三人。

(3)法律规定禁止转让的债权。依照法律规定应由国家批准的合同,当事人在转让权利义务时,必须经过原批准机关批准,如原批准机关对权利的转让不予批准,则权利的转让无效。另外,对于"专属于债权人自身的债权",即基于债权人特定人身关系所产生的债权,如基于扶养关系、抚养关系、赡养关系、继承关系产生的给付请求权，或基于劳动报酬，退休金，养老金，抚恤金，安置费，人寿保险，人身伤害赔偿请求权等一般也应为法律禁止转让的债权。

4. 须通知债务人。合同权利的转让对债务人发生效力，不以转让人与受让人是否达成协议为准，而以合同债权人将转让的事宜通知送达债务人为准。我国《民法典》对债权转让采取通知主义。债权人转让债权时，只需将其转让权利的情况及时通知债务人即可。一旦债权转让通知到达债务人则债权转让发生效力；未经通知，该转让对债务人不发生效力，债务人仍然可以向原债权人履行义务。对于通知义务人，一般认为债权人通知、受让人通知或者二者共同通知均可；在债权转让之时或之后通知均可；由于法律没有规定通知形式，基于合同自由原则，应采通知形式自由，即书面形式、口头形式或其他形式的通知均可。

债权转让的通知不得撤销，但是经受让人同意的除外。因为债权转让通知一旦到达债务人就发生了法律效力，若允许撤销该通知，会使已经转让的债权处于不稳定的状态，也将造成债权受让人的损害，故未经受让人同意不得撤销该通知。但若受让人同意该通知，表明其自愿接受该撤销的不利后果，自应允许。因此，若受让人同意债权人撤销转让的通知，则债权转让不发生效力，但受让人拒绝债权人的撤销行为，则权利的转让将发生效力。

5. 须依法办理有关手续。如果法律、行政法规规定，转让合同权利应当办理批准、登记等手续，则债权人在转让债权时应当办理这些手续。

三、合同权利转让的法律效力

合同权利转让的生效，首先应取决于两个条件：(1)权利转让合同的成立；(2)债权人将权利转让的事实通知债务人以后，债务人未表示异议。在符合这两个条件的情况下，合同权利转让将会产生相应的法律效力。这种效力包括对内效力和对外效力两方面。

(一)合同权利转让的对内效力

所谓对内效力，是指合同权利转让在转让双方即转让人(原债权人)和受让人(新债权人)之间发生的法律效力。这种效力具体表现为：

1. 合同权利由转让人转让给受让人。全部债权转让的，受让人完全取代转让人的地位而成为合同当事人，原债权人退出合同关系。部分债权转让的，受让人作为债权人将加入合同关系之中，其与原债权人共同成为合同债权人；此时，合同的债权一方存在多数债权人，其内部关系按照当事人的约定，或为按份债权关系，或为连带债权关系。

2. 从属于主债权的从权利也将随之发生移转，但专属于债权人的从权利不能随主权利移转而移转。所谓从权利，如抵押权等担保权、利息等孳息债权、定金债权、违约金债权、损害赔偿请求权、债权关联性的形成权等，可随主权利移转而移转。并且，这些从权利跟随移转的，受让人取得从权利不因该从权利未办理登记或未移转占有而受到影响，例如，受让人取得的抵押权或质权，不因该抵押权未办理登记或质权未移转占有而受影响。但是，在当事人没有另行约定的情况下，最高额担保的债权确定前，部分债权转让的，最高额担保不跟随转让。另外，在保证担保中，在未通知保证人的情况下，债权人转让全部或者部分债权，该转让对保证人不发生效力。保证人与债权人约定禁止债权转让，债权人未经保证人书面同意转让债权的，保证人对受让人不再承担保证责任。对于形成权的附随移转问题，一般认为，债权关联性的形成权可以附随债权转让而转让，但合同关联性的形成权如解除权则不能随之移转，因为合同解除权针对合同债权债务关系整体，不只是与债权相关，因此不得移转。[1]

3. 转让人应保证其转让的权利有效存在且不存在权利瑕疵。如果在权利转让以后，因权利存在瑕疵而给受让人造成损失的，转让人应当向受让人承担损害赔偿责任。当然，转让人在转让权利时，若明确告知受让人权利有瑕疵的，则受让人无权要求赔偿。

4. 转让人在某项权利转让给他人以后，不得就该项权利再作出转让。如果债权人实施多重让与行为，则涉及哪个受让人可以取得债权的问题。债权人多重让与的处理规则一般为：有偿让与的受让人优先于无偿让与的受让人取得债权；全部让与的受让人优先于部分让与的受让人取得债权；对于性质相同的债权之多重让与，按照在先让与的受让人优先于在后让与的受让人取得债权。

（二）合同权利转让的对外效力

所谓对外效力，是指合同权利转让对债务人所具有的法律效力。合同权利转让生效以后，针对债务人产生如下效力：

1. 债务人不得再向转让人即原债权人履行债务。债务人向原债权人履行债务不构成债权的履行，原债权人接受的履行构成不当得利，应予返还。

2. 债务人负有向受让人即新债权人作出履行的义务，同时免除其对原债权人所负的责任。如果债务人向受让人作出履行后，债权转让合同被宣告无效或被撤销，由于债务人为善意之履行，故债务人向受让人作出的履行仍然有效。

3. 债权转让时债务人享有的对原债权人的抗辩权，可以向受让人主张。债务人享有的这些抗辩权，包括合同履行抗辩权（同时履行抗辩权、先履行抗辩权和不安抗辩权），合同不成立、无效、被撤销的抗辩权，以及债权因履行、免除等合同终止原因而消灭的抗辩事由等。

4. 债务人接到债权转让通知时，债务人可以向受让人行使抵销权。债务人接到债权转让通知时可向受让人主张抵销的情形：

（1）债务人接到债权转让通知时，债务人对让与人享有债权，并且债务人的债权先于转让的债权到期或者同时到期。此时，债务人主张的是法定抵销权，即债务人与让与人之间存在两个独立的债权，且满足法定抵销权行使条件，可得向受让人主张抵销。因此，行使该抵销权，须债务人的债权先于转让的债权到期或者同时到期；若债务人的债权后于转让债权到期的，则债务人不得主张抵销，否则会损害债权人的期限利益。

（2）债务人的债权与转让的债权是基于同一合同产生的。所谓基于同一合同而产生的可抵销债权，即债务人与原债权人基于同一合同而互负债务的情形。这是抵销权行使的一种特殊情形，即非独立债权或关联债权的抵销。如在同一买卖合同中，一方当事人的价金债权与另一方基于标的物不符合合同约定的违约金债权，无论债权转让时两个债权是否到期，债务人也可向受让人主张抵销。

---

[1] 关于债权转让中的形成权移转问题，参见申海恩：《合同关联性形成权可转让性障碍之克服——在债权让与中考察》，载《政治与法律》2010年第2期。

第三节　合同义务的移转

一、合同义务移转的概念

合同义务的移转，又称债务承担，是指合同债务人、债权人与第三人协议将其债务移转给第三人承担的行为。合同债务移转可因法律的直接规定而发生，也可因法律行为而发生。

《民法典》第551、552条分别规定了免责的债务承担与并存的债务承担。免责的债务承担与并存的债务承担的区分，是关于债务承担最基本的类型划分。免责的债务承担是指债务人经债权人同意，将其债务部分或全部转移给第三人负担，对于所转移的债务，原债务人不再承担责任。并存的债务承担指债务人不脱离债的关系，第三人加入债的关系，与债务人共同承担债务。

从债务转移的份额角度来看，债务承担可以分为全部债务的承担和部分债务的承担。在免责的债务承担中，若转移全部债务给第三人承担，则原债务人退出原债权债务关系，不再具有债务人身份，而第三人承担全部债务的履行责任，承接债权债务关系中的债务人法律地位；若转移部分债务给第三人承担，则原债务人不退出原债权债务关系，其仅就未移转的部分债务承担履行责任，而第三人承担移转的部分债务的履行责任，第三人承受部分债务的债务人地位。可见，在免责的债务承担中，债务人对移转第三人的全部债务或部分债务免责；且在部分免责的债务承担中，债务人与第三人对债权人成立按份债务的债务承担责任。但在并存的债务承担中，由于第三人加入债务关系而与债务人，共同对债权人承担债务履行的连带责任，第三人与债务人之间是连带债务人关系。并且，按照第三人之间的约定，第三人的债务加入既可能是对全部债务、也可能是对部分债务承担连带清偿责任。

合同债务的移转不同于第三人代为履行。在第三人代为履行的情形下，第三人没有成为合同关系的当事人，其本质上是债务人的债务履行辅助人，在第三人不履行债务或者不完全履行债务时，债权人无权请求其承担债务不履行的责任，而只能向债务人主张债务不履行的责任。但在债务移转的情形下，无论是免责的债务移转，还是并存的债务移转，新的债务人已经成为合同当事人，在其不履行债务时，债权人有权请求其承担债务不履行的责任。

二、合同义务移转的类型

（一）免责的债务承担

免责的债务承担是指债权人或债务人与第三人之间达成转让债务的协议，将债务全部或部分移转给第三人，由第三人全部或部分取代原债务人的地位而负担债务。债务人将全部债务或者部分债务转移给第三人的，应当经债权人同意。免责的债务承担的主要特点是：

1. 在移转的债务范围内，第三人取代债务人的地位而成为新的债务人。在全部债务移转的情形中，第三人完全取代债务人的地位成为新的债务人，原债务人退出债权债务关系；在部分债务移转的情形中，第三人仅在移转的部分债务范围内取代债务人的地位，其与债务人按照分别承担的债务份额对债权人负担债务清偿责任。

2. 在移转的债务范围内，第三人对债权人承担全部或相应份额的债务。在全部债务移转的情形中，第三人对债权人承担全部债务；在部分债务移转的情形中，第三人对债权人承担相应份额的债务,第三人与债务人均属于债权人的债务人,但二者承担的是按份责任。

3. 免责的债务承担应当经债权人同意。由于免责的债务承担将导致原债务人免责,债权人往往并不了解新债务人能否履行债务,因此,此种债务承担应当经债权人同意。债权人同意的方式,既可为债权人与第三人订立协议,也可为债务人与第三人订立协议并经债权人同意。并且,债权人的同意应以积极地方式作出,如债权人未作表示的,则视为不同意承担。

(二)并存的债务承担

并存的债务承担也称为债务加入,是指第三人与债务人约定加入债务并通知债权人,或者第三人向债权人表示愿意加入债务,债权人未在合理期限内明确拒绝的,则第三人在其愿意承担的债务范围内与债务人承担连带债务。并存的债务承担的特点主要在于:

1. 第三人加入债权债务关系而成为债务人,但原债务人并没有退出债务关系,而是与第三人共同成为债务人。并存的债务承担,正是因为第三人与债务人均对债权人承担债务履行责任,故而又被称为债务加入。

2. 第三人与债务人承担债务的形态为连带债务。按照约定,第三人承担全部债务的,则与债务人就全部债务负担连带债务;第三人只是承担部分债务,则第三人仅在承担的部分债务范围内与债务人负担连带债务。因此,并存的债务承担要适用《民法典》合同编关于连带债务的规定。

3. 第三人与债务人须达成债务承担协议。第三人与债务人的债务承担协议之方式,有以下种几种情形:(1)第三人与债务人之间达成债务承担协议;(2)第三人与债权人之间达成债务承担协议;(3)第三人向债权人表示愿意加入债务,债权人未在合理期限内拒绝的,推定债权人有承诺的意思而达成债务承担协议;(4)第三人、债务人与债权人共同约定而达成债务承担协议。

债务加入与连带责任保证具有相似性,无论是新加入的债务人,还是连带责任保证中的保证人,都对债权人负连带责任,但二者的区别在于:一方面,二者的地位不同。在债务加入中,新加入的债务人处于债务人的地位,其不仅对债权人负担债务,也享有债务人的抗辩权。而保证人则并不属于债务人,其可以主张债务人对债权人的抗辩权,也可以主张其基于保证合同而对债权人享有的抗辩权。另一方面,二者能否向债务人进行追偿存在不同。在债务加入中,除当事人另有约定外,新加入的债务人在对债权人履行债务后,其原则上不能向原债务人追偿。而在连带责任保证中,保证人在承担保证责任后,其可以向债务人追偿。

三、合同义务移转的条件

合同义务移转须符合一定条件的要求,才能产生法律效力。合同义务移转必须具备如下条件:

1. 须存在有效的合同义务。当事人移转的合同义务只能是有效存在的债务。如果债务本身不存在,或者合同订立后被宣告无效或被撤销,自不能发生义务移转的后果。

2. 转让的合同义务须具有可让与性。因合同义务移转后,合同义务主体发生变更,因此所移转的合同义务必须具有可让与性。依据法律的规定、合同的约定或合同性质不得移转的义务,不得移转。

3. 须存在合同义务移转的协议。合同义务的移转,须由当事人达成移转的协议。一般认为,债务移转协议的订立有三种方式:(1)债权人与第三人订立债务移转协议;(2)债务人与第三人订立债务移转协议;(3)第三人、债务人与债权人共同订立债务移转协议。

4. 债务移转须经债权人同意或者债权人未明确拒绝。在免责的债务承担情形下，由于债务的移转可能对债权人不利而损害债权人的利益，因此，债务人将合同债务全部或部分转移给第三人的，应当经债权人同意。若未征得债权人同意，合同债务移转对债权人无效，原债务人仍负向债权人履行的义务，债权人有权拒绝第三人向其作出的履行，同时也有权追究债务人迟延履行或不履行的违约责任。债权人的同意只可采取明示或积极默示（以行为代替意思表示）的方式，消极默示（沉默）视为不同意债务转移。

在并存的债务承担情形，由于第三人加入债务，对于债权人一般不存在不利情形，因此只要债权人未在合理期限内明确拒绝，即可成立并存的债务负担，债权人从而可以请求第三人在其愿意承担的债务范围内和债务人承担连带债务。

5. 须依法办理有关手续。如果法律或行政法规规定，移转合同义务应当办理批准、登记等手续的，则在移转合同义务时应当办理这些手续。

四、合同义务移转的效力

合同义务移转的效力表现在如下几个方面：

1. 新债务人负有清偿债务的义务。在免责的债务承担中，全部债务移转的，原债务人将退出债务关系而不再成为合同当事人，第三人将代替原债务人的地位而成为新债务人。合同债务部分移转的，第三人加入合同债务关系，第三人也将在债务移转范围内成为新债务人，第三人与债务人对债权人承担按份债务，原债务人与第三人应承担的债务份额通过债务移转协议而确定。如果新债务人不履行或不适当履行其债务，债权人只能向新债务人请求履行其应承担的债务或要求其承担相应的违约责任。

在并存的债务承担中，原债务人与新加入的债务人共同对债权人承担连带责任。在全部债务的债务加入情形中，原债务人和新债务人就全部债务承担连带责任。在部分债务的债务加入情形中，原债务人和新债务人就部分债务对债务人承担连带责任，原债务人与新债务人应承担连带责任的债务份额，由债务加入协议确定；对于第三人未加入的其余部分债务，仍然由原债务人独自承担债务清偿责任。

2. 新债务人可以主张原债务人对债权人的抗辩。在合同债务移转时就已经存在的原债务人对债权人抗辩事由，新债务人可对债权人予以主张。债务人转移债务的，新债务人可以主张原债务人对债权人的抗辩。新债务人享有的原债务人对债权人抗辩：一是合同履行抗辩权，如同时履行抗辩权、不安抗辩权、先履行抗辩权等；二是其他抗辩事由的抗辩，如合同撤销和无效的抗辩、合同不成立的抗辩、诉讼时效完成的抗辩等。不过，专属于原债务人的合同解除权和撤销权，一般不能移转给新债务人享有。

3. 新债务人不得主张原债务人对债权人的抵销权。原债务人对债权人享有债权的，新债务人不得向债权人主张抵销。无论免责的债务承担还是并存的债务承担，原债务人对债权享有债权的，新债务人都不得向债权人主张抵销。如此规定的理由在于：债务承担协议只是让新债务人承担原债务人的债务，若允许新债务人就原债务人对债权人所享有的债权对债权人主张抵销，实际上是允许新债务人行使原债务人对债权人的债权，这超出了债务承担的范畴，故新债务人不得向债权人主张抵销。

4. 从债务的移转。合同债务移转后，从债务也相应地发生移转，新债务人应当承担与主债务有关的从债务，但是该从债务专属于原债务人自身的除外。从债务与主债务是密切联系在一起的,一般不能与主债务相互分离而单独存在。但是,有时从债务并不当然跟随主债务而移转,这些例外的情形有:(1)主债务移转后,专属于原债务人自身的从债务(如特许经营资格的延续)不得移转。(2)属于从债务的担保债务,如抵押和质押,一般跟随主债务移转,但未经主债务的其他担保人书面同意的,不得对其他担保人产生不利影响。(3)在保证担保债务情形中,法律规定债权人未经保证人书面同意债务移转的,保证人不再对移转的债务承担保证责任。但在债务加入情形,未经保证人书面同意,保证人的保证责任不受影响。因为第三人加入债务情形,对保证人而言,并无不利反而有利。

第四节　合同权利义务的概括移转

一、合同权利义务概括移转的概念

合同权利义务的概括移转,是指合同当事人一方经对方同意,将其债权债务一并移转给第三人,由第三人概括地继受这些债权债务。这种概括移转与合同权利转让或义务转让的不同之处在于,它不是单纯的移转债权或债务,而是概括地移转债权债务。由于移转的是全部债权债务,因而在单纯的合同权利或义务移转中所不能移转的一些权利,如与合同相关联的解除权和撤销权等,也将因为概括的权利义务移转而移转给第三人。合同权利义务的概括移转具有如下法律特征:

1. 合同权利义务的概括移转包括合同债务承担和合同债权让与两方面内容。合同权利义务的概括移转,不同于单独的债权让与和债务承担,而是概括地移转合同债权债务。当事人一方与第三人达成的概括移转协议,必须经另一方当事人同意后方可生效。因为概括移转权利义务包括了合同义务的移转,故必须取得合同另一方的同意。在取得另一方同意之后,第三人将完全代替原合同当事人一方的地位,原合同当事人的一方将完全退出合同关系。

2. 合同权利义务的概括转移适用于双务合同。合同权利义务的概括移转,是要移转当事人一方的全部权利义务,因而只有双务合同中的当事人一方才可以转让。由于单务合同中当事人一方仅享有权利或仅承担义务,其不可能同时出让合同权利和义务,故单务合同不会发生合同权利义务概括移转的问题。

3. 须经另一方当事人同意后,合同的权利义务才概括移转给第三人。由于概括移转中包含了债务移转的部分内容,故其转让协议须另一方当事人同意才能对其生效。

4. 合同权利义务的概括移转,既可以基于当事人之间的法律行为而发生,称为意定概括移转;也可以基于法律的规定而发生,称法定概括移转(如因企业合并、分立而发生的合同权利义务的概括移转)。

二、意定概括移转

意定概括移转,也称为合同承担或合同承受,是指一方当事人与第三人之间订立合同,并经合同的另一方当事人同意,由第三人承担合同一方当事人在合同中的全部权利和义务。在合同当事人一方与第三人达成概括移转权利义务的协议后,必须经另一方当事人同意后方可生效。在合同权利义务概括移转发生之后,由于第三人已完全取代了原合同当事人一方的地位,因此,原合同关系已发生消灭,而产生了新的合同关系。

三、法定概括移转

合同的法定概括移转,主要是企业合并与分立。在实践中,企业合并有吸收合并或新设合并两种方式,都会引起债权债务的概括移转。所谓企业合并的债权债务移转,是指两个以上的企业合并在一起成立一个新的企业,由新的企业承担原先的两个债权债务;或者在一个企业被撤销之后,将其债权债务一并移转给另一个企业。所谓企业分立,是指依照法定程序,将原企业分离为两个或两个以上的新企业。企业的分立引起的债权债务移转,是指在撤销一个企业的基础上,成立一个或数个新的企业,被撤销企业的债权债务移转给新的企业承担。在企业合并的情况下,因为由多个企业合并成一个企业,因此由合并后的企业行使原先的合同权利,履行合同义务。如果由一个企业分立为数个企业的,由分立后的企业对原先的合同的权利和义务享有连带债权,承担连带债务。如果债权人和债务人另有约定,则可以不适用上述规定。

四、合同权利和义务概括移转的效力

在合同权利义务的概括移转时,要适用《民法典》合同编关于合同债权让与和合同债务承担的规则。这些法律规定的内容,具体包括:(1)根据合同性质、当事人约定和法律规定不得转让的权利,不得因债权债务的概括移转而转让;(2)如果某些从权利专属于债权人,则受让人无法因合同权利义务的概括移转而享有该从权利;(3)债务人对原债权人所享有的抗辩权,仍可以对抗受让人;(4)如果债务人对让与人享有债权且符合抵销的条件,则债务人可以向受让人主张抵销;(5)新债务人可以主张原债务人对债权人的抗辩;(6)新债务人应当承担与主债务有关的从债务,但该从债务专属于原债务人自身的除外;(7)法律、行政法规规定转让权利或转让义务应当办理批准、登记手续的,应依其规定。

思考题

1. 简述合同变更的条件。
2. 简述债权转让的构成要件及法律效力。
3. 简述债务承担的类型及其条件。
4. 简述债务承担的法律效力。
5. 试述合同权利义务的概括移转及其效力。

阅读指引

关于债权让与制度的代表性研究

1. 崔建远、韩海光:《债权让与的法律构成论》,载《法学》2003年第7期。
2. 李宇:《民法典中债权让与和债权质押规范的统合》,载《法学研究》2019年第1期。
3. 庄加园:《〈合同法〉第79条(债权让与)评注》,载《法学家》2017年第3期。
4. 徐涤宇:《〈合同法〉第80条(债权让与通知)评注》,载《法学家》2019年第1期。
5. 方新军:《合同法第80条的解释论问题——债权让与通知的主体、方式及法律效力》,载《苏州

大学学报(哲学社会科学版)》2013 年第 4 期。

关于债务承担制度的代表性研究

1. 肖俊:《〈合同法〉第 84 条(债务承担规则)评注》,载《法学家》2018 年第 2 期。
2. 朱奕奕:《并存的债务承担之认定——以其与保证之区分为讨论核心》,载《东方法学》2016 年第 3 期。
3. 龚兵:《免责的债务承担》,载《法学杂志》2006 年第 2 期。

关于债务加入与其他类似制度的区分问题

1. 施建辉:《债务加入研究》,载《南京大学学报(哲学·人文科学·社会科学版)》2010 年第 6 期。
2. 夏昊晗:《债务加入与保证之识别——基于裁判分歧的分析和展开》,载《法学家》2019 年第 6 期。
3. 肖俊:《债务加入的类型与结构——以民法典第 552 条为出发点》,载《东方法学》2020 年第 6 期。

第七章 合同的权利义务终止

导学案例

假设A、B、C、D、E共同向F借款100万元，他们五人为连带债务人关系，债权债务是合法有效的，该债务的履行期1个月，并于2021年6月1日届至。请问：

1. 现在若债权人F免除了E的债务，法律效果为何？为什么？

2. 由于F先前向E购买设备，F对E应付60万元设备款，现在若债权人F主张与E的债权进行抵销，法律效果如何？为什么？

3. 由于F先前向E购买设备，F对E应付60万元设备款，债务履行期于6月11日届至；但F在使用过程中发现E的设备存在质量瑕疵，导致F损失40万元，准备向E主张违约损害赔偿责任；债权人E于6月5日将60万元设备款债权转让给Q，原债权人E于当天通知了债务人F，现在若F主张与Q的债权进行抵销，法律效果如何？为什么？

第一节 合同权利义务终止概述

一、合同权利义务终止的概念

合同权利义务的终止简称合同终止，是指合同当事人双方之间的权利义务消灭，即合同对当事人不再具有法律约束力。但是，其既包括合同关系溯及既往的消灭，也包括合同关系向将来消灭而不具有溯及力的情形。

对合同权利义务终止的规定，大陆法系各国的立法例不尽一致。《德国民法典》认为终止与解除在性质上是不同的，从而对解除与终止作出了明确地区分，并确定其不同的适用对象和法律效果，合同解除一般仅适用于一时性合同，合同终止适用于继续性合同。《日本民法典》中没有规定合同终止，但在规定合同解除时，将其分为两类：一类解除的效力溯及既往；另一类解除的效力不溯及既往。我国《民法典》将合同解除和合同终止分别规定，但是其意义与德国民法规定的意义不同，在我国民法中，合同解除只是合同终止的情形之一，因此，在我国《民法典》中，合同终止是合同解除、债的其他消灭原因的上位概念。

二、合同权利义务终止的原因

合同权利义务终止的原因，是指引起合同权利义务消灭的法律事实。《民法典》第557条列举了导致合同终止的原因：债务已经履行；债务抵销；债务人依法将标的物提存；债权人免除债务；债权债务混同；合同解除；法律规定或当事人约定终止的其他情形。前六项是合同终止的主要情形，最后一项是立法者在列举了主要情形之后作出的概括规定，属于兜底条款。从类型划分

上看,合同终止的原因主要为以下几类:

1. 因合同目的实现而终止。合同目的实现就是债权人的利益得到了满足。当事人订立合同的目的是取得某种利益,而其利益的取得须通过债权的实现才能达到。而债权得到实现,合同也就终止。清偿、混同等都是因合同目的实现而合同终止的原因。

2. 因当事人的意思而终止。合同当事人之间的权利义务关系,可依当事人的意思而终止。当事人终止合同的意思可以是当事人一方的意思表示,如债务免除、抵销等都是基于当事人一方的意思表示而终止合同;也可以是当事人双方的意思表示,如协议解除就是基于当事人双方的意思表示一致而终止合同。

3. 因法律的直接规定而终止。合同虽然是当事人之间的权利义务关系,但在法律直接规定合同终止情形时,合同也归于终止。例如,合同的法定解除、当事人死亡或丧失行为能力、法人的终止等,都属于基于法律的直接规定而终止合同。

三、合同终止的效力

合同终止的效力表现在以下几个方面:

1. 合同当事人之间的权利义务关系消灭。债权人不再享有债权,债务人也不再负担债务;无论主义务还是从义务,自合同终止事由发生之时起消灭。合同消灭后,依附于主权利义务关系的从权利义务一并消灭,如担保物权、保证债权、违约金债权、利息债权等,于合同关系消灭时也当然归于消灭。但是,合同终止不影响约定的违约责任以及损害赔偿的计算方法,因为合同关系的终止,不影响合同中结算、清理条款的效力。例如在违约解除情形,解除权人行使解除权导致合同关系终止,但约定的违约金条款及违约损害赔偿的计算方法条款并不因此归于消灭。此外,有负债字据的合同关系全部消灭的,债务人得请求返还或涂销负债的字据;合同关系部分消灭的,或者负债字据上载有债权人其他权利的,债务人得请求将合同消灭的事由记入负债字据。债权人主张不能返还或不能记入的,债务人得请求债权人出具合同消灭的证书。

2. 当事人之间发生后合同义务。后合同义务又称合同终止后的附随义务,是合同关系消灭后,当事人依照诚实信用原则和交易习惯应负有某种作为或不作为的义务。债权债务终止后,当事人应当遵循诚信等原则,根据交易习惯履行通知、协助、保密、旧物回收等义务。

后合同义务的特点表现为:(1)它是依据诚信等原则产生的,虽然合同权利义务已经终止而不复存在,但后合同义务作为一种有利于合同目的实现的法定义务,当事人须遵守和履行这种义务。(2)后合同义务是一种附随义务。主要包括:通知义务、协助义务、保密义务、旧物回收义务。虽然这些附随义务是后合同义务,但当事人违反该义务的,也应当依法承担违约责任。(3)它是依据交易习惯而定的。不是说所有的合同均具有相同的附随义务,在合同履行的不同阶段以及根据合同履行的具体情形,要根据交易习惯确定。

3. 合同中争议解决方法的条款和结算、清理条款继续有效。在合同关系终止以后,并不是所有的合同条款都失去效力,依据法律的规定,合同某些条款的效力具有相对独立性,应当继续有效。这些条款主要有两种类型:

(1)合同中的争议解决方法条款。争议解决方法条款是指当事人在合同中约定的解决合同争议的条款,如仲裁条款、选择管辖法院条款、选择适用法律条款、选择鉴定机构条款等。由于合同中的争议解决方法条款涉及对合同终止后事务的处理,且在法律上具有独立性,所以合同终止后这些条款并不当然终止。

(2)合同的结算、清理条款。所谓结算、清理条款,是指当事人在合同中约定的,在合同关系终止后如何处理合同遗留问题的约定条款。若当事人事先约定了有关合同终止后的结算和清理条款,则在合同关系终止后,此类条款仍然有效。[1] 结算和清理条款是关系到实体性权利义务关系如何了结的条款,主要涉及合同违约的清算问题,它与合同争议解决方法条款是有不同的。

第二节　清　　偿

一、清偿的概念

清偿又称为履行,是债务人按照合同的约定向债权人履行义务、实现债权目的的行为。我国合同法没有使用清偿的概念,而是使用"履行"概念。《民法典》第557条规定的"债务已经履行",就是指清偿。清偿必须是双方当事人依照合同约定进行了正确、全面和适当地履行,从而使合同目的得以实现的行为。因此,我国民法中,清偿、履行、给付三个概念的含义大致相同,只是清偿是指合同的履行结果,给付是对合同标的概括性描述,履行则是债权得到实现的动态过程。

二、清偿的具体规则

(一)清偿的主体

清偿的主体包括清偿人和清偿受领人。

1. 清偿人。清偿人是清偿债务的人,它不仅包括债务人,还包括被授予权限的代理人、履行辅助人和第三人。债务人负有清偿的义务,必须向债权人作出清偿,债务人包括连带债务人、不可分债务人、保证债务人。当债务的内容需要其他人协助时,债务人可以使用履行辅助人。债务人以外的第三人也可以为债务人履行,《民法典》第523条规定了约定的第三人代为履行,第524条规定了法定的第三人代为履行情形。但依法定、约定以及合同性质必须要由债务人亲自履行的,不得由第三人代为履行。对于第三人依据法律规定或合同约定向债权人作出的清偿,债权人不得拒绝。

2. 清偿受领人。所谓清偿受领人即接受清偿的人。在一般情况下,无行为能力人、限制行为能力人也可以作为清偿受领人。《民法典》第523条规定了不真正利他合同和真正利他合同,在这两种合同中的第三人,均为有权受领给付的清偿受领人。在实践中,持有债权人签名的收据或者持有有效的债权凭证的人,应当视为有受领权人。清偿人作出的清偿,必须由受领人受领才能发生清偿的效果。债权人是当然的债权受领人,如果债权人已进入破产程序,则债权人不能亲自受领其债权,而必须由其破产清算人受领。债务人应当向债权人作出清偿,债务人向债权人、代理人以及受领辅助人以外的第三人作出的清偿,不发生债务消灭的效力。

(二)清偿的标的

清偿的标的,即履行的标的或给付的内容。清偿人应当遵循全面履行和诚实信用原则的要求,全面、准确、适当地履行债务,否则即构成违约行为而承担违约责任。当事人在合同中约定必

---

[1] 王利明等:《民法学》(下册),法律出版社2020年版,第713页。

须交付特定物的，要按照合同约定交付特定物而不得以其他标的物替代。如果标的物发生意外毁损灭失，合同则因标的物不存在而嗣后履行不能，但债务人仍然应当承担违约责任。若履行标的物为种类物，则不存在因嗣后履行不能而免除履行之可能，例如约定支付金钱的债务，债务人不能以履行不能为由而要求免除实际履行的责任，也不能以不可抗力作为免责事由。如果约定债务人提供劳务的，债务人应根据债之性质和交易习惯向债权人亲自履行。在债务履行的数量方面，应该按照约定予以全部履行，但部分履行不损害债权人利益的除外。

（三）清偿期

在合同履行期确定以后，债务人原则上应当按期限履行，但是由于履行期限涉及期限利益，而期限利益一般属于债务人，因此债务人可以按照私法自治原则，通过提前履行而处分自己的期限利益。[2] 债务人抛弃自己的期限利益，在一般情况下，对债权人都是有利的，因此，对于债务人提前清偿债务，债权人可以接受也可拒绝。但提前清偿不损害债权人利益的，债权人不能拒绝；债务人提前履行债务给债权人增加的费用，由债务人负担。

三、清偿抵充

（一）清偿抵充的界定

清偿抵充，是指债务人对债权人负担数宗同种类债务，而债务人的履行不足清偿全部债务时，确定该履行抵充其中某宗或某几宗债务的特殊清偿行为。抵充分为约定抵充、指定抵充与法定抵充三种类型。债务人对同一债权人负担的数项债务种类相同，债务人的给付不足以清偿全部债务的，除当事人另有约定外，由债务人在清偿时指定其履行的债务。债务人未作指定的，应按照法定的抵充顺序进行抵充。

（二）清偿抵充的条件

1. 须债务人对同一债权人负担数宗债务。此数宗债务，无论是自始发生在当事人之间，还是嗣后从他人之处承担而来，也无论此数宗债务是否均已届清偿期。另外，此数宗债务须是同一债务人对同一债权人所负的数宗债务。

2. 须为同种性质的数宗债务。各宗债务的标的，须是交付同一性质的财产或提供相同的劳务。否则，债务人须严格按照合同约定进行清偿，不发生清偿抵充问题。

3. 须债务人的给付不足以清偿全部债务。只有在此前提下，才有必要考虑债务人的给付用于清偿哪宗债务的问题。

（三）清偿抵充的类型

1. 约定抵充。当事人就清偿抵充的方法达成了合意，则抵充应遵从合同约定的安排，约定抵充优先于指定抵充和法定抵充，这是合同自由的体现。

2. 指定抵充。指定抵充是指当事人一方以其单方意思表示确定债务人清偿应抵充的债务之情形。除当事人另有约定外，应由债务人在清偿时指定其履行的债务，即在没有约定由债权人享有指定权时，指定权归债务人。指定权的性质应为形成权，指定权人的单方意思表示就能发生清偿抵充的效果。但是，指定抵充不能损害债权人的利益，债务人在指定抵充时，不能滥用指定权。

---

〔2〕 王利明等：《民法学》（下册），法律出版社2020年版，第715页。

因此，在本息之债的指定抵充情形，债务人不能指定先抵充本金，再抵充利息，因为这会损害债权人利益。

3.法定抵充。当事人未约定抵充或指定抵充时，应该根据法律规定的顺序和方法对债务进行抵充。《民法典》第560条第2款规定了法定抵充的顺序：债务人未作指定的，应当优先履行已经到期的债务；数项债务均到期的，优先履行对债权人缺乏担保或者担保最少的债务；均无担保或者担保相等的，优先履行债务人负担较重的债务；负担相同的，按照债务到期的先后顺序履行；到期时间相同的，按照债务比例履行。

4.本息债务的清偿抵充规则。所谓本息债务指包括本金债务和利息债务的债。其中，利息债务是本金债务的从债务，债务人对利息之债应当按照约定的利率支付利息，若约定的利率超过法律规定的利率上限的，则按法律规定的利率上限支付利息。但是，债务人的给付不足支付本金和利息时，就涉及应当优先清偿哪一部分债务的问题。对此，《民法典》第561条规定，债务人在履行主债务外还应当支付利息和实现债权的有关费用，其给付不足以清偿全部债务的，除当事人另有约定外，应当按照下列顺序履行：实现债权的有关费用；利息；主债务。

第三节　合同的解除

一、合同解除的界定

《民法典》中规定的合同解除，指有意定解除权或法定解除权的当事人进行合同解消的行为。合同解除权，包括协议解除权、约定解除权、法定非任意解除权、任意解除权、司法解除权（违约方解除请求权）等类型，后三种解除权属于法定解除权。任意解除权一般适用于继续性合同，是无须任何解除条件而可解消合同的解除权。司法解除权，又称违约方解除请求权或司法终止权，是指合同处于僵局状态且合同目的不能实现时，违约方可请求法院或仲裁机构终止合同权利义务关系的权利。合同解除，将导致合同权利义务归于消灭。合同解除具有以下特征。

1.合同解除适用于有效成立的合同。合同解除的对象是有效成立的合同。只有在成立后履行完毕以前，才适用合同解除的空间。合同应当被宣告无效或被撤销的，没有合同解除的必要。

2.合同解除须具备解除条件或其他法定的特殊情形。非任意解除权的行使必须具备法定或约定的合同解除。法定解除条件是由法律规定在何种情况下当事人有解除权的条件；约定解除条件是指当事人在合同中约定的解除条件，若某种约定的解除条件成就的，一方或双方当事人就享有解除权。任意解除权是无须任何解除条件而可解消合同的解除权，其一般适用于继续性合同中双方当事人的合同信赖基础丧失的情形。司法解除权是指合同处于僵局状态且合同目的不能实现时，人民法院或仲裁机构可以根据当事人请求终止合同权利义务关系的权利。

3.合同的解除必须有解除行为。合同解除必须由当事人行使约定或法定的解除权，才可以解除合同。否则，即使符合解除的条件，合同也不能自动解除。行使解除权须向相对人发出解除通知，这种解除通知不需要征得对方同意，合同自通知到达对方时解除或自解除权人指定的宽限期届满仍未履行的合同自动解除。解除权是形成权，受除斥期间限制，解除权在除斥期间内不行使则解除权消灭。但是，对于司法解除权而言，当事人只能请求人民法院或仲裁机构解除处于僵局状态的合同，合同是否予以解除，取决于人民法院或仲裁机构对合同状态和合同目的实现可能性的审查结果。

4. 合同解除的效力是使合同关系自始消灭或向将来消灭。学理认为,对于一时性合同的解除,发生溯及既往的效力,合同自始归于消灭;对于继续性合同的解除,由于解除后合同已经履行的内容不能返还或没有必要返还,因此,继续性合同的解除一般只向将来予以解除,其解除不具有溯及既往的效力。

二、合同解除的形态

(一)协议解除

协议解除是指在合同依法成立后而尚未全部履行前,当事人通过协商而解除合同的行为。根据合同自由原则,当事人有权通过协商解除合同,他人无权干涉。协议解除是在合同成立以后通过双方协商解除合同,而不是在合同订立时约定的解除权,因此也称为事后的协商解除。

协议解除的法律特征在于:(1)协议解除是通过订立一个新合同来解除原合同的行为,当事人协商的目的是达成一个解除合同的协议。(2)协议解除不得违背国家利益和社会公共利益,即协商解除合同的内容由当事人双方自己决定,但解除合同的协议损害国家利益和社会公共利益的,解除协议无效,当事人仍要按原合同履行义务。(3)协议解除后的法律后果也应由当事人协商确定。

(二)约定解除

约定解除是基于约定解除权的解除。约定解除权是指当事人双方在合同中约定,在合同成立以后尚未全部履行之前,在合同解除条件成就时享有解除权,当事人一方可以行使合同解除权而解除合同。约定解除的实质为,当事人在合同中约定解除合同的条件,当事人约定的条件成就时可行使解除权而解除合同。因此约定解除权属于单方解除权。

约定解除权的解除具有如下特征:(1)约定解除权是双方在合同中事先约定一方享有解除合同的权利。约定解除权的解除事由属于事前的约定,约定的解除条件成就时,一方享有解除权,当事人可以据此行使约定解除权而解除合同。(2)双方在订立合同时约定解除合同的条件。约定解除权的解除事由,是双方当事人在订立合同时约定未来可能出现的合同解除条件。(3)享有解除权的一方实际行使解除权。合同解除条件成就后,一方享有解除合同的权利,但解除合同须由享有解除权的一方实际行使解除权,发出解除通知,如不行使该权利,则合同将继续有效。

(三)法定解除

法定解除是在合同成立以后,没有履行或没有履行完毕以前,当事人一方行使法定解除权而使合同效力消灭的行为。《民法典》合同编规定的法定解除权,包括法定非任意解除权、任意解除权和司法解除权三种类型。

1. 法定非任意解除权

非任意解除权是指合同关系生效后而尚未全部履行前,当具备法定或约定解除条件时,因当事人一方或双方意思表示而使合同关系自始消灭或向将来消灭的解除权。可见,非任意解除权包括约定解除权和法定非任意解除权两类。约定解除权前面已述,故此处仅分析法定非任意解除权。根据《民法典》第563条的规定,当事人在以下情形有法定的非任意解除权,可据此解除合同:

(1)因不可抗力致使不能实现合同目的。不可抗力发生后,对合同的影响是不同的。有些情形的不可抗力，只是暂时阻碍合同的履行，由此导致的迟延履行是可以免责或减责的；有些情形的不可抗力会导致合同履行艰难，这属于情势变更制度调整的问题。但是，因不可抗力致使不能实现合同目的的，才能解除合同。所谓"不能实现合同目的"指当事人订立合同时所追求的目标不能实现。

(2)预期违约。预期违约指在履行期限届满之前，当事人一方明确表示或以自己的行为表明不履行主要债务。预期违约包括明示的预期违约与默示的预期违约两种类型。明示的预期违约，即当事人一方明确表示不履行主要债务的情形；默示的预期违约，即以自己的行为表明不履行主要债务的情形。一方当事人预期违约的，另一方当事人有权在要求其继续履行或者解除合同。因此，在预期违约的情况下，非违约方有法定的合同解除权。

(3)当事人一方迟延履行主要债务，经催告后在合理期限内仍未履行。对于迟延履行主要债务的解除权之产生，有催告后在合理期限内另一方当事人仍未履行的限制。若非违约方未经催告后并指定合理期限要求违约方继续履行的，即使违约方有迟延履行主要债务的行为，解除权也未产生而不能随意解除。另外，债务人在履行期限到来后未履行的是主要债务，而不是未履行次要债务。主要债务一般是指合同的主给付义务。此外，非违约方在催告后，还要给予债务人一段合理的宽限期，以便债务人继续履行。在宽限期经过后仍不履行的，债权人才有权解除合同。宽限期长度的合理性问题，要根据合同具体的情况来判断确定。

(4)根本违约。根本违约是指一方违反合同而致另一方损害，导致非违约方缔约目的无法实现的情形。在根本违约情形下，非违约方有权解除合同。我国合同解除中的根本违约，具体是指当事人一方迟延履行债务或者有其他违约行为致使不能实现合同目的的。由此，该规定可以分为两种情形：第一，迟延履行债务影响到合同目的的实现，则不需要经过催告程序，非违约方有解除权可直接解除合同。第二，有其他违约行为致使不能实现合同目的，非违约方有权直接解除合同。

(5)法律规定的其他情形。这是关于合同法定解除的兜底条款，除了上述法定解除权以外，我国《民法典》合同编分则以及民事特别法之中，也规定了不少法定解除的情形。

2. 不定期继续性合同的任意解除权

不定期合同是指当事人未约定期限，或者期限约定不明确的合同。任意解除权是无须任何解除条件而可解消继续性合同的解除权。《民法典》第563条第2款规定："以持续履行的债务为内容的不定期合同，当事人可以随时解除合同，但是应当在合理期限之前通知对方。"该规则旨在强调不定期继续性合同的任意解除权，应当在一定期限之前通知对方当事人，以保护其对合同存续的合理信赖，因此，该任意解除权为预告解除权。该条规定的任意解除权之适用，仅限于不定期的继续性合同，并且应在合理的预告期限之前通知对方。但应注意的是，在《民法典》合同编的分则中，还规定了一些定期的继续性合同中的当事人(双方或一方)也享有任意解除权，由于不是所有的定期继续性合同都有任意解除权，所以不能通过提取"公因式"方法规定在本条中。

3. 司法解除权

一般认为合同解除权应当属于守约方，违约方不享有合同解除权，但是在特殊情形下，时常出现合同僵局的状态，法律应设定相应的规则来终止合同关系，以打破合同僵局。因此，《民法典》第580条第2款规定："有前款规定的除外情形之一，致使不能实现合同目的的，人民法院或者仲裁机构可以根据当事人的请求终止合同权利义务关系，但是不影响违约责任的承担。"该条规定了司法解除权,学界也称为违约方的解除请求权、司法和仲裁确认解除权、司法终止权等。因此,司法解除权,是指合同处于僵局状态且合同目的不能实现时,违约方可得请求法院或仲裁机构终止合同权利义务关系的权利。

依据该规定,若满足下列条件的情形,当事人可以请求法院和仲裁机构解除合同:(1)出现了法律上、事实上不能履行、履行费用过高等原因。在出现合同僵局的情形下,合同本身并非完全不能履行,在许多情形下合同是可以履行的,但因一方的原因导致合同履行艰难或在经济上不合理。(2)因上述原因导致合同目的不能实现。(3)非违约方拒绝违约方解除合同的请求。合同之所以会形成僵局,是因为一方继续履行无法实现合同目的而要求解除合同,非违约方因为各种原因拒绝解除合同而要求继续履行。符合上述条件的,当事人(包括违约方)都可以请求法院或者仲裁机构确认合同关系终止。但司法确认合同解除,并不意味着免除当事人的违约责任,违约方仍然要承担违约责任。

三、合同解除的行使

(一)解除权的行使方式

1. 双方行使解除权。双方协议解除合同的程序,应遵循合同订立的程序,即通过要约和承诺阶段达成解除合同的协议。解除合同的协议生效,则原合同解除。

2. 单方行使解除权。单方有解除权的,要实际行使解除权,当事人必须发出解除通知。当事人在行使解除权时必须要将解除意思向对方作出通知。行使解除权是形成权的行使,单方的意思即可产生解除效力,不需征得对方的同意,但解除通知必须到达对方,否则不能产生解除权行使的效果。

但是,解除通知也可不在到达时解除,而是通过解除通知给予债务人一定的宽限期,并明确债务人在宽限期限内不履行债务的,合同将自动解除。这实际上以通知载明的宽限期方式给债务人一个是否继续履行的选择权,债务人继续履行的,合同因清偿而终止,但债务人只需承担迟延履行的违约责任;债务人不继续履行的,合同因拒绝履行而自动解除,债务人需承担债务不履行的违约责任。

另外,解除通知也必须针对合同的另一方当事人作出,否则不产生解除的效力。关于解除通知的形式,我国法律没有严格限定为书面形式,但为了减少纠纷,以采用书面形式为宜。无论是何种形式的解除,都必须遵守法定的形式要件,如果法律、行政法规规定解除合同应当办理批准、登记等手续的,应依照其规定。

3. 诉讼或者仲裁方式的解除。在解除权人没有通过解除通知方式解除合同,而是以诉讼或仲裁的方式向人民法院或仲裁机构主张解除的情形下,若法院或仲裁机构确认合同解除,合同自起诉状副本或仲裁申请书副本送达对方时解除。法院或仲裁机构是否确认当事人的解除主张,需审查主张解除一方是否有解除权。

(二)解除权的行使期限

解除权的行使期限,是解除权作为形成权的除斥期间。对于解除权行使期限的确定:首先,根据法律规定或当事人的约定来确定解除权的行使期限;其次,法律没有规定或当事人没有约定解除权行使期限的,除斥期间为自解除权人知道或者应当知道解除事由之日起1年,或为经非解约方催告后的合理期限。解除权人在上述期限内不行使,解除权消灭。

（三）解除权行使的异议

解除合同应当通知对方，对方有异议的，应在异议期内提出异议。当事人可以事先约定异议期限，如无约定，当事人则应在法定期限内提出异议。关于异议权的行使期间，《合同法解释二》（已失效）第24条规定，当事人在约定的异议期限届满后才提出异议并向人民法院起诉的，人民法院不予支持；当事人没有约定异议期间，在解除合同通知到达之日起3个月以后才向人民法院起诉的，人民法院不予支持。由此可见，根据以往的司法实践经验确定的法定异议期限是3个月，3个月的异议期限是不变期间，不能中止、中断和延长。

对解除权行使有异议的，双方均可请求人民法院或仲裁机构确认解除的效力。在任何一方提起合同解除诉讼或仲裁时，法院或仲裁机构都应当就合同解除是否符合法定条件及是否享有解除权进行审查。审查确定当事人享有解除权，则应当宣告合同自解除通知到达时合同解除，但若当事人不享有合同解除权，则合同继续有效。法律上赋予非解约方异议权，可以防止合同当事人随意解除合同，同时也能维护非解约方的利益。

四、合同解除的效力

合同解除后，尚未履行的终止履行；已经履行的，根据履行情况和合同性质，当事人可以请求恢复原状或者采取其他补救措施，并有权请求赔偿损失。

合同解除的效力表现在以下几个方面：

1. 对于合同解除的溯及力。通常认为：一时性合同的解除具有溯及力，合同自始归于消灭；继续性合同的解除不具有溯及力，合同仅向将来解除。但是，目前学界另有比较有说服力的观点认为，合同解除都不具有溯及力，解除只是产生清算关系债务（法律拟制的一种债务），该债务的方向与原合同债务履行方向相反，因此，原合同中未履行的债务在清算关系债务中不需履行，原合同中已履行的债务在清算关系债务中需要履行（现实语境中的恢复原状或返还）。这是德国民法目前采用的解除效果之“清算关系说”，我国学者也称“折中说”。〔3〕

2. 恢复原状及其他补救措施。根据《民法典》的规定，合同解除后，尚未履行的应终止履行；已经履行的，根据履行情况和合同性质，当事人可以请求恢复原状或者采取其他补救措施。从法律规定的“根据履行情况和合同性质，当事人可以请求恢复原状”等内容，可以解释出继续性合同的解除不具有溯及力。因为继续性合同的给付内容不能返还或者没有必要返还，属于法律规定的“根据履行情况和合同性质”，当事人可以不请求恢复原状的情形。对于一时性合同的解除，已经履行的应该恢复原状。所谓恢复原状是指当事人的权利义务状态、恢复到订约前的状态。合同解除后，一方已履行的，另一方除返还财产以外，还应返还孳息和补偿因返还所支付的费用。其他补救措施是指如果依据合同的性质或当事人的实际状况，无法使合同履行恢复原状时，当事人可以采取修理、加工、减价等措施代替返还财产、恢复原状。

3. 合同解除与损害赔偿的并立关系。在我国法律中，合同解除与损害赔偿是可以并存的，除当事人在合同中约定或在解除合同时明确免除对方的违约责任外。因为合同解除作为一种补救手段，只是使受害人摆脱了合同关系的束缚，但其因对方违约造成的损失并没有得到补救，因此合同解除后还可请求损害赔偿。

---

〔3〕韩世远：《合同法总论》（第4版），法律出版社2018年版，第670～672页。

4. 合同解除后的担保责任承担。主合同解除后,担保人对债务人应当承担的民事责任仍应当承担担保责任,但是担保合同另有约定的除外。《民法典》第566条第3款对主合同解除后担保人的责任作出了规定,明确了担保人对债务人应承担的民事责任仍应承担担保责任,此种规定具有合理性。因为在主合同被解除后,债务人所应当承担的责任是其合同债务的一种延续,担保人应当对其承担担保责任。当然,如果当事人在担保合同中明确约定,主合同解除后,担保人不再承担担保责任,该约定也有效。

第四节　抵　　销

一、抵销的概念

抵销,是指当事人双方相互负有给付义务,将两项债务相互充抵,使其相互在对等额内销灭。在抵销中,主张抵销的债务人的债权,被称为主动债权;被抵销的权利即债权人的债权,被称为被动债权。根据我国合同法的规定,抵销有法定抵销与合意抵销两种。法定抵销是指在符合法律明确规定的构成要件的情况下,依当事人一方的意思表示而发生的抵销。合意抵销是根据合同当事人双方的约定所发生的抵销。合意抵销是当事人意思自由的体现,只要双方的合意不违背法律的禁止性规定应予准许。两种抵销都会导致债权债务的消灭。

抵销的功能是指:(1)消灭债权债务的功能。通过抵销的方法消灭债权债务,免去双方当事人之间的履行行为,有利于降低交易成本。(2)简化法律关系的功能。抵销可让当事人不必分别履行而直接终止债权债务关系,这简化了相关法律关系,避免当事人分别计算债务的麻烦。(3)担保的功能。抵销具有担保功能,因为在双方当事人互负债权债务时,一方行使抵销权,就能确保自己债权的实现,从而达到了与担保制度相同的效果。(4)代替清偿的功能。抵销的效果与清偿没有本质的区别,抵销实际上是不考虑对方意愿而实行自己债权的方式,通过抵销也可使当事人双方的债权都得到实现,因此就这个角度而言,抵销具有清偿的功能。

二、法定抵销

(一)法定抵销的概念与构成

法定抵销,是指在具备法律所规定的条件时,依当事人一方的意思表示使双方的债权债务消灭的一种抵销方式。法定抵销的特点在于,只要具备法律规定的抵销条件,抵销权人就可以通过单方面行使抵销权,使双方的债权债务关系消灭。因此,法定抵销需要具备法律规定的条件,即当事人互负债务,且债务的标的物种类与品质相同。法定抵销的构成要件包括:

1. 须双方互负有效债务,互享有效债权。抵销是通过充抵当事人之间的债务,而使双方的债权在同等数额内消灭,因此,抵销必以当事人双方相互享有对立的债权、负有对立的债务为前提。并且,双方的债权必须有效存在才能够抵销。因此,只有双方合法的债权债务才能抵销,非法的债权债务不能抵销。依法律规定不能抵销的债权,不能进行抵销,如因故意侵权行为而产生的债权等。

2. 抵销标的物的种类与品质相同。当事人互负债务的标的物种类与品质相同的,双方的债务才可以抵销。但若主动债权的标的物品质优于被动债权的标的物品质,则应允许抵销。具体而言:(1)可以抵销的债权限于种类之债。因此,抵销标的物原则上应是动产或金钱,不动产债务原则上不适用抵销。因为以特定物(如不动产)为标的的两项债权,即使该特定物属于同种类的,但彼此之间品质存在很大差异,故一般不得抵销。(2)货币是特殊的种类物,它们在种类与品质上都是相同的,因此货币之债间当然可以进行抵销。(3)选择之债依选择而使债权确定以后可以进行抵销,未选择以前因债的标的不确定而不能进行抵销。

3. 主动债权已届清偿期。依据《民法典》第568条的规定,任何一方可以将自己的债务与对方的到期债务抵销。依此规定,抵销情形下的主动债权须已届清偿期,但并不要求被动债权已届清偿期。因为若被动债权未届清偿期,主动债权的债权人主张抵销的,等于放弃了其债务的期限利益,实质效果是其债务的提前清偿,法律应当允许。[4]

4. 须双方的债务均为可抵销的债务。只有允许抵销的债务,才能适用抵销。一般来说,下列债务均不可抵销:(1)法律规定不得抵销的债务。法律为维护特定当事人的利益而规定不得抵销的债务,如禁止强制执行的债务、故意侵权行为产生的债务、约定应向第三人给付的债务、违约金债务等,都不得抵销。(2)性质上不能抵销的债务。债务依其性质,非经清偿不能达到合同目的的,当事人必须清偿不得抵销,否则就有违合同设定的目的,如不作为的债务等不得抵销。(3)当事人约定不得抵销的债务。合同当事人双方约定不得抵销的债务,也不得抵销。

(二)法定抵销的行使方式

当事人主张抵销的,应当通知对方。通知自到达对方时生效。抵销不得附条件或者附期限。具体来说,抵销权行使的特点如下:

1. 抵销权人行使抵销权必须通知对方。主动债权方应当向被动债权方发出抵销通知。至于通知的形式,法律没有规定,可以采取口头形式、书面形式或其他形式。抵销通知到达对方后,除法律另有规定外,当事人不得撤回抵销通知。

2. 抵销权人应具有相应的民事行为能力。抵销权为形成权,故抵销行为是旨在以发生权利关系的变动为目的的形成行为。只要符合抵销的法定条件,抵销权人就可通知对方而发生抵销效果。抵销无须相对人协助也不需对方同意。故抵销实际上是处分债权的行为,因此抵销权人须具有相应行为能力。

3. 抵销不得附条件或者附期限。由于抵销权的性质是形成权,故基于抵销权人的单方意思便可以发生抵销效力。若抵销权可附条件或期限,则在抵销通知到达时不能产生抵销效力,须待所附条件成就或期限到来后,才能产生抵销的确定效力,这与作为形成权的抵销权之性质与法律效果相悖。同时,抵销的效力溯及于抵销成立之时,如果抵销附有始期则抵销就不具有溯及力,这与抵销效力相违背。所以抵销不得附条件或者附期限。

(三)法定抵销的效力

抵销权行使的效力,指在具备法定的抵销权构成要件的情况下,当事人通过行使抵销权而发生的效果。抵销权行使的效果与抵销适状的效果是不同的。抵销适状是指因具备法定的抵销要件,将产生抵销权。而抵销权行使的效果是指在抵销适状的情况下,由当事人实际行使抵销权所发生的后果。具体来说,法定抵销权行使的后果:

1. 双方的债权债务于抵销数额内消灭。行使抵销权使债务人和受让人之间的债权债务关系,按照双方能够相互抵销的同等数额而消灭,受让人在被抵销的债权范围内不能再向债务人主

---

〔4〕 王利明:《合同法》(第2版),中国人民大学出版社2021年版,第258页。

张权利。抵销后再对原债务进行清偿,清偿人应以不当得利为由请求返还。对于未被抵销的部分,债权人仍然有权向债务人请求清偿,因此在双方所互负的债权债务并不完全相等的情况下,并不发生债权债务的完全消灭,而只是部分的消灭。连带债务人中的一人或数人对于债权人有债权的,该债务人主张抵销时,债权为全体债务人的利益而消灭。

2. 行使抵销权将从抵销权发生之时起产生溯及既往的效力。抵销权行使后,双方的债权债务关系溯及抵销成立之时,按照双方的债权能抵销的数额而消灭。抵销后,从抵销权产生之时起,有关利息支付的义务应当消灭;即使一方已构成迟延履行或因其他违约行为应当承担赔偿责任,在抵销后都应当消灭。若在抵销后还应追究利息之债以及损害赔偿责任,则债权债务关系并没有因抵销而发生消灭,这样不仅使当事人之间的法律关系更加复杂,也不符合抵销权制度的目的。当然,关键在于如何确定抵销权产生的时间。如果双方债务的清偿期相同,则以同时到期的时间作为抵销权产生的时间;若双方债务的清偿期不同,则应以主动债权的履行期限届满为抵销权产生的时间。

三、合意抵销

合意抵销又称为约定抵销、意定抵销、协议抵销,是指依当事人双方基于合意所为的抵销。合意抵销是由当事人自由约定的,其效力也决定于当事人的约定。当事人互负债务,标的物种类、品质不相同的,经双方协商一致,也可以抵销。对于可以抵销的到期债权,如果当事人约定不得抵销的则不得抵销。

合意抵销有两种情况:(1)双方在合同中约定行使抵销权的条件,待条件成就时一方可以行使抵销权;(2)当事人双方直接通过协议将双方债务相互抵销。在此情况下,抵销合同是一种独立的合同,并不是原合同的组成部分,而是在原合同成立后当事人已经实际承担债务的情况下,通过订立抵销合同使双方的债务消灭。法律上之所以允许当事人通过合意抵销,其主要原因在于合同债权是当事人双方约定的权利,既然法律允许当事人可以抛弃债权,当然也应当允许当事人通过合意抵销双方的债务。

当事人通过合同使债务发生抵销,将会改变法定抵销的条件或弥补法定抵销的不足。因为在不具备法定抵销权的情况下,当事人从各自利益出发考虑,需要及时将双方互负的债务抵销,从而充分实现其利益。合意抵销既然是基于当事人协议而产生的抵销,故应适用合同自由原则,抵销的内容、期限、后果等方面均由当事人协商确定。

合意抵销的效力体现为:(1)合意抵销与法定抵销具有相同的效力,即消灭当事人之间同等数额的债权债务关系。(2)合意抵销可以改变法定抵销的条件。在合意抵销中,当事人可以约定减轻或加重法定抵销的条件。抵销合同生效时,发生抵销的效力。(3)合意抵销的其他效力,由当事人协商确定。

第五节　提　　存

一、提存的法律界定

提存,指由于债权人的原因而无法向其交付合同标的物时,债务人将该标的物交给提存机关而消灭合同关系的行为。提存包括担保提存和清偿提存，本处的提存仅涉及清偿提存。由于债权人的原因导致债务人不能履行债务，债务人可以通过提存而使债务消灭。在提存关系中，履行清偿义务的人叫提存人，接受清偿的债权人叫受领人，提存机关一般指公证机关、人民法院和银行。提存机关是法律规定的有权接受提存物并予以妥善保管的机关。关于提存机关，国外通常设有专门的提存所，附属于法院。我国目前还没有专门的提存所，我国的公证提存，由公证处为提存机关，此外，人民法院、银行也可为提存机关。提存制度的设立，意在免除债务人的债务，避免债务人因不能及时解除债务拘束导致的不公平情形的出现。在发生纠纷时，提存还可以起到减少讼源、减少讼争的作用。

提存的性质，理论上存有争议。一般认为，提存机关接受提存是其依法对提存人负有的一种公法义务。提存机关作为国家机关，依法负有必须接受提存的义务，而不得拒绝债务人的提存行为，否则应当承担公法上的责任。提存所产生的私法关系属于私法性质，债务人从事的提存行为将导致其债务消灭。此时与强制缔约相若，提存可以视为通过强制缔约成立的私法合同关系。[5] 另有学者认为，从提存行为的成立过程来看，提存行为为依申请、批准的行为，提存机关拒绝提存时的救济方式为行政复议制度，提存行为不是私法上的行为，其具有公法上需共同参与的行政行为属性。[6] 提存行为作为公法上的行为，其所生提存关系兼具私法与公法属性，且以私法关系为主。

二、提存的适用条件

提存的发生需要具备如下条件：

1. 具有法律规定的提存原因。

(1)债权人无正当理由拒绝受领。债权人无正当理由拒绝受领是指债权人应当并且能够受领，却无正当理由不予受领。在债权人有正当理由拒绝受领的情况下，债务人不得提存。如果债务人的履行完全符合合同的约定，债权人能够受领却拒绝受领，其拒绝受领无正当理由，此时，债权人的拒绝接受行为已构成违约。债务人可请求其承担违约责任，也可依法提存，使其债务消灭。

(2)债权人下落不明。债务人履行其债务，需要债权人在合同履行地接受其履行，如果债权人下落不明，债务人可以将标的物提存以消灭其债务。债权人下落不明应当包括债权人的代理人下落不明，若债权人的代理人的下落是清楚的，则可向债权人的代理人交付标的物，而不得将标的物提存。债权人离开住所后在履行期限内难以查找，即使债权人未被宣告失踪，债务人也有权提存。如果债权人已经被宣告失踪，人民法院已为债权人指定了财产代管人，则债务人应当向债权人的财产代管人履行债务，而不得将标的物提存。

(3)债权人死亡时未确定继承人或者其丧失民事行为能力未确定监护人。债权人死亡或者丧失民事行为能力，并不必然导致债务人债务的消灭。当债权人死亡时，由于该债权人的继承人可以继承其债权，因此在继承开始后遗产分配之前，债务人应当向遗产管理人履行债务。如果债权人死亡以后其继承人不能确定，债务人就无法履行其债务，此时债务人可以将标的物提存。

(4)法律规定的其他情形。如因债权人分立、合并或者变更住所没有通知债务人，导致债务人无法履行债务的，债务人可以将标的物提存。

---

〔5〕 史尚宽:《债法总论》,中国政法大学出版社 2000 年版,第 835 页。

〔6〕 张谷:《论提存》,载许章润主编:《清华法学》(第 2 辑),清华大学出版社 2003 年版,第 186 页。

2. 标的物适合提存。提存的标的物是指债务人依合同约定应交付的并且也适于提存机关保管的标的物。提存的标的物以适于提存者为限，不适于提存的物不得提存。债务人提存的标的物原则上应当是清偿的标的物，并且在标的物是特定物时应当是该特定物原物。《提存公证规则》第7条规定，下列标的物可以提存：货币、有价证券、票据、提单、权利证书；贵重物品、担保物（金）或其替代物。不适于提存的标的物：（1）不动产不适于提存，不能为提存标的物。（2）不适于提存的动产，如有毁损灭失危险的物、易腐易烂的物、提存费用过高的物，可按法定程序变卖后将其所得价款提存。（3）不适于提存或者提存费用过高的标的物。但债务人依法可以拍卖或者变卖标的物，提存所得的价款。

3. 提存主体合法。提存涉及三方当事人，即提存人、提存机关和提存受领人。一般来说，提存人主要是指债务人。债务人在提存时应当具有完全民事行为能力，无行为能力人和限制行为能力人提存应当取得法定代理人的同意。第三人原则上不应当成为提存的主体，第三人尽管自愿表示承担债务，但毕竟第三人与债权人之间没有形成合同关系，第三人不得提存。

提存机关是指依法负责接受提存物，并进行寄托与保管提存物等活动的机构。提存应当在清偿地的提存机关进行。无提存机关的，应向清偿地的基层人民法院提存。提存机关的职责是：（1）负责审查债务人的提存申请是否符合条件。（2）在接受提存物以后，在提存期间对提存物负有妥善保管的责任，并不得挪用提存物，也不得在条件成就后拒绝向提存人或债权人交付提存物。如果提存机关及其工作人员存在擅自挪用提存标的物的，或因过错造成提存的标的的毁损灭失等情形，应当向当事人承担损害赔偿责任。（3）在符合条件的情况下，应向债权人及时交付提存物。

三、提存的效力

（一）对债务人的效力

1. 债务人的债务得以免除。由于提存是清偿的代替方法，因而债务人将标的物提存可以使债务人与债权人之间的债权债务关系归于消灭。提存成立的，则视为债务人已经交付标的物，在其交付标的物的范围内消灭其债务。标的物不适于提存或者提存费用过高的，应当将拍卖、变卖价款交付给提存部门，债务人一旦将提存的标的物交付给提存部门，提存就成立了。

2. 利息及其他孳息获取权消灭。在债务人将标的物提存后，债务人的债务消灭，债务人也不再负担支付利息的义务，债务人也不再享有收取标的物孳息的权利。提存期间，标的物的孳息归债权人所有。

3. 特殊情形下债务人享有取回权。一般情形下，债权人自提存之日起5年内不领取提存物的，提存物归国家所有。但是当债权人未履行对债务人的到期债务或债权人书面放弃权利时，允许债务人负担提存费用后取回提存物。

4. 提存物的风险移转。债务人将标的物提存后，标的物毁损灭失的风险负担由债务人移转至债权人。因为提存行为等同于清偿行为，即应视为标的物已经交付，因而标的物的风险也就当然移转。

5. 债务人提出后的通知义务。标的物提存后，债务人应当及时通知债权人或者债权人的继承人、遗产管理人、监护人、财产代管人。债务人及时通知债权人或其相关人员，可以使债权人或其相关人员了解债务已经履行的情形，而且债务人在作出通知后，也可以使债权人或其相关人员及时提取提存物，避免因提存物的长期保存而增加其提存费用负担。

（二）对债权人的效力

1. 标的物所有权移转至债权人。由于提存行为是一种代替履行的行为，一旦提存就视为标的物已经交付，因此提存物的所有权从债务人转移到债权人。

2. 提存物的领取请求权。关于债权人领取提存物的权利，有以下内容：(1)债权人享有领取提存物的权利。债务人将标的物提存以后，标的物所有权已移转债权人，其对提存物享有基于物权请求权的领取权。(2)债权人可以随时领取提存物，还可请求交付由提存物所产生的孳息。但债权人领取提存物及孳息的，应当持有提存通知书并提交债权合法有效存在的证明文件。(3)债权人必须及时行使领取提存物的权利。债权人应及时领取提存物，若不及时领取将导致提存机关须长期保管，也不利于提存物之物尽其用。因此，债权人的领取请求权应受5年期限的限制，自提存之日起5年内不行使该权利而导致其消灭，5年的期限类似于除斥期间，不发生中止、中断以及延长的问题。并且，自提存之日起5年内不领取提存物的，债权人的领取请求权消灭，提存物扣除提存费用后归国家所有。

3. 支付提存费的义务。由于提存是债权人原因导致的，提存机关保管提存物也是为了债权人利益，因而提存费用应由债权人承担。

（三）对提存机关的效力

1. 提存机关负有妥善保管义务。如《提存公证规则》第19条规定，公证处应当采取适当的方法妥善保管提存标的，以防毁损、变质或灭失。对不宜保存的、提存受领人到期不领取或超过保管期限的提存物品，公证处可以拍卖，保存其价款。提存期间内提存机关未尽妥善保管义务，因其故意或重大过失造成提存物毁损灭失的，提存机关应承担损害赔偿责任。

2. 提存机关负有交付提存物的义务。债权人请求领取提存物的，提存机关应及时向债权人交付提存物，无法定理由不得拒绝。

3. 提存机关有权向债权人收取合理的费用。在债务人将标的物提存以后，提存机关与债权人之间事实上已形成了保管关系，这种保管是有偿的，其有偿性表现在提存机关有权向债权人收取合理费用。债权人拒绝支付费用，提存机关有权留置价值相当的提存标的物。

4. 债权人对债务人负有到期债务的，提存机关有权依法拒绝债权人领取提存物。标的物提存后，债权人虽可随时领取提存物，但以债权人履行了合同义务或提供担保为必要。在债权人未履行自己合同义务或提供担保的情形下，债权人并不当然直接享有领取提存物的权利。这一规定是双务合同中同时履行抗辩权的延伸，目的在于保护债务人利益。

第六节　债务免除

一、债务免除的概念

债务免除是指债权人抛弃债权从而使债务全部或部分归于消灭的行为。债务免除成立后，债务人即不再负担被免除的债务，债权人也不享有被免除债务的债权。债权人免除债务的，债权人应作出免除债务的意思表示，该意思表示的通知送达债务人时发生债的消灭效果。债务免除具有以下特点：

1. 债务免除是债权人的单方法律行为。尽管债务免除的性质存有争议，但我国法律采纳了单方行为说。债权人根据其单方的意思表示,就可以免除债务人的债务。因此,债权人向债务人作出免除债务的意思表示,即发生免除效力。债权人实施免除的行为不需债务人同意,同时,债权人作出了免除的意思表示后,就不得撤销。

2. 债务免除是一种无因行为。免除依债权人的免除债务意思而发生效力,其原因为何,法律在所不问。无论基于何种原因或动机而免除债务,只要债务免除不损害国家利益、社会公共利益或他人利益,不违反公序良俗,该债务免除都是有效的。但是,债权人作出免除债务后,若产生该债务的合同本身无效的,不适用免除的规定。因为此时免除的债务实际上自始不存在,免除无意义。

3. 债务免除是一种无偿行为。债务免除是债权人消灭债务人债务负担的行为,并不以债权人取得相应对价为条件,因此,免除的原因可能有偿也可能无偿,但免除本身为无偿行为。

4. 债务免除是一种不要式行为。免除的意思表示无须特定的方式,书面、口头及其他形式均可。因此,免除是一种不要式行为。

二、债务免除的构成要件

债务免除需具备如下要件:

1. 债权人应有合法的债权或对债权享有处分权。债权人对于被免除的债务必须享有合法的债权或处分权,否则构成无权处分。债务免除必须是处分自己的债权,而不能是处分他人的债权。若代理他人作出免除债务的意思,必须获得债权人的明确授权;如系共同债权,一个债权人免除债务人的债务时,应取得其他债权人的同意。

2. 债权人应当具有行为能力。由于免除行为是单方法律行为和处分行为,债权人应具有完全的行为能力,才能实施债务免除行为。无行为能力人或限制行为能力人未征得其法定代理人的同意,不得为免除行为。

3. 债务免除的意思表示应向债务人作出。债务免除作为一种单方法律行为,其意思表示应由债权人或其代理人向债务人或其代理人作出,该意思表示到达债务人或其代理人时生效。如果当事人订立免除协议,则免除自达成协议时起生效。当然,免除协议附有条件或期限的,则免除自条件成就或期限届满时生效。

4. 免除不得损害第三人利益和违反公序良俗。只要债务免除不损害国家利益、社会公共利益或他人利益,不违反公序良俗,该债务免除都是有效的。

5. 债务人未在合理期限内拒绝。债权人免除债务通常对债务人是有利的,但在特殊情形下对其未必都是有利的。因此,债务人对债权人免除自己债务,可能对自己产生不利影响时,债务人有权拒绝债权人免除债务的行为,但债务人应在合理期限内向债权人明确表示拒绝的意思。

三、债务免除的效力

债务免除的直接效果是消灭合同关系。但合同关系是否完全消灭还要根据免除的内容决定。如果是免除全部债务的,则从免除生效之日起合同关系完全消灭;如果是免除部分债务的,则在免除的范围内发生合同义务的消灭。按份之债的免除,只是免除该债务人的债务,其他债务人的债务并没有被免除。债权人免除连带债务人中部分人的债务,基于连带债务免除的绝对涉他效力,应视为免除了全部债务人的债务。此外,因主债务被免除,附属于债务的保证债务、利息债务等从债务也发生消灭。但从债务如担保债务因免除而消灭的,并不影响主债务的存在,不能认为当然地免除了债务人的主债务。

第七节　混　　同

一、混同的概念

混同有广义与狭义之分。广义的混同包括权利与权利的混同（如所有权与他物权的混同）、义务与义务的混同（如主债务与保证债务的混同），以及权利与义务的混同（如债权与债务的混同）三种形态；狭义的混同仅指权利与义务的混同。[7]《民法典》第576条规定："债权和债务同归于一人的，债权债务终止，但是损害第三人利益的除外。"据此规定，民法典规定的混同，是作为合同终止的一种原因类型之混同，即所谓狭义的混同，因债权与债务同归于一人，从而使合同关系消灭的事实。

二、混同的原因

从实践中看，混同发生的原因有两种：

1. 合同概括承受导致的混同。概括承受是指合同关系的一方当事人概括承受他人权利与义务。例如，甲、乙两公司之间订有买卖合同关系，甲为债权人，乙为债务人。后甲、乙两公司合并，成立丙公司，债权人和债务人即成为一人，原有的债权和债务均由丙公司享有和承担。概括承受是发生混同的最主要原因。

2. 债权或债务的特定承受导致的混同。特定承受是指因债权让与或债务承担而承受权利与义务。例如，债务人自债权人受让债权，债权人承担债务人的债务，也发生混同，合同归于消灭。

三、混同的效力

混同的效力表现为合同关系归于消灭。并且主债权债务消灭，附随于主债的从债，如利息债权、违约金债权、担保物权等均归于消灭，为债务人提供担保的债务责任也归于消灭。但是，在下列情况下，合同并不因混同而消灭：

1. 在涉及第三人利益的情况下，虽然债权人与债务人发生混同，但合同债权债务也不消灭。因为混同导致债权债务消灭可能损害第三人利益，此时即使债权人与债务人同归一人，合同的债权债务关系也不能因此而消灭。

2. 在连带债务中，如果连带债务人中的一人与债权人混同，不能导致整个债权的消灭，只能导致该债务人份额内的债务消灭。基于连带债务混同之限制绝对效力，只在该连带债务人应承担份额范围内的债务消灭效果具有涉他效力，不扩及超出连带债务人应承担份额范围之外的债务。

思考题

1. 简述合同终止的法律效力。
2. 简述合同清偿的抵充规则。

---

〔7〕 王利明等：《民法学》（下册），法律出版社2020年版，第735页。

3. 简述合同解除与合同被撤销的区别。
4. 简述合同解除的类型。
5. 简述合同的法定解除事由。
6. 简述合同解除权的行使规则。
7. 简述合同解除的效力。
8. 简述法定抵销的构成要件。
9. 简述提存的适用条件及其效力。
10. 简述债务免除的构成要件。

阅读指引

关于违约方是否享有合同解除权的相关讨论

1. 孙良国:《违约方的合同解除权及其界限》,载《当代法学》2016 年第 5 期。
2. 石佳友、高郦梅:《违约方申请解除合同权:争议与回应》,载《比较法研究》2019 年第 6 期。
3. 孙良国:《违约方合同解除的理论争议、司法实践与路径设计》,载《法学》2019 年第 7 期。
4. 刘承韪:《论违约方解除合同规则写入民法典之必要与可行》,载《中国政法大学学报》2020 年第 3 期。
5. 朱虎:《分合之间:民法典中的合同任意解除权》,载《中外法学》2020 年第 4 期。

关于我国抵销制度的适用问题

1. 崔建远:《论中国民法典上的抵销》,载《国家检察官学院学报》2020 年第 4 期。
2. 申海恩:《论抵销适状》,载《东南大学学报(哲学社会科学版)》2020 年第 4 期。
3. 黄森林:《抵销抗辩既判力及其客观范围研究》,载《河北法学》2020 年第 4 期。

关于以物抵债问题的相关讨论

1. 肖俊:《以物抵债裁判规则的发展趋势与建构方向——2011—2019 年最高人民法院审判经验的考察与分析》,载《南大法学》2020 年第 1 期。
2. 房绍坤、严聪:《以物抵债协议的法律适用与性质判断——最高人民法院(2016)最高法民终 484 号判决评释》,载《求是学刊》2018 年第 5 期。
3. 司伟:《债务清偿期届满后的以物抵债纠纷裁判若干疑难问题思考》,载《法律适用》2017 年第 17 期。
4. 王洪亮:《以物抵债的解释与构建》,载《陕西师范大学学报(哲学社会科学版)》2016 年第 6 期。

第八章 违约责任

导学案例

甲在乙所开设的艺术品店看中了水晶饰品的造型，对于其中的A水晶饰品十分喜爱，当场表示购买，但乙告知店中已无存货，如果甲喜欢，可以立即订购，第二天就可以交货，甲欣然同意。当第二天甲前往取货时，乙则告知生产厂商早已倒闭，市面上也无法找到同款式的水晶饰品，所以没有任何存货可以出售予甲。试问：甲、乙间的法律关系如何？

第一节 违约责任与违约行为

一、违约责任的界定

（一）违约责任的含义

违约责任，也称为违反合同的民事责任，是指合同当事人因违反合同义务所承担的责任。违约责任的产生是以合同的有效存在为前提的。合同生效后将在当事人之间产生法律约束力，当事人应按照合同的约定全面地、严格地履行合同义务，任何一方当事人违反合同义务均应承担违约责任，所以违约责任是违反合同义务的后果。违约责任是以不履行合同义务或履行合同义务不符合约定为前提的，是合同义务的转化形态。由于合同义务属于合同的第一性义务，该义务的不履行便转化为违约责任，因而违约责任是合同义务的转化形态或是原合同义务的延伸。

（二）违约责任的特征

1. 违约责任的产生是以合同当事人不履行合同义务为前提的。合同义务又称为合同债务，它和违约责任是两个既有联系又有区别的概念。债务是责任发生的前提，无债务则无责任，责任是债务不履行的后果。责任体现了强烈的国家强制性，正是由于违约责任具有的强制性，才能有效地督促债务人履行债务，并在债务人不履行债务时，给予债权人充分的救济。因此，违约责任是合同当事人不履行合同义务所产生的责任。

2. 违约责任具有相对性。合同关系具有相对性，合同关系的相对性决定了违约责任的相对性。违约责任的相对性只能在特定的合同当事人之间发生。合同关系以外的人不负违约责任，合同当事人也不对合同关系之外的第三人承担违约责任。无论违约是由于当事人自己的原因，还是由于第三人的原因造成，都应由当事人来承担违约责任。当然，若是由于第三人的原因导致违约，违约一方在承担违约责任后可向第三人要求赔偿。

3. 违约责任主要是财产责任。当事人一方不履行合同义务或者履行合同义务不符合约定的，应当承担继续履行、采取补救措施或者赔偿损失等违约责任，这些均为财产责任形式。但是如果一方违约不仅损害了债权人的财产利益,同时也侵害了债权人的人格权时,也可采用非财产责任形式,如赔礼道歉、消除影响等,但这属于违约责任与侵权责任的竞合,可由债权人选择违约责任或者侵权责任形式。如果债权人选择违约责任,则不能适用赔礼道歉等非财产责任形式,但可请求违约精神损害赔偿,即受损害方选择请求其承担违约责任的,不影响受损害方请求精神损害赔偿。

4. 违约责任主要具有补偿性。违约责任的主要目的在于补偿性,即弥补或补偿因违约行为造成的损害。作为违约责任主要形式的损害赔偿,主要用于补偿受害人因违约所遭受的损失,而不能将损害赔偿变为惩罚性赔偿,也不能因违约方承担责任而使受害人获得额外补偿和收益。违约责任主要具有补偿性功能,但不排斥当事人特别约定惩罚性赔偿责任,法律认可当事人约定的惩罚性违约金等条款之效力。另外,违约责任在补偿性功能之外也具有一定的惩罚性,特别是在过错责任场合;但无过错责任场合的惩罚性要具体考察:违约方有过错的,违约责任具有惩罚性;违约方没有过错的,违约责任不具有惩罚性。

5. 违约责任具有强制性同时也具有一定的任意性。违反合同义务要承担违约责任,因而违约责任有强制性的特点,但其仍具有一定的任意性。当事人可以在法律允许的范围内,对违约责任作出事先的安排,如当事人可以约定一方违约时应当根据违约情况向对方支付一定数额的违约金,也可以约定因违约产生的损失赔偿额的计算方法。此外,当事人还可以设定免责条款以限制和免除其在将来可能发生的违约责任。违约责任的事先约定,可以避免违约发生后确定损害赔偿的困难,有利于合同纠纷的及时解决,也有助于限制当事人在未来可能承担的风险。

二、违约责任的归责原则

违约责任的归责原则,是指确定合同当事人的违约责任的根据和标准。它直接决定着违约责任的构成要件、举证责任的内容、免责事由及损害赔偿的范围。[1] 从《民法典》合同编的规定看,我国合同法确立了以严格责任原则为主、过错责任原则为补充的违约责任之归责原则。

依严格责任原则,非违约方只需要证明违约方的行为构成违约即可,不考虑违约方的主观过错,也不以违约方主观过错的轻微而免除责任,仅以不可抗力和债权人的违约作为法定免责条件。当事人一方不履行合同义务或者履行合同义务不符合约定的,应当承担继续履行、采取补救措施或者赔偿损失等违约责任。《民法典》第577条规定就反映了我国违约责任采用严格责任原则的归责之基本立场,根据该规定,非违约方只需举证证明违约方的行为不符合合同的规定,便可以要求其承担违约责任,并不需要证明其主观上具有过错。

所谓过错责任是指合同当事人因过错违反了合同义务,才承担违约责任的责任形态,即以过错作为确定合同当事人构成违约责任的要件,而违约责任中的过错,一般限定为故意和重大过失,不包括一般过失和轻过失情形。如在我国《民法典》合同编分则规定中,无偿合同(包括赠与合同、无偿保管合同、无偿委托合同等)的违约方,只有在因故意或重大过失造成对方损害时,才须承担损害赔偿责任;又如在旅客运输合同中,对旅客自带物品的损失、承运人只有在有过错的条件下,才承担损害赔偿责任。

---

〔1〕 王利明:《违约责任论》,中国政法大学出版社2000年版,第48~50页。

三、违约行为

违约行为是指合同当事人违反合同义务的行为。我国《民法典》采用了“当事人一方不履行合同义务或者履行合同义务不符合约定的”的表述来阐述违约行为的概念。在学理上,违约行为也称为合同不履行行为。

(一)违约行为的特征

1. 违约行为的主体具有特定性。违约行为的主体是合同关系的当事人,而不涉及其他主体。

2. 违约行为是以有效的合同关系的存在为前提的。只有在行为发生时,当事人已经受到有效合同关系的约束,才可能构成违约行为,进而要求违约方承担违约责任。

3. 违约行为违反了合同义务。合同义务既包括当事人合同约定的义务,还包括法定的合同义务和附随义务,违反这些义务都可能构成违约行为。

4. 违约行为在后果上都导致了对合同债权的侵害。债务人违反合同义务,必然会使债权人依据合同所享有的债权不能实现,所以任何违约行为都会导致对合同债权的侵害。

(二)违约行为的形态

1. 预期违约。预期违约也称为先期违约,是指在履行期限到来之前,当事人一方无正当理由而明确表示其在履行期到来后将不履行合同,或者其行为表明其在履行期到来以后将不可能履行合同。预期违约可以分为明示的预期违约和默示的预期违约两种形态。明示的预期违约是指一方当事人无正当理由,明确肯定地向另一方当事人表示他将在履行期限到来时不履行合同。默示的预期违约是指在合同履行期到来之前,一方当事人以自己的行为表明其将在合同履行期到来后不履行合同。

2. 实际违约。在履行期限届满后,当事人不履行或不完全履行合同义务的,即构成实际违约。关于实际违约的救济方式,首先应当按照当事人的约定承担违约责任;对违约责任没有约定或者约定不明确,按照合同相关条款或者交易习惯仍不能确定的,受损害方根据标的的性质以及损失的大小,可以合理选择请求对方承担修理、重作、更换、退货、减少价款或者报酬等违约责任。实际违约行为包括如下几种类型:

(1)拒绝履行。拒绝履行又称不履行,是指在合同期限到来以后,一方当事人无正当理由拒绝履行合同的全部义务。在一方拒绝履行的情况下,另一方有权要求其继续履行其合同,也有权要求其承担违约金和损害赔偿责任。

(2)迟延履行。迟延履行是指合同当事人在合同履行期限届满后才履行。迟延履行违反了履行期限的规定。迟延履行在广义上包括债务人的给付迟延和债权人的受领迟延,狭义上是指债务人的给付迟延。我国《民法典》采纳了广义的迟延履行概念,因此,凡是违反履行期限的履行都可以称为迟延履行。在迟延履行情形中,确定合同中的履行期限是关键。若合同明确规定了履行期限,则应当依据合同的规定履行;若合同没有规定履行期限,债务人可以随时履行,债权人也可以随时请求履行,但是应当给对方必要的准备时间。凡是违反履行期限规定的履行,无论是债务人还是债权人,都构成履行迟延。

(3)不适当履行。不适当履行是指当事人交付的标的物不符合合同规定的质量要求。我国《民法典》认为不适当履行是一种独立的违约行为,违约当事人应当承担违约责任,而非违约方则可以选择各种违约的补救方式维护其权利。不适当履行主要包括瑕疵履行和加害给付两种情形。对于瑕疵给付,若合同对修理、更换与重作等补救方式已做了明确规定的,则应当按照合同的规定确定责任;若合同没有作出明确规定或者规定不明确,债权人可以根据具体情况选择补救方式和责任形式。加害给付是一种特殊的不适当履行。加害给付是债务人的不适当履行导致债权人履行利益以外其他损失的行为。加害给付的行为同时构成违约行为和侵权行为,导致违约行为与侵权行为的竞合,债权人根据责任竞合规定可选择一种请求权寻求救济。

(4)部分履行。部分履行是指合同虽然履行但履行不符合数量的规定,或者说履行在数量上存在不足。在部分履行情形,非违约方首先有权要求违约方依据合同规定的数量条款继续履行,交付尚未交付的货物或金钱,非违约方也有权要求违约方支付违约金。如果因部分履行造成了损失,有权要求违约方赔偿损失。由于在一般情况下,对部分不履行,债务人是可以补足的,因此没有必要解除合同。除非债权人能够证明部分履行已构成根本违约,导致其订约目的不能实现,否则一般不能解除合同。

(5)债权人无正当理由拒绝受领。合同的履行需要双方当事人的协力,在债务人履行债务之后,债权人无正当理由拒绝受领,也会影响债务人履行债务,对此,《民法典》规定了债权人受领迟延以及受领迟延的法律后果,即债务人可以请求债权人赔偿增加的费用。在债权人受领迟延期间,债务人无须支付利息。可见债权人受领迟延在性质上也是一种违约行为。

(6)其他不完全履行的行为。按照合同法的规定,债务人应当按照法律和合同的规定,全面、适当地履行合同。因此,当事人在履行合同时,除在标的、质量、数量、期限上符合法律和合同规定外,在履行地点、履行方式等方面应符合法律和合同的规定,所以,违反上述合同义务的行为,均属于违约行为。

3. 双方违约。双方违约是指合同的双方当事人都违反了其依据合同所应尽的义务。当事人双方都违反合同的,应各自承担相应的责任。在双方违约的情况下,应当根据双方的过错程度及因其过错而给对方当事人造成的损害程度而确定各自的责任。如果双方过错程度相当,且因其过错而给对方当事人造成的损害程度大体相同,则双方应当各自承担其损失。如果一方的过错程度明显大于另一方,且给对方造成的损失也较重,则应当承担更重的责任。

4. 第三人的原因违约。在一般情况下,当事人的违约都是自己的原因造成的。但是,在合同订立以后当事人一方因第三人的原因造成违约的,该当事人也应依法承担违约责任。在因第三人的行为造成债务不能履行的情况下,债务人仍然应当向债权人承担违约责任,债权人也只能要求债务人承担违约责任。债务人在承担违约责任以后,有权向第三人追偿。

第二节　违约责任的主要形式

一、继续履行

(一)继续履行的法律界定

继续履行,也称实际履行、强制履行,是指当合同当事人一方不履行合同或者履行合同不符合合同约定时,应当承担的按合同的规定继续履行。因此,继续履行包含两层含义:(1)违约方应当按合同约定的标的来履行,而不能以标的物以外的其他标的来代替约定标的履行;(2)不能以偿付违约金或赔偿损失的方式来代替履行,一方违约并承担了违约金或赔偿损失的责任后,当

事人要求继续履行的,仍应继续履行。继续履行的特征为:

1. 继续履行是违约后的救济方式。债务人违约后,债权人有权要求继续履行,也有权要求承担违约损害赔偿等责任,但是否请求继续履行是守约方的权利。学理上通常将"修理、重作、更换"作为继续履行的具体形式,因为采取这些补救措施也是使违约方继续履行合同。我国《民法典》第577条将修理、重作、更换的补救措施独立,而与继续履行相区别,这表明我国《民法典》中的继续履行并不包括这些补救措施。

2. 继续履行的内容是要求违约方继续依据合同约定来履行。继续履行是当事人应当按照约定全面履行自己义务的具体体现。但是,《民法典》对继续履行的适用,区分金钱债务与非金钱债务两种情形而分别规定:金钱债务的继续履行,违约方一般没有主张不能履行的可能;非金钱债务一般可以请求继续履行,但在法律规定继续履行例外的情形下不能请求继续履行。

3. 继续履行可以与违约金、损害赔偿和定金责任并用,但不能与解除合同、减价方式并用。因为解除合同使债务人不再负继续履行义务,而是产生恢复原状与损害赔偿等责任,所以解除合同是与继续履行对立的补救方式。减少价款或报酬,意味着债务人的履行义务内容的变更,因而不能要求原有债务内容的继续履行,其也是与继续履行对立的补救方式。因此,它们不能与继续履行并用。

(二)继续履行的适用及例外

1. 金钱债务的继续履行

在债务人不履行金钱债务情形中,债权人有权请求其继续履行。一般而言,无论出现何种情形,债权人都可以请求债务人继续履行金钱债务。理由在于金钱债务的客体为货币,而货币是一般等价物和支付手段,具有流通性和可替代性,不存在履行不能的问题。因此,所有的金钱债务均适用继续履行,且金钱债务的债务人不得以履行不能或不可抗力的理由提出抗辩。

金钱债务的类型比较宽泛,如价款、报酬、租金、利息及其他金钱债务等。这些金钱债务,既包括作为主债务的金钱债务,也包括作为从债务的金钱债务。只要是以货币为客体的债务,通常都属于金钱债务的范畴。并且由于货币作为一般等价物和支付手段,一般没有瑕疵履行和加害给付问题,因此,金钱债务没有适用修理、重作、更换之补救方式的可能。

2. 非金钱债务的继续履行

非违约方原则上可以要求违约方继续履行非金钱债务,但有例外。在种类物之债中,非金钱债务的标的通常具有可替代性,违约方难以通过履行不能抗辩来拒绝履行;但在特定物之债,违约方可以通过履行不能抗辩来拒绝继续履行。《民法典》第580条从整体角度规定,非金钱债务的继续履行,存在三种例外情形:

(1)法律上或者事实上不能履行。所谓法律上不能继续履行,是指继续履行非金钱债务将违反法律、行政法规的强制性规定。所谓继续履行事实上不可能,是指履行的标的出现了客观不能或永久不能情形。当然,这里的履行不能仅指嗣后的履行不能,自始的履行不能导致合同不成立或者无效,没有合同关系就没有违约责任问题。

(2)债务的标的不适于强制履行或者履行费用过高。所谓债务的标的不适于强制履行,是指依据合同的性质以及合同所确立的标的,不适合强制履行。有些基于人身依赖关系而产生的合同,具有严格的人身性质,强制要求债务人继续履行义务,会导致违背合同的根本性质,因此不能要求继续履行合同义务。所谓履行费用过高,是指继续履行不具有经济上的合理性或者履行时间过长导致履行成本急剧增加的情形。由于合同交易一般均是财产性交易,故继续履行也须考虑经济效率或效益的要求。

(3)债权人在合理期限内未请求履行。由于继续履行是为了保护债权人的合同利益实现的救济方法和救济权利,债权人在合理期限内未请求违约方继续履行的,既可能是债权人放弃了继续履行请求权而请求损害赔偿等其他违约救济方式,也可能是债权人怠于行使继续履行请求权。对于后者,法律要求债权人须在合理期限内请求继续履行,未在合理期限内请求履行的则只能请求损害赔偿等其他违约救济方式,不得再提出继续履行请求权。至于何为“合理期限”,需要在个案中依据诚信原则来具体判断。

3. 继续履行例外情形的替代措施

当存在继续履行的上述三种例外情形时,法律根据不同的具体情况,安排了两种替代措施来救济合同当事人。

(1)合同僵局的破解规则:司法解除权。对于继续履行的例外情形,债权人当然可以通过请求损害赔偿等其他救济方式来实现自己的合同利益。但是,若债权人坚持不选择损害赔偿等其他救济方式,而债务人又有继续履行例外情形之理由的,则合同关系可能出现僵局的状态。因此,《民法典》第580条第2款规定了司法解除权,以助于破解此种情形下的合同僵局。当事人双方都有权申请人民法院或者仲裁机构来解除合同,但合同在终止后,不能免除违约方因违反合同应承担的违约责任。

司法解除权的构成要件:第一,债权人的继续履行请求权被法律规定排除。继续履行的三种例外情形,若存在其中任何一种情形,守约方都无法请求违约方继续履行。第二,继续履行的例外情形导致合同目的不能实现,即非金钱债务的继续履行请求权被排除,导致非金钱债务的守约方无法实现合同目的。第三,非金钱债务的债权人不选择违约损害赔偿等其他救济方式。若债权人选择违约损害赔偿等其他救济方式的,就不会出现合同僵局状态,也就无须采用司法解除权。

(2)第三人替代履行。在债务人违约时,根据债务性质又不得强制履行的,债权人可与第三人订立合同,约定由第三人替代债务人履行债务,并由违约方负担第三人替代履行的费用。第三人替代履行的法律效果:一是债权人可与第三人约定由第三人替代履行债务;二是债权人实施第三人替代履行的费用由债务人负担。这种履行方式,实际上是将无法继续履行的非金钱债务转化为类似于损害赔偿的债务(如费用补偿请求权和损害赔偿请求权等),有利于债权人合同目的的实现。替代履行允许债权人寻求第三人履行债务,其与财产损害赔偿责任相比,可以更好地保障债权人合同目的的实现。一般由债权人寻找第三人完成替代给付,并通过由违约方支付费用的方式,实现清偿的效果,这种方式也被称为替代履行。

第三人替代履行的构成要件:第一,债务属于根据债务性质不能强制履行但可替代履行的债务。有些非金钱债务,如给予债务中特定物之债、行为债务中的不作为之债,属于根据债务性质不能强制履行且不可替代履行的债务。有些非金钱债务,如给予债务中种类物之债、可替代履行的作为之债,属于根据债务性质不能强制履行但可替代履行的债务,对于这种债务,才可由第三人替代履行。第二,债权人与第三人订立合同约定由其替代履行债务。在根据债务性质不能强制履行债务人继续履行的前提下,由债权人与第三人订立一个替代履行的合同,以实现替代履行债务的目的。在替代履行合同中,第三人并不需要知晓是为代替债务人履行的事实,只需债权人基于替代履行债务目的就已足够。第三,债权人有权请求违约方承担替代履行的费用。第三人替代履行仍然是履行债务,该费用本应由债务人支出。第三人替代履行不同于损害赔偿,一般应以第三人替代履行的实际花费为限,而且替代履行的费用应为合理费用。因此,在第三人替代履行中,债权人享有第三人替代履行的合理费用补偿请求权。

二、采取补救措施

在违约责任的确定方面,有约定的依约定;若当事人没有约定违约责任,可以通过协议补充;若不能达成协议,也可按照合同的相关条款和交易习惯确定。但如此仍然不能确定违约责任承担方式的,则受害方可以根据标的的性质以及损失的大小,合理选择请求对方承担修理、重作、更换、退货与减价等违约责任。所谓"据标的的性质以及损失的大小",一是要考虑标的的性质。根据标的物的性质、特点等因素,确定合理的违约责任承担方式。二是要考虑损失的大小。如果标的物的瑕疵是轻微的且损失并不大,则可以通过修理、重作等方式弥补其损失。在传统民法上,修理、重作、更换与继续履行同属"特定救济"范畴,均属于强制履行的具体形态。修理、重作与更换的请求权,传统民法称之为"补救的履行请求权"。我国民法把其与退货、减价一并称为"其他补救措施",并与继续履行相区分而独立规定,颇具特色。

就不适当履行可采取的补救措施:(1)修理。修理就是指因债务人交付的标的物有瑕疵,如果该瑕疵能够修理且修理瑕疵并不影响债权人订约目的的实现,可以通过修理的方式来予以补救。修理可以采取两种方式:一是由债务人自己进行修理,其应承担因修理产生的修理、运输等各种合理费用;二是委托他人修理,而由债务人承担修理费用。(2)重作。重作是指债务人交付的标的物有瑕疵,可以使债务人真正按照合同的约定重新制作标的物,并向债权人交付标的物,从而使债权人获得符合合同约定的货物。(3)更换。所谓更换,是指如果债务人交付的标的物不符合约定,而该标的物是种类物的,则可以通过寻找合适的替代品的方式,由债务人予以更换,在更换的情况下,更换物应当在质量、规格、品种等方面与原物保持相同。(4)退货。退货是指由于债务人交付的标的物不符合约定,债权人将已经获得的标的物退还给债务人。退货并不一定导致合同解除。在退货的情况下,当事人还可以予以更换,或者采取其他补救措施,从而使交付的标的物符合约定的标准,但如果债务人没有采取其他补救措施,则债权人有权解除合同。(5)减价是指债务人不履行合同义务或者履行合同义务不符合约定时,债权人在接受不完全履行基础上,主张相应减少合同价款或报酬的违约责任方式。减少价款,以买卖合同为典型,针对以给付标的物为标的的合同;减少报酬,以承揽合同为典型,针对以提供劳务为标的的合同。

三、损害赔偿

(一)损害赔偿的概念

作为违约责任形式之一的损害赔偿,又称违约损害赔偿,是指合同当事人一方不履行或不完全履行合同义务而给对方造成损失时,依据合同约定和法律规定应承担的损失赔偿责任。

损害赔偿具有以下特征:

1. 损害赔偿是因债务人不履行合同债务所产生的责任。违约损害赔偿是债务人违反合同义务导致债权人损害的责任,它是原合同债务转化为损害赔偿的次债务关系。作为违约责任形式的损害赔偿,与缔约过失责任的损害赔偿、合同无效与被撤销的损害赔偿的不同之处,在于它只能基于有效的合同提出请求,当然,它们的赔偿范围也不同。

2. 损害赔偿以补偿性为原则,一般不具有惩罚性。损害赔偿的主要目的在于弥补或填补债权人因违约行为所遭受的损害后果,旨在达到非违约方未受损害之前的状态。惩罚性赔偿仅适用于法律有特别规定的情形,法律对惩罚性赔偿的特别规定,如《消费者权益保护法》第 55 条、《食品安全法》第 148 条第 2 款等规定。

3. 损害赔偿具有强制性,也具有一定程度的任意性。损害赔偿首先具有强制性,它是违约方违约后必须承担的损失填补之责任,是由国家强制力保障必须承担的法律责任。但是,损害赔偿也具有一定的任意性,基于合同自由原则,当事人在订立合同时可预先约定确定数额的违约金,也可约定违约损害赔偿金的计算方法。另外,当事人还可事先约定免责条款,从而免除其未来包括损害赔偿在内的违约责任。

4. 损害赔偿以完全赔偿为原则。完全赔偿原则指因违约使非违约方遭受的全部损失都应当由违约方承担赔偿责任。完全赔偿原则旨在通过赔偿非违约方的实际损失和可得利益损失,弥补非违约方遭受的全部损失,使非违约方恢复到合同能够严格履行下的状态。只有赔偿全部损失才能使非违约方获得相当于合同正常履行情况下的同等收益,也才能从经济上弥补非违约方的损失,并得使违约人无法从违约行为中非法获益而积极履约。

违约责任的完全赔偿,并不意味着违约中的各种损害都可由违约损害赔偿制度来予以填补赔偿。对于因一方违约而造成对方的人身伤害、死亡以及精神损害,属于加害给付的违约行为类型,原则上应依据侵权责任进行损害赔偿,违约责任无法对人身伤亡损害进行赔偿。但是,根据《民法典》第 996 条规定,因违约损害人格权并造成严重精神损害的,受害方可以请求违约精神损害赔偿,且不影响其请求违约方承担违约责任。

(二)损害赔偿的范围

传统民法理论认为,损害赔偿的范围包括:所受损害与所失利益。所受损害指非违约方遭受的财产积极减少,即实际损失;所失利益即非违约方遭受的可得利益损失。我国《民法典》第 584 条规定的完全赔偿的范围,包括实际损失和可得利益。

1. 实际损失。实际损失是指因违约已给对方所造成的现有财产的毁损灭失或积极减少,以及债权人为减少或消除损害所支出的必要的合理费用。实际损失是对非违约方的固有财产利益的损害,应予全额赔偿。

2. 可得利益损失。可得利益是指合同在适当履行以后可以实现和取得的财产利益。可得利益损失则是指违约行为的发生导致受害人丧失了合同在如期履行下所能够得到的预期利益。在确定可得利益损失的赔偿时,受害人不仅要证明其遭受的可得利益的损失确实是因为违约方的违约行为造成的,而且要证明这些损失是违约方在签订合同时能够合理预见的,但受害人的可得利益的损失与违约行为之间应当具有直接的因果联系。但是,以下情形的损害赔偿不受可得利益赔偿范围的限制:(1)经营者存在欺诈行为;(2)当事人特别约定了损害赔偿的计算方法;(3)因违约导致人身伤亡、精神损害等情形;(4)非违约方从事违反公序良俗行为所获得的利益。

3. 损害赔偿范围的限制规则。(1)可预见性规则。损害赔偿不得超过违反合同一方订立合同时预见到或者应当预见到的因违反合同可能造成的损失。违约损害赔偿不能超过违约方订立合同时预见到或应当预见到的因违约可能造成的损失。只有当违约所造成的损害是违约方在订约时可以预见的情况下,才能认为损害结果与违约之间具有因果关系,违约方才应当对这些损害负赔偿责任。根据法律规定,可预见规则的预见主体只能是违约方,预见的时间是合同成立之时,预见的范围是因违约可能造成的损失。

(2)减轻损失规则。当事人一方违约后,守约方应当采取适当措施防止损失的扩大;若守约方没有采取适当措施导致损失扩大的,其不得就扩大的损失请求违约方赔偿。守约方在对方违约后未能采取合理措施防止损失扩大,其本身也是有过错的,应对未尽减损义务所致扩大的损失后果负责,因而不得就扩大的损失请求赔偿。依据诚信原则,守约方履行了防止损失扩大的义务,则因履行减损义务而支出的合理费用,应由违约当事人承担。

(3)过失相抵。当事人一方违约造成对方损失,对方对损失的发生也有过错行为的,可以减少相应的损失赔偿额。因此,一方违约的,若非违约方对损失的发生也有过错行为的,则应适用过失相抵规则,减轻违约方的责任。在此需注意的两点:第一,对于过错相抵规则的适用,应该区分责任成立要件和责任赔偿要件。《民法典》对违约责任的成立,一般采用严格责任原则,即对违约责任的成立不考虑违约方的过错;但在违约责任赔偿或责任承担方面,仍需考虑双方当事人的过错及其对损害发生的影响,从而准确认定违约方的损害赔偿范围之大小。第二,过失相抵不同于双方违约。双方违约是当事人各自违反自己义务的情形,其功能在于明确双方当事人违反非牵连性义务时,应当分别承担各自的违约责任。过失相抵的适用前提在于一方违约的情形,而非双方违约情形。因为在一方违约的情形下,对方可能对损害的发生也有过错行为,但该行为不一定与该方当事人的合同义务相关,并不当然构成违约。过失相抵应在减轻相应损失赔偿的基础上由违约方承担违约责任。

四、违约金

(一)违约金的法律界定

违约金指由当事人通过协商预先确定的,在违约发生后作出的独立于履行行为以外的给付。违约金具有以下特征:

1. 违约金是由双方当事人事先约定的。违约金可以通过违约金条款或者当事人单独订立的违约金合同而成立。当违约金与法定损害赔偿并存时,按照约定优先原则而首先适用违约金条款。违约金作为由当事人约定的条款或者独立的合同,在性质上都是附属于主合同的从合同。主合同不成立、被宣告无效或者被撤销,则违约金条款也将被宣告不成立或失效。但在合同解除场合,违约金条款或合同并无归于消灭,而是作为结算与清理条款(或合同)而继续存在。

2. 违约金的支付是独立于履行行为之外的给付。只要当事人没有特别约定,支付违约金的行为不能替代合同履行,当事人在支付违约金后并不免除履行主债务的义务,不妨碍主债务的继续履行。

(二)违约金责任的成立

违约金条款的性质属于从合同,它是以主合同生效为条件的,只有主合同合法生效的情况下,违约金条款才能生效。如果主合同根本不成立,或被宣告无效或被撤销,则违约金条款作为主合同的一项条款自然也不成立或生效。另外,违约金债权也是附停止条件的债权,因此它不是立即发生效力的,必须在一定条件下才能生效。违约金责任的成立,须具备以下两个条件:

1. 存在违约行为并属于应支付违约金的情形。违约行为形态各异,有预期违约与实际违约之分,实际违约包括拒绝履行、迟延履行和履行不当等。通常各种违约形态都可以导致违约金的支付,但若当事人在合同中仅就某种具体的违约行为规定了违约金,则应以合同中约定的违约行为作为适用违约金责任的条件。

2. 须在合同中有关于违约金的约定。违约金的支付,应以有违约金的约定为前提,如当事人未在合同中约定,则不存在支付违约金的责任形式。值得注意的是,适用支付违约金责任形式,不要求以损失存在为前提,因为违约金不仅具有补偿性,同时也具有惩罚性。

(三)违约金的调整

我国法律一直对违约金采取可以司法调整的立场。约定的违约金低于造成的损失的,人民法院或者仲裁机构可以根据当事人的请求予以增加;约定的违约金过分高于造成的损失的,人民法院或者仲裁机构可以根据当事人的请求予以适当减少。据此,违约金司法调整的适用条件如下:

1. 必须根据当事人的请求进行调整。只有在当事人提出请求时,法院和仲裁机构才可以考虑就违约金数额进行调整;如果当事人没有提出请求,法院和仲裁机构不宜依职权主动进行调整。理由在于合同关系是当事人之间的利益关系,不涉及社会公共利益、国家利益和他人利益,即使违约金数额过高或过低,只要当事人自愿接受就行,司法机关没有必要主动干预。

2. 必须是违约金的数额过高或过低。尽管法律规定对违约金过高或过低都可以调整,但是,对于违约金数额过低的调整一般是没有必要的,因为当事人可在违约金责任之外,另行主张损害赔偿使其损失得到填补。当事人请求人民法院增加违约金的,增加后的违约金数额以不超过实际损失额为限。当事人主张约定的违约金过高请求予以适当减少的,人民法院应当以实际损失为基础,兼顾合同的履行情况、当事人的过错程度以及预期利益等综合因素,根据公平原则和诚实信用原则予以衡量,并作出裁决。当事人约定的违约金超过造成损失的30%的,一般可以认定为过分高于造成的损失。可见,对于违约金的调整,必须要以公平和诚实信用原则为基本出发点。所谓违约金过高或过低,是指违约金数额与违约造成的损失相比较过高或过低,通常指约定违约金超过或低于造成损失的30%。

3. 必须根据损失来进行调整。在违约金条款规定的数额过高或低于损失的情况下,当事人要求对于违约金数额进行调整,只需要证明违约金数额过高或低于损失,而不必证明违约金数额的约定是否违背公平原则而成为显失公平条款。调整的标准是"造成的损失",这里的损失应当包括可得利益的损失。

4. 人民法院或者仲裁机构应根据当事人的请求,依据具体情形来决定是否调整以及如何调整违约金。虽然违约金的调整必须以当事人请求为前提,但并不意味着只要当事人请求就必须要调整,人民法院或者仲裁机构要依据具体情形来决定是否调整。如果是迟延履行约定的惩罚性违约金,则不应要求违约金的数额与实际损失基本保持一致,只要违约金的数额与实际的损失相比不是过高或过低,就不应调整。但是对于作为损害赔偿预定的违约金,其数额应当与实际损失大体保持一致。

五、定金

(一)定金的法律界定

定金是合同双方当事人约定的,为保证合同的履行,由一方预先向对方给付的一定数量的货币或其他代替物。定金有多种类型,如立约定金、证约定金、成约定金、解约定金以及违约定金等。但是除违约定金外,其他形式的定金都有特殊的要件要求,如解约定金需要当事人在定金条款中约定合同解除的内容;成约定金需要交付定金合同才成立,交付的定金不以金钱和可替代物为限且不适用定金罚则。因此,在当事人没有特别约定时,定金一般均指违约定金。定金合同是非要式的要物合同,以定金的实际交付为成立条件。若达成了定金协议,但没有实际交付定金,则定金合同没有成立,定金也不存在。

定金的特征包括:(1)定金的标的物为金钱或其他可代替物。定金的标的物通常是金钱,但当事人也可以其他可代替物作为其标的。(2)定金需要当事人预先交付。违约定金是当事人在合同履行前交付的,其目的在于担保合同的履行。只有预先交付定金,才能对合同履行产生担保作用。(3)定金合同是一种从合同。定金合同为要物合同,故交付定金将产生定金合同关系,定金合同可以在合同的主文中载明,也可以单独约定。另外,定金作为从合同,以主合同的成立生效为前提条件;主合同无效或被撤销的,定金合同随之无效或被撤销。(4)定金具有合同履行担保和违约赔偿的双重功能。一是当事人预先设立的定金,通过定金罚则的运用,起着督促双方自觉履行合同的功能。二是违约定金作为违约责任的一种形式,定金罚则体现了对不履行合同的制裁。

(二)定金的数额限制

当事人可以自由约定定金的数额,但也受到一定的限制。若定金的数额过高,可能成为变相的赌博行为。因此,当事人所约定的定金数额不得超过主合同标的额的20%,否则超过的部分不发生定金的效力,即不具有定金罚则的效力,但是超出部分可以抵做价款等。

在法定的限额之下,当事人实际交付的定金数额多于或者少于约定数额的,相当于对原来的定金数额约定做了变更。理由在于定金合同以实际交付定金为成立条件,对交付定金的数额有约定的从其约定,若实际交付的定金数额多于或少于约定的数额,都属于履行不适当,但对方接受而没有拒绝,则应视为当事人以实际履行方式进行了合同变更。

(三)定金罚则

债务人履行债务的情况下,定金应当抵作价款或者收回。但是,给付定金的一方不履行债务或者履行债务不符合约定,致使不能实现合同目的的,无权请求返还定金;收受定金的一方不履行债务或者履行债务不符合约定,致使不能实现合同目的的,应当双倍返还定金。定金罚则的适用只与违约行为有关,原则上与是否存在损失无关。基于定金功能的双方性,无论是接受定金还是给付定金的当事人,只要构成违约情形就可适用定金罚则,如果不构成违约则不适用定金罚则。

六、减价

减价是指债务人不履行合同义务或者履行合同义务不符合约定时,债权人在接受不完全履行基础上,主张相应减少合同价款或报酬的违约责任方式。减少价款,以买卖合同为典型,针对以给付标的物为标的的合同;减少报酬,以承揽合同为典型,针对以提供劳务为标的的合同。减价实际上就是以质论价,通过减少价款或者报酬,使当事人已经作出的履行符合其价值,从而实现当事人利益的平衡。债权人的减价权之性质,素有请求权与形成权的争议。一般认为减价权的性质为形成权。

减价的适用条件主要包括:(1)交付的合同标的物不符合约定,减价责任的产生原因在于标的物不符合约定,且不影响债权人订立合同目的的实现;对于劳务之债而言,在于提供的劳务不符合约定,因此,减价应当以合同标的(标的物或劳务)不符合约定为前提条件。(2)债权人同意接受合同标的(标的物或劳务)。债权人主张减价,实际上是同意接受合同标的之瑕疵。如果买受人不同意接受标的之瑕疵,就不适用减价方式。(3)减价必须依据一定的比例,减价必须以符合约定的标的物和实际交付的标的物按交付时的市场价值计算差价。减价对质量而言,必须依质论价;对数量而言,应按照数量占全部数量的比例计算。不过,减少价款或者报酬的方式的运用只是使已经交付的货物符合其实际价值,不属于实际履行方式。(4)减价不要求债务人有过错。减价本来是作为瑕疵担保责任的一项内容存在的,瑕疵担保责任的发生,是基于合同标的瑕疵产生的责任,不以债务人过错为要件;并且,我国《民法典》把瑕疵担保责任统合在违约责任中,而违约责任是无过错责任,故减价不要求债务人有过错。

七、违约责任形式的并存

在违约责任形式中,继续履行、其他补救措施、损害赔偿、违约金责任与定金责任是否可以并存,是合同法实践中的重要问题。由于违约金责任、定金责任均可分为补偿性与惩罚性之责任,故它们间的关系相当复杂,具体言之如下。

(一)继续履行与损害赔偿、违约金责任

当事人一方不履行合同义务或者履行合同义务不符合约定的,在履行义务或者采取补救措施后,对方还有其他损失的,应当赔偿损失(《民法典》第583条)。据此规定,在继续履行后,即迟延履行没有给非违约方其他损失的,不需要另外赔偿,此时二者不能并存,但是当事人约定迟延履行要赔偿的,应予赔偿。但是,继续履行并不能为非违约方提供充足的损害救济,违约方还有其他损失,违约方仍应当对继续履行之外的其他损失予以赔偿。若对其他损失不予赔偿,就不能保护非违约方利益,也不能有效地制裁违约方和维护交易秩序。

继续履行后能否适用违约金责任,应区分违约金类型而分别讨论。补偿性违约金具有替代履行的功能,由于损害赔偿与补偿性违约金不能并存,对继续履行之外的其他损失,非违约方选择损害赔偿的,则补偿性违约金不能与继续履行并存;但非违约方选择补偿性违约金的,则补偿性违约金可与继续履行并存。但若当事人仅就迟延履行约定了违约金,则违约方承担违约金责任后,应当仍然可以适用继续履行责任。惩罚性违约金具有惩罚与制裁功能,不受非违约方是否有损失而限制,因此,继续履行与惩罚性违约金一般可以并存适用。

(二)修理、重作与更换的补救措施与损害赔偿、违约金责任

根据《民法典》第583条的规定,在瑕疵履行情形中,如瑕疵可修补的,债权人有权要求债务人修补瑕疵,并由债务人承担修补费用;但瑕疵修补后如仍使债权人遭受损失的,债权人有权要求损害赔偿。如瑕疵不可修补的,债权人有权要求债务人重作或更换标的物,但重作或更换标的物给债权人造成损害的,债权人有权要求损害赔偿。

由于损害赔偿与补偿性违约金不能并存,故采取修理、重作与更换的补救措施后对其他损失的赔偿,非违约方选择损害赔偿的,则补偿性违约金不能与补救措施并存;但非违约方选择补偿性违约金的,则补偿性违约金可与继续履行并存。另外,惩罚性违约金可与补救措施并存。

(三)损害赔偿与违约金责任

由于损害赔偿与补偿性违约金的功能重合,二者一般不能并存适用。但是如果补偿性违约金不足以补偿非违约方所遭受的损失,则债务人还要承担损害赔偿责任以弥补违约金的不足,即违约金可与赔偿损失并用。但在两者并用的情况下,应该以实际损失作为责任的最高限额,即受害人不得获得超过实际损失的赔偿。由于损害赔偿与惩罚性违约金的功能不重合,因此二者可

以并存适用。另外,如果违约金请求权与损害赔偿请求权所指向的不是同一损害,一个指向给付本身的损害,另一个指向迟延履行损害或固有利益损害,则二者也可并存,此时违约金仍然是补偿性违约金,是对损害赔偿总额的赔偿,而非惩罚性违约金。

(四)定金与违约金

定金责任和违约金责任只能择一适用,而不能并用。理由在于定金主要是违约定金,且法律对违约定金数额作了明确限制,其主要具有补偿性功能,一般将其视为损害赔偿的预定;而违约金一般视为损害赔偿总额预定的补偿性违约金,对违约金没有数额的限制。由于两者在适用的对象、目的、功能等方面具有相似性,因此原则上不能并用:一是因当事人约定的定金与违约金之目的,均在于约定当事人违约的后果,二者在目的上具有重合性;二是因为违约金和定金都具有补偿功能,如果叠加适用,可能使违约方承担过重的责任,非违约方而可非法获利。因此,补偿性违约定金与补偿性违约金不可并用,二者择一适用。但是,惩罚性违约定金与补偿性违约金,或者惩罚性违约金与补偿性违约定金可因当事人的约定而并用。[2]

(五)违约定金与损害赔偿

根据《民法典》第588条第2款的规定,定金不足以弥补一方违约造成的损失的,对方可以请求赔偿超过定金数额的损失。据此,定金为补偿性违约定金,在违约定金不足以填补非违约方损失的,可以通过损害赔偿方式来实现对超过定金的损失进行赔偿,即此时二者可以并用。若当事人特别约定的定金性质为惩罚性违约定金时,由于惩罚性违约定金目的不在于填补非违约方损失,而损害赔偿的目的在于填补非违约方损失,二者目标不同,因此二者可以并用。

第三节 双方违约和第三人行为造成的违约

一、双方违约

双方违约是合同当事人各自违反自己义务时,应当分别承担各自的违约责任。在双方违约中,双方的违约行为是独立的。如一方当事人违反主给付义务,另一方当事人违反受领义务,则可能发生双方违约。

双方违约的构成要件包括:(1)双方违约主要适用于双务合同。由于双务合同中双方当事人互负义务,因而才有双方违约的可能,单务合同不存在双方违约问题。(2)双方当事人都违背了其应负的合同义务。(3)双方的违约都无正当理由。若一方行使同时履行抗辩权或不安抗辩权等抗辩,不能认为是双方违约。

在双方违约的情况下,应当根据双方的过错程度及因过错而给对方造成的损害程度,确定各自应承担的违约责任。如果双方过错程度相当,且因其过错而给对方当事人造成的损害程度大体相同,则双方应当各自承担其损失。如果一方的过错程度明显大于对方,且给对方造成的损失也较重,则应当分担更重的责任。所以,在双方违约时,必须要正确地认定各方所应承担的责任,而不能使双方平均承担责任。

双方违约与过失相抵的关系,学界素有争议。理论上认为,双方违约与过失相抵,在有些场

---

〔2〕 姚明斌:《违约金论》,中国法制出版社2018年版,第232~243页。

合各自独立。如在一方违约的情形下,对方当事人可能对损害的发生具有过错行为,但该行为不一定与该方当事人的合同义务相关,并不当然构成违约。[3] 此情形的责任承担适用过错相抵规则来确定。但是,双方违约与过失相抵在有些场合可能发生重合。例如,在双方违约时,若一方的过错程度明显大于对方,且给对方造成的损失也较重,则应当根据过失相抵规则,由过错程度严重一方承担过错相抵后的责任。

二、因第三人的行为造成的违约

《民法典》第593条规定:"当事人一方因第三人的原因造成违约的,应当依法向对方承担违约责任。当事人一方和第三人之间的纠纷,依照法律规定或者按照约定处理。"该规定实际上是体现了合同相对性原则和为通常事变负责的规则,即本条规定的"当事人一方因第三人的原因造成违约",既包括因履行辅助人原因造成的违约,也包括因其他第三人原因造成的违约。

据此规定,在债务履行过程中,债务人借助履行辅助人的履行行为来履行债务,因履行辅助人的过错而致债务人违约的,债务人须承担违约责任。这个规则再次确认了合同相对性原则,也称为"为债务履行辅助人而负责"的规则。所谓"履行辅助人",是指辅助债务人履行债务的人,包括代理人和使用人两类。履行辅助人的特征包括:(1)履行辅助人是根据债务人的意思而事实上从事债务履行的人。履行辅助人必须是出自债务人意愿而为履行行为的,只有这样才能将第三人的故意或过失行为归由债务人承担。若第三人未取得债务人的同意而介入债务的履行,则第三人应对自己的过错独立承担责任。(2)履行辅助人是依据法律规定或合同约定而产生的。绝大多数履行辅助人都是根据债务人与履行辅助人之间的委托合同而确定的;有些履行辅助人是直接根据法律规定产生的。(3)履行辅助人必须在事实上从事了辅助履行债务的行为。履行辅助人所从事的行为是帮助债务人履行债务,而不是为自己履行债务或者从事其他性质的行为。在此责任承担上,履行辅助人的行为视为债务人自己的行为,债务人应对履行辅助人行为负责,不以债务人自身具有过错为要件。

由于第593条的规定没有限定"第三人"的范围,由此导致债务人承担违约责任的范围扩大化了,债务人本来只需对履行辅助人原因造成的违约负责,但在第593条规定情形下,债务人对履行辅助人和其他第三人原因造成的违约后果均要负责。因第三人的行为造成债务不能履行的情况下,债务人也应当向债权人承担违约责任,债权人也只能要求债务人承担违约责任;债务人在承担违约责任以后,有权向第三人追偿。这就是所谓的债务人对"通常事变"负责的规则。但是,在大陆法系传统理论上,债务人对于通常事变原则上是不负责的,《民法典》第593条规定突破了这个理论禁区,实为违约责任扩张的表现。

第四节　免责事由

一、免责事由的概念

免责事由又称为免责条件,它是指法律规定的或者当事人约定的免除当事人承担违约责任

---

〔3〕 王利明:《合同法》(第2版),中国人民大学出版社2021年版,第300页。

的情况。一旦免责事由出现,当事人对于不履行或不适当履行合同不承担民事责任。

免责事由具有以下特点:

1. 免责事由分为法定的免责事由和约定的免责事由,如既无法定的免责事由又无约定的免责事由出现而导致合同不能履行,则不能免责。

2. 免责事由适用的效果是导致债务人被免除责任,即由于免责事由的出现而导致债务人不能履行债务,债务人则可不承担违约责任。

3. 免除责由出现,只有导致合同不能履行时,才能被免责。如尽管出现免责事由,但合同仍然能够得以履行,当事人不履行时,并不当然地免除履行的责任。

二、违约责任免责事由的样态

违约责任免责事由包括两种:一是法定的免责事由,二是约定的免责事由。约定的免责事由即免责条款,已在前文作了说明,此处不再赘言。法定免责事由,又称为法定免责条件,它是指由法律直接规定而不是由当事人约定的免责条件。法定的免责事由,当事人可以约定排除其适用。根据我国法律规定,法定的免责事由包括以下几种情况。

1. 不可抗力。不可抗力是指不能预见、不能避免且不能克服的客观情况。不可抗力的主要特征:(1)具有不能预见性。在判断是否可以预见时,必须以一般人的预见能力及现有的科学技术水平作为能否预见的判断标准。(2)具有不能避免并不能克服性。这表明对不可抗力事件,即使当事人已尽最大努力,也不能避免其发生;或者在事件发生以后,当事人已尽最大努力,也不能克服事件所造成的损害后果而履行合同。(3)不可抗力属于客观情况。不可抗力是独立于个人行为之外的事件,并不包括单个人的行为。

不可抗力的类型:(1)自然灾害,如地震、台风、洪水、海啸、大规模疫情等。自然灾害属于典型的不可抗力。(2)政府行为。当事人在订立合同以后,政府当局颁布新政策、法律或行政措施而导致合同不能履行的情形。(3)社会异常现象。主要是指一些偶发的事件阻碍合同的履行,如罢工、骚乱等。不可抗力虽为合同免责事由,但有关不可抗力的具体事由很难由法律作出具体列举式的规定。按照合同自由原则,当事人可以在订立不可抗力条款时,具体列举各种不可抗力的事由,一旦出现约定的不可抗力情形,当事人也可以免责。

不可抗力发生的法律后果,是导致当事人免除责任。但是,并非不可抗力发生后,当事人就当然被全部免除责任。若不可抗力只是导致合同部分不能履行,则当事人只能部分被免除责任。所以,不可抗力是否导致当事人被免除责任,应视具体情况而定。若迟延履行后发生不可抗力而致无法履行的,当事人不免除责任。在不可抗力事件发生以后,当事人一方因不可抗力的原因而不能履行合同,应及时向对方通报合同履行障碍事由,并应取得有关证明。因此,因不可抗力而免责还应具备两个程序上的条件:(1)及时通知对方;(2)在合理期限内提供发生不可抗力及导致合同不能履行的证明。

2. 意外事件。意外事件又叫意外事故,它是指当事人预料之外的事故。意外事件能作为法定免责事由,我国《民法典》合同编通则中未作规定,而只在分则中的某些种类的合同中有所体现。如在技术开发合同履行过程中,因出现无法克服的技术困难,致使研究开发失败或者部分失败的,该风险责任由当事人约定,没有约定或约定不明确,依照《民法典》第858条的规定仍不能确定的,风险责任由当事人合理分担。其中“无法克服的技术困难”应属意外事件的范畴,这一事由可能导致部分免责。

3. 债权人的过错。因债权人的过错,导致合同不能履行的,债务人不承担违约责任,而应由债权人自行承担合同不履行的不利法律后果。因债权人过错而免责的情形主要有以下两种情况:(1)因债权人的过错造成合同不履行,债权人应当自行承担其不利的法律后果。如《民法典》第832条规定,承运人对运输过程中货物的毁损、灭失承担损害赔偿责任,但承运人证明货物的毁损、灭失是托运人、收货人的过错造成的,不承担损害赔偿责任。应当注意,因债权人的过错造成合同不履行的免责,应由债务人举证证明债权人的过错。(2)因债权人过错造成违约损害后果扩大。《民法典》规定了债权人的减损义务情形,债务人违约后,债权人未采取适当措施减少违约损失的,债务人不予赔偿。

思考题

1. 简述违约责任的归责原则。
2. 简述违约行为的形态。
3. 简述违约责任的承担方式。
4. 简述违约损害赔偿的范围及其限制规则。
5. 简述违约金的调整规则。
6. 简述定金的法律限制及其效力。
7. 简述预期违约与不安抗辩权的区别。
8. 试述违约金、定金与违约损害赔偿金的关系。
9. 试述违约责任与缔约过失责任的区别。

阅读指引

关于违约责任归责原则的代表性研究

1. 朱广新:《违约责任的归责原则探究》,载《政法论坛》2008年第4期。
2. 陈自强:《民法典草案违约归责原则评析》,载《环球法律评论》2019年第1期。
3. 崔建远:《合同法应当奉行双轨体系的归责原则》,载《广东社会科学》2019年第4期。

关于违约金制度的相关讨论

1. 韩世远:《违约金的理论问题——以合同法第114条为中心的解释论》,载《法学研究》2003年第4期。
2. 孙瑞玺:《论违约金的性质——以〈合同法〉第114条为视角》,载《法学杂志》2012年第4期。
3. 王洪亮:《违约金请求权与损害赔偿请求权的关系》,载《法学》2013年第5期。
4. 王洪亮:《违约金功能定位的反思》,载《法律科学(西北政法大学学报)》2014年第2期。

关于违约责任与侵权责任的区分与竞合问题

1. 张平华:《违约责任与侵权责任竞合:理想模式、现实状态与未来趋向》,载《北方法学》2019年第5期。
2. 谢鸿飞:《违约责任与侵权责任竞合理论的再构成》,载《环球法律评论》2014年第6期。
3. 王利明:《违约责任和侵权责任的区分标准》,载《法学》2002年第5期。

第二分编　典型合同

第九章　转移财产所有权的合同

第一节　买 卖 合 同

导学案例

甲公司借用乙公司的一套设备，在使用过程中不慎损坏一关键部件，于是甲公司提出买下该设备，乙公司同意出售。双方口头约定甲公司分5期支付价款，在甲公司支付全部价款前，乙公司保留该套设备的所有权。不料在甲支付完第4期价款时，甲公司生产车间因山体滑坡造成包括该套设备在内的车间所有财物被掩埋。

1. 甲乙公司之间关于该设备的买卖合同何时成立？

2. 甲乙公司能否口头对分期付款及保留所有权事项进行约定？

3. 山体滑坡造成设备毁损的风险责任应该由谁承担？

一、买卖合同的含义与特征

买卖合同是一方转移标的物的所有权于另一方，另一方支付价款的合同（《民法典》第595条）。转移所有权的一方为出卖人或卖方，支付价款而取得所有权的一方为买受人或者买方。这是狭义的买卖合同的观点。广义的买卖合同是出卖人转移标的物的所有权或者其他财产权于买受人，买受人支付价款的合同。《民法典》合同编采用了狭义的买卖合同的观点。

买卖合同具有以下法律特征：

1. 出卖人须转移标的物所有权于买受人。通过买卖，出卖人丧失对标的物的所有权，买受人相应地取得标的物的所有权。出卖人须将标的物的所有权转移给买受人，这是出卖人的主给付义务，为买卖合同的主要法律性质。该性质使买卖合同区别于租赁合同、借用合同、保管合同等不以标的物所有权转移为目的的合同类型。

2. 买卖合同是有偿合同。买卖合同的实质是以等价有偿方式转让标的物的财产所有权，即出卖人转移标的物的所有权于买方，买方向出卖人支付价款。在所有的有偿合同中，买卖合同是最基本的合同类型。《民法典》合同编通则部分的大部分规则围绕着买卖合同展开。与此同时，买卖在实践中是商品交换最普遍的形式，其推动发展了一些为买卖服务的其他行业和以买卖为基础的行业，从而产生了规范这些行业的各类合同规则。因此，买卖合同之规定准用于其他有偿合同。具言之，法律对其他有偿合同有规定的，依照其他规定；没有规定的，参照适用买卖合同的有关规定（《民法典》第647条）。

3. 买卖合同是双务合同。在买卖合同中，买方和卖方都享有一定的权利，承担一定的义务。

而且,其权利和义务存在对应关系,即买方的权利就是卖方的义务,买方的义务就是卖方的权利。

4. 买卖合同是诺成合同。除法律另有规定或当事人另有约定外,买卖合同自双方当事人意思表示一致时成立,并不以一方当事人交付标的物或完成其他给付行为作为合同的成立要件,因此买卖合同具有诺成性。

5. 买卖合同原则上是不要式合同。在法律没有明确规定或合同没有明确约定的情况下,当事人可以自己决定买卖合同采取何种形式。

二、买卖合同的内容

买卖合同的内容一般包括标的物的名称、数量、质量、价款、履行期限、履行地点和方式、包装方式、检验标准和方法、结算方式、合同使用的文字及其效力等条款(《民法典》第596条)。根据是否影响合同成立,可以将上述内容划分为买卖合同的必要条款与非必要条款。

标的是买卖合同双方当事人权利义务指向的对象,买卖合同缺少标的,就会失去目的;而标的物的数量不确切将无法确定买卖合同权利义务的范围。因此,标的、数量是买卖合同成立的必要条款。

包装方式、检验标准和方法、结算方式、合同使用的文字及其效力等其他合同内容是买卖合同的非必要条款。若当事人对质量、价款、履行期限等合同重要内容没有约定或者约定不明确,则形成合同漏洞。我国《民法典》关于合同漏洞填补的基本规则如下:合同生效后,当事人若就质量、价款或者报酬、履行地点等内容没有约定或者约定不明确的,可以补充协议;不能达成补充协议的,按照合同相关条款或者交易习惯确定(《民法典》第510条)。若依据上述规则仍然不能确定合同内容,则依据《民法典》第511～514条的规定予以确定。此处应该注意的是,若《民法典》或其他法律关于该类型合同内容的确定方式有明确规定的,适用该规定。例如,当事人未约定合同履行地点的,未能达成补充协议,且根据合同条款及交易习惯仍未能确定交付地点,但根据《民法典》第603条关于买卖合同交付地点的规定,能确定合同履行地点的,就不再适用《民法典》第511条的规定。

实例解析

A市的甲向B市的乙出售大蒜500千克,未对其他合同条款作出明确约定。A市同品质大蒜的市场价格为5元/千克,B市为6元/千克。请问:

1. 甲乙之间买卖合同是否成立?

2. 如果合同成立,如何确定价款?

分析:1. 甲乙双方就标的、数量达成合意,买卖合同满足必要条款,原则上应当认为合同成立。

2. 首先,双方当事人可以协商补充协议,不能达成补充协议的,按照合同其他条款或交易习惯确定。其次,若依然不能确定合同内容,则根据《民法典》第511条第2项规定,按照订立合同时履行地的市场价格履行;在本案中由于甲乙并未就履行地点进行约定,因此需要进一步明确合同履行地点,根据《民法典》第511条第3项,A地为甲履行交付义务所在地。综上,通过合同漏洞填补规则可以确定该合同中大蒜的价款为2500元。

三、买卖合同的效力

买卖合同的效力是指生效的买卖合同所具有的法律效力。广义的买卖合同的效力包括买卖合同的对外效力和对内效力。买卖合同的对内效力主要体现为合同当事人所享有的权利和负担的义务，由于买卖合同是典型的双务合同，一方当事人所负担的合同义务是对方当事人所享有的合同权利，因此买卖合同的对内效力可以通过双方当事人所负担的合同义务来体现。

（一）出卖人的主要义务

1. 交付标的物并转移标的物所有权于买受人。买卖合同中，出卖人的主要合同义务是将买卖合同的标的物交付给买受人。交付的类型包括现实交付与观念交付。观念交付主要包括简易交付、指示交付以及占有改定。此外，学理上还承认拟制交付，即在动产所有权已经证券化的情况下，交付提取标的物的单证以代替标的物的现实交付的交付方式。如交付仓单、提单以及可转让的多式联运单据等。具体而言，仓单是提取仓储物的凭证。存货人或者仓单持有人在仓单背书并经保管人签名或盖章的，可以转让提取仓储物的权利。

出卖人除了要向买受人交付标的物或提取标的物的权利证书以外，还负有按照约定或者交易习惯向买受人交付提取标的物的权利证书以外的有关单证和资料的义务，这项义务是出卖人在买卖合同中所负担的从合同义务。"提取标的物的权利证书以外的有关单证和资料"主要应当包括保险单、保修单、普通发票、增值税专用发票、产品合格证、质量保证书、质量鉴定书、产品进出口检疫书、原产地说明书、使用说明书、装箱单等。

出卖人应当按照约定的期限交付标的物。约定交付期限的，出卖人可以在该交付期间内任何时间交付（《民法典》第 601 条），但应当在交付前通知买受人。出卖人提前交付标的物的，应当取得买受人的同意，否则买受人有权拒收，但出卖人的提前交付不损害买受人利益的除外。出卖人提前交付给买受人增加的费用，由出卖人负担（《民法典》第 530 条第 2 款）。

当事人未约定交付期间或者约定不明确的，根据合同漏洞填补规则按照以下步骤确定交付期限：(1)当事人可以补充协议；(2)不能达成补充协议的，按照合同有关条款或交易习惯确定；(3)仍不能确定的，出卖人可以随时交付，买受人也可以随时请求交付，但是应当给出卖人必要的准备时间（《民法典》第 510、511 条）。

出卖人应当按照约定的地点交付标的物。当事人未约定交付地点或者约定不明确的，可以协议补充；不能达成补充协议的，按照合同有关条款或者交易习惯确定（《民法典》第 510 条）。仍不能确定的，标的物需要运输的，出卖人应当将标的物交付给第一承运人以运交给买受人；标的物不需要运输，出卖人和买受人订立合同时知道标的物在某一地点的，出卖人应当在该地点交付标的物；不知道标的物在某一地点的，应当在出卖人订立合同时的营业地交付标的物（《民法典》第 603 条）。

出卖人应当按照约定的数量交付标的物。出卖人多交付标的物的，买受人可以接收或者拒绝接收多交的部分。买受人接收多交部分的，按照原合同的价格支付价款；买受人拒绝接收多交部分的，应当及时通知出卖人（《民法典》第 629 条）。

出卖人应当按照约定的包装方式交付标的物。对包装方式没有约定或者约定不明确，可以协议补充；不能达成补充协议的，按照合同有关条款或者交易习惯确定（《民法典》第 510 条）。仍不能确定的，应当按照通用的方式包装；没有通用方式的，应当采取足以保护标的物且有利于节约资源、保护生态环境的包装方式(《民法典》第 619 条)。

实例解析

甲将其 A 游艇以 100 万元价格出卖给乙,乙向甲支付了全部价款后,甲向乙交付了 A 游艇,但一直未办理过户登记。后甲又将 A 游艇以 110 万元出卖给了不知情的丙,并办理了过户登记。试问 A 游艇的所有权归属状况如何?

分析:路径一:A 游艇为《民法典》第 225 条所规定的特殊动产,其所有权变动采用登记对抗主义,即虽然所有权自交付之时起转移,但未经登记不得对抗善意第三人。甲向乙交付了 A 游艇,但一直未办理过户登记,是否能对抗以合理价款受让且不知情的丙,即该案中的丙是否属于上述的"善意第三人"?根据最高人民法院《关于适用〈中华人民共和国民法典〉物权编的解释(一)》第 6 条规定,转让人转让船舶、航空器和机动车等所有权,受让人已经支付合理价款并取得占有,虽未经登记,但转让人的债权人主张其为上述"善意第三人"的,不予支持,法律另有规定的除外,乙通过交付取得的 A 游艇所有权可以对抗丙。路径二:根据最高人民法院《关于审理买卖合同纠纷案件适用法律问题的解释》(以下简称《买卖合同解释》)第 7 条规定,甲将 A 游艇交付给乙时,乙取得 A 游艇所有权。乙可以请求甲履行办理所有权转移登记手续等合同义务,乙有权请求甲涂销为丙办理的过户登记并为乙办理过户登记。

买受人的最终目的是获得标的物的所有权,将标的物所有权转移给买受人是出卖人的另一项主要义务,这是买卖合同区别于其他涉及财产转移占有的合同的本质特点之一。

具体就动产而言,除法律有特别规定的以外,所有权依交付而发生转移(《民法典》第 224 条)。而所有权保留买卖合同作为"动产交付即转移所有权"的例外,作为一种新的担保制度在各个国家和地区得到广泛运用,我国《民法典》也延续了《合同法》(已失效)对所有权保留制度的肯定,在"买卖合同"一章中规定:当事人可以在买卖合同中约定买受人未履行支付价款或者其他义务的,标的物的所有权属于出卖人。出卖人对标的物保留的所有权,未经登记不得对抗善意第三人(《民法典》第 641 条)。船舶、航空器和机动车等特殊动产的所有权也自交付之时起转移,但未经登记,不得对抗善意第三人(《民法典》第 225 条)。

不动产买卖合同中所有权经登记发生转移,但是法律另有规定的除外(《民法典》第 209 条第 1 款)。移转登记事项自记载于不动产登记簿时完成登记。所有权移转的时间点是将移转登记记载到不动产登记簿之日,而不是发放权属证书之日。例如,房屋买卖合同中,房产证的交付不能导致房屋所有权的转移,而是在不动产所在地办理了移转登记,才发生不动产所有权转移。

出卖具有知识产权的标的物的,除法律另有规定或者当事人另有约定的外,该标的的知识产权不属于买受人(《民法典》第 600 条)。这主要是因为知识产权是一种独立的无形财产权利。知识产权虽然必须通过一定的物质载体才能表现出来,但知识产权的客体并非它的物质载体。标的物的知识产权与所有权是可以分离的,两者是并行于标的物上的独立权利。在买卖合同中,出卖人转让的仅仅是标的物的所有权,而不包括知识产权。

需要注意的是关于无权处分合同的效力。《民法典》对《合同法》(已失效)第 51 条作出了重大改变。[1]《民法典》第597条第1款改弦更张,其规定:因出卖人未取得处分权致使标的物所有权不能转移的,买受人可以解除合同并请求出卖人承担违约责任。这一规定意味着,因无权处分订立的买卖合同,无权处分的事实不影响买卖合同的效力,如果没有法律规定的效力瑕疵,该合同有效。出卖人因欠缺处分权不能对买受人履行转移标的物所有权的合同义务,属根本违约,买受人享有法定解除权,买受人有权解除买卖合同并请求出卖人承担违约责任。

2. 物的瑕疵担保义务。出卖人对其所转让的财产承担权利瑕疵和物的质量瑕疵的担保义务。

(1)权利瑕疵担保义务是指出卖人就交付的标的物,负有保证第三人对该标的物不享有任何权利的义务,但法律另有规定的除外(《民法典》第612条)。权利瑕疵须为在买卖合同成立时即存在,且于合同成立后仍未能除去,同时买受人不知道权利瑕疵的存在,此时,出卖人承担权利瑕疵担保义务(《民法典》第613条)。标的物存在权利瑕疵,出卖人又不提供适当担保时,买受人可以中止支付相应的价款(《民法典》第614条)。

(2)物的瑕疵担保义务是指出卖人应当按照约定的质量要求交付标的物(《民法典》第615条)。出卖人提供有关标的物质量说明的,交付的标的物应当符合该说明的质量要求。当事人对标的物的质量要求没有约定或者约定不明确,可以补充协议;不能达成补充协议的,按照合同相关条款或者交易习惯来确定标的物的质量。若仍不能确定的,按照强制性国家标准履行;没有强制性国家标准的,按照推荐性国家标准履行;没有推荐性国家标准的,按照行业标准履行;没有国家标准、行业标准的,按照通常标准或者符合合同目的的特定标准履行(《民法典》第511条)。

出卖人交付的标的物不符合质量标准的,属于对物的瑕疵担保义务的违反,在传统大陆法系民法理论中,发生物的瑕疵担保责任。瑕疵担保责任是一种有别于债务不履行责任的特别法定责任。债务不履行责任是过错责任,而瑕疵担保责任则属无过错责任。但我国合同法上的违约责任的归责原则采严格责任原则,普通的违约责任不再是过错责任,瑕疵担保责任已违约责任化,已纳入违约责任的范畴(《民法典》第617条)。

(二)买受人的主要义务

1. 支付价款。价款是买受人获取标的物的所有权的对价或代价。买受人应依合同的约定向出卖人支付价款,这是买受人的主给付义务。买受人须按照合同约定的数额、时间、地点及支付方式支付价款,并不得违反法律以及公序良俗。当事人对价款相关内容没有约定或者约定不明确的,可以协议补充,不能达成补充协议的,按照合同相关条款或者交易习惯确定。若价款或者报酬仍不明确的,按照订立合同时履行地的市场价格履行;依法应当执行政府定价或者政府指导价的,依照规定履行(《民法典》第511条)。执行政府定价或者政府指导价的,在合同约定的交付期限内政府价格调整时,按照交付时的价格计价。逾期交付标的物的,遇价格上涨时,按照原价格执行;价格下降时,按照新价格执行。逾期提取标的物或者逾期付款的,遇价格上涨时,按照新价格执行;价格下降时,按照原价格执行(《民法典》第513条)。

2. 受领标的物。对于出卖人交付的标的物及其有关凭证,买受人有按照约定或者交易习惯受领的义务。出卖人多交付标的物的,买受人可以接收或者拒绝接收多交的部分,买受人接收多交部分的,按照约定的价格支付价款;买受人拒绝接收多交部分的,应当及时通知出卖人。出卖

---

[1]《合同法》(已失效)第51条规定:无处分权的人处分他人财产,经权利人追认或者无处分权的人订立合同后取得处分权的,该合同有效。由此可见,这里将无权处分订立的合同规定为效力待定。

人提前、部分交付标的物的,买受人可以拒绝受领,但该交付不损害买受人利益的除外;由于出卖人提前、部分交付给买受人增加的费用,由出卖人负担(《民法典》第530、531条)。

3. 及时检验出卖人交付的标的物,并将标的物之瑕疵通知出卖人。买受人收到标的物时应当在约定的检验期限内检验。没有约定检验期限的,应当及时检验(《民法典》第620条)。买受人签收的送货单、确认单等载明标的物数量、型号、规格的,推定买受人已经对数量和外观瑕疵进行了检验,但是有相关证据足以推翻的除外(《民法典》第623条)。

关于检验期限,如果当事人有约定,则买受人应当在检验期限内将标的物的数量或者质量不符合约定的情形通知出卖人。买受人怠于通知的,视为标的物的数量或者质量符合约定。当事人没有约定检验期限的,买受人应当在发现或者应当发现标的物的数量或者质量不符合约定的合理期限内通知出卖人。买受人在合理期限内未通知或者自收到标的物之日起2年内未通知出卖人的,视为标的物的数量或者质量符合约定;但是,对标的物有质量保证期的,适用质量保证期,不适用该2年的规定。出卖人知道或者应当知道提供的标的物不符合约定的,买受人不受前述通知时间的限制(《民法典》第621条)。当事人约定的检验期限过短,根据标的物的性质和交易习惯,买受人在检验期限内难以完成全面检验的,该期限仅视为买受人对标的物的外观瑕疵提出异议的期限。约定的检验期限或者质量保证期短于法律、行政法规规定期限的,应当以法律、行政法规规定的期限为准(《民法典》第622条)。

在约定检验期限或《民法典》所规定的检验期限经过后,买受人才对瑕疵提出异议的,不应得到支持,即视为出卖人交付的标的物无瑕疵,买受人无权对出卖人主张违约责任。及时检验通知义务是买受人所负担的不真正义务(又称间接义务、对己义务)。该项义务的违反不导致违约责任的承担,但由此造成的损失由买受人自己负担。但前述的检验期间经过后,买受人才提出异议的,出卖人自愿承担违约责任后,不得以检验期间的经过为由反悔。

实例解析

甲从乙处购买汽车一辆。甲提车后发现所提车辆无大灯自动开闭功能,甲认为乙所交付的车辆型号与自己想购买的型号不相符,乙并未明确告知该情况,故乙存在欺诈行为。后经双方协商及当地消费者协会调解均无果,甲诉至法院。法院认为,甲应承担举证不力后果,且根据车辆交易习惯,为降低交易风险,甲在购车前即应该对车辆各方面性能进行综合了解对比,接受车辆时有义务审核资料内容。甲将涉案车辆使用4个月后才行使权利,且乙在交车时向甲交付了车辆的相关资料。故法院认为不构成欺诈,甲的诉讼请求因证据不足,予以驳回。

分析:首先,根据《民法典》第620条的规定,甲在收到汽车时应当在约定的检验期限内进行检验,没有约定检验期限的,应当及时检验。甲在将车使用4个月后才向乙提出车具有瑕疵,且车的大灯相关功能属于汽车的基本功能,大灯缺少自动开闭功能并非需要长时间才能发现的隐藏性瑕疵。其次,根据《民法典》第623条的规定,对检验期未作约定,买受人对载明标的物数量、型号、规格的送货单、确认单等进行验收的,可以推定买受人已对数量和外观瑕疵进行检验。在本案中,乙向甲交付的车辆所附的购置税发票中载明了车辆类型、厂牌型号、车辆识别代码等关键信息,若甲不能提出足以推翻的证据,则应当推定甲已经就车辆的数量和外观瑕疵进行了检验。

4. 暂时保管并应急处理标的物。买受人对于出卖人不按合同约定条件交付的标的物，如多交付、提前交付、交付的标的物有瑕疵等，买受人可以拒绝接受。在某些情况下，买受人虽然拒绝接受不按合同条件交付的标的物，但负有暂时保管并应急处理标的物的义务。该项义务属买受人所应负担的附随义务。

四、买卖合同中标的物的风险负担

买卖合同标的物风险负担是指在买卖合同中标的物由于不可归责于买卖合同双方当事人的事由毁损、灭失所造成的损失应当由谁承担。买卖合同标的物的毁损、灭失须发生于买卖合同生效之后，买卖合同因清偿消灭之前。若合同无效、不成立或者未生效，买受人并不负担有效的价金支付义务，买卖标的物意外毁损灭失的，不属于买卖合同风险负担的问题。我国在买卖合同标的物风险负担上采取交付主义。标的物毁损、灭失的风险，在标的物交付之前由出卖人承担，交付之后由买受人承担，但法律另有规定或者当事人另有约定的除外。出卖人按照约定未交付有关标的物的单证和资料的，不影响标的物毁损、灭失风险的转移（《民法典》第 609 条）。这表明：(1)已交付了标的物但未按照约定交付提取标的物单证以外的有关单证和资料，不影响风险负担的转移；(2)已交付提取标的物的单证，但未按照约定交付提取标的物单证以外的有关单证和资料，这属于拟制交付情形，也不影响风险负担的转移；(3)在约定保留所有权的场合，即使出卖人未向买受人交付提取标的物的单证和资料，标的物毁损灭失的风险仍自标的物交付之时转移。买卖合同的风险承担基本规则如下。

（一）买受人原因的风险负担

因买受人的原因致使标的物未按照约定的期限交付的，买受人应当自违反约定时承担标的物毁损、灭失的风险（《民法典》第 605 条）。所谓买受人的原因，主要包括两种情形：(1)买受人违约，例如，买受人由于可归责于自身的原因陷入不履行或不完全履行，出卖人由于合同履行抗辩权的行使，在合同约定的履行期中止义务履行的；(2)买受人对出卖人交付的标的物实施侵权行为，致使出卖人无法按照约定的期限交付标的物，双方又未补充约定变更合同履行期限的。在这两种情况下，即使出卖人没有完成标的物的交付，买受人仍应自约定的交付期限起，承担标的物的毁损、灭失的风险。

当事人没有约定交付地点或者约定不明确，在依据协议补充、合同相关条款或者交易习惯仍不能确定的情况下，若标的物不需要运输，出卖人和买受人订立合同时知道标的物在某一地点的，出卖人应当在该地点交付标的物；不知道标的物在某一地点的，应当在出卖人订立合同时的营业地交付标的物（《民法典》第 603 条第 2 款）。出卖人按照约定或者依据上述规定将标的物置于交付地点，买受人违反约定没有收取的，标的物毁损、灭失的风险自违反约定时起由买受人承担。

（二）货交承运人风险负担

出卖人按照约定将标的物运送至买受人指定地点并交付给承运人后，标的物毁损、灭失的风险由买受人承担（《民法典》第 607 条第 1 款）。当事人没有约定交付地点或者约定不明确，当事人可以就交付地点补充协议，达不成补充协议的，依照合同其他条款或者交易习惯仍不能确定时，标的物需要运输的，出卖人将标的物交付给第一承运人后，标的物毁损、灭失的风险由买受人承担（《民法典》第 607 条第 2 款）。此外，上述“标的物需要运输”是指标的物由出卖人负责办理托运,承运人系独立于买卖合同当事人之外的运输业者的情形。

实例解析

例1:三亚市的甲将100吨芒果出卖给合肥市的乙。买卖合同中约定:"由甲代办托运,甲负责将芒果海运至乙指定的地点上海后继续运送给乙。"甲与承运人丙签订了从三亚到上海的海运合同,与承运人丁签订了从上海到合肥的汽车货运合同,并将货物交给了承运人丙。承运人丙在运输途中遇台风导致货物全损。请问,标的物毁损、灭失的风险由谁承担?

分析:在本例中应当认为买受人乙指定了交付地点为上海,应该适用《民法典》第607条第1款来确定风险的负担。也就是说,甲虽然已经将货物交给了承运人丙,但并未运送至买受人指定地点,因此并未完成交付,货物毁损、灭失的风险应该由出卖人甲承担。

例2:三亚市的甲将100吨芒果出卖给合肥市的乙。合同约定由甲代办托运,但未约定交付地点。甲将芒果交付承运人丙运送至台湾海峡时遇到强台风,芒果全部毁损灭失。请问,标的物毁损、灭失的风险由谁承担?

分析:在本例中,买卖合同双方未约定交付地点,且标的物需要运输,甲将芒果交付给第一承运人丙的时候风险就转移给了买受人乙。因此标的物毁损灭失的风险由买受人乙承担。

(三)在途货物买卖风险负担

出卖人出卖交由承运人运输的在途标的物,除当事人另有约定外,毁损、灭失的风险自合同成立时起由买受人承担(《民法典》第606条)。在途货物买卖主要包括两种情形:(1)出卖人先把标的物装上开往某个目的地的运输工具上,然后再寻找适当买主订立买卖合同;(2)买卖合同的买受人未实际接收标的物前,把处于运输途中的标的物转卖给另一方。

虽然在途货物买卖中标的物毁损、灭失的风险原则上在合同成立时转移,但存在以下例外:(1)出卖人在合同成立时知道或者应当知道标的物已经毁损、灭失却未告知买受人,合同成立时不发生风险转移的效果;(2)当事人对风险负担没有约定,标的物为种类物,出卖人未以装运单据、加盖标记、通知买受人等可识别的方式清楚地将标的物特定于买卖合同,风险负担不发生转移。这是因为在种类物买卖实践中,常有出卖人一次托运一批未经分别特定化的货物,以履行对多个买受人的义务。若买卖的标的物未经特定,则标的物毁损、灭失的风险不能由买受人承担,以防止出卖人谎称毁损、灭失的货物正是买受人购买的标的物。

(四)标的物不符合质量要求

因标的物不符合质量要求,致使不能实现合同目的的,买受人可以拒绝接受标的物或者解除合同。买受人拒绝接受标的物或者解除合同的,标的物毁损、灭失的风险由出卖人承担(《民法典》第610条)。在实践中遇到的情况多为当事人对标的物质量并无约定或者约定不明确的情况,此时应当依照协议补充、合同相关条款或交易习惯确定标的物质量要求,若仍不能确定的,则按照国家标准、行业标准、通常标准或者符合合同目的的特定标准对标的物的质量要求予以确定(《民法典》第511条)。此处需要注意的是,若买受人未拒绝接受标的物或者未以出卖人根本违约为由解除合同的,标的物毁损、灭失的风险应由买受人承担。

(五)风险负担与违约责任

标的物毁损、灭失的风险由买受人承担的,不影响因出卖人履行义务不符合约定,买受人请求其承担违约责任的权利(《民法典》第611条)。这是因为违约责任的承担与风险负担同属合同法上对损失进行分配的途径。前者是解决对于因可归责于一方或者双方的事由所带来的损失的分配;后者用来解决对于因不可归责于一方或双方当事人事由所带来的损失的分配。在交易实践中,两种类型的损失有可能同时发生,此时既不能用违约责任的承担代替风险负担,也不能用风险负担代替违约责任的承担。

五、特种买卖合同

(一)分期付款买卖合同

分期付款买卖合同是指买受人将其应付的总价款分为若干部分,按照一定期限分不同期数向出卖人逐次支付的买卖合同。《买卖合同解释》第27条第1款要求买受人将其应付的总价款,在一定的期限内至少分三次向出卖人支付。其特点在于,合同成立之时,出卖人将标的物交付给买受人,价款则依合同约定分期支付。除法律另有规定或合同另有约定,标的物的所有权自出卖人交付时起转移给买受人。当事人可以在买卖合同中约定买受人未履行支付价款或者其他义务的,标的物的所有权属于出卖人,即可以约定保留所有权的分期付款买卖合同。买受人应按期履行支付价金的义务,若未按期付款,应承担法律或合同规定的财产责任。分期付款的买受人未支付到期价款的数额达到全部价款的1/5,经催告后在合理期限内仍未支付到期价款的,出卖人可以请求买受人支付全部价款或者解除合同。出卖人解除合同的,可以向买受人请求支付该标的物的使用费(《民法典》第634条)。分期付款买卖合同约定出卖人在解除合同时可以扣留已受领价金,出卖人扣留的金额超过标的物使用费以及标的物受损赔偿额的,买受人可以请求返还超过部分的价金(《买卖合同解释》第28条)。

(二)凭样品买卖合同

凭样品买卖合同,是指合同出卖人提供样品并按照封存的样品转移标的物所有权于买受人,买受人按照封存的样品验收并支付价款的合同。按照约定的样品买卖的,视为出卖人已保证交付的货物与样品具有同一品质,其意义是出卖人提供一种质量担保。凭样品买卖的当事人应当封存样品,并可对样品质量作出说明。出卖人交付的标的物应当与样品及其说明的质量相同。凭样品买卖的买受人不知道样品有隐蔽瑕疵的,即使交付的标的物与样品相同,出卖人交付的标的物的质量仍然应当符合同种物的通常标准(《民法典》第635、636条)。合同约定的样品质量与文字说明不一致且发生纠纷时当事人不能达成合意,样品封存后外观和内在品质没有发生变化的,人民法院应当以样品为准;外观和内在品质发生变化,或者当事人对是否发生变化有争议而又无法查明的,人民法院应当以文字说明为准(《买卖合同解释》第29条)。

(三)试用买卖合同

试用买卖合同,是指合同成立时出卖人将标的物交付给买受人试用,买受人在试用期间内决定是否购买的买卖合同。一般认为试用买卖合同属于附停止条件的买卖合同,即在所附买卖条件成就前,出卖人应将标的物交付给买受人试用,最终是否同意购买取决于买受人的意愿,常见于新产品的买卖等。

试用买卖的当事人可以约定标的物的试用期限。对试用期限没有约定或者约定不明确的,当事人不能达成补充协议,且按照合同相关条款或者交易习惯仍不能确定的,由出卖人确定(《民法典》第637条)。试用买卖的买受人在试用期内可以购买标的物,也可以拒绝购买。试用期限届满,买受人对是否购买标的物未作表示的,视为购买。试用买卖的买受人在试用期内已经支付部分价款或者对标的物实施出卖、出租、设立担保物权等行为的,视为同意购买(《民法典》第638条)。

司法实践中,以下几种情形不属于试用买卖:(1)约定标的物经过试用或者检验符合一定要求时,买受人应当购买标的物;(2)约定第三人经试验对标的物认可时,买受人应当购买标的物;(3)约定买受人在一定期间内可以调换标的物;(4)约定买受人在一定期间内可以退还标的物。因为试用买卖的核心在于买受人是否认可标的物完全出于自愿,因此前两种情形不属于试用买卖;第三种情形许换不许退,不属于试用买卖;第四种情形是买受人已交付价款后在一定期限内可以退还标的物,这与试用买卖中买受人认可标的物后才支付价款的惯例不符,故也不属于试用买卖。

标的物在试用期间毁损、灭失的风险由出卖人承担(《民法典》第640条)。

(四)所有权保留买卖

1. 所有权保留买卖的含义

所有权保留买卖是指当事人可以在买卖合同中约定买受人未履行支付价款或者其他义务的,标的物的所有权归属于出卖人(《民法典》第641条第1款)。所有权保留作为一种新型的担保制度,在交易实践中,经常与分期付款买卖合同结合在一起,在所有权保留的分期付款买卖中,买受人在条件成就前,享有所有权的期待权,该项权利为物权化的债权或效力扩张的债权;出卖人基于其所保留的所有权享有取回权。

出卖人对标的物保留的所有权,未经登记,不得对抗善意第三人(《民法典》第641条第2款)。此处应当登记的不是标的物的所有权,而是所有权保留的担保物权登记,即以分期付款买卖标的物设置的所有权保留的担保物权应当登记,以对抗善意第三人。

2. 所有权保留买卖合同中出卖人的取回权

当事人约定出卖人保留合同标的物的所有权,在标的物所有权转移前,买受人有下列情形之一,造成出卖人损害的,除当事人另有约定外,出卖人有权取回标的物:(1)未按照约定支付价款,经催告后在合理期限内仍未支付;(2)未按照约定完成特定条件;(3)将标的物出卖、出质或者作出其他不当处分。出卖人可以与买受人协商取回标的物;协商不成的,可以参照适用担保物权的实现程序(《民法典》第642条)。《民法典》确定的新规则是出卖人可以与买受人协商实现取回权;协商不成的,可以参照适用担保物权的实现程序,实现担保物权。这是因为,所有权保留就是担保物权,依据其保留的所有权,当然地产生取回权。双方当事人作为担保物权人和担保人,如果协商实现取回权,就保护了所有权人即担保物权人的权利。如果买受人不同意,协商不成的,由于保留的所有权是担保物权,因而可以依照担保物权的实现方法,即拍卖、变卖、折价等方法将担保物变价,以其变价款加上已经支付的价款,扣除标的物使用费,用以清偿债务,多退少补,实现债权。

3. 所有权保留买卖合同中买受人的回赎权

在分期买卖合同中,如果出现了出卖人享有取回权的事由,出卖人取回买卖标的物之后,买受人享有回赎权,可以在回赎期限内回赎买卖标的物。取回权和回赎权的权利配置,能够保持出卖人和买受人之间的利益平衡,同时也兼顾了双方当事人的实际需要。在分期付款合同中,买受人未履行应当履行的付款义务,出卖人依照所有权保留的担保物权,享有对标的物的取回权,保护自己的权益。同时,标的物取回后,如果买受人有继续占有、使用甚至购买的意愿和需求,且能够支付价款的，标的物可由买受人赎回，体现了物尽其用的原则。

当事人可以在买卖合同中约定买受人未履行支付价款或者其他义务的，标的物的所有权属于出卖人（《民法典》第 641 条第 1 款）。若出卖人取回标的物后，买受人在双方约定或者出卖人指定的合理回赎期限内，消除出卖人取回标的物的事由的，可以请求回赎标的物。买受人在回赎期限内没有回赎标的物，出卖人可以合理价格将标的物出卖给第三人，出卖所得价款扣除买受人未支付的价款以及必要费用后仍有剩余的，应当返还买受人；不足部分由买受人清偿。

（五）招标投标买卖合同

招投标买卖合同是指由招标人向数人或公众发出招标通知或招标公告，在诸多投标人中选择自己最满意的投标人并与之订立买卖合同的方式。招标投标买卖的当事人的权利和义务以及招标投标程序等，依照有关法律、行政法规的规定。

所谓招标，是指提出招标项目进行招标的法人或其他组织以招标公告或者招标邀请的方式，向不特定人或特定的多个当事人发出的、以吸引或邀请对方发出要约为目的的意思表示。所谓投标，是指投标人（出标人）按照招标人提出的要求，在规定的期间内各自秘密地制作投标文件向招标人发出的以订立合同为目的、包括合同全部条款的意思表示。由于招标投标采取公开、公平、公正原则，所以采取此种方式订立合同能够保证一些特殊交易的有序进行，防止交易过程的腐败。

（六）拍卖合同

所谓拍卖，是指以公开竞价的形式，将特定物品或者财产权转让给最高应价者的买卖。为了规范拍卖行为，维护拍卖秩序，保护拍卖活动各方当事人的合法权益，拍卖的当事人的权利和义务以及拍卖程序等应依照有关法律、行政法规的规定（《民法典》第 645 条），即拍卖行为适用《拍卖法》有关规定。拍卖是一种公卖形式，有别于私卖。所谓公卖，是指非由当事人私下就交易条件进行协商，而是将买卖的物品、时间、地点及相关的事项予以公告，其所面向的是不特定的第三人，公卖在狭义上仅指拍卖。

（七）互易合同即易货交易合同

互易合同是指当事人约定易货交易，转移标的物所有权的合同。它是最原始的商品交换的合同形态，当事人之间以货换货，互为出卖人和买受人，而且是用货币以外的能转移所有权的财物进行互换即相互转移标的物所有权的合同。互易合同具备买卖合同的基本特征，因此当事人约定互易合同，转移标的物的所有权的，参照适用买卖合同的有关规定（《民法典》第 647 条）。

第二节　供用电合同及其适用

导学案例

甲公司（供电公司）与李某签订了供用电合同。合同到期后，双方未继续签订供用电合同，但甲公司一直按照原合同约定向李某供电，李某也继续使用甲公司所供电能并按照原合同的约定每月向甲公司缴纳电费。后李某开始欠缴电费。

1. 甲公司能否以李某欠缴电费为由停止向李某继续供电？

2. 若甲公司与李某之间未约定违约金事项，甲公司能否向李某请求支付违约金？

一、供用电合同的概念

供用电合同是供电人向用电人供电,用电人支付电费的合同。供用电合同具有以下法律特征:

1. 合同的主体是供电人和用电人。供电人是指供电企业或者依法取得供用电营业资格的其他组织,其他任何组织和个人都不得作为供电人。受供电企业委托供电的营业网点、营业所不具有权利能力,不能以自己的名义签订合同,因而不是供电人。用电人的范围非常广泛,自然人、法人以及其他组织等,都有资格成为供电合同的用电人,订立用电合同。

2. 合同的标的物是一种特殊的物:电力。在可以控制的范围内,电力属于民法上"物"的范畴。

3. 供用电合同属于持续供给合同。由于电力的供给与使用是连续的,因此合同的履行方式处于一种持续状态。供电人在发电、供电系统正常的情况下,应当连续向用电人供电,不得中断;用电人在合同约定的时间内,享有连续用电的权利。

4. 供用电合同一般按照格式条款订立。供电企业为了与不特定的多个用电人订立合同而预先拟定格式条款,双方当事人按照格式条款订立合同。用电人对该格式条款仅有同意或不同意的权利,而不能更改其内容。对供用电方式有特殊要求的用电人,可采用非格式条款订立合同。

《民法典》第 648 条第 2 款规定:"向社会公众供电的供电人,不得拒绝用电人合理的订立合同要求。"作为新增内容,该款是对供电单位强制缔约的义务的规定。若社会公众用电人请求订立用电合同,向社会公众供电的法人或者非法人组织非有正当理由不得拒绝。这种强制性力量来源于法律的规定,旨在保护社会公众用电人正常用电的权利,限制居于垄断地位的供电人。

二、供用电合同当事人的义务

(一)供电人的主要义务

1. 安全供电义务。供电人应当按照国家规定的供电质量标准和约定安全供电。供电人未按国家规定的供电质量标准和约定安全供电,造成用电人损失的,应当承担赔偿责任。

2. 中断供电的通知义务。供电人因供电设施计划检修、临时检修、依法限电或者用电人违法用电等原因,需要中断供电时,应当按照国家有关规定事先通知用电人;未事先通知用电人中断供电,造成用电人损失的,应当承担赔偿责任(《民法典》第 652 条)。这是因为,电力在社会生产、生活中的特殊作用,要求供电人的供应是连续不断的。供电人在发电、供电系统正常的情况下,应当连续向用电人供电,这是供电人应当履行的义务。

供电人因故需要停止供电时,应当按照下列要求事先通知用户或者进行公告:(1)因供电设施计划检修需要停电时,供电企业应当提前 7 天通知用户或者进行公告;(2)因供电设施临时检修需要停止供电时,供电企业应当提前 24 小时通知重要用户;(3)因发电、供电系统发生故障需要停电、限电时,供电企业应当按照事先确定的限电序位进行停电或者限电。引起停电或者限电的原因消除后,供电企业应当尽快恢复供电(《电力供应与使用条例》第 28 条)。

3. 及时抢修义务。因自然灾害等原因断电,供电人应当按照国家有关规定及时抢修;未及时抢修,造成用电人损失的,应当承担赔偿责任(《民法典》第 653 条)。

(二)用电人的义务

1. 支付电费的义务。供电合同是双务有偿合同,用电人应当按照国家有关规定和当事人约定及时对其使用供电人供应的电力支付电费。用电人逾期不支付电费的,应当按照约定支付违约金(《民法典》第654条)。

2.依照约定用电的义务。用电人应当按照国家有关规定和当事人的约定安全、节约和计划用电。用电人未按照国家有关规定和当事人约定用电,造成供电人损失的,应当承担赔偿责任(《民法典》第655条)。

三、供用水、供用气、供用热力合同的参照适用

供用水、气、热力合同是指一方提供水、气、热力供另一方利用,另一方利用这些资源并支付价款的合同。由于该类合同的实质是特种商品的买卖,因此买卖合同中的相关规定,对于该类合同同样具有参考适用的效力。

供用水、气、热力合同具有一方主体的特定性、公益性和继续性特征。供用电合同一般属于格式合同,又是诺成、双务、有偿合同。供用水、气、热力合同与供用电合同具有法律性质的相似性,因此我国《民法典》就供用电合同所设置的法律规则,对于供用水、气、热力合同具有参照适用效力。

第三节　赠与合同

导学案例

甲乙系夫妻,二人生育4名子女,共有住房1套。乙去世后遗留的上述财产,因甲及其他3名子女办理了放弃继承权公证,由丙继承。同日,甲与丙办理了赠与公证,另一半房屋也由丙继承。但双方至今尚未办理产权变更登记手续。现甲以丙未尽赡养义务和自己实施赠与行为的目的自始没有实现为由,提起诉讼。

1.甲对其与丙之间的赠与合同是否享有任意撤销权?

2.甲能否以丙未尽赡养义务且甲经济困难为由请求法院撤销赠与合同?

一、赠与合同的概念

赠与合同是赠与人将自己的财产无偿给与受赠人,受赠人表示接受的合同。其中,转让财产的一方为赠与人,接受财产的一方为受赠人。赠与财产应当为赠与人合法所有并为法律允许其处分的财物,包括物、货币、有价证券及财产权利。

赠与合同具有以下特征:

1.赠与合同是无偿合同。在赠与合同中,赠与人依约无偿转移其赠与财产的所有权于受赠人,受赠人取得赠与物的所有权而不必向赠与人为相应的给付。但因赠与人的过失给受赠人造成损失的,受赠人有权请求赔偿。如赠与人故意不告知其赠与财产之瑕疵或保证无瑕疵的,对受赠人因物之瑕疵所受的损害负赔偿责任。

2.赠与合同是单务合同。赠与人只承担将赠与物无偿地交付给受赠人的义务,而受赠人只享受接受赠与物的权利。即使赠与合同附义务,该义务与给予赠与物之间也不是对待给付关系。

3.赠与合同是诺成合同。各国立法对赠与合同是实践合同还是诺成合同规定不一,我国

《民法典》规定赠与合同为诺成合同,赠与合同自当事人意思表示一致起成立。

二、赠与合同的分类

(一)一般赠与合同和特种赠与合同

特种赠与在实践中存在捐赠、附义务赠与、混合赠与和死因赠与等类型。《民法典》仅对附义务的赠与作了明确规定。附义务赠与是指赠与人在赠与时使受赠人对于赠与人或者第三人负担一定义务的赠与。区别一般赠与合同和特种赠与合同的法律意义在于:两者在法律适用的规则上有所不同。一般赠与合同的赠与人在通常情况下无须承担瑕疵担保责任,但对于附义务赠与等特种赠与,赠与人在一定程度内要承担瑕疵担保责任;一般赠与合同依法成立时发生效力;死因赠与合同的效力发生以赠与人的死亡为前提。

(二)现实赠与和非现实赠与

现实赠与又称即时赠与,是指在合同成立之时赠与人即将标的物交付受赠人的赠与,现实赠与合同的成立与履行是同时发生的。非现实赠与是指于合同成立后赠与人才按照合同的约定将标的物交付受赠人的赠与,非现实赠与合同的订立与赠与人的履行行为不是同时进行的。区分现实赠与合同和非现实赠与合同的法律意义在于:现实赠与在符合法律规定的条件下,可以弥补赠与合同形式上的欠缺。

(三)履行公益道德义务的赠与合同和其他赠与合同

区分这两种赠与的主要意义在于二者的效力有所不同:履行公益、道德义务的赠与效力较强,即使在非书面的现实赠与,赠与人也不得任意撤销,应负交付赠与物的义务;而在非经公证的非现实赠与,非履行公益、道德义务的,可以任意撤销,赠与人在赠与财产的权利转移之前可以撤销赠与(《民法典》第658条)。

三、赠与合同当事人的权利义务

(一)赠与人的义务

1. 交付赠与物的义务。赠与人应按照约定将赠与物之所有权交付给受赠人,在赠与物为不动产时,还要协助办理有关登记手续。赠与物所有权转移时间,可以准用买卖合同的规定。根据我国《民法典》规定,在具有救灾、扶贫、助残等公益、道德义务性质的赠与合同,以及经过公证的赠与合同中,受赠人可以请求交付。赠与人有故意或重大过失致使赠与财产毁损灭失的,负损害赔偿责任(《民法典》第660条)。

2. 瑕疵担保责任。赠与的财产有瑕疵的,赠与人不承担责任。附义务的赠与,赠与的财产有瑕疵的,赠与人在附义务的限度内承担与出卖人相同的责任。赠与人故意不告知瑕疵或保证无瑕疵,造成受赠人损失的,应当承担赔偿责任(《民法典》第662条)。此处所称瑕疵既包括质量瑕疵也包括权利瑕疵。

(二)受赠人的权利义务

受赠人有无偿取得赠与物的权利,但赠与合同约定负担义务的,受赠人须按约定履行义务。对于具有救灾、扶贫等社会公益、道德义务性质的赠与合同,以及经过公证的赠与合同,赠与人不交付赠与物的,受赠人可以请求交付。

在赠与属于附义务赠与时，受赠人应在赠与物的价值限度内履行所附义务，受赠人不履行其义务时，赠与人有权请求受赠人履行或撤销其赠与。

四、赠与合同的终止

赠与合同既可以基于合同终止的一般原因而终止，也有其特有的终止方式，即赠与的撤销。

赠与的撤销有任意撤销与法定撤销之分。赠与合同成立后，除具有救灾、扶贫、助残等社会公益、道德义务性质的赠与合同外，赠与人在赠与财产的权利转移之前得任意撤销合同。对于已经履行的赠与合同，受赠人有以下情形之一的，赠与人可以撤销赠与：(1)严重侵害赠与人或者赠与人近亲属的合法权益；(2)对赠与人有扶养义务而不履行；(3)不履行赠与合同约定的义务。以上三种情形赠与人的撤销权，自知道或者应当知道撤销事由之日起1年内行使(《民法典》第663条)。[2] 对于受赠人违法行为致使赠与人死亡或丧失民事行为能力的，赠与人的继承人或法定代理人的撤销权，自知道或者应当知道撤销事由之日起6个月内行使(《民法典》第664条)。

此外，《民法典》规定，赠与人的经济状况显著恶化，严重影响其生产经营或家庭生活的，可以不再履行赠与义务，这是赠与人法定解除权的规定，又称穷困抗辩权。[3] 该合同解除不具有溯及力，赠与人就已履行的赠与，无权要求受赠人返还。

第四节　借款合同

导学案例

甲和乙系夫妻，2019年4月17日，甲向丙借款30万元，借条载明：借款本金30万元，借款期间月利息为本金的3%，于2020年8月17日前全部归还，如不能按时归还借款，向丙支付本金20%作为违约金，以及支付丙为追讨借款所产生的合理费用。现借款到期，甲未还款，2021年2月1日，丙向法院提起诉讼，要求甲和乙偿还借款本金及逾期利息。

1. 甲与丙之间所约定的借款利息条款效力如何？
2. 甲与丙之间的逾期利息如何确定？
3. 丙能否同时主张甲和乙偿还违约金与逾期利息？

一、借款合同的概念

借款合同是指借款人向贷款人借款，到期返还借款并支付利息的合同。[4] 在借款合同中，

---

〔2〕关于赠与合同撤销除斥期间的案例可参见“徐某玲与徐某启等撤销赠与合同纠纷再审案”，陕西省高级人民法院(2017)陕民再36号民事判决书。

〔3〕关于穷困之际赠与人的保护有三种立法模式：(1)撤销权主义，即赋予穷困之际赠与人以撤销权，《瑞士民法典》和《西班牙民法典》采用这种立法例；(2)抗辩权主义，即赋予穷困之际赠与人以穷困抗辩权，《德国民法典》《俄罗斯民法典》采用这种立法例；(3)解除权主义，即赋予穷困之际赠与人以解除权，我国《民法典》采用此种立法例。

〔4〕在传统民法中，借贷合同一般分为使用借贷(借用合同)和消费借贷。我国《民法典》合同编只规定了消费借贷中的借款合同，借款合同包括金融机构借款合同和自然人之间的借款合同。

借得借款的一方为借款人,出借欠款的一方为贷款人。

借款合同具有以下特征:

1. 借款合同的标的物是金钱。借款合同的标的物是作为特殊种类物的金钱,借款人不必返还原物,在合同终止时只需返还等同数额的货币并支付利息。

2. 借款合同是转让货币所有权的合同。基于货币在一般场合下的"占有即所有"规则以及作为一般等价物的特性,借款合同转移的是货币所有权。当贷款人将借款即货币交给借款人后,货币的所有权转移给了借款人,借款人可以处分所得货币。

3. 借款合同可以是有偿合同,也可以是无偿合同。如果当事人在借款合同中约定了利息,则为有偿合同,反之为无偿合同。但自然人之间的借款合同为有偿合同时,借款利率不得高于国家的相关限制性规定。

4. 借款合同一般为诺成合同,但自然人之间的借款合同为实践性合同。也就是说,自然人之间的借款合同,自贷款人提供借款时成立(《民法典》第 679 条)。

5. 借款合同一般为要式合同,应当采用书面形式。但自然人之间的借款合同的形式可以由当事人约定。

二、金融机构借款合同

(一)金融机构借款合同的订立

金融机构借款合同的订立,除应遵循订立合同的一般规则外,还应注意以下问题:(1)借款人应在订立合同时如实负担申报义务。订立借款合同,借款人应当按照贷款人的要求提供与借款有关的业务活动和财务状况的真实情况。(2)借款人在订立合同时应依约提供担保。借款人应依据金融机构的要求提供担保。在借款合同中,贷款人可以要求借款人提供保证、抵押、质押等担保方式。(3)贷款人应对借款人的借款用途、偿还能力、还款方式等情况进行审查。

(二)金融机构借款合同当事人的权利和义务

1. 贷款人的主要义务

贷款人的主要义务是按照约定的日期、数额提供借款。贷款人未按照约定的日期、数额提供借款,造成借款人损失的,应当赔偿损失。在借款合同中,贷款人不得预先在本金中扣除利息,利息预先在本金中扣除的,应当按照实际借款数额返还借款并计算利息(《民法典》第 670 条)。不得将借款人的营业秘密泄露于第三方,否则应当承担相应的法律责任。

2. 借款人的权利和义务

(1)提供真实情况。订立借款合同,借款人应当按照约定向贷款人定期提供有关财务会计报表或者其他资料(《民法典》第 672 条)。

(2)按照约定收取和使用借款。借款人未按照约定的日期、数额收取借款的,应当按照约定的日期、数额支付利息。合同对借款有约定用途的,借款人须按照约定用途使用借款,接受贷款人对贷款使用情况实施监督检查;借款人未按照约定使用借款的,贷款人可以停止发放借款、提前收回借款或者解除合同。

(3)归还借款本金和利息。当借款为无偿时,借款人须归还借款本金;当借款为有偿时,借款人除须归还借款本金外,还必须按约定支付利息,若借款合同对支付利息没有约定的,视为没有利息。借款人未按照约定的期限返还借款的,应当按照约定或者国家有关规定支付逾期利息。

借款人提前返还借款的，除当事人另有约定外，应当按照实际借款的期间计算利息。借款人可以在还款期限届满前向贷款人申请展期；贷款人同意的，可以展期。

三、自然人之间的借款合同

自然人之间的借款合同是指贷款人和借款人都为自然人的借款合同。自然人之间的借款合同自贷款人提供借款时成立。因此，其性质为单务合同，即合同成立后，仅借款人负有还本付息的义务，贷款人不负对应义务。我国《民法典》未对自然人之间的借款合同当事人的权利和义务作出直接规定，自然人之间的借款合同可以比照金融机构借款合同的相关规定处理。根据《民法典》及相关司法解释的规定，自然人之间的借款合同的特殊规定有：自然人之间的借款合同是不要式合同，借款合同的形式由当事人约定；自然人之间有偿借款，其利率不得高于法定限制。

四、借款合同利息

高利放贷不仅破坏国家金融政策和秩序，而且给借款人造成重大负担，引起严重后果。我国禁止高利放贷，借款的利率不得违反国家有关规定（《民法典》第680条第1款）。《民法典》明确了我国禁止高利放贷的一贯立场，具有进步意义。借款合同约定支付利息之债的，借款的利率应当遵循国家的有关规定。目前我国对民间借贷合同利率限制的规范依据是最高人民法院《关于审理民间借贷案件适用法律若干问题的规定》第25条。依此规定，借贷双方约定的利率不得超过合同成立时一年期贷款市场报价利率的4倍。所谓“一年期贷款市场报价利率”，是指中国人民银行授权全国银行间同业拆借中心自2019年8月20日起每月发布的一年期贷款市场报价利率。

如果借款合同未约定支付利息，视为没有利息，为无息借款；如果借款合同的主合同没有约定利息，但是在补充合同上规定有利息之债，则为有息借款。借款合同对支付利息约定不明确的，对于法人、非法人组织之间的借贷，以及法人、非法人组织与自然人之间的借贷，应当按照当地或者当事人的交易方式、交易习惯、市场利率等因素确定利息；对于自然人之间的借款，支付利息约定不明确的，视为没有利息，为无息借款（《民法典》第680条第3款）。

思考题

1. 简述买卖合同的含义与特点。
2. 简述买卖合同主体的权利义务。
3. 简述买卖合同规则对于有偿合同的适用。
4. 简述买卖合同中标的物的风险负担规则。
5. 简述我国《民法典》中规定的特种买卖合同。
6. 简述分期付款买卖合同与所有权保留的区别。
7. 简述赠与合同当事人的权利义务。
8. 简述赠与合同的任意撤销权与法定撤销权。
9. 简述自然人之间的借款合同的特殊性。
10. 试评析我国民法对借款合同利率的限制。

阅读指引

关于“多重买卖”场合履行规则的相关研究

1. 程啸:《论动产多重买卖中标的物所有权归属的确定标准——评最高法院买卖合同司法解释第9、10条》,载《清华法学》2012年第6期。
2. 王利明:《特殊动产一物数卖的物权变动规则——兼评〈买卖合同司法解释〉第10条》,载《法学论坛》2013年第6期。
3. 刘保玉:《论多重买卖的法律规制——兼评〈买卖合同司法解释〉第9、10条》,载《法学论坛》2013年第6期。
4. 李锡鹤:《多重买卖效力探讨——〈买卖合同司法解释〉第9条第2、3款之质疑》,载《东方法学》2015年第6期。

关于买卖合同标的物风险负担规则的相关研究

1. 赵家仪、陈华庭:《我国买卖合同中的“交付”与“风险转移”》,载《法商研究》2003年第2期。
2. 贾林青、仝炳军:《〈合同法〉有关买卖合同意外风险承担规则的适用研究》,载《法律适用》2004年第9期。
3. 江海、石冠彬:《论买卖合同风险负担规则——〈合同法〉第142条释评》,载《现代法学》2013年第5期。
4. 刘洋:《对待给付风险负担的基本原则及其突破》,载《法学研究》2018年第5期。

关于买卖合同瑕疵担保制度研究

1. 韩世远:《出卖人的物的瑕疵担保责任与我国合同法》,载《中国法学》2007年第3期。
2. 宁红丽:《试论出卖人物之瑕疵责任的构成——以〈买卖合同司法解释〉为主要分析对象》,载《社会科学》2013年第9期。
3. 周友军:《论出卖人的物的瑕疵担保责任》,载《法学论坛》2014年第1期。
4. 金可可、贺馨宇:《我国买卖合同权利瑕疵担保制度研究》,载《江苏行政学院学报》2016年第6期。

关于所有权保留问题的探讨

1. 李永军:《所有权保留制度的比较法研究——我国立法、司法解释和学理上的所有权保留评述》,载《法学论坛》2013年第6期。
2. 王利明:《所有权保留制度若干问题探讨——兼评〈买卖合同司法解释〉相关规定》,载《法学评论》2014年第1期。
3. 关涛:《保留所有权的动产买卖中出卖人的取回权问题》,载《山东社会科学》2015年第5期。

关于赠与合同中任意撤销权的相关研究

1. 王文军:《论赠与合同的任意撤销》,载《法学论坛》2010年第6期。
2. 苏紫衡:《对赠与任意撤销权的质疑——以赠与合同观的历史考察为核心》,载《河南大学学报(社会科学版)》2016年第1期。
3. 李永军:《“契约+非要式+任意撤销权”:赠与的理论模式与规范分析》,载《中国法学》2018年第4期。

第十章　转移财产使用权的合同

第一节　租 赁 合 同

导学案例

甲将一套房屋出租给乙，约定租期5年。经甲同意，租赁期间，乙花费50万元对房屋进行了装修。半年后，甲将该出租房屋出售给丙，并办理了过户登记，但未通知乙。不久，乙以其房屋优先购买权受侵害为由，提起诉讼。

1. 乙能否请求法院判决甲丙之间的房屋买卖合同无效？

2. 丙能否以自己是房屋所有权人为由要求乙腾退房屋？

3. 若该房屋租赁合同被解除，装修装饰物应该如何处理？

一、租赁合同的概念

租赁合同是出租人将租赁物交付承租人使用、收益，承租人支付租金的合同。在租赁合同中，交付租赁物供对方使用、收益的一方称为出租人，使用租赁物并支付租金的一方称为承租人。租赁属于转移财产使用、收益权利的典型交易方式，因此，我国《民法典》就租赁合同所设置的法律规则，对于融资租赁合同具有参照适用效力。

租赁合同具有以下特征：

1. 租赁合同是转移租赁物使用、收益权的合同。在租赁合同中，承租人的目的是取得租赁物的使用、收益权，而不是取得其所有权。在租赁合同终止时承租人要返还租赁物。这是租赁合同区别于买卖合同等的根本特征。

2. 租赁合同是双务合同、诺成合同。租赁合同不以标的物的实际交付为合同成立或生效要件，当事人双方意思表示一致即可成立。在租赁合同中，出租人负有交付租赁物的义务，承租人有支付租金的义务，双方的权利义务互为对价。故租赁合同为双务、诺成合同。

3. 租赁合同是有偿合同。在租赁合同中，承租人取得租赁物的使用、收益权必须以支付租金为对价，这是租赁合同与借用合同的根本区别。借用合同中的借用人也是以取得标的物的使用、收益为目的，但借用人一方的使用、收益为无偿，即无须支付对价。因此借用合同与租赁合同可因是否支付对价的条件变化而相互转化。依租赁合同支付的租金通常为金钱上的支付，但支付实物时，法律也并无限制。

4. 租赁合同原则上为不要式合同。但是法律规定，租赁期限为6个月以上的租赁合同，应当采用书面形式。当事人未采用书面形式，无法确定租赁期限的，视为不定期合同。此外，当事人未依照法律、行政法规规定办理租赁合同登记备案手续的，不影响合同的效力（《民法典》第706条）。

5. 租赁合同具有“买卖不破租赁”的特点,不仅体现了债权物权化的性质,而且构成“物权效力优先于债权效力”原则的例外。具体而言,租赁物在承租人按照租赁合同占有期限内发生所有权变动的,不影响租赁合同的效力。但在城镇房屋租赁合同纠纷中,租赁房屋出租前已经设立抵押权,因抵押权人实现抵押权发生所有权变动的,房屋在出租前已被人民法院依法查封的,以及当事人另有约定的情况被排除在前述“买卖不破租赁”之外。[1]

6. 租赁合同是继续性合同。租赁合同的内容非一次的给付可完结,其意义是继续地实现,系为继续性使用,即“时间因素在债的履行上居于重要地位,总给付之内容应为给付时间的长度”。

二、租赁合同当事人的权利义务

(一)出租人的义务

1. 保证交付的租赁物在租赁期间符合约定用途的义务(《民法典》第708条)。承租人签订租赁合同的目的是租赁期限内使用租赁物及取得收益,因此,出租人应当按照约定将租赁物交付承租人,并在租赁期间内保持租赁物符合约定的用途,这是出租人的基本义务之一。

2. 维修租赁物的义务。除法律另有规定或合同另有约定外,出租人对租赁物有维修义务。出租人未履行维修义务的,承租人可以自行维修,维修费用由出租人负担。出租人因维修租赁物影响承租人使用的,应当相应减少租金或延长租期(《民法典》第712、713条)。承租人未交付租金,出租人得行使同时履行抗辩权,拒绝履行其后的维修义务。

3. 租赁物瑕疵担保义务。出租人对租赁物负有物的瑕疵担保义务。出租人应担保所交付的租赁物能够为承租人依约正常使用、收益。如果租赁物有使承租人不能正常使用、收益的瑕疵,出租人即应承担违约责任,承租人得请求修理、更换、解除合同或者要求减少租金。租赁物危及承租人的安全或者健康的,即使承租人订立合同时明知该租赁物质量不合格,承租人仍然可以随时解除合同。出租人对租赁物还负有权利瑕疵担保。在租赁合同中,出租人应担保不会因第三人对租赁物主张权利而使承租人不能依约对租赁物进行使用、收益。因第三人主张权利,致使承租人不能对租赁物使用、收益的,承租人可以要求减少租金或者不支付租金。

(二)承租人的义务

1. 按照合同约定的方法或租赁物的性质使用租赁物的义务。租赁合同的承租人应按照约定的方法使用租赁物;无约定的或约定不明确的,可由当事人事后达成补充协议来确定;如不能达成协议的,按合同的有关条款或交易习惯确定;仍不能确定的,应根据租赁物的性质所确定的方法使用。承租人按照约定的方法或者根据租赁物的性质使用致使租赁物受到损害的,因属于正常消耗,不承担赔偿责任。承租人不按照约定的方法或者未根据租赁物的性质使用致使租赁物受到损耗的,实为承租人违约,出租人可以解除合同并请求赔偿损失(《民法典》第710、711条)。

2. 妥善保管租赁物。承租人应以善良管理人的注意妥善保管租赁物,未尽妥善保管义务,造成租赁物毁损灭失的,应当承担赔偿责任(《民法典》第714条)。

---

[1] 最高人民法院《关于审理城镇房屋租赁合同纠纷案件具体应用法律若干问题的解释》(2020年修正)(以下简称《房屋租赁合同解释》)第14条规定:“租赁房屋在承租人按照租赁合同占有期限内发生所有权变动,承租人请求房屋受让人继续履行原租赁合同的,人民法院应予支持。但租赁房屋具有下列情形或者当事人另有约定的除外:(一)房屋在出租前已设立抵押权,因抵押权人实现抵押权发生所有权变动的;(二)房屋在出租前已被人民法院依法查封的。”

3. 不得擅自改善和增设他物。承租人经出租人同意，可以对租赁物进行改善和增设他物。承租人未经出租人同意对租赁物进行改善和增设他物的，出租人可以请求承租人恢复原状或赔偿损失。[2]

4. 瑕疵通知义务。在租赁关系存续期间，出现下列情况之一的，承租人应当及时通知出租人：(1)租赁物有修理、防止危害的必要；(2)其他依诚实信用原则应当通知的事由。承租人怠于通知，致使出租人不能及时救济而受到损害的，承租人应负担赔偿责任。

5. 支付租金的义务。按期支付租金是承租人最重要的义务，因为出租人订立租赁合同的主要目的是收取租金。对支付期限没有约定或者约定不明确，应该签订补充协议；补充协议仍不能确定，那么租赁期限不满 1 年的，应当在租赁期限届满时支付；租赁期限 1 年以上的，应当在每届满 1 年时支付，剩余期限不满 1 年的，应当在租赁期限届满时支付。承租人无正当理由未支付或者迟延支付租金的，出租人可以要求承租人在合理期限内支付。承租人逾期不支付的，出租人可以解除合同。[3]

6. 返还租赁物。租赁合同终止时，承租人应将租赁物返还出租人。逾期不还，即构成违约，须给付违约金或逾期租金，并须负担逾期中的风险。经出租人同意对租赁物进行改善和增设他物的，承租人可以请求出租人偿还租赁物增值部分的费用。在房屋租赁合同中，承租人经出租人同意装饰装修，租赁期限届满时，承租人请求出租人补偿附合装饰装修费用的，人民法院不予支持，但当事人另有约定的除外(《房屋租赁合同解释》第 10 条)。

(三)承租人的权利

1. 承租人的优先购买权。承租人的优先购买权，是指在租赁合同存续期间，当出租人出卖租赁物时，承租人在同等条件下享有优先购买的权利。具体而言，出租人出卖租赁房屋的，应当在出卖之前的合理期限内通知承租人，承租人享有同等条件优先购买的权利；但是，房屋按份共有人行使优先购买权或者出租人将房屋出卖给近亲属的除外。承租人的优先购买权是依法产生的，而不是根据当事人之间的合同而产生。优先购买权只能属于特定人享有，具有一定的专属性，承租人不能将该项权利转让给他人享有。承租人在房屋租赁期间死亡的，与其生前共同居住的人或者共同经营人可以按照原租赁合同租赁该房屋(《民法典》第 732 条)。出租人在转让房屋所有权时，未告知承租人，并未给承租人提供行使优先购买权的机会的，出租人与第三人之间所订立的房屋买卖合同为相对无效合同。在房屋租赁合同中，出租人未通知承租人或者有其他妨害承租人行使优先购买权情形的，承租人可以请求出租人承担赔偿责任。但是，出租人与第三人订立的房屋买卖合同的效力不受影响(《民法典》第 728 条)。

2. 承租人的转租权。所谓转租，是指承租人不退出租赁合同关系，而将租赁物出租给次承租人使用、收益。转租分为合法转租与违法转租。合法转租指承租人转租租赁物取得出租人同意。转租与债的转移不同，转租期间，承租人与出租人的租赁合同继续有效，第三人不履行对租赁物妥善保管义务的，由承租人向出租人负赔偿责任。违法转租是指承租人未经同意而进行转租。违法转租的，出租人可解除合同(《民法典》第 716 条)。承租人经出租人同意将租赁物转租给第三人，转租期限超过承租人剩余租赁期限的，超过部分的约定对出租人不具有法律约束力，但是

---

〔2〕 关于城镇房屋改造、装修的相关规定，参见《房屋租赁合同解释》第 6～12 条。

〔3〕 相关案例参见“姜晓曦、王飞房屋租赁合同纠纷案”，湖北省武汉市中级人民法院(2020)鄂01民终2500号民事判决书。

出租人与承租人另有约定的除外。出租人知道或者应当知道承租人转租,但是在6个月内未提出异议的,视为出租人同意转租(《民法典》第717、718条)。

三、租赁合同的续订和终止

(一)租赁合同的续订

租赁合同的续订,是指在租赁合同规定的期限届满时,在原租赁合同其他内容不变的情况下,延长合同期限,也称为期限更新。租赁合同的期限更新不同于租赁合同的期限变更,后者是指在租赁合同双方当事人约定的租赁期限内,协议更改租赁期限;租赁合同的期限更新只能发生在租赁期限届满时。租赁合同的双方当事人可以通过约定或法定方式更新期限、续订合同。租赁期限届满,承租人继续使用租赁物,出租人没有提出异议的,原租赁合同继续有效,但是租赁期限为不定期(《民法典》第734条第1款)。

(二)租赁合同的终止

租赁合同终止的事由有二:一是因期限届满而终止;二是因当事人的解除而消灭。租赁合同期限虽未届满,但出现法定或约定事由,而由双方当事人或其中一方当事人解除合同的,租赁合同也因此消灭。

在租赁合同中,出租人有法定解除权的情形主要包括:(1)承租人未按照约定的方法或者未根据租赁物的性质使用租赁物,致使租赁物受到损失的,出租人有权解除合同。(2)承租人未经出租人同意而将租赁物转租的,出租人可以解除合同。(3)承租人无正当理由未支付或者延迟支付租金的,出租人可以请求承租人在合理期限内支付;承租人逾期不支付的,出租人可以解除合同。

在租赁合同中,承租人有法定解除权的情形主要包括以下三种。(1)下列非因承租人原因致使租赁物无法使用的,承租人可以解除合同:一是租赁物被司法机关或者行政机关依法查封、扣押;二是租赁物权属有争议;三是租赁物具有违反法律、行政法规关于使用条件的强制性规定的情形。(2)当租赁物由于不可归责于承租人的事由,部分或全部毁损、灭失,致使不能实现合同目的的,承租人可以解除合同。(3)租赁物危及承租人的安全或者健康的,即使承租人订立合同时明知该租赁物质量不合格,承租人仍然可以随时解除合同。

此外,当事人对租赁期限没有约定或者约定不明确的,按照补充协议、合同相关条款或者交易习惯仍不能确定的,视为不定期租赁;当事人可以随时解除合同,但应当在合理期限之前通知对方(《民法典》第730条)。

第二节 融资租赁合同

导学案例

甲公司与乙公司签订《所有权转让协议》,约定以售后回租交易方式,甲公司将约定的租赁物(该租赁物系甲公司定制的生产设备)所有权转让给乙公司并租回使用,乙公司向甲公司支付租赁物转让价款5亿元人民币。后来甲公司向法院提交破产申请,破产管理人依据《企业破产法》解除了售后回租协议。

1. 甲乙之间的《所有权转让协议》是否满足融资租赁合同的要件？

2. 乙公司能否请求甲公司向其返还租赁物？

一、融资租赁合同概述

（一）融资租赁合同的概念

融资租赁合同的主体为三方当事人，即出租人（买受人）、承租人和出卖人（供货商）。融资租赁合同是指承租人要求出租人为其融资购买承租人所需的设备，然后由供货商直接将设备交给承租人使用，承租人支付租金的合同（《民法典》第735条）。对融资租赁合同关系的认定，应当结合标的物的性质、价值、租金的构成以及当事人的合同权利和义务。对名为融资租赁合同，但实际不构成融资租赁法律关系的，应按照其实际构成的法律关系处理。[4]

融资租赁合同主要具有以下特征：

1. 内容具有复合性。融资租赁是一种贸易与信贷相结合、融资与融物为一体的符合性交易。融资租赁交易包含了复杂的法律关系。一般来说，融资租赁交易要有三方当事人（出租人、承租人和出卖人）参与，通常由两个合同（融资租赁合同、买卖合同）或者两个以上的合同构成。一方面，融资租赁合同的出租人按照承租人对出卖人、租赁物的选择向出卖人购买租赁物，使承租人不必支付租赁物的价值即可取得租赁物的使用、收益，从而达到融资的效果（相当于承租人向出租人提供了一笔相当于租赁物价值的借款），故称为"融资"。另一方面，融资租赁合同的出租人虽须向第三人购买标的物，但其购买的直接目的并不是自己使用、收益，而是提供给承租人使用、收益，同时，承租人须为此向出租人支付租金，故称为"租赁"。需要注意的是，承租人所支付的租金在经济实质上并不是使用租赁物的对价，而是融资的代价。

尽管融资租赁交易通常涉及三方主体，但实践中也存在出卖人和承租人同属一人的"售后回租型"融资租赁。承租人将其自有物出卖给出租人，再通过融资租赁合同将租赁物从出租人处租回的，不应仅以承租人和出卖人系同一人为由认定不构成融资租赁法律关系。

2. 双重功能性。融资租赁合同具有融资和融物的双重功能，其中，融资是目的，融物是手段。比较法上的新趋势是将融资租赁视为保留所有权交易的一种形态，从而将其纳入统一的动产担保体系之中。融资租赁交易在法律结构上虽与传统的所有权担保方式存在一些差异，但是其经济作用与传统的所有权担保方式并无差别，属于所有权担保方式的现代形式。因此，在此意义上，融资租赁合同属于《民法典》第388条第1款所称的"其他具有担保功能的合同"。

3. 融资租赁中的标的物在相当程度上承担的是担保的功能，出租人对租赁物享有的所有权在相当程度上是一种担保权。然而，如果出租人对租赁物享有的所有权并不对外公示，却可以行使真正所有权人的权利（如破产中的取回权），这种做法会使这种没有公示的担保权取得最强大的物权效力，必然会给交易安全造成巨大的影响。面对这种情形，为消灭隐形担保，优化营商环境，法律规定出租人对租赁物享有的所有权，未经登记，不得对抗善意第三人。

4. 融资租赁合同是双务、有偿、诺成、要式、继续性合同。融资租赁合同的双方当事人互负对待给付义务，故融资租赁合同为双务合同。一方享有权利是以向对方偿付相应的代价为前提，故融资租赁合同为有偿合同。融资租赁合同的成立除当事人双方意思表示一致之外，无须交付标

---

〔4〕 典型案例参见"工银金融租赁有限公司与铜陵大江投资控股有限公司融资租赁合同纠纷再审案"，最高人民法院（2018）最高法民再373号民事判决书。

的物或完成其他现实给付,故其为诺成合同。融资租赁合同应当采用书面形式(《民法典》第736条第2款),故为要式合同。融资租赁合同的内容并非一次给付可以完结,而是继续地实现,故为继续性合同。

制度比较 融资租赁合同 vs. 租赁合同

融资租赁合同的场合,承租人占有、使用、收益租赁物,向出租人支付租金。这与一般租赁合同相同。不过,两种合同存在以下区别。

1. 租赁期和租赁期满后租赁物的价值不同。在一般租赁合同的场合,承租人占有、使用、收益租赁物,租赁期限不得超过20年(《民法典》第705条第1款);即使租赁期满,租赁物也大多保持充分的利用价值,此时,将租赁物返还出租人仍有价值。而在融资租赁合同的场合,租赁期限与租赁物的耐用年限时常大体相同;若相同,则租赁物返还出租人,对出租人而言价值不大。

2. 租赁物的修缮义务和瑕疵担保责任不同。在一般租赁合同场合,租赁物的修缮义务归出租人;租赁物存在隐蔽瑕疵时,出租人负担保责任。而在融资租赁合同的场合,出租人仅负容忍承租人从供应商处取得租赁物的义务,不负修缮义务和瑕疵担保责任。

3. 风险负担不同。在一般租赁合同中,租赁物因不可归责于双方当事人的原因而毁损、灭失,致使承租人不能使用、收益时,承租人免负支付租金的义务。而融资租赁合同是以融资为目的,以融物为手段的合同,租金并非承租人使用、收益租赁物的对价,所以,出租人不问承租人是否使用、收益租赁物,均有请求支付租金的合理权利。因此承租人不得于租赁期间中途终止合同而免除支付租金的义务,且租赁物因不可归责于双方当事人的原因而毁损、灭失时,支付租金的义务也不免除。

(二)融资租赁合同的内容

融资租赁合同的内容一般包括租赁物的名称、数量、规格、技术性能、检验方法,租赁期限,租金构成及其支付期限和方式、币种,租赁期限届满租赁物的归属等条款(《民法典》第736条第1款)。可见,融资租赁合同的主要条款包括:

1. 有关租赁物的条款。其主要包括租赁物的名称、数量、规格、技术性能、检验方法等。融资租赁合同的出租人应当根据承租人对出卖人、租赁物的选择向出卖人购买租赁物,因此双方合同中应当明确约定有关租赁物情况的条款。

2. 有关租赁期限的条款。不同于租赁合同20年的最长租赁期限,法律对融资租赁的租赁期限没有限制。

3. 有关租金的条款。其主要包括租金构成及其支付期限和方式、币种等。融资租赁的租金并非承租人使用租赁物的对价,而是承租人向出租人融资的代价,因此,当事人对租金没有约定的,融资租赁合同的租金应当根据购买租赁物的大部分或者全部成本以及出租人的合理利润确定。

4. 有关租赁期限届满租赁物的归属的条款。出租人和承租人可以约定租赁期限届满租赁物的归属;对租赁物的归属没有约定或者约定不明确,依据补充协议、合同相关条款或者交易习惯仍不能确定的,租赁物的所有权归出租人。

5. 其他条款。按照合同自由原则,当事人可以根据其需要,在融资租赁合同的法定主要条款之外自行约定其他条款,如违约金条款。

(三)融资租赁合同的无效

除了《民法典》总则编和合同编通则关于法律行为或合同的一般无效事由,当事人以虚构租赁物方式订立融资租赁合同,该融资租赁合同无效。这是《民法典》第146条通谋虚伪表示规则的具体化。

此外,依照法律、行政法规的规定,对于租赁物的经营使用应当取得行政许可的,出租人未取得行政许可不影响融资租赁合同的效力(《民法典》第738条)。

实例解析

甲融资租赁公司与乙房地产公司签订的融资租赁合同约定:“甲出资2000万元,在丙处购买某型号轿车一辆,出租给乙使用,租期10年,总租金4亿元。”请问该融资租赁合同效力如何?

分析:考虑到租赁物的价值与租金的比例关系,可知甲、乙订立的“融资租赁合同”只是一个幌子,背后极有可能隐藏着借款合同。根据《民法典》第737条的规定,应认定甲、乙属于以虚构租赁物方式订立的融资租赁合同,甲、乙间的融资租赁合同无效。当然,甲、乙之间的借贷关系并非当然无效。

融资租赁合同无效时,当事人就该情形下租赁物的归属有约定的,按照其约定;没有约定或者约定不明确的,租赁物应当返还出租人。但是,因承租人原因致使合同无效,出租人不请求返还或者返还后会显著降低租赁物效用的,租赁物的所有权归承租人,由承租人给予出租人合理补偿(《民法典》第760条)。

二、融资租赁合同当事人的义务

(一)出租人的义务

1. 按要求购买并交付租赁物的义务。根据融资租赁合同的定义,出租人根据承租人对出卖人、租赁物的选择,向出卖人购买租赁物,提供给承租人使用是融资租赁合同中出租人的主要义务。该义务可分解为按承租人要求购买租赁物和向承租人交付租赁物两部分。

(1)出租人应当根据承租人的要求向出卖人购买租赁物。此处,出租人是以自己的名义与出卖人签订买卖合同,并非以承租人的名义签订合同,因而,出租人在买卖合同中是买受人,而非承租人的代理人。融资租赁交易中的融资租赁合同和买卖合同这两份合同的目的有紧密联系并且在效力上存在一定牵连(《民法典》第754条),但也应当注意二者本质上是两份相互独立的合同,买卖合同并非融资租赁合同的组成部分,出卖人也并非融资租赁合同的当事人。

为了辅助出租人实现此项义务,法律还规定了出租人不得随意变更买卖合同内容的义务。出租人根据承租人对出卖人、租赁物的选择订立的买卖合同,未经承租人同意,出租人不得变更与承租人有关的合同内容(《民法典》第744条)。从买卖合同的角度观察,依法成立的买卖合同对当事人具有法律约束力(《民法典》第119条),出租人作为买卖合同中的买受人自然不得随意变更买卖合同的内容;从融资租赁合同的角度观察,为了保护承租人的利益,确保出租人按照承租人的要求订立买卖合同,出租人在融资租赁合同下亦负有不变更买卖合同内容的义务。

(2)出租人应当向承租人交付租赁物。当然,出租人租赁物交付义务的履行,通常并非由出租人亲自履行,而是由出卖人代为履行,即由出卖人向承租人直接交付标的物。出租人根据承租人对出卖人、租赁物的选择订立的买卖合同,出卖人应当按照约定向承租人交付标的物(《民法典》第739条)。

在该情形下,承租人享有与受领标的物有关的买受人的权利。也就是说,承租人可以依据《民法典》合同编关于买卖合同的规定,享有买受人的请求交付标的物、受领标的物、检验标的物、在标的物质量不合格的情况下拒绝接受标的物等权利。特别地,在下列出卖人违约的情形下,承租人可以直接向出卖人行使拒绝受领权:一是标的物严重不符合约定;二是未按照约定交付标的物,经承租人或者出租人催告后在合理期限内仍未交付(《民法典》第740条第1款)。承租人拒绝受领标的物的,应当及时通知出租人(《民法典》第740条第2款)。该规定属于《民法典》第465条第2款所称的"法律另有规定的除外",构成合同相对性的突破。

2. 依约赋予承租人索赔权和协助的义务。出租人、出卖人、承租人可以约定,出卖人不履行买卖合同义务的,由承租人行使索赔的权利(《民法典》第741条)。法律之所以作出此种规定,主要是考虑到融资租赁交易中大多数情况下由承租人受领标的物并对标的物进行检验,并且也是由承租人对标的物进行实际使用,因此承租人对标的物的情况最为了解,持有关于标的物瑕疵的第一手资料,因此为了便捷权利行使、简化诉讼程序,法律允许当事人约定由承租人直接向出卖人行使索赔权。需要注意的是,所谓"出租人、出卖人、承租人可以约定",并非由出租人、出卖人和承租人共同约定,而是由出租人分别在融资租赁合同和买卖合同中与承租人和出卖人作出相应的约定。关于承租人取得索赔权的方式,学说上有观点认为属于基于买卖合同约定的原始取得,也有观点认为属于基于出租人将其索赔权让与至承租人的继受取得。为了辅助承租人索赔权的实现,法律还规定了出租人的协助义务,即承租人行使索赔权利的,出租人应当协助(《民法典》第741条)。如果因为出租人未及时提供必要协助而致使承租人对出卖人行使索赔权利失败,承租人有权请求出租人承担相应的责任(《民法典》第743条第1款)。如果当事人未作出由承租人行使索赔权的约定,或约定特定的索赔权只能由出租人行使,则按照合同相对性原则,此时只能由出租人对出卖人行使索赔权,出卖人可以拒绝承租人的索赔。在此种情形下,若出租人怠于行使只能由其对出卖人行使的索赔权利,造成承租人损失的,承租人有权请求出租人承担赔偿责任,以此督促出租人积极配合承租人行使基于租赁物的索赔权利。

3. 有限的瑕疵担保义务。融资租赁交易的特点在于,出租人以租赁的方式向承租人提供融资,出租人的主要权利是通过收取资金而回收投资,其对租赁物只拥有名义上的所有权,该所有权未经登记不具有对抗善意第三人的效力(《民法典》第745条),而租赁物实际的占有、使用、收益利益均归属于承租人,因此,大多数立法例均在减轻出租人的瑕疵担保义务,我国法亦然,但也应当注意我国法自身的特点。租赁物不符合约定或者不符合使用目的的,出租人不承担责任。[5] 也就是说,融资租赁合同中的出租人原则上不承担租赁物的瑕疵担保责任,这是融资租赁区别于一般租赁的重要特征之一。但是,《民法典》亦在下列情形下对出租人的瑕疵担保义务予以了一定的肯定:

(1)出租人虽然对租赁物不符合约定或者不符合使用目的之瑕疵不负担保责任,但出租人

〔5〕 典型案例参见"新疆昆仑路港工程公司等与吴某等融资租赁合同纠纷案",北京市高级人民法院(2017)京民终334号民事判决书。

至少应当保证承租人对租赁物持续、和平的占有和使用。出租人有下列情形违反该项义务，承租人有权请求其赔偿损失：第一，无正当理由收回租赁物；第二，无正当理由妨碍、干扰承租人对租赁物的占有和使用；第三，因出租人的原因致使第三人对租赁物主张权利；第四，不当影响承租人对租赁物占有和使用的其他情形（《民法典》第748条）。

（2）出租人之所以对租赁物没有瑕疵担保义务，是因为出租人完全是按照承租人对出卖人、租赁物的选择购买租赁物（《民法典》第735条），故租赁物瑕疵的风险应当由承租人自己承担。但是，如果承租人依赖出租人的技能确定租赁物或者出租人干预选择租赁物，那么此时瑕疵的风险则更接近出租人的支配领域，故出租人应当承担瑕疵担保义务，可能包括下列情形：第一，出租人在承租人选择出卖人、租赁物时，对租赁物的选定起决定作用的；第二，出租人干预或者要求承租人按照出租人意愿选择出卖人或者租赁物的；第三，出租人擅自变更承租人已经选定的出卖人或者租赁物的。

（3）如果出租人明知租赁物有质量瑕疵而不告知承租人，致使承租人对出卖人行使索赔权利失败的，承租人有权请求出租人承担相应的责任。这同样是由于出租人介入了租赁物瑕疵的支配领域之内。

（二）承租人的义务

1. 支付租金的义务。承租人应当按照约定支付租金，这是融资租赁合同下承租人的主要义务。前文已述，融资租赁的租金并非承租人使用租赁物的对价，而是承租人向出租人融资的代价。正因如此，当租赁物存在瑕疵时，承租人原则上不得以此为由拒绝支付租金，毕竟此时出租人已提供融资。当然，承租人可以通过行使对出卖人索赔的权利，向出卖人寻求救济。因此，承租人对出卖人行使索赔权利，不影响其履行支付租金的义务。但是，承租人依赖出租人的技能确定租赁物或者出租人干预选择租赁物的，承租人可以请求减免相应租金。

为保障出租人的租金债权，在承租人经催告后在合理期限内仍不支付租金的场合，法律赋予了出租人两项救济权利：（1）出租人可以请求支付全部租金，即出租人可以加速债务到期；（2）出租人可以解除合同，收回租赁物。[6] 出租人的前述两项权利只能择一行使，但是出租人请求支付全部租金，人民法院判决后承租人未予履行，出租人可以再行起诉请求解除融资租赁合同、收回租赁物。

实例解析

乙看中丙生产出售的某型号百万吨冷轧机（价值20亿美元）。甲、乙签订的融资租赁合同约定：“甲出资20亿美元向丙购买该冷轧机，出租给乙使用，租期10年，总租金28亿元人民币，乙首付8亿元，剩余20亿元于每年1月1日支付2亿元。”假设乙未支付到期的第四年和第五年租金，经甲催告后在合理期限内仍不支付，请问甲享有哪些救济权利？

分析：根据《民法典》第752条规定，甲可以请求乙支付第四年和第五年的租金，并有权请求乙一次性支付第六年到第十年的租金。当然，甲也可不主张加速到期，而是请求乙继续按照

---

〔6〕 典型案例参见“永泰能源股份有限公司、国网国际融资租赁有限公司融资租赁合同纠纷案”，最高人民法院（2019）最高法民终417号民事判决书；“安徽盛运环保（集团）股份有限公司等与华电融资租赁有限公司融资租赁合同纠纷案”，北京市高级人民法院（2019）京民终185号民事判决书。

约定期限支付第六年到第十年的租金。另外,甲也可以主张解除合同。合同解除后,甲有权收回租赁物,并请求乙支付第四年和第五年的租金。应当注意的是,由于合同已经解除,甲无权请求乙继续支付第六年到第十年的租金,只能就此请求乙承担违约损害赔偿责任。

在标的物意外毁损、灭失的情况下,承租人是否负有继续支付租金的义务?这涉及融资租赁合同中的风险负担问题。尽管出租人对标的物享有所有权(《民法典》第745条),但该所有权仅具有担保功能,所有物之风险由所有权人负担的一般原则并不适用于融资租赁合同。此外,由于标的物实际由承租人占有并控制,标的物的风险更接近承租人的支配领域,故应当由承租人负担风险。因此,承租人占有租赁物期间,租赁物毁损、灭失的,出租人有权请求承租人继续支付租金,但是法律另有规定或者当事人另有约定的除外。[7]

2. 妥善保管和使用租赁物的义务。承租人应当妥善保管、使用租赁物。这是由于在融资租赁期间,租赁物的所有权始终归属出租人。因此,对于出租人享有所有权的租赁物,从积极意义上看,承租人应尽善良管理人的注意义务,妥善保管、使用租赁物;从消极意义上看,承租人还负有不得擅自处分租赁物的义务。承租人未经出租人同意,将租赁物转让、抵押、质押、投资入股或者以其他方式处分的,出租人可以解除融资租赁合同(《民法典》第753条)。当然,承租人擅自处分租赁物的行为并非必然无效,这是因为出租人对租赁物享有的所有权,未经登记,不得对抗善意第三人。因此,在融资租赁合同下,承租人无权处分租赁物的应当依照《民法典》第414条关于担保领域权利竞合的清偿顺序的规定依次实现权利。

3. 租赁物的维修义务。承租人应当履行占有租赁物期间的维修义务。在一般的租赁合同中,出租人负有维修的义务,以及保证承租人对租赁物使用的义务。但在融资租赁合同之中,出租人并不负有维修义务,而由承租人承担该义务。不过,承租人的维修义务是以占有租赁物为前提的。

4. 租赁物造成第三人损害的赔偿责任。承租人占有租赁物期间,租赁物造成第三人人身损害或者财产损失的,出租人不承担责任,故原则上承租人应当承担租赁物造成第三人损害的赔偿责任。当然,如果根据《民法典》侵权责任编关于责任主体的规定应当由其他主体承担侵权责任,自然应当根据侵权法的规定处理。

三、融资租赁合同的终止

(一)融资租赁合同终止的原因

与一般的租赁合同一样,融资租赁合同的终止主要基于租赁期限届满、合同解除等原因。特别需要讨论的是融资租赁合同的解除。

1. 融资租赁合同的解除事由。《民法典》第752~754条就融资租赁合同主要规定了以下解除事由:(1)承租人经催告后在合理期限内仍不支付租金的,出租人可以请求支付全部租金,也可以解除合同,收回租赁物。(2)承租人未经出租人同意,将租赁物转让、抵押、质押、投资入股或者以其他方式处分的,出租人可以解除融资租赁合同。(3)出租人与出卖人订立的买卖合同解除、被确认无效或者被撤销,且未能重新订立买卖合同,出租人或者承租人可以解除融资租赁合同。(4)租赁物因不可归责于当事人的原因毁损、灭失,且不能修复或者确定替代物,出租人

---

〔7〕 典型案例参见“张静静、江苏波地融资租赁有限公司船舶融资租赁合同纠纷案”,湖北省高级人民法院(2018)鄂民终653号民事判决书。

或者承租人可以解除融资租赁合同。(5)因出卖人的原因致使融资租赁合同的目的不能实现,出租人或者承租人可以解除融资租赁合同。

2. 融资租赁合同解除的后果。在融资租赁合同解除之后,应当产生恢复原状的一般法律后果。此外,《民法典》还规定了融资租赁合同解除的特殊后果:(1)融资租赁合同因买卖合同解除、被确认无效或者被撤销而解除,出卖人、租赁物系由承租人选择的,出租人有权请求承租人赔偿相应损失;但是,因出租人原因致使买卖合同解除、被确认无效或者被撤销的除外。出租人的损失已经在买卖合同解除、被确认无效或者被撤销时获得赔偿的,承租人不再承担相应的赔偿责任。(2)融资租赁合同因租赁物交付承租人后意外毁损、灭失等不可归责于当事人的原因解除的,出租人可以请求承租人按照租赁物折旧情况给予补偿。

(二)融资租赁合同终止后租赁物的归属

出租人和承租人可以约定租赁期限届满租赁物的归属。当事人约定租赁期限届满,承租人仅需向出租人支付象征性价款的,视为约定的租金义务履行完毕后租赁物的所有权归承租人。

当事人约定租赁期限届满租赁物归承租人所有,承租人已经支付大部分租金,但是无力支付剩余租金,出租人因此解除合同收回租赁物,收回的租赁物的价值超过承租人欠付的租金以及其他费用的,承租人可以请求相应返还。当事人约定租赁期限届满租赁物归出租人所有,因租赁物毁损、灭失或者附合、混合于他物致使承租人不能返还的,出租人有权请求承租人给予合理补偿。[8]

对租赁物的归属没有约定或者约定不明确,依据补充协议、合同相关条款或者交易习惯仍不能确定的,租赁物的所有权归出租人。

思考题

1. 简述租赁合同中出租人与承租人的义务。
2. 试述“买卖不破租赁”规则。
3. 简述转租的法律规则。
4. 简述租赁合同中承租人的优先购买权。
5. 简述融资租赁合同的特征。
6. 简述融资租赁合同与租赁合同的区别。
7. 简述融资租赁合同的效力。

阅读指引

关于承租人优先购买权的代表性研究

1. 谢靖华:《论商业租赁的优先承租权》,载《法律适用》2012年第12期。
2. 尹樯:《优先购买权的制度检视与构建路径——以承租人优先购买权视角为论证范式》,载《河北法学》2016年第3期。
3. 曹博:《如何行使优先购买权——以最高院司法解释的演进为线索》,载《河北法学》2016年第

〔8〕典型案例参见“信达金融租赁有限公司与温州市长江能源海运有限公司等船舶融资租赁合同纠纷案”,天津市高级人民法院(2015)津高民四终字第13号民事判决书。

12 期。
4. 杨会:《再论侵害承租人优先购买权的救济》,载《政法论丛》2020 年第 1 期。

关于买卖不破租赁规则的相关研究

1. 朱志峰:《"买卖不破租赁"原则释疑》,载《河南社会科学》2013 年第 6 期。
2. 王利明:《论"买卖不破租赁"》,载《中州学刊》2013 年第 9 期。
3. 周江洪:《买卖不破租赁规则的法律效果——以契约地位承受模式为前提》,载《法学研究》2014 年第 5 期。
4. 季金华:《买卖不破租赁原则限制适用的条件分析》,载《政法论丛》2016 年第 4 期。
5. 张铭化:《反思"买卖不破租赁"》,载《中国政法大学学报》2019 年第 3 期。

关于融资租赁登记制度的探讨

1. 高圣平:《融资租赁登记制度研究》,载《金陵法律评论》2006 年第 2 期。
2. 杨善林、鲁振宇:《试论我国融资租赁登记制度》,载《经济问题探索》2011 年第 8 期。
3. 陈灿平、苗兰兰:《自贸区融资租赁登记制度完善研究》,载《湖南大学学报(社会科学版)》2016 年第 1 期。
4. 高圣平:《融资租赁登记公示制度的建构——以民法典合同编融资租赁合同章的修改为中心》,载《河南社会科学》2017 年第 6 期。
5. 刘保玉、张烜东:《论动产融资租赁物的所有权登记及其对抗效力》,载《中州学刊》2020 年第 6 期。

关于对融资租赁合同终止问题的相关研究

1. 雷继平、原爽、李志刚:《交易实践与司法回应:融资租赁合同若干法律问题——〈最高人民法院关于审理融资租赁合同纠纷案件适用法律问题的解释〉解读》,载《法律适用》2014 年第 4 期。
2. 周江洪:《融资租赁合同解除与风险负担规则并存模式之评析》,载《晋阳学刊》2015 年第 1 期。
3. 王叶刚:《融资租赁承租人擅自处分租赁物时出租人法定解除权反思》,载《法学》2016 年第 8 期。
4. 王瑛:《论融资租赁承租人擅自转租租赁物时出租人的法定解除权》,载《法学评论》2021 年第 6 期。

第十一章 保证合同

第一节 保证合同概述

导学案例

甲公司与乙公司达成还款计划书，约定在2019年7月30日归还100万元，8月30日归还200万元，9月30日归还300万元。丙公司对三笔还款提供保证，未约定保证方式和保证期间。后甲公司同意乙公司将三笔还款均顺延3个月，丙公司对此并不知情。乙公司一直未还款，甲公司仅于2020年3月15日起诉丙公司承担保证责任。[1]

1. 根据《民法典》的规定，甲公司能否直接要求丙公司承担保证责任？

2. 由于未约定保证期间，如何确定本案三笔债务的保证期间？

3. 丙公司保证担保的主债权金额为300万元、500万元还是600万元？

一、担保合同与保证合同

担保合同是指担保权人和担保人为明确相互间的权利和义务关系，以确保债权得以实现为目的所订立的协议。担保合同是主债权债务合同的从合同，其既包括以设立担保物权为目的的抵押合同、质押合同等，也包括以设立债权为目的的保证合同。此外，广义上的担保合同还包括具有担保功能的定金合同等。担保合同作为合同的一种，具备合同的一般特征，但不同类型的担保合同也有其特殊性。我国《民法典》贯彻“物的担保”与“人的担保”二分体例，将保证制度的主要规范以有名合同形式规定在合同编。

保证合同是为保障债权的实现，保证人和债权人约定，当债务人不履行到期债务或者发生当事人约定的情形时，保证人履行债务或者承担责任的合同。保证合同属于担保合同的一种，其具有以下特点：

1. 保证合同是依附于主合同的从合同，以主合同的存在为基础和前提，是从属于主债的从债。保证合同的从属性主要表现在以下几个方面：(1)成立上的从属性。保证合同以主合同的成立为前提。(2)范围和强度上的从属性。由保证合同的目的决定，保证的范围和强度原则上与主合同债务相同，不得大于或强于主合同债务。(3)效力上的从属性。保证合同的效力附从于主债权债务合同的效力。主债权债务合同有效，保证合同原则上有效，如果保证合同自身无效，不影响主债权债务合同的效力；主债权债务合同无效，则保证合同必定无效，即主合同和从合同均无效。(4)变更、消灭上的从属性。主合同债务消灭时，保证债务也随之消灭。例如，主债

---

〔1〕 根据国家司法考试2014年卷三第10题改编。

务因主合同解除或适当履行而消灭时,保证债务也随之消灭;主债务合同变更时,保证债务一般随之变更,但不得增加其范围和强度。

2. 保证合同具有人身性,其担保的属性属于"人保",是以保证人的信誉为担保的基础,保证合同的建立与保证人的人格、身份密不可分。

3. 保证合同具有补充性。保证合同具有对主合同的补充和加强功能,因而具有补充性,具体表现在一般担保中,先由主债务人履行其债务,只有在对其财产强制执行而无效果时才由保证人承担保证责任。在主合同纠纷未经审判或者仲裁,并就债务人财产依法强制执行仍不能履行债务前,保证人有权拒绝向债权人承担保证责任。

4. 保证合同具有独立性。保证合同尽管依附于主合同而存在,但并非主合同债务的一部分,而是另一个独立的债务,在从属主合同债务的范围内有独立性。因此,保证合同可以约定保证债务仅担保主合同债务的一部分,保证合同债务的范围和强度可以不同于主合同债务,可以有自己独立的变更或消灭原因。主合同不附条件的,保证合同可以附条件。主合同债务人与债权人之间诉讼的判决,其效力也不能当然地及于保证人。此外,保证合同还可以单就保证债务约定违约金,保证人可以单就部分债务提供担保。关于保证合同所发生的抗辩权,保证人可以单独行使。

二、保证合同的订立

(一)保证人的主体资格

1. 保证人应具有代为清偿能力。保证人为债务人向债权人提供保证,目的在于保证债权能够得到实现,或者说债务能够得到清偿,因此,具有代为清偿能力是保证人的基本条件。代为清偿既包括金钱性质的清偿,也包括代为履行其他给付。

2. 禁止提供担保的主体。机关法人不得为保证人,但是经过国务院批准为使用外国政府或者国际经济组织贷款进行转贷的除外。以公益为目的的非营利法人、非法人组织不得为保证人(《民法典》第 683 条)。

(二)保证合同的订立形式

保证合同是要式合同,必须采取书面形式。保证合同的具体表现形式是:

1. 单独订立的书面合同。其是指在主合同外,另行订立保证合同,这也是保证合同的主要表现形式。

2. 主合同中的保证条款。在主合同中设置保证条款,也是保证合同的表现形式,但是,有保证条款的主合同,需要在合同当事人中将保证人列明,并且保证人要在主合同上签名或者盖章。

3. 保证书或者保证函。第三人单方以书面的形式向债权人作出保证,债权人接受且未提出异议的,保证合同成立。可见保证是为债权人债权的实现提供担保,其必须在保证人与债权人之间成立,而不可能仅在保证人与债务人之间成立。

(三)保证合同的主要内容

依照意思自治原则,保证合同的内容应当由当事人约定。当事人在订立保证合同时,一般包括被保证的主债权的种类、数额,债务人履行债务的期限,保证方式、范围和期间等条款。

三、保证的方式

保证方式是指保证人承担保证责任的具体方式,我国《民法典》规定保证方式包括一般保证和连带责任保证。保证人承担何种保证方式，合同有约定的按照约定承担。如果当事人在保证合同中对保证方式没有约定或者约定不明确的，按照一般保证承担责任。[2]

（一）一般保证

当事人在保证合同中约定，债务人不能履行债务时，由保证人承担保证责任的，为一般保证（《民法典》第687条第1款）。一般保证的保证人享有先诉抗辩权，即在主合同纠纷未经审判或者仲裁，并就债务人财产依法强制执行仍不能履行债务前，有权拒绝向债务人承担保证责任，但是有下列情形之一的除外：(1)债务人下落不明，且无财产可供执行；(2)人民法院已经受理债务人破产案件；(3)债权人有证据证明债务人的财产不足以履行全部债务或者丧失履行债务能力；(4)保证人书面表示放弃本款规定的权利。由此可见，一般保证的保证人享有先诉抗辩权，仅在主债务人的财产不足以完全清偿债权时才对不能清偿的部分承担保证责任。

（二）连带责任保证

当事人在保证合同中约定保证人和债务人对债务承担连带责任的，为连带责任保证。连带责任保证的债务人不履行到期债务或者发生当事人约定的情形时，债权人可以请求债务人履行债务，也可以请求保证人在其保证范围内承担保证责任。连带责任保证人并不享有先诉抗辩权，只要有主债务人不履行到期债务或者发生当事人约定情形的事实，债权人即可要求保证人承担保证责任。债权人请求连带责任保证人承担保证责任的，只需证明主债务人不履行到期债务或者发生当事人约定情形的事实即可，而无论债权人是否就主债务人的财产已强制执行，保证人均应依保证合同的约定承担保证责任。

四、反担保

保证人可以要求债务人提供反担保。反担保是指在商品贸易、工程承包和资金借贷等经济往来中，有时为了换取担保人提供保证、抵押或质押等担保方式而由债务人或第三人向该担保人新设担保，该新设担保相对于原担保人而言被称为反担保。反担保人可以是债务人，也可以是债务人之外的其他人。

五、最高额保证合同

最高额保证合同，是指保证人与债权人约定，就债权人与主债务人之间在一定期间内连续发生的债权，预定最高限额，由保证人承担保证责任的合同。保证人与债权人可以协商订立最高额保证的合同，约定在最高额限度内就一定期间连续的债权提供保证。

最高额保证有以下主要特点：(1)所担保的债务在保证设立时可能已经发生，也可能没有发生，最高额保证的生效与被保证的债务是否实际发生无关。(2)最高额保证所担保的债务为一定期限内连续发生的债务。(3)最高额保证约定由保证人承担保证责任的最高限额。(4)最高额保证所担保的不是多笔债务的简单累加，而是债务整体，各笔债务的清偿期限仅对债务人有意

---

[2] 就保证方式的推定规则而言，我国《民法典》第686条第2款改变了《担保法》（已失效）第19条“按照连带责任担保承担保证责任”的立场，明确了“无约定或者约定不明确时保证方式推定为一般保证”的推定规则。立法的这一变化，事实上是对之前不妥当的法律规则的一种“纠偏”，其根本原因在于《担保法》第19条的规定加重了保证人的负担，不利于优化营商环境，也不利于维护交易安全和交易秩序。参见王利明：《我国〈民法典〉保证合同新规则释评及适用要旨》，载《政治与法律》2020年第12期。

义,并不影响保证人承担保证责任。

《民法典》第 690 条第 2 款是关于最高额保证准用最高额抵押规定的新规则。在担保中,无论是最高额质押,还是最高额保证,其基本规则都与最高额抵押规则相似,因此,都准用《民法典》物权编第 420 条至第 424 条关于最高额抵押权的规定。

第二节 保证责任

一、保证范围

保证范围又称保证责任的范围、保证担保的范围、保证债务的范围,是指保证人在主债务人不履行债务或者发生当事人约定的情形时,向债权人履行保证债务的限度。保证的范围包括主债权及其利息、违约金、损害赔偿金和实现债权的费用,当事人另有约定的,按照其约定。

二、保证期间

保证期间是指保证人承担保证责任的时间限度,即保证人仅在保证期间内承担保证责任,超过该期间保证人就不再承担保证责任。因此,从保证人的角度说,保证期间是责任免除的时间条件;从债权人的角度说,保证期间是对其保证责任请求权所做的限制。保证期间直接关系到保证责任的承担与否,因而也被称为保证责任的期间。

关于保证期间的性质,理论上素有诉讼时效期间说和除斥期间说两种观点之争。我们认为,从法律规定的内容及保证期间设立的目的看,保证期间是除斥期间,而非诉讼时效期间。因为保证期间不发生中止、中断和延长,而保证合同的诉讼时效期间有中止、中断和延长制度;另外,对于保证合同的诉讼时效期间,若该期间届满而债权人不行使保证责任请求权的,其实体债权将丧失胜诉权而不再受法律的保护,而保证期间届满,债权人不行使保证责任请求权的,就会丧失该项请求权,保证人因此就可免除保证责任的承担。

债权人与保证人可以约定保证期间,但是约定的保证期间早于主债务履行期限或者与主债务履行期限同时届满的,这时保证责任还没有产生,约定无效,视为没有约定;当事人在合同中约定"直至主债务本息还清为止"等类似内容的,因无法确定"本息还清"的具体时间,故因视为约定不明确。至于约定保证期间的起算点,可由当事人任意约定,可以是在主合同债务履行期限届满前或届满后的任何一个时间点。对于保证期间没有约定或者约定不明确的,保证期间为主债务履行期限届满之日起 6 个月(《民法典》第 692 条第 2 款)。债权人与债务人对主债务履行期限没有约定或者约定不明确的,保证期间自债权人请求债务人履行债务的宽限期届满之日起计算(《民法典》第 692 条第 3 款)。

一般保证的债权人未在保证期间对债务人提起诉讼或者申请仲裁的,保证人不再承担保证责任。连带责任保证的债权人未在保证期间请求保证人承担保证责任的,保证人不再承担保证责任(《民法典》第 693 条)。上述规定的后果都是保证人不再对债权人承担保证责任,但是条件并不相同。在一般保证,债权人须在保证期间对债务人提起诉讼或者申请仲裁,否则保证人不再承担保证责任,原因在于保证人享有先诉抗辩权,债权人不在保证期间对债务人提起诉讼或者申请仲裁,不能穷尽债务人履行债务的可能,保证人当然就有权不再对债权人承担保证责任。而连带责任保证,债权人既可以向债务人主张清偿债务,也可以向保证人主张承担保证责任,因而须在保证期间向保证人主张承担保证责任,未在保证期间对保证人主张承担保证责任的(既包括未提起诉讼或者申请仲裁,也包括未直接向保证人主张),保证人都不再对债权人承担保证责任。

一般保证的债权人在保证期间届满前对债务人提起诉讼或者申请仲裁的,从保证人拒绝承担保证责任的权利消灭之日起,开始计算保证债务的诉讼时效。连带责任保证的债权人在保证期间届满前请求保证人承担保证责任的,从债权人请求保证人承担保证责任之日起,开始计算保证债务的诉讼时效(《民法典》第694条)。

三、未经保证人同意变更主合同对保证责任的影响

合同订立后,当事人协商一致,可以变更合同。主合同和保证合同是两个合同,尽管有主合同和从合同之别,但毕竟是两个独立的合同。因此,主合同变更须当事人合意,从合同即保证合同的变更亦须债权人与保证人达成合意。债权人与债务人协商变更主债权债务合同,债权人与保证人协商变更保证合同,使主、从合同的变更相一致也可以。问题是,债权人与债务人变更主债权债务合同,保证人不知情,不知道主债权债务合同的变更,则只有主债权债务合同发生变更,原则上从合同并未发生变更。对此,债权人和债务人未经保证人书面同意,协商变更主债权债务合同内容,减轻债务的,保证人仍对变更后的债务承担保证责任;加重债务的,保证人对加重的部分不承担保证责任。债权人和债务人变更主债权债务合同的履行期限,未经保证人书面同意的,保证期间不受影响。

四、债权转让未通知保证人对保证人不发生效力

保证期间内,债权人转让全部或者部分债权,保证人继续承担保证责任的前提是受通知。但保证合同约定禁止债权转让的,债权人未经保证人书面同意转让债权的,保证人对受让人不再承担责任(《民法典》第696条)。对于该规则应该从以下两个方面理解:

1. 债权人在保证期间内转让全部债权或者部分债权,实际上是在转让两个债权,一是主合同债权,二是保证合同的债权。债权人转让这两个债权,都应当符合债权转让的规则,即通知债务人后才发生转让的效力,否则转让债权不发生债权转让的效果。因此,债权人在保证期间内将主债权的全部或者部分转让给第三人,不仅要通知债务人,而且要通知保证人。在通知了保证人后,就将保证合同的保证债权也一并转移,转让债权的通知到达保证人后,保证人即成为新债权人的保证人,对受让人即新债权人承担保证责任。债权人转让主债权未通知保证人的,保证合同的保证债权就不发生转让的后果,因此,该转让主债权的行为对保证人不发生效力,保证人对受让人不承担保证责任,因为原债权人的债权已经消灭或者部分消灭,保证债权亦随之消灭或部分消灭。

2. 如果保证人与债权人在保证合同中约定禁止债权转让,债权人在保证期间内未经保证人同意而转让债权的,因债权人违反保证合同约定,保证债权没有转让,保证人就受让人即新债权人的债权不再承担保证责任。此处还需注意保证人同意的方式为书面同意。

五、债务承担与保证责任

就一般的规则而言,主合同的债务人转让债务,并不是转让保证合同的债务,对保证的利益

似乎不发生影响,因为保证人的债权人是主合同的债权人,保证合同并未发生变化,但是,保证人成为债权人的保证债务人,一般都是由于与债务人有相当的利益关系才愿意为其向债权人提供保证,债务人一旦发生变化,就会改变保证人与债务人的关系,可能对保证人发生不利的后果。因此,债权人未经保证人书面同意,允许债务人转移全部或者部分债务,保证人对未经其同意转移的债务不再承担保证责任,但债权人和保证人另有约定的除外。

第三人加入债务的,保证人的债务不受影响。这主要是因为第三人加入债务,成为债权人的共同债务人,尽管债务人的情况有所变化,但对保证人并不会产生不利影响。

六、共同保证责任

以保证人的人数为标准,保证可分为单独保证和共同保证。单独保证是指只有一个保证人担保同一债权的保证。除非另有指明,通常所说的保证是指单独保证。共同保证是指数个保证人担保同一债权的保证。具体而言,一是保证人必须二人以上,至于是自然人、法人抑或是法律认可的其他组织,在所不问;二是数个保证人担保同一债务,如果数个保证人分别保证各自的债务,彼此之间无关联,仍为单独保证,而非共同保证。在共同保证中,根据各保证人承担的保证责任的不同,分为按份共同保证和连带共同保证,按份共同保证即共同保证人之间按约定的份额承担保证责任,连带共同保证是指共同保证人彼此承担连带保证责任的保证。换言之,同一债务有两个以上保证人的,保证人应当按照保证合同约定的保证份额,承担保证责任;没有约定保证份额的,债权人可以请求任何一个保证人在其保证范围内承担保证责任。

七、保证人的求偿权与代位权

保证人一旦承担保证责任后,即享有求偿权与代位权。具体而言,保证人在承担保证责任后,除当事人另有约定外,有权在其承担保证责任的范围内向债务人追偿,享有债权人对债务人的权利,但是不得损害债权人的利益。

(一)保证人的求偿权

保证人的求偿权,又称保证人的追偿权,是指保证人承担保证责任后,可以向主债务人请求偿还的权利。保证人求偿权的产生必须具备以下条件:第一,必须是保证人已经对债权人承担了保证责任;第二,必须使主债务人对债权人因保证而免责,如果主债务人的免责不是由保证人承担保证责任的行为引起的,那么保证人就没有求偿权;第三,必须是保证人没有赠与的意思。

(二)保证人的代位权

保证人的代位权是指保证人向债权人承担保证责任后,可以取代债权人的地位向债务人行使其债权的权利。其成立的条件如下:(1)保证人向债权人承担了保证责任;(2)保证人对债务人有求偿权,这是因为代位权系确保求偿权而设,所以必须有求偿权,才有代位权。具备上述条件,保证人就可以在其承担保证责任的限度内代债权人之位行使其债权。

八、保证人对主债务人抗辩及权利的援引

保证人可以主张债务人对债权人的抗辩。债务人放弃抗辩的,保证人仍有权向债权人主张抗辩。保证债务从属于主债务,主债务人对于债权人所享有的任何抗辩,保证人均可以主张以对抗债权人的履行请求。尽管保证人主张的是主债务人的抗辩,但保证人是以自己的名义而非主

债务人或者主债务人的代理人的名义主张该项抗辩，因此，保证人的抗辩权属于其依法享有的抗辩，独立于主债务人的抗辩而发生效力。

债务人对债权人享有抵销权或者撤销权的，保证人可以在相应范围内拒绝承担保证责任。保证合同是主合同的从合同，保证人是为债务人的利益向债权人提供保证的，与主合同的债务人具有一体性，因此，债务人对债权人享有抵销权或者撤销权的，保证人享有相应的利益。同时，保证人是为债务人提供担保，保证债务人履行债务，如果债务人享有对债权人的相应的权利，行使这些权利之后，会减轻其对债权人负担的债务，当然就会减轻保证人的保证责任。基于以上原因，我国《民法典》赋予了保证人在主债务人对债权人享有抵销权或者撤销权时拒绝承担保证责任的权利。

九、保证责任的免除

保证责任的免除，是指对已经存在的保证责任基于法律的规定或者当事人的约定予以免除，保证人不承担保证责任的现象，保证责任的免除事由主要有如下几种情形：

1. 主合同当事人双方恶意串通，骗取保证人提供保证的，保证人不承担保证责任。

2. 主合同债权人采取欺诈、胁迫等手段，在保证人违背真实意思的情况下提供保证的，保证人不承担保证责任。主合同债务人采取欺诈、胁迫等手段，在保证人违背真实意思的情况下提供保证，债权人知道或者应当知道欺诈、胁迫实施的，保证人也不承担保证责任。

3. 保证期间，债权人依法将主债权转让给第三人，而保证人与债权人事先约定仅对特定债权人承担保证责任或者禁止债权转让的，保证人不再承担保证责任。

4. 保证期间，债权人许可债务人转让债务，但未经保证人书面同意的，保证人对未经其同意转让部分的债务不再承担保证责任。

5. 债权人与债务人协议变更主合同，但未经保证人同意，如果加重债务人债务的，保证人对加重的债务不再承担保证责任。

6. 一般保证人的特定免责事由。在一般保证情形下，债权人应先就主债务人财产依法强制执行以使其债权受偿，保证人具有先诉抗辩权，仅就债权人未能获偿的部分承担保证责任。但先诉抗辩权仅具延期履行的效力，其行使并不能使债权债务关系消灭。因此，保证人在一定条件下要考虑以适当的方法自救。在主合同履行期限之后，保证人发现主债务人存在可供执行的财产，并向债权人提供了真实情况。此际，如债权人积极主张权利，通过诉讼或者仲裁的方式控制主债务人的该项财产，不仅是债权人的债权在相应范围内得以实现，而且也在相应范围内减轻了保证人的保证责任。但是，如债权人放弃或者怠于行使权利，致使相应财产流失而不能强制执行，势必加重保证人的保证责任。换言之，一般保证的保证人在主债务履行期限届满后，向债权人提供债务人可供执行财产的真实情况，债权人放弃或者怠于行使权利致使该财产不能被执行的，保证人在其提供可供执行财产的价值范围内不再承担保证责任。

7. 在同一债权既有保证又有物的担保的情况下，债权人放弃物的担保时，保证人在债权人放弃权利的范围内免除保证责任。债权人在主合同履行期限届满后怠于行使担保物权，致使担保物的价值减少或者毁损、灭失的，视为债权人放弃部分或全部物的担保，保证人在债权人放弃权利的范围内减轻或者免除保证责任。同一债权既有保证又有第三人提供物的担保的，债权人可以请求保证人或者物的担保人承担责任。当事人对保证担保的范围或者物的担保的范围没有约定或者约定不明的，承担了保证责任的保证人既可以向债务人追偿，也可以要求其他担保人清偿其应承担的份额。同一债权既有保证又有物的担保的,物的担保合同被确认无效或被撤销,或者担保物因不可抗力的原因灭失而没有代位物的,保证人仍应按照合同的约定或者法律的规定承担保证责任。

8. 一般保证的债权人未在保证期间对债务人提起诉讼或者申请仲裁的,保证人不再承担保证责任。连带责任保证的债权人未在保证期间请求保证人承担保证责任的,保证人不再承担保证责任。

思考题

1. 简述一般保证与连带保证的区别。
2. 简述保证责任的免除事由。
3. 简述保证期间的计算规则。
4. 简评我国《民法典》保证合同的非合同规范。

阅读指引

关于保证期间问题的探讨

1. 孔祥俊:《保证期间再探讨》,载《法学》2001 年第 7 期。
2. 王恒:《保证期间的本体论批判》,载《河北法学》2011 年第 10 期。
3. 高圣平:《民法典上保证期间的效力及计算》,载《甘肃政法大学学报》2020 年第 5 期。
4. 包晓丽、司伟:《民法典保证期间规定理解适用中的几个问题》,载《法律适用》2021 年第 1 期。

关于混合共同担保规则的代表性研究

1. 叶名怡:《混合担保中债权人过错对保证责任之影响》,载《法商研究》2016 年第 4 期。
2. 高圣平:《混合共同担保的法律规则:裁判分歧与制度完善》,载《清华法学》2017 年第 5 期。
3. 邹海林:《我国〈民法典〉上的"混合担保规则"解释论》,载《比较法研究》2020 年第 4 期。

第十二章　技术合同

第一节　技术合同概述

导学案例

甲研究所与刘某签订了一份技术开发合同,约定由刘某为甲研究所开发一套软件。3个月后,刘某按约定交付了技术成果,甲研究所未按约定支付报酬。由于没有约定技术成果的归属,双方发生争执。

1. 刘某是否有权请求支付报酬?

2. 本案中的专利申请权人是谁?

3. 如果本案中的专利申请权人转让专利申请权,另一方有何种权利?

4. 如果本案中的专利申请权人取得专利权,另一方有何种权利?

一、技术合同的含义和特征

技术合同是当事人就技术开发、转让、许可、咨询或者服务订立的确立相互之间权利和义务的合同(《民法典》第843条)。技术合同在《民法典》合同编中被作为一类独立的典型合同,其内部又区分为技术开发合同、技术转让合同、技术许可合同、技术咨询合同和技术服务合同。订立技术合同,应当有利于知识产权的保护和科学技术的进步,促进科学技术成果的研发、转化、应用和推广。

技术合同主要具有以下特征:

1. 技术合同的标的物是技术成果。技术合同不同于其他合同的重要之处在于,其标的物不是一般的商品或劳务,而是一种特殊的商品——技术成果。技术成果是凝聚着人类智慧的创造性劳动成果。所谓技术成果,是指利用科学技术知识、信息和经验作出的涉及产品、工艺、材料及其改进等的技术方案,包括专利、专利申请、技术秘密、计算机软件、集成电路布图设计、植物新品种等。所谓技术秘密,是指不为公众所知悉、具有商业价值并经权利人采取保密措施的技术信息。

2. 技术合同的主体具有特殊性。技术合同的主体可以是自然人、法人或者非法人组织,具有民事主体资格,通常至少一方当事人必须具有技术能力。不具有民事主体资格的科研组织订立的技术合同,经法人或者非法人组织授权或者认可的,视为法人或者非法人组织订立的合同,由法人或者非法人组织承担责任;未经法人或者非法人组织授权或者认可的,由该科研组织成员共同承担责任,但法人或者非法人组织因该合同受益的,应当在其受益范围内承担相应责任。

3. 技术合同是双务、有偿的合同。在技术合同中,当事人双方互负对待给付义务,故为双务合同。技术合同当事人一方从对方取得利益的,须向对方支付相应的对价,因此技术合同为有偿合同。

4. 技术合同的法律调整具有多样性。技术合同反映着技术成果在研发、交换领域的债权关系。首先,应当遵循民法关于债及合同的一般规范以及具体规定。其次,技术合同是基于技术的开发、转让、许可、服务或咨询而产生的合同关系,故在许多方面尤其是技术成果权属方面要受知识产权法的调整。最后,技术开发需要遵循自然科学的规律,技术标准的确定亦有科学技术方面的要求,技术合同也离不开科技法。

二、技术合同的内容

(一)一般条款

技术合同的内容一般包括项目的名称,标的的内容、范围和要求,履行的计划、地点和方式,技术信息和资料的保密,技术成果的归属和收益的分配办法,验收标准和方法,名词和术语的解释等条款(《民法典》第845条第1款)。

与履行合同有关的技术背景资料、可行性论证和技术评价报告、项目任务书和计划书、技术标准、技术规范、原始设计和工艺文件,以及其他技术文档,按照当事人的约定可以作为合同的组成部分(《民法典》第845条第2款)。

技术合同涉及专利的,应当注明发明创造的名称、专利申请人和专利权人、申请日期、申请号、专利号以及专利权的有效期限(《民法典》第845条第3款)。

(二)价款、报酬或者使用费的支付方式

技术合同的价款、报酬或者使用费的支付方式多样,当事人可以自由约定。为便于当事人约定,《民法典》第846条提示性地规定了技术合同的当事人经常采用的支付方式:(1)一次总算式。具体分为一次总算、一次总付或者一次总算、分期支付。(2)提成支付式。约定提成支付的,可以按照产品价格、实施专利和使用技术秘密后新增的产值、利润或者产品销售额的一定比例提成,也可以按照约定的其他方式计算。提成支付的比例可以采取固定比例、逐年递增比例或者逐年递减比例(《民法典》第846条第2款)。约定提成支付的,当事人可以约定查阅有关会计账目的办法(《民法典》第846条第3款)。(3)提成支付附加预付入门费式。

对技术合同的价款、报酬和使用费,当事人没有约定或者约定不明确的,人民法院可以按照以下原则处理:(1)对于技术开发合同和技术转让合同,根据有关技术成果的研究开发成本、先进性、实施转化和应用的程度,当事人享有的权益和承担的责任,以及技术成果的经济效益等合理确定;(2)对于技术咨询合同和技术服务合同,根据有关咨询服务工作的技术含量、质量和数量,以及已经产生和预期产生的经济效益等合理确定。技术合同价款、报酬、使用费中包含非技术性款项的,应当分项计算。

三、技术成果及其归属和支配

《民法典》将技术成果分为职务技术成果和非职务技术成果,这一分类方式与《专利法》的有关规定是基本一致的(《专利法》第6条)。职务技术成果是执行法人或者非法人组织的工作任务,或者主要是利用法人或者非法人组织的物质技术条件所完成的技术成果。“执行法人或者非法人组织的工作任务”包括:(1)履行法人或者非法人组织的岗位职责或者承担其交付的其他

技术开发任务;(2)离职后一年内继续从事与其原所在法人或者非法人组织的岗位职责或者交付的任务有关的技术开发工作,但法律、行政法规另有规定的除外。“物质技术条件”包括资金、设备、器材、原材料、未公开的技术信息和资料等。“主要利用法人或者非法人组织的物质技术条件”包括职工在技术成果的研究开发过程中,全部或者大部分利用了法人或者非法人组织的资金、设备、器材或者原材料等物质条件,并且这些物质条件对形成该技术成果具有实质性的影响,还包括该技术成果实质性内容是在法人或者非法人组织尚未公开的技术成果、阶段性技术成果基础上完成的情形。但下列情况除外:一是对利用法人或者非法人组织提供的物质技术条件,约定返还资金或者交纳使用费的;二是在技术成果完成后利用法人或者非法人组织的物质技术条件对技术方案进行验证、测试的。

对于职务技术成果,其使用权、转让权属于法人或者非法人组织的,法人或者非法人组织可以就该项职务技术成果订立技术合同。法人或者非法人组织订立技术合同转让职务技术成果时,职务技术成果的完成人享有以同等条件优先受让的权利(《民法典》第847条第1款)。个人完成的技术成果,属于执行原所在法人或者非法人组织的工作任务,又主要利用了现所在法人或者非法人组织的物质技术条件的,应当按照该自然人原所在和现所在法人或者非法人组织达成的协议确认权益。不能达成协议的,根据对完成该项技术成果的贡献大小由双方合理分享。

对于非职务技术成果,其使用权、转让权属于完成技术成果的个人,完成技术成果的个人可以就该项非职务技术成果订立技术合同(《民法典》第848条)。完成技术的“个人”包括对技术成果单独或者共同作出创造性贡献的人,也即技术成果的发明人或者设计人。人民法院在对创造性贡献进行认定时,应当分解所涉及技术成果的实质性技术构成。提出实质性技术构成并由此实现技术方案的人,是作出创造性贡献的人。提供资金、设备、材料、试验条件,进行组织管理,协助绘制图纸、整理资料、翻译文献等人员,不属于完成技术成果的个人。

当事人以技术成果向企业出资但未明确约定权属,接受出资的企业主张该技术成果归其享有的,人民法院一般应当予以支持,但是该技术成果价值与该技术成果所占出资额比例明显不合理损害出资人利益的除外。当事人对技术成果的权属约定有比例的,视为共同所有,其权利使用和利益分配,按共有技术成果的有关规定处理,但当事人另有约定的,从其约定。当事人对技术成果的使用权约定有比例的,人民法院可以视为当事人对实施该项技术成果所获收益的分配比例,但当事人另有约定的,从其约定。

完成技术成果的个人享有在有关技术成果文件上写明自己是技术成果完成者的权利和取得荣誉证书、奖励的权利(《民法典》第849条)。

四、技术合同的效力评价

(一)无效或者可撤销的事由

除了《民法典》总则编和合同编通则关于法律行为或合同的一般无效或可撤销事由,法律根据技术合同的特性还规定了技术合同无效或可撤销的特别事由或情形。

非法垄断技术或者侵害他人技术成果的技术合同无效(《民法典》第850条)。具体可以包括下列情形:(1)限制当事人一方在合同标的技术基础上进行新的研究开发或者限制其使用所改进的技术,或者双方交换改进技术的条件不对等,包括要求一方将其自行改进的技术无偿提供给对方、非互惠性转让给对方、无偿独占或者共享该改进技术的知识产权;(2)限制当事人一方从其他来源获得与技术提供方类似技术或者与其竞争的技术;(3)阻碍当事人一方根据市场需求,按照合理方式充分实施合同标的技术,包括明显不合理地限制技术接受方实施合同标的技术生产产品或者提供服务的数量、品种、价格、销售渠道和出口市场;(4)要求技术接受方接受并非实施技术必不可少的附带条件,包括购买非必需的技术、原材料、产品、设备、服务以及接收非必需的人员等;(5)不合理地限制技术接受方购买原材料、零部件、产品或者设备等的渠道或者来源;(6)禁止技术接受方对合同标的技术知识产权的有效性提出异议或者对提出异议附加条件。

当事人一方采取欺诈手段,就其现有技术成果作为研究开发标的与他人订立委托开发合同收取研究开发费用,或者就同一研究开发课题先后与两个或者两个以上的委托人分别订立委托开发合同重复收取研究开发费用的,受损害方可以因对方的欺诈行为请求人民法院或者仲裁机构撤销合同。

(二)无效或者被撤销的后果

除了《民法典》第157条规定的民事法律行为无效或被撤销的法律后果,司法解释还针对技术合同及其无效或被撤销后果的特殊性作了特别规定。

1. 依报酬认定损失。技术合同无效或者被撤销后,技术开发合同研究开发人、技术转让合同让与人、技术许可合同许可人、技术咨询合同和技术服务合同的受托人已经履行或者部分履行了约定的义务,并且造成合同无效或者被撤销的过错在对方的,对其已履行部分应当收取的研究开发经费、技术使用费、提供咨询服务的报酬,人民法院可以认定为因对方原因导致合同无效或者被撤销给其造成的损失。

2. 成果权益归属。技术合同无效或者被撤销后,因履行合同所完成新的技术成果或者在他人技术成果基础上完成后续改进技术成果的权利归属和利益分享,当事人不能重新协议确定的,人民法院可以判决由完成技术成果的一方享有。

3. 取得人的权利义务。侵害他人技术秘密的技术合同被确认无效后,除法律、行政法规另有规定的以外,善意取得该技术秘密的一方当事人可以在其取得时的范围内继续使用该技术秘密,但应当向权利人支付合理的使用费并承担保密义务。可以继续使用技术秘密的人与权利人就使用费支付发生纠纷的,当事人任何一方都可以请求人民法院予以处理。继续使用技术秘密但又拒不支付使用费的,人民法院可以根据权利人的请求判令使用人停止使用。

人民法院在确定使用费时,可以根据权利人通常对外许可该技术秘密的使用费或者使用人取得该技术秘密所支付的使用费,并考虑该技术秘密的研究开发成本、成果转化和应用程度以及使用人的使用规模、经济效益等因素合理确定。无论使用人是否继续使用技术秘密,人民法院均应当判令其向权利人支付已使用期间的使用费。使用人已向无效合同的让与人或者许可人支付的使用费应当由让与人或者许可人负责返还。

当事人双方恶意串通或者一方知道或应当知道另一方侵权仍与其订立或者履行合同的,属于共同侵权,人民法院应当判令侵权人承担连带赔偿责任和保密义务,因此取得技术秘密的当事人不得继续使用该技术秘密。

第二节 技术开发合同

一、技术开发合同概述

(一)技术开发合同的概念、特征和分类

技术开发合同是当事人之间就新技术、新产品、新工艺、新品种或者新材料及其系统的研究开发所订立的合同(《民法典》第851条第1款)。[1]"新技术、新产品、新工艺、新品种或者新材料及其系统"包括当事人在订立技术合同时尚未掌握的产品、工艺、品种、材料及其系统等技术方案,但对技术上没有创新的现有产品的改型、工艺变更、现有产品的品种更新、材料配方调整以及对技术成果的验证、测试和使用除外。

技术开发合同应当采用书面形式(《民法典》第851条第3款),故为要式合同。技术开发合同的当事人双方互负对待给付义务,故为双务、有偿的合同。技术开发合同自双方当事人意思表示一致时起即可成立,并不以一方当事人义务的实际履行作为合同的成立要件,故为诺成合同。

技术开发合同包括委托开发合同和合作开发合同(《民法典》第851条第2款)。此外,当事人之间就具有实用价值的科技成果实施转化订立的技术转化合同,参照适用技术开发合同的有关规定(《民法典》第851条第4款),故可称为"准技术开发合同"。所谓技术转化合同,是指当事人之间就具有实用价值但尚未实现工业化应用的科技成果包括阶段性技术成果,以实现该科技成果工业化应用为目标,约定后续试验、开发和应用等内容的合同(《关于审理技术合同纠纷案件适用法律若干问题的解释》第18条)。

制度比较 委托开发合同 vs. 合作开发合同

委托开发合同与合作开发合同的区别在于:

1. 合同的种类不同。委托开发合同属于传统民法上所说的"契约",合作开发合同则属于"共同行为",由此导致其他的差别。

2. 进行研究开发的方式不同。委托开发合同采取委托人投资、研究开发人研究开发的方式,合作开发合同则采取当事人共同研究开发的方式。因此,合作开发合同大多产生于专门从事研究开发工作的科研单位(如研究所、高等院校等)之间,个别情况下成立于研究所、高等院校与具有研究机构的大公司之间;委托开发合同通常发生在生产部门与科研单位之间。

3. 研究开发成果分享的原则不同。委托开发完成的发明创造,除法律另有规定或者当事人另有约定外,申请专利的权利属于研究开发人。研究开发人取得专利权的,委托人可以依法实施该专利。研究开发人转让专利申请权的,委托人享有以同等条件优先受让的权利(《民法典》第859条)。合作开发完成的发明创造,申请专利的权利属于合作开发的当事人共有;当事人一方转让其共有的专利申请权的,其他各方享有以同等条件优先受让的权利。但是,当事人另有约定的除外。合作开发的当事人一方声明放弃其共有的专利申请权的,除当事人另有约

[1] 典型案例参见"钦州锐丰钒钛铁科技有限公司与北京航空航天大学技术合同纠纷上诉案",最高人民法院(2015)民三终字第8号民事判决书。

定外,可以由另一方单独申请或者由其他各方共同申请。申请人取得专利权的,放弃专利申请权的一方可以免费实施该专利。合作开发的当事人一方不同意申请专利的,另一方或者其他各方不得申请专利(《民法典》第860条)。

(二)技术秘密成果的使用权、转让权以及利益的分配办法

委托开发或者合作开发完成的技术秘密成果的使用权、转让权以及收益的分配办法由当事人约定;没有约定或者约定不明确,依据补充协议、合同相关条款或者交易习惯仍不能确定的,在没有相同技术方案被授予专利权前,当事人均有使用和转让的权利。但是,委托开发的研究开发人不得在向委托人交付研究开发成果之前,将研究开发成果转让给第三人。"当事人均有使用和转让的权利"包括当事人均有不经对方同意而自己使用或者以普通使用许可的方式许可他人使用技术秘密,并独占由此所获利益的权利。当事人一方将技术秘密成果的转让权让与他人,或者以独占或者排他使用许可的方式许可他人使用技术秘密,未经对方当事人同意或者追认的,应当认定该让与或者许可行为无效。

技术开发合同当事人依照《民法典》的规定或者约定自行实施专利或使用技术秘密,但因其不具备独立实施专利或者使用技术秘密的条件,以一个普通许可方式许可他人实施或者使用的,可以准许。

二、委托开发合同

(一)委托开发合同概述

委托开发合同,是指当事人一方委托另一方进行研究开发所订立的合同,即委托人向研究开发人提供研究开发经费和报酬,研究开发人完成研究开发工作并向委托人交付研究成果。技术开发合同当事人一方仅提供资金、设备、材料等物质条件或者承担辅助协作事项,另一方进行研究开发工作的,属于委托开发合同。委托开发合同的特征是研究开发人以自己的名义、技术和劳务独立完成研究开发工作,委托人不得非法干涉。

(二)委托开发合同的效力

1. 对委托人的效力

委托开发合同的委托人应当按照约定支付研究开发经费和报酬,提供技术资料,提出研究开发要求,完成协作事项,接受研究开发成果(《民法典》第852条)。具体而言,委托开发合同的委托人负有以下义务:(1)按照约定支付研究开发经费和报酬的义务。这是委托人在委托开发合同下的主要义务。(2)提供技术资料的义务。例如,为了制作教学软件,需要委托人事先提供教学内容、图片等。(3)提出研究开发要求的义务。委托开发合同的委托人应当明确具体地提出研究开发要求,该研究开发要求要有可操作性。(4)完成协作事项的义务。(5)接受研究开发成果的义务,即受领义务。

委托人违反约定造成研究开发工作停滞、延误或者失败的,应当承担违约责任(《民法典》第854条)。

2. 对研究开发人的效力

委托开发合同的研究开发人应当按照约定制定和实施研究开发计划,合理使用研究开发经费,按期完成研究开发工作,交付研究开发成果,提供有关的技术资料和必要的技术指导,帮助委托人掌握研究开发成果(《民法典》第853条)。具体而言,委托开发合同的研究开发人负有以下

义务:(1)研究开发“新技术、新产品、新工艺、新品种或者新材料及其系统”的义务(《民法典》第851条第1款)。这是研究开发人在委托开发合同下的主要义务,具体包括按照约定制定和实施研究开发计划、按期完成研究开发工作并交付研究开发成果。(2)合理使用研究开发经费的义务。所谓合理使用,包括专款专用、落到实处、杜绝浪费、分项合理等内容。(3)后续义务。研究开发人交付开发成果时还应当提供有关的技术资料和必要的技术指导,帮助委托人掌握研究开发成果。

研究开发人违反约定造成研究开发工作停滞、延误或者失败的,应当承担违约责任(《民法典》第854条)。

3. 专利申请权的归属与转让

委托开发完成的发明创造,除法律另有规定或者当事人另有约定外,申请专利的权利属于研究开发人。研究开发人取得专利权的,委托人可以依法实施该专利。研究开发人转让专利申请权的,委托人享有以同等条件优先受让的权利(《民法典》第859条)。[2]

三、合作开发合同

(一)合作开发合同概述

合作开发合同,是指当事人各方就共同进行研究开发所订立的合同,即当事人各方共同投资、共同参与研究开发活动、共同承担研究开发风险、共享研究开发成果。合作开发合同的各方以共同参加研究开发中的工作为前提,既可以共同进行全部研究开发工作,也可以约定分工,分别承担相应的部分。

(二)合作开发合同的效力

1. 当事人的义务

合作开发合同的当事人应当按照约定进行投资,包括以技术进行投资,分工参与研究开发工作,协作配合研究开发工作(《民法典》第855条)。具体而言,合作开发合同的当事人负有以下义务:(1)投资义务。当事人应当按照约定进行投资,包括以技术进行投资。(2)研发义务。当事人应当分工参与研究开发工作。所谓“分工参与研究开发工作”,包括当事人按照约定的计划和分工,共同或者分别承担设计、工艺、试验、试制等工作。(3)协作配合义务。当事人应当协作配合研究开发工作。例如,《民法典》规定了当事人防止损失扩大的义务。技术开发合同履行过程中,因出现无法克服的技术困难,可能致使研究开发失败或者部分失败时,当事人应当及时通知另一方并采取适当措施减少损失;没有及时通知并采取适当措施,致使损失扩大的,应当就扩大的损失承担责任。

合作开发合同的当事人违反约定造成研究开发工作停滞、延误或者失败的,应当承担违约责任(《民法典》第856条)。

2. 专利申请权的归属、转让、放弃与反对

合作开发完成的发明创造,申请专利的权利属于合作开发的当事人共有;当事人一方转让其共有的专利申请权的,其他各方享有以同等条件优先受让的权利。但是,当事人另有约定的除

---

〔2〕 典型案例参见“辰辰帮帮(北京)科技有限公司与深圳市祈飞科技有限公司技术委托开发合同纠纷案”,北京知识产权法院(2018)京73民初300号民事判决书。

外。合作开发的当事人一方声明放弃其共有的专利申请权的,除当事人另有约定外,可以由另一方单独申请或者由其他各方共同申请。申请人取得专利权的,放弃专利申请权的一方可以免费实施该专利。合作开发的当事人一方不同意申请专利的,另一方或者其他各方不得申请专利(《民法典》第860条)。

(三)合作开发合同的解除与风险负担

《民法典》合同编第七章合同的权利义务终止中对合同解除作了较为详细具体的规定。根据技术开发合同的特点,《民法典》第857条又规定了技术开发合同可以解除的另一种情形,即作为技术开发合同标的的技术已经由他人公开,致使履行技术开发合同没有意义,当事人可以解除合同。

技术开发合同中的风险,是指因不可归责于双方当事人的原因(如出现无法克服的技术困难,或法律禁止继续研究开发等)而研究开发失败,由此所产生的损失。风险负担,即指上述损失应由哪一方当事人承受的问题。对此,《民法典》首先尊重当事人的约定;其次,当事人没有约定或约定不明确的,依照补充协议、合同相关条款或者交易习惯确定;最后,仍不能确定的,风险由当事人合理分担(《民法典》第858条第1款)。

第三节　技术转让合同和技术许可合同

一、技术转让合同和技术许可合同概述

(一)技术转让合同和技术许可合同的概念和特征

技术转让合同是合法拥有技术的权利人将现有特定的专利、专利申请、技术秘密的相关权利让与他人所订立的合同。技术转让合同包括专利权转让、专利申请权转让、技术秘密转让等合同。

技术许可合同是合法拥有技术的权利人将现有特定的专利、技术秘密的相关权利许可他人实施、使用所订立的合同。技术许可合同包括专利实施许可、技术秘密使用许可等合同。

技术转让合同和技术许可合同中关于提供实施技术的专用设备、原材料或者提供有关的技术咨询、技术服务的约定,属于合同的组成部分。当事人以技术入股方式订立联营合同,但技术入股人不参与联营体的经营管理,并且以保底条款形式约定联营体或者联营对方支付其技术价款或者使用费的,视为技术转让合同。

技术转让合同和技术许可合同应当采用书面形式,故为要式合同。技术转让合同的受让人和技术许可合同的被许可人应当按照约定支付使用费,故为双务、有偿合同。

集成电路布图设计专有权、植物新品种权、计算机软件著作权等其他知识产权的转让和许可,参照适用技术转让合同和技术许可合同的有关规定(《民法典》第876条)。法律、行政法规对技术进出口合同或者专利、专利申请合同另有规定的,依照其规定。

(二)权利范围

技术转让合同和技术许可合同可以约定实施专利或者使用技术秘密的范围,但是不得限制技术竞争和技术发展。所谓"实施专利或者使用技术秘密的范围",包括实施专利或者使用技术秘密的期限、地域、方式以及接触技术秘密的人员等。当事人对实施专利或者使用技术秘密的期

限没有约定或者约定不明确的，受让人实施专利或者使用技术秘密不受期限限制。

(三)后续改进技术成果的归属

当事人可以按照互利的原则，在合同中约定实施专利、使用技术秘密后续改进的技术成果的分享办法；没有约定或者约定不明确，依据补充协议、合同相关条款或者交易习惯仍不能确定的，一方后续改进的技术成果，其他各方无权分享。所谓后续改进，是指在技术转让合同的有效期内，一方或双方对作为合同标的物的专利或技术秘密所做的革新和改良。

实例解析

某工厂与某研究所订立了一份节能灯具技术转让合同，合同未约定后续技术成果的分享办法。1年后，该研究所对原有技术进行改造，研制出高效节能灯具。对于该项技术，某工厂享有何种权利？

分析：本案例涉及技术转让合同中后续成果的权利义务归属问题。依《民法典》第875条的规定，当事人对后续改进的技术成果的分享办法没有约定，又未达成补充协议的，后续改进的技术成果归取得方所有，其他各方无权分享。因此，本案例中，某工厂对该项技术无任何权利。

二、技术转让合同和技术许可合同的一般效力

(一)对让与人和许可人的一般效力

技术转让合同的让与人和技术许可合同的许可人主要负有以下义务：

1. 按照约定许可技术的义务。许可人未按照约定许可技术的，应当返还部分或者全部使用费，并应当承担违约责任。让与人参照适用该规定(《民法典》第872条)。

2. 瑕疵担保义务。技术转让合同的让与人和技术许可合同的许可人应当保证自己是所提供的技术的合法拥有者，并保证所提供的技术完整、无误、有效，能够达到约定的目标(《民法典》第870条)。[3]

3. 不超越范围使用的义务。许可人实施专利或者使用技术秘密超越约定的范围的，违反约定擅自许可第三人实施该项专利或者使用该项技术秘密的，应当停止违约行为，承担违约责任。让与人参照适用该规定(《民法典》第872条)。

4. 保密义务。许可人违反约定的保密义务的，应当承担违约责任。让与人参照适用该规定(《民法典》第872条)。

(二)对受让人和被许可人的一般效力

技术转让合同的受让人和技术许可合同的被许可人主要负有以下义务：

1. 按照约定支付使用费的义务。被许可人未按照约定支付使用费的，应当补交使用费并按照约定支付违约金；不补交使用费或者支付违约金的，应当停止实施专利或者使用技术秘密，交还技术资料，承担违约责任。受让人参照适用该规定。

---

〔3〕 典型案例参见“汾州裕源土特产品有限公司与陕西天宝大豆食品技术研究所技术合同纠纷再审案”，最高人民法院(2016)最高法民再251号民事判决书。

2. 不超越范围使用的义务。被许可人实施专利或者使用技术秘密超越约定的范围的,未经许可人同意擅自许可第三人实施该专利或者使用该技术秘密的,应当停止违约行为,承担违约责任。受让人参照适用该规定。

3. 保密义务。技术转让合同的受让人和技术许可合同的被许可人应当按照约定的范围和期限,对让与人、许可人提供的技术中尚未公开的秘密部分,承担保密义务。被许可人违反约定的保密义务的,应当承担违约责任。受让人参照适用该规定(《民法典》第 873 条)。

受让人或者被许可人按照约定实施专利、使用技术秘密侵害他人合法权益的,由让与人或者许可人承担责任,但是当事人另有约定的除外。

三、特殊的技术转让合同和技术许可合同

(一)专利实施许可合同

专利实施许可合同是以许可特定主体实施专利而签订的合同,其当事人分别称为让与人和受让人。让与人通常是专利权人,但也可以是经专利权人授权的人。

专利实施许可合同仅在该专利权的存续期限内有效。专利权有效期限届满或者专利权被宣告无效的,专利权人不得就该专利与他人订立专利实施许可合同(《民法典》第 865 条)。[4]

1. 许可方式

专利实施许可包括以下方式:(1)独占实施许可,是指让与人在约定许可实施专利的范围内,将该专利仅许可一个受让人实施,让与人依约定不得实施该专利;(2)排他实施许可,是指让与人在约定许可实施专利的范围内,将该专利仅许可一个受让人实施,但让与人依约定可以自行实施该专利;(3)普通实施许可,是指让与人在约定许可实施专利的范围内许可他人实施该专利,并且可以自行实施该专利。

当事人对专利实施许可方式没有约定或者约定不明确的,认定为普通实施许可。专利实施许可合同约定受让人可以再许可他人实施专利的,认定该再许可为普通实施许可,但当事人另有约定的除外。

2. 专利实施许可合同的效力

专利实施许可合同的许可人应当按照约定许可被许可人实施专利,交付实施专利有关的技术资料,提供必要的技术指导(《民法典》第 866 条)。专利实施许可合同让与人负有在合同有效期内维持专利权有效的义务,包括依法缴纳专利年费和积极应对他人提出宣告专利权无效的请求,但当事人另有约定的除外。排他实施许可合同让与人不具备独立实施其专利的条件,以一个普通许可的方式许可他人实施专利的,人民法院可以认定为让与人自己实施专利,但当事人另有约定的除外。

专利实施许可合同的被许可人应当按照约定实施专利,不得许可约定以外的第三人实施该专利,并按照约定支付使用费(《民法典》第 867 条)。

(二)技术秘密转让合同

技术秘密转让合同是以转让技术秘密为目的而签订的合同。所谓"技术秘密",是指不为公

---

〔4〕 典型案例参见"王兴华、王振中、吕文富、梅明宇与黑龙江无线电一厂专利实施许可合同纠纷案",最高人民法院(2006)民三提字第 2 号民事判决书。

众所知悉、具有商业价值并经权利人采取保密措施的技术信息

技术秘密转让合同作为一种许可型合同,本身具有继续性特点,在合同存续期间,技术的让与人(许可人)可能会申请专利,随着进程的展开,原来的合同不应终结,而应依其合同目的而相应地转换类型。因而司法解释规定:当事人之间就申请专利的技术成果所订立的许可使用合同,专利申请公开以前,适用技术秘密转让合同的有关规定;发明专利申请公开以后、授权以前,参照适用专利实施许可合同的有关规定;授权以后,原合同即为专利实施许可合同,适用专利实施许可合同的有关规定。

也可能存在当事人"提前进入状态"的情形,即在尚未获得专利的情况下便签订专利使用许可合同。人民法院不得以当事人就已经申请专利但尚未授权的技术订立专利实施许可合同为由,认定合同无效。如果当事人申请专利未获批准,上述合同亦应自动转换为技术秘密转让合同。

技术秘密转让合同的让与人和技术秘密使用许可合同的许可人应当按照约定提供技术资料,进行技术指导,保证技术的实用性、可靠性,承担保密义务。该保密义务不限制许可人申请专利,但是当事人另有约定的除外。

技术秘密转让合同的受让人和技术秘密使用许可合同的被许可人应当按照约定使用技术,支付转让费、使用费,承担保密义务(《民法典》第869条)。

第四节　技术咨询合同和技术服务合同

一、技术咨询合同

(一)技术咨询合同概述

技术咨询合同是当事人一方以技术知识为对方就特定技术项目提供可行性论证、技术预测、专题技术调查、分析评价报告等所订立的合同。所谓"特定技术项目",包括有关科学技术与经济社会协调发展的软科学研究项目,促进科技进步和管理现代化、提高经济效益和社会效益等运用科学知识和技术手段进行调查、分析、论证、评价、预测的专业性技术项目。

(二)技术咨询合同的效力

1. 对委托人的效力

技术咨询合同的委托人应当按照约定阐明咨询的问题,提供技术背景材料及有关技术资料,接受受托人的工作成果,支付报酬(《民法典》第879条)。具体而言,技术咨询合同的委托人负有以下义务:(1)支付报酬的义务。这是委托人的主要义务。(2)协助义务。委托人应当按照约定阐明咨询的问题,提供技术背景材料及有关技术资料。技术咨询合同的委托人未按照约定提供必要的资料,影响工作进度和质量,不接受或者逾期接受工作成果的,支付的报酬不得追回,未支付的报酬应当支付(《民法典》第881条第1款)。技术咨询合同受托人发现委托人提供的资料等有明显错误或者缺陷,未在合理期限内通知委托人的,视为其对委托人提供的技术资料等予以认可。委托人在接到受托人的补正通知后未在合理期限内答复并予补正的,发生的损失由委托人承担。(3)接受工作成果的义务。

2. 对受托人的效力

技术咨询合同的受托人负有以下义务:(1)技术咨询合同的受托人应当按照约定的期限完

成咨询报告或者解答问题,提出的咨询报告应当达到约定的要求。技术咨询合同的受托人未按期提出咨询报告或者提出的咨询报告不符合约定的,应当承担减收或者免收报酬等违约责任。(2)负担费用的义务。技术咨询合同对受托人正常开展工作所需费用的负担没有约定或者约定不明确的,由受托人负担。

技术咨询合同的当事人并无一般性的法定保密义务。当事人对技术咨询合同委托人提供的技术资料和数据或者受托人提出的咨询报告和意见未约定保密义务,当事人一方引用、发表或者向第三人提供的,不认定为违约行为,但侵害对方当事人对此享有的合法权益的,应当依法承担民事责任。

3. 风险负担

技术咨询合同的委托人按照受托人符合约定要求的咨询报告和意见作出决策所造成的损失,由委托人承担,但是当事人另有约定的除外(《民法典》第 881 条第 3 款)。

4. 新的技术成果的归属

技术咨询合同履行过程中,受托人利用委托人提供的技术资料和工作条件完成的新的技术成果,属于受托人。委托人利用受托人的工作成果完成的新的技术成果,属于委托人。当事人另有约定的,按照其约定(《民法典》第 885 条)。

二、技术服务合同

(一)技术服务合同概述

技术服务合同是当事人一方以技术知识为对方解决特定技术问题所订立的合同,不包括承揽合同和建设工程合同。所谓"特定技术问题",包括需要运用专业技术知识、经验和信息解决的有关改进产品结构、改良工艺流程、提高产品质量、降低产品成本、节约资源能耗、保护资源环境、实现安全操作、提高经济效益和社会效益等专业技术问题。

当事人一方以技术转让的名义提供已进入公有领域的技术,或者在技术转让合同履行过程中合同标的技术进入公有领域,但是技术提供方进行技术指导、传授技术知识,为对方解决特定技术问题符合约定条件的,按照技术服务合同处理,约定的技术转让费可以视为提供技术服务的报酬和费用,但是法律、行政法规另有规定的除外。技术转让费视为提供技术服务的报酬和费用明显不合理的,人民法院可以根据当事人的请求合理确定。

(二)技术服务合同的效力

1. 对委托人的效力

技术服务合同的委托人应当按照约定提供工作条件,完成配合事项,接受工作成果并支付报酬。技术服务合同的委托人不履行合同义务或者履行合同义务不符合约定,影响工作进度和质量,不接受或者逾期接受工作成果的,支付的报酬不得追回,未支付的报酬应当支付。

技术服务合同受托人发现委托人提供的资料、数据、样品、材料、场地等工作条件不符合约定,未在合理期限内通知委托人的,视为其对委托人提供的工作条件予以认可。委托人在接到受托人的补正通知后未在合理期限内答复并予补正的,发生的损失由委托人承担。

2. 对受托人的效力

技术服务合同的受托人应当按照约定完成服务项目,解决技术问题,保证工作质量,并传授解决技术问题的知识。技术服务合同的受托人未按照约定完成服务工作的,应当承担免收报酬等违约责任。

技术服务合同对受托人正常开展工作所需费用的负担没有约定或者约定不明确的，由受托人负担（《民法典》第886条）。[5]

3. 新的技术成果的归属

技术服务合同履行过程中，受托人利用委托人提供的技术资料和工作条件完成的新的技术成果，属于受托人。委托人利用受托人的工作成果完成的新的技术成果，属于委托人。当事人另有约定的，按照其约定（《民法典》第885条）。

（三）技术中介合同与技术培训合同的法律适用

技术中介合同，是指当事人一方以知识、技术、经验和信息为另一方与第三人订立技术合同进行联系、介绍以及对履行合同提供专门服务所订立的合同。技术培训合同，是指当事人一方委托另一方对指定的学员进行特定项目的专业技术训练和技术指导所订立的合同，不包括职业培训、文化学习和按照行业、法人或者其他组织的计划进行的职工业余教育。

技术中介合同和技术培训合同属于技术服务合同的两个具体类别。法律、行政法规对技术中介合同、技术培训合同另有规定的，依照其规定（《民法典》第887条）。没有规定的，当然可以适用技术服务合同的一般规定。

思考题

1. 简述技术合同的法律特征。
2. 简述委托开发合同与合作开发合同的区别。
3. 简述技术开发合同中技术成果的法律归属。
4. 简述技术开发合同中当事人的法律义务。

阅读指引

关于技术合同章与知识产权法的协调探讨

1. 谢晓尧、曾凤辰：《技术合同的兴起与退隐——一个知识产权现象的地方性知识》，载《知识产权》2014年第3期。
2. 崔建远：《技术合同的立法论》，载《广东社会科学》2018年第1期。
3. 徐卓斌：《技术合同制度的演进路径与司法理念》，载《法律适用》2020年第9期。
4. 刘强：《〈民法典〉技术合同章商事化变革研究——兼评知识产权法的相关影响》，载《湖南大学学报（社会科学版）》2021年第4期。

[5] 典型案例参见“广东新信通信息系统服务有限公司与云浮信微科技有限公司技术服务合同纠纷案”，广州知识产权法院（2015）粤知法著民初字第91号民事判决书。

第十三章　提供服务的合同

第一节　保 理 合 同

导学案例

2014 年 3 月 4 日，四海保理公司与同创公司签署《商业保理合同》，约定同创公司将其对聚华公司的应收账款 500 万元转让给四海保理公司，并约定该保理为有追索权的保理。四海保理公司于同日给予同创公司 300 万元保理融资。双方未将债权转让事宜通知聚华公司，聚华公司不知该债权已转让。2015 年 4 月 5 日，同创公司与聚华公司商议二者对外谎称同创公司对聚华公司享有应收账款 1000 万元。同日，同创公司与隆成保理公司签订《商业保理合同》，将该 1000 万元应收账款转让给隆成保理公司，并立即通知聚华公司，聚华公司未表示异议。2015 年 6 月 7 日，聚华公司经隆成保理公司同意，将债务转由三江公司承担，同时聚华公司提供写字楼 1 栋作为抵押并办理抵押登记，三江公司委托杨某提供保证，但未约定保证方式。2018 年 1 月 5 日，聚华公司因资金周转问题，欲将已抵押的写字楼出售给戴某，隆成保理公司得知后，坚决反对。

1. 如四海保理公司向聚华公司追回应收账款 500 万元，其是否应当向同创公司返还差额？

2. 在三江公司承担债务前，聚华公司可否以 1000 万元债权中存在虚构的 500 万元债权而主张仅承担 500 万元的债务？

3. 如四海保理公司与隆成保理公司同时向聚华公司主张债权，聚华公司应向谁清偿？

4. 杨某的保证方式为何？

5. 在隆成保理公司坚决反对的情况下，聚华公司能否将写字楼卖予戴某？

一、保理合同的含义和特征

保理合同是应收账款债权人将现有的或者将有的应收账款转让给保理人，保理人提供资金融通、应收账款管理或者催收、应收账款债务人付款担保等服务的合同（《民法典》第 761 条）。保理业务作为企业融资的一种手段，在权利义务设置、对外效力等方面具有典型性。《民法典》新增保理合同作为一种典型合同，对保理合同作出明确规定，提供清晰的交易规则和裁判规则，一方面针对保理合同的特殊问题予以规定，另一方面补充债权转让的一般性规则。这有利于促进保理业务的发展，缓解中小企业融资难、融资贵的问题，也有利于对保理业务进行规范，规制保理业务当前出现的一些问题，使保理业务能够健康地、有序地发展，进而促进我国实体经济发展。

保理合同主要具有以下特征：

1. 保理法律关系的核心要素是应收账款的转让。保理业务涉及两个合同关系、三方当事人：

两个合同关系是指债权转让关系以及融资借款等基础交易合同关系，三方当事人则是指保理人、应收账款债权人和应收账款债务人。债权人与债务人之间的基础交易合同是成立保理的前提，而债权人与保理商之间的应收账款债权转让则是保理关系的核心。根据《民法典》对于保理合同的定义，应收账款债权的转让是保理合同必须具备的要素，没有应收账款的转让就不能构成保理合同。所谓应收账款，是指权利人因提供一定的货物、服务或设施而获得的要求债务人付款的权利以及依法享有的其他付款请求权。保理合同下可转让的应收账款，既包括现有的应收账款，亦包括将有的应收账款，这与可出质的应收账款范围是一致的（《民法典》第440条第6项）。

正是因为应收账款的转让是保理必须具备的要素，而应收账款是债权的一种，应收账款债权转让属于债权转让，因此，在《民法典》"保理合同"一章没有特别规定的情形中，应当适用《民法典》合同编第六章关于债权转让的一般规定（《民法典》第769条）。

2. 保理合同的客体是保理人的劳务或服务。无应收账款转让的，不构成保理合同，但是，仅仅只是应收账款转让的，也同样不构成保理合同。保理人还应当向应收账款的债权人提供资金融通、应收账款管理或者催收、应收账款债务人付款担保等服务，这同样是保理合同必须具备的要素。资金融通，是指保理人应债权人的申请，在债权人将应收账款转让给保理人后，为债权人提供融通资金，包括贷款和应收账款转让预付款。应收账款催收，是指保理人根据应收账款账期，主动或应债权人要求，采取电话、函件、上门等方式直至运用法律手段等对债务人进行催收。应收账款管理，又称为销售分户账管理，是指保理人根据债权人的要求，定期或不定期向其提供关于应收账款的回收情况、逾期账款情况、对账单等财务和统计报表，协助其进行应收账款管理。付款担保，是指保理人与债权人签订保理合同后，为债务人核定信用额度，并在核准额度内，对债权人无商业纠纷的应收账款提供约定的付款担保。除了这些服务之外，保理合同中，保理人提供的服务通常还包括资信调查与评估、信用风险控制等其他可认定为保理性质的金融服务。当然，保理人并非必须提供上述所有服务，一般来说，其提供其中一项即可。

保理合同的本质体现为债权让与和以上任一偶素的组合，各项偶素在现行法上均有相对应的典型合同。《民法典》中关于保理合同的具体规定的重点是债权转让一般规则的补充，而对于保理所涉及的资金融通、应收账款管理和催收、付款担保等金融服务，则应参照适用《民法典》中对应的或者类似的合同类型。

3. 保理合同是双务、有偿、诺成、要式合同。保理人有义务为债权人提供资金融通、付款担保等保理服务，债权人有义务向保理人支付报酬，双方互付对待给付义务，故保理合同属于双务、有偿合同。保理合同只需当事人意思表示达成一致即可成立，无须特定物的交付或特定行为的履行，故为诺成合同。保理合同应当采用书面形式（《民法典》第762条第2款），故为要式合同。

二、保理合同的内容与类型

（一）保理合同的内容

保理合同的内容一般包括业务类型、服务范围、服务期限、基础交易合同情况、应收账款信息、保理融资款或者服务报酬及其支付方式等条款（《民法典》第762条第1款）。当然，以上内容仅为倡导性规定，保理人和应收账款债权人可以根据需求对保理合同的内容进行具体约定。从实践中的情况来看，除以上内容外，保理合同通常还会约定担保（如回购条款和抵押、质押、保证条款等）、违约责任、争议解决等内容。

(二)保理合同类型

1. 有追索权的保理和无追索权的保理

按照保理人在债务人破产、无理拖欠或无法偿付应收账款时,是否可以向债权人反转让应收账款或者要求债权人回购应收账款、归还融资,保理可以区分为有追索权保理和无追索权保理。该分类是保理业务的基础性分类。有追索权保理,又称为回购型保理,是指保理人不承担为债务人核定信用额度和提供坏账担保的义务,仅提供包括融资在内的其他金融服务,在应收账款到期无法从债务人处收回时,保理人可以向债权人反转让应收账款,或者要求债权人回购应收账款、归还融资。换言之,当事人约定有追索权保理的,保理人可以向应收账款债权人主张返还保理融资款本息或者回购应收账款债权,也可以向应收账款债务人主张应收账款债权。保理人向应收账款债务人主张应收账款债权,在扣除保理融资款本息和相关费用后有剩余的,剩余部分应当返还给应收账款债权人。无追索权保理,又称为买断型保理,指保理人根据债权人提供的债务人核准信用额度,在信用额度内承购债权人对债务人的应收账款并提供坏账担保责任,债务人因发生信用风险未按基础合同约定按时足额支付应收账款时,保理人不能向债权人追索。换言之,当事人约定无追索权保理的,保理人应当向应收账款债务人主张应收账款债权,保理人取得超过保理融资款本息和相关费用的部分,无须向应收账款债权人返还。

2. 公开型保理和隐蔽型保理

按照是否将应收账款转让的事实通知债务人,保理可分为公开型保理和隐蔽型保理。公开型保理,又称明保理,是指将应收账款转让的事实通知债务人,通知方式包括但不限于向债务人提交规定格式的通知书、在发票上加注规定格式的转让条款。隐蔽型保理,又称暗保理,是指保理合同签订后的一定时期内,都未将应收账款转让事实通知债务人,仅在约定期限届满或者约定事由出现后,保理人可将应收账款转让事实通知债务人。在暗保理的情形中,即使保理人已预付融资款,正常情况仍由债权人或以债权人名义继续收取债权,融资款项仅在债权人与保理商之间清算,由债权人将相关付款转付保理人,另以保理人控制收款账户等方式确保保理人对应收账款收益的控制,以对债权人设定违约责任等方式阻遏债权人另行收取债权。暗保理固然存在债务人另行向债权人给付的风险,但同时具有便于应收账款管理与催收、利于维系债权人与债务人的合作关系等优势,故在实践中常有应用。

由于《民法典》第 546 条第 1 款并未规定债权转让必须通知债务人,而仅规定了转让通知对债务人的效力,即未通知债务人的,债权转让对债务人不发生效力,但债权让与本身的效力并不受影响,因此该规定不妨碍暗保理的开展。

3. 商业保理和银行保理

按照保理人的身份不同,保理可分为商业保理和银行保理。由中华人民共和国境内依法设立的商业银行开展的保理业务,称为银行保理;除此之外的主体开展的保理业务称为商业保理。银行保理和商业保理是我国实务中常见的一种分类,这涉及设立主体、行业准入和监管要求上的差异,但二者在交易结构上并无不同,所涉及的保理合同是相同的,均适用《民法典》关于保理合同的规定。

4. 其他类型

按照基础交易的性质和债权人、债务人所在地,保理可分为国际保理和国内保理。债权人和债务人均在境内的,称为国内保理;债权人和债务人中至少有一方在境外的,称为国际保理。国际保理涉及准据法的选择,但如果当事人选择中国法作为准据法,相关实体法应无区别。

按照保理人的数量,保理可分为单保理、双保理以及共同保理或者联合保理。双保理涉及两个保理合同,共同保理涉及《民法典》第517条以下条文规定的多数人之债。

按照保理人所提供服务内容的不同,保理分为融资保理和非融资保理。融资保理,是指保理商提供应收账款融资的保理业务,又基于保理商融资款的支付期限分为到期保理和预付保理;非融资保理,是指保理商不向债权人提供应收账款融资,仅提供应收账款管理或者催收、付款保证等服务。这涉及当事人无约定时应参照适用何种典型合同。

根据债务人是否直接向保理人支付应收账款,保理分为直接回款保理和间接回款保理。直接回款保理是指债务人直接向保理人支付应收账款的保理业务,间接回款保理是指不要求债务人直接向保理人支付应收账款的保理业务。由于保理人风险的不同,这涉及对保理回款专户的监管。

(三)保理合同与基础交易合同

基础交易合同,是应收账款债权人与债务人签订的据以产生应收账款的有关销售货物、提供服务或出租资产等的交易合同及其全部补充或者修改文件。在保理业务中,基础交易合同的存在是保理合同订立的前提,虽然两者有关权利义务关系的约定存有牵连,但应当注意两者并非主从合同关系,而是相对独立的两个合同,正确把握这一点对理解保理交易,尤其是促进应收账款债权的流通有重要意义。据此,基础交易合同的效力原则上不影响保理合同的效力。应当注意以下问题:

1. 由于应收账款债权属于金钱债权,因此,基础交易合同中关于应收账款债权不得转让的约定,在任何时候都不能对抗保理人。这保障了应收账款债权的高度流通性。

2. 在应收账款债权人与债务人虚构应收账款作为转让标的的场合,基础交易合同可能构成通谋虚伪表示而被认定为无效,但此时的无效仅是在应收账款债权人和债务人之间无效,应收账款债务人不得以应收账款不存在为由对抗保理人,但是保理人明知虚构的除外(《民法典》第763条)。这强调了对保理人信赖利益的保护。注意该规则仅在保理人"明知"的情形下对其不予保护,不包括保理人"应当知道"的情形。

实例解析

甲公司曾因出售钢材与丙公司有业务往来,且两公司的法定代表人私交不错。现因甲公司急需支付大笔现金,为套取融资,甲公司向丙公司的法定代表人行贿周旋后,甲公司、丙公司虚构了编号为Ⅰ的《钢材买卖合同》,约定:"甲公司向丙公司出售一批钢材,价款总额为3678万元,2021年3月1日到期。"后,甲公司与不知情的乙银行订立编号为Ⅱ的《有追索权国内保理合同》约定:"(1)乙银行向甲公司提供3000万元保理融资款,受让甲公司基于Ⅰ号《钢材买卖合同》对丙公司享有的3678万元应收账款债权。(2)乙银行向甲公司提供的保理融资款的到期日为2021年6月1日。(3)保理类型为明保理、有追索权保理。"保理合同签订后,乙银行按照约定向丙公司寄送了《应收账款转让通知书》,丙公司在回执中予以确认,回执上有丙公司法定代表人签名且加盖了丙公司公章。保理融资款到期后,丙公司未向乙银行支付,乙银行选择请求丙公司全额支付应收账款,丙公司以基础交易合同(《钢材买卖合同》)系虚构为由抗辩。试分析本案中两份合同的效力以及丙公司抗辩是否成立。

分析:(1)本案基础交易合同无效。甲公司与丙公司无真实贸易往来,为帮助甲公司套取融资,双方串通虚构交易,订立编号为I的虚假《钢材买卖合同》,根据《民法典》第146条第1款的规定,该基础交易合同系通谋虚伪表示,无效。(2)本案保理合同有效。基础交易合同虽无效,但保理合同并不因此无效;保理商乙银行尽到了形式上的合理审查义务,虽然不知基础合同虚构的事实,但属于善意的保理商,保理合同有效。甲公司与乙银行间的保理合同不存在无效事由,该合同有效。需要注意的是,若甲公司的行为符合"欺诈"的构成要件,则保理合同属于可撤销的合同,受欺诈人乙银行享有撤销权。(3)本例中,保理商乙银行订立保理合同时为善意,保理合同有效,通知到达债务人丙公司时亦对丙公司发生效力,乙银行有权请求丙公司支付应收账款,丙公司不得以基础交易合同系虚构为由抗辩。丙公司因此遭受的损失,只能在甲公司与丙公司之间解决。

3. 应收账款债务人接到应收账款转让通知后,应收账款债权人与债务人无正当理由协商变更或者终止基础交易合同,对保理人产生不利影响的,对保理人不发生效力(《民法典》第765条)。协商变更或者终止合同是应收账款债权人与债务人作为基础交易合同当事人的基本权利,这是合同自由原则的应有之义。但是,为了防止应收账款债权价值的减损、保障保理人地位,该条对前述协商变更或者终止合同的权利进行了限制。具体而言,应收账款债权人与债务人对基础交易合同的协商变更或者终止在符合以下要件的情况下对保理人不发生效力:(1)该协商变更或者终止发生在应收账款债务人接到应收账款转让通知后。债务人接到应收账款转让通知前,应收账款转让对其不发生效力,债权人和债务人协商一致做出的民事法律行为,即使导致保理人利益受损,该行为仍然对保理人发生效力,此时保理人仅能依法解除保理合同并请求债权人承担违约责任。(2)该协商变更或者终止无正当理由。所谓"正当理由",首先是指经过了保理人的同意,其次是指该法律行为符合诚信原则且保理人并无合理理由反对的情形。(3)该协商变更或者终止对保理人产生不利影响。如果债权人和债务人的行为对保理人是有利的,则对保理人发生有利的效力。该条同样消除了保理人的后顾之忧,促进了保理业务的开展。

三、保理合同的效力

(一)保理合同的一般效力:应收账款转让的效力

《民法典》中保理合同的规范重点在于对债权转让一般规则的补充,故保理合同的主要效力就是在保理人和应收账款债权人间发生应收账款债权转让的法律效果,具体效力内容参照《民法典》合同编第六章债权转让的有关规定(《民法典》第769条)。

债权让与制度的重点之一就是保护债务人,使债务人的地位不因债权让与而恶化。而在保理合同的制度设计中,一方面固然应当强调保护债务人,但另一方面同样应当尽可能保障应收账款债权的流通性以促进保理业务的展开。

债权让与通知是债务人保护的首要制度,债权让与未通知债务人的,对债务人不发生效力。根据《民法典》第546条第1款的文义,在一般债权让与中,发出让与通知的主体原则上应当限于让与人,受让人不能发出让与通知,这主要是为了保护债务人、避免增加债务人的审核负担。但是,在保理合同中,实践中的大多数情形都是保理人发出通知,因为其对此具有重大利益,以避免债务人在转让发生后仍向债权人履行债务,故保理人更有动力主动发出通知。因此,《民法典》对保理合同中的应收账款转让通知作出特别规定:一方面,为了促进保理业务的开展,《民法典》认可在保理合同中可以由保理人(债权让与的受让人)发出让与通知;另一方面,为了保护债务人、避免增加债务人的审核负担,保理人向应收账款债务人发出应收账款转让通知的,应当表明保理人身份并附有必要凭证。

应收账款债务人接到应收账款转让通知后，应收账款转让对债务人发生效力，债务人可以依据《民法典》第547条和第548条的规定向保理人主张抗辩和抵销。但是，同样是出于促进保理业务开展的考虑，《民法典》第765条亦对债务人收到通知后与债权人协议变更或者终止基础交易合同的权利进行了一定的限制。

在实践中，经常会出现应收账款债权人就同一应收账款订立多个保理合同，致使多个保理人主张应收账款债权的情形。就多个作为债权受让人的保理人之间优先顺位的确定，遵循以下规则：应收账款债权人就同一应收账款订立多个保理合同，致使多个保理人主张权利的，已经登记的先于未登记的取得应收账款；均已经登记的，按照登记时间的先后顺序取得应收账款（《民法典》第768条）。之所以以登记与否和登记先后作为确定多重保理中保理人优先顺位的首要规则，是因为此种方式中保理人调查成本、监督防范成本、实现债权的执行成本都是最低的，并且有助于防止债权人和其他人串通损害保理人的道德风险，提高债权的流通和担保价值，最终降低债权人的融资成本。另外，可登记的担保物权的有限顺序同样是以登记在先作为首要规则（《民法典》第414条），而在保理合同中同样采取类似标准有利于保持交易规则的统一性。

对于保理人都未进行债权转让登记的情形，考虑到通知在先虽然较之登记在先社会成本要高，但较之合同成立时间仍然成本要低，因此，此时采取通知在先的顺位确定方式，最先到达债务人的转让通知中载明的受让人顺位在先（《民法典》第768条）。

对于保理人既未登记也未通知债务人的情形，应当按照保理融资款或者服务报酬的比例取得应收账款（《民法典》第768条）。这与《民法典》第414条第2款第3项在最后采取的按照所担保的债权比例清偿的方式一致。同时，《民法典》第768条还区分了担保性的保理和非担保性的其他服务性保理：在担保性的保理中，涉及保理融资款，此时按照保理融资款的比例取得应收账款；而在服务性的保理中，并不涉及保理融资款，此时按照服务报酬的比例取得应收账款。

（二）保理合同的特别效力

1. 有追索权的保理

有追索权保理是指在应收账款到期无法从债务人处收回时，保理人可以向债权人反转让应收账款、要求债权人回购应收账款或归还融资。[1] 因此，当事人约定有追索权保理的，保理人可以向应收账款债权人主张返还保理融资款本息或者回购应收账款债权，也可以向应收账款债务人主张应收账款债权。

由于在有追索权保理中，保理人并不承担该应收账款不能收回的商业风险，其受让应收账款的目的是收回应收账款债务人对其所欠的债务，故保理人应负有清算义务。保理人向应收账款债务人主张应收账款债权，在扣除保理融资款本息和相关费用后有剩余的，剩余部分应当返还给应收账款债权人（《民法典》第766条）。

实例解析

甲公司因与丙公司订立编号为Ⅰ的《钢材买卖合同》对丙公司享有总额为3678万元的货款债权，于2021年3月1日到期。后，甲公司与乙银行订立编号为Ⅱ的《有追索权国内保理合

〔1〕《商业银行保理业务管理暂行办法》第10条。

同》,合同约定如下:(1)乙银行向甲公司提供3000万元保理融资款,受让甲公司基于Ⅰ号《钢材买卖合同》对丙公司享有的3678万元应收账款债权。(2)乙银行向甲公司提供的保理融资款的到期日为2021年6月1日。(3)若保理融资款到期,乙银行未足额收到丙公司支付的3678万元账款,乙银行既有权请求丙公司继续支付,亦有权请求甲公司以"保理融资款本金、利息、迟延利息和乙银行实现债权的全部费用"为对价回购乙银行受让的应收账款。若保理融资款到期(2021年6月1日),债务人丙公司未向保理商乙银行足额支付3678万元,乙银行应如何救济权利?

分析:保理商乙银行既有权选择请求债务人丙公司继续履行,也有权选择请求债权人甲公司"回购"乙银行受让的应收账款。需要注意的是,甲公司承担"回购"义务后,乙银行负有将所受让的应收账款债权"反转让"(返还)给甲公司的义务;反转让后,乙银行即不再有权请求丙公司还款。由于有追索权保理中保理商不承担为债务人核定信用额度和提供坏账担保的义务,仅提供包括保理融资在内的其他金融服务,保理商承担的风险较小,因此保理商所能享有的权利范围相应较小。本例中,无论乙银行选择向甲公司主张回购,还是选择请求丙公司继续支付,乙银行所能获得清偿的范围仅限于保理融资本金、利息、迟延利息、服务费、实现保理债权的必要费用(假设在本例中为3200万元);该数额与3678万元应收账款之间的差额为478万元(3678万元-3200万元=478万元),不能归乙银行保有,应经清算后返还给甲公司。

2. 无追索权的保理

无追索权保理是指应收账款在无商业纠纷等情况下无法得到清偿的,由保理人承担应收账款的坏账风险。由于保理人自行承担应收账款不能收回的商业风险,故无追索权保理中保理人不负有清算义务。当事人约定无追索权保理的,保理人应当向应收账款债务人主张应收账款债权,保理人取得超过保理融资款本息和相关费用的部分,无须向应收账款债权人返还(《民法典》第767条)。

第二节　承揽合同

导学案例

甲即将结婚,需要西服一套,遂与西服加工商乙约定:"甲提供布料,乙为甲加工西服一套,加工费3000元,乙交付西服的期限是2021年3月1日。"但双方未约定甲支付加工费的期限。

1. 如果2021年2月1日,甲发现乙尚未开始加工,遂请求乙立即加工,否则可能来不及。乙能否以甲未支付加工费为由,主张同时履行抗辩权?

2. 如果西服制作完成,甲于2021年3月1日请求乙交付西服。此时,乙能否以甲未支付加工费为由,主张同时履行抗辩权?

一、承揽合同概述

(一)承揽合同的概念与特征

承揽合同是指当事人一方按他方的要求完成一定工作,并将工作成果交付他方,他方接受工作成果并支付报酬的合同(《民法典》第770条第1款)。其中,完成工作并交付工作成果的一方当事人为承揽人,接受工作成果并支付报酬的一方当事人为定作人。[2]

承揽合同的内容一般包括承揽的标的、数量、质量、报酬,承揽方式,材料的提供,履行期限,验收标准和方法等条款(《民法典》第771条)。[3] 承揽合同属于以特定的工具和技能完成一定工作任务的合同,具有以下法律特征:

1. 承揽合同以完成一定工作并交付工作成果为目的。在承揽合同中,定作人的主要目的是取得承揽人完成的工作成果。承揽人应当按照与定作人约定的标准和要求,在特定的期限内完成定作方委托的工作,并交付工作成果。

2. 承揽人须独立完成工作。定作人与承揽人之间订立承揽合同,一般是建立在对承揽人的能力、条件等信任的基础上。只有承揽人自己完成工作才符合定作人的要求。承揽人如果将其主要义务交由其他人来完成,属于债务不履行,应负违约责任。当然,承揽人可以将辅助工作交由第三人完成,但是仍应当就该辅助工作的成果向定作人负责。

3. 承揽合同的定作物具有特定性。承揽合同多属个别商定的合同,定作物往往具有一定的特定性。无论定作物的最终成果以何种形式体现,它都必须符合定作人提出的特别要求,否则交付的工作成果就不合格,构成违约,需要承担相应的违约责任。

4. 承揽合同在性质上属于结果之债,具有诺成性、双务、有偿。所谓结果之债,是指依据法律规定、当事人约定以及交易惯例,只有因债务人的行为实现了特定后果时,债务人才履行了其义务的债。在承揽合同中,承揽人必须交付特定的工作成果,其才履行了义务。承揽合同只需双方达成合意即可成立,故而其为诺成合同。承揽人负有按照定作人的要求完成工作,交付工作成果的义务,而定作人则负有支付报酬的义务,故而该合同为双务、有偿合同。

制度比较　承揽合同 vs. 买卖合同

买卖合同是出卖人转移标的物的所有权于买受人,买受人支付价款的合同。承揽合同与买卖合同的区别在于:

1. 目的不同。买卖合同以一方移转所有权而另一方支付价款为目的,而承揽合同以一方完成特定的工作成果而另一方支付报酬为目的。

2. 标的物不同。承揽合同的标的物是特定的工作成果,在订立合同时是不存在的。而买卖合同订立时,合同标的物一般是已经存在的,标的物为未来之物的买卖合同是特殊现象。承揽合同的标的物只能是特定物,而买卖合同的标的物既可以是特定物,也可以是种类物。

3. 是否享有监督检查的权利不同。在承揽合同中,承揽人应按照定作人交付的任务完成工作,定作人有权对承揽人进行必要的监督检验。在买卖合同中,买受人只能在合同履行期限到来时才能要求出卖人履行,无权过问出卖人组织生产的过程。

4. 是否以人身信任为基础不同。承揽合同具有浓厚的人身信赖性质,该合同的订立以定作人对特定承揽人的能力和技能的信任为基础,因此定作人享有任意解除权。而买卖合同通

---

〔2〕 值得注意的是,我国1999年《合同法》第251条表述为"给付报酬",《民法典》修改为"支付报酬",因为无论在《合同法》还是在《民法典》中,报酬、价款、利息等皆采用"支付",而使用"给付"的一般是生活费、抚养费、赡养费等。此处修改实现了《民法典》表达的一贯性和体系的圆满性。

〔3〕 典型案例参见"许昌许继风电科技有限公司与新疆新能钢结构有限责任公司承揽合同纠纷案",最高人民法院(2017)最高法民终239号民事判决书。

常并不以人身信任为基础。

(二)承揽合同的分类

1. 承揽合同的立法分类

在立法上,根据《民法典》第770条第2款规定,"承揽包括加工、定作、修理、复制、测试、检验等工作"。所以,依承揽工作的内容不同,可以将承揽合同划分为加工合同、定作合同、修理合同、复制合同、测试合同、检验合同等类型。

2. 承揽合同的学理分类

(1)主承揽和次承揽。所谓主承揽,是指由承揽人独立从事一定工作并交付工作物的承揽。在此种承揽中,承揽人独立完成工作,并不转包给他人。次承揽也称为再承揽,是指承揽人以定作人的身份,将其工作全部或部分交给他人完成,并支付报酬的承揽合同。我国《民法典》要求承揽人独立完成工作,但并不禁止转承揽。经过定作人的同意,可以将其承揽的主要工作转交给第三人,或者将承揽的辅助工作交给第三人完成(《民法典》第772、773条)。

(2)单独承揽和共同承揽。所谓单独承揽,是指承揽人为一人的承揽。共同承揽,是指承揽人为二人以上的承揽。共同承揽与次承揽相比,虽然其也有多个承揽人,但是在共同承揽中,多个承揽人均是由定作人选定,而次承揽中的次承揽人是由承揽人选择的。此外,就责任而言,承揽人需要就次承揽的工作成果对定作人承担责任;共同承揽人对定作人承担连带责任,但当事人另有约定的除外。可见,共同承揽人原则上承担连带责任。

(3)一般承揽和特别承揽。一般承揽,是指单纯由承揽人完成一定工作并交付工作成果,定作人支付报酬的合同。所谓特殊承揽是指不单纯由承揽人完成一定工作并交付工作成果,尚有特殊情况存在的承揽合同,如建设工程合同。《民法典》第808条规定:"本章没有规定的,适用承揽合同的有关规定。"此处"本章"指"建设工程合同"一章,因此,建设工程合同因其标的物的特殊性,属于特殊承揽合同。

二、承揽合同当事人的义务

(一)承揽人的义务

1. 按约定完成工作。承揽人应按合同约定的时间、方式、数量、质量完成交付的工作。这是承揽人的首要义务,也是其获得酬金应付出的对待给付。承揽人应以自己的设备、技术和劳力亲自完成约定的主要工作,未经定作人同意,承揽人不得将承揽的主要工作交由第三人完成(《民法典》第772条第1款)。承揽人将其承揽的辅助工作交由第三人完成的,应当就该第三人完成的工作成果向定作人负责。

2. 接受并合理使用定作人提供的材料或依约提供材料。完成定作所需的原材料,可以约定由承揽人提供或由定作人提供。若约定材料由承揽人提供,应当按照约定选用材料,并接受定作人检验;若由定作人提供,承揽人应当合理使用材料,不得擅自更换定作人提供的材料,不得更换不需要修理的零部件。

3. 及时通知和保密义务。对于定作人提供的原材料不符合约定的,应当及时通知定作人更换、补齐或者采取其他补救措施；定作人提供的图纸、技术要求不合理的，应及时通知定作人。[4]对于完成的工作，定作人要求保密的，承揽人应保守秘密，不得留存复制品或技术资料。

4. 接受监督检查。承揽人在完成工作期间，应当接受并容忍定作人必要的监督和检验，以保证工作适合定作人的要求。承揽人提供材料的，同样需接受定作人检查。

5. 对材料和工作成果的保管义务。承揽人应当妥善保管定作人提供的材料以及完成的工作成果，因保管不善造成毁损、灭失的，应当承担赔偿责任。

6. 交付工作成果。承揽人要及时将完成的工作成果交付给定作人，并提交与工作成果相关的技术资料质量证明等文件，且需要经过定作人的验收。但是，定作人未向承揽人支付报酬或者材料费等价款的，承揽人对完成的工作成果享有留置权或者有权拒绝交付，但是当事人另有约定的除外（《民法典》第783条）。[5]

7. 对工作成果的瑕疵担保。瑕疵担保义务包括权利瑕疵担保和物的瑕疵担保，此处仅指后者，即工作成果的瑕疵担保。承揽人交付的工作成果应符合约定的质量，如果不符合质量要求的，定作人可以合理选择请求承揽人承担修理、重作、减少报酬、赔偿损失等违约责任。值得注意的是，《民法典》将《合同法》第262条的"要求"改为"合理选择请求"，这样表述更为妥当，因为修理、重作、减少报酬和赔偿损失之间存在重合性，定作人可以选择其中最易于实现自身权利救济的一项或几项方式。

8. 共同承揽人的连带责任。共同承揽人对定作人承担连带责任，但当事人另有约定的除外（《民法典》第786条）。这里的"共同承揽人"的范围不包括上述再承揽关系中的承揽人与次承揽人，而仅指对定作人均负直接完成承揽工作义务的多数共同承揽人。

（二）定作人的义务

1. 按照约定提供材料。定作人提供材料的，应当按照约定提供材料（《民法典》第775条第1款前段）。

2. 支付报酬。定作人应当按照约定的期限支付报酬。关于支付报酬的期限，有约定的从约定，如果没有约定或者约定不明确，首先可以协议补充；若不能达成补充协议，则按照合同相关条款或者交易习惯确定；如果仍不能确定，采用"后付原则"，即承揽人交付工作成果时支付，工作成果部分交付的，定作人应当相应支付。[6]

实例解析

育才中学委托甲服装厂加工500套校服，约定材料由甲服装厂采购，学校提供样品，取货时付款。为赶时间，甲服装厂私自委托乙服装厂加工100套。育才中学按时前来取货，发现乙服装厂加工的100套校服不符合样品要求，遂拒绝付款。本案如何处理？

分析：本案中，育才中学与甲服装厂之间是承揽合同关系，甲服装厂未经定作人同意，私自

---

〔4〕典型案例参见"富国工业（惠阳）有限公司与深圳市垦鑫达科技有限公司承揽合同纠纷案"，广东省深圳市中级人民法院（2018）粤03民终1383号民事判决书。

〔5〕典型案例参见"晋江市东兴电子玩具有限公司与宝高（南京）教育玩具有限公司等承揽合同纠纷案"，最高人民法院（2017）最高法民申1941号民事裁定书。

〔6〕典型案例参见"中节能工业水务工程有限公司、自贡红星高压电瓷有限公司承揽合同纠纷案"，四川省高级人民法院（2019）川民再90号民事判决书。

将100套校服委托给乙服装厂,育才中学有权解除这100套校服的承揽合同。但由甲服装厂加工的符合要求的400套校服,育才中学仍须支付报酬,如果拒不支付,甲服装厂可以拒绝交付校服,并行使留置权。

3. 协助义务。承揽工作需要定作人协作的,定作人应依约及按诚实信用原则,积极协助承揽人工作。定作人不履行协助义务致使承揽工作不能完成的,承揽人可以催告定作人在合理期限内履行义务,并可以顺延履行期限;定作人逾期不履行的,承揽人可以解除合同(《民法典》第778条)。[7]

4. 验收并受领工作成果。对承揽人完成并交付的工作成果定作人应及时检验,对符合约定要求的,接受该工作成果。超过约定期限领取定作物的,定作人负受领迟延责任。

三、承揽合同中的风险负担

(一)材料的风险负担

在承揽合同中,材料毁损、灭失的风险负担应遵循民法上标的物毁损、灭失风险负担的一般规则,即由材料的所有人负担材料毁损、灭失的风险,当事人另有约定的除外。

(二)工作成果的风险负担

工作成果的风险负担,因承揽合同的不同类型而有所不同。对于定作人自始即可取得工作成果的所有权的承揽合同,由于不存在财产所有权的移转问题,除当事人另有约定,由工作成果的所有人即定作人负担风险。对于承揽人首先取得工作成果的所有权的承揽合同,工作成果的风险在交付以前由承揽人承担,在交付以后由定作人承担,当事人另有约定或者法律另有规定的除外。

(三)报酬的风险负担

对于承揽人完成工作成果时,即由定作人自始取得工作成果所有权的,在承揽人业已完成的工作成果由于不可归责于双方当事人的事由毁损、灭失的,报酬风险应由定作人负担。

对于承揽人完成工作成果时,由承揽人首先取得工作成果所有权的,承揽人业已完成的工作成果,在交付之前,由于不可归责于双方当事人的事由毁损、灭失的,由承揽人负担报酬的风险,承揽人不得向定作人主张报酬的支付。但如果工作成果已经交付,或者根据双方的特别约定,在未交付之前一旦完成就由定作人取得所有权,则风险应当由定作人承担。

实例解析

甲、乙约定:"乙为甲印刷图书1000册,于2020年7月1日交付图书,报酬8万元。"

情形一:乙交付图书前,已经印刷好的1000册图书于2020年6月20日因百年不遇的洪水毁损,风险由谁承担?乙是否有权收取报酬?

情形二:乙交付图书后,甲存在仓库的1000册图书于2020年7月5日因百年不遇的洪水毁损,此时,风险由谁承担?乙是否有权收取报酬?

分析:本案中,甲、乙之间的承揽合同的标的物是图书,承揽人完成工作成果时,由承揽人

[7] 典型案例参见"建昌兰剑水泥有限公司与江阴市伟业房屋拆修工程有限公司承揽合同纠纷案",最高人民法院(2017)最高法民申4464号民事裁定书。

首先取得工作成果所有权的，需经交付定作人才能取得所有权。而由定作人自始取得工作成果所有权的，是指按照合同约定的承揽工作的性质无须交付的，如维修房屋、粉刷墙壁等。所以，对于情形一，图书交付前的风险由承揽人乙负担，乙无权收取报酬；对于情形二，图书交付后的风险由定作人承担，乙有权收取报酬。

四、承揽合同的终止

承揽合同属于合同之债，合同终止的一般规定也适用于承揽合同。但承揽合同是以当事人之间的信赖关系为基础的，当在合同履行中，这种信赖关系受到破坏时，法律允许当事人解除合同。因此，承揽合同除了可以因共同的法定原因或约定的原因解除外，还有以下特殊的法定终止原因：

1. 承揽人解除权。定作人不履行协助义务致使承揽工作不能完成的，承揽人可以催告定作人在合理期限内履行义务，并可以顺延履行期限；定作人逾期不履行的，承揽人可以解除合同。

2. 定作人解除权。(1)承揽人严重违约的解除权，承揽人未经许可将主要的承揽工作交由第三人完成的，定作人可以解除合同。(2)定作人的任意解除权，即定作人在承揽人完成工作前可以随时解除合同，造成承揽人损失的，应当赔偿损失。之所以要规定任意解除权，主要原因在于：一方面，承揽合同是基于定作人对承揽人的高度信任而订立的；另一方面，合同是为了定作人的利益，如果定作人认为不再需要，则承揽合同就失去意义，应当允许解除。[8]

实例解析

例1：甲向鞋匠乙定作皮鞋10双，乙已备好10双皮鞋的原材料，并完成了3双，甲突然向乙提出解除合同。该案如何处理？

分析：本案中，甲是定作人，乙是承揽人，甲享有任意解除权，所以，甲乙之间的承揽合同解除。对于已经做好的3双皮鞋，如果不存在质量问题，甲应当接受并且支付报酬；对于剩下的7双皮鞋，乙不再制作，但是甲应赔偿乙为准备这7双皮鞋的原料等损失。

例2：甲向鞋匠乙定作皮鞋10双，乙已备好10双皮鞋的原材料，并完成了3双，甲突然向乙提出解除合同，乙接到通知后，觉得甲无理由解除合同，遂置之不理，继续加工制作，于原约定期限内完成了全部10双皮鞋。该案如何处理？

分析：这种情形下，由于解除权是形成权，解除的通知到达时，承揽合同即告解除，合同解除后，乙的权利无法得到保障。对于解除之前完成的3双皮鞋，如果不存在质量问题，甲应当接受并且支付报酬；对于解除之后完成的7双皮鞋，甲可以拒绝受领，但仍需赔偿乙为准备这7双皮鞋的原料等损失，除此之外的损失，包括成品、加工劳动的损失，由乙自行承担。

---

〔8〕典型案例参见“北大荒鑫亚经贸有限责任公司与北大荒青枫亚麻纺织有限公司加工合同纠纷上诉案”，最高人民法院(2015)民二终字第68号民事判决书。

第三节　建设工程合同

导学案例

甲公司与没有建筑施工资质的某施工队签订合作施工协议,由甲公司投标乙公司的办公楼建筑工程,施工队承建并向甲公司交纳管理费。投标之前,甲公司与乙公司私下协商,约定实际工程款按招投标文件中的80%计算,之后甲公司顺利中标,并与乙公司签订建设施工合同,但工程由施工队负责施工。办公楼竣工验收合格交付给乙公司,但乙公司尚有部分剩余工程款未支付。

1. 甲公司与施工队之间的合作施工协议属于何种性质?该协议是否有效?施工队能否以合作施工协议向甲公司主张工程款?

2. 甲公司与乙公司私下协商的性质如何?双方的约定效力如何?

3. 在工程竣工并验收合格的情况下,工程款的结算依据是什么?

4. 甲公司能否以乙公司尚未支付剩余工程款为由,拒绝向施工队支付工程款?

一、建设工程合同概述

(一)建设工程合同的含义与特征

建设工程合同是指承包人进行工程建设,发包人支付价款的合同。建设工程合同包括工程勘察、设计、施工合同。(《民法典》第788条)建设工程合同实际上是承揽合同的一种(如均为有偿合同、诺成合同、双务合同),因此,《民法典》第808条规定:"本章没有规定的,适用承揽合同的有关规定。"但与一般承揽合同相比较,建设工程合同仍有特殊之处,表现在:

1. 建设工程合同的标的是基本建设工程。基本建设工程是固定资产的扩大再生产,它形成生产性或非生产性的固定资产,由于建设工程的土木建筑较大且复杂,所以建设工程的要求也比较高,这是建设工程合同成为独立合同的原因。

2. 建设工程合同的主体一般只能是法人。发包人为投资建设工程的建设单位,一般包括企业、事业单位和机关等;施工的承包人必须是经国家认可的具有一定建设资质等级的法人。

3. 建设工程合同具有国家管理的特殊性。建设工程合同涉及城乡建设规划,工程完成后具有不可移动性,使用周期长,国家从建设工程合同的签订到履行,从资本的投放到工程的验收,都要实行严格的监督与管理。因此国家重大建设工程合同,应当按照国家规定的程序和国家批准的投资计划、可行性研究报告等文件订立(《民法典》第792条)。

4. 建设工程合同为要式合同。建设工程合同的时间周期比较长,法律关系极其复杂,因此法律要求建设工程合同采用书面形式(《民法典》第789条)。[9]

---

〔9〕 典型案例参见"湖北红旗建设集团有限公司与中国人民解放军69242部队建设工程施工合同纠纷案",最高人民法院(2017)最高法民申829号民事裁定书。

制度对较 建设工程合同 vs. 承揽合同

建设工程合同是承揽合同的一种特殊形态，但由于现实的需要，法律又必须对建设工程合同作出特别的规定，两者区别如下：

1. 工作成果不同。承揽合同的工作成果通常是动产，而建设工程合同的工作成果主要是建设工程，包括房屋、公路、桥梁、水库等各种建设工程。其主要涉及的是不动产。

2. 权利、义务内容不同。在建设工程合同中，如果建筑物的质量不合格，不仅会影响居住者的居住利益，甚至会威胁社会公众的安全。因此，建设工程合同中当事人的权利、义务内容要比承揽合同更为复杂。

3. 合同主体的资质要求不同。在承揽合同中，对承揽人的资质并无特殊要求，而在建设工程合同中，承包人必须具有相应的资质。尤其是在建设工程中可能涉及多个主体，因为工程的建造通常存在勘察、设计、监理、施工等各个环节。

4. 材料来源不同。一般情况下，在承揽合同中主要是由定作人提供材料，而在建设工程合同中由承包人自备材料，但是合同当事人另有约定除外。

（二）建设工程合同的类型

1. 总承包合同与单项工程承包合同

发包人既可以与总承包人订立建设工程合同，也可以分别与勘察人、设计人、施工人订立勘察、设计、施工承包合同（《民法典》第 791 条第 1 款）。因此，发包人可以仅与总承包人订立一个建设工程合同，其中包括勘察、设计和施工三个部分，即总承包合同；也可以与各个主体分别订立专业承包合同，即单项工程承包合同。

2. 勘察、设计合同

所谓建设工程勘察、设计合同，是指发包人与勘察人、设计人之间订立的由勘察人、设计人完成发包人委托的勘察、设计任务，而发包人应支付相应价款的合同。勘察、设计合同的内容一般包括以下几项：一是提交有关基础资料和概预算等文件的期限；二是勘察、设计质量要求；三是勘察、设计的费用；四是其他协作条件（《民法典》第 794 条）。

3. 施工合同

施工合同是指发包人与承包人之间签订的、由承包人从事一定的施工活动并提交建设工程成果，发包人应依据合同约定支付报酬的协议。此类合同是建设工程合同的主要类型和典型形态。施工合同的内容一般包括工程范围、建设工期、中间交工工程的开工和竣工时间、工程质量、工程造价、技术资料交付时间、材料和设备供应责任、拨款和结算、竣工验收、质量保修范围和质量保证期、相互协作等条款（《民法典》第 795 条）。

4. 建设监理合同

所谓建设监理合同，是指建设单位与取得了监理资质证书的监理公司、监理事务所等监理单位签订的，为委托监理单位承担监理业务而明确双方权利义务关系的协议。建设工程实行监理的，发包人应当与监理人采用书面形式订立委托监理合同。发包人与监理人的权利和义务以及法律责任，应当依照《民法典》合同编委托合同以及其他有关法律、行政法规的规定。建设监理合同是建设工程中常见的合同类型，但是属于委托合同，所以应当参照委托合同的相关规定。

二、建设工程合同的订立

(一)勘察、设计合同的订立

勘察、设计包括初步设计和施工设计。勘查、设计单位接到发包人的要约和计划任务书建设地址报告后,经双方协商一致,在书面合同签字或者盖章后合同生效。勘察、设计如由一个单位完成,则应签订一个勘察设计合同;若由两个不同单位承担,则应分别订立合同。建设工程的设计由几个设计单位共同进行时,建设单位可与主体工程设计人签订总承包合同,由总承包人与分承包人签订分包合同。总承包人对全部工程设计向发包人负责,分包人就其承包的部分对总承包人负责并对发包人承担连带责任。

勘察、设计的质量不符合要求或者未按照期限提交勘察、设计文件拖延工期,造成发包人损失的,勘察人、设计人应当继续完善勘察、设计,减收或者免收勘察、设计费并赔偿损失(《民法典》第800条)。

(二)施工、安装工程合同的订立

发包人和承包人根据已获批准的初步设计、技术设计、施工图和总概算等文件,就合同的内容协商一致时,即可签订建筑施工和安装工程承包合同。发包人可以将全部施工安装工程发包给一个单位总承包,也可以发包给几个单位分别承包。一个承包人总承包的,总承包人可以将承包的工程部分分包给其他分包单位签订分包合同,总承包人对发包人负责,分包人对总承包人负责并对发包人负连带责任。

因施工人的原因致使建设工程质量不符合约定的,发包人有权请求施工人在合理期限内无偿修理或者返工、改建。经过修理或者返工、改建后,造成逾期交付的,施工人应当承担违约责任(《民法典》第801条)。

(三)招标和投标的程序

在建设工程合同中,合同订立可以采取两种方式:(1)直接发包的方式,即发包人经过批准或按照有关规定,直接与承包人协商订立合同。(2)招标投标的方式。通过招标与投标方式订立建设工程合同有助于实现公平竞争、降低工程造价,同时也有利于确保建设工程的质量。因此,法律提倡采用招标、投标形式订立建设工程合同,而且招标投标活动应当遵循"公开、公平、公正"三原则。整个招标、投标过程主要分为招标、投标、开标、定标、签约五个阶段。

(四)分包和转包的禁止

法律所禁止的分包和转包有以下几种类型:(1)本应当由一个承包人完成的建设工程肢解成若干部分发包给数个承包人;(2)承包人将其承包的全部建设工程转包给第三人;(3)承包人将其承包的全部建设工程肢解以后以分包的名义分别转包给第三人;(4)承包人将工程分包给不具备相应资质条件的单位;(5)分包单位将其承包的工程再分包(《民法典》第791条)。[10]

合法的分包主要是指承包人在自行完成建设工程主体结构的施工的基础上,经发包人许可,可以将承包的部分工作交由第三人完成,但是第三人就其完成的工作成果与承包人共同向发包人承担连带责任。

---

〔10〕 典型案例参见"中国建筑第六工程局有限公司与哈尔滨凯盛源置业有限责任公司建设工程施工合同纠纷案",最高人民法院(2017)最高法民终730号民事判决书。

三、建设工程合同的效力

（一）建设工程合同当事人的权利义务

1. 发包人的主要权利

（1）随时进行作业检查的权利。发包人在不影响承包人正常作业的情况下，可以随时对作业进度和质量进行检查（《民法典》第797条）。发包人对承包人的检查一般有两种方式：一是委派工地代表检查；二是委托监理人检查。工地代表和监理人发现工程设计不符合建筑质量要求的，应当及时报告发包人要求设计人改正；若发现施工不符合要求、技术标准和合同约定的，工地代表和监理人有权要求承包人改正。

（2）对隐蔽工程检查的权利。承包人没有通知发包人检查，自行隐蔽工程的，发包人有权检查，检查费用由承包人负责。为了保证工程质量和工程顺利完成，隐蔽工程在隐蔽以前，承包人应当通知发包人检查。发包人没有及时检查的，承包人可以顺延工程日期，并有权请求赔偿停工、窝工等损失（《民法典》第798条）。

2. 发包人的主要义务

（1）协助义务。发包人为按期施工做好必要的准备工作，除按规定向对方交付施工图和有关施工的技术资料外，要做好土地征用、房屋拆迁、障碍物拆除和领取建筑许可证等工作，并按双方商定的分工，按时按质按量供应建筑材料和设备。发包人不履行协助义务，致使承包人无法施工，经催告后在合理期限内仍未履行相应义务的，承包人可以请求解除合同（《民法典》第806条第2款）。

（2）验收义务。建设工程竣工后，发包人应当根据施工图纸及说明书、国家颁发的施工验收规范和质量检验标准及时进行验收。建设工程竣工经验收合格后，方可交付使用；未经验收或者验收不合格的，不得交付使用（《民法典》第799条）。

（3）支付价款。验收合格的，发包人应当按照约定支付价款，并接收该建设工程。支付工程价款是发包人的主要合同义务，发包人未按约定支付价款的，承包人可以催告发包人在合理期限内支付。发包人逾期不支付的，承包人有权就建设工程折价或者拍卖的价款优先受偿，下文将详细阐述法定优先权的性质和要件，此处不再赘述。

3. 承包人的主要权利

（1）承包人请求赔偿停工、窝工损失的权利。根据《民法典》的相关规定，发包人违约的，承包人可以请求顺延工程日期，还可以请求赔偿停工、窝工等损失，主要包括以下三种情形：第一，隐蔽工程在隐蔽以前，承包人通知发包人检查后，发包人没有及时检查的；第二，发包人未按照约定的时间和要求提供原材料、设备、场地、资金、技术资料的；第三，因发包人的原因致使工程中途停建、缓建的，发包人应当采取措施弥补或者减少损失，赔偿承包人因此造成的停工、窝工、倒运、机械设备调迁、材料和构件积压等损失和实际费用。发包人有义务向承包人提供开展勘察设计工作所需的有关基础资料，并对提供的时间、进度与资料的可靠性负责。[11]

（2）承包人的法定优先权。《民法典》第807条规定："……建设工程的价款就该工程折价或者拍卖的价款优先受偿。"关于本条所规定的承包人优先受偿权的性质，有三种不同的观点，包括"建设工程留置权说""法定抵押权说""法定优先权说"。本书认为承包人的建设工程优先权

---

〔11〕 典型案例参见"中色十二冶金建设有限公司与本溪庆永房地产开发有限公司建设工程施工合同纠纷案"，最高人民法院（2018）最高法民终1313号民事判决书。

在性质上应当是一种法定优先权,其根据在于:第一,它是由法律直接规定的担保特种债权实现的权利,是法律为了维护社会的公平和秩序,赋予特殊的债权优先于一般债权人而优先受偿的效力。第二,强调此种权利的性质为优先权,也是为了将其与担保物权区别开,因为担保物权都需要采用一定的公示方法,但优先权并没有法定的公示方法。第三,如果承包人的优先受偿权是一种担保物权,则直接可以适用《民法典》物权编的相关规则,在合同编中就不必对其作出专门规定。

根据《民法典》第807条及相关司法解释的规定,法定优先权的行使须满足以下条件:第一,发包人未按照合同的约定支付工程价款。注意,此处的"工程价款"包括承包人为建设工程应当支付的工作人员报酬、材料款等实际支出的费用,但不包括承包人因发包人违约所造成的损失。第二,承包人催告其在合理期限内支付而发包人仍未支付。一般而言,合理期限的范围应根据建筑行业习惯以及具体案件中工程的价款数额、发包人的经济状况等方面来确定。最高人民法院《关于审理建设工程施工合同纠纷案件适用法律问题的解释(一)》第41条已经明确规定承包人行使建设工程价款优先受偿权的合理期限最长不得超过18个月,自发包人应当给付建设工程价款之日起算。第三,建设工程质量合格。这是承包人行使法定优先权的前提条件,即使建设工程尚未竣工,只要工程质量合格,承包人即有权请求其承建工程的价款就其承建工程部分折价或者拍卖的价款优先受偿。第四,建设工程的性质不属于"不宜折价、拍卖",否则不能折价或者拍卖,但如果这些建设工程可用于经营,并能够取得经济效益则承包人可以要求以其经营所得优先偿还工程价款。第五,法定优先权的实现方式有两种:一是承包人与发包人协议将该工程折价,承包人在支付了建设工程价款与折价款之间的差额后,即取得该建设工程的所有权;二是对建设工程进行拍卖,为了充分保护发包人的利益,法律规定建设工程的拍卖应在人民法院的主持下进行,承包人对拍卖所得的价款有优先受偿的权利。[12]

关于法定优先权的效力,有如下规则:首先,法定优先权具有优先于其他民事主体的普通债权的效力。其次,法定优先权具有优先于其他民事主体在建设工程上设立的抵押权的效力,因此,在发生法定优先权和约定抵押权并存的情形,无论约定抵押权成立在前或在后,法定优先权均应优先于约定抵押权。最后,消费者交付购买商品房的全部或者大部分款项后,承包人就该商品房享有的工程价款优先受偿权不得对抗买受人。

实例解析

甲公司以一块地的建设用地使用权作抵押向乙银行借款3000万元,办理了抵押登记。其后,甲公司在该地块上开发建设住宅楼,由丙公司承建。甲公司在取得预售许可后与丁订立了商品房买卖合同,丁交付了80%的购房款。现住宅楼已竣工验收,但甲公司未能按期偿还乙银行的价款,并欠付丙公司工程款1500万元,乙银行和丙公司同时主张权利,法院拍卖了该住宅楼。

分析:首先,根据《民法典》第417条规定,以建设用地使用权设立抵押权的,土地上新增的

[12] 典型案例参见"宁波建工股份有限公司与兰溪市喜瑞地产发展有限公司等建设工程施工合同纠纷案",最高人民法院(2019)最高法民再105号民事判决书;"双鸭山市体育局等诉辽宁强大铝业工程股份有限公司建设工程施工合同纠纷案",最高人民法院(2017)最高法民申3660号民事裁定书。

建筑物一并拍卖，但抵押权人对新增建筑物所得价款无优先受偿权，所以乙银行仅对建设用地使用权拍卖所得价款享有优先受偿权。其次，根据《民法典》第807条规定，发包人未按照约定支付价款的，承包人对建设工程价款享有法定优先受偿权，且该优先受偿权优先于普通抵押权，所以，丙公司对该住宅楼及其建设用地使用权拍卖所得价款享有优先受偿权，且优先于乙银行的抵押权。最后，丁作为购买商品房的消费者，已经支付大部分款项，可以对抗承包人丙公司的优先受偿权，因此丁的权利不受影响。

4. 承包人的主要义务

(1)承包人有接受检查、监督的义务。工程的进度、质量对发包人的利益影响较大，故承包人有义务接受发包人、监理人对工程进度和工程质量的必要的检查、监督。对发包人、监理人的检查、监督，承包人应予以支持和协助。如果发包人、监理人的检查监督影响到工程的正常作业，承包人有权在说明理由的基础上予以拒绝。发包人、监理人检查、监督的内容主要包括对工程进度和工程质量的检查、监督。

(2)承包人的报告、通知义务。承包人应及时向发包人提交开工通知书、施工进度计划表、施工平面布置图、隐蔽工程验收通知书、竣工验收报告，以及应由发包人提供的材料、设备的供应计划。在隐蔽工程隐蔽前，承包人应及时通知发包人进行检查，以确定工程质量是否符合合同约定和法律的规定，怠于通知造成的损失，由承包人承担。即使发包人没有及时对隐蔽工程进行检查，承包人也不能自行检查后将工程隐蔽，此时承包人可以顺延工程日期，并享有请求赔偿停工、窝工损失的权利。

(3)如期保质完工并交付工程的义务。承包人有严格按照施工图与说明书进行施工确保工程质量，按合同约定的时间如期完工和交付工程的义务。承包人经过修理或者返工改建后造成逾期交付的，承包人应当承担违约责任。承包人对承建的工程质量负有瑕疵担保义务。在工程质量保证期内，工程所有人或者使用人发现工程存在瑕疵的，有权直接请求承包人修理或返工、改建。对于质量保证期的期限，当事人可以在承包合同中约定，也可以在单独的保修合同中约定。

(二)建设工程合同无效的原因

建设工程合同除了适用《民法典》总则编关于法律行为无效的规定外，还有一些特殊的无效原因。建设工程涉及重大公共利益，需要受到严格的监督与管理，例如合同订立中必须采用招标投标形式、禁止非法分包和转包等。根据《民法典》《建筑法》《招标投标法》和最高人民法院《关于审理建设工程施工合同纠纷案件适用法律问题的解释(一)》(法释〔2020〕25号)的若干规定，梳理总结，有以下几个方面的无效原因。

1. 主体资质问题

(1)为保障建设工程质量，现行法对于承包人实行资质管理制度，承包人未取得建筑业企业资质或者超越资质等级的，所签订的建设工程合同无效。但是，对于后一种超越资质等级的情况，承包人在建设工程竣工前取得相应资质等级，则不属于无效合同。

(2)没有资质的实际施工人借用有资质的建筑施工企业名义，与发包人签订建设工程合同，合同无效。这属于实践中常见的挂靠行为，我国禁止任何形式的挂靠行为(《建筑法》第26条第2款)。

(3)承包人将工程分包给不具备相应资质条件的单位，分包合同无效(《民法典》第791条第

3款)。

2. 招标、投标程序问题

(1)建设工程必须进行招标而未招标或者中标无效的,建设工程合同无效。[13] 招标投标是市场竞争的一种重要方式,最大优点就是能够充分体现公平竞争的市场原则,实现优胜劣汰,促进资源的优化配置。因此,法律要求必须采用招投标程序订立的建设工程施工合同应当依其规定,这属于效力性的强制性规定,违反会直接导致合同无效。

(2)与备案的中标合同不同的合同无效。这种现象被称为"黑白合同"或者"阴阳合同"。招标人和中标人不得再行订立背离合同实质性内容的其他协议(《招标投标法》第46条第1款)。招标人和中标人在中标合同之外就明显高于市场价格购买承建房产、无偿建设住房配套设施、让利、向建设单位捐赠财物等另行签订合同,变相降低工程价款,此种情形属于背离中标合同实质性内容,构成无效。

3. 分包、转包问题

(1)肢解发包的建设工程合同无效。发包人不得将应当由一个承包人完成的建设工程肢解成若干部分发包给数个承包人,此外我国提倡对建筑工程实行总承包,禁止将建筑工程肢解发包(《建筑法》第24条第1款)。

(2)非法转包的建设工程合同无效。转包分为两种形式:一是承包人将其承包的全部建设工程转包给第三人;二是承包人将其承包的全部建设工程肢解以后以分包的名义分别转包给第三人(《民法典》第791条第2款)。承包人因转包建设工程与他人签订的建设工程施工合同无效。

(3)违法分包的建设工程合同无效。分包与转包不同,分包有合法分包与违法分包,但任何形式的转包都是不合法的。违法分包的情形有以下几种:第一,未经发包人同意进行专业工程分包的,专业分包合同无效;第二,承包人将建设工程主体结构的施工分包给其他单位的,分包合同无效;第三,专业分包单位将其承包的专业工程中非劳务作业部分再分包的,分包合同无效;第四,劳务分包单位将其承包的劳务再分包的,分包合同无效;第五,以劳务分包之名行专业分包之实的,分包无效。

制度比较　专业工程分包 vs. 劳务作业分包

专业工程分包,简称"专业分包",是指总承包人将其承包工程中的专业工程(勘察、设计、施工)发包给具有相应资质的其他建筑企业完成的活动;劳务作业分包,简称"劳务分包",是指总承包人或者承包人将其承包工程中的劳务作业发包给劳务分包企业完成的活动。两者区别如下:

1. 主体不同。专业分包发生在总承包人与专业承包人之间,劳务分包发生在总承包人与劳务分包人之间。

2. 分包内容不同。劳务分包的内容仅为工程施工中的劳务部分,而专业分包包含完成专业过程的所有工作,如提供专业技术、管理、材料等,也包括专业工程范围的劳务。

---

[13] 典型案例参见"江苏南通六建建设集团有限公司与山西嘉和泰房地产开发有限公司建设工程施工合同纠纷案",最高人民法院(2014)民一终字第72号民事判决书;"普定县鑫臻房地产开发有限责任公司与黑龙江省建工集团有限责任公司建设工程合同纠纷案",最高人民法院(2016)最高法民终106号民事判决书。

3. 限制条件不同。劳务分包由承包人自行决定是否分包、分包给谁，专业分包则需要取得发包人的同意，但可以分包专业工程中的劳务作业。注意，分包后两者均不能再转包。

4. 分包人责任不同。对于专业工程的质量问题，专业分包人按照分包合同的约定对总承包人负责，且与总承包人就分包工程对发包人承担连带责任。对于劳务的质量问题，劳务分包人只需要按照合同约定对总承包人或者承包人负责。

4. 规划审批手续问题

发包人未取得建设工程规划许可证等规划审批手续的，建设工程施工合同无效，但发包人在起诉前取得建设工程规划许可证等规划审批手续的除外。

实例解析

甲公司将一工程发包给乙公司，经甲公司同意，乙公司将部分非主体工程分包给丙公司，丙公司又将其中一部分分包给丁公司。试分析甲、乙、丙、丁各自的关系，以及合同的效力。

分析：本案中，甲公司为发包人，乙公司为总承包人，甲、乙订立了总承包合同，合同有效；经甲公司同意后，乙公司将部分非主体工程分包给丙公司，属于合法分包，乙、丙订立的分包合同有效；丙公司又将其中一部分分包给丁公司，属于以分包的名义转包部分工程，系非法转包，丙、丁之间的合同无效。如果丁公司是劳务分包公司，丙公司只是将其中的劳务作业分包给丁公司，那么丙、丁订立的合同是劳务分包合同，合同有效。

（三）建设工程合同无效的后果

建设工程合同无效会导致以下后果：

1. 工程费用的折价补偿。由于建设工程施工投入巨大，且无法恢复原状，建设工程施工合同无效，但是建设工程经验收合格的，可以参照合同关于工程价款的约定折价补偿承包人。如果建设工程施工合同无效，且建设工程经验收不合格的，按照以下情形处理：(1)修复后的建设工程经验收合格的，发包人可以请求承包人承担修复费用；(2)修复后的建设工程经验收不合格的，承包人无权请求参照合同关于工程价款的约定折价补偿。发包人对因建设工程不合格造成的损失有过错的，应当承担相应的责任（《民法典》第793条）。[14]

实例解析

甲房地产开发公司开发一个较大的花园公寓项目，作为发包人，甲公司将该项目的主体工程发包给了乙企业，签署了建设工程施工合同。乙企业一直未取得建筑施工企业资质。该项目主体工程已封顶完工，本案如何处理？

分析：本案中，甲公司为发包人，乙企业为主体工程的承包人，但是由于乙企业不具有建筑施工企业资质，甲、乙订立的建设工程施工合同无效。即使合同无效，乙企业也可以主张一定的工程费用，如果该项目主体工程竣工验收合格，则乙企业可以参照合同约定请求甲公司支付工程价款；如果该项目主体工程竣工验收不合格，经修复后验收合格，乙企业在承担修复费用

---

〔14〕 典型案例参见“黑龙江省建工集团有限责任公司与杜国庆建设工程施工合同纠纷案”，天津市第二中级人民法院(2014)二中民四终字第449号民事判决书。

后,得请求甲公司支付工程价款,否则,乙企业无权请求。

2. 工程费用的结算依据。招标人和中标人另行签订的建设工程施工合同约定的工程范围、建设工期、工程质量、工程价款等实质性内容,与中标合同不一致,应当按照中标合同确定其权利义务。此外,如果当事人就同一建设工程订立的数份建设工程施工合同均无效,但建设工程质量合格,首先可以参照实际履行的合同关于工程价款的约定折价补偿承包人,实际履行的合同难以确定的,可以参照最后签订的合同关于工程价款的约定折价补偿承包人。

3. 垫资利息的计算与返还。当事人对垫资和垫资利息有约定的,承包人有权请求按照约定返还垫资及其利息,但是约定的利息计算标准高于垫资时的同类贷款利率或者同期贷款市场报价利率的部分除外。当事人对垫资没有约定的,按照工程欠款处理。当事人对垫资利息没有约定,承包人无权请求支付利息。

4. 赔偿损失。建设工程施工合同无效,一方当事人请求对方赔偿损失的,应当就对方过错、损失大小、过错与损失之间的因果关系承担举证责任。损失大小无法确定,一方当事人请求参照合同约定的质量标准、建设工期、工程价款、支付时间等内容确定损失大小的,人民法院可以结合双方过错程度、过错与损失之间的因果关系等因素作出裁判。

(四)建设工程合同的解除

建设工程合同的解除,除了应当遵守《民法典》第562条和第563条关于合同解除的规定,还需要符合《民法典》第806条的最新规定,包括发包人和承包人各自得主张解除合同的理由,以及合同解除的效果。

1. 发包人解除权

承包人将建设工程转包、违法分包的,发包人可以解除合同。如上所述,转包和违法分包同样是合同无效的原因,所以,如果承包人实施了转包和违法分包的行为,建设工程合同何去何从,端赖于发包人的诉讼请求。也就是说,发包人可以根据具体情况和自身的利益诉求,选择向法院主张合同无效或者请求解除合同。

2. 承包人解除权

发包人提供的主要建筑材料、建筑构配件和设备不符合强制性标准或者不履行协助义务,致使承包人无法施工,经催告后在合理期限内仍未履行相应义务的,承包人可以解除合同。协助义务是发包人的主要义务,发包人迟延履行主要义务,经催告后在合理期限内仍未履行,承包人得请求解除合同,这是承包人的法定解除权。

3. 解除的效果

合同解除后,已经完成的建设工程质量合格的,发包人应当按照约定支付相应的工程价款;已经完成的建设工程质量不合格的,参照《民法典》第793条的规定处理。该条所规定的就是建设工程合同无效后工程款的折价补偿问题,上文已经说明,此处不再赘述。[15]

---

〔15〕 典型案例参见"山西三建集团有限公司、大同市泰和春房地产开发有限公司建设工程施工合同纠纷案",最高人民法院(2018)最高法民申5998号民事裁定书。

第四节 运输合同

导学案例

北京的甲将10吨绿豆出卖给海口的乙,约定:“由甲代办托运,甲负责运输到海口后交付给乙。”甲于是与多式联运经营人丙签订多式联运合同,其中由承运人A负责从北京陆运到天津,承运人B从天津海运至海口交付给乙,他们内部约定各自承担各自运段的货损责任。

1. 若绿豆因泥石流全部毁损灭失,多式联运经营人丙是否承担货损责任?在甲乙的买卖合同中,货损的风险由谁承担?

2. 若在北京至天津段,因驾驶员疲劳驾驶,发生车祸起火,导致绿豆全部毁损,是否影响多式联运经营人丙的责任承担?在承运人A与B之间,最终的货损责任由谁承担?

3. 若在天津至海口段,因没有定期通风晾晒,导致部分绿豆潮湿,是否影响多式联运经营人丙的责任承担?在承运人A与B之间,最终的货损责任由谁承担?

4. 若绿豆运至海口后,乙拒绝接收货物,导致绿豆搁置港口,风吹日晒,部分毁损,多式联运经营人丙是否承担货损责任?在甲乙的买卖合同中,货损的风险由谁承担?

一、运输合同概述

(一)运输合同的概念和特征

运输合同又称为运送合同,是指承运人将旅客或者货物从起运地点运输到约定地点,旅客、托运人或者收货人支付票款或者运输费用的合同(《民法典》第809条)。其中,将旅客或货物从起运地点运输到约定地点的一方为承运人。

运输合同具有下列特征:

1. 运输合同的标的是运送行为。运输合同的标的是承运人的运送行为,而不是被运送的货物或旅客本身。运输合同双方当事人的权利与义务均围绕运送行为而产生。

2. 运输合同原则上为诺成合同。客运合同原则上为诺成合同,但也可以为实践合同。货运合同通常是诺成合同,承运人接受托运人发出的要约,例如,接受托运人支付的运费,即形成承诺,运输合同成立,无须以交付运送对象为成立要件。但当当事人约定或法律有特殊规定时,货运合同也可为实践合同。

3. 运输合同是双务、有偿合同。在运输合同中,承运人负有按约定期间、约定路线将旅客或者货物运送到约定地点的义务,旅客、托运人或者收货人负有按规定支付票款或运费的义务,两种义务互为对价,故运输合同属于双务、有偿合同。

4. 运输合同多为格式合同。合同条款由承运人事先拟定,托运人和旅客不能对合同条款进行协商,仅有表示同意与否的权利。

5. 运输合同具有强制订约的特点。基于公共运输的公益性和垄断性,从事公共运输的承运人不得拒绝旅客、托运人通常的、合理的运输要求(《民法典》第810条)。[16]

(二)运输合同的分类

1. 货运合同和旅客运输合同

以运输合同的标的划分,可分为货运合同和旅客运输合同。货运合同是指将特定的货物运送至特定地点,由托运人或者收货人支付费用的合同。所谓旅客运输合同,就是由承运人将旅客安全及时送达目的地,旅客支付票款的合同。我国《民法典》也主要将运输合同分为货运合同与客运合同两类。

制度比较 客运合同 vs. 货运合同

客运合同与货运合同的区别表现在以下方面:

1. 运输对象不同。在客运合同中,承运人所运输的通常是旅客本身,而在货运合同中,承运人所运输的对象则是托运人所交付的货物。

2. 当事人不同。在客运合同中,其当事人主要是旅客和承运人。而货运合同的当事人主要是托运人和承运人,但还存在以第三人作为收货人的情形,收货人作为货运合同的当事人,可主张承运人履行交付货物等义务。

3. 义务内容不同。在客运合同中,承运人负有将旅客安全运送至目的地的义务,承运人在运输过程中,应当尽力救助患有急病、分娩、遇险的旅客。但在货物运输中,不存在该种义务。

2. 铁路、公路、水上、航空运输合同

根据不同的运输工具,可以区分为铁路运输合同、公路运输合同、水上运输合同、航空运输合同。在实践中,这种分类方法的意义主要在于:(1)适用的法律根据不同,例如《民用航空法》《铁路法》《海商法》等。(2)从免责事由来看,在航空运输中,一般认为不可抗力不能作为免责事由,而在其他运输方式中则可以适用。(3)从承运人的特殊要求来看,航空、铁路运输都对承运人的资质有相对严格的要求。

3. 单一承运人的运输合同与联运合同

从运输方式来看,可分为单一承运人的运输合同与联运合同。单一承运人的运输合同,是指仅由单一的承运人负担运输义务的合同。联运合同,是指两个以上的承运人采用相同或不同的交通工具进行运输的合同。其中,两个以上交通工具的运输合同可以区分为单式联运合同和多式联运合同。

4. 国内和国际运输

国内运输主要是指运输路线发生在一个国家内部的运输,包括公路以及铁路运输等。而国际运输主要是指在多国海域进行的运输路线发生在一个国家以上的运输。由于国际运输情形较为复杂,涉及的问题很多,我国专门制定了《海商法》对远洋运输进行特别规定。

(三)运输合同当事人的义务

1. 承运人安全运输义务。承运人应当在约定期限或者合理期限内将旅客、货物安全运输到

---

〔16〕 典型案例参见“张某菊与河池市公共交通公司城市公交运输合同纠纷案”,广西壮族自治区河池市金城江区人民法院(2020)桂1202民初342号民事判决书。

约定地点。承运人须满足三个方面的要求:一是在约定期限或者合理期限内,二是安全运输,三是送到约定地点。违反其中任何一个,都需要承担相应的违约责任。

2. 承运人合理运输义务。承运人应当按照约定的或者通常的运输路线将旅客、货物运送到约定地点。按照约定的运输路线运送是运输合同选择运输路线的基本要求。不过也会出现异常情形,如约定的运输路线出现异常天气而合理绕行,约定的运输路线出现危险而选择约定路线以外的路线运送,都属于通常的运输路线。[17]

3. 旅客、托运人或收货人支付票款或者运输费用的义务。旅客、托运人或者收货人应当支付票款或者运输费用。承运人未按照约定路线或者通常路线运输增加票款或者运输费用的,旅客、托运人或者收货人可以拒绝支付增加部分的票款或者运输费用。

一、客运合同

(一)客运合同概述

客运合同又称为旅客运输合同,是指承运人与旅客签订的由承运人将旅客及其行李运输到目的地而由旅客支付票款的合同。客运合同中旅客既是合同方当事人,又是运输对象,客运合同包括对旅客行李的运送。

《民法典》第814条规定:"客运合同自承运人向旅客出具客票时成立,但是当事人另有约定或者另有交易习惯的除外。"本条将《合同法》第293条中的"交付客票"修改为"出具客票"。前者一般是履行行为,容易使人产生客运合同为实践合同的错觉;后者则表明客票只是证明合同成立的凭证,而且现在多采网上订票的方式,合意达成,合同即宣告成立。所以,客运合同原则上是诺成合同,特殊情形下(另有约定或交易习惯),可以是实践合同。[18]

(二)客运合同当事人的义务

1. 客运合同中旅客的义务

(1)持有效客运票乘运并支付票款及行李运费的义务。旅客应当按照有效客票记载的时间、班次和座位号乘坐。旅客无票乘坐、超程乘坐、越级乘坐或者持不符合减价条件的优惠客票乘坐的,应当补交票款,承运人可以按照规定加收票款;旅客不支付票款的,承运人可以拒绝运输。实名制客运合同的旅客丢失客票的,可以请求承运人挂失补办,承运人不得再次收取票款和其他不合理费用。

(2)在约定期限内办理退票或变更手续的义务。旅客因自己的原因不能按照客票记载的时间乘坐的,应当在约定的期限内办理退票或者变更手续;逾期办理的,承运人可以不退票款,并不再承担运输义务。[19]

(3)按约定携带行李的义务。旅客随身携带行李应当符合约定的限量和品类要求;超过限量或者违反品类要求携带行李的,应当办理托运手续。

---

〔17〕 典型案例参见"黄少俊、河南精益物流有限公司公路货物运输合同纠纷案",浙江省宁波市中级人民法院(2019)浙02民终2795号民事判决书。

〔18〕 典型案例参见"张玉梅、刘绪秀海上、通海水域旅客运输合同案",湖北省高级人民法院(2019)鄂民终139号民事判决书。

〔19〕 典型案例参见"唐文与中国铁路上海局集团有限公司铁路旅客运输合同纠纷案",上海市第三中级人民法院(2019)沪03民终16号民事判决书。

(4)不得携带或夹带危险品或违禁品的义务。旅客不得随身携带或者在行李中夹带易燃、易爆、有毒、有腐蚀性、有放射性以及可能危及运输工具上人身和财产安全的危险物品或者违禁物品。旅客违反规定的,承运人可以将危险物品或者违禁物品卸下、销毁或者送交有关部门。旅客坚持携带或者夹带危险物品或者违禁物品的,承运人应当拒绝运输。

(5)协助义务。旅客对承运人为安全运输所作的合理安排应当积极协助和配合。安全运输是承运人和旅客共同的合同目的,对于承运人为安全运输所作的合理安排,如系好安全带等,旅客负有积极协助和配合的义务。

2. 客运合同中承运人的义务

(1)安全运输及告知义务。承运人应当严格履行安全运输义务,及时告知旅客安全运输应当注意的事项。

(2)按约定运输旅客义务。承运人应当按照有效客票记载的时间、班次和座位号运输旅客。承运人迟延运输或者有其他不能正常运输情形的,应当及时告知和提醒旅客,采取必要的安置措施,并根据旅客的要求安排改乘其他班次或者退票;由此造成旅客损失的,承运人应当承担赔偿责任,但是不可归责于承运人的除外。

(3)不得擅自降低服务标准的义务。承运人擅自降低服务标准的,应当根据旅客的请求退票或者减收票款;提高服务标准的,不得加收票款。

(4)救助义务。承运人在运输过程中,应当尽力救助患有疾病、分娩、遇险的旅客。[20]

(5)对旅客的伤亡的赔偿责任。承运人应当对运输过程中旅客的伤亡承担赔偿责任;但是,伤亡是旅客自身健康原因造成的或者承运人证明伤亡是旅客故意、重大过失造成的除外。该规定适用于按照规定免票、持优待票或者经承运人许可搭乘的无票旅客。

(6)对行李的损害赔偿责任。在运输过程中旅客随身携带物品毁损、灭失,承运人有过错的,应当承担赔偿责任。旅客托运的行李毁损、灭失的,适用货物运输的有关规定。

实例解析

甲一家三口搭乘火车回老家,抵达后,在火车站门口遇到乙停车搭讪,乙同意驾车搭载甲一家三口前往甲的住宅,双方口头约定,甲应支付运输费用70元,后因发生交通事故,甲未支付乙运输费。该案如何处理?

分析:本案中,乙搭载甲一家人,约定收取运输费用,双方形成了事实上的运输合同关系。乙履行运送义务过程中致甲受伤,应当承担未尽安全运送义务的责任,赔偿甲的损失。

实例解析

某旅客甲乘火车游玩。火车经过某小站时,车窗外飞来一石头,将甲砸伤(后来查明是一顽童所为,但已经无法找到)。甲被送至当地的医院进行包扎,花去医药费500元。在混乱中另一游客乙只顾看热闹,而致使自带的笔记本电脑被小偷偷走。火车到站后,乘客丙发现自己

---

〔20〕 典型案例参见"姜发与吉林吉运集团有限公司旅客运输合同纠纷案",吉林省长春市中级人民法院(2019)吉01民终1794号民事判决书。

托运的行李出现了坏损,原因不明。该案如何处理?

分析:本案中,甲的医药费损失属于旅客人身伤亡的赔偿责任范畴,铁路运输公司承担的是无过错责任,所以应该由铁路运输公司承担。乙的笔记本电脑被偷,属于旅客自带行李的赔偿责任,铁路运输公司承担的是过错责任,但其无过错,所以,铁路运输公司不赔。丙托运的行李出现了坏损,属于旅客托运行李的赔偿责任,铁路运输公司承担的是无过错责任,所以应该由铁路运输公司承担。

三、货运合同

(一)货运合同概述

货运合同又称货物运输合同,是指承运人将托运人交付的货物运输到指定的地点,而由托运人支付运费的合同。根据运输工具的不同,货物运输合同分为公路货运合同、铁路货运合同、航空货运合同等。

货运合同区别于一般运输合同的特征是通常涉及第三人(见图3-13-1),货运合同虽由托运人与承运人签订,但双方当事人可约定以第三人为交付对象,即非以托运人为收货人,这种货运合同被称为利益第三人合同。

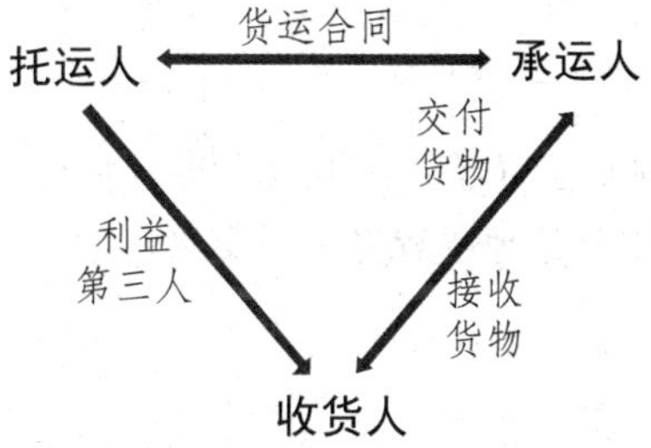

图3-13-1　货运合同法律关系

(二)货运合同当事人的义务

1.托运人的主要义务

(1)支付运输费用。这是托运人的基本义务,如果托运人或者收货人不支付运费、保管费或者其他费用的,承运人对相应的运输货物享有留置权,但是当事人另有约定的除外。[21] 货物在运输过程中因不可抗力灭失,未收取运费的,承运人不得请求支付运费;已经收取运费的,托运人可以请求返还。法律另有规定的,依照其规定。

(2)告知义务。托运人办理货物运输,应当向承运人准确表明收货人的姓名、名称或者凭指示的收货人,货物的名称、性质、重量、数量,收货地点等有关货物运输的必要情况。因托运人申报不实或者遗漏重要情况,造成承运人损失的,托运人应当承担赔偿责任。

(3)提交有关文件。货物运输需要办理审批、检验等手续的,托运人应当将办理完有关手续的文件提交承运人。

(4)包装义务。《民法典》第827条确定了如下规则:第一,托运人应当按照约定的方式包装货物。第二,对包装方式没有约定或者约定不明确的,首先,签订补充协议;其次,不能达成补充

---

〔21〕 典型案例参见“王文善、南京龙羽货物联运有限公司海上、通海水域货物运输合同纠纷案”,湖北省高级人民法院(2019)鄂民终370号民事判决书。

协议的,按照合同相关条款或者交易习惯确定;再次,仍不能确定的,按照通用的方式包装;最后,没有通用方式的,应当采取足以保护标的物且有利于节约资源、保护生态环境的包装方式。第三,托运人违反包装义务的,承运人可以拒绝运输。

(5)托运危险物品的妥善包装、警示等义务。托运人托运易燃、易爆、有毒、有腐蚀性、有放射性等危险物品的,应当按照国家有关危险物品运输的规定对危险物品妥善包装,做出危险物品标志和标签,并将有关危险物品的名称、性质和防范措施的书面材料提交承运人。托运人违反包装、警示等义务的,承运人可以拒绝运输,也可以采取相应措施以避免损失的发生,因此产生的费用由托运人负担。

实例解析

甲委托乙公司将集装箱从广州运至营口,乙公司作为承运人安排轮船承运该集装箱及其他货物。该轮船靠泊码头时,因该集装箱内私自夹带160件属于易燃危险货物的固化剂,导致集装箱发生爆炸。该案如何处理?

分析:本案中,甲与乙公司是货运合同关系,甲为托运人,乙公司为承运人。甲明知集装箱中装有易燃危险货物,但未告知承运人,也没有履行妥善包装、警示的义务,导致集装箱爆炸,乙公司由此造成的损失由甲承担赔偿责任。

(6)中止、变更、解除合同的赔偿责任。在承运人将货物交付收货人之前,托运人可以要求承运人中止运输、返还货物、变更到达地或者将货物交给其他收货人,但是应当赔偿承运人因此受到的损失。

2. 承运人的主要义务

(1)运送义务。承运人要按照约定的时间、地点、运输路线,安全无损地将物品运抵目的地。如因承运人的原因错运到货地点或逾期运到的,承运人应承担违约责任。承运人未按约定运输路线运送而增加运输费用的,托运人或收货人可以拒付增加的费用。

(2)及时通知收货人的义务。货物运输到达后,承运人知道收货人的,应当及时通知收货人,收货人应当及时提货。收货人逾期提货的,应当向承运人支付保管费等费用。收货人不明或无正当理由拒绝受领的,承运人依法可以提存货物。

(3)货物毁损、灭失的赔偿责任。承运人对运输过程中货物的毁损、灭失承担赔偿责任。但是,承运人证明货物的毁损、灭失是因不可抗力、货物本身的自然性质或者合理损耗以及托运人、收货人的过错造成的,不承担赔偿责任。关于货物的毁损、灭失的赔偿额,当事人有约定的,按照其约定;没有约定或者约定不明确的,可以协议补充;不能达成补充协议的,按照合同相关条款或者交易习惯确定;仍不能确定的,按照交付或者应当交付时货物到达地的市场价格计算。法律、行政法规对赔偿额的计算方法和赔偿限额另有规定的,依照其规定。[22]

(4)多个运送人的连带责任。两个以上承运人以同一运输方式联运的,与托运人订立合同的承运人应当对全程运输承担责任;损失发生在某一运输区段的,与托运人订立合同的承运人和该区段的承运人承担连带责任。

---

〔22〕 典型案例参见“平凉市第四汽车运输有限责任公司与颜利华公路货物运输合同纠纷案”,最高人民法院(2018)最高法民申163号民事裁定书。

3. 收货人的主要义务

当托运人与收货人不是同一人时，托运人的部分义务便依托运人与收货人的约定而转移于收货人，收货人的主要义务有：按约定支付运费及其他运输费用；及时领取货物和检验货物等。

四、多式联运合同

（一）多式联运合同概述

多式联运合同，是指多式联运经营人与托运人订立的，约定以两种或者两种以上的不同运输方式，采用同一运输凭证将货物运至约定地点的货物运输合同。如前所述，单式联运合同和多式联运合同都属于联运合同。所谓单式联运合同是指当事人约定由两个以上承运人以同一运输方式将货物运至约定地点，托运人支付运费的货物运输合同。

制度比较　单式联运合同 vs. 多式联运合同

单式联运合同与多式联运合同的区别表现在以下方面：

1. 当事人不同。在单式联运合同中，存在两个以上的承运人共同为托运人服务，而在多式联运合同中，只有多式联运经营人作为承运人一方当事人。

2. 联合方式不同。在单式联运合同中，是多个承运人相继运输货物，且采用同一运输方式。而多式联运合同一般实行“一次托运，一次收费，一票到底，全程负责”的综合性运输，且有两种或者两种以上的运输方式。

3. 责任承担不同。单式联运合同中多个承运人之间承担连带责任，由于多式联运合同仅一个承运人与托运人签订合同，不存在连带责任。

（二）多式联运合同的特殊效力

1. 多式联运经营人对全程运输享有承运人的权利，承担承运人的义务。多式联运经营人可以与参加多式联运的各区段承运人就多式联运合同的各区段运输约定相互之间的责任；但是，该约定不影响多式联运经营人对全程运输承担的义务。

2. 多式联运单据。多式联运经营人收到托运人交付的货物时，应当签发多式联运单据。按照托运人的要求，多式联运单据可以是可转让单据，也可以是不可转让单据。

3. 因托运人托运货物时的过错造成多式联运经营人损失的，即使托运人已经转让多式联运单据，托运人仍然应当承担赔偿责任。

4. 货物的毁损、灭失的责任。货物的毁损、灭失发生于多式联运的某一运输区段的，多式联运经营人的赔偿责任和责任限额，适用调整该区段运输方式的有关法律规定；货物毁损、灭失发生的运输区段不能确定的，依照《民法典》合同编第十九章（运输合同）的规定承担赔偿责任。

第五节 保管合同

导学案例

某大学城中,大学生甲进入某商场购物,将随身物品存入商场入口处的储物柜,储物柜上张贴"请勿寄存贵重物品"的字样。甲购物出来后发现储物柜内的财物丢失。

1. 试分析本案中甲与商场之间是否成立保管合同?若成立保管合同,是有偿保管还是无偿保管?

2. 若甲寄存的物品是背包和书本,商场是否承担甲的全部损失?

3. 若甲寄存的物品是笔记本电脑,甲也未向商场声明为贵重物品,商场是否承担甲的全部损失?

一、保管合同概述

(一)保管合同的含义和特征

保管合同,又称寄托合同、寄存合同,是指保管人保管寄存人交付的保管物,并返还该物的合同。保管合同关系中,代为保管物品的一方当事人为保管人;将自身物品交付给保管人保管的一方当事人为寄托人或寄存人。保管合同有如下特征:

1. 保管合同以物品的保管为目的。保管合同的标的为保管行为,尽管物品应处于保管人的占有或控制之下,但保管只是对物的保存行为,而不是管理行为,保管人应保持物的原状,而不具有使用、收益的权能。

2. 保管合同一般为实践合同。保管合同的成立,不仅须当事人双方意思表示一致,而且须有寄托人将保管物交付保管人的行为,因此,保管合同为实践合同,但当事人另有约定的除外(《民法典》第890条)。

3. 保管合同以无偿为原则,有偿为例外。保管合同是社会成员相互提供帮助或服务部门为公民提供服务的一种形式,应以无偿为原则。因此,保管人为寄托人保管其物品,寄托人并不向保管人支付保管费,当然,双方当事人也可以约定保管合同为有偿合同。当事人对保管费没有约定或者约定不明确,经协议和补充解释仍不能确定的,视为无偿保管。

4. 保管合同为双务合同。双务合同是双方当事人相互承担对待给付义务的合同。在有偿的保管合同中,保管人负有保管保管物等义务,寄托人负有支付保管费及其他必要费用的义务,因此为双务合同。在无偿合同中,寄托人虽不必支付保管费,但须支付其他必要费用,该支付其他必要费用的义务与保管人的保管义务是具有对价关系的,因此也为双务合同。

(二)保管合同的类型

1. 保管合同与仓储合同

仓储合同是保管人储存存货人交付的仓储物,存货人支付仓储费的合同。保管合同与仓储合同具有相似性,在《民法典》合同编中,"仓储合同"是一种独立的有名合同,具有很强的商事属性,因此是有偿的,但保管合同属于纯粹的民事合同,以无偿为原则,以有偿为例外。两者的详细区别在下一节进行探讨。

2. 一般保管与特殊保管

保管可以分为一般保管和特殊保管,《民法典》中规定的特殊保管主要包括以下两种情况:

(1)特定场所保管合同,是指到商店、饭店、旅店等购物、就餐、住宿等活动的人,将自己的物品存放在这些单位的指定场所的,视为保管,但是当事人另有约定或者另有交易习惯的除外(《民法典》第888条第2款)。

实例解析

甲前往某休闲中心进行消费,该休闲中心的服务员协助甲将衣物及随身物品装入黑色塑料袋后放置于储物柜里进行保管。甲将储物柜上锁后,在休闲中心处接受洗浴及按摩服务。完毕后,甲更衣时发现储物柜里的黑色塑料袋里面的财物丢失。本案如何处理?

分析:本案的情形即属于《民法典》第888条第2款规定的特定场所保管合同。某休闲中心属于特定场所,甲在此地消费,将衣物及随身物品放入休闲中心的储物柜中,视为保管,甲与休闲中心之间成立保管合同,所以,休闲中心应当赔偿甲财物丢失的损失。

(2)消费保管合同。所谓消费保管,也称为不规则保管,是指保管物为可替代物时,如当事人约定将保管物的所有权移转于保管人,保管期间届满以后,由保管人以同种类、品质、数量的物返还给寄存人。[23]

二、保管合同当事人的义务

(一)保管人的义务

1. 给付保管凭证的义务。寄存人向保管人交付保管物的,保管人应当出具保管凭证,但是另有交易习惯的除外。注意,保管人出具保管凭证,并非保管合同的成立要件,该凭证亦非保管合同的书面形式,仅是证明保管合同关系存在的凭证。

2. 妥善保管的义务。保管人的首要义务即是保管标的物的义务,保管人应当妥善保管保管物。当事人可以约定保管场所或者方法。除紧急情况或者为维护寄存人利益外,不得擅自改变保管场所或者方法。因保管不善导致保管物毁损、灭失的,保管人应负损害赔偿责任,但无偿保管人负故意或者重大过失责任,有偿保管人负一般过失责任(《民法典》第897条)。

实例解析

甲因装修房屋,把一批书籍叫朋友乙代为保管,乙将书籍置于床下。一日,乙楼上住户家水管被冻裂,水流至乙家,致使甲的书籍严重受损。乙是否应当赔偿?

分析:本案中,甲与乙是朋友关系,未约定保管费,可以视为无偿保管。根据《民法典》第897条的规定,无偿保管人只有故意或者重大过失的情况才需要对保管物的毁损、灭失承担赔偿责任,书籍毁损的原因是楼上住户漏水,乙不存在重大过失,所以不应当赔偿。但是,如果书籍因为床下过于潮湿而腐烂,乙没尽到足够的注意义务,可以认为具有重大过失,应当承担赔

〔23〕 典型案例参见"曾萍、迟洁玲保管合同纠纷案",广东省广州市中级人民法院(2020)粤01民终12441号民事判决书。

偿责任。

3. 亲自保管的义务。保管人不得将保管物转交第三人保管,但是当事人另有约定的除外。保管人违反前述规定,将保管物转交第三人保管,造成保管物损失的,应当承担赔偿责任(《民法典》第894条)。

实例解析

甲和乙约定:甲为乙看管展销车辆,保管费用为每天150元。后来,乙将展销车辆交付保管人甲,甲又擅自将保管物转交第三人丙进行保管。后发生了被看管车辆被损事件。本案如何处理?

分析:本案中,甲和乙之间成立保管合同关系,甲作为保管人负有亲自保管的义务,不得将保管物转交第三人。甲未经乙的同意将保管物转交第三人丙保管,后车辆被损,甲应当承担赔偿责任。

4. 不得使用保管物的义务。保管人不得使用或者许可第三人使用保管物,但是当事人另有约定的除外。一般而言,保管人仅有占有保管物的权限,而并不享有使用、处分的权限。保管合同的目的在于维持物的固有价值,如果允许保管人使用保管物或者许可第三人使用保管物,会导致保管物折旧或增加其毁损灭失的风险。

5. 返还保管物的义务。寄存人可以领取保管物的,保管人应及时交还。即使第三人对保管物主张权利,除依法对保管物采取保全或者执行措施外,保管人应当履行向寄存人返还保管物的义务。[24]

6. 保管人的附随义务。保管人的附随义务包括:(1)危险告知义务。当保管物品发生危险或者第三人对保管人提起诉讼或对保管物申请扣押的,保管人应当及时通知寄存人。(2)孳息返还义务。保管期限届满或者寄存人提前领取保管物的,保管人应当将原物及其孳息归还寄存人。

(二)寄存人的义务

1. 支付报酬及其他费用义务。有偿保管中,在保管人完成保管义务时,寄存人应支付约定的报酬。在无偿保管中,对于保管人为保管保管物支付的必要费用,寄存人也应当支付。寄存人未按照约定支付保管费或者其他费用的,保管人对保管物享有留置权,但是当事人另有约定的除外。

2. 瑕疵告知义务。寄存人交付的保管物有瑕疵或者根据保管物的性质需要采取特殊保管措施的,寄存人应当将有关情况告知保管人。寄存人未告知,致使保管物受损失的,保管人不承担赔偿责任;保管人因此受损失的,除保管人知道或者应当知道且未采取补救措施外,寄存人应当承担赔偿责任。

3. 贵重物品声明义务。寄存人寄存货币、有价证券或者其他贵重物品的,应当向保管人声明,由保管人验收或者封存;寄存人未声明的,该物品毁损、灭失后,保管人可以按照一般物品予以赔偿。

---

〔24〕 典型案例参见"陈忠、张普金保管合同纠纷案",湖北省荆门市中级人民法院(2020)鄂08民终268号民事判决书。

第六节　仓储合同

导学案例

某个体户甲在乙仓库寄存100台电视，双方约定："仓库自2021年1月15日至2月15日期间保管，甲分三批取走；2月15日甲取走最后一批电视时，支付保管费2000元。"2月15日，甲前来取走最后一批电视时，双方对保管费的数额发生争议。甲认为电视实际是1月25日存入乙仓库，应当少支付保管费250元。乙仓库拒绝减少保管费，理由是仓库早已为甲的电视准备了储存地。甲则认为其通知了电视到站的准确时间，乙仓库不可能空着货位，其只同意支付1750元保管费。乙仓库于是拒绝甲提取所剩下的电视。

1. 试分析甲要求减少保管费是否合理，说明理由。

2. 试分析乙仓库在甲拒绝足额支付保管费的情况下是否可以拒绝其提取货物，说明理由。

一、仓储合同概述

（一）仓储合同的含义和特征

仓储合同又称仓储保管合同，是指保管人储存存货人交付的仓储物，存货人支付仓储费的合同。提供仓储保管服务的一方为仓储保管人，将仓储物交由保管人仓储保管的一方为存货人。仓储合同是保管合同的一种特殊类型，所以各国立法均承认法律对于仓储合同没有具体规定的，准用保管合同的有关规定。仓储合同具有以下特征：

1. 仓储保管人必须是有仓储设备并具有从事仓储业务资格的人。仓储设备是指可以用于储存和保管仓储物的设施。从事仓储业务资格是指仓储保管人必须取得专门从事或者兼营仓储业务的营业许可。

2. 仓储保管的对象须为动产。堆置和储藏的仓储方式决定了仓储合同的标的物限于动产，不动产无法堆藏和保管，故不动产不能成为仓储合同中的仓储物。

3. 仓储合同为不要式合同。虽然存货人的货物交付或返还请求权以仓单为凭证，但仓单并非合同的成立条件，所以仓储合同为不要式合同。

4. 仓储合同是双务、有偿、诺成合同。仓储合同的双方当事人互负给付义务，一方提供服务，另一方支付报酬和其他费用，因此，仓储合同是双务、有偿合同；仓储合同并不以仓储物的实际交付为生效要件，只要存货人与仓储保管人就仓储货物达成意思表示一致，合同即告成立并生效，因此，仓储合同是诺成合同。

制度比较　保管合同 vs. 仓储合同

一般的保管合同主要是普通民事保管合同，而仓储合同主要运用于商事活动中，根据上述仓储合同的法律特征，其与保管合同的区别如下：

1. 合同主体不同。保管合同的主体通常为一般的民事主体。而仓储合同中，仓储人具有特殊的身份，其是以从事仓储活动为业的特殊企业法人。

2. 合同成立时间不同。保管合同是要物合同,只有从交付保管物之日起才能生效。但仓储合同是诺成合同,只要当事人达成合意,合同就成立。

3. 合同是否有偿方面不同。保管合同原则上是无偿的,当事人有特别约定的则为有偿合同。但仓储合同原则上是有偿的,因为仓储人是以仓储为其营业活动的人,所以,其订立仓储合同的目的就是获得仓储费。

4. 合同的客体不同。在保管合同中,无论是动产还是不动产,都可以成为保管的对象,因而其客体是所有的有体物。而仓储保管的对象必须是动产,不动产不能作为仓储合同的保管对象,因为仓储合同的保管是将标的物置于仓库中进行保管。

5. 是否签发仓单不同。一般的保管合同中并没有仓单的流转问题。而仓储合同涉及仓单的流转问题。

实例解析

甲与乙签订一份协议书,双方约定:"(1)乙租赁甲的冷库,用于存放乙的水果萝卜约15万斤;(2)租赁费以每吨100元结算;(3)付款方式:乙出库时按时交纳库存费。"合同签订后,乙将水果萝卜存放于甲的冷库,甲出具的入库证明上面载明"今存入乙的水果萝卜15万斤"。本案甲、乙的协议是什么性质?

分析:本案中甲和乙签订的合同名为租赁实为仓储。甲从事冷库经营,系从事专业仓储业的人员,乙作为存货人将水果萝卜存放在甲冷库中,由甲保管,甲也出具了入库证明,双方之间的法律关系符合仓储合同的特征,故本案甲、乙之间应认定为仓储合同关系。

(二)仓单的概念和法律性质

仓单是指仓储保管人在存货人寄托物品以后,应存货人的请求,向存货人填发的记载有关保管事项的单据,它也是提取仓储物的凭证。仓单的性质主要体现在以下几个方面:

1. 仓单是一种物权证券。仓单具有表彰物品的所有权的效力,持有仓单者,即享有该仓单所载明的物品的所有权,交付仓单等同于交付该物品,所以仓单是一种物权凭证。仓单还具有债权效力,持有仓单者还享有请求仓储保管者交付保管物的权利,此种请求权又具有一定的债权属性。

2. 仓单是一种要式证券。保管人应当在仓单上签名或者盖章。而且仓单应当包括以下内容:存货人的姓名或者名称和住所;仓储物的品种、数量、质量、包装及其件数和标记;仓储物的损耗标准;储存场所;储存期限;仓储费;保险金额、期间以及保险人的名称;填发人、填发地和填发日期等(《民法典》第909条)。可见,其属于要式证券。[25]

3. 仓单是一种文义证券。所谓文义证券,是指当事人之间的权利、义务关系,依据证券上所记载的事项而定的证券。通常来说,票据、提单等均为文义证券。因为仓单是文义证券,所以,仓单持有人和保管人的权利、义务的确定都应当以该证券的记载为准。

4. 仓单具有可转让性。仓单是一种有价证券,因此,在法律上具有可转让性。存货人或者仓单持有人在仓单上背书并经保管人签名或者盖章的,可以转让提取仓储物的权利(《民法典》第

〔25〕 典型案例参见"大连港股份有限公司、中国铁路物资哈尔滨有限公司港口货物保管合同纠纷案",辽宁省高级人民法院(2018)辽民终462号民事判决书。

910条)。

二、仓储合同当事人的义务

(一)保管人的主要义务

1. 验收和接受仓储物的义务。保管人应当按照约定对入库仓储物进行验收。保管人验收时发现入库仓储物与约定不符合的,应当及时通知存货人。保管人验收后,发生仓储物的品种、数量、质量不符合约定的,保管人应当承担赔偿责任(《民法典》第907条)。

2. 给付仓单的义务。存货人交付仓储物的,保管人应当出具仓单、入库单等凭证,而且保管人应当在仓单上签名或者盖章。

3. 妥善保管仓储物的义务。保管人应按合同约定的保管条件和方式妥善保管货物,不得擅自改变保管条件和方式。保管人储存易燃、易爆、有毒、有腐蚀性、有放射性等危险物品的,应当具备相应的保管条件。

4. 容忍义务。保管人根据存货人或者仓单持有人的要求,应当同意其检查仓储物或者提取样品(《民法典》第911条)。

5. 危险通知和及时处置的义务。保管人发现入库仓储物有变质或者其他损坏的,应当及时通知存货人或者仓单持有人(《民法典》第912条)。该危险危及其他仓储物的安全和正常保管的,应当催告存货人或者仓单持有人作出必要的处置。因情况紧急,保管人可以作出必要的处置;但是,事后应当将该情况及时通知存货人或者仓单持有人(《民法典》第913条)。[26]

6. 返还仓储物的义务。当事人对储存期限没有约定或者约定不明确的,存货人或者仓单持有人可以随时提取仓储物,保管人也可以随时请求存货人或者仓单持有人提取仓储物,但是应当给予必要的准备时间(《民法典》第914条)。

7. 损害赔偿责任。储存期内,因保管不善造成仓储物毁损、灭失的,保管人应当承担赔偿责任。因仓储物本身的自然性质、包装不符合约定或者超过有效储存期造成仓储物变质、损坏的,保管人不承担赔偿责任(《民法典》第917条)。[27]

(二)存货人的主要义务

1. 说明义务。储存易燃、易爆、有毒、有腐蚀性、有放射性等危险物品或者易变质物品的,存货人应当说明该物品的性质,提供有关资料。存货人违反说明义务的,保管人可以拒收仓储物,也可以采取相应措施以避免损失的发生,因此产生的费用由存货人负担(《民法典》第906条第1、2款)。

实例解析

甲将100吨洋葱委托乙冷藏保鲜,并向乙预交冷藏保鲜费10000元,乙开具冷藏费用收款凭证一份。后来,甲提货将洋葱销往温州、上海等地。出库后,甲发现洋葱变质,不能食用,无

[26] 典型案例参见"常海彦与河南昌泰仓储服务有限公司仓储合同纠纷案",河南省新郑市人民法院(2019)豫0184民初963号民事判决书。

[27] 典型案例参见"青岛毕勤机电有限公司、南京兴贵电器有限公司仓储合同纠纷案",山东省青岛市中级人民法院(2020)鲁02民终4125号民事判决书。

法销售,甲遂向人民法院提起诉讼,请求法院判令乙赔偿其所受损失。本案如何处理?

分析:本案中,甲、乙之间构成仓储合同关系,根据《民法典》第906条规定,存货人甲有义务向保管人乙说明洋葱易变质的特征,以及储存的方式,甲违反了说明义务,对洋葱的变质有过错,可以减轻乙的赔偿责任。

2. 支付仓储费的义务。存货人应按合同约定支付仓储费。存货人或者仓单持有人逾期提取的,应当加收仓储费;提前提取的,不减收仓储费(《民法典》第915条)。[28]

3. 提取仓储物的义务。储存期限届满,存货人或者仓单持有人应当凭仓单、入库单等提取仓储物。如果存货人或者仓单持有人不提取仓储物的,保管人可以催告其在合理期限内提取;逾期不提取的,保管人可以提存仓储物(《民法典》第916条)。

第七节　委托合同

导学案例

甲即将前往国外进行为期5年的人道主义援助,遂打算将其自有房屋出租。考虑到时间紧张不一定能立刻找到租客,甲与乙签订委托合同,合同约定:"甲全权委托乙处理房租出租事项,房租不低于市场均价,房租收入的5%作为乙的酬劳。"就其他事项合同未作特别约定。甲离开后乙找到丙,并以自己的名义与其签订为期6年的房屋租赁合同。合同签订后,丙入住前从朋友处得知房屋所有人为甲,乙可能只是作为甲的代理人与之签订租赁合同。

1. 如果法律规定受委托签订为期5年以上的租赁合同须特别授权,乙是否有权与丙签订为期6年的房屋租赁合同?合同效力如何?

2. 乙出差期间,国家出台房租管制政策,未来房租可能受到管制,为防止房租降低,乙在无法与身处国外的甲取得联系的情况下能否转委托丁处理租房事务?

3. 丙入住房屋两年后发现房屋墙体有严重的瑕疵,丙有哪些权利?

一、委托合同概述

(一)委托合同的含义和特征

委托合同,又称委任合同,是委托人和受托人约定,由受托人处理委托人事务的合同(《民法典》第919条)。其中,委托他方处理事务的,为委托人;允诺为他方处理事务的,为受托人。处理事务必须提供劳务,因此委托合同是劳务合同,且为最为典型的劳务合同。《民法典》合同编设专章规定委托合同的一般规定,而于第二十五章、第二十六章分别规定两种商事委托合同,即行纪合同与中介合同。行纪和中介本质上均为委托合同,二者皆以为委托人处理特定事务为其营业项目,故法律对行纪、中介合同未设特别规定的,参照适用委托合同的一般规定(《民法典》第960、966条)。

委托合同主要具有以下特征:

---

〔28〕 典型案例参见"北京厚德坤物流有限公司与掌合天下(北京)信息技术有限公司仓储合同纠纷案",北京市朝阳区人民法院(2018)京0105民初11609号民事判决书。

1. 委托合同以当事人之间的相互信任为前提。委托人之所以选定某人作为受托人为其处理事务,是以他对受托人的办事能力和信誉的了解、相信受托人能够处理好委托的事宜为基本出发点的;而受托人之所以接受委托,也是因为其愿意为委托人服务,有能够完成受托事务的自信,并基于对委托人的了解和信任。没有相互的信任和了解,委托合同难以成立;即使建立了委托关系,也难以维持和巩固。正因如此,在委托合同关系成立并生效后,任何一方如果对另一方产生了不信任,都可以随时解除委托合同(《民法典》第933条)。

2. 委托合同是以为他人处理事务为目的的合同。委托合同是典型的提供劳务的合同,合同的标的是受托人处理委托人事务的行为,即受托人提供劳务。所谓事务,是指一切与我们的生活有关的事项,与无因管理制度中的事务含义相同。无论它是事实行为还是法律行为,为财产上的行为抑或非财产上的行为,委托人自己的事务还是第三人的事务,只要该事项不违反法律、行政法规的禁止性规定,不违背公序良俗,委托人都可以委托他人处理。处理事务必须给付一定的劳务,只是该劳务仅为处理事务的手段,并非目的。它着重于强调过程,且必须尊重受托人的知识、技能、经验上的意见,不以一定结果的产生为必要。所以,受托人有报告事务进程状况及其本末的义务。

3. 受托人既可以委托人的名义也可以自己的名义处理委托事务。委托是产生一切委托事务的基础关系,如代理、行纪、中介等均由委托而产生。委托只涉及委托人与受托人之间的法律关系,不涉及第三人,而代理则涉及代理人、被代理人及第三人三方的法律关系。因此,委托合同侧重解决委托人和受托人之间的权利义务问题,而不限制受托人究竟以谁的名义处理委托事务。依据《民法典》第925条和第926条的规定可知,受托人可以自己的名义处理委托事务。

制度对较　委托合同 vs. 委托代理

《民法典》区分委托与代理。委托合同所涉及的是委托人与受托人之间的关系(内部关系),据此确定委托人的哪些事务是受托人有义务处理的;与之相对,委托代理所涉及的更多是面对第三人时代理人和被代理人的权利义务关系(外部关系)。两者具体区别如下:

1. 事务的范围不同。代理人的代理行为只限于事实民事法律行为,不能包括事实行为;而受托人受托处理的事务可以包括事实行为。

2. 涉及的法律关系不同。代理属于对外关系,存在于本人与代理人以外的第三人之间,不对外也就无所谓代理;而委托是一种对内关系,存在于委托人和受托人之间,在此意义上委托合同是委托代理基础关系的一种。

3. 发生原因不同。代理关系的成立基于被代理人向代理人授予代理权这一单独行为;而委托合同为双方行为,若受托人不作出承诺,则委托合同不能成立。委托合同引发债的关系,受托人因委托合同而负有处理特定事务的义务;而代理权授予本身在被代理人和代理人之间不发生债的关系。

4. 委托合同是诺成、不要式合同。委托合同的成立并不以当事人交付物或者完成其他现实给付为要件,因此属于诺成合同。委托合同的成立法律原则上不作形式上的要求,当事人采用书面形式或者口头形式均无不可,因此属不要式合同。

(二)委托合同的分类

1. 无偿委托和有偿委托

以受托人有无报酬为区分标准,委托合同可分为无偿委托合同和有偿委托合同。受托人没有报酬的委托合同,称为无偿委托合同;反之,则为有偿委托合同。

在我国,委托合同可以是有偿的,也可以是无偿的,且以无偿为原则。《民法典》第928条第1款规定:“受托人完成委托事务的,委托人应当按照约定向其支付报酬。”相较于《合同法》(已失效)第405条前段,本款规定增加了“按照约定”。也就是说,委托人支付报酬的义务仅以委托合同中有关于报酬支付的约定为限。因此,在当事人无报酬的约定时,宜认定为无偿。从这个意义上讲,《民法典》中的委托合同以无偿为原则。

在有偿委托中,委托人支付报酬的义务与受托人的事务处理义务互为对价的关系,故有偿委托合同为双务合同。在无偿委托中,仅受托人负有处理委托事务的义务,虽委托人负有偿还费用的义务,但二者间并非互为对价的关系,故无偿委托为单务合同。可见,委托合同既可以是双务合同,也可以是单务合同。

区分无偿的委托合同和有偿的委托合同,其法律意义在于:(1)受托人在处理委托事务时所负注意义务在程度上有所不同。有偿的委托合同的受托人就其一切过错承担损害赔偿责任,而无偿委托合同的受托人仅就其故意或重大过失负责(《民法典》第929条第1款)。(2)在委托合同任意解除的场合,解除方的损害赔偿范围有所不同。因解除合同造成对方损失的,除不可归责于该当事人的事由外,无偿委托合同的解除方仅应赔偿因解除时间不当造成的直接损失,而有偿委托合同的解除方则应赔偿对方的直接损失和可得利益损失(《民法典》第933条)。

2. 特别委托和概括委托

以受托人权限的范围为区分标准,委托合同可分为特别委托合同和概括委托合同。委托人就一项或数项事务特别(具体指定特种事项)委托受托人处理的合同,叫作特别委托合同;委托人一切事务总括地(未具体列明委托事项)委托受托人处理的合同,称作概括委托合同(《民法典》第920条)。

区分特别委托合同和概括委托合同,其法律意义在于:(1)受托人处理事务的权限范围不同,处理事务的结果是否归属于委托人不同。概括委托合同中受托人的权限最为广泛。(2)对委托人的权益影响特别重大的事项,如诉讼代理人代当事人和解的权限(《民事诉讼法》第62条第2款),必须经由特别委托授权。概括委托场合受托人无权处理此类事项,若已经处理,可准用《民法典》第171条关于无权代理的规定。

二、委托合同的效力

(一)对受托人的效力

1. 处理委托事务的义务。根据委托合同的定义,处理委托人事务是受托人的主要义务(《民法典》第919条)。

(1)事务处理权。为了处理事务,受托人首先需要处理委托人事务的权限(事务处理权),该事务处理权来自委托人的授权,或特别授权,或概括授权(《民法典》第920条)。受托人的权限范围依委托合同的约定,没有约定或者约定不明的,依其委托事务的性质、交易习惯等加以确定。事务处理权的授予,一方面,阻却了受托人处理他人事务的违法性,否则就构成民法所禁止的不法干涉他人事务;另一方面,构成了受托人处理委托事务的边界,受托人处理委托事务不能超出受委托的事务范围,受托人超越权限造成委托人损失的,应当赔偿损失(《民法典》第929条第2款)。

(2)遵守指示义务。受托人应当按照委托人的指示处理委托事务(《民法典》第922条)。所谓"指示",是指委托人就事务处理的方法、形式、时间、地点或过程等,或者就欲达到的效果,对于受托人所为的表示。委托合同订立的目的是实现委托人的利益,委托人选择受托人是基于对受托人的信任,因此,在委托事务的处理过程中,原则上受托人应当依委托人的指示行事,不得随意变更委托人的指示。

当然,委托人的指示并非绝对不可变更。《民法典》第922条后段规定了两种受托人可以变更委托人指示的情形:第一,委托人同意受托人变更其指示。这可以看成是委托人变更其授权,亦可视为双方合意变更了委托合同(《民法典》第543条),法律对此没有禁止的理由。第二,受托人在处理委托事务时,发生了订立委托合同时没有预料到的情事变化,情况紧急,受托人难以和委托人取得联系的,可以不经委托人同意变更其指示,自行妥善处理委托事务,并应当事后将该情况及时报告委托人。所谓"情况紧急",是指若不及时变更委托人的指示就会给委托人造成损失的情况。

(3)亲自处理义务。原则上,受托人应当亲自处理委托事务。此规定的基础在于委托合同是基于当事人之间的信赖关系。所谓"亲自处理",是指受托人独立负责执行事务,自主决定并掌控处理事务的必要方法、过程或措施。当然,亲自处理委托事务,并不排除受托人为处理事务所进行的个别具体事项或行为可以利用履行辅助人,只是此时受托人仍然须为履行辅助人负责。

(4)转委托。其又称复委托,是指受托人将委托事务的全部或者部分转由第三人处理。受托人原则上负有亲自处理委托事务的义务,这就同时意味着受托人不得擅自将自己受托的义务转委托给他人处理。只有经委托人同意,受托人方可转委托(《民法典》第923条)。这里的同意,既包括事前的同意,亦包括事后的追认。

受托人将委托事务转委托是否经过委托人的同意或追认,会产生不同的法律效果:第一,转委托经同意或者追认的,委托人可以就委托事务直接指示转委托的第三人,受托人仅就第三人的选任及其对第三人的指示承担责任。第二,转委托未经同意或者追认的,受托人应当对转委托的第三人的行为承担责任;但是,在紧急情况下受托人为了维护委托人的利益需要转委托第三人的除外(《民法典》第923条)。所谓"紧急情况",可与《民法典》第922条之"情况紧急"作类似解释,即若不及时转委托第三人就会给委托人造成损失的情况。简言之,在转委托经同意的场合,受托人仅对自己选任和指示第三人的行为承担责任;在转委托未经同意的场合,受托人对第三人全部行为承担责任,除非有紧急情况。[29]

实例解析

甲委托乙购买一台滚筒洗衣机,乙经过甲同意转委托给丙,如果乙向丙指示购买一台滚筒洗衣机,而丙未听从乙的指示购买了一台涡轮洗衣机,乙是否需要为其指示承担责任?

---

〔29〕 典型案例参见"上海延升物流有限公司与上海誉名船务有限公司海上货运代理合同纠纷案",上海市高级人民法院(2018)沪民终418号民事判决书。

分析：由于乙的转委托已经经过委托人甲的同意，乙仅需要就其不当选任和不当指示向甲承担责任，而不对丙本身的不当行为承担责任。本案中，乙向丙指示购买一台滚筒洗衣机，指示本身并无不当；丙未听从乙的指示购买了一台涡轮洗衣机，乙对于丙不听从其指示的行为不承担责任。当然，如果丙不听从指示是由于乙选任不当(如丙没有生活经验，不明白滚筒洗衣机和涡轮洗衣机之间的区别)，则乙仍应就其选任不当承担责任。

上述案例中，若乙未经甲同意或者追认，将委托事务转委托给丙，那么无论乙对丙作出何种指示，只要因丙的行为未完成委托事务，如丙购买了涡轮洗衣机，乙都要对丙的行为向甲承担责任，赔偿甲的损失。

2. 报告义务。受托人应当按照委托人的要求，报告委托事务的处理情况。委托合同终止时，受托人应当报告委托事务的结果(《民法典》第924条)。受托人在办理委托事务的过程中，应当根据委托人的要求，向委托人报告事务处理的进展情况、存在的问题和应对措施等，以使委托人及时了解事务的状况，并根据最新情况调整原来的指示或者作出新的指示。委托合同终止，无论委托事务是否完成，委托合同的目的是否实现，委托人都有权全面了解有关委托合同的所有情况，无论委托人是否提出受托人进行报告的要求，受托人都负有报告的义务。委托合同终止时，受托人应向委托人全面报告办理委托事务的经过和结果，如各种账目、收支计算等，并要提交必要的书面材料和证明文件。

3. 转交财产的义务。受托人处理委托事务取得的财产，应当转交给委托人(《民法典》第927条)。所谓“取得的财产”，包括取得的金钱、实物、金钱与实物所生的孳息，以及其他财产权利。受托人在处理委托事务的过程中所取得的财产，无论受托人是以委托人的名义取得的，还是以自己的名义取得的，也无论是受托人在处理事务过程中直接取得的，抑或系由第三人交付或转移取得的，受托人均应将其交还给委托人。受托人转移利益的义务，不仅适用于受托人，还适用于转委托的第三人。

4. 受托人的违约责任。受托人违约时，《民法典》合同编通则关于违约责任的一般规定应予适用，但同时应当注意委托合同的特殊性，即委托合同中的违约损害赔偿责任原则上属于过错责任，并且区别有偿委托与无偿委托而有不同的规则。有偿的委托合同，因受托人的过错造成委托人损失的，委托人可以请求赔偿损失。无偿的委托合同，因受托人的故意或者重大过失造成委托人损失的，委托人可以请求赔偿损失(《民法典》第929条第1款)。

受托人超越权限给委托人造成损失的，应当赔偿损失(《民法典》第929条第2款)。在受托人超越权限处理委托人事务的场合，无论是有偿委托还是无偿委托，也无论受托人是否有过错，只要给委托人造成了损失，受托人就应当负损害赔偿责任。

两个以上的受托人共同处理委托事务的，对委托人承担连带责任(《民法典》第932条)。但是，如果共同受托人中的其中一人未经其他受托人同意擅自处理委托事务的，则其应对自己的行为独立承担责任，其他受托人在向委托人承担责任后有权向其追偿。当然，负连带责任的受托人必须是委托人所委托的共同处理委托事务的人，若委托人分别委托不同受托人处理不同事务的，则各受托人就各自处理的事务向委托人负责，并不发生负连带责任的问题。

(二)对委托人的效力

1. 支付费用的义务。委托人应当预付处理委托事务的费用。受托人为处理委托事务垫付的必要费用，委托人应当偿还该费用并支付利息(《民法典》第921条)。受托人处理委托事务的费用由委托人负担:(1)委托人有预付费用的义务。委托人应预付费用的多少以及预付的时间、地点、方式等,应依据委托事务的性质和处理的具体情况而定。处理委托事务中发生的债务归入费用。(2)受托人没有垫付费用的义务,不过,受托人可以自愿为委托人垫付相关费用,或者在委托人预付的费用不足以处理委托事务时先垫付不足的部分。受托人如果垫付费用,则有请求偿还的权利,即委托人有偿还的义务,但是委托人的偿还义务以"必要费用"为限。

2. 支付报酬义务。如果当事人之间约定了报酬,受托人完成委托事务的,委托人应当按照约定向其支付报酬。因不可归责于受托人的事由,委托合同解除或者委托事务不能完成的,委托人应当向受托人支付相应的报酬。当事人另有约定的,按照其约定(《民法典》第928条)。[30]

3. 委托人的违约责任。(1)委托人应对其指示不当或其他过错致使受托人遭受的损失负责赔偿,这是根据《民法典》合同编通则规定而产生的违约责任。

(2)受托人处理委托事务时,因不可归责于自己的事由受到损失的,可以向委托人请求赔偿损失(《民法典》第930条)。此项损害赔偿责任的发生须受托人自己无可归责事由,对于委托人则不考虑其是否具有可归责事由。

(3)委托人经受托人同意,可以在受托人之外委托第三人处理委托事务。因此造成受托人损失的,受托人可以向委托人请求赔偿损失(《民法典》第931条)。委托合同以当事人信任关系为基础,要求受托人亲自处理委托事务,原则上不得擅自转委托,同理,委托人也不得擅自再委托第三人处理委托事务。否则,因此给受托人造成损失的,委托人必须承担赔偿责任。不仅如此,即使经过了受托人的同意,委托人对委托第三人处理事务给受托人造成的损失仍须负责赔偿。

三、间接代理的效力

(一)间接代理概述

为处理委托事务,受托人需要对外从事各种行为,其中包括与第三人缔约的情形。受托人与第三人缔约,可能有不同方式:(1)受托人作为委托人的代理人、以委托人(被代理人)的名义与第三人缔约,此时依代理制度发生法律效果。(2)受托人以自己的名义与第三人缔约,意图结果归属于受托人自己,再由受托人将利益转移至委托人,此时依受托人与第三人的合同和委托合同各自发生法律效果。(3)受托人以自己的名义与第三人缔约,但意图使结果直接归属于委托人,该情形具有特殊性。

理论上来说,基于合同的相对性原理,第三种方式的法律效果与第二种方式无异,委托人与第三人之间并没有直接关系,但是,商业实践出于便捷的考虑,提出了新的要求:应当设法使委托人与第三人直接发生关系。作为法律回应,《民法典》第925条和第926条对此作了专门规定,学者称之为"间接代理"。其中,第三人在订立合同时知道受托人与委托人之间的代理关系的,属于"显名的间接代理",第三人在订立合同时不知道或者不应当知道受托人与委托人之间的代理关系的,属于"隐名的间接代理"。

(二)显名间接代理的效力

受托人以自己的名义,在委托人的授权范围内与第三人订立的合同,第三人在订立合同时知

---

〔30〕 典型案例参见"时代集团公司与湖南省高速公路投资集团有限公司等合同纠纷上诉案",最高人民法院(2011)民二终字第92号民事判决书;"民福置业集团有限公司与北京住总房地产开发有限责任公司一般委托合同纠纷上诉案",最高人民法院(2011)民一终字第72号民事判决书。

道受托人与委托人之间的代理关系的,该合同直接约束委托人和第三人;但是,有确切证据证明该合同只约束受托人和第三人的除外(《民法典》第925条)。〔31〕该条仅适用于显名间接代理的场合,即第三人在订立合同时知道受托人与委托人之间的代理关系。换句话说,尽管受托人是以自己的名义与第三人订立合同,但第三人在订立合同时就已经知道对方是为处理委托人的事务而与自己订立合同。第三人在订立合同时不知而订立合同后知道的,不符合该条的法律要件。

显名间接代理的效力是"该合同直接约束委托人和第三人"(《民法典》第925条)。学者称之为"自动介入"或"自动取代"。委托人自动取代,谓委托人在符合法律要件的前提下,在法律上自动取代受托人的合同(为处理事务而签订的合同)当事人地位。三方当事人的关系如同普通的代理关系,受托人由合同当事人退居代理人地位,委托人则由局外人成为合同当事人(见图3-13-2)。另外,由于是"自动"取代,故当事人无选择的余地。当然,如果有确切证据证明该合同只约束受托人和第三人,不发生自动取代的效果。

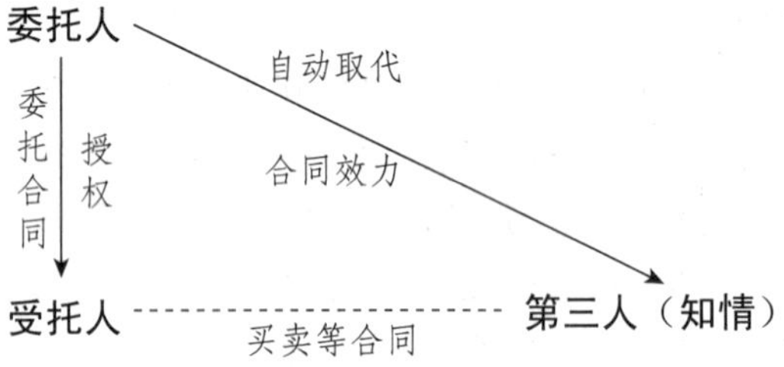

图3-13-2　显名间接代理三方当事人关系

(三)隐名间接代理的效力

1. 委托人的介入权。受托人以自己的名义与第三人订立合同时,第三人不知道受托人与委托人之间的代理关系的,受托人因第三人的原因对委托人不履行义务,受托人应当向委托人披露第三人,委托人因此可以行使受托人对第三人的权利。但是,第三人与受托人订立合同时如果知道该委托人就不会订立合同的除外(《民法典》第926条第1款)。委托人行使受托人对第三人的权利,学者称之为"介入权"或"取代权"。

委托人介入权的构成要件是:(1)仅适用于隐名间接代理的场合,即受托人以自己的名义与第三人订立合同时,第三人不知道受托人与委托人之间的代理关系。(2)受托人因第三人的原因对委托人不履行义务。换言之,由于第三人的原因,受托人不履行或者不完全履行其在委托合同中对于委托人的义务。(3)第三人与受托人订立合同时如果知道该委托人仍会订立合同。

委托人行使介入权的法律效果与委托人自动取代的法律效果相似,即三方当事人的关系如同普通的代理关系,受托人由合同当事人退居代理人地位,委托人则由局外人成为合同当事人。委托人行使介入权的,第三人可以向委托人主张其对受托人的抗辩(《民法典》第926条第3款)。

2. 第三人的选择权。受托人因委托人的原因对第三人不履行义务,受托人应当向第三人披露委托人,第三人因此可以选择受托人或者委托人作为相对人主张其权利,但是第三人不得变更

---

〔31〕典型案例参见"东华工程科技股份有限公司与牡丹江日达化工有限公司建设工程设计合同纠纷申请再审案",最高人民法院(2012)民申字第668号民事裁定书。

选定的相对人(《民法典》第926条第2款)。[32] 此为第三人的选择权。第三人的此项选择权属于形成权,行使方式是向相对人为通知,自通知到达相对人时发生效力。一旦发生效力,当事人之间的法律关系便已确定形成,因而,第三人无权变更选定的当事人(见图3-13-3)。

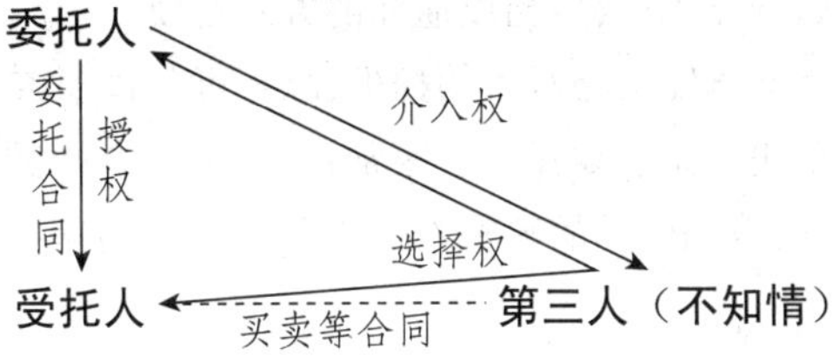

图3-13-3　隐名间接代理三方当事人关系

第三人选定委托人作为其相对人的,委托人可以向第三人主张其对受托人的抗辩以及受托人对第三人的抗辩(《民法典》第926条第3款)。

3. 受托人的披露义务。为了实现间接代理制度中委托人的介入权和第三人的选择权,作为间接代理人的受托人在特定情形下负担披露义务。在受托人与第三人订立合同时,第三人不知道受托人与委托人之间的间接代理关系的:(1)当受托人因第三人的原因不履行合同义务时,受托人应负披露义务,向委托人披露该第三人从而使委托人得以行使介入权,对第三人主张受托人的权利。(2)在受托人因委托人的原因对第三人不履行合同义务时,为便利第三人选择权的行使,受托人也应负披露义务,向第三人披露该委托人。(《民法典》第926条第1、2款)

实例解析

甲委托乙购买一套机械设备,但要求以乙的名义签订合同,乙同意,遂与丙签订了设备购买合同。后由于甲的原因,乙不能按时向丙支付设备款。在乙向丙说明了自己是受甲委托向丙购买机械设备后,丙享有何种权利?

分析:乙与丙订立买卖合同之时,丙并不知道甲和乙之间存在代理关系,因此该案情属于隐名的间接代理。乙由于甲的原因不能按时向丙支付设备款,属于受托人因委托人的原因对第三人不履行义务的情形,此时乙应当向丙披露甲,丙因此可以选择甲或者乙作为相对人主张其权利。因此,丙享有选择权,既可以向乙主张货款支付请求权,也可以直接向甲主张货款支付请求权。但应当注意的是,丙一旦行使选择权,选定甲或者乙作为其权利主张的对象,则不得变更。

四、委托合同的终止

(一)因任意解除而终止

委托人或者受托人可以随时解除委托合同(《民法典》第933条)。[33] 此种合同解除权被称为"任意解除权",此项权利不区分委托人和受托人、不区分有偿委托和无偿委托,而是统一赋

[32] 典型案例参见"何玉君与李军强买卖合同纠纷再审案",黑龙江省高级人民法院(2019)黑民再125号民事判决书。
[33] 典型案例参见"成都和信致远地产顾问有限责任公司与四川省南部县金利房地产开发有限公司委托合同纠纷案",最高人民法院(2015)民一终字第226号民事判决书。

予。其理由在于:委托合同以当事人之间的信任关系为前提,而信任关系具有一定的主观任意性,在当事人对对方当事人的信任有所动摇时,就应不问有无确凿的理由,均允许其随时解除合同。否则,即使勉强维持双方之间的关系,也必然招致不良的后果,影响委托合同订立目的的实现。任意解除权在性质上属于形成权,应当以通知的方式行使。

委托合同任意解除场合可能发生相对人的损失,除不可归责于该当事人的事由外,解除方应予赔偿。赔偿范围因有偿委托和无偿委托有所区别:无偿委托合同的解除方应当赔偿因解除时间不当造成的直接损失,有偿委托合同的解除方应当赔偿对方的直接损失和合同履行后可以获得的利益。

(二)因当事人死亡、丧失民事行为能力或者破产而终止

委托人死亡、终止的,委托合同终止;但是,当事人另有约定或者根据委托事务的性质不宜终止的除外(《民法典》第934条)。相较于《合同法》第411条的规定,委托人丧失民事行为能力不再是委托合同当然终止的事由,因为一般情况下委托人民事行为能力的丧失并不影响受托人继续处理委托事务,受托人依然可以完成委托事务。因委托人死亡或者被宣告破产、解散,致使委托合同终止将损害委托人利益的,在委托人的继承人、遗产管理人或者清算人承受委托事务之前,受托人应当继续处理委托事务(《民法典》第935条)。也就是说,为了委托人的利益,受托人有继续处理事务的义务。

受托人死亡、丧失民事行为能力、终止的,委托合同终止;但是,当事人另有约定或者根据委托事务的性质不宜终止的除外(《民法典》第934条)。因受托人死亡、丧失民事行为能力或者被宣告破产、解散,致使委托合同终止的,受托人的继承人、遗产管理人、法定代理人或者清算人应当及时通知委托人。因委托合同终止将损害委托人利益的,在委托人作出善后处理之前,受托人的继承人、遗产管理人、法定代理人或者清算人应当采取必要措施(《民法典》第936条)。

第八节　物业服务合同

导学案例

设:甲公司开发了某商品房小区。2021年1月1日,甲公司与乙公司签订了前期物业服务合同,约定服务期限为5年。后业主陆续入住该小区。根据业主大会的决定,该小区业主委员会于2023年5月1日与乙公司签订物业服务合同,约定服务期限为10年。后乙公司与丙公司签订委托合同,约定由丙公司代乙公司履行全部物业服务。业主得知后,于2026年1月1日作出解聘乙公司的决定。

1. 丁某于2021年1月1日入住小区,请问前期物业服务合同对其是否有拘束力?如果有,该拘束力发生于哪段时间?

2. 丁某于2021年5月1日至2023年5月1日出国调研,并未居住在该小区。请问丁某能否以此为由拒绝缴纳物业费?

3. 乙公司与丙公司签订委托合同效力如何?

4. 该小区业主是否能够于解聘乙公司时与其解除物业服务合同?

一、物业服务合同概述

（一）物业服务合同的含义和特征

物业服务合同是物业服务人在物业服务区域内，为业主提供建筑物及其附属设施的维修养护、环境卫生和相关秩序的管理维护等物业服务，业主支付物业费的合同（《民法典》第937条第1款）。其中，在物业服务区域内为业主提供建筑物及其附属设施的维修养护、环境卫生和相关秩序的管理维护等物业服务的一方称为物业服务人，物业服务人包括物业服务企业和其他管理人；接受物业服务、支付物业费的一方称为业主。物业服务合同是《民法典》新增的一类典型合同，主要是为了规范物业服务行业的健康发展，并指导司法实践对物业服务纠纷进行处理。

物业服务合同主要具有以下特征：

1. 物业服务合同的主体具有特殊性。物业服务事关全体业主的人身、财产安全，且有的物业服务活动具有较高的专业性、技术性要求，这对物业服务人提出了一定的要求。作为物业服务合同一方当事人的物业服务人一般是专门从事物业服务经营活动的物业服务企业，而根据法律、行政法规的要求，物业服务企业应当具备一定的资质要求。物业服务合同的另一方当事人业主是全体业主，具有集合性的特点。

2. 物业服务合同的客体是物业服务人提供的物业服务行为。与委托合同、行纪合同、中介合同等类似，物业服务合同的客体不是具体的标的物，而是行为，而且物业服务合同所涉及的服务还具有综合性和专业性。物业服务人所提供的物业服务的质量没有法定的统一标准，而需要当事人的特别约定，且当事人履行义务的结果是否符合当事人之约定，一般难以准确判断，这也是物业服务合同纠纷频发的原因之一。

3. 物业服务合同的订立程序具有特殊性。由于业主具有集合性，难以由全体业主直接参与订约过程，为了提高订约效率、避免发生纠纷，在物业服务合同的订立方面，一般并非由业主与物业服务人员直接订立合同，而是由业主委员会与业主大会依照一定程序依法选聘物业服务人并与之订立物业服务合同。合同一旦成立，即对全体业主具有拘束力，单个业主不得以其没有直接参与合同订立为由拒绝接受合同约束。此外，建设单位依法与物业服务人订立的前期物业服务合同对业主同样具有约束力。

4. 物业服务合同是双务、有偿、诺成、要式、继续性合同。物业服务人应当按照物业服务合同的约定向全体业主提供物业服务，而全体业主应当支付相应的报酬，双方互付对待给付义务，因此物业服务合同属于双务、有偿合同。物业服务合同的双方一旦达成合意，合同即发生效力，因此物业服务合同属于诺成合同。物业服务合同应当采用书面形式（《民法典》第938条第3款），因此属于要式合同。通常情况下，物业服务并不是一次性完成的，而是需要物业服务人在合同约定的期间内不间断地提供物业服务，因此物业服务合同属于继续性合同。

制度比较　物业服务合同 vs. 委托合同

从本质上讲，物业服务合同中，物业服务企业是受全体业主的委托而提供物业服务的，因此物业服务合同类似于有偿委托合同，其与委托合同的关系十分密切。但是，二者仍存在以下区别：

1. 处理事务的范围不同。虽然二者都是提供劳务的合同,但委托合同中,受托人处理事务的范围十分广泛,不过一份委托合同往往是处理具体的一项或者几项特定事务;而在物业服务合同中,物业服务人处理的事务就是物业服务,只不过物业服务的内容往往十分复杂。

2. 从事行为时的名义和法律效果的归属不同。委托关系中,受托人既可以自己的名义从事委托活动,也可以委托人的名义从事委托活动。而在物业服务合同中,物业服务企业以自己的名义提供物业服务。委托合同的受托人实施代理行为的法律后果直接由委托人承担。在物业服务合同中,业主对物业服务人从事的民事行为并不承担法律后果。

3. 是否具有有偿性不同。委托合同既可以是有偿合同,也可以是无偿合同,受托人是否获得报酬完全由当事人自由约定。而作为物业服务合同一方主体的物业服务企业本身是营利性主体,这就决定了物业服务合同是一种有偿合同。

4. 受托人受指示拘束的程度不同。在委托合同中,受托人应当随时听取委托人的指示,并且从事委托活动必须严格遵守委托人的指示。与委托合同相比,物业服务合同具有较强的专业性,因而物业服务企业在物业服务活动中的自主性较强,无须在处理每项事务时都按照业主的指示,只要其提供的物业服务符合合同约定的标准和要求即可。

(二)物业服务合同的内容

物业服务合同的内容一般包括服务事项、服务质量、服务费用的标准和收取办法、维修资金的使用、服务用房的管理和使用、服务期限、服务交接等条款(《民法典》第 938 条第 1 款)。服务事项,是双方约定的物业服务的具体事项,包括物业服务区域内建筑的维护、管理、修缮等内容。服务质量,是物业服务事项应当达到的质量标准和要求。服务费用的标准和收取办法,是约定按照何种标准收费,如每平方米应当收取多少钱,月交、季交还是年交等。维修资金的使用,是约定在何种项目、何种情况下使用维修基金。服务用房的管理和使用,是约定对属于业主共有的服务用房,物业公司如何进行管理,如何使用等。服务期限,是即约定物业服务合同的起止时间。

物业服务人公开作出的有利于业主的服务承诺,为物业服务合同的组成部分(《民法典》第 938 条第 2 款)。为保护业主利益,对于物业服务人单方作出的服务承诺,如果其符合公开和有利于业主的标准,且符合民法关于意思表示的一般要件,则此种承诺即使并未明文写入物业服务合同条款之中,也构成物业服务合同的组成部分。物业服务人应当按照其服务承诺履行义务,否则应承担违约责任。

物业服务合同的内容,除了物业服务合同中明确约定的内容,以及物业服务人公开作出的有利于业主的服务承诺,还应当包括法律法规、地方性规定中关于物业服务人和业主权利义务的规定,例如《民法典》物权编中建筑物区分所有权的有关规定。

(三)物业服务合同的订立

1. 前期物业服务合同

根据物业服务合同订立主体的不同,物业服务合同可以分为前期物业服务合同与普通物业服务合同。前期物业服务合同,是指在物业服务区域内的业主、业主大会选聘物业服务人之前,由房地产建设单位与物业服务人签订的、由物业服务人提供物业服务的合同。普通物业服务合同,是指在业主与物业服务人之间签订的物业服务合同。

制度比较 前期物业服务合同 vs. 普通物业服务合同

前期物业服务合同和普通物业服务合同都属于物业服务合同,都是为了全体业主的利益,为全体业主提供物业服务,《民法典》关于物业服务合同的有关规定原则上对二者均适用。但是,二者仍存在以下区别:

1. 合同签订主体不同。前期物业服务合同不是业主与物业服务人签订的,而是由建设单位与物业服务人签订的。而普通物业服务合同的签订主体则是业主或者业主委员会与物业服务人。

2. 合同签订时间不同。一般而言,前期物业服务合同是在物业开发过程中或者房屋建好后但是只有少数业主入住时签订的,而普通物业服务合同一般是在房屋已经建好、大部分业主已经入住并且能够召开业主大会的情况下签订的。

3. 合同的内容不同。前期物业服务合同的内容受限制,主要侧重于对建筑物建成初期的养护、安全保障以及配合建设单位为未来入住的业主提供服务等,普通物业服务合同侧重于对建筑规划内建筑物的维护、环境及居住条件的保障等,目的系为业主正常的日常生活提供服务。

4. 服务期限不同。前期物业服务合同具有过渡性质,其期限较短,通常只是从合同订立到普通物业服务合同生效之时。普通物业服务合同的服务期限可由合同签订双方进行具体约定,如果没有发生业主按照法定程序决定解聘物业服务人解除物业服务合同的情形,通常是在服务期限届满之后,合同效力才终止。

尽管业主并未参与前期物业服务合同的订立,但是根据《民法典》第 939 条的规定,建设单位依法与物业服务人订立的前期物业服务合同对业主具有法律约束力。学说上对于前期物业服务合同对于业主拘束力的来源存在合同转让说、第三人代为履行合同债务说、涉他合同说、委托代理说、继受成员权说等多种学说。但是无论如何,此种拘束力突破了合同相对性的一般原理,故前期物业服务合同在多数时候仅具有过渡的性质,一般来说约定的服务期限较短。如果前期物业服务合同约定的服务期限届满前,业主委员会或者业主就已经与新物业服务人订立了新的物业服务合同,那么前期物业服务合同就随着新的物业服务合同的生效而终止(《民法典》第 940 条)。[34]

2. 普通物业服务合同

普通物业服务合同,是指在业主与物业服务人之间签订的物业服务合同。由于业主人数众多,具有集合性的特点,每个业主直接与物业服务人签订合同是不太可能的,所以一般由业主委员会代表全体业主来与物业服务人订立合同。业主委员会与业主大会依法选聘的物业服务人订立的物业服务合同对业主具有法律约束力(《民法典》第 939 条)。所谓“业主大会依法选聘”,是指《民法典》第 278 条第 1 款第 4 项“选聘和解聘物业服务企业或者其他管理人”的情形。此时,应当由专有部分面积占比 2/3 以上的业主且人数占比 2/3 以上的业主参与表决,并应当经参与表决专有部分面积过半数的业主且参与表决人数过半数的业主同意(《民法典》第 278 条第 2 款)。业主大会经过前述程序所作出的选聘物业管理人的决定,对业主具有

---

〔34〕 典型案例参见“兴义市三和新城业主委员会与兴义市瑞驰物业管理有限公司物业服务合同纠纷案”,贵州省兴义市人民法院(2017)黔 2301 民初 5185 号民事判决书。

法律约束力。因此,业主委员会依此决定与物业服务人订立的物业服务合同自然对业主具有法律约束力,这是业主行使自治权的必然结果。业主不得以没有直接参与合同订立为由拒绝接受合同约束。

二、物业服务合同的效力

(一)对物业服务人的效力

1. 管理义务。物业服务人应当按照约定和物业的使用性质,妥善维修、养护、清洁、绿化和经营管理物业服务区域内的业主共有部分,维护物业服务区域内的基本秩序。这涉及物业服务人的管理义务,包括对物的管理和对人的管理:(1)物业服务人对业主共有部分负有管理和维护义务。此项义务主要涉及对物的管理,即管理物业服务区域内的业主的共有财产,主要包括小区内的道路、绿地、广场等公共场所,电梯、消防设施、公共照明设施和共有的车位车库等公共设施,以及物业服务用房等。(2)物业服务人负有维护物业服务区域内的基本秩序的义务。此项义务主要涉及对人的管理,如对外来人员的管理、对小区内停车位使用的管理等。为了维护物业服务区域内的基本秩序,物业服务人可能会对业主的权利进行必要的限制,业主应当配合物业服务人的管理。

为了更好地为业主提供物业服务,履行物业管理人的管理义务和安全保障义务,物业管理人对物业服务区域内的违法行为负有制止和报告义务。具体而言,对物业服务区域内违反有关治安、环保、消防等法律法规的行为,物业服务人应当及时采取合理措施制止、向有关行政主管部门报告并协助处理(《民法典》第 942 条第 2 款)。[35]

2. 安全保障义务。物业服务人应当按照约定和物业的使用性质,采取合理措施保护业主的人身、财产安全(《民法典》第 942 条第 1 款)。这确立了物业服务人对业主的安全保障义务。之所以规定物业服务人负有安全保障义务,主要是因为物业服务人是对物业服务区域的实际管理者,对物业服务区域内的危险源的控制力显然要高于业主。物业服务人的安全保障义务之具体范围,可以由当事人自行作出具体约定;当然,有的法律法规也对物业服务人的安全保障义务作出了具体规定。例如,《民法典》第 1254 条第 2 款规定:物业服务企业等建筑物管理人应当采取必要的安全保障措施防止从建筑物中抛掷物品的发生;未采取必要的安全保障措施的,应当依法承担未履行安全保障义务的侵权责任。

如果物业服务人没有尽到其安全保障义务,导致业主的人身、财产安全受到侵害,物业服务人应当承担相应的违约责任。当物业服务人的行为符合侵权责任之要件时,亦构成侵权,物业服务人须承担相应的侵权责任,此时发生违约责任与侵权责任之竞合,受到损害的业主可以向物业服务人请求其承担违约责任或者侵权责任。

3. 公开和报告义务。物业服务人应当定期将服务的事项、负责人员、质量要求、收费项目、收费标准、履行情况,以及维修资金使用情况、业主共有部分的经营与收益情况等以合理方式向业主公开并向业主大会、业主委员会报告(《民法典》第 943 条)。[36] 从物业服务人的角度来看,该

---

〔35〕 典型案例参见“深圳市万科物业服务有限公司东方尊峪物业服务中心与方映灵物业服务合同纠纷案”,广东省深圳市罗湖区人民法院(2019)粤 0303 民初 16805 号民事判决书。

〔36〕 典型案例参见“北京市昌平区回龙观金达园小区业主委员会诉北京华特物业管理发展有限公司物业服务合同纠纷案”,北京市第一中级人民法院(2013)一中民终字第 14415 号民事判决书。

条规定了物业服务人的公开和报告义务;从业主的角度来看,该条赋予了业主知情权。有关物业服务人公开及报告的具体内容、范围、方式、时间等,当事人可以在物业服务合同中加以约定。物业服务人违反上述公开及报告义务,给业主造成损失的,应当承担相应的违约责任。

4. 物业服务的转委托。物业服务合同具有一定的人身信任的性质,一旦物业服务企业在订立物业服务合同之后擅自转委托,就会破坏业主与物业服务企业之间的信任关系。所以,物业服务企业原则上负有亲自提供服务的义务。物业服务人不得将其应当提供的全部物业服务转委托给第三人,或者将全部物业服务支解后分别转委托给第三人(《民法典》第941条第2款)。[37] 物业服务企业将物业服务区域内的全部物业服务业务一并委托他人而签订的委托合同无效。

但是,物业服务合同涉及繁多而复杂的内容,如果一概不允许转委托,可能不利于物业服务领域的专业性、合作性发展,不利于为业主提供更好的物业服务。因此,法律允许物业服务人将物业服务区域内的部分专项服务事项委托给专业性服务组织或者第三人。基于合同的相对性原理,此时物业服务人仍然应当就该部分专项服务事项向业主负责(《民法典》第941条第1款)。也就是说,即使由于第三人的原因导致物业服务人违反物业服务合同之约定的,物业服务人依然要向业主承担违约责任而不能主张免责。

实例解析

2020年3月1日,甲商品房小区的业主委员会与乙公司订立物业服务合同。2010年7月1日,乙公司与丙公司订立合同约定:"乙公司将其对甲小区负担的物业服务中的'排水'方面维护事项全部委托给丙公司完成。"后因丙公司未及时疏通下水道,导致地下车库被水淹,部分业主停放的小汽车被泡。请问小区业主应当如何主张权利?

分析:乙公司向丙公司的转委托仅限于"排水"这一部分专项服务事项,因此该转委托有效。《民法典》第941条第1款规定:"物业服务人将物业服务区域内的部分专项服务事项委托给专业性服务组织或者其他第三人的,应当就该部分专项服务事项向业主负责。"因小汽车被泡遭受损失的业主,有权请求乙公司承担违约责任。至于该损失如何在丙公司与乙公司之间分担,应当根据双方间的转委托合同约定以及法律的规定处理,与业主的权利主张无关。

(二)对业主的效力

1. 支付物业费的义务。业主应当按照约定向物业服务人支付物业费,这是物业服务合同下业主的主要义务。物业服务人进行物业服务,是按照合同的约定和有关法律规定进行的,只要提供了约定的服务的,就是对全体业主提供的服务。也因此,物业服务人已经按照约定和有关规定提供服务的,单个业主不得以自己未接受或者无须接受相关物业服务为由拒绝支付物业费。[38]

业主违反约定逾期不支付物业费的,物业服务人可以催告其在合理期限内支付;合理期限届满仍不支付的,物业服务人可以提起诉讼或者申请仲裁。为了保障业主的基本生存权益,物业服

〔37〕 典型案例参见"梁山县盛世华城业主委员会与山东伟琦物业服务有限公司、陈某物业服务合同纠纷案",山东省济宁市任城区人民法院(2018)鲁0811民初6876号民事判决书。

〔38〕 典型案例参见"北京京煤集团有限责任公司三竹物业管理分公司与王林霞物业服务合同纠纷案",北京市房山区人民法院(2018)京0111民初9017号民事判决书。

务人不得采取停止供电、供水、供热、供燃气等方式催交物业费(《民法典》第944条第3款)。

2. 告知义务。业主作为建筑物区分所有权人,对其专有部分享有专有权,可以行使对其专有部分的占有、使用、收益和处分的权利,他人无权干涉。但是,由于业主的专有部分与其他业主的专有部分以及全体业主的共有部分紧密结合或者相邻,某些重要事项的发生可能影响到其他业主的合法权益,影响到物业服务人对全体业主的物业服务和对小区内物业的管理。因此,法律规定,业主就某些重要事项对物业服务人负有告知义务。

(1)业主装饰装修房屋的,应当事先告知物业服务人,遵守物业服务人提示的合理注意事项,并配合其进行必要的现场检查(《民法典》第945条第1款)。[39] 这主要是因为物业服务人比较了解物业的实际情况,能够向业主提供必要信息并提示合理的注意事项,以免业主在装饰装修的过程中对建筑物尤其是其共有部分造成损害,造成其他业主的损失,且在损害发生时,物业服务人能够第一时间掌握相关情况并采取措施进行补救。

(2)业主转让、出租物业专有部分、设立居住权或者依法改变共有部分用途的,应当及时将相关情况告知物业服务人(《民法典》第945条第2款)。业主转让其房屋的,原业主将退出物业服务合同,由新业主替代原业主成为物业服务合同的当事人,如果原业主不将转让的情况告知物业服务人,将导致物业服务人不知新业主为新的合同相对人,不了解房屋的权利归属,不便于物业服务人的服务和管理。而业主将其物业专有部分出租、设立居住权的,将导致物业使用人和物业所有人不一致的情况,会导致物业服务人不了解物业使用情况,给物业服务人的服务和管理带来不便。业主改变共有部分的用途,应当由全体业主依照法律规定的程序共同作出决定,并及时将情况告知物业服务人,这主要还是为了便于物业服务人及时掌握物业服务区域内的情况,便于物业服务人对小区的服务和管理,维护全体业主的共同利益。

三、物业服务合同的终止

(一)物业服务合同的任意解除

1. 业主一方的任意解除权

物业服务人的选聘以业主的信任为基础,具有一定的人身信任属性,如果业主对物业服务人产生信任危机,将使物业服务和管理难以继续进行,此时应当允许业主解除物业服务合同。因此,业主一方享有任意解除权(《民法典》第946条第1款)。具言之,业主依照法定程序共同决定解聘物业服务人的,可以解除物业服务合同。由于物业服务合同的特殊性,业主对物业服务人行使任意解除权应当遵守以下规则:

(1)解聘程序和方法。业主行使解聘权,须依照法定程序共同决定。所谓的"法定程序",是指《民法典》第278条第2款规定的程序。[40] 另外,行使任意解除权的"业主",并非单个业主,而是指全体业主,单个业主不得行使此种任意解除权,因为解聘物业服务人应当由业主共同决定(《民法典》第278条第1款第4项)。

(2)行使任意解除权的时间要求。业主大会决定解聘物业服务人的,应当提前60日书面通

---

〔39〕 典型案例参见"李沪与北京中固安物业管理有限公司物业服务合同纠纷案",北京市第一中级人民法院(2018)京01民终8989号民事判决书。

〔40〕 典型案例参见"九江中辉恒佳物业服务有限公司与九江市公园一号小区业主委员会物业服务合同纠纷上诉案",江西省九江市中级人民法院(2016)赣04民终1466号民事判决书。

知物业服务人,但是合同对通知期限另有约定的除外(《民法典》第946条第1款后段)。这是为了给物业服务人提供必要的准备时间。

(3)行使解除权给物业服务人造成损害的赔偿责任。对业主因业主任意解除物业管理合同造成物业服务人的损失是否承担赔偿责任,标准在于解除合同是否具有可归责于业主的事由。如果业主一方任意解除权的行使给物业服务人造成了损失,除不可归责于业主的事由外,业主应当赔偿该损失(《民法典》第946条第2款)。

应当注意的是,物业服务人一方并不享有任意解除权。首先,从任意解除权的立法目的来看,其主要是为了保护物业服务合同相对弱势一方即业主的利益。其次,物业服务人只享有在物业服务期限届满后拒绝续聘的权利,而不享有在物业服务存续期间内的任意解除权(《民法典》第947条第2款)。

2. 不定期物业服务合同的任意解除

当事人可以随时解除不定期物业服务合同,但是应当提前60日书面通知对方(《民法典》第948条第2款)。也就是说,对于不定期物业服务合同,物业服务人和业主均享有任意解除权。

(二)物业服务合同的续聘

为了保证物业服务的连续性、保障全体业主的正常生活,业主应当在物业服务期限届满前作出续聘或者另聘物业服务人的决定。当然,物业服务人同样也面临两个选择,即同意业主的续聘或者不同意续聘。

物业服务期限届满前,如果业主依法共同决定续聘原物业服务人,应当与原物业服务人在合同期限届满前续订物业服务合同。如果物业服务人同意续聘,双方应当在合同期限届满前续订物业服务合同;如果物业服务人不同意续聘,其应当在合同期限届满前90日书面通知业主或者业主委员会,但是合同对通知期限另有约定的除外(《民法典》第947条)。如果业主依法共同决定不再续聘原物业服务人、选聘其他物业服务人,物业服务合同将随物业服务期满而终止。

物业服务期限届满后,业主没有依法作出续聘或者另聘物业服务人的决定,物业服务人继续提供物业服务的,原物业服务合同继续有效,但是服务期限为不定期。一方面,法律规定在此种情形下原物业服务合同继续有效,这主要是为了防止小区物业陷入无人管理的状态;另一方面,法律规定此时物业服务合同为不定期物业合同,即当事人双方可以随时解除(《民法典》第948条)。

(三)物业服务合同终止的后果

物业服务合同终止后,除了合同终止的一般法律后果,法律还根据物业服务合同的特征规定了以下特殊的法律后果:

1. 原物业服务人的退出和交接义务。物业服务合同终止的,原物业服务人应当在约定期限或者合理期限内退出物业服务区域,将物业服务用房、相关设施、物业服务所必需的相关资料等交还给业主委员会、决定自行管理的业主或者其指定的人,配合新物业服务人做好交接工作,并如实告知物业的使用和管理状况。[41] 原物业服务人违反前述规定的,不得请求业主支付物业服务合同终止后的物业费;造成业主损失的,应当赔偿损失(《民法典》第949条)。

---

〔41〕 典型案例参见"牡丹江星元房产有限公司与牡丹江市阳明区爱河新城小区业主委员会物业服务合同纠纷案",黑龙江省牡丹江市中级人民法院(2020)黑10民终43号民事判决书。

2. 原物业服务人的继续服务义务。物业服务合同终止后，在业主或者业主大会选聘的新物业服务人或者决定自行管理的业主接管之前，原物业服务人应当继续处理物业服务事项，并可以请求业主支付该期间的物业费(《民法典》第950条)。

第九节　行纪合同

导学案例

甲某欲将自己一辆价值60万元的轿车出售，但是不知如何销售，遂与某二手车行订立行纪合同。该行纪合同中约定："如车行以50万元将该车卖出，甲某将支付5万元报酬。"对于其他事项双方均未作特别约定。

1. 二手车行在出卖甲某轿车时，以谁的名义与对方签订合同？

2. 若二手车行以60万元将甲某的轿车卖给乙某，多卖出的10万元归谁？二手车行是否可以请求甲某额外支付报酬？

3. 若二手车行以60万元将甲某的轿车卖给乙某，为此多支付1万元费用，该费用是否可以请求甲某支付？

4. 若二手车行以30万元将甲某的轿车卖给乙某，甲某如何救济自己的权利？

5. 乙某购买该轿车后发现该车里程表被改过且发动机有大修情形。经查，甲某在与二手车行签订合同时隐瞒了上述事实。乙某应要求谁承担责任？

一、行纪合同概述

(一)行纪合同的概念

行纪合同是行纪人以自己的名义为委托人从事贸易活动，委托人支付报酬的合同。(《民法典》第951条)。其中，以自己名义为他方从事贸易活动的人，为行纪人；委托行纪人从事贸易活动并支付报酬的人，为委托人。行纪的场合应当区分行纪人与委托人之间的行纪合同关系，以及行纪人以此为基础而与第三人发生的买卖等贸易关系，后一种关系在学理上被称为行纪合同的执行行为。

行纪合同就其内部关系而言是一种特殊的委托合同，因此《民法典》关于行纪合同没有规定的，参照适用委托合同的有关规定(《民法典》第960条)。[42] 但是仍应注意行纪合同是不同于委托合同的独立的一类合同，在法律规范的设计上，委托合同重在规定委托人与受托人之间的关系，而行纪合同重在规范受托人的行纪行为。

制度比较　行纪合同 vs. 委托合同

行纪合同是一种特殊的委托合同，但考虑到二者的差异，法律将行纪合同作为一种独立的

〔42〕 典型案例"张家港市广大纺机有限公司与济南康贤经贸有限公司行纪合同纠纷案"，江苏省苏州市中级人民法院(2017)苏05民终865号民事判决书。

有名合同加以规定，两者区别如下：

1. 委托事务的范围不同。行纪合同中的委托事务是特定的，仅限于买卖等贸易活动，一般为法律行为；而委托合同中的委托事务的适用范围较宽，可以适用于除法律禁止委托或依性质不得委托以外的各种事务。

2. 行为名义和效果归属不同。行纪合同中，行纪人只能以自己名义进行活动，行纪人与第三人之间所为的法律行为并不能直接对委托人产生效力；而委托合同中的受托人处理委托事务，可以自己的名义，也可以委托人的名义，所以受托人与第三人之间订立的合同有时可对委托人直接产生效力。

3. 是否有偿不同。行纪合同为有偿合同；委托合同或为无偿合同，或为有偿合同。

制度比较　行纪 vs. 代理

行纪人以自己的名义为委托人进行交易，直接与第三人发生合同关系，然后将交易的后果转移给委托人，对此在学理上称为"间接代理"；而代理制度在我国法上强调显名主义，即代理人以被代理人名义行事。行纪与一般代理的区别如下：

1. 行为名义不同。代理人是以被代理人的名义对外从事民事法律行为，而行纪人则是以自己的名义对外从事活动。

2. 法律效果归属不同。代理人在代理权限范围内实施的民事法律行为其法律效果直接归属于被代理人，而行纪人与第三人订立的合同直接对自己发生效力，而与委托人并无直接权利义务关系。

3. 是否有偿不同。代理活动可以是有偿的，也可以是无偿的，但行纪人从事贸易活动须收取报酬，故而为有偿的。

4. 主体要求不同。代理人一般没有法律上的特别限制，而行纪人只能是经批准经营行纪业务的自然人、法人或非法人组织。

（二）行纪合同的特征

行纪合同是一种典型的商事合同，在采民商分立的立法例中，行纪合同通常被规定在商法典中；在采民商合一的立法例中，行纪合同则被规定在民法典中。《民法典》采民商合一，继委托合同之后，设专章规定行纪合同。

行纪合同主要具有以下特征：[43]

1. 行纪合同主体的限定性。在现代社会，行纪被广泛运用于各种商业活动中，行纪人从事的某种贸易行为具有专业性的特点，往往需要具备相应的资质。行纪人只能是经批准经营行纪业务的法人、自然人或非法人组织，未经法定手续批准或核准经营行纪业务的法人、自然人或非法人组织不得经营行纪业务，不能成为行纪合同的行纪人。

2. 行纪人以自己的名义从事贸易活动。行纪人在为委托人从事贸易活动时，须以自己的名义。行纪人在与第三人实施法律行为时，自己即为行为主体，该法律行为所产生的权利、义务均直接由行纪人自己承受（《民法典》第958条第1款）。委托人并非该法律行为的当事人，就该法

〔43〕 典型案例参见"邱忠和、邱传祯行纪合同纠纷案"，山东省青岛市中级人民法院（2019）鲁02民终1502号民事判决书。

律行为既不享有权利,也不负义务。正因如此,行纪人为委托人所购买的物品或取得的价金,其所有权先由行纪人取得,再移转给委托人。

3. 行纪人是为委托人从事交易活动。虽然行纪人是以自己的名义从事交易,但最终其是为了委托人的利益,办理的是委托人委托的事务,行纪人在与第三人间发生的法律关系中的权利义务最终归属于委托人。另外,行纪人为委托人办理的事务具有特定性,仅限于代购、代销物品等贸易活动,当然,随着经济社会的不断发展,贸易的范围也在不断扩大,现代社会的贸易已经不再限于动产的商品交易,行纪活动也不应当再限于传统的商品贸易,而是可以包括更多财产权益的管理、处分。可见,行纪人所提供的劳务并非一般的劳务,而是为委托人从事贸易活动、与第三人为买卖等法律行为,所以行纪合同的标的是行纪人为委托人与第三人成立一定的法律行为。

4. 行纪合同是双务、有偿、诺成、不要式合同。行纪人负有以自己的名义为委托人从事贸易活动的义务,委托人负有支付报酬的义务,此二项义务属于给付与对待给付关系,因而行纪合同为双务合同;行纪合同中双方互负的义务彼此构成对价,因而行纪合同为有偿合同;行纪合同的成立并不以物的给付或其他行为的实施为前提,只要当事人达成合意即可,因而行纪合同为诺成合同;关于行纪合同的成立,《民法典》未作特别的形式上的要求,故原则上属于不要式合同,有特别法规定场合,依其规定。

二、行纪合同的效力

(一)对行纪人的效力

1. 直接履行义务。根据行纪合同的定义,“以自己的名义为委托人从事贸易活动”是行纪人在行纪合同中的主要义务(《民法典》第 951 条),其具体表现为行纪人有义务与第三人直接缔结合同及履行合同,从事商品等的卖出或者买入等活动。正是由于行纪人是以自己的名义与第三人订立合同,行纪人(而非委托人)才是该合同的当事人,行纪人对该合同直接享有权利、承担义务(《民法典》第 958 条第 1 款)。而根据合同的相对性原则,委托人属于该合同的局外人,并不享有权利和承担义务,无论行纪人是否告诉第三人自己行纪人的身份或者第三人是否知道委托人的身份。

对于行纪合同关系和基于行纪合同而订立的买卖合同等执行行为关系,应当分别考察。第三人只能向行纪人而非委托人主张执行行为关系中的合同权利,在行纪人不履行合同义务时,无论是否为委托人的原因所致,第三人只能请求行纪人对其违约行为承担违约责任。相应地,第三人也应当向行纪人而非委托人履行该合同下的义务,在第三人不履行合同义务时,应当由行纪人对该第三人主张违约救济权利,而委托人不得直接对第三人行使请求权。如果第三人不履行义务致使委托人受到损害,除非行纪人与委托人另有约定,行纪人应当对委托人承担赔偿责任,不得以自己无过错为由而拒绝承担自己的责任(《民法典》第 958 条第 2 款)。[44]

2. 负担行纪费用的义务。行纪人处理委托事务支出的费用,由行纪人负担,但是当事人另有约定的除外(《民法典》第 952 条)。[45] 行纪人以从事行纪活动为营业,自应承担营业中的风险,

---

〔44〕 典型案例参见“赵平林、田家庵区佳顺汽车租赁服务部合同纠纷案”,安徽省淮南市中级人民法院(2019)皖04 民再 6 号民事判决书。

〔45〕 典型案例参见“优鸿企业有限公司诉湖北大秦酒水有限公司行纪合同结算纠纷案”,湖北省武汉市中级人民法院(2003)武经初字第 123 号民事判决书。

行纪人的营业风险也就是不能收回开展行纪业务的成本。一般来说,行纪人收取的报酬中已经包括其处理委托事务支出的费用,但行纪人只有在处理好委托的事务后才能收取报酬,如果其未能完成委托的事务,也就不能得到相应的报酬,其为从事行纪活动所支出的费用即成本也就不能收回,只能自己负担,这便构成行纪业务商业风险的一部分。但是,如果当事人约定,无论行纪人为委托人办理的事务是否成功,委托人均应偿还行纪人支出的必要费用,则行纪人不必负担交易费用。行纪人处理委托事务的费用由行纪人自己负担也是行纪合同与委托合同的不同之处。

3. 保管义务。行纪人占有委托物的,应当妥善保管委托物(《民法典》第953条)。[46] 在行纪中,有的委托人自行保管委托物,也有的委托人将委托物交由行纪人保管,行纪人可能自行保管,也可能再交由第三人保管。在行纪人占有委托物的前提下,行纪人负有妥善保管委托物的义务。所谓"妥善保管",是指行纪人应选择对委托人最有利的条件,采取最有利于委托物的措施,并应当尽到善良管理人的注意义务来进行保管。

除非委托人有特别指示,通常来说行纪人并无为保管的委托物办理保险的义务,因此,对于委托物的毁损或意外灭失,只要行纪人已尽到善良管理人的注意即可免责。若委托人已指示行纪人为保管委托物办理保险,行纪人却未予办理保险,属于违反委托人的指示,行纪人应对此种情况下的保管物的毁损、灭失负损害赔偿责任。若委托人并未为投保的指示,但行纪人自动投保的,投保费用归为行纪费用,原则上由行纪人承担(《民法典》第952条)。

4. 委托物处分义务。委托物交付给行纪人时有瑕疵或者容易腐烂、变质的,经委托人同意,行纪人可以处分该物;不能与委托人及时取得联系的,行纪人可以合理处分(《民法典》第954条)。这既是行纪人的权利,也为行纪人的义务。行纪人是为了满足委托人所追求的经济利益而为其处理事务的,该合同目的决定了行纪人应当遵从委托人指示的义务。因此,对于委托物的处分,原则上应当征得委托人的同意并依照委托人的指示为之。但是,在某些紧急情况下,如果委托物在交付时有瑕疵将造成委托物毁损、灭失,或者委托物将要腐烂、变质,行纪人又无法与委托人取得联络致使行纪人不可能征得委托人的同意,此种情形下如果不及时合理地处置,就会使委托人的利益遭受更大的损失,故此时行纪人有权利也有义务自行合理处分委托物。所谓"合理",即应以善良管理人的标准来衡量,以行纪人处分该委托物时的具体情况而定。

行纪人未尽必要的注意义务,发现委托物有瑕疵或者将腐烂、变质而怠于通知委托人,又不采取必要措施作出合理处置的,对因此而给委托人造成的扩大损失,行纪人应负赔偿责任。行纪人对出卖或购入的委托物未按照规定检验,或者虽经检验而未对委托物的瑕疵提出异议的,行纪人对委托物的瑕疵或者毁损、灭失应承担责任。

5. 价格遵守义务。为了委托人的利益考虑,行纪人应当遵从委托人的指示从事贸易活动。具体到价格问题上,委托人委托行纪人从事贸易行为时通常会对价格有所要求,对于委托人关于价格的指示,行纪人有遵守的义务,这被称为行纪人的"价格遵守义务"。

价格遵守义务的前提是存在委托人的价格指示。价格指示包括希望性价格指示、任意性价格指示和严格性价格指示,其中,委托人纯粹希望性的价格指示不产生行纪人的价格遵守义务,仅后两种价格指示对行纪人产生拘束力。《民法典》第955条所称的"委托人指定的价格"是指

---

〔46〕 典型案例参见"黎友华、徐卫峡合同纠纷案",安徽省滁州市中级人民法院(2018)皖11民终1388号民事判决书。

任意性价格指示。是否有此种价格指示,应依具体的情形来确定。[47] 一般来说,必须有可以认为委托人表示的低于指定价格不卖出委托物或高于指定价格不买入委托物的事实,才能认为委托人作出了任意性价格指示。《民法典》第955条第3款所称的“委托人对价格有特别指示”是指严格性价格指示。

在存在任意性价格指示的情形下,行纪人对指示的违反要么是从事了较指定价格不利的交易,要么是从事了较指定价格有利的交易。在不利交易的场合,行纪人低于委托人指定的价格卖出或者高于委托人指定的价格买入的,应当经委托人同意;未经委托人同意,行纪人补偿其差额的,该买卖对委托人发生效力(《民法典》第955条第1款)。所谓“对委托人发生效力”,并非突破合同相对性原则而使买卖合同的内容直接拘束委托人,而是指委托人应当依行纪合同受领买卖的结果而不得以违反指示为由拒绝受领。在有利交易的场合,行纪人高于委托人指定的价格卖出或者低于委托人指定的价格买入的,该利益原则上归属于委托人(《民法典》第955条第2款)。只有在当事人有明确的约定可以增加报酬的,行纪人才可请求增加报酬。

在存在严格性价格指示的情形下,行纪人只能依照该指示的价格交易,不得违背该特别指示卖出或者买入,否则即应承担违约责任(《民法典》第955条第3款)。

实例解析

因企业经营不景气,甲欲将其所有的一部轿车变现作为流动资金。于是,甲委托乙商行以商行的名义代为出售,开价100万元,报酬为卖得价款的5%。双方无其他特别约定。随后乙商行凭借其商业经验以120万元将轿车出售。请问乙能否请求甲支付以120万元为基础计算的报酬?

分析:甲虽然指定了特定的出售价格数额,但该指示并非严格性的价格指示(不包含高于或低于100万元均不得出售的意思表示),乙变更价格出售的行为并不构成违约,其依法享有报酬请求权,只不过其销售行为获得的额外20万元应当归属于甲。关于报酬的支付,双方约定报酬按照卖得价款的一定比例计算,因此按照《民法典》第955条第2款的规定甲应当按照约定增加报酬,即以实际卖得的价款120万元为基础计算乙的报酬。乙的请求应当得到支持。

6. 介入权。行纪人卖出或者买入具有市场定价的商品,除委托人有相反的意思表示外,行纪人自己可以作为买受人或者出卖人(《民法典》第956条第1款)。行纪人的这种权利在学理上被称为“介入权”,或行纪人的“自约权”。行纪人行使介入权,实际上就是行纪人自己作为买受人或出卖人与委托人之间直接订立买卖合同。通常来说,行纪人受委托后与第三人从事买卖的居多,不过,对于委托人而言,只要买卖是公平的,相对人如何并不成为问题;而对于行纪人而言,就委托买卖的相对人,如果可以不必寻求第三人而自任相对人,亦可节省交易成本并简化计算报告手续。不过,如果无条件地承认行纪人的介入权,同样可能因行纪人权利滥用损害委托人的利益。因而,《民法典》一方面承认行纪人的介入权,另一方面又为介入权的行使设置了一定的限定要件。

行纪人行使介入权的第一项要件是商品具有市场定价。具有市场定价者,通常为种类物或

[47] 典型案例参见“福建天则电力工程有限公司与福建三嘉钢铁有限公司行纪合同纠纷案”,福建省周宁县人民法院(2018)闽0925民初66号民事判决书。

者与之相当的标的;如果是独一无二的特定物,则因缺少可供参考的市场定价,通常不能成为此处交易的对象。这一要件既是行纪人产生介入权的要件,又是判定行纪人是否在对委托人不利时实施介入以及行纪人实施介入对委托人不利时赔偿的标准。行纪人行使介入权的第二项要件是委托人没有相反的意思表示(《民法典》第 956 条第 1 款)。委托人既可以用明示的方式也可以用默示的方式来表明行纪人不得介入。

介入权为形成权,其行使需要行纪人一方向委托人发出意思表示,该意思表示于到达委托人时生效。介入权一经行使,在委托人和行纪人之间立即而直接地成立了买卖合同,该合同适用《民法典》关于买卖合同的规定。通过行使介入权,行纪人也同时实施了行纪合同下的委托行为,因此,行纪人行使了介入权的,仍然可以请求委托人支付报酬。[48]

(二)对委托人的效力

1. 支付报酬的义务。根据行纪合同的定义,支付报酬是委托人在行纪合同中的主要义务。行纪人完成或者部分完成委托事务的,委托人应当向其支付相应的报酬。具言之,原则上委托人应当于委托事务完成之后支付报酬(报酬后付原则),在行纪人完全完成委托事务前,委托人可以拒绝支付报酬。当然,关于报酬支付的规定属于任意性规定,当事人可以就报酬支付另行约定。[49]

在行纪人高于委托人指定的价格卖出或者低于委托人指定的价格买入的场合,行纪人原则上并不享有报酬增加请求权,除非当事人存在特别约定。在行纪人行使介入权的场合,行纪人的报酬请求权不受影响。

为了保障行纪人的报酬请求权,法律规定了行纪人的留置权。委托人逾期不支付报酬的,行纪人对委托物享有留置权,但是当事人另有约定的除外(《民法典》第 959 条后段)。在我国采民商合一主义的前提下,此处行纪人的留置权与其他场合的留置权无异,应当作统一的理解,统一适用《民法典》物权编关于留置权的有关规定。

结合《民法典》第 959 条后段和物权编关于留置权的有关规定,行纪人留置委托物需要具备以下几个条件:(1)行纪人已合法占有委托人的委托物。(2)委托人没有正当理由拒绝支付报酬。(3)行纪合同中没有事先约定不得留置的条款。满足前述条件,行纪人可以行使留置权。行纪人留置委托物后,应当与委托人约定留置后的债务履行期间;没有约定或者约定不明确的,行纪人应当给委托人 60 日以上的债务履行期;该债务履行期间届满,委托人仍不履行的,行纪人就可以行使留置权,并与委托人协议以留置物折价,或者从拍卖、变卖留置物的价款中优先受偿(《民法典》第 453 条第 1 款)。

2. 及时受领义务。行纪人按照约定买入委托物,委托人应当及时受领(《民法典》第 957 条第 1 款前段)。可见,委托人对于买入委托物有受领的义务。

经行纪人催告,委托人无正当理由拒绝受领的,行纪人依法可以提存委托物(《民法典》第 957 条第 1 款后段)。该条赋予行纪人在委托人违反受领义务时的提存权,其要件为:(1)行纪人应当催告委托人在一定期限内受领,催告期应当与委托人进行约定,或者行纪人根据委托物的性

[48] 典型案例参见“张家港市泰和碳素有限公司与张家港益民冶金材料有限公司买卖合同纠纷案”,江苏省张家港市人民法院(2014)张乐商初字第 0027 号民事判决书。

[49] 典型案例参见“太原大四方节能环保有限公司与北京市京海换热设备制造有限责任公司行纪合同纠纷案”,北京市密云县人民法院(2014)密民初字第 3784 号民事判决书。

质决定催告期的时间,如为易腐烂、变质的委托物,应当催告委托人在较短的时间内受领。(2)委托人无正当理由逾期仍拒绝受领买入物。如果行纪人违反委托人的指示或买入的委托物不符合约定,委托人可以拒绝受领。如果委托人有正当理由一时无法受领,如发生地震、台风等不可抗力的事由,则可以与行纪人协商受领的期限,受领前由行纪人暂时代为保管,相关费用由委托人负担。(3)行纪人应当依法提存买入物,主要是按照《民法典》合同编通则中关于提存的规定行使提存权。

3. 及时处分或取回的义务。委托物不能卖出或委托人撤回出卖时,委托人应该将委托出卖物取回或处分。若经行纪人催告后仍不取回或不处分的,行纪人有权就该委托出卖物提存(《民法典》第957条第2款)。委托行纪人出卖的委托物,如果不能卖出或者委托人撤回出卖委托物,行纪人应当通知委托人取回,行纪人虽然可以暂时代为保管,但行纪人没有继续保管委托物的义务。行纪人代为保管期间产生的相关费用应当由委托人负担。委托人取回委托物,可以减轻行纪人的保管负担,委托人自己也可以继续利用委托物,或者对委托物作出其他处分。经过行纪人的催告,在合理期限内委托人逾期仍不取回或者不处分委托物的,行纪人可以依法行使提存权。

第十节　中介合同

导学案例

甲与乙订立承揽合同,由甲负责包工包料为乙的房屋进行重大修缮。该年6月,甲依约定日期完工并交付;8月,乙向丙出卖并交付该房屋,且完成过户登记;9月,丁经由戊之中介,向丙承租该房屋用于经营,租期为3年,并签订了书面租赁合同;10月,丙向丁交付房屋,丁则支付戊中介费10万元。次年7月,该房屋因甲所使用的防水漆有瑕疵,发生严重漏水现象,须支付100万元才能修复,且丁为经营而耗资50万元对该房屋进行的装修因前述的漏水情形必须全部拆除。

1. 本案当事人之间分别存在何种法律关系?
2. 丁能否请求戊返还中介费?
3. 丁对丙、丙对乙、乙对甲,分别能够主张哪些合同救济?

一、中介合同概述

(一)中介合同的概念

中介合同是中介人向委托人报告订立合同的机会或者提供订立合同的媒介服务,委托人支付报酬的合同(《民法典》第961条)。其中,报告订立合同的机会或者提供订立合同的媒介服务的一方称为中介人,接受此种服务并负有支付报酬的对方当事人称为委托人。本条所规定的中介合同依委托内容之不同分为两种情形:一种是报告订立合同的机会;另一种是提供订立合同的媒介服务。前者称为报告中介或指示中介;后者称为媒介中介。中介合同系《合同法》(已失效)第二十三章所规定的"居间合同",基于通俗易懂的考虑,《民法典》将"居间合同"修改为"中介合同"。

中介合同与委托合同为《民法典》合同编规定的两类独立的典型合同，二者存在一定差异，但二者在本质上均为当事人接受委托人之委托从事一定事务的合同，中介人或受托人均是为了委托人的利益而办理事务，二者均是基于双方当事人的信任而成立。有观点认为，中介合同就是一种特殊的委托合同。因此，《民法典》关于中介合同没有特殊规定的事项，可以参照适用委托合同的有关规定（《民法典》第966条）。[50] 当然，由于中介合同本身的特点，委托合同有的规定并不能准用于中介合同。

制度比较 中介合同 vs. 委托合同

中介合同与委托合同均属于提供服务的合同，但二者存在以下区别：

1. 为他人处理事务的范围不同。中介人提供的服务仅限于报告订立合同的机会或者提供订立合同的媒介服务，其服务提供种类相对特定且范围受有限制；委托系为他人处理事务，受托人可以为委托人处理任何适于委托的委托事务。

2. 是否有偿不同。中介合同是有偿合同；委托合同可以是有偿合同，也可以是无偿合同。

3. 受托人的参与程度不同。中介人通常不参与委托人与第三人的关系，不对委托人与第三人的关系作出决定；受托人则可以参与委托人与第三人的关系，可以对委托人与第三人关系的内容作出决定。

4. 从事行为的名义不同。中介人不能以委托人的名义从事中介活动；受托人可以委托人的名义处理委托事务。

5. 费用负担不同。中介人从事中介活动的费用，在中介人促成合同成立的场合，由中介人负担，在未促成合同成立的场合，可以按照约定请求委托人支付从事中介活动支出的必要费用；委托合同的受托人处理委托事务的费用，原则上由委托人负担。

制度比较 中介合同 vs. 行纪合同

中介合同与行纪合同的相同之处在于，二者均为基于双方当事人的信任而成立的、提供服务的合同，中介人或者行纪人均是为了委托人的利益而办理事务，二者均属有偿合同。其不同点在于：

1. 受托人的参与程度不同。中介人通常不参与委托人与第三人的关系，不对委托人与第三人关系的内容作出决定；行纪人在履行合同时则可以与第三人建立法律关系，可以为委托人的利益对自己与第三人合同关系的内容作出决定。

2. 为他人处理事务的范围不同。中介人提供的服务仅限于报告订立合同的机会或者提供订立合同的媒介服务，其服务提供种类相对特定且范围受有限制；行纪人可以为委托人从事各种贸易活动。

3. 费用负担不同。中介人从事中介活动的费用，在中介人促成合同成立的场合，由中介人负担，在未促成合同成立的场合，可以按照约定请求委托人支付从事中介活动支出的必要费

---

〔50〕 典型案例参见"宜昌安泰房地产营销策划有限公司、潘玫房屋买卖合同纠纷案"，湖北省宜昌市中级人民法院(2018)鄂05民终809号民事判决书。

用;行纪人处理委托事务支出的费用,则由行纪人负担,除非当事人之间另有约定。

(二)中介合同的特征

中介合同主要具有以下特征:

1. 中介合同以促成委托人与第三人订立合同为目的。中介合同属于提供服务的合同,此种服务表现为向委托人报告订立合同的机会或者提供订立合同的媒介服务。所谓报告订立合同的机会,是指中介人接受委托人的委托后,寻觅、搜索信息报告委托人,从而提供订立合同的机会。所谓提供订立合同的媒介服务,是指中介人不仅要向委托人报告订立合同的机会,还要周旋于委托人和第三人之间,努力促成其合同成立。无论是报告中介还是媒介中介,其目的都是促成委托人和第三人订立合同。

2. 中介合同为诺成、不要式、有偿合同。只要双方当事人意思表示一致,中介合同即可成立,故其为诺成合同。中介合同的成立原则上无须采取特定的形式,故其为不要式合同。中介人以收取报酬为业,中介合同的委托人须向中介人支付一定的报酬作为对中介人活动的报偿,故中介合同为有偿合同。不收取报酬而促进他人订立合同的行为,不是中介活动,行为人不承担中介合同中的权利义务。[51]

3. 中介合同中委托人的给付义务的履行具有不确定性。中介合同中的委托人虽有支付报酬的义务,但中介人只有在促成合同成立的场合才可请求委托人支付报酬。在未促成委托人与第三人订立合同的场合,中介人无权请求报酬。因中介人是否促成合同订立具有不确定性,从而委托人支付报酬的义务是否需履行也就具有不确定性。

二、中介合同的效力

(一)中介人的主要义务

1. 报告或媒介的义务。根据中介合同的定义,报告缔约机会或提供媒介服务是中介人的主要义务(《民法典》第961条)。在报告中介的场合,中介人应当向委托人如实报告订立合同的机会及其他有关订立合同的事项,而对于第三人,中介人并不负有报告委托人有关情况的义务。在媒介中介的场合,不论第三人是否对于中介人亦有委托,中介人对委托人和第三人均负有报告义务,这是因为在媒介中介的场合,中介人的报酬由该合同的当事人平均负担;除此以外,媒介中介的场合中介人还负有在订约的当事人之间进行斡旋、协商、游说,并促使双方当事人最终达成交易的义务。

中介人在从事中介活动的过程中,应像善良管理人那样尽力而为,这在学理上被称为“尽力义务”或“勤勉义务”。不过,判断中介人是否有尽力义务及其范围、程度如何,应当根据合同的约定、诚信原则或交易习惯来具体确定。原则上中介人除了履行报告或媒介义务之外,无须再负更多的义务。也就是说,尽力义务很大程度上就是当事人合同义务的一部分,即中介人履行报告或媒介义务的具体合同标准。

2. 忠实义务。中介人就自己所为的中介活动负有忠实义务。《民法典》主要规定了如实报告义务,即中介人应当就有关订立合同的事项向委托人如实报告(《民法典》第962条第1款)。

[51] 典型案例参见“宁波市顺得房地产经纪有限公司与徐燕华居间合同纠纷案”,浙江省宁波市鄞州区人民法院(2019)浙0212民初1707号民事判决书。

所谓"有关订立合同的事项",包括相对人的资信状况、生产能力、产品质量以及履约能力等与订立合同有关事项。当然,这些事项根据不同的合同还有许多不同内容。根据诚实信用原则,中介人就一般对订约有影响的事项原则上并不负有积极的调查义务,但就其所知事项负有报告于委托人的义务。当然,委托人可以与中介人就报告义务作出特别约定,要求中介人报告特别的事项。对于违反如实报告义务的法律后果,即中介人故意隐瞒与订立合同有关的重要事实或者提供虚假情况,损害委托人利益的,不得请求支付报酬并应当承担赔偿责任(《民法典》第 962 条第 2 款)。[52]

除了如实报告义务,基于诚实信用原则,忠实义务还包括其他要求。例如,中介人不得对订立合同实施不利影响,影响合同的订立或者损害委托人的利益;媒介妥适相对人义务,要求中介人不得将明显没有履行能力的人、无缔约能力的人媒介给委托人;对于所提供的信息、成交机会以及后来的订约情况,中介人负有向其他人保密的义务。

3. 负担中介活动费用的义务。中介活动的费用,主要是指中介人为从事中介行为而支出的费用,如交通费、住宿费等。中介人作为中介合同的一方主体,若欲为委托方了解相关的订约信息、商业信息及有关人的资信状况、信誉度、知名度等情况,必定会有一定的费用支出。

对于中介费用的支出,若委托方和中介人事先有特别约定由哪一方负担,则应依约定履行。《民法典》第 964 条但书规定,中介人未促成合同成立的,中介人"可以按照约定请求委托人支付从事中介活动支出的必要费用"。相比《合同法》(已失效)第 427 条,《民法典》增加了"按照约定"。所谓"按照约定",即在中介人未促成合同成立的场合,中介人仅于中介合同中存在中介人在未促成合同成立时仍享有费用请求权约定之情形,得向委托人请求支付从事中介活动的必要费用;否则,如果没有此种约定,中介人无权向委托人请求返还,委托人也没有义务向中介人支付该费用。"按照约定"的增加使该条款从请求权基础规范转化为任意性规范,其意义仅在于对当事人意思自治的重申。

如果没有明确约定,结合《民法典》第 964 条但书和第 963 条第 2 款的规定可知,中介活动的费用原则上由中介人负担。这是因为中介人支出的中介活动的费用一般情况下都已计算在中介报酬内,在中介人促成合同成立的场合,中介人享有报酬请求权(《民法典》第 963 条第 1 款),故中介人不得再另外请求委托人负担费用;而在中介人未促成合同成立的场合,中介人不得请求报酬(《民法典》第 964 条),其为此所付出的代价即支出的成本费用不能通过报酬补偿,自然也就成为中介人从事中介活动的一项正常商业风险,理应由中介人自己承担。《民法典》第 964 条的修改,一方面强化了当事人意思自治,另一方面也使中介人和委托人之间的风险分配更加合理。

(二)委托人的主要义务

根据中介合同的定义,支付报酬是委托人的主要义务(《民法典》第 961 条)。中介人的报酬,通常也被称为"佣金"或者"居间费",是中介人完成中介服务后委托人向中介人支付的酬劳。中介合同是有偿合同,中介人是以提供中介服务赚取报酬为业的营业者,其为委托人提供订约机会或者媒介服务的目的就是获取报酬。委托人支付报酬的义务以中介人促成合同成立为前提条件,当中介人促成委托人与第三人之间的合同成立,委托人就应当按照约定向中介人支付报酬

---

〔52〕 典型案例参见"武一强诉周保国等房屋买卖合同纠纷案",河南省兰考县人民法院(2018)豫 0225 民初 607 号民事判决书。

(《民法典》第963条第1款);[53]而在中介人未促成合同成立的场合,中介人不得请求支付报酬(《民法典》第964条)。

关于支付报酬的具体内容(数额、方式等),依次按照以下原则和顺序确定:(1)中介合同有约定的,按照约定。(2)中介合同对中介人的报酬没有约定或者约定不明确的,可以协议补充。(3)不能达成补充协议的,按照合同相关条款或者交易习惯确定。(4)按照以上原则和顺序仍不能确定的,根据中介人的劳务合理确定(《民法典》第963条第1款)。

在媒介中介的场合,因中介人提供订立合同的媒介服务而促成合同成立的,由该合同的当事人平均负担中介人的报酬(《民法典》第963条第1款)。这是法律关于媒介中介场合报酬支付人的一般规定,其理由在于,因中介人的媒介服务促成合同的成立,使合同当事人双方都受益。当然,当事人可另作其他特别约定。

实务中常见的一种中介合同纠纷类型是因"跳单"现象而引起的。所谓"跳单",又称"跳中介",是在中介人向委托人提供中介服务后,委托人利用中介人提供的服务,绕开中介人私下与相对人订立合同,或者另行委托其他中介人与相对人订立合同的现象。之所以容易发生"跳单",是由与中介合同中当事人双方的信息不对称所导致的,中介人利用自身的信息优势为委托人创造缔约机会而取得报酬;与此同时,委托人如何利用中介人提供的交易机会或者媒介服务,难以为外人察觉,况且此时委托人尚未支付中介报酬,这就容易产生道德风险的问题。为促进中介市场的良性竞争、避免因信息不对称导致不公平,《民法典》增设第965条规定,"委托人在接受中介人的服务后,利用中介人提供的交易机会或者媒介服务,绕开中介人直接订立合同的,应当向中介人支付报酬"。所谓"利用中介人提供的交易机会或者媒介服务",主要是指委托人实质上利用了中介人所提供的信息、机会等条件,考虑因素包括中介人所提供的信息是公开的还是独家的、委托人能否轻易获得等。[54] 只要委托人实质利用了中介人所提供的服务,就应当认定该交易是由中介人促成的,委托人就负有向中介人支付报酬的义务。当然,当事人之间也可以就"跳单"的违约责任进行特别约定,该约定优先于《民法典》之规定得到适用。

实例解析

甲急于寻找某城市房源,遂同时委托中介人乙和丙从事中介活动,乙和丙均为甲提供了A处的房源信息,甲最终选择与中介人丙订立合同,中介人乙得知后认为甲实施了"跳单"行为,主张甲仍然应当支付报酬。试分析中介人乙的请求是否应当得到支持。

分析:实践中经常存在这样一种情况,委托人委托多个中介人从事中介活动,多个中介人为其提供交易信息或者媒介服务,委托人最后选择其中一个中介人,通过其与第三人订立合同。此时对其他中介人来说,并不构成"跳单",这是因为委托人具有选择最满意、最合适的中介人的优质服务并通过其与第三人订立合同的权利。这就和买东西一样,消费者有自主选择的权利,很多时候都是货比三家之后才决定在哪一家商店购买。这也需要委托人证明其与第

[53] 典型案例参见"郑州福禄禧房地产营销策划有限公司与李金龙居间合同纠纷案",河南省新郑市人民法院(2019)豫0184民初9736号民事判决书。

[54] 典型案例参见"上海中原物业顾问有限公司诉陶德华居间合同纠纷案",最高人民法院指导案例1号(2011年);"淄博汇隆置业服务有限公司滨州分公司与邵美居间合同纠纷上诉案",山东省滨州市中级人民法院(2018)鲁16民终79号民事判决书。

三人订立合同并非利用中介人提供的交易机会或者媒介服务,而是通过其他中介人提供的服务使得合同得以成立。本案当中,由于两个中介人提供了相同的信息,委托人甲最终选择哪个中介人完全是其自由,其选择不构成“跳单”。

思考题

1. 简述保理合同的特征。
2. 简述保理合同的效力。
3. 简述承揽合同当事人的权利义务。
4. 简述承揽合同中的风险负担。
5. 简述建设工程合同与承揽合同的区别。
6. 简述建设工程合同当事人的权利义务。
7. 简述建设工程承包人优先受偿权的行使条件及范围。
8. 简述客运合同中承运人的义务。
9. 简述保管合同与仓储合同的区别。
10. 简述间接代理制度。
11. 简述物业服务合同当事人的权利与义务。
12. 简述行纪合同与委托合同的区别。
13. 简述行纪合同与中介合同的区别。
14. 简述中介合同中中介人与委托人的主要义务。

阅读指引

关于保理合同的最新研究

1. 黄茂荣:《论保理合同》,载《法治研究》2021 年第 3 期。
2. 崔建远:《保理合同探微》,载《法律适用》2021 年第 4 期。
3. 李志刚:《〈民法典〉保理合同章的三维视角:交易实践、规范要旨与审判实务》,载《法律适用》2020 年第 15 期。
4. 方新军:《〈民法典〉保理合同适用范围的解释论问题》,载《法制与社会发展》2020 年第 4 期。
5. 黄和新:《保理合同:混合合同的首个立法样本》,载《清华法学》2020 年第 3 期。
6. 李宇:《保理合同立法论》,载《法学》2019 年第 12 期。

关于承揽合同的司法识别

1. 谢友清、张春华、曹佃州:《浅论承揽合同与雇佣合同的区分规则》,载《西南科技大学学报(哲学社会科学版)》2006 年第 1 期。
2. 郑小苗:《雇佣、承揽与合伙的区别》,载《人民司法》2007 年第 16 期。
3. 辛坚、闵海峰、章豪杰:《建设工程合同与承揽合同之区分》,载《人民司法》2011 年第 8 期。
4. 唐波涛:《承揽合同的识别》,载《南大法学》2021 年第 4 期。

关于建设工程优先受偿权问题的研究

1. 张学文:《建设工程承包人优先受偿权若干问题探讨》,载《法商研究(中南政法学院学报)》

2000 年第 3 期。
2. 孙科峰、杨遂全:《建设工程优先受偿权主体的争议与探究——〈合同法〉第 286 条之分析》,载《河北法学》2013 年第 6 期。
3. 宿辉:《建设工程价款优先受偿权论争》,载《重庆社会科学》2017 年第 9 期。
4. 唐倩:《实际施工人的建设工程价款优先受偿权实证研究》,载《中国政法大学学报》2019 年第 4 期。

关于委托合同中任意解除权的代表性研究

1. 吕巧珍:《委托合同中任意解除权的限制》,载《法学》2006 年第 9 期。
2. 崔建远、龙俊:《委托合同的任意解除权及其限制——“上海盘起诉盘起工业案”判决的评释》,载《法学研究》2008 年第 6 期。
3. 马忠法、冯凯:《委托合同任意解除的赔偿责任》,载《东方法学》2009 年第 3 期。
4. 周江洪:《委托合同任意解除的损害赔偿》,载《法学研究》2017 年第 3 期。

关于物业服务合同的最新研究

1. 徐涤宇:《物业服务合同法律构造之中国模式》,载《法学研究》2021 年第 3 期。
2. 薛源:《民法典新增物业服务合同效力探讨》,载《学术界》2020 年第 10 期。
3. 杨立新:《物业服务合同:从无名合同到典型合同的蜕变》,载《现代法学》2020 年第 4 期。
4. 王利明:《物业服务合同立法若干问题探讨》,载《财经法学》2018 年第 3 期。

关于居间人报酬请求权的相关研究

1. 税兵:《居间合同中的双边道德风险——以“跳单”现象为例》,载《法学》2011 年第 11 期。
2. 汤文平:《从“跳单”违约到居间报酬——“指导案例 1 号”评释》,载《法学家》2012 年第 6 期。
3. 黎平:《“跳单”条款的效力认定与居间合同的法理再造》,载《江西社会科学》2016 年第 5 期。
4. 其木提:《居间报酬请求权的法理依据》,载《法学》2018 年第 7 期。

第十四章　合伙合同

第一节　合伙合同概述

导学案例

甲、乙、丙、丁四人签订《合伙投资协议》约定：甲以其所有的厂房一间出资，乙以现金50万元出资，丙以食品加工设备出资，丁以劳务出资，四人共同经营一家罐头加工厂，出资比例为4∶3∶2∶1，并约定由丁执行合伙事务。两年后，乙急需用钱，请求分割合伙财产，遭到其他合伙人反对。乙遂将其在该合伙中享有的30%财产份额以40万元的价格转让给戊。根据上述案情，试回答下列问题：

1. 合伙人丁能否以执行合伙事务为由请求支付报酬？
2. 在合伙合同终止前，乙能否请求分割合伙财产？
3. 乙将其在该合伙中享有的30%财产份额转让给戊须满足何种条件？

一、合伙合同的含义和特征

合伙合同是两个以上合伙人为了共同的事业目的，各自提供资金、实物、技术等，订立的共享利益、共担风险的协议（《民法典》第967条）。合伙合同是典型的多方民事法律行为，涉及多方民事主体，但是他们的目的是一致的，因此能达成合意，订立合同。合伙合同的特征包括以下几点：

1. 当事人为两个以上的合伙人，包括自然人、法人、非法人组织，民事合伙通常是自然人。
2. 合伙合同的设立目的是两个以上的合伙人为了实现共同的事业目的，可以是经营性的目的，例如，几个相熟的朋友合伙做一次运输业务，也可以是营利以外的其他目的。
3. 合同的内容是约定合伙人共同投资、共同经营、共担风险。
4. 合伙合同设立的是民事合伙，不包括设立合伙企业的合同。这里的合伙合同由《民法典》合同编予以规定，而合伙企业由《民法典》总则编和《合伙企业法》规定。

制度比较　民事合伙 vs. 商事合伙

基于本章中的合伙合同而成立的是民事合伙，而合伙企业则属于商事合伙，两者区别如下：

1. 是否具有营利目的。民事合伙一般不以营利为目的，商事合伙以营利为目的。
2. 是否具有组织性。二者虽同样基于合伙协议而设立，但商事合伙具有很强的组织性并且需要进行工商登记。

3. 组织是否具有持续性。民事合伙可以是临时性的,当合伙目的实现后,可以根据合伙人的约定解散或者继续存续;商事合伙像公司一样,在登记的经营期限内长期存在。

4. 由不同的法律调整。商事合伙一般由我国的《合伙企业法》进行调整,外观形式表现为合伙企业,分为普通合伙和有限合伙。民事合伙受《民法典》合同编的调整。

二、合伙财产

合伙财产是指由合伙人依照合伙协议向合伙投资的财产和合伙在共同经营中积累的财产构成的,由全体合伙人共有的财产所有关系。合伙财产的法律特征包括:(1)合伙财产依合伙关系而发生;(2)合伙财产具有组合性;(3)合伙财产体现全体合伙人的共有权;(4)全体合伙人对合伙财产享有连带权利,承担连带义务。

合伙财产的来源包括合伙人的出资、因合伙事务依法取得的收益和其他财产(《民法典》第969条)。由于合伙财产的组合性和整体性,在合伙合同终止前,合伙人不得请求分割合伙财产,但不妨碍合伙人对合伙收益进行分红。

实例解析

甲购得一辆客车,与好友乙约定:由乙跟车经营,并按年终纯收入的5%提成,经营中发生的一切风险由甲承担。本案甲、乙之间的约定是否属于合伙合同?

分析:合伙合同的内容是约定合伙人共同投资、共同经营、共担风险。本案中,仅甲一人出资一辆客车,乙未出资,不属于共同出资;双方约定风险由甲承担,不符合共担风险。所以本案甲和乙的约定不是合伙合同,只是雇佣合同。

第二节　合伙人的权利义务

一、合伙人出资义务

合伙人的出资,是合伙财产的最初来源。合伙人在合伙合同中应当约定合伙人的出资方式、数额和交付期限,履行出资义务(《民法典》第968条)。各合伙人应按约定向合伙投资,投资财产构成合伙的财产基础。投资财产包括资金、设备、用益物权和知识产权等,例如将建设用地使用权、土地经营权、发明专利等投资入伙。

合伙财产一经发生,合伙即可进行经营活动。合伙人的出资义务具有强制性。在所有的合伙人中,如果一个或者数个合伙人不履行出资义务的,可以要求他出资或者不承认其合伙人资格,但是其他合伙人不能因此而拒绝出资,因为资本是合伙存在的基础,没有出资合伙就无法设立、无法经营。

二、合伙经营权

合伙经营,又称为合伙事业经营,包括合伙的经营决策、合伙事务执行和合伙负责人三个方面的内容。合伙人对合伙事务作出决定,除合伙合同另有约定外,应当经全体合伙人一致同意(《民法典》第970条第1款)。合伙人有执行和监督的权利。合伙人可以推举负责人。合伙负责人和其他人员的经营活动,由全体合伙人承担民事责任。

合伙事务执行,是合伙事业经营中的一个环节,是指合伙事业经营决策确定之后,究竟由哪些合伙人负责执行,执行人之外的合伙人有哪些权利实现合伙经营目的的活动。根据《民法典》第970条第2、3款,具体的执行方式有三种:

1. 共同执行,即由全体合伙人共同执行。

2. 代表执行,即按照合伙合同的约定或者全体合伙人的决定,可以委托一个或者数个合伙人执行合伙事务;其他合伙人不再执行,但是有权监督执行情况。

3. 分别执行,即合伙人分别执行合伙事务的,执行事务合伙人可以对其他合伙人执行的事务提出异议;提出异议后,其他合伙人应当暂停该项事务的执行。

合伙事务执行无论采取哪种方式执行,都应由全体合伙人共同承担责任,而不是由合伙事务执行人个人承担民事责任。无论采取何种执行方式,所有的合伙人或者没有执行合伙事务的合伙人都对合伙事务执行享有监督权,监督合伙事务执行人的执行活动,发现问题,都有权提出监督意见,提交全体合伙人讨论,由全体合伙人作出决定。[1]

合伙人与合伙雇佣的人不同。合伙雇佣的人员不是合伙的成员,而是合伙的工作人员,其向合伙提供劳务,合伙对其给付报酬。合伙人是合伙的共有人之一,是合伙组织的成员,其在合伙中的经济利益是通过合伙盈利进行分红实现的,而不是在执行合伙事务中取得报酬。因此,合伙人不得因执行合伙事务而请求支付报酬,但是合伙合同另有约定的除外(《民法典》第971条)。

三、利润分配与亏损分担

合伙的宗旨是共同出资、共同经营、共享利益、共担风险。按照这一宗旨,合伙人享有利益分配请求权,同时负有分担亏损的义务。

(一)利益分配请求权

合伙人享有合伙共同财产的利益分配请求权,就是共同共有中共有人的收益权。在合伙经营中,对于经营盈余,合伙除留下足够的积累以供发展外,其盈余按红利分配给合伙人,各合伙人均独立享此权利。

此外,合伙人的债权人代位权存在限制。具言之,合伙人的债权人不能代位行使合伙人基于合伙而享有的权利,如事务执行权、异议权等,但是利益分配请求权作为一个债权性质的权利,可以由债权人代位(《民法典》第975条)。原因在于,合伙人对合伙的权利有专属权性质,不能与合伙人的地位分离,一旦合伙人的债权人对合伙人的权利行使代位权,就会损害全体合伙人的利益。不同的是,合伙人享有的利益分配请求权,因其已成为合伙人自己独立享有的权利,并无专属性。[2]

(二)分担亏损的义务

合伙犹如在海上航行的船舶,全体合伙人同舟共济,有难同当,有福同享。当合伙遭遇经营风险,造成合伙财产的亏损,全体合伙人也应当负有分担亏损的义务。

---

〔1〕 典型案例参见"陈双官等与周海波等民间借贷纠纷案",最高人民法院(2017)最高法民再292号民事判决书。

〔2〕 典型案例参见"袁格梅与刘谋福、尹青平等债权人代位权纠纷案",湖南省邵阳市中级人民法院(2019)湘05民终2106号民事判决书。

(三)利益分配和亏损分担的方法

利益分配和亏损分担遵循以下顺位:首先,应当依照合伙合同的约定办理。其次,合伙合同对利益分配和亏损分担的方法没有约定或者约定不明确的,由合伙人协商确定,按照协商达成的协议办理。再次,协商不成的,由合伙人按照实缴的出资比例分配、分担。最后,无法确定出资比例的,由合伙人平均分配、分担(《民法典》第972条)。

四、合伙人的连带责任

合伙人对合伙债务承担连带责任(《民法典》第973条)。其中,合伙债务属于合伙的消极财产,是合伙对他人所负的债务。合伙债务产生于合伙关系存续期间,产生债务的原因是合伙人对第三人的合同行为或侵权行为,以及不当得利和无因管理等。对于合伙债务,承担债务的主体是合伙,履行债务的担保或承担债务的财产范围是合伙财产和每个合伙人的个人财产。

合伙债务清偿责任的形式是无限连带责任,具体规则是:(1)合伙债务由合伙财产承担;(2)合伙财产清偿不足,各合伙人以自己的全部个人财产,连带承担;(3)个人财产清偿不足部分,由其他合伙人承担;(4)各合伙人以个人财产偿还合伙债务超过自己合伙份额的合伙人,有权向其他合伙人追偿。[3]

实例解析

甲、乙、丙三人口头协议约定合伙进行鱼虾养殖,甲遂与丁公司签订《虾池承包协议书》,合同约定:"丁公司同意将虾池约2200亩承包给甲养鱼虾使用,承包期限一年,承包费132万元。"后来,丁公司被注销清算,清算人戊起诉甲,请求甲支付租金及逾期利息,但甲请求追加其他两名合伙人为本案当事人。本案如何处理?

分析:本案中,丁公司被注销后,由清算人戊行使诉权,故有权起诉甲,请求支付租金和利息。根据《民法典》第973条,该租金和利息属于合伙债务,各合伙人对合伙债务承担连带责任,清算人戊可以选择对全体连带责任人或其中任何一个或几个连带责任人起诉请求清偿全部连带债务,故无须追加其他合伙人为当事人,法院不予支持甲的请求。如果甲认为其偿还的合伙债务超过自己应当承担的数额,其有权向其他合伙人追偿。

五、合伙份额转让权

合伙人对合伙的份额,是其享有的财产权利(也包括一定的身份权),合伙人自己对其合伙份额有权进行支配,包括将其转让给他人。由于合伙具有人身性,尤其是合伙人相互之间具有信赖关系,如果对合伙人转让自己的合伙份额不加任何限制,将会使受转让人加入合伙,成为新的合伙人,破坏合伙人相互之间的信赖关系,造成合伙关系的损害。因此,法律适当限制合伙人转让合伙的全部或者部分财产份额,根据《民法典》第974条,具体规则如下:

1. 合伙人将其合伙份额转让给其他合伙人的,法律不予以限制,只要双方同意即可。

2. 合伙人将其合伙份额转让给合伙人以外的人,须经全体合伙人一致同意,否则不得转让。这是因为合伙人之间具有人格信赖关系,而合伙份额的转让具有入伙和退伙的双重性质,属于一

---

〔3〕 典型案例参见"韩学彬等与吴桂名土地租赁合同纠纷案",北京市高级人民法院(2018)京民终297号民事判决书。

种人的变动,应当严格履行程序。

3. 对于合伙人将其合伙份额转让给他人的,如果合伙合同另有约定,则依其约定。

第三节 合伙期限与合伙的终止

一、合伙期限

合伙成立之后,不可能永久存在,故合伙存在合伙期限问题。合伙期限的确定方法如下:(1)合伙人在合伙合同中对合伙期限有约定的,依照其约定确定合伙期限。(2)合伙人对合伙期限没有约定或者约定不明确,当事人进行补充协议,按照补充协议约定的合伙期限确定。(3)补充协议仍然不能确定合伙期限的,视为该合伙的合伙期限为不定期合伙(《民法典》第976条)。

一般情况下,合伙期限届满,合伙将解散,但是合伙人继续执行合伙事务,其他合伙人没有提出异议的,原合伙合同继续有效,但是合伙期限为不定期,即为不定期合伙。对于不定期合伙,合伙人都可以随时解除不定期合伙合同,但是,解除不定期合伙合同应当通知其他合伙人,并且留出合理期限,以便其他合伙人做好准备。[4]

二、合伙的终止

(一)合伙终止的事由

合伙终止的事由包括:(1)合伙合同约定的合伙经营期限届满,合伙人不愿意继续经营的;(2)合伙合同中约定的终止事由出现;(3)全体合伙人一致同意终止合伙合同;(4)出现法律、行政法规规定的合伙终止的其他原因;(5)合伙人死亡、丧失民事行为能力或者终止的,但合伙合同另有约定或者根据合伙事务的性质不宜终止的除外(《民法典》第977条)。

实例解析

甲、乙、丙三人合伙承包某荒山地。三人就种植湿地松的具体事宜作了约定,组织造林的工作由甲、乙负责,苗木及造林资金由丙负责,湿地松的产权由甲、乙、丙共同所有。按照约定丙出资15020元,与甲、乙开荒种植了湿地松约200亩。一年后,三人将所种植的湿地松全部烧掉,不再共同种植松树林及其他树林,甲遂与丁签订转包合同,将该林地转包给丁。后来丙去世,丙的妻子和儿女要求继承丙的合伙权益,分得转包收益的1/3。本案如何处理?

分析:本案中,甲、乙、丙三人构成个人合伙,根据《民法典》第977条规定,合伙人死亡、丧失民事行为能力或者终止的,合伙合同终止。所以,三人的合伙因丙的去世而终止,其他合伙人也没有同意由丙的妻儿取得合伙人的地位,故丙的妻儿无权主张甲所获得的转包收益。

(二)合伙终止的效力

合伙合同终止后,合伙财产在支付因终止而产生的费用以及清偿合伙债务后有剩余的,与前

---

〔4〕 典型案例参见“曹保俭等诉卢正文合伙协议纠纷案”,最高人民法院(2016)最高法民再138号民事判决书。

述的合伙经营利益分配规则相同(《民法典》第978条)。[5]

思考题

1. 简述民事合伙与商事合伙的区别。
2. 简述合伙合同与合伙组织的关系。
3. 简述合伙人的权利与义务。
4. 简述合伙的终止。

阅读指引

关于民法典背景下对合伙合同规制的研究

1. 房绍坤、张旭昕:《民法典制定背景下的合伙立法》,载《吉林大学社会科学学报》2016年第1期。
2. 王利明:《论民法典对合伙协议与合伙组织体的规范》,载《甘肃社会科学》2019年第3期。
3. 朱虎:《〈民法典〉合伙合同规范的体系基点》,载《法学》2020年第8期。
4. 肖海军、傅利:《合伙契约性与主体性的解构——基于民法典分则"合同法编"的视角》,载《当代法学》2018年第5期。
5. 李永军:《民事合伙的组织性质疑——兼评〈民法总则〉及〈民法典各分编(草案)〉相关规定》,载《法商研究》2019年第2期。

关于民事合伙与商事合伙之间的关系论述

1. 董翠香、祖良军:《合伙主体的层次与合伙立法研究》,载《烟台大学学报(哲学社会科学版)》2007年第3期。
2. 许德风:《组织规则的本质与界限——以成员合同与商事组织的关系为重点》,载《法学研究》2011年第3期。
3. 李建伟、岳万兵:《民法典合伙合同规范的体系功能及其解释》,载《西北工业大学学报(社会科学版)》2020年第4期。

[5] 典型案例参见"苏翠华与方海志合伙协议纠纷案",新疆维吾尔自治区高级人民法院(2019)新40民终1620号民事判决书。

第十五章 准 合 同

导学案例

在一家酒吧内，甲喝醉酒，店主无法联系到甲的家人。此时，甲的朋友乙碰巧进入酒吧，发现了喝醉酒的甲，便主动帮甲垫付酒费500元，并准备开车将甲送至宾馆休息。但由于乙开车技术不够熟练，撞上了电线杆。乙受伤，治疗的医疗费用为2000元。

1. 乙的行为是否构成无因管理？

2. 乙是否有权请求甲返还酒费和医疗费用？如果甲也受伤了，甲是否有权请求乙支付医疗费用？

第一节 准合同概述

一、准合同的概念

“准合同”一词源于罗马法。这一概念最开始称为“类合同”，后演变为“准合同”。盖尤斯最早使用了这一概念，并用该概念指称合同和侵权之外、与合同相类似的法律事实，包括无因管理、非债清偿、监护和遗赠。《法国民法典》和英美法均采纳准合同概念。在不设置债权总则编的国家，大都将不当得利、无因管理等规定在准合同中。我国《民法典》借鉴了法国等部分大陆法系国家和英美法系国家将无因管理和不当得利作为准合同对待的经验，在不设立债权总则编的前提下，将无因管理和不当得利作为准合同规定在合同编中，作为单独的分编。

无因管理和不当得利统一为准合同。

二、准合同与合同的差别

无因管理和不当得利与合同有密切联系。无因管理的成立虽然没有要约和承诺的合意过程，但是要求符合本人的意思表示，实际上是合意的法律拟制；大部分的不当得利是基于合同被撤销、无效等原因产生，二者具有因果联系。但是，准合同虽被纳入合同编中，但与合同有一定的差异。主要体现在：(1)以债的发生原因为标准，合同的成立是由当事人的意思加以决定的，须以当事人意思表示一致为前提，属意定之债；无因管理和不当得利是直接根据法律规定发生的，均属于法定之债。(2)以制度性质为标准，合同的成立以意思表示为要素，属于法律行为；无因管理的成立不以意思表示为要素，属于事实行为。

第二节　无 因 管 理

一、无因管理的概念

所谓无因管理,是指没有法定的或约定的义务,为避免他人利益受损失而为他人管理事务的行为。其中,为他人管理事务的一方称为管理人,事务被管理的一方被称为本人,因本人一般从管理事务中受益,所以又被称为受益人。

无因管理一经成立,在管理人与受益人之间即发生债权债务关系,管理人有权请求受益人偿还其因管理而支出的必要费用,管理人因管理事务受到损失的,也有权请求受益人给予适当补偿,此即为无因管理之债(《民法典》第 121 条、第 979 条第 1 款)。

是故,无因管理是债的发生根据之一,是能够引起债权债务关系产生的法律事实。无因管理之债不是基于当事人的意思而发生,而是基于法律的规定而发生,因此无因管理之债为法定之债,无因管理行为是一种事实行为。

无因管理制度的目的有二:(1)鼓励社会民众互帮互助,促进形成助人为乐良好社会关系;(2)为合法干涉他人事务的行为确立评价标准,明确管理人与本人之间的权利义务关系,既有利于和谐、美好、团结、互助的社会关系,弘扬传统美德,也有利于维护社会公平正义。所以,无因管理制度协调了"禁止干预他人事务"与"鼓励社会成员互帮互助"两大理念之间的矛盾,确立了法律标准。

制度比较　无因管理 vs. 代理

代理是代理人在代理权限内,以被代理人名义实施民事法律行为,其法律效果直接由被代理人承受的行为(《民法典》第 162 条)。无因管理与代理均是管理他人事务的行为,且产生的法律后果均由受益人、被代理人直接承受。对于无因管理与代理制度中的无权代理,管理人、无权代理人实施管理行为均未得到受益人、被代理人的直接授权。无因管理与代理的区别如下:

1. 是否具有相应的民事行为能力不同。无因管理是事实行为,即使管理人为限制民事行为能力人、无民事行为能力人,也不影响无因管理的构成。代理人所实施的代理行为,是民事法律行为,代理人必须为完全民事行为能力人。

2. 行为的"有因"性不同。无因管理的成立条件之一是,管理人实施管理行为的前提是"须无法定或约定的义务"。而在代理中,法定代理人实施代理行为的根据来源于法律的直接规定;委托代理人实施代理行为的行为依据来源于代理人与被代理人之间的合意。

3. 意思表示不同。无因管理中的管理人实施管理行为"须有为他人谋利益"的意思。而代理人只需要按照被代理人的意思代理被代理人实施民事法律行为,以不损害被代理人的利益为限度,对其是否要为被代理人谋利益不作要求。

二、无因管理的构成要件

成立无因管理需具备以下构成要件:

1. 需是管理他人的事务。所谓管理,是指实现事务的内容的行为。这种行为,不仅有一般管理行为所包含的看管、保管、保养等之意，也含有提供服务甚至处分之意。换言之，无因管理的“管理”一词，较之一般管理含义要广泛得多。例如，看管和饲养他人走失的牲口的行为，是“管理”；雨夜为出远门的邻居抢修屋顶，此时管理人提供的是一种服务；采摘并出售他人果园里将要腐烂的水果，管理人的处分行为也是“管理”。

所谓他人事务，是指与他人生活有关的事项。它可能是有关财产的事项，也可能是非财产的事项；可以是法律行为，也可以是事实行为。需指出的是：(1)“事务”必须是他人的，且必须是非人身性的他人事务，如帮他人履行劳务合同。(2)“事务”应以能够发生债权债务关系为限；单纯的不作为，或纯粹为宗教或道德的事项，不是无因管理中的“事务”。(3)“事务”不得是非法事项，如帮人报复打人等。(4)“事务”不得为必须由本人亲自办理的事项，如结婚登记。在无因管理中，管理他人事务并不要求管理人的管理行为一定要取得有利于受益人的效果，只要客观上通常能够避免受益人的利益受损，例如，上述管理人饲养他人的牛，即使牛最后因牛棚坍塌而死亡，也不影响无因管理的构成，受益人也不得请求管理人赔偿牛死亡的损失。值得注意的是，无因管理是事实行为，管理人是否具有民事行为能力并不影响无因管理的成立。

2. 须有为他人谋利益的意思。所谓有为他人谋利益的意思，是指管理人所为行为，确有为他人图利益、避免其损失的意思。对此可以从两个方面来考察：从动机上看，管理人应出于他人利益的目的而为管理行为；从效果上看，由管理行为所取得的利益应最终归本人所有。符合这一要求，就能说明管理人确有为他人谋利益的意思。如果管理人的管理不是为他人的利益而是完全为了自己的利益，或者把他人的事务当作自己的事务进行管理，前者如善意占有人改良占有物，后者如把他人的牲口当作自己的牲口饲养，都不构成无因管理之债。如果管理人管理他人事务，兼具为他人谋利益与维护自己的利益的意思，则不影响无因管理之债的构成。

3. 须无法定或约定的义务。无因管理之债的“无因”，指的是“没有法定的或者约定的义务”。“无因”是无因管理之债的重要条件。如果管理人是在有法定或约定义务的情况下实施管理，则这种管理不能成立无因管理之债。例如，作为法定监护人的父母代理无行为能力的子女进行民事活动，或基于委托合同的约定，受托人为委托人购买商品，这种管理都不是“无因”，而是“有因”，即有法定或约定的义务，不能构成无因管理。凡公益上负有义务的人所为之事，如执勤中的警察实施的救助行为、消防队员的救火行为，都不是“无因”，不构成无因管理。

实例解析

赵某和王某自2010年起未办理结婚登记同居生活。后王某因病住院治疗。赵某之女陈某为王某垫付医疗费用5万元，并通过自己名下支付宝账户为王某名下信用卡还款5000元。后王某去世，由王某之子王某某继承财产。陈某的行为是否构成无因管理？陈某是否有权请求王某某返还支付的费用？

分析：构成无因管理，陈某有权请求王某某在继承的财产范围内返还其支付的费用。无因管理有以下构成要件：(1)须是管理他人的事务；(2)须有为他人谋利益的意思；(3)须无法定的或约定的义务。本案中，赵某虽自2010年起与王某同居生活，但未办理结婚登记，双方仅构成同居关系。赵某之女陈某并无法定义务与约定的义务为王某支付医疗费、偿还王某名下的信用卡欠款。但陈某主观上有为王某管理事务的意思，客观上确已实施了为王某垫付医疗费和信用卡还款的行为，符合无因管理的构成要件。

三、管理人的权利与义务

(一)管理人的权利

1. 管理人有权请求受益人偿还因管理事务而支出的必要费用。所谓的必要费用是指一个理性的管理人在完成管理事务时所支出的合理费用及其利息。不是必要费用,管理人无权请求受益人偿还。同时,受益人偿还必要费用及其利息,并不以其是否获得利益为前提条件,即使其没有因管理人的管理事务而获得收益,但只要管理人为管理其事务尽到了合理义务,且没有违背受益人的真实意愿,受益人也应当向管理人偿还必要的费用支出。

2. 管理人有权请求受益人就管理人因管理事务而遭受的损失进行适当补偿。这其中管理人也有权请求受益人清偿管理人为管理事务而负担的必要债务,例如,因修缮他人房屋而欠下的材料款,应当由受益人支付。

如果受益人的真实意思并不违反法律或违背公序良俗,而管理人管理事务不符合受益人真实意思的,则不享有上述权利(《民法典》第 979 条第 2 款)。如不构成无因管理,而受益人在管理人管理的事务中获得利益的,管理人也可在受益人所获利益的范围内请求受益人偿还因管理事务而支出的必要费用,以及补偿因管理事务而遭受的损失(《民法典》第 980 条)。

(二)管理人的义务

1. 适当管理义务。适当管理义务表现在三个方面:(1)管理人不应违背受益人的管理意思。管理人在管理事务时,不得违背受益人明示的或者可以推知的管理意思,但受益人的真实意思违反法律或违背公序良俗,即使管理人的管理不符合受益人的真实意思,仍为适当管理(《民法典》第 979 条第 2 款)。(2)管理人应采取有利于受益人的方法进行管理(《民法典》第 981 条)。所谓有利于受益人的方法,是指管理人对事务管理的方式、管理的结果有利于受益人,不损害受益人的利益。管理方法是否有利于受益人,应以从客观上判断能否避免本人利益遭受损失为标准。(3)禁止随意中断管理。管理人在管理事务期间,如果中断管理对受益人不利的,无正当理由不得中断(《民法典》第 981 条)。

2. 通知义务。根据《民法典》第 982 条的规定,管理人管理他人事务,能够通知受益人的,应当及时通知受益人。除有紧迫情况外,应听候受益人的指示。除管理人确实无法通知受益人,均应及时通知受益人。管理人因过失未履行通知义务的,应当对因其不通知所造成的损失负赔偿责任。

3. 报告、计算义务。该项义务包括如下内容:(1)管理人应将管理事务的进行状态及时报告给受益人。(2)管理结束后,仍应向受益人明确报告管理事务的情况。(3)管理人应当将因管理事务所取得的物品、钱款及孳息交付给受益人(《民法典》第 983 条)。管理人为自己的利益而使用了应交付给受益人的钱款,或者使用了应为受益人利益而使用的钱款的,应自使用之日起支付利息。

实例解析

例 1: 疫情期间,甲被送入隔离酒店集中隔离,家中一只价值为 1000 元的特殊品种猫无人喂养。邻居乙见状,自行每日替其喂食,但由于乙缺乏养猫的经验,误喂猫禁食的食物,导致猫生病去世。请问,乙是否应当对甲承担赔偿责任?

分析:应当。乙的行为构成无因管理。无因管理成立后,管理人具有适当管理义务,即乙应当采用有利于甲的方法管理事务。在本案中,乙的不当管理行为给甲造成了无法挽回的损失,应当承担赔偿责任。

例2:甲委托乙运输一车成本价为5000元的西瓜。后甲发生意外事故去世,乙联系甲的家人未果,便主动将西瓜以8000元的价格全部卖出。乙认为其应当获得1000元报酬,故将剩余7000元退还给甲的家人。请问,如何评价乙的行为?

分析:乙为甲销售西瓜的行为构成无因管理。乙有权请求甲的家人偿还其为销售而支出的必要合理费用,但无权请求甲的家人向其支付报酬。在管理结束时,乙应当将因管理事务所取得的所有钱款交付给甲的家人。在本案中,乙共获利8000元,因此应当将8000元全部归还给甲的家人,而无权要求甲的家人向其支付报酬,也无权自行扣除报酬1000元。

第三节　不当得利

导学案例

甲与乙是多年好友,乙出差之际,甲刚好搬家,于是电话询问甲新家地址。因乙无法参加甲的乔迁之宴,便在网络上订购电冰箱一台欲赠送给甲。但乙在电话中听错甲的门牌号,误让送货工人将电冰箱送至甲家隔壁的丙家。

1. 乙是否有权请求丙返还电冰箱?

2. 如果丙不知情,以为电冰箱为家电公司赠送的礼品而将电冰箱转让给第三人丁,请问乙应当如何救济自己的权利?

一、不当得利的概念

不当得利,是指民事主体获得了没有法律根据的利益。由于各个民事主体均处于社会关系中,一人的获利势必带来另一些人的利益受损。因此,法律上所言的不当得利,是指没有法律根据,取得不当利益,造成他人损失的情形。基于基本的公平正义观,得利人没有法律根据取得不当利益的,受损失的人可以请求得利人返还取得的利益(《民法典》第122、985条)。在这一法律关系中,取得不当利益的人为得利人,财产受损失的人为受损失的人。因此,得利人和受损失的人之间产生不当得利之债。在不当得利之债中,得利人为债务人,受损失的人为债权人。

《民法典》第122、985~988条形成了不当得利制度体系。《民法总则》(已失效)第122条仅规定了不当得利的概念及受损失的人对得利人的返还不当利益请求权。而《民法典》进一步地完善不当得利制度,如增加不当得利的排除情形(《民法典》第985条第1~3项);确立得利人与第三人的返还范围(《民法典》第986~988条)。

不当得利制度非以填补损害为目的,旨在纠正欠缺法律原因而产生的不当得利的现象。不当得利从性质上说属于事件,而非行为。这是因为不当得利之债的发生不以当事人的意志为成立要件,不考虑当事人的意志。不当得利之债的发生,基于法律规定而非当事人的约定,属于法定之债。

制度比较 无因管理 vs. 不当得利

无因管理和不当得利的主要区别在于:

1. 制度目的不同。无因管理的目的在于保护管理人的积极性,从而达到维护本人利益的目的;不当得利的目的在于调整欠缺法律根据的非正常财产变动。

2. 性质不同。无因管理属于行为,以意思表示为要素,是否有为他人利益管理的意思是其成立要件之一;不当得利属于事件,当事人的意志不是其成立要件之一。

3. 法律保护的主体不同。无因管理是管理人没有法定或约定义务的前提下管理他人事务,法律保护的主体是行为人,即管理人;不当得利是得利人在没有法律根据的前提下取得不当利益,法律保护的主体是得利人的相对人,即受损失的人。

二、不当得利的成立要件

成立不当得利需具备以下要件:

1. 一方取得利益。一方取得利益,是指一方当事人因一定的事实而使财产总额增加,包括财产积极增加和消极增加。财产积极增加是指财产权利的增强或财产义务的消灭。其主要表现形式为:财产权利的取得,如财产所有权、他物权、债权、知识产权的取得等;占有的取得,如拾得他人遗失物占为己有;财产权的扩张及效力的增强,如财产所有权的范围因添附而扩张;财产权利限制的消除,如财产上原来存在担保物权,因为不当得利发生而消灭。财产消极增加是指财产本应减少而未减少。其主要包括:本应支出的费用没有支出;本应负担的债务未负担或者少负担;本应在自己的财产上设定未设定等。

2. 他方受到损失。他方受到损失,是指他方当事人因一定的事实使财产利益的总额减少,包括财产积极减少和消极减少。积极减少是指现有财产利益的减少;消极减少是指财产应增加而未增加。仅一方取得利益,他方没有受到损失,不成立不当得利。

3. 取得利益和受到损失之间有因果关系。取得利益和受到损失之间有因果关系,是指他方的损失是因一方取得利益造成的。我国采取非直接因果关系说,即只要他方的损失是由取得不当利益造成的,或者如果没有其不当利益的取得,他方就不会造成财产的损失,即可认定为取得利益和受到损失之间有因果关系。

4. 取得利益没有法律根据。取得利益没有法律根据是成立不当得利的实质性要件。没有法律根据,包括自始没有法律根据和嗣后丧失法律根据。如果当事人取得利益具有法律上的根据,当事人之间的关系就受到法律的认可和保护,不成立不当得利。[1]

实例解析

甲在电信网络营业厅自助缴费平台上充话费,输入电话号码时误填一位数字,使得200元话费充到了乙的号码上。请问,该案是否构成不当得利?

分析:在不当得利的成立要件上,乙取得了200元的财产利益,该财产利益以话费的形式

---

〔1〕 典型案例参见"江苏百锐特贸易有限公司诉张月红不当得利纠纷案",江苏省东台市人民法院(2016)苏0981民初3434号。

呈现,属于财产的积极增加;甲受到了200元的财产损失,属于财产的积极减少;乙取得200元的财产利益属于甲,乙取得利益和甲财产受损之间具有因果关系;乙取得200元的财产利益无合同约定和法律根据。因此,该案构成不当得利。

三、不当得利的排除情形

不当得利的成立,不仅要满足上述的四个成立要件,而且应当排除下列情形:为履行道德义务进行的给付;债务到期之前的清偿;明知无给付义务而进行的债务清偿。(《民法典》第985条)即尽管满足不当得利的成立要件,属于排除情形的,仍然不成立不当得利。

1. 为履行道德义务进行的给付。所谓道德义务,既有全人类共识的,也有特定社会特定国度认可的;不同时期可能不一。是否为道德义务,应依照一般社会观念、当事人之间的关系及给付标的物的价值等情况认定。如对无法定扶养义务的亲属误以为有扶养义务而予以扶养,其对亲属的给付不成立不当得利,不得请求亲属返还支出的扶养费。

2. 债务到期之前的清偿。债务到期之前,债务人并无清偿义务。但债务并非不存在,只是债权人不得请求履行。债务人进行清偿实质上具有法律上的原因。清偿之后,债权人也只是得到了本属于自己的财产利益,财产总额并没有实质增加。

3. 明知无给付义务而进行的债务清偿。明知无给付义务而进行的债务清偿,如甲主动为乙擦洗车辆,则不得以不当得利为由请求乙支付洗车费。给付人明知无给付义务而任意给付,再请求返还,前后矛盾,有违诚实信用原则,不应予以保护。

四、不当得利的返还范围

得利人返还利益的客体,具体而言:原物存在的返还原物;原物不存在的,折价返还;原物毁损后存在代位物的,应返还原物的代位物;所受利益依其性质不能返还的,应返还其价额;除此以外还应当返还原物的孳息以及使用利益。

得利人在返还利益时,应当遵守如下规则:得利小于损失的,以得利为限;得利大于损失的,以损失为限,超出损失部分的利益,在扣除相关费用后,收缴国库。并且,应当根据得利人的主观善意或恶意,分情况讨论其返还范围。

1. 得利人自始善意时的返还范围。得利人自始善意是指得利人在取得不当利益时不知道且不应当知道自己取得的利益无法律根据。此时,得利人取得的利益不存在的,不负返还利益的义务(《民法典》第986条)。也就是说,对于得利人自始善意,其返还利益的范围以现存利益为限。现存利益不限于原物的固有形态,包括原物固有形态改变后其财产价值仍然存在或者可以代偿。

2. 得利人自始恶意时的返还范围。得利人自始恶意是指得利人在取得不当利益时知道或者应当知道自己取得的利益无法律根据。此时,得利人应当返还取得的全部利益并赔偿损失(《民法典》第987条)。也就是说,对于得利人自始恶意,其返还的利益包括取得的全部利益,即使该利益在返还时已减少或已不存在,也不能免除其返还义务。

3. 得利人嗣后恶意时的返还范围。得利人嗣后恶意是指得利人在取得不当利益时为善意而其后变更为恶意。此时,得利人的返还范围以恶意开始时存在的利益为限。

4. 得利人将取得的利益无偿转让第三人时的返还范围。得利人将取得的利益无偿转让第三人的,受损失的人可以请求第三人在相应范围内承担返还义务(《民法典》第988条)。善意得利人就无偿转让第三人的部分不再负返还义务,而由第三人将其返还于受损失的人。恶意得利人即使将取得的利益无偿转让第三人,其返还义务也不受影响。受损失的人有权选择请求恶意得利人和第三人返还利益。

实例解析

例1:甲与乙是住在一起的一对姐妹,两人于同一日在同一家店分别花费3000元购买了同一款手表,两块手表从外观上看无明显区别。后乙缺钱,需要转让手表。由于甲和乙的手表系同款,乙误以为甲的手表是自己的手表。随后,乙以1000元的价格将手表卖给了丙。甲发现后要求乙赔偿3000元损失。甲的诉求是否可以得到支持呢?

分析:乙出卖甲的手表,无法律根据,成立不当得利。但乙是善意得利人,其返还范围以现存利益为限,所以甲无权要求乙赔偿3000元损失,仅可要求赔偿1000元。

例2:中秋节放假前一天,甲在其办公桌上发现一个装有两盒高档月饼的包裹,包裹上没有粘贴寄件人与收件人的信息。甲误以为是某亲友赠送的中秋礼品,故拆了一盒月饼与办公室的其他同事一起分享。随后,甲的秘书说接到快递公司的电话称该包裹系误送至甲处。甲得知后拒绝退还包裹,并拆了剩下的一盒月饼带回家分给了家人品尝。甲应当赔偿损失的范围是多少呢?

分析:甲收到非寄给其本人的装有两盒高档月饼的包裹,无法律根据,成立不当得利。在拆第一盒月饼时主观上善意,其返还范围为现存利益。但第一盒月饼已经被甲与同事分享完毕,利益已不存在,因此甲对第一盒月饼不负返还义务。甲拆第二盒月饼时属于嗣后恶意,其返还范围是恶意开始时存在的利益。第二盒月饼虽然已被甲的家人品尝完毕,利益不存在,但由于甲属恶意,仍应当赔偿第二盒月饼的损失。综上,甲无须赔付第一盒月饼的利益,但须赔付第二盒月饼的利益。

思考题

1. 简述无因管理的构成要件。
2. 简述无因管理的法律后果。
3. 简述无因管理的性质及其制度功能。
4. 简述不当得利的构成要件。
5. 简述不当得利的类型。
6. 简述不当得利的法律后果。
7. 简述不当得利的法律性质及其制度功能。

阅读指引

关于无因管理制度的解释论研究

1. 易军:《无因管理制度设计中的利益平衡与价值调和》,载《清华法学》2021年第1期。
2. 易军:《中国法上无因管理制度的基本体系结构》,载《政法论坛》2020年第5期。
3. 金可可:《〈民法典〉无因管理规定的解释论方案》,载《法学》2020年第8期。
4. 李永军:《论我国民法典中无因管理的规范空间》,载《中国法学》2020年第6期。

5. 崔建远:《无因管理规则的丰富及其解释》,载《当代法学》2020 年第 3 期。

关于不当得利制度构成中的“没有合法根据”的认定

1. 张江莉:《不当得利中“无法律上原因”之证明》,载《政法论坛》2010 年第 2 期。
2. 娄爱华:《不当得利“没有合法根据”之概念澄清——基于“给付”概念的中国法重释》,载《法律科学(西北政法大学学报)》2012 年第 6 期。
3. 陈维君:《类型化基础法律关系视角下不当得利“没有法律根据”要件之证明责任分配》,载《河北法学》2019 年第 7 期。

关于不当得利制度的新近研究

1. 陈自强:《民法典不当得利返还责任体系之展开》,载《法学研究》2021 年第 4 期。
2. 陈自强:《不当得利法体系之再构成——围绕〈民法典〉展开》,载《北方法学》2020 年第 5 期。
3. 崔建远:《不当得利规则的细化及其解释》,载《现代法学》2020 年第 3 期。
4. 傅广宇:《“中国民法典”与不当得利:回顾与前瞻》,载《华东政法大学学报》2019 年第 1 期。

第四编 | 人　格　权

本编参考书目

第一章 一般规定

导学案例

甲购置一房屋为婚房,并与乙装修公司签订装潢施工合同。施工完成后,甲与装修公司工作人员去看新房,发现一名施工工人丙吊死房中,死者旁边有一迷信书籍,经法医鉴定,死者系自缢致死。甲就此事提起诉讼,请求乙装修公司赔偿其经济损失和精神损失费。

1. 试分析甲提起诉讼的请求权基础。

2. 试分析本案中乙装修公司侵犯了甲何种权益?

3. 本案中乙装修公司是否要承担民事责任?若需要承担责任,应该承担何种责任?

第一节 人格权法概述

一、人格权法的含义与特征

人格权法有广义和狭义两种理解。广义的人格权法,是指调整民事主体之间人格社会关系的法律规范的总称。除民法外,宪法中有关确认和保护人格权的规范也属于人格权法的范畴,如《宪法》第38条关于人格尊严的规定、第40条关于通信秘密与自由权的规定。狭义的人格权法,是指调整民事主体之间人格享有和保护关系的民事法律规范的总称。在《民法典》中,除人格权编外,总则编、合同编、婚姻家庭编等法律规范中有关确认和保护人格权的条款皆属于人格权法的范畴,如《民法典》第506条规定造成对方人身损害的合同免责条款无效。

人格权法主要有以下特征:

1. 人格权法主要是确认权利的法。人格权法以确认人格权的类型、人格利益的保护范围、各类人格权的内容和权能、人格权的行使与效力以及人格权与其他权利之间的冲突等为主要内容,是确认权利的法律,而不同于主要规定权利救济的救济法,如侵权责任法。

2. 人格权法以确认人格权益为核心。人格权益是民事主体享有的最重要的权益,是民事主体从事财产活动等其他民事活动的前提。人格权法的立法目的和内容均在于维护民事主体的人格权。

3. 人格权法中强行性规范较多。人格权的行使往往涉及社会伦理和公序良俗,因此人格权法的许多规则都具有强制性,不允许当事人依其个人意志排除适用,具有浓厚的强行法特点。

4. 人格权法兼具普适性和本土性。保护人格权益,维护人的尊严和价值,是全世界共同的愿望和要求。人格权的保护问题是21世纪人类共同面临的问题,人格权法作为调整人格权的享有和保护相关关系的法律,具有越来越强的普适性、国际性特点。同时,人格权法中包含大量的伦理因素,与一国的文化、风俗、习惯密切相关,具有本土性特点。

5. 人格权法的时代性突出。由于互联网、大数据、高科技的发展会产生新的人格权益,需要法律保护的人格权益的范围也会不断扩大,人格权法的内容则需随着权利保护的需要不断发展变动,时代性特别突出。

二、人格权法的调整对象

人格权法调整因人格权的享有和保护产生的民事关系(《民法典》第989条)。

1. 它调整的是平等主体之间的民事关系。人格权的享有和保护涉及多个法律部门的共同调整,包括宪法、民法、行政法等,既涉及公法的保护,又包括私法的保护。人格权法仅调整平等主体之间的民事权利与义务,是从民事法律规范的角度规定自然人和其他民事主体人格权的内容、边界和保护方式,不涉及公民政治、社会等方面的基本权利。其他主体对民事主体人格权的侵犯不在人格权法的调整范围之内。

2. 它调整的是平等主体之间的人格关系。民法所调整的社会关系可以根据调整的内容不同,分为平等主体之间的人身关系与财产关系。人身关系又可分为基于人格和身份形成的民事法律关系。而身份关系并不由人格权法调整,人格权法仅调整基于人格形成的人身关系,包括生命权、姓名权、名称权、肖像权、名誉权、荣誉权、隐私权等。

3. 它调整的是以人格权的享有和保护为内容而形成的社会关系。人格权的享有是指民事主体因法律的确认而享有各项人格权。人格权的保护是指人格权遭受侵害时的可采取保护手段。人格权法的主要内容即为确认人格权的类型、人格利益的保护范围、各类人格权的内容和权能、人格权的行使与效力以及人格权与其他权利之间的冲突等。

经由人格权法调整所形成的法律关系即人格权法律关系,其属于绝对法律关系。人格权法律关系的主体是所有的民事主体,包括自然人、法人和非法人组织。但自然人享有的人格权类型与法人、非法人组织不同,有些人格权专属于自然人,如生命权、健康权、姓名权等。而有的人格权则专属于法人或非法人组织,如名称权。还有的人格权则是所有民事主体都享有的,如名誉权、荣誉权。人格权法律关系的客体则是民事主体保有的各项人格要素,如生命、健康、名誉、隐私等。

三、人格权法的基本原则

人格权法作为《民法典》的分支,无疑奉民法基本原则为自己的基本原则,但也有自己独特的基本原则,这些基本原则是民法基本原则在人格权法上的具体体现,也可以说是民法基本原则的分支。它集中体现了人格权法的总体精神,是人格权法规则体系的高度概括。人格权法的特有原则主要有以下几项。

(一)具体权利法定主义原则

从理论上讲,与民事主体的人格关系相联系的权利都属于人格权的保护范畴。在此理解下,人格权的内容会非常宽泛,不利于实现对人格权的准确保护。因此,各国、各地区的法律都会对人格权的法律保护加以限制,通过立法的方式确定民事主体的具体人格权,并随着社会文明的进步与发展而不断地予以完善。换言之,具体人格权均采法定主义,其种类、内容等都由法律规定,不允许当事人自由创设。并且,法定主义的“法”仅指法律,不包括法规和习惯。

(二)自动取得原则

人格权是民事主体固有的一种权利。对自然人而言,这种权利与生俱来;对法人和非法人组织而言,这种权利自成立时即享有。人格权不依人的意志而客观存在,一般不需要民事主体实施一定行为去取得。但企业名称若要受法律保护,尚需进行登记,这种登记是维护市场秩序所必需的。无论民事主体在年龄、种族、智力、社会地位、经济乃至政治实力存在何种差异,也无论民事主体是否实际参与各种民事关系,都平等享有人格权。

(三)权利相容原则

权利相容原则即人格权的权利主体所享有的人格权是相容的,并不互相排斥。民事主体的人格权利是多方面的,如一个自然人可以同时拥有姓名权、生命健康权、名誉权等人格权,享有其中一项权利并不会导致其他权利的丧失。

(四)限制流转原则

人格权利与财产权利的明显区别是,财产权利在一般情形下,可以在取得对价时出让,而人格权原则上不允许流转。值得注意的是,某些人格权能够“部分转让”,如使用他人肖像代言某产品,这里转让的只是该种权利具有的财产权内容,该种权利本身并没有转让。企业的名称权转让是人格权限制流转的例外。

四、人格权法与其他法律的关系

(一)人格权法与侵权责任法

侵权责任法是权利保护法、权利救济法,既保护、救济财产权,也保护、救济身份权,当然也保护、救济人格权。因此,侵权责任法中诸多条款涉及对人格权的保护,并且为人格权受侵害提供了救济方式。

但侵权责任法与人格权法有明显区别。

(1)两者规范对象不同。人格权法以确认权利主体的人格权(包括权利类型及其行使方式等)为首要立法目标;侵权责任法主要规定侵权行为及其责任,从而对民事主体的人身或财产利益进行保护。

(2)两者法律性质不同。人格权法是赋权性法律,而侵权责任法是保护、救济性法律。

(二)人格权法与身份法

人格权与身份权是根据人身权的客体所作的分类。身份权是民事主体以身份利益为内容的权利,如夫妻间的身份权、父母子女间的人身权;人格权是民事主体以人格利益为内容的权利,如自然人的人格尊严、人格自由。身份权与人格权都是一种专属性的权利,都具有支配性的特点,也表现出不具有直接的财产性的特点。

但身份权与人格权具有明显的不同,具体表现有:(1)调整的法律关系不同。身份法调整民事主体之间以特定血缘、亲属、社会地位形成的人与人之间的权利义务关系;人格权法调整平等主体之间的人格关系。(2)取得或消灭依据不同。身份权不是民事主体固有的,需要通过一定的行为或事实取得或消灭,如收养、抚养、结婚、离婚等;人格权是民事主体固有的。

第二节 人格权体系与行使

一、人格权体系(见图4-1-1)

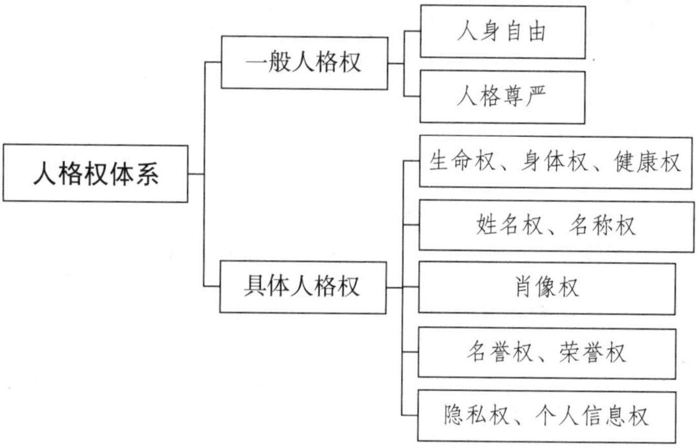

图4-1-1 人格权的体系

(一)一般人格权

自然人的人身自由、人格尊严受法律保护(《民法典》第109条)。我国《民法典》确立了自然人一般人格权制度。所谓一般人格权是相对于具体人格权而言的,是法律赋予自然人享有的基于人身自由、人格尊严所产生的人格权益,具有高度概括性和权利集合性特点。一般人格权包括人身自由和人格尊严两方面的内容。

1. 人身自由

人身自由有广义和狭义之分。广义上的人身自由不仅包括人身自由权即身体活动的自由,还包括精神自由等;狭义上的人身自由,仅指身体活动的自由。狭义的人身自由属于具体人格权的内容,广义的人身自由才属于一般人格权的范畴。作为一般人格权的人身自由包括以下内容:(1)身体活动的自由;(2)自主决定人格利益的自由,即权利人可以对自己的人格利益依法利用或处置;(3)精神活动的自由,自然人可以自由支配自己的思维活动。

2. 人格尊严

人格尊严是民事主体作为一个"人"所应有的、最起码的人格价值,它应当由本人所认识,也应当受到他人和社会最起码的尊重。保护人格尊严是我国《民法典》人格权编立法的根本目的。关于人格尊严的概念表述,学者间分歧较大。人格尊严是人的主观认识和客观评价的结合。它既包括自我认识的主观因素,也包括社会和他人的客观评价和尊重,这两种因素结合在一起,才构成完整的人格尊严。人格尊严是一般人格权的核心价值和内容,也是评价某种新型人格利益是否应当受到法律保护的重要判断标准,是判断其是否属于一般人格权的逻辑内涵。

一般人格权在我国人格权的保护体系中发挥"兜底条款"的功能,与具体人格权一起,形成对人格权的周密保护和系统体系。

(二)具体人格权

具体人格权是指有关姓名权、肖像权、名誉权等各种由法律明确规定的人格权。我国《民法典》第110条和第990条第1款均规定了9种具体人格权,包括生命权、身体权、健康权、姓名权、名称权、肖像权、名誉权、荣誉权、隐私权。此外,《民法典》第111条还确认了自然人的个人信息权益。

值得注意的是,在法律法规对具体人格权作出规定时,应当优先适用具体人格权的规定,一般人格权只是具体人格权的兜底条款。

二、人格权的行使

(一)人格权行使的主体性原则

人格权是民事主体与生俱来的权利,具有人身专属性,只能为特定的权利人所享有,行使人格权时,需要遵循主体性原则,权利人不得对自身人格权进行放弃、转让、继承。

人格权以人的存在为基础,人格要素离不开具体的人,人格利益必定归属于具体的人。因此,禁止权利主体随意放弃人格权乃现代法的一项基本共识。例如,放弃生命权的行为会导致自然人的死亡,是违背社会公序良俗的。同样地,对人格权的转让也会使民事主体的人格被减损,人格权这一权利也不在继承范围之内。

值得注意的是,对某些人格要素的商业化利用不属于人格权转让。民事主体可以将自己的姓名、名称、肖像等许可他人使用。姓名、名称等是人格要素,对这些要素的转让不影响民事主体对自身人格权的行使,不是对人格权的整体转让。

当然,人格权也不得继承。人格权是具有人身性质的权利,具有非财产性,因此不属于可继承的遗产范畴。但死者的姓名、肖像、名誉、荣誉、隐私、遗体等受到侵害的,其直系亲属和近亲属有权请求侵权人承担民事责任。这一制度是对死者人格利益的保护,而非继承。

(二)部分人格要素的许可使用

人格权是人之为人的权利,起初并不具备直接的经济价值。随着人类社会的进步发展,一些人格要素已经呈现商业化利用的趋势,财产属性不断彰显。如名人的肖像和姓名权。这些人格要素的商业化使用即为人格要素的许可使用,是指人格权主体可以通过许可他人利用某些人格要素,从而实现相应的经济利益。

我国《民法典》采取正面列举的模式,明确了民事主体可以将自己的姓名、名称、肖像等人格要素许可他人使用,但是依照法律规定或者根据其性质不得许可的除外(《民法典》第993条)。可见,民事主体可以许可他人使用的人格要素有明确的限定,必须符合以下两项条件:

1. 符合法律明确列举的人格要素类型即姓名、名称、肖像等。对人格要素的允许转让需要考虑人格利益和经济利益的平衡。姓名、名称、肖像等人格要素的许可转让问题已经在司法案例中充分凸显,体现了权利人经济利益的需求,且这些人格要素的转让不会损害权利人的人格尊严与人格利益。因此,在《民法典》中予以明确规定。

2. 不存在依照法律规定或者根据其性质不得许可的情形。某些人格要素的使用会严重损害权利人的人格利益,包括生命、身体、健康、隐私等。我国严禁代孕、器官买卖等损害自然人生命健康的商业行为,允许这些人格要素的许可使用会出现违反法律规定,违背公序良俗或者损害社会公共利益或国家利益的情形。

(三)人格权的合理限制

任何权利的行使必须受到法律的限制。为维护国家安全、公共利益,或维护他人的权利与自由,可以依法对人格权进行适当的限制。具体而言,人格权的行使需满足以下原则:

1. 人格权的行使必须符合公共利益与公序良俗。公共利益是不特定多数人的利益,对公共利益的破坏会影响正常的社会秩序和个人权利的实现。公序良俗是指公共利益和公共道德。民事主体从事民事活动,不得违反法律,不得违背公序良俗(《民法典》第 8 条)。从维护公共利益的需要出发,应当对人格权的行使作出适当限制。例如,姓名权的行使就是如此。父母给孩子起名为“北雁云依”,既不随母姓也不随父姓,仅凭个人喜好创设姓名,具有随意性,而且会对文化传统和伦理观念造成冲击,也不利于社会秩序的良行管控。

2. 人格权的行使不得侵害他人权利。人格权在行使过程中,常常会与他人的权利发生冲突,如夫妻间生育权的冲突、隐私权与知情权的冲突等。在人格权冲突面前,存在对冲突着的人格权确定价值选择基准问题。价值位阶包括:权利优于利益、公共利益优于个体财产利益、人格利益优于财产利益、生命健康权优于一般人格权等。以利益平衡为目的,综合考量系争利益与个人生命健康、个人尊严、社会其他成员,以及社会经济秩序等之间的关系,对冲突利益的位阶进行排序,以解决利益冲突难题。

第三节　人格权的民法保护

一、人格权请求权

人格权请求权是指人格权受到妨害或者有妨害之虞时,有权向加害人或者人民法院请求加害人停止侵害、排除妨碍、消除危险、消除影响、恢复名誉、赔礼道歉,以恢复人格权圆满状态的权利。人格权请求权作为人格权的重要内容,与人格权不可分割;作为人格权的独立内容,人格权请求权的主要功能在于保护人格权免受侵害,主要包含停止侵害请求权、排除妨碍请求权、恢复原状请求权,并且这些请求权不适用诉讼时效的规定。

(一)停止侵害请求权

停止侵害请求权是指民事主体的人格权遭受到侵害时,得向加害人或者人民法院请求加害人停止实施侵害行为的权利。停止侵害请求权的适用要求是:侵害行为正在进行;侵权行为可以确定;有损害发生的可能性;不要求行为人主观上有过错。

(二)排除妨碍请求权

排除妨碍请求权是指民事主体的人格权有受到实际妨碍或者有妨碍之虞时,得向妨碍人或者人民法院请求其为或者不为一定行为以消除妨碍的权利。当权利人依据法律规定向妨碍人请求排除妨碍时,妨碍人应该采取相关预防措施;当权利人依据法律规定向人民法院请求排除妨碍时,人民法院应当及时作出裁决,妨碍人应该履行妨碍排除的义务。

(三)恢复原状请求权

恢复原状请求权是指当权利人的名誉权与信用权遭受侵害,将会导致该主体的社会评价降低时,受害人享有的请求消除影响、恢复名誉的权利。作为人格权请求权的类型,恢复原状请求权的内容既可以是赔礼道歉,也可以是更正说明。

二、人身保护令

人身保护令,也称为人身禁令,是指民事主体人格权正在遭受或者即将遭受不法侵害,不及时制止侵害将使其合法权益受到难以弥补的损害,请求人民法院作出的责令行为人停止从事某种行为的强制命令(《民法典》第997条)。人身保护令的申请与诉讼程序并无直接关系,为人格权侵害提供了事前和事中救济,完善了人格权救济体系。人格权禁令的适用应当具备如下要件:

1. 申请人正在遭受或者即将遭受侵害人格权的行为。即将遭受侵害人格权的行为,是指未来有可能发生侵害人格权的现实危险。

2. 如果不及时制止将会严重损害申请人的合法权益。严重损害一般是指损害后果不可逆转,甚至会造成难以弥补的损害。例如,将自然人的隐私公之于众,可能对其名誉造成难以弥补的损害。

3. 申请人有证据证明行为人正在实施或者即将实施相关侵害行为。由于涉及行为人的行为自由,因此向人民法院申请采取责令行为人停止有关行为的措施,为避免过分损害被申请人的行为自由,应当达到有证据能够使人相信行为人正在实施或者即将实施侵害权利人人格权的行为并且不及时制止将使其合法权益受到难以弥补的损害的程度。

对于权利人提出的颁发禁令请求,法院虽不进行实质审查,但应当对胜诉可能性进行初步判断,只要权利人所申请禁止实施的行为确有可能构成侵权,而且将依法承担法律责任时,法院就有必要颁发禁令。

实例解析

甲购置一房屋,因不满房屋质量,甲多次在个人公众号上发表多篇文章,表达自己对某房地产公司的意见和看法,文章内使用了大量过激性用语。后房地产公司以甲侵害其名誉权为由向法院提起诉讼。诉讼期间,该公司申请人格权侵害禁令,要求甲停止发布涉该公司文章。请问房地产公司的申请能否得到法院支持?

分析:根据《民法典》第110条第2款、第1024条的规定,法人享有名誉权。《民法典》第997条规定人身禁令制度,但该制度旨在制止对人格权的急迫的、严重的、不可修复和不可逆转的损害,往往是针对一经发生即造成无可挽回的重大损失的严重侵权行为。是否作出禁令涉及申请人的人格权与他人的基本权利之间的平衡保护,需综合考虑当事人身份、行为的目的、方式与后果等因素,以及禁令的必要性。本案中,案涉文章主要通过甲的自媒体账号发布,涉案言论影响范围有限。甲虽然使用过激语言,但仍属购房者对购房体验和感受的主观描述,不同于故意捏造事实、恶意诽谤,某房地产公司作为房地产开发商对此应当予以必要的容忍。现有证据不足以证明甲具有侵害某房地产公司名誉权的较大可能性。如果作出禁令,将严重限制李某作为购房者评论房地产开发商的权利,从而导致双方之间的利益失衡。因此对于房地产公司的申请,不应予以支持。

三、死者人格利益的保护

(一)一般死者人格利益的保护

死者人格利益,是指自然人对其近亲属死亡以后的姓名、肖像、名誉、隐私等享有的人格利益。可见，死者人格利益的权利主体是死者的近亲属，而不是死者本人。自然人在其死亡后就不再具有民事权利能力，也就不再享有人格权，当然也就不再享有人格利益，但是，承载于死者的姓名、肖像、名誉、隐私等人格要素，对其近亲属而言，因他们与死者具有特定的感情、亲情或者特定的身份关系，故而也是一类因死者而存在的重要利益，理应受到法律的确认和保护。

我国早期的司法实践认为自然人死亡后仍享有人格权益，可对其直接保护。[1]《民法典》借鉴吸收已有的司法经验，参酌比较法，对死者的人格利益予以确认和保护。死者人格利益受侵害时，其近亲属有权依法请求行为人承担民事责任。如果死者的配偶、子女或者父母健在的，则由其配偶、子女和父母提出请求；如果死者没有配偶、子女且父母已经死亡的，其他近亲属有权提出请求（《民法典》第994条）。

（二）英雄烈士人格利益的保护

英雄烈士都是已经过世的自然人，属于特殊类型的死者，其是指那些在革命斗争、保卫祖国、社会主义现代化建设事业中及为争取大多数人的合法正当利益而壮烈牺牲的人员。[2] 这类死者的人格利益保护关乎社会公共利益，在规范设计上有别于一般死者人格利益的保护。

侵害英雄烈士等的姓名、肖像、名誉、荣誉，损害社会公共利益的，应当承担民事责任（《民法典》第185条）。推动该制度创设的典型案例是"葛长生诉洪振快名誉权、荣誉权纠纷案"[3]和"邱少云烈士之弟诉孙杰、加多宝公司案"[4]。对于该制度的具体适用，应当注意以下两点：

1. 从条文文字表述来看，该制度适用的客观要件有二：(1)侵害英雄烈士等的姓名、肖像、名誉、荣誉；(2)损害社会公共利益。现实生活中，一些人利用歪曲事实、诽谤抹黑等方式恶意诋毁侮辱英烈的名誉、荣誉等，损害了社会公共利益，社会影响很恶劣。而英雄烈士是一个国家和民族精神的体现，是引领社会风尚的标杆，加强对英烈姓名、名誉、荣誉等的法律保护，对于促进社会尊崇英烈，扬善抑恶，弘扬社会主义核心价值观意义重大。同时具备上述两个客观要件者，方能适用该制度。

2. 英雄烈士等人格利益受到侵害后，既可以由英雄烈士的近亲属提起一般的民事诉讼，也可以由检察机关提起公益诉讼。对侵害英雄烈士的姓名、肖像、名誉、荣誉的行为，英雄烈士的近亲属可以依法向人民法院提起诉讼。英雄烈士没有近亲属或者近亲属不提起诉讼的，检察机关依法对侵害英雄烈士的姓名、肖像、名誉、荣誉，损害社会公共利益的行为向人民法院提起诉讼（《英雄烈士保护法》第25条第1、2款）。

四、人格权规则之于身份权的适用

身份权属于人身权范畴，是自然人专属的民事权利，其是指自然人对自己的个人身份所享有

---

[1] 如在1989年的"荷花女案"中，最高人民法院发布的《关于死亡人的名誉权应受法律保护的函》（已失效）中指出："吉文贞（艺名荷花女）死亡后，其名誉权应依法保护，其母陈秀琴亦有权向人民法院提起诉讼。"可见，当时最高人民法院肯定了吉文贞死亡后仍享有名誉权，即认为自然人死亡后仍享有人格权益。但在最高人民法院1993年发布的《关于审理名誉权案件若干问题的解答》（已失效）中规定，"死者名誉受到损害的，其近亲属有权向人民法院起诉"。由此，最高人民法院否定了死者的人格权。

[2] 关于"烈士"的认定标准，参见《烈士褒扬条例》第8条和《军人抚恤优待条例》第8条。

[3] 案例详情参见最高人民法院指导案例99号"葛长生诉洪振快名誉权、荣誉权纠纷案"，北京市第二中级人民法院(2016)京02民终6272号民事判决书。

[4] 案例详情参见"邱少云烈士之弟诉孙杰、加多宝公司案"，北京市大兴区人民法院(2015)大民初字第10012号民事判决书。

的一系列民事权利的总称。身份是一个自然人区别于其他自然人的基本标识,具有特定性。自然人在社会生活中,基于不同的角色、地位而享有不同的身份。例如,家庭关系中,存在夫妻、父母子女、兄弟姐妹等身份;公司中的股东身份、高管身份;建筑物区分所有权中的业主身份、农村集体经济组织中的成员身份等。基于这些身份而享有的特定权利受到《民法典》的保护。

在法律适用方面,对自然人因婚姻家庭关系等产生的身份权利的保护,一般优先适用《民法典》总则编、婚姻家庭编和其他法律的相关规定。没有规定的,可以根据其性质参照适用人格权编对人格权保护的有关规定(《民法典》第1001条)。所谓"参照适用"就是指民法上的类推适用,是解决民法规范供给不足的途径之一。在制定法对身份权的保护规范不能满足裁判需要时,可以参照与之最相类似的规定予以适用。

人格权编的规定能够在身份权中参照适用主要是由于人格权与身份权具有一些相同的法律性质和特征,二者均属于非财产权和绝对性权利,在保护模式和救济方式上具有相似之处。因此,《民法典》规定人格权规则之于身份权的适用,具有弥补身份权立法规定不足、简化法律规定以避免重复,以及保持法律的稳定性和连续性的功能。

思考题

1. 简述人格权法的基本原则。
2. 简述人格权请求权。
3. 简述人格权的特征。
4. 简述一般人格权的功能。
5. 简述人格权的行使原则。
6. 简述人格权请求权。
7. 试评我国《民法典》对死者人格利益保护制度。
8. 试述人格权法在《民法典》中独立成编的意义。

阅读指引

关于人格权独立成编问题的相关论争

1. 尹田:《人格权独立成编的再批评》,载《比较法研究》2015年第6期。
2. 王利明:《论人格权独立成编的理由》,载《法学评论》2017年第6期。
3. 石佳友:《人权与人格权的关系——从人格权的独立成编出发》,载《法学评论》2017年第6期。
4. 孟勤国:《人格权独立成编是中国民法典的不二选择》,载《东方法学》2017年第6期。
5. 石冠彬:《人格权独立成编争论评述》,载《中国政法大学学报》2018年第4期。
6. 梁慧星:《中国民法典中不能设置人格权编》,载《中州学刊》2016年第2期。

对人格权编立法亮点及制度创新的代表性研究

1. 王利明:《〈民法典〉人格权编的立法亮点、特色与适用》,载《法律适用》2020年第17期。
2. 王利明:《民法典人格权编的亮点与创新》,载《中国法学》2020年第4期。
3. 王叶刚:《民法典人格权编的亮点与创见》,载《中国人民法学学报》2020年第4期。
4. 杨立新:《我国民法典人格权立法的创新发展》,载《法商研究》2020年第4期。

关于法人人格权的相关研究

1. 薛军:《法人人格权的基本理论问题探析》,载《法律科学(西北政法学院学报)》2004 年第 1 期。
2. 郑永宽:《法人人格权否定论》,载《现代法学》2005 年第 3 期。
3. 吴汉东:《试论人格利益和无形财产利益的权利构造——以法人人格权为研究对象》,载《法商研究》2012 年第 1 期。
4. 许中缘、颜克云:《论法人名誉权、法人人格权与我国民法典》,载《法学杂志》2016 年第 4 期。
5. 张民安、李杨:《法人的人格权研究(上)——法人为何享有人格权》,载《学术论坛》2019 年第 2 期。
6. 张民安:《法人的人格权研究(下)——法人人格权的类型、性质及侵害后果》,载《学术论坛》2020 年第 2 期。

关于死者人格利益的立法保护

1. 张红:《死者生前人格上财产利益之保护》,载《法学研究》2011 年第 2 期。
2. 杨巍:《死者人格利益之保护期限》,载《法学》2012 年第 4 期。
3. 刘召成:《论死者人格的立法保护》,载《首都师范大学学报(社会科学版)》2013 年第 5 期。
4. 刘召成:《死者人格保护的比较与选择:直接保护理论的确立》,载《河北法学》2013 年第 10 期。
5. 王春梅:《〈民法典〉框架下英烈与死者人格利益保护的立法调适》,载《烟台大学学报(哲学社会科学版)》2020 年第 5 期。
6. 刘云生:《民法典的民族性表达与死者的人格权益保护——〈民法典〉第 994 条的文化解释》,载《法商研究》2021 年第 2 期。

第二章 生命权、身体权和健康权

导学案例

甲受乙的雇用，为其装运货物。在运输货物的过程中，由于连接地面与车厢的木板未安装牢固，致使甲从木板上摔下，造成甲骨折。事故发生后，由于甲在治疗期间需高昂费用，且自己无力负担，二人多次协商，并将情况反映至乡政府等部门。后在人民调解委员会的主持下，甲与乙签订了一份人民调解协议书，约定乙一次性支付甲7000元，此外乙不承担甲受伤事件的一切责任。甲治疗结束，花费医疗费15000元，后经司法鉴定，甲的伤情构成十级伤残。甲认为7000元远不足以弥补损失，调解协议显失公平，故起诉至法院，请求撤销人民调解协议书，同时要求被告乙按法律规定的标准重新赔偿损失。

1. 试分析本案中甲、乙的法律地位。

2. 试分析本案中甲是否可以主张精神损害赔偿？

3. 人民调解协议的性质为何？法院是否有权对人民调解协议进行司法审查？

第一节 生 命 权

一、生命权的法律界定

生命权是以自然人的生命安全利益为内容的人格权，也就是自然人维持生命和维护生命安全利益的民事权利。生命始于出生，终于死亡，每个人都只有一次生命，当人的生命受到了侵害，其他民事权利便随之终结。故生命权之于自然人，是最重要、最基本的人格权。自然人的生命权受法律保护，任何组织和个人都不能侵害他人的生命权。非法侵害自然人生命权的，在刑法上构成犯罪，应当承担刑事责任；在民法上构成侵权，应当承担损害赔偿等民事责任。

生命权具有以下特征：

1. 生命是自然人的特有人格要素，只能由自然人享有，作为组织体的法人、非法人组织都不存在此种人格要素，也就不属于生命权的主体。

2. 生命是自然人的元人格要素，没有生命也就无所谓人的存在，自然人的其他人格权利均建立在自然人有生命的基础之上。所以，生命权是自然人最根本的人格权，也可以称之为元人格权。

3. 生命权与主体资格关联密切。生命的享有使得自然人成为民事主体，是享有民事权利能力的先决条件。

二、生命权的内容

自然人的生命权包括生命安全和生命尊严两部分内容（《民法典》第1002条）。

（一）生命安全维护权

生命安全维护权在一定意义上就是生命权的代称，其主要内容是依法排除或避免危险与威胁。当法律主体因某种外界的因素而处于危险境地，或者其生命安全受到威胁时，有权采取积极的措施，排除这种危险与威胁，恢复生命得以存续所应有的安全情势。

（二）生命利益支配权

自然人对于自己的生命利益应当有权支配，但法律不鼓励人们轻易地放弃自己的生命。自然人对自己生命利益的支配权主要表现为：第一，自然人可以自由参加危险性极大的体育竞技活动和探险活动。第二，为了国家、民族或社会的公共利益甚至他人的利益，自然人可以放弃自己的生命即献身。第三，对于身患绝症且濒临死亡的人，我国法律虽未将安乐死合法化，[1]但允许其以消极方式放弃治疗，这本质上也是对个人生命利益的一种支配。

（三）生命安全保护请求权

这一权利的内容包括：(1)请求实施救助的权利。当一法律主体的生命安全受到另一法律主体的危害或者威胁时，只要其生命尚存，即需要救助。其向专业医疗机构请求救助时，专业医疗机构不得拒绝。(2)请求监护人实施保护的权利。监护人在法律上负有对被监护人的人身实施照顾、保护的法定义务。监护人有义务采取最有效的措施给予救护。(3)请求司法机关实施司法救济的权利。司法机关是国家依法设立的，以保护社会公众的人身财产利益为本职的国家职能部门，对全体社会成员均负有依法实施司法救济的义务。当自然人的生命安全受到危害或者威胁时，其有权请求司法机关依法采取措施，消除造成危害或者构成威胁的因素，并对已经造成的损害施以补救。(4)请求驻外使领馆外交保护的权利。当本国侨民的生命安全在驻在国受到危害或者威胁时，受害人除仍可依法请求当地司法机关实施司法救济外，还可请求本国派出的使领馆提供外交保护。实际上，人格权都具有这类请求权。应当注意的是，对于生命权的主体而言，其主要内容在于排除生命安全所受到的危险和威胁。例如，请求他人消除危险、排除妨害；对所受不法侵害进行正当防卫；对威胁生命安全的危险，有权采取紧急避险措施。生命权一旦受到实际侵害，任何法律救济对于权利主体都是毫无意义的，法律救济的唯一功能在于使权利主体的近亲属得到财产上的补偿和精神上的抚慰。

三、生命权的行使

（一）生命安全与尊严的维护

任何人都负有不得侵害他人生命权的义务（《民法典》第 1002 条）。维护生命权主要有两个要求：维护生命安全与维护生命尊严。维护生命安全，即权利人保持其生命，防止他人危害其生命。维护他人生命健康，防止生命权受到非法侵害，让生命具有延续性，不可中途受到打断或者中止。这也是生命权和健康权的区别之一，健康权被中止和打断之后可以再次治疗恢复，而生命权却不可以。关于生命尊严的维护，社会实践中出现了多种有关生命尊严的实践事例，如临终关怀、尊严死等。在生命即将终止之时，依靠医疗技术等对其进行一定的医疗手段使其减少死亡痛

---

[1] 安乐死又称无痛苦致死，是指患了绝症且濒临死亡的病人，由于难以忍受剧烈的肉体上及精神上的痛苦，提出请求而由医生采取措施使之提前结束生命、安乐地死去。安乐死虽在一定程度上符合人道主义理念，但尚有许多伦理问题和法律风险，因此我国并未将安乐死合法化。目前，荷兰通过了安乐死立法。

苦。这里要强调的是,目前安乐死不是我国合法的死亡方式。

维护生命权的反面即侵害生命权的行为,主要包括:非法剥夺他人生命或者故意杀人未遂;实施危及他人生命的行为;侵害他人生命尊严的行为。

(二)侵害他人生命权的民事救济

由于自然人的生命权是法律所要保护的一项重大法益,因此最直接的处罚方式是使行为人承担刑事责任,其侧重于惩罚。但也不能因此减免侵犯生命权行为的民事相关责任。民事责任也在一定程度上对侵犯生命权的行为进行规制,有效地防止了生命被侵害,其本质目的在于救济。当事人被侵犯了生命权利后,利害关系人、被扶养人、丧葬费用的支付者都有权请求损害赔偿。另外,对于精神损害赔偿来说,大多数国家及地区都持肯定态度,近亲属为申请权利人。就侵害生命权需承担的民事责任而言,一般无法适用恢复原状的责任形态,故其责任形态主要是损害赔偿,此种损害赔偿责任包括两类:一为财产损害赔偿;二为精神损害赔偿。

1. 财产损害赔偿

侵害他人造成死亡的,应当赔偿丧葬费和死亡赔偿金(《民法典》第 1179 条)。丧葬费是指安葬死者所支出的费用,具体计算方式及标准根据《工伤保险条例》第 39 条、最高人民法院《关于审理人身损害赔偿案件适用法律若干问题的解释》(以下简称《人身损害赔偿司法解释》)第 14 条处理。而死亡赔偿金的计算标准则规定在《人身损害赔偿司法解释》第 15 条。

2. 精神损害赔偿

对于精神损害赔偿,其请求主体一般限于死者的近亲属,因为在事实层面受害人的死亡给死者的配偶、子女以及父母等近亲属造成了精神痛苦。对此学者还提出了震惊损害(nervous shock)的概念。所谓震惊损害,是指与受害人具有密切关系的第三人在发生事故的危险范围内,目睹了受害人遭受损害的惨状而遭受的精神损害。[2] 英美国家对此均给予认可,我国法律也应该根据司法实践进行适用研究。对于造成严重精神损害,可以请求精神损害赔偿,以及可以请求侵害人赔礼道歉。

较为特殊的是侵害尸体(骨灰)或胎儿的损害赔偿。人死亡之后的躯体被称为尸体,尸体经火化后变为骨灰。为了保护死者的尊严,刑法对尸体承载的法益有所保护,设立侮辱尸体罪。在民法上,尸体或骨灰属于具有人身意义的特定物,因此当尸体受到侵害(被盗、毁损)或者骨灰被遗失等情况,司法实践中往往支持近亲属向侵权人主张精神损害赔偿。对于在妇女腹中的胎儿,在妇女受到生命权的侵害导致胎儿去世的情况下,胎儿的死亡不构成对"人的生命"的侵害,此时只需要考虑妇女的受害情况。对于妇女主动放弃胎儿生命的行为,目前我国依据国情采取堕胎不违法的法律规制。

第二节　身　体　权

一、身体权的法律界定

身体权是自然人维护其身体完整并支配其肢体、器官和其他组织的人格权,以身体构成为其

---

〔2〕 王利明:《人格权法研究》(第 3 版),中国人民大学出版社 2018 年版,第 784 页。

客体，表现为一种物质性人格权。它与所有权不同，所有权支配的客体是物，身体权支配的却是自身的物质性人格要素。在法律意义上，所谓身体，是指人之整个肉体的完整，包括体外的躯体与四肢、体内的器官及牙齿等。

目前世界各国对于身体权在民法典中的规定主要有如下几种模式：(1)将身体权和健康权放置于一章中进行规定，我国《民法典》即采取此种方式；(2)将其作为一种特殊法益给予保护；(3)视人体为人的重要组成部分，而不是一个抽象的概念。

在传统的民法理论与实务中，一般不承认身体权为独立的人格权，往往将身体权置于生命权或健康权之中。事实上，对身体权的侵害有时可以通过保护生命权、健康权得到救济。例如，对身体权的侵害，如果造成了伤害后果，可依照侵害健康权的行为来处理；如果造成死亡后果，可依照侵害生命权的行为来处理。但在另外一些场合，则可能无法提供救济，对身体权的侵害，并不当然侵害生命权、健康权。例如，擅自剪短他人毛发、指甲，非法撞击他人身体但未造成伤害等情形。为实现法的体系性和科学性，应当承认身体权是一项独立的人格权，与生命权、健康权并列。

身体权主要有如下几项特征：

1. 主体特有性。从权利主体上说，身体权只能由自然人享有。作为组织体的法人、非法人组织不享有身体权。尤其需要指出的是，身体权是个人人格权的基础，生命也是依赖于身体的，所以身体权在民事权利中具有基础性地位。虽然自然人死亡后不再享有身体权，但自然人死后的遗体和骨灰都应该得到尊重。

2. 固有性。身体和人具有非常紧密的联系，人生来死去都拥有对身体的支配权，同时这种权利也是无法转移、不可抛弃、不可继承的。

3. 权利客体二重性。身体权的客体包括身体以及其组成的部分，保护身体权并不单是保护身体，同时也应该保护身体的完整性。因为实践表明有必要使身体的完整利益作为人格利益得以保护，这就使身体的完整利益可以成为身体权的客体。

4. 内容的有限支配性和绝对性。人们有权在法律和社会公共道德允许的范围内对其身体个别部分加以处分，如合法献血等。随着科学技术的发展，法律适用也更为复杂，例如，开展与人体基因、人体胚胎等有关的医学和科学研究可能会对伦理道德和安全等方面造成风险的，必须进行法律上的限制。人体器官的捐献必须遵守法律的强制性规定，禁止人体器官的买卖。

二、身体权的内容

身体权具体包括以下权能：

1. 身体组织完整性保持权。身体权以自然人的身体及其利益为内容。身体是自然人享有法律人格的物质基础。没有身体，生命则不存在，自然人的任何权利就无从谈起。所以，在身体权中最重要的就是保持其身体整体的完全性、完整性。任何破坏自然人身体完整性的行为，都构成对自然人身体权的侵害，权利主体有权请求司法机关给予保护。

2. 对自己身体组织部分的肢体、器官和其他组织的支配权。传统理论只承认身体完整性不得破坏，不得将其身体的组成部分转让，但是随着科学技术的发展和人们伦理观念的变化，现代社会的法律允许自然人将自己身体组成部分的血液、皮肤甚至个别器官转让给他人。这种转让，正是体现自然人对其身体组成部分的支配权。这种支配权表明，对于自然人的身体组成部分，只有自己可以支配，其他任何人无权决定。如果有人违背自然人的意愿，强行索取、使用其身体组成部分，则构成对他人身体权的侵害。我国禁止对身体非法利用与处分，禁止从事器官买卖行为，禁止非法摘取人体细胞、人体组织、人体器官，禁止进行非医疗性器官克隆，禁止从事非法的人体试验活动，禁止代孕行为和变相代孕行为。

概念辨析 健康权 vs. 身体权

身体权和健康权的关系非常密切，二者都是物质性人格权，身体与健康常常也是相互依赖、密切结合在一起的。损害了身体也往往会损害其健康，甚至实践中出现了身心健康权这一个说法，但是两者之间也存在诸多区别。

1. 二者客体不同。身体权的客体是身体的完整和安全利益，是身体器官和组织构造本身的完整性与身体器官的安全，体现的是个人身体组织、结构的完整性。而健康权的客体则是健康利益，包括生理健康和心理健康两方面。

2. 二者并不存在必然联系性。身体权受到侵害的，不一定危害其健康权，而健康权受到侵害的也不一定危害其身体权，这一点也可以称为损害后果的不一样。

3. 二者的内容偏重不同。实践中，损害身体权的行为往往表现为对伦理的冲击，如代孕等行为，常常与现代科技紧密联系起来。而健康权的范畴则更为广泛，其侵害手段自古有之。

三、身体权的救济

自然人享有身体权，自然人的身体完整和行动自由受法律保护，任何组织或者个人不得侵害他人的身体权（《民法典》第1003条）。保护公民的身体权也是我国法律的基本任务。法律对侵害身体权的行为规定了多种类型的民事责任。

1. 请求停止侵害、消除危险、排除妨碍。民事主体有证据证明正在侵害或者即将侵害当事人身体权，不及时阻止会导致严重后果的，有权向人民法院申请停止侵害、消除危险、排除妨碍。

2. 精神损害赔偿。在某些情况下，身体受到侵害后，当事人本身精神状态也会受到严重影响，受害人有权请求精神损害赔偿，此外，受害人还有权请求侵权人赔礼道歉。

3. 财产赔偿。具体包括如下赔偿项目：(1)医疗费。当遭受到身体权的侵害时，最直观的就是进入医院需要支出的医疗费用，包括手术费用、请护工费用、后期用药费用、治疗费用等，这些费用作为侵犯身体权最直接的侵权责任后果，是必然应付该相对赔偿义务。(2)交通费。这主要分两个方面，一方面是当事人因为治疗而支出的交通费用，另一方面是相关人员必要的交通费用。(3)误工损失费用。这是指当事人若没有收到身体权利的损害可以取得的正常的劳动报酬费用。(4)其他费用，包括后期康复等。以上所有明细均应该根据相关性、合法性等因素予以考虑。

四、性骚扰之禁止

近年来性骚扰受到了一定的关注，《民法典》将性骚扰的规制规则设置在“生命权、身体权和健康权”一章，实际是将性骚扰作为侵害身体权的特殊行为进行界定的，由此将性骚扰所涉人格权定性为身体权。实际上，性骚扰可能受到侵害的权利类型包括性交流自由权、名誉权、身体权等。[3]

---

〔3〕 曹相见：《〈民法典〉禁止性骚扰条款释论》，载《东方论坛》2021年第2期。

对于性骚扰的认定标准需要从多方面进行梳理。性骚扰的认定标准有三:(1)行为是性有关的骚扰行为,图片、文字等形式表现都属于性骚扰行为;(2)受侵害对象是特定人,男性、女性、同性、异性均可成为侵害对象;(3)违背了受害人的意愿。"违背他人意愿"这一条件符合了世界对于该项指标的共识。

对于性骚扰相关的责任和义务,受害人有权依法请求行为人承担民事责任。另外,根据《民法典》的规定,可将性骚扰分为单一型性骚扰和工作场所性骚扰。对于工作场所性骚扰,单位还负有安全保障义务,即机关、企业、学校等单位应当采取合理的预防、受理投诉、调查处置等措施,防止和制止利用职权、从属关系等实施性骚扰(《民法典》第1010条)。

第三节 健 康 权

一、健康权的法律界定

关于健康的定义,法学界有多种主张。[4] 通常健康是指自然人生理机能的正常运作和功能的完善发挥。健康权则是指自然人以其自己的健康利益为内容的人格权。健康权以自然人的健康利益为内容,以维护自然人正常生命活动为根本目的而不以自然人的生命安全和生命价值为根本目的。

关于生命与健康的关系,二者紧密相连,但却不是同一个概念。健康的损害一般具有可恢复性,生命的损害具有不可逆转性,健康丧失了,生命仍然存在。当然,严重的健康损害可能导致生命的丧失。质言之,健康权应当是独立于生命权的具体人格权。

健康权具有如下特征:(1)主体限于自然人。自然人自出生起即具有民事权利能力,因为出生而产生健康权,其健康受到保护。(2)健康权客体包括生理健康和心理健康,不可以偏概全地认为健康权只是笼统的健康这一概括性词语。(3)健康权是一种独立人格权,我国法律明确认可健康权的独立性。

概念辨析 健康权 vs. 生命权

两个权利都是物质性人格权,两者相互联系紧密,甚至多位学者认为两者属于包含和被包含的关系,[5]体现出两者之间联系非常紧密。但是两者之间也有区别。

1. 是否具有恢复性不同。健康权在一定程度上是具有可恢复性的,而生命权则不可恢复。

2. 权利保护的请求主体不同。自然人的健康权受到侵害后,可以由该自然人直接请求侵权损害赔偿。而对于生命权,因为当事人已死亡,则只能由间接受害人(近亲属)提出赔偿请求。

二、健康权的内容

明确健康权的内容,对于确定权利人的权利范围,区分健康权与其他人格权,都具有重要意

〔4〕 其观点展示参见王利明、杨立新、姚辉编著:《人格权法》,法律出版社1997年版,第60~61页。
〔5〕 韩大元:《生命权的宪法逻辑》,译林出版社2012年版,第10页。

义。健康权主要包括以下内容。

1. 健康维护权。健康维护权，也可以称为健康享有权。健康维护权的首要内容是自然人享有保持其身心健康的权利。这不仅是自然人维护自身生命、提高自己生活质量，追求体格、精神的完美状态的需要，同时也具有维护社会利益，提高人类生存质量的意义。保持自己的健康，就是使自己的健康状况保持完好的状态，通过各种体育活动提高健康水平。在生理机能、功能出现不正常状况，即健康状况下降的时候，有请求医疗、接受医治的权利，使健康状况达到完好的状态或者恢复到原有状态。这些权利的行使不受任何不法干涉或强制。当然，在法律允许处分个人相关权利的情况下，不可损害其本身健康，如人体器官、细胞等捐献，在合法且不损害其健康的情况下是可以支持的。健康维护权的另一项重要内容，是自然人在其健康权受到不法侵害时，享有请求法律保护的权利。健康权是绝对权、对世权，除权利主体之外，其他任何人都负有不得侵害健康权的法定义务。违反这一义务，侵害他人健康权，致健康状况受到损害的，受害人有权依法请求侵权人承担相应的民事责任，构成犯罪的，还应追究刑事责任。

2. 劳动能力的保有、利用和发展权。劳动能力的保有、利用和发展权是健康权的又一项基本内容。劳动能力是自然人从事创造物质财富和精神财富活动的脑力和体力的总和，是自然人健康权的一项基本人格利益。对于自己的劳动能力，所有的自然人都有保有、利用及发展的权利，当这些权利受到不法侵害时，受害人可以请求司法保护。

3. 健康利益支配权。健康利益支配权即自然人有权放弃健康及行使健康权的其他内容，其中主要是放弃健康。自然人原则上不可以处分自己的健康利益，对于以自己的健康为合同内容或者签订免除侵害自己健康权利的免责条款都是无效的；同时也不能将自己的健康权用作商业用途，健康权是消极利益，不可以积极利用。另外，从事危险性很大的竞技活动、舍己救人、见义勇为都是对自己健康利益支配的体现。因此，自愿从事体育竞技而受到健康损害的，竞技活动主办人不必承担民事责任。对于放弃健康的行为，不能认为其违法，但为其权益的维护，从人道主义立场出发，可以进行强制治疗，且在强制治疗时，应当进行说服教育，不应采取暴力手段。

三、健康权的救济

任何组织和个人都不能对健康权进行侵害，法律禁止使用不合法的方式，如折磨、恐吓等手段侵害他人的健康权。健康权被侵害后的权利救济方式有如下几种：

1. 请求停止侵害、排除妨碍、消除危险。当事人有证据证明正在受到不法侵害或者有受到侵害的现实危险，一旦不及时制止会导致严重后果的，受害人有权利向法院申请停止侵害、排除妨碍、消除危险。

2. 请求财产损失赔偿。对他人造成经济上损失的，利害关系人可以向其申请财产损失赔偿。具体的赔偿内容有：(1)治疗和康复支出的合理费用，包括医疗费、护理费、交通费等费用。(2)误工损失。这是指对于受到健康侵害之后，所损失的合理的工作所得。(3)被扶养人的生活费。(4)赔偿残疾生活辅助具费和残疾赔偿金。

3. 请求精神损害赔偿。当健康权受到侵害，很多情况下会留下终身的损害，不排除会导致严重的精神疾病，对于侵害自然人人身利益导致其严重精神损害的，被侵害人有权请求精神损害赔偿。

思考题

1. 简述生命权与身体权的区别。
2. 简述身体权与健康权的异同。
3. 试评我国《民法典》对性骚扰行为的法律规制。
4. 简述健康权的特征及内容。

阅读指引

关于性骚扰的民法保护问题

1. 张新宝、高燕竹:《性骚扰法律规制的主要问题》,载《法学家》2006 年第 4 期。
2. 王利明:《民法典人格权编性骚扰规制条款的解读》,载《苏州大学学报(哲学社会科学版)》2020 年第 4 期。
3. 靳文静:《中国高校性骚扰防治制度的体系研究——以〈民法典〉第 1010 条为中心》,载《中国政法大学学报》2020 年第 6 期。
4. 卢杰锋:《职场性骚扰的用人单位责任——从〈民法典〉第 1010 条展开》,载《妇女研究论丛》2020 年第 5 期。
5. 王显勇:《民法典时代工作场所性骚扰的法律规则》,载《法学》2021 年第 1 期。
6. 谢海定:《性骚扰概念在中国法上的展开》,载《法制与社会发展》2021 年第 1 期。

关于身体权的民法保护问题

1. 吴文珍:《论人体组成部分的法律地位及其归属》,载《河北法学》2011 年第 5 期。
2. 刘春梅:《论身体权的保护》,载《暨南学报(哲学社会科学版)》2011 年第 2 期。
3. 毛立新:《身体权理论与实践的再思考》,载《河南社会科学》2006 年第 2 期。
4. 刘召成:《身体权的现代变革及其法典化设计》,载《当代法学》2020 年第 2 期。
5. 孙笑侠:《身体权的法理——从〈民法典〉"身体权"到新技术进逼下的人权》,载《中国法律评论》2020 年第 6 期。
6. 申长慧:《身体完整权:边界完整到具身完整的理论嬗变》,载《学术论坛》2020 年第 6 期。

第三章　姓名权和名称权

导学案例

某年1月,中建某无锡建材科技有限公司(以下简称中建公司)的网站页面的终端风采Ⅵ展示处有“城市森林携手‘星爷’一起见证生态墙板真功夫”的宣传广告。该宣传广告配有周某的照片,与涉案网页上另一宣传广告语共同在页面上展示。某年6月,乙网站和页面均显示有中建公司的宣传广告,并在插图周某的照片旁注有“华语喜剧演员、导演、编剧、监制、制片人、出品人代表作:《功夫》”的文字。某年9月,周某的委托代理人在上海市虹桥火车站购得一本《旅伴》杂志。中建公司在《旅伴》杂志上发布广告,在该宣传广告右侧配有周某肖像和签名的照片,照片上注有小字体文字对周某进行介绍。

1. 试分析本案中侵犯了周某的什么权利?法律依据是什么?

2. 试分析本案中周某可以请求哪些赔偿?

3. 中建公司是否可以取得周某的姓名权的使用权?如何取得?

第一节　姓　名　权

一、姓名权的法律界定

姓名由姓氏和名字两部分组成,是特定自然人的指征符号,同时也是肉体、精神与社会性三位一体之人格的组成部分。[1] 姓名权是指自然人依法决定、使用、变更或者许可他人使用自己姓名的权利(《民法典》第1012条),即以自己的姓名为客体的人格权。具体来说,姓名权具有以下法律特征。

1. 姓名权的主体具有特定性。姓名权为自然人所有,主体仅指自然人。法人及非法人组织不能享有姓名权。姓名权虽具有强烈的专属性,但自然人死亡后,其姓名的人格利益及其所包含的商业利益并不会马上消失,由其延伸的人格利益仍然可以归于其近亲属,包括精神利益与财产利益。[2] 对死者姓名所延伸的财产性利益,赋予死者的配偶、子女、父母排除侵害请求权。

2. 姓名权的权利客体是姓名。姓名权的客体是姓名,但是对于姓名的内涵应当作扩张解释。除了自然人的本名,即个人身份证上登记记载的姓名,还包括笔名、艺名、网名、译名、字号、姓名和名称的简称等(《民法典》第1017条)。凡在社会交易及生活上具有识别性功能的标志均应纳

〔1〕 刘文杰:《民法上的姓名权》,载《法学研究》2010年第6期。

〔2〕 相关案例参见“朱某荣与朱某增姓名权纠纷案”,河南省周口市中级人民法院(2016)豫16民终1414号民事判决书。

入“姓名权”保护的范围。判断一个符号是否属于姓名权的保护范围,并不要求其与姓名的构造相同,主要在于该符号在特定领域是否与特定自然人形成一一对应关系,即“具有一定社会知名度”和“足以造成公众混淆”。

3. 姓名权包含精神利益和经济利益。姓名权具有强烈的人身专属性,但姓名权不仅包含精神利益,还包含经济利益。姓名并不是与生俱来,是一定程度上社会化的产物。姓名除了与自然人建立稳定对应关系,还用以区别于他人体现个人人格特性。其价值不仅仅在于个人的使用,而且在于其商业化利用的经济价值。姓名尤其是名人的姓名,往往和一定的声誉、名望等联系在一起,对商品和服务的宣传或者销售具有一定的促进作用,因而具有一定的经济价值。

二、姓名权的内容

姓名权具有以下权能:

1. 姓名决定权。姓名决定权,又称命名权,是指自然人决定采用何种姓、名及其组合的权利。姓名决定权的内容不仅包括自然人决定其名字、姓氏,而且包括决定笔名、艺名、网名等名称的权利。自然人行使姓名决定权也受到一定的限制。对于姓的决定,原则上应当随父姓或者母姓,例外情形下也可以选取其他姓氏,如其他直系长辈血亲的姓氏、因由法定扶养人以外的人扶养而选取扶养人姓氏,但不得违背公序良俗(《民法典》第1015条)。

2. 姓名变更权。姓名变更权,又称姓名改动权,是指自然人享有的依法改变自己姓或名的权利。自然人变更其姓名,只要不违反法律的强制性规定和公序良俗,都应当允许。但是,为了保证自然人的社会关系和各种法律关系的稳定性和延续性,自然人变更姓名必须按照一定的程序办理,并在户籍登记机关办理姓名变更手续。自然人变更其艺名、笔名等非正式姓名,不在此限。

3. 姓名使用权。姓名使用权,是指自然人依法使用自己姓名的权利,包括积极行使和消极行使两个方面。前者如在自己的物品、作品上标示自己的姓名作为权利主体的标志;在特定的场合使用姓名,以区别于其他社会成员。后者如在作品上不署名;为特定行为后,拒绝透露自己的姓名。

4. 许可使用权。许可使用权是《民法典》针对姓名权新增的权能,是指自然人有权依法许可他人使用自己的姓名,并以此获得一定利益的权利。姓名权具有强烈的人身属性,但是在商品化的经济时代,姓名权也具有一定的经济价值。在法律上,姓名权与自然人人格相互联系,不允许自然人将其姓名转让,但允许许可使用。例如,袁隆平作为著名科学家,许可一家上市公司“隆平高科”使用自己的姓名作为公司名称的一部分。

三、姓名权的行使

(一)姓名权行使的限制

法律保护自然人基于姓名所享有的决定、变更、使用和许可使用的权利,但是自然人行使自己的姓名权不是绝对的,也必须受到一定的限制,不得违背公序良俗(《民法典》第1012条)。例如,自然人从事重要法律行为时需使用登记记载于户籍簿上的正式姓名;不得滥取名取姓,不得基于不正当目的而改名换姓、以违背公序良俗方式而允许他人使用自己姓名和转让姓名,故意造成姓名权的冲突等。姓名是借助有限的文字符号表示的,在实践中,滥取名取姓的行为时有发生,如“赵c案”。在我国,重名是在所难免的,但如果基于不正当的目的,故意取与他人相同的姓名,行为的结果已超出了合理行使姓名权的范围则构成侵权。需要指出的是,按照“法不禁止即自由”的私法基本原则,一般情况下个人应当有权自由行使其姓名权,他人不得非法干涉。

(二)姓名权行使的保护

姓名权具有决定、变更、使用和许可使用的权能,这是姓名权行使的积极权能。除此以外,任何组织或者个人不得以干涉、盗用、假冒等方式侵害他人姓名权(《民法典》第1014条)。社会的正常运行离不开社会成员对姓名的合理使用,其构成了姓名权人禁止他人使用自己姓名的限制,亦即姓名的消极使用权的限制。学理上称之为姓名权的消极权能,也即对姓名权行使的保护。例如,在“齐玉苓案件”中,[3]齐某苓的姓名被假冒,法院判决齐某苓的姓名权、受教育权以及其他相关权益被侵犯。

第二节　名　称　权

一、名称权的法律界定

名称是指特定法人、非法人组织区别于其他法人、非法人组织的文字符号。名称权,即特定法人、非法人组织依法享有的决定、使用、变更、转让或许可使用自己的名称,并得排除他人非法干涉及不当使用的权利。简言之,名称权就是法人或非法人组织享有的以名称为客体的人格权。除了《民法典》人格权编之外,对于名称权的保护,《公司法》《合伙企业法》《个人独资企业法》《商标法》《反不正当竞争法》等法律也有相应规定。名称权具有以下法律特征。

1. 主体具有特定性。名称权的主体与姓名权相对,是除自然人以外的一切法人、非法人组织,具有广泛性。具有自己的名称是社会组织成为法人的一个重要条件,也是某一法人区别于其他法人的重要标志。根据主体的不同可以将名称权分为法人名称权和非法人组织名称权。法人名称权可以适用《民法典》《公司法》等法律,而非法人组织名称权主要适用《民法典》的相关保护。

2. 权利客体是名称。名称权的权利客体是名称。名称是社会组织用于标表自己区别其他社会组织的特殊外在符号。名称并不受团体成员变动的影响,从这一意义上说,名称权也具有一定的专属性。赋予社会组织以名称权,是对法人和非法人组织等民法上的拟制人格的肯定,对其名称及其产生的人格利益予以保护。除了法人、非法人组织的名称外,具有一定社会知名度、为相关公众所知悉的简称,也受到法律的保护(《民法典》第1017条)。如“南大”“阿里”等,都是相关主体名称的简称,为社会公众广泛了解,应当受到法律保护。

3. 经济价值突出。法人和非法人组织享有依法转让其名称的权利(《民法典》第1013条)。由此可见,名称权具有较为突出的财产属性,其经济价值可以用货币进行评估,说明名称权除了包含人格属性以外,还包含一定的经济利益。但是与名称权不同,姓名权的人身专属性更强,包含的精神利益更为突出。而名称权包含的经济利益更为突出,不仅可以许可他人使用,还可以依法转让获取一定的经济价值。所以,名称权也被称为商事人格权,与人格尊严保护并不相关。也正是因为这一原因,在名称权遭受侵害的情形下,行为人侵害的主要是法人、非法人组织的人格标识利益,权利主体遭受的通常是财产损失,而不包括精神损害。

---

〔3〕 案件详情参见《最高人民法院公报》2001年第5期。

4. 名称需要登记。法人或者非法人组织设定、变更、转让、许可使用其名称需要符合法定程序。由于法人与非法人组织的多样性,其成立也有其各自的特性。《民法典》总则编对于法人或者其他非法人组织规定了不同的成立要件,因此其名称的取得也有所不同。对于营利法人,经依法登记成立。对于非营利法人,如事业单位、社会团队等,可区分为登记取得资格和成立取得资格。对于成立取得资格的,在成立时即对自己的名称拥有名称权。特别法人一般依据宪法和法律设立,无须登记即取得名称权。[4] 对于个体工商户,自然人从事工商业经营,经依法登记,为个体工商户。个体工商户可以起字号。

概念辨析 名称权 vs. 姓名权

姓名权和名称权都是标表性人格权的一种,都具有决定、使用、变更的权能,但是二者也有所区别,主要表现如下:

1. 主体不同。姓名权是针对自然人而言,名称权是法人和非法人组织所享有的。

2. 产生方式不同。对于自然人决定使用什么姓名,国家一般不干预。但法律对法人、非法人组织的命名有较严格的要求,尤其是对企业法人名称的确定规定了严格的审批程序。

3. 是否可以转让不同。自然人的姓名权具有不可让与性,姓名不得随意转让。而法人、非法人组织的名称依法可以转让。

概念辨析 名称权 vs. 商标权

商标权是指权利人对其商标所享有的民事权利,商标注册人享有商标专用权。商标权的保护主要适用《商标法》的有关规定,其属于知识产权的一种。名称权与商标权的区别主要有:

1. 权利主体不同。名称权是除了自然人以外的一切法人和非法人组织都可享用,具有广泛性。但是商标权只有从事生产、服务的组织才可以注册登记。

2. 权利客体不同。名称权的权利客体是名称,是用以区别于其他社会组织的外在标识。而商标权的权利客体是商标,是用以区别于其他商品或者服务的标识。

3. 取得要件不同。企业的名称只要不违反公序良俗、社会公德,其登记成立没有严格要求,商标的取得更为严格。

4. 保护范围不同。一般而言,普通企业名称权保护范围只限于其登记注册的区域内。而商标权的保护是全国范围内的,较名称权的保护范围更广。

二、名称权的内容

名称权具有如下权能:

1. 名称设定权。名称设定权即法人、非法人组织都享有决定自己名称的权利,这是名称权的最基本内容。法人、非法人组织决定自己的名称需不违反公序良俗,不损害他人在先权利。另外,名称的设定还受到程序上的限制,即对于法律规定必须登记注册的法人或非法人组织,未登

[4] 最高人民法院民法典贯彻实施工作领导小组主编:《中华人民共和国民法典人格权编理解与适用》,人民法院出版社 2020 年版,第 197 页。

记注册的名称不享有名称权,不受到法律保护。

2. 名称变更权。权利人使用的名称在使用过程中可以依法变更。这种变更可以是部分的,也可以是全部的。变更名称必须依法进行变更登记,其程序与设定名称相同。名称一经变更登记后,原登记的名称视为撤销,不得继续使用。但为了维护市场交易的稳定性,权利人变更名称也应受到一定的限制,不得频繁随意变更名称。

3. 名称使用权。名称权主体对其名称享有独占使用的权利,任何人不得非法干涉和使用。当然,名称权人在行使其独占使用权时也要受到一定的限制。限制主要包括:禁止使用持不正当目的而使公众误认是他人营业的名称,不准重复或相类似是世界各国名称登记法的基本原则;禁止使用有可能对公众造成欺骗或误解的名称;禁止使用外国国家(地区)名称、国际组织名称。

4. 名称转让权。名称转让权是指权利人将其基于名称享有的权利利益全部或者部分转让给受让人,转让之后原权利人全部或者部分丧失名称权的权利。法人、非法人组织转让名称的,应当依法向有关机关办理登记手续,但是法律另有规定的除外(《民法典》第1016条第1款)。名称对于法人和非法人组织而言除了用于标表其人格特征,还具有重要的经济价值,包括标识价值、广告价值和商誉价值。

5. 名称许可使用权。名称权的许可使用权能是《民法典》中新增权能,指法人和非法人组织许可他人使用其名称的权利。实践中,较为典型的形态即特许经营。与转让权能不同的是,许可使用是权利人许可他人在一定时间和一定范围内的使用,许可使用并不影响权利人本人的权能,其名称权并不当然消失。

三、名称权的行使

名称权具有设定、变更、使用、转让和许可他人使用的权能,这是名称权行使的积极权能。除此以外,任何组织或者个人不得以干涉、盗用、假冒等方式侵害他人名称权,学理上称之为名称权的消极权能,也即对名称权行使的保护。例如,假冒是指侵权人假冒名称权人之名称进行活动,表现为民事主体从事民事活动不使用自己的名称而使用别人的名称。在"永和豆浆诉赵霞个体工商户名称权纠纷案"中,[5]法院认为,被告擅自使用他人餐饮店名称中起标识作用的字号在餐厅店招上突出使用,易引起消费者误认为是他人的商品,损害了永和豆浆店的名称权,应依法承担相应的法律责任。

思考题

1. 简述姓名权的内容。
2. 简述名称权的特征。
3. 简述姓名权与名称权的区别。
4. 简述名称权与商标权的区别。
5. 简述名称权的内容。

---

〔5〕 案件详情参见"永和豆浆诉赵霞个体工商户名称权纠纷案",浙江省高级人民法院(2006)浙民三终字第191号民事判决书。

6. 简述侵害姓名权的行为方式。
7. 论姓名权的许可使用。

阅读指引

关于姓名权侵权问题的代表性研究

1. 孔祥俊:《姓名权与姓名的商品化权益及其保护——兼评“乔丹商标案”和相关司法解释》,载《法学》2018 年第 3 期。
2. 崔国斌:《姓名商品化权的侵权认定思路》,载《清华法学》2021 年第 1 期。
3. 张素华:《论姓名权纠纷的裁判乱象与类型梳理》,载《四川大学学报(哲学社会科学版)》2018 年第 3 期。
4. 石冠彬:《姓名权侵权纠纷的裁判规则研究》,载《当代法学》2018 年第 3 期。
5. 宋天一、陈光斌:《从“北雁云依案”看“姓名决定权”与社会公序的价值冲突——兼论公序良俗的规制》,载《法律适用》2019 年第 6 期。

关于姓名权与其他权益的区分与冲突问题

1. 崔建远:《姓名与商标:路径及方法论之检讨　最高人民法院(2016)最高法行再 27 号行政判决书之评释》,载《中外法学》2017 年第 2 期。
2. 马一德:《商标权行使与姓名权保护的冲突与规则》,载《中国法学》2018 年第 4 期。
3. 李永军、项斌斌:《民法典编纂背景下姓名权与其他“人格权”的区分——兼及我国民法典人格权编的立法建议》,载《浙江工商大学学报》2019 年第 2 期。
4. 张素华、宁园:《论姓名权与个人信息利益保护的区分》,载《河北法学》2019 年第 7 期。

第四章　肖　像　权

导学案例

葛某为我国知名演员，其曾在电视剧《我爱我家》中扮演纪春生（二混子），角色特点为懒惰、耍赖、骗吃骗喝。该角色在剧中将身体完全瘫在沙发上的放松形象被称为“葛某躺”，成为2016年网络热词。某公司在其官方微博中使用“葛某躺”剧照进行广告宣传。葛某认为该公司侵害了其肖像权，便诉至法院。

1. 试分析本案中“葛某躺”形象是否属于葛某的肖像。

2. 试分析本案中侵害肖像权的认定，其中“以营利为目的”是否为肖像权侵权责任的构成要件？

3. 若甲未经葛某同意，以“葛某躺”形象为原型创作并公开漫画，应如何处理？

4. 若某电视台为实施新闻报道，不可避免地使用“葛某躺”剧照，是否侵害了葛某的肖像权？

第一节　肖像权概述

一、肖像的法律含义

肖像是指通过影像、雕塑、绘画等方式在一定载体上所反映的特定自然人可以被识别的外部形象（《民法典》第1018条第2款）。根据这一定义，可以概括出肖像具有以下特征：

1. 肖像反映特定自然人的外部形象。肖像是单个个体区别于他人的重要人格特征，只有自然人才拥有肖像。法人或其他组织并没有具体形象，也就不可能具有肖像。肖像还应当是现实人物的客观写照，并非虚拟人物形象。但是，在特定情形下，特定自然人塑造的虚拟形象真实体现出该特定人的外在特征，一般公众通过该虚拟形象就会联想到该特定人，可以认为该虚拟形象是特定自然人的肖像。[1] 我国传统民法理论定义的肖像以人的面部为中心，而《民法典》明确规定肖像是自然人的外部形象，这意味着肖像的范围不再局限于人的面部特征。只要是能使一般人清晰、明确辨认出特定自然人的外部特征，都属于肖像的范围。

2. 肖像是通过一定方式固定于物质载体之上。再现肖像的方式多样，既可以具有艺术性，也可以只是对自然人外部形象的客观反映，如监控录像、扫描等。但是，无论采取何种方式，肖像必须是一种视觉表现，因此仅对特定个人外部形象的文字描述，即使描述得再准确，也不是肖像。

---

〔1〕 中国审判理论研究会民事专业委员会编著：《民法典人格权编条文理解与司法适用》，法律出版社2020年版，第195页。

自然人的外部形象必须被固定于一定的物质载体之上,能够为人力所支配,才称其为肖像权意义上的肖像。但是肖像并不等同于物质载体,不能将二者混淆。

3. 肖像是可被识别的。肖像必须可以被识别,是指通过一定方式再现的个人外在形象必须能够被辨识为特定个人。肖像是一种体现个体特征的人格标识,其本质就是可识别性。认定肖像是否可被识别,应当结合其表现方式、展示的特征、场合、相关文字说明等,判断一般公众能否明确辨认出肖像所指向的特定人。[2]

二、肖像权的含义及特征

肖像权,是自然人以肖像所体现的人格利益为主要内容,享有的依法制作、使用、公开以及许可他人使用自己肖像的民事权利,它直接关系到自然人的尊严及价值,是一项重要的具体人格权。肖像权具有以下特点:

1. 肖像权是一项标表型的精神性人格权。肖像权属于精神性人格权,虽然肖像权也具有财产利益,但是其体现的主要是自然人的人格尊严,法律保护肖像权的主要目的是维护权利人的精神利益。肖像权还属于标表型人格权。标表型人格权,是指体现主体外部特征的权利。肖像是自然人的外部特征,是特定个体区别于其他人的重要标志,因而肖像权是一项标表型人格权。

2. 肖像权的权利主体只能是自然人。肖像权是专属于自然人的人格权,法人或非法人组织都不享有肖像权。肖像权伴随权利人终生,不得抛弃、转让或继承。转让肖像使用权也只是肖像权人许可他人使用自己的肖像,并非将此种权能完全转让。当数个自然人肖像共同构成一个集体肖像时,该集体成员对集体肖像分别享有肖像权。死者不享有肖像权,因为肖像权是一项民事权利,而自然人的民事权利能力终于死亡。但是,死者的肖像利益仍然值得保护,死者的肖像受到侵害时,其近亲属依法享有请求行为人承担民事责任的权利。

3. 肖像权的客体是肖像上承载的人格要素。肖像权作为一种人格权,其客体为肖像所体现的人格要素,这种类型的人格要素具备精神性和财产性双重属性,前者是核心要素,这是由肖像权的性质所决定的。作为标表型人格权,肖像权的部分权能可以与人身相分离,因此可以被商业化利用。例如,自然人的肖像可以被用作商标或者用于广告代言。

4. 肖像权的救济方式具有特殊性。由于肖像权具有财产性质,侵害肖像权既可能给权利人造成精神损害,也可能造成财产损失。此时,肖像权人有权向侵权行为人主张精神损害赔偿和财产损害赔偿。

概念辨析 肖像权 vs. 身体权

肖像是自然人可被识别的外部形象在物质载体上的再现。人的外部形象是人的身体的外在表现,肖像利益与身体利益密切联系。但是,肖像权与身体权属于独立的人格权,二者的区别主要有以下五个方面:

1. 权利类型不同。肖像权属于精神性人格权,而身体权属于物质性人格权。

---

[2] 典型案例参见“章金莱与蓝港在线(北京)科技有限公司人格权纠纷案”,北京市西城区人民法院(2010)西民初字第10534号民事判决书,北京市第一中级人民法院(2013)一中民终字第05303号民事判决书;《迈克尔·杰弗里·乔丹与国家工商行政管理总局商标评审委员会、第三人乔丹体育股份有限公司商标争议行政纠纷案》,载《最高人民法院公报》2018年第9期。

2. 权利客体不同。肖像权的客体是个人外部形象再现后所体现的肖像利益，而不是人的外部形象本身。而身体权的客体是个人对其身体及其组成部分所享有的利益。

3. 权利内容不同。肖像权可以被商业化利用，权利人既可以自主使用自己的肖像，也可以许可他人使用。而身体权主要是消极防御权，权利人一般不得对其进行积极利用。

4. 侵权方式不同。侵害肖像权的行为主要体现为未经许可制作、使用他人的肖像，或者丑化、污损、伪造他人肖像。而侵害身体权则体现为造成他人身体的损害。

5. 遭受侵害后财产损害赔偿责任不同。肖像权的客体具有无形性，遭受侵害时的财产损失的具体数额一般难以证明，而侵害身体权造成的财产损失数额在证明上相对容易。

第二节　肖像权内容与行使

一、肖像权的内容

肖像权的内容，是指肖像权包含的权能，分为积极权能和消极权能。肖像权的积极权能，主要有制作肖像权、使用肖像权、公开肖像权以及许可他人使用肖像权（《民法典》第 1018 条第 1 款）。《民法典》还通过规定侵害肖像权的情形明确了肖像权的消极权能，主要是肖像权人有权排除他人对自己肖像的贬损、滥用等侵权行为，以维护肖像利益（《民法典》第 1019 条）。在学理上，肖像权的内容主要包括以下四项权能。

1. 肖像专有权。肖像专有权，是指肖像权人独占自己肖像的归属，对肖像上体现的人格利益享有绝对支配权。肖像权专属于自然人，权利人对自己的肖像利益享有排他性权利，一方面可以自主制造、使用自己的肖像；另一方面可以排除他人对肖像权的一切妨碍和干涉。

2. 肖像制作权。肖像制作权，是指自然人可以根据自己的意愿，由本人或许可他人采取一定表现方式合法再现自己的外部形象。肖像的制作是肖像利用和传播的前提。自然人有权决定是否再现以及如何再现自己的形象。他人通过一定方式再现自然人形象必须经过权利人许可，未经许可擅自制作肖像权人的肖像，即使未予公开或传播，也属于侵权行为。

3. 肖像使用权。肖像使用权，是指自然人的形象被制作成肖像即具有了独立价值，权利人可以决定是否使用肖像以获得精神上或财产上的利益。使用肖像内在地包括公开肖像和许可他人使用肖像。具体表现为权利人可以自主使用肖像，任何人不得干涉，可以决定是否公开以及在何时何处公开自己的肖像，还可以许可他人有偿或者无偿使用自己的肖像。但是，权利人对肖像的使用必须合法，并且不违背公序良俗。

4. 肖像维护权。肖像权是绝对权，任何人都负有不得侵害他人肖像权的绝对义务。权利人有权维护自己的肖像利益不受侵害，禁止他人歪曲、丑化、毁损其肖像，未经权利人许可，任何人不得制作、使用、公开其肖像。对于侵害肖像权的行为，权利人有权请求行为人停止侵害、排除妨碍、消除危险、消除影响、赔礼道歉、赔偿损失等。

二、肖像权的行使

（一）肖像权积极权能的行使

1. 肖像权商业化。在市场经济社会，自然人尤其是公众人物的肖像被广泛用于商业目的。

肖像权商业化,是指权利人可以通过授权同意他人有偿使用自己的肖像,还可以在肖像权遭受侵害后主张财产损害赔偿。肖像权可以被商业化利用,主要是因为肖像具有可复制性,并且肖像权具有财产性质。肖像权积极权能的重要内容之一就是肖像权的商业化利用(《民法典》第993条)。

2. 肖像许可使用合同。这是肖像权人许可他人使用自己肖像的典型方式。肖像许可使用合同,是指肖像权人授权他人在一定期限和范围内以一定方式使用自己的肖像的合同。该类合同涉及肖像权人的人格利益,为了倾斜保护肖像权人,《民法典》针对该类合同有以下两项特殊规定:

(1)肖像许可使用合同解释规则。肖像许可使用合同的双方当事人对合同中关于肖像使用条款的理解有争议的,应当作出有利于肖像权人的解释(《民法典》第1021条)。所谓"有利于肖像权人的解释",是指解释方式、解释结果符合肖像权人的真实意思,与本人利益不相悖。但是,肖像许可使用合同本质上仍然是平等主体之间的合同,不能违背民法关于合同的一般规定和基本原则。[3]

(2)肖像许可使用合同的解除规则。肖像许可使用合同当事人行使解除权有两种情形。第一种情形是没有约定使用期限或者约定不明,双方当事人享有任意解除权,即肖像权人和肖像使用人都可以随时解除合同。唯一的限制是在合理期限之前通知对方。第二种情形是当事人明确约定了使用期限,期限内只有肖像权人能够解除合同,体现了对其人格利益的尊重和保护。但是肖像权人行使单方解除权要有正当理由,也应当在合理期限之前通知对方,并且存在一定的法律后果,即解除合同可能会造成对方现实和预期利益的损失,此时除不可归责于肖像权人的事由外,应当赔偿损失。

(二)肖像权消极权能的行使

肖像权作为一项排他性、专属性的绝对权,权利人享有排除他人侵害的消极防御权。行使这一权利的关键,在于认定何种情形构成对肖像权的侵害。肖像权侵权责任有两个构成要件:(1)实施了侵害肖像权的行为;(2)不具有违法阻却事由。其中违法阻却事由包括肖像权人的同意和法定合理使用。

《民法典》第1019条规定的侵害肖像权的情形主要有三种:

1. 丑化、污损他人肖像,或者利用信息技术手段伪造他人肖像等。丑化、污损、伪造肖像的行为损害了权利人肖像的完整性和个人形象的社会评价。例如,利用AI换脸技术在网络上伪造自然人肖像。但是,对肖像之物质载体的损毁,如果没有涉及肖像权人的人格,不构成肖像权侵权,例如,遗失画像仅构成对财产权的侵害。

2. 未经肖像权人同意,制作、使用、公开肖像权人的肖像。[4] 制作肖像是指通过拍照、摄影、绘画等方式再现他人外部形象。使用他人肖像包括商业性使用和非商业性使用,例如,将他人肖像用于商业广告或公益宣传。公开肖像是指在电视、网络等平台或者公共场合公开传播他人

---

〔3〕 相关案例参见"PARK CHAE LIM与广州市铂金化妆品有限公司肖像权纠纷案",广东省广州市中级人民法院(2016)粤01民终6927号民事裁定书。

〔4〕 典型案例参见"周星驰与中建荣真无锡建材科技有限公司肖像权、姓名权纠纷案",载《最高人民法院公报》2020年第2期;"杨颖与北京羽莎医疗美容门诊部有限公司网络侵权责任纠纷案",北京市第四中级人民法院(2021)京04民终132号民事判决书。

肖像。

3. 未经肖像权人同意,肖像作品权利人以发表、复制、发行、出租、展览等方式使用或者公开肖像权人的肖像。这亦是肖像作品权利人的义务,实质上涉及肖像权与著作权的冲突。肖像往往是以艺术作品的形式呈现,当同一肖像作品上的肖像权和著作权发生冲突时,著作权的行使应当以不侵害肖像权为前提,以突出对人格权的保护。[5]

需要注意的是,以往的《民法通则》及其司法解释在侵犯肖像权的认定中规定了"以营利为目的"这一要件。司法实践中,许多法院也将营利性作为认定侵害肖像权责任的要件。但是,民法学界普遍认为将营利目的作为侵害肖像权责任的构成要件会不当缩小肖像权的保护范围。例如,未经肖像权人同意,非以营利为目的在网络上擅自传播其肖像的行为,事实上也构成对肖像权的侵害。因此,《民法典》明确废除了"以营利为目的"的表述。

三、肖像权的合理限制

不要求侵害肖像权的行为"以营利为目的",肖像权保护恐过于宽泛,因此有必要对肖像权的行使进行合理限制。肖像权的合理限制,是指基于维护公共利益或肖像权人利益等正当目的,在法定条件下,未经肖像权人许可无偿使用其肖像的行为不构成侵权。除了为公共利益实施新闻报道、舆论监督等行为可以合理使用民事主体的姓名、名称、肖像、个人信息等之外,《民法典》第1020条还规定了对肖像权合理限制的具体情形:

1. 为个人学习、艺术欣赏、课堂教学或者科学研究,在必要范围内使用肖像权人已经公开的肖像。允许此种合理使用是为了促进科学研究和文化教育,但是对使用行为的主体、目的、范围和对象都有严格限制。

2. 为实施新闻报道,不可避免地制作、使用、公开肖像权人的肖像。为了保障舆论监督权和公众知情权等公共利益,新闻报道可以在未经肖像权人同意的情况下合理使用其肖像。但是,这种报道必须具有新闻性,符合公共利益的需要,且使用肖像是不可避免的。

3. 为依法履行职责,国家机关在必要范围内制作、使用、公开肖像权人的肖像。出于维持社会秩序、保障公共安全或者其他维护公共利益的目的,国家机关在行使公权力的过程中,可以在必要范围内,不经肖像权人同意制作、使用、公开其肖像。例如,公安机关可以发布印有犯罪嫌疑人照片的通缉令。但是,国家机关为执行职务所使用的肖像只能是该公务涉及的公民本人肖像,如果出现其他并非执行公务所必需的公民肖像,必需加以说明或技术保护。[6]

4. 为展示特定公共环境,不可避免地制作、使用、公开肖像权人的肖像。行为人通过拍照、录像、绘画等方式展示特定公共环境时,如拍摄天安门广场,只要是不可避免地使用他人肖像,肖像仅构成整体环境的一部分,就不构成肖像权侵权。

5. 为维护公共利益或者肖像权人合法权益,制作、使用、公开肖像权人的肖像的其他行为。此项规定实际上是对肖像权合理限制的兜底条款。现实生活中,合理使用肖像的行为绝不仅仅只有上述四种,例如,亲属张贴印有走失人照片的寻人启事等,故需进行兜底规定。

---

〔5〕典型案例参见《缪燕与徐芒耀、辽宁美术出版社肖像权纠纷案》,载最高人民法院中国应用法学研究所编:《人民法院案例选·2004年民事专辑》(总第48辑),人民法院出版社2005年版,第363页。

〔6〕典型案例参见《李海峰、高平、刘磊等与六安市公安局叶集改革发展试验区分局、安徽电视台、叶集改革发展试验区叶集实验学校名誉权、肖像权纠纷案》,载《最高人民法院公报》2007年第2期。

概念延伸 对自然人声音的保护

1. 声音与声音权。声音和肖像相似,能够体现特定自然人的人格特征,并且具有财产利益,个体对声音享有的人格利益也应当受到保护。声音权也是专属于自然人的一种具体人格权。自然人对自己的声音利益享有绝对的支配权,既有权自主利用自己的声音,也有权排除他人对声音权的侵害。《民法典》第1023条第2款规定对自然人声音的保护,参照适用肖像权保护的有关规定,从而肯定了自然人享有声音权。

2. 声音权的内容及侵权形态。根据肖像权相关规定,可以类推声音权具有以下权能:(1)积极权能,包括录制、公开、使用或者许可他人使用自己的声音。声音权人也可以通过声音许可使用合同等方式,授权他人使用自己的声音。(2)消极权能,主要是指声音利益保护请求权,包括排除妨害、消除危险、赔礼道歉、赔偿损失等。

侵害声音权的表现形态主要有:歪曲声音权人的声音;未经声音权人同意,剪接、模仿、录制、公开其声音;对声音权人的声音失真处理不当。[7] 此外,对肖像权的合理限制也应当类推适用于声音权,即在法定情形下,未经声音权人的同意,在合理限度内使用其声音的行为不构成声音权侵权。

思考题

1. 简述肖像权的特征。
2. 简述肖像权的合理使用。
3. 简述侵害肖像权行为的认定。

阅读指引

关于死者肖像保护问题的相关研究

1. 王歌雅、李云滨:《论我国死者肖像保护制度的完善——兼评〈民法总则〉第185条》,载《北方论丛》2017年第4期。
2. 李云滨:《论死者肖像的法律保护》,载《学术交流》2020年第6期。
3. 王叶刚:《论侵害死者人格利益的请求权主体——兼评〈民法典〉第994条》,载《清华法学》2021年第1期。

关于肖像权侵权及其保护问题

1. 张红:《"以营利为目的"与肖像权侵权责任认定——以案例为基础的实证研究》,载《比较法研究》2012年第3期。
2. 张红:《肖像权保护中的利益平衡》,载《中国法学》2014年第1期。
3. 张建文:《自然人肖像权保护的规范结构与解释论》,载《社会科学家》2014年第4期。
4. 冉克平:《肖像权上的财产利益及其救济》,载《清华法学》2015年第4期。
5. 刘力、何建:《人格权损害赔偿制度的司法运用与完善——以"周星驰肖像权、姓名权"纠纷案为例》,载《法律适用》2020年第4期。

---

〔7〕 杨立新、袁雪石:《论声音权的独立及其民法保护》,载《法商研究》2005年第4期。

第五章　名誉权和荣誉权

导学案例

某月，一家报社举办文艺晚会，邀请演员甲参加演出。报社与甲商谈演出报酬时，甲表示，"给多少都无所谓，报社看着办就行"。于是双方未明确约定演出报酬数额。甲参加演出后，报社自行决定并支付了甲演出报酬。不久，记者乙得知此事后，撰写了《天价索价》一文，称甲索要报酬高昂，对待晚会工作人员趾高气扬等，并投给某文化报纸。该报在编稿时，预料该文发表后会给甲带来困扰，但未向有关单位调查核实，仅把文中甲的姓名改为丙后公开发表。文章发表后，多家报刊相继转载，并发表评论文章，致使该文广为流传，甲因此受到多方指责。

1. 本案中，甲为什么会受到多方指责？他的什么权利受到了侵害？

2. 试分析本案中乙和某文化报纸的责任？

3. 试分析本案中甲可以如何主张权利？

4. 若因为此事，甲曾获得的荣誉称号被撤销，甲该如何寻求救济？

第一节　名　誉　权

一、名誉权的法律界定

（一）名誉的法律含义

名誉的定义，有广义和狭义之说。广义的名誉包括客观名誉和主观名誉，或者说外部名誉和内部名誉。客观名誉（外部名誉）是社会对民事主体综合、客观的看法，是他人的评价。主观名誉（内部名誉）是民事主体对自身的人格尊严、人格价值等的认识，是个体自我的评价，又称名誉感。狭义的名誉则专指客观名誉。民法上的名誉是指对民事主体的品德、声望、才能、信用等的社会评价。（《民法典》第1024条第2款），可见，在立法上名誉是狭义上的。

名誉在社会中形成，是对某一特定民事主体的客观评价，故名誉具有社会性、客观性和特定性。同时，名誉并非一成不变，随着时代的发展，社会的评价也会改变，因此名誉具有时代性。

（二）名誉权的含义与特征

名誉权，是民事主体就自己获得的社会评价受有利益并排除他人侵害的权利。名誉权作为一项重要的具体人格权，包含以下特征：

1. 名誉权的客体是民事主体的名誉。作为客体的名誉，不仅包括名誉所带来的利益，还包括社会评价本身。

2. 名誉权的主体是自然人、法人、非法人组织。与隐私权、肖像权等由自然人专有的人格权不同,名誉权的主体除自然人外,还包括法人和非法人组织。不过,自然人的名誉与法人的名誉是有区别的,主要有以下三个方面:(1)产生基础不同,自然人名誉产生于自然人的人格尊严与自由发展,法人名誉产生于法人的经营自由与人格独立。(2)保护目的不同,自然人名誉权是为了使自然人免受不当社会评价所带来的精神痛苦,法人名誉权则保护以纯粹经济利益为核心的法人商誉,从而维护法人的自主经营性,维护市场经济的公正竞争秩序。(3)是否具有财产性不同,自然人的名誉权在于其人格性,不直接体现为一定的财产利益,法人的名誉权与财产权的联系更为密切,权利本身的财产性更为明显。[1] 另外,作为特殊民事主体的国家机关的名誉权也受到不同于其他民事主体的限制,如面对舆论监督、批评举报时较于个人和法人组织应有更大的包容度,这是公权力机关的性质和为人民服务的根本任务所决定的。

3. 名誉权的内容丰富,包括了名誉的保有权、维护权、利益支配权在内的多种权利。另外,根据《民法典》的规定,对死者名誉利益的保护和对信用利益的保护等也都纳入了名誉权之中。

4. 名誉权具有固有性和专属性。固有性是指名誉权是名誉权人生而就有的权利,它贯穿了民事主体从诞生到消亡的一生。专属性是指名誉与名誉权人不可分离,名誉既不能被转让,也不能被抛弃。法人的名誉权虽然具有财产性,但属于一种人格的综合评价,不属于财产权而仍属于人格权的范畴。

概念辨析　名誉权 vs. 姓名权

姓名代表了某个特定人,而名誉则与特定的人不可分开,名誉只有与姓名结合在一起才能表现出自然人的人格利益和人格尊严。名誉权和姓名权虽然存在一定联系,但是也有区别。

1. 主体不同。自然人、法人及非法人组织都可以享用名誉权,但是姓名权是自然人所独有的,法人及非法人组织不享有姓名权。

2. 内容不同。名誉权是民事主体在品德、声望、信用、才能、精神风貌、作风等方面的良好社会评价不受他人损害的权利。而姓名权是自然人依法决定、使用、变更或者许可他人使用自己姓名的权利。

3. 侵权构成要件不同。名誉是民事主体所享有的社会评价,其侵权构成要件要求证明存在一定的名誉损害后果以及侵权行为被第三人所知悉。但对于姓名权,只要存在假冒、干涉等行为即构成对姓名权的侵犯。

二、名誉权的内容

名誉权具有如下权能:

1. 名誉保有权。名誉保有权是民事主体对于社会对自己所作出的、公正客观的良好评价,能不断改进、保持其在最佳状态并为自己所有的权利。这种权利主要包括:保持名誉为自己所有而不丧失;在知悉自己的名誉处于不佳状态时,有权凭借自己的实际行动来不断改进、保持其在最佳状态,他人不得干预。

2. 名誉利益支配权。民事主体对于自己的名誉所体现的利益享有支配权。名誉利益主要是人格利益即精神利益,但也包括物质利益。名誉利益的支配与一般物的支配有所不同。一般物

---

[1] 许中缘、颜克云:《论法人名誉权、法人人格权与我国民法典》,载《法学杂志》2016年第4期。

的支配是完整的支配,既包括占用、使用、收益,也包括转让、继承在内的处分。名誉利益的支配则基于名誉的专属性和客观性,只能对其进行占有、使用和收益,而不能处分。

3. 名誉维护权。名誉维护权是指民事主体对于他人侵害自己名誉权的行为,既可以直接请求他人采取如停止侵害、赔礼道歉等合理措施排除侵害,又可以寻求司法救济的权利。在现代社会,网络、通讯工具日益发达,言论的传播也更加方便、迅捷,通过网络等各种方式对他人的名誉进行侵害的案例已经屡见不鲜,名誉维护权的重要性日益凸显。

4. 对信用的名誉保护。信用权是人格权中的重要内容,不少国家都对此进行了专门的规定。但是,《民法典》却并未明确规定信用权,而是将其作为名誉利益,纳入名誉权中予以保护,是一种间接保护方式。

侵害涉及信用的名誉权的行为主要包括两种:(1)行为人通过积极的作为直接侵害受害人的信用,如假冒他人身份从事非法行为使他人信誉降低、散布损害他人信用的谣言等行为;(2)消极的不作为,即行为人对受害人负有保持、维护信用的义务而不履行此义务,如对他人的信用信息登记错误而拒绝更正。

针对侵害涉及信用的名誉权的行为,除一般名誉权的救济措施外,还可以根据《民法典》的规定,采取提出异议、请求更正、请求删除等措施。

5. 对死者的名誉保护。死者也是有名誉的。所谓死者的名誉,是指人们对死者生前的道德品质、生活作风、工作能力等方面的社会评价。死者不能成为其名誉权的主体,死者的名誉利益由其近亲属享有。《民法典》第994条规定了对死者的名誉进行保护,还明确了有权提出保护请求的主体范围、顺序。其中,死者的配偶、子女、父母为第一顺位的请求权主体,只有在死者没有配偶、子女且父母已经死亡的,其他近亲属才有权提出保护请求。

三、名誉权的行使

(一)名誉保有权的行使

名誉的保有不同于名誉的维护,后者侧重在名誉受到他人不法侵犯而降低时的救济,前者则是民事主体在社会评价因自身因素和社会因素正常变化时,对其名誉的改进、保持并由自己所有。因此,名誉保有权的行使既不是对他人侵害的救济,也不是通过各种方式干扰、防止社会的正常评价,而是通过将自己的良好行为、良好形象、良好成果作用于社会,使自己的名誉能得到社会的正面评价,从而保持其在最佳状态,并且使国家和社会确认这种良好名誉为自己所有,而不是他人。

(二)名誉利益支配权的行使

在市场经济条件下,名誉利益支配权是民事主体行使名誉权的重要方式。自然人和法人可以利用自己良好的名誉与他人进行民事活动,使自己获得更好的社会效益和更大的经济利益。当然,民事主体支配自己的名誉利益也要受到合理的限制,如不得违反《民法典》的公序良俗原则,不得侵害他人的合法权利等。

(三)名誉维护权的行使

行使名誉维护权的前提是他人不当侵害了民事主体的名誉权,而要认定名誉权侵害的存在,需要下列条件:(1)行为人实施了侵害名誉权的行为,主要是侮辱、诽谤等行为。(2)造成了受害人名誉受到损害的后果。所谓名誉受到损害,不仅包括社会评价的降低,还包括受害人因评价降低所带来的精神利益损害和财产利益损害等情况。(3)侵害名誉权的行为与名誉损害后果之间有因果关系。由于名誉及其利益的无形性和侵权行为作用于名誉再导致损害后果的因果链条的复杂性,在因果关系认定的判断标准上可以将要求适当降低。(4)侵权行为人主观上存在过错。这种过错既包括故意,又包括过失,以更好地保护受到侵害的民事主体的人格利益。

侵害名誉权的典型行为主要有:(1)名誉侮辱行为。其是指行为人故意利用各种侮辱方式公开毁损他人名誉,以损害他人名誉利益的行为。名誉侮辱行为被《民法典》明令禁止,实践中主要包括以下几种类型:一是语言侮辱。这是最常见的侮辱类型,行为人往往通过口语、书面语,甚至是身体的动作语言来对他人进行嘲笑、羞辱。需要注意的是,语言侮辱是将他人真实的缺陷或者可能降低社会评价的真实事实向社会扩散,从而降低他人的社会评价;若是传播虚假事实来对社会评价进行降低,则属于诽谤。另外,在司法实践中,语言侮辱往往需要达到情节严重且受害人遭受了明显的精神痛苦才能成立。二是行为侮辱。通过行为进行的侮辱主要是暴力行为,但也包括虽不具有暴力但具有名誉侮辱性的行为,如在他人的生日宴会上送花圈等。(2)名誉诽谤行为。其是指在社会上传播虚假的事实而使他人名誉受损的行为。只要行为人在社会上传播的事实是虚假的且造成他人名誉受损的后果,无论行为人主观上是故意还是过失,均构成诽谤行为。诽谤行为分为口头诽谤和书面诽谤。口头诽谤是通过口头语言将虚假事实予以散布,书面诽谤则通过文字形式对他人公开诽谤。通过新闻媒体等大众传媒或者文学艺术作品进行的诽谤行为,是常见的书面诽谤行为,《民法典》对此有专门的规定。(3)其他侵害名誉权的典型行为。除上述侮辱、诽谤行为外,常见的侵害名誉权的行为还有媒体未尽审查义务、死者名誉权侵害、信用利益侵害等。

对于他人侵害名誉权的行为,受害人既可以基于人格权请求权请求行为人采取停止侵害、排除妨碍、消除危险、消除影响、恢复名誉、赔礼道歉和更正删除等措施,还可以基于侵权损害赔偿请求权请求损害赔偿。行为人拒不采取措施或者赔偿的,可以向法院起诉。有些行为虽然客观上造成了民事主体名誉权的损害,但是由于特殊原因,行为人可以对受害人的请求进行抗辩,从而不承担责任或免除责任。这主要包括:(1)行为人为公共利益实施的新闻报道、舆论监督等行为;(2)行为人发表不以特定人为描述对象,仅其中的情节与该特定人的情况相似的文学、艺术作品的行为;(3)其他合理行为,如依法行使权利、合理引用、受害人承诺等。

第二节　荣　誉　权

一、荣誉权的法律界定

(一)荣誉的含义及特征

荣誉是民事主体因对社会的物质、精神领域所作出的突出贡献而获得的,国家和有关组织所作出的正面评价。虽然日常生活中,荣誉往往体现为奖杯、奖金、称号等有形物,但荣誉实际上是这些有形物背后所代表的社会的肯定评价。因此,荣誉表面上是一种奖励,本质上是一种评价,它与同是社会评价的名誉有着密切的联系。

荣誉的特点主要表现在:(1)作为荣誉的社会评价是积极的、肯定的正面评价,而不是消极的、否定的负面评价,这是“荣誉”一词本身的应有之义。(2)荣誉是国家和有关组织所给予的正式评价,在社会特定范围内具有认可度,自然人和无关组织的评价不具有荣誉的性质。(3)荣誉是民事主体因对社会的物质、精神领域所作出的突出贡献而获得的,并非自然产生。

(二)荣誉权的含义及特征

荣誉权是民事主体就自己获得或应该获得的荣誉受有利益并排除他人侵害的权利。其具有以下法律特征:

1. 荣誉权的客体是民事主体的荣誉。同名誉权一样,荣誉所带来的利益也包括精神利益和物质利益。精神利益是指荣誉所带来的荣誉权人所受到的社会的尊敬、推崇以及这种尊敬和推崇所给予荣誉权人的满足、快乐等。物质利益则主要是财产利益,包括奖杯、奖品、奖金等含有价值的财物以及其他有形的利益。

2. 荣誉权的主体是特定的民事主体,只有对社会作出了贡献并获得了荣誉的主体才有荣誉权,因此荣誉权并不具有普遍性。

3. 荣誉权兼具人格权和身份权的双重属性。关于荣誉权的性质,长期以来有名誉权说、身份权说、特殊人格权说、非独立权利说等观点。一般认为名誉权和荣誉权具有一般人格权的对世性特征:为特定人所有、不可转让和继承、在被侵害时可以基于人格权请求权寻求救济。同时,荣誉权并非人生而固有,而是后天所获得,体现了身份权的非固有性,又具有身份权的特点。

概念辨析　名誉权 vs. 荣誉权

名誉权和荣誉权都蕴含着精神利益和物质利益,侵害荣誉权往往也会导致权利人的名誉毁损。二者的区别表现为:

1. 权利主体不同。所有民事主体都有名誉权,但是只有特定的民事主体(获得荣誉者)才有荣誉权。

2. 权利客体不同。作为名誉权客体的名誉是一种综合、全面的社会评价,既包含正面的,也有负面的。而作为荣誉权客体的荣誉则均为正面、积极的评价。

3. 权利丧失的后果不同。名誉权为民事主体所必备,名誉权丧失后主体人格不再存在。荣誉权丧失后,主体人格独立不受影响。

4. 评价主体不同。名誉权的评价主体是社会全体人员,荣誉权的评价主体是国家或者特定组织。

二、荣誉权的内容

荣誉权具有如下权能:

1. 荣誉获得权。对应当获得的荣誉和已经获得的荣誉所应给予的利益,荣誉权人有获得权。它可以分为以下两种类型:(1)单纯的荣誉获得权。民事主体对社会的物质、精神领域作出了突出贡献,根据法律或者有关规定应当授予荣誉的,有权按法律或者章程规定的程序获得此荣誉,任何组织和个人不得非法拖延、阻挠。(2)物质利益获得权。在一般情况下,为荣誉所附随的物质利益如荣誉称号的记载、物质奖励等,荣誉权人均有权依照相关规定或章程获得,任何第三人不得妨碍。

2. 荣誉保持权。荣誉保持权是民事主体对于获得的名誉能保持为自己所占有并排除他人侵害的权利。其实际上有两个方面的内容:(1)荣誉保有权;(2)荣誉维护权。

荣誉保有权是保持荣誉为自己所占有的权利,荣誉虽非生而所有,但荣誉权人一旦获得荣誉,就有权在规定的时间内持续对荣誉进行占有,非经法律或规章规定的程序,不得随意撤销和剥夺荣誉权人的荣誉。

荣誉维护权是荣誉权人的荣誉受到侵害时所享有的权利,荣誉权人可以基于人格权请求权和侵权损害赔偿请求权,要求侵权行为人承担相应的法律责任。

3. 荣誉支配权。荣誉支配权是民事主体对获得的荣誉及其所带来的精神利益和物质利益进行自主支配的权利。其有三个方面的内容:

(1)单纯的荣誉支配权。这是指荣誉权人对所获得的荣誉本身进行支配,如使用自己所获得的荣誉参加招聘、出席活动等。

(2)荣誉利益支配权。这是对荣誉所带来的精神利益和物质利益的支配,因此可分为精神利益支配权和物质利益支配权。

(3)荣誉利益准共有。荣誉利益准共有的问题,近年来引起部分学者的重视,荣誉利益是否能够授予两个以上的主体共有、荣誉利益共有的范围、荣誉权共有财产利益的分割等都是荣誉权研究的前沿。

三、荣誉权的侵害与救济

(一)侵害荣誉权的行为方式

1. 非法妨碍、阻挠荣誉和荣誉利益的获得。其行为主体是除荣誉权人以外的任意第三人,但往往是有权颁发、管理荣誉的组织。非法妨碍、阻挠荣誉和荣誉利益的获得的主要表现之一是应当记载荣誉权人的荣誉称号而没有记载。

2. 非法侵害民事主体荣誉的保持权。例如,有关组织没有正当理由,非经法定程序,对荣誉权人的荣誉予以撤销或者剥夺的行为;任意第三人对他人的荣誉进行冒领、侵占、偷取、抢夺等非法的侵占行为;非法侵害荣誉权人的荣誉精神利益,行为人通过诋毁、诬告、侮辱、诽谤等各种非法方式,一方面使社会对荣誉权人的尊敬和认同受到减损,另一方面使荣誉权人从荣誉中获得的满足、快乐丧失;非法侵害荣誉权人的荣誉物质利益,如故意毁坏荣誉权人的奖杯、奖章、奖状等。

3. 非法侵害荣誉权人对荣誉利益的支配。这主要是对荣誉权人的自主支配权进行非法限制,表现形式是阻止、破坏荣誉权人对荣誉本身的支配和荣誉权人对荣誉所带来的物质利益的支配等。

(二)对荣誉权的主要救济方式

1. 基于荣誉权请求权的救济措施。荣誉权请求权的救济主要是补充记载和更正记载。获得的荣誉称号应当记载而没有记载的,民事主体可以请求记载;获得的荣誉称号记载错误的,民事主体可以请求更正(《民法典》第1031条第2款)。此类救济既不要求损害荣誉权的行为人具有过错,也不要求造成了损害。

2. 基于侵权损害赔偿请求权的救济措施。荣誉权与名誉权一样,救济措施主要包括恢复荣誉、赔偿损失、消除影响、赔礼道歉、返还物质利益等。但侵权救济要求行为人的行为符合侵权的构成要件,即满足有侵害荣誉权的行为、造成了损害荣誉权的后果、行为与后果之间有因果关系、行为人有过错四个条件,才能判定存在侵害荣誉权的行为,才对受害人提供救济。

思考题

1. 简述名誉权与荣誉权的异同。
2. 简述侵害名誉权行为的认定。
3. 简述侵害名誉权的抗辩事由。

阅读指引

关于名誉权立法构建与保护的相关研究

1. 张红:《民法典之名誉权立法论》,载《东方法学》2020 年第 1 期。
2. 许中缘、颜克云:《论法人名誉权、法人人格权与我国民法典》,载《法学杂志》2016 年第 4 期。
3. 张红:《法人名誉权保护中的利益平衡》,载《法学家》2015 年第 1 期。
4. 靳羽:《名誉侵权“过错”要件的比较研究——基于我国大陆和台湾地区典型判例的分析》,载《比较法研究》2015 年第 6 期。

关于名誉权与言论自由的关系探讨

1. 梁治平:《名誉权与言论自由:宣科案中的是非与轻重》,载《中国法学》2006 年第 2 期。
2. 熊静波:《利益衡量抑或要见思考——名誉权与表达自由冲突的解决之道》,载《华东政法大学学报》2011 年第 6 期。
3. 邱潇可:《网络环境中言论自由权与名誉权保护之均衡》,载《东岳论丛》2012 年第 7 期。
4. 杨士林:《“公众人物”的名誉权与言论自由的冲突及解决机制》,载《法学论坛》2003 年第 6 期。

第六章　隐私权和个人信息保护

导学案例

2020年2月8日，成都20岁女孩赵某被确诊为新冠肺炎病例。短短24小时之内，这名女孩的身份证号、电话、住址等个人信息被网友全部曝光，一些人还给她贴上了“转场女皇”“外围女”“陪酒女”等标签，还有些人给赵某打电话、发短信进行谩骂，一时成为舆论焦点。

1. 试分析赵某的哪些人格权受到了侵犯？

2. 侵犯隐私权将承担哪些民事责任？

第一节　隐　私　权

一、隐私权的法律界定

（一）隐私的法律含义

隐私是指与社会公共利益或他人利益无关的，当事人不愿意他人干涉或他人不便于干涉的私人生活、私密空间和不愿意他人知道或他人不便于知道的私人信息、私人活动，以及不愿意他人侵入或他人不便侵入的个人领域。但并非任何私人事务都属于隐私范畴，立法上将隐私定义为自然人的私人生活安宁和不愿为他人知晓的私密空间、私密活动、私密信息（《民法典》第1032条第2款）。

（二）隐私权的含义及特征

在确定隐私的概念后，隐私权的概念便可确定。隐私权是自然人享有的人格权，是指自然人对享有的私人生活安宁和不愿为他人知晓的私密空间、私密信息等私生活安全利益自主进行支配和控制，不受他人侵扰、知悉、使用、披露和公开的具体人格权。隐私权赋予权利人对私人生活的控制权，这种控制权包括防御他人窃取个人隐私与是否向他人公开隐私及公开范围的决定权。

对隐私权的保护导源于人类羞耻感的产生和名誉观念的确立，可以说早在人类祖先开始用树叶和兽皮遮掩身体的特定部位时，人的羞耻感和隐私观念就开始产生了。及至后来对自己的隐私越来越看重，对特定人而言，人的隐私甚至重于人的生命。隐私权具有如下特征：

1. 隐私权的主体只能是自然人，不包括法人、非法人组织和死者。隐私权是基于自然人的精神活动而产生，自然人拥有理性和情感，需要法律保护其情感安定、维护其人格尊严。法人作为组织体并没有精神活动，故无隐私可言。法人对其经营活动的信息享有的权利可依商业秘密不受侵犯而得到保护。

2. 隐私权的客体是个人隐私,具有真实性。法律并不保护所有的个人隐私,只有那些被法律所保护的个人隐私才是法律意义上的隐私,才能真正构成隐私权的客体。从表现形式上看,隐私主要包括三大类,即私人信息、私人活动及私人领域。其中私人信息属无形的隐私,主要包含个人情况,结合我国实际,应当有病历、身体缺陷、健康状况、女性三围、财产状况、宗教信仰、被强奸记录等。而私人活动则属于动态的隐私,如社会交往、夫妻性生活、婚外恋等。再者是私人领域,也称作私人空间,指个人隐秘部位,如人体的生殖器官及其他隐私部位,以及个人日记、居室等。这些事项都是客观存在的,而不是他人杜撰的,否则就不能构成个人隐私。

3. 隐私权的内容具有秘密性。个人隐私虽源于自然人个人的真实生活经历,但这些隐私内容一旦公开之后,可能会对其名誉有一定影响,或是会搅扰其安稳平静的生活,所以自然人对这种隐私不愿使他人知晓,并且该隐私处于隐秘状态也不会影响到社会公共利益。

4. 隐私权具有相对性和可放弃性。与其他人身权不同,各国对隐私权的保护都是有条件的,每个自然人都只享有一定范围内的隐私权。国家出于维护社会公共利益的需要,可以依法定程序对他人的隐私进行干涉和披露。就自然人个人而言,虽然其私生活秘密在法律规定的范围内禁止他人擅自公开,但他可以在法律规定的范围内自行决定放弃对某些隐私权的保护。

隐私权与个人信息具有差异。隐私权主要是一种精神性的人格权,虽然可以被利用,但其财产价值并非十分突出;个人信息权益在性质上属于一种综合性的权益,同时包含精神利益和财产利益,而且对其利用和保护应当并重。[1]

二、隐私权的内容

隐私权具有如下权能:

1. 个人生活自由权。个人生活自由权,是指权利主体可以按照自己的意志从事或不从事某种与社会公共利益无关或无害的活动,不受他人干预、破坏或支配。

2. 个人情报保密权。个人生活情报,包括所有的个人信息和资料,诸如身高、体重、女性三围、病历、身体缺陷、健康状况、生活经历、财产状况、婚恋、家庭、社会关系、爱好、信仰、心理特征等。权利主体有权禁止他人非法使用个人生活情报资料,例如,对公民身体的隐秘部分、日记等不许偷看,未经他人同意不得强制披露其财产状况、社会关系以及其他不为外界知悉传播或公开的私事等。

3. 个人通讯秘密权。权利主体有权对个人信件、电报、电话、传真及谈论的内容加以保密,禁止他人非法窃听或窃取。隐私权制度的发展在很大程度上是与现代通讯的发达联系在一起的,信息处理及传输技术的飞速发展使个人通讯的内容可以轻而易举地被窃听或窃取,因而,保障个人通讯的安全已成为隐私权的一项重要内容。

4. 个人隐私利用权。权利主体有权依法按自己的意志利用其隐私,以从事各种满足自身需要的活动。如利用个人的生活情报资料撰写自传、利用自身形象或形体供绘画或摄影的需要等。对这些活动不能非法予以干涉,但隐私的利用不得违反法律的强制性规定,不得有悖于公序良俗,即权利不得滥用。例如,利用自己身体的隐私部位制作淫秽物品,即应认定为非法利用隐私,从而构成违法行为。

---

〔1〕 王利明:《和而不同:隐私权与个人信息的规则界分和适用》,载《法学评论》2021年第2期。

三、特定主体隐私的合法限制

一般而言,自然人的隐私平等地受到法律保护。但是,法律对公众人物的隐私权应当设有限制。所谓公众人物,是指广为人知的社会成员,包括政府公务人员和各界、各行业的知名人士。对于政府公务人员隐私权限制的主要理由在于,他们的某些个人生活已经成为政治生活的一部分。正如恩格斯所指出的,个人隐私一般应受到保护,但当个人私事与最重要的公共利益——政治生活发生联系时,个人的私事就已经不是一般意义的私事,而属于政治的一部分,它不受隐私权的保护,而应成为历史记载和新闻报道不可回避的内容。对于知名人士隐私权的限制主要理由在于新闻价值和公众的合理兴趣。同时,还应当考虑到他们在某种意义上已经成为一个社会特定时期良好道德的化身、人们学习的榜样,如英雄、劳模等,对其隐私权进行限制,有利于社会公共利益。应当注意的是,对于公众人物拥有的与政治生活或者公共利益无关的隐私,仍受到法律的保护。对自然人的隐私权构成侵害的,可以比照名誉权的救济方式,要求加害人停止侵害、恢复名誉、消除影响、赔礼道歉,并可要求赔偿损失,承担相应的民事、行政、刑事法律责任。

四、隐私权的侵害与救济

《民法典》第1033条对侵害隐私权的典型行为进行了列举,如进入、拍摄、窥视他人的住宅、宾馆房间等私密空间;以电话、短信、即时通讯工具、电子邮件、传单等方式侵扰他人的私人生活安宁;拍摄、窥视、窃听、公开他人的私密活动;拍摄、窥视他人身体的私密部位;处理他人的私密信息等。同时,该条还规定了隐私权侵权的免责事由,即在法律另有规定和权利人明确同意的情况下,可以被免除责任。

在隐私权遭受侵害的情形下,权利人可以选择主张人格权请求权和侵权请求权。具体而言,在侵害隐私权的行为即将发生或处于持续状态时,权利人有权主张人格权请求权,如请求停止侵害、请求消除影响或恢复名誉、请求赔礼道歉,以预防损害或者停止侵害行为。另外,主张人格权请求权并不需要证明行为人的行为构成侵权。在权利人遭受损害的情形下,则有权依据《民法典》侵权责任编的规定请求行为人承担财产损害赔偿责任或者精神损害赔偿责任。

第二节　个人信息保护

一、个人信息的法律界定

(一)个人信息的法律含义

个人信息是指与特定个人相关联的、反映个体特征的具有可识别性的符号系统,包括自然人的姓名、出生日期、身份证件号码、生物识别信息、住址、电话号码、电子邮箱、健康信息、行踪信息等。自然人的个人信息受法律保护(《民法典》第1034条)。目前我国已颁布了《个人信息保护法》,强化对个人信息的保护。

(二)个人信息的“双重属性”

“个人信息”与“隐私”确有差异。与隐私更多归属于私人领域不同,个人信息兼具保护和利用两种属性,需要对个人利益和公共利益加以调和。因此在近现代立法中,个人信息保护逐步从私权领域的隐私权中分离出来,形成相对独立的公法体系,其立法目标也旨在实现个体利益与信息自由流动之间的平衡。

综上,个人信息权益属于自然人所享有的一种民事权利。个人信息是具备标识性、具有较强人格属性的信息,可以通过对个人信息的描述进而感知个体的唯一性,其数据的载体和表现形式可以是多种多样的,无论是直接还是间接个人信息,只要能够与具体的权利人相联系,可能会对主体利益造成影响的,均应当作为个人信息的保护内容。

二、个人信息权益的内容

个人信息权益是指个人信息本人依法对其个人信息所享有的支配、控制并排除他人侵害的权益。个人信息权益的内容具体包括信息决定权、信息保密权、信息查询权、信息更正权、信息封锁权、信息删除权和信息报酬请求权。

1. 信息决定权。信息决定权是指本人得以直接控制与支配其个人信息,并决定其个人信息是否被收集、处理与利用以及以何种方式、目的、范围收集、处理与利用的权利。决定权集中反映了个人信息权的人格权属性——绝对性与支配性,在各项权利内容中居于核心地位。

2. 信息保密权。信息保密权是指本人得以请求信息处理主体保持信息隐秘性的权利。

3. 信息查询权。信息查询权是指本人得以查询其个人信息及其有关的处理的情况,并要求答复的权利。对信息的控制与支配,必须首先了解哪些个人信息被收集、处理与利用的情况,特别是在此过程中信息是否被保持完整、正确与适时。信息查询权是重要的当事人权利,除非因公益或保密之需要,任何机关不得任意剥夺。

4. 信息更正权。信息更正权是指本人得以请求信息处理主体对不正确、不全面、不时新的个人信息进行更正与补充的权利。更正权具体包括:个人信息错误更正权,即对于错误的个人信息本人有更正的权利。个人信息补充权,即对于遗漏或新发生的个人信息,本人有补充的权利。个人信息更新权是本人要求对于过时的个人信息及时更新的权利。

5. 信息封锁权。信息封锁权是指在法定或约定事由出现时,本人得以请求信息处理主体以一定方式暂时停止信息处理的权利。该项请求权是依照公平信息使用原则建构的。根据该原则,在没有通知当事人并获得其书面同意之前,信息处理主体不可以将个人为某种特定目的所提供的资料用在另一个目的上。

6. 信息删除权。信息删除权是指在法定或约定的事由出现时,本人得以请求信息处理主体删除其个人信息的权利。

7. 信息报酬请求权。信息报酬请求权是指本人因其个人信息被商业性利用而得以向信息处理主体请求支付对价的权利。报酬请求权源于"信息有价"的社会观念。特定的信息处理主体必须在对信息控制、处理与利用前后向本人提供一定的报酬。

三、个人信息的处理

个人信息的处理是指对个人信息进行收集、存储、使用、加工、传输、提供、公开等。处理个人信息,应当遵循合法、正当、必要原则,即收集、处理个人信息的目的、主体、程序、方式均应合法、正当,不得过度。不得收集与目的、用途无关的信息,收集个人信息应在必要的最小范围内开展。

处理他人个人信息,除需符合上述原则外,还应当符合下列条件:(1)除法律、行政法规另有规定的以外,应当征得该自然人或者其监护人同意。(2)应当公开处理信息的规则。(3)明示处理信息的目的、方式和范围。(4)不违反法律、行政法规的规定和双方的约定。

四、个人信息收集者、控制者的义务

个人信息收集者和控制者对个人信息负有安全保障义务。消极义务方面,信息处理者、控制者不得泄露或者篡改其收集、存储的个人信息。[2] 另外,相关主体在收集个人信息后,未经自然人同意,无论是在信息储存阶段,还是在信息的处理与利用阶段,都不得向他人非法提供个人信息,但是经过加工无法识别特定个人且不能复原的除外。积极义务方面,信息处理者应当采取技术措施和其他必要措施,确保其收集、存储的个人信息安全,防止信息泄露、篡改、丢失;发生或者可能发生个人信息泄露、篡改、丢失的,应当及时采取补救措施,按照规定告知自然人并向有关主管部门报告。

另外,为了保护信息主体的人格权益,法律还规定国家机关、承担行政职能的法定机构及其工作人员,对于履行职责过程中知悉的自然人的隐私和个人信息负有保密义务,不得泄露或者向他人非法提供(《民法典》第1039条)。

五、侵害个人信息的民事责任

从实践来看,当前侵害个人信息的行为主要有:非法收集他人个人信息;未经他人许可而使用、出卖他人个人信息;非法加工、修改他人个人信息;非法泄露、传播他人个人信息等。随着科技的进步和社会的发展,侵害个人信息的行为类型也会逐渐增多,但只要是违反个人信息处理规则的行为,只要不存在抗辩事由,都构成对他人个人信息的侵害。

个人信息被侵害的,权利人有权请求行为人承担侵权责任,但也存在免责事由,主要有三种情形:(1)信息主体即该自然人或其监护人同意,并在此同意的范围内合理实施行为。(2)处理已公开的信息则不构成侵权,但若该自然人明确拒绝或者处理该信息侵害其重大利益的,亦构成侵权,需承担民事责任。(3)基于公共利益和其他权利保护的需要,个人信息的保护应受一定限制。在此情形下,行为人收集、利用他人个人信息的行为构成个人信息的合理使用,不构成对他人个人信息的侵害。

个人信息虽然是一种权益,但其被侵害时,亦可适用人格权请求权,即可以请求停止侵害、排除妨碍、消除影响、赔礼道歉等。

总的来说,《民法典》的相关规定为大数据时代自然人隐私和个人信息的保护提供了法律依据,《民法典》与《网络安全法》《个人信息保护法》等现行法律法规一起构筑了保护隐私权和个人信息的法律基础。

思考题

1. 简述隐私权的特征。
2. 简述名誉权与隐私权的关系。
3. 简述隐私权的内容。

---

〔2〕 相关案例参见"唐小林、四川省司法厅司法行政管理(司法行政)再审审查与审判监督案",最高人民法院(2020)最高法行申6919号行政裁定书。

4. 简述隐私权的限制。
5. 简述侵害隐私权的抗辩事由。
6. 简述侵害隐私权行为的认定。
7. 简述个人信息的法律特征。
8. 简述个人信息权与隐私权的异同。
9. 简述个人信息收集与利用应当遵循的原则。

阅读指引

关于信息时代隐私权的法律保护

1. 侯登华:《自媒体时代的隐私权保护——以人肉搜索为视角》,载《法学杂志》2014 年第 9 期。
2. 赵艳红:《大数据监控措施的法律规制研究——以隐私权为中心的探讨》,载《交大法学》2020 年第 4 期。
3. 戴龙:《论数字贸易背景下的个人隐私权保护》,载《当代法学》2020 年第 1 期。
4. 张慧:《算法时代传统隐私理论之困境与出路——以个性化推荐为场景》,载《重庆社会科学》2021 年第 2 期。
5. 李延舜:《位置何以成为隐私? ——大数据时代位置信息的法律保护》,载《法律科学(西北政法大学学报)》2021 年第 2 期。
6. 余成峰:《信息隐私权的宪法时刻规范基础与体系重构》,载《中外法学》2021 年第 1 期。

关于大数据时代下个人信息保护问题的相关探讨

1. 王利明:《数据共享与个人信息保护》,载《现代法学》2019 年第 1 期。
2. 张新宝:《〈民法总则〉个人信息保护条文研究》,载《中外法学》2019 年第 1 期。
3. 周汉华:《个人信息保护的法律定位》,载《法商研究》2020 年第 3 期。
4. 王利明:《和而不同:隐私权与个人信息的规则界分和适用》,载《法学评论》2021 年第 2 期。
5. 申卫星:《论个人信息保护与利用的平衡》,载《中国法律评论》2021 年第 5 期。
6. 程啸:《侵害个人信息权益的侵权责任》,载《中国法律评论》2021 年第 5 期。

第五编 婚姻家庭

本编参考书目

第一章　一般规定

导学案例

吕某（男）与张某（女）系夫妻关系，婚后育有一女。因夫妻二人酷爱诗词歌赋，遂决定给女儿起名为“南雁林依”。然而，在办理户籍登记时二人却被告知了女的姓氏应当随父姓或者母姓。自女儿出生后，张某在家全职照顾女儿和婆婆（吕某之母）的生活起居，并承担家务劳动，吕某继续外出工作赚钱。因吕某“重男轻女”思想严重，希望再生一子传宗接代，而张某不愿生育二胎。2018 年起，吕某经常以工作忙为由夜不归宿，后查明吕某与女同事江某长期同居，并生育一子。为了解决孩子的户籍问题，吕某主动向张某袒露实情，并提出离婚。夫妻二人在争吵过程中，吕某将张某打伤。张某心灰意冷下同意离婚，但二人对财产分割问题未能协商一致，因此成讼。

1. 吕某与张某为女儿所起姓名是否符合《民法典》的规定？这一规定体现了婚姻家庭法的哪些基本原则？

2. 试分析本案中所涉及的主体之间的亲属关系。

3. 吕某的行为违反了婚姻家庭法中的哪些基本原则？

第一节　婚姻家庭法概述

一、婚姻家庭法的含义与特征

婚姻家庭法，又称亲属法，也简称婚姻法，是调整民事主体之间婚姻家庭关系的法律规范的总称。

婚姻家庭法具有以下特征：

1. 婚姻家庭法具有鲜明的伦理性。婚姻家庭关系既是一种社会关系，又是一种现实的伦理关系。法律与伦理道德的一致性，在婚姻家庭领域里表现得尤为明显。许多调整婚姻家庭关系的规则既是法律规范，又是伦理道德的基本要求。这一特点要求在立法上将某些普遍承认的道德准则上升为法律，使法律充分反映伦理道德要求。司法实践在坚持法律标准的同时，不能忽视道德标准的补充作用。婚姻家庭法的这一特征，也昭示着其具有较强的本土性。

2. 婚姻家庭法注重家庭性。家庭是人类社会最基本的社会组织形式，人类在家庭共同体中实现感情支持和各种基本需要的满足，因而，婚姻家庭法就不能完全以个人为唯一的考量，必须考虑全体家庭成员的利益。现代婚姻家庭法的价值取向和立法，一方面，要极大地满足家庭成员的个体需求，维护基本人权；另一方面，要建立和维护和谐稳定的婚姻家庭秩序，强化个人对家庭的义务，促进社会的进步和发展。

3. 婚姻家庭法中的强行性规范较多。婚姻家庭法涉及社会伦理和公共利益，因此其中的大多数规范是强行性规范，不允许当事人依其个人意志排除适用。这意味着，意思自治原则在婚姻家庭领域中会受到多方面的限制。如结婚与否是当事人的自由，但结婚必须符合法定条件和依照法律程序；结婚后夫妻之间的权利义务是法律规定的，不能抛弃和限制；即使离婚后婚姻关系得以解除，但因婚姻所产生的子女的抚养关系并不能免除。但是，我们也不能因此而否定婚姻家庭法中任意性规范的存在价值。

4. 婚姻家庭法兼具少量的公法规范。就整体上而言，婚姻家庭法调整的社会关系具有平等性和私人性，体现的是私人之间的权利义务关系，本质上仍属于私人事务而非公共事务。但是，婚姻家庭法中也不可避免地涉及公法因素，如婚姻登记、收养的审查与登记均须由民政部门这一行政机关参与。

另外，值得注意的是，婚姻家庭法虽然整体上属于实体法，但其中仍有涉及结婚、离婚的一些程序性规则，这些程序规则属于权利实现的程序规则，与程序法中的程序规则不能混为一谈。

二、婚姻家庭法的调整对象

婚姻家庭法调整的是因婚姻家庭产生的民事关系(《民法典》1040 条)。

从范围上说，因婚姻家庭产生的民事关系包括婚姻关系、家庭关系，还包括其他亲属关系。婚姻关系是指夫妻之间的权利和义务关系。家庭关系是指作为家庭成员的特定亲属之间的权利和义务关系。其他亲属关系则指家庭关系以外的其他亲属间的权利义务关系。

从性质上说，因婚姻家庭产生的民事关系，既有婚姻家庭主体和一定亲属之间的人身关系，又有他们之间的财产关系。这类人身关系是指婚姻家庭主体之间，不是出于经济目的而创设的，没有直接经济内容的身份关系。财产关系是指婚姻家庭主体之间的，直接体现一定经济内容的社会关系，其会随着相应的人身关系变化而变化。在婚姻家庭领域中，人身关系处于主导地位，财产关系以人身关系为前提，居于从属依附地位。所以，从这个意义上说，婚姻家庭法性质上是身份法而不是财产法。

三、婚姻家庭法的基本原则

婚姻家庭法作为民法的分支，无疑奉民法基本原则为自己的基本原则，但也有自己独特的基本原则。婚姻家庭法的基本原则是民事主体从事婚姻家庭活动、立法机关进行相应的婚姻立法、司法机关从事审判活动等应该遵循的基本价值、基本理念。

(一)一夫一妻原则

一夫一妻制又称单偶制，指一男一女互为配偶的婚姻形式。一夫一妻制的建立是文明社会的标志之一。这一原则意味着夫妻任何一方都负有相互忠诚的义务，法律排斥任何一方与婚外异性另行缔结婚姻或同居。近代文明社会普遍采用这种婚姻制度。在现代社会中，人们普遍追求以爱情为基础的婚姻，而爱情又具有专一性与排他性。同时，一夫一妻的结合保证了男女双方在婚姻中的平等地位。一夫一妻制的破坏不仅影响家庭关系，给子女的抚养和成长带来不利，社会道德和秩序也将受到极大的冲击。我国《民法典》明确禁止“重婚”和“有配偶与他人同居”等破坏一夫一妻制的行为。

作为一夫一妻原则的具体化，《民法典》规定，禁止重婚、禁止有配偶者与他人同居(第 1042

条第2款)。重婚是指有配偶者与他人结婚或以夫妻名义共同生活的行为。这是对一夫一妻制的严重破坏,应该受到法律制裁。禁止有配偶者与他人同居也是一夫一妻原则的具体规定。"与他人同居"的情形是指有配偶者与婚外异性,不以夫妻名义持续、稳定地共同居住。有配偶者与他人同居与重婚(特别是事实上的重婚)有区别。事实重婚中双方以夫妻关系对待,有配偶者与他人同居则不以夫妻名义出现。有配偶者与他人同居是感情破裂的情形之一,法院调解无效时,应准予离婚,无过错方可以诉请离婚损害赔偿。

按照通常理解,该原则也体现了我国现阶段不承认同性婚姻制度。尽管从世界范围来看,同性婚姻合法化在西方国家似乎有日益扩大的趋势,但根据国情和民众接受程度,我国的婚姻制度仍限于异性之间。

(二)婚姻自由原则

婚姻自由是指婚姻当事人有权按照法律的规定,自主自愿地决定自己的婚姻问题,不受任何人的强制和干涉。它包括结婚自由和离婚自由两个方面。

结婚自由是指缔结婚姻由男女双方在自愿的基础上自主决定,排除他人意志与行为的非法干涉。《民法典》婚姻家庭编明确规定实行婚姻自由。包办、买卖婚姻以及其他干涉婚姻自由的行为都受到法律的明文禁止。但是,婚姻自由不是绝对的自由,它是有界限的。婚姻经常涉及第三人和社会的公共利益。婚姻在满足个体需要的同时,必须承担起婚姻应当有的社会职能。在某些方面个人自由之意志应该与社会公共利益取得协调,如不得近亲结婚,不得重婚等。因此,结婚应当符合一定的法律条件和程序。值得指出的是,婚姻家庭编的这些限制并不妨害婚姻自由原则的实现。相反,这些制约能使当事人更为慎重、更为充分地行使自主缔结婚姻的权利,决定自己的婚姻大事。

离婚自由是指夫妻双方有自主决定终止婚姻关系的权利,既可以指夫妻双方共同作出离婚的决定、达成离婚协议、终止婚姻关系的权利;也包括在夫妻双方感情确已破裂,夫妻关系无法继续维持,双方又不能达成离婚协议时,任意一方可以向法院起诉离婚。允许当事人从名存实亡的婚姻中得以解脱,这既是对婚姻主体的尊重也是对社会秩序的维护。诚然,离婚毕竟涉及共同债务的承担、子女抚养等与第三人或公共利益相关的问题,因此离婚也要履行一定的程序。我国法律对离婚的态度是"保障离婚自由,反对轻率离婚"。为此,我国《民法典》第1077条规定了协议离婚的冷静期制度。

作为婚姻自由原则的体现,《民法典》禁止包办、买卖婚姻和其他干涉婚姻自由的行为,也禁止借婚姻索取财物。包办婚姻是指婚姻关系之外的人违反婚姻自愿的原则,在完全违背当事人意愿的情况下强迫其缔结的婚姻。买卖婚姻是指婚姻关系之外的第三人以索取大量财物为目的,违背婚姻自由原则,强迫他人缔结的婚姻。包办婚姻和买卖婚姻都违背当事人意愿,其区别主要在于,买卖婚姻以索取大量财物为目的,包办婚姻则无此特征。其他干涉他人婚姻自由的行为是指包办、买卖之外的,干涉阻挠他人婚姻自由权利的行为。例如,子女干涉丧偶或离异父母再婚、父母干涉儿女离婚等。而借婚姻索取财物是指当事人一方以索取一定财物作为结婚必要条件的行为,在满足财物要求的前提下,当事人自愿结婚。借婚姻索取财物与结婚前男女自愿赠与财产不同。前者是以满足财物要求为结婚的必备要件,属于非法行为,后者则为当事人自愿的赠与,与结婚不发生直接关系,属于合法行为。

(三)男女平等原则

男女平等的含义非常广泛。我国《宪法》上规定男女平等是指男女在政治、经济、文化、社会和家庭生活等各个方面都处于平等的法律地位。我国《民法典》婚姻家庭编规定的男女平等是指妇女在婚姻家庭领域与男子处于平等的法律地位,享有同男子平等的权利,承担平等的义务。其内容具体包括:(1)男女双方在缔结婚姻关系、解除婚姻关系中权利义务平等。(2)夫妻在人身关系、财产关系上的权利义务平等。(3)父母在抚养、教育、管教、保护未成年子女等方面的权利义务平等。(4)在遗产继承方面,男女权利平等。(5)在其他家庭成员的关系上,男性和女性亲属的权利义务平等。

(四)家庭文明原则

家庭是社会的细胞,家风是社会风气的重要组成部分。谈及家风建设,习近平总书记在会见第一届全国文明家庭代表时讲道:"家风好,就能家道兴盛、和顺美满;家风差,难免殃及子孙、贻害社会。"由此可见,弘扬优良家风,重视家庭美德建设,是国家发展、社会和谐的重要基点。同时,弘扬优良家风也是培育和践行社会主义核心价值观的应有之义。为此,《民法典》第 1043 条明确规定,"家庭应当树立优良家风,弘扬家庭美德,重视家庭文明建设"。这也是《民法典》第 1 条中"弘扬社会主义核心价值观"的立法目的在婚姻家庭领域的具体体现。此外,第 1043 条在保留原《婚姻法》规定的"夫妻应当互相忠实,互相尊重"的基础上还增加了"互相关爱"的要求,这一补充更加彰显优良家风的核心内涵,对维护平等、和睦、文明的婚姻家庭关系具有重要意义。

作为该原则的具体化,《民法典》既禁止家庭暴力,也禁止家庭成员间的虐待和遗弃行为(第 1042 条第 3 款)。

家庭暴力是指行为人以殴打、捆绑、残害、强行限制人身自由或者其他手段,给其家庭成员的身体、精神等方面造成一定伤害后果的行为。从古至今,家庭暴力现象广泛存在于各国社会之中,随着社会文明程度和法律治理能力的提高,家暴现象虽有降低趋势,但未能根除。为了更好地解决家暴问题,我国专门制定了《反家庭暴力法》,明确规定反家庭暴力是国家、社会和每个家庭的共同责任。《民法典》第 1079 条明确规定若存在实施家庭暴力或者虐待、遗弃家庭成员的行为,经调解无效的,应准予离婚,并且赋予了无过错方请求损害赔偿的权利。

婚姻家庭法中的虐待是指对家庭成员采取歧视、折磨和摧残等手段,侵害其精神和身体的行为。持续性、经常性的家庭暴力即构成虐待。不仅如此,具有扶养义务的家庭成员之间不得实施遗弃行为。该行为可以包括作为,也可以包括不作为,如生病不予治疗,不给予食物、衣物等必要物质生活资料导致其挨饿、挨冻等。遗弃则是指依法负有抚养、赡养和扶养义务的人,不履行其义务的行为。遗弃行为通常以不作为的方式实施。

(五)妇女、未成年人、老年人、残疾人的合法权益受特别保护原则

由于男女两性的生理差异和社会角色的不同,以及社会历史因素影响,在现实生活中妇女仍然处于弱势地位。而贯彻男女平等原则并不排斥合理差别,因此对妇女特定利益的保护和对妇女利益的特别保护都很有必要。如《民法典》第 1082 条规定,女方在怀孕期间,分娩后 1 年内或终止妊娠后 6 个月内,男方不得提出离婚。这一规定就体现了对妇女利益的特殊保护。

家庭是未成年人成长的场所,抚育未成年人也是婚姻家庭法的功能之一。未成年人的健康成长决定了社会发展和国家的未来,所以,我国法律对未成年人的合法权益的保护特别重视。《民法典》第 26 条规定,父母对未成年子女负有抚养、教育和保护的义务。父母不履行抚养义务的,未成年子女或者不能独立生活的成年子女,有权要求父母给付抚养费(《民法典》第 1067 条第 1 款)。

作为该项原则的具体体现,为了更好地维护被收养的未成年人的合法权益,《民法典》第1044条将联合国《儿童权利公约》关于儿童利益最大化的原则作出规定。同时,《民法典》第1093条进一步扩大了被收养人的范围,解决了实践中部分未成年人无法被收养的问题。此外,《民法典》第1098条针对收养人还增加了"无不利于被收养人健康成长的违法犯罪记录"的限制条件。《民法典》第1105条增加了政府收养评估制度,使民政部门发挥应有作用,从实质上保护被收养人的合法权益。实践中经常发生侵害被收养人合法权益的案件,例如,生父母将小孩送给他人收养后,以"营养费"等名义索取高额费用,再将所获得钱财用于非法的营利活动,或者为他人提供借款收取利息等,此行为有变相买卖未成年人的嫌疑。据此,《民法典》第1044条第2款明确规定"禁止借收养名义买卖未成年人"。

尊重、爱护老人是中华民族的传统美德,老人辛勤养育子女,对社会也作出了一生的贡献。老人在年老体弱之时,理应获得家庭的赡养和社会的保障。家庭对老人的赡养是保障老人生活的最直接、最有效的途径。因此,《民法典》婚姻家庭编将保护老年人合法权益作为原则加以规定,并在父母子女关系一节中细化其规定。如《民法典》第26条规定,成年子女对父母负有赡养、扶助和保护的义务。成年子女不履行赡养义务的,缺乏劳动能力或者生活困难的父母,有要求成年子女给付赡养费的权利(《民法典》第1067条第2款)。

残疾人是社会中的一个特殊的弱势群体,生活中会遇到常人难以想象的困难。家庭关系中的残疾人,同样需要得到特殊保护。为此,《民法典》婚姻家庭编将残疾人的权益保护作为基本原则予以规定(《民法典》第1041条第3款)。

第二节 亲 属

一、亲属的概念

亲属是指基于婚姻、血缘、法律拟制而联系起来的一定范围内人和人之间的特定社会关系。亲属制度源于群居的原始人类。当时的原始群体基于对自然规律的一定认识和生理禁忌的需要,在这些特定人之间创设了一些称谓,久而久之这些称谓就被固定化,并被赋予了相应的实体性的内容。而这些内容在法律的调整下有了明确的权利义务模式。

(一)亲属关系的产生

亲属关系只能产生于特定的民事法律事实,即自然事实和行为。

自然事实是指出生,基于出生而产生的亲属关系为自然血亲关系。

产生亲属关系的行为包括结婚、收养和抚养教育。因结婚而产生的亲属关系为配偶关系,因收养而产生的亲属关系为法律拟制的血亲关系,因继父母对继子女进行抚养教育而产生的亲属关系也属于法律拟制的血亲关系。除此之外,其他事实均不能产生亲属关系。

(二)亲属关系的种类

亲属关系包括配偶、血亲与姻亲。

配偶即夫妻,男女因结婚而互为配偶。配偶在亲属关系中居于重要的核心地位,它是血亲和姻亲产生的源泉和纽带。

血亲是指有血缘联系的亲属。法律上的血亲包括自然血亲和拟制血亲。(1)自然血亲,是指出自同一祖先，因出生而自然形成的具有真实血缘联系的亲属。如父母与子女、兄弟姐妹、祖父母与孙子女、叔叔与侄子、舅舅与外甥等，不分父系、母系，无论是婚生还是非婚生，也无论是全血缘（同父同母），还是半血缘（同父异母、同母异父），都属于自然血亲范畴。（2）拟制血亲，是指本无该种血亲应具有的血缘关系，而是由法律确认其与该种自然血亲具有同等权利义务的亲属。可见，此种血亲不是自然形成的，而是法律设定的。我国民法确认的拟制血亲有两类：一是因收养形成的养父母与养子女以及养子女与养父母的其他近亲属；二是在事实上形成了抚养教育关系的继父母与继子女。

姻亲是指以婚姻为中介而产生的亲属，即配偶一方与对方的血亲之间产生的亲属关系，但配偶本身不在姻亲之列。

二、亲系与亲等

（一）亲系

亲系，是指亲属间的联络系统。亲属以婚姻、血缘为基础，构成纵横交错，互相交织的亲属网络（见表5－1－1）。除配偶外，一切亲属都有一定的亲系可循。我国民法将亲系分为直系亲和旁系亲两种。因此，血亲可分为直系血亲和旁系血亲，姻亲可分为直系姻亲和旁系姻亲。

表5－1－1　血亲与姻亲

血亲	直系血亲	生育自己或自己所生育的上下各代血亲。上溯至父母、祖父母、外祖父母等，下至子女、孙子女、外孙子女等，皆为直系血亲。直系血亲除自然直系血亲外，还包括法律拟制的直系血亲
	旁系血亲	双方之间无从出关系但同由一共同祖先所生育的血亲。如同源于父母的兄弟姐妹，同源于祖父母的伯、叔、姑，同源于外祖父母的舅、姨等，皆为旁系血亲。旁系血亲包括全血缘血亲和半血缘血亲，旁系血亲除自然旁系血亲外，还包括法律拟制的旁系血亲
姻亲	直系姻亲	以配偶为媒介，与配偶的直系血亲为直系姻亲，但二人共同生育的后代除外。如儿媳与公婆，女婿与岳父母等
	旁系姻亲	与配偶的旁系血亲为旁系姻亲，如妻与夫的兄弟、叔叔，夫与妻的姐妹、姑姑等

（二）亲等

亲等，是衡量亲属关系亲疏远近的指数和尺度，亲等越多表明亲属关系越远。国外立法对亲等的计算通常有两种方法，即罗马法计算法和寺院法计算法。而我国则采用独特的“代数”计算法，以“代”作为计算亲属关系亲疏远近的基本单位。代即指世辈，一代为一辈。代数越小，亲属关系越近；代数越大，亲属关系越远。计算亲属的代数分为直系血亲和旁系血亲两个方面。

直系血亲的计算方法：计算自己与长辈直系血亲之间的亲属关系时，以己身作为计算起点，己身为一代，向上数至父母时为二代，再数至祖父母、外祖父母时为三代，依此类推。计算自己与晚辈直系血亲之间的亲属关系时，仍以己身为一代，向下数至子女时为二代，再数至孙子女、外孙子女时为三代，依此类推。

旁系血亲的计算方法：首先找出要计算的两个旁系血亲的同源直系血亲，然后按照直系血亲的计算方法，分别计算出每一方与同源直系血亲之间的代数。如果两边的代数相同，则用一边的代数定代数。如果两边的世代数不同，则取世代数大的一边定代数。

三、近亲属及家庭成员

亲属作为基于婚姻、血缘和法律拟制而产生的社会关系，亲属关系的内容也多种多样。法律没有必要也不可能调整所有的亲属间关系，有的亲属关系由传统、道德、习惯等调整即可。法律调整的是一定范围内的亲属关系。亲属范围大小受传统、文化等因素影响，在不同时期、不同国家，各有不同。我国民法调整的亲属仅限于近亲属，而在近亲属概念之外，还存在家庭成员这一概念。

（一）近亲属

关于近亲属的种类和范围，我国《民法典》第1045条第2款作了明确的规定，值得注意的是，由于民法与行政法、刑事法在调整目的和调整手段上存在明显差异，因此"近亲属"一词所指称的人员范围也有所不同。

具体而言，我国民法上的近亲属具体是指当事人的配偶、父母、子女、兄弟姐妹、祖父母、外祖父母、孙子女、外孙子女。这一近亲属范围是为了符合我国传统文化里自然形成的亲疏远近伦理序列，为调整与近亲属身份相关联的民事权利义务关系奠定正式基础。

随着我国生育政策的调整和优化以及社会医疗条件的进步，我国现今社会中的四代同堂、五代同堂成为常见现象，近亲属的范围应当扩大。

（二）家庭成员

家庭成员是指在同一家庭内生活、相互具有法定权利义务关系的近亲属。家庭成员以共同生活为核心特征，且仅限于近亲属的范围。在过去的婚姻家庭立法中，并未正式提出"家庭成员"这一概念，即使有关法律和司法解释部分使用过该词，也仅具有宽泛的辅助价值，并未明确界定其范围。基于构建家庭制度的需要，明晰"家庭成员"的范围，与正确界定"亲属""近亲属"的范围具有同等重要的法律意义。据此，我国《民法典》规定的家庭成员包括配偶、父母、子女和其他共同生活的近亲属。该规定直观清晰、易于辨别，为解决这类亲属间的纠纷所涉及的关系问题提供了统一的裁判标准。

此外，登记结婚后，按照男女双方约定，女方可以成为男方家庭的成员，男方可以成为女方家庭的成员。虽然在传统的观念里，女方婚后成为男方家庭的成员已是默认的常态。但是，随着婚姻观念的现代化，"上门女婿"的现象越发普遍。而赋予准配偶或者夫妻约定男方婚后成为女方家庭成员的权利，有利于解决实践中有女无儿家庭的养老问题，也体现了男女平等、夫妻在婚姻家庭中具有同等的法律地位等立法理念。

思考题

1. 简述婚姻家庭法的特征。
2. 简述婚姻家庭法的基本原则。
3. 简述亲属的种类。
4. 试评析我国近亲属的范围。

阅读指引

关于民法典婚姻家庭编的立法研讨及评价

1. 申晨:《民法典婚姻家庭编的回归与革新》,载《比较法研究》2020 年第 5 期。
2. 李拥军:《民法典时代的婚姻家庭立法的突破与局限》,载《法制与社会发展》2020 年第 4 期。
3. 龙翼飞:《编纂民法典婚姻家庭编的法理思考与立法建议》,载《法制与社会发展》2020 年第 2 期。
4. 夏吟兰:《婚姻家庭编的创新和发展》,载《中国法学》2020 年第 4 期。
5. 王歌雅:《民法典婚姻家庭编的价值阐释与制度修为》,载《东方法学》2020 年第 4 期。
6. 杨立新:《民法典婚姻家庭编完善我国亲属制度的成果与司法操作》,载《清华法学》2020 年第 3 期。
7. 陈苇、贺海燕:《论中国民法典婚姻家庭编的立法理念与制度新规》,载《河北法学》2021 年第 1 期。
8. 徐涤宇:《婚姻家庭法的入典再造:理念与细节》,载《中国法律评论》2019 年第 1 期。

关于婚姻家庭法独立地位的相关论争

1. 巫若枝:《三十年来中国婚姻法"回归民法"的反思——兼论保持与发展婚姻法独立部门法传统》,载《法制与社会发展》2009 年第 4 期。
2. 雷春红:《婚姻家庭法的定位:"独立"抑或"回归"——与巫若枝博士商榷》,载《学术论坛》2010 年第 5 期。
3. 郑晓剑:《从形式回归走向实质回归——对婚姻法与民法关系的再思考》,载《河南财经政法大学学报》2012 年第 3 期。

第二章 结　婚

导学案例

张女士通过相亲网站结识了单身的宋先生，两人在恋爱交往过程中宋先生称自己是海外名校博士，收入颇高，并经常赠与张女士名牌商品，带其出入高档餐厅和会所。张女上非常看重宋先生的高学历和高收入，因此二人很快就登记结婚。婚后张女士发现丈夫宋先生并非海外名校博士，而是国内大专毕业，没有正式工作，长期靠刷信用卡维持生活。在一次体检中，张女士和宋先生夫妇二人均被查出感染艾滋病。后查明宋先生早在结婚前就感染艾滋病，与张女士结婚时隐瞒了患病事实，而张女士婚后被宋先生传染。根据本案，试回答下列问题：

1. 张女士能否以宋先生学历和收入造假构成欺诈为由主张撤销婚姻？
2. 张女士能否以宋先生隐瞒患病事实为由主张撤销婚姻？
3. 张女士感染艾滋病这一损害应如何救济？其法律依据为何？

第一节 结婚的条件和程序

一、结婚的概念

结婚又称婚姻的成立，是指男女双方依法确立夫妻关系的行为。婚姻制度是人类社会发展到一定阶段的产物，其产生是为了同一定的社会经济状况相适应，服务于特定的社会组织形式。从本质上讲，结婚是一种身份法律行为，是男女双方以共同生活为目的，以配偶权利义务为内容的两性结合。从法律后果上讲，结婚会导致配偶间身份关系及相关权利义务的产生。

结婚既不同于订立婚约。订立婚约是指男女双方为将来成立的婚姻而达成的合意。在古代社会中，婚约是结婚的必经程序，对男女双方都具有约束力。在近现代社会中，婚姻自由得到提倡，婚约逐步丧失了其原来所具有的法律效力。因此我国立法上并未规定婚约，当然也不禁止当事人按照习俗举办订婚仪式。因此，一般而言订婚不产生法律上的约束力，解除婚约也无须履行特定的法律程序。

二、结婚的条件

结婚条件又称结婚的实质要件，指缔结婚姻实体上的要求。这其中又包括必要条件（积极实质要件）和禁止条件（消极实质要件）。所谓必要条件，是指当事人只有满足这些条件才能缔结婚姻。禁止条件是指当事人只有不存在这些条件才能缔结婚姻。

（一）结婚的必要条件

1. 男女双方自主自愿。这是婚姻自由原则的要求，强调男女双方完全依据自己的意志来决定自己的婚姻问题,排除他人的强迫和非法干涉。这意味着,男女双方达成结婚合意时,意思表示须真实且一致,否则可能会影响到婚姻的效力。

2. 达到法定的婚姻年龄。婚姻要求男女双方有足够成熟的生理和心理去承担婚姻的义务与责任,婚姻年龄的确定同时也要考虑政治、经济、文化等社会因素。为了限制我国人口的过度增长,鼓励晚婚晚育,我国法律所确定的结婚年龄是男性不得早于22周岁,女性不得早于20周岁。由于我国是多民族国家,各民族的人口和分布不均,因此少数民族可以根据自己本民族的具体情况对结婚年龄作出变通规定。

(二)结婚的禁止条件

1. 禁止一定范围内的亲属结婚。中国古代历来有“亲上加亲”的思想观念,但通过长期实践发现,近亲两性结合并生育的后代存在生理缺陷的概率较高。因此早在西周时期就有“同姓不婚”的规定。近现代生物学和医学成果科学地解释了近亲结婚会大大提高隐性遗传病的概率。因此,基于伦理性的考量,也本着优生优育的原则,我国民法禁止直系血亲和三代以内的旁系血亲结婚。

2. 禁止有配偶者结婚。这是一夫一妻制原则的具体体现。这一禁止性条件要求结婚当事人均在结婚时处于无配偶的状态。而因重婚导致离婚的,无过错方可向过错方请求损害赔偿,包括物质损害赔偿和精神损害赔偿。至于情节严重构成重婚罪的,则要依刑事法律予以处罚。这是对重婚等违反一夫一妻制原则的行为进行打击。

三、结婚的程序

从世界范围看,结婚主要有三种方式:到教堂举行婚礼、按世俗习惯举行婚礼、到专门机关进行登记。而我国采取法定登记的形式。

从法律本质上分析,无论哪种结婚形式,都是将男女双方自愿结为夫妻的意思表示向世人公开,以让人们知晓这一对男女从此成为一对夫妻,可以公开地行使权利履行义务。所以,从这个意义上讲,人们所言的婚姻以爱情为基础仅是说双方达成结为夫妻的意思表示的基础是双方的相爱,而婚姻缔结的法律基础还在于双方的合意即契约。

我国法定的结婚程序是,符合婚姻法定条件的当事人只有在民政部门进行登记才发生婚姻的效力,但民间往往还是在婚姻登记之外另行举办一场婚礼。现阶段,我国法律已经对结婚登记的效力作出了规定。但进行结婚登记的具体程序和要求则应按照国务院于2003年发布的《婚姻登记条例》和民政部制定的《婚姻登记工作规范》(民发〔2015〕230号),此外全国各地为细化婚姻登记工作制定了有关实施办法、细则。

(一)登记机关

办理结婚登记的机关,内地居民的结婚登记机关是县级、乡(镇)人民政府民政部门。省、自治区、直辖市人民政府可以根据便民原则确定农村居民办理婚姻登记的机关。婚姻登记机关管辖的范围,原则上与户籍管辖范围相适应。结婚当事人的常住户口地在同一地区的,到共同的户口所在地的婚姻登记机关办理结婚登记。如常住户口不在同一地区的,双方共同到任何一方当事人常住户口所在地的婚姻登记机关办理结婚登记。

(二)结婚登记的程序

构建结婚登记的程序,是为了维护婚姻的严肃性和法律性。在我国,结婚登记的具体步骤分

为申请、审查和登记三个部分,具体而言:

1. 申请。结婚属于人身法律行为,结婚当事人必须同时、亲自到场,不能由一方单独申请,也不能委托他人代理。当事人应该出具的证明材料包括:本人的户口簿、身份证、本人无配偶以及与对方当事人没有直系血亲和三代以内旁系血亲关系的签字声明。

2. 审查。婚姻登记机关应对当事人讲明法律规定的内容,查验当事人所提供的证件是否真实、完整,询问当事人结婚意思是否真实,要当事人双方各填写一份《申请结婚登记声明书》并亲笔签名。

3. 登记。婚姻登记员对当事人提交的证件、证明、声明进行审查后,对符合条件的,当场登记并发给结婚证。当事人从取得结婚证起夫妻关系即时产生。

四、事实婚姻和补办结婚登记

(一)法律对事实婚姻的态度

事实婚姻是指不符合婚姻成立的形式要件,以夫妻关系相对待的两性结合,是法律婚姻的对称。由于我国幅员辽阔,人口众多,婚姻登记制度尚不完善,加之法制宣传不到位等客观情况的存在,事实婚姻在我国仍属于较为普遍的情形,尤其是在农村和偏远地区。对于事实婚姻的态度,我国在不同的时期有各种变化,下面作简要说明。

1. 绝对承认事实婚姻效力时期。这一阶段为中华人民共和国成立以来到 1984 年 11 月 21 日以前。由于我国传统上以举行婚礼作为婚姻成立的形式要件,在 1950 年《婚姻法》实施以后,仍有很多没有办理结婚登记的事实婚姻存在。由此,20 世纪 50 年代我国的立法和司法解释都承认事实婚姻的效力,对要终止事实婚姻的按照离婚处理。

2. 限制承认事实婚姻效力时期。这一阶段从 1984 年 8 月 30 日到 1994 年 2 月 1 日。在该阶段,司法实践根据过去从宽、后来从严的精神,通过发生时间等规定有条件地承认事实婚姻。1984 年 8 月 30 日最高人民法院颁布了《关于贯彻执行民事政策法律若干问题的意见》(已失效),其中指出事实婚姻是违法的,应对当事人给予批评教育,并对事实婚姻的认定标准作了限制性的解释。要求起诉时双方必须达到法定结婚年龄和符合结婚的其他条件,而将那些虽以夫妻名义同居生活,但起诉时双方或一方不符合结婚的法定条件的,排除在事实婚姻关系以外,作为非法同居关系处理,至此我国司法机关开始限制性地承认事实婚姻关系。

3. 绝对不承认事实婚姻效力时期。1994 年 2 月 1 日民政部颁布的《婚姻登记管理条例》(已失效)第 24 条规定:“未到结婚年龄的公民以夫妻名义同居的,或者符合结婚条件的当事人未经登记以夫妻名义同居的,其婚姻关系无效,不受法律保护。”之后,最高人民法院《关于适用新的〈婚姻登记管理条例〉的通知》(已失效)中规定:“自 1994 年 2 月 1 日起,没有配偶的男女,未经结婚登记即以夫妻名义同居生活的,其婚姻无效,不受法律保护。对于起诉至人民法院的,应按非法同居关系处理。”自此以后,我国不承认事实婚姻法律效力。直到 2001 年最高人民法院《关于适用〈中华人民共和国婚姻法〉若干问题的解释(一)》(已失效)出台,我国又改为有条件地承认事实婚姻的效力。

但考虑到我国的具体情况,对事实婚姻不宜采取“一刀切”的否定态度,而应分时期、分情况妥当处理。对于未办理结婚登记而以夫妻名义共同生活的男女之间法律关系的定性,应当以 1994 年 2 月 1 日民政部《婚姻登记管理条例》公布实施为时间界限区别对待:(1)在此之前男女双方已经符合结婚实质要件的,构成事实婚姻,其婚姻效力得到法律认可并受法律保护。因此,如果一方死亡,另一方可以配偶身份主张享有继承权。(2)在此之后男女双方符合结婚实质要件的,人民法院应当告知其补办结婚登记。未补办结婚登记的,应定性为同居关系。单纯的同居关系原则上不属于法律的调整范围,因此当事人提起诉讼仅请求解除同居关系的,人民法院不予受理;已经受理的,裁定驳回起诉。但当事人因同居期间财产分割或者子女抚养纠纷提起诉讼的,人民法院应当受理。

(二)补办结婚登记及效力

随着婚姻登记制度的完善,《民法典》明确规定要求结婚的男女双方应当亲自到婚姻登记机关申请结婚登记。未办理结婚登记的,应当补办登记。由此可见,国家在法律层面上要求重视并践行结婚登记。没有办理结婚登记,不能确立夫妻关系,该种结合不具有婚姻的效力。

对于已经构成事实婚姻的男女双方,若其补办了结婚登记,那么婚姻关系的效力从双方均符合《民法典》所规定的结婚的实质要件时起算。

第二节　婚姻的无效和撤销

一、婚姻的无效

(一)无效婚姻的概念

无效婚姻是指不符合婚姻成立的法定条件,而在法律上不具有婚姻效力的男女两性结合。

无效婚姻具有下列特征:(1)在形式上具备婚姻的外在特征,即男女两性结合。(2)实质上不符合婚姻成立的有效要件。(3)在法律上不产生婚姻的效力,即当事人之间不产生法律上的夫妻权利和义务。

司法实践中,男女双方可能会为了缔结婚姻,提供虚假信息或与婚姻登记工作人员串通,抑或由于婚姻登记机关未尽审查义务等原因,使本不符合结婚条件的男女当事人也办理了结婚登记手续。但这样存在瑕疵的婚姻,不应赋予其应有的法律效力。故而无效婚姻制度的设立,实际上体现了国家意志和公权力的介入。

值得注意的是,无效的婚姻不同于一般的无效民事法律行为。无效的民事法律行为(如合同)是自始、确定、当然、绝对地不能发生法律效力。而无效的婚姻则是相对的无效,其效力存在转圜的可能,如果婚姻无效的情形已经消灭的,那么该婚姻也可以转变为有效婚姻。

(二)婚姻无效的原因

无效婚姻是对当事人意思自治的限制,为了保障当事人的婚姻自由不受非法限制和剥夺,婚姻的无效事由必须由法律明文规定方能认定。当事人以《民法典》规定的三种无效婚姻以外的情形请求确认婚姻无效的,人民法院应当判决驳回当事人的诉讼请求。根据《民法典》第1051条的规定,婚姻无效的情形如下:

1. 重婚。如前所述,作为一夫一妻原则的具体化,《民法典》禁止重婚,即一个人不能同时与两个或两个以上的人结婚,不能同时有两个或更多的配偶。重婚不仅不利于家庭稳定,也有违社会道德风尚,败坏社会风气,因此重婚在民法和刑法上有不同的意义。在民法上,重婚者在有效婚姻的基础上再次缔结的“婚姻”是无效的,而且无过错方有权向有重婚行为的配偶请求损害赔偿。在刑法上,专设重婚罪用以惩罚重婚行为。人民法院审理重婚导致的无效婚姻案件时,涉及财产处理的,应当准许合法婚姻当事人作为有独立请求权的第三人参加诉讼。

2. 有禁止结婚的亲属关系的。这是指缔结婚姻的男女双方如果存在直系血亲或者是三代以内旁系血亲关系,那么其缔结的婚姻是无效的。这一规定主要是为了公共利益的考量,避免将隐性遗传病带给下一代,从而影响整体的人口素质。不仅如此,之所以规定此类婚姻无效还充分考虑了伦理因素的制约。

3. 未达到法定婚龄的。法定婚龄是指法律对于男女缔结婚姻所需具备的最低年龄要求。只要男女双方中有一人未达到法定婚龄,该婚姻即为无效。我国确立的结婚年龄为,男不得早于22周岁,女不得早于20周岁。根据人类的生理发育和心理成熟的规律,男女只有达到一定年龄才具备理性的判断能力,才能承担起对家庭和子女的责任。

如果男女双方或有一方在结婚时未达到法定婚龄,随着时间的推移,当事人已经达到了法定婚龄的,那么缔结婚姻时的瑕疵实际上就已经得以补正,此时不能认定这段婚姻无效。因此,如果想要以未达到法定婚龄为由主张婚姻无效,必须在该事由消灭前向人民法院请求确认婚姻无效。

实例解析 "拟制血亲"的兄妹之间能否结婚?

张某在父母离婚后跟随父亲共同生活,李某幼时丧父由母亲抚养长大。后经人介绍,张某之父与李某之母二人相识并登记结婚,之后这个重组的四口之家共同生活,家庭关系十分和睦融洽。随着张某和李某慢慢长大,兄妹二人在长期共同生活中日久生情,希望能够登记结婚。对此情形,试分析二人是否能够结婚?

分析:本案中,张某和李某属于法律拟制的兄妹关系,其二人是否能够缔结婚姻我国法律并无直接、明确的规定。对此种情形的处理,主要有以下几种不同的观点:一种观点认为,我国《民法典》第1048条明确规定:"直系血亲或者三代以内的旁系血亲禁止结婚。"而张某和李某在法律上属于三代以内的旁系血亲,即使是法律拟制的血亲关系,但从严格遵循法条文义的角度来看,二人缔结婚姻是违反法律规定的。不仅如此,从伦理角度上考量,允许二人结婚也是不妥的。因此,如若二人想要缔结婚姻,须张某之父与李某之母先解除婚姻关系,使张某与李某之间的拟制血亲关系消灭方能结婚。另一种观点则认为,张某和李某可以缔结婚姻,法律规定三代以内的旁系血亲禁止结婚主要是为了避免将隐性遗传病带给下一代,从而影响整体的人口素质。而张某和李某并不具有血缘关系,二人结合并不会影响后代的健康,因此依目的解释原理,应当将《民法典》第1048条中的"旁系血亲"限缩为旁系自然血亲,而像张某和李某这样的旁系拟制血亲则不在禁婚范围。这样会更有利于保障当事人婚姻自由的实现,避免法律过度干预民众自由。

(三)婚姻无效的处理及其效力

1. 有权确认婚姻无效的机关只有人民法院。确认婚姻无效案件有其特殊性,人民法院受理请求确认婚姻无效案件后,原告申请撤诉的,不予准许。并且,由于婚姻效力问题涉及公共利益,因此对婚姻效力的审理不适用调解,应当依法作出判决。但其中涉及财产分割和子女抚养的内容,可以调解。调解达成协议的,另行制作调解书;未达成调解协议的,应当一并作出判决。

人民法院对婚姻效力的审查采取的是职权主义的主动审查模式,即人民法院受理离婚案件后,经审理确属无效婚姻的,应当将婚姻无效的情形告知当事人,并依法作出确认婚姻无效的判决。如果人民法院就同一婚姻关系分别受理了离婚和请求确认婚姻无效案件的,对于离婚案件的审理,应当待请求确认婚姻无效案件作出判决后进行。

2. 请求确认婚姻无效的主体,包括婚姻当事人及利害关系人。其中,利害关系人包括:以重婚为由请求确认婚姻无效的,为当事人的近亲属及基层组织;以未到法定婚龄为由请求确认婚姻无效的,为未到法定婚龄者的近亲属;以有禁止结婚的亲属关系为由请求确认婚姻无效的,为当事人的近亲属。夫妻一方或者双方死亡后,生存一方或者利害关系人请求确认婚姻无效的,人民法院应当受理。利害关系人请求人民法院确认婚姻无效的,利害关系人为原告,婚姻关系当事人双方为被告。夫妻一方死亡的,生存一方为被告。

3. 在法律效力上,无效的婚姻自始没有法律约束力。虽然无效的婚姻实质无效,但在程序形式上,还必须是经过正当的程序,经人民法院依法宣告后才溯及既往地自始无效。易言之,如果没有经过正当程序予以宣告,当事人或者利害关系人不能私自否定已经成立的婚姻的效力。当事人向人民法院提起诉讼请求确认婚姻无效时,法定的无效婚姻情形已经消失的,即不能得到人民法院的支持。

二、婚姻的撤销

可撤销婚姻是指业已成立的婚姻关系,但因当事人缔结婚姻的意思表示存在某种程度的瑕疵,应一方当事人申请而由有权机关予以撤销的婚姻。

可撤销婚姻属于婚姻效力存在瑕疵的情形之一,其不同于无效婚姻。设立可撤销婚姻制度,即将婚姻效力的决定权交给撤销权人自主选择,更能体现尊重婚姻当事人的意思自治。

(一)婚姻撤销的原因

1. 因胁迫而结婚的。因胁迫而结婚的,受胁迫的一方可以向人民法院请求撤销婚姻。[1] 这里的“胁迫”,是指婚姻行为人以给婚姻另一方当事人或者其近亲属的生命、身体、健康、名誉、财产等方面造成损害为要挟,从而迫使对方违背真实意愿而结婚的行为。

实施胁迫行为的人可以是婚姻当事人,也可以是婚姻关系之外的第三人。从本质上看,胁迫行为严重影响了结婚自由的实现,故而因此而缔结的婚姻效力存在瑕疵。至于是使其无效还是可撤销,则须考虑胁迫所带来的后果。实践中,有的当事人在结婚时虽然受到胁迫,但是婚后共同生活,逐渐建立感情,家庭和睦幸福,婚姻当事人愿意维持现有的婚姻状况。对此,法律将婚姻是否继续发生效力的决定权交给当事人自己选择,更符合立法目的和实际需要。

2. 一方患有重大疾病的。一方患有重大疾病,在结婚登记前又不如实告知的,另一方可以向人民法院请求撤销婚姻。

基于诚实信用原则的要求,一方患有重大疾病的,应当在结婚登记前如实告知另一方。如果恶意隐瞒重大疾病的事实,实际上是欺诈的一种形式,这很可能会使对方在婚后遭受健康损害或者巨大财产支出。因此,是否相互知晓对方的身体健康状况直接影响到缔结婚姻时意思表示的真实性。这里所指的“重大疾病”并无明确的规定,一般认为包括严重的遗传性疾病、严重的传染病(如艾滋病、淋病、梅毒等)、严重的精神疾病等。

如果一方患有重大疾病,虽然在结婚登记前未如实告知,但婚后已经治愈了,按照目的解释,

---

〔1〕 典型案例参见“尉某与荆某撤销婚姻纠纷案”,山西省临猗县人民法院(2019)晋0821民初3115号民事判决书。

此时相对人的撤销权亦会消灭。

(二)撤销权人和撤销权行使的时效期间

婚姻的撤销,不能由当事人自行以通知的方式撤销,而必须由撤销权人向人民法院提出撤销婚姻的请求,并由人民法院依法予以撤销。这就是说,一方面,人民法院是唯一有权撤销婚姻的法定机关,婚姻登记机关无此权力;另一方面,人民法院经审查后不能依职权撤销,必须由撤销权人提出撤销请求方能撤销。

1. 撤销权人。因受胁迫而请求撤销婚姻的,只能是受胁迫一方的婚姻关系当事人本人。该撤销权的行使具有强烈的人身属性,因此不得被代理。一方患有重大疾病在结婚登记前不如实告知的,另一方可以向人民法院请求撤销婚姻。如果双方均存在隐瞒重大疾病情形的,双方都享有撤销权。可见,可撤销婚姻的原因是侵害当事人婚姻自主权,为尊重当事人的意愿,撤销权人限于当事人本人,不宜由第三人提出撤销婚姻的主张。

2. 撤销权的行使期限。婚姻撤销权在性质上属于形成权,受到除斥期间的限制,故而不发生中止、中断、延长。因胁迫结婚的,受胁迫一方请求撤销婚姻的,应当自胁迫行为终止之日起1年内提出。被非法限制人身自由的当事人请求撤销婚姻的,应当自恢复人身自由之日起1年内提出。一方患有重大疾病在结婚登记前不如实告知的,另一方向人民法院请求撤销婚姻的,应当自知道或者应当知道撤销事由之日起1年内提出。

值得注意的是,当事人自民事法律行为发生之日起5年内没有行使撤销权的,撤销权消灭。而这里的撤销权是否受5年最长除斥期间的限制?按最高人民法院的观点,受胁迫或者被非法限制人身自由的当事人请求撤销婚姻的,不适用该5年的限制。

三、婚姻无效和被撤销的法律后果

婚姻被确认无效或者被撤销,其直接的法律后果就是婚姻法律关系会溯及既往地消灭。法律关系的消灭意味着人身关系和财产关系都会发生变化,《民法典》第1054条规定了婚姻无效和被撤销的法律后果。

1. 无效的或者被撤销的婚姻自始没有法律约束力,当事人不具有夫妻的权利和义务。[2]"自始没有法律约束力",是指无效婚姻或者可撤销婚姻在依法被确认无效或者被撤销时,才确定该婚姻自始不受法律保护。这意味着《民法典》中有关夫妻权利和义务的规定只适用于合法有效的婚姻当事人。人民法院根据当事人的请求,依法确认婚姻无效或者撤销婚姻的,应当收缴双方的结婚证书并将生效的判决书寄送当地婚姻登记管理机关。

2. 在财产处理方面,被确认无效或者被撤销的婚姻,当事人同居期间所得的财产,除有证据证明为当事人一方所有的以外,按共同共有处理。在分割上,首先由当事人协议处理;协议不成的,由人民法院根据照顾无过错方的原则判决。这里的无过错方是指对无效和可撤销原因的形成没有过错的一方。对重婚导致的无效婚姻的财产处理,不得侵害合法婚姻当事人的财产权益。因此,人民法院审理重婚导致的无效婚姻案件时,涉及财产处理的,应当准许合法婚姻当事人作为有独立请求权的第三人参加诉讼。

3. 在父母子女关系方面,无效或者被撤销的婚姻当事人所生育子女适用《民法典》关于父母

〔2〕 典型案例参见"张某与辛某婚约财产纠纷案",山东省龙口市人民法院(2019)鲁0681民初2738号民事判决书。

子女关系的规定。虽然父母的婚姻关系被确认为无效或被撤销,其子女在法律性质上属于非婚生子女,但子女的法律地位并没有改变,应与婚生子女一视同仁。

四、无过错方的损害赔偿请求权

当婚姻无效或者被撤销时,无过错方有权请求损害赔偿(《民法典》第1054条第2款)。[3]对于无过错方而言,婚姻被确认无效或被撤销后,其往往会受到心理上的伤害或遭受财产上的损失。如若仅依据照顾无过错方的原则分割同居期间所得财产,则不能充分保障无过错方的合法权益。赋予无过错方享有损害赔偿请求权,更切合法律保护无过错者的思想。而适用该损害赔偿请求权时,我们应把握以下几点:

1. 该损害赔偿请求权须以婚姻关系无效或被撤销为前提。如果仅存在撤销事由,但当事人并未行使撤销权,未将婚姻关系消灭,那么损害赔偿请求权不能得到支持。因为可撤销婚姻在被依法撤销前是有效的,此时进行损害赔偿是无意义的。

2. 该损害赔偿请求权是无效或被撤销婚姻的当事人中无过错方向过错方主张的。这意味着,双方都没有过错或者都有过错的情形下,不能向对方主张损害赔偿请求权。例如,男女双方有禁止结婚的亲属关系,但二人在登记结婚时对此并不知情,后在该婚姻被确认无效的情况下,不发生损害赔偿的问题。因为二人对无效婚姻的形成既没有故意也没有过失,属于双方都无过错。还例如,男方已经存在一段合法有效的婚姻,女方对此明知,但二人仍然缔结婚姻的情形就属于双方对重婚的发生都有过错,也不发生损害赔偿的问题。

3. 该损害赔偿的范围以实际损害为限,由请求权人承担举证证明责任。这里的损害既包括有形的财产损失,如无过错方为维系和经营无效或被撤销婚姻所支出的必要费用等;也包括其遭受的精神损害,如被胁迫、被非法限制人身自由的当事人遭受的精神痛苦等。

值得指出的是,该制度在司法实践中的具体适用可能会与《民法典》侵权责任编中的请求权基础规范产生竞合,这一问题还有待于进一步研究。

思考题

1. 简述结婚的条件及程序。
2. 简述我国民法对事实婚姻的规范变迁。
3. 简述无效婚姻的事由。
4. 简述婚姻撤销的原因。
5. 简述婚姻无效和被撤销的法律后果。

阅读指引

关于事实婚姻问题的相关研究

1. 何丽新:《论事实婚姻与非婚同居的二元化规制》,载《比较法研究》2009年第2期。
2. 金眉:《事实婚姻考察——兼论结婚仪式的现代法律价值》,载《华东政法大学学报》2011年第

[3] 典型案例参见“蒋尧、李火生同居关系纠纷案”,湖南省长沙市中级人民法院(2019)湘01民终7768号民事判决书。

1期。
3. 吕春娟:《婚姻立法更应彰显以人为本的理念——从事实婚姻和结婚登记瑕疵的处理谈起》,载《国家行政学院学报》2013年第2期。
4. 金眉:《论我国事实婚姻制度之完善》,载《南京社会科学》2017年第10期。

关于无效与可撤销婚姻制度的相关研究

1. 张学军:《民法典隐瞒"重大疾病"制度解释论》,载《甘肃政法学院学报》2020年第5期。
2. 蒋月:《准配偶重疾告知义务与无过错方撤销婚姻和赔偿请求权——以〈民法典〉第1053条和第1054条为中心》,载《法治研究》2020年第4期。
3. 李昊、王文娜:《〈民法典〉婚姻无效和婚姻可撤销规则的解释与适用》,载《云南社会科学》2021年第2期。
4. 马忆南:《民法典视野下婚姻的无效和撤销——兼论结婚要件》,载《妇女研究论丛》2018年第3期。
5. 徐国栋:《无效与可撤销婚姻中诚信当事人的保护》,载《中国法学》2013年第5期。

第三章 家庭关系

导学案例 "空床费约定"纠纷案[1]

王某某与尹某1990年1月登记结婚(双方均系再婚),1993年生育一子。2000年7月,因尹某经常以工作忙为由不回家居住,王某某对尹某在外的交往产生怀疑,双方约定如尹某晚上12时至凌晨7时不回家居住,每小时支付空床费100元。事后由于尹某不回家居住,双方经常发生纠纷,尹某共计向王某某出具了欠其空床费4000元的欠条。2004年2月15日,王某某被尹某打伤,王某某遂起诉要求离婚,依法判决共同财产全部归其所有,并要求尹某支付医疗费、误工费3630元,婚姻过失赔偿费5万元及精神损失费2万元,空床费4000元。根据案情思考下列问题:

1. 本案体现出夫妻之间具有哪些权利与义务?
2. 王某某请求尹某支付空床费能否得到法律的支持? 为什么?

第一节 夫妻关系

一、夫妻关系概说

夫妻又称夫妇或配偶,是婚姻关系存续期间的男女双方。夫妻关系是存在于丈夫和妻子之间的一种民事法律关系,其内容即夫妻之间在法律上的权利与义务。

夫妻关系包括夫妻人身关系和夫妻财产关系,这是最基本的社会关系,也是家庭关系的基础和核心。男女两性结合形成新的家庭,并通过生儿育女,使家庭关系得到进一步延续和发展。

现代社会中夫妻关系的基本准则是男女平等,即夫妻在婚姻家庭中地位平等。此即人们常讲的夫妻平等权。夫妻平等权是民法平等原则在婚姻家庭领域中的具体表现,是法律配置夫妻权利义务的价值基石。唯有充分尊重并贯彻夫妻平等权理念,才能构建和谐稳定的家庭关系。《民法典》明确规定夫妻在婚姻家庭中地位平等,是对中国传统封建社会中残余的男尊女卑、重男轻女思想的彻底摒弃,是对新时期社会主义平等家庭关系的价值提倡。

夫妻在家庭中地位平等,具体包括两层意思:(1)夫妻双方都是独立的主体,结婚后夫妻各自仍保有独立的人格,有独立的财产权利和人身权利。夫或妻任何一方不得凌驾于对方之上,不得侵犯、贬低、侮辱对方的独立人格,禁止歧视或暴力等行为。(2)夫妻的权利和义务是平等的,任何一方在享有权利的同时也必须平等地承担对家庭和社会的义务。夫妻权利义务的平等是从实质意义上理解的,是指夫或妻都应平等地参与家庭的管理和维护,平等地为家庭付出,对家庭

---

〔1〕 案例原型及裁判结果,参见重庆市第一中级人民法院(2004)渝一中民终字第3442号民事判决书。

共同事项都有发表意见的权利。平等并不意味着夫妻都要参与全部的家庭事务，在家庭内部，夫妻可以合理分工，共同承担。

二、夫妻人身关系

夫妻人身关系，是指男女双方因互为配偶而产生的各种具有人身属性的权利与义务关系。依据我国《民法典》的规定，夫妻人身关系表现为以下几个方面。

1. 夫妻姓名权。姓名权是人格权的重要组成部分，是一项重要的人身权利。夫妻双方都有各自使用自己姓名的权利。夫妻平等的姓名权还体现在子女姓氏的确定上，子女可以随父姓，也可以随母姓。

2. 夫妻人身自由权。人身自由权是自然人人格权的内容之一，不因结婚而受到限制。夫妻人身自由权是夫妻平等的重要标志。夫妻双方都有参加生产、工作、学习和社会活动的自由，一方不得对另一方加以限制或干涉。我国传统上由于受封建礼教思想的影响，妇女往往处于男性的附庸地位，古代历来就有女性应当在家"相夫教子"的思想，排斥女性走出家庭参与社会活动。如此女性只能依赖于丈夫生存，无法实现真正的夫妻平等。而在立法上明确规定夫妻人身自由权，体现了对传统"夫为妻纲"的男权社会的否定，使妇女从家庭的束缚中得以解脱，进一步巩固了女性的独立人格。诚然，夫妻双方都应当正确行使人身自由权，不得滥用权利而损害对方和家庭利益，也不能以行使人身自由权为理由，逃避对家庭应当承担的法律义务。

3. 夫妻平等享有对未成年子女的权利和义务。夫妻组建家庭后，在人口政策允许的范围内，可自由选择是否生育子女。一旦生育子女，夫妻就具有对未成年子女抚养、教育和保护的权利和义务。夫妻双方对该权利是平等享有的，义务也是共同承担的。夫或妻一方不得剥夺对方参与未成年子女的成长，对于子女的抚养和教育应妥当协商。夫或妻也不得逃避履行对子女的抚养、教育和保护义务，否则就要承担相应的民事责任，严重的甚至会被追究刑事责任。

4. 夫妻的同居义务和忠实义务。夫妻同居义务是指男女双方以配偶身份共同生活的义务。共同生活包括物质生活、精神生活和性生活。同居是婚姻自身属性的应有之义，也是婚姻实现其价值的必然要求。我国《民法典》虽然没有直接规定该义务，但在法律条文中用了"分居""同居"等概念，这说明立法是间接承认夫妻应共同生活，互有同居的权利和义务。夫妻的同居义务并不意味着夫妻应当形影不离地共同居住、共寝共食。实践中夫妻因工作等原因长期两地分居的情形也较为普遍，此种因正当理由而无法共同生活的并不违反同居义务。但是，夫妻之间因感情不和而分居满 2 年的，法律将此作为认定夫妻感情确已破裂的具体事由之一。

夫妻的忠实义务是指夫妻之间应秉持忠诚和诚实的理念善待彼此，不得实施有悖夫妻婚姻道德和伦理，有损配偶合法权益的行为。具体而言，夫妻的忠实义务主要是一种保持自身贞操的不作为义务，即要求配偶之间相互负有不得与婚外第三者发生性关系的义务，不得实施卖淫、通奸等越轨行为。夫妻忠实义务的履行是为保持配偶间爱情的专一和感情的忠诚。配偶一方婚内与他人同居导致离婚的，无过错方有权请求损害赔偿。

三、夫妻财产关系

夫妻财产关系即夫妻之间在财产上的权利义务关系。

（一）夫妻财产制

夫妻财产制是指规范夫妻财产支配关系的法律制度。其内容包括夫妻财产制的设立、变更和废止;夫妻财产的归属;夫妻财产的使用、收益、处分和管理;家庭费用的负担、夫妻债务的清偿等方面的问题。夫妻财产是其维护夫妻人身关系和共同生活所必需的物质基础与保障,夫妻财产关系的发生、变更、终止都以夫妻间的配偶身份为基础,有别于一般的财产关系。

根据我国《民法典》的规定,依照我国现行夫妻财产制的发生依据,夫妻财产制分为法定财产制和约定财产制两种。二者的本质区别在于确定夫妻财产归属的根据不同,前者按照法律规定,而后者则是根据夫妻之间的特别约定。依意思自治原理,约定财产制具有排斥法定财产制的效力,即如果夫妻对婚前及婚后财产的归属达成约定,则不适用法定财产制的规则确定财产归属。易言之,法定财产制实际上起到了补充当事人意思自治的作用,在当事人没有达成约定财产制合意或合意无效时,法定财产制将发挥其兜底作用。

1. 法定财产制

法定财产制是与约定财产制相对应的财产制,即按照法律规定确定夫妻财产归属的制度。世界各国确认的法定夫妻财产制中,以分别财产制和共同财产制最为普遍。

分别财产制,是指夫妻婚前财产和婚后所得的财产均归各自所有,双方均独立管理自己的财产,只有在取得对方同意的条件下,一方才能处分整个夫妻财产;婚姻关系终止时,对夫妻财产的增值或减少,应当通过结算予以分配或继承。分别财产制充分肯定了已婚妇女的个人财产权利,就反对夫权而言具有积极的意义。

共同财产制,是指夫妻双方财产的一部分或全部合并为共有财产,夫妻双方按共同共有原则行使权利,承担义务,婚姻关系终止时才予以分割。共同财产制符合婚姻生活共同体的本质特征,有利于保障夫妻中经济能力较弱一方的权益。采取夫妻共同财产制的国家,又分别采用一般共同制、劳动所得共同制、婚后所得共同制等不同类型。一般共同制,指夫妻各自的财产,无论是婚前财产还是婚后财产,一律属于夫妻共有。劳动所得共同制,指仅以夫妻在婚姻关系存续期间的劳动收入作为共同财产,其他财产仍旧归个人所有。婚后所得共同制,指婚姻关系存续期间夫妻双方所得财产原则上属于夫妻共有财产,婚前财产仍归各自所有。

我国的法定财产制是以夫妻共同财产为主导、夫妻个人财产为补充的财产制度。这一法定财产制能够较为公平地保护夫妻的合法权利和财产利益,为解决夫妻间的财产纠纷提供了法律依据。

在婚姻关系存续期间夫妻一方或双方所获得的财产,除法律另有规定或夫妻另有约定之外,均为夫妻共同所有。具体包括:(1)工资、奖金、劳务报酬;(2)生产、经营、投资的收益;(3)知识产权的收益(是指婚姻关系存续期间,实际取得或者已经明确可以取得的财产性收益);(4)继承或者受赠的财产,但遗嘱或赠与合同中确定只归一方的财产除外;(5)其他应当归共同所有的财产。包括:一方以个人财产投资取得的收益;男女双方实际取得或者应当取得的住房补贴、住房公积金;男女双方实际取得或者应当取得的基本养老金、破产安置补偿费。除此之外,夫妻一方个人财产在婚后产生的收益,除孳息和自然增值外,应认定为夫妻共同财产。由一方婚前承租、婚后用共同财产购买的房屋,登记在一方名下的,应当认定为夫妻共同财产。当事人结婚后,父母为双方购置房屋出资的,依照约定处理;没有约定或者约定不明确的,按照《民法典》第 1062 条第 1 款第 4 项规定的原则处理。

夫妻个人财产是指依法律规定,夫妻婚后对一定范围内的财产归个人所有,包括婚前财产与婚后特有财产。根据《民法典》第 1063 条的规定,下列财产为夫妻一方的个人财产:(1)一方的婚前财产;(2)一方因受到人身损害获得的赔偿或者补偿;(3)遗嘱或者赠与合同中确定只归一方的财产;(4)一方专用的生活用品;(5)其他应当归一方的财产。除当事人另有约定的外,以上这些属于夫妻一方的个人财产,不因婚姻关系的延续而转化为夫妻共同财产。此外,当事人结婚前,父母为双方购置房屋出资的,除父母明确表示赠与双方的外,该出资应当认定为对自己子女个人的赠与;军人的伤亡保险金、伤残补助金、医药生活补助费属于个人财产。

夫妻对共同财产在性质上属于共同共有,是不分份额的,因此夫妻对共同财产有平等的处分权利。因日常生活需要而处理夫妻共同财产的,任何一方有权决定。非因日常生活需要对共同财产作出重要处理决定的,应当协商一致,共同决定。夫妻对共同财产也要承担一定的义务,应当共同维护共同财产,并对因共同财产产生的债务承担责任。

夫妻共同财产是双方共同生活的物质基础,因此在婚姻关系存续期间,共有财产原则上不能要求分割,但为了保护一方的合法权益,在婚姻关系存续期间有以下两种情形的,夫妻一方可以向人民法院请求分割共同财产:(1)一方有隐藏、转移、变卖、毁损、挥霍夫妻共同财产或者伪造夫妻共同债务等严重损害夫妻共同财产利益行为;(2)一方负有法定扶养义务的人患重大疾病需要医治,另一方不同意支付相关医疗费用这两种情形。

夫妻共同财产原则上应该共同处分。如果一方未经另一方同意出售夫妻共同所有的房屋,在第三人善意购买、支付合理对价并已办理不动产登记的情况下,即发生第三人的善意取得。夫妻一方擅自处分共同所有的房屋造成另一方损失,离婚时另一方有权请求赔偿损失。

2. 约定财产制

约定财产制,是指夫妻通过约定而确定双方之间的财产关系的夫妻财产制。具体而言,是夫妻以协议方式,对婚前及婚后所得的财产所有权的归属、管理、使用、收益、处分权等作出约定,以及对家庭生活费用的负担、债务清偿、婚姻解除时的财产清算等问题进行约定。《民法典》规定,男女双方可以约定婚姻关系存续期间所得的财产以及婚前财产归各自所有、共同所有或者部分各自所有、部分共同所有。

(1)约定财产制具有优先于法定财产制适用的效力。夫妻之间关于财产制的约定应当采用书面形式,这表明约定财产制协议具有要式性。夫妻之间对财产制没有约定或约定不明确的,才适用法定财产的规定。

(2)约定财产制的对内效力。夫妻对婚姻关系存续期间所得的财产以及婚前财产的约定,对双方具有法律约束力。夫妻财产制的约定自成立时生效,夫妻间的财产关系依约定的内容处理,任何一方不能任意变更、撤销。于理而言,夫妻财产制约定只要是双方真实意思表示,不违反法律禁止性规定,不违反公序良俗,符合民事法律行为的有效要件即应认定为有效。

(3)约定财产制的对外效力。这是指夫妻关于财产制的约定对第三人的效力。夫妻财产制约定一般而言是夫妻双方之间达成的,第三人无从得知,出于保障第三人合理信赖和交易安全的考虑,夫妻对婚姻关系存续期间所得的财产约定归各自所有,夫或者妻一方对外所负的债务,相对人知道该约定的,以夫或者妻一方的个人财产清偿。如果相对人不知道或者不应当知道该约定,那么该约定不得对抗这类善意的相对人。

(二)夫妻相互扶养的义务

夫妻有互相扶养的义务,该义务为法定义务,具有强制性。需要扶养的一方,在另一方不履行扶养义务时,有要求其给付扶养费的权利。

夫妻间扶养的内容主要体现为财产给付,尤其是夫妻双方分居或者实行分别财产制的情况下,为经济上的相互供养,即提供经济上的帮助,具体体现为生活费用的负担。但是,夫妻相互扶养还体现为生活上的扶助,也就是说日常生活上的照料,在一定意义上说精神上的慰藉,是夫妻扶养的不可或缺的重要内容。

(三)夫妻相互继承遗产的权利

夫妻继承权,是指基于夫妻身份而依法享有的相互继承遗产的权利。在亲属关系的位阶中,无论是从情感角度还是从生活密切程度来看,自然人的配偶是与其关系最为亲密的亲属,因此,在法定继承中配偶是作为第一顺位的继承人参与遗产分配的。由此也表明,夫妻互相继承遗产的权利是建立在合法夫妻关系的基础之上的。

(四)夫妻日常家事代理权

夫妻日常家事代理权,是指夫妻一方因日常家庭事务与第三人为一定法律行为时享有代理权,即在处理日常家务中互为代理人。这有利于夫妻家庭生活的展开,如果任何事务都须夫妻双方共同决定、共同执行,显然违背经济和效率原则,会给共同生活带来诸多不便,也不符合日常的生活习惯。

家事代理与一般的民事代理在制度构造和规范理念上存在诸多差异,因此夫妻日常家事代理权规定在《民法典》婚姻家庭编中,而不是总则编代理一章中。

1. 夫妻日常家事代理权是发生在夫妻双方之间的。其代理权建立在合法有效的婚姻关系基础之上,来源于法律的直接规定。该代理权为夫妻双方互有,是法律规定的一种概括性授权,无须夫妻之间再行授予。夫妻任何一方在日常家事范围内与第三人从事民事法律行为时,不必申明其代理权,可直接以自己名义、另一方名义或者双方共同名义实施。在这种情形下,法律视夫妻为一体,不分彼此,体现了婚姻家庭的团体性。

2. 夫妻日常家事代理权的法律效果是该民事法律行为对夫妻双方发生效力。这意味着,即使是夫或妻一方以自己的名义对外实施的民事法律行为,只要符合日常家事代理的范围,那么夫妻须共同承担该民事法律行为的后果。但如果夫妻一方与相对人另有约定,则对另一方不发生效力。例如,夫妻一方对外从事民事法律行为时向相对人明确表示法律后果仅由自己承担,与配偶无关,相对人亦表示同意,那么该民事法律行为则仅约束这二人。

3. 夫妻日常家事代理权的行使范围仅限于家庭日常生活需要。所谓家庭日常生活需要则由法官在审判实践中根据家庭的经济情况、消费目的、与生活的密切程度等因素具体判断。一般而言,为了维系家庭的共同生活或满足生活的基本物质需求所实施的民事法律行为,均可认定为日常家事代理权的行使范围。例如,购买食物、正常的医疗或娱乐消费、交通通信等均属于日常家事代理权的行使范围。

4. 要保护善意相对人的合理信赖。夫妻之间对一方可以实施的民事法律行为范围的限制,不得对抗善意相对人。夫妻之间对日常家事代理权的内部限制在通常情形下是不被外部相对人知悉的,因此如果相对人对这一限制在主观上是不知道或者不应当知道的,那么该民事法律行为对夫妻二人均发生效力。由此产生的权利由夫妻双方共同享有,产生的义务也由夫妻双方共同承担。

第二节　父母子女关系和其他近亲属关系

一、父母子女关系

父母子女关系在法律上是指父母和子女之间的权利义务关系。家庭关系的核心是建立在夫妻关系之上的亲子关系，从这个意义上讲，婚姻家庭是社会的细胞，承担起养老育幼的职能。在法律上构建父母子女之间的权利义务体系，能够促进和谐融洽、健康有序的家庭秩序形成，从而为整个社会的稳定提供坚实的基础。

（一）父母子女关系的类型

1. 自然血亲的父母子女关系

这是基于子女出生的法律事实而发生的。自然血亲以血缘为纽带，具有生物学意义上的所出关系，因此是无法斩断的，只能因父母或子女一方死亡的原因而终止。其中包括婚生父母子女关系和非婚生父母子女关系。如果当事人对于亲子关系有异议可以提起亲子关系异议之诉。一方面，如果父或者母对亲子关系有异议且有正当理由的，父或者母可以向人民法院提起诉讼，请求确认或者否认亲子关系。所谓有正当理由是指当事人应当提供初步的证据证明其确认或者否认亲子关系的主张。例如，根据夫妻双方和子女的血型判断，该子女不可能为其生物学意义上的孩子；有资质的医疗或鉴定机构作出的亲子鉴定书；或丈夫提供了医院出具的无生殖能力证明等情形。实践中，父亲往往会以孩子长得不像自己等主观性因素为由，请求确认或者否认亲子关系，不能认定为“有正当理由”。〔2〕父或者母向人民法院起诉请求否认亲子关系，并已提供必要证据予以证明，另一方没有相反证据又拒绝做亲子鉴定的，人民法院可以认定否认亲子关系一方的主张成立。另一方面，对亲子关系有异议且有正当理由的，成年子女可以向人民法院提起诉讼，请求确认亲子关系。值得注意的是，成年子女只能确认亲子关系，而不能提起诉讼请求否认亲子关系，这是为了避免成年子女逃避对父母的赡养义务。父或者母以及成年子女起诉请求确认亲子关系，并提供必要证据予以证明，另一方没有相反证据又拒绝做亲子鉴定的，人民法院可以认定确认亲子关系一方的主张成立。

2. 拟制血亲的父母子女关系

这是指本无血缘关系，基于收养或继父母对继子女的事实抚养行为等法律事实而被法律确认其与自然血亲有同等权利义务的父母子女关系。拟制血亲的父母子女关系包括两种情况：养父母与养子女的关系、有事实上的抚养关系的继父母与继子女之间的关系。这两类父母子女关系在法律地位上完全平等。对养子女、继子女任何人不得歧视或虐待。拟制血亲是法律所创设的，因此在一定条件下，也可依法解除。

虽然父母子女关系有婚生与非婚生、养父母子女及形成抚养教育关系的继父母子女关系之分。不过，他们的法律地位并没有差别，都具有同等的权利与义务关系。

---

〔2〕 典型案例参见：“杨某甲与万某甲离婚后损害责任纠纷二审民事判决书”，重庆市第四中级人民法院（2016）渝04民终513号民事判决书。

(二)父母与子女之间的权利义务

父母与子女之间的权利义务的核心在于父母对子女的抚养,以及子女对父母的赡养,并由此产生其他的权利义务关系。这种权利义务不仅是法律的要求,更是道德和伦理的要求。人类社会乃至动物界为了延续生命和保障生存,均需在长幼之间建立养育与被养育的关系。

1. 父母对子女的权利和义务

(1)父母对未成年子女或者不能独立生活的成年子女有抚养义务。所谓抚养是指为子女的成长提供必要的物质生活资料,涉及基本的衣食住行等方面。抚养义务并不会因父母双方婚姻关系的终止而消灭,父母离婚后,不直接抚养子女的一方应当支付抚养费。不直接抚养非婚生子女的生父或者生母,应当负担未成年子女或者不能独立生活的成年子女的抚养费。不能独立生活的子女主要是指尚在校接受高中及其以下学历教育,或者丧失、部分丧失劳动能力等非因主观原因而无法维持正常生活的成年子女。"抚养费"则包括子女生活费、教育费、医疗费等费用。

(2)父母对未成年子女有教育的义务。所谓教育包含两方面内容:一方面是指父母作为未成年子女的第一任启蒙老师,应承担起家庭教育职责,有义务对未成年子女进行必要的教导、培育,尤其是对于学龄前的未成年人,父母的引导和言传身教尤为重要。父母应按照国家法律和社会公德的要求,采取科学、合理的方式,对子女进行必要的管理与约束,使他们树立正确的人生观和价值观。未成年子女缺乏对待事物的全面理解,往往分不清是非,言行失当,父母有责任对其进行批评教育。另一方面,则是要求父母保障未成年子女接受社会教育的机会得以实现,确保未成年子女能够接受国家提供的义务制教育,使子女能够通过接受社会教育塑造完整的人格,具备应有的文化素养,成为合格的社会人。

(3)父母对未成年子女有保护义务。保护是指父母在未成年子女成长过程中应尽足够的注意义务,保护子女的身心安全和健康,避免其遭受外界的危害。保护义务的履行不仅要求保护未成年子女的财产免受第三人的侵夺,父母也不能挥霍未成年子女的财产,而且要求保护未成年子女的生命权、健康权、名誉权等各项人身权利不受侵害。未成年子女在法律上为无民事行为能力或限制民事行为能力人。在子女的人身和财产受到不法侵害时,父母为法定代理人,有权要求加害人停止侵害、赔礼道歉,必要时可以提起诉讼,以维护子女的合法权益。

(4)父母对未成年子女造成他人损害的行为应当依法承担民事责任。俗语有云"子不教,父之过",未成年子女欠缺充分的社会经验和成熟的是非观点,往往做事冲动,欠缺考虑,父母负有管教义务的同时,也应采取必要的措施防止未成年子女实施造成他人损害的行为。父母作为未成年子女的监护人,应当对未成年子女的侵权行为承担无过错的替代责任,具体内容由《民法典》侵权责任编加以规定。

2. 子女对父母的权利和义务

(1)子女对父母的抚养费请求权。当父母不履行抚养义务时,未成年子女或者不能独立生活的成年子女,有要求父母给付抚养费的权利。

(2)成年子女有赡养、扶助父母的义务。该义务是指子女对父母经济上的供养以及在日常生活中给予照料、侍奉。有独立生活能力的成年子女对父母提供必要的经济来源,在精神上尊重父母,生活上关心、帮助父母。尤其是在父母生病、年老、体弱的时候,子女更应认真地履行赡养扶助的义务。子女对父母的赡养义务,不因父母的婚姻关系变化而终止。

(3)子女有尊重父母婚姻权利的义务。子女尊重父母的婚姻权利,主要是保障父母的婚姻自由,不得干涉父母离婚、再婚以及婚后的生活。实践中,受传统封建观念影响,民间仍有部分地区民众认为丧偶女性应当终身守节,老年人再婚是有伤风化,这些认知与现代社会道德观念和法制观念背道而驰,应予批判和否定。子女更不能为了防止父母的资产流入再婚对象之手而干涉、阻挠父母再婚。

二、其他家庭成员的关系

(一)祖孙之间的关系

除父母子女之外,祖父母与孙子女、外祖父母与外孙子女是最近的直系血亲。有负担能力的祖父母、外祖父母,对父母已死亡或父母无力抚养的未成年的孙子女、外孙子女有抚养义务。有负担能力的孙子女、外孙子女,对于子女已经死亡或者子女无力赡养的祖父母、外祖父母,有赡养的义务。祖孙之间有着密切的感情联系与经济联系,在一定条件下,他们之间也存在抚养、赡养的关系。

(二)兄弟姐妹之间的关系

兄弟姐妹是最近的旁系血亲。在现实生活中,由于他们生活在一个家庭里,朝夕相处,兄姐抚养教育弟妹的事情时有发生。有负担能力的兄、姐,对于父母已经死亡或父母无力抚养的未成年的弟、妹,有抚养义务。由兄、姐抚养长大的有负担能力的弟、妹,对于缺乏劳动能力又缺乏生活来源的兄、姐,有扶养义务。

思考题

1. 简述夫妻之间的权利与义务。
2. 简述夫妻日常家事代理权。
3. 简述我国的夫妻财产制。
4. 简述夫妻共同财产的范围。

阅读指引

关于夫妻财产制的代表性研究

1. 贺剑:《论婚姻法回归民法的基本思路——以法定夫妻财产制为重点》,载《中外法学》2014 年第 6 期。
2. 裴桦:《夫妻财产制与财产法规则的冲突与协调》,载《法学研究》2017 年第 4 期。
3. 雷春红:《我国夫妻财产制立法的价值取向与独立法律制度的构建》,载《北方法学》2016 年第 1 期。

关于夫妻日常家事代理权的相关研究

1. 王歌雅:《家事代理权的属性与规制》,载《学术交流》2009 年第 9 期。
2. 熊玉梅:《论交易安全视野下的夫妻日常家事代理权》,载《法学杂志》2011 年第 3 期。
3. 江滢:《日常家事代理权的构成要件及立法探讨》,载《法学杂志》2011 年第 7 期。
4. 李琳琳:《我国家事代理权的立法问题探究》,载《学术交流》2013 年第 3 期。
5. 王战涛:《日常家事代理之批判》,载《法学家》2019 年第 3 期。

6. 李洪祥:《论日常家事代理权视角下的夫妻共同债务构成》,载《当代法学》2020 年第 5 期。

关于夫妻相互忠实义务的相关研究

1. 邵世星:《夫妻同居义务与忠实义务剖析》,载《法学评论》2001 年第 1 期。
2. 杨秀梅:《论夫妻的忠实义务》,载《法律适用》2007 年第 10 期。
3. 黄蕾、俞来德:《论夫妻忠实义务》,载《政治与法律》2007 年第 6 期。
4. 张忠民:《夫妻相互忠实义务法律保护的反思与完善》,载《重庆大学学报(社会科学版)》2010 年第 2 期。
5. 张家骥、缪宇:《夫妻忠实义务的准债务探析》,载《华中师范大学学报(人文社会科学版)》2019 年第 3 期。
6. 胡洁人、王婷:《夫妻忠实义务之"精神考量"》,载《法律适用》2020 年第 11 期。

第四章 离　　婚

导学案例

原告莫某(女)与被告李某(男)于2002年上半年经人介绍相识,2003年3月双方登记结婚,同年10月21日生育一子。婚后,原告、被告的夫妻感情较好。2007年暑假,李某阻止莫某外出做家教,双方发生言语争执。之后,夫妻关系时好时坏。2010年5月,莫某草拟离婚协议一份交给李某。李某答应如果儿子由其抚养,并且夫妻存续期间购买的宅基地(使用权登记为女方,价值20万元)归男方所有,则其愿意去办离婚手续。同年7月,原告、被告双方到土地管理部门将原登记在莫某名下的土地使用权全部变更到李某名下。但是事后李某反悔,不同意离婚。同年8月初,莫某搬离家中在外租屋居住,并向法院提起诉讼,请求判决准许离婚,并分割共同财产。[1]

根据上述案情,试分析以下问题:

1. 原告莫某与被告李某草拟的离婚协议是否生效?

2. 宅基地使用权变更登记后是否仍属于夫妻共同财产?

3. 若法院判决离婚,原告、被告在人身关系上会产生何种法律后果?

第一节　婚姻终止及其原因

一、婚姻终止的法律界定

婚姻终止是指合法有效的婚姻关系由于一定法律事实的发生而归于消灭。这一概念表明:(1)终止的婚姻关系是合法有效的。违法的、无效的婚姻关系只能通过法定的程序予以宣告。只有合法有效的婚姻才有所谓终止的问题。(2)只有特定的法律事实才能导致婚姻关系的消灭。这类法律事实不外乎两方面:一是婚姻当事人一方死亡,二是离婚。(3)婚姻关系的消灭引起一定的法律后果,导致原有的权利义务关系的终止和新的权利义务关系的产生,引起夫妻间人身、财产关系的变更和影响父母子女关系。

二、婚姻终止的原因

(一)因配偶死亡而终止

自然人从出生时起到死亡时止,具有民事权利能力,依法享有民事权利,承担民事义务。死者不再具有婚姻关系的主体资格,因此婚姻关系随配偶一方的死亡而终止。

作为婚姻一方的主体自然死亡,无论法律是否明文规定,其婚姻关系自然终止,引起婚姻关

---

〔1〕 案例详情及裁判结果参见《莫君飞诉李考兴离婚纠纷案》,载《最高人民法院公报》2011年第12期。

系终止的法律后果。作为婚姻一方的主体宣告死亡时,因宣告死亡属于一种法律推定,被宣告人是否实际死亡则不一定。死亡宣告被人民法院撤销时,如果其配偶尚未再婚,夫妻关系自撤销死亡宣告之日起自行恢复,但配偶再婚或者向婚姻登记机关书面声明不愿意恢复的除外。如果其配偶再婚后又离婚或者再婚后配偶又死亡的,也不得认定夫妻关系自行恢复。

(二)因离婚而终止

离婚又称为婚姻的解除,指夫妻一方或者双方依照法律规定解除婚姻关系的法律行为。离婚具有以下法律特征:

1. 离婚的主体只能是夫妻双方本人。离婚为解除婚姻关系的法律行为,涉及身份关系的消灭,应当体现夫妻双方本人意愿,只能由本人提出,不能由他人代理。

2. 离婚必须以有效婚姻的存在为前提。有效婚姻包括合法有效的登记婚姻,也包括符合结婚实质要件但未进行登记而为法律所承认其效力的事实婚姻。

3. 离婚必须符合法律规定的条件。只有符合离婚条件且经过法定的离婚程序,当事人才能依法解除其婚姻关系。

制度比较　离婚 vs. 无效和可撤销婚姻

离婚和婚姻的无效与撤销是完全不同的两项民事法律制度,尽管二者在法律后果上都是导致不能产生婚姻效力,但二者仍存在根本的区别:

1. 制度性质不同。离婚是对合法婚姻关系的解除,而婚姻无效与撤销是对违法婚姻关系的处理和制裁。

2. 适用原因不同。离婚是因夫妻双方自愿达成合意或夫妻感情确已破裂而导致的,其原因发生在婚姻关系存续期间。而无效和可撤销婚姻则是因违反婚姻的有效要件或缔结婚姻的意思表示存在瑕疵而导致的,其原因一般在结婚之前或之时就已经存在。

3. 请求时间不同。离婚请求权只能在双方当事人生存期间行使,而请求确认婚姻无效或者撤销婚姻可在当事人一方或双方死亡后行使,只要符合法律规定的时限要求。

4. 请求主体不同。离婚请求权只能由当事人本人行使,而确认婚姻无效或者撤销婚姻除当事人有权请求外,还可由利害关系人或有关机关行使。

5. 程序要求不同。离婚既可以通过行政程序完成也可以通过诉讼程序主张,而婚姻的无效与撤销必须通过诉讼程序解决,由人民法院依法判决。

6. 法律后果不同。离婚后夫妻关系发生终止,且还存在复婚的可能,而无效的或者被撤销的婚姻是自始没有法律约束力,当事人溯及既往地不具有夫妻的权利和义务。

第二节　协议离婚

一、协议离婚的法律条件

协议离婚又称登记离婚、合意离婚,是指夫妻双方自愿离婚,并就离婚的法律后果达成协议,经过婚姻登记机关的认可,从而解除婚姻关系的一种离婚方式。协议离婚充分反映了当事人的意志,体现了私法自治的要求。协议离婚的手续简便,有利于保护当事人的隐私权,避免激化当事人的矛盾。

协议离婚的,应当具备如下法律条件:

1. 当事人双方具有合法的夫妻关系。离婚是对合法婚姻关系的解除,因此离婚须建立在合法婚姻关系的基础上。凡是没有办理过结婚登记,未持有结婚登记证明的同居者,不予办理离婚登记。且由于离婚行为具有很强的人身属性,须由当事人本人为之,他人不得代理。

2. 当事人双方自愿离婚。要求双方对离婚的意愿必须是真实的、一致的。解除婚姻关系的合意不存在欺诈、胁迫等意思表示有瑕疵的情形。

3. 双方当事人必须具有完全民事行为能力。离婚是民事法律行为,以双方当事人具有完全民事行为能力为前提。若有一方为无民事行为能力人或限制民事行为能力人,其离婚只能通过诉讼程序解决,并由其法定代理人代为诉讼。这主要是为了维护夫妻双方尤其是无民事行为能力人或限制民事行为能力人的合法权益。

4. 当事人应对离婚的法律后果达成一致的意见。离婚不仅是夫妻婚姻关系的解除,还要涉及子女抚养、债务承担、财产分割等问题。如果当事人只对是否离婚达成一致,但对离婚的其他法律后果无法达成协议,也不得进行离婚登记。双方当事人共同签署的离婚协议书是办理离婚登记的必备材料,离婚协议书应当载明双方当事人自愿离婚的意思表示以及对子女抚养、财产及债务处理等事项协商一致的意见。

二、协议离婚的程序

在我国,协议离婚必须到婚姻登记机关办理离婚登记手续,根据《婚姻登记条例》的规定,办理协议离婚须经过申请、初审和受理、冷静期、审查、登记这五个步骤。其具体的要求和步骤则是在《婚姻登记工作规范》以及民政部《关于贯彻落实〈中华人民共和国民法典〉中有关婚姻登记规定的通知》这两个规范性文件中加以规定的。

(一)申请

自愿离婚的男女双方,应当签订书面离婚协议,共同到一方当事人常住户口所在地的婚姻登记机关办理离婚登记的申请,并按一定的要求出具相应的证件和材料,具体包括:内地婚姻登记机关或者中国驻外使(领)馆颁发的结婚证、有效身份证件,在婚姻登记机关现场填写的《离婚登记申请书》。协议离婚具有强烈的人身属性,因此必须由当事人亲自行为,不能由他人代理,但可以聘请律师等提供法律帮助。

(二)初审和受理

婚姻登记机关收到当事人的离婚登记申请后,应当对其提供的证件和材料进行初审,初审的目的在于决定婚姻登记机关是否受理当事人的离婚登记申请。依《婚姻登记工作规范》第55条规定,受理离婚登记申请的条件是:婚姻登记处具有管辖权;要求离婚的夫妻双方共同到婚姻登记处提出申请;双方均具有完全民事行为能力;当事人持有离婚协议书,协议书中载明双方自愿离婚的意思表示以及对子女抚养、财产及债务处理等事项协商一致的意见;当事人持有内地婚姻登记机关或者中国驻外使(领)馆颁发的结婚证;当事人各提交2张2寸单人近期半身免冠照片;当事人持有有效身份证件。

若初审无误,婚姻登记机关就应当受理当事人的离婚登记申请,并发给《离婚登记申请受理回执单》。不符合离婚登记申请条件的,不予受理。当事人要求出具《不予受理离婚登记申请告知书》的,应当出具。

(三)冷静期

为了防止当事人一时冲动而轻率离婚,《民法典》规定了离婚冷静期制度。当事人向婚姻登记机关提出离婚登记申请后,婚姻登记机关经初审、受理后并不能直接发给离婚证,而须经过30日的冷静期。根据期间计算规则,这一冷静期自婚姻登记机关收到离婚登记申请并向当事人发放《离婚登记申请受理回执单》的次日开始计算。在这30日内,如果任何一方不愿意离婚的,可以向婚姻登记机关撤回离婚登记申请。冷静期届满后30日内,双方应当持离婚协议书、结婚证、男女方各2张2寸单人近期半身免冠照片、有效身份证件亲自到婚姻登记机关申请发给离婚证;未申请的,视为撤回离婚登记申请。本条规定针对的仅为协议离婚,不包括诉讼离婚。当事人作出撤回离婚登记申请的意思表示的方式,应当同递交离婚申请的方式相同,即由本人亲自至婚姻登记机关填写《撤回离婚登记申请书》。

(四)审查

婚姻登记机关的审查事项包含三个方面:(1)应当审查是否已过30日冷静期,如果冷静期还未过,则不能发给离婚证。并审查当事人是否在冷静期届满后30日内来申请发给离婚证。如果当事人未在冷静期届满的30日内申领离婚证,则视为撤回离婚登记申请,若当事人仍想离婚,必须再次向婚姻登记机关提出离婚登记申请,并再次适用本条规定的离婚冷静期制度。(2)审查当事人的离婚协议书、结婚证、男女方各2张2寸单人近期半身免冠照片、有效身份证件是否符合要求。(3)婚姻登记员应分开询问当事人的离婚意愿,以及对离婚协议内容的意愿,并进行笔录,笔录由当事人阅后签名。双方自愿离婚且对子女抚养、财产及债务处理等事项协商一致的,双方填写《申请离婚登记声明书》;婚姻登记员对当事人提交的证件、《申请离婚登记声明书》、离婚协议书进行审查,符合离婚条件的,填写《离婚登记审查处理表》和离婚证。

(五)登记

婚姻登记管理机关经过审查后,对符合规定的,予以离婚登记,注销结婚证,当场发给离婚证。当事人自取得离婚证之日起,夫妻关系解除。对不符合离婚条件的,不予办理。当事人要求出具《不予办理离婚登记告知书》的,应当出具。

第三节　诉讼离婚

一、诉讼离婚的法律界定

诉讼离婚,是指夫妻双方就是否离婚或财产分割、债务的承担等离婚的法律后果无法达成一致意见时,向人民法院起诉,人民法院经过审理,通过调解或判决解除婚姻关系的一种离婚制度。

诉讼离婚作为一种离婚的方式,其与协议离婚存在很大的区别。协议离婚充分反映了当事人的意志,而诉讼离婚则达不到这一要求;协议离婚手续简便,婚姻登记机关仅做形式上的审查,诉讼离婚程序复杂,人民法院需要详细审查离婚是否符合法定事由、意思表示是否真实,并通过调解或判决的方式确认离婚法律后果。

我国的诉讼离婚主要适用于下列几种情形:(1)夫妻一方要求离婚,另一方不同意;(2)双方愿意离婚,但就子女抚养、财产分割、债务承担等问题无法达成一致的意见的;(3)双方都同意离婚,但因一方不在国内居住,或是下落不明,或是宣告失踪,或是因正在服刑等原因而无法亲自去办理离婚登记的;(4)未办理结婚登记而以夫妻名义同居,为法律所承认的事实婚姻;(5)配偶一方为无民事行为能力人或限制民事行为能力人。

二、诉讼离婚的条件

诉讼离婚的条件是指法院在处理离婚案件时,据以判决离婚的法定理由。法官在处理离婚案件时,既要保障当事人的离婚自由,同时也要避免轻率离婚。因此,我国《民法典》明确将夫妻"感情确已破裂"作为判决离婚的条件。这意味着,只有当夫妻感情确已破裂时,法官才能判决离婚。

(一)夫妻感情确已破裂的参考因素

以夫妻感情确已破裂作为判决离婚的法定条件是我国长期以来司法实践经验的总结。感情是夫妻婚姻的基础,感情破裂就会导致夫妻关系难以维持。但是,感情确已破裂是法律所确定的一个抽象标准,需要法官在审理案件时进行一定的价值判断。一般而言,司法实践中判断夫妻感情是否确已破裂需要参考以下几个方面的因素:

1. 须了解夫妻二人的婚姻基础。所谓婚姻基础就是双方在缔结婚姻之前的感情状况和对彼此的了解程度。一般而言,考察婚姻基础要看双方相识和恋爱的时间长短、恋爱的方式是否属于自由恋爱、缔结婚姻时的意愿是否强烈、结婚的动机和目的等方面。通常情况下,婚姻基础好的夫妻感情较深,化解矛盾和修复关系的意愿也比较强烈,婚后感情破裂的可能性就小。

2. 须考虑夫妻婚后的感情状况。结婚后的感情状况也是判断夫妻感情是否确已破裂的重要因素,有的夫妻婚姻基础虽好,但婚后如果性格不合,生活中矛盾频频,缺乏沟通和理解,也会使夫妻感情破裂。相反,有的夫妻虽然婚前欠缺充分了解而感情不深,但婚后两人彼此磨合,逐渐培养和建立起深厚感情,在认定感情是否破裂时,就要充分把握,全面分析。实践中,婚后的感情状况主要考虑的是夫妻双方的家庭关系是否融洽,是否存在经常性的吵架、打架或分居等情形、是否为维持家庭生活共同奋斗和经营,是否互相体贴关爱和尊重彼此等因素。

3. 须分析夫妻离婚的具体原因。夫妻离婚的具体原因是离婚的导火索和主要矛盾的集中体现,离婚的原因可能是单一的,也可能是多方面原因交织在一起。离婚的具体原因有可能是纯粹夫妻感情方面的问题,也有可能是对财产的处分和子女抚养教育等重大生活问题分歧严重,还有可能是因一时的冲动情绪所致。审查夫妻离婚的具体原因时要注意区分离婚原因的严重性程度,以及对维持婚姻关系的影响性大小。对于一些常见的生活小矛盾、个别观念冲突等原因引起的离婚,不应武断认定感情确已破裂,应加以引导和教育。

4. 须衡量夫妻和好的可能性。这是对夫妻关系的前景进行的预测和考量,如果夫妻双方修复矛盾并重归于好的可能性比较大,那么不应认定感情确已破裂。通常情况下,夫妻之间因一时的矛盾会产生严重的对立情绪,但冷静下来后双方如果能充分反省自我,理性看待婚姻关系,有过错的一方正确认识自己的错误并诚心悔改,要求离婚的一方有回心转意的意愿,那么夫妻感情还是有和好的可能。

(二)准予离婚的事由

诚然,仅有夫妻感情确已破裂这样一个笼统的、抽象的标准作为诉讼离婚的条件难以满足司法实践的需要,司法人员往往不易把握。因此,《民法典》第1079条将概括性标准和列举性规定相结合,在明确夫妻感情确已破裂这个原则性标准之外,又明确列举了五种具体的事由,调解无效的,应当准予离婚:

1. 重婚或者与他人同居。此种行为是对婚姻不忠诚的表现,严重影响夫妻之间的感情。重婚是指已经有配偶者又与他人缔结婚姻的行为,包含事实上的重婚和法律上的重婚。与他人同居则是指有配偶者与婚外异性,不以夫妻名义,持续、稳定地共同居住。这两种行为都违反一夫一妻制的婚姻制度,严重伤害另一方配偶,因此作为认定夫妻感情确已破裂的情形之一。

2. 实施家庭暴力或者虐待、遗弃家庭成员。家庭暴力是指行为人以殴打、捆绑、残害、强行限制人身自由或者其他手段,给其家庭成员的身体、精神等方面造成一定伤害后果的行为。持续性、经常性的家庭暴力构成虐待。遗弃是指夫妻一方对需要扶养的家庭成员,不履行其应尽义务,是一种不作为的违法行为。须注意的是,上述行为的对象并不仅限于另一方配偶,而是所有的家庭成员,如子女。家庭暴力、虐待、遗弃严重侵害家庭成员的人身权益,若继续维持婚姻关系,很有可能使家庭成员遭受更大的损害,故而作为法定的诉讼离婚理由。

3. 有赌博、吸毒等恶习屡教不改。沾染恶习的配偶一方往往会扰乱家庭安宁,有些恶习不仅有损自身健康和安全,而且容易使家庭背负较大的经济负担,如吸食毒品;有些恶习则使人不务正业,长期沉迷,更谈不上履行家庭义务,如赌博;除此之外,恶习还包括酗酒、偷盗等行为。所谓"屡教不改"则是指经过多次教育和批评,但仍执迷不悟,拒不改正。

4. 因感情不和分居满2年。夫妻婚后共同生活是维系家庭关系的必然要求,也是履行夫妻义务的基本前提,如果夫妻因感情不和分居已经满2年,则表明夫妻关系疏远,甚至名存实亡,此时应准予离婚。须注意这里的分居原因必须是感情不和,而不是因异地就业等原因导致的分居。司法实践中,认定"分居"一般是以不在同一住宅中共同生活为标准,同住一房屋内但分房、分床都不属于分居。但是,经人民法院判决不准离婚后,双方又分居满1年,一方再次提起离婚诉讼的,应当准予离婚。

5. 其他导致夫妻感情破裂的情形。这一兜底性条款为司法人员进行个案判断留有余地。司法实践中,如果夫以妻擅自终止妊娠侵犯其生育权为由请求损害赔偿的,人民法院不予支持;夫妻双方因是否生育发生纠纷,致使感情确已破裂,一方请求离婚的,人民法院经调解无效,应当准予离婚。

除上述情形之外,如果一方被宣告失踪,另一方提起离婚诉讼的,应当准予离婚。被宣告失踪者因处于下落不明的状态,故而在夫妻关系中实际上处于缺位状态,既不能与配偶共同生活,也不能对家庭尽相应的义务。因此,另一方如果提起离婚诉讼的,人民法院应当判决准予离婚。

三、诉讼离婚的程序

我国的离婚诉讼程序主要包括以下三个阶段。

(一)起诉与受理

适格的当事人向人民法院提起离婚之诉是诉讼离婚的首要程序,诉讼离婚必须由婚姻当事人一方提出离婚请求,任何第三者都不能以诉讼当事人的身份提出离婚。起诉须符合《民事诉讼法》第122条规定的起诉条件,对于符合起诉条件的离婚案件,人民法院就应受理。无民事行为能力人的配偶有《民法典》第36条第1款规定行为,其他有监护资格的人可以要求撤销其监护资格,并依法指定新的监护人;变更后的监护人代理无民事行为能力一方提起离婚诉讼的,人民法院应予受理。

(二)调解

离婚的调解分为两类:(1)诉讼外调解,是指由当事人所在单位、基层组织、社会团体、人民调解委员会等有关组织在当事人自愿、合法基础上,就是否离婚及子女抚养、财产分割等问题达成协议。(2)诉讼内调解,是指在离婚诉讼过程中在审判人员的主持下,由双方当事人自愿协商,并就离婚事宜达成协议,从而解决纠纷。当夫妻一方要求离婚时,可以由有关组织进行调解或者直接向人民法院提起离婚诉讼。可见这两种调解是不同的,且诉讼外调解并不是诉讼离婚的必经程序,而是为了发挥有关组织在解决纠纷方面的优势,节约司法资源,因此并不是强制的。人民法院对于审理的离婚案件,应当进行调解;如果感情确已破裂,调解无效的,应当准予离婚。这里的调解是指诉讼内调解,"应当"一词表明调解是人民法院审理离婚案件的必经程序。在婚姻家事纠纷中,当事人往往伴有严重的对立情绪,容易冲动,逞一时之气,调解有利于缓和当事人之间的矛盾,平息双方的敌对情绪,更有利于纠纷的解决。调解也应尊重当事人的真实意愿,其结果既可能是双方重归于好,继续维系婚姻关系,也有可能是对离婚和财产分割、子女抚养等事项达成一致意见从而终止婚姻关系,还有可能是经调解后双方对离婚等事项仍然无法达成协议,此时调解无效就应继续进行离婚诉讼程序。

(三)判决

人民法院作出判决应以事实为根据,以法律为准绳,查清事实,明辨是非,切实判断夫妻感情是否确已破裂,从而作出准予或不准予离婚的判决。应当注意的是,当事人对已经发生法律效力的解除婚姻关系的判决,不得申请再审。这是因为离婚判决一经生效,双方即刻享有再婚的权利,如果允许再审,势必会引起婚姻关系的混乱。如果当事人仅因对离婚判决中已处理的财产分割问题不服,申请再审的,涉及判决中已分割的财产,人民法院应该进行审查;如涉及的为离婚判决中未涉及的财产,应当告诉当事人另行起诉。人民法院作出的生效的离婚判决中未涉及探望权,当事人就探望权问题单独提起诉讼的,人民法院应予受理。

四、诉讼离婚中的特别制度

(一)诉讼离婚中对现役军人的特殊保护

我国《民法典》对军婚予以特殊保护。通过对现役军人的配偶的离婚诉权进行限制来达到保护军婚的目的。具体内容为:现役军人的配偶要求离婚,应当征得军人同意,但是军人一方有重大过错的除外。这里的现役军人是指正在人民解放军和人民武警部队服役,具有军籍的干部和战士。如果军人一方有重大过错的,军人方不受该条款的保护。"军人一方有重大过错",可以依据《民法典》第1079条第3款前3项规定及军人有其他重大过错导致夫妻感情破裂的情形予以判断。适用该规定时应注意,现役军人的配偶必须是非现役军人,方能适用该条规定,如果夫妻双方均是现役军人,而应按离婚的一般规则处理。如果是现役军人主动要求离婚,也不适用该特殊保护的规定。军人为保卫国家往往戍守在外,与配偶长期分居两地,对军婚实行特殊保护有利于维护现役军人的家庭稳定,使其无后顾之忧,从而维护军队稳定,巩固国防力量。

(二)诉讼离婚中对女方的特殊保护

为了保护妇女的权益,我国法律在一定的特殊时期内对男方离婚诉权进行限制。如女方在怀孕期间、分娩后1年内或终止妊娠后6个月内,男方不得提出离婚;但是女方提出离婚或者人民法院认为确有必要受理男方离婚请求的除外。此时所指的分娩是指分娩的事实,婴儿是否活着出生则在所不问。终止妊娠包括自然流产和人工流产。如果是女方提出离婚,说明其已经有了面对离婚后果的心理准备,故无须进行限制。法院确有必要受理男方离婚请求的情况在实践中主要有两种情形:一是女方可能造成男方人身安全受损;二是女方怀孕系与他人通奸所致。

(三)再次起诉离婚的限制

判决不准离婚和调解和好的离婚案件,在没有新情况、新理由时,原告在6个月内又起诉的,人民法院不得受理。之所以要建立这样的制度,目的是防止当事人为了离婚而进行"缠讼"。普通民事案件奉行"一事不再理"原则,即对已经发生法律效力的判决、裁定,除法律另有规定外不得就同一事实再行起诉和受理。离婚案件因涉及人身关系故而有所不同,即便法院判决不准离婚,只要符合法律规定还可以再次提起离婚诉讼。

第四节　离婚的法律后果

一、离婚对当事人的人身关系效力

这是离婚的首要效力。离婚使基于夫妻身份而产生的夫妻间的人身关系归于消灭,其效力体现在以下几个方面:

1. 配偶资格的丧失。配偶身份是婚姻关系的直接体现,是产生夫妻人身关系、财产关系等一系列夫妻间权利与义务的前提和基础。离婚后,原夫妻双方不再具有夫妻间的权利义务。

2. 夫妻间相互扶养的权利义务终止。离婚后,夫妻不再是对方的近亲属和家庭成员,无须共同生活,夫妻间不再具有相互帮助、照顾的权利与义务,一方无权向另一方索要扶养费。

3. 夫妻间继承人资格的丧失。配偶作为第一顺位的法定继承人可以分得遗产,离婚后,夫妻关系消灭,配偶身份随之终结,相互之间不具有继承人资格。

4. 双方有复婚和再婚的自由。离婚后双方都将从原婚姻关系中脱离,回归单身状态。如果双方感情得以恢复,重修旧好,则可通过办理复婚登记的方式使婚姻关系再次建立。双方离婚后,也可以与他人再婚,建立新的婚姻关系。

5. 姻亲关系消灭。姻亲关系是建立在配偶关系的基础上,婚姻关系终止后,存在的拟制血亲关系基础不再存在,姻亲关系就会发生消灭。

二、离婚对当事人的财产关系效力

无论实行法定财产制还是约定财产制,离婚使夫妻间财产关系终止,发生夫妻财产的清算、共同财产的分割和共同债务的清偿等财产处理问题。离婚时,需要厘清夫妻财产与家庭财产,明确夫妻共同财产,确定夫妻个人财产。然后,对共同财产进行分割。对于婚后仍发现还有夫妻之间的财产未分割,可以请求法院分割。离婚后,一方以尚有夫妻共同财产未处理为由向人民法院起诉请求分割的,经审查该财产确属离婚时未涉及的夫妻共同财产,人民法院应当依法予以分割。

(一)夫妻共同财产的分割

1.分割方式

离婚后夫妻之间的财产分割方式,不外乎协议分割和判决分割两种。所谓协议分割,是指离婚双方对于其共同财产的分割,由双方协商解决。只要分割协议是双方共同的真实意思表示,内容合法,未损害子女的利益,即属有效。夫妻双方协议离婚后就财产分割问题反悔,请求撤销财产分割协议的,人民法院应当受理。人民法院审理后,未发现订立财产分割协议时存在欺诈、胁迫等情形的,应当依法驳回当事人的诉讼请求。

对于在婚姻登记机关办理的协议离婚或者到人民法院办理协议离婚的财产分割协议,最高人民法院《关于适用〈中华人民共和国民法典〉婚姻家庭编的解释(一)》第69条明确规定,当事人达成的以协议离婚或者到人民法院调解离婚为条件的财产以及债务处理协议,如果双方离婚未成,一方在离婚诉讼中反悔的,人民法院应当认定该财产以及债务处理协议没有生效,并根据实际情况依照《民法典》第1087条和第1089条的规定判决。换言之,这类财产分割协议本质上属于附生效条件的民事法律行为。

所谓判决分割,是指离婚双方不愿协商或协商不成的,由人民法院判决分割财产。法院对财产分割的处理,应当坚持男女平等,保护子女和女方的权益,照顾无过错方,有利生产、方便生活的原则。具体分割方法有实物分割、价格分割以及价值补偿。离婚时隐藏、转移、变卖、损毁夫妻共同财产的,对行为方少分或不分。离婚后另一方发现有上述行为,可以向人民法院提起诉讼,请求再次分割夫妻共同财产的诉讼时效期间为3年,从当事人发现之日起计算。

2.夫妻不动产的分割

随着我国经济社会的不断发展,住房等不动产尤其成为人们财产的重要组成部分,为解决司法实践中的问题,最高人民法院《关于适用〈中华人民共和国民法典〉婚姻家庭编的解释(一)》重点对夫妻不动产的分割进行了解释。

(1)夫妻之间房产赠与的处理。婚前或者婚姻关系存续期间,当事人约定将一方所有的房产赠与另一方或者共有,赠与方在赠与房产变更登记之前撤销赠与,另一方请求判令继续履行的,人民法院可以按照《民法典》第658条的规定处理。赠与人在赠与财产的权利转移之前可以撤销赠与。具有救灾、扶贫等社会公益、道德义务性质的赠与合同或者经过公证的赠与合同,不可以撤销赠与。因此对于夫妻房产赠与行为,赠与方在变更登记之前撤销赠与的,另一方无权请求继续履行。

(2)对于婚前不动产首付款是一方支付,婚后夫妻共同财产还贷的不动产分割。如果夫妻一方婚前签订不动产买卖合同,以个人财产支付首付款并在银行贷款,婚后用夫妻共同财产还贷,不动产登记于首付款支付方名下的,离婚时该不动产由双方协议处理。不能达成协议的,人民法院可以判决该不动产归登记一方,尚未归还的贷款为不动产登记一方的个人债务。双方婚后共同还贷支付的款项及其相对应财产增值部分,离婚时应根据《民法典》第1087条第1款规定的原则,由不动产登记一方对另一方进行补偿。

(3)婚姻关系存续期间,双方用夫妻共同财产出资购买以一方父母名义参加房改的房屋处理。这类房屋,产权登记在一方父母名下,离婚时另一方主张按照夫妻共同财产对该房屋进行分割的,人民法院不予支持,但购买该房屋时的出资可以作为债权处理。这是因为,在我国改革开放过程中,国家机关和国家企业事业单位的职工,由原来的对住房的租赁权变为对住房的所有权,这类房改实际上是国家给干部职工的福利,房屋只能登记在参加房改的职工名下;另外,这也是物权公示的必然结果。

双方对夫妻共同财产中的房屋价值及归属无法达成协议时,应当按以下情形分别处理:第一,双方均主张房屋所有权并且同意竞价取得的,应当准许;第二,一方主张房屋所有权的,由评估机构按市场价格对房屋作出评估,取得房屋所有权的一方应当给予另一方相应的补偿;第三,双方均不主张房屋所有权的,根据当事人的申请拍卖、变卖房屋,就所得价款进行分割。

离婚时双方对尚未取得所有权或者尚未取得完全所有权的房屋有争议且协商不成的,人民法院不宜判决房屋所有权的归属,应当根据实际情况判决由当事人使用。当事人就前款规定的房屋取得完全所有权后,有争议的,可以另行向人民法院提起诉讼。

3. 养老保险金、遗产的分割

随着我国养老保险制度的完善,离婚时对养老保险金的分割矛盾日益凸显。离婚时夫妻一方尚未退休、不符合领取养老保险金条件,另一方请求按照夫妻共同财产分割养老保险金的,显然不能得到支持;婚后以夫妻共同财产缴付养老保险费,养老金账户中婚姻关系存续期间个人实际缴付部分属于夫妻共同财产,离婚时可以分割。

婚姻关系存续期间,夫妻一方作为继承人依法可以继承的遗产,在继承人之间尚未实际分割,起诉离婚时另一方请求分割的,人民法院应当告知当事人在继承人之间实际分割遗产后另行起诉。

4. 投资性财产和收益的分割

(1)夫妻共有的有价证券。夫妻双方分割共同财产中的股票、债券、投资基金份额等有价证券以及未上市股份有限公司股份时,协商不成或者按市价分配有困难的,人民法院可以根据数量按比例分配。

(2)有限责任公司中的夫妻共同财产。人民法院审理离婚案件,涉及分割夫妻共同财产中以一方名义在有限责任公司的出资额,另一方不是该公司股东的,按以下情形分别处理:第一,夫妻双方协商一致将出资额部分或者全部转让给该股东的配偶,其他股东过半数同意,并且其他股东均明确表示放弃优先购买权的,该股东的配偶可以成为该公司股东。第二,夫妻双方就出资额转让份额和转让价格等事项协商一致后,其他股东半数以上不同意转让,但愿意以同等条件购买该出资额的,人民法院可以对转让出资所得财产进行分割。其他股东半数以上不同意转让,也不愿意以同等条件购买该出资额的,视为其同意转让,该股东的配偶可以成为该公司股东。用于证明股东同意的证据,可以是股东会议材料,也可以是当事人通过其他合法途径取得的股东的书面声明材料。

(3)合伙企业中的夫妻共同财产。人民法院审理离婚案件,涉及分割夫妻共同财产中以一方名义在合伙企业中的出资,另一方不是该企业合伙人的,当夫妻双方协商一致,将其合伙企业中的财产份额全部或者部分转让给对方时,按以下情形分别处理:第一,其他合伙人一致同意的,该配偶依法取得合伙人地位。第二,其他合伙人不同意转让,在同等条件下行使优先购买权的,可以对转让所得的财产进行分割。第三,其他合伙人不同意转让,也不行使优先购买权,但同意该合伙人退伙或者削减部分财产份额的,可以对结算后的财产进行分割。第四,其他合伙人既不同意转让,也不行使优先购买权,又不同意该合伙人退伙或者削减部分财产份额的,视为全体合伙人同意转让,该配偶依法取得合伙人地位。

(4)个人独资企业中的夫妻共同财产。夫妻以一方名义投资设立个人独资企业的,人民法院分割夫妻在该个人独资企业中的共同财产时,应当按照以下情形分别处理:第一,一方主张经营该企业的,对企业资产进行评估后,由取得企业资产所有权一方给予另一方相应的补偿。第二,双方均主张经营该企业的,在双方竞价基础上,由取得企业资产所有权的一方给予另一方相应的补偿。第三,双方均不愿意经营该企业的,按照《个人独资企业法》等有关规定办理。

5. 其他财产的分割

随着经济社会发展,夫妻在婚姻关系存续期间取得的财产类型愈加多样,为平衡夫妻离婚后的利益格局,司法解释还对一些特殊财产问题进行了细化规定:

(1)分割发放到军人名下的复员费、自主择业费等一次性费用,以夫妻婚姻关系存续年限乘以年平均值,所得数额为夫妻共同财产。所谓年平均值,是指将发放到军人名下的上述费用总额按具体年限均分得出的数额。其具体年限为人均寿命70岁与军人入伍时实际年龄的差额。

(2)夫妻之间订立借款协议,以夫妻共同财产出借给一方从事个人经营活动或者用于其他个人事务的,应视为双方约定处分夫妻共同财产的行为,离婚时可以按照借款协议的约定处理。

(二)夫妻共同债务的承担

如何妥当规定和认定夫妻共同债务,是困扰我国立法和司法界的一大难题,其中既要平衡夫妻之间的利益关系,又要充分考虑对债权人的保护。夫妻双方共同签名或者夫妻一方事后追认等共同意思表示所负的债务,以及夫妻一方在婚姻关系存续期间以个人名义为家庭日常生活需要所负的债务,属于夫妻共同债务。夫妻一方在婚姻关系存续期间以个人名义超出家庭日常生活需要所负的债务,不属于夫妻共同债务;但是,债权人能够证明该债务用于夫妻共同生活、共同生产经营或者基于夫妻双方共同意思表示的除外。

离婚时,夫妻共同债务应当共同偿还。共同财产不足清偿或者财产归各自所有的,由双方协议清偿;协议不成的,由人民法院判决。即便夫或者妻一方死亡的,生存一方应当对婚姻关系存续期间的夫妻共同债务承担清偿责任。当事人的离婚协议或者人民法院生效判决、裁定、调解书已经对夫妻财产分割问题作出处理的,债权人仍有权就夫妻共同债务向男女双方主张权利。一方对夫妻共同债务承担清偿责任后,有权请求对方按照离婚协议或者人民法院的法律文书承担相应债务。

原则上,一方婚前以个人名义所负债务,除债权人能够证明所负债务用于婚后家庭共同生活的外,不属于夫妻共同债务。同时,这里所讲的债务当然是受法律保护的债务,夫妻一方在从事赌博、吸毒等违法犯罪活动中所负债务,不能认定为夫妻共同债务。

(三)离婚时的彩礼返还问题

彩礼是中国古代的一种婚嫁习俗,但在我国现阶段婚前给付彩礼的现象还相当盛行,在很多地区已经形成了一种约定俗成的习惯。一般表现为男方为迎娶女方而给付的财物。我国司法实践中因彩礼而发生的民事纠纷类型多样,一般来讲,如果属于下列情形之一,当事人请求返还按照习俗给付的彩礼的,还是可以得到人民法院的支持:(1)双方未办理结婚登记手续;(2)双方办理结婚登记手续但确未共同生活;(3)婚前给付并导致给付人生活困难。其中后两种情形应当以双方离婚为条件。其中“生活困难”,是指依靠个人财产和离婚时分得的财产无法维持当地基本生活水平。

三、离婚对父母子女关系的效力

父母子女的关系是由血缘决定。离婚后,父母对于子女仍有抚养、教育、保护的权利和义务,子女无论是由父或母直接抚养,仍是父母双方的子女。但由于离婚后,通常情况下夫妻二人并不共同生活,子女只能跟随父或者母一方生活,因此离婚时须解决子女抚养这一重要问题。

(一)抚养人的确定

确定子女由父或母哪一方做抚养人,关乎孩子的健康成长和发展。法院在审理离婚案件中,应当以有利于子女成长为出发点,结合父母双方的实际条件,妥善处理好子女抚养问题。

1. 对于不满 2 周岁的子女。考虑到孩子在婴幼儿时期更依赖母亲的照料和养育,因此法律规定夫妻离婚后,不满 2 周岁的子女,以由母亲直接抚养为原则。但如果母亲有下列情形之一,应由父亲直接抚养:(1)患有久治不愈的传染性疾病或者其他严重疾病,子女不宜与其共同生活;(2)有抚养条件不尽抚养义务,而父亲要求子女随其生活;(3)因其他原因,子女的确不宜随母亲生活。如果父母双方协议不满 2 周岁子女由父亲直接抚养,并对子女健康成长无不利影响的,当然也是允许的。

2. 对于已满 2 周岁的子女。父母双方对抚养问题协议不成的,由人民法院根据双方的具体情况,按照最有利于未成年子女的原则判决。对已满 2 周岁的未成年子女,父母均要求直接抚养,一方有下列情形之一的,可予优先考虑:(1)已做绝育手术或者因其他原因丧失生育能力;(2)子女随其生活时间较长,改变生活环境对子女健康成长明显不利;(3)无其他子女,而另一方有其他子女;(4)子女随其生活,对子女成长有利,而另一方患有久治不愈的传染性疾病或者其他严重疾病,或者有其他不利于子女身心健康的情形,不宜与子女共同生活。

3. 对于已满 8 周岁的子女。年满 8 周岁的未成年人具备一定的判断能力和认识能力,可以表达一定的自我意愿,此时应当尊重其真实意愿。

父母抚养子女的条件基本相同,双方均要求直接抚养子女,但子女单独随祖父母或者外祖父母共同生活多年,且祖父母或者外祖父母要求并且有能力帮助子女照顾孙子女或者外孙子女的,可以作为父或者母直接抚养子女的优先条件予以考虑。在有利于保护子女利益的前提下,父母双方可以协议轮流直接抚养子女。生父与继母离婚或者生母与继父离婚时,对曾受其抚养教育的继子女,继父或者继母不同意继续抚养的,仍应由生父或者生母抚养。在离婚诉讼期间,双方均拒绝抚养子女的,可以先行裁定暂由一方抚养。

(二)抚养人的变更

子女抚养人确定后并不是不能变更。离婚后,父母双方可以协议变更子女抚养关系;父母一方要求变更子女抚养关系的,可以通过诉讼由人民法院判决变更。具有下列情形之一,父母一方可以要求变更子女抚养关系:(1)与子女共同生活的一方因患严重疾病或者因伤残无力继续抚养子女;(2)与子女共同生活的一方不尽抚养义务或有虐待子女行为,或者其与子女共同生活对子女身心健康确有不利影响;(3)已满 8 周岁的子女,愿随另一方生活,该方又有抚养能力;(4)有其他正当理由需要变更。

(三)抚养费的给付

离婚后,子女由一方直接抚养的,另一方应当负担部分或者全部抚养费。负担费用的多少和期限的长短,由双方协议;协议不成的,由人民法院判决。抚养费的数额,可以根据子女的实际需要、父母双方的负担能力和当地的实际生活水平确定。有固定收入的,抚养费一般可以按其月总收入的 20% ~30% 的比例给付。负担两个以上子女抚养费的,比例可以适当提高,但一般不得超过月总收入的 50% 。无固定收入的,抚养费的数额可以依据当年总收入或者同行业平均收入,参照上述比例确定。有特殊情况的,可以适当提高或者降低上述比例。抚养费应当定期给付,有条件的可以一次性给付。父母一方无经济收入或者下落不明的,可以用其财物折抵抚养费。抚养费的给付期限,一般至子女18周岁为止。16周岁以上不满18周岁,以其劳动收入为主要生活来源,并能维持当地一般生活水平的,父母可以停止给付抚养费。

父母双方可以协议由一方直接抚养子女并由直接抚养方负担子女全部抚养费。但是,直接抚养方的抚养能力明显不能保障子女所需费用,影响子女健康成长的,不在此列。同时,父母不得因子女变更姓氏而拒付子女抚养费。父或者母擅自将子女姓氏改为继母或继父姓氏而引起纠纷的,应当责令恢复原姓氏。

离婚协议中或离婚判决中所确定的抚养费数额并非固定不变的,具有下列情形之一,子女有权要求有负担能力的父或者母增加抚养费:(1)原定抚养费数额不足以维持当地实际生活水平;(2)因子女患病、上学,实际需要已超过原定数额;(3)有其他正当理由应当增加。

(四)探望权的行使

所谓探望权,是指离婚后间接抚养子女的父母一方享有的与未成年子女探望、会面、交流的权利。

探望权的行使应当有利于子女的生理、心理及人格的健康发展。父或者母探望子女,不利于子女身心健康的,由人民法院依法中止探望;中止的事由消失后,应当恢复探望。未成年子女、直接抚养子女的父或者母以及其他对未成年子女负担抚养、教育、保护义务的法定监护人,有权向人民法院提出中止探望的请求。对于拒不协助另一方行使探望权的有关个人或者组织,可以由人民法院依法采取拘留、罚款等强制措施,但是不能对子女的人身、探望行为进行强制执行。

行使探望权利的方式、时间由当事人协议,协议不成的,由人民法院判决。直接抚养一方有协助的义务。

值得指出的是,我国《民法典》制定过程中对是否规定隔代探望权分歧较大,即祖父母、外祖父母是否有探望孙子女、外孙子女的权利。〔2〕 从人情与法理相统一的角度来讲,隔代探望的权利应当予以保障。

第五节　离婚救济

一、离婚经济补偿

离婚经济补偿,是指夫妻一方因抚育子女、照料老人、协助另一方工作等负担较多义务的,离婚时有权向另一方请求补偿的制度。

男女双方缔结婚姻后组建成家庭共同体,为了维系家庭的正常运转,基于高效理念,夫妻双方会结合自身优势和实际情况对家庭事项进行合理内部分工。在我国大多数的家庭结构中,男性一般从事较多的职业劳动获取报酬作为家庭的物质基础,女性一般承担更多的家务劳动和养老育幼职责。在这个过程中,女性往往为了家庭利益会丧失就业的机会、牺牲自我发展的机会。

---

〔2〕 立法过程中的观点,参见黄薇主编:《中华人民共和国民法典婚姻家庭编释义》,法律出版社2020年版,第172~173页。

而家务劳动本身属于一种间接的、隐性的创造家庭财富的方式,并不能带来直接的财产收益,但是其家庭贡献是不容忽视的。在离婚时,如果严格按照一般规则进行夫妻财产分割,对女性的利益保障显然是不利的。

离婚经济补偿从性质上来讲是一种法定补偿义务,是法律为了妥当处理夫妻双方利益所作的一种平衡。须注意,无论当事人之间采取的是约定财产制还是法定财产制,是分别财产制还是共同财产制,只要符合离婚经济补偿的构成要件就可以主张。

离婚经济补偿的具体办法可以由双方进行协商,达不成的协议的,请求权人可以依法请求人民法院判决。

二、离婚经济帮助

离婚经济帮助,是指在离婚时,如一方生活困难,有负担能力的另一方应当给予适当帮助的制度。这一制度体现了法律对弱势者的保护与帮助,可以保障婚姻关系解除后困难一方的基本生活需要。

我们需要从下述三方面准确把握这一制度:

1. 一方存在生活困难是指一方依靠个人财产和离婚时分得的财产无法维持当地的基本生活水平,或者年老病残、没有劳动能力和生活来源、离婚后没有居住处所等,在性质上这种困难必须是客观存在的。

2. 提供帮助的一方须有负担能力,法律不强人所难,不能因提供帮助而使自己陷入生活困难的境地中。

3. 给予适当帮助的形式可以是多样的。既可以是以给付金钱的方式给予帮助,也可以是通过提供住所、供给食物等方式给予帮助。

离婚经济帮助的具体办法可以由双方进行协商,达不成的协议的,请求权人可以依法请求人民法院判决。

三、离婚损害赔偿

离婚损害赔偿,是指因对方的过错行为而导致离婚的原夫妻中的一方,对其因离婚所致的损害依法可请求对方予以赔偿的制度。离婚损害赔偿包括物质损害赔偿和精神损害赔偿。

离婚损害赔偿本质上属于侵权损害赔偿,其构成要件如下:(1)须当事人双方具有法律认可的夫妻身份。(2)须夫妻一方实施了法定的过错行为。(3)须无过错方因离婚而受到损害,包括物质损害和精神损害。(4)须请求权人无过错。这里的“无过错”不是指没有任何过错,而是指没有《民法典》第1091条所列举的几种过错行为。如果夫妻双方均有过错情形,一方或者双方向对方提出离婚损害赔偿请求的,依法应不予支持。

离婚损害赔偿制度的适用前提是因一方过错而导致离婚,无论是协议离婚还是诉讼离婚,均可适用。根据《民法典》第1091条的规定,适用离婚损害赔偿的过错包括:(1)重婚;(2)与他人同居;(3)实施家庭暴力;(4)虐待、遗弃家庭成员;(5)有其他重大过错。

因此,人民法院判决不准离婚的案件不适用该制度。在婚姻关系存续期间,当事人不起诉离婚而单独依据《民法典》第1091条提起损害赔偿请求的,人民法院同样不予受理。

在司法实践中,在适用离婚损害赔偿制度时,还应当区分以下不同情况:(1)无过错方作为原告向人民法院提起损害赔偿请求的,必须在离婚诉讼的同时提出。(2)无过错方作为被告的离婚诉讼案件,如果被告不同意离婚也不提起损害赔偿请求的,可以单独提起诉讼。

思考题

1. 简述婚姻终止的原因。
2. 简述离婚与无效婚姻的区别。
3. 简述协议离婚的法律条件及程序。
4. 试评析“离婚冷静期”制度。
5. 简述诉讼离婚的条件。
6. 简述离婚的法律后果。
7. 简述夫妻共同债务的认定。
8. 简述离婚对父母子女关系的效力。
9. 简述离婚损害赔偿请求权。

阅读指引

关于离婚冷静期制度相关问题研究

1. 杨立新、蒋晓华:《对民法典婚姻家庭编草案规定离婚冷静期的立法评估》,载《河南社会科学》2019 年第 6 期。
2. 马忆南:《离婚冷静期是对轻率离婚的限制和约束》,载《妇女研究论丛》2020 年第 4 期。
3. 吴小英:《“离婚冷静期”争议背后的几个学术焦点》,载《妇女研究论丛》2020 年第 4 期。
4. 夏沁:《民法典登记离婚冷静期条款的解释论》,载《法学家》2020 年第 5 期。
5. 王琦:《诉讼离婚冷静期制度的构建:必要性、可行性及与现行法的对接》,载《贵州社会科学》2020 年第 12 期。
6. 秦奥蕾:《论婚姻保护的立宪目的——兼回应“离婚冷静期”争议》,载《法学评论》2021 年第 6 期。

关于彩礼返还问题的相关研讨

1. 李洪祥:《彩礼返还之规定的社会性别分析》,载《法学杂志》2005 年第 2 期。
2. 张学军:《彩礼返还制度研究——兼论禁止买卖婚姻和禁止借婚姻索取财物》,载《中外法学》2006 年第 5 期。
3. 黄小筝:《彩礼返还纠纷司法裁判的“法”与“理”》,载《湘潭大学学报(哲学社会科学版)》2015 年第 3 期。
4. 吴娟:《解除同居关系后彩礼返还的法律分析》,载《东南大学学报(哲学社会科学版)》2017 年第 1 期。
5. 金眉:《论彩礼返还的请求权基础重建》,载《政法论坛》2019 年第 5 期。

关于夫妻共同债务规则的理解与适用

1. 刘征峰:《共同意思表示型夫妻共同债务的认定》,载《法学》2021 年第 11 期。
2. 李洪祥:《〈民法典〉夫妻共同债务构成法理基础论》,载《政法论丛》2021 年第 1 期。
3. 王轶:《夫妻共同债务的认定与清偿:总结、比较与展望》,载《华东政法大学学报》2021 年第

1 期。
4. 王轶、包丁裕睿:《夫妻共同债务的认定与清偿规则实证研究》,载《华东政法大学学报》2021 年第 1 期。
5. 贺剑:《夫妻财产法的精神——民法典夫妻共同债务和财产规则释论》,载《法学》2020 年第 7 期。

第五章　收　　养

导学案例

42 周岁的乔某刚(男)一直单身且未生育子女,其弟乔某峰家中有五个女儿,且家庭经济条件一般,为减轻抚养五个女儿的压力,乔某刚提出收养其弟乔某峰最小的女儿乔某萍(9 周岁),乔某峰夫妇表示同意并办理了收养登记手续。收养关系确立后,乔某萍就跟随乔某刚一起生活,一应生活和教育开支均由乔某刚负责。乔某萍一直对生父母将其送养的行为耿耿于怀,一心想要脱离家庭。大学毕业后,乔某萍留在外地工作,再未与家中联系。乔某刚年纪渐长,劳动能力减弱,无经济收入后生活困难,在不得已的情况下向乔某萍讨要生活费,遭到拒绝。乔某刚痛心不已,向人民法院提出解除与乔某萍的收养关系。根据以上案情,回答下列问题:

1. 乔某刚收养乔某萍是否符合法律的规定?
2. 乔某刚能否解除与乔某萍之间的收养关系?
3. 如果法院判决收养关系解除,将发生何种法律后果?

第一节　收养关系的成立

一、收养的法律界定

收养是指根据法律规定领养他人子女或孤儿等未成年人,使其在法律上成为自己的子女,从而依法建立拟制亲子关系的民事法律行为。其中,领养他人子女的人被称为收养人,该子女被称为被收养人,将子女或孤儿等未成年人送给别人抚养的人被称为送养人。

收养制度是亲属制度中不可缺少的重要部分,具有重要的法律意义。通过收养制度的实施,可以有效解决被收养人的抚养问题,满足收养人的育儿需求,同时解决送养人无力抚养子女的现实困境。目前我国的经济发展水平尚不够发达和均衡,社会福利机构的数量和经费相对有限,构建私主体之间的收养制度,可以减轻国家的经济负担,使社会问题得到有效的解决,从而促进社会的安定团结。

收养具备以下几点法律特征。

1. 收养属于身份法律行为。收养行为的当事人进行收养活动,具有自己的意志和愿望,希望通过自己的行为达到相应的法律后果。故而,收养行为是以意思表示为构成要素、能够引起行为人预期的创设身份关系的民事法律行为。因收养可以导致亲子关系的产生,故收养属于身份法律行为。

2. 收养旨在发生拟制血亲关系。收养行为使原本并无直系血亲关系的收养人与被收养人之间产生父母子女权利义务关系。因此,它是一种依法变更亲子关系、转移亲子间的权利义务的身份行为,具有法定的拟制效力(收养人与被收养人之间形成拟制的父母子女关系)和解销效力(消灭原直系血亲父母子女间的权利与义务关系)。

3. 收养关系当事人有严格限定。收养只能发生于非直系血亲的自然人之间,且因事关未成年人的健康成长,所以,收养人、被收养人、送养人要满足法律规定的诸多相应资格与条件。这些规定往往都具有强制性,一旦不符合该强制性规定的要求便不能发生收养效力。

4. 收养行为是要式法律行为。收养不仅涉及当事人之间的人身关系与财产关系,还影响到其他人和社会的利益,因此收养关系的成立与解除应当履行法定程序,须完成有关部门的审查和登记方能生效,欠缺形式要件的不发生收养的效力。

二、被收养人的条件

被收养人必须是未成年人,这是由收养制度的功能所决定的。一方面,收养之目的在于使那些父母因故不能抚养的未成年子女获得抚养,解决被收养人生存问题的同时,为其寻求更优质的成长条件。如果子女已经成年,已经具有了独立生活的能力,则无须再被他人抚养。另一方面,被收养人年龄过大也不利于子女与养父母之间建立起深厚的感情,也不利于维持收养关系的稳定。因此,《民法典》第1093条规定,被收养的未成年人应为下列三种情况之一。

1. 丧失父母的孤儿。丧失父母是指被收养人的父母已经死亡或者被宣告死亡,这里的“父母”不仅包括生父母,还包括养父母、有抚养关系的继父母。丧失父母的孤儿实际上处于无人照料的状态,一般被临时寄养在他人家中或由社会福利机构暂时照管,法律允许此类未成年人被依法收养有利于保障其生活质量,使其能够在家庭环境中成长。

2. 查找不到生父母的未成年人。查找不到生父母,是指生父母下落不明或者通过现有途径和方式无法获知生父母下落。此类未成年人一般是被其父母遗弃或是因被拐卖、拐骗、走失等情形与父母分离而无法取得联系。

3. 生父母有特殊困难无力抚养的子女。特殊困难是指生父母因身体健康或是经济方面的原因无力对其子女进行抚养。实践中,生父母无力抚养子女的情形复杂,须负有收养管理职责的部门在实践中具体判断。同时应切实审查困难程度是否足以导致无力抚养子女,从而防止生父母以此为由逃避履行抚养义务行弃养子女之实。

三、送养人的范围及其条件

送养人包括以下几种:

1. 有特殊困难无力抚养子女的生父母。生父母因身体健康或是经济方面的原因无力对其子女进行抚养的,可以依法将其子女送养。生父母送养子女,应当双方共同送养。如果生父母一方不明或者查找不到的,则可以单方送养(《民法典》第1097条)。如果是夫妻一方死亡,另一方决定送养未成年子女的,死亡一方的父母有优先抚养的权利,此种情况下,送养须征求死亡一方父母的同意(《民法典》第1108条)。

2. 监护人。(1)孤儿的监护人可以送养未成年孤儿。出于保护孤儿权益的需要,孤儿的监护人送养孤儿的,但必须征得有抚养义务的人同意。

(2)非孤儿未成年人的监护人可以送养被监护人。未成年人的父母均不具备完全民事行为能力且可能严重危害该未成年人的,该未成年人的监护人可以将其送养。

有抚养义务的人不同意送养、监护人不愿意继续履行监护职责的,应当依照《民法典》总则编中关于监护制度的规定,在对其负有监护责任的人中,另行确定监护人。

3. 儿童福利机构。儿童福利机构可送养其抚养的弃婴和儿童。对于各地民政部门主管的收容、养育孤儿和查找不到生父母的弃婴、儿童的社会福利机构,收养人自愿收养的,由社会福利机构作为送养人(《民法典》第1094条第2项)。

四、收养人的条件

(一)一般收养人的条件

1. 无子女或只有1名子女。无子女包括无婚生子女、非婚生子女和无养子女,主要是指收养人由于生理等方面原因无法生育子女,以及虽有生育能力但不愿生育或所生子女死亡者,可以收养子女。随着我国二胎政策的放开,无子女的收养人可以收养2名子女,有子女的收养人只能收养1名子女。对收养子女的数量设置法律上的限制也是为了保障子女的生活质量,使其能够得到充分的照顾和养育。

2. 有抚养、教育和保护被收养人的能力。收养人应当具有完全民事行为能力,无民事行为能力或限制民事行为能力人不能收养未成年人,收养人要有履行父母职责的能力,还需具备一定的经济负担能力,同时在思想品德等方面有抚养、教育和保护被收养未成年人健康成长的能力。

3. 未患有在医学上认为不应当收养子女的疾病。为保障养子女的身体健康和正常生活,当收养人患有危害养子女健康的传染性疾病或危害养子女人身安全的精神性疾病时,不得收养子女。

4. 无不利于被收养人健康成长的违法犯罪记录。收养人收养未成年子女之前犯有性侵、强奸、虐待、遗弃等犯罪行为或有违法行为记录的,不得收养未成年子女。行为人如果实施过违法犯罪行为,其人身危险性较高,往往道德品质有瑕疵,这些都不利于未成年人的健康成长,不适宜作为收养人。

5. 年满30周岁。这是对收养人年龄限制的最低要求。收养人要承担为人父母的职责,与被收养人保持一定的年龄差距是较为合适的。同时,也要求收养人在生理、心理、物质基础等方面较为成熟。根据我国的实际情况,30周岁是较为合适的。

(二)特殊收养人的条件

《民法典》针对某些特殊收养关系,作了适当放宽条件的规定。这些特殊的收养关系主要是考虑到历史传统、对侨胞的照顾、社会公益的促进等因素。具体包含以下规则:

1. 收养三代以内旁系同辈血亲的子女。这类收养发生在血亲之间。可以放宽的条件有:不受被收养人是生父母有特殊困难无力抚养子女的限制;不受送养人应是有特殊困难无力抚养子女的生父母的限制;无配偶者收养三代以内同辈旁系血亲的子女,不受收养人与被收养人的年龄应当相差40周岁的限制;华侨收养三代以内同辈旁系血亲的子女,还可以不受收养人须无子女或只有1名子女的限制。

2. 收养孤儿、残疾未成年人或是社会福利机构抚养的查找不到生父母的未成年人。此类收养可以不受收养人无子女或只有1名子女,以及无子女的收养人可以收养2名子女,有子女的收养人只能收养1名子女的收养子女数量限制。收养孤儿、残疾儿童或者儿童福利机构抚养的查找不到生父母的未成年人,收养人即使有多位子女也可以收养,且收养的人数无限制。这是为了鼓励人们对公益事业的支持。

3. 收养继子女。继子女与继父母生活在一起,为了有利于再婚家庭的和谐,《民法典》对继父母收养继子女放宽了以下条件:不受生父母有特殊困难无力抚养未成年子女的限制;不受送养人应是有特殊困难无力抚养子女的生父母的限制;不受收养人条件的限制;不受无子女的收养人可以收养 2 名子女,有子女的收养人只能收养 1 名子女的限制。

4. 有配偶者收养子女。对于有配偶的收养人,收养子女时应当要求由夫妻共同收养,所谓共同收养要求夫妻双方对收养子女这一事项达成一致意思表示。因为收养子女导致新的家庭成员增加,亲属身份关系产生,夫妻共同收养有利于维护家庭的和睦。但若配偶一方为无民事行为能力人,另一方则可以单独收养。

5. 无配偶者收养异性子女。无配偶者在收养异性子女时,法律要求收养人与被收养人的年龄应当相差40 周岁以上。这一规定主要是为了防止收养人借收养未成年人之名,在两性关系方面行侵害未成年人之实。

6. 外国人在我国收养子女。外国人在我国收养子女,应当经其所在国主管机关依照该国法律审查同意。收养人应当提供由其所在国有权机构出具的有关其年龄、婚姻、职业、财产、健康、有无受过刑事处罚等状况的证明材料,并与送养人签订书面协议,亲自向省、自治区、直辖市人民政府民政部门登记。除国家另有规定的外,上述证明材料应当经收养人所在国外交机关或者外交机关授权的机构认证,并经我国驻该国使领馆认证。

五、收养协议

收养协议是指送养人与收养人之间达成的与被收养人有关的权利义务的协议。

收养协议性质上属于身份民事法律行为,一方面要适用《民法典》总则编民事法律行为制度的规定,另一方面还要适用收养的法律规定,如果有关收养的法律没有规定的,可以根据其性质参照适用合同编规定。

收养关系当事人愿意签订收养协议的,可以签订收养协议。其中,收养 8 周岁以上未成年人的,应当征得被收养人的同意。

在收养协议中,为保障被收养人的健康成长,收养人和送养人须在收养协议中明确被收养人有关的权利义务,如继承、抚养等问题。

值得注意的是,在收养关系中,收养协议并不是收养关系主体必须签订的协议,签订与否看收养关系当事人的意愿。

六、收养的程序

为了保障合法的收养关系,维护收养关系的稳定,防止不法收养,有必要由相关行政机关进行干预,并通过一系列的程序,规范收养行为,从而保护收养关系各主体的合法权益。收养程序的构建是以收养登记作为核心的,以规范化、明确化的方式确定收养信息,从而维护第三人的利益。收养行为的要式性决定了凡是欠缺法定形式要件的收养行为,收养关系一律不成立(见表 5 - 5 - 1)。

表5－5－1　收养的登记

<table>
<tr><td>登记机关</td><td colspan="2">收养应当向县级以上人民政府民政部门登记。收养关系自登记之日起成立。民政部门是主管民间社会事务的行政部门，将民政部门确定为收养的登记机关，符合其职能要求</td></tr>
<tr><td rowspan="4">登记程序</td><td>申请</td><td>收养关系当事人应当亲自到收养登记机关办理成立收养关系的登记手续。夫妻共同收养子女的，应当共同到收养登记机关办理登记。收养当事人应当携带法律法规规定的相关的证明材料和文件</td></tr>
<tr><td>审查及公告</td><td>收养登记机关对申请办理收养所提交的证明材料和文件的真实性、合法性进行审查，并就收养当事人是否符合《民法典》规定的收养关系成立的条件进行审查。收养查找不到生父母的未成年人，办理登记的民政部门应当登记前予以公告。经公告查找，的确找不到生父母下落的，才能允许他人收养该未成年人</td></tr>
<tr><td>收养评估</td><td>民政部门进行收养登记前，应当对要登记的收养关系进行收养评估，以最大限度地保护被收养人的合法权益。实行收养评估制度，对送养人和收养人、收养家庭进行有效评估，避免恶意遗弃行为</td></tr>
<tr><td>收养登记</td><td>收养登记机关对收养人的申请、所提交的证明材料进行审查后，对证明材料齐全有效、符合收养条件的准予登记，发给收养登记证明，收养关系自登记之日起成立。收养关系成立后，公安机关应当按照国家有关规定为被收养人办理户口登记</td></tr>
</table>

第二节　收养的效力

一、收养效力的一般规则

收养关系成立后，将在当事人之间产生一系列的法律后果。收养行为一经成立，即产生两个方面的法律效力。

1. 收养人与被收养人间产生拟制血亲关系。自收养关系成立之日起，收养人与被收养人之间发生父母子女的权利与义务关系。此即收养的拟制效力，又称积极效力。养父母有抚养、教育养子女的权利和义务，不得虐待、遗弃养子女。养父母有管教保护养子女的权利和义务，是养子女的监护人和法定代理人。养父母和养子女有相互继承遗产的权利。养子女可随养父姓，可随养母姓，也可以协商一致，保留原姓。养子女成年后，对养父母有扶助赡养的义务。

收养产生后，养子女与养父母的近亲属间也产生相应的亲属关系，即养子女与养父母的父母间适用法律关于祖孙间权利与义务关系的规定，养子女与养父母的子女间适用法律关于兄弟姐妹间权利与义务的规定。养子女的直系晚辈血亲与养父母及其近亲属间也产生拟制血亲关系。

2. 被收养人与生父母的权利义务关系消灭。养子女与生父母及其他近亲属间的权利义务关系因收养关系的成立而消除。此即收养的解销效力，又称消极效力。收养关系一经成立，养子女即完全进入养父母的家庭，同时与其生父母及其他近亲属消灭一切权利义务关系。这样有利于养子女与养父母以及养父母的其他近亲属建立紧密和谐的家庭关系。

养子女与生父母及其他亲属之间消灭的是权利与义务关系，他们之间的血缘关系仍然客观存在。法律关于近亲间的禁止性规范对他们仍有效力，如禁止结婚的效力。

二、收养对民事法律行为制度的适用

收养行为作为民事法律行为的一种，必须符合《民法典》第143条所规定的民事法律行为的

一般有效要件,否则该收养行为不发生法律效力。因此,收养行为若存在下列情形,则效力会受到影响。

1. 收养人、送养人不具有相应的民事行为能力。收养人、送养人为无民事行为能力人或限制民事行为能力人,在不具有健全的理智和判断能力情况下作出的收养或送养行为,不利于被收养人的健康成长,违背了最有利于收养人的原则,此时不能产生有效的收养关系。

2. 收养人、送养人关于收养及送养的意思表示不真实。意思表示不真实表现为收养人同意收养、送养人同意送养及年满 8 周岁的被收养人同意被收养的意思表示并非出于本人的真实意愿。

3. 违反法律、行政法规强制性规定。收养人、送养人不符合《民法典》及其他规范性法律文件所规定的收养或送养条件,或没有进行收养登记,欠缺收养成立的法定程序等情形。

4. 违背公序良俗。收养关系主体在进行收养时,不得违反公共秩序和善良风俗的基本准则。例如,借收养之名拐卖儿童或者出卖亲生子女等,该收养行为无效。

按照我国现行法的规定,确认收养无效的程序有两种,即人民法院依诉讼程序确认收养无效和收养登记机关依行政程序确认收养无效。

第三节　收养关系的解除

一、收养关系的协议解除

收养成立后,在被收养人成年之前,收养人不得解除收养关系,但收养人、送养人双方可以协议解除收养关系。此外若收养人不履行抚养义务,有虐待、遗弃等侵害未成年养子女合法权益行为的,送养人有权要求解除养父母与养子女间的收养关系。

养父母与成年养子女关系恶化,无法共同生活的,可以协议解除收养关系。协议解除收养关系的双方当事人必须具有完全民事行为能力。双方当事人须有解除收养关系的合意,如果是收养人和送养人双方协商的,养子女已满 8 周岁的,应当得到养子女的同意。

当事人协议解除收养关系的,应当到相关的民政部门办理解除收养关系的登记,收养关系自登记之日起解除。

二、收养关系的诉讼解除

收养当事人不能达成解除收养关系协议的,可以向法院起诉解除收养关系。收养人不履行抚养义务,有虐待、遗弃等侵害未成年养子女合法权益行为的,送养人有权要求解除养父母与养子女间的收养关系。送养人、收养人不能达成解除收养关系协议的,可以向人民法院提起诉讼。

三、收养关系解除后的法律后果

(一)身份上的效力

收养关系解除后,养子女与养父母以及其他近亲属间的权利义务关系即行消除,与生父母以及其他近亲属间的权利义务关系自行恢复。但是,成年养子女与生父母以及其他近亲属间的权利义务关系是否恢复,可以协商确定。

(二)财产上的效力

收养关系解除后,经养父母抚养的成年养子女,对缺乏劳动能力又缺乏生活来源的养父母,应当给付生活费。因养子女成年后虐待、遗弃养父母而解除收养关系的，养父母可以要求养子女补偿收养期间支出的抚养费。

生父母要求解除收养关系的，除因养父母虐待、遗弃养子女而解除收养关系的外，养父母可以要求生父母适当补偿收养期间支出的抚养费。

思考题

1. 简述送养人的范围及条件。
2. 简述收养人的条件。
3. 简述收养的法定程序。
4. 论收养协议。
5. 简述收养的法律后果。
6. 简述收养关系的解除。

阅读指引

关于涉外收养法律问题的相关研究

1. 蒋新苗：《中国涉外收养立法的检讨与前瞻》，载《法制与社会发展》1999 年第 4 期。
2. 蒋新苗：《跨国收养法的概念与渊源》，载《法学评论》2000 年第 2 期。
3. 蒋新苗：《中国涉外收养法律适用问题探析》，载《环球法律评论》2005 年第 6 期。
4. 屈广清、祝丽娜：《跨国收养冲突法的价值取向与我国立法完善》，载《社会科学辑刊》2014 年第 2 期。

关于我国收养制度的代表性研究

1. 邓丽：《收养法的社会化：从亲子法转向儿童法》，载《法学研究》2020 年第 6 期。
2. 徐铁英：《〈婚姻家庭编〉（草案）关于收养主体制度规定的不足和改进建议》，载《暨南学报（哲学社会科学版）》2020 年第 1 期。
3. 王葆莳：《被拐卖儿童获救后的收养问题研究》，载《中国青年研究》2015 年第 1 期。
4. 周友军：《我国民法典编纂中收养制度的完善》，载《广东社会科学》2019 年第 4 期。
5. 陈业宏、向华萍：《我国收养人条件立法的缺陷与矫正》，载《华中师范大学学报（人文社会科学版）》2019 年第 3 期。

第六编　继　承

本编参考书目

第一章 一般规定

导学案例

王某(男)与李某(女)系夫妻,二人育有一子一女。王某是某网络游戏的知名主播,李某是摄影爱好者。某日,夫妻二人带女儿外出旅游,发生车祸全部遇难,但无法确定死亡的先后时间。后查明,王某夫妻二人并未订立遗嘱,除了儿子小王尚在人世外并无其他继承人。夫妻二人留下共有存款50万元,王某的游戏账号中尚有大量游戏币和高级游戏装备(市场价值20万元)。后小王得知,母亲李某生前将很多自己拍摄的个人和家庭照片存储在某网络平台的个人相册中(需账号密码方能访问),为了缅怀父母,小王向该网络平台提出继承该网络相册的请求。而该网络平台以可能侵犯死者李某的隐私为由拒绝了小王的请求。根据本案,试思考以下问题:

1. 王某一家三口的死亡时间如何确定?

2. 王某生前所有的游戏账号以及账号内的游戏币和游戏装备是否能够作为遗产被继承?

3. 小王的请求是否应当得到法律的支持?该网络平台的抗辩理由是否能够成立?

第一节 继承法概述

一、继承法的含义与特征

继承法,是调整因继承产生的民事关系的法律规范的总称。

继承有广义与狭义之分。广义的继承包括身份继承和财产继承两类;狭义的继承则专指财产继承。身份继承系由一定的人承袭死者特殊的身份,如继承王位、爵位、家长身份等,这是古代法上的继承,在近现代社会绝大多数国家已无身份继承,只有财产继承。

财产继承,简称为继承,是指自然人死亡后,由法定范围内的人或遗嘱指定的人依法取得死者遗留的个人合法财产的法律制度。在继承法律关系中,死者为被继承人,被继承人死亡时遗留的合法财产为遗产,依法承受遗产的人为继承人。

继承法有如下特征:

1. 继承法兼具任意性与强行性。继承法为私法,表现出私法的任意性,如遗产分割时间和分配份额等当事人可以协商,当事人可以将自己的遗产遗赠给他人,这是私法自治的体现。但继承法又涉及家庭关系的稳定,继承法中诸多规范表现为强行性色彩,如法定继承人的范围、继承人的顺位、特留份制度、遗嘱的执行等,都须依照法律的规定。

2. 继承法具有鲜明的身份性与财产性。一方面,继承法具有鲜明的身份性的特点,因为在绝大多数情形下,继承的发生是在特定的家庭成员之间,位于家庭之外的其他人,一般不能获得继承的资格;另一方面,继承是一种财产取得与转移的特别方式,从这个意义上而言,它规范的主要是财产法律关系。

3. 继承法有鲜明的本土性。各国继承法多注重自己的国情,特别是本国的家庭形态、伦理观念和民族传统,有些国家以遗嘱继承为主,法定继承为补充形式,如英国、美国;有些国家则以法定继承为主,遗嘱继承为补充方式,如德国、日本等国,我国也属于此种情形。此外,关于继承人的范围、遗产分配的规则,与一国的民族历史和文化背景有紧密联系。

二、继承法的调整对象

继承法的调整对象是因继承产生的民事关系,即自然人之间因继承发生的财产关系。继承法调整的财产关系,不同于《民法典》物权编与合同编所调整的财产关系。其要解决的核心问题是自然人死亡后遗产的归属问题,而不是遗产如何利用的问题。但是,继承法和物权法等财产性法律在调整财产关系时,是相互衔接,互为补充的,服务于充分保障民事主体财产权这个共同目标。

因此,继承法调整的财产关系主要包含两方面内容:

1. 遗产的管理关系。在继承开始后,遗产分割完毕前,为了保障遗产的安全和有序分配,继承法通过设立遗产管理人制度,加强对遗产的规范化管理,防止遗产发生毁损、灭失等情形。

2. 遗产的分配关系。继承法通过设立法定继承、遗嘱继承、遗赠、遗赠抚养协议等规则,构建了一套完整的遗产分配制度,明确了继承人取得遗产的各项法律要件,从而解决遗产的归属问题。

值得说明的是,除了《民法典》继承编调整继承关系之外,一些民事特别法还会对特定领域中的继承问题进行规定。例如,《公司法》第 75 条规定了自然人股东死亡后的股东资格继承问题,《个人独资企业法》第 17 条规定了个人独资企业的投资人对本企业的财产可以依法进行继承。此外,《合伙企业法》第 50、80 条以及《农村土地承包法》第 32 条均规定了一些特殊财产利益的继承问题。

三、继承法的基本原则

继承法的基本原则是人们在制定、解释和适用继承法过程中必须遵循的基本准则。我国《民法典》继承编确立的基本原则主要有以下几项。

(一)保护自然人私有财产继承权原则

保护自然人私有财产继承权是我国继承立法的目的和任务,也是继承法的首要原则。该原则主要表现在以下几个方面:(1)凡是自然人死亡后遗留的个人合法财产,都为遗产,继承人均可依法继承。(2)自然人的继承权不得非法剥夺。继承人没有明确表示放弃继承权的,视为接受。(3)保障继承人的继承权和受遗赠人的受遗赠权的实现。无民事行为能力人的继承权和受遗赠权,由其法定代理人代为行使;限制民事行为能力人接受继承属于纯获利益的民事法律行为时,可以独立实施;胎儿在涉及遗产继承时视为具有民事权利能力。(4)自然人的继承权受到侵害时,可以在法律规定的期间内请求法院依法予以保护。

(二)继承权男女平等原则

该原则是平等原则在继承法领域的具体表现。继承权男女平等意味着:法定继承人的范围和顺序男女平等;代位继承权男女平等;遗嘱处分遗产的权利、遗嘱继承权、受遗赠权男女平等;在法定继承时,同一顺序的继承人在继承遗产的份额上男女平等;继承权的丧失问题上男女平等;在遗嘱应为缺乏劳动能力又没有生活来源的继承人保留必要的遗产份额问题上,男女平等。

(三)限定继承原则

所谓限定继承原则,即在分割遗产时,应当先清偿被继承人依法应当缴纳的税款和债务,再由继承人予以继承。继承人以所得遗产实际价值为限清偿被继承人依法应当缴纳的税款和债务。超过遗产实际价值部分,继承人自愿偿还的不在此限。继承人放弃继承的,对被继承人依法应当缴纳的税款和债务可以不负清偿责任。

限定继承原则主要表现在以下几个方面:(1)继承人仅对被继承人生前所欠的税款和债务承担清偿责任,并且只在遗产的实际价值范围内承担有限责任,超过实际价值部分,继承人不负清偿责任。(2)若继承人自愿偿还超过遗产实际价值部分的税款或债务,法律不予干涉。(3)继承人放弃继承的,对被继承人依法应当缴纳的税款和债务可以不负清偿责任。

(四)养老育幼原则

赡养老人、抚育子女是我国社会主义家庭的重要职能,也是我国社会主义道德规范和社会主义法制的基本要求。我国《民法典》继承编的规定体现了这一基本原则。

该原则主要表现在以下几个方面:(1)在遗产分配上侧重于保障与被继承人共同生活并尽到扶养、抚养或赡养义务的继承人,以此鼓励敬老、尊老、养老的善良家风。(2)充分考虑并保障那些在生活上有特殊困难、缺乏劳动能力的继承人的权益。(3)遗产分割时,应当保留胎儿的继承份额。(4)继承人如果故意杀害被继承人,遗弃或虐待被继承人情节严重的,丧失继承权。

第二节 继承的开始与遗产

一、继承法律关系

(一)继承法律关系的主体

继承法律关系的主体,是指在继承法律关系中享受权利和承担义务的人,包括基本权利主体和其他有关主体。

1. 基本权利主体。基本权利主体是依据法律直接规定或者由被继承人以遗嘱方式指定的,有权取得被继承人遗产的人,包括以下几种(见表6-1-1):

表6-1-1 继承法律关系的基本权利主体

继承人	包括法定继承人和遗嘱继承人。继承人是自然人,属于严格意义上的继承法律关系的权利主体
受遗赠人	法定继承人以外的,按照遗嘱指定参与继承、取得遗产的人。受遗赠人可以是自然人,也可以是法人或非法人社会组织,也可以是国家
遗赠扶养协议的扶养人	依据遗赠扶养协议,承担对遗赠人的扶养义务,同时取得遗产权利的人。遗赠抚养协议的扶养人可以是自然人,也可以是集体经济组织

续表

酌情分得遗产的人	继承人以外的,依照法律在一定条件下可以分得部分遗产的自然人。《民法典》规定,对继承人以外的依靠被继承人扶养的缺乏劳动能力又没有生活来源的人,或者继承人以外的对被继承人扶养较多的人,可以分给他们适当的遗产

2. 其他有关主体。继承关系中,除了基本权利主体外,还有一些参与继承关系,或者与继承法规定的遗产的确定有关系的人。这些人并不是严格意义上继承关系的权利义务主体,但他们是继承法律关系的参与者。这些人包括:

(1)继承参与人。继承参与人是指介入继承法律关系的程序性活动,充当特定角色但并不承担实体权利义务的人。遗产管理人、遗嘱执行人、遗嘱见证人等都属于继承参与人。

(2)利害关系人。利害关系人是指因被继承人生前有关法律关系没有彻底终结,从而在其遗产上存在权利义务的人。例如,对被继承人财产享有债权的人、被继承人的合伙人、财产共有人等。遗产范围的最终确定,应该在理清被继承人债权债务问题后确定,有共有关系的情形,需要分离出属于被继承人的财产。

(二)继承法律关系的客体

继承法律关系的客体,是指继承法律关系主体的权利和义务共同指向的对象,即遗产。遗产是自然人死亡时遗留的个人合法财产。

(三)继承法律关系的内容

继承法律关系的内容,是指继承法律关系中权利主体所享有的权利以及义务主体所承担的义务。包括继承人所享有的继承被继承人的遗产的继承权,以及义务主体所负担的不得侵害继承人的继承权,不得妨害、干涉继承人继承权的行使的义务。

二、继承的开始

(一)继承开始的时间

继承从被继承人死亡时开始,死亡包括自然死亡和宣告死亡。失踪人被宣告死亡的,人民法院宣告死亡的判决作出之日视为其死亡的日期,若因意外事件下落不明宣告死亡的,意外事件发生之日视为其死亡的日期。该死亡日期即为继承开始的时间。

相互有继承关系的几个人在同一事件中死亡,如不能确定死亡先后时间的,推定没有继承人的人先死亡。死亡人各自都有继承人的,如几个死亡人辈分不同,推定长辈先死亡;几个死亡人辈分相同,推定同时死亡,彼此不发生继承,由他们各自的继承人分别继承(《民法典》第1121条)。

(二)继承开始的地点

继承开始的地点,一般以被继承人生前最后住所地为宜,也可以被继承人的主要财产所在地为继承开始地。继承开始的地点判断会影响到纠纷案件的管辖权问题,因继承遗产纠纷提起的诉讼,由被继承人死亡时住所地或者主要遗产所在地人民法院管辖(《民事诉讼法》第34条)。

(三)继承的通知

于理而言,继承人知道被继承人死亡时,应当及时通知其他继承人和遗嘱执行人。继承人中无人知道被继承人死亡或者知道被继承人死亡而不能通知的,由被继承人生前所在单位或者住所地的居民委员会、村民委员会负责通知(《民法典》第1150条)。

三、遗产

(一)遗产的概念

遗产是自然人死亡时遗留的个人合法财产。(《民法典》第1122条)遗产具有以下特征:

1. 遗产是自然人死亡时遗留的财产,具有时间上的特定性。在被继承人死亡前,被继承人自己对其财产享有所有权,可以自由处分,继承人不享有主观意义的继承权。只有在被继承人死亡时未被处分掉的财产才为遗产。

2. 遗产的内容只能是财产权益。在现代法上,继承人所继承的只能是财产,包括财产所有权、债权、知识产权中的财产权以及法律规定可以继承的其他合法财产权益。非属于财产权的内容,不属于继承的范畴。如被继承人的著作人身权,就不属于遗产的范围。

3. 遗产范围上的限定性和合法性。遗产只能是自然人死亡时遗留下来的个人合法财产,并且须依继承法的规定能够移转给他人的财产。被继承人生前占有他人的财产,虽于继承开始时未返还,但也不属于遗产;被继承人生前与他人共有的财产,只有其应有部分才为遗产;虽为被继承人生前享有的财产权利和负担的财产义务,但因具有专属性不能转由他人承受的财产,也不能列为遗产。被继承人非法取得的财产,如贪污款、受贿款等依法不能由个人所有的财产,都不能作为遗产。

(二)遗产的范围

我国《民法典》继承编中并未详细列举遗产的具体范围,只是采用抽象、概括式的立法语言,从正反两方面揭示遗产的范围。

从正面来看,自然人死亡时遗留的个人合法财产均为遗产。但《民法典》继承编并未延续《继承法》(已失效)第3条"概括+列举"式规定遗产类型的做法,这主要是考虑到社会技术和经济的发展导致财产的类型愈加多样,各种网络虚拟财产、特殊投资收益不断兴起,甚至司法实践中还出现了冷冻胚胎的继承纠纷。[1] 为了避免法律规定挂一漏万,因此《民法典》第1122条采取开放式的态度,交由司法者在审判实践中具体判断。

从反面来看,依照法律规定或者根据其性质不得继承的遗产,不得继承(《民法典》第1122条)。这种情形主要包括:与被继承人人身不可分离的权利;与人身有关的和专属性的债权债务,如指定了受益人的人身保险合同中的受益权、被继承人死亡后其亲属应得的抚恤金等;国有资源使用权(虽然该权利性质上属用益物权,但因其取得须经特别程序,是授予特定人的,故亦不能列入遗产)。

实例解析　高尔夫俱乐部会员资格继承案[2]

何茂伟于2001年11月6日加入被告(深圳高尔夫俱乐部)成为其会员,交纳入会费40万元,并获得会员资格证书。2004年12月21日,原告胡燕萍代何茂伟向被告提出缺席申请(中

---

〔1〕 我国首例"冷冻胚胎继承案",参见江苏省无锡市中级人民法院(2014)锡民终字第01235号民事判决书。

〔2〕 "胡燕萍等诉深圳高尔夫俱乐部有限公司继承纠纷案",广东省深圳市福田区人民法院(2007)深福法民一初字第1285号民事判决书。

止打球)被准许。2006年6月9日,何茂伟因病去世。原告胡燕萍、原告何子达、原告何莲分别是被继承人何茂伟的妻子、父亲、女儿。

三位原告认为:被继承人何茂伟在被告处的会员资格是其遗产,应由三原告继承,但原告多次找被告协商办理继承手续时,遭到被告拒绝,因此成讼。三原告请求法院判令被继承人何茂伟在被告处的会员资格由原告继承,并由被告给原告办理继承手续。

被告辩称:该会员资格没有年限限制,会员每次消费时可免交果岭费(正常工作日一般为800元,节假日翻倍),但要交纳球童费、球场费、储物柜费。因此该会员资格体现为一种折扣权或优惠权,不能继承。

法院认为:该会员卡具有集会员资格和财产属性于一体的特征,会员资格因属会员何茂伟所特有,与其自然生命联系在一起,具有身份权的特征,故在何茂伟生命结束时,其会员资格应自动丧失。而会员卡的财产属性因其具有金钱价值,体现了财产权利的特征,不随会员生命的结束而消灭,故该卡所体现的财产属性原告可以转让、继承。本案三原告主张继承何茂伟在被告处的会员资格,因该资格在何茂伟去世时已自动丧失,故对原告该主张,本院不予支持。原告起诉未提出继承何茂伟生前所持有的会员卡现所具有的财产价值,故对该问题本院不予处理。

第三节　继承权的承认、放弃与丧失

一、继承权的承认

继承人根据法律的规定或依据被继承人生前所立合法有效的遗嘱而取得继承权,法定的取得继承权的事由包括婚姻关系、血缘关系、抚养关系、赡养关系等。继承人的继承权实行默示同意原则,即只要继承人没有作出放弃继承的意思表示,即推定其接受继承(视为接受继承)。此即继承权的承认(《民法典》第1124条第1款)。

对于接受遗赠而言,却不能采默示同意原则,须以明示的方式作出接受的意思表示。如果受遗赠人在知道受遗赠后60日内,没有作出接受遗赠的意思表示的,视为放弃接受遗赠。简言之,遗赠的接受须明示,受遗赠的放弃则默示推定(《民法典》第1124条第2款)。

二、继承权的放弃

继承权的放弃,是指继承人在继承开始后,遗产分割前,以书面形式作出的拒绝接受被继承人遗产的意思表示。放弃继承的继承人既可以是遗嘱继承人,也可以是法定继承人。放弃继承的意思表示可以是继承人本人作出,依法也可以通过其代理人作出。

继承权的放弃有如下特征:

1. 放弃继承的行为属于单方法律行为,即只要放弃继承的继承人有放弃继承的意思表示即可,无须经他人同意。但是继承人因放弃继承权,致其不能履行法定义务的,放弃继承权的行为无效。

2. 放弃继承的行为属于要式法律行为,继承人放弃继承应当以书面形式向遗产管理人或其他继承人表示。用口头方式表示放弃继承的,本人承认或有其他充分证据证明的,也应当认定其有效。若继承人在诉讼中以口头方式表示放弃继承的,法院要制作笔录,由放弃继承的人签名。没有表示的,视为接受继承(《民法典》第1124条)。

3. 放弃继承意思表示的作出有着时间限制,即须在继承开始后,遗产分割前作出。如果遗产分割完毕后,继承人表示放弃继承,那么其放弃的不再是继承权,而是所有权。继承人在遗产分割前没有作出意思表示的,视为接受继承。这是继承人沉默时意思表示的推定规则,即基于法律的规定,将当事人的沉默(未表示接受或放弃继承)视为接受继承的意思表示。遗产处理后,继承人对放弃继承反悔的,应当不予承认。

4. 放弃继承的效力追溯到继承开始的时间。一旦继承人表示放弃继承,则意味着继承人自继承开始时就没有继承权。如果是遗嘱继承的继承人放弃继承,根据《民法典》第1154条第1项的规定,所涉遗产即按照法定继承办理;如果是法定继承人放弃继承,那么该继承人本应分得的遗产份额就应由其他继承人分割。

可见,放弃继承权的本质是遗产共有人放弃共有权。放弃继承当然属于继承人的权利,该权利属于形成权,意思表示一经作出即发生法律效力。继承权一旦放弃,放弃继承的人也不再享有请求分割遗产的权利,对被继承人遗留的债务也不负清偿责任。我国的司法实践中,只有在意思表示不真实,如受欺诈、胁迫,或者重大误解等作出放弃继承时,放弃人可依民事法律行为的撤销制度请求人民法院予以救济。

三、继承权的丧失

继承权的丧失,是指具有继承资格的人,因存在性质严重的违法行为,依法使其丧失继承人资格的制度。可见,继承权的丧失,在法律本质上属于法律对实施违法行为的继承人的一种法律制裁。

依我国《民法典》第1125条规定,继承人有下列行为之一的,丧失继承权:

1. 故意杀害被继承人。故意杀害被继承人的继承人不但应受刑事处罚,而且应剥夺其继承权。其构成要件主观上的要求是故意,客观上必须有杀害行为。继承人故意杀害被继承人的,无论是既遂还是未遂,均应当确认其丧失继承权。这种情形下,即使被继承人以遗嘱将遗产指定由该继承人继承,依然应当确认遗嘱无效,并确认该继承人丧失继承权。

2. 为争夺遗产而杀害其他继承人。这一行为的要件有二:(1)在主观要件上,必须有杀害其他继承人的故意,且动机是为了争夺遗产。如果是非出于争夺遗产而杀害其他继承人的则不能剥夺其继承权。(2)在客观要件上,必须是实施了杀害的行为,无论这种犯罪行为是否既遂,都构成丧失继承权的法定事由。

3. 遗弃被继承人,或者虐待被继承人情节严重。遗弃被继承人是指有赡养能力、扶养能力的继承人,拒绝赡养或扶养没有独立生活能力或丧失劳动能力的被继承人的行为。虐待被继承人是指经常对被继承人进行肉体或精神上的折磨,如侮辱、打骂、饿冻等。对于虐待是否构成"情节严重",可以从实施虐待行为的时间、手段、后果和社会影响等方面认定。虐待被继承人情节严重的,无论是否追究刑事责任,均应确认其丧失继承权。

4. 伪造、篡改、隐匿或者销毁遗嘱,情节严重的。伪造遗嘱,是指被继承人未立遗嘱,继承人无中生有地假冒被继承人所立遗嘱。篡改遗嘱,是指对被继承人所立的遗嘱的部分内容予以修改。隐匿遗嘱,是指将被继承人的遗嘱予以藏匿,不告知其他继承人或者遗产管理人。销毁遗嘱,就是将被继承人所立的合法有效的遗嘱予以损毁以致灭失。此处的"情节严重",是指继承人伪造、篡改、隐匿或者销毁遗嘱,侵害了缺乏劳动能力又无生活来源的继承人的利益,并造成其生活困难的情况。于理而言,继承人通过伪造、篡改、隐匿或者销毁遗嘱,侵占了被继承人的巨额遗产,也应当认定为情节严重。

5. 以欺诈、胁迫手段迫使或者妨碍被继承人设立、变更或者撤回遗嘱,情节严重。欺诈,是指继承人故意欺骗被继承人,使被继承人陷入错误判断,并基于此错误判断而设立遗嘱、变更遗嘱内容或者撤回所立遗嘱。胁迫,是指继承人通过威胁、恐吓等不法手段,使被继承人产生恐惧心理并基于恐惧心理而设立遗嘱、修改遗嘱内容或者撤回所立遗嘱。继承人实施了这些行为之一,情节严重的,即应认定其丧失继承权。

以上五种情形虽均可导致继承权的丧失,但也有法律效果上的差异。如果继承人实施的是以上第一、二种行为,而被继承人以遗嘱将遗产指定由该继承人继承的,可以确认遗嘱无效,并确认该继承人丧失继承权。如果继承人实施的是以上第三种至第五种行为,并确有悔改表现,被继承人表示宽恕或者事后在遗嘱中将其列为继承人的,该继承人不丧失继承权(《民法典》第1125条第2款)。

当继承人具有丧失继承权的法定事由时,其继承权就当然丧失。若丧失继承权的法定事由出现在继承开始之后,则其效力追溯至继承开始之时。应当注意的是,继承权的丧失效力在对人方面具有特定性,即使丧失了对特定人的继承权,继承人仍享有对其他被继承人的遗产继承权。

思考题

1. 简述继承法的基本原则。
2. 简述遗产的范围。
3. 简述继承权丧失的法定情形。

阅读指引

民法典编纂过程中对继承编的立法研讨

1. 杨立新:《民法分则继承编立法研究》,载《中国法学》2017年第2期。
2. 杨立新:《民法典继承编草案修改要点》,载《中国法律评论》2019年第1期。
3. 房绍坤:《继承制度的立法完善——以〈民法典继承编草案〉为分析对象》,载《社会科学文摘》2020年第2期。
4. 王歌雅:《〈民法典·继承编〉:制度补益与规范精进》,载《求是学刊》2020年第1期。
5. 王歌雅:《〈民法典·继承编〉:编纂争议与制度抉择》,载《法学论坛》2020年第1期。
6. 李昊:《民法典继承编草案的反思与重构》,载《当代法学》2019年第4期。

关于继承权丧失和恢复制度的相关研究

1. 宋豫:《完善我国继承权丧失制度的若干思考》,载《河北法学》2006年第1期。
2. 翟云岭、刘耀东:《论继承权丧失制度——以我国〈继承法〉第7条的修改为中心》,载《北方法学》2012年第5期。
3. 杨立新、和丽军:《关于恢复继承权宽宥制度的重新思考》,载《东南学术》2013年第1期。

第二章 法定继承

导学案例

林某有一子林甲、一女林乙，后又收养一子林丙。林甲、林乙、林丙从小与林某共同生活。其中，林甲先天智力障碍，缺乏独立生活能力，一直依靠林某生活；林乙成年后便远嫁外地，因与林某矛盾颇深，二人签下"断绝父女关系"协议，从此林乙与家中再无联系，只知生活十分富裕；林丙成年之后与林某共同生活，照顾其饮食起居。某日，林某突发疾病，林丙在慌忙返家途中遭遇车祸不幸逝世。之后，林丙之妻田某带着林丙之子林丁继续与林某共同生活，田某继续照顾林某的饮食起居。四年后林某去世，留下8万元遗产但未立遗嘱。基于本案事实，思考下列问题：

1. 本案中，有权继承林某遗产的主体有哪些？
2. 林某与林乙之间的"断绝父女关系"协议效力如何？
3. 在对林某遗产进行分配时，应如何确定应继份？其法律依据为何？

第一节 法定继承概述

一、法定继承的概念

法定继承，是继承人的范围、顺序和遗产的分配原则都由法律直接规定的继承制度。由于这种继承只是在没有遗嘱继承时才发生法律效力，故又称为无遗嘱继承。在人类发展的历史上，法定继承与遗嘱继承并行不悖，相辅相成，在尊重被继承人的意志和当事人的权利保障上寻求有效平衡。

法定继承的特征有：

1. 法定继承严格建立在人身关系的基础上。法定继承人的范围、顺序和遗产份额严格限定在婚姻关系、血缘关系和扶养关系家庭成员的范围之内。我国《民法典》确定配偶为法定继承人的根据是婚姻关系；确定父母、兄弟姐妹、祖父母、外祖父母为法定继承人的根据是血缘关系，而且血缘关系的远近又是确定继承顺序先后的根据；有扶养关系的继亲，对公婆尽了主要赡养义务的丧偶儿媳或对岳父母尽了主要赡养义务的丧偶女婿，均为法定继承人。

2. 法定继承的规定具有强行性。继承人的范围、继承顺序以及遗产的分配原则等都由《民法典》继承编明确规定，除死者生前依法以遗嘱的方式改变外，任何人无权改变。

3. 法定继承是对遗嘱继承的限制和补充。限制指的是遗嘱继承人必须在法定继承人的范围内选择；补充则是指在没有遗嘱或遗嘱无效的情况下才适用法定继承。

二、法定继承的适用范围

一般情况下，继承开始后，即按照法定继承办理。但如果被继承人生前立有有效的遗嘱，则按照遗嘱继承或遗赠办理，如果被继承人立有遗赠扶养协议的，则按照协议办理。由此可见，法定继承实际上是对遗嘱继承的限制和补充。具体而言，下列情况按照法定继承办理：

1. 遗嘱继承人放弃继承或者受遗赠人放弃受遗赠。当遗嘱继承人放弃继承权时，遗嘱内容就无实现的可能和必要了，此时遗嘱即不发生效力，因此须按照法定继承办理。受遗赠人放弃受遗赠也是同样的原理，当遗嘱人的意愿实现受到障碍，自应按照法律规定进行补充。

2. 遗嘱继承人丧失继承权或者受遗赠人丧失受遗赠权。当遗嘱继承人丧失继承权时，遗嘱目的亦会落空。遗嘱继承人是否丧失继承权应依据《民法典》第 1125 条判断。受遗赠人如果故意杀害被继承人就会丧失受遗赠权。应当注意的是，如果遗嘱继承人有多个，其中一个丧失继承权，不影响其他继承人按照遗嘱继承取得遗产，仅丧失继承权者的份额按照法定继承处理。

3. 遗嘱继承人、受遗赠人先于遗嘱人死亡或者终止。当遗嘱继承人或受遗赠人是自然人时，若该自然人先于遗嘱人死亡了，那么遗嘱所涉财产便无给付之对象，遗嘱便不能执行，只能按照法定继承处理。同理，若受遗赠人是法人或者非法人组织，则可能出现终止的问题。

4. 遗嘱无效部分所涉及的遗产。遗嘱无效后，遗嘱即不能发生相应的法律效力，故而遗嘱所处分的遗产只能依据法定继承处理。

5. 遗嘱未处分的遗产。遗嘱中有未处分的遗产主要有两种情况：(1) 遗嘱人遗漏了该部分遗产而未作处分；(2) 遗嘱人故意不处分该部分财产。无论是哪种情况，都应按照法定继承处理。

三、应继份

应继份是指在法定继承中，各继承人应当继承的遗产份额或比率。应继份只存在于继承人为数人的情形，在继承人为一人时，不存在应继份。应继份的确定问题，实际上就是法定继承的遗产分配原则问题。我国《民法典》第 1130 条对法定继承中的遗产分配作了原则而又灵活的规定。

1. 均等分配为原则。本着公平原则，一般情形下，同一顺序继承人继承遗产的份额，一般应当均等。如果同一顺序的各个法定继承人，在生活状况、劳动能力以及对被继承人尽扶养义务等条件大体相同时，应按照人数平均分配遗产，各法定继承人的继承份额均等。

2. 特殊情形下可以不均等。考虑到继承人存在生活状况、劳动能力以及所尽扶养义务程度的差异，法律有必要在均等分配的基础上有所调整，从而实现实质意义上的公平。其基本理念是：对于经济条件差、劳动能力弱的继承人应给予适当的关怀和保障，鼓励继承人积极主动履行扶养义务，对逃避和拒绝履行扶养义务的继承人施加不利后果。所谓的不均等，即可以多分、少分或不分。

(1) 对生活有特殊困难又缺乏劳动能力的继承人，分配遗产时，应当予以照顾。适用该款规定须具备两个条件：一是生活有特殊困难，而不是一般困难；二是缺乏劳动能力，而不是劳动能力不强。继承人虽有特殊困难（如遇意外事故、火灾、洪涝灾害等），但有劳动能力，或者虽因年幼、年老、病残等原因缺乏劳动能力但生活并不特殊困难，都不在照顾之列。此处所谓的照顾，是指在分配遗产时这部分继承人的继承份额比其他继承人继承的份额要多一些，而不是与其他继承人的继承份额均等,也不是完全剥夺其他继承人的继承份额。

(2)对被继承人尽了主要扶养义务或者与被继承人共同生活的继承人,分配遗产时,可以多分。这一规定旨在弘扬中华民族尊老爱幼、养老育幼的优良传统,鼓励继承人积极履行扶养义务。实践中,与被继承人共同生活的人,大多是配偶和尚未分居的子女。配偶理应适当多分遗产,尤其是生存配偶年老又无经济来源的情况下,更应照顾多分遗产。尚未分居的与父母共同生活的子女,多数是未婚子女或已婚但未建立自己新居的子女,他们往往对父母尽扶养义务比已分居的子女多,根据权利义务相一致原则,也可以多分遗产。条文表述所使用的是“可以”而不是“应当”,表明是否多分可由裁判者根据实际情况自由裁量,法律只是提供了应有的价值导向。

(3)有扶养能力和有扶养条件的继承人,不尽扶养义务的,分配遗产时,应当不分或者少分。法定继承人因不尽扶养义务,而应当不分或少分遗产,必须具备以下两个条件:一是被继承人需要扶养;二是继承人有扶养能力和扶养条件,但不尽扶养义务。只有同时具备以上两个条件才应当不分或者少分遗产。如果继承人有扶养能力和扶养条件、愿意尽扶养义务,但被继承人因有固定收入和劳动能力、明确表示不要求其扶养的,分配遗产时,一般不应因此而影响其继承份额。有扶养能力和扶养条件的继承人虽然与被继承人共同生活,但对需要扶养的被继承人不尽扶养义务,分配遗产时,可以少分或者不分。

(4)继承人协商同意的,也可以不均分遗产。这里须注意两个问题:一是分割遗产时不得损害其他利害关系人的合法权利;二是遗产分割协议应当经全体继承人一致同意。

(5)对故意隐匿、侵吞或者争抢遗产的继承人,可以酌情减少其应继承的遗产。所谓隐匿是指继承人明知遗产的存在,但却采取手段使其不为他人所知。侵吞是指没有合法依据而肆意占有遗产。争抢是指因遗产而争相抢占发生冲突。上述均属影响遗产公正、顺利分配的行为,为遏制此种情形发生,故而酌情减少其应继份。

四、法定继承人

(一)法定继承人的范围

法定继承人包括配偶、子女、父母、兄弟姐妹、祖父母、外祖父母等。

1. 配偶。作为法定继承人的配偶,以存在合法有效的婚姻关系为前提,已经离婚的前妻或前夫不能称为配偶,他们不具有法定继承权;对于未登记结婚而在一起同居的人,应当区分是否构成事实婚姻,如果是受法律保护的事实婚姻则构成配偶关系,反之则不属于配偶。

2. 子女。这里所称的子女应作广义解释,包括婚生子女、非婚生子女、养子女和有扶养关系的继子女。但须注意,继子女继承了继父母遗产的,不影响其继承生父母的遗产。

3. 父母。这里所称的父母同样应作广义解释,包括生父母、养父母和有扶养关系的继父母。继父母继承了继子女遗产的,不影响其继承生子女的遗产。

4. 兄弟姐妹。具体包括同父母的兄弟姐妹、同父异母或者同母异父的兄弟姐妹、养兄弟姐妹、有扶养关系的继兄弟姐妹。依最高人民法院《关于适用〈中华人民共和国民法典〉继承编的解释(一)》第12条规定,所谓养兄弟姐妹是指养子女与生子女之间、养子女与养子女之间的关系。被收养人与其亲兄弟姐妹之间的权利义务关系,因收养关系的成立而消除,不能互为继承人。继兄弟姐妹之间的继承权,因继兄弟姐妹之间的扶养关系而发生。没有扶养关系的,不能互为继承人。继兄弟姐妹之间相互继承了遗产的,不影响其继承亲兄弟姐妹的遗产。

5. 祖父母、外祖父母。祖父母是指父亲的父母,外祖父母是指母亲的父母,同样包含父亲和母亲的生父母、养父母和有扶养关系的继父母。

6. 尽了主要赡养义务的丧偶儿媳和丧偶女婿。这里应注意的是,无论该丧偶儿媳或丧偶女婿是否有再婚,只要其对公婆、岳父母尽了主要赡养义务都可以作为第一顺序继承人。所谓尽了主要赡养义务是指对被继承人生活提供了主要经济来源,或者在劳务等方面给予了主要扶助。

(二)法定继承的顺序

法定继承的顺序,是指在继承开始后,由法律直接规定的法定继承人继承遗产的先后次序,其具有强制性。在我国,法定继承分两个顺位。确定法定继承的顺序有助于合理、公平地分配遗产,因此该顺序的确定不仅要考虑血缘问题,还要考虑继承人与被继承人之间关系的密切程度,以及是否尽扶养义务等因素。

1. 第一顺序继承人。第一顺序继承人有:配偶、子女、父母,以及对公婆尽了主要赡养义务的丧偶儿媳、对岳父母尽了主要赡养义务的丧偶女婿。可见,能够作为第一顺序继承人的,都是与被继承人的亲属关系很近,且生活最为密切的主体,其范围是比较大的。确定上述主体为第一顺序继承人,不至于造成近亲属在继承问题上相互排斥,有利于发挥家庭的职能和构建新型的家庭关系,不至于造成遗产分配过于集中的现象。

2. 第二顺序继承人。兄弟姐妹、祖父母、外祖父母为第二顺序继承人。很明显,第二顺序继承人与被继承人之间的血缘和生活紧密关系程度较第一顺序继承人而言相对低。但须注意,孙子女和外孙子女并非法定的第二顺序继承人。

两个继承顺序的关系是,如果存在第一顺序继承人,那么第二顺序的继承人则不参与遗产分配,全部遗产在第一顺序继承人之间按法定继承的分配原则处理。第二顺序的法定继承人只有在第一顺序继承人全部放弃或丧失继承权或不存在时,才能参加继承。同一顺序的法定继承人地位平等。

五、法定继承人以外的人酌情分配遗产的问题

在法定继承中,除了享有合法继承权的人参与继承外,我国《民法典》第1131条还赋予一些符合一定条件但没有继承权的人酌情取得一定遗产的权利。对继承人以外的依靠被继承人扶养的人,或者继承人以外的对被继承人扶养较多的人,可以分给适当的遗产。

这种权利非继承权,法律之所以赋予该权利是因为他们和继承人有着特别的扶养关系,这是保障人权和弘扬美德的必然要求。下列人员有分得适当遗产的权利:(1)依靠被继承人扶养的缺乏劳动能力又没有生活来源的人;(2)对被继承人扶养较多的人。

较为复杂的一种情形是被收养人的继承权问题。被收养人与养父母之间建立起法律拟制的亲属关系,如果被收养人赡养了养父母,其当然可以作为第一顺位的继承人以子女的身份继承养父母的遗产。但同时,如果被收养人同时又对生父母扶养较多,虽其与生父母的亲属关系已经因收养而消灭,但是本着人文主义关怀的价值考量,该被收养人可以作为法定继承人以外的人分得生父母适当的遗产。

给法定继承人以外的人酌情分配遗产时,分给他们遗产时,按具体情况可以多于或者少于继承人。在其依法取得被继承人遗产的权利受到侵犯时,本人有权以独立的诉讼主体资格向人民法院提起诉讼。

遗产因无人继承又无人受遗赠归国家或者集体所有制组织所有时，对继承人以外的依靠被继承人扶养的人，或者继承人以外的对被继承人扶养较多的人，提出取得遗产的诉讼请求，人民法院应当视情况适当分给遗产。这一规定充分体现了“国家不得与民争利”的思想。

第二节　代位继承和转继承

一、代位继承

代位继承又称间接继承、代袭继承或承祖继承，是指被继承人的子女先于被继承人死亡，由该死亡的子女的晚辈直系血亲继承其应继承的遗产份额的制度。它是法定继承的一种特殊形式。在代位继承中，先于被继承人死亡的子女称为被代位人；被代位人的晚辈直系血亲，称为代位继承人。

代位继承的适用条件如下：

1. 须有被继承人的子女先于被继承人死亡的法律事实。一方面，被代位人须先于被继承人死亡，如果后于被继承人死亡不发生代位继承；另一方面，原则上被代位人须为被继承人的子女，其他继承人先于被继承人死亡的，不发生代位继承。但丧偶儿媳对公婆、丧偶女婿对岳父母，无论其是否再婚，当其作为第一顺序继承人时，也可以成为被代位人。

2. 代位继承人必须是被继承人的子女的晚辈直系血亲。被继承人的子女的长辈直系血亲、旁系血亲和配偶均无代位继承的权利。这里的晚辈直系血亲，包括被继承人的孙子女、外孙子女、曾孙子女、外曾孙子女，即代位继承人不受辈数的限制。此外，被继承人的养子女、已形成扶养关系的继子女的生子女可以代位继承；被继承人亲生子女的养子女可以代位继承；被继承人养子女的养子女可以代位继承；与被继承人已形成扶养关系的继子女的养子女也可以代位继承。

3. 被代位人没有丧失继承权。被代位人必须具有继承权，如果被代位人已经丧失了继承权，其晚辈直系血亲没有代位继承权。如果该代位继承人缺乏劳动能力又没有生活来源，或者对被继承人尽赡养义务较多的，可以适当分给遗产。

4. 代位继承人只能继承被代位人应得的遗产份额。原则上，代位继承人为两个以上时，无权要求与被代位人处于同一顺序的其他法定继承人平分遗产。但如果代位继承人缺乏劳动能力又没有生活来源，或者对被继承人尽过主要赡养义务的，分配遗产时，可以多分。

5. 代位继承只适用于法定继承。只有在法定继承中才能发生代位继承，在遗嘱继承中不发生代位继承。如果遗嘱继承人为被继承人的子女并且先于遗嘱人死亡，则该遗嘱继承人的晚辈血亲不能代位继承该遗嘱继承人依遗嘱应继承的遗产。

二、转继承

转继承，又称转归继承、连续继承、再继承，是指继承人在继承开始后实际接受遗产前死亡时，该继承人的继承人代其实际接受其有权继承的遗产的一项法律制度。实际接受遗产的继承人称转继承人，于继承开始后遗产分割前死亡的继承人称为被转继承人。

继承开始后，继承人于遗产分割前死亡，并没有放弃继承的，该继承人应当继承的遗产转给其继承人,但是遗嘱另有安排的除外。此外,继承开始后,受遗赠人表示接受遗赠,并于遗产分割前死亡的,其接受遗赠的权利转移给他的继承人。

转继承的适用条件如下:

1. 被转继承人必须是在被继承人死亡以后、遗产分割以前死亡。这是适用转继承制度在时间方面的前提条件。如果继承人是在被继承人死亡之前死亡且又未丧失继承权,则只能发生代位继承。如果继承人是在被继承人的遗产分割后死亡,被继承人的遗产已成为继承人实际占有的财产,故由此发生的继承也只能是一般继承。由此可见,转继承制度实际上是在观念上发生了两次继承的结果。

2. 继承人必须享有继承权。首先,继承人不存在《民法典》第 1125 条规定的丧失继承权的情形;其次,继承人在其死亡前未明确表示放弃继承权。

3. 转继承人必须享有继承权。转继承人没有丧失或拒绝接受继承权的情形。

制度比较 转继承 vs. 代位继承

转继承与代位继承的区别如下:

1. 性质和效力不同。转继承是在继承开始继承人直接继承后又转由转继承人继承被继承的遗产,实质上是就被继承人的遗产连续发生两次继承。转继承人享有的实际上是分割被转继承人遗产的权利,而不是享有的继承被继承人遗产的继承权,转继承人行使的只是其对被转继承人的遗产继承权(被转继承人取得的遗产份额构成遗产)。而代位继承是代位人基于代位继承权直接参加遗产继承,代位人享有的是对被继承人遗产的代位继承权。

2. 发生的时间和成立条件不同。转继承发生在继承开始后遗产分割前,并且因任何一继承人死亡而发生,任何一个继承人都可成为被转继承人。而代位继承只能是因被继承人的子女先于被继承人死亡而发生,只有被继承人的子女才能成为被代位继承人。

3. 主体不同。转继承人是被转继承人死亡时生存的所有法定继承人,他们依各自顺序参加转继承。被转继承人也可以是被继承人的任一继承人。而代位继承中的代位继承人仅限于被继承人的晚辈直系血亲,被代位人只能是先于被继承人死亡的子女。

4. 适用范围不同。代位继承和转继承均属于法定继承,都是按照法律规定的继承人范围、继承顺序和继承份额去继承被继承人的遗产。但代位继承只适用于法定继承,而不适用于遗嘱继承,而转继承既适用于法定继承,也适用于遗嘱继承。

思考题

1. 简述法定继承的特征及其适用范围。
2. 简述法定继承中的遗产分配规则。
3. 简述法定继承人的范围及其继承顺序。
4. 简述代位继承制度的含义及适用条件。
5. 简述转继承制度的含义及适用条件。
6. 简述代位继承与转继承的区别。

阅读指引

关于法定继承人的范围及顺序问题的相关研究

1. 林艳琴:《法定继承人范围和顺序的完善——以俄罗斯继承法为视角》,载《比较法研究》2009年第3期。
2. 张玉敏:《我国继承法修改中若干疑难问题的探讨——法定继承人范围和顺序的确定》,载《法学》2012年第8期。
3. 陈苇、冉启玉:《完善我国法定继承人范围和顺序立法的思考》,载《法学论坛》2013年第2期。
4. 杨立新、和丽军:《我国配偶法定继承的零顺序改革》,载《中州学刊》2013年第1期。
5. 李平:《论法定继承顺位的立法策略与实践中的家文化坚守》,载《法制与社会发展》2020年第1期。

关于法定继承人应继份的相关研究

1. 马新彦:《论法定继承人继承份额的均等分配——〈中华人民共和国民法典〉第1130条解读》,载《法商研究》2020年第6期。
2. 陈苇、董思远:《民法典编纂视野下法定继承制度的反思与重构》,载《河北法学》2017年第7期。

第三章　遗嘱继承和遗赠

导学案例

何某2014年丧偶且自幼不识字，其儿子甲、女儿乙二人均已成年。2015年5月，何某请来邻居张律师为其代书遗嘱一份，内容是：本人去世后，名下两套房产由甲、乙二人分别继承。随后张律师与何某分别在遗嘱上签字、按手印，并注明了年、月、日。后何某身患重病，为筹备医药费，何某于2016年1月将其中一套房产变卖。同年3月何某病危被送至医院急救，何某立口头遗嘱一份，内容是其全部财产由儿子继承，在场的赵医生和李护士见证，后何某抢救无效死亡。半年后，一男子丙声称其为何某之子，要求继承何某的财产。经查，何某年轻时曾酒后与林某发生一夜情，导致林某怀孕并生下儿子丙，为了不破坏何某的家庭幸福，林某独自抚养丙长大，且一直未将此事告知何某。根据案情，回答下列问题：

1. 2015年5月何某所立遗嘱系采用何种形式？是否有效？

2. 2016年1月何某将一套房产变卖的行为其法律意义为何？

3. 2016年3月何某所立遗嘱效力如何？

4. 何某遗嘱中所说的"全部财产由儿子继承"应如何解释？丙作为何某的儿子能否以此为依据请求继承何某的财产？

5. 丙能否以何某立遗嘱时存在重大误解（不知道还有一儿子丙）为由，主张撤销何某的遗嘱？

第一节　遗嘱继承和遗赠概述

一、遗嘱继承的概念

遗嘱继承，又被称为"指定遗嘱"，是指继承开始后，继承人按照被继承人合法有效的遗嘱取得被继承人遗产的法律制度。其中，立遗嘱的被继承人为遗嘱人，遗嘱指定的享有遗嘱继承权的人为遗嘱继承人。我国《民法典》第1130条规定了遗嘱继承的基本规则。

制度比较　遗嘱继承 vs. 法定继承

遗嘱继承是与法定继承相对应的继承方式，二者都是对死者遗产的分配方式，其继承人的范围是一致的，仅限于法定继承人。但二者的区别也是明显的。

1. 发生继承的根据不同。遗嘱继承以被继承人立有合法有效的遗嘱为发生根据，而法定继承是以法律规定的顺位和份额为发生根据。

2. 适用顺序不同。由于遗嘱继承直接表达了被继承人的最终意愿，因此遗嘱继承在效力上优先于法定继承,而法定继承实际上是对遗嘱继承的补充。

3. 体现的制度价值不同。遗嘱继承更凸显对被继承人意思自治的保护,对其死亡后财产的分配尊重被继承人的自主意愿,而法定继承则更兼顾公平的需要。

二、遗赠的概念

遗赠,是指遗嘱人采用遗嘱的形式将其遗产中财产权利的一部分或全部赠给国家、集体组织或法定继承人以外的其他人。在遗赠法律关系中,主体分别为遗嘱人(又称遗赠人)和受遗赠人(又称遗赠受领人)。遗嘱人是指设立遗嘱的自然人,受遗赠人是指遗赠人在遗嘱中指定的接受其遗赠财产的人。

遗赠具有以下特征:

1. 遗赠行为属于死因行为,遗赠虽是遗赠人生前所作出的意思表示,但只有遗赠人死亡后才发生法律效力。

2. 遗赠行为是单方法律行为,仅需遗嘱人一方作出意思表示即可生效,受遗赠人是否表示接受遗赠不影响遗赠行为的效力。但受遗赠人有权拒绝接受遗赠,放弃遗赠并不影响遗赠的效力。

3. 受遗赠人具有范围上的限定性,受遗赠人可以是国家、集体组织,也可以是法定继承人以外的其他人。

4. 执行遗赠不得妨碍清偿遗赠人的债务。执行遗赠不得妨碍清偿遗赠人依法应当缴纳的税款和债务。因此,遗嘱执行只有在优先清偿了遗赠人的一切债务而遗产还有剩余时,才能执行遗赠。若遗赠人的债务超过了遗产中资产的价值,则不能执行遗赠。

制度比较　遗赠 vs. 遗嘱继承

遗赠与遗嘱继承都是自然人用遗嘱处分其遗产的行为,都可以附有义务,都是遗产所有权移转的方式,这种移转都是在遗嘱人死亡时开始的。但是两者仍是两种性质不同的民事法律行为,其区别在于:

1. 受让的主体不同。受遗赠人是国家、集体或法定继承人以外的人,不限于自然人;而遗嘱继承人只能是法定继承人中的一人或数人,且必须均为自然人。

2. 主体所承担的义务不同。受遗赠人享有接受遗赠的权利,一般不承担清偿遗赠人债务的义务;而遗嘱继承人有权继承遗产,同时应当负责清偿被继承人应当缴纳的税款和债务。

3. 取得遗产的方式不同。受遗赠人一般不直接参加遗产的分配,而是从遗嘱执行人或遗嘱继承人那里取得遗产;遗嘱继承人一般通过参加遗产的分配取得遗产。

4. 权利的接受、放弃和行使方式不同。受遗赠人应当在知道受遗赠后60日内,作出接受或者放弃受遗赠的表示;到期没有表示的,视为放弃受遗赠。而遗嘱继承中,在继承开始后,继承人放弃继承的,应当在遗产处理前,以书面形式作出放弃继承的表示;没有表示的,视为接受继承。

制度比较　遗赠 vs. 赠与

我国《民法典》在合同编中以专章规定了"赠与合同",遗赠与赠与都是所有人无偿让与其财产所有权的行为,两者的区别主要在于:

1. 法律性质不同。遗赠是一种单方民事法律行为,主要受继承编调整;而赠与是一种双方法律行为,构成合同关系,主要受合同编调整。

2. 行为方式不同。遗赠必须要以遗嘱的方式进行;而赠与不采用遗嘱方式。

3. 发生法律效力的时间不同。遗赠是死因行为,在遗赠人死亡后才能发生法律效力;而赠与除死因赠与外,一般在赠与人生前就发生法律效力。

第二节　遗　　嘱

一、遗嘱的概念

遗嘱,是指遗嘱人(被继承人)生前在法律允许的范围内按照法律规定的方式处分自己的财产及安排与财产相关的事务,并于遗嘱人死亡时发生法律效力的一种民事法律行为。自然人可以依照本法规定立遗嘱处分个人财产,并可以指定遗嘱执行人。自然人可以立遗嘱将个人财产指定由法定继承人的一人或数人继承。自然人可以立遗嘱将个人财产赠给国家、集体或者法定继承人以外的组织、个人。自然人可以依法设立遗嘱信托。

遗嘱是一种民事法律行为,具有下列法律特征:

1. 遗嘱是一种单方民事法律行为。遗嘱仅需遗嘱人单方意思表示即可成立,无须对方有接受的意思。遗嘱人在遗嘱生效以前,可以随时按照自己的意志自由撤销或变更所立的遗嘱,相对人是否接受不影响遗嘱的成立和效力。

2. 遗嘱是死因行为。遗嘱是在遗嘱人死亡后才发生法律效力的,在遗嘱人死亡前,其可以撤回、变更自己所立的遗嘱。

3. 遗嘱是一种要式法律行为。若遗嘱不符合法定的方式则不能发生法律效力。遗嘱的形式是否符合法律规定的形式,应以遗嘱设立时的情形为准。

二、遗嘱的形式

遗嘱的形式,是指遗嘱人处分其死亡后财产及与此相关事务安排的意思表示的形式,具有要式性、法定性和法定范围内的可选择性等特点。根据我国《民法典》的规定,遗嘱的法定形式有以下六种。

(一)自书遗嘱

自书遗嘱,又称亲笔遗嘱,是指遗嘱人生前亲手书写的遗嘱。自书遗嘱由遗嘱人亲笔书写、签名,注明年、月、日。自然人在遗书中涉及死后个人财产处分的内容,确为死者真实意思的表示,有本人签名并注明了年、月、日,又无相反证据的,可按自书遗嘱对待。自书遗嘱是应用较为普遍的一种遗嘱形式,但其缺陷是易于伪造。

(二)代书遗嘱

代书遗嘱,又称口授遗嘱或代笔遗嘱,是指由遗嘱人口述遗嘱内容,他人代为书写而制作的遗嘱。代书遗嘱应当有两个以上见证人在场见证,由其中一人代书,并由遗嘱人、代书人和其他见证人签名,注明年、月、日。考虑到我国人口受教育程度参差不齐,不会写字的群众还普遍存在,代书遗嘱可以在保障其意思自治的基础上合理解决这一问题。

(三)打印遗嘱

打印遗嘱是《民法典》新增的遗嘱形式,是指先用电脑将遗嘱内容书写完整,然后用打印机将书写好的遗嘱打印出来。打印遗嘱应当有两个以上见证人在场见证。遗嘱人和见证人应当在遗嘱的每一页上签字以确保其真实性,注明年、月、日。打印遗嘱是随着电脑技术的普及而产生的一种更为便利化、人性化的遗嘱形式,实际上也是一种书面形式的遗嘱。

(四)录音录像遗嘱

录音录像遗嘱,实际上分为两种形式遗嘱,一种是录音遗嘱,是指以录音机、录音笔等工具记录遗嘱人处分其遗产的语音的遗嘱;另一种是录像遗嘱,是指以记录声音与影像的器材录制遗嘱人的遗嘱。以录音录像形式立的遗嘱,应当有两个以上见证人在场见证。遗嘱人和见证人应当在录音录像中记录其姓名或者肖像,以及年、月、日。

(五)口头遗嘱

口头遗嘱,又称口授遗嘱,是指遗嘱人用口头表述的而不以任何方式记载的遗嘱。遗嘱人在危急情况下,可以立口头遗嘱。口头遗嘱应当有两个以上见证人在场见证。危急情况消除后,遗嘱人能够以书面或录音录像形式立遗嘱的,所立的口头遗嘱无效。

(六)公证遗嘱

公证遗嘱,是指经过国家公证机构依法认可其真实性与合法性的书面遗嘱。公证遗嘱由遗嘱人经公证机构办理,因其有国家法定机构的参与和确认,因此能保障遗嘱人意思表示的真实性和合法性。关于公证遗嘱的具体办理措施,司法部《遗嘱公证细则》中进行了明确规定。

为保证遗嘱的真实性,代书遗嘱、打印遗嘱、录音录像遗嘱、口头遗嘱都须有两个以上的见证人在场见证。由于遗嘱见证人证明的真伪直接关系到遗嘱的效力和遗产的处置,因此对遗嘱见证人的资格作了规定,以下三类人不能作为遗嘱见证人:一是无民事行为能力人、限制民事行为能力人以及其他不具有见证能力的人;二是继承人、受遗赠人;三是与继承人、受遗赠人有利害关系的人。此外,继承人、受遗赠人的债权人、债务人,共同经营的合伙人,也应当视为与继承人、受遗赠人有利害关系,不能作为遗嘱的见证人。

三、遗嘱的成立、撤回和变更

(一)遗嘱的成立

遗嘱的成立,指遗嘱因具备了法定的成立要件而在客观上开始得以存在。遗嘱作为一种遗嘱人生前在法律允许的范围内按照法律规定的方式处分自己的财产及与此相关的事务安排的无相对人的单方民事法律行为,其成立要件为遗嘱人须有遗嘱的意思表示。这可从两个方面来理解:一方面,须存在遗嘱人的意思表示,即其内容为遗嘱人对其死后财产及与此相关的事务的安排;另一方面,遗嘱的意思表示须遗嘱人作出,而非他人作出。

(二)遗嘱的撤回与变更

遗嘱人可以撤回、变更自己所立的遗嘱。立遗嘱后,遗嘱人实施与遗嘱内容相反的民事法律行为的,视为对遗嘱相关内容的撤回。立有数份遗嘱,内容相抵触的,以最后的遗嘱为准。遗嘱具有可撤回性,遗嘱在发生效力前,遗嘱人可随时变更或撤回所立遗嘱。遗嘱的变更和撤回方式有明示和推定两种。

1. 遗嘱变更、撤回的明示方式

遗嘱人以明示方式变更、撤回遗嘱的,须以法律规定的设立遗嘱的方式进行。若遗嘱人另立新遗嘱,并且在新的遗嘱中明确声明全部或部分撤回原来所立遗嘱的,则旧的遗嘱被变更或撤回。

2. 遗嘱变更、撤回的推定方式

遗嘱变更、撤回的推定方式,是指遗嘱人虽未以明确的意思表示变更、撤回所设立的遗嘱,但法律根据遗嘱人的行为推定遗嘱人有变更或撤回遗嘱的法律后果,并实际产生变更或撤回遗嘱的法律后果,推定方式主要有以下几种:

(1)遗嘱人立有数份遗嘱,且内容相互抵触的,以最后所立的遗嘱为准。遗嘱人以不同形式立有数份内容相抵触的遗嘱。

(2)遗嘱人生前的行为与遗嘱的意思表示相反,而使遗嘱处分的财产在继承开始前灭失、部分灭失或所有权转移、部分转移的,遗嘱视为被撤回或部分被撤回。

(3)遗嘱人故意销毁遗嘱的,推定遗嘱人撤回原遗嘱。原遗嘱毁坏后是否又立有新遗嘱不影响推定的效力。因遗嘱人的过失、第三人的行为或不可抗力致遗嘱销毁的,不发生变更或销毁遗嘱的效力。

四、遗嘱的无效

遗嘱已经成立并非一定生效,其自遗嘱人死亡时发生效力。遗嘱附有生效要件的,其条件于遗嘱人死亡后成就的,自条件成就时发生效力。遗嘱作为民事法律行为的一种,自然应符合民事法律行为的一般有效要件方能有效。遗嘱的一般有效要件包括:(1)遗嘱人具有完全民事行为能力。(2)遗嘱人所立遗嘱意思表示真实。(3)遗嘱内容合法,即不违反法律、行政法规的强制性规定,不违背公序良俗。然而,《民法典》总则编关于民事法律行为效力的规定仅是一般规定,继承编在此基础上仍有特殊之处,应当优先适用继承编的规定判断遗嘱的效力。因此,根据《民法典》第1143条的规定,以下几种遗嘱无效:

1. 无民事行为能力人或者限制民事行为能力人所立的遗嘱无效。遗嘱人立遗嘱时必须具有完全民事行为能力。无民事行为能力人或者限制民事行为能力人所立的遗嘱,即使其本人后来具有完全民事行为能力,仍属无效遗嘱。遗嘱人立遗嘱时具有完全民事行为能力,后来成为无民事行为能力人或者限制民事行为能力人的,不影响遗嘱的效力。

2. 受欺诈、胁迫所立的遗嘱无效。因“欺诈”和“胁迫”均属于遗嘱人意思表示存在严重瑕疵,所以导致遗嘱无效。这是关于遗嘱这一民事法律行为的特别规定,不同于总则编对于民事法律行为的一般规定。所谓欺诈,是指采用虚构事实、隐瞒真相的手段使遗嘱人主观上陷入错误认识,并且基于该错误认识订立遗嘱的情形。胁迫是指以给遗嘱人或其亲友的生命健康、荣誉、名誉、财产等造成损害,或者以给法人的荣誉、名誉财产等造成损害为要挟,从而迫使遗嘱人订立违背真实意愿的遗嘱。

3. 伪造的遗嘱无效。伪造是指凭空捏造一份假的遗嘱,该遗嘱的全部内容都与被继承人无关,完全不体现被继承人的意志,因而伪造遗嘱的法律后果是全部无效。

4. 遗嘱被篡改的,篡改的内容无效。篡改是指在原有真实的遗嘱基础之上,对遗嘱内容进行涂抹、添加等处理。因此只有被篡改的部分才违背遗嘱人的真实意愿,故而该部分内容无效,而未被篡改的部分仍然可以继续有效。

5. 遗嘱人以遗嘱处分了国家、集体或者他人财产的，应当认定该部分遗嘱无效。遗嘱人处分的财产并非其个人合法财产，属于无权处分行为。虽然处分权的欠缺不影响合同的效力，但处分权的欠缺将直接影响遗嘱的效力，该部分遗嘱无效。

6. 遗嘱没有为缺乏劳动能力又没有生活来源的继承人保留必要份额的，对应当保留的必要份额的处分无效。遗嘱应当为缺乏劳动能力又没有生活来源的继承人保留必要的遗产份额（《民法典》第1141条）。因此，如果遗嘱人未按规定在遗嘱中保留遗产份额，那么在遗产处理时，应当为该继承人留下必要的遗产，所剩余的部分才可参照遗嘱确定的分配原则处理。

五、附义务的遗嘱继承与遗赠

（一）附义务遗嘱继承与遗赠的界定

附义务遗嘱继承与附义务遗赠，是指遗嘱继承人或者受遗赠人在继承遗嘱人财产时需履行特定的义务，否则其可能丧失继承遗产权利的遗嘱继承或遗赠。例如，张某于临去世前在遗嘱中将自有房屋遗赠给好友李某，但要求李某继续饲养并照管张某的宠物狗。如果李某接受遗赠房屋则必须履行饲养宠物狗的义务，如李某无正当理由不履行该义务，则取得房屋的权利可能会被人民法院取消。由此可见，附义务遗嘱继承与遗赠是当事人之间对彼此权利义务关系的一种理性安排和考量，能够在很大程度上满足双方的需求，也有助于发挥遗嘱人财产的价值。

附义务不同于附条件，义务分为作为义务和不作为义务两种形式，表现为义务人的特定行为，而条件则是将来可能发生也可能不发生的某种客观事实。

（二）遗嘱继承附义务和遗赠附义务的履行

1. 遗嘱继承人或者受遗赠人履行遗嘱所附义务的前提是其接受继承或者遗赠。如果其放弃继承或者遗赠，也就没有履行所附义务的限制了。这充分反映了权利和义务的对等性。

2. 如果遗嘱继承人或者受遗赠人没有正当理由不履行义务的，经利害关系人或者有关组织请求，人民法院可以取消其接受附义务部分遗产的权利。这里的正当理由主要包括：遗嘱人设定义务违反法律、行政法规的强制性规定；违背公序良俗；设定义务客观上无法实现；履行义务遭遇不可抗力等情形。这些正当理由构成了对履行所附义务的抗辩。

3. 附义务的遗嘱继承或者遗赠，如义务能够履行，而继承人、受遗赠人无正当理由不履行，经受益人或者其他继承人请求，人民法院可以取消其接受附义务部分遗产的权利，由提出请求的继承人或者受益人负责按遗嘱人的意愿履行义务，接受遗产。

第三节　遗赠扶养协议

一、遗赠扶养协议的概念

遗赠扶养协议，是指遗赠人与扶养人（受遗赠人）之间达成的由扶养人承担遗赠人生养死葬义务，遗赠人将自己的财产于死后赠与给扶养人的协议。遗赠扶养协议制度可以激励扶养人更好地履行义务，对于保护老年人、残疾人的合法权益有重要意义，在当前社会福利和保障体系尚不能满足社会需要的背景下，该制度有利于减轻国家和社会的负担，促进养老方式的多元化。

遗赠扶养协议具有以下特征：

1. 遗赠扶养协议是双方法律行为。从性质上来讲,遗赠扶养协议是一种合同,但其不同于一般的财产性合同,遗赠扶养协议中有关扶养的内容具有强烈的人身性质。因此,适用遗赠扶养协议应当首先依据继承编的特殊规定,没有规定的可以根据其性质参照适用合同编的规定。

2. 遗赠扶养协议是生前行为与死因行为的统一。遗赠扶养协议中扶养部分的内容是生前行为,自遗赠扶养协议成立时即发生效力,扶养人就应履行扶养义务。而其中遗赠的部分属于死因行为,应自遗赠人死亡时发生效力。

3. 遗赠扶养协议是要式法律行为。尽管实证法层面并未规定遗赠扶养协议必须以书面形式成立,但为了确保遗赠扶养协议的实际履行,避免发生纠纷,应当按照当然解释的原理,遗赠扶养协议的成立条件应至少比自书遗嘱要严格。故而,成立遗赠扶养协议若采用书面形式,须双方当事人签字,并注明年月日。若采用公证形式,则依相关公证程序办理。

4. 遗赠扶养协议具有适用上的优先性。继承开始后,按照法定继承办理;有遗嘱的,按照遗嘱继承或者遗赠办理;有遗赠扶养协议的,按照协议办理。被继承人生前与他人订有遗赠扶养协议,同时又立有遗嘱的,继承开始后,如果遗赠扶养协议与遗嘱没有抵触,遗产分别按协议和遗嘱处理;如果有抵触,按协议处理,与协议抵触的遗嘱全部或者部分无效。

制度比较　遗赠 vs. 遗赠扶养协议

遗赠与遗赠扶养协议的区别在于:

1. 遗赠是单方法律行为,而遗赠扶养协议是双方法律行为。

2. 遗赠是单务、无偿的法律行为,而遗赠扶养协议是双务、有偿的法律行为。

3. 遗赠是死因行为,而遗赠扶养协议是生前行为与死因行为的结合。

4. 遗赠扶养协议中的扶养人必须是具有完全民事行为能力的自然人或集体组织,而遗赠中的受遗赠人不受此限。

5. 遗赠中的受遗赠人必须在法定期限内作出接受遗赠的明确意思表示,否则视为放弃受遗赠权,而遗赠扶养协议中的扶养人无须在遗赠人死亡后作出接受遗赠的意思表示,即可以直接依协议取得遗产。

二、遗赠扶养协议的内容

(一)遗赠扶养协议的主体

遗赠扶养协议中的遗赠人只能是自然人。扶养人既可以是自然人,也可以是法人或者非法人组织。如果扶养人是自然人,则需满足以下条件:(1)扶养人必须具备完全民事行为能力。(2)扶养人客观上应具备一定的扶养能力,具体表现在健康上、经济上具有扶养他人的可能性。(3)扶养人须为继承人以外的自然人或某个组织,如农村集体经济组织或某养老服务机构等。

(二)遗赠扶养协议当事人的权利义务

就遗赠人而言,遗赠人在遗赠扶养协议生效后有权请求扶养人履行生养死葬义务,即在生活上的照料和扶助,在死亡后料理丧事。如果扶养人无正当理由怠于履行或拒绝履行扶养义务,遗赠人有权请求解除协议,协议解除后,扶养人不能享有受遗赠的权利,其支付的供养费用一般不予补偿。遗赠人死亡前对遗赠扶养协议所约定的财产不得任意处分,如果导致将来协议无法履行,导致协议解除的,则应当偿还继承人以外的组织或者个人已支付的供养费用。

就扶养人而言，遗赠扶养协议生效后，扶养人必须按照协议内容立即履行扶养义务。扶养人有权在遗赠人死亡后取得约定遗赠的财产，且不得实施虐待、遗弃或者其他任何不利于遗赠人的行为。

思考题

1. 简述遗嘱的特征与形式。
2. 简述遗赠与遗嘱继承的区别。
3. 简述遗赠与赠与的区别。
4. 简述遗嘱继承与法定继承的区别。
5. 简述无效遗嘱的类型。
6. 简述遗赠抚养协议与遗赠的区别。

阅读指引

关于遗赠扶养协议制度的适用及完善

1. 张昕：《论遗赠扶养协议的完善》，载《法学杂志》2007 年第 6 期。
2. 何丽新：《论遗赠扶养协议的扩张适用》，载《政法论丛》2012 年第 3 期。
3. 陈本寒：《我国遗赠扶养协议制度之完善》，载《政治与法律》2014 年第 6 期。
4. 缪宇：《遗赠扶养协议中的利益失衡及其矫治》，载《环球法律评论》2020 年第 5 期。

关于遗嘱效力问题的相关研究

1. 郭明瑞：《论遗嘱形式瑕疵对遗嘱效力的影响——兼论遗嘱形式的立法完善》，载《求是学刊》2013 年第 2 期。
2. 刘征峰：《嗣后财产灭失、相反行为与遗嘱效力》，载《法学研究》2021 年第 5 期。

关于遗嘱形式的代表性研究

1. 赵春：《民法典编纂视野下的遗嘱形式及其形式要件完善》，载《北方法学》2019 年第 4 期。
2. 房绍坤：《遗嘱形式完善三题》，载《苏州大学学报（法学版）》2014 年第 4 期。
3. 任江：《民法典继承编遗嘱形式要件效力解释论》，载《法商研究》2020 年第 6 期。
4. 郑倩、房绍坤：《公证遗嘱优先效力论争》，载《政法论丛》2016 年第 2 期。
5. 张萱、陶海荣：《打印遗嘱的法律性质和效力》，载《法学》2007 年第 9 期。

关于共同遗嘱问题的相关研究

1. 王葆莳：《共同遗嘱中"关联性处分"的法律效力》，载《法商研究》2015 年第 6 期。
2. 王毅纯：《共同遗嘱的效力认定与制度构造》，载《四川大学学报（哲学社会科学版）》2018 年第 1 期。

第四章　遗产的处理

导学案例

甲结婚后与妻子育有一儿乙与一女丙，妻子因为在生产女儿丙时难产，不幸去世，为了照料两个子女，甲以个体经营户形式开了一家小超市谋生，并聘用两名员工收银与整理货物。乙、丙成年后，甲决定与丁结婚，丁在结婚的时候已经有6个月身孕，婚后2个月，甲在一次外出采购过程中不幸脑出血死亡，后经丁发现，甲在婚前持有一套价值120万元的房产、存款60万元，以及借条一张，载明甲向邻居李某借款10万元，借期已到。由于丁得知甲死亡后悲伤过度早产生下女儿戊。乙、丙得知父亲甲死亡，找到丁要求分割遗产，此外两名员工也要求丁支付工资报酬。根据本案案情，思考下列问题：

1. 案例中甲死亡后如何确定遗产管理人？
2. 甲生前的债务是否需要清偿？如何清偿？
3. 清偿完债务后的遗产该如何进行分割处理？

第一节　遗产管理人

一、遗产管理人的概念

在遗产分割前，遗产的最后归属尚未确定，此时遗产作为全体继承人共同的财产，成立共同共有关系。因此，应对遗产进行管理，以使遗产免受不应有的损害。

遗产管理人，是对遗产有管理与保存职责，公平且有序分配遗产的人。我国《民法典》继承编以专章构建了遗产管理人的确定、职责、法律责任以及报酬等遗产管理制度。继承开始后，遗产分割完毕前，在这段特殊时间内，遗产处于待分配状态，其归属尚未确定，如果遗产不能受到妥善保管，就可能使遗产遭受不应有的损害。建立遗产管理人制度不仅有利于保护遗产的安全，确保继承人的继承权得以实现，还有利于债权人的债权得以清偿。

二、遗产管理人的确定

确定合适的遗产管理人，首先应尊重被继承人的意思自治，若遗嘱人已选任了自己信任的遗产管理人，则应依其选任。若遗嘱人未作安排，则应兼顾公平按法律的强制性规定确定。

遗产管理人应根据如下规则确定：

1. 遗嘱执行人为遗产管理人。所谓遗嘱执行人是指遗嘱人在遗嘱当中指定的执行其遗嘱内容的人。可见，遗嘱人与遗嘱执行人之间有强烈的人身信赖关系，由遗嘱执行人管理遗产有利于遗产按照遗嘱人的意愿落实分配。

2. 没有遗嘱执行人的，继承人应当及时推选遗产管理人。所谓没有遗嘱执行人，应该扩张解释为没有合格的遗嘱执行人。主要包括两种情况：(1)被继承人未指定遗嘱执行人；(2)被继承人指定的遗嘱执行人死亡或者丧失民事行为能力，导致客观上无法执行遗嘱。继承人推选的遗产管理人可以是一人，也可以是数人，推选的遗产管理人应当得到全体继承人的一致同意或者多数继承人同意，只要继承人内部对此无争议。

3. 继承人未推选的，由继承人共同担任遗产管理人。继承人未推选出遗产管理人主要是指继承人之间对推选遗产管理人意见不统一，彼此之间互不认可，导致未能推选。抑或继承人较少，没有必要特意推选遗产管理人。当继承人共同担任遗产管理人时，在作出决策时应秉持协商一致原则。

4. 没有继承人或者继承人均放弃继承的，由被继承人生前住所地的民政部门或者村民委员会担任遗产管理人。如果没有继承人或者继承人均放弃继承，遗产就会无人继承，而此时遗产就归国家或者集体所有制组织所有。因此由被继承人生前住所地的民政部门或者村民委员会担任遗产管理人，起到了兜底的作用。

为了保障遗产管理人能够依法、有序地产生，保障遗产的安全，如果当事人对遗产管理人的确定有争议的，利害关系人可以向人民法院申请指定遗产管理人。

三、遗产管理人的职责

为明确遗产管理的权限和范围，《民法典》第1147条明确列举了遗产管理人应当履行的职责。主要包含以下几项：

1. 清理遗产并制作遗产清单。清理遗产是管理人了解、掌握遗产情况的必要过程，经过清理制作出清单，有助于明确遗产范围，为后续的分配工作奠定基础。遗产清单一般应采用书面形式，不仅应对各类遗产进行分类汇总(如动产和不动产、有形和无形资产)，也应盘点各种债务，以便继承人或利害关系人查询。

2. 向继承人报告遗产情况。在遗产管理人清理好遗产后，就应当向继承人报告遗产情况，使其充分了解遗产的具体情况。这里的继承人既包括法定继承人，也包括遗嘱继承人。值得注意的是，受遗赠人或被继承人的债权人等利害关系人虽与遗产分配直接相关，但从文义上看，这些主体并不在报告之列。

3. 采取必要措施防止遗产毁损、灭失。基于诚实信用原则，遗产管理人负有采取必要措施妥善保管遗产的义务，所谓采取必要措施，是指须尽到合理的注意义务，谨慎关注遗产的状况，及时排除可能危及遗产的因素。例如，对鲜活易腐的遗产应当及时做变价处理，将所得价款作为遗产。

4. 处理被继承人的债权债务。一方面，被继承人的债权是其理应获得的积极性财产利益，被继承人的死亡并不意味着其债权消灭，遗产管理人有权利也有义务向债务人主张，并将所得利益归入遗产。另一方面，被继承人所欠债务也应清偿，从而保障债权人的合法权益。但是清偿债务应以遗产为限，对于超过遗产部分的债务，遗产管理人不负偿还义务。

5. 按照遗嘱或者依照法律规定分割遗产。合法妥当地分割遗产是遗产管理人的根本性职责，其分配依据既可以是遗嘱，也可以是遗赠扶养协议，还可以是法律的直接规定。具体分割原则与分配方式应遵循《民法典》第1156条和最高人民法院《关于适用〈中华人民共和国民法典〉继承编的解释(一)》第42条的规定。

6. 实施与管理遗产有关的其他必要行为。为避免法律列举事项不周延和保持法律的开放性,设置兜底性条款,便于司法实践中加以灵活把握。

遗产管理人应当依法履行职责,因故意或者重大过失造成继承人、受遗赠人、债权人损害的,应当承担民事责任。考虑到遗产管理人在管理遗产过程中付出了辛劳,因此遗产管理人可以依照法律规定或者按照约定获得报酬。

四、遗产存有人的义务

遗产存有人,是指继承人死亡时实际控制遗产的人。遗产存有人并不完全等同于遗产管理人,两者是相互交叉的关系。遗产存有人未必就是能够最终取得遗产的人,在此情况下,遗产存有人仅是暂时实际控制着遗产。因此,存有遗产的人,应当妥善保管遗产,任何组织或者个人不得侵吞或争抢。这一规定揭示了遗产存有人的义务,即妥善保管。遗产存有人若未尽妥善保管义务,导致遗产价值贬损的,应当承担相应的民事责任。

遗产存有人一般发生在具有家庭关系的主体之间,例如,夫妻的共同财产,夫或妻一方死亡,另一方就会在事实上控制着该笔共同财产。因此,夫妻共同所有的财产,除有约定的外,遗产分割时,应当先将共同所有的财产的一半分出为配偶所有,其余的为被继承人的遗产。同理,遗产在家庭共有财产之中的,遗产分割时,应当先分出他人的财产。

第二节　遗产分割及被继承人债务清偿

一、遗产分割的原则

遗产分割,是指两个以上继承人共同继承遗产时,将继承财产按各自应继份予以分配,以消灭遗产共有关系为目的的行为。遗产分割仅发生在数个继承人共同继承的场合,并以各继承人的地位及应继份额的确定为前提,当仅有唯一的继承人时,不存在遗产分割的问题。

分割遗产时应遵循以下三个原则:

1. 遗产分割自由原则。在法律没有明文限制分割或遗嘱未作特定限制的前提下,合法继承人可以随时行使遗产分割请求权,任何人不得非法干预。

2. 保留胎儿继承份额原则。考虑到对胎儿利益的特殊保护,遗产分割时,应当保留胎儿的继承份额。此时,胎儿视为具有民事权利能力,可以成为继承法律关系的主体。为胎儿所保留的遗产份额,一般应等同于各继承人所取得的遗产份额的平均数。应当为胎儿保留的遗产份额没有保留的,应从继承人所继承的遗产中扣回。但若胎儿娩出时为死体的,保留的份额就无合适的继承对象,那么则应由被继承人的继承人继承。为胎儿保留的遗产份额,如胎儿出生后死亡的,由该胎儿的继承人继承。

3. 有利生产、生活和不损害遗产使用价值原则。遗产分割应当有利于生产和生活需要。不宜分割的遗产,可以采取折价、适当补偿或者共有等方法处理。人民法院在分割遗产中的房屋、生产资料和特定职业所需要的财产时,应当从有利于发挥其使用效益和继承人的实际需要出发,兼顾各继承人的利益进行处理。

二、遗产分割的方法

遗产的分割方法是指继承人取得遗产应继份的具体方法。关于遗产的分割方法，如果遗嘱中已经指定了分割的方法，则应按遗嘱指定的方法分割遗产；遗嘱没有指定遗产分割方法的，由继承人协商遗产的分割方法；继承人协商不成的，可以通过调解确定遗产分割的方法；调解不成的，则通过诉讼程序由人民法院确定遗产的分割方法。

不宜分割的遗产，可以采取折价、适当补偿或共有等方法处理。遗产分割的具体方法有以下几种：

1. 实物分割。遗产分割在不违反分割原则的情况下，可以采取实物分割的方法。如果遗产为可分物，可根据各个继承人应得的份额，对遗产作实物分割，使各继承人取得其应得的份额。

2. 补偿分割。对于不宜实物分割的遗产，如果继承人中有人愿意取得该遗产，则由该继承人取得遗产的所有权，然后由取得遗产所有权的继承人按照其他继承人应继份的比例，分别补偿给其他继承人相应的价金。

3. 变价分割。如果遗产不宜进行实物分割，而继承人又都不愿意取得该种遗产，则可以将遗产变卖换取价金，然后由继承人按照自己应继份的比例，对价金进行分割。

4. 保留共有的分割。遗产不宜进行实物分割，继承人又都愿意取得遗产的，或者继承人基于某种生产或生活目的、愿意保持遗产共有状况的，则可以采取保留共有的分割方法。由继承人对遗产享有共有权，其共有份额按照应继份的比例确定。

三、被继承人债务的清偿

（一）被继承人债务的确定

被继承人的债务是指继承人生前依法应该缴纳的税款、罚金以及应由他个人偿还的合法财产性债务。被继承人的债务大概可以分为两类：(1)公法领域中的财产债务，如依据《刑法》所应缴纳的罚金、依《行政处罚法》应缴纳的罚款，以及被继承人所应缴纳的税款。(2)私法领域中的债务，即受民事法律所调整的平等主体之间的债务关系。此种债务可以是合同之债或侵权之债，也可以是不当得利之债或无因管理之债。

但应注意的是，债务可以是被继承人单独所负的债务，也可以是与他人的共同债务中所应分担的份额。被继承人的债务与继承费用也应区分开来。继承费用应当直接从遗产中直接支付，而不属于被继承债务。这里的继承费用包括遗产管理人的报酬、为保管和分配遗产所支出的必要费用等。

（二）被继承人债务的清偿

按照现代民法所奉行的“自己责任”原则，被继承人的债务应由其个人清偿，在被继承人死亡后，分割遗产前，应当清偿被继承人依法应当缴纳的税款和债务，缴纳税款和清偿债务以他的遗产实际价值为限。超过遗产实际价值的部分，继承人可以选择自愿偿还，也可以拒绝偿还。如果继承人放弃继承，那么对被继承人依法应当缴纳的税款和债务可以不负偿还责任。这一规定体现了法律上的“权利与义务相一致”原则。

另外，本着扶弱救困的精神，法律还规定：如果继承人中有缺乏劳动能力又没有生活来源的人，即使被继承人的遗产不足以清偿债务，也应为其保留必要的遗产。所谓缺乏劳动能力是指因年龄尚幼或身体原因而在客观上不能参与生产劳动。没有生活来源并不是指完全无收入，应当解释为其收入不足以维持基本生活需要。唯有这两项条件均符合,才能适用保留必要遗产的规定。这一规定是养老育幼原则的体现,也是保障人权的必然要求。

四、无人继承又无人受遗赠的遗产处理

(一)无人继承又无人受遗赠的财产界定

无人继承又无人受遗赠的遗产,是指继承开始后,没有人依法继承或接受遗赠的被继承人的遗产。这类遗产主要包括下列几种情况:(1)自然人死亡后,没有法定继承人、遗嘱继承人或受遗赠人的,其生前也未签订遗赠扶养协议。(2)继承人或受遗赠人都放弃了或丧失了继承权的。(3)被继承人只用遗嘱处分了一部分遗产,在没有法定继承人的情况下,未加处分的那一部分遗产。(4)被继承人虽用遗嘱处分了遗产,但遗嘱无效,且无法定继承人的。(5)被继承人用遗嘱取消了一切法定继承人的继承权,但又未指定受遗赠人,或虽指定了受遗赠人但其放弃或丧失了受遗赠权或先于被继承人死亡,且未签订遗赠扶养协议的。

无人继承又无人受遗赠的遗产,法律也应明确其归属,避免该财产因处于无主状态而发生侵占等违法行为。对这类遗产的处置,应结合我国的具体国情,充分体现公有制为主体的基本经济制度。

(二)无人继承又无人受遗赠的遗产的处理

继承开始后,如继承人或受遗赠人仍处于不明状态时,应该通过公告程序寻找继承人或受遗赠人,公告期至少为1年,逾期若无继承人或受遗赠人出现,则将该遗产确定为无人继承又无人受遗赠的遗产。

无人继承又无人受遗赠的遗产,依据被继承人的身份不同,其归属也有所区别(《民法典》第1160条)。

1. 归国家所有,用于公益事业。无人继承又无人受遗赠的遗产归国家所有的前提是该死者为城镇居民。归国家所有是指收归国库,用于公益事业是指直接或间接地用于为经济活动、社会活动和居民生活等与公共利益相关的事业。具体而言包括:科学教育事业、医疗卫生事业、文化体育事业及慈善事业等方面。这一规定充分体现了“取之于民,用之于民”的精神。

2. 归集体所有制组织所有。死者生前是集体所有制组织成员的,归所在集体所有制组织所有。作为集体所有制组织的成员,死者生前享受过集体所有制组织分配的某些经济利益,如土地承包收益、宅基地上的房产等。若其遗产无人继承又无人受遗赠,使其回归集体所有制组织便于集体的再分配和利用,从而与其他制度相协调。

思考题

1. 试评析我国遗产管理人制度。
2. 简述遗产管理人的职责。
3. 简述遗产的分割原则与分割方法。

阅读指引

关于遗嘱管理人制度的构建与完善

1. 王葆莳、吴云煐:《〈民法典〉遗产管理人制度适用问题研究》,载《财经法学》2020年第6期。

2. 侯国跃:《我国遗嘱执行人制度的立法构想》,载《法学杂志》2010 年第 6 期。
3. 陈苇、石婷:《我国设立遗产管理制度的社会基础及其制度构建》,载《河北法学》2013 年第 7 期。

关于遗产债务清偿顺序的相关研究

1. 陈苇:《我国遗产债务清偿顺序的立法构建》,载《法学》2012 年第 8 期。
2. 姜大伟:《我国遗产债务清偿顺序探析》,载《湖北社会科学》2012 年第 10 期。
3. 陈英:《遗产继承与遗产债务清偿法律关系之考察》,载《政法论丛》2015 年第 6 期。
4. 汪洋:《遗产债务的类型与清偿顺序》,载《法学》2018 年第 12 期。

关于无人继承遗产规则的相关研究

1. 司艳丽、仲相:《继承人旷缺制度研究》,载《烟台大学学报(哲学社会科学版)》2004 年第 4 期。
2. 李先波、何文桃:《论无人继承且无人受遗赠的著作权归属——由〈我的前半生〉著作权纠纷引发的思考》,载《政治与法律》2008 年第 6 期。
3. 石婷:《民法典编纂中无人继承遗产处理的反思与制度重构》,载《北方法学》2019 年第 2 期。

第七编　侵权责任

本编参考书目

第一章　一般规定

导学案例

一日傍晚，甲驾驶一辆拖拉机在乡村公路上行驶，车上载着一个空棺材。中途，乙招手搭车，甲出于好心便同意让其上车，并告知车上有一口空棺材。不久下起大雨，乙躲进棺材避雨，过了一会儿睡着了。后来，又有丙请求搭车，甲也让其上了车，但未告知乙在车后。乙醒后手托棺材，露出头来透气，丙见棺材中出来一人，吓得大喊"有鬼"，跳下车致左腿骨折。根据本案，思考下列问题：[1]

1. 对丙的损害，甲是否应当承担责任？为什么？

2. 对丙的损害，乙是否应当承担责任？为什么？

第一节　侵权责任法概述

一、侵权责任法的含义与特征

侵权责任法，也称侵权法，是指调整因侵害民事权益而产生的民事关系的法律规范的总称。侵权责任是民事主体侵害他人民事权益应当承担的法律后果。侵权责任法既存在形式意义上的，也存在实质意义上的。前者是指以侵权责任法为名，集中规定侵权责任规范的专门法律，在我国是指《民法典》第七编——侵权责任编。而后者则还包括其他法律中有关侵权责任的法律规范，例如《产品质量法》和《道路交通安全法》等法律中有关侵权责任的规定。《民法典》将侵权责任规范从传统债法中抽离出来，以独立的一编内容对其进行规定，[2]属于世界首创。

侵权责任法具有以下特征：

1. 侵权责任法是民事权利保护法。权利的享有和行使，既在于法律对权利的确认，也在于法律对权利的保护。没有法律保护的权利，很难说是真正的权利。侵权责任法通过规定侵权责任的归责原则、责任主体、责任形式以及各类典型的侵权责任，从而实现对法定的民事权利及其还未法定化的各类民事利益的保护。因此，侵权责任法是保护民事权益的法。

2. 侵权责任法是民事权益的救济法。侵权责任法对民事权益的保护是通过对遭受侵害的权利进行救济来完成的。合法权利是救济得以产生的前提，所以，没有权利就不存在救济。同样，没有救济就没有权利，一种无法诉诸法律保护的权利，实际上根本就不是法律权利。侵权责任法

---

[1] 本案改编自2020年法律硕士联考专业基础课真题。

[2] 这一立法体例安排与传统大陆法系国家民法典的立法模式不同，例如《德国民法典》是将侵权行为作为债的发生原因之一规定在债法编中。

的基本功能是对受害人的损害提供救济。除责任形式外,我国侵权责任法关于受害人的救济方式表现为四种形式:(1)行为人因过错致人损害时,通过过错责任的承担来为受害人提供救济;(2)在侵权行为损害他人权益时,不考虑行为人有无过错,而依法责令行为人承担责任;(3)根据公平原则,就损失在当事人之间进行合理分担;(4)通过责任保险或者社会救助的方式对受害人提供救济。救济是侵权责任法的基本理念,也是侵权责任法的重要特征。

3. 侵权责任法是强行法。侵权责任法的法律规范基本为强行性规范而非任意性规范,它规定各类侵权行为及其民事责任,其主要功能不在于对民事权利的确认,而是对民事权利的保护即对侵权行为的制裁,因此,侵权责任法是典型的强行法。

二、侵权责任法的调整对象

侵权责任法调整因侵害民事权益而产生的民事关系。所谓民事权益,包括民事权利和受法律保护的民事利益这两方面内容。民事权利和民事利益既有联系,又存在区别。二者都表现为民事主体的某种行为自由,但是民事权利往往通过法定化的方式加以确认。由于民事权利具有开放性,随着社会的发展和法律保障的完善,会不断出现新型的民事权利,法律难以穷尽列举各类民事权利。为避免挂一漏万,《民法典》第 1164 条采用抽象概括模式界定侵权责任编的保护对象。因此,那些尚未上升为权利,但应当且值得被法律保护的民事利益,也会受到侵权责任法的保护。并且,侵权责任编对民事权利和民事利益不作区分,而是平等地保护。

侵害民事权益的行为不仅发生民事关系,还可能产生刑事关系和行政关系,如侵害自然人的生命权,除产生侵权民事关系外,还可能产生犯罪的刑事关系;侵害市场主体的自由经营权,除产生侵权民事关系外,还可能产生反垄断或者反不正当竞争的行政关系。但是,侵权责任法仅调整因侵害民事权益而产生的民事关系,刑事关系和行政关系分别由刑法、行政法调整。

《民法典》侵权责任编所保护的民事权益,应当根据总则编第五章规定的民事权利的范围加以确定。《民法典》第 109 ~ 125 条规定了七大类民事权利,包括人格权、身份权、物权、债权、知识产权、继承权、股权和其他投资性权利。此外,《民法典》第 126 条规定的兜底性其他民事权利和利益,第 127 条规定的民事主体对于数据、网络虚拟财产享有的权益,这些均属于侵权责任法的保护范围。

三、侵权责任法的基本原则

侵权责任法作为民法典的分支,无疑奉民法基本原则为自己的基本原则,但也有自己独特的基本原则,这些基本原则是民法基本原则在侵权责任法上的具体体现,也可以说是民法基本原则的分支。它集中体现了侵权责任法的总体精神,是侵权责任法规则体系的高度概括。侵权责任法的特有原则主要有以下几项。

(一)损害填补原则

损害填补原则,是指侵权行为发生后确定的民事责任,首先在于使受害人受到的损害无论是财产损害还是精神损害得到弥补,得以恢复到受害前的状态,在恢复原状不可能时,即以金钱对受害人所遭受的损害予以赔偿,以此实现对受害人的全面救济。

现代侵权责任的承担必须坚持“同质救济”理念,即受害人遭受何种损害,法律就要求侵权人补偿何种损害,但有些损害一旦发生则无法弥补,例如,精神上的损害,那么只能以赔偿金钱的方式予以替代。因此,侵权责任法的救济手段是以财产补偿为主要形式,并且以损害额度为限。补偿抑或惩罚是民事责任与刑事责任的主要区别所在。但我国侵权责任法中也确立了一些惩罚性赔偿规则,这属于损害填补原则的例外。

此外,损害填补原则同时意味着,侵权损害赔偿以完全赔偿为原则,目的是使受害人恢复到如同损害未曾发生的状态。

(二)责任法定原则

侵权责任法定原则,是指侵权责任的归责原则、构成要件、责任形式以及责任主体等,均由法律明确规定,而不是由当事人之间自由约定。其意义在于实现受害人损害救济与行为人行为自由双方利益的平衡。一方面,侵权责任法定为受害人获得救济提供了必要手段;另一方面,侵权责任法定化亦可有效避免责任滥化和随意性,从而维护了相关行为主体的行为自由。此外,侵权责任的法定化和确定性能较好地实现对行为的引导,避免损害发生,从而实现侵权责任法的预防损害功能。

责任法定原则主要表现为:(1)侵权责任归责原则法定;(2)侵权责任构成要件法定;(3)侵权责任抗辩事由法定;(4)侵权责任方式法定;(5)侵权责任主体法定;(6)侵权责任形态法定。根据侵权责任法定原则,侵权责任法的规范主要为强行性规范,不允许当事人通过协议予以改变。当然,侵权责任法的强行性并不意味着侵权人与被侵权人不能就赔偿金额、给付方式等进行协商。

(三)自己责任原则

自己责任是侵权责任法的基本原则。该原则的含义包括以下几个方面的内容:(1)违法行为人对由于自己的过错直接造成的他人人身损害和财产损害,自己承担责任,此谓直接责任下的自己责任。(2)未对加害行为主体履行监督、管理义务或未对所管领的物件正确管理,致使行为主体或物件致人损害,责任人应当对此损害承担相应责任,这在理论中称为转承责任或替代责任,本质亦是自己责任。(3)加害人不能将自己应当承担的侵权责任转嫁给他人,也不能通过协议非法免除应承担的责任。那些造成对方人身伤害,以及因故意或者重大过失造成对方财产损失的免责条款当属无效。

四、侵权责任法的功能

侵权责任法的功能,是指侵权责任法在社会生活中所发挥的具体作用。侵权责任法究竟具有何种功能,在不同的历史时期、不同的国家与不同的法律体系,人们的认识有所不同。就我国侵权责任法而言,其基本功能就是三项:救济功能、惩罚功能与预防功能。

(一)救济功能

救济功能也称补偿功能、填补损害的功能,是指在受害人遭受损害后,通过侵权责任的承担,使其尽可能恢复到侵害发生前的状态。这是侵权责任法的基本精神,以保护受害人为中心,最大限度地体现了对人的终极关怀,通过对各种民事权利的保护,维持正常的社会关系和秩序。

认识到侵权责任法在补偿损害方面的重要功能,并不意味着要完全依赖侵权责任法来对所有的损害加以补救。侵权责任法在补偿损害方面也存在一些固有的缺陷,如成本高、效率低,受害人能否得到补偿取决于加害人是否具有赔偿能力等。如果完全依赖于侵权责任法,受害人很可能经历了长期的诉讼而仍然不能获得赔偿。因此,在强调侵权责任法的救济功能的同时还要发挥其他补偿机制如保险、社会救助等的作用。

(二)惩罚功能

惩罚功能是指侵权责任法通过强加给民事主体以责任,来教育行为人,并维护社会良好的生产和生活秩序。

惩罚性功能的主要作用在于:对于某些主观恶性极大、对社会造成巨大损失的侵权行为,通过对其处以超过其造成的损失范围之外的惩罚性赔偿,对该类行为产生威慑和阻吓,提高行为人的注意义务,从而避免类似恶性事件的再次发生。《民法典》侵权责任编中通过规定惩罚性赔偿制度,突出对侵权行为人的惩罚,主要包括《民法典》第1185条规定的故意侵害他人知识产权的惩罚性赔偿,第1207条规定的产品责任中的惩罚性赔偿,第1232条规定的污染环境及破坏生态造成严重后果的惩罚性赔偿等。

应当指出,我们强调侵权行为的惩罚功能并不是为了实现报复性惩罚的目的,而主要是保护民事主体的合法权利,矫正不法行为,并起到某种行为导向的作用。在对不法行为实行制裁的同时,法律也提出了正确行为的要求。

(三)预防功能

预防功能是指侵权责任法通过规定侵权人应负的民事责任,来有效地教育不法行为人,引导人们正确行为,预防和遏制各种损害的发生。

侵权责任法的预防功能可以分为特殊预防和一般预防。特殊预防是指侵权责任法对于实施了侵权行为的人可以起到社会一般人的预防作用,避免其以后再次实施类似行为。而一般预防是指侵权责任法可以起到对于社会一般人的预防作用,其针对的对象是潜在的侵权人。

第二节 侵权责任的一般原理

一、侵权责任的概念

侵权责任,又称侵权民事责任,是指行为人违反法律规定的义务侵害他人民事权益时,依法应承担的民事责任。这一定义表明:

1. 侵权责任是一种民事责任。在民事责任体系中,除侵权责任之外,民事责任主要还包括合同责任、不当得利责任和无因管理责任等。

2. 侵权责任是行为人违反法定义务时所应承担的民事责任。义务性质的不同导致责任类型的不同。如果行为人违反的是约定义务,则可能会导致违约责任。

3. 侵权责任是行为人违反法定义务造成他人损害时承担的民事责任。民事权益受到侵犯,造成损害,是构成侵权责任的必要条件。

二、侵权责任与其他民事责任的异同

(一)侵权责任与违约责任

侵权责任与违约责任是民事责任的两大基本类型,都具有民事责任的补偿性等一般特征,都以损害赔偿为重要责任方式。此外,由于某一既定行为可能同时具有侵权和违约双重不法性质,因此有必要正确认识侵权责任与违约责任的区别。二者的差异主要有(见表7-1-1):

表7-1-1　侵权责任与违约责任的差异

差异类型	侵权责任	违约责任
归责原则	以过错责任为主,以无过错责任和公平责任为辅	以无过错责任为主,以过错责任为补充
违反义务的性质	法定义务	约定义务
责任方式	包括停止侵害、排除妨碍、消除危险等	包括支付违约金、修理、重作、更换等
诉讼管辖	因侵权行为提起的诉讼,由侵权行为地或者被告住所地人民法院管辖	合同纠纷提起的诉讼,由被告住所地或者合同履行地人民法院管辖,而且合同双方当事人可以在书面合同中协议选择被告住所地、合同履行地、合同签订地、原告住所地、标的物所在地人民法院管辖
责任竞合	当侵权责任和违约责任发生竞合时,受损害方有权选择请求其承担违约责任或者侵权责任	

(二)侵权责任与不当得利返还责任

侵权行为与不当得利都会对特定主体造成损害,且某一既定行为可能属于侵权行为,亦同时构成不当得利,从而引发如何正确适用侵权责任与不当得利返还财产责任的问题。侵权责任与不当得利财产返还责任并不能等同,二者区别主要有:

1. 对过错的要求及证明责任不同。过错在侵权责任法上具有重要意义,不仅是一种归责原则以及责任构成要件之一,还关系到责任范围与份额;而过错对于不当得利的认定并无意义。相应的,在过错侵权责任下,受害人需证明加害方有过错;在无过错侵权责任下,加害人亦可通过证明受害人的重大过失而主张责任的减免。而不当得利情形下则无此证明要求和效果。

2. 加害方自身是否获得利益的要求不同。侵权责任人必定造成了他人损害,但其自身并不一定因此获利;而构成不当得利者,其必然得到利益。

3. 责任方式不同。侵权责任方式具有多样性,其中又以损害赔偿为主要责任方式;不当得利的责任方式主要是返还所受不当利益。

(三)侵权责任与缔约过失责任

侵权责任和缔约过失责任都是因民事违法行为而产生的,二者的区别主要在于:

1. 责任产生的前提不同。缔约过失责任发生在进行缔约磋商的当事人之间,双方存在一定的信赖关系。而侵权责任的发生并不要求当事人之间存在信赖关系。

2. 违反的义务性质不同。缔约过失责任违反的是基于诚实信用原则而产生的先合同义务,如照顾、保护、保密、告知等义务。而侵权责任违反的则是不得侵害民事权益的法定义务。

3. 保护的利益不同。缔约过失责任的承担主要是为了救济当事人的信赖利益,而侵权责任的承担主要是为了救济当事人的固有利益。

4. 责任构成要件不同。缔约过失责任以违反先合同义务者主观上存在过错为必备要件。而侵权责任既存在以过错为要件的一般侵权责任,也存在不以过错为要件的特殊侵权责任。

5. 诉讼管辖不同。因缔约过失责任纠纷提起诉讼由被告所在地人民法院管辖。而因侵权责任纠纷提起诉讼,由侵权行为地或者被告住所地人民法院管辖。

6. 责任承担方式不同。缔约过失责任是以赔偿损失这一财产责任为主。而侵权责任既包括赔偿损失,也包括消除影响、赔礼道歉等非财产责任方式。

第三节　侵权责任的归责原则和构成要件

一、侵权责任的归责原则

所谓归责,是指行为人因其行为或物件致人损害后,应依何种根据使其负责。侵权责任归责原则,实际上是归责的规则,它是确定行为人的侵权民事责任的根据和标准,也是贯彻于整个侵权行为法之中并对各个侵权法规范起着统帅作用的立法指导方针。归责原则直接体现侵权立法政策和侵权法的规范功能,亦是司法人员处理侵权纠纷必须遵守的基本准则,因此,归责原则在侵权法中居于重要地位。

在复杂的现代社会中,单一的归责原则不能有效解决所有的侵权责任问题,构建合理、健全的归责原则体系是时代和侵权法发展的必然要求。依我国《民法典》侵权责任编的规定,侵权责任的归责原则有三:过错责任原则(包括过错推定原则)、无过错责任原则和公平责任原则。

(一)过错责任原则

过错责任原则,是以过错标准来判断行为人对其造成的损害应否承担侵权责任的归责原则(《民法典》第 1165 条第 1 款)。过错责任原则意味着,行为人具有过错是侵权责任成立的要件之一,行为人因过错侵害他人民事权益造成损害的,应当承担侵权责任。

该原则存在的正当性基础在于:(1)过错责任原则确认个人对自己的过错行为所致损害负责,符合朴素的道德情感和正义要求。(2)过错责任原则有利于实现在维护社会安全价值的前提下促进个人自由的发展。

适用过错责任原则应把握以下几个方面:(1)过错责任原则的调整范围。过错责任原则适用于一般侵权行为。(2)过错责任原则的构成要件。过错是承担侵权责任的必备要件,没有过错,就没有责任。除过错要件之外,还要求具备损害事实、致害行为、致害行为与损害事实之间的因果关系三个要件。(3)过错责任原则的举证责任。上述责任构成四要件均应由受害人证明,适用于诉讼法中"谁主张,谁举证"的一般规则。

在过错责任原则的框架之下,还存在一种特殊情形,即过错推定原则。所谓过错推定,是指依照法律规定推定行为人有过错,其不能证明自己没有过错的,应当承担侵权责任。一般认为,过错推定是过错责任原则适用中的一种特殊情形,过错推定本质上亦属过错责任,其价值判断标准和责任构成要件与过错责任原则的要求是一致的,只是在过错的举证方面存在差异。在发生加害行为及损害后,首先推定行为人有过错,同时给予其举证证明自己没有过错以及对方有过错的机会,如果能够证明自己没有过错的,可以免除责任;不能证明自己没有过错的,就要承担损害赔偿责任。所以,学术界和实务界习惯上将过错推定原则作为与一般过错原则相并列的归责原则。

过错推定原则与一般的过错责任原则存在差异,主要表现在:(1)适用范围不同。过错责任原则适用于一般侵权行为,而过错推定原则适用于法律有特别规定的部分特殊侵权行为,如某些医疗损害责任、动物园饲养的动物致害、物件致人损害等。(2)举证责任不同。过错责任原则适用时,加害人的过错由原告承担举证证明责任;而过错推定的适用则要求加害人证明自身没有过错,否则即推定其有过错。(3)侵权责任形态不同。过错责任原则所调整的一般侵权行为导致直接责任,而适用过错推定的特殊侵权行为引发替代责任。

(二)无过错责任原则

无过错责任原则是指在法律有特别规定的情形下,以已经发生的损害结果为价值判断标准,与该损害结果有因果关系的行为人,不问其有无过错,都要承担侵权责任的归责原则(《民法典》第1166条)。

无过错责任原则的产生和发展是为了应对社会化大生产所带来的高度危险,其着力于不幸损害的适当分配。危险控制、损害救济以及实质正义的理念,是无过错责任原则存在的正当性基础。

适用无过错责任原则须把握以下几个方面:

1. 无过错责任原则的调整范围。无过错责任原则的适用必须有法律的明文规定,主要适用于产品责任、高度危险责任、环境污染以及饲养动物损害责任等。

2. 无过错责任原则的责任构成要件。适用无过错责任原则,责任构成只需具备三个要件,即致害行为、损害事实以及二者之间的因果关系。

3. 无过错责任原则的举证责任。上述责任构成的三项要件通常应由原告方(受害人)举证,但在法律有特别规定的情形下,亦可能发生举证责任倒置,例如,环境污染侵权中,须由加害人就行为与损害之间不存在因果关系承担举证责任。

4. 无过错责任原则的抗辩事由。无过错责任原则适用的情形下,法律通常针对每一类特殊侵权行为规定了具体的抗辩事由。加害方不得以自己无过错主张减轻或免除责任,但若受害方对同一损害的发生或者扩大有过错的,可以减轻侵权人的责任。

(三)公平责任原则

所谓公平责任原则,是指受害人和行为人对损害的发生都没有过错的,依照法律的规定由双方分担损失(《民法典》第1186条)。

公平责任条款设立初衷,是因社会生活中客观存在一些情形,即受害人所受损害并非来自高度危险源,不能适用无过错责任原则获得赔偿;而加害人又无过错,亦不能适用过错责任原则获得救济。然而,损害客观存在,且受害人亦为无辜,从损害的救济与分担角度出发,设立公平责任作为过错责任原则和无过错责任原则之补充。

适用公平责任原则时,我们必须认识到:(1)行为人的行为并不具有违法性或致害性,行为人亦不存在主观过错,行为人如果基于公平责任最终分担了损失,其性质绝非是承担侵权责任,而是一种法定补偿义务。(2)并非凡是受害人和行为人对损害的发生都没有过错时,就应双方分担损失。公平责任条款的适用受到法律的严格限制,这是《民法典》第1186条对原《侵权责任法》第24条的有益修正。这一变化意味着,公平责任条款仅是一项原则性、概括性规定,法官适用公平责任条款裁判案件时必须要有明确的具体法律规定,而不能仅以《民法典》第1186条作为裁判依据。《民法典》的这一规定是为了防止司法实践中公平责任原则被滥用和误用。

从现有立法来看,《民法典》中规定的公平责任主要是指以下几种情形:

1. 在紧急避险场合下,若危险由自然原因引起的,紧急避险人不承担民事责任,可以给予受害人适当补偿(《民法典》第182条第2款)。

2. 因保护他人民事权益使自己受到损害的,由侵权人承担民事责任,受益人可以给予适当补偿。没有侵权人、侵权人逃逸或者无力承担民事责任,受害人请求补偿的,受益人应当给予适当补偿(《民法典》第183条)。

3. 完全民事行为能力人对自己的行为暂时没有意识或者失去控制造成他人损害没有过错的,根据行为人的经济状况对受害人适当补偿(《民法典》第1190条第1款)。

4. 提供劳务期间,因第三人的行为造成提供劳务一方损害的,提供劳务一方有权请求第三人承担侵权责任,也有权请求接受劳务一方给予补偿(《民法典》第1192条第2款)。

5. 从建筑物中抛掷物品或者从建筑物上坠落的物品造成他人损害的,经调查难以确定具体侵权人的,除能够证明自己不是侵权人的外,由可能加害的建筑物使用人给予补偿(《民法典》第1254条)。

实例解析　郑州电梯劝阻吸烟猝死案[3]

2017年5月2日,段某(有心脏病史)与杨某(医生)先后进入小区电梯内。因段某在电梯内吸烟,电梯内烟味很浓,出于职业敏感,杨某上前进行劝阻。段某不服劝阻,二人发生言语争执。段某与杨某走出电梯后,仍有言语争执。双方被物业工作人员劝阻后,杨某离开去取快递,段某同物业工作人员进入物业公司办公室,后段某心脏病发作猝死。据监控视频显示,事发过程中,段某情绪激动,并随着时间的推移情绪激动程度不断升级;杨某在整个过程中,情绪相对比较冷静、克制;二人只有语言交流,无拉扯行为和肢体冲突。事发后,段某家人认为,杨某的劝阻行为已超出了必要限度,所以才导致了段某的猝死,甚至怀疑争执期间杨某用脏话侮辱了段某,最终导致其心脏病发作,遂向法院起诉,要求杨某承担40余万元的民事赔偿。

一审法院认为:老人在电梯内抽烟导致双方发生语言争执,老人猝死,这个结果是被告未能预料到的,被告的行为与老人死亡没有必然的因果关系。但老人确实是在与被告杨某发生言语争执后猝死,依照《侵权责任法》第24条的规定,受害人和行为人对损害的发生都没过错的,可以根据实际情况,由双方分担损失。根据公平原则,结合本案案情,一审法院酌定杨某向死者家属补偿1.5万元。

二审法院认为:杨某劝阻段某在电梯内吸烟的行为未超出必要限度,属于正当劝阻行为。杨某没有侵害段某生命权的故意或过失,其劝阻吸烟行为本身不会造成段某死亡的结果。虽然从时间上看,杨某劝阻段某吸烟行为与段某死亡的后果是先后发生的,但两者之间并不存在法律上的因果关系。因此,杨某不应承担侵权责任。此外,适用《侵权责任法》第24条的前提是行为与损害结果之间有法律上的因果关系,且受害人和行为人对损害的发生都没有过错。而本案中杨某劝阻吸烟行为与段某死亡结果之间并无法律上的因果关系,因此,一审法院判决依照《侵权责任法》第24条的规定,适用公平原则判决杨某补偿死者家属1.5万元,属于适用法律错误。基于此,二审法院依法作出宣判:认定杨某不承担责任。

二、侵权责任的构成要件

侵权责任构成要件,是指侵权行为人应承担民事责任所应具备的要件。长期以来的司法实践

---

[3] 该案入选"2018年度人民法院十大民事行政案件",载《人民法院报》2019年1月12日,第4版。案件详情及裁判结果参见河南省郑州市金水区人民法院(2017)豫0105民初14525号民事判决书;河南省郑州市中级人民法院(2017)豫01民终14848号民事判决书。

及通行学说认为,侵权责任构成要件包括:损害、致害行为、因果关系和过错(见图7-1-1)。

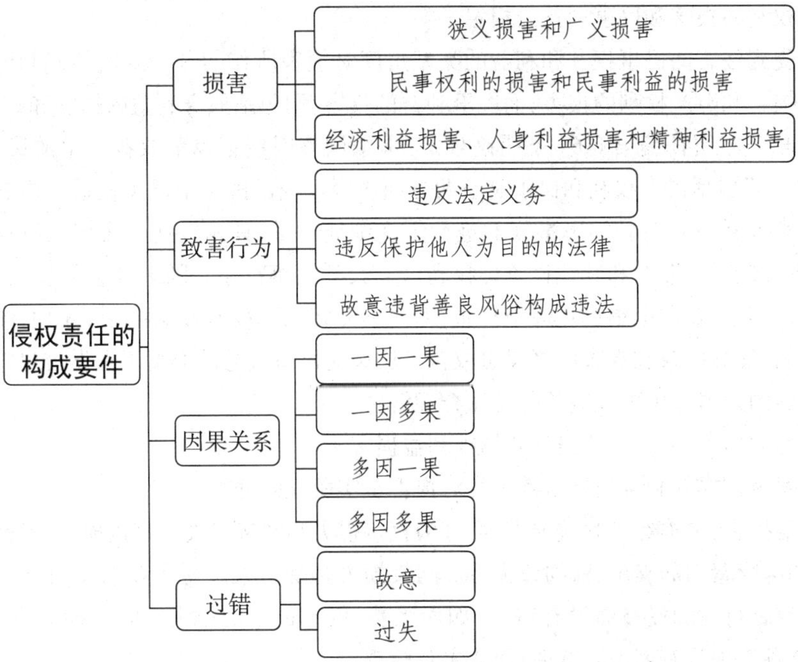

图7-1-1　侵权责任的构成要件体系

侵权责任构成要件不同于侵权责任归责原则,但与侵权责任归责原则具有密切联系。一方面,侵权责任构成要件决定于侵权责任归责原则,归责原则不同,侵权责任构成要件不同。例如,无过错责任原则下,侵权责任构成要件不要求过错要件。另一方面,侵权责任构成要件是侵权责任归责原则的展开和具体表达,提供了更明确的归责尺度和可行办法,确保案件得到正确处理。

(一)损害

损害,是指主体的民事权利或法益受侵犯并造成利益减损的客观事实。利益的减损,法学术语称为不利益。

损害具有以下特征:

(1)损害的客观性。损害是否存在,应作客观的判断,当事人纯主观上的感受或主观臆想的不利后果不是法律上的损害。进行客观判断的标准或角度,包括两方面:一方面,从质上来看,损害在本质上是对民事权利和利益侵害所产生的后果;另一方面,从量上看,损害虽已发生,但必须达到一定程度,法律上常常要求人们容忍来自他人行为的轻微损害。

(2)损害的确定性。损害的范围及其程度是可以确定的。损害的确定问题关涉损害的大小和赔偿数额,从实践的情况来看,间接损失、非财产损失的确定和计算问题相对复杂。

按照不同的标准,可以对侵权法上的损害进行如下类型区分:

1. 狭义损害和广义损害

这是从所对应的责任方式角度对损害的分类。传统侵权法上的损害是狭义损害,即现实上已经遭受的损失,需要以损害赔偿的侵权责任方式予以救济。广义损害不仅包括现实的、已经存在的不利后果(如财产的减损、身体的伤害),还包括构成现实威胁或产生现实危险的不利后果(如房屋即将倒塌对他人人身、财产安全的威胁),对于前者可能发生损害赔偿责任,而对于后者则应当采取消除危险、排除妨碍等责任方式。

2. 民事权利的损害和民事利益的损害

这是从受到侵害的民事权利和利益的类型角度对损害所作的分类。民事权利的损害,包括人身权利的损害和财产权利的损害;而民事利益的损害,则包括人身利益的损害和财产利益的损害。《民法典》侵权责任编第1164条明确规定:本编调整因侵害民事权益产生的民事关系。这里的“民事权益”包括民事权利和民事利益两方面内容。我国民法中民事权益的内容十分广泛,《民法典》总则编第五章对各类民事权益进行了详细地列举,具体包括人格权、身份权、物权、债权、知识产权、继承权、股权和其他投资性权利这七大类民事权益。随着社会的发展和权利保障观念的增强,民事权益的范围也在逐渐扩张,因此不能将民事权益作为一个封闭的体系来对待,而应以开放的、发展的权利观来解释民事权益。法律对民事权益的类型无法做穷尽式列举,需要结合司法实践的发展对民事权益的外延做合理解释。

3. 经济利益损害、人身利益损害和精神利益损害

这是从发生减损的利益类型角度出发对损害事实所作的分类。

经济利益损害,又称经济利益损失,可分为直接损失和间接损失。直接损失是受害人现有财产的减少,如医疗费用的支出、财物毁损等。间接损失是受害人可得利益的丧失,即本应当得到的利益却因致害行为的侵害而没有得到,如误工费、侵害债权的损失。间接损失具有未来实现性,但同时此种实现具有客观必然性,而非主观臆想。

人身利益损害,也称人身利益损失,通常是因人身权利或利益被侵犯而发生。由于人身权利有诸多类型,人身利益损失的表现亦有多种。例如,人格权被侵犯,可能发生自然人的身体、健康损伤和生命丧失的有形损害;也可能发生人格评价降低、隐私泄露、人身自由受限、肖像或名称被非法使用等无形损害。而身份权被侵犯,可能导致丧失对基本身份关系的支配、亲属关系的破坏等损害。

精神利益损害,通常是因人身权利被侵犯所致,表现为受害人的精神痛苦和感情创伤。社会生活中的民事主体,其个人心理承受能力存在差异,而精神利益损害又是一种无形损害,因此无法精确地按照较为客观的市场价格加以计算,而只能在遵守法律规定的一般性规则前提下,由法官进行具体裁量。

(二)致害行为

作为责任构成要件之一的致害行为,是指民事主体实施的导致受害人损害,且按照法律规定应当承担侵权责任的行为,其形式包括作为和不作为。致害行为是侵权责任的构成要件之一,其核心在于该行为导致了损害的发生。

根据不同标准,加害行为可做如下分类:

1. 单独致害行为与共同致害行为

根据行为人的数目,加害行为可以分为单独致害行为和共同致害行为。

单独致害行为是指单个主体实施的致害行为,在满足侵权责任其他构成要件的前提下,在致害人与受害人之间发生侵权法律关系。

共同致害行为是指多个主体实施的致害行为,不仅可能因此在受害人与致害人之间发生求偿关系,还可能在数个致害人内部发生责任分担关系。由于行为主体为多个,致害行为为复数,致使致害行为与损害之间的因果关系变得较为复杂。

2. 直接致害行为与间接致害行为

直接致害行为是指侵权责任人直接实施的行为。在直接致害行为的情形下，实施致害行为的人与侵权责任人为同一主体，致害行为人为其自身行为承担直接责任。

间接致害行为是指责任人监护、管理下的人的行为或物导致的致害现象。在使用间接致害行为概念时，对行为的外延须作广义的理解，不仅包括人的活动意义上的行为，还包括物的致害现象。间接致害行为情形下，实施致害行为的人或侵害物与侵权责任人相分离，侵权责任人为他人或他物之行为承担替代责任。其主要包括无民事行为能力人或限制民事行为能力人致害时的监护人责任、用人单位的工作人员执行工作任务致害时的用人单位责任等。对物的替代责任，包括产品责任、高度危险责任、物件损害责任以及饲养动物损害责任等。

3. 作为与不作为

作为是以积极行动的方式实施的加害行为，是最典型、最主要的致害行为方式。作为是指“不当为而为之”，即根据法律的禁止性规定或保护性规定，行为人负有不得为特定行为的义务，但行为人违反了该义务而实施了此种行为。

不作为是以消极、逃避的方式实施的致害行为。简言之，即“当为、能为且不为”。所谓当为，是指行为人负有作为的义务。此种作为义务的来源主要有三：(1)法律的直接规定。例如，父母对未成年子女负有抚养、教育和保护的义务。成年子女对父母负有赡养、扶助和保护的义务。(2)业务或职务上的要求。例如，游泳场救生员负有抢救落水者的义务，消防队员负有扑救火灾的义务等。(3)行为人的先前行为引起的义务。行为人对于其先前行为造成的危险，负有消除或避免的义务。例如，微信群主建立和维持微信群的行为（先前行为）使其负有一定的检查、警示和监督义务。所谓能为，是指结合行为人的自身能力和当时的情况处境，行为人具备作为的可能性。“法律不强人所难”，如果行为人根本不具备作为的客观可能性，那么此种不作为就不具有非难可能性。例如，法律并不要求一个不懂水性的人跳入洪水中救助他人。

（三）因果关系

唯物辩证法认为，世界上一切事物都不是孤立存在的，而是和周围其他事物相互联系着的，整个世界就是一个普遍联系着的有机整体。因此，因果关系是普遍存在的，其是指一事物（因）与另一事物（果）之间存在的引起与被引起的客观联系。而侵权责任中的因果关系，是指违法行为与损害事实之间存在的引起与被引起的客观联系。

证成此种客观联系的价值有二：(1)作为侵权责任构成要件之一，判断侵权责任是否成立；(2)作为确认责任份额的工具之一，判断侵权责任如何承担。故侵权法上因果关系可分为责任成立的因果关系和责任范围的因果关系。

1. 因果关系的表现形态

(1)一因一果。这是指原因和结果均为单数的因果关系形态。这是侵权法中最常见的一种因果联系形态。

(2)一因多果。这是指原因为单数、结果为复数的因果关系形态。例如，司机甲违章驾驶而撞上乙正常驾驶的汽车，这时，甲的违章行为是单一的原因，而甲、乙的汽车被撞坏以及甲、乙被撞伤则构成多种损害结果。在一因多果情形下，行为人应对多个损害后果承担责任。应当注意的是，单一受害人的多重权益受害以及多个受害人的民事权益受害都构成结果的复数。

(3)多因一果。这是指原因为复数，结果为单数的因果关系形态。其又包括：一是结合因果关系，即多个原因相结合导致同一损害结果的发生；二是聚合因果关系，即多个原因中的每个原因都足以导致损害结果的发生；三是择一因果关系，即在多个具有致害危险的原因中的某些或某个原因是损害发生的客观原因，但无法查明。

（4）多因多果。这是指原因为复数，结果也为复数的因果关系形态。这是一种较为复杂的因果关系形态，实践中应结合具体的侵害事实予以分析。如甲超速驾驶，同时该车存在制造缺陷，刹车失灵，导致车祸，造成车和路产毁坏、甲和行人受伤。

2. 因果关系的认定

就如何确定因果关系，存在多种学说。具有代表性和实践性的，当属英美法上的二分因果论以及大陆法上的相当因果关系说。

所谓二分因果论，是英美法上将因果关系分为事实因果关系和法律因果关系。事实因果关系是从纯粹经验的角度对加害人行为与受害人损害之间的联系作出的判断。认定事实因果关系的方法具体有必要条件规则和实质要素规则。必要条件规则的运用是，若无行为人之行为，损害结果便不会发生，则行为与结果之间有事实上的因果关系；若无行为人之行为，而损害结果仍然发生，行为与结果之间没有事实上的因果关系。实质要素规则意为，当某一行为系某一结果发生的重要因素或实质性因素时，该行为与结果之间具有因果关系。必要条件规则是事实因果关系认定的基础，而实质因素法则起辅助和补充作用。

法律因果关系是在确认了加害行为与损害后果之间存在事实因果关系的前提下，确定加害人是否应当依法承担民事责任。认定法律原因的实质是法律对侵权行为与损害结果之间的事实因果关系进行进一步价值评判，可以说，法律原因不是事实逻辑的自然产物，而是规范意义上的原因。

相当因果关系说，则是由德国学者于19世纪末提出，现已成为大陆法系国家和地区的通行理论。该学说认为，某一事实仅于现实情形发生某种结果，尚不能就认为有因果关系，必须在一般情形，依社会的一般观察，亦认为能发生同一结果的时候，才能认为有因果关系。例如，致人伤害后，送受害人去医院治疗，因医院失火，受害人被烧死。运用相当因果关系说则认为，医院失火属于意外，受害人的死亡与伤害之间不具有相当因果关系。

3. 因果关系的证明

在大多数情形下，因果关系这一要件须由受害人（原告）加以证明，但在一些特殊侵权中，按照法律规定会发生举证责任倒置。例如，因污染环境、破坏生态发生纠纷，行为人应当就其行为与损害之间不存在因果关系承担举证责任。再如，因医疗行为引起的侵权诉讼，由医疗机构就医疗行为与损害结果之间不存在因果关系承担举证责任。

（四）过错

过错是违法行为人对自己的行为及其后果所具有的、应当受到非难的心理状态，是侵权责任的主观要件。过错包括故意和过失。

故意，是行为人明知自己的行为会产生损害结果，却仍然希望它发生或者听任它发生的心理状态。根据意志因素的不同，故意包括直接故意和间接故意两种形态。直接故意中行为人所持的是积极的、追求损害结果发生的心理态度，而间接故意中行为人则是听之任之、任其发展的态度，对损害结果是不排斥、不反对的。对于特定的侵权行为，必须具有故意，才构成侵权责任，例如恶意诉讼致人损害的侵权行为。

过失,是指行为人对自己行为的结果应当预见而没有预见或虽然预见了却轻信可以避免的心理状态。过失包括疏忽和懈怠两种形态。行为人对自己行为的结果应当预见或者能够预见而没有预见的心理状态,为疏忽;行为人对自己行为的结果虽然预见了但却轻信可以避免的心理状态,为懈怠。

1. 过错的判断标准

故意的主观状态往往通过违法行为的实施特点得以揭示,理论和实践中关于过错的判断标准问题的讨论,主要是针对过失的判断标准。

无论是疏忽的过失,还是懈怠的过失,都是行为人没有尽到应尽的注意义务的结果。因此,民法上的过失,就是行为人违反注意义务的心理状态。换言之,注意义务的违反与否则成为过失的判断标准。

注意义务包括一般注意义务和特殊注意义务。一般注意义务,是指在通常情况下,作为社会普通人所应具有的注意义务。特殊注意义务,是指特殊主体在从事特殊行为时所应当具有的注意义务。在确定行为人的特殊义务时,首先应该区分行为人所从事的不同职业活动。对于从事较高专业性、技术性活动的行为,必须按照专业技术人员通常应有的注意标准提出要求。此外,行为人的年龄、受教育程度、专业知识、工作经验、技术水平等也要在一定程度上影响到其应负有的特殊注意义务。

传统民法根据注意义务的程度,将其划分为三个层级:

(1)普通人的注意。这是指在正常情况下即可预见的情形。这种注意,一般人在一般的情况下就可以达到。如果行为人对于一般人在一般情况下能够注意到却没有注意,则为有过失。

(2)应为处理自己事务为同一注意。所谓自己事务,是指法律上、经济上、身份上等一切属于自己的利益范围内的事务。与处理自己事务为同一注意,是指行为人应按照平常处理自己事务所注意的程度予以注意。行为人如果尽到了这种注意,就没有过失,否则,就是有过失。

(3)善良管理人的注意。这种注意义务,相当于罗马法上的"善良家父的注意"、德国法上的"交易上必要的注意",即社会一般观念上具有相当知识经验的人所具有的注意。这种注意义务比前两种要求更高。

上述三种注意义务,以普通人的注意为最低,以与处理自己事务为同一注意次之,以善良管理人的注意为最高。与此相适应,同一行为人如果违反普通人的注意义务为重大过失,违反应与处理自己事务为同一注意的义务为具体轻过失,违反善良管理人的注意义务为抽象轻过失。

2. 过错的证明

作为责任构成要件的加害方过错,通常情形下由受害人(原告)承担举证证明责任。但法律规定,在某些特殊侵权行为中实行举证责任倒置。例如,因医疗行为引起的侵权诉讼,由医疗机构就不存在医疗过错承担举证责任。再如,建筑物或者其他设施以及建筑物上的搁置物、悬挂物发生倒塌、脱落、坠落致人损害的侵权诉讼,由所有人或者管理人对其无过错承担举证责任。

作为抗辩事由的过错,则通常由加害方(被告)来证明。例如,从事高度危险的作业造成他人损害的,危险作业人可以通过证明损害是由受害人故意造成的而免予责任;饲养的动物造成他人损害的,动物饲养人或者管理人可以通过证明损害是由于受害人的过错或第三人的过错造成的而免予责任。

第四节　侵权责任形式和责任减免

一、侵权责任形式

侵权责任的形式,又称侵权责任的承担方式,是指侵权人依法所应承担的具体民事责任形式,是侵权人对其侵权行为所应承担的法律后果。

民事责任的承担方式共有 11 种,分别是:停止侵害;排除妨碍;消除危险;返还财产;恢复原状;修理、重作、更换;继续履行;赔偿损失;支付违约金;消除影响、恢复名誉;赔礼道歉。其中,除了支付违约金、继续履行和修理、重作、更换属于典型的合同责任形式以外,其他各种形式均可适用于侵权责任(见图 7－1－2)。

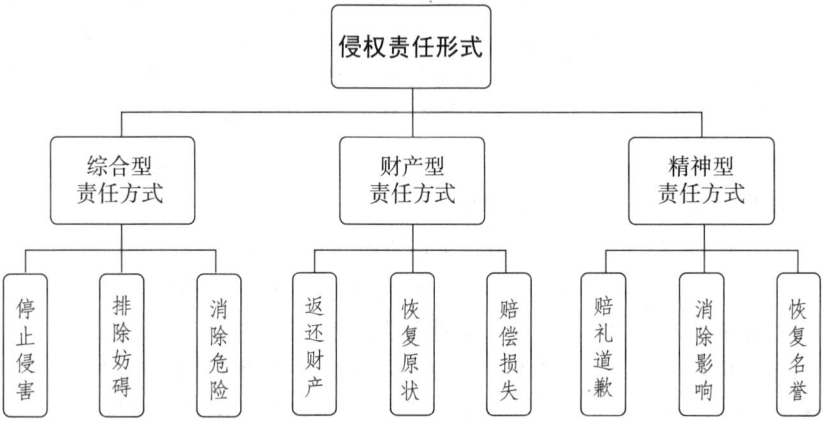

图 7－1－2　侵权责任形式的类型

侵权责任形式及其适用的特点主要有:

1. 侵权责任形式是落实侵权责任的具体途径和方法。如果没有侵权责任的承担方式,侵权责任的功能便会落空。

2. 侵权责任承担诸方式中,最基本的形式是赔偿损失。之所以如此,是由于现实中多数侵权行为都造成了受害人的实际损失,填补损失亦成为侵权法的基本功能之一。

3. 侵权责任形式的适用,应当以救济损害为基本原则,各种责任方式可以单独适用,也可以合并适用。同时,在不违反法律和善良风俗的前提下,被侵权人享有一定的自由处分权。对于侵权责任的 8 种承担方式,学理上归纳为综合型责任方式、财产型责任方式和精神型责任方式。

(一)综合型责任方式

综合型责任方式既可以适用于财产权受侵犯时的救济,也可以适用于人身权受侵犯时的责任承担。主要包括:

1. 停止侵害。侵权行为正在实施或仍在继续的,被侵权人可依法请求人民法院责令行为人停止侵害,以防止损害发生或扩大。人民法院根据被侵权人的请求,依据案件的具体情况,可以在审理案件前或审理过程中发布停止侵害令,也可以在判决中责令行为人停止侵害。

2. 排除妨碍。侵权行为妨碍了被侵权人人身或财产权利的行使或利益的享有,被侵权人可要求侵权人采取措施排除妨碍。侵权人拒不承担责任的,被侵权人可依法请求人民法院责令其排除妨碍。被侵权人也可以自己采取措施排除妨碍,由此所生费用由侵权人承担。

3. 消除危险。侵权行为虽未造成实际损失,但对他人人身、财产权益造成客观的损害危险时,他人有权要求侵权人采取有效措施消除损害危险。对此,《民法典》第1167条规定,侵权行为危及他人人身、财产安全的,被侵权人有权请求侵权人承担停止侵害、排除妨碍、消除危险等侵权责任。这是实现侵权法损害预防功能的重要措施。

(二)财产型责任方式

财产型责任方式是以金钱等物质性手段救济被侵权人所受财产和精神损失,主要包括:

1. 返还财产。没有合法根据,占有他人财产,构成对他人财产权益的侵犯,行为人应当返还其无权占有的财产。有权请求返还财产的主体一般是该财产的所有人,但财产被他人合法占有期间,该财产被第三人非法占有的,该合法占有人也可以请求返还财产。适用返还财产责任方式的前提是该财产还存在,如果已经灭失,受害人只能要求赔偿损失;如果该财产虽然存在,但有损坏,权利人可以请求合并适用返还财产、恢复原状或者赔偿损失等责任方式。

2. 恢复原状。这是侵权人通过修理等手段,使受损财产恢复到损坏前状况的责任方式。该责任方式的适用应当以受损财产有恢复原状的可能和必要为前提。受到损坏的财产已不存在,或者恢复原状已不可能,或受害人认为恢复原状不具有经济上的合理性而没有恢复必要,则不能适用该责任方式,致害人因此应承担赔偿损失的责任方式。

3. 赔偿损失。这是指侵权人向受害人支付一定数额的金钱以弥补其损失的责任方式,这是最基本和最常用的责任方式。赔偿损失,包括财产损失赔偿、人身损害赔偿和精神损害赔偿。赔偿的目的,最基本的是补偿损害,使受到损害的权利得到救济,使受害人能恢复到未受到损害前的状态。

(三)精神型责任方式

精神型责任方式是以非物质手段救济被侵权人所受精神损失,主要适用于名誉等人格利益受侵害的情形。

1. 赔礼道歉。这是指侵权人通过口头、书面或者其他方式向受害人道歉以取得谅解的责任方式,主要适用于侵害名誉权、隐私权、姓名权、肖像权等人格权益的情形,还可适用于侵害著作权的情形(《著作权法》第52条)。[4] 赔礼道歉可以起到在精神和心理上安抚受害人的作用,甚至在一定程度上可以表达侵权人的悔意。对于行为人拒不承担赔礼道歉责任的,人民法院可以采取在报刊、网络等媒体上发布公告或者公布生效裁判文书等方式执行,产生的费用由行为人负担。

2. 消除影响、恢复名誉。这是指侵权人采取适当方式消除对受害人名誉不利影响以使其名誉得到恢复的一种责任方式。消除影响、恢复名誉的具体方式,要根据侵害行为所造成的影响、受害人名誉受损的后果来决定。

二、侵权责任的减免

侵权责任的减免包含侵权责任的减轻和免除两个方面,那些能够导致侵权责任发生减免的

---

〔4〕 典型案例参见"庄羽诉郭敬明、春风文艺出版社侵犯著作权案",北京市高级人民法院(2005)高民终字第539号民事判决书。法院最终认定郭敬明的《梦里花落知多少》一书抄袭庄羽的小说《圈里圈外》,其行为构成侵犯著作权,并判决郭敬明、春风文艺出版社在《中国青年报》上公开向庄羽赔礼道歉。

客观情况则被称为侵权责任的减免事由,其同样包括减责事由和免责事由两个方面。值得注意的是,侵权责任的减免事由不同于抗辩事由,抗辩事由包括但不限于减免责事由。我国《民法典》对侵权责任的减责事由和免责事由的规定较为分散,需要作体系化地梳理。

我国《民法典》对侵权责任的减免事由采取的是一般规定与特别规定相结合的立法模式。所谓一般规定,是指普遍适用于各种类型的侵权责任的减免责事由,而特别规定则是为某种既定侵权类型专门设置的减免责事由。在适用顺序上,也应当遵循特别规定优先于一般规定的原则。

关于侵权责任减免事由的一般规定主要设置在《民法典》的总则编第八章"民事责任"部分以及侵权责任编第一章"一般规定"部分。而特别规定则设置在各类具体侵权形态中。这些减免责事由主要有如下几种类型:《民法典》第1020条规定的侵害肖像权的免责事由;第1025条规定的侵害名誉权的免责事由;第1036条规定的侵害个人信息的免责事由;第1224条规定的医疗损害责任的免责事由;第1237～1240条以及第1243条对高度危险责任规定的减免责事由;第1245、1246条对饲养动物致人损害责任规定的减责事由;第1252条规定的建筑物和物件损害责任的免责事由等。此外,一些单行法也会对侵权责任的减免事由作出特别规定。

侵权责任编"一般规定"中的减免责事由,主要有如下几种。

1. 过错相抵。这是指被侵权人对同一损害的发生或者扩大有过错时,则对侵权人的损害赔偿责任予以相应减轻的制度(《民法典》第1173条)。理论上也将这一制度称为"与有过错"。过错相抵规则是建立在自己责任原则的理论基础之上的,既然被侵权人对损害的发生或扩大也有过错,那么就应当为自己实施的过错行为所产生的后果负责。

值得注意的是,无过错责任也可以适用过错相抵制度,但如果法律明确针对特定的无过错责任类型规定了特殊免责事由的,则不适用这一规定。

2. 受害人故意。这是指受害人主观上明知自己的行为会对自身带来损害结果,并且希望或者放任这种损害结果发生,从而导致行为人免责的制度。因此,若损害是因受害人故意造成的,行为人不承担责任(《民法典》第1174条)。一些特别法的规定中也将受害人故意制度进行了具体化,例如,交通事故的损失是由非机动车驾驶人、行人故意造成的,机动车一方不承担责任(《道路交通安全法》第76条第2款)。

应当注意的是,过错相抵制度和受害人故意制度在适用上的区分问题。二者的适用前提均表现为受害人对损害的发生有过错,但过错的具体形式并不相同。过错相抵制度中的过错形式包括故意和过失,而受害人故意制度则仅限于故意。因此,在适用上须区分情境:如果对损害完全是由于受害人的故意造成的,即受害人的故意是损害的唯一原因,则应适用受害人故意制度,从而让行为人不承担责任。如果对损害的发生或者扩大既有侵权人存在故意或过失的原因,又有受害人的故意或过失,那么则适用过错相抵制度,减轻侵权人的责任。

3. 第三人行为。第三人行为又称第三人过错、第三人原因,是指损失是因第三人造成的,第三人应当承担侵权责任。具体而言,如果第三人过错是损害发生的唯一原因,则行为人免除责任;如果行为人的行为和第三人的过错都是损害发生的原因,免责或者减轻责任的情形取决于行为人和第三人的过错状态:第三人具有故意或重大过失的,而行为人仅具有轻微过失,则第三人过错构成行为人的免责事由;如果行为人具有故意或重大过失,而第三人仅具有轻微过失,则不能免除行为人责任;如果双方过错性质相当,第三人的过错和行为人的行为都是造成损害的原因,则第三人过错是减轻行为人责任的事由,由第三人与行为人分担责任。

4. 自甘冒险。这是指自愿参加具有一定风险的文体活动,因其他参加者的行为受到损害的,受害人不得请求其他参加者承担侵权责任；但是，其他参加者对损害的发生有故意或者重大过失的除外（《民法典》第 1176 条）。

该制度是我国《民法典》侵权责任编立法中的一大创新和亮点。许多文体类活动因具有一定的竞技性和对抗性，参与者难免会产生一些身体上的碰撞或冲击，这是由文体活动自身性质所决定的。例如，拳击运动员在参加拳击比赛中，其活动内容就是攻击对方身体，若运动员被对手打伤，则对手无须承担侵权责任。这一规定背后的逻辑在于，文体活动参加者对该活动存在风险是知情的，其参加行为意味着本人是接受这一风险的，因而由此产生的损害也应自行承担。但如果其他参加者对损害的发生有故意或者重大过失，造成受害人损害的，如在足球比赛中违反竞技规则，实施了超出该活动自身风险范围的侵害行为，那么仍应承担侵权责任。

5. 自助行为。这是指合法权益受到侵害，情况紧迫且不能及时获得国家机关保护，不立即采取措施将使其合法权益受到难以弥补的损害的，受害人可以在保护自己合法权益的必要范围内采取扣留侵权人的财物等合理措施；但是，应当立即请求有关国家机关处理（《民法典》第 1177 条）。自助行为是民事主体依靠自身力量救济其民事权利的手段之一，因此必须限定在合理的范围之内，若受害人采取的措施不当造成他人损害的，应当承担侵权责任。

除上述几种减免责事由外，理论上认为“受害人同意”亦可作为侵权责任的免责事由。所谓受害人同意，又称受害人允诺，是指侵权人针对受害人实施的侵害行为事先得到了受害人的有效同意或为受害人所接受，从而使侵权人不承担责任的制度。从罗马法以来，即存在“自愿阻却违法”（volenti non fit iniuria）的法谚。受害人同意制度即体现了受害人（权利人）对自己权益进行的合法处分，是民法自愿原则的具体表现。我国《民法典》虽然未将受害人同意作为一般性的免责事由加以规定，但该制度体现在《民法典》分则的一些具体规范中。例如，未经肖像权人同意，不得制作、使用、公开肖像权人的肖像，但是法律另有规定的除外（《民法典》第 1019 条）。再如，医务人员在诊疗活动中应当向患者说明病情和医疗措施。需要实施手术、特殊检查、特殊治疗的，医务人员应当及时向患者具体说明医疗风险、替代医疗方案等情况，并取得其明确同意（《民法典》第 1219 条）。

一般认为，受害人同意须具备以下构成要件：（1）受害人具有相应的同意能力以及对自身民事权益的处分权限。（2）受害人同意的内容必须是明确具体的，但同意的方式可以是明示也可以是默示，但不能是沉默。（3）该种同意的意思表示须基于其自由意志，具备真实性。（4）受害人的此种同意不违反法律的强制性规定和公序良俗的要求。（5）侵权人在实施加害行为前应充分履行提示和告知义务，使受害人明确知悉加害行为所致后果。

第五节　多数人侵权

一、多数人侵权的概念

多数人侵权，是指实施侵权行为的主体为二人以上的侵权类型。共同侵权是相对于单独侵权而言的，由于各侵权人之间的行为样态各异，因此共同侵权是更为复杂的侵权形态，在责任承担方面也存在多种类型。

从制度体系上讲，依据各侵权人之间是否存在主观上的意思联络，可以将多数人侵权区分为共同侵权和无意思联络的数人侵权两大类型。共同侵权是指各侵权人之间对实施侵权行为达成了主观上的意思联络,此种意思联络往往表现为事前的沟通、协商、制定行为计划等。具体包括共同加害行为、教唆帮助行为和共同危险行为三种类型。无意思联络的数人侵权则是指数个行为人基于独立的故意或者过失分别实施侵权行为,但造成了同一损害的侵权形态(见图7-1-3)。

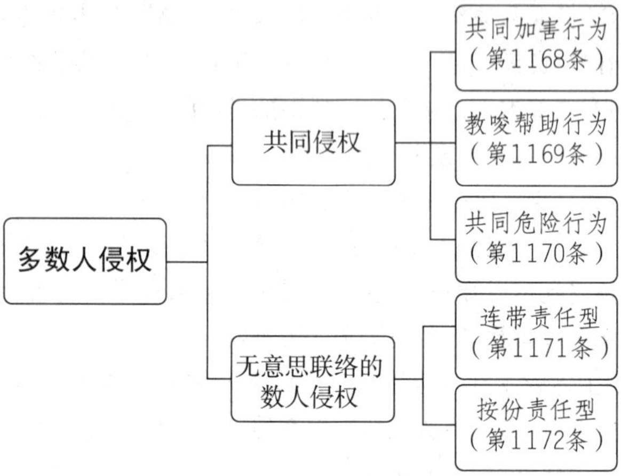

图7-1-3　多数人侵权的类型

二、共同加害侵权

共同加害侵权是最为典型,也是最常见的一种多数人侵权,是指二人以上共同实施加害行为并造成他人损害,因而承担连带责任的侵权形态。

按照《民法典》第1168条的规定,"共同实施侵权行为"即指共同加害行为,即二人以上共同实施侵权实行行为的,每一个行为人实施的加害行为都是具有直接侵害民事权益性质的行为。例如,甲与乙相约一起殴打丙,造成丙人身损害的情形即属于共同加害行为。可见,《民法典》第1168条中"共同实施侵权行为"是不包含教唆侵权行为和帮助侵权行为的。例如,甲乙二人相约一起盗窃丙家中的钱财,甲负责开锁和望风,乙负责进入屋内取财。本案中,乙实施的是直接侵犯他人财产权的实行行为,而甲则是提供帮助行为。虽然在文义上符合"共同实施侵权行为",但该案不能适用《民法典》第1168条,而应适用第1169条处理。

(一)"共同"的认定

一般而言,构成共同加害行为,要求行为人存在主观共同或客观共同的关联。共同性是共同加害行为的本质,但共同性所指为何,存在狭义说与广义说。狭义说认为,构成共同加害行为的数个行为人主观上必须有共同过错,共同过错使该数个行为人的行为连结为共同行为。[5] 广义说认为,并非仅当存在共同过错时才构成共同加害行为,多数行为人的行为在客观上的关联共同性亦可构成共同侵权。这种客观共同性主要表现在:(1)每一加害人的行为与损害结果之间均有因果关系。(2)数个加害人的共同行为紧密结合,导致同一且不可分割的损害。侵权法理论通说采狭义说,即"共同"是指主观上具有共同过错,包括共同故意、共同过失或故意行为与过失

---

〔5〕 王利明:《共同侵权行为的概念和本质——兼评〈最高人民法院关于审理人身损害赔偿案件适用法律若干问题的解释〉第三条》,载《判解研究》2004年第3期。

行为相结合。

(二)责任承担

在共同加害行为场合中,每一个加害人都参与了侵权活动,其行为都对损害结果的发生具有作用力。因而要求各加害人均承担民事责任是合理的。不仅如此,共同加害行为因存在多个侵权主体,因此在社会危险程度上明显高于单独侵权行为,对受害人造成的损害往往也更为严重,要求其承担连带责任不仅有利于遏制此种侵权现象,也有利于更好地救济受害人。此种连带责任具有以下法律特征:

1. 因共同加害行为产生的连带责任是责任人对受害人的整体责任。各个共同加害行为人无论其过错和原因力大小,只要被受害人所请求,就要对受害人的赔偿请求承担全部责任。

2. 受害人有权请求共同加害行为人中的任何一个人承担连带责任。这当然是连带责任的基本特点。受害人有权在共同加害行为人中选择责任主体,可以请求共同行为人中的一人或数人赔偿损失,也可以请求全体加害行为人赔偿损失。

3. 责任主体内部有责任份额。连带责任人的责任份额根据各自责任大小确定;难以确定责任大小的,平均承担责任。实际承担责任超过自己责任份额的连带责任人,有权向其他连带责任人追偿。不过要指出的是,责任人内部的责任份额仅具有对内效力,即使是他们彼此平均承担责任,也不能因此而认为他们彼此承担的是按份责任而非连带责任。

4. 共同加害行为产生的连带责任是法定责任,不因行为人内部责任份额或内部约定而改变连带责任性质。共同加害行为人内部基于共同协议免除或减轻某个或某些行为人责任的,只对其内部发生约束力,对受害人不产生效力,不影响连带责任的适用。

三、教唆侵权

教唆侵权,是指以劝说、利诱、授意、怂恿、收买、威胁等方法,将自己的侵权意图灌输给本来没有侵权意图或侵权意图不强烈的人,致使其按教唆人的侵权意图实施侵权行为的一种侵权形态。构成教唆侵权,最为重要的就是须存在教唆行为,一般认为教唆行为须具备主客观两项要素:(1)客观上须实施了开导、引诱、说服、怂恿等引起或强化他人侵权意图的行为。此种行为只能以积极的方式作出,口头形式还是书面形式则在所不问。(2)主观上具有教唆之故意,即明知或者应知自己的行为具有引起或强化他人侵权意图的作用,并且希望对方按教唆内容实施侵权行为。但须注意,"精神上的支持"不是教唆行为。这是因为精神上的支持在直接加害人的决策上并不起主要作用,没有精神上的支持,该侵权行为仍然可能发生。因此,精神上的支持并不是损害法上的必要条件。构成教唆侵权,除了上述教唆行为外,还要求被教唆者在教唆行为的影响下实施被教唆的侵权行为,此即教唆行为与被教唆者的侵权行为之间须具有法律意义上的因果关系。

在法律后果方面,教唆他人实施侵权行为的,教唆者与被教唆者(实际侵权人)承担连带责任。教唆者虽不直接参与侵权行为的实施,但其教唆行为对损害结果的发生有实质的影响,让教唆者与直接侵权人对损害承担连带责任,有助于保障受害人的合法权益。

较为特殊的一种情形是,教唆的对象是无民事行为能力人或限制民事行为能力人。例如,甲教唆存在智力障碍的乙殴打丙,造成丙的人身伤害。此种情形下教唆者甲须承担侵权责任自无疑问,被教唆者乙因其辨认和控制能力薄弱,如果让其或其监护人与甲承担连带责任显然过于严苛,不能体现实质公平。因此,教唆无民事行为能力人、限制民事行为能力人实施侵权行为的,应当承担侵权责任;该无民事行为能力人、限制民事行为能力人的监护人未尽到监护职责的,应当承担相应的责任(《民法典》第1169条第2款)。所谓"相应的责任"是指根据监护人未尽到的监护职责的程度加以判断,未尽到的监护职责越多,意味着过错程度越高,承担的责任也相应越多。

四、帮助侵权

帮助侵权是指为直接加害人实施侵权行为提供必要条件的侵权形态。帮助侵权亦属于共同侵权的一种,直接实施侵权行为的主体是直接加害人,为其实施侵权行为创造便利条件、指示目标或准备工具的主体被称为帮助人。成立帮助侵权不仅在客观上要求直接加害人存在侵权行为,帮助人存在帮助行为。在主观层面上,还要求帮助人知道或者应当知道自己的行为是在帮助他人实施侵权行为,否则不构成帮助侵权。例如,甲向乙借用一把水果刀声称用于切水果,但实则用于伤害丙,造成丙严重的人身伤害。由于乙主观上并不知晓自己提供工具的行为系帮助实施侵权行为,不具有可责难性,因此不成立帮助侵权,应由甲独自承担侵权责任。

帮助侵权和教唆侵权具有相同的法律责任构造。帮助他人实施侵权行为的,应当与行为人承担连带责任。需要注意的是,虽然教唆、帮助者应当与共同行为人一样承担连带责任,但在承担连带责任后也不妨根据其内部的过错程度进行责任分担。帮助无民事行为能力人、限制民事行为能力人实施侵权行为的,应当承担侵权责任;该无民事行为能力人、限制民事行为能力人的监护人未尽到监护职责的,应当承担相应的责任。

五、共同危险行为

共同危险行为,是指二人以上实施危及他人人身、财产安全的行为,其中一人或者数人的行为造成他人损害,但不能确定具体侵权人,而由所有实施了危险行为的主体承担连带赔偿责任的侵权形态。例如,甲乙二人一起朝河对岸扔石头,比谁扔得更远,结果其中一块石头砸中了在河对岸玩耍的丙,但无法查明究竟是谁扔的石头砸中了丙。在该案中,甲乙二人实施的便是共同危险行为。共同危险行为的特殊之处在于无法确定真正的加害人,这是共同危险行为与其他多数人侵权的根本区别。

认定共同危险行为须把握以下要件:(1)主体上具有复数性,即二人以上实施了危及他人人身、财产安全的行为。(2)行为具有危险性,即行为人实施的行为均是有可能导致危害结果发生的、具有法益侵害性的危险行为。(3)行为具有时空上的共同性,即数个危险行为实施者的行为必须发生在相对同一的时间内和同一的场所中。如果数个行为人的行为在时间和空间上发生了较大的分离,则不能认定为"共同"危险。值得说明的是,在《民法典》第1170条(共同危险行为制度)的表述上,并未使用"共同"一词,但这并不妨碍理论上将"时空上的共同性"作为该制度的构成要件。这主要是因为共同危险行为制度中"共同"的含义与其他条文(如《民法典》第1168条)中"共同"一词的含义不同,为了防止在同一部法律中出现表述相同但含义不同的法律术语,故而未在条文中使用"共同"一词。〔6〕(4)造成了受害人的人身或财产损害。(5)加害人不明,即数人实施了可能造成他人损害的危险行为,而事实上只有部分行为人的行为实际造成了损害

〔6〕 黄薇:《中华人民共和国民法典侵权责任编释义》,法律出版社2020年版,第24页。对这一要件亦有学者持反对意见,较为详细的论证,参见程啸:《侵权责任法》(第3版),法律出版社2021年版,第408~410页。

后果,但无法确定具体的加害人。

设立共同危险行为制度,是通过减轻受害人的举证责任,避免受害人因不能指认真正加害人而无法救济自己的权利,因此将数个实施了危险行为的人均视为侵权行为人,由他们共同对损害负责。故而在责任承担方面,共同危险行为人须对损害结果承担连带责任(《民法典》第1170条)。

关于共同危险行为制度的免责事由,则是一个历来存在争议的问题。针对共同危险行为人能否通过证明自己不可能是加害人或者其行为与损害后果之间不存在因果关系来免除责任这一问题,肯定说认为只要行为人能够证明上述事实,就可以将该人排除在共同危险人之外,使其免责。[7] 否定说则认为共同危险行为的行为人必须证明谁是真正的加害人才能免责。[8] 从司法解释的前后变化来看,目前最高人民法院对该问题持否定说立场。[9]

六、无意思联络数人侵权责任

无意思联络数人侵权,是指数个行为人在没有共同意思联络的情形下基于各自独立的过错分别实施侵权行为,这些行为偶然结合后造成同一损害结果的侵权类型。无意思联络数人侵权属于多数人侵权的一种,其与共同加害行为有明显的区别。在共同加害行为中,数个行为人之间主观上有共同的过错,而无意思联络数人侵权则没有。其与共同危险行为也存在差异,主要表现在因果关系方面,共同危险行为中,因果关系要件是不明确的,即无法确定具体的侵权人,而在无意思联络数人侵权中,每一个侵权人的行为都与损害结果之间存在确定的因果关系,每一个侵权人都是确定的责任人。

无意思联络数人侵权的上述特性决定了其在责任承担方面亦较为特殊。鉴于无意思联络数人侵权的样态较为复杂,我国《民法典》侵权责任编从不同的因果关系角度对其配置了不同的责任类型,主要包括累积因果关系和部分因果关系两种类型。

(一)累积因果关系

累积因果关系,又称聚合因果关系,是指在无意思联络数人侵权中,数个侵权人分别实施侵权行为造成同一损害,每个侵权人的侵权行为都足以造成全部损害的因果关系形态。对此,行为人应承担连带责任(《民法典》第1171条)。所谓"每个人的侵权行为都足以造成全部损害"是指每个行为都构成损害的充足原因,而充足原因是指按照社会一般经验或者科学理论认为,可以单独造成全部损害后果发生的侵权行为。例如,甲乙两家化工厂均向一条河流内排放工业污水,导致河流下游鱼塘内的鱼大批量死亡,后查明两家化工厂排放的工业污水均含有致鱼类死亡的物质。本案中,甲乙的侵权行为都足以造成全部损害结果的发生,应当承担连带责任。

(二)部分因果关系

部分因果关系,又称共同因果关系,是指在无意思联络数人侵权中,每个侵权人的侵权行为

---

〔7〕 赵申豪:《共同危险行为免责事由合理性分析——对〈侵权责任法〉第十条的质疑》,载《宁夏社会科学》2016年第1期。

〔8〕 王利明:《论共同危险行为中的加害人不明》,载《政治与法律》2010年第4期。

〔9〕 最高人民法院《关于审理人身损害赔偿案件适用法律若干问题的解释》(法释〔2003〕20号)第4条后半句规定:共同危险行为人能够证明损害后果不是由其行为造成的,不承担赔偿责任。然而,该司法解释在2020年修订时(法释〔2020〕17号)删除了这一规定。

都对损害结果的发生具有部分原因力,损害结果是数个侵权行为共同作用的结果。若二人以上分别实施侵权行为造成同一损害,能够确定责任大小的,各自承担相应的责任;难以确定责任大小的,平均承担责任(《民法典》第1172条)。例如,甲乙两家化工厂均向一条河流内排放工业污水,导致河流下游鱼塘内的鱼大批量死亡,后查明两家化工厂各自的工业污水本都是经过处理的,不会导致鱼类死亡,但由于双方排放的污水汇集后发生化学反应产生的毒害物质导致鱼类死亡。甲乙应按照《民法典》第1172条的规定承担按份责任。至于责任大小的确定,可以根据各个侵权行为对造成损害后果的可能性(盖然性)来确定责任份额。判断这种可能性,可以综合各个行为人的过错程度、各个侵权行为与损害后果因果关系的紧密程度、公平原则以及政策考量等因素。

思考题

1. 简述侵权责任法的特征。
2. 简述侵权责任法的基本原则。
3. 试述侵权责任法的功能。
4. 简述侵权责任与违约责任的区别。
5. 简述侵权责任与缔约过失责任的区别。
6. 简述侵权责任的归责原则。
7. 简述侵权责任的一般构成要件。
8. 简述侵权责任的减免责事由。
9. 简述教唆侵权的法律责任。
10. 简述共同危险行为的构成要件及法律后果。
11. 简述无意思联络数人侵权责任。

阅读指引

关于我国侵权责任法的体系及功能的代表性研究

1. 王利明:《我国侵权责任法的体系构建——以救济法为中心的思考》,载《中国法学》2008年第1期。
2. 张新宝:《侵权责任法立法:功能定位、利益平衡与制度构建》,载《中国人民大学学报》2009年第3期。
3. 朱岩:《从大规模侵权看侵权责任法的体系变迁》,载《中国人民大学学报》2009年第3期。
4. 王利明:《走向私权保护的新时代——侵权责任法的功能探讨》,载《社会科学战线》2010年第9期。
5. 石冠彬:《民法典侵权责任编:体系解读与立法评析》,载《中国人民大学学报》2020年第4期。

关于侵权责任的归责原则和构成要件

1. 王利明:《我国〈侵权责任法〉归责原则体系的特色》,载《法学论坛》2010年第2期。
2. 魏振瀛:《侵权责任方式与归责事由、归责原则的关系》,载《中国法学》2011年第2期。
3. 崔建远:《论归责原则与侵权责任方式的关系》,载《中国法学》2010年第2期。

4. 王成:《侵权法归责原则的理念及配置》,载《政治与法律》2009 年第 1 期。

关于"自甘风险"规则的理论探析

1. 杨立新:《自甘风险:本土化的概念定义、类型结构与法律适用——以白银山地马拉松越野赛体育事故为视角》,载《东方法学》2021 年第 4 期。
2. 曹权之:《民法典"自甘风险"条文研究》,载《东方法学》2021 年第 4 期。
3. 周晓晨:《论受害人自甘冒险现象的侵权法规制》,载《当代法学》2020 年第 2 期。
4. 王利明:《论受害人自甘冒险》,载《比较法研究》2019 年第 2 期。
5. 廖焕国、黄芬:《质疑自甘冒险的独立性》,载《华中科技大学学报(社会科学版)》2010 年第 5 期。

关于"自助行为"的界定与制度构建

1. 沃耘:《民事私力救济的边界及其制度重建》,载《中国法学》2013 年第 5 期。
2. 焦清扬:《民事自助行为的价值定位及其制度构建》,载《法学杂志》2014 年第 7 期。
3. 宋歌、尹伟民:《论我国民事自助行为的制度化》,载《东北大学学报(社会科学版)》2018 年第 3 期。
4. 宋歌:《民事自助行为的界定及法律后果》,载《法律适用》2020 年第 8 期。

第二章 损害赔偿

导学案例

2014年8月4日同学会期间，王某旭、王某泽、王某及沈某烽饮酒后相约前往同山水库游泳。王某泽、王某因会游泳而游向深水区，沈某烽与王某旭不会游泳在浅水区互相摁来摁去打闹，在打闹过程中两人因进入深水区并发生沉入水中的危险而挣扎，王某旭因抓住王某抛过来的救生圈而获救，沈某烽不久即沉入水中。王某泽、王某及附近游泳的人发现后采取了一些救助行为，但未能救出沈某烽。待警察赶至才打捞出沈某烽的尸体，经侦查认定：沈某烽和王某旭二人在游泳过程中相互玩耍，并有相互摁来摁去的行为，王某旭的行为与沈某烽的死亡存在因果关系，王某旭的行为已涉嫌过失致人死亡犯罪。另查明，同山水库属于同山村委会、同山合作社共同管理的村管水库，平时用于农田灌溉及防洪，无专人管理，其在大坝底部和水库上方设置了禁止游泳的警示牌。原告要求判令：被告共同赔偿损害赔偿责任。被告王某旭、王某泽、王某均辩称：沈某烽溺水死亡属于意外事件，应驳回原告的诉讼请求。被告同山村委会、同山合作社辩称：沈某烽的溺水死亡与同山村委会、同山合作社的管理没有关系，其不存在过错，应驳回原告的诉讼请求。根据本案，试回答下列问题：[1]

1. 原告可以主张的赔偿项目有哪些？其法律依据是什么？

2. 试分析本案中有哪些主体须承担侵权责任？

第一节 损害赔偿概述

一、损害赔偿的概念

损害赔偿在民法体系中具有重要地位，包含违约损害赔偿、缔约过失损害赔偿、侵权损害赔偿诸类型。《民法典》侵权责任编第二章“损害赔偿”是就侵权损害赔偿而言的。

侵权损害赔偿的界定可从债和责任两个角度进行。从债的角度论，侵权损害赔偿是指因侵权行为使他人发生损害时产生的债权债务关系。从责任的角度论，侵权损害赔偿是指当事人一方因侵权行为对他方造成损害时应承担的填补对方损失的民事责任。对于权利人而言，损害赔偿是一种重要的民事权利保护手段；对于义务人而言，损害赔偿是一种重要的民事责任承担方式。

---

〔1〕 本案一审裁判文书参见（2015）甬奉莼民一初字第82号民事判决书；二审裁判文书参见（2015）浙甬民一终字第01132号民事判决书，载《人民司法》2017年第20期。

二、损害赔偿的原则

（一）全部赔偿原则

全部赔偿原则是指赔偿责任应以实际造成的损失为依据全部赔偿。全部赔偿包含了赔偿范围和赔偿数额两方面的内容，涉及人身损害、财产损失和精神损害的赔偿责任范围及数额。赔偿取决于过错和原因力所生的实际损失。损害赔偿原则上应当与实际、相关损失相一致，不能赔偿不足，也不能让受害人获得超额赔偿，惩罚性的损害赔偿则是例外。但事实上，即使惩罚性赔偿，立法也是规定“相应的”惩罚性赔偿（如《民法典》第1185条），要求赔偿数额的确定要与侵权人的恶意、造成的损害后果以及对侵权人威慑相当，而不能滥用。

（二）财产赔偿原则

财产赔偿原则是指侵权行为所致的损害，责任人只能以财产予以赔偿。对于财产损害，以财产赔偿符合等价有偿、恢复原状的基本原则和要求。对于人身损害，一方面，同态复仇已不符合文明社会的要求而被摒弃；另一方面，赔偿必须具有可操作性和可行性，生命、健康本身无法用金钱衡量，可以计量的唯有挽救生命、恢复健康所支出的费用和因为生命逝去、健康丧失导致的经济损失。故此，对于人身损害，也只能采取财产赔偿的方式。此外，对于精神损害亦只能是财产赔偿。

（三）损益相抵原则

损益相抵原则是指赔偿权利人基于发生损害的同一原因受有利益的，赔偿义务人就扣除该利益后的损失余额予以赔偿。该原则体现了“任何人不得从其不法行为中获得利益”这一基本原理。损益折抵主要有以下几种情形：

1. 损失与利益均可以金钱计算时，二者直接相减，赔偿差额。如果对于所受利益尚未扣除就已全部赔偿的，赔偿权利人应将所受利益退还赔偿义务人，实行损益相抵。

2. 如果提供实物赔偿的，赔偿权利人应当将新、旧物的差价退还赔偿义务人。

3. 返还原物时，赔偿权利人对所得消极利益应从损失中扣除。例如，侵占他人耕牛的，应当返还，对侵占期间受害人所受损失，亦应赔偿。但在侵占期间，受害人减少了喂养等费用支出，应作为消极利益从损失中扣除。

（四）衡平原则

衡平原则是指在确定侵权损害赔偿范围时，综合考量当事人的经济状况等因素，促进赔偿责任实现。适用衡平原则，必须是已确定赔偿责任构成，再综合考虑当事人的经济情况等因素。衡平原则与公平责任不同：(1)过错要求不同。公平责任原则的适用仅在受害人和加害人都没有过错时，衡平原则的适用无此限制。(2)适用的意义不同。公平责任的适用在于明确责任、分担损失，衡平原则的适用在于确保责任实现。

（五）民事赔偿优先原则

在侵权损害赔偿与行政罚款、罚金之间的关系上，侵权损害赔偿作为一种民事赔偿具有优先性。根据《民法典》第187条的规定，民事主体因同一行为应当承担民事责任、行政责任和刑事责任的，承担行政责任或者刑事责任不影响承担民事责任；民事主体的财产不足以支付的，优先用于承担民事责任。这是关于侵权责任优先原则的规定，此立场在《产品质量法》和《食品安全法》等诸多单行法中均有相关条文体现。

三、赔偿费用的支付方式

赔偿费用支付方式是关系受害人救济实现的重要问题,《民法典》第 1187 条借鉴有关国家和地区的立法经验,结合以往民事立法相关规定和司法实践作法,对赔偿费用的支付方式作了三个层次的规定。

1. 当事人协商确定赔偿费用的支付方式。当事人对赔偿费用支付方式的协商可以包括:是一次性支付还是分期支付;如果是分期支付,分几期,每次付多少,要不要考虑物价变化因素;要不要支付利息,利息如何计算等。当事人可以根据赔偿数额的多少,受害人对赔偿费用的需求程度,侵权人的支付能力等实际情况对赔偿费用的支付进行协商。当事人协商确定支付方式后,侵权行为人应当严格按照约定的方式支付赔偿费用。如果违反约定,到期不履行支付赔偿费用的义务,受害人有权请求人民法院强制侵权人履行付款义务。

2. 一次性支付。若当事人之间协商不一致的,基于保障债权人利益的考量,赔偿费用应当一次性支付。一次性支付是指人民法院在一次诉讼中,对被侵权人所受损害和所失利益计算总额并要求产品责任人一次性给付。一审法庭辩论终结前已经发生的费用、死亡赔偿金以及精神损害抚慰金,应当一次性给付。

3. 分期支付。一次性支付确有困难的,可以分期支付,但应当提供相应的担保。分期支付是指法院判决产品责任人在将来的一段时间内,按固定期限向被侵权人支付赔偿费用。分期支付与定期金不完全相同。前者可能根据损害实际情况事先固定一个总的支付期限,且有一个固定支付总额,而后者按照被侵权人实际生存年限给付,不受赔偿期限限制。分期支付应当具备两个条件:一是一次性支付确有困难。确有困难应当由侵权人举证证明,由人民法院作出判断。二是应当提供相应的担保。该担保可以是保证人提供的保证,也可以是侵权人以自己的财产设立担保物权,如抵押、质押。

第二节 侵害人身的损害赔偿

一、人身伤亡的损害赔偿

学理上,人身权包括人格权和身份权,人身损害应是指人格和身份权益逸失的损害后果。但在长期的司法实践中,人身损害赔偿是指侵犯生命、健康权益,发生致伤、致残、致死等后果时的赔偿责任。需要说明的是,生命、健康权之外的其他人身权利被侵犯时也会发生损害赔偿责任,但由于权利内容不同,赔偿项目和计算方法并不能简单适用生命、健康权的赔偿规则。

(一)造成一般人身伤害的财产损失与赔偿

所谓一般人身伤害是指侵犯他人健康权益,造成伤害,但未致残、致死的情形。侵害他人造成人身损害的,应当赔偿医疗费、护理费、交通费、营养费、住院伙食补助费等为治疗和康复支出的合理费用,以及因误工减少的收入(《民法典》第 1179 条)。这是关于一般人身伤害中赔偿项目的规定,至于这些赔偿费用的计算问题则由司法解释具体规定。具体而言,应当依据最高人民法院《关于审理人身损害赔偿案件适用法律若干问题的解释》加以计算。

1. 医疗费。医疗费一般包括挂号费、检查费、药品费、治疗费、康复费等费用。医疗费根据医疗机构出具的医药费、住院费等收款凭证,结合病历和诊断证明等相关证据确定。赔偿义务人对治疗的必要性和合理性有异议的,应当承担相应的举证责任。医疗费的赔偿数额,按照一审法庭辩论终结前实际发生的数额确定。器官功能恢复训练所必要的康复费、适当的整容费以及其他后续治疗费,赔偿权利人可以待实际发生后另行起诉。但根据医疗证明或者鉴定结论确定必然发生的费用,可以与已经发生的医疗费一并予以赔偿。

2. 护理费。护理费的赔偿应以受害人受到损害、生活不能自理或者不能完全自理,需要有人进行护理为前提。护理费根据护理人员的收入状况和护理人数、护理期限确定。护理人员有收入的,参照误工费的规定计算;护理人员没有收入或者雇佣护工的,参照当地护工从事同等级别护理的劳务报酬标准计算。护理人员原则上为1人,但医疗机构或者鉴定机构有明确意见的,可以参照确定护理人员人数。护理期限应计算至受害人恢复生活自理能力时止。受害人因残疾不能恢复生活自理能力的,可以根据其年龄、健康状况等因素确定合理的护理期限,但最长不超过20年。

3. 交通费。这是指受害人及其必要的陪护人员因就医或者转院用于交通的费用。交通费应当以正式票据为凭;有关凭据应当与就医地点、时间、人数、次数相符合。

4. 营养费。这是指受害人在遭受损害后,为辅助治疗或使身体尽快康复而购买日常饮食以外的营养品所支出的费用。营养费根据受害人伤残情况参照医疗机构的意见确定。

5. 住院伙食补助费。住院伙食补助费可以参照当地国家机关一般工作人员的出差伙食补助标准予以确定。受害人确有必要到外地治疗,因客观原因不能住院,受害人本人及其陪护人员实际发生的住宿费和伙食费,其合理部分应予赔偿。

6. 误工费。受害人受到伤害但并未残疾或者死亡的,因误工减少的收入就是受害人从受到损害到恢复正常、能继续工作时止这段时间内的损失。误工费根据受害人的误工时间和收入状况确定。误工时间根据受害人接受治疗的医疗机构出具的证明确定。受害人有固定收入的,误工费按照实际减少的收入计算。受害人无固定收入的,按照其最近三年的平均收入计算;受害人不能举证证明其最近三年的平均收入状况的,可以参照受诉法院所在地相同或者相近行业上一年度职工的平均工资计算。

(二)造成残疾的财产损失与赔偿

造成受害人残疾的,除可能发生前述一般人身伤害的赔偿项目外,还应当额外承担残疾赔偿金和残疾辅助器具费。其护理费的确定也与一般人身伤害有所区别,受害人定残后的护理,应当根据其护理依赖程度并结合配制残疾辅助器具的情况确定护理级别。在误工费的计算方面,受害人因伤致残持续误工的,误工时间可以计算至定残日前一天。

1. 残疾辅助器具费。这是指受害人因残疾而造成身体功能全部或者部分丧失后需要配置补偿功能的残疾辅助器具的费用。残疾辅助器具费按照普通适用器具的合理费用标准计算。伤情有特殊需要的,可以参照辅助器具配制机构的意见确定相应的合理费用标准。辅助器具的更换周期和赔偿期限参照配制机构的意见确定。

2. 残疾赔偿金。残疾赔偿金根据受害人丧失劳动能力程度或者伤残等级,按照受诉法院所在地上一年度城镇居民人均可支配收入或者农村居民人均纯收入标准,自定残之日起按20年计算。但60周岁以上的,年龄每增加1岁减少1年;75周岁以上的,按5年计算。受害人因伤致残但实际收入没有减少,或者伤残等级较轻但造成职业妨害严重影响其劳动就业的,可以对残疾赔偿金作相应调整。

(三)造成死亡的财产损失与赔偿

造成受害人死亡的,除可能发生前述一般人身伤害的赔偿项目外,还应当额外赔偿丧葬费和死亡赔偿金。

1. 丧葬费。目前司法实践中,对丧葬费采取定额化赔偿模式。丧葬费按照受诉法院所在地上一年度职工月平均工资标准,以6个月总额计算。

2. 死亡赔偿金。这是指赔偿义务人针对受害人的死亡后果所应当支付的一种金钱赔偿。理论上,死亡赔偿金的性质问题是颇具争议的。[2] 死亡赔偿金按照受诉法院所在地上一年度城镇居民人均可支配收入或者农村居民人均纯收入标准,按20年计算。但60周岁以上的,年龄每增加1岁减少1年;75周岁以上的,按5年计算。根据这一规定,死亡赔偿金的数额多少会因死亡人是城镇居民还是农村居民而有差异,因为城镇居民人均可支配收入是高于农村居民人均纯收入的。这就引发了"同命不同价"的伦理诘难。因此法律规定,若因同一侵权行为造成多人死亡的,可以以相同数额确定死亡赔偿金(《民法典》第1180条)。司法实践中,死亡者虽然是农村户口,但在城市经商、居住,其经常居住地和主要收入来源地均为城市,有关损害赔偿费用应当根据当地城镇居民的相关标准计算。[3]

实例解析　死亡赔偿金是否属于遗产?如何分配?[4]

原告林文进诉称:"2013年6月7日BRT公交车纵火案"造成原告与被告的女儿林诗颖死亡一事,原告、被告与厦门市快速公交运营有限公司达成赔偿协议,约定:厦门市快速公交运营有限公司赔偿原告与被告死亡赔偿金(含被抚养费人生活费)、丧葬费、精神损害抚慰金、一次性救助金等共计120万元。目前该款提存至厦门市思明区公证处。请求判令涉案赔偿金(合计人民币120万元)及孳息按各50%比例在原告与被告之间分配。被告陈素英辩称:被告与原告1994年结婚,因原告有吸毒等恶习,对家庭极不负责,二人于2007年离婚,女儿归被告抚养,并由被告独自承担女儿的抚养费。双方离婚后,原告处于吸毒、被强制戒毒又复吸的恶性循环,经济十分拮据。原告也已再婚,根本未在经济上或精神上给予女儿实质性的支持和关怀。因此,赔偿金理应归被告所有。

法院认为:死亡赔偿金是基于受害人死亡对其近亲属所支付的赔偿,获得死亡赔偿金的权利人是受害人近亲属,赔偿金不属于受害人的遗产范畴。对于死亡赔偿金分配问题,原则上应当按照与受害人共同生活的紧密程度等因素确定权利人和相应份额,不应简单参照《继承法》

---

〔2〕 具体存在"扶养丧失说"和"继承丧失说"两种不同主张,参见张新宝:《侵权责任法原理》,中国人民大学出版社2005年版,第482页。

〔3〕 参见最高人民法院《关于经常居住在城镇的农村居民因交通事故伤亡如何计算赔偿费用的复函》(〔2005〕民一他字25号)。

〔4〕 相关案例参见"林文进诉陈素英共有纠纷案",福建省厦门市思明区人民法院(2013)思民初字第10815号民事判决书、福建省厦门市中级人民法院(2014)厦民终字第561号民事判决书,载《人民法院案例选》2015年第3辑;"郭先菊、余春莲诉杨清平法定继承纠纷案",湖北省当阳市人民法院(2013)鄂当阳民初字第00964号民事判决书,载《人民法院案例选》2014年第1辑。

分配原则处理。具体来说,应综合考虑与受害人关系的远近和共同生活的紧密程度、感情亲疏程度、经济依赖程度及生活状况等因素,确定权利人和分配规则。本案中,受害人父母离异后,由被告直接抚养受害人并随其共同生活,而作为原告的父亲曾有前科被限制人身自由,亦无法举证证明其尽到了抚养义务,足以认定被告与受害人共同生活的紧密度、感情亲属度、经济依赖度远高于原告,据此酌定按照3:7的比例在原被告之间进行分配。

二、侵害人身权益造成财产损失的损害赔偿

侵害他人人身权益造成财产损失的,按照被侵权人因此受到的损失或者侵权人因此获得的利益赔偿;被侵权人因此受到的损失以及侵权人因此获得的利益难以确定,被侵权人和侵权人就赔偿数额协商不一致,向人民法院提起诉讼的,由人民法院根据实际情况确定赔偿数额。

一些侵害人身权益的行为,被侵权人的财产损失难以确定,尤其是在被侵权人的名誉受损、知识产权被侵害等情况下,很难确定财产损失。在此情形下,侵权人如何赔偿,怎样确定赔偿数额是困扰司法实践的一个难题。《民法典》第1182条的这一规定赋予被侵权人一定的选择权,允许被侵权人在受到的损失和侵权人因侵权行为获得的利益赔偿中进行选择。这样既能有效获得赔偿实现公平正义,又能有效遏制与震慑侵权行为。

三、精神损害赔偿

精神损害是指受害人因加害行为所遭受的精神痛苦,而精神损害赔偿则是侵权责任人以财产赔偿的方式对受害人的精神损害承担责任。最高人民法院《关于确定民事侵权精神损害赔偿责任若干问题的解释》[5]对精神损害赔偿问题进行了细化规定。

精神损害不同于财产损失,其具有难以确切量化的特征。精神损害尽管是一种主观感受,因人而异,但并不是一种想象的、臆测的损害,而是客观存在的损害,在结果上具有不可逆性。精神损害体现为肉体疼痛和精神痛苦,是一种内在于人类心灵的损害。因此,在目前的技术手段和救济措施下,无法使精神受到的损害恢复到原有状态,只能通过赔礼道歉来降低当事人的愤怒与怨恨,通过赔偿金钱,进行替代性的弥补。

(一)精神损害赔偿责任适用条件

本着受害人利益保护和防止精神损害赔偿滥用的原则,《民法典》第1183条对精神损害赔偿责任适用条件作了严格和保守的规定:

1. 人身权益被侵害。该条只对侵害人身权益的情况规定可以请求精神损害赔偿,至于侵害财产权益是否可以主张,并无涉及。这些人身权益主要包括生命权、身体权、健康权、姓名权、名称权、肖像权、名誉权、荣誉权、隐私权等。此外,最高人民法院结合审判实践经验,对精神损害赔偿的适用情形进行了细化规定。具体包括:(1)因人身权益或者具有人身意义的特定物受到侵害,自然人或者其近亲属有权向人民法院提起诉讼请求精神损害赔偿。(2)非法使被监护人脱离监护,导致亲子关系或者近亲属间的亲属关系遭受严重损害,监护人有权向人民法院起诉请求赔偿精神损害。(3)死者的姓名、肖像、名誉、荣誉、隐私、遗体、遗骨等受到侵害,其近亲属有权向人民法院提起诉讼请求精神损害赔偿。值得说明的是,由于法人或者非法人组织作为一个组

〔5〕 2001年2月26日由最高人民法院审判委员会第1161次会议通过,根据法释〔2020〕17号修正。

织体,并不像人类一般有思维意识,也不能如同人类一般感知痛苦,因此,法人或者非法人组织不能以名誉权、荣誉权、名称权遭受侵害为由,主张精神损害赔偿。

2. 精神损害严重。根据该条规定,轻微和一般的精神损害不能获得精神损害赔偿,人民法院可以根据情形判令侵权人停止侵害、恢复名誉、消除影响、赔礼道歉。损害的严重性可以从受侵犯的具体人身权性质来把握。对于身体、健康的侵害,认定是否发生严重精神损害,原则上以达到伤残等级标准为前提;对生命的侵害,则可以直接认定造成严重精神损害而对受害人提供救济;而精神性人格权益被侵害时,应综合考察侵害人的主观状态、侵害手段、场合、行为方式和被侵害人的精神状态等具体情节判断。

(二)精神损害赔偿请求权的行使

一般情形下,请求精神损害赔偿的主体应当是直接遭受人身权侵害的本人。受到他人侵害致残,或者名誉等人身权益受到他人侵害造成严重的精神损害的,可以请求精神损害赔偿。如果被侵权人由于人身权益受到侵害已经死亡的,其近亲属亦可请求精神损害赔偿。

基于精神损害具有特定的人身属性,原则上,精神损害抚慰金的请求权不得让与或者继承。但赔偿义务人已经以书面方式承诺给予金钱赔偿,或者赔偿权利人已经向人民法院起诉的除外。

(三)精神损害赔偿数额的确定

精神损害赔偿制度在我国尚处于起步和摸索阶段,其计算尚缺乏统一而明确的标准,《民法典》规定的只是精神损害赔偿的基本原则,具体的精神损害赔偿数额,由人民法院根据以下因素确定:(1)侵权人的过错程度,但是法律另有规定的除外;(2)侵权行为的目的、方式、场合等具体情节;(3)侵权行为所造成的后果;(4)侵权人的获利情况;(5)侵权人承担责任的经济能力;(6)受理诉讼法院所在地的平均生活水平。

第三节　侵害财产的损害赔偿

一、财产损害的形式

财产损害是指财产权的客体遭到破坏,使用价值和价值毁损,或者权利人对财产权客体的支配关系被破坏,导致财产价值减少或可得财产利益丧失。财产损害表现为财产物理形态的变化或灭失,而其实质是财产价值量的改变或支配关系的改变。

财产损害的种类包括三种:(1)丧失占有,是指非法侵占他人财产,致使权利人对该财产丧失占有,外在的表现为物的物理位置发生变化。(2)财产毁损,是财产的价值和使用价值受到破坏,以至丧失,外在的表现为物理形态的变化甚至灭失。(3)其他财产利益损害,是指所有权以外的其他财产权受到损害而发生的财产利益损失,包括他物权、占有、债权、知识产权等权利中包含的财产利益。例如《民法典》第1185条专门规定故意侵害他人知识产权,情节严重的,被侵权人有权请求相应的惩罚性赔偿。

二、财产损害的计算

侵害他人财产的,财产损失按照损失发生时的市场价格或者其他合理方式计算(《民法典》第1184条)。实践中,一项财产的价格往往受到本身价值、供求关系等诸多因素的影响,具有多变性。不同的时间点,财产的价格不同,导致可能赔偿的数额就会不同。所谓“损害发生时”往往也就是侵权行为发生的时间。需要注意的是,一项财产在使用过程中会发生磨损、消耗等价值的减损,往往会影响财产的价格,其中存在折旧费用的问题。例如,甲厂购买的一套价值100万元的机械设备,使用年限是10年,在使用到第3年时被他人毁坏,损害发生时该种机械设备(新品)的市场价格已降至80万元,但在计算损害赔偿时,不能按照损害发生时全新设备的80万元计算,而应当按照七成新(剩余使用年限/可用年限)的设备在损害发生时的市场价格进行计算。

但对于某些特殊物品,如贵重珠宝、珍藏等,没有在市场上普遍流通,其没有市场的对应价格,那么可以其他合理方式计算,例如进行司法鉴定或专业评估等方式。

三、财产损害赔偿的途径与形式

(一)获赔途径

已投保的财产发生损害的,面临保险赔偿责任与民事赔偿责任的适用问题。被保险的财产发生保险合同规定的损坏、灭失结果时,投保人有权要求保险公司按照约定的保险价值予以赔偿。如果该损害是由侵权行为所致时,受害人因此具有两个请求权,一是依保险合同产生的赔偿请求权,二是依侵权行为产生的损害赔偿请求权。受害人的请求权只能择一行使:若选择向保险公司索赔,保险公司赔款后,保险公司取得向加害人追偿的权利;若选择向侵权人请求损害赔偿并且得到全部赔偿后,就丧失了向保险公司要求理赔的权利。

(二)赔偿形式

侵害财产的民事责任方式包括返还财产、恢复原状、损害赔偿。其中,损害赔偿可以折价赔偿或实物赔偿。

1. 折价赔偿。最初适用于所有权的客体损害,因不能恢复原状或予以返还,故将损害折成金钱予以赔偿。如今,折价赔偿已扩展适用于其他财产权益发生财产损失的赔偿问题。

2. 实物赔偿。主要适用于所有权客体发生直接损失的赔偿情形,即用同种类、同等质量的实物进行赔偿。由于往往是以新赔旧,应当考虑找差价的问题。对于直接损失,既可以适用折价赔偿,也可以采取实物赔偿。对于间接损失,只能采用折价赔偿方式。

思考题

1. 简述侵权损害赔偿的原则。
2. 试评析死亡赔偿金的性质及分配规则。
3. 简述精神损害赔偿的适用范围。
4. 试比较财产损害赔偿与精神损害赔偿的异同。
5. 简述财产损害的计算方式。

阅读指引

关于财产损害赔偿的计算与确定问题

1. 王军:《侵权法上财产损害的计算标准》,载《法学》2011年第11期。

2. 田韶华:《侵权责任法上的物之损害赔偿问题》,载《法学》2013 年第 2 期。
3. 曹险峰、徐恋:《侵权财产损害赔偿范围确定之逻辑进路论纲》,载《河南社会科学》2017 年第 8 期。
4. 王磊:《财产损害算定的基本原理与规范内涵——〈民法典〉第 1184 条的解释论展开》,载《环球法律评论》2021 年第 5 期。
5. 李承亮:《〈民法典〉第 1184 条(侵害财产造成财产损失的计算)评注》,载《法学家》2021 年第 6 期。

关于惩罚性赔偿制度的代表性研究

1. 王利明:《惩罚性赔偿研究》,载《中国社会科学》2000 年第 4 期。
2. 朱广新:《惩罚性赔偿制度的演进与适用》,载《中国社会科学》2014 年第 3 期。
3. 朱凯:《惩罚性赔偿制度在侵权法中的基础及其适用》,载《中国法学》2003 年第 3 期。
4. 李友根:《惩罚性赔偿制度的中国模式研究》,载《法制与社会发展》2015 年第 6 期。

第三章　责任主体的特殊规定

导学案例

2016年4月14日，被告新大桥中学组织初三学生进行体育中考考前训练。原告徐大伟在馆内练习横箱分腿腾跃项目时，发现踏板距离横箱有点远，前两名学生落地有站立不稳的情形，原告曾就此向老师汇报，老师示意可以跳过去。原告在跳跃时未跨过横箱，从横箱顶部沿内侧倒下，致左腿摔成骨折。事发时，馆内仅有一位老师在指导与管理该项目，这位老师从距离四步左右的地方赶到横箱前扶起原告，并喊来其他老师查看伤情；接着又让卫生老师赶来查看，怀疑原告骨折，即拨打"120"急救电话送至医院救治，诊断为左腿腓骨骨折。半年后，原告经鉴定为十级伤残。另查，2015年3月5日，上海市教育委员会发布了《沪教委体〔2015〕8号》文件，要求组织横箱分腿腾越测试中，安排至少两人保护，确保落地安全。原告请求法院判令被告赔偿原告医疗费、残疾赔偿金等共计257046元。被告辩称，被告负责横箱分腿腾跃的老师虽然只有一位，但在体育馆内有三四位老师，负责不同的项目。受伤时，老师和原告的距离不远，该事故发生纯属意外；且学校在事发后给予及时有效救助；被告没有过错，不同意赔偿原告损失。试结合案情分析本案应如何处理？〔1〕

第一节　监护人责任

一、监护人责任的法律特性

监护人责任，是指监护人对其监护的无民事行为能力人、限制民事行为能力人造成他人损害的行为所依法承担的侵权责任。由于无民事行为能力人、限制民事行为能力人在民事行为能力上的欠缺，对于此类主体致人损害时的责任认定及承担问题，立法往往有专门规定。我国《民法典》第1188条的规定为处理此类侵权责任提供了一般规则。

监护人责任具有以下几个特点。

1. 监护人责任以监护关系的存在为前提。监护关系一般是以监护人和被监护人存在一定的血缘或亲属关系为前提的，在发生了被监护人造成他人损害之后，监护人就应当承担责任。由于监护人对被监护人负有监护职责，因而，在被监护人造成他人损害的情况下，实际上是监护人没有尽职履行其监护职责，自然应当依法承担一定的法律责任。

〔1〕 本案详情及裁判结果参见(2017)沪0110民初22354号民事判决书，载《人民司法》2020年第5期。

2. 监护人责任的归责原则是无过错责任原则。在归责原则上,监护人责任采无过错责任原则,[2]即不以监护人的主观过错作为其承担监护人责任的构成要件。从《民法典》第1188条第1款的文义来看,监护人承担侵权责任并不要求其具有过错,即使监护人尽到监护职责,没有过错,也只是可以减轻其侵权责任,并不能免责。此外,监护人责任的成立不仅不要求监护人存在过错,而且由于无民事行为能力人、限制民事行为能力人的辨认和控制能力不健全,因此对被监护人而言也不存在过错的判断问题。

3. 监护人责任是一种替代责任。直接实施侵权行为的是无民事行为能力人、限制民事行为能力人,而不是监护人本人。因此,监护人是对其所监护之对象的行为负责,故而是一种典型的替代责任。从理论上讲,监护人对被监护人具有教育、照顾、保护、监督、管束等监护职责,且双方之间往往存在着亲属关系和血缘联结,因而让监护人对无民事行为能力人或限制民事行为能力人的侵权行为负责有利于防范风险发生。

4. 监护人责任是一种补充责任。补充责任,是指两个以上的债务人就同一债务共同对债权人承担责任,在对外关系上(对债权人而言),先由第一顺位的责任人(实际责任人)承担责任,当第一顺位的责任人不能确定或无力赔偿时,才由第二顺位的责任人(补充责任人)补充承担的一种责任形态。在监护人责任中,有财产的无民事行为能力人、限制民事行为能力人造成他人损害的,首先从本人财产中支付赔偿费用;不足部分,再由监护人赔偿(《民法典》第1188条第2款)。由此可见,监护人属于第二顺位的责任人,承担的是补充责任,被监护人应当优先用自己的财产支付赔偿费用。

二、监护人责任的构成要件

成立监护人责任,须符合以下要件:

1. 监护人与被监护人之间存在合法有效的监护关系。关于监护关系是否合法有效,须根据《民法典》总则编第二章第二节的规定加以判断。

2. 被监护人(无民事行为能力人、限制民事行为能力人)实施了加害行为。

3. 被监护人(无民事行为能力人、限制民事行为能力人)实施的加害行为给被害人造成了损害,即该致害行为与损害后果之间具有因果关系。

4. 被监护人没有独立财产。毕竟是被监护人自己的行为造成了损害后果,在其有独立财产能够承担责任的情况下,如果被监护人不对自己的行为负责,显然缺少相应的正当性。因此,被监护人没有独立财产,是监护人责任的一个要件。如果被监护人有财产,则应当从其财产中支付赔偿费用,只有被监护人的财产不足以赔偿受害人的损害时,才由监护人承担赔偿责任。

三、监护人责任的承担

(一)被监护人的直接责任

被监护人致受害人遭受损害的,其赔偿责任首先是行为人自己的直接责任,即无民事行为能力人或限制民事行为能力人有财产的,如未成年人接受了亲友赠与的财产或者拥有其他价值较大的财产等,应当先以自己的财产予以赔偿,此即为被监护人的直接责任。

---

[2] 亦有学者认为我国监护人责任不适用无过错责任原则,而是过错推定原则。参见杨立新:《侵权责任法》(第4版),法律出版社2021年版,第279页。

（二）监护人的替代责任

如果无民事行为能力人或限制民事行为能力人没有财产，或者其财产不足以承担损害赔偿责任的，就其不足的部分，则由其监护人承担替代责任。

关于监护人及责任的确定，需要注意下列几个问题：

1. 夫妻离婚后的监护责任。夫妻离婚后，同该子女共同生活的一方由于是监护义务的现实承担者，因此，未成年子女侵害他人权益的，这一方应当承担民事责任。当然，从公平原则出发，如果该方独立承担民事责任确有困难的，可以责令未与该子女共同生活的一方共同承担民事责任。

2. 委托监护的责任。无民事行为能力人、限制民事行为能力人造成他人损害，监护人将监护职责委托给他人的，监护人应当承担侵权责任；受托人有过错的，承担相应的责任（《民法典》第1189条）。由此可见，受委托的监护人承担的是过错责任，所谓“相应的责任”应当与其过错程度和造成的损失程度相适应。

3. 监护人能够证明自己尽到监护责任的，可以减轻其侵权责任（《民法典》第1188条第1款）。即便监护人尽到了监护责任，没有任何过错，但损害毕竟是客观发生的，需要进行损害的分担。因此这一规定实际上也体现了公平分担损失规则。

第二节　自主意识障碍者责任

一、自主意识障碍者责任的法律特性

所谓自主意识障碍者，又称暂时丧失心智者，是指暂时陷入对自己的行为没有意识或者失去控制的状态中的完全民事行为能力人。因此，自主意识障碍者责任，即指暂时陷入对自己的行为没有意识或者失去控制的状态中的完全民事行为能力人，对其造成他人损害的行为依法应承担的侵权责任。一般而言，过错是行为人承担侵权责任的要件，而过错的前提是行为人有意识能力，但完全民事行为能力人因过错或者没有过错而对自己的行为没有意识或者失去控制而致人损害时，无疑也存在侵权责任的承担问题。《民法典》第1190条以两款内容分别对不同情形下的自主意识障碍者规定了不同的侵权责任规则。

1. 自主意识障碍者责任实行二元归责原则。自主意识障碍者责任的归责原则并非具有单一形式，在不同的情形下存在不同的归责原则。一般而言，自主意识障碍者责任是以过错责任原则为归责原则的。完全民事行为能力人对自己的行为暂时没有意识或者失去控制造成他人损害有过错的，应当承担侵权责任。这一规定明确揭示了过错责任原则的基本属性。但是，若该完全民事行为能力人没有过错的，应当根据行为人的经济状况对受害人适当补偿。这意味着，鉴于损害发生的客观性，即使自主意识障碍者对损害的发生没有过错，但根据法律的直接规定，对该损失也要进行适当补偿，此即公平责任原则。

2. 自主意识障碍者责任贯彻了自己责任原则。尽管侵权人在实施侵害他人的行为时是处于没有意识或者失去控制的状态中，但由于侵权人仍然是完全民事行为能力人，在脱离了自主意识障碍的状态后，仍然有能力、有可能独立地承担侵权责任。因此，自主意识障碍者责任不同于监护人责任下的替代责任。此外，虽然自主意识障碍者的侵害行为并不是在其意志和意识支配下

实施的,但仍具有可归责性,这往往是因为自主意识障碍的状态是因侵权人的过错所导致的。

二、自主意识障碍者责任的构成要件

自主意识障碍者责任的构成要件,除了加害行为、损害、加害行为与损害之间存在因果关系外,还需要下列两个要件。

1. 行为人须为完全民事行为能力人。尽管自主意识障碍者与无民事行为能力人、限制民事行为能力人在实施侵权行为时都不具备充分的认识能力和控制能力,但二者是两种不同的责任构造。无民事行为能力人和限制民事行为能力人造成他人损害的情形适用的是监护人责任,这是一种无过错的替代责任。而自主意识障碍者责任原则上是一种过错责任、自己责任,行为人须是完全民事行为能力人。

2. 行为人造成他人损害时对自己的行为暂时没有意识或者失去控制。这也是自主意识障碍者责任与一般的侵权责任的根本区别。所谓对自己的行为暂时没有意识或者失去控制,是指行为脱离大脑的指挥和掌控,行为不受人的自主意志支配了。需要强调的是,对自己的行为暂时没有意识或者失去控制不同于间歇性的精神疾病。自然人如果患有间歇性的精神疾病,那么在精神病发病期间其属于无民事行为能力人或限制民事行为能力人,适用的是监护人责任,而非自主意识障碍者责任。

至于行为人的过错,则应区分情况:(1)完全民事行为能力人对自己的行为暂时没有意识或者失去控制造成他人损害存在过错的,则过错是其承担侵权责任的一个要件。这里所谓的过错,是指"过错"导致其丧失意识,如醉酒、滥用麻醉药品或者精神药品等。(2)如果完全民事行为能力人对自己的行为暂时没有意识或者失去控制造成他人损害没有过错,则成立公平责任,仅是根据行为人的经济状况对受害人适当补偿,过错不是公平责任的构成要件。

三、自主意识障碍者责任的承担

完全民事行为能力人对自己的行为暂时没有意识或者失去控制造成他人损害有过错的,应当承担侵权责任。这是完全民事行为能力人为自己过错负责的体现,是符合侵权责任一般原理的。

完全民事行为能力人对自己的行为暂时没有意识或者失去控制造成他人损害没有过错的,根据行为人的经济状况对受害人适当补偿。补偿并不等于赔偿,并不意味着要填平受害人的损害,而是根据行为人的经济状况适当弥补受害人的损失。行为人的经济状况一般通过收入情况、目前的资产持有情况等方面加以判断,如果其经济状况好,就可以让侵权人多补偿受害人一些,反之则少补偿些。

完全民事行为能力人因醉酒、滥用麻醉药品或者精神药品对自己的行为暂时没有意识或者失去控制造成他人损害的,应当承担侵权责任。《民法典》第1190条第2款的这一规定实际上是对第1款中过错的具体化。其中,滥用麻醉药品或者精神药品是典型的违法行为,此种情形下的行为人过错是明显的。按照社会大众的普遍常识,作为完全民事行为能力人,应当预见到醉酒或者滥用麻醉药品、精神药品后会难以控制自己的行为,醉酒或者滥用麻醉药品、精神药品会导致人陷入自主意识障碍状态,可能会危害公共安全,据此可以推定行为人本质上属于故意的过错。

第三节　用人者责任

一、用人者责任的法律特性

用人者责任，是指用人者对被使用人在执行工作任务或提供劳务过程中造成他人损害时所承担的侵权责任。其外延包括《民法典》第1191条规定的用人单位责任、第1192条规定的个人劳务使用人责任以及第1193条规定的定作人责任三种类型。

用人者责任具有以下特征。

1. 用人者责任原则上是一种无过错责任。让用人者承担侵权责任并不要求该用人者在主观上存在过错，只要被使用人在执行工作任务的过程中造成他人损害，产生了侵权责任，这一责任原则上就应当由用人者承担。值得说明的是，这里的无过错是指在责任承担方面并不考虑用人者是否在主观上有过错，而不是不考虑被使用人的过错。一般而言，被使用人是存在故意、懈怠、疏忽等形式的过错的。世界上多数国家对用人者责任适用无过错责任原则，有其深厚的社会、经济和文化背景，主要是从利益归属、控制力理论、用人者与被使用人的经济地位比较、雇主责任能对被侵权人提供有效的保护这几个方面展开论证的。用人者责任中的定作人责任较为特殊，其是一种过错责任。定作人对定作、指示或者选任有过错的，应当承担相应的责任。

2. 用人者责任是一种替代责任。所谓替代责任，是指侵权责任的承担主体是对他人的侵权行为负责的责任类型。承担侵权责任的主体并非直接实施侵权行为者，而是基于替代责任人与直接侵权人之间存在着某种特定关系，因而法律突破"自己责任"原则，让替代责任人承担侵权责任。在用人者责任中，用人单位对其工作人员因执行工作任务造成的他人损害承担侵权责任，接受劳务一方对提供劳务一方因劳务造成的他人损害承担侵权责任，这些都是替代责任的体现。

3. 用人者与被使用人之间存在某种特定的关系。用人者与被使用人之间存在的某种特定关系，是用人者承担无过错的替代责任的前提和基础。一般而言，用人单位与其工作人员之间存在劳动法律关系，个人劳务使用人与个人劳务被使用人之间存在劳务关系。此类关系具有一定的共通性，即用人者往往能对被使用人施加一定的控制力，用人者在选任、管理被使用人以及部署工作任务方面都具有一定程度的监督和管领力。

二、用人者责任的承担

（一）用人单位的责任承担及追偿权

用人单位的工作人员因执行工作任务造成他人损害的，由用人单位承担侵权责任。用人单位承担侵权责任后，可以向有故意或者重大过失的工作人员追偿（《民法典》第1191条第1款）。由用人单位承担替代责任主要是基于以下几个方面的考量：（1）用人单位作为一个组织体，与工作人员相比在经济能力和赔偿能力方面往往更强，由用人单位承担责任能够更有效、更全面地救济受害人遭受的损害。（2）工作人员是因执行工作任务才造成他人损害，而用人单位有权对工作任务的执行进行指示，对工作人员进行选任，亦有权取得相应工作成果。因此，由用人单位承担责任符合权利与义务相统一原理。（3）让用人单位承担侵权责任可以倒逼用人单位加强风险监管与控制，迫使用人单位关注安全生产经营，提高其谨慎注意程度。但是，毕竟损害是由工作人员直接造成的,如果工作人员对损害的发生存在故意或者重大过失,那么该工作人员才是最终的责任人,法律赋予用人单位相应的追偿权。

用人单位对其工作人员因执行工作任务造成他人损害的,承担的是无过错责任。该类侵权责任的构成要件是:(1)损害事实客观存在。(2)用人单位的工作人员执行工作任务。(3)执行工作任务的行为与损害事实有因果关系。应当特别注意的是,"用人单位"包括企业、事业单位、国家机关、社会团体以及个体经济组织等,但不包括个人用工;"工作人员"既包括用人单位的正式员工,也包括临时在单位工作的员工。此外,工作人员的行为应当与"执行工作任务"有关。

需要指出的是,我国的国家机关一般具有双重属性:公法主体和民事主体(机关法人)。前一种主体属性下,国家机关及其工作人员因工作造成他人损害的,属于履行公职权的行为,依据《国家赔偿法》的规定,需要国家机关承担国家赔偿责任。后一种主体属性下,国家机关及其工作人员因工作造成他人损害的,属于民事行为,应按照《民法典》的规定,由国家机关承担用人者侵权责任。

(二)劳务派遣单位的责任承担

在用工关系中,存在一种更为复杂的形态,即劳务派遣。劳务派遣与一般劳动关系的区别在于:一般劳动关系中,是用人单位直接招收和使用劳动者;而劳务派遣中,用工单位是通过派遣单位招收劳动者。也就是说,劳动力的使用和劳动力的雇佣是相分离的。被派遣工作人员与实际用工单位之间存在实质意义上的用工关系。因此,劳务派遣期间,被派遣的工作人员因执行工作任务造成他人损害的,由接受劳务派遣的用工单位承担侵权责任;劳务派遣单位有过错的,承担相应的责任(《民法典》第1191条第2款)。由此可见,劳务派遣单位承担的侵权责任是一种过错责任,就其过错程度与用工单位共同承担侵权责任,而不是单纯的补充责任。

(三)个人劳务使用人的侵权责任及追偿权

劳务关系是以提供劳务服务与支付劳务报酬为权利义务内容的民事法律关系。劳务关系不同于劳动关系。从终极意义上说,劳务关系和劳动关系具有同一性,但20世纪初叶以降,劳动关系特指劳务提供者在具有一定组织性的劳务使用者中从事活动而形成的关系。在个人之间形成的劳务关系被称为个人劳务关系,例如个人雇用的保洁、保姆等。

个人劳务关系不同于用人单位与其工作人员之间的关系,其具有临时性、短暂性的特征,但在责任承担的机理上却具有相似性。个人之间形成劳务关系,提供劳务一方因劳务造成他人损害的,由接受劳务一方承担侵权责任。接受劳务一方承担侵权责任后,可以向有故意或者重大过失的提供劳务一方追偿。提供劳务一方因劳务受到损害的,根据双方各自的过错承担相应的责任(《民法典》第1192条第1款)。

(四)个人劳务提供者的损害赔偿请求权

提供劳务期间,因第三人的行为造成提供劳务一方损害的,提供劳务一方依法享有选择权:有权请求第三人承担侵权责任,也有权请求接受劳务一方给予补偿。当然,接受劳务一方对受损害的劳务提供方予以补偿后,可以向第三人追偿(《民法典》第1192条第2款)。这里的"补偿"是一种法定补偿义务,即使接受劳务一方对损害的发生并没有任何过错,但为了充分救济受害人的权益,基于法律规定让其承担一定的补偿责任,这是公平责任原则的体现。

(五)承揽人责任及定作人责任

承揽人与定作人之间的法律关系是承揽合同法律关系。承揽人按照定作人的要求完成工作，交付工作成果，定作人支付报酬。承揽包括加工、定作、修理、复制、测试、检验等工作。鉴于承揽人完成工作具有较大程度的独立性、专业性，定作人对其一般不具有较强的控制力。因此，承揽人在完成工作过程中造成第三人损害或者自己损害的，定作人不承担侵权责任。但是，定作人对定作、指示或者选任有过错的，应当承担相应的责任，即指示过失责任（《民法典》第1193条）。

实践中，应当注意区别承揽关系与劳务关系。考察的方面主要有：(1)当事人之间是否存在控制、支配和从属关系；(2)是否由一方指定工作场所、提供劳动工具或设备、限定工作时间；(3)是定期给付劳动报酬还是一次性结算劳动报酬；(4)是连续性提供劳务，还是一次性提供工作成果；(5)当事人一方所提供的劳动是其独立的业务或者经营活动，还是构成合同相对方的业务或者经营活动的组成部分。

定作人侵权责任的构成要件有：(1)加害行为。加害行为是承揽人在执行承揽合同、完成承揽事项的过程中发生的。如果超出执行承揽事项的范围，不存在定作人的责任。(2)损害。损害事实包括两种：一是承揽合同以外的第三人的民事权利受到损害；二是承揽人自身权利的损害。(3)承揽人的加工承揽行为与损害之间具有因果关系。(4)定作人的过错。定作人的过错表现在其定作、指示或者选任的过失。定作的过失，主要是指定作人委托加工、制作的定作物本身具有高度的危险性或违法性；指示的过失，是指定作人在定作物的制作方法上所作的指示存在过失；选任的过失则指定作人在承揽人的人选上存在过失。

第四节　网络侵权责任

一、网络侵权责任的概念

网络侵权责任，泛指发生在互联网上的各种侵害他人民事权益的行为所依法产生的侵权民事责任。具体而言，所谓网络侵权责任，是指网络用户、网络服务提供者因过错在网络上侵害他人民事权益所应承担的侵权责任。网络侵权是一种随着互联网的发展和广泛应用而新出现的侵权形态，但是，这并非意味着其在归责原则、构成要件、责任承担等方面存在特殊性，其特殊性主要在于发生场所、侵权主体、侵害对象、侵权方式等方面有着特殊性。

1. 基于互联网而发生。网络即指互联网，不包括其他的网络。“利用网络”侵权即利用互联网侵权，这是其与一般侵权的重要区别。互联网具有虚拟性，没有物理界限、地域空间的限制，且具有时空的不明确性和开放性。互联网的开放性和交互性使一个人在世界的任何一个角落，通过一台电脑或手机上网就可以向全世界发布信息。而侵权性信息一经上传，很快就可以传遍全球，任何人只要点击该信息都可能看到它。因此，在网络侵权发生以后，对侵权行为地和侵权行为结果地的认定均比较困难。

2. 侵权主体包括网络用户和网络服务提供者。网络用户是使用他人提供的网络服务的人，包括自然人、法人和非法人组织。网络服务提供者，是一个不确定的概念，既包括提供接入、缓存、信息存储空间、搜索以及链接等服务类型的技术服务提供者，也包括主动向网络用户提供内容的内容服务提供者，还包括在电子商务中为交易双方或者多方提供网络经营场所、交易撮合、信息发布等服务的电子商务平台经营者。网络用户侵权是依托于网络中介服务而进行的，其侵权行为只有利用他人提供的网络平台才能实现。因此,网络服务提供者既可能成为直接的侵权人,也可能是侵权行为的纵容者而须依法承担连带侵权责任。

3. 侵害对象主要是非物质形态的民事权益。网络侵权的侵害对象具体包括:(1)名誉、肖像、隐私等人格权。如盗用或者假冒他人姓名而侵害姓名权,未经许可使用他人肖像而侵害肖像权,发表攻击、诽谤他人的文章而侵害名誉权,非法侵入他人电脑、非法截取他人传输的信息、擅自披露他人个人信息、大量发送垃圾邮件等而侵害隐私权和个人信息权。(2)著作权、商标权、专利权等知识产权。如擅自将他人作品进行数字化传输,恶意抢注与他人商标相同或相类似的域名,在电商平台上销售假冒他人商标或者使用足以使消费者混淆的商标的商品,未经专利人授权,在网站上销售专利产品等。(3)其他财产权,如数据、虚拟财产、信息财产等。

4. 侵害行为具有特殊性。具体包括工具和手段的特殊性、行为的交互性、行为的隐蔽性以及侵权地域的不确定性。网络侵权人的侵权工具和手段是通过互联网实施的,具有互联网的依赖性。在互联网上,人人是信息的接受者也是传播者,一旦侵权信息在网上公布,则迅速在网上传播流转,影响极为广泛。同时,侵害人通常以匿名的形式从事网络活动,其实施侵害行为以后,查找侵权行为人、确定侵权行为发生地甚至损害结果都比较困难。

二、网络侵权责任的构成要件

(一)加害行为

网络侵权中的加害行为表现包括:

1. 网络用户利用网络实施侵害他人民事权益的直接侵权行为。例如,发表攻击、诽谤他人的文章,侵害名誉权;窃取他人网络银行账户中的资金;恶意抢注与他人商标相同或相类似的域名等。

2. 网络服务提供者利用网络实施侵害他人民事权益的直接侵权行为。网络服务提供者包括技术服务提供者和内容服务提供者。技术服务提供者主要指提供接入、缓存、信息存储空间、搜索以及链接等服务类型的网络主体,内容服务提供者则是指主动向网络用户提供内容的网络主体。技术服务提供者利用技术手段攻击他人网络、窃取他人个人信息等,内容服务提供者捏造虚假事实诽谤他人、发布侵犯著作权的影视作品等,均属于利用网络侵权的违法行为。

3. 网络服务提供者违反"通知与移除"规则的不作为。网络服务提供者在接到权利人发出的侵权通知后,应当及时采取删除、屏蔽或者断开链接等措施,阻止公众访问侵权信息,此即"通知与移除"规则。如果网络服务提供者接到通知后未及时采取必要措施的,则构成不作为。

4. 网络服务提供者知道网络用户利用其网络服务侵害他人民事权益,未采取必要措施,网络服务提供者的此种不作为亦具有违法性。

(二)损害事实

从网络侵权行为的客体来看,主要有三种类型:(1)传统领域存在的,行为人仅仅是通过网络手段实施侵权行为,如银行账户中的资金、名誉权、隐私权、肖像权、著作权等。(2)在网络领域得到拓展的传统权利客体,如网络作品著作权等。(3)网络领域新产生的,如网络虚拟财产等,在网络中,各种基于网络服务所提供的用户账号以及其所对应的服务往往具有一定的商业价值,实际上成为一种新型财产。

同时,以现代通信技术为基础的网络可能在瞬间实现全球即时通信,这种便捷性使网络侵权所致的损害可能在全世界迅速蔓延,难以判断传播的范围,难以确定接触侵权信息的人数,其损害结果可能无法阻断,也无法恢复。

(三)因果关系

基于不同的违法行为方式和表现,网络侵权中的因果关系亦有其特点:

1. 当网络用户或网络服务提供者利用网络实施侵害他人民事权益的直接侵权行为时,违法行为与损害之间的因果关系相对简单,表现为直接的因果关系。

2. 如果是网络用户利用网络实施侵害他人民事权益的直接侵权行为,而网络服务提供者违反了"通知与移除"程序,则网络服务提供者的不作为与网络用户的直接加害行为构成损害扩大的共同原因。

3. 如果网络服务提供者知道网络用户利用其网络服务侵害他人民事权益,未采取必要措施,则网络服务提供者的不作为与网络用户的直接加害行为是损害发生的共同原因。

(四)过错

网络侵权行为人的过错包括故意和过失。网络侵权的实质与一般的过错侵权并无二致,其构成要件均须侵权行为人有过错。如明知或应知是他人享有知识产权的作品而提供非法下载、复制等服务,即为故意侵犯他人知识产权的行为。

三、网络侵权责任的承担

(一)网络用户、网络服务提供者的单独责任

网络用户、网络服务提供者利用网络实施了侵害他人民事权益的侵权行为的,应当承担直接的侵权责任(《民法典》第1194条)。

在网络用户和网络服务提供者构成单独侵权的情况下,应当由其各自直接对其侵权行为单独承担侵权责任。

(二)网络共同侵权中的连带责任

1."通知—移除"规则下的连带责任

"通知—移除"规则下的连带责任,即网络服务提供者与网络用户对损害的扩大部分承担连带责任(《民法典》第1195条)。

(1)网络用户是直接侵权行为人,应当对其侵权行为造成的全部损害承担侵权责任。

(2)网络服务提供者在接到侵权通知后应当及时采取必要措施,阻止侵权信息进一步扩散,如果网络服务提供者未尽此义务,应当对未及时采取必要措施给受害人造成的扩大损失与网络用户承担连带责任。也就是说,网络服务提供者的义务源起于网络用户的通知,其之所以要对受害人造成的扩大损失与网络用户承担连带责任,是因为其"不作为"——未及时采取必要措施,阻止侵权信息进一步扩散。

(3)在接到侵权通知前已经造成的损害,应当由实施侵权行为的网络用户单独承担,网络服务提供者不承担责任。

"通知与移除"规则,也称为提示规则,最先规定在美国《千禧年数字版权法》(DMCA)中,权利人在获知侵权事实后,可以向提供信息存储空间和信息定位服务的网络服务提供者发出符合DMCA规定的侵权通知,网络服务提供者在接到侵权通知后,应当迅速移除或屏蔽对侵权信息的访问。我国《民法典》将"通知与移除"规则扩展至整个网络侵权责任领域,就是网络用户利用

网络服务者提供的网络实施侵权行为时,在网络服务提供者知道侵权发生之前,只有在受害人通知网络服务提供者,要求其采取必要措施以后,网络服务提供者才有义务采取必要措施以避免损害的扩大。

通知应当满足主体适格、形式合格、内容完整三个要件。主体适格,是指通知的发出主体须为权利人即受害人或者其委托的人。形式合格,是指通知的形式须为书面形式或者网络服务提供者公示的其他形式。由于口头形式的通知不利于证据的保存,也容易在事后发生争议,所以,不宜采取此种方式。内容完整,是指通知的内容须符合《电子商务法》《信息网络传播权保护条例》、最高人民法院《关于审理利用信息网络侵害人身权益民事纠纷案件适用法律若干问题的规定》等规定的内容,主要包括:第一,通知人的姓名(名称)和联系方式;第二,要求采取必要措施的网络地址或者足以准确定位侵权内容的相关信息;第三,通知人要求删除相关信息的理由。受害人的通知不符合上述要件的,网络服务提供者可以对此提出免责抗辩。

权利人一旦发出合格的通知,就触发了网络服务提供者的义务。网络服务提供者接到通知后,应当及时将该通知转送相关网络用户,并根据构成侵权的初步证据和服务类型采取必要措施。合格的通知并不意味着权利人的权利主张都是依法应当受到保护的,网络服务提供者应当对权利人提供的初步证据予以审查,以一个专业服务的理性人的标准,来判断是否可以支持通知的权利要求,如果完全无法支持,则没有必要采取删除、断开链接等措施,如果认为可以支持,应当及时采取必要措施。

网络用户接到网络服务提供者转送的通知后,可以向网络服务提供者提交不存在侵权行为的声明即"反通知"。该声明应当包括不存在侵权行为的初步证据及网络用户的真实身份信息。而网络服务提供者接到声明后,应当将该声明转送发出通知的权利人,并告知其可以向有关部门投诉或者向人民法院提起诉讼。网络服务提供者在转送声明到达权利人后的合理期限内,如果未收到权利人已经投诉或者提起诉讼通知的,应当及时终止所采取的措施(《民法典》第1196条)。

2. 知道规则下的连带责任

所谓知道规则,是指网络服务提供者知道或者应当知道网络用户利用其网络服务侵害他人民事权益,却未采取必要措施的侵权责任承担规则。如果网络服务提供者知道或者应当知道网络用户利用其网络服务侵害他人民事权益,却未采取必要措施,则应当依法对全部损害与网络用户承担连带责任(《民法典》第1197条)。

对于如何认定网络服务提供者是否"知道或者应当知道",根据我国司法实践经验,一般而言,应当综合考虑下列因素:(1)网络服务提供者是否以人工或者自动方式对侵权网络信息以推荐、排名、选择、编辑、整理、修改等方式作出处理;(2)网络服务提供者应当具备的管理信息的能力,以及所提供服务的性质、方式及其引发侵权的可能性大小;(3)该网络信息侵害人身权益的类型及明显程度;(4)该网络信息的社会影响程度或者一定时间内的浏览量;(5)网络服务提供者采取预防侵权措施的技术可能性及其是否采取了相应的合理措施;(6)网络服务提供者是否针对同一网络用户的重复侵权行为或者同一侵权信息采取了相应的合理措施;(7)与案件相关的其他因素。不过,特别应当注意的是,提供技术服务的网络服务提供者并没有普遍审查义务,我们应当谨慎认定网络服务提供者"应当知道"的标准,不宜将判断标准放得过宽。

第五节　安全保障义务者责任

一、安全保障义务者责任的法律特性

安全保障义务者责任，是指经营场所、公共场所的经营者、管理者或者群众性活动的组织者，未尽合理限度范围内的安全保障义务，致使他人直接或因第三人的原因遭受人身、财产损害的，依法应承担的侵权责任（《民法典》第1198条）。

安全保障义务者责任具有以下四种特征。

1. 安全保障义务者责任是一种不作为的侵权责任。所谓不作为侵权，是指义务人负有积极作为的义务并且能够作为，但因其消极地不履行该义务，从而导致被害人遭受损害的侵权形态。安全保障义务者责任就是一种典型的不作为侵权责任。负有安全保障义务的主体本应积极履行相应的安全保障义务，尽到足够的提示、说明、采取防范措施等义务，但其未履行该义务的行为导致损害结果发生。

2. 安全保障义务者责任是特殊的侵权责任。安全保障义务者责任属于过错责任范畴，但不是一般的过错责任，而是具有特殊性：一方面，因为其过错的判断具有特殊性，违反安全保障义务责任的认定采客观标准，即以对安全保障义务的违反来认定过错；另一方面，其责任的范围具有特殊性，在存在直接侵权人的情况下，安全保障义务人只承担补充责任。

3. 安全保障义务者责任的责任主体具有限定性。在违反安全保障义务的情况下，安全保障义务人并非直接侵权行为人。安全保障义务者责任的责任主体即安全保障义务人有其特定性，主要为两类：(1)宾馆、商场、银行、车站、机场、体育场馆、娱乐场所等经营场所、公共场所的经营者、管理者。公共场所包括以公众为对象进行商业性经营的场所，也包括对公众提供服务的场所，包括宾馆、商场、银行、车站、机场、体育场馆、娱乐场所码头、公园、餐厅等。(2)群众性活动的组织者。群众性活动，是指面向社会公众举办的参加人数较多的活动，如体育比赛活动，演唱会、音乐会等文艺演出活动，展览、展销等活动，游园、灯会、庙会、花会、焰火晚会等活动。

4. 安全保障义务者责任承担方式的特殊性。在没有他人实施侵权行为的情况下，安全保障义务人违反了义务造成损害结果的发生，安全保障义务人要对自己的过错负责。但在存在直接侵权人的情况下，安全保障义务人未尽到安全保障义务的，仅承担相应的补充责任。

二、安全保障义务者责任的构成要件

安全保障义务者责任的构成要件包括以下几项：

1. 违反安全保障义务的行为。义务人存在违反安全保障义务的行为是此类侵权责任的首个要件。确认这个要件，关键是确定安全保障义务及其义务主体。

安全保障义务的来源具有多样性：(1)基于法律的直接规定而产生安全保障义务。例如，《消费者权益保护法》第7、18条都直接规定了经营者的安全保障义务。(2)基于合同约定而产生的安全保障义务。例如，在旅客运输合同中承运人负有保障旅客人身安全的义务。(3)基于诚实信用原则一方当事人负有一定的安全保障义务。

根据安全保障义务的内容，我们可以将安全保障义务分为防止他人遭受义务人侵害的安全保障义务和防止他人遭受第三人侵害的安全保障义务。对上述两类义务的违反,均构成违法行为。此外,根据安全保障义务的来源,我们将安全保障义务分为基于合同约定和基于法律规定。对这两类义务的违反,亦构成违法行为。不过要注意的是,这种约定义务的主体不是受害人,与合同责任中的约定义务严格有别。

2. 损害事实。违反安全保障义务侵权的损害事实包括人身损害和财产损害两个方面。例如,商场地面因下雨而湿滑,商场工作人员未及时清理也未设置警示标志,导致顾客滑倒摔伤,手镯摔碎。此时就既存在人身损害,也存在财产损害。

3. 因果关系。此种因果关系有着自身特点:违反安全保障义务的违法行为既可能是损害发生的直接原因,也可能是为第三人的直接加害行为提供或创造了条件,仅是损害发生的间接原因。但无论是直接原因还是间接原因,行为人的违反安全保障义务的行为乃受害人遭受损害的原因。

4. 安全保障义务人存在过错。安全保障义务人的过错主要表现为未尽到合理限度内的注意义务。安全保障义务的目的在于保护他人的人身和财产安全,其主要内容是作为,即要求义务人必须采取一定的行为来维护他人的人身或者财产免受侵害。在实践中,确定义务人是否尽到了安全保障义务,应当参考该安全保障义务人所在行业的普遍情况、所在地区的具体条件、所组织活动的规模等各种因素,考察侵权行为的性质、安全保障义务人的安全保障能力以及发生侵权行为前后所采取的防范制止行为的状况等。

三、安全保障义务者责任的承担

(一)直接责任

安全义务保障者责任中的直接责任,是指负有安全保障义务的人没有尽到合理的注意义务,直接造成损害,其所应承担的侵权责任。例如,经营者装备、设施没有达到保障安全的要求造成他人损害,或服务管理未尽安全保障义务造成消费者或者其他社会活动的参与者的人身伤害或者财产损失时,应当承担直接责任(《民法典》第1198条第1款)。

(二)补充责任

安全义务保障者责任中的补充责任,即防范、制止侵权行为未尽安全保障义务,致使受害人遭受第三人侵害时,安全保障义务人所应承担的责任。受害人应当先向直接侵权行为人(第三人)请求赔偿。如果经营者、管理者或者组织者未尽到安全保障义务的,则承担相应的补充责任。承担补充责任后,安全保障义务人有权向直接侵权行为人追偿。如果安全保障义务人证明自己已经充分尽到安全保障义务了,则免予承担责任(《民法典》第1198条第2款)。

实例解析

红山村景区为国家3A级旅游景区,不设门票。红山村村民委员会系景区内情人堤河道旁杨梅树的所有人,其未向村民或游客提供免费采摘杨梅的活动。一日,吴某私自上树采摘杨梅,不慎从树上跌落受伤。随后,有村民将吴某送往红山村医务室,但当时医务室没有医务人员。有村民拨打“120”急救电话,但救护车迟迟未到。后村民自行开车将吴某送到医院治疗。吴某于当天转院治疗,后因抢救无效于当天死亡。吴某家属遂起诉红山村村民委员会,要求其承担损害赔偿责任。广州市花都区人民法院一审判决被告向原告赔偿45096.17元,二审维持原判。二审判决生效后,广州市中级人民法院再审本案,判决撤销一审和二审判决,驳回原告的诉讼请求。

再审判决认为:首先,红山村村民委员会没有违反安全保障义务。红山村村民委员会作为红山村景区的管理人,虽负有保障游客免遭损害的安全保障义务,但安全保障义务内容的确定应限于景区管理人的管理和控制能力的合理范围之内。红山村景区属于开放式景区,若要求红山村村民委员会对景区内的所有树木加以围蔽、设置警示标志或采取其他防护措施,显然超过善良管理人的注意标准。就爱护公物、文明出行的角度而言,村民或游客均不应私自爬树采摘杨梅。吴某作为具有完全民事行为能力的成年人,应当充分预见攀爬杨梅树采摘杨梅的危险性,并自觉规避此类危险行为。故原告主张红山村村民委员会未尽安全保障义务,缺乏事实依据。其次,吴某的坠亡系其私自爬树采摘杨梅所致,与红山村村民委员会不具有法律上的因果关系。最后,红山村村民委员会对吴某私自爬树坠亡的后果不存在过错。吴某坠亡系其自身过失行为所致,红山村村民委员会难以预见和防止吴某私自爬树可能产生的后果。综上所述,吴某因私自爬树采摘杨梅不慎坠亡,后果令人痛惜。但吴某的私自采摘行为有违村规民约,与公序良俗相悖,且红山村村民委员会并未违反安全保障义务,不应承担赔偿责任。[3]

第六节　教育机构责任

一、教育机构责任的法律特性

教育机构的侵权责任,是指由于幼儿园、学校或者其他教育机构未尽教育、管理职责,致使学习或者生活的无民事行为能力人和限制民事行为能力人遭受损害或者致他人损害的,学校、幼儿园或者其他教育机构应当承担的侵权责任。

教育机构侵权责任具有以下特征。

1. 保护对象的特殊性。教育机构侵权责任的保护对象是在幼儿园、学校或者其他教育机构受教育的未成年人,并且只限于这些未成年人的人身权。

2. 责任产生的时空特殊性。首先,从时间上来看,损害必须发生在教育机构学习和生活期间。其次,从职责上来看,必须处于教育机构的教育管理范围内。一般而言,只要学生处于教育机构的教育管理之下,即使不在教育机构的空间范围,如学校组织学生郊游,均属于教育机构的教育管理范围。

3. 规则原则的差分性。教育机构侵权责任的归责原则具有差分性,《民法典》根据未成年人民事行为能力的不同,规定了不同的归责原则。

(1)无民事行为能力人在幼儿园、学校或者其他教育机构学习、生活期间受到人身损害的,幼儿园、学校或者其他教育机构应当适用过错推定责任原则。法律推定其存在过错,原告无须再对教育机构存在过错进行证明,但教育机构可以通过证明其不存在过错而免责(《民法典》第1199条)。

(2)限制民事行为能力人在学校或者其他教育机构学习、生活期间受到人身损害的,学校或

〔3〕 本案的一审判决文书参见广州市花都区人民法院(2017)粤0114民初6921号民事判决书;二审判决文书参见广州市中级人民法院(2018)粤01民终4942号民事判决书;再审判决文书参见广州市中级人民法院(2019)粤01民再273号民事判决书。

者其他教育机构应当适用过错责任原则。受害人须证明教育机构未尽到教育、管理职责,存在过错(《民法典》第1200条)。

4.责任类型具有多样性。教育机构责任主要包括三种类型:(1)无民事行为能力人在教育机构学习、生活期间遭受损害时教育机构的责任;(2)限制民事行为能力人在教育机构学习、生活期间遭受损害时教育机构的责任;(3)无民事行为能力人或限制民事行为能力人遭受学校以外的人的侵害,教育机构承担违反安全保障义务的责任。

二、教育机构责任的构成要件

教育机构责任的构成要件有如下几项:

1.教育机构存在违反教育管理职责的行为。幼儿园、学校和其他教育机构等存在违法行为是该类侵权责任的首个要件。这类教育机构的工作人员的职务行为即应视为教育机构的行为。教育机构的违反教育管理职责的行为,既包括作为的加害行为也包括未尽到教育、管理职责的不作为行为。《教育法》和《未成年人保护法》等法律法规,对幼儿园、学校和其他教育机构的教育、管理职责作了广泛、具体的规定。出现纠纷时,应当参考这些规定,并结合具体情况来判断幼儿园、学校和其他教育机构是否已尽教育、管理职责。

2.损害事实。教育机构侵权责任中的损害事实,受害人为在幼儿园、学校或者其他教育机构学习、生活的无民事行为能力人或限制民事行为能力人,其损害主要表现为人身损害,未成年人在幼儿园、学校等教育机构内遭受的财产损害,不属于教育机构侵权责任的损害事实。

3.因果关系。教育机构侵权责任中的因果关系,是指幼儿园、学校和其他教育机构违反教育、管理职责的违法行为与未成年人人身损害事实之间的因果关系,表现为两种:(1)幼儿园、学校和其他教育机构违反教育、管理职责的违法行为是损害发生的直接原因和根本原因;(2)幼儿园、学校和其他教育机构违反教育、管理职责的违法行为是损害发生的间接原因和次要原因。

4.过错。在通常情形下,幼儿园、学校和其他教育机构违反教育、管理职责的行为,其过错表现为过失。幼儿园、学校和其他教育机构过错的证明,根据受害人是无民事行为能力人还是限制民事行为能力人,分别采取推定的方式或由原告证明。

三、教育机构责任的承担

(一)直接责任

如果无民事行为能力人、限制民事行为能力人在幼儿园、学校或者其他教育机构学习、生活期间遭受人身损害,是由于幼儿园、学校或者其他教育机构未尽到教育、管理职责,那么该教育机构应当承担直接责任。在受害人为无民事行为能力人的情况下,教育机构如果能举证证明其已经尽到了相当的注意并且实施了合理的行为,则不承担侵权责任。

(二)补充责任

如果无民事行为能力人或者限制民事行为能力人在幼儿园、学校或者其他教育机构学习、生活期间,受到幼儿园、学校或者其他教育机构以外的第三人人身损害的,由该侵权人(第三人)承担侵权责任。对于受害人的损害,幼儿园、学校或者其他教育机构未尽到管理职责的,应当承担相应的补充责任。但由于最终的责任人实际上是第三人,因此,幼儿园、学校或者其他教育机构承担补充责任后,可以向第三人追偿(《民法典》第1201条)。

思考题

1. 简述监护人责任的归责原则。
2. 简述监护人责任的构成要件。
3. 简述监护人责任的承担。
4. 简述用人者责任中劳务派遣单位的责任承担。
5. 简述个人劳务使用人的侵权责任及追偿权。
6. 简述网络侵权责任的构成要件。
7. 简述网络共同侵权中的连带责任。
8. 简述安全保障义务者责任的承担。
9. 简述教育机构责任的承担。

阅读指引

关于用人者责任的代表性研究

1. 尹飞:《用人者责任研究》,载《法学杂志》2005 年第 2 期。
2. 班天可:《雇主责任的归责原则与劳动者解放》,载《法学研究》2012 年第 3 期。
3. 朱军:《雇员在工作中致雇主损害的责任减轻规则——基于案例分析的比较研究》,载《清华法学》2015 年第 6 期。

关于网络侵权责任的理解与适用

1. 吴汉东:《侵权责任法视野下的网络侵权责任解析》,载《法商研究》2010 年第 6 期。
2. 张新宝、任鸿雁:《互联网上的侵权责任:〈侵权责任法〉第 36 条解读》,载《中国人民大学学报》2010 年第 4 期。
3. 吴汉东:《论网络服务提供者的著作权侵权责任》,载《中国法学》2011 年第 2 期。
4. 蔡唱:《网络服务提供者侵权责任规则的反思与重构》,载《法商研究》2013 年第 2 期。
5. 杨立新、韩煦:《网络交易平台提供者的法律地位与民事责任》,载《江汉论坛》2014 年第 5 期。
6. 薛军:《民法典网络侵权条款研究:以法解释论框架的重构为中心》,载《比较法研究》2020 年第 4 期。
7. 冯楚奇:《网络服务提供者违反"交往义务"的间接侵害著作权责任——基于〈民法典〉第 1194 条至第 1197 条的法教义学分析》,载《法律适用》2020 年第 14 期。

关于安全保障义务者责任的代表性研究

1. 张新宝、唐青林:《经营者对服务场所的安全保障义务》,载《法学研究》2003 年第 3 期。
2. 杨立新:《论违反安全保障义务侵权行为及其责任》,载《河南省政法管理干部学院学报》2006 年第 1 期。
3. 刘文杰:《网络服务提供者的安全保障义务》,载《中外法学》2012 年第 2 期。
4. 李中原:《论违反安全保障义务的补充责任制度》,载《中外法学》2014 年第 3 期。
5. 张新宝:《顺风车网络平台的安全保障义务与侵权责任》,载《法律适用(司法案例)》2018 年第 12 期。

第四章　产品责任

导学案例

原告夏某新居落成，亲戚邻友前来祝贺道喜。好友张某携烟花爆竹前来原告家贺喜，并在距离原告房子约五六米的地方燃放烟花庆贺。张某在点燃烟花后，烟花因存在产品缺陷炸散，将距离烟花燃放地点约六七米的原告右眼炸伤，导致原告右眼球摘除，构成六级伤残。经调查，张某燃放的烟花爆竹是从县小卖部内购买的，该小卖部的营业执照上的经营范围为预包装食品批发兼零售、烟花爆竹、日用百货、日用杂品、卷烟零售。县小卖部售卖的烟花爆竹是从腾飞烟花爆竹厂购进的。通过对同批次烟花进行质量鉴定后发现，本案中存在质量问题的烟花爆竹是因华凌托运部在运输过程中未妥善保管（受潮）导致的。根据本案回答下列问题：

1. 夏某应当向哪些主体主张人身损害赔偿？

2. 试分析各责任人之间的法律关系。

第一节　产品责任概述

一、产品责任的概念

产品责任是指缺陷产品造成他人损害时，产品生产者和销售者所依法承担的排除妨碍、消除危险、赔偿损失等侵权责任。产品责任制度事关消费者生命、财产安全与产业、经济社会发展重大利益，一直受到立法重视。

产品责任具有下列特征。

1. 产品责任的致损原因是产品存在缺陷。所谓“产品”，按照《产品质量法》第 2 条第 2 款的界定，其是指经过加工、制作，用于销售的产品，并且建设工程不属于产品。由此可见，产品的内涵包括：(1)经过加工、制造，没有经过加工(生产)的物品不能称为产品；(2)用于销售，仅仅是生产者用于满足自己需要的也不能称为产品。因此，自然人的身体组织、器官不是产品，但临床用血和血液制品属于产品；同时，不动产不属于产品范畴，核设施、核产品不适用产品责任(《产品质量法》第 73 条第 2 款)。

产品缺陷，是指产品存在危及人身、他人财产安全的不合理的危险。缺陷不是指产品有瑕疵，而是指产品质量已经达到危害人民生命和财产安全的程度。有保障人体健康、人身、财产安全的国家标准、行业标准的，不符合该标准的，即为产品缺陷。

违反产品强制性安全标准，可直接认定产品存在缺陷。然而，对于符合国家、行业强制标准的产品，或强制性安全标准存在缺失、漏洞的产品，造成客观损害的，不可简单认定该产品不存在缺陷。在法律没有对举证事项作出特别规定的情形下，根据“谁主张，谁举证”的原则，缺陷应当由产品受害人证明。

2. 产品责任是无过错责任。产品责任的归责原则是无过错责任原则。无论是产品的生产者还是销售者，在责任承担上均是无过错责任。

3. 责任主体多元。产品从设计、制造到进入流通领域，其间要经过许多环节（如从产品的生产者到批发商、分销商、零售商等）。为了让受害人能够便捷有效地获得救济，受害人既可以请求生产者承担责任，也可以请求销售者承担责任（《民法典》第1203条）。

4. 免责事由的特殊性。产品责任适用无过错责任，因此在确定责任人是否承担侵权责任时不再考虑其主观过错，责任人也不能以其没有过错作为免责事由。同时，产品责任的免责事由又有别于其他的无过错责任，依据《产品质量法》第41条的规定，产品责任的免责事由主要有产品未投入流通、产品投入流通时缺陷尚不存在、将产品投入流通时的科学技术水平尚不能发现缺陷的存在等。

二、产品责任与合同不适当履行责任的区分

产品责任和合同不适当履行责任经常发生交叉，尤其是在消费者和销售者之间因为产品不合格造成损害的情况下，消费者既可以通过合同法要求销售者承担合同责任，也可以通过侵权责任法要求销售者承担侵权责任。但是，产品责任和合同不适当履行责任的区别是非常明显的：

1. 产品责任是因产品缺陷致产品使用人遭受损害的侵权责任，可以突破合同责任中合同相对性的限制，受害人可以直接向与其没有合同关系的生产者和销售者请求承担损害赔偿责任；而合同不适当履行责任则是交付的产品不符合约定的违约责任，以当事人之间存在买卖合同关系为前提，不能突破合同相对性原则。

2. 在产品责任中，受害人应当举证证明产品存在缺陷，在无法证明产品存在缺陷的情况下，就不能以产品责任主张赔偿；而合同不适当履行责任的原告，只需证明对方交付的产品不符合约定即可，无须证明产品存在缺陷。

3. 从赔偿的范围来看，产品责任中损害不仅包括缺陷产品本身的损害，也包括缺陷产品以外的人身和财产损失，既包括财产损害赔偿，也包括精神损害赔偿；而合同不适当履行责任中损害主要是指履行利益的损失，一般限于缺陷产品本身的损害。

4. 从责任主体来看，产品责任的责任主体包括生产者和销售者；而合同不适当履行的责任主体只限于与原告有合同关系的销售者。

第二节　产品责任的归责原则和构成要件

一、产品责任的归责原则

产品责任的归责原则是无过错责任原则。对产品责任确定无过错责任的理由在于：

1. 在产品的制造过程中，生产者是最能够把握和控制产品情况的主体，从风险控制的角度来讲，生产者是对产品固有风险的第一管控者，让生产者承担无过错责任可以使其更加注重安全生产，把控产品质量。

2. 生产者作为一个经济实力较强的实体，在承担责任的能力方面会更强，将生产所引发的损

害风险分配给生产者,更有利于救济受害人的权益。此外,生产者制造产品,通过交易产品获取收益,本着“收益与风险相一致”的原则,让生产者负担风险也是较为合理的。

3. 对于销售者而言,销售者也是可以从产品交易中获取收益的主体,而且销售者是与产品购买者存在直接的交易关系,产品购买者更便于向销售者主张责任。不仅如此,销售者还可以通过证明产品缺陷是由生产者造成的进行追偿,其权益也是可以得到保障的。让销售者承担无过错责任,也有利于倒逼销售者严把进货质量,从而防范风险。

二、产品责任的构成要件

产品责任属于特殊侵权责任,仅需要三项构成要件,如果有产品缺陷、损害事实以及损害与产品缺陷之间存在因果关系这三个要件,即构成产品责任。对于缺陷产品受害人的诉讼请求,除非存在法定的责任减免事由,产品生产者和销售者不得仅以自己无过错而免除责任。

1. 产品存在缺陷。产品的缺陷,是指产品存在危及人身、他人财产安全的不合理的危险,产品有保障人体健康和人身、财产安全的国家标准、行业标准的,是指不符合该标准(《产品质量法》第46条)。一般认为,该种缺陷包含以下几种类型:(1)设计缺陷,即产品在设计上存在欠缺从而引发不合理的危险,既可能是外观的设计缺陷,也可能是功能的设计缺陷。(2)制造缺陷,是指因产品原材料或配件存在缺陷或者在装配成最终产品的过程中出现某种错误,而导致产品具有不合理的危险。(3)警示缺陷,是指因产品的标识、标注、使用说明中未全面、妥当地说明或警告,而使产品存在危及人身、财产安全的不合理危险。

具体而言,《产品质量法》的规定从法律上确立了判断产品是否存在缺陷的基本标准,实践中可以《产品质量法》第46条关于缺陷的规定为标准判断产品是否为缺陷产品。按照标准化法的规定,标准包括国家标准、行业标准、地方标准和团体标准、企业标准;国家标准分为强制性标准、推荐性标准,行业标准、地方标准是推荐性标准;对满足基础通用、与强制性国家标准配套、对各有关行业起引领作用等需要的技术要求,可以制定推荐性国家标准;对保障人身健康和生命财产安全、国家安全、生态环境安全以及满足经济社会管理基本需要的技术要求,应当制定强制性国家标准;对没有推荐性国家标准而需要在全国某个行业范围内统一的技术要求,可以制定行业标准;为满足地方自然条件、风俗习惯等特殊技术要求,可以制定地方标准。特别要指出的是,如果某产品(特别是某些新产品)的强制性标准并未覆盖该产品的全部安全性能指标,而该安全性能指标又不符合保障人身、财产安全的要求,可能造成他人损害的,则仍应认定该产品存在缺陷。

2. 损害。缺陷产品往往致使多重利益遭受损失,既包括产品本身的损害,也包括产品之外的人身与财产的损害。产品本身的损害,即因为产品的缺陷致使产品本身毁损或丧失使用功能。例如,汽车因存在缺陷而发生自燃,因此而导致汽车本身的损害。产品以外的人身损害,是指被侵害的生命、身体和健康等遭受的损害,其他人身权益(如名誉、隐私等)损害,一般不属于产品责任中受侵害的人身损害范畴。诚然,在产品缺陷造成人身伤亡的情况下,也可能会导致受害人严重的精神痛苦即精神损害。缺陷产品以外的财产损害,是指因为产品存在缺陷引起爆炸等事故导致其他财产的损害,或者在与其他产品安装组合后因其具有缺陷导致其他产品毁坏。

需要注意的是,受害人须对损害的客观存在及大小负举证责任。

3. 因果关系。产品责任中的因果关系,是指产品缺陷与受害人损害事实之间的因果关系。该因果关系由受害人负举证责任。

在认定产品责任的因果关系时,相当因果关系理论的适用以及民事诉讼高度盖然性证明规则,有利于受害人的保护。如果受害人证明了产品存在缺陷,且其损害是缺陷造成的,就已经完成了证明责任。至于缺陷是发生在产品投入流通之前,还是发生在投入流通之后,应当由生产者或者销售者一方予以反证证明。然而,在复杂产品致害例如药品致害的情形下,事实因果关系的认定往往需要借助专门知识,疫学因果关系理论是可以采信的理论。

第三节　产品责任的形式及其承担

一、产品责任的形式

产品责任的形式包括:

1. 赔偿损失。赔偿损失是产品责任最典型的形式。因产品存在缺陷造成受害人人身伤害的,侵害人应当赔偿医疗费、治疗期间的护理费、因误工减少的收入等费用;造成残疾的,还应当支付残疾者生活自助具费、生活补助费、残疾赔偿金以及由其扶养的人所必需的生活费等费用;造成受害人死亡的,应当支付丧葬费、死亡赔偿金以及由死者生前扶养的人所必需的生活费等费用。因产品存在缺陷造成受害人财产损失的,侵害人应当恢复原状或者折价赔偿。受害人因此遭受其他重大损失的,侵害人也应当对此予以赔偿。

2. 停止侵害、排除妨碍、消除危险。因产品缺陷危及他人人身、财产安全的,被侵权人有权请求生产者、销售者承担停止侵害、排除妨碍、消除危险等侵权责任(《民法典》第 1205 条)。这三类请求权不适用诉讼时效。

3. 停止销售、警示、召回。产品投入市场后,产品生产者和销售者应继续观察,及时发现危险资讯,并以适当方式向产品使用人等作出合理说明警告,此即为产品售后警示义务。如果违反此义务,造成损害,需承担侵权责任。产品售后警示义务的主体包括产品生产者和销售者。生产者设计、制造产品并投入流通,对产品危险最具认知和控制能力,在售后警示义务中居于首要的地位。产品销售者通常不具备生产者的危险认知和防范能力,其所履行的乃是一般的注意义务,主要是反馈消费者信息,配合生产者采取警告行动。产品售后警示义务作为停止侵害、消除危险的一种侵权责任措施,与损害赔偿共同构建了产品受害人的救济方式。

二、产品责任的承担

(一)生产者与销售者的不真正连带责任

所谓不真正连带责任,是指数个债务人基于不同的原因,而依法对同一债务共同对债权人承担全部责任。对外(对债权人而言)任何一个债务人均负有清偿全部债务的义务。对内(对债务人而言)仅有一个债务人对全部债务承担终局责任,某一债务人在承担责任后有权向终局责任人要求全部追偿。

因产品存在缺陷造成他人损害的,被侵权人可以向产品的生产者请求赔偿,也可以向产品的销售者请求赔偿(《民法典》第 1203 条)。具体而言,在对外关系上,生产者和销售者是连带的,不分份额地均对受害人负有赔偿全部损害的义务。如果产品缺陷是由生产者造成的,销售者赔偿后,有权向生产者追偿。因销售者的过错使产品存在缺陷的,生产者赔偿后,有权向销售者追偿。这是就对内关系而言,只存在一个终局责任人,而这个终局责任人就是造成产品缺陷的主体。

(二)运输者、仓储者等第三人的过错责任

除了生产者与销售者外,产品缺陷有可能是运输者、仓储者等第三人造成的。这是因为产品从被生产出来最后到达消费者手上中间可能经过许多环节,经很多主体之手,产品缺陷往往有可能发生在中间某一环节中。例如,仓储者因保管不当使得产品变质、运输者未妥善搬运导致产品受污染等情形。若依一般之观念,如果产品缺陷是因第三人造成的,本应由第三人直接承担损害赔偿责任,但产品责任有其特殊性。通常购买产品者难以准确知悉导致产品缺陷的真正原因和责任主体,若法律要求受害人向真正导致产品缺陷者主张责任,会加重受害人的调查义务和举证难度,最终难以救济其损害。相比之下,受害人往往最容易找到的责任人就是生产者和销售者,因此基于对受害人权益保障的考量,因运输者、仓储者等第三人的过错使产品存在缺陷,造成他人损害的,产品的生产者、销售者赔偿后,有权向第三人追偿(《民法典》第1204条)。

三、产品责任的减免事由

(一)生产者的责任减免事由

生产者可免除责任的情形包括:(1)未将产品投入流通。(2)产品投入流通时引起损害的缺陷尚不存在。(3)将产品投入流通时的科学技术水平尚不能发现缺陷的存在。当然,免责事由应由生产者自己举证(《产品质量法》第41条)。

(二)销售者的责任减免事由

销售者的特别责任减免事由有二:(1)当受害人向销售者为直接请求时,销售者可以援用法律为生产者所设定的免责事由,予以抗辩。(2)在产品责任主体内部,销售者如果证明己身没有过错,则不承担最终责任。

此外,法律规定的责任减免一般事由,例如受害人过错以及第三人过错等,亦可适用于产品责任。

四、产品召回与惩罚性赔偿

(一)产品召回

产品投放市场后,发现使用危险,可能或已经对消费者的生命、健康造成严重损害的,产品生产者需依特定程序收回、退换缺陷产品并承担与此相关费用,此为产品召回义务。产品召回义务的履行是消除危险、停止侵害侵权责任的具体承担方式。产品缺陷的召回制度是指,产品投入流通后发现存在缺陷的,生产者、销售者应当及时采取停止销售、警示、召回等补救措施;未及时采取补救措施或者补救措施不力造成损害扩大的,对扩大的损害也应当承担侵权责任。采取召回措施的,生产者、销售者应当负担被侵权人因此支出的必要费用(《民法典》第1206条)。

(二)产品责任的惩罚性赔偿

产品责任的惩罚性赔偿,是产品责任人依法给付受害人超过其实际损害数额的赔偿。由于近年来我国食品、药品领域恶意侵权行为屡有发生,严重侵害消费者人身安全,造成了重大损害,为了更好地遏制产品侵权行为的发生,《民法典》第1207条确立了产品责任的惩罚性赔偿制度。值得注意的是,惩罚性赔偿的主要目的既在于弥补被侵权人的损害,更在于惩罚故意的侵权行为,并遏制这种侵权行为的发生。

产品责任的惩罚性赔偿制度的适用条件,除具备产品责任的构成要件外,还必须具备如下两个要件:

1. 产品生产者或销售者须有故意,即明知是缺陷产品仍然生产或者销售或者产品投入流通后发现存在缺陷且未按照《民法典》第1206条的规定采取有效补救措施。

2. 造成了他人死亡或者健康受到严重损害。

至于惩罚性赔偿的具体数额,《民法典》第1207条规定的是与损害"相应的"惩罚性赔偿,需要在司法实践中形成集体经验,在未来立法或司法解释中对惩罚性赔偿的计算标准作出明确规定。

思考题

1. 简述产品责任的归责原则。
2. 简述产品责任的减免责事由。
3. 简述产品责任的承担。
4. 简述产品召回制度。
5. 试评析产品责任中的惩罚性赔偿制度。

阅读指引

关于产品责任适用惩罚性赔偿的相关研究

1. 杨立新:《对我国侵权责任法规定惩罚性赔偿金制裁恶意产品侵权行为的探讨》,载《中州学刊》2009年第2期。
2. 周江洪:《惩罚性赔偿责任的竞合及其适用——〈侵权责任法〉第47条与〈食品安全法〉第96条第2款之适用关系》,载《法学》2010年第4期。
3. 孙效敏、张炳:《惩罚性赔偿制度质疑——兼评〈侵权责任法〉第47条》,载《法学论坛》2015年第2期。
4. 王竹、龚键:《我国缺陷产品惩罚性赔偿责任研究——以〈民法典·侵权责任编〉第1207条为中心》,载《山东大学学报(哲学社会科学版)》2021年第1期。

关于产品召回制度的相关研究

1. 王利明:《关于完善我国缺陷产品召回制度的若干问题》,载《法学家》2008年第2期。
2. 齐萌:《构建我国的缺陷产品召回法律制度——由"三鹿奶粉事件"引发的法律思考》,载《江西财经大学学报》2009年第2期。
3. 李友根:《论产品召回制度的法律责任属性——兼论预防性法律责任的生成》,载《法商研究》2011年第6期。
4. 张新宝、任鸿雁:《我国产品责任制度:守成与创新》,载《北方法学》2012年第3期。
5. 周友军:《论侵权法上的产品跟踪观察义务》,载《法律科学(西北政法大学学报)》2014年第4期。

第五章　机动车交通事故责任

导学案例

李某为参加同学聚会借用朋友张某的汽车，聚会上李某饮用大量白酒，散场后李某表示愿意驾车顺路送同学王某、刘某回家。王某和刘某二人明知李某席间饮酒，但想到李某一贯酒量很好，且神志仍然十分清醒，便抱着侥幸心理一同上车。途中，李某因未注意道路指示标志与迎面驶来的轿车相撞，造成自己、王某、刘某以及对方司机周某均受伤，双方车辆损坏严重。交警出具事故责任认定书由李某负全责。根据以上案情回答下列问题：

1. 周某的损害赔偿请求权应当向谁主张？

2. 王某和刘某遭受的损害应当由谁承担？

第一节　机动车交通事故责任概述

一、机动车交通事故责任的概念

机动车交通事故责任，是指因机动车交通事故导致他人人身或财产的损害，机动车一方依法应承担的侵权责任。所谓交通事故，是指车辆在道路上因过错或者意外造成的人身伤亡或者财产损失的事件。车辆包括机动车和非机动车，其中机动车，是指以动力装置驱动或者牵引，在道路行驶的供人员乘用或者用于运送物品、进行工程专项作业的轮式车辆；非机动车是指以人力或者畜力驱动，在道路上行驶的交通工具，以及虽有动力装置驱动但设计最高时速、空车质量、外形尺寸符合有关国家标准的残疾人机动轮椅车、电动自行车等交通工具。所谓道路，是指公路、城市道路和虽在单位管辖范围但允许社会机动车通行的地方，包括广场、公共停车场等用于公众通行的场所（《道路交通安全法》第 119 条）。

机动车交通事故责任具有以下特征：

1. 因机动车驾驶人发生交通事故而发生。交通事故的发生本源上是机动车驾驶人在驾驶机动车的过程中因过错或者意外造成，交通事故的发生即产生人身损害或者财产损害，由此即产生侵权责任。并且，交通事故必须发生在机动车的运行过程中，即只有因机动车的物理运行活动造成的事故才属于交通事故。非因机动车运行活动而造成的事故和损害，如机动车停在路边，而行人不慎撞在他人机动车上受伤，不属于机动车交通事故。

2. 在归责原则上具有多元性。机动车之间发生交通事故的责任，实行过错责任原则；机动车与非机动车驾驶人、行人之间发生交通事故的责任，主要适用过错推定原则，同时，机动车一方还要承担一部分无过错责任（承担不超过 10% 的赔偿责任）（《道路交通安全法》第 76 条第 1 款）。

3. 责任主体的复杂性。机动车交通事故责任的责任主体，可能涉及机动车所有人、使用人、借用人、承租人等各类责任主体。《民法典》和《道路交通安全法》均将这些主体称为机动车一方。

4. 责任形态的特殊性。机动车交通事故的责任方式主要为损害赔偿，基本不涉及停止侵害、排除妨碍、消除危险等责任形式。

5. 损害赔偿首先由保险公司在机动车第三者责任强制保险责任限额范围内予以赔偿。国家实行机动车第三者责任强制保险制度(《道路交通安全法》第 17 条)。机动车第三者责任强制保险，简称交强险，是指由保险公司对被保险机动车发生道路交通事故造成本车人员、被保险人以外的受害人的人身伤亡、财产损失，在责任限额内予以赔偿的强制性责任保险。发生机动车交通事故，无论机动车与机动车之间的交通事故，还是机动车与非机动车驾驶人、行人之间的交通事故，都是先由保险公司在机动车第三者责任强制保险责任限额内予以赔偿，不足的部分才由机动车一方承担赔偿责任。

二、机动车交通事故责任的制度体系

目前，我国处理机动车交通事故责任的法律依据主要有《民法典》侵权责任编第五章的规定和《道路交通安全法》，以及最高人民法院《关于审理道路交通事故损害赔偿案件适用法律若干问题的解释》(法释〔2012〕19 号)。《道路交通安全法》是机动车交通事故责任的特别法，《民法典》侵权责任编第五章是机动车交通事故责任的一般法。

第二节　机动车交通事故责任的归责原则与构成要件

一、机动车交通事故责任的归责原则

机动车交通事故责任区分不同的致害情形，适用不同的归责原则(《道路交通安全法》第 76 条第 1 款)。

1. 机动车之间发生交通事故的责任，适用过错责任原则。机动车之间发生交通事故的，由有过错的一方承担赔偿责任；双方都有过错的，按照各自过错的比例分担责任(《道路交通安全法》第 76 条第 1 款第 1 项)。在机动车之间发生交通事故造成损害的情况下，只要双方证明自己没有过错，就可以减轻或免除责任。所谓按照各自的过错比例分担责任，是指根据过错程度的大小来确定责任，过错越大则责任越重。

2. 机动车与非机动车驾驶人、行人之间发生交通事故的，适用过错推定原则与无过错责任原则相结合的模式。

(1)过错推定是主要的归责原则。只要机动车与非机动车驾驶人、行人之间发生交通事故，就推定机动车一方有过错，但机动车一方还可以通过反证来推翻此种推定。并且，如果有证据证明非机动车驾驶人、行人有过错的，可以在 90% 的范围内减轻机动车一方的责任(《道路交通安全法》第 76 条第 1 款第 2 项)。

(2)在不超过 10% 的范围内适用无过错责任。按照《道路交通安全法》第 76 条第 1 款的规定，机动车与非机动车驾驶人、行人之间发生交通事故的，机动车一方没有过错的，也要承担不超过 10% 的赔偿责任，此即无过错责任原则。

二、机动车交通事故责任的构成要件

由于机动车之间的交通事故责任为一般过错责任,在责任构成要件上并不具有特殊性,因此,这里的机动车交通事故责任构成要件,主要是针对机动车与非机动车、行人之间的交通事故责任而言的。构成机动车交通事故责任的要件包括:

1. 发生了交通事故。如前所述,交通事故是机动车与非机动车、行人在道路上发生了致人损害的事件。没有交通事故,自然就没有机动车交通事故责任。而交通事故的发生,从根本上说,还在于存在机动车驾驶人的违法行为。造成交通事故的违法行为通常是交通违章行为,如超速驾驶、酒后驾驶、无证驾驶等,但也可能是未违章却违反了保护性法律规定的行为。在现代交通中,机动车驾驶人员除了必须遵守交通规则之外,还必须履行高度安全注意义务,即机动车驾驶人应采取一切可能措施避免事故发生或者减轻事故损失。驾驶人对此种注意义务的违反,亦为违法。

2. 损害事实。机动车交通事故所致的损害,包括财产损害与人身损害。财产损害,即因机动车发生交通事故侵害被侵权人的财产权益所造成的损失。财产损失既包括直接财产损失,也包括间接损失(如经营性车辆修复期间的停运损失、因交通事故导致车辆的使用中断所造成的营业收入的损失)。人身损害,主要是受害人的生命权、身体权、健康权的损害。在机动车发生交通事故的情况下,经常会造成受害人生命健康权受到严重的侵害,如因交通事故致他人残疾甚至死亡。因此,在受害人生命健康权受到损害的情况下,即产生医疗费、护理费、交通费等为治疗和康复支出的合理费用以及因误工减少的收入损失、残疾生活辅助具费等,在致人残疾时将产生残疾赔偿金,在致人死亡时产生死亡赔偿金。此外,还可能产生精神损害。

3. 导致交通事故的行为与损害之间的因果关系。导致交通事故的行为与损害之间的因果关系是机动车交通事故责任不可缺少的要件。关于导致交通事故的行为与损害之间的因果关系的判断,往往需要借助于公安交通机关对交通事故的认定。公安交通机关出具的交通事故认定书,对事故发生的原因和各方当事人对事故所起作用大小进行判断,这些结论大多涉及对因果关系的判断,这一判断虽然不能等同于法院的责任认定,但往往是十分重要的证据,对交通事故的处理具有非常重要的作用。

4. 过错。因交通事故当事人不同,适用的归责原则不同,对加害人过错要件的要求不同。机动车之间发生交通事故的,加害人承担的是过错责任,其构成要件中应当具有过错。机动车与非机动车驾驶人、行人之间发生交通事故的,适用过错推定责任原则和无过错责任原则。在无过错责任原则下,加害人的过错不是责任构成要件。

在过错的认定方面,机动车发生交通事故造成损害的,机动车所有人或者管理人有下列情形之一,人民法院应当认定其对损害的发生有过错:(1)知道或者应当知道机动车存在缺陷,且该缺陷是交通事故发生原因之一的;(2)知道或者应当知道驾驶人无驾驶资格或者未取得相应驾驶资格的;(3)知道或者应当知道驾驶人因饮酒、服用国家管制的精神药品或者麻醉药品,或者患有妨碍安全驾驶机动车的疾病等依法不能驾驶机动车的;(4)其他应当认定机动车所有人或者管理人有过错的。

第三节　机动车交通事故责任的承担

一、机动车一方承担交通事故责任

机动车属于特殊动产,其所有权变动依据按《民法典》第 223 条是自交付时发生效力,且第 224 条规定以登记作为对抗要件。因我国对机动车建立了登记制度,除中国人民解放军和中国人民武装警察部队的车辆以及上道路行驶的拖拉机外,其他任何机动车均需公安机关交通管理部门登记。

关于机动车一方的责任,其具体规则如下:

1. 因租赁、借用等情形机动车所有人与使用人不是同一人时,发生交通事故后属于该机动车一方责任的,由保险公司在机动车强制保险责任限额范围内予以赔偿。不足部分,由机动车使用人承担赔偿责任;机动车所有人对损害的发生有过错的,承担相应的赔偿责任。

2. 当事人之间已经以买卖或者其他方式转让并交付机动车但是未办理登记,发生交通事故后属于该机动车一方责任的,由保险公司在机动车强制保险责任限额范围内予以赔偿;不足部分,由受让人承担赔偿责任。

3. 以挂靠形式从事道路运输经营活动的机动车,发生交通事故造成损害,属于该机动车一方责任的,由挂靠人和被挂靠人承担连带责任。

4. 未经允许驾驶他人机动车,发生交通事故造成损害,属于该机动车一方责任的,由机动车使用人承担赔偿责任;除《民法典》侵权责任编第五章另有规定外,机动车所有人、管理人对损害的发生有过错的,承担相应的赔偿责任。

5. 以买卖等方式转让拼装或者已达到报废标准的机动车,发生交通事故造成损害的,由转让人和受让人承担连带责任。

6. 盗窃、抢劫或者抢夺的机动车发生交通事故造成损害的,由盗窃人、抢劫人或者抢夺人承担赔偿责任。盗窃人、抢劫人或者抢夺人与机动车使用人不是同一人,发生交通事故造成损害,属于该机动车一方责任的,由盗窃人、抢劫人或者抢夺人与机动车使用人承担连带责任。保险人在机动车强制保险责任限额范围内垫付抢救费用的,有权向交通事故责任人追偿。

7. 非营运机动车发生交通事故造成无偿搭乘人损害,属于该机动车一方责任的,应当减轻其赔偿责任,但是机动车使用人有故意或者重大过失的除外。

二、机动车交通事故责任的保险分担

我国同世界上众多国家和地区一样,实行机动车第三者责任强制保险制度。机动车发生交通事故造成损害,属于该机动车一方责任的,先由承保机动车强制保险的保险人在强制保险责任限额范围内予以赔偿;不足部分,由承保机动车商业保险的保险人按照保险合同的约定予以赔偿;仍然不足或者没有投保机动车商业保险的,由侵权人赔偿(《民法典》第 1213 条)。

为减轻机动车交通事故责任中机动车一方的负担,除交强险外,机动车所有人往往都要购买第三者责任险、车上责任险等。第三者责任险即保险公司对机动车在使用中发生意外事故造成他人(第三者)的人身伤亡或财产的直接损毁承担赔偿责任的保险。车上责任险,是指保险公司对机动

车发生意外事故造成车上人员的人身伤亡和车上所载货物的直接损毁承担赔偿责任的保险。

三、机动车交通事故责任中的社会救助

机动车交通事故责任中的社会救助,是指机动车驾驶人发生交通事故后逃逸的,通过道路交通事故社会救助基金来支付受害人的人身伤亡的抢救、丧葬等费用。《道路交通安全法》第17条规定,国家设立道路交通事故社会救助基金。在机动车不明、机动车未参加强制保险或者抢救费用超过机动车强制保险责任限额,需要支付被侵权人人身伤亡的抢救、丧葬等费用的,由道路交通事故社会救助基金垫付。道路交通事故社会救助基金垫付后,其管理机构有权向交通事故责任人追偿(《民法典》第1216条)。

四、机动车交通事故责任的免责事由

机动车交通事故责任的免责事由,《道路交通安全法》有规定的,当然适用《道路交通安全法》的规定,《道路交通安全法》没有规定的,适用《民法典》的规定。因此,机动车交通事故责任的特殊免责事由,即《道路交通安全法》第76条第2款规定的非机动车驾驶人、行人故意碰撞机动车行为。交通事故的损失是由非机动车驾驶人及行人自杀、自伤、有意冲撞(碰瓷)等行为故意造成的,机动车一方不承担赔偿责任。

思考题

1. 简述机动车交通事故责任的归责原则。
2. 简述机动车交通事故责任的构成要件。
3. 简述盗窃、抢劫机动车时交通事故责任的承担。

阅读指引

关于机动车交通事故的归责原则与构成要件

1. 杨立新:《我国道路交通事故责任归责原则研究》,载《法学》2008年第10期。
2. 刘家安:《机动车交通事故责任的归责原则及责任归属》,载《政治与法律》2010年第5期。
3. 李敏:《论机动车交通事故责任的归责原则与责任的承担》,载《宁夏大学学报(人文社会科学版)》2011年第3期。

关于自动驾驶机动车交通事故责任的研究

1. 杨立新:《自动驾驶机动车交通事故责任的规则设计》,载《福建师范大学学报(哲学社会科学版)》2019年第3期。
2. 司晓、曹建峰:《论人工智能的民事责任:以自动驾驶汽车和智能机器人为切入点》,载《法律科学(西北政法大学学报)》2017年第5期。
3. 张力、李倩:《高度自动驾驶汽车交通侵权责任构造分析》,载《浙江社会科学》2018年第8期。
4. 冯珏:《自动驾驶汽车致损的民事侵权责任》,载《中国法学》2018年第6期。
5. 郑志峰:《自动驾驶汽车交通事故责任的立法论与解释论——以民法典相关内容为视角》,载《东方法学》2021年第3期。

第六章　医疗损害责任

导学案例

张某与李某系夫妻关系。2015 年 11 月 25 日，李某在某医院建档产检且一直在该院产检。2016 年 6 月 21 日凌晨 1 时 25 分，患者因不规律腹痛急诊收入院，拟阴道分娩。后检测胎心突然下降，医院告知剖宫产终止妊娠，当日早上 7 时 26 分取出一男性胎儿，交给儿科医师抢救至上午 9 时 42 分，胎儿仍无呼吸、无心跳，医院停止抢救。北京市尸检中心针对李某之子出具了尸体解剖报告书，结论：胎儿因宫内窘迫导致呼吸循环衰竭而胎死宫内。张某、李某对于尸检报告中认定胎儿是胎死宫内存疑；某医院认可尸检报告的结论。张某、李某诉请某医院赔偿医疗费、护理费、误工费、死亡赔偿金以及精神损害抚慰金等。经鉴定，该医院应对李某之子的死亡承担一定的赔偿责任，责任程度以次要责任为宜。医院认为承担死亡赔偿金的前提是自然人死亡，而自然人死亡的前提是自然人出生。本案中，胎儿与母体分离时是无生命的死体，因此不存在死亡赔偿金的问题。试分析本案中原告的诉讼请求及被告的抗辩理由是否合理？

第一节　医疗损害责任概述

一、医疗损害责任的概念

医疗损害责任，又称医疗侵权责任，是指医疗机构的医务人员在诊疗活动中给患者造成医疗外损害时，依法应当承担的侵权责任（《民法典》第 1218 条）。

医疗损害责任具有以下特征。

1. 因医疗机构的诊疗行为而发生。医疗损害责任源起于诊疗行为。诊疗活动具体由医务人员实施，但医务人员乃医疗机构的工作人员。医疗机构，是指依法取得医疗经营许可证的合法机构，包括医院、卫生院、疗养院、急救中心、急救站等（《医疗机构管理条例实施细则》第 3、4 条）。诊疗行为，或称诊疗活动，是指通过各种检查，使用药物、器械及手术等方法，对疾病作出判断和消除疾病、缓解病情、减轻痛苦、改善功能、延长生命、帮助患者恢复健康的活动（《医疗机构管理条例实施细则》第 88 条第 1 款）。该行为有别于使用药物以及手术、物理和其他损伤性或者侵入性手段进行的医疗美容。医疗损害都发生于诊疗活动中，没有医疗机构的诊疗行为自然就没有医疗损害及其责任问题。

2. 因医疗机构及其医务人员的过错行为而引发。医疗损害责任不仅因医疗行为所引起，而且须因医疗机构及其医务人员的过错行为所引起。实施正常的医疗行为无法避免的患者肌体损伤或者功能障碍，不属于应当向患者予以赔偿的医疗损害范畴，只有医疗机构及其医务人员的过错诊疗行为对患者的损害，才是医疗损害。因为诊疗行为具有探索性、经验性、非常强的专业性以及患者的个体差异性,时至今日,人类医学对许多疾病的发生原因还不了解,已知发病原因的,也有将近一半难以治愈,对许多药品副作用的认识非常有限。因此,在日常的诊疗行为中,难免不发生对患者的人身损害,由此即引发医疗损害责任。

3. 责任主体为医疗机构。在我国,医务人员必须在医疗机构中执业。医务人员是指按照国家有关法律法规的规定取得卫生技术人员资格或者职称的人员。但是,他们并不是以个人的身份对外行医,而是以医疗机构的名义对外活动,即便是个体行医,依据有关规定其也必须成立医疗机构,而不能单纯以个人身份从事职业活动。因此,在因医疗过错行为导致损害的情况下,概由医疗机构承担责任。

4. 有责任竞合原因但法定为侵权责任。从诊疗活动的法律基础看,患者到医院就医就与医院形成了一种医疗服务合同关系。医疗机构及医务人员负有为患者提供诊疗服务的义务,而患者负有支付费用的义务。医疗机构及其医务人员对患者的诊疗过程就是医疗服务合同的履行过程,在这个过程中导致患者遭受的损害,从法理上说,医疗侵权责任与违反医疗服务合同的责任发生竞合时,患者方可依据《民法典》第 186 条进行选择。但是,我国实践和立法历来将医疗损害的民事责任作侵权责任对待并命名为医疗损害责任。

二、医疗损害责任与医疗事故责任

医疗损害责任,过去常被人称为医疗事故责任。其实,医疗损害责任不同于医疗事故责任。

所谓事故,是指意外的变故或灾祸。而医疗事故,是指医疗机构及其医务人员在医疗活动中,违反医疗卫生管理法律、行政法规、部门规章和诊疗护理规范、常规,过失造成患者人身损害的事故(《医疗事故处理条例》第 2 条)。按照《医疗事故处理条例》的规定,医疗事故分为四级:造成患者死亡、重度残疾的为一级医疗事故;造成患者中度残疾、器官组织损伤导致严重功能障碍的为二级医疗事故;造成患者轻度残疾、器官组织损伤导致一般功能障碍的为三级医疗事故;造成患者明显人身损害的其他后果的为四级医疗事故。医疗事故仅限于医疗机构及其医务人员的过失行为所导致的事故。发生医疗事故,除有过失的医疗机构承担民事责任外,卫生行政部门对于医疗机构及其医务人员,还要视情节追究行政责任(《医疗事故处理条例》第 55、56、58 条)。很显然,医疗事故责任是行政管理体制下的责任概念,且不能包含医疗损害的全部情形,不如医疗损害责任严谨科学。

第二节 医疗损害责任的归责原则和构成要件

一、医疗损害责任的归责原则

在医疗损害责任中,根据不同的致害情形,适用不同的归责原则。

1. 医疗损害责任主要采用过错责任原则。如前所述,医疗活动具有自己的特殊性,在确定医疗损害责任的归责原则时,既要考虑患者合法权益的保护,也要考虑医疗事业的进步和发展。如果一律实行过错推定原则或者无过错原则,十分不利于医学创新。因此,医疗损害责任主要采用过错责任原则。一方面,过错是医疗机构承担医疗损害责任的依据。患者在诊疗活动中受到损害,医疗机构或者其医务人员有过错的,由医疗机构承担赔偿责任(《民法典》第1218条)。另一方面,过错是确定责任范围的依据。在依法不应当承担责任的情形下,如果医疗机构及其医务人员也有过错的,应当承担相应的赔偿责任(《民法典》第1224条第2款)。

2. 特定情形下实行过错推定原则。《民法典》就医疗损害责任在采纳过错责任的同时,也在第1222条规定了过错推定原则。在出现下列三种法定的情形时,采取举证责任倒置的方法,推定医疗机构有过错,医疗机构要反证自己没有过错,否则就要承担侵权责任:(1)违反法律、行政法规、规章以及其他有关诊疗规范的规定;(2)隐匿或者拒绝提供与纠纷有关的病历资料;(3)遗失、伪造、篡改或者违法销毁病历资料。

3. 医疗产品损害责任适用无过错责任原则。医疗产品损害责任虽然发生在诊疗过程中,是医疗损害责任的一种类型,但其本质仍是产品责任,应当适用无过错责任原则。因药品、消毒药剂、医疗器械的缺陷,或者输入不合格的血液造成患者损害的,患者可以向生产者或者血液提供机构请求赔偿,也可以向医疗机构请求赔偿。患者向医疗机构请求赔偿的,医疗机构赔偿后,有权向负有责任的生产者或者血液提供机构追偿(《民法典》第1223条)。

二、医疗损害责任的构成要件

医疗损害责任的构成要件包括:

1. 诊疗过程存在致害行为。医疗损害责任的客观要件之一是医疗机构及其医务人员在诊疗过程中存在不符合诊疗技术规范的行为(包括提供存在缺陷的医疗产品)。这些行为主要表现为错误诊断、不当治疗、护理过失等,未尽到与当时的医疗水平相应的诊疗义务;违反告知义务和保密义务等。通常可根据医疗卫生法律、行政法规、部门规章和诊疗护理规范来认定。例如,《民法典》第1219条规定了医务人员在诊疗活动中应当向患者说明病情和医疗措施。需要实施手术、特殊检查、特殊治疗的,医务人员应当及时向患者具体说明医疗风险、替代医疗方案等情况,并取得其明确同意;不能或者不宜向患者说明的,应当向患者的近亲属说明,并取得其明确同意。医务人员未尽到上述义务,造成患者损害的,医疗机构应当承担赔偿责任。

当然,患者的知情同意亦有例外规定,即因抢救生命垂危的患者等紧急情况,不能取得患者或者其近亲属意见的,经医疗机构负责人或者授权的负责人批准,可以立即实施相应的医疗措施。此外,《民法典》第1226条规定了医疗机构及其医务人员对患者隐私的保密义务及责任,即医疗机构及其医务人员应当对患者的隐私和个人信息保密。泄露患者的隐私和个人信息,或者未经患者同意公开其病历资料的,应当承担侵权责任。

2. 医疗损害事实。医疗损害事实主要是基于对人身权的侵犯所造成的人身利益、财产利益和精神利益的损失。其中,人身利益损失表现为生命丧失、健康受损、身体的完整性被侵犯等。财产利益损失表现为医疗费、护理费、营养费、交通费等直接损失和误工费等间接损失。精神利益损失则主要是基于生命丧失、健康受损所造成的精神痛苦。医疗损害事实的客观存在及损失的实际数额,应当由受害人举证证明。在绝大多数情况下,患者遭受的主要是人身损害,即医疗机构及其医务人员在诊疗活动中的过错行为给患者的生命权、健康权、身体权等人身权造成的损害。患者财产损害均源于患者人身损害。

3. 因果关系。医疗损害责任的因果关系是指医疗损害事实与诊疗过程中医疗机构医务人员的诊疗行为之间存在因果关系。

此种因果关系的证明责任应当实行"谁主张,谁举证"的原则。一般来说,患者方应当证明其在作为被告的医疗机构就诊并遭受了损害(需要提供挂号凭据、收费单据、病例、出院证明等),还要证明医疗机构的诊疗行为与损害之间存在因果关系。对于因果关系,患者方如果难以证明,可以向人民法院申请进行医疗损害司法鉴定。

由于诊疗活动绝大多数情况下都建立在就医者本身存在身体疾患,患者遭受伤残或者死亡的原因非常复杂,除有过错的诊疗行为外,还包括患者自身的病情、治疗时间、身体素质、医疗技术水平等原因,因此,在进行医疗损害因果关系判断时,要特别注意区分过错的诊疗行为(作为或者不作为)对于患者遭受损害所起的作用。

4. 医疗人员和医疗机构的过错。除医疗产品责任外,其他的医疗损害责任均以医疗机构或者其医务人员存在过错,即医疗机构或者其医务人员在诊疗活动中应当受到否定评价的心理态度。医疗损害责任中的过错主要是过失,但也不排除在某些情形下出于医务人员存在故意的可能。

前已述及,医疗损害责任主要采用过错原则,特定情形下实行过错推定原则。因此,在法律无特别规定的情形下,医疗机构或者其医务人员的过错应当由患者方(受害人)予以证明。

诚然,医疗损害责任中的过错,应当是医疗机构或者其医务人员在诊疗过程中所存在的过错。如果过错不是发生在诊疗活动中或者与诊疗活动无关,则不属于医疗损害责任的过错范畴。同时,由于我国的医务人员不能独立地以自己的名义行医,因此,医务人员的过错应当被认定为医疗机构的过错。患者方只要证明医务人员存在过错,就可直接认定医疗机构存在过错。具体而言:

(1)医务人员在诊疗活动中应当向患者说明病情和医疗措施,需要实施手术、特殊检查、特殊治疗的,医务人员应当及时向患者具体说明医疗风险、替代医疗方案等情况并取得其明确同意,不能或者不宜向患者说明的,应当向患者的近亲属说明并取得其明确同意,否则,即有过错。

(2)医务人员在诊疗活动中未尽到与当时的医疗水平相应的诊疗义务,造成患者损害的,即认为有过错。

(3)如果患者在诊疗活动中受到损害,存在《民法典》第1222条规定的情形之一的,推定医疗机构有过错。

(4)医疗机构及其医务人员应当按照规定填写并妥善保管住院志、医嘱单、检验报告、手术及麻醉记录、病理资料、护理记录等病历资料,患者要求查阅、复制前款规定的病历资料的,医疗机构应当及时提供,否则,即认为有过错。

(5)医疗机构及其医务人员泄露患者的隐私和个人信息,或者未经患者同意公开其病历资料的,这是非常典型的一类过错。

(6)医疗机构及其医务人员不得违反诊疗规范实施不必要的检查,否则,即为有过错。

第三节　医疗损害责任的承担

一、医疗损害责任的主体确定

医疗损害责任主体是医疗机构(《民法典》第1218条)。

根据《医疗机构管理条例》相关规定,医疗机构是指经依法登记取得《医疗机构执业许可证》的机构。《医疗机构管理条例实施细则》所确定的医疗机构类别主要有:(1)综合医院、中医医院、中西医结合医院、民族医医院、专科医院、康复医院;(2)妇幼保健院;(3)中心卫生院、乡(镇)

卫生院；(4)疗养院；(5)综合门诊部、专科门诊部、中医门诊部、中西医结合门诊部、民族医门诊部；(6)诊所、中医诊所、民族医诊所、卫生所、医务室、卫生保健所、卫生站；(7)村卫生室(所)；(8)急救中心、急救站；(9)临床检验中心；(10)专科疾病防治院(所、站)；(11)护理院(站)；(12)其他诊疗机构。从法律角度看，这些医疗机构有的为法人型，有的为非法人组织型。

未取得执业许可的机构非法行医，导致患者损害的，不属于医疗损害责任，而是由一般侵权行为责任制度调整。

二、医疗损害责任的承担

(一)替代责任

医疗损害责任的基本责任形态是替代责任，包括对人的替代责任和对物的替代责任。当然，这是一种特殊的替代责任。

在医疗损害责任情形中，医疗损害责任的行为主体是医务人员，包括医师和其他医务人员，具体可根据《执业医师法》和《护士管理办法》等相关规定予以认定。但医务人员并不直接对患者承担赔偿责任，《民法典》侵权责任编所确定的医疗损害责任主体是医疗机构，由造成损害的医务人员系属的医疗机构承担赔偿责任。虽然，《民法典》侵权责任编第六章“医疗损害责任”中没有规定医疗机构承担赔偿责任之后的追偿权，但依《民法典》第 1191 条的规定，医务人员作为医疗机构的工作人员，在执行工作任务时造成他人损害，医疗机构在承担赔偿责任之后对于有故意或者重大过失的医务人员，还是可以行使追偿权。

在医疗产品损害责任情形中，导致患者损害的是具有缺陷的医疗产品，而医疗机构与该产品的生产者、其他销售者应承担赔偿责任，故发生对物的替代责任。

(二)不真正连带责任

不真正连带责任主要发生在医疗产品损害责任情形中。缺陷医疗产品或不合格血液导致患者损害时，医疗机构与产品的生产者、销售者、血液提供机构承担不真正连带责任，患者可以向生产者、销售者或者血液提供机构请求赔偿，也可以向医疗机构请求赔偿。患者向医疗机构请求赔偿的，如果医疗机构并非最终责任人，医疗机构赔偿后，有权向负有责任的生产者、销售者或者血液提供机构追偿。

(三)责任保险和社会救助

我国现行法律没有建立医疗损害责任的强制保险制度和医疗损害救助基金，实践中广泛存在商业保险以分担医疗机构的赔偿责任。

三、医疗损害责任的免责事由

《民法典》侵权责任编第一章就责任减免的一般事由作了规定，如受害人故意、第三人过错等，这些责任减免事由亦适用于医疗损害责任，包括医疗技术损害责任、医疗伦理损害责任和医疗产品损害责任。

鉴于医疗损害责任的特殊性，《民法典》第 1224 条对医疗损害中医疗机构的责任减免情形作了特别规定，主要有：

1. 患者或者其近亲属不配合医疗机构进行符合诊疗规范的诊疗。患者或者其近亲属未配合医疗机构进行符合诊疗规范的诊疗而导致患者损害的，医疗机构的责任是否可以减轻或免除，不能一概而论,应当具体问题具体分析。首先,如果完全因为医务人员未向患者一方履行合理的说明告知义务,致使患者或者其近亲属未能配合医疗机构进行符合诊疗规范的诊疗,患者或者其近亲属对此不存在过错的,那么,所产生的医疗损害责任不能减免。其次,如果医务人员未向患者一方履行合理的说明告知义务,同时,患者或者其近亲属亦存在过错,致使患者或者其近亲属未能配合医疗机构进行符合诊疗规范的诊疗,那么,可以主张减轻医疗损害责任。最后,如果医务人员合理履行了说明告知义务,且采取的诊疗措施并无不当,完全因为患者一方不配合医疗机构进行符合诊疗规范的诊疗,对此所生损害,医疗机构不承担赔偿责任。

2. 医务人员在抢救生命垂危的患者等紧急情况下已经尽到合理诊疗义务。因抢救生命垂危的患者等紧急情况,不能取得患者或者其近亲属意见的,经医疗机构负责人或者授权的负责人批准,可以立即实施相应的医疗措施(《民法典》第1220条)。紧急情况是指患者因疾病发作、突然外伤受害及异物侵入体内,身体处于危险状态或非常痛苦的状态,在临床上表现为急性外伤、脑挫伤、意识消失、大出血、心绞痛、急性严重中毒、呼吸困难、各种原因所致的休克等。《执业医师法》规定,对急危患者,医师应当采取紧急措施进行诊治;不得拒绝急救处置。在医疗实践中,采取紧急措施进行诊治的过程中,已经尽到合理诊疗义务的,仍然可能造成不良后果。对此损害,医疗机构不承担责任,这是医疗损害责任的本质要求。"已经尽到合理诊疗义务"的事实,应当由医疗机构证明。而紧急情况下是否已妥尽"合理诊疗义务"的判断,根据现行诊疗规范,主要基于如下四个方面:(1)对患者伤病的准确诊断。(2)治疗措施的合理、适当,包括治疗措施和治疗用药的适当、合理。(3)谨慎履行说明告知义务。紧急情况下,如果事前告知不可行,那么采取紧急救治措施后仍应履行该项义务。(4)将紧急救治措施对患者造成的损害控制在合理限度之内。

3. 限于当时的医疗水平难以诊疗的。在人类生命科学技术领域,很多未知仍有待探索,现代医疗技术水平仍具有局限。因此,《民法典》一方面将"当时的医疗水平"作为确定医疗技术过失的标准,另一方面将限于"当时的医疗水平"难以诊疗的情形作为免责事由。只要尽到与当时的医疗水平相应的诊疗义务的,医疗机构及其医务人员就没有过错,对于患者的损害则不承担赔偿责任。

值得注意的是,在诊疗过程中,由于医疗产品缺陷问题导致患者损害时,医疗机构可以根据《产品质量法》等法律规定,主张责任减免。

思考题

1. 简述医疗损害责任的构成要件。
2. 简述医疗过错的认定标准。
3. 简述医疗损害责任的减免责事由。
4. 简述医疗损害责任的承担。

阅读指引

关于医疗损害责任的认定研究

1. 杨立新:《〈侵权责任法〉规定的医疗损害责任归责原则》,载《河北法学》2012年第12期。

2. 叶名怡:《医疗侵权责任中因果关系的认定》,载《中外法学》2012 年第 1 期。
3. 陈煜鹏:《论生存机会丧失原理——以医疗损害责任中损害认定的例外为视角》,载《政治与法律》2019 年第 9 期。
4. 纪格非:《医疗侵权案件过错之证明》,载《国家检察官学院学报》2019 年第 5 期。
5. 侯国跃:《医疗侵权案件适用法律规范问题探讨》,载《法学杂志》2013 年第 10 期。

关于医疗责任保险制度的相关研究

1. 吕群蓉:《论我国强制医疗责任保险制度的构建——以无过错补偿责任为分析进路》,载《法学评论》2014 年第 4 期。
2. 吕群蓉:《我国医疗责任保险现状分析及制度完善》,载《暨南学报(哲学社会科学版)》2014 年第 7 期。
3. 董文勇:《我国医疗责任保险法律制度构建的问题与方案》,载《河北法学》2014 年第 6 期。

第七章　环境污染和生态破坏责任

导学案例

振华公司是一家从事玻璃及玻璃深加工产品制造的企业,位于山东省德州市区内。振华公司虽投入资金建设脱硫除尘设施,但仍有两个烟囱长期超标排放污染物,造成大气污染,严重影响了周围居民生活。2014年,振华公司被环境保护部点名批评,并被山东省环境保护行政主管部门多次处罚,但其仍持续超标向大气排放污染物。2015年3月25日,中华环保联合会提起诉讼,请求判令振华公司立即停止超标向大气排放污染物,增设大气污染防治设施,经环境保护行政主管部门验收合格并投入使用后方可进行生产经营活动;赔偿因超标排放污染物造成的损失2040万元及因拒不改正超标排放污染物行为造成的损失780万元,并将赔偿款项支付至地方政府财政专户,用于德州市大气污染的治理;在省级及以上媒体向社会公开赔礼道歉;承担本案诉讼、检验、鉴定、专家证人、律师及其他为诉讼支出的费用。试分析原告的诉讼请求是否能够得到法院支持?〔1〕

第一节　环境污染和生态破坏责任概述

一、环境污染和生态破坏责任的概念

环境污染责任,是指行为人因污染环境、造成他人民事权益损害所依法应当承担的侵权责任。生态破坏责任则是指行为人实施导致生态退化的行为,依法应承担损害赔偿或环境修复等的侵权责任。二者是性质相同的侵权责任,《民法典》之前统称这两种侵权责任为环境污染责任、环境侵权责任。

环境,主体四周的各种状况。法律上所言的环境,是指影响人类生存和发展的各种天然的和经过人工改造的自然因素的总体,包括大气、水、海洋、土地、矿藏、森林、草原、野生生物、自然遗迹、人文遗迹、自然保护区、风景名胜区、城市和乡村等(《环境保护法》第2条)。生态,是指生物的生存状态以及生物彼此之间、生物与环境之间的相互关系。环境和生态,是两个既相互联系又有着区别的概念。

《民法典》侵权责任编以七个条文对环境污染和生态破坏责任进行规定。除此之外,我国还有一系列环境保护单行法:《环境保护法》《海洋环境保护法》《水污染防治法》《大气污染防治法》《固体废物污染环境防治法》《环境噪声污染防治法》《放射性污染防治法》等。此外,最高人民法院还出台了相关的司法解释配合立法的实施,例如,最高人民法院《关于审理环境侵权责任

---

〔1〕 该案裁判结果及典型意义参见《十起环境侵权典型案例》,载《人民法院报》2015年12月30日,第3版。

纠纷案件适用法律若干问题的解释》以及最高人民法院《关于审理生态环境损害赔偿案件的若干规定(试行)》。

污染环境和破坏生态责任具有以下特征：

1. 属于私益损害责任与公益损害责任的结合。所谓私益损害责任，是指行为人的行为造成了特定民事主体的人身损害、财产损害，由此而产生的侵权责任。所谓公益损害责任，是指行为人的行为造成了不特定的人的人身损害、财产损害，由此而产生的赔偿等法律责任。污染环境和破坏生态责任兼具私益损害责任与公益损害责任，污染环境、破坏生态的行为，既损害了具体民事主体的财产权、生命权和健康权，也造成环境损害和生态破坏，损害了社会公共利益，使社会蒙受了损害，由此依法应承担侵权责任。

2. 实行无过错责任原则。在侵权人的污染环境、破坏生态的行为与受害人的损害有因果关系的情形下，无论侵权人是否存在过错，都应当对其污染行为、破坏生态的行为所造成的损害承担侵权责任。

3. 责任主体往往具有多重性。环境污染、生态破坏常常不是由单一的侵权人的行为产生，而可能是多个侵权人造成的。在现实生活下，一家企业的排污不可能造成环境的污染，但数家企业的排污结合到一起就可能发生环境污染。污染环境、破坏生态行为的结合不仅对因果关系的判断造成困难，也使责任主体常常具有多重性，一旦认定侵权责任成立，则可能由数个主体对受害人承担责任。

4. 责任方式具有多样性。环境污染和生态破坏责任的责任形式，不仅包括赔偿损失，也包括停止侵害、消除危险、排除妨害、恢复原状等形式。对于侵权人违反法律规定故意污染环境、破坏生态造成严重后果的，被侵权人还有权请求相应的惩罚性赔偿责任。

二、环境污染和生态破坏责任与不可量物侵害责任

不可量物侵害责任与环境污染和生态破坏责任比较类似。所谓不可量物，是指按照通常的计量手段无法加以精确测量的某些物质，也就是不可计量的物，如气体、音响、光线、尘埃、灰、火花、湿气、真菌类、噪音、电流、臭气、烟气、煤气、光等。至于固体或液体等物，如沙石、污水等则不包括在内。不动产权利人不得违反国家规定弃置固体废物，排放大气污染物、水污染物、噪声、光、电磁波辐射等有害物质(《民法典》第 294 条)。不可量物的侵害，常常会给相邻的一方造成损害，严重的不可量物侵害常常会影响环境，对许多不特定的人造成损害。在不可量物造成损害的情况下，究竟应当适用侵权责任法关于环境污染和生态破坏责任的规定，还是应当适用物权法中调整相邻关系的规范?

相邻关系中的不可量物侵害与环境污染和生态破坏还是存在区别的，主要表现在：

1. 责任主体不同。环境污染、生态破坏往往是因生产经营活动而导致的损害，而不可量物侵害是因日常生活而导致的损害。一般而言，生产经营者排污致人损害的，应当适用环境污染责任，但是居民之间因日常生活相邻关系发生的纠纷，主要适用《民法典》第 294 条等相关规定，如对生活中的一般噪声，受害人负有容忍义务。尽管我国《民法典》并没有明确规定环境污染、生态破坏责任的主体，但从实践来看，其大多限于从事生产经营性活动的企业。

2. 损害后果不同。环境污染、生态破坏往往是持续性的生产经营活动造成的，并且会带来环境的损害、生态的破坏，经常会造成人身损害。而不可量物侵害往往是日常生活造成的，虽然有可能导致环境质量的下降，但一般并不必然造成环境污染和生态破坏，一般不会造成严重的人身

损害后果。例如,遮挡阳光和通风的行为,并不会对阳光和空气本身造成损害。如果只是针对一个特定主体的通风、采光等损害,通常不构成环境污染、生态破坏。

3. 受害人的范围不同。在环境污染、生态破坏中,受害人的范围可能是众多的,常常导致大规模侵权。尤其是污染者和受害人之间并不必然是相邻不动产的所有人和使用人。而在不可量物侵害中,受害人的范围通常限于相邻不动产的所有人和使用人。

4. 责任承担方式不同。因污染环境、破坏生态造成他人损害的,侵权人应当承担侵权责任,适用无过错责任原则。而不可量物侵害造成实际人身损害、财产损害的,应当承担侵权责任,适用过错责任原则;没有造成实际人身损害、财产损害的,一般适用物权请求权的规定予以救济。

第二节　环境污染和生态破坏责任的归责原则与构成要件

一、环境污染和生态破坏责任的归责原则

环境污染和生态破坏责任,属于特殊类型侵权责任,适用无过错责任的归责原则。在侵权人的行为与受害人的损害存在因果关系的情形下,无论侵权人是否存在过错,都应当对其环境污染、破坏生态的行为所造成的损害承担侵权责任。

环境污染和生态破坏责任,适用无过错责任的归责原则,是世界各国的通例,既有利于强化环境污染、生态破坏者的法律责任,促进其履行生态和环境保护义务,促进生态文明建设;也有利于简化诉讼程序,减轻受害人证明行为人的过错的举证责任,保护受害人的合法权益。

二、环境污染和生态破坏责任的构成要件

环境污染和生态破坏责任的构成要件包括:

1. 行为人污染环境、破坏生态的行为。行为人从事了污染环境、破坏生态的行为,是环境污染和生态破坏责任的首个要件,没有污染环境、破坏生态的行为,则不构成相应侵权责任。污染环境的行为,一般是指自然人、法人或者非法人组织向环境中排放某种物质而超过环境的自净能力而使人类生存环境受到一定程度危害的行为,主要包括工矿企业等单位所产生的废气、废水、废渣、粉尘、垃圾、放射性物质等有害物质和噪声、震动、恶臭排放或传播到大气、水、土地等环境中。破坏生态行为,即不合理地开发利用自然资源损坏自然生态环境的行为,如乱捕滥猎、过度采挖珍稀植物、乱砍滥伐、过度放牧、毁林造田、过度垦荒、围湖造田、填海造地、建设大坝造成流域生态系统破坏、开采矿产造成山体崩塌水土流失、不合理引进物种等。

污染环境、破坏生态两种行为有明显的区别,但常常相互重合,互为因果。污染环境的本质特征是“过度排放”,通过向环境排入了超过环境自净能力的物质,从而导致环境危及人类的生存和发展;破坏生态的本质特征是“过度索取”,使生态平衡受到破坏而危及人类的生存和发展。严重的环境污染当然地导致生态破坏,生态破坏又会降低环境的自净能力进而加剧环境污染。

2. 损害事实。损害是侵权责任的必备要件,无损害即无赔偿。只有因污染环境、破坏生态造成他人损害的,侵权人才应当承担侵权责任。

污染环境、破坏生态造成的损害,包括两种类型:(1)生态环境损害。污染环境行为的结果是环境受到污染,破坏生态行为的结果是生态破坏,例如,水土流失、沙漠化、荒漠化、森林锐减、

土地退化、生物多样性的减少，此外还有湖泊的富营养化、地下水漏斗、地面下沉等。(2)特定民事主体的合法权益遭受损害，包括人身损害和财产损害。污染环境、破坏生态责任中的损害，更主要的是因污染环境、破坏生态的行为造成他人的人身、财产等合法权益受到损害。

这两种损害的关联性表现在：特定民事主体的合法权益受到损害往往是以生态环境损害为前提的，侵权人污染环境、破坏生态的行为，首当其冲损害的就是生态环境，如污染了空气、地下水、土壤，破坏了植物或动物种群等，通过这些被污染的空气、水、土壤和环境导致特定民事主体的损害，且多数损害具有潜在性和隐蔽性。只有部分污染环境、破坏生态致人损害的后果较快显现出来，而大多数污染环境、破坏生态致人损害的后果，尤其是损害他人健康的后果，如人体机能减退这样的损害，需经过较长的潜伏期才显露出来。两者的区别主要表现在，特定民事主体合法权益有明确的权利人，其损害可以用金钱来计算；而生态环境损害缺乏明确的权利主体，难以主张损害赔偿，而且，生态环境损害的计算也并非易事，难以用金钱来补偿。

3. 因果关系。因果关系是任何侵权责任的构成要件之一，污染环境和生态破坏责任也是如此。由于污染环境、破坏生态行为的复杂性、渐进性和多因性，以及损害的不确定性、累积性、潜伏性和广泛性，致害物质、致害途径的复杂多样，其因果关系的证明较之普通侵权责任更为复杂。为符合公平正义的要求，理论和实务中大多主张以原告(受害人)的初步证明责任和被告(行为人)的举证责任倒置来确定因果关系。受害人就污染环境、破坏生态行为，损害后果以及行为与后果之间具备关联性承担举证责任，行为人应当就其行为与损害之间不存在因果关系承担举证责任(《民法典》第1230条)。

一般来说，侵权人举证证明下列情形之一的，人民法院应当认定其污染环境、破坏生态行为与损害之间不存在因果关系：(1)排放污染物、破坏生态的行为没有造成该损害可能的；(2)排放的可造成该损害的污染物未到达该损害发生地的；(3)该损害于排放污染物、破坏生态行为实施之前已发生的；(4)其他可以认定污染环境、破坏生态行为与损害之间不存在因果关系的情形。

第三节　环境污染和生态破坏责任的承担

一、赔偿权利人

污染环境、破坏生态责任中，赔偿权利人分为两种：(1)直接的赔偿权利人，因环境污染直接或间接受到侵害的民事主体，均可提起环境侵权诉讼。(2)检察机关或者其他公益团体，由于环境污染损害的严重性和普遍性，受害人难以起诉或者不便起诉的，负有法律监督责任的检察机关或者其他公益团体可以代表公众提起环境公益诉讼。后者属于公益诉讼问题。

二、两个以上侵权人造成损害的责任

污染环境、破坏生态责任中，污染环境、破坏生态行为往往有两个以上的行为人先后或者同时作出，即形成数人共同侵权。

两个以上行为人污染环境、破坏生态造成损害，情况比较复杂，行为人对外如何承担责任，应当根据侵权责任编一般规定确定。《民法典》侵权责任编一般规定对多人侵权的不同情形分别作了规定：第1168条规定了共同侵权的连带责任；第1171条规定了分别实施侵权行为承担连带

责任的情形;第1172条规定了分别侵权。具体而言:两个以上的行为人共同实施污染环境、破坏生态的行为造成损害,行为人承担连带责任;两个以上行为人分别实施污染环境、破坏生态行为造成同一损害,每一个行为人的行为都足以造成全部损害的,行为人承担连带责任;两个以上行为人分别实施污染环境、破坏生态行为造成同一损害,每一个行为人的行为都不足以造成全部损害的,能够确定责任大小的,各自承担相应的责任,难以确定责任大小的,平均承担赔偿责任;两个以上行为人分别实施污染环境、破坏生态行为但造成同一损害,部分行为人的污染环境、破坏生态行为足以造成全部损害,部分行为人的污染环境、破坏生态行为只造成部分损害,行为人就共同造成的损害部分承担连带责任并对全部损害承担责任。

至于数人的内部责任划分,从理论上讲,每个侵权人承担责任大小的依据是侵权人的污染环境、破坏生态行为在导致损害的结果中所占的原因力的比例多少。但是,环境污染、生态破坏的原因力确定比较复杂,科学的做法是,要综合考虑污染物的种类、浓度、排放量,破坏生态的方式、范围、程度,以及行为对损害后果所起的作用等因素(《民法典》第1231条)。

三、因第三人过错而污染环境、破坏生态的责任

因第三人的过错(包括故意和过失)污染环境、破坏生态的,被侵权人可以向侵权人请求赔偿,也可以向第三人请求赔偿。侵权人赔偿后,有权向第三人追偿。此处的第三人,不属于被侵权人和侵权人任何一方,其与受害者和侵权人之间不存在法律上的任何隶属关系,如雇佣关系等。同时,第三人和侵权人之间也不存在意思联络,否则,第三人即属于侵权人,应构成共同侵权。至于侵权人向第三人追偿的数额,则应根据第三人的过错程度确定。

从本质上看,第三人与侵权人承担的责任属于不真正连带责任,终局责任人是第三人。被侵权人请求第三人承担赔偿责任的,人民法院应当根据第三人的过错程度确定其相应赔偿责任。侵权人以第三人的过错污染环境、破坏生态造成损害为由主张不承担责任或者减轻责任的,人民法院不予支持。

四、责任方式

环境污染侵权责任方式包括停止侵害、消除危险以及损害赔偿。三种责任方式应当合理适用。对于已经造成的损害获得了赔偿的,对于今后的污染可能,可以采取以下处理措施:(1)请求设置环境保护设施;(2)如果主管部门证明环境保护设施因技术水平无实施可能或者在经济上具有实施困难,受害人可以就今后的污染损害请求损害赔偿;(3)如果污染严重或者有法律明确规定时,可请求停止营运。

《民法典》确定了污染环境、破坏生态的惩罚性赔偿制度。侵权人违反法律规定故意污染环境、破坏生态造成严重后果的,被侵权人有权请求相应的惩罚性赔偿(《民法典》第1232条)。至于惩罚性赔偿的具体数额,则需要考虑侵权人的主观恶性程度、侵权人违法行为的严重性及频率、损害后果的严重程度、侵权人的生产经营情况和执行能力、侵权人因侵权行为所获得的收益、侵权人是否积极采取补救措施、侵权人受到罚金数额及行政处罚数额、受诉法院所在地平均生活水平、案件的社会影响情况等多种因素,尚待在实践中积累司法经验。

生态环境修复责任,是污染环境和破坏生态责任的独有责任形式。生态环境修复,是指将被污染或破坏的生态环境予以修复,以恢复其内在功能。其本质上属于恢复原状的范畴,都是通过修理等手段将受损害的客体予以复原。但恢复原状的内涵较窄,仅指恢复到利益受损害前的状

态;而生态环境具有特殊性,一旦遭到污染或者破坏,不可能完全恢复到受损害前的状态,只能通过技术措施,尽可能地恢复其原有的生态功能、文化功能等,所以,生态环境修复概念的内涵更为宽泛、更具有科学性。

生态环境修复责任承担主要有两种方式:(1)侵权人在合理期限内自行修复。侵权人是修复责任的当然承担者,权利人有权请求侵权人在合理期限内承担修复责任。生态环境修复并不是简单修补了事,而是具有很强的专业性、技术性和复杂性。修复的目的是使受损的生态环境恢复至基线水平。如果侵权人有能力有资质,可以自行完成;如果侵权人没有修复能力,可以出资请他人完成修复工程。(2)国家规定的机关或者法律规定的组织自行修复或者委托他人进行修复,所需费用由侵权人负担。考虑到生态环境保护有及时性、有效性等特点,不能无限期等待侵权人履行修复责任。侵权人在期限内未修复的,国家规定的机关或者法律规定的组织可以自行或者委托他人履行修复义务,但修复费用仍然由侵权人承担(《民法典》第1234条)。

对于生态环境的损害,《民法典》规定也可以赔偿。违反国家规定造成生态环境损害的,国家规定的机关或者法律规定的组织有权请求侵权人赔偿下列损失和费用:(1)生态环境受到损害至修复完成期间服务功能丧失导致的损失;(2)生态环境功能永久性损害造成的损失;(3)生态环境损害调查、鉴定评估等费用;(4)清除污染、修复生态环境费用;(5)防止损害的发生和扩大所支出的合理费用(《民法典》第1235条)。

五、免责事由

《民法典》《环境保护法》《海洋环境保护法》《水污染防治法》《大气污染防治法》《固体废物污染环境防治法》《环境噪声污染防治法》《放射性污染防治法》等对污染环境、破坏生态责任中的行为人不承担责任或者减轻责任的情形作了规定,主要包括受害人故意、不可抗力、战争、武装冲突、暴乱等情形。

第三人过错行为不应当是侵权人的免责事由。最高人民法院《关于审理环境侵权责任纠纷案件适用法律若干问题的解释》第5条第3款也作出类似规定:"侵权人以第三人的过错污染环境、破坏生态造成损害为由主张不承担责任或者减轻责任的,人民法院不予支持。"

值得注意的是,排污符合国家或者地方污染物排放标准,不属于免责事由。因为环境侵权责任采用无过错责任原则,侵权人承担责任的理由在于其从事的活动所具有的危险性,并不要求污染行为本身必须具有违法性;国家或者地方规定的污染物排放标准,是生态环境主管部门决定排污单位是否需要缴纳排污费和进行环境管理的依据,并不是确定排污者是否承担赔偿责任的界限,即使排污符合标准但给他人造成损害的,也应当根据有损害就要赔偿的原则,承担侵权责任。

此外,侵权人还应当就法律规定的不承担责任或者减轻责任的情形承担举证责任(《民法典》第1230条)。

思考题

1. 简述环境污染责任的构成要件。
2. 简述环境污染责任的免责事由。
3. 简述因第三人过错污染环境的责任承担。
4. 简述环境污染和生态破坏的责任承担方式。

阅读指引

关于环境侵权责任归责原则的相关研究

1. 张宝:《环境侵权归责原则之反思与重构——基于学说和实践的视角》,载《现代法学》2011 年第 4 期。
2. 蔡唱:《民法典时代环境侵权的法律适用研究》,载《法商研究》2020 年第 4 期。

关于环境污染和生态破坏的责任承担问题

1. 张辉:《论环境民事公益诉讼的责任承担方式》,载《法学论坛》2014 年第 6 期。
2. 张新宝、庄超:《扩张与强化:环境侵权责任的综合适用》,载《中国社会科学》2014 年第 3 期。
3. 吕忠梅、窦海阳:《以"生态恢复论"重构环境侵权救济体系》,载《中国社会科学》2020 年第 2 期。
4. 竺效:《论无过错联系之数人环境侵权行为的类型——兼论致害人不明数人环境侵权责任承担的司法审理》,载《中国法学》2011 年第 5 期。

第八章　高度危险责任

导学案例

贾某霞、马某荣租赁一门面房经营石材加工制作生意，谷某某父母经营的馒头店与其相距20米左右。一日，谷某某途经贾某霞、马某荣店面玩耍时，口服了贾某霞、马某荣石材加工制作场地上遗留的化学物品固化剂，造成食管损伤，当天入住柘城县人民医院治疗。事发的当天晚上，贾某霞、马某荣听说后当即赶到医院，并就谷某某误服的固化剂成分和性质询问其进货厂家。但是，谷某某在治疗过程中，谷某某父母未完全按照医嘱让谷某某饮食（吃了花生）。谷某某的损伤，经法医临床司法鉴定所鉴定，构成七级伤残。根据本案案情，回答下列问题：[1]

1. 贾某霞、马某荣对谷某某是否需要承担侵权责任？是何种类型的侵权责任？法律依据为何？

2. 谷某某的父母作为监护人，对谷某某的损害后果是否负有一定责任？

第一节　高度危险责任概述

一、高度危险责任的概念

高度危险责任，是指行为人实施高度危险作业，造成他人的人身损害或者财产损害，依法应当承担损害赔偿等的侵权责任。

随着社会的发展，几次工业革命推动了社会化大生产，人类对资源的利用更为广泛，涉足的危险领域也愈加多样，加大了社会风险的产生。为此，法律基于防控风险的需要，对高度危险责任予以规定。《民法典》侵权责任编第八章以9个条文对高度危险责任进行了规定。除了《民法典》侵权责任编中的规定外，其他单行法、司法解释也发挥了重要的补充作用。例如《铁路法》《民用航空法》《电力法》《放射性污染防治法》《民用爆炸物品管理条例》《化学危险物品安全管理条例》，以及国务院《关于核事故损害赔偿责任问题的批复》等规范性文件对相关的高度危险行为的民事责任作出特别规定。

高度危险责任具有以下特征：

1. 高度危险责任的归责基础是高度危险作业。随着经济社会的日益发展，人们为了提高社会生产力以发展经济和提高物质生活水平，追求高效、快捷的经济社会生活，必然借助具有高度危险性的作业，而高度危险作业本身具有对人身和财产的巨大潜在危险性，即使作业者尽最大的

---

〔1〕 本案详情及裁判结果参见“谷某某与贾秋霞、马召荣占有、使用高度危险物损害责任纠纷案”，河南省商丘市中级人民法院（2016）豫14民终1324号民事判决书。

注意和谨慎,也不能完全避免侵害的发生。因此,高度危险作业是现代社会不可避免的客观现象。高度危险作业是一个不确定的法律概念,泛指一切对周围环境产生高度危险的作业形式,包括从事高空、高压、易燃、易爆、剧毒、放射性、高速运输工具等对周围环境有高度危险的作业。一般认为,某一行为构成高度危险作业应具备以下两个条件:(1)作业本身具有高度的危险性,危险性变为现实损害的概率很大,超出了在一般条件下人们可以避免或者躲避的危险程度;(2)高度危险作业即使采取安全措施并尽到了相当的注意也无法避免损害,也就是具有不完全受人控制或者难以控制的危害性。

2. 高度危险责任采用无过错责任原则。高度危险责任的规则原则实行无过错责任原则,这是世界各国的普遍做法。从一定意义上讲,现代侵权责任法上的无过错责任原则就是在危险责任中发展起来的。

3. 高度危险责任设有责任限额。与过错责任坚持完全赔偿原则不同,高度危险责任可依法设定最高赔偿限额。高度危险责任常常都是对高度危险活动或危险物承担的责任,为了在一定程度上维护特定行业的发展,使行为人不至于因过高的赔偿而破产,法律有必要在一定程度上限制责任,对其设立最高赔偿限额(《民法典》第1244条)。

二、高度危险责任的归责原则

高度危险责任的归责原则是无过错责任原则。这也是大部分国家的普遍做法。从比较法上看,高度危险责任产生于1838年普鲁士《铁路企业法》。

之所以采用无过错责任原则,是因为在高度危险作业中,行为人的活动都是合法的,并且是对社会有益的,但由于作业具有高度危险性,行为人从事该活动就开启了危险来源,行为人应当对其形成的风险负责。同时,从事高度危险作业的人因其高危险的新设施、新技术、新材料能给其带来巨大的收益和便利,自然应当由其承受这种巨大的风险。此外,实行无过错责任原则还有利于控制危险,督促危险制造者采取有效措施,防止损害后果发生。诚然,采取无过错责任原则也有利于充分救济受害人。

我国自《民法通则》施行以来即确立了高度危险责任的无过错责任原则,在司法实践和侵权法理论中,也普遍接受高度危险作业应当实行无过错责任。原《侵权责任法》第九章中第69条作为高度危险责任的一般条款继受了《民法通则》(已失效)第123条的立场,明确了高度危险责任为无过错责任。《民法典》第1236条延续了这一规定。

第二节　高度危险责任的构成要件及免责事由

一、高度危险责任的构成要件

高度危险责任的构成要件包括:

1. 危险作业。《民法典》第1236条作为高度危险责任的一般规定,其中的“高度危险作业”范围非常宽泛,包括但不限于《民法典》侵权责任编第八章中其他条文规定的使用民用核设施、高速轨道运输工具和从事高压、高空、地下采掘等高度危险活动,以及占有、使用易燃、易爆、剧毒和放射性等高度危险物的行为。

对于高度危险作业，理论上将其分为高度危险活动和占有、使用高度危险物。前者包括使用民用核设施、高速轨道运输工具和高压、高空、地下挖掘等；后者包括占有、使用易燃、易爆、剧毒、高放射性、强腐蚀性、高致病性高度危险物。

2. 损害事实。高度危险作业所致损害，是指造成高度危险作业人以外的损害，如果造成作业人自身的损害，则应当属于工伤事故的范畴。高度危险作业的损害，不同于一般危险活动所致的损害。一般而言，具有三个特性：(1)高度危险作业所威胁的民事权益的位阶较高；(2)高度危险作业一旦发生损害，受害人数众多，损害后果严重，往往造成生命财产严重损害，并可能形成大规模侵权；(3)高度危险作业损害的难以控制，即使危险作业人采取了所有可能的措施，也可能无法避免损害的发生。

从损害的类型而言，高度危险作业所致损害包括实际损失和损害危险。前者根据损害赔偿一般规则进行计算并赔偿；后者则应采取停止侵害、排除妨碍和消除危险责任方式，其法律依据是《民法典》第1167条。

3. 高度危险作业与损害事实之间的因果关系。高度危险作业与损害事实之间须有因果关系，这种因果关系原则上应由受害人证明。如果在某些高科技领域，受害人只能证明危险作业和损害事实在表面上的因果关系，甚至仅能证明危险作业是损害后果的可能原因，可以依据相当因果关系理论以及盖然性证明规则认定因果关系存在。

二、高度危险责任的免责事由

高度危险责任减免事由的确定，需要准确认识下面三重关系：

1.《民法典》第1236条与侵权责任编第八章其他规范的关系。作为高度危险责任一般规定的第1236条，并没有写明哪些情形可以不承担责任或者减轻责任，而第八章的其他条款针对具体危险作业情形规定了责任减免事由的，应当适用。

2.《民法典》侵权责任编第八章的规定与其他法律规定的关系。《铁路法》《电力法》《民用航空法》等单行法根据不同行业中不同的现实情况，对作业人不承担责任或者减轻责任都作出过具体的规定。若《民法典》和其他法律对不承担责任或者减轻责任的情形另有规定的，依照其规定。因此，如果《民法典》侵权责任编第八章没有规定的，可以依法适用《民用航空法》等单行法的规定。这是基于特别法优于一般法的适用原理。不过，如果《民法典》侵权责任编第八章对单行法的有关规定作出修改的，则应适用《民法典》的规定。这是基于新法优于旧法的适用原理。

3.《民法典》侵权责任编第八章(高度危险责任)与该编第一章(一般规定)之间的关系。《民法典》侵权责任编第一章规定了不承担责任和减轻责任的一般情形，如果单行法或《民法典》侵权责任编第八章具体规定了不承担责任和减轻责任的情形，那么侵权责任编第一章的规定原则上不适用。例如，民用核设施或者运入运出核设施的核材料发生核事故造成他人损害的，民用核设施的营运单位能够证明损害是因战争、武装冲突、暴乱等情形或者受害人故意造成的，不承担责任(《民法典》第1237条)。那么，在不可抗力或受害人有重大过失的情形下，民用核设施的经营者并不能免除责任。

第三节 高度危险责任的承担

一、几类典型的高度危险责任

(一)民用核设施或核材料致害责任

所谓核设施,是指核动力厂(核电厂、核热电厂、核供汽供热厂等)及其他反应堆(研究堆、实验堆、临界装置等),具体包括核电厂、核热电厂、核供汽供热厂等核动力厂及装置;核动力厂以外的研究堆、实验堆、临界装置等其他反应堆;核燃料生产、加工、贮存和后处理设施等核燃料循环设施;放射性废物的处理、贮存、处置设施(《核安全法》第 2 条第 2 款)。所谓核材料,是指核工业及核科学研究中所专用的材料的总称,包括核燃料及核工程材料(非核燃料材料)。所谓核事故,是指核设施内的核燃料、放射性产物、放射性废物或者运入运出核设施的核材料所发生的放射性、毒害性、爆炸性或者其他危害性事故(《核安全法》第 93 条)。

我国一直十分重视核安全,不仅制定了《核安全法》《放射性污染防治法》《民用核设施安全监督管理条例》《核电厂核事故应急管理条例》等一系列法律法规,还加入了《核安全公约》。

核设施分为民用和军用两类。民用核设施或者运入运出核设施的核材料发生核事故造成他人损害的,民用核设施的营运单位应当承担侵权责任;但是,能够证明损害是因战争、武装冲突、暴乱等情形或者受害人故意造成的,民用核设施的营运单位不承担责任(《民法典》第 1237 条)。核设施营运单位,是指在中华人民共和国境内,申请或者持有核设施安全许可证,可以经营和运行核设施的单位(《核安全法》第 93 条)。营运者应当对核事故造成的人身伤亡、财产损失或者环境受到的损害承担赔偿责任。核事故损害涉及两个以上营运者,且不能明确区分各营运者所应承担的责任的,相关营运者应当承担连带责任。

(二)民用航空器致害责任

民用航空器,是指除用于执行军事、海关、警察等飞行任务外的航空器,包括公共航空器和通用航空器。前者主要从事运送旅客、行李、邮件或者货物的运输飞行,后者从事工业、农业、林业、渔业和建筑业的作业飞行,以及医疗卫生、抢险救灾、气象探测、海洋监测、科学实验、教育训练、文化教育等方面的飞行活动。

民用航空器造成他人损害的,民用航空器的经营者应当承担侵权责任;但是,能够证明损害是因受害人故意造成的,不承担责任(《民法典》第 1238 条)。

民用航空器在使用中造成他人损害,包括两种情形:(1)民用航空器在从事旅客、货物运输过程中,对所载运的旅客、货物造成的损害。(2)民用航空器对地面第三人的人身、财产造成的损害,即飞行中的民用航空器或者从飞行中的民用航空器上落下的人或者物,造成地面(包括水面)上的人身伤亡和财产损害。

民用航空器造成他人损害的,民用航空器的经营者是责任主体,具体包括:(1)从事运输旅客、货物运输的承运人。从事旅客、货物运输的承运人主要是公共航空运输企业。(2)从事通用航空的民用航空器使用人。

(三)高度危险物致害责任

所谓高度危险物,包括但不限于《民法典》第 1239 条所列举的易燃、易爆、剧毒、高放射性、强腐蚀性、高致病性等危险物,其他基于自身属性而与之危险性相当的物也属于高度危险物范畴。关于易燃易爆剧毒、放射性物品的认定,国家颁布了三个标准:GB6944 – 2012《危险货物分类和品名编号》、GB12268 – 2012《危险货物品名表》和 GB13690 – 2009《化学品分类和危险性公示通则》。

占有或者使用易燃、易爆、剧毒、高放射性、强腐蚀性、高致病性等高度危险物造成他人损害的,占有人或者使用人应当承担侵权责任。让占有人或者使用人承担责任的理论基础在于,他们是危险的支配者和控制者,故而由其承担由此带来的责任风险。从减免责事由的角度讲,占有人或者使用人能够证明损害是因受害人故意或者不可抗力造成的,不承担责任。被侵权人对损害的发生有重大过失的,可以减轻占有人或者使用人的责任(《民法典》第 1239 条)。

遗失、抛弃高度危险物造成他人损害的,由所有人承担侵权责任;所有人将高度危险物交由他人管理的,由管理人承担侵权责任;所有人有过错的,与管理人承担连带责任(《民法典》第 1241 条)。

非法占有高度危险物造成他人损害的,由非法占有人承担侵权责任。所有人、管理人不能证明对防止非法占有尽到高度注意义务的,与非法占有人承担连带责任(《民法典》第 1242 条)。

(四)高空、高压、地下挖掘活动或使用高速轨道运输工具致害责任

从事高空、高压、地下挖掘活动或者使用高速轨道运输工具造成他人损害的,经营者应当承担侵权责任。但是,能够证明损害是因受害人故意或者不可抗力造成的,不承担责任。被侵权人对损害的发生有重大过失的,可以减轻经营者的责任(《民法典》第 1240 条)。

从事高空、高压、地下挖掘活动或者使用高速轨道运输工具造成他人损害的,经营者应当承担侵权责任。

1. 从事高空活动造成他人损害的,经营者就是从事高空作业的作业人。高空作业,又称高处作业,根据《高处作业分级》(GB/T3608 – 2008)规定,凡距坠落高度基准面 2 米以上,有可能坠落的在高处进行的作业,即为高处作业。高处作业分为Ⅰ级、Ⅱ级、Ⅲ级和Ⅳ级共四级。民用航空运输不属于高空作业。

2. 从事高压活动造成他人损害的,如果是使用高压容器造成损害的,经营者就是高压容器的使用者;如果是高压电造成损害的,作为责任主体的经营者则依具体情况而定。就我国现实情况而言,发电、输电、配电和用电分属不同主体。如果是在发电企业内的高压设备造成损害的,作为责任主体的经营者就是发电企业;如果是高压输电线路造成损害的,作为责任主体的经营者就是输电企业,在我国主要是电网公司;如果是在工厂内高压电力生产设备造成损害的,责任主体就是该工厂。

3. 地下挖掘活动造成他人损害的,经营者是从事挖掘活动的作业单位。需要指出的是,在现实生活中,因地下挖掘如采矿而造成人员伤亡的,受害人多属于作业企业的职工。对受害职工的赔偿,应当依据工伤保险有关规定处理。

4. 高速轨道运输工具的经营者是从事高速轨道运输的运输企业,如铁路运输企业、地铁公司等。

(五)高度危险场所违反安全保障义务致害责任

未经许可进入高度危险活动区域或者高度危险物存放区域受到损害,原则上由危险区域的管理人承担责任。这意味着,高度危险场所的管理人负有特定的安全保障义务。若未尽该义务

而造成损害的,应当承担侵权责任。但如果管理人能够证明已经采取足够安全措施并尽到充分警示义务的,可以减轻或者不承担责任(《民法典》第1243条)。

二、高度危险责任方式

高度危险责任方式有着特殊性,其特殊之处主要表现在:

1. 由于高度危险作业一旦造成损害,可能对周围环境带来很大的危害。因此,作业人或管理人在事发时就应当积极采取停止侵害、消除危险等措施并积极救助受害人。停止侵害、消除危险是高度危险责任重要的责任方式。也就是说,损害赔偿不是唯一的责任方式。

2. 限额损害赔偿责任。承担高度危险责任,法律规定赔偿限额的,依照其规定,但是行为人有故意或者重大过失的除外(《民法典》第1244条)。目前,我国关于民用航空器致害赔偿、铁路交通事故赔偿以及核事故损害赔偿等方面制定了赔偿限额。例如,根据《国内航空运输承运人赔偿责任限额规定》的规定,国内航空运输承运人对每名旅客的赔偿责任限额为人民币40万元,对每名旅客随身携带物品的赔偿责任限额为人民币3000元,对旅客托运的行李和对运输的货物的赔偿责任限额为每公斤人民币100元。诚然,这种限额是否公平合理,是否应当适时变化,应当引起各方面的高度重视。

思考题

1. 简述高度危险责任的归责原则。
2. 简述高度危险责任的构成要件。
3. 简述高度危险责任的减免责事由。
4. 简述高度危险物致害责任的承担。

阅读指引

关于高度危险责任的认定与承担

1. 唐超:《高度危险作业区域管理人的责任——〈民法典〉第1243条的解释论》,载《河北法学》2020年第10期。
2. 王利明:《论高度危险责任一般条款的适用》,载《中国法学》2010年第6期。
3. 殷宪龙:《高度危险责任的适用范围研究》,载《法学杂志》2011年第5期。
4. 唐超:《论高度危险责任的构成——〈侵权责任法〉第69条的理解与适用》,载《北方法学》2017年第4期。

第九章　饲养动物损害责任

导学案例

赵某驾驶一辆小客车，载着其夫刘某、其母周某和其子(2周岁)到八达岭野生动物世界游览。刘某购买了自驾车门票后，检票人员口头陆续告知游客进入猛兽区严禁下车等相关注意事项，发放了“六严禁”告知单。赵某行车游览至可下车参观的野性天地游览园时换刘某驾驶，后该车从入口进入东北虎园。监控显示，刘某将车停下，赵某从副驾驶位置下车，向车头前方绕行。位于该车右前方约13米的巡逻车司机发现赵某下车后立即用车载高音喇叭警示喊话要求其上车。随后赵某绕到该车主驾驶车门外，并侧身向车尾方向张望。此时，位于该车西侧约13米平台上的第一只虎窜至赵某身后，咬住其背部，将其拖回该平台，该平台的另一只虎撕咬赵某面部右侧。刘某下车，向前追赶几步又返回。周某打开左后车门与刘某追至该平台坡下。巡逻车拉响警报冲上柏油路，对虎进行驱赶。同时用对讲机呼叫其他巡逻车进行支援。周某上至该平台，用右手拍击虎，被该平台其中一只虎咬到背部右侧。此时，距该平台西南侧约8米的第三只虎冲过来咬住周某左枕部并甩头，导致周某死亡，赵某受伤。

试分析本案中八达岭野生动物世界是否需要承担侵权责任？〔1〕

第一节　饲养动物损害责任概述

一、饲养动物损害责任的概念

饲养动物损害责任，是指饲养的动物造成他人人身或财产权益损害时，动物的饲养人或者管理人依法承担的侵权责任。饲养动物是人类进步和发展的标志之一，现今社会中的鸡、猪、狗、马、羊等均为人类对野生动物驯化而来。从这个意义上讲，饲养动物致人损害责任乃是古老的法律制度。动物致害是一种常见的现象，全国有20多个省、自治区、直辖市以及近70个城市颁布了养犬管理的地方性法规和规章。《民法典》侵权责任编第九章以7个条文(第1245～1251条)对饲养动物损害责任进行了规定。

饲养动物致人损害责任具有以下特征：

1. 因人类饲养的动物致人损害而发生。在饲养动物致人损害责任中，饲养人或管理人并没有对造成他人损害实施某种积极行为，动物的“举动”是造成损害的直接原因，但造成损害的后果则要由动物的饲养人或管理人承担。动物有其天生的攻击性，因而具有固有的危险。饲养动物致人损害必然是饲养动物脱离具体行为人的控制而基于其动物的本性对他人造成的损害。

---

〔1〕 该案件源自“7·23北京八达岭野生动物园老虎伤人事件”。

2. 侵权行为具有复合性。饲养动物致人损害责任本质上属于饲养人或者管理人的间接侵权引发的直接责任,加害行为是饲养人或者管理人的行为与动物的直接致害行为的结合。饲养人或者管理人的行为是指饲养人或者管理人对动物的所有、占有、饲养或者管理行为。饲养人或者管理人的行为与动物的直接致害行为相结合,才能构成侵权行为。而动物本身不具有主体资格,只能由它的饲养人或者管理人承担侵权责任。

3. 责任主体的多元性。饲养动物致人损害的责任主体,包括饲养人和管理人。因第三人的过错致使动物造成他人损害的,该第三人也可能成为责任主体。例如,动物是因第三人的挑逗、激怒或指令而伤人的情形。

4. 责任类型具有多样性。动物致人损害的一般情形,是饲养的动物造成他人损害。但动物致人损害的类型十分丰富,我国《民法典》也采取了类型化的处理方式,具体规定了饲养的一般动物致人损害责任、违反管理规定导致动物致人损害责任、禁止饲养的危险动物致人损害责任、动物园的动物致人损害责任、遗弃或逃逸的动物致人损害责任、因第三人的过错导致动物致人损害责任等具体类型。

二、饲养动物致人损害责任与野生动物致人损害责任

野生动物致人损害也属于动物致人损害的范畴,在我国,野生动物致害的情形也经常发生,如野猪踩踏农民的庄稼等,但这些损害并不适用《民法典》侵权责任编第九章的规定。在我国对全部的野生动物资源归属于国家所有的体制下,野生动物致人损害,主要通过行政补偿而非侵权责任的方式对受害人进行救济。

第二节 饲养动物损害责任的归责原则和构成要件

一、饲养动物损害责任的归责原则

关于饲养动物致人损害的归责原则,《民法典》规定为主要是无过错责任原则,在特定的情形下,适用过错推定原则。

(一)无过错责任原则

动物因其本性而不同程度存在致人损害的危险,动物的饲养人或者管理人必须对动物所具有的危险性负责。一旦这种危险性造成损害,动物的饲养人或者管理人就应承担民事责任,除非存在法定的责任减免事由。因此,为促使动物饲养人或者管理人能够认真负责地担负起全面的对饲养动物的约束、防范和注意义务,更好地保护公众的安全,无过错责任原则是饲养动物损害责任主要的归责原则。

(二)过错推定责任

对于动物园的动物造成他人损害的,《民法典》规定适用过错推定原则。动物园的动物造成他人损害的,动物园应当承担侵权责任,但是,能够证明尽到管理职责的,不承担侵权责任(《民法典》第1248条)。因此,动物园就其饲养的动物致害情形,推定动物园存在过错,动物园可以通过证明其不存在过错(尽到了管理职责)进行抗辩。

二、饲养动物损害责任的构成要件

动物致人损害的构成要件包括：

1. 饲养动物实施了致人损害的行为。饲养动物损害责任必须存在饲养的动物致人损害的行为。

饲养动物，是与野生动物相对应的概念，一般是指具有特定的管理人或者喂养人的动物。野生动物主要是指生存于自然状态下的非饲养的各种动物。野生动物完全生存于自然状态下，非处于可被人控制管理的状态。城市中的野猫、野狗因并非生存于自然状态下，不属于野生动物。野生动物园中所谓的"野生动物"，由于其实际上已经属于为动物园所饲养和占有的动物，并不能够划归野生动物之列。如果某动物曾经为人所占有，后来从占有人处逃脱而成为生活在野外的动物，也可能成为野生动物。

所谓饲养，一是存在人的喂养行为，如为动物提供食物、栖息场所等。二是对该动物具有一定程度的控制力。至于饲养的目的、饲养的合法或非法性则在所不论。如果仅仅为他人饲养的动物提供食物，而并没有对其进行控制就不能构成饲养。饲养的方式很多，既可能是家庭饲养，也可能是动物园的饲养；既可以在室内饲养，也可以在野外圈养或散养。原本饲养的动物在逃逸、遗弃期间，除已返回野生状态的外，仍视为饲养。国家森林公园的动物，因国家投资进行管理并准许游人观赏，应视为饲养动物；自然保护区中的野兽，人力仍无法控制其行动，则不属于饲养动物的范围。当然，野生动物也可能被饲养。

2. 损害事实。饲养动物致人的损害，与其他侵权案件中的损害并无不同，既可以是人身损害，也可以是财产损害。在多数情况下，动物致人损害都是对他人人身的伤害。尤其是狗、猫等动物可能携带了狂犬病毒，一旦致人损害，可能会给受害人带来非常严重的人身伤害。例如，饲养的猎犬咬伤邻居小孩。不过，某人的宠物将他人的宠物咬伤，就是动物导致他人财产的损害。

常见的损害有如下几种：纯粹的财产损害，如地里的庄稼被野猪吃掉或践踏；对人身造成暂时损害，受害人经过一定时间得到恢复，但需付出医疗费用、护理费用，失去误工工资或其他收入等；对人身造成永久性损伤（如致残或留下疤痕）甚至丧失劳动能力和产生精神损害，此时导致医疗费用、护理费用，失去误工工资或其他收入；致人死亡，也将涉及救治费用、丧葬费、死亡赔偿金、精神损害赔偿等。

应当注意的是，此处的损害事实是指动物的饲养人或管理人之外的其他人所遭受的损害。动物饲养人或者管理人自身所遭受动物攻击所受的损害，并不属于饲养动物致人损害责任救济的范围。

3. 饲养动物的致害行为与损害之间具有因果关系。在饲养动物致人损害的情况下，因果关系是指动物致害与受害人损害之间的因果关系。按照举证责任的一般规则，原告应当举证证明被告饲养的动物造成其损害。

动物所实施的加害行为应当是动物基于其本能所为，而不是因为受其饲养人或管理人的驱使或强制。饲养人或管理人唆使动物加害的，动物则成为加害人的行为工具，属于饲养人或者管理人直接侵权，不属于动物致人损害责任范围。

第三节 饲养动物损害责任的承担

一、饲养动物损害责任的主体

动物的饲养人或者管理人都是责任主体。饲养人,动物的饲养人是指动物的所有人。动物的管理人是指实际控制和管束动物的人,管理人对动物不享有所有权,而只是基于某种法律关系直接占有和控制动物,如受委托而看管动物的人。动物公园乃管理国家所有的动物的法人或非法人组织,属于饲养动物的管理人。当动物的饲养人与管理人为不同人时,管束动物的义务由饲养人转移给管理人,这时的责任主体应为管理人。

动物的饲养人是指动物的所有人,这表明那些偶尔投喂流浪猫、流浪狗的人,并不能视为动物的饲养人。遗弃、逃逸的动物在遗弃、逃逸期间造成他人损害的,仍由原动物饲养人或者管理人承担侵权责任。

二、饲养动物损害责任的特殊规则

(一)饲养烈性犬责任

禁止饲养的烈性犬等危险动物造成他人损害的,动物饲养人或者管理人应当承担侵权责任(《民法典》第 1247 条)。烈性犬的名录通常是由各地方制定相应规范性文件加以确定的。一般来说,藏獒、德国牧羊犬、中华田园犬等大型犬均属于烈性犬的范畴。由于这些烈性犬是禁止饲养的,因此一旦烈性犬造成他人损害,饲养人或者管理人就应当承担侵权责任。

同时,该规定并不仅限于烈性犬,对于其他与烈性犬危险性相当的危险动物也适用。

(二)动物园饲养动物责任

动物园饲养动物主要是以提供观赏服务为目的,这些动物往往是一些珍稀动物或大型动物,是法律禁止私人随意饲养的。因此,动物园在饲养这些动物时具有更强的专业性,其应尽到的注意义务程度也就越高。若动物园的动物造成他人损害的,则动物园应当承担侵权责任;但是,能够证明尽到管理职责的,不承担侵权责任(《民法典》第 1248 条)。动物园是否尽到管理职责主要应通过以下几个方面判断:是否有设置防范危险发生的措施,是否尽到充分的提示和警示义务,是否有管理人员或安保人员维护,监测和监控措施是否完备等。

(三)遗弃、逃逸的动物致害责任

遗弃、逃逸的动物在遗弃、逃逸期间造成他人损害的,由动物原饲养人或者管理人承担侵权责任(《民法典》第 1249 条)。所谓遗弃,是指将自己曾经饲养过的动物抛弃,使之脱离看管的行为。而逃逸则是指非基于饲养人或者管理人的意愿,因动物逃跑而使之脱离占有和控制的事实。饲养或管理动物者,应当尽到充分的社会义务,不能随意丢弃动物,否则会加剧流浪动物的数量,危害人类的生活和健康。因此,法律规定饲养人或管理人要对遗弃、逃逸的动物造成的损害负责。

(四)因第三人原因致饲养动物损害责任

因第三人的过错致使动物造成他人损害的,被侵权人可以向动物饲养人或者管理人请求赔偿,也可以向第三人请求赔偿。动物饲养人或者管理人赔偿后,有权向第三人追偿(《民法典》第

1250条)。基于这一规定,动物饲养人或者管理人与第三人对外承担的是不真正连带责任,对内而言第三人是终局责任人,动物饲养人或者管理人不能以第三人过错为由拒绝承担责任。

三、饲养动物损害责任的免责事由

饲养动物损害责任的免责事由包括:

1. 饲养的动物造成他人损害的,且动物饲养人或者管理人能够证明损害是因被侵权人故意或者重大过失造成的(如受害人自己挑逗、刺激等诱发动物的行为直接造成的),可以不承担或者减轻责任(《民法典》第1245条)。

2. 若动物饲养人或者管理人违反管理规定,未对动物采取安全措施造成他人损害的,且能够证明损害是因被侵权人故意造成的,可以减轻饲养人或者管理人的责任。这说明饲养人或者管理人与被侵权人都有过错,体现了与有过失规则的要求(《民法典》第1246条)。

3. 禁止饲养的烈性犬等危险动物造成他人损害的,动物饲养人或者管理人不存在任何免责事由(《民法典》第1247条)。

4. 动物园的动物造成他人损害的,动物园能够证明其尽到管理职责的,不承担侵权责任(《民法典》第1248条)。

思考题

1. 简述饲养动物致人损害责任的归责原则。
2. 简述饲养动物致人损害责任的构成要件。
3. 简述饲养动物致人损害责任的免责事由。
4. 简述因第三人原因致饲养动物损害责任的承担。

阅读指引

关于饲养动物损害责任的代表性研究

1. 王崇华:《再议饲养动物损害责任的归责原则》,载《法学论坛》2013年第4期。
2. 张尧:《论饲养动物损害责任——以〈侵权责任法〉第79条为分析对象》,载《政治与法律》2013年第6期。
3. 叶锋:《动物致害责任研究——以〈侵权责任法〉第78条的解释适用为中心》,载《华东政法大学学报》2014年第6期。
4. 杨立新:《修订侵权责任编应对动物园动物损害责任归责原则进行调整》,载《河南财经政法大学学报》2018年第2期。
5. 杨立新:《饲养动物损害责任一般条款的理解与适用》,载《法学》2013年第7期。
6. 朱晓峰:《比较法上动物侵权责任主体的界定标准及启示》,载《比较法研究》2018年第3期。
7. 王竹:《动物园饲养动物损害责任的类型化与规则设计——以违反防止进入高度危险区域义务侵权责任为视角》,载《求是学刊》2017年第6期。
8. 季若望:《论动物致害责任中的动态危险性——〈民法典〉第1245条与第1247条的联动解释》,载《北方法学》2021年第4期。

第十章　建筑物和物件损害责任

导学案例

原告:魏某。被告:江苏北控中豪控股集团有限公司(以下简称北控中豪)、江苏中豪物业管理有限公司(以下简称中豪物业)、刘某凤。2018 年 11 月 14 日下午,魏某在中豪国际星城 49 幢二单元附近的围墙柱子上晾晒床单被罩,同时刘某凤也在此处晾晒了两床被子。魏某在整理被子(整理的是否为刘某凤的被子,魏某未能提供证据予以证明)过程中,围墙柱子突然倒塌并砸伤魏某,造成魏某小腿骨折,共花去医疗费等费用 79477.94 元。另外,涉案围墙柱子系北控中豪所建,因设计以及部分业主阻工原因,该围墙只完成了柱子部分的建设,栅栏部分的工程没有完成,且柱子未用钢筋固定。魏某向法院提起诉讼,请求:(1)判令三被告共同支付魏某医疗费、住院伙食补助费、误工费、营养费、交通费共计 79477.94 元;(2)诉讼费由三被告承担。

试分析法院应如何处理该案?[1]

第一节　建筑物和物件损害责任概述

一、建筑物和物件损害责任的概念

建筑物和物件损害责任,之前常称为物件致人损害责任,是指建筑物、构筑物或者其他物件由于存在缺陷或因所有人、管理人、使用人疏于管理维护等,造成他人损害,所有人或者管理人、使用人依法应承担的侵权责任。

建筑物和物件损害责任具有以下特征。

1. 因物而致他人损害。建筑物和物件损害责任,物的所有人和管理人、使用人本身并没有针对特定人的人身或财产实施一定的行为,受害人遭受的损害并非因侵权人的直接行为而导致。即使《民法典》第 1258 条关于地面施工致人损害责任主要是行为造成损害的责任,但在施工过程中也要使用一定的物,其与物之致害也紧密关联。

2. 主要是危险性较小的物致人损害。从广义上讲,建筑物和物件致人损害的范围非常宽泛,产品责任、机动车事故责任、危险物致害责任等都可以包含在建筑物和物件致人损害责任之内。但我国《民法典》中所规定的物件致人损害有其特定的外延,通常是指危险性较小的物,而对产品责任、机动车事故责任、危险物致害责任专章调整。

3. 主要采用过错推定原则。一旦建筑物和物件造成他人损害,通常推定物件的所有人或管

[1] 案件详情及裁判结果参见(2018)苏 1302 民初 10241 号民事判决书,载《人民司法》2020 年第 32 期。

理人具有过错。所有人或管理人、使用人必须举证证明自己没有过错才能免责。

4. 责任主体是能够对建筑物和物件进行控制的人。在建筑物和物件致人损害的责任中，责任主体并非都是物的所有人，建筑物和物件的管理人、使用人、堆放人、施工人等都可能成为责任主体。因为这些责任主体都能够控制建筑物和物件。这里所说的控制，是指能够通过自己的行为来避免建筑物和物件致人损害。建筑物和物件损害责任的设置目的就是控制建筑物和物件致害的风险，避免损害的发生。

二、建筑物和物件损害责任的类型

我国《民法典》侵权责任编第十章以 7 个条文对建筑物和物件损害责任进行了规定。具体包括以下几种类型：(1)建筑物、构筑物或者其他设施倒塌、塌陷造成他人损害责任。(2)建筑物、构筑物或者其他设施及其搁置物、悬挂物发生脱落、坠落造成他人损害责任。(3)从建筑物中抛掷物品或者从建筑物上坠落的物品造成他人损害责任。(4)堆放物倒塌、滚落或者滑落造成他人损害责任。(5)在公共道路上堆放、倾倒、遗撒妨碍通行的物品造成他人损害责任。(6)林木折断、倾倒或者果实坠落等造成他人损害责任。(7)公共场所或者道路上施工造成他人损害和窨井等地下设施造成他人损害责任。

这七类建筑物和物件责任，实际上可以分为两大类：(1)单纯物件致人损害责任，即所有人、管理人、使用人等控制的动产、不动产致人损害，这是物件致人损害的典型形态。(2)利用物件致人损害责任，即民事主体利用物件而实施侵权行为，导致他人损害的责任。例如，高空抛物致人损害而无法查找到行为人的责任；再如，在公共场所施工却没有设置明显标志或采取安全措施，从而导致他人损害的责任。

第二节　建筑物和物件损害责任的归责原则和构成要件

一、建筑物和物件损害责任的归责原则

建筑物和物件损害责任的归责原则是以过错推定原则为主的，即如果行为人不能证明自己没有过错，那么则推定其有过错。例如，堆放物倒塌、滚落或者滑落造成他人损害，堆放人不能证明自己没有过错的，应当承担侵权责任(《民法典》第 1255 条)。

但是，《民法典》第 1254 条规定的从建筑物中抛掷物品或者从建筑物上坠落的物品造成他人损害责任(理论上称为高空抛物责任)，其归责原则较为特殊。从建筑物中抛掷物品或者从建筑物上坠落的物品造成他人损害的，由侵权人依法承担侵权责任；经调查难以确定具体侵权人的，除能够证明自己不是侵权人的外，由可能加害的建筑物使用人给予补偿。这里的"可能加害的建筑物使用人"承担的法定补偿义务，是公平责任原则的体现。

二、建筑物和物件损害责任的构成要件

建筑物和物件损害责任的构成要件包括：

1. 建筑物和物件形态改变或存在不法行为。建筑物和物件损害责任是民事主体对其管领、控制的物所造成的损害承担的替代责任。因此，建筑物和物件往往因存在缺陷而改变了原有形

态,从而具有了某种危险性,造成损害的发生。例如,建筑物发生了倒塌、塌陷;搁置物或悬挂物发生了脱落、坠落;建筑物中的物品发生了坠落;林木发生了折断、倾倒等。此外,行为人从建筑物中抛掷物品属于利用物件致人损害,是行为人因其不法行为而产生的侵权责任,因此其构成要件要求存在抛掷物品的不法行为。

2. 建筑物和物件致他人发生了损害。建筑物和物件致他人发生了损害,是建筑物和物件损害责任的另一个客观要件。损害包括人身损害和财产损害。

3. 因果关系。建筑物和物件损害责任的因果关系,是指损害事实是因建筑物和物件的形态改变或者是行为人利用物件而导致的。例如,建筑物倒塌砸伤附近的行人,伤害结果是建筑物形态改变——倒塌所直接导致的。被害人被建筑物中抛掷出的物品砸伤亦是如此。

4. 建筑物和物件控制人不能证明自己没有过错。如前所述,建筑物和物件损害责任的归责原则是过错推定原则,因此建筑物和物件的控制人若能证明自己没有过错,则可以免责。反过来说,若要建筑物和物件损害责任成立,则需要行为人不能证明自己没有过错。如果行为人存在过错是显而易见的,那么行为人更加不能证明自己没有过错。

第三节 建筑物和物件损害责任的承担

一、建筑物致人损害责任

(一)建筑物、构筑物或者其他设施倒塌、塌陷造成他人损害责任

由于设计或者施工质量的原因,建筑物、构筑物等发生倒塌、塌陷严重危害人民群众的人身、财产安全,从而产生侵权责任。倒塌、塌陷,是指建筑物、构筑物或者其他设施坍塌、倒覆,造成该建筑物、构筑物或者其他设施丧失基本使用功能。例如,楼房倒塌、桥梁的桥墩坍塌、地面塌陷等。对于此类责任,《民法典》第1252条作了规定。

1. 建筑物、构筑物或者其他设施倒塌造成他人损害的,由建设单位与施工单位承担连带责任。建设单位,是指依法取得建设用地使用权,在该土地上建造建筑物、构筑物或者其他设施并对其享有所有权的法人或者非法人组织,是建设工程合同的总发包人。施工单位,即与建设单位或者其他发包人签订建设工程合同,对建设工程进行施工的法人或者非法人组织。

2. 建设单位、施工单位赔偿后,有其他责任人的,有权向其他责任人追偿。所谓"其他责任人",主要包括勘察单位、设计单位、监理单位以及违法行使监管职权的相关主管部门及其工作人员等。

3. 因所有人、管理人、使用人或者第三人的原因,建筑物、构筑物或者其他设施倒塌、塌陷造成他人损害的,由所有人、管理人、使用人或者第三人承担侵权责任。

(二)建筑物、构筑物或其他设施及其搁置物、悬挂物脱落、坠落致害责任

建筑物、构筑物或者其他设施及其搁置物、悬挂物脱落、坠落,是指建筑物、构筑物或者其他设施的某一个组成部分以及搁置物、悬挂物从建筑物、构筑物或者其他设施上脱落、坠落。建筑物、构筑物或者其他设施及其搁置物、悬挂物发生脱落、坠落造成他人损害的,所有人、管理人或者使用人不能证明自己没有过错的,应当承担侵权责任。所有人、管理人或者使用人赔偿后,有其他责任人的,有权向其他责任人追偿(《民法典》第1253条)。

（三）公共场所或者道路上挖掘、修缮、安装地下设施等致害责任

公共场所是不特定人聚集、通行的场所，在这些场所施工，势必具有危险性。在公共场所或者道路上施工，应当取得有关管理部门的许可，必须设置明显的警示标志和采取有效的安全措施。因此，在公共场所或者道路上挖掘、修缮安装地下设施等造成他人损害，施工人不能证明已经设置明显标志和采取安全措施的，应当承担侵权责任（《民法典》第1258条第1款）。

（四）窨井等地下设施致害责任

窨井是指上下水道或者其他地下管线工程中，为便于检查或疏通而设置的井状构筑物。地窨、水井、下水道以及其他地下坑道等与窨井具有同类性质。

窨井等地下设施造成他人损害，管理人不能证明尽到管理职责的，应当承担侵权责任。不同的地下设施可能属于不同的单位管理，在损害发生后应明确具体的管理人，由其依法承担侵权责任（《民法典》第1258条第2款）。

二、物件致人损害责任

（一）高空抛物致害责任

高空抛掷物致人损害责任，是现代城市中时常发生的一类侵权责任。为加强文明城市建设，防止高空抛掷物致人损害，《民法典》第1254条规定：禁止从建筑物中抛掷物品；物业服务企业等建筑物管理人应当采取必要的安全保障措施防止从建筑物中抛掷物品或者从建筑物上坠落的物品造成他人损害的发生；一旦发生从建筑物中抛掷物品或者从建筑物上坠落的物品造成他人损害的情况，则公安机关等部门应当依法及时调查，查清责任人。

从建筑物中抛掷物品或者从建筑物上坠落的物品造成他人损害的，具体存在两种情形：

1. 责任人容易明确的情形。从建筑物中抛掷物品或者从建筑物上坠落的物品造成他人损害的，由侵权人依法承担侵权责任。

2. 责任人不容易明确的情形。经调查难以确定具体侵权人的，除能够证明自己不是侵权人的外，由可能加害的建筑物使用人给予补偿。可能加害的建筑物使用人补偿后发现侵权人的，有权向侵权人追偿。其中，“使用人”包括使用建筑物的所有权人、承租人、借用人以及其他使用建筑物的人。可能加害的建筑物使用人，可以按照社会生活实践经验、科学手段、监控手段、侦查措施等其他方法予以确定。如果经上述方法推测认为抛掷物、坠落物有可能是从某人使用的建筑物中抛掷或坠落的，则该使用人就是可能加害的建筑物使用人。当然，在一楼的住户显然不属于高空抛物可能加害人的范围。另外，可能加害的建筑物使用人对被侵权人给予补偿时，各个可能加害的建筑物使用人之间不承担连带责任，而是按份分别对被侵权人进行补偿。

此外，物业服务企业等建筑物管理人未采取必要的安全保障措施的，应当依法承担未履行安全保障义务的侵权责任。

（二）堆放物致害责任

堆放物致害主要包括堆放物的倒塌、滚落或者滑落三种情形。堆放物是指堆放在土地上或者其他地方的物，如建筑工地上堆放的砖块、粮食仓库堆放的袋装粮食等。堆放人对堆放物具有管理职责，因此造成他人损害的，堆放人若不能证明自己没有过错，就应当承担侵权责任。

（三）公共道路上堆放、倾倒、遗撒妨碍通行物品致害责任

公共道路是指公共通行的道路，既包括通行机动车的道路，也包括人行道路。广场、停车场

等可供公共通行的场地、建筑区划内属于业主共有但允许不特定的公众通行的道路都属于公共道路。

公共道路上堆放、倾倒、遗撒妨碍通行的物品致害责任,有以下两种情形:(1)具体实施此类行为的人的侵权责任。任何人都应当遵守道路管理规则,避免在道路上堆放、倾倒、遗撒妨碍通行物,在公共道路上堆放、倾倒、遗撒妨碍通行的物品造成他人损害的,由行为人承担侵权责任。(2)对公共道路管理人的侵权责任。公共道路管理人的管理职责中包括了防止因第三人的堆放、倾倒、遗撒等行为造成他人损害的法定义务。为了保障公共道路具有良好的使用状态,公共道路的管理者要及时发现道路上出现的妨碍通行的情况并采取清理、防护、警示等合理的措施。如果公共道路管理人不能证明已经尽到清理、防护、警示等义务的,就应当承担相应的责任(《民法典》第1256条)。

(四)林木折断、倾倒或者果实坠落致害责任

林木折断、倾倒或者果实坠落等致人损害,也是实践中常见的情形。林木,包括自然生长林木和人工种植的林木。无论是林地中的林木,还是公共道路旁的林木以及院落周围零星生长的树木,因其折断、倾倒或者果实坠落等造成他人损害的,林木的所有人或者管理人不能证明自己没有过错的,应当承担侵权责任。所谓没有过错是指所有人或者管理人已经尽到了充分的注意义务,履行了提示、告知、说明、警告危险、采取必要防范措施等义务。

三、建筑物和物件损害责任的免责事由

建筑物和物件损害责任的免责事由,具体如下:

1. 在建筑物、构筑物或者其他设施倒塌、塌陷造成他人损害的情形下,若建设单位与施工单位能够证明该建筑物、构筑物不存在质量缺陷,则可以免责。因此这里的免责事由是建筑物、构筑物不存在质量缺陷。

2. 建筑物、构筑物或者其他设施及其搁置物、悬挂物发生脱落、坠落造成他人损害,所有人、管理人或者使用人如果能够证明自己没有过错,则可以免责。

3. 从建筑物中抛掷物品或者从建筑物上坠落的物品造成他人损害的,经调查难以确定具体侵权人的,如果能够证明自己不是侵权人的则可以免责。

4. 堆放物倒塌、滚落或者滑落造成他人损害,堆放人如果能够证明自己没有过错可以免责。

5. 在公共道路上堆放、倾倒、遗撒妨碍通行的物品造成他人损害的,公共道路管理人如果能够证明已经尽到清理、防护、警示等义务的,可以免责。

6. 因林木折断、倾倒或者果实坠落等造成他人损害,林木的所有人或者管理人如果能够证明自己没有过错,可以免责。

7. 在公共场所或者道路上挖掘、修缮安装地下设施等造成他人损害,施工人如果能够证明已经设置明显标志和采取安全措施的,则无须承担侵权责任。窨井等地下设施造成他人损害,管理人如果能够证明尽到管理职责的,亦可以免责。

思考题

1. 试比较物件致人损害责任与产品责任的区别。
2. 简述堆放物致人损害的构成要件。

3. 简述建筑物和物件损害责任的免责事由。
4. 试评析我国《民法典》对高空抛物致害责任的规定。

阅读指引

关于高空坠物问题的法律适用

1. 曹险峰:《侵权法之法理与高空抛物规则》,载《法制与社会发展》2020 年第 1 期。
2. 王利明:《论高楼抛物致人损害责任的完善》,载《法学杂志》2020 年第 1 期。
3. 张新宝、张馨天:《从〈侵权责任法〉第 87 条到〈民法典〉第 1254 条:"高空抛(坠)物"致人损害责任规则的进步》,载《比较法研究》2020 年第 6 期。
4. 王竹:《〈民法典〉高空抛物坠物责任新增规则评述》,载《厦门大学学报(哲学社会科学版)》2021 年第 3 期。
5. 冯恺:《民法典高空抛物致害责任规则的体系性解读:局限与克服》,载《比较法研究》2021 年第 1 期。

后　　记

教材是教学的基本要求。日本学者星野英一曾说过，大学（民法方向的）教授的任务一是编写一部贯穿民法学的教材，二是要集中精力在民法的某方面进行深入的专题研究。这二者都非常重要。要写一本高质量的教材是相当不容易的事，既需要对整个民法制度的精确把握，也需要对理论前沿的深刻领会，更需要良好的逻辑思维与文字表达能力以及对整个法律制度详略处置的驾驭能力。按照上述想法，我们撰写了这本教材。

法学本科生不同于法学研究生，研究生需要对具体制度背后的内容进行探索与解读，而本科生只需要对民法学的基本框架、基本概念、基本理论、基本制度进行掌握与了解，不需要也不可能对全部的民法理论与制度进行学习。因此，民法学的教学体系应该分为基础民法学与高级民法学两个阶段。本科生阶段就是基础民法学的学习。同时，制定一部体现民法的现代精神和中国国情的民法典，是新中国几代人的夙愿。经过几十年的努力，特别是党的十八大以来，以习近平同志为核心的党中央把全面依法治国摆在突出位置，历经 1954 年、1962 年、1979 年和 2001 年先后四次起草，在《中共中央关于全面推进依法治国若干重大问题的决定》中明确了“编纂民法典”之后，《民法典》终于在 2020 年 5 月 28 日第十三届全国人民代表大会第三次会议上获得通过。《民法典》自 2021 年 1 月 1 日起实施后，《婚姻法》《继承法》《民法通则》《收养法》《担保法》《合同法》《物权法》《侵权责任法》《民法总则》同时废止。虽然本书前两版基本是按照《民法典》的体例编写的，但一则《民法典》的内容相对于上述九部法律有了较大的变化和发展，二则《民法典》确立了七编制的全新体例，因此，我们完全按照《民法典》的内容对本教材进行了全面重写。

为了使学生在使用本教材时获得更好的体验，本书的撰写主要突出以下几点特色：一是贯彻教材的基础性定位，在内容的表达上尽可能做到概念精准、语言平实、篇幅精简。第三版舍去了旧版中诸多域外立法例的介绍和制度历史沿革的梳理，立足于我国民事立法，力图从解释论出发完整展现我国《民法典》的规范体系。二是将抽象的民法制度与生动具体的司法案例相结合，以期提高学生运用民法原理和规范解决实际问题的能力。为此，本书在每章章首设置“导学案例”，文中配有“实例解析”，这些案例有的改编自国家权威考试（法律职业资格考试、法律硕士联考）试题，有的源于司法实践，其中不少问题存在理论争议，结论具有开放性，以供读者开拓思维。囿于篇幅有限，行文中还以脚注形式加入了诸多典型案例，读者可在“中国裁判文书网”和“北大法宝数据库”中自行检索参阅。三是增加部分图示和知识表格，丰富教材的表达形式，力求做到知识的“可视化”呈现，并在每章章末增设思考题，帮助学生回顾本章重点内容；同时，为使学生了解我国民法学研究的主要成就，于章末还列举了 20 世纪 80 年代以来民法学主要领域的代表性学术论文。当然，该成果并不能代表学者研究的全部内容，还有待在以后的修改中进一步予以完善。

本书第一、二版是湖南大学法学院全体民法教师的集体成果，撰稿人（以姓氏拼音为序）为蔡唱、陈璐、黎楚文、屈茂辉、徐涤宇、许中缘、张红。因几位民法教师荣调其他高校，且邀请了南昌大学的杨峰教授加盟,故本版乃多所高校民法教师的合作成果。撰写本版初稿的老师都毕业于国内外著名的法学院(所),都具有民商法学博士学位,具有较为丰富的教学经验,并在相关领域具有较高的理论修养。本版的具体写作分工是:由屈茂辉教授负责绪论、总则编(部分)、物权编;王文胜教授负责总则编(部分);张红副教授和邓乾坤助理教授负责合同编;许中缘教授负责人格权编;曹薇薇教授负责婚姻家庭编;杨峰教授负责继承编;蔡唱教授、陈璐副教授、张晓勇副教授负责侵权责任编。初稿完成后,由屈茂辉教授进行统稿,博士研究生廖子轩同学协助进行了大量的修改工作。

本书在撰写过程中,参考了目前国内众多相关著作和教材,限于本书的教材特点,对于其中的诸多观点、特色表述,没有一一注明,还请本书参考书目的作者予以谅解。

另外,本书的出版还要感谢法律出版社教育分社丁小宣分社长与陈慧编辑,感谢他们的大力支持,使本教材能顺利面世。

诚然,本书尚有诸多不足之处,敬请方家与广大读者不吝指正!

屈茂辉

2021 年 10 月 8 日于湖南大学东升楼